독점규제법 기본판례

[제2판]

권오승 · 이민호

法 文 社

제2판 머리말

초판이 출간된 지 3년여가 지났다. 그동안 독점규제 및 공정거래에 관한 법률이 2020. 12. 29.에 법률 제17799호로 전부개정되어 2021. 12. 30.부터 시행되면서 전체적인 체계와 조문의 위치에 큰 변화가 있었고 절차법적 측면에서 새로운 제도들이 다수 도입되었다. 실체법적 측면에서도 다소 변화가 있었는데, 특히 부당한 공동행위와 관련하여 정보교환행위에 관한 중요한 변경이 있었고, 판례를 반영하여 재판매가격유지행위와 관련한 규정에도 변경이 있었으며, 특수관계인에 대한 부당한 이익제공 등 금지 규정의 적용대상이 확대되었다. 이에 따라 각 장의 개관에서 독자들이 수록된 판결문을 보다 용이하게 이해할 수 있도록 전부개정에 따라 변경된 조문의 위치와 내용에 대해 설명을 보완하였다.

또한 초판이 출간된 이후에 새로이 선고된 대법원 판결들 중에서 선례로서의 가치가 큰 8개의 주요 판례를 추가하였다. 시장지배적지위 남용금지와 관련하여 이윤압착행위에 관한 판례를 추가하였고, 사업자단체금지행위에 관련된 판례를 추가하였으며, 불공정거래행위와 관련하여 위계에 의한 고객유인행위에 관한 판례, 부당한 지원행위에 관한 판례, 특수관계인에 대한 부당한 이익제공 행위에 관련한 판례 등을 추가하였다. 그리고 법위반행위로 인해 회사에 손해가 발생한 경우에 감시의무 위반을 근거로 대표이사 및 이사의 책임을 인정한 판례도 수록하였다.

끝으로 이번에도 이 책의 출판을 맡아 주신 법문사 사장님과 편집부 김제원 이사님께 진심으로 감사드린다.

2023년 5월
권 오 승 · 이 민 호

머 리 말

우리나라는 시장경제를 경제질서의 기본으로 삼고 있는데, 시장경제가 정상적으로 작동하기 위해서는 시장에 자유롭고 공정한 경쟁이 유지되고 있어야 한다. 그러나 실제의 시장에는 자유로운 경쟁을 제한하거나 공정한 경쟁 또는 거래를 저해하는 요소들이 많이 있기 때문에, 국가는 자유롭고 공정한 경쟁을 촉진하기 위하여 1980년에 독점규제 및 공정거래에 관한 법률(이하 '독점규제법'이라 함)을 제정하여, 시장지배적 지위의 남용이나 경쟁제한적인 기업결합, 부당한 공동행위 및 불공정거래행위 등과 같은 행위들을 금지 또는 제한하고 있다.

독점규제법의 집행은 공정거래위원회(이하 '공정위'라 함)가 담당하고 있는데, 동법의 시행 초기에는 공정위가 이를 경쟁정책의 수단으로 생각하여 자의적으로 집행하는 경향이 있었다. 그러나 1997년 IMF 사태 이후에 공정위가 동법을 적극적으로 집행하기 시작하였으며, 특히 부당지원행위를 강력히 규제하기 시작하면서, 그 수범자인 기업들도 공정위의 시정조치를 다투는 소송을 제기하는 일이 늘어남에 따라, 동법에 관한 소송과 법리논쟁이 급격하게 증가하게 되었다.

우리나라는 독점규제법이 시행된 지 아직 39년밖에 되지 않았다. 그러나 동법에 관한 대법원 판결의 수는 무려 1천 개가 넘는 것으로 나타나고 있다. 이는 세계적으로 그 유례를 찾아볼 수 없을 정도로 많은 숫자이다. 그리고 판례의 내용도 아주 풍부하고 충실하다. 따라서 독점규제법에 관하여 연구하고자 할 때, 동법에 관한 대법원의 판례를 정확히 파악하지 못하면 그 내용을 정확히 이해할 수 없는 단계가 되었다고 할 수 있다.

따라서 이 책은 독자들이 독점규제법에 관한 판례의 내용을 정확히 파악하는 데에 도움을 주기 위하여, 그동안 대법원이 내린 판결들 중에서 동법의 내용을 정확히 이해하는 데에 반드시 필요하다고 생각되는 기본적인 판례들을 모아서 체계적으로 정리한 것이다. 그리고 판례의 편집도 독점규제법에 관한 기본판례들을 동법의 체계에 따라 시장지배적 지위의 남용금지, 기업결합의 제한, 부당한 공동행위와 사업자단체 금지행위, 불공정거래행위와 재판매가격유지행위 및 손해배상과 과징금 등으로 나눈 뒤에, 각 장의 앞 부분에 기본 판례의 개요를 간단히 설명한 후 주요 판례의 판결문을 그대로 실었으며, 각 판결

문 다음에 그 판결에 대한 평석을 중심으로 한 참조문헌을 첨부하였다. 따라서 독자들은 먼저 판례의 개요를 읽고 나서, 판결문을 자세히 읽어보면 판례의 내용을 보다 쉽게 이해할 수 있을 것이다. 그리고 관련판례를 좀 더 깊이 연구할 필요가 있는 분들은 참조문헌을 찾아서 읽어보고 비판적으로 검토해 보면 많은 도움이 될 것이다.

　모쪼록 이 책이 독자들이 독점규제법의 내용을 정확히 이해하는 데에 도움이 되고, 나아가 동법이 우리나라 경제질서의 기본법으로서 제 역할 다하는 데에 다소라도 보탬이 될 수 있기를 간절히 바란다. 끝으로 이 책의 출판을 허락해 준 법문사 사장님과 편집을 맡아 수고해 준 편집부 김제원 이사님께 깊이 감사드린다.

2020. 2. 1.

권오승 · 이민호 씀

차 례

제2장 기업결합의 제한 111

제3장 부당한 공동행위 및 사업자단체금지행위 137

제4장 불공정거래행위, 재판매가격유지행위 및 특수관계인에 대한 부당한 이익제공의 금지   283

제5장　손해배상책임, 사법상 효력, 이사의 책임 및 과징금의 위헌성　475

제1장

시장지배적지위
남용금지

1. 개 관

(1) 시장지배적지위 남용행위 금지의 요건과 체계

독점규제 및 공정거래에 관한 법률(이하 '법' 또는 '공정거래법')은 2020. 12. 29.에 법률 제17799호로 전부개정되어서 2021. 12. 30.부터 시행되었고(이하 전부개정된 법을 '개정법'이라 하고, 전부개정되기 이전의 법을 '구법'이라 한다), 이에 따라 독점규제 및 공정거래에 관한 법률 시행령도 2021. 12. 28.에 대통령령 제32274호로 전부개정되어서 2021. 12. 30. 부터 시행되었다(이하 전부개정된 시행령을 '개정령'이라 하고, 전부개정되기 이전의 시행령을 '구령'이라 한다). 개정법에서 시장지배적지위 남용행위 금지와 관련하여 실체법적 측면에서는 큰 변화가 없었다.[1]

개정법 제5조 제1항(구법 제3조의2 제1항)에서는 시장지배적 사업자의 남용행위를 금지하고 있다. 시장지배적 사업자는 시장지배력을 가지고 있는 사업자로 시장을 주어진 조건으로 받아들이는 것이 아니라 시장의 구조나 행태 또는 성과에 영향을 미칠 수 있는 능력을 가진 사업자를 말한다.[2] 법에서는 시장지배적 사업자를 일정한 거래분야의 공급자나 수요자로서 단독으로 또는 다른 사업자와 함께 상품이나 용역의 가격·수량·품질 그 밖의 거래조건을 결정·유지 또는 변경할 수 있는 시장지위를 가진 사업자라고 정의하고 있다(개정법 제2조 제3호 전문, 구법 제2조 제7호 전문). 시장지배적 사업자에 해당하는지 여부를 판단하기 위해서는 먼저 거래의 객체별·단계별 또는 지역별로 경쟁관계에 있거나 경쟁관계가 성립될 수 있는 분야를 의미하는 일정한 거래분야(개정법 제2조 제4호, 구법 제2조 제8호), 즉 관련시장을 획정하여야 한다. 이러한 관련시장을 전제로 하여 시장점유율, 진입장벽의 존재 및 정도, 경쟁사업자의 상대적 규모 등을 종합적으로 고려해서 시장지배적 사업자에 해당하는지를 판단한다(개정법 제2조 제3호 후문, 구법 제2조 제7호 후문). 관련시장에서 하나의 사업자의 시장점유율이 50% 이상이거나 셋 이하의 사업자의 시장점유율의 합계가 75% 이상(다만, 시장점유율이 10% 미만인 사업자는 제외)인 경우에는 시장지배적 사업자로 추정된다. 이 때 해당 관련시장에서 연간 매출액 또는 구매액이 40억 원 미만인 사업자는 추정에서 제외된다(개정법 제6조, 구법 제4조). 시장지배적 사업자에 해당하는지 또는 추정되는지를 판단함에 있어서는 해당 사업자와 그 계열회사를 하나의 사업자로 본다(개정령 제2조 제2항, 구령 제4조 제3항).

---

1) 다만, 개정법에서 전반적으로 법 위반행위별로 과징금 부과 한도를 2배 상향하였다.
2) 권오승·홍명수, 경제법 제14판, 법문사, 2021(이하 '권오승·홍명수(2021)'), 154-155면.

남용행위의 유형은 개정법 제5조 제1항(구법 제3조의2 제1항)에서 한정적으로 열거하고 있는데, 상품의 가격이나 용역의 대가를 부당하게 결정·유지 또는 변경하는 행위(제1호), 상품의 판매 또는 용역의 제공을 부당하게 조절하는 행위(제2호), 다른 사업자의 사업활동을 부당하게 방해하는 행위(제3호), 새로운 경쟁사업자의 참가를 부당하게 방해하는 행위(제4호), 부당하게 경쟁사업자를 배제하기 위하여 거래하는 행위(제5호 전단), 부당하게 소비자의 이익을 현저히 저해할 우려가 있는 행위(제5호 후단)가 이에 해당된다. 이러한 남용행위의 세부 유형 및 기준은 개정령 제9조(구령 제5조)와 공정거래위원회의 고시인 "시장지배적지위 남용행위 심사기준" IV항에서 보다 구체적으로 규정되어 있다.

일반적으로 남용행위는 착취남용(exploitative abuse)과 배제남용(exclusionary abuse)으로 나누어진다. 착취남용은 시장지배적 사업자가 그 지위를 이용하여 직접적으로 거래상대방이나 소비자의 이익을 침해하는 남용행위를 의미하고, 배제남용은 시장지배적 사업자가 시장에서 현실적·잠재적 경쟁사업자를 배제함으로서 간접적으로 소비자의 이익을 침해하는 남용행위를 의미한다.[3] 아래에서 보는 바와 같이 판례는 사업활동 방해(제3호)와 경쟁사업자 배제(제5호 전단)는 배제남용에 해당하고, 소비자이익 저해(제5호 후단)는 착취남용에 해당한다고 보고 있다.[4]

(2) 열연코일 공급거절 사건(2007)[5]

포스코가 냉연강판을 생산하기 위한 현대하이스코의 열연코일 공급 요청을 거절한 사건에서 구법 제3조의2 제1항 제3호(개정법 제5조 제1항 제3호)의 다른 사업자의 사업활동 방해행위에 해당되는지가 문제되었다. 이 사건에서 대법원은 시장지배적지위 남용행위에 대하여 일반적으로 적용될 수 있는 기본적인 법리들을 명확히 설시하였다. 포스코 판결 이전에도 대두유 사업자들의 출고량조절행위에 대한 판결들[6]과 비씨카드 주식회사와 그 회원은행들의 가격남용행위에 대한 판결[7]이 있었으나, 시장지배적지위 남용행위에 대하여 일반적으로 적용될 수 있는 기본적인 법리를 포괄적으로 밝히지는 않았다.

포스코 판결에서 대법원은 어떠한 사업자가 시장지배적 지위에 있는지를 판단하기 위해서는 먼저 관련상품시장과 관련지역시장을 구체적으로 획정하고 그 시장에서 지배가능

---

3) 권오승·서정, 독점규제법-이론과 실무- 제6판, 법문사, 2023(이하 '권오승·서정(2023)'), 153면.
4) 사업활동 방해(제3호)는 성과경쟁(performance competition)에 의한 사업활동을 어렵게 하는 이른바 방해남용행위를 규율하는 조항으로 보는 유력한 견해도 있으나, 아래의 포스코 판결 이후로 대법원은 배제남용을 규율하는 조항으로 보고 있는 것으로 이해된다.
5) 대법원 2007. 11. 22. 선고 2002두8626 전원합의체 판결(이하 '포스코 판결').
6) 대법원 2002. 5. 24. 선고 2000두9991 판결 등.
7) 대법원 2005. 12. 9. 선고 2003두6283 판결.

성을 검토하여야 함을 밝혔다. 이 때 관련상품시장은 "일반적으로 시장지배적 사업자가 시장지배력을 행사하는 것을 억제하여 줄 경쟁관계에 있는 상품들의 범위를 말하는 것으로서, 구체적으로는 거래되는 상품의 가격이 상당기간 어느 정도 의미 있는 수준으로 인상 또는 인하될 경우 그 상품의 대표적 구매자 또는 판매자가 이에 대응하여 구매 또는 판매를 전환할 수 있는 상품의 집합을 의미"한다고 밝히고, 그 구체적인 고려요소들을 설시하였다. 이와 유사하게 관련지역시장은 "일반적으로 서로 경쟁관계에 있는 사업자들이 위치한 지리적 범위를 말하는 것으로서, 구체적으로는 다른 모든 지역에서의 가격은 일정하나 특정 지역에서만 상당기간 어느 정도 의미 있는 가격인상 또는 가격인하가 이루어질 경우 당해 지역의 대표적 구매자 또는 판매자가 이에 대응하여 구매 또는 판매를 전환할 수 있는 지역 전체를 의미"한다고 판시하고, 그 구체적인 고려요소들을 명시하였다. 한편 경쟁제한의 효과가 문제되는 관련시장은 시장지배적 사업자 또는 경쟁사업자가 속한 시장뿐만 아니라 그 시장의 상방시장이나 하방시장도 포함될 수 있다고 설시하였다.

이 사건에서는 시장지배적지위 남용행위로서의 거래거절행위에 해당하기 위한 '부당성'의 의미에 대하여 치열한 논쟁이 있었다. 대법원의 다수의견은 거래거절행위가 시장지배적지위 남용행위에 해당하기 위해서는 "특히 시장에서의 독점을 유지·강화할 의도나 목적, 즉 시장에서의 자유로운 경쟁을 제한함으로써 인위적으로 시장질서에 영향을 가하려는 의도나 목적을 갖고"('주관적 요건'), "객관적으로도 그러한 경쟁제한의 효과가 생길 만한 우려가 있는 행위로 평가될 수 있는 행위로서의 성질을 갖는 거래거절행위를 하였을 때"('객관적 요건')에 부당성이 인정될 수 있다고 판시하였다. 또한 "상품의 가격상승, 산출량 감소, 혁신 저해, 유력한 경쟁사업자의 수의 감소, 다양성 감소 등"을 "경쟁제한의 효과"라고 그 의미를 밝히면서 거래거절행위로 인하여 현실적으로 그러한 효과가 나타났음이 증명된 경우에는 주관적 요건과 객관적 요건의 존재가 사실상 추정될 수 있다고 판시하였다. 이러한 부당성에 대한 대법원 판시는 문제되는 행위가 시장에 미치는 영향을 중시하는 효과주의적 접근방식(effect-based approach)을 취한 것으로 이해할 수 있을 것이다.

다수의견은 시장지배적지위 남용행위로서의 거래거절행위에 해당하기 위한 부당성의 의미는 불공정거래행위로서의 거래거절행위의 부당성과는 별도로 독자적으로 평가·해석하여야 한다고 보았다. 즉 불공정거래행위로서의 거래거절행위는 "사업자의 거래거절행위가 시장에 미치는 영향을 고려하지 아니하고 그 거래상대방인 특정 사업자가 당해 거래거절행위로 인하여 불이익을 입었는지 여부에 따라 그 부당성의 유무를 평가하여야 한다"고 설시하였다.

그러나 반대의견은 "시장지배적 사업자가 존재한다는 자체가 이미 공정하고 자유로운 경쟁으로부터 상당히 벗어날 수 있는 상태를 의미"한다는 전제 하에서 시장지배적지위 남용행위의 부당성을 다수의견과 달리 볼 것을 제안하였다. 이홍훈, 안대희 대법관은 시장지배적 사업자가 외형상 다른 사업자의 사업활동을 어렵게 하는 행위를 한 경우에 "그 행위는 시장지배적 사업자가 자신의 시장지배적 지위를 남용하여 시장에서의 공정하고 자유로운 경쟁을 저해할 우려가 있는 '부당한 행위'를 한 것으로 추정"된다는 의견을 밝혔고, 박시환 대법관은 시장지배적지위 남용행위로서의 거래거절행위의 부당성은 "불공정거래행위로서의 거래거절행위의 부당성과 같은 의미로 평가·해석하여야 하고, 결국 시장지배적 사업자의 거래거절이 지위남용행위로서 행하여진 경우에는 … 경쟁제한의 우려 여부와 관계없이 이를 규제하여야 한다"고 보았다.

(3) 다른 사업자의 사업활동 방해행위

1) 유선방송 채널변경 사건(2008)[8]은 서울 강서구의 2개 종합유선방송사업자가 헤드엔드 통합을 하면서 TV홈쇼핑업체의 채널번호를 불이익하게 변경한 행위가 구법 제3조의2 제1항 제3호(개정법 제5조 제1항 제3호)의 다른 사업자의 사업활동 방해행위에 해당되는지가 문제되었다. 대법원은 관련상품시장과 관련지역시장에 대한 포스코 판결의 판시사항을 인용하면서 이 사건의 관련상품시장은 "플랫폼사업자가 TV홈쇼핑사업자 등으로부터 수수료를 지급받고 송출채널을 통해 프로그램의 송출서비스를 제공하는 프로그램 송출서비스시장"이고, 관련지역시장의 범위는 "전국"이라고 보았다. 이 사건에서 원고의 시장지배적 지위는 강서구를 지역적 범위로 하는 "프로그램 송출시장"에서 찾을 수 있었는데, 대법원은 "프로그램 송출시장에서 시장지배적 사업자인 원고의 시장지배력이 프로그램 송출서비스시장으로 전이된다고 볼 만한 근거를 찾아 볼 수도 없다"라고 하여 프로그램 송출서비스시장에서 원고의 시장지배적 지위를 부정하였다. 남용행위가 이루어진 시장에서 시장지배적 사업자에 해당하거나 다른 시장에서의 시장지배력이 남용행위가 이루어진 시장으로 전이되었다고 볼 수 있어야 시장지배적 지위를 인정할 수 있다는 취지인 것으로 이해된다.

또한 대법원은 이 사건에서 부당성에 대하여 포스코 판결의 판시사항을 그대로 인용하면서 TV홈쇼핑사업자가 입게 된 구체적인 불이익을 넘어서 경쟁제한의 결과가 나타났다고 인정할 만한 사정에 이르지 못하였다고 판단하여 부당성을 부정하였다. 이러한 대

---

8) 대법원 2008. 12. 11. 선고 2007두25183 판결.

법원의 판시를 통해 구법 제3조의2 제1항 제3호(개정법 제5조 제1항 제3호)의 다른 사업자의 사업활동 방해행위에 포스코 판결에서 판시한 부당성 법리가 일반적으로 적용됨을 알 수 있다.

2) 자동차 판매대리점 영업제한 사건(2010)[9]에서는 현대자동차가 판매대리점들의 거점이전에 대한 제한행위, 영업직원 채용에 대한 제한행위 및 판매목표를 강제한 행위가 다른 사업자의 사업활동을 부당하게 방해하는 행위에 해당되는지가 문제되었다. 대법원은 포스코 판결에서 판시한 부당성 법리를 반복하면서 다수의 판매대리점에 대하여 거점이전을 제한하고 영업직원 채용을 제한한 행위에는 부당성을 인정한 반면에,[10] 판매목표를 강제한 행위는 경쟁을 제한하려는 주관적 의도나 목적을 인정하기 어렵고 객관적으로 경쟁제한의 효과가 생길 만한 우려가 있는 행위로 볼 수도 없다고 판단하여 부당성을 부인하였다. 판매목표를 강제한 행위는 판매대리점의 경쟁을 제한하는 배제적 성격의 행위라고는 보기 어려웠기 때문인 것으로 보인다.

3) 동영상콘텐츠 광고제한 사건(2014)[11]은 인터넷 포털 사업자인 원고가 콘텐츠 공급업체에 대하여 검색결과로 보이는 동영상 플레이어 내 동영상 시청에 방해가 되는 선광고를 협의 없이 게재할 수 없도록 한 행위가 다른 사업자의 사업활동을 부당하게 방해하는 행위에 해당되는지가 문제되었다.[12] 이 사건에서 공정거래위원회는 인터넷 포털이 대부분 검색서비스, 커뮤니케이션 서비스, 커뮤니티 서비스, 각종 콘텐츠 서비스, 전자상거래 서비스를 기반으로 유사한 서비스를 제공하고 있는 점에 근거하여 '인터넷 포털서비스 이용자시장'으로 관련상품시장을 획정하였다. 그러나 대법원은 관련상품시장을 획정함에 있어서는 "원고가 동영상 콘텐츠 공급업체와 자신의 이용자들을 중개하는 시장에서 시장지배력을 가지는지 여부와 그 지위를 남용하는 행위를 하였는지 여부를 판단"하여야 하고, 동영상 콘텐츠의 이용은 "인터넷 포털사업자뿐만 아니라 그중 검색서비스만을 제공하는 인터넷 사업자의 인터넷 검색서비스를 통해서도 충분히 가능"하다는 점 등을 고려하여 관련시장을 인터넷포털서비스 이용자시장으로 획정할 수 없다고 본 원심의 판단을 지지하였다. 대법원은 관련시장이 남용행위로 문제되는 행위와 전혀 별개로 획정되는

---

9) 대법원 2010. 3. 25. 선고 2008두7465 판결.
10) 반면에 기아자동차가 3개 판매대리점의 거점이전을 제한한 사안에서는 대법원이 부당성을 부정하였다(대법원 2010. 4. 8. 선고 2008두17707 판결).
11) 대법원 2014. 11. 13. 선고 2009두20366 판결.
12) 한편 이 사건에서는 계열회사에 대한 사무실 전대행위가 부당한 지원행위에 해당하는지가 별개의 사안으로 문제되었는데, 이 사건 전대행위가 정상가격에 비하여 현저히 낮은 가격으로 이루어진 것으로 보기 어렵고, 지원객체가 속한 시장에서의 경쟁이 저해되거나 경제력 집중이 야기되는 등으로 공정한 거래가 저해될 우려가 있다고 보기도 어렵다고 판단하였다.

것이 아니라 문제되는 행위와 관련하여 획정되어야 한다는 원칙을 밝힌 것이다. 또한 대법원은 부당성과 관련하여서도 포스코 판결의 법리를 반복하면서 주관적 요건과 객관적 요건이 충족되지 않는다고 판단하였다.

(4) 이윤압착행위

기업메시징서비스 사건(2021)[13]은 이동통신사업자인 원고가 기업메시징서비스를 판매하면서 그 판매가격을 자신이 다른 이동통신사업자로부터 구입하는 전송서비스 이용요금 및 자신이 다른 기업메시징서비스사업자에게 제공하는 전송서비스 최저 이용요금보다 낮은 수준으로 책정한 행위가 구법 제3조의2 제1항 제5호 전단(개정법 제5조 제1항 제5호 전단) 및 구령 제5조 제5항 제1호(개정령 제9조 제5항 제1호) 중에서 "부당하게 상품 또는 용역을 통상거래가격에 비하여 낮은 대가로 공급하여 경쟁사업자를 배제시킬 우려가 있는 경우"에 해당하는지가 문제되었다. 이 사건은 강학상 '이윤압착행위'가 문제된 것인데, 대법원은 이윤압착행위를 "수직 통합된 상류시장의 시장지배적 사업자가 상류시장 원재료 등의 판매가격과 하류시장의 완제품 판매가격의 차이를 줄임으로써 하류시장의 경쟁사업자가 효과적으로 경쟁하기 어려워 경쟁에서 배제되도록 하는 행위"로 정의하였다.

종래에는 위 부분을 강학상 '약탈적 가격설정'을 규율하기 위한 조항이라고 보았는데, 대법원은 위 부분이 이윤압착행위에도 적용될 수 있음을 명확히 하였다. 대법원은 '통상거래가격'의 의미를 "약탈적 가격설정뿐만 아니라 이윤압착 등과 같이 다양한 유형으로 나타날 수 있는 시장지배적 사업자의 가격과 관련된 배제남용행위를 판단하기 위한 도구 개념"이라고 판시하였다. 또한 "통상거래가격은 자유롭고 공정한 경쟁이 이루어지고 있는 시장에서 정상적으로 이루어지는 거래의 경우 일반적으로 형성될 수 있는 가격, 좀더 구체적으로는 시장지배적 사업자가 부당하게 경쟁사업자를 배제하기 위하여 거래함으로써 시장지배적 지위를 남용하는 행위가 존재하지 않는 정상적인 거래에서 일반적으로 형성되었을 가격"을 의미하는 것으로 보았다. 대법원은 이 사건의 특수한 거래구조를 고려할 때 기업메시징서비스의 통상거래가격은 적어도 "기업메시징사업자들의 필수 원재료인 전송서비스의 구입비용을 상회할 것으로 추단된다"고 판단하였다.

한편 부당성과 관련하여 대법원은 포스코 판결의 판시사항을 반복하면서도 "부당성은 개별 남용행위의 유형과 특징을 고려하여 판단하여야 한다"고 하였다. 이윤압착행위의 경우에는 "행위자가 수직 통합된 사업자로서 상류시장에서 시장지배적 지위가 인정되어

---

13) 대법원 2021. 6. 30. 선고 2018두37700 판결.

야 하고, 하류시장에서도 시장지배적 지위에 있는지, 각 시장에서 시장지배력의 정도, 상류시장의 원재료 등의 특성과 그 원재료 등이 하류시장에서 판매하는 완제품의 생산·공급·판매에 필수적인 요소이거나 원재료 등에 해당하는지와 그 정도, 원재료 등과 완제품의 기능적 연관성과 비교가능성, 대체가능성, 두 시장의 신규나 재진입에 관한 법률적·제도적 또는 사실적·경제적 진입 장벽의 존재와 정도, 시장지배적 사업자와 경쟁사업자의 시장점유율, 상대적 규모의 차이, 관련 공법적 규제의 내용 등을 고려할 필요가 있다”고 판시하였다. 또한 “원칙적으로 시장지배적 사업자가 설정한 도매가격과 소매가격의 차이와 시장지배적 사업자의 비용을 기초로 하되 특별한 사정이 있는 경우에는 예외적으로 경쟁사업자의 비용을 바탕으로 이윤압착의 정도를 검토해 보아야 한다”고 하고, “나아가 행위가 지속된 기간, 해당 거래의 대상이 되는 완제품의 특성, 해당 거래의 규모나 매출액에서 차지하는 비중, 거래 당시의 구체적인 시장 상황 등을 고려할 때 시장지배적 사업자가 해당 가격으로 거래할 경우 하류시장 경쟁사업자로서는 정상적으로 사업을 영위하기 어려워 유력한 현실적 또는 잠재적 경쟁사업자의 시장진입이나 확대의 기회가 봉쇄되거나 봉쇄될 우려가 있는지와 그 정도, 하류시장에서 경쟁사업자의 비용이 증대되는 등으로 경쟁에서 배제될 우려가 있는지와 그 정도, 시장지배적 사업자의 지배적 지위가 강화되는지와 그 정도, 그로 인하여 장기적으로 소비자 폐해가 발생할 우려가 있는지를 중점적으로 살펴보아야 한다”고 설시하였다.

또한 대법원은 “가격은 시장경제체제에서 경쟁의 가장 기본적인 수단으로서 시장에서 자유로운 가격경쟁은 일반적으로 보호되어야 한다”는 점을 명시하고, “하류시장에서 완제품의 소매가격을 낮게 설정하는 방식으로 이윤압착행위가 이루어지는 경우 거래상대방의 비용이 절감됨으로써 최종소비자 가격이 인하될 가능성이 있으므로, 그 부당성을 판단할 때에는 단기적으로 발생할 수 있는 소비자후생 증대효과도 아울러 고려할 필요가 있다”고 보았다. 아울러 “이윤압착 유형의 시장지배적 지위 남용행위로 경쟁사업자가 배제될 우려는 위와 같이 상류시장과 하류시장이 연결되어 있는 관련 시장의 구조적 특징과 시장지배적 사업자의 지위에 기반을 둔 ‘도매가격과 소매가격의 차이’에서 비롯되는 것이므로 이를 상류시장과 하류시장에서 발생할 수 있는 문제로 각각 분리함을 전제로 부당성을 판단할 필요는 없다”고 판시하였다.[14]

---

14) 이 판시사항은 미국 연방대법원의 *Pacific Bell Telephone Co. v. linkLine Communications, Inc.*, 555 U.S. 438 (2009) 판결의 법리와 대비된다. 위 판결에서 미국 연방대법원은 상류시장에서 부당한 거래거절에 해당하거나 하류시장에서 약탈적 가격설정에 해당하는 것이 아닌 한 이윤압착행위 자체를 독립된 위법한 행위유형으로 볼 수 없다는 취지로 판시하였다.

이러한 법리 하에서 대법원은 부당성에 대한 추가적인 심리가 필요하다고 보아서 원심판결을 파기하고 사건을 원심법원에 환송하였다.

(5) 배타조건부 거래행위

1) 화학비료 유통제한 사건(2009)[15]은 농업협동조합중앙회가 13개 비료제조회사들에 대하여 그 영업소나 판매대리점 등을 통해 식량작물용 화학비료를 시중 판매하기 어렵도록 하는 구매납품계약을 체결한 행위가 배타조건부 거래행위로서 구법 제3조의2 제1항 제5호 전단(개정법 제5조 제1항 제5호 전단) 및 구령 제5조 제5항 제2호(개정령 제9조 제5항 제2호)의 부당하게 경쟁사업자를 배제하기 위하여 거래하는 행위에 해당되는지가 문제되었다. 대법원은 포스코 판결의 부당성 법리를 그대로 인용하고, 이러한 부당성 법리를 바탕으로 배타조건부 거래행위의 부당성은 "그 거래행위의 목적 및 태양, 시장지배적 사업자의 시장점유율, 경쟁사업자의 시장 진입 내지 확대 기회의 봉쇄 정도 및 비용 증가 여부, 거래의 기간, 관련시장에서의 가격 및 산출량 변화 여부, 유사품 및 인접시장의 존재 여부, 혁신 저해 및 다양성 감소 여부 등 여러 사정을 종합적으로 고려하여 판단하여야 한다"고 판시하면서 이 사건에서 부당성을 인정하였다. 이러한 대법원 판시를 통하여 포스코 판결의 부당성 법리가 같은 항 제3호의 다른 사업자의 사업활동을 부당하게 방해하는 행위를 넘어서 제5호의 부당하게 경쟁사업자를 배제하기 위하여 거래하는 행위에도 적용된다는 점이 명확해졌다. 이는 포스코 판결의 부당성 법리가 배제남용행위에 일반적으로 적용되는 법리라는 점을 보여주는 것이다.

한편 이 사건에서 대법원은 주관적 요건과 관련하여 "시장지배적 지위 남용행위로서의 배타조건부 거래행위는 … 통상 그러한 행위 자체에 경쟁을 제한하려는 목적이 포함되어 있다고 볼 수 있는 경우가 많을 것"이라고 판시하였다. 포스코 판결의 부당성 법리에서 객관적 요건과 함께 주관적 요건을 병렬적으로 요구한 것에 대해서는 많은 비판이 있었는데, 이 사건에서 대법원은 배타조건부 거래행위의 경우 통상 그 행위 자체로부터 경쟁을 제한하려는 목적의 존재를 추론할 수 있도록 함으로써 주관적 요건의 입증을 용이하게 한 것이다.

2) 오픈마켓 거래제한 사건(2011)[16]에서는 이베이지마켓(행위 시에는 인터파크 지마켓)이 경쟁관계에 있는 오픈마켓 쇼핑몰인 엠플온라인과 거래하는 7개 사업자들에게 엠플온라인과의 거래 중단 등을 요구한 행위가 배타조건부 거래행위로서 부당하게 경쟁사업자를

---

15) 대법원 2009. 7. 9. 선고 2007두22078 판결(이하 '농협 판결').
16) 대법원 2011. 6. 10. 선고 2008두16322 판결.

배제하기 위하여 거래하는 행위에 해당되는지가 문제되었다. 먼저 관련상품시장을 어떻게 획정할 것인지가 쟁점이 되었는데, 대법원은 포스코 판결의 관련상품시장 획정에 관한 법리를 반복하면서 이 사건에서는 종합쇼핑몰 시장이나 포털사이트 등의 광고시장과는 구별되는 '오픈마켓 운영시장'으로 한정하여 관련상품시장을 획정한 것이 적법하다고 판단하였다. 원고는 이렇게 좁게 획정된 오픈마켓 운영시장에서 39.5%의 시장점유율을 가진 2위 사업자였음에도(2006년 기준) 구법 제4조(개정법 제6조)의 시장지배적 사업자 추정 조항, 3위 사업자와의 현저한 격차, 진입장벽 등을 고려하여 대법원은 원고가 시장지배적 지위에 있다고 판단하였다.

한편 부당성과 관련해서는 대법원이 포스코 판결의 부당성 법리와 농협 판결의 배타조건부 거래행위의 부당성 법리를 반복하고 이를 기초로 이 사건의 부당성을 판단하였다. 이 사건에서 대법원은 "원심으로서는 … 엠플온라인이 이 사건 행위로 인하여 매출 부진을 이기지 못하고 오픈마켓시장에서 퇴출된 것인지 여부와 이 사건 행위로 나타난 신규사업자의 시장진입을 봉쇄한 정도나 기간 등을 종합적으로 고려하여 이 사건 행위를 객관적으로 오픈마켓 시장에 경쟁제한의 효과가 생길만한 우려가 있는 행위로 평가할 수 있는지 여부 등을 판단하였어야 할 것"이라고 판시하면서 원심판결을 파기환송 하였다. 대법원은 원고의 이 사건 행위의 상대방인 7개 사업자가 오픈마켓 전체 판매업체들 중 차지한 비중이 미미하였기 때문에 경쟁제한의 효과가 생길만한 우려가 있는지에 대하여 의문을 품었던 것으로 보인다.

3) 조건부 리베이트 사건(2019)[17]은 원고가 국내 휴대폰 제조사들에게 CDMA2000 방식 모뎀칩 및 CDMA2000 방식 RF칩을 수요량의 일정 비율 이상 구매하는 것을 조건으로 리베이트를 제공한 행위 등이 배타조건부 거래행위로서 부당하게 경쟁사업자를 배제하기 위하여 거래하는 행위에 해당되는지가 문제되었다.[18] 먼저 조건부 리베이트 제공행위가 배타조건부 거래행위(부당하게 거래상대방이 경쟁사업자와 거래하지 아니할 것을 조건으

---

17) 대법원 2019. 1. 31. 선고 2013두14726 판결.
18) 한편 원고가 엘지전자와 삼성전자가 원고의 모뎀칩을 장착하기로 선택하면 다른 사업자의 모뎀칩을 장착하기로 선택한 경우보다 로열티 중 일정금액을 할인하여 준 행위('로열티 할인 병행행위')를 공정거래위원회는 가격차별행위로서 다른 사업자의 사업활동 방해행위[시장지배적지위 남용행위 심사기준 IV. 3. 라. (2)(현재는 IV. 3. 라. (3))]에 해당된다고 보았으나, 대법원은 차별행위로 본 이러한 법적용이 잘못된 것이라고 판단하였다. 그러나 대법원은 공정거래위원회가 모뎀칩 구매에 관한 배타조건부 거래행위의 부당성을 판단하면서 로열티 할인 병행행위로 인한 효과까지도 함께 고려한 점 등에 비추어 볼 때 공정거래위원회의 시정명령은 표준기술을 보유한 시장지배적 사업자가 모뎀칩 구매와 관련하여 배타조건부 거래행위를 하면서 그와 함께 기술료 할인도 함께 제공할 때에 조건 성취 여부에 따라 그 할인 혜택이 달리 부여될 수 있음을 나타낸 것에 불과하다고 보아서 로열티 할인 병행행위와 관련한 공정거래위원회의 시정명령 부분도 적법하다고 판시하였다.

로 그 거래상대방과 거래하는 경우)의 행위 유형에 해당하는지가 쟁점이 되었다. 이와 관련하여 대법원은 "여기서 '경쟁사업자와 거래하지 아니할 조건'은, 시장지배적 사업자에 의하여 일방적·강제적으로 부과된 경우에 한하지 않고 거래상대방과의 합의에 의하여 설정된 경우도 포함된다. 또한 '경쟁사업자와 거래하지 아니할 것을 조건으로 거래하는 행위'는 그 조건의 이행 자체가 법적으로 강제되는 경우만으로 한정되지는 않고, 그 조건 준수에 사실상의 강제력 내지 구속력이 부여되어 있는 경우도 포함된다"고 판시하면서 이 사건의 조건부 리베이트 제공행위는 배타조건부 거래행위의 행위 유형에 해당한다고 보았다.

이 사건에서는 관련지역시장이 국내시장인지, 아니면 세계시장인지가 쟁점이 되었다. 이와 관련하여 관련지역시장을 국내 공급시장으로 보면서도 설령 관련지역시장을 세계시장으로 획정하더라도 원고의 시장지배적 지위는 인정되고, 남용행위를 통해 봉쇄하려는 표적인 시장이 국내 공급시장인 이상 그 시장을 기준으로 경쟁제한성 유무를 평가하면 족하다고 판단한 원심판결을 대법원은 그대로 수긍하였다.

부당성과 관련하여 대법원은 포스코 판결과 농협 판결의 법리를 반복하면서도 이에 그치지 않고 배타조건부 거래행위의 부당성 판단기준을 보다 구체화하였다. 나아가 대법원은 조건부 리베이트의 경우 실질적으로 가격 인하와 일부 유사하기도 하므로, 시장지배적 사업자의 조건부 리베이트 제공행위가 그 자체로 위법하다고 단정할 수는 없다고 하면서도 리베이트의 제공조건, 내용과 형태에 따라 경쟁제한적 효과가 커질 수 있다고 판시하면서 조건부 리베이트 제공행위의 부당성을 판단함에 있어서 추가적으로 고려해야 할 요소들을 명시하였다.

한편 가격인하와 실질적으로 유사하다는 측면을 고려할 때 조건부 리베이트 제공행위에 대하여 이른바 약탈적 가격설정(predation)의 부당성 판단 기준을 적용하여야 하는지도 쟁점이 되었는데, 대법원은 약탈적 가격설정의 부당성 판단 기준을 그대로 적용할 필요가 없다고 보고 "시장지배적 사업자와 동등한 효율성을 가진 가상의 경쟁사업자 또는 실제 경쟁사업자들이 리베이트 제공에 대하여 가격 및 비용 측면에서 대처하는 데 지장이 없었다는 점 등에 관하여 회계적·경제적 분석 등을 통한 공정거래위원회의 증명이 필수적으로 요구되는 것은 아니"라고 판시하였다. 다만 대법원은 "사업자는 조건부 리베이트 제공행위의 사실상 구속력이나 부당성 증명을 위하여 위와 같은 경제분석을 사용하여 그 결정의 신뢰성을 높이는 것은 권장될 수 있다"고 판시하여 경제분석의 유용성을 인정하였다.

이러한 법리에 따라서 대법원은 국내 CDMA2000 방식 모뎀칩 시장에서의 부당성과 국내 CDMA2000 방식 RF칩 시장에서의 부당성을 인정하였다. 다만 원고가 엘지전자에 대해서만 RF칩 리베이트를 제공한 일부 기간에 관해서는 "리베이트 제공행위로 인하여 국내 CDMA2000 방식 RF칩 시장 전체에서의 경쟁을 제한하는 효과가 생길 만한 우려가 있다거나 부당성이 인정된다고 보기는 어렵다"고 판단하였다.

(6) 소비자이익 저해 행위

1) 유선방송 상품변경 사건(2010)[19]과 유선방송 단체계약 폐지 사건(2010)[20]은 종합유선방송사업자가 가입자에 대하여 불이익을 입힌 행위가 구법 제3조의2 제1항 제5호 후단(개정법 제5조 제1항 제5호 후단)의 부당하게 소비자의 이익을 현저히 저해할 우려가 있는 행위에 해당하는지가 문제되었는데, 대법원은 두 사건 모두에서 법 위반 요건이 충족되지 않았다는 취지로 판단하였다.

유선방송 상품변경 사건에서 대법원은 구법 제3조의2 제1항 제5호 후단에 해당하기 위해서는 "시장지배적 사업자의 소비자이익을 저해할 우려가 있는 행위의 존재, 소비자이익 저해 정도의 현저성 및 그 행위의 부당성"이 증명되어야 한다고 판시하여 그 요건을 명확히 하였다. 이 때 소비자이익 저해 정도의 현저성은 "당해 행위로 인하여 변경된 거래조건을 유사 시장에 있는 다른 사업자의 거래조건과 비교하거나 당해 행위로 인한 가격 상승의 효과를 당해 행위를 전후한 시장지배적 사업자의 비용 변동의 정도와 비교하는 등의 방법으로 구체적, 개별적으로 판단"하도록 판시하였다.

유선방송 단체계약 폐지 사건에서 대법원은 위 사건의 판시를 되풀이 하고, 나아가 부당성에 관한 법리를 제시하였다. 대법원은 소비자이익 저해행위의 부당성은 "시장지배적 사업자의 행위의 의도나 목적이 독점적 이익의 과도한 실현에 있다고 볼 만한 사정이 있는지"('주관적 요건'), "그 행위가 이루어진 당해 시장에서 소비자 이익의 저해의 효과가 발생하였거나 발생할 우려가 있는지"('객관적 요건') 등을 구체적으로 살펴 판단하여야 한다고 판시하였다. 즉 소비자이익 저해행위의 부당성은 착취적 의도와 효과를 중심으로 판단하도록 한 것이다. 이러한 부당성 법리에 비추어 볼 때 앞에서 본 포스코 판결의 부당성 법리가 소비자이익 저해행위와 같은 착취남용행위에 대해서는 적용될 수 없다는 점이 명확해졌다.

이러한 부당성 법리에 더하여 대법원은 "시장지배적 사업자의 소비자 이익을 저해할 우려가 있는 행위가 존재하고, 그로 인한 소비자 이익의 저해 정도가 현저하다면, 통상

---

19) 대법원 2010. 2. 11. 선고 2008두16407 판결.
20) 대법원 2010. 5. 27. 선고 2009두1983 판결.

시장지배적 사업자가 과도한 독점적 이익을 취하고자 하는 행위로서 부당하다고 할 경우가 많을 것"이라고 판시함으로써 주관적 요건의 입증부담을 덜어 주었다.

한편 소비자이익 저해행위는 구법 제3조의2 제1항 제5호 후단에서 규정하고 있을 뿐이고, 다른 행위유형과 같이 이를 구체화하는 시행령이나 고시의 규정이 없다. 그런데 시행령 등에서 구체화한 규정이 없음에도 이 사건과 같이 법률의 규정을 직접 적용하는 경우 헌법상 명확성의 원칙에 반한다는 원고의 주장이 있었다. 그러나 대법원은 구법 제3조의2 제1항 제5호 후단의 규정이 헌법상 법치주의원리에서 파생되는 명확성 원칙을 위반한다고 볼 수 없고, 시행령 등에 구체적인 행위유형 및 기준이 마련되어 있지 않더라도 유효하게 적용될 수 있다고 판단하였다.

2) 음악파일 DRM 탑재 사건(2011)[21]에서는 원고가 MP3폰과 멜론사이트의 음악파일에 자체 개발한 DRM(Digital Right Management)을 장착하여 멜론사이트에서 구매한 음악파일만 재생할 수 있도록 하고 다른 사이트에서 구매한 음악은 멜론사이트에 회원으로 가입한 후에 별도의 컨버팅 과정을 거치도록 한 행위가 구법 제3조의2 제1항 제3호(개정법 제5조 제1항 제3호)의 다른 사업자의 사업활동 방해행위 및 제5호 후단의 소비자이익 저해행위에 해당되는지가 문제되었다.

다른 사업자의 사업활동 방해행위에 대하여 대법원은 다른 사건들과 동일하게 포스코 판결의 부당성 법리를 그대로 인용하면서 "DRM은 음악저작권을 보호하고 음악파일의 무단복제 등을 방지하기 위하여 필요한 기술이므로, 원고가 자신의 MP3폰과 음악파일에 DRM을 탑재한 것은 인터넷 음악서비스 사업자들의 수익과 저작권자의 보호 및 불법 다운로드 방지를 위한 것으로서 정당한 이유가 있다고 보이는 점" 등을 근거로 이 사건에서 부당성을 부정하였다. 이 판결은 시장지배적 사업자가 문제되는 행위를 하는 정당한 이유도 부당성을 판단함에 있어서 함께 고려하여야 함을 보여주었다는 점에서 의의가 있다.

또한 소비자이익 저해행위와 관련해서는 대법원이 유선방송 상품변경 사건과 유선방송 단체계약 폐지 사건의 현저성에 관한 법리를 인용하면서 침해의 현저성을 부인한 원심의 결론을 수긍하였다.

---

21) 대법원 2011. 10. 13. 선고 2008두1832 판결.

2. 주요 판례

(1) 대법원 2007. 11. 22. 선고 2002두8626 전원합의체 판결 [열연코일 공급거절 사건] (사업활동 방해)

판시사항

[1] 독점규제 및 공정거래에 관한 법률 제3조의2 제1항 제3호에서 금지하는 시장지배적 사업자의 지위남용행위의 한 유형으로서의 거래거절행위의 의미

[2] 특정 사업자가 시장지배적 지위에 있는지 여부를 판단함에 있어 '관련 상품에 따른 시장'과 '관련 지역에 따른 시장'의 의미 및 그 시장에서의 시장지배가능성 판단 방법

[3] 거래거절행위가 독점규제 및 공정거래에 관한 법률 제3조의2 제1항 제3호의 시장지배적 사업자의 지위남용행위에 해당하기 위한 요건인 '부당성' 유무의 평가 방법

판결요지

[1] 독점규제 및 공정거래에 관한 법률 제3조의2 제1항 제3호에서 금지하는 시장지배적 지위남용행위로서의 거래거절행위는 '시장지배적 사업자가 부당하게 특정 사업자에 대한 거래를 거절함으로써 그 사업자의 사업활동을 어렵게 하는 행위'이다.

[2] 특정 사업자가 시장지배적 지위에 있는지 여부를 판단하기 위해서는 경쟁관계가 문제될 수 있는 일정한 거래 분야에 관하여 거래의 객체인 '관련 상품에 따른 시장'과 거래의 지리적 범위인 '관련 지역에 따른 시장' 등을 구체적으로 정하고 그 시장에서 지배가능성이 인정되어야 한다. 여기서 '관련 상품에 따른 시장'은 일반적으로 시장지배적 사업자가 시장지배력을 행사하는 것을 억제하여 줄 경쟁관계에 있는 상품들의 범위를 말하는 것으로서, 구체적으로는 거래되는 상품의 가격이 상당기간 어느 정도 의미 있는 수준으로 인상 또는 인하될 경우 그 상품의 대표적 구매자 또는 판매자가 이에 대응하여 구매 또는 판매를 전환할 수 있는 상품의 집합을 의미하고, 그 시장의 범위는 거래에 관련된 상품의 가격, 기능 및 효용의 유사성, 구매자들의 대체가능성에 대한 인식 및 그와 관련한 구매행

태는 물론 판매자들의 대체가능성에 대한 인식 및 그와 관련한 경영의사결정 형태, 사회적·경제적으로 인정되는 업종의 동질성 및 유사성 등을 종합적으로 고려하여 판단하여야 하며, 그 외에도 기술발전의 속도, 그 상품의 생산을 위하여 필요한 다른 상품 및 그 상품을 기초로 생산되는 다른 상품에 관한 시장의 상황, 시간적·경제적·법적 측면에서의 대체의 용이성 등도 함께 고려하여야 한다. 또한 '관련 지역에 따른 시장'은 일반적으로 서로 경쟁관계에 있는 사업자들이 위치한 지리적 범위를 말하는 것으로서, 구체적으로는 다른 모든 지역에서의 가격은 일정하나 특정 지역에서만 상당기간 어느 정도 의미 있는 가격인상 또는 가격인하가 이루어질 경우 당해 지역의 대표적 구매자 또는 판매자가 이에 대응하여 구매 또는 판매를 전환할 수 있는 지역 전체를 의미하고, 그 시장의 범위는 거래에 관련된 상품의 가격과 특성 및 판매자의 생산량, 사업능력, 운송비용, 구매자의 구매지역 전환가능성에 대한 인식 및 그와 관련한 구매자들의 구매지역 전환행태, 판매자의 구매지역 전환가능성에 대한 인식 및 그와 관련한 경영의사 결정 행태, 시간적·경제적·법적 측면에서의 구매지역 전환의 용이성 등을 종합적으로 고려하여 판단하여야 하며, 그 외에 기술발전의 속도, 관련 상품의 생산을 위하여 필요한 다른 상품 및 관련 상품을 기초로 생산되는 다른 상품에 관한 시장의 상황 등도 함께 고려하여야 한다. 그리고 무역자유화 및 세계화 추세 등에 따라 자유로운 수출입이 이루어지고 있어 국내 시장에서 유통되는 관련 상품에는 국내 생산품 외에 외국 수입품도 포함되어 있을 뿐 아니라 또한 외국으로부터의 관련 상품 수입이 그다지 큰 어려움 없이 이루어질 수 있는 경우에는 관련 상품의 수입 가능성도 고려하여 사업자의 시장지배 가능성을 판단하여야 한다.

[3] [다수의견] 거래거절행위가 독점규제 및 공정거래에 관한 법률 제3조의2 제1항 제3호의 시장지배적 사업자의 지위남용행위에 해당하려면 그 거래거절행위가 다른 사업자의 사업활동을 부당하게 어렵게 하는 행위로 평가될 수 있어야 하는바, 여기에서 말하는 '부당성'은 같은 법 제23조 제1항 제1호의 불공정거래행위로서의 거절행위의 부당성과는 별도로 '독과점적 시장에서의 경쟁촉진'이라는 입법목적에 맞추어 독자적으로 평가·해석하여야 하므로, 시장지배적 사업자가 개별 거래의 상대방인 특정 사업자에 대한 부당한 의도나 목적을 가지고 거래거절을 한 모든 경우 또는 그 거래거절로 인하여 특정 사업자가 사업활동에 곤란을 겪게 되었다거나 곤란을 겪게 될 우려가 발생하였다는 것과 같이 특정 사업자가

불이익을 입게 되었다는 사정만으로는 그 부당성을 인정하기에 부족하고, 그중에서도 특히 시장에서의 독점을 유지·강화할 의도나 목적, 즉 시장에서의 자유로운 경쟁을 제한함으로써 인위적으로 시장질서에 영향을 가하려는 의도나 목적을 갖고, 객관적으로도 그러한 경쟁제한의 효과가 생길 만한 우려가 있는 행위로 평가될 수 있는 행위로서의 성질을 갖는 거래거절행위를 하였을 때에 그 부당성이 인정될 수 있다. 그러므로 시장지배적 사업자의 거래거절행위가 그 지위남용행위에 해당한다고 주장하려면, 그 거래거절이 상품의 가격상승, 산출량 감소, 혁신 저해, 유력한 경쟁사업자의 수의 감소, 다양성 감소 등과 같은 경쟁제한의 효과가 생길 만한 우려가 있는 행위로서 그에 대한 의도와 목적이 있었다는 점을 입증하여야 하고 거래거절행위로 인하여 현실적으로 위와 같은 효과가 나타났음이 입증된 경우에는 그 행위 당시에 경쟁제한을 초래할 우려가 있었고 또한 그에 대한 의도나 목적이 있었음을 사실상 추정할 수 있지만, 그렇지 않은 경우에는 거래거절의 경위 및 동기, 거래거절행위의 태양, 관련시장의 특성, 거래거절로 인하여 그 거래상대방이 입은 불이익의 정도, 관련시장에서의 가격 및 산출량의 변화 여부, 혁신 저해 및 다양성 감소 여부 등 여러 사정을 종합적으로 고려하여 거래거절행위가 위에서 본 경쟁제한의 효과가 생길 만한 우려가 있는 행위로서 그에 대한 의도나 목적이 있었는지를 판단하여야 한다. 그리고 이 때 경쟁제한의 효과가 문제되는 관련시장은 시장지배적 사업자 또는 경쟁사업자가 속한 시장뿐만 아니라 그 시장의 상품 생산을 위하여 필요한 원재료나 부품 및 반제품 등을 공급하는 시장 또는 그 시장에서 생산된 상품을 공급받아 새로운 상품을 생산하는 시장도 포함될 수 있다.

[대법관 이홍훈, 안대희의 반대의견]

독점규제 및 공정거래에 관한 법률 제3조의2 제1항 제3호를 해석할 때에는, 시장지배적 사업자가 다른 사업자에 대하여 거래를 거절함으로써 외형상 그 사업자의 사업활동을 어렵게 하는 행위를 한 경우에 그 행위는 시장지배적 사업자가 자신의 시장지배적 지위를 남용하여 시장에서의 공정하고 자유로운 경쟁을 저해할 우려가 있는 '부당한 행위'를 한 것으로 추정된다고 해석하는 것이 합리적이다. 따라서 시장지배적 사업자가 위 추정에서 벗어나기 위해서는 그 거래거절행위가 실질적으로 다른 사업자의 사업활동을 방해하는 행위가 아니라거나 그와 같은 의도나 목적이 없어 공정하고 자유로운 경쟁을 저해할 우려가 있는 '부당한 행위'가 아니라는 점을 주장·입증하거나, 그와 같은 행위에 해당한다고 하더라도 거래를 거절할 수밖에 없는 정당한 사유가 있다는 점을 주장·입증하여야 한다. 이때 시장지배적 사업자의 거래거절행위가 합리적이고 사업상 불가피하였다는 등 정당한 사유가 있는지 여부는 거래를 거절하게 된 목적과 경위, 당사자의 거래상 지위 및 경영상태, 경영상 필요, 거래거절 대상의 특성, 시장상황, 거래거절의 결과 등을 종합적으로 고려하여 판단하여야 한다.

[대법관 박시환의 반대의견]

다수의견과 같이 독점규제 및 공정거래에 관한 법률 제3조의2 제1항 제3호의 시장지배적 사업자의 거래거절행위의 '부당성'의 의미를 주관적·객관적 측면에서 '경쟁제한의 우려'가 있는 행위로만 파악하는 것은 시장지배적 사업자가 그 시장지배력을 남용하는 것을 규제함으로써 독점을 규제하고자 하는 우리 헌법의 정신 및 독점규제 및 공정거래에 관한 법률의 입법목적에 반하므로, 독점규제 및 공정거래에 관한 법률 제3조의2 제1항 제3호의 시장지배적 사업자의 지위남용행위로서의 거래거절행위의 부당성은 같은 법 제23조 제1항 제1호가 규율하는 불공정거래행위로서의 거래거절행위의 부당성과 같은 의미로 평가·해석하여야 하고, 결국 시장지배적 사업자의 거래거절이 지위남용행위로서 행하여진 경우에는 '독점규제' 측면에서 경쟁제한의 우려 여부와 관계없이 이를 규제하여야 한다.

참조조문

[1] 독점규제 및 공정거래에 관한 법률 제2조 제7호, 제3조의2 제1항, 제4조, 구 독점규제 및 공정거래에 관한 법률 시행령(2001. 3. 27. 대통령령 제17176호로 개정되기 전의 것) 제5조 제3항 제3호(현행 제5조 제3항 제4호 참조)

[2] 독점규제 및 공정거래에 관한 법률 제2조 제7호, 제3조의2 제1항, 제4조, 구 독점규제 및 공정거래에 관한 법률 시행령(2001. 3. 27. 대통령령 제17176호로 개정되기 전의 것) 제5조 제3항 제3호(현행 제5조 제3항 제4호 참조)

[3] 독점규제 및 공정거래에 관한 법률 제3조의2 제1항 제3호, 제23조 제1항 제1호

따름판례

헌재 2007. 12. 27. 선고 2005헌마1209 결정, 대법원 2008. 5. 29. 선고 2006두6659 판결, 대법원 2009. 9. 10. 선고 2008두9744 판결, 대법원 2010. 3. 25. 선고 2008두7465 판결, 대법원 2011. 6. 10. 선고 2008두16322 판결, 대법원 2014. 4. 10. 선고 2012두6308 판결, 대법원 2014. 11. 13. 선고 2009두20366 판결, 대법원 2014. 11. 27. 선고 2013두24471 판결, 대법원 2019. 1. 31. 선고 2013두14726 판결, 대법원 2021. 6. 30.

선고 2018두37700 판결, 대법원 2021. 6. 30. 선고 2018두37960 판결

전 문

【원고, 상고인】 주식회사 포스코
【피고, 피상고인】 공정거래위원회
【보조참가인】 현대하이스코 주식회사
【원심판결】 서울고법 2002. 8. 27. 선고 2001누5370 판결
【주 문】
원심판결을 파기하고, 사건을 서울고등법원에 환송한다.
【이 유】
상고이유를 판단한다.

1. 시장지배적 지위 관련 상고이유에 대하여

가. 1999. 2. 5. 법률 제5813호로 개정된 독점규제 및 공정거래에 관한 법률(이하 '공정거래법'이라 한다) 제3조의2 제1항은 시장지배적 사업자의 지위남용행위를 금지하고 있고, 같은 항 제3호는 그 지위남용행위의 하나로 다른 사업자의 사업활동을 부당하게 방해하는 행위를 규정하고 있다. 공정거래법 제3조의2 제2항이 남용행위의 유형 또는 기준을 대통령령에 위임함에 따라 독점규제 및 공정거래에 관한 법률 시행령(1999. 3. 31. 대통령령 제16221호로 개정되고 2001. 3. 27. 대통령령 제17176호로 개정되기 전의 것, 이하 '공정거래법 시행령'이라 한다) 제5조 제3항 제3호는 '다른 사업자의 사업활동을 부당하게 방해하는 행위'의 하나로 "제1호 및 제2호 외의 부당한 방법으로 다른 사업자의 사업활동을 어렵게 하는 행위로서 공정거래위원회가 고시하는 행위"를 규정하고 있으며, 이에 따라 공정거래위원회가 고시한 시장지배적지위남용행위 심사기준(2000. 9. 8. 공정거래위원회 고시 제2000-6호) Ⅳ. 3. 다. (1)은 공정거래법 시행령 제5조 제3항 제3호의 한 경우로서 '부당하게 특정 사업자에 대하여 거래를 거절한 경우'(이하 '거래거절'이라 한다)를 규정하고 있다.

결국, 위 관련 법령 등의 규정에 의하면 시장지배적 지위남용행위로서의 거래거절행위는 '시장지배적 사업자가 부당하게 특정 사업자에 대한 거래를 거절함으로써 그 사업자의 사업활동을 어렵게 하는 행위'라 할 것이다.

한편, 공정거래법 제2조 제7호, 제8호에 의하면, 시장지배적 사업자는 거래의 객체별, 단계별 또는 지역별로 경쟁관계에 있거나 경쟁관계가 성립될 수 있는 분야(이하 '일정한 거래분야'라고 한다)의 공급자나 수요자로서 단독으로 또는 다른 사업자와 함께 상품이나 용역의 가격·수량·품질 기타의 거래조건을 결정·유지 또는 변경할 수 있는 시장지위를 가진 사업자를 말하고, 시장지배적 사업자인지 여부를 판단함에 있어서는 시장점유율, 진입장벽의 존재 및 정도, 경쟁사업자의 상대적 규모 등을 종합적으로 고려하여 판단하여야 한다. 다만, 일정한 거래분야에서 연간 매출액 또는 구매액이 10억 원 미만인 사업자는 제외되며(공정거래법 제2조 제7호), 한편 일정한 거래분야에서 1 사업자의 시장점유율이 100분의 50 이상이거나, 3 이하의 사업자(시장점유율이 100분의 10 미만인 자를 제외한다)의 시장

점유율의 합계가 100분의 75 이상인 경우에는 그 사업자는 시장지배적 사업자로 추정된다(공정거래법 제4조).

따라서 특정 사업자가 시장지배적 지위에 있는지 여부를 판단하기 위해서는 경쟁관계가 문제될 수 있는 일정한 거래 분야에 관하여 거래의 객체인 관련상품에 따른 시장(이하 '관련상품시장'이라 한다)과 거래의 지리적 범위인 관련지역에 따른 시장(이하 '관련지역시장'이라 한다) 등을 구체적으로 정하고 그 시장에서 지배가능성이 인정되어야 한다.

관련상품시장은 일반적으로 시장지배적 사업자가 시장지배력을 행사하는 것을 억제하여 줄 경쟁관계에 있는 상품들의 범위를 말하는 것으로서, 구체적으로는 거래되는 상품의 가격이 상당기간 어느 정도 의미 있는 수준으로 인상 또는 인하될 경우 그 상품의 대표적 구매자 또는 판매자가 이에 대응하여 구매 또는 판매를 전환할 수 있는 상품의 집합을 의미하고, 그 시장의 범위는 거래에 관련된 상품의 가격, 기능 및 효용의 유사성, 구매자들의 대체가능성에 대한 인식 및 그와 관련한 구매행태는 물론 판매자들의 대체가능성에 대한 인식 및 그와 관련한 경영의사결정 형태, 사회적·경제적으로 인정되는 업종의 동질성 및 유사성 등을 종합적으로 고려하여 판단하여야 할 것이며, 그 외에도 기술발전의 속도, 그 상품의 생산을 위하여 필요한 다른 상품 및 그 상품을 기초로 생산되는 다른 상품에 관한 시장의 상황, 시간적·경제적·법적 측면에서의 대체의 용이성 등도 함께 고려하여야 할 것이다.

또한, 관련지역시장은 일반적으로 서로 경쟁관계에 있는 사업자들이 위치한 지리적 범위를 말하는 것으로서, 구체적으로는 다른 모든 지역에서의 가격은 일정하나 특정 지역에서만 상당기간 어느 정도 의미 있는 가격인상 또는 가격인하가 이루어질 경우 당해 지역의 대표적 구매자 또는 판매자가 이에 대응하여 구매 또는 판매를 전환할 수 있는 지역 전체를 의미하고, 그 시장의 범위는 거래에 관련된 상품의 가격과 특성 및 판매자의 생산량, 사업능력, 운송비용, 구매자의 구매지역 전환가능성에 대한 인식 및 그와 관련한 구매자들의 구매지역 전환행태, 판매자의 구매지역 전환가능성에 대한 인식 및 그와 관련한 경영의사결정 행태, 시간적·경제적·법적 측면에서의 구매지역 전환의 용이성 등을 종합적으로 고려하여 판단하여야 할 것이며, 그 외에 기술발전의 속도, 관련 상품의 생산을 위하여 필요한 다른 상품 및 관련 상품을 기초로 생산되는 다른 상품에 관한 시장의 상황 등도 함께 고려하여야 할 것이다.

그리고 무역자유화 및 세계화 추세 등에 따라 자유로운 수출입이 이루어지고 있어 국내 시장에서 유통되는 관련 상품에는 국내 생산품 외에 외국 수입품도 포함되어 있을 뿐 아니라 또한 외국으로부터의 관련 상품 수입이 그다지 큰 어려움 없이 이루어질 수 있는 경우에는 관련 상품의 수입 가능성도 고려하여 사업자의 시장지배 가능성을 판단하여야 한다. 따라서 이와 같이 현재 및 장래의 수입 가능성이 미치는 범위 내에서는 국외에 소재하는 사업자들도 경쟁관계에 있는 것으로 보아 그들을 포함시켜 시장지배 여부를 정함이 상당한바, 이러한 경우에는 위에서 본 관련지역시장 판단에 관한 여러 고려 요소들을 비롯하여 특히 관련상품시장의 국내외 사업자 구성, 국외 사업자가 자신의 생산량 중 국내로 공급하거나 국내 사업자가 국외로 공급하는 물량의 비율, 수출입의 용이성·안정성·지속성 여부, 유·무형의 수출입장벽, 국내외 가격의 차이 및 연동성 여부 등을 감안하여야 할 것이다.

나. 위 법리에 비추어 원심판결이유를 살펴보면, 원심이 관련상품시장에 관하여 '원고가 생산하고 있는 열연코일 중 자동차냉연강판용 열연코일을 구분하여 이를 거래대상이 아닌 공정 중에 있는 물품이라고 할 수 없다'고 보는 한편, 나아가 '열연코일의 기능 및 효용의 측면, 수요대체성의 측면, 공급대체성의 측면 및 한국산업표준산업분류 등을 참작하여 열연코일 전체를 거래대상으로 삼는 이외에 이를 세분하여 그중 자동차냉연강판용 열연코일만을 거래대상으로 삼는 별도의 시장을 상정할 수는 없다'고 인정한 것은 정당하며, 또한 관련 지역시장에 관하여 열연코일의 국내가격과 수출가격 사이의 관계를 판단하는 전제로서 열연코일의 국내가격은 원화가격으로, 수출가격은 미국 달러화가격으로 비교함으로써 환율을 고려하지 아니하였을 뿐만 아니라 열연코일의 국내판매가격은 표준가격으로, 수출가격은 실거래가격의 평균가격으로 비교함으로써 등가성을 확보하지 아니한 채 비교한 잘못은 있으나, 그 밖에 원심 판시와 같은 사유로 국내에서 열연코일의 가격이 상당기간 어느 정도 인상되더라도 이에 대응하여 국내 구매자들이 동북아시아 지역으로 열연코일의 구매를 전환할 가능성은 없다는 이유에서 열연코일에 관한 동북아시아시장을 관련지역시장에 포함시킬 수 없다고 인정한 결론은 옳고, 나아가 이에 기초하여 원고가 위 시장들에 관하여 시장지배적 지위에 있다고 판단한 것은 정당하다. 원심판결에는 상고이유에서 주장하는 바와 같은 관련상품시장, 관련지역시장 및 시장지배적 지위에 관한 법리오해 또는 채증법칙 위배의 위법이 없다.

다. 다만, 원심판결 이유에 의하면 피고는 피고 보조참가인(이하 '참가인'이라고만 한다)이 1997. 8. 6., 1998. 6. 1., 1998. 10. 10., 2000. 12. 22., 2001. 2. 14. 등 모두 5차례에 걸쳐 원고에게 냉연용 열연코일의 공급을 요청하였음에도 원고가 거래를 거절하였다는 이유로 이 사건 처분을 한 사실을 알 수 있고, 이와 같은 5차례의 거래거절행위는 각각 개별적으로 거래거절행위로 성립될 수 있다 할 것인바, 1999. 2. 5. 법률 제5813호로 공정거래법이 개정되면서 시장지배적 사업자의 개념에 대한 규정 내용이 변경되었으므로 그 이전에 이루어진 3차례의 거래거절행위에 대하여는 그 개정 전의 공정거래법(이하 '구 공정거래법'이라 한다)에서 정한 시장지배적 사업자의 개념을 기준으로 하여 원고가 시장지배적 사업자인지 여부를 판단하여야 한다.

따라서 원심이 위 3차례의 거래거절행위에 대하여 개정 후의 공정거래법에 기초하여 시장지배적 사업자에 해당하는지 여부를 판단한 것은 잘못임을 우선 지적하여 두고자 한다.

그러나 구 공정거래법 제2조 제7호, 제4조 제1항, 구 공정거래법 시행령(1999. 3. 31. 대통령령 제16221호로 개정되기 전의 것) 제4조 제1항 본문, 제2항, 제7조 제1항의 규정을 종합하면, 시장지배적 사업자는 동종 또는 유사한 상품이나 용역의 공급에 있어서 1 사업자의 국내 시장점유율이 100분의 50 이상이거나 3 이하의 사업자의 시장점유율의 합계가 100분의 75 이상으로서 최근 1년간 국내에서 공급된 금액이 1,000억 원 이상인 시장에서 당해 상품 또는 용역을 공급하는 사업자 중 공정거래위원회에 의하여 시장지배적 사업자로 지정·고시된 사업자를 말하는데, 원심이 적법하게 인정한 사실과 채택한 증거들에 의하면,

위 3차례의 거래거절행위가 이루어진 1997년부터 1998년까지 사이에 열연코일(열연광폭대강)시장에서의 원고의 국내 시장점유율은 100분의 50 이상으로서 원고는 최근 1년간 국내에서 공급된 금액이 1,000억 원 이상인 열연코일시장에서 열연코일을 공급하는 사업자였고, 피고에 의하여 열연코일시장의 시장지배적 사업자로 지정·고시되어 있었던 사실을 알 수 있다.

그렇다면 원고는 구 공정거래법에 의하더라도 위 3차례의 거래거절행위 당시 국내 열연코일시장의 시장지배적 사업자였다 할 것이므로, 앞서 본 원심의 잘못은 판결 결과에는 영향이 없다 할 것이다.

2. 이 사건 거래거절행위의 부당성 관련 상고이유에 대하여

가. 앞서 본 바와 같이 공정거래법 제3조의2 제1항 제3호에 의하여 금지되는 시장지배적 사업자의 지위남용행위의 한 유형으로서의 거래거절행위는 '시장지배적 사업자가 부당하게 특정 사업자에 대한 거래를 거절함으로써 그 사업자의 사업활동을 어렵게 하는 행위'라 할 것이다. 따라서 거래거절행위가 시장지배적 사업자의 지위남용행위에 해당하려면 그 거래거절행위가 다른 사업자의 사업활동을 부당하게 어렵게 하는 행위로 평가될 수 있어야 하는바, 계약자유 및 사적자치에 관한 일반 원칙과 관련해 볼 때 시장지배적 사업자의 지위남용행위에 해당하기 위한 요건으로서 여기에서 말하는 '부당성'이란 무엇을 의미하는지 문제된다.

헌법 제23조 제1항 전문은 "모든 국민의 재산권은 보장된다"라고 규정하고, 헌법 제119조 제1항은 "대한민국의 경제질서는 개인과 기업의 경제상의 자유와 창의를 존중함을 기본으로 한다"고 규정함으로써, 우리 헌법이 사유재산제도와 경제활동에 관한 사적자치의 원칙을 기초로 하는 시장경제질서를 기본으로 하고 있음을 선언하고 있다. 이는 국민 개개인에게 자유스러운 경제활동을 통하여 생활의 기본적 수요를 스스로 충족시킬 수 있도록 하고 사유재산의 자유로운 이용·수익과 그 처분을 보장해 주는 것이 인간의 자유와 창의를 보전하는 지름길이고 궁극에는 인간의 존엄과 가치를 증대시키는 최선의 방법이라는 이상을 배경으로 하고 있는 것이다. 그러나 한편, 헌법 제119조 제2항은 "국가는 … 시장의 지배와 경제력의 남용을 방지하기 위하여 … 경제에 관한 규제와 조정을 할 수 있다"고 규정함으로써, '독점규제와 공정거래유지'라는 경제정책적 목표를 개인의 경제적 자유를 제한할 수 있는 정당한 공익의 하나로 하고 있다. 이는 경제를 자유방임 상태에 둘 경우 경제적 자유에 내재하는 경제력집중적 또는 시장지배적 경향으로 말미암아 반드시 시장의 자유가 제한받게 되므로 국가의 법질서에 의하여 공정한 경쟁질서를 형성하고 확보하는 것이 필요하고, 공정한 경쟁질서의 유지가 자연적인 사회현상이 아니라 국가의 지속적인 과제라는 인식에 그 바탕을 두고 있다.

다시 말하면 사유재산제도와 경제활동에 관한 사적자치의 원칙에 입각한 시장경제질서를 기본으로 하는 우리나라에서는 원칙적으로 사업자들에게 계약체결 여부의 결정, 거래상대방 선택, 거래내용의 결정 등을 포괄하는 계약의 자유가 인정되지만, 시장의 지배와 경제력의 남용이 우려되는 경우에는 그러한 계약의 자유가 제한될 수 있다 할 것이고, 이러한 제한 내지 규제는 계약자유의 원칙이라는 시민법 원리를 수정한 것이기는 하나 시민법 원리 그 자체를 부정하는 것은 아니며, 시민법 원리의 결함을 교정함으로써 그것이 가지고 있던 본래의 기능을 회복시키기 위한 것으로 이해할 수 있다.

구 공정거래법이나 그 이후에 개정된 공정거래법은 모두 위와 같은 헌법상의 원리를 반영하여 그 제1조에서 이 법은 공정하고 자유로운 경쟁을 촉진함으로써 창의적인 기업활동을 조장하고 소비자를 보호함과 아울러 국민경제의 균형있는 발전을 도모함을 목적으로 하고 있다고 그 입법목적을 천명하고 있고, 위와 같은 법의 입법목적을 달성하기 위한 규제의 하나로서 공정거래법 제3조의2는 시장지배적 사업자의 지위남용행위를 규제하고 있다.

과거 개발경제시대의 영향 등으로 독과점의 폐해에 대한 우려가 큰 우리나라 경제현실 등에 비추어 볼 때 시장경제원리가 제대로 작동하기 위한 전제조건으로서의 경쟁 기능의 유지를 위하여 시장지배적 지위남용행위에 대한 규제가 매우 중요하다 할 것이다. 그러나 다른 한편으로 최근의 이른바 경제의 첨단화 및 세계화 등의 추세를 감안하면 위 규제가, 기업이 창의력을 바탕으로 세계적 경쟁력을 키우고 궁극적으로는 소비자 후생 증대와 경제 발전에 기여할 수 있는 방향으로 운용되도록 배려할 필요 역시 그에 못지않다 할 것이고, 위 규제가 불합리하거나 과도하여 기업이 자신의 능력을 충분히 발휘하는 데 장애가 되어서는 곤란할 것이다.

즉, 오늘날 기업들은 매우 다양한 방법으로 전략적 사업활동을 영위하고 있고, 그 과정에서 다른 사업자들과 계약을 체결하고 거래를 하기도 하지만, 매우 다양한 이유에서 계약의 체결을 거절하거나 계약상대방을 결정하고, 계약조건을 흥정하기도 한다. 그런 과정에서 경쟁을 해치는 거래거절에 대하여는 이를 위법한 것으로 보아 시정조치함으로써 경쟁을 회복시켜야겠지만, 경쟁제한적인 의도나 목적이 전혀 없거나 불분명한 전략적 사업활동에 관하여도 다른 사업자를 다소 불리하게 한다는 이유만으로 경쟁 제한을 규제 대상으로 삼는 법률에 위반된 것으로 처분한다면 이는 그 규제를 경쟁의 보호가 아닌 경쟁자의 보호를 위한 규제로 만들 우려가 있을 뿐 아니라, 기업의 사업활동을 부당하게 위축시켜 결과적으로는 경쟁력 있는 사업자 위주로 시장이 재편되는 시장경제의 본래적 효율성을 저해하게 될 위험성이 있다.

그리고 공정거래법은 그 제3조의2 제1항 제3호에서 시장지배적 사업자의 지위남용행위로서의 거래거절행위를 규제하면서 이와는 별도로, 그 제23조 제1항 제1호에서 개별 사업자가 부당하게 거래를 거절하여 공정한 거래를 저해할 우려가 있는 행위를 한 경우, 그 거래거절을 한 사업자의 시장지배적 지위 유무와 상관없이 이를 불공정거래행위로 보아 규제하고 있는바, 공정거래법 제3조의2 제1항 제3호의 시장지배적 사업자의 거래거절행위와 공정거래법 제23조 제1항 제1호의 불공정거래행위로서의 거래거절행위는 그 규제목적 및 범위를 달리하고 있으므로 공정거래법 제3조의2 제1항 제3호가 규제하는 시장지배적 사업자의 거래거절행위의 부당성의 의미는 공정거래법 제23조 제1항 제1호의 불공정거래행위로서의 거래거절행위의 부당성과는 별도로 독자적으로 평가·해석하여야 한다.

공정거래법이 그 제3조의2 제1항 제3호에서 시장지배적 사업자의 지위남용행위로서의 거래거절행위를 규제하면서도 그 제23조 제1항 제1호에서 시장지배적 사업자를 포함한 모든 사업자의 불공정거래행위로서의 거래거절행위를 규제하고 있는 이유는, 거래거절이 시장지배적 사업자의 지위남용에 해당하는지 여부를 떠나 단지 그 거래상대방과의 관계에서 공정한 거래를 저해할 우려가 있는 행위라고 평가되는 경우에는 이를 규제하여야 할 필요성이 있기 때문이다. 따라서 공정거래법 제23조 제1항 제1호의 불공정거래행위로서의 거래거절행위에 관하여는 그 행위의 주체에 제한이 없으며, 또한 그 당해 거래거절행위의 공정거래저해성 여부에 주목하여 특정 사업자의 거래기회를 배제하여 그 사업활동을 곤란하게 하거나 곤란하게 할 우려가 있는 경우, 거래상대방에 대한 부당한 통제 등의 목적 달성을 위한 실효성 확보 수단 등으로 거래거절이 사용된 경우 등과 같이 사업자의 거래거절행위가 시장에 미치는 영향을 고려하지 아니하고 그 거래상대방인 특정 사업자가 당해 거래거절행위로 인하여 불이익을 입었는지 여부에 따라 그 부당성의 유무를 평가하여야 한다.

이에 비하여 공정거래법이 그 제3조에서 공정거래위원회로 하여금 독과점적 시장에서 경쟁을 촉진하기 위한 시책을 수립·시행하여야 할 의무를 부과하고 또한 그 제3조의2에서 시장지배적 사업자를 수범자로 하여 그 지위남용행위를 규제하면서 그 지위남용행위의 하나로 거래거절행위를 규정하고 있는 이유는, 불공정거래행위로서의 거래거절행위와는 달리 시장지배적 사업자가 존재하는 독과점적 시장에서 시장지배적 사업자의 경쟁을 제한하는 거래거절행위를 규제하여야 할 필요성이 있기 때문이다. 따라서 공정거래법 제3조의2 제1항 제3호의 시장지배적 사업자의 지위남용행위로서의 거래거절의 부당성은 '독과점적 시장에서의 경쟁촉진'이라는 입법목적에 맞추어 해석하여야 할 것이므로, 시장지배적 사업자가 개별 거래의 상대방인 특정 사업자에 대한 부당한 의도나 목적을 가지고 거래거절을 한 모든 경우 또는 그 거래거절로 인하여 특정 사업자가 사업활동에 곤란을 겪게 되었다거나 곤란을 겪게 될 우려가 발생하였다는 것과 같이 특정 사업자가 불이익을 입게 되었다는 사정만으로는 그 부당성을 인정하기에 부족하고, 그중에서도 특히 시장에서의 독점을 유지·강화할 의도나 목적, 즉 시장에서의 자유로운 경쟁을 제한함으로써 인위적으로 시장질서에 영향을 가하려는 의도나 목적을 갖고, 객관적으로도 그러한 경쟁제한의 효과가 생길 만한 우려가 있는 행위로 평가될 수 있는 행위로서의 성질을 갖는 거래거절행위를 하였을 때에 그 부당성이 인정될 수 있다 할 것이다.

그러므로 시장지배적 사업자의 거래거절행위가 그 지위남용행위에 해당한다고 주장하는 피고로서는 그 거래거절이 상품의 가격상승, 산출량 감소, 혁신 저해, 유력한 경쟁사업자의 수의 감소, 다양성 감소 등과 같은 경쟁제한의 효과가 생길 만한 우려가 있는 행위로서 그에 대한 의도와 목적이 있었다는 점을 입증하여야 할 것이고, 거래거절행위로 인하여 현실적으로 위와 같은 효과가 나타났음이 입증된 경우에는 그 행위 당시에 경쟁제한을 초래할 우려가 있었고 또한 그에 대한 의도나 목적이 있었음을 사실상 추정할 수 있다 할 것이지만, 그렇지 않은 경우에는 거래거절의 경위 및 동기, 거래거절행위의 태양, 관련시장의 특성, 거래거절로 인하여 그 거래상대방이 입은 불이익의 정도, 관련시장에서의 가격 및 산출량의 변화 여부, 혁신 저해 및 다양성 감소 여부 등 여러 사정을 종합적으로 고려하여 거래거절행위가 위에서 본 경쟁제한의 효과가 생길 만한 우려가 있는 행위로서 그에 대한 의도나 목적이 있었는지를 판단하여야 할 것이다. 그리고 이때 경쟁제한의 효과가 문제되는 관련시장은 시장지배적 사업자 또는 경쟁사업자가 속한 시장뿐만 아니라 그 시장의 상품 생산을 위하여 필요한 원재료나 부품 및 반제품 등을 공급하는 시장 또는 그 시장에서 생산된 상품을 공급받아 새로운 상품을 생산하는 시장도 포함될 수 있다고 할 것이다.

나. 원심은, 원고가 강관용 열연코일을 자동차용으로 전환하여 공급하는 것을 포함하여 참가인에게 자동차냉연강판용 열연코일을 공급하는 것은 고부가가치 최종제품인 자동차용 냉연강판의 판매를 포기하고 경쟁자인 참가인의 자동차강판제조용 원료 공급업체로 전락하는 것이라는 취지의 입장을 표방하여 온 사실, 원고는 자기보다 먼저 냉연강판을 생산해온 연합철강이나 동부제강에게는 냉연용 열연코일을 공급하여 왔음에도 자기가 냉연강판을 생산한 이후에 냉연강판시장에 진입하게 된 참가인에게만은 냉연용 열연코일의 공급을 거부하고 있는 사실, 그리하여 참가인은 냉연용 열연코일의 구매를 전적으로 수입에 의존할 수밖에 없는 상황에서 열연코일 수입에 따른 추가비용부담(운임, 관세, 하역비 등), 거래의 불안정성(물량의 안정적 확보 곤란, 원료 혼용에 따른 생산성 저하, 과다한 운송기간에 따른 시장변화에 대한 신속한 적응 곤란, 환리스크 등) 등으로 인하여 사업활동에 상당한 어려움을 겪고 있고, 또 열연코일의 국내 구매가 불가능하다는 사정으로 인하여 외국으로부터 열연코일 수입시 구매력이 약해지고 거래조건협상이 불리해지는 여건에 처해 있는 사실을 인정한 다음, 원고의 참가인에 대한 거래거절행위는 열연코일시장에서의 자기의 시장지배적지위를 이용하여 냉연강판시장에 새로 진입한 경쟁사업자인 참가인에 대하여 냉연강판 생산에 필수적인 열연코일의 거래를 거절함으로써 열연코일시장에서의 시장지배적 지위를 남용하여 냉연강판시장에서 경쟁사업자인 참가인의 사업활동을 방해하고 자기의 시장지배적 지위를 계속 유지·강화하려는 의도하에 행하여진 행위로서, 이는 시장에서의 경쟁촉진을 통해 소비자 후생을 극대화하고 국민경제의 발전을 도모한다는 법 취지에 어긋날 뿐만 아니라, 참가인에게 단순한 불편이나 경제적 손실의 정도를 넘어 경쟁자로서 충분하게 기능할 수 없을 정도의 장애를 초래하여 경쟁저해의 결과를 가져온 것이라고 할 것이므로, 원고의 참가인에 대한 거래거절행위는 시장지배적 사업자가 특정 사업자의 사업활동을 어렵게 하는 부당한 행위에 해당한다고 판단하였다.

다. 그러나 앞서 본 바와 같이 시장지배적 사업자의 거래거절행위로 인하여 관련시장에서 상품의 가격상승 등 현실적으로 경쟁제한의 효과가 나타난 경우에는 그에 대한 우려가 있는 행위로서 시장지배적 사업자에게 경쟁제한의 의도나 목적이 있었음을 사실상 추정할 수 있다고 할 것인데, 원심이 들고 있는 사정들은 모두 원고의 이 사건 거래거절행위에 의하여 참가인이 입게 된 구체적인 불이익에 불과한 것들로서 현실적으로 경쟁제한의 결과가 나타났다고 인정할 만한 사정에 이르지 못할 뿐만 아니라, 오히려 원심에 제출된 증거들에 의하면, 원고의 이 사건 거래거절행위에도 불구하고 참가인은 일본으로부터 열연코일을 자신의 수요에 맞추어 수입하여 냉연강판을 생산·판매하여 왔고, 냉연강판공장이 완공되어 정상조업이 개시된 2001년 이후부터는 지속적으로 순이익을 올리는 등 냉연강판 생산·판매사업자로서 정상적인 사업활동을 영위하여 왔던 사실을 알 수 있으며, 또한 원고의 이 사건 거래거절행위 이후 국내에서 냉연강판의 생산량이 줄었다거나 가격이 상승하는 등 경쟁이 제한되었다고 볼 만한 자료도 나타나 있지 않으므로, 경쟁 저해의 결과를 초래하였다는 원심의 판단을 수긍하기 어렵다.

또한, 이 사건 거래거절행위는 냉연강판시장에 원재료인 냉연용 열연코일을 공급하던 원고가 냉연강판시장에 진입한 이후에도 경쟁사업자에 해당하는 기존의 냉연강판 제조업체들에게는 계속적으로 냉연용 열연코일을 공급하여 오다가 새로이 냉연강판시장에 진입한 경쟁사업자인 참가인에 대하여 신규공급을 거절한 것인바, 비록 원고가 열연코일시장에서의 시장지배적 지위를 이용하여 후방시장인 냉연강판시장에서의 신규 경쟁사업자에게 영향을 미칠 수 있는 거래거절행위를 한 것이기는 하나, 이는 원재료 공급업체가 새로이 냉연강판시장에 진입하면서 기존의 냉연강판 제조업체에 대한 원재료의 공급을 중단하여 경쟁사업자의 수를 줄이거나 그의 사업능력을 축소시킴으로써 경쟁을 제한하는 결과를 낳는 경우와는 달리, 원고와 기존 냉연강판 제조업체들에 의하여 형성된 기존의 냉연강판시장의 틀을 유지하겠다는 것이어서 그 거래거절에 의하여 기존 냉연강판시장의 가격이나 공급량 등에 직접적으로 영향을 미치지는 아니하므로, 참가인의 신규 참여에 의하여 냉연강판시장에서 현재보다 소비자에게 유리한 여건이 형성될 수 있음에도 참가인이 원고 외의 다른 공급사업자로부터 열연코일을 구할 수 없어, 거래거절에 의하여 신규 참여가 실질적으로 방해되는 것으로 평가될 수 있는 경우 등에 이르지 않는 한, 그 거래거절 자체만을 가지고 경쟁제한의 우려가 있는 부당한 거래거절이라고 하기에는 부족하다고 보아야 할 것이다. 오히려, 이 사건에서는 앞서 본 바와 같이 원고의 거래거절행위에도 불구하고 참가인은 일본으로부터 열연코일을 자신의 수요에 맞추어 수입하여 냉연강판을 생산·판매하여 왔고 순이익까지 올리는 등 정상적인 사업활동을 영위하여 옴으로써 결국 냉연강판시장의 규모가 확대되었다고 할 것이다. 따라서 이와 같은 사정과 아울러 이 사건 거래거절행위로 인하여 거래거절 당시 생산량 감소나 가격 상승과 같은 경쟁제한 효과가 발생할 우려가 있었다는 사정에 관한 자료도 없는 점에 비추어 보면, 위에서 본 바와 같이 원심이 들고 있는 이 사건 거래거절로 인하여 참가인이 입게 된 불이익에 관한 사정들만으로는 이 사건 거래거절행위를 거래거절 당시 경쟁제한의 효과가 생길 만한 우려가 있는 행위로 평가하기에는 부족하다고 봄이 상당하다.

그렇다면 원고의 이 사건 거래거절행위가 공정거래법 제3조의2 제1항 제3호가 적용되는 시장지배적 사업자의 부당한 거래거절행위에 해당한다고 판단한 원심판결에는 시장지배적 사업자의 거래거절행위와 관련한 부당성에 관한 법리를 오해하여 판결에 영향을 미친 위법이 있다 할 것이며, 이를 지적하는 상고이유에 관한 주장은 이유 있다.

3. 결 론

그러므로 나머지 상고이유에 대한 판단을 생략한 채 원심판결을 파기하고, 사건을 다시 심리·판단하게 하기 위하여 원심법원에 환송하기로 하여 주문과 같이 판결한다. 이 판결에는 이 사건 거래거절행위의 부당성 판단 부분에 관하여 대법관 박시환, 대법관 이홍훈, 대법관 안대희의 각 반대의견이 있는 외에는 관여 법관의 의견이 일치되었다.

4. 이 사건 거래거절행위의 부당성 판단에 관한 대법관 이홍훈, 대법관 안대희의 반대의견

가. 다수의견은, 원고의 이 사건 거래거절행위로 인하여 현실적으로 경쟁제한의 결과가 나타났다고 볼 만한 사정이 인정되지 아니하고, 이 사건 거래거절행위가 경쟁제한의 효과가 생길 만한 우려가 있는 행위로 평가될 정도로 경쟁제한의 의도나 목적을 가지고 행하여졌다고 인정할 만한 사정도 없다고 판단하여, 이와 달리 원심판결이 원고의 이 사건 거래거절행위가 공정거래법 제3조의2 제1항 제3호의 시장지배적 사업자가 다른 사업자의 사업활동을 부당하게 방해하는 행위에 해당한다고 본 것은 판결에 영향을 미친 법리오해의 위법이 있다고 판단하였다. 그러나 다수의견에는 다음과 같은 이유로 찬성할 수 없다.

나. (1) 우리 헌법은 제119조 제1항에서 경제활동에 관한 자유와 창의를 존중함을 기본으로 하고 있음을 선언하면서도, 그 제2항에서는 경제에 관한 규제와 조정을 통하여 국민경제의 성장 및 안정과 적정한 소득의 분배를 유지하고 시장의 지배와 경제력의 남용을 방지하며 경제주체 간의 조화를 통한 경제의 민주화를 도모할 수 있다고 규정하고 있다. 이는 사유재산권을 보장하면서도 자유시장경제에 수반되는 모순을 제거하고 정의사회와 경제민주화를 실현하기 위하여 국가적 규제와 조정들을 광범위하게 인정하는 사회적 시장경제질서를 헌법적 이념으로 선언한 것이다. 이를 위하여 경제주체들은 서로 기회를 균등히 부여하여 각자의 능력을 최고도로 발휘하게 하고 상호 협력하여 자율과 조화를 바탕으로 정의로운 사회를 구현해 나가야 할 것이다. 공정거래법이 그 제1조에서 "이 법은 사업자의 시장지배적 지위의 남용과 과도한 경제력의 집중을 방지하고, 부당한 공동행위 및 불공정거래행위를 규제하여 공정하고 자유로운 경쟁을 촉진함으로써 창의적인 기업활동을 조장하고 소비자를 보호함과 아울러 국민경제의 균형있는 발전을 도모함을 목적으로 한다"고 입법목적을 밝힌 것도 위와 같은 헌법상의 사회적 시장경제질서의 경제정책적 목표를 달성하기 위함에 있다고 보아야 한다. 따라서 공정거래법의 각 조항을 해석함에 있어서는 위와 같은 헌법의 정신 및 공정거래법의 입법목적을 충실히 반영함으로써, 공정하고 자유로운 경쟁이 촉진되고 경제주체간의 조화가 유지되어 궁극적으로 경제의 민주화가 달성되도록 힘써야 할 것이다.

(2) 공정거래법이 그 제3조에서 공정거래위원회에 독과점적 시장구조의 개선을 위한 시책의 수립·시행의무를 부과하고 그 제3조의2에서 시장지배적 사업자의 지위남용행위를 규제하고 있는 이유는, 시장에 시장지배력을 보유한 시장지배적 사업자가 존재한다는 사실이 사회적 시장경제질서하에서 중요한 의미가 있기 때문이다.

시장경제질서는 수요와 공급에 의하여 결정되는 가격기능을 핵심적인 기반으로 하고 있다. 그런데 시장지배적 사업자는 이러한 시장경제질서가 자연스럽게 기능하도록 그대로 두지 아니하고 자기에게 유리한 방향으로 기능하도록 조정과 통제를 하려고 한다. 그 결과 시장지배적 사업자가 존재하는 시장에서는 시장경제시스템이 제대로 작동하지 않을 위험성이 대단히 높아지게 되고 공정하고 자유로운 경쟁질서가 현실적으로 유지되기 어렵게 된다. 각국의 경쟁법이 시장지배적 지위남용행위·기업결합·카르텔 등에 대한 규제를 통하여 예외

없이 '시장지배력의 형성과 그 남용행위'를 규제하는 데 중점을 두고 있는 것도 바로 이러한 이유 때문이라고 할 수 있다.

이처럼 시장에 시장지배적 사업자가 존재한다는 자체가 이미 공정거래법이 추구하는 공정하고 자유로운 경쟁으로부터 상당히 벗어날 수 있는 상태를 의미하나, 한편으로는 사업자들의 관점에서 보면 시장지배력의 획득은 끊임없는 '경쟁의 과정'을 통하여 달성하여야 할 목표로서의 성격을 가지고 있다. 사업자들이 시장에서 부단한 노력을 통하여 다른 사업자들과의 경쟁에서 승리하고자 하는 최종적인 이유는 바로 다른 사업자들보다 우월한 경쟁력을 갖추어 최후까지 시장에 존재하는 유력한 사업자가 되기 위한 것이다. 이러한 동기와 유인은 사업자들로 하여금 부단한 연구개발과 기술혁신의 노력을 기울이게 하는 긍정적인 효과도 있다.

우리 공정거래법은 시장지배적 사업자가 가지는 위와 같은 두 가지 성격을 고려하여 시장에서 공정하고 자유로운 경쟁을 통한 시장지배적 사업자의 출현이나 존재 자체는 규제하지 않고, 다만 시장지배적 사업자의 지위남용행위를 금지함으로써 시장지배적 사업자로 인하여 야기될 수 있는 폐해를 규제하는 이른바 폐해규제주의를 채택하고 있다. 그래서 공정거래법 제3조의2는 시장지배적 사업자가 자신의 시장지배적 지위를 남용하여 시장에서의 경쟁을 저해할 우려가 있는 행위를 구체적으로 유형화하여 규제하고 있다. 그 결과 시장지배적 사업자는 다른 사업자에 비하여 사적 자치를 상당히 제한받게 되었다. 즉, 시장지배적 사업자는 경쟁과정에서 가격·생산량 및 출고량의 결정, 유통업자와 배타적 거래계약체결, 필수적인 요소에 대한 접근허용 여부 등 계약자유의 내용들에 대하여 상대적으로 높은 제약을 받게 되었다. 이는 시장지배적 사업자가 자신의 시장지배적 지위를 남용하여 시장에서의 공정하고 자유로운 경쟁을 저해할 우려가 있는 행위를 하는 것을 방지하기 위한 조치인 것이다.

(3) 공정거래법 제3조의2 제1항 제3호에 관한 관련 법령의 내용을 살펴보면, 위 제3호는 시장지배적 사업자는 "다른 사업자의 사업활동을 부당하게 방해하는 행위"를 하여서는 아니된다고 규정하고, 공정거래법 제3조의2 제2항은 그 유형 또는 기준을 대통령령으로 정할 수 있다고 위임하였는데, 공정거래법 시행령 제5조 제3항 제3호는 "제1호 및 제2호 외의 부당한 방법으로 다른 사업자의 사업활동을 어렵게 하는 행위로서 공정거래위원회가 고시하는 행위"를 들고 있으며, 공정거래위원회가 고시한 '시장지배적 지위 남용행위 심사기준'(2000. 9. 8. 공정거래위원회 고시 제2000-6호) Ⅳ. 3. 다. (1)은 공정거래법 시행령 제5조 제3항 제3호의 한 경우로서 "부당하게 특정 사업자에 대하여 거래를 거절한 경우"를 규정하고 있다.

일반적으로 공급자가 수요자에 대한 거래를 거절하게 되면 공급자의 매출액수가 감소하고 시장지배력도 줄어들어 그에 따른 경제적 손실이 발생하게 되는바, 이익을 추구하는 경제주체가 경제적 손실을 감수하면서까지 거래를 거절하는 경우에는 그에 상응한 목적이 있다고 보아야 한다. 그런데 공급자가 시장지배력이 없는 일반사업자인 경우에 수요자는 그의 거래거절에 불구하고 다른 공급자와 거래하면 되므로 그 거래처의 변경으로 인하여 경쟁력이나 시장점유율에 별다른 영향이 미치지 아니함에 반하여, 시장지배적 사업자가 거래를 거절한 경우에는 수요자가 공급자를 선택할 수 있는 기회 내지 공급받을 수 있는 상품의 수가 대폭 줄어들어 경쟁력이 제한되게 된다. 그뿐만 아니라 시장지배적 사업자가 선택하는 다른 수요자의 경쟁력이 상승됨에 따라 수요자가 속한 시장 구조에 커다란 변화를 초래할 수 있고 나아가 이와 같은 가능성을 이용하여 가격 인상의 수단으로 이용하는 등 거래거절을 통하여 시장지배적 사업자의 시장지배력 내지 영향력을 더욱 높일 수 있게 된다. 따라서 시장지배적 사업자의 거래거절행위에는 특별한 사정이 없는 한 공정하고 자유로운 경쟁을 저해할 위험이 내포되어 있고 이는 바로 시장지배적 사업자가 의도 내지 목적한 것이라고 봄이 상당하다.

더구나 이 사건의 경우와 같이 거래상대방이면서 동시에 공급한 물품을 이용하여 생산된 상품의 시장에서 경쟁관계에 있는 사업자에 대하여 거래를 거절하는 것은 단순한 거래상대방의 선택이라는 계약체결 자유의 범위를 벗어나 시장지배적 지위를 남용하여 이를 하나의 경쟁수단으로 삼고자 한 것이라고 보지 않을 수 없다.

위와 같은 사정을 종합적으로 고려하면, 공정거래법 제3조의2 제1항 제3호를 해석함에 있어서는, 시장지배적 사업자가 다른 사업자에 대하여 거래를 거절함으로써 외형상 그 사업자의 사업활동을 어렵게 하는 행위를 한 경우에 그 행위는 시장지배적 사업자가 자신의 시장지배적 지위를 남용하여 시장에서의 공정하고 자유로운 경쟁을 저해할 우려가 있는 '부당한 행위'를 한 것으로 추정된다고 해석하는 것이 합리적이라고 할 것이다. 따라서 시장지배적 사업자가 위 추정에서 벗어나기 위해서는 그 거래거절행위가 실질적으로 다른 사업자의 사업활동을 방해하는 행위가 아니라거나 그와 같은 의도나 목적이 없어 공정하고 자유로운 경쟁을 저해할 우려가 있는 '부당한 행위'가 아니라는 점을 주장·입증하거나, 그와 같은 행위에 해당한다고 하더라도 거래를 거절할 수밖에 없는 정당한 사유가 있다는 점을 주장·입증하여야 할 것이다.

(4) 다수의견은 시장지배적 사업자의 거래거절행위가 지위남용행위에 해당한다고 인정되기 위해서는 시장에서의 상품의 가격상승, 산출량 감소, 혁신 저해, 유력한 경쟁사업자의 수의 감소, 다양성 감소 등과 같은 경쟁제한의 효과가 생길 만한 우려가 있는 행위로서 그에 대한 의도와 목적이 있었다는 점을 피고가 입증하여야 한다고 해석한다.

그러나 다수의견이 예로 들고 있는 시장에서의 상품의 가격상승, 산출량 감소, 혁신 저해, 유력한 경쟁사업자의 수의 감소, 다양성 감소 등은 쉽사리 입증할 수 있는 사항들이 아닐 뿐만 아니라 그 입증에 적지 않은 시간과 비용이 소요되게 되므로, 이와 같은 사항들에 대한 입증을 피고에게 요구하게 되면 시장지배적 사업자의 거래거절행위가 부당하다고 인정되는 범위가 현저하게 좁아지게 되고 시의적절한 대응도 할 수 없게 될 것이다. 이는 공정거래법 제3조의2 제1항 제3호를 사실상 있으나마나한 규정으로 사문화시키고 시장지배적 사업자가 다른 사업자에 대한 거래를 거절하여 사업활동을 어렵게 하는 행위에 대하여는 공정거래법 제23조 제1항 제1호를 적용할 수밖에 없게 하는 결과를 초래할 우려도 있다. 이는 시장지배적 사업자를 일반사업자와 달리 규제하려는 공정거래법의 입법목적에도 반하는 결과라고 할 것이다.

(5) 그러므로 피고가 시장지배적 사업자인 원고가 다른 사업자인 참가인에 대하여 거래

를 거절하여 외형상 참가인의 사업활동을 어렵게 하는 행위를 한 사실을 입증하면, 원고가 자신의 시장지배적 지위를 남용하여 시장에서의 공정하고 자유로운 경쟁을 저해할 우려가 있는 '부당한 행위'를 한 것으로 추정하여야 함에도 불구하고, 다수의견이 공정거래법 제3조의2 제1항 제3호를 해석하면서 그 부당성의 의미를 시장에서 경쟁제한의 효과가 나타날 수 있는 우려로 보면서 이를 피고가 입증하여야 한다고 본 것은, 시장지배적 사업자의 지위남용과 과도한 경제력의 집중을 방지하여 공정하고 자유로운 경쟁을 촉진하고자 하는 우리 공정거래법의 입법자의 결단에 반할 뿐만 아니라, 사유재산권을 보장하면서도 자유시장경제에 수반되는 모순이나 불합리를 제거하여 균형 있는 국민경제의 성장 및 안정과 적정한 소득의 분배를 유지하는 정의로운 사회와 경제주체 간의 조화를 통한 경제민주화를 실현하고자 하는 우리 헌법의 정신에도 부합하지 아니하므로, 찬성할 수 없다.

다. (1) 원심판결의 이유 및 기록을 살펴보면, 이 사건에서 참가인에게 자동차냉연강판용 열연코일의 공급을 거절한 원고는 열연코일시장에서 지배적 지위에 있으므로, 특별한 사정이 없는 한 참가인에 대한 이 사건 거래거절행위는 공정거래법 제3조의2를 위반하여 부당하게 거래를 거절함으로써 시장지배적 지위를 남용한 행위에 해당한다고 추정된다. 따라서 이 사건 거래거절행위로 인하여 참가인의 사업활동이 실질적으로 방해되지 아니하였다거나 원고에게 그러한 의도나 목적이 없었다거나, 또는 원고로서는 거래를 거절할 수밖에 없는 정당한 사유가 있었다는 점에 대하여는 원고가 주장·입증하여야 할 것이다.

(2) 이 사건 거래거절행위는 원고가 공급하고 있는 냉연강판에 관한 시장에서 경쟁사업자가 되려는 참가인에게 원재료를 제공하지 않으려는 것으로서, 원고의 거래거절행위로 인하여 참가인은 냉연용 열연코일 수입에 따른 추가비용부담(운임, 관세, 하역비 등) 및 거래의 불안정성(물량의 안정적 확보 곤란, 원료 혼용에 따른 생산성 저하, 과다한 운송기간에 따른 시장변화에 대한 신속한 적응 곤란, 환리스크 등) 등의 불이익을 입어 사업활동에 상당한 어려움을 겪어 왔고 이로 인하여 참가인이 원고에 대한 경쟁자로서의 기능을 제대로 발휘하지 못하게 되었다.

더구나 원고는 이 사건 거래거절 과정에서 참가인에게 냉연강판용 열연코일을 공급하는 것은 고부가가치 최종제품인 자동차용냉연강판의 판매를 포기하고 경쟁자인 참가인의 자동차강판제조용 원료 공급업체로 전락하는 것이라는 취지의 입장을 표방하기도 하였는바, 이는 참가인이 냉연강판시장에서 경쟁사업자로 등장하여 시장점유율 내지 시장 구조에 변화를 초래하는 것을 방지하겠다고 하는 의도를 드러낸 것이라고 아니할 수 없다.

이에 비추어 보면 다수의견이 지적한 바와 같이 이 사건은 종전 거래를 중단한 것이 아니라 신규 거래를 거절한 것이고, 참가인이 원고의 이 사건 거래거절행위에도 불구하고 일본으로부터 열연코일을 자신의 수요에 맞추어 수입하여 냉연강판을 생산·판매하여 왔고, 냉연강판공장이 완공되어 정상조업이 개시된 2001년 이후부터는 지속적으로 순이익을 올려 왔다는 사정과 그 밖에 원고가 상고이유로 주장하는 여러 사유들을 고려하여 보더라도, 이 사건 거래거절행위가 냉연강판시장에서 참가인의 사업활동을 어렵게 하지 아니하였다거나 원고에게 그러한 의도나 목적이 없었다는 점에 대한 충분한 입증이 이루어졌다고는 볼 수 없다.

결국, 원고의 참가인에 대한 이 사건 거래거절행위는 시장지배적 사업자가 부당하게 다른 사업자에 대한 거래를 거절하여 그 사업자의 사업활동을 방해하는 행위에 해당한다고 할 것이다. 원심은 비록 입증책임에 관하여 위의 법리를 따르지는 아니하였지만 이와 결론을 같이하고 있으므로 이 부분 원심판단은 정당하고, 거기에는 상고이유에서 주장하는 바와 같은 채증법칙 위배 또는 거래거절행위의 부당성 판단 기준에 관한 법리오해로 인하여 판결 결과에 영향을 미친 위법이 없다.

(3) 다음으로, 시장지배적 사업자의 거래거절행위가 합리적이고 사업상 불가피하였다는 등 정당한 사유가 있는지 여부는 거래를 거절하게 된 목적과 경위, 당사자의 거래상 지위 및 경영상태, 경영상 필요, 거래거절 대상의 특성, 시장상황, 거래거절의 결과 등을 종합적으로 고려하여 판단하여야 할 것이다.

원심은 그 채택증거를 종합하여 그 판시와 같은 사실을 인정한 다음, 원고가 주장하는 바와 같이 자동차용냉연강판에 대한 효율적인 일관생산 및 관리체계가 확립되어야만 그에 대한 기술개발과 설비투자가 가능하여 전세계적인 경쟁력을 지니게 되고 안전한 냉연강판을 생산할 수 있게 된다고 볼 수는 없고, 부당한 지원행위금지 등 공정거래의 원칙 내지 참가인의 생산능력에 비추어 볼 때 원고가 참가인에게 냉연용 열연코일을 공급하게 된다고 하더라도 참가인이 그와 수직적 계열관계에 있고 국내 자동차용 냉연강판 수요의 80% 이상을 점하고 있는 현대 · 기아자동차의 냉연강판 수요의 대부분을 충당할 것이라고 볼 수도 없으며, 참가인이 원고에게 냉연용 열연코일의 공급을 요청한 당시의 원고의 설비가동률, 경제상황, 공급 요청한 내용과 물량 등에 비추어 원고에게 공급할 의사만 있었다면 전부 또는 일부의 공급이 가능하였음에도 불구하고 그것을 거절한 이상, 원고가 참가인에 대하여 한 거래거절행위가 정당한 경영상 사유에 기한 것이라고 볼 수 없다고 판단하였다.

앞서 든 법리에 비추어 살펴보면 원심의 위와 같은 판단은 정당한 것으로 수긍할 수 있고, 거기에 상고이유에서 주장하는 바와 같은 채증법칙 위배 또는 거래거절행위의 정당한 사유에 관한 법리오해의 위법이 없다.

라. 따라서 상고를 기각함이 상당하다 할 것인데, 다수의견은 이와 견해를 달리하므로 반대의견으로 위와 같이 견해를 밝힌다.

5. 이 사건 거래거절행위의 부당성 판단에 관한 대법관 박시환의 반대의견

가. 다수의견은, 공정거래법 제3조의2 제1항 제3호의 시장지배적 사업자의 지위남용행위로서의 거래거절행위와 공정거래법 제23조 제1항 제1호의 불공정거래행위로서의 거래거절행위는 그 규제목적 및 범위를 달리 하고 있으므로 공정거래법 제3조의2 제1항 제3호가 규제하는 시장지배적 사업자의 거래거절행위의 부당성의 의미는 공정거래법 제23조 제1항 제1호의 불공정거래행위로서의 거래거절행위의 부당성과는 별도로 독자적으로 평가 · 해석하여야 한다고 전제한 후, '독과점적 시장에서의 경쟁촉진'이라는 측면에서 시장지배적 사업자의 지위남용을 금지하기 위한 공정거래법 제3조의2의 입법목적 내지 취지에 비추어 보면 공정거래법 제3조의2 제1항 제3호의 시장지배적 사업자의 거래거절행위의 경우, 특정 사업자가 시장지배적 사업자의 거래거절로 인하여 그 사업활동에 불이익을 입게 되었다는 사정

만으로는 부족하고 시장에서의 자유로운 경쟁을 제한함으로써 인위적으로 시장질서에 영향을 가하려는 의도나 목적을 갖고, 객관적으로도 그러한 경쟁제한의 효과가 생길 만한 우려가 있는 행위로 평가될 수 있는 거래거절행위를 하였을 때 그 부당성을 인정할 수 있다는 것이다.

공정거래법 제3조의2 제1항 제3호의 시장지배적 사업자의 거래거절행위의 '부당성'의 의미를 위와 같이 경쟁제한의 측면에서 파악하고 있는 다수의견에는 동의할 수 없다. 그 이유는 다음과 같다.

나. (1) 다수의견과 같이 공정거래법 제3조의2 제1항 제3호의 시장지배적 사업자의 거래거절행위의 '부당성'의 의미를 주관적·객관적 측면에서 '경쟁제한의 우려'가 있는 행위로만 파악한다면 시장지배적 사업자가 그 시장지배력을 남용하는 경우를 규제함으로써 독점을 규제하고자 하는 우리 헌법의 정신 및 공정거래법의 입법목적에 반한다.

대법관 이홍훈, 대법관 안대희의 반대의견이 지적하듯이, 시장지배적 사업자는 경쟁의 기반이 되는 시장경제질서를 조정하고 통제할 가능성이 있는 존재로서 시장경제질서에서 시장지배적 사업자가 존재한다는 자체가 이미 공정거래법이 추구하는 공정하고 자유로운 경쟁으로부터 상당히 벗어날 수 있는 상태를 의미한다. 이와 같이 시장지배적 사업자가 시장경제질서에서 차지하는 의미에 비추어 볼 때 시장지배적 사업자가 거래거절행위를 하는 경우, 그 거래거절행위가 비록 경쟁을 제한할 우려에까지 이르지 않더라도 그 '지위남용행위'로써 행하여진 경우에는 독점규제의 측면에서 이를 규제하여야 할 필요성이 있다고 할 것이다. 즉, 다수의견은 우리 헌법 및 공정거래법이 추구하는 '독점규제'의 의미를 경쟁보호의 측면에서만 파악하여 시장지배적 사업자의 지위남용행위로서의 거래거절의 '부당성'의 의미를 '경쟁제한의 우려'로 한정하고 있으나 시장지배적 사업자의 거래거절이 지위남용행위로써 행하여진 경우에는 '독점규제' 측면에서, 경쟁제한의 우려 여부와 관계없이 이를 규제하여야 할 것이다.

(2) 공정거래법의 규정 체제 및 내용에 비추어 보아도 공정거래법 제3조의2 제1항 제3호의 시장지배적 사업자의 지위남용행위로서의 거래거절행위의 '부당성'의 의미를 경쟁제한의 우려로 해석하는 것은 적절하지 아니하다.

공정거래법은 제2조 제8의2호에서 경쟁제한의 의미에 대하여 정의한 후, 그 제7조 제1항에서 경쟁을 제한하는 기업결합을 금지하고 있고, 그 제19조 제1항에서 경쟁을 제한하는 부당한 공동행위를 금지하고 있는데, 공정거래법은 이와 같이 경쟁제한의 측면에서 규제의 필요성이 있는 행위 유형들에 대하여는 명문으로 당해 행위의 규제목적이 경쟁의 보호에 있음을 밝히고 있다. 그런데 시장지배적 사업자의 지위남용행위를 금지하고 있는 공정거래법 제3조의2의 규정의 문언을 살펴보면 경쟁제한으로 그 적용 범위를 제한하는 표현이 없다. 이는 공정거래법 제3조의2가 단순히 경쟁제한의 우려의 측면에서 시장지배적 사업자의 지위남용을 규제하기 위한 것이 아니라 경쟁제한의 우려와 관계없이 시장지배적 사업자가 지위를 남용함으로써 야기될 수 있는 폐해를 규제하려는 데 그 입법목적이 있기 때문이다.

공정거래법 제3조의2의 입법목적이 단순히 경쟁제한의 측면에서 시장지배적 사업자의 지위남용을 규제하기 위한 것이 아니라는 점은 공정거래법 제3조의2가 규정하고 있는 지위

남용행위의 유형들을 보면 보다 명확해 진다. 즉, 공정거래법 제3조의2가 규정하고 있는 시장지배적 지위의 남용행위는, 상품의 가격이나 용역의 대가를 부당하게 결정·유지 또는 변경하는 행위(제1호), 상품의 판매 또는 용역의 제공을 부당하게 조절하는 행위(제2호), 다른 사업자의 사업활동을 부당하게 방해하는 행위(제3호), 새로운 경쟁사업자의 참가를 부당하게 방해하는 행위(제4호), 부당하게 경쟁사업자를 배제하기 위하여 거래하거나 소비자의 이익을 현저히 저해할 우려가 있는 행위(제5호)로서, 다른 사업자를 상대방으로 하는 행위와 그렇지 아니한 행위들이 섞여 있다. 그중 다른 사업자를 상대방으로 하는 행위의 경우에 그 부당성은 경쟁제한의 우려가 아니라 바로 다른 사업자에게 불이익을 입힌 것에서부터 비롯된다고 할 수 있다.

이 사건에서 문제되는 시장지배적 사업자의 지위남용행위로서의 거래거절행위의 경우, 공정거래법 제3조의2 제1항 제3호 등의 법령 및 고시의 관련 규정에 의하면 "시장지배적 사업자가 부당하게 특정 사업자에 대한 거래를 거절함으로써 그 사업자의 사업활동을 어렵게 하는 행위"라고 해석된다는 것이 다수의견인데, 그 해석론에 의하더라도 시장지배적 사업자의 지위남용행위로서의 거래거절행위는 문제된 거래거절이 거래거절의 상대방인 '다른 사업자'의 사업활동을 '부당하게' 어렵게 하는 행위에 해당하면 족한 것이지 그에 더 나아가 그로 인하여 '시장'에서의 '경쟁이 제한될 우려'까지 있을 것을 요구하고 있지 아니하므로 시장에서의 경쟁제한은 그 요건이라 할 수 없다.

(3) 그런데 이와 같이 시장지배적 사업자의 지위남용행위로서의 거래거절행위의 '부당성'을 다수의견이 말하는 '경쟁제한의 우려'의 의미로 평가·해석할 수 없고 시장지배적 사업자의 거래거절이 다른 사업자의 사업활동을 '부당하게' 어렵게 하는 행위에 해당하면 족하다고 하더라도, 구체적으로 어떠한 경우에 시장지배적 사업자의 거래거절행위가 다른 사업자의 사업활동을 '부당하게' 어렵게 함으로써 시장지배적 지위를 남용한 행위라고 평가할 수 있을지가 문제된다.

이 문제를 검토하기 위해서는 불공정거래행위를 규제하고 있는 공정거래법 제23조를 살펴볼 필요가 있다. 앞서 본 바와 같이 다수의견 역시, 시장지배적 사업자의 지위남용행위로서의 거래거절행위를 "거래상대방인 사업자의 사업활동을 어렵게 하는 행위"라고 해석하고 있으므로, 거래거절로 인하여 다른 사업자에 대한 불이익이 발생될 수 있어야 한다. 그런데 이와 같이 어느 거래행위 내지 거래거절행위로 인하여 상대방 사업자에 대하여 미치는 불이익은, 다수의견이 지적한 바와 같이 공정거래법 제23조에서 정한 불공정거래행위의 부당성 유무를 평가하는 데에 중요한 요소이고, 따라서 적어도 다른 사업자를 상대방으로 하는 시장지배적 지위남용행위 유형의 경우에는 상대방 사업자에 대하여 미치는 불이익을 고려하여야 한다는 점에서 공정거래법 제23조의 불공정거래행위와 그 부당성의 기초를 같이 하고 있기 때문이다.

종래 대법원은 공정거래법 제23조 제1항 제1호의 거래거절행위 중 이 사건 거래거절행위와 같이 개별 사업자가 그 거래상대방에 대하여 하는 이른바 개별적 거래거절행위의 부당성과 관련하여, 그 거래거절이 특정 사업자의 거래기회를 배제하여 그 사업활동을 곤란하게 할 우려가 있거나 오로지 특정 사업자의 사업활동을 곤란하게 할 의도를 가진 유력 사업자에 의하여 그 지위남용행위로써 행하여지거나 혹은 법이 금지하고 있는 거래강제 등의 목적 달성을 위하여 그 실효성을 확보하기 위한 수단으로 부당하게 행하여진 경우라야 공정한 거래를 저해할 우려가 있는 공정거래법 제23조의 불공정거래행위로서의 거래거절행위에 해당한다고 판시한 바 있다(대법원 2007. 3. 30. 선고 2004두8514 판결 등 참조).

그런데 종래 대법원판례에서 제시하고 있는 위와 같은 유형의 거래거절행위의 주체가 시장지배적 사업자인 경우, 그 거래거절행위는 모두 시장지배적 지위를 남용하여 다른 사업자의 사업활동을 부당하게 어렵게 한 행위로 평가할 수 있을 것이고, 결국 종래 대법원이 공정거래법 제23조 제1항 제1호의 불공정거래행위로서의 거래거절행위의 부당성 평가와 관련하여 제시하고 있는 판단 기준은 공정거래법 제3조의2 제1항 제3호의 시장지배적 사업자의 지위남용행위로서의 거래거절행위의 '부당성' 여부를 평가함에 있어서도 그 판단 기준으로 삼을 수 있다고 할 것이다.

그렇다면 결국, 공정거래법 제3조의2 제1항 제3호가 규율하는 시장지배적 사업자의 지위남용행위로서의 거래거절행위의 부당성과 공정거래법 제23조 제1항 제1호가 규율하는 불공정거래행위로서의 거래거절행위의 부당성은 기본적으로 같은 의미라고 할 것이다.

(4) 한편, 공정거래법은 시장지배적 사업자의 지위남용행위에 대한 과징금 등 그 제재를 불공정거래행위의 경우보다 중하게 하고 있는데, 공정거래법 제3조의2 제1항 제3호의 시장지배적 사업자의 지위남용행위로서의 거래거절행위의 부당성의 의미를 다수의견과 같이 해석한다면 공정거래법 제3조의2가 규율하는 시장지배적 지위남용행위가 성립할 여지가 줄어들게 되는 결과를 야기하게 된다. 이는 결국 모든 사업자를 수범자로 하여 그들의 '부당한' 거래거절행위를 규제하고자 하는 공정거래법 제23조 제1항 제1호와 달리, 시장지배적 사업자가 가지는 시장지배력의 남용 가능성을 중시하여 시장지배적 사업자를 수범자로 하여 그들의 '부당한' 거래거절행위를 보다 강하게 규제함으로써 시장지배적 사업자로 인한 폐해를 감소시키려는 공정거래법 제3조의2의 입법 취지에 반하는 결과를 가져오게 된다.

이러한 측면에서도 공정거래법 제3조의2 제1항 제3호가 규율하는 시장지배적 사업자의 지위남용행위로서의 거래거절행위의 부당성을 공정거래법 제23조 제1항 제1호가 규율하는 불공정거래행위로서의 거래거절행위의 부당성과 전혀 다른 개념으로 파악하여 경쟁제한의 우려가 있는 경우로만 제한하려는 다수의견은 적절하지 않다.

다. 공정거래법 제3조의2 제1항 제3호의 시장지배적 사업자의 지위남용행위로서의 거래거절행위의 부당성을 공정거래법 제23조 제1항 제1호가 규율하는 불공정거래행위로서의 거래거절행위의 부당성과 같은 의미로 평가·해석하여야 한다는 법리에 따라 원심판결이 부당성 인정의 사유로 들고 있는 사정들을 살펴보면, 원고의 참가인에 대한 이 사건 거래거절행위는 열연코일시장에서의 시장지배적 지위에 있는 원고가 후방시장인 냉연강판시장에 새로 진입한 경쟁사업자인 참가인에 대하여 냉연강판 생산에 필수적인 열연코일의 거래를 거절함으로써 열연코일시장에서의 시장지배적 지위를 남용하여 냉연강판시장에서 경쟁사업자인 참가인의 사업활동을 어렵게 하고 자기의 시장지배적 지위를 계속 유지·강화하려는 의도 하에 행하여진 행위로서, 부당한 거래거절행위에 해당한다고 할 것이다.

그렇다면 원심의 이유 설시에 다소 적절하지 아니한 부분이 있으나 이 사건 거래거절행위에 관하여 부당성을 긍정한 원심판단은 결론에 있어서 정당하고, 원심판결에는 상고이유에서 주장하는 바와 같은 판결 결과에 영향을 미친 채증법칙 위배 또는 거래거절행위의 부당성 판단 기준에 관한 법리오해의 위법이 없다.

그리고 원고가 참가인에 대하여 한 거래거절이 정당한 경영상 사유에 기한 것이라고 할 수 없다는 대법관 이홍훈, 대법관 안대희의 반대의견의 판단은 정당한 것으로 보이므로 이를 원용한다.

라. 따라서 상고를 기각함이 상당하다 할 것인데, 다수의견은 이와 견해를 달리하고 있어 다수의견에 반대하는 바이다.

대법원장   이용훈(재판장) 고현철 김용담 김영란 양승태 김황식 박시환
김지형(주심) 이홍훈 박일환 김능환 전수안 안대희

▐ 참조문헌 ▐

이민호 · 주현영, "시장지배적 지위 남용행위의 '부당성'에 관한 연구: 판례를 중심으로", 사법 22호, 사법발전재단(2012)

이봉의, "포스코판결과 방해남용의 향방", 경쟁저널 140호, 한국공정경쟁연합회(2008)

이호영, "공정거래법상 시장지배적지위의 남용행위의 쟁점과 과제", 저스티스 통권 104호, 한국법학원(2008)

이 황, "포스코 판결 이후 시장지배적 지위 남용행위 판례에서 '부당성' 판단의 경향과 전망", 행정판례연구 17-2집, 한국행정판례연구회, 박영사(2012)

조성국, "시장지배적 지위 남용행위에 대한 위법성 판단 기준에 관한 연구 – 최근 대법원판결을 중심으로 –", 경쟁법연구 19권, 한국경쟁법학회, 법문사(2009)

조혜신, "독점규제법상 방해남용의 부당성 판단기준: 경쟁저해성 판단기준을 중심으로", 경쟁법연구 24권, 한국경쟁법학회, 법문사(2011)

홍대식, "시장지배적 지위 남용행위의 판단 기준 개선방안", 경쟁법연구 21권, 한국경쟁법학회, 법문사(2010)

홍명수, "시장지배적 지위 남용으로서 거래거절의 의의와 위법성 판단", 법학연구 51권 1호, 부산대학교 법학연구소(2010)

황창식 · 신광식, "시장지배적 사업자의 거래거절에 대한 공정거래법리: 대법원의 포스코 사건 판결", 경쟁법연구 18권, 한국경쟁법학회, 법문사(2008)

황태희, "시장지배적 지위남용 규제의 본질적 의미", 경제법판례연구 5권, 경제법판례연구회, 법문사(2008)

(2) 대법원 2008. 12. 11. 선고 2007두25183 판결 [유선방송 채널변경 사건] (사업 활동 방해)

판시사항

[1] 독점규제 및 공정거래에 관한 법률 및 그 시행령에 따라 공정거래위원회가 고시한 '시장지배적 지위남용행위 심사기준'에 정한 '시장지배적 사업자의 지위남용행위로서의 불이익 강제행위'의 의미

[2] 프로그램 송출시장에서 시장지배적 사업자인 종합유선방송사업자가, 채널변경행위를 한 프로그램 송출서비스시장에서도 곧바로 시장지배적 사업자의 지위에 있다고 볼 수 없다고 한 사례

[3] 독점규제 및 공정거래에 관한 법률 제3조의2 제1항 제3호에 정한 시장지배적 사업자의 지위남용으로서 불이익 강제행위가 부당성을 갖는지 여부의 판단 방법

참조조문

[1] 독점규제 및 공정거래에 관한 법률 제3조의2 제1항, 제2항, 독점규제 및 공정거래에 관한 법률 시행령 제5조 제3항 제4호

[2] 독점규제 및 공정거래에 관한 법률 제3조의2 제1항, 제2항, 독점규제 및 공정거래에 관한 법률 시행령 제5조 제3항 제4호

[3] 독점규제 및 공정거래에 관한 법률 제3조의2 제1항 제3호

참조판례

[3] 대법원 2007. 11. 22. 선고 2002두8626 전원합의체 판결

따름판례

대법원 2010. 3. 25. 선고 2008두7465 판결, 대법원 2010. 4. 8. 선고 2008두17707 판결, 대법원 2014. 11. 13. 선고 2009두20366 판결

전 문

【원고, 상고인】 주식회사 티브로드 강서방송
【피고, 피상고인】 공정거래위원회
【원심판결】 서울고법 2007. 11. 8. 선고 2007누10541 판결

【주 문】

원심판결을 파기하고, 사건을 서울고등법원에 환송한다.

【이 유】

1. 상고이유 제2점에 대하여

가. 독점규제 및 공정거래에 관한 법률(이하 '법'이라 한다) 제3조의2 제1항은 시장지배적 사업자의 지위남용행위를 금지하고 있고, 같은 항 제3호는 그 지위남용행위의 하나로 다른 사업자의 사업활동을 부당하게 방해하는 행위를 규정하고 있다. 그리고 법 제3조의2 제2항이 남용행위의 유형 또는 기준을 대통령령에 위임함에 따라 독점규제 및 공정거래에 관한 법률 시행령(이하 '법 시행령'이라 한다) 제5조 제3항 제4호는 '다른 사업자의 사업활동을 부당하게 방해하는 행위'의 하나로 '제1호 내지 제3호 외의 부당한 방법으로 다른 사업자의 사업활동을 어렵게 하는 행위로서 공정거래위원회가 고시하는 행위'를 규정하고 있고, 이에 따라 공정거래위원회가 고시한 시장지배적 지위남용행위 심사기준(2002. 5. 16. 공정거래위원회 고시 제2002-6호) Ⅳ. 3. 라. (3)은 법 시행령 제5조 제3항 제4호의 한 경우로서 "부당하게 거래상대방에게 불이익이 되는 거래 또는 행위를 강제하는 행위(이하 '불이익 강제행위'라 한다)"를 규정하고 있다. 결국, 위 관련 법령 등의 규정에 의하면, 시장지배적 사업자의 지위남용행위로서의 불이익 강제행위는 '시장지배적 사업자가 부당하게 거래상대방에게 불이익이 되는 거래 또는 행위를 강제함으로써 그 사업자의 사업활동을 어렵게 하는 행위'라 할 것이다.

한편, 특정 사업자가 시장지배적 지위에 있는지 여부를 판단하기 위해서는, 우선 경쟁관계가 문제될 수 있는 일정한 거래 분야에 관하여 관련 상품시장과 관련 지역시장이 구체적으로 정하여져야 하고, 그 다음에 그 시장에서 지배가능성이 인정되어야 한다. 관련 상품시장은 일반적으로 시장지배적 사업자가 시장지배력을 행사하는 것을 억제하여 줄 경쟁관계에 있는 상품들의 범위를 말하는 것으로서, 구체적으로는 거래되는 상품의 가격이 상당기간 어느 정도 의미 있는 수준으로 인상 또는 인하될 경우 그 상품의 대표적 구매자 또는 판매자가 이에 대응하여 구매 또는 판매를 전환할 수 있는 상품의 집합을 의미하고, 그 시장의 범위는 거래에 관련된 상품의 가격, 기능 및 효용의 유사성, 구매자들의 대체가능성에 대한 인식 및 그와 관련한 구매행태는 물론, 판매자들의 대체가능성에 대한 인식 및 그와 관련한 경영의사의 결정행태, 사회적·경제적으로 인정되는 업종의 동질성 및 유사성 등을 종합적으로 고려하여 판단하여야 할 것이며, 그 외에도 기술발전의 속도, 그 상품의 생산을 위하여 필요한 다른 상품 및 그 상품을 기초로 생산되는 다른 상품에 관한 시장의 상황, 시간적·경제적·법적 측면에서의 대체의 용이성 등도 함께 고려하여야 할 것이다. 또한, 관련 지역시장은 일반적으로 서로 경쟁관계에 있는 사업자들이 위치한 지리적 범위를 말하는 것으로서, 구체적으로는 다른 모든 지역에서의 가격은 일정하나 특정 지역에서만 상당기간 어느 정도 의미 있는 가격인상 또는 가격인하가 이루어질 경우 당해 지역의 대표적 구매자 또는 판매자가 이에 대응하여 구매 또는 판매를 전환할 수 있는 지역 전체를 의미하고, 그 시장의 범위는 거래에 관련된 상품의 가격과 특성 및 판매자의 생산량, 사업능력, 운송비용, 구매자의 구매지역 전환가능성에 대한 인식 및 그와 관련한 구매자들의 구매지역 전환행태,

판매자의 구매지역 전환가능성에 대한 인식 및 그와 관련한 경영의사의 결정행태, 시간적·경제적·법적 측면에서의 구매지역 전환의 용이성 등을 종합적으로 고려하여 판단하여야 할 것이며, 그 외에 기술발전의 속도, 관련 상품의 생산을 위하여 필요한 다른 상품 및 관련 상품을 기초로 생산되는 다른 상품에 관한 시장의 상황 등도 함께 고려하여야 할 것이다(대법원 2007. 11. 22. 선고 2002두8626 전원합의체 판결 참조).

나. 원심은 그 채택 증거를 종합하여 판시와 같은 사실을 인정한 다음, 피고가 이 사건 관련 상품시장을 프로그램 송출시장으로 획정하고 관련 지역시장을 서울 강서구로 한정한 것은 잘못이라는 원고(원심의 원고인 주식회사 티브로드 지에스디방송은 2007. 10. 31. 원심의 원고인 주식회사 티브로드 강서방송을 흡수 합병함과 동시에 상호를 현재의 상호인 주식회사 티브로드 강서방송으로 변경하였다)의 주장에 대하여, 피고의 이러한 관련 시장 획정 및 원고에 대한 시장지배적 사업자의 지위 인정은 일응 적법하다고 하였다.

그러면서도 원심은, 유료 방송시장의 거래구조는 종합유선방송사업자 등과 같은 플랫폼사업자와 TV홈쇼핑사업자 등 사이에 형성되는 프로그램 송출서비스시장 및 플랫폼사업자와 그 플랫폼사업자에 유료 가입하여 프로그램을 시청하는 가입자 사이에 형성되는 프로그램 송출시장으로 구분되는데, 원고와 같은 플랫폼사업자와 주식회사 우리홈쇼핑(이하 '우리홈쇼핑'이라 한다) 등 사이에는 후자인 프로그램 송출시장과는 별개의 시장인 프로그램 송출서비스시장이 형성되고, 이 시장은 관할 지역을 할당받은 전국의 많은 플랫폼사업자들이 TV홈쇼핑사업자 등에게 송출채널을 제공하고 그 수수료를 지급받는 것 등을 주요 거래내용으로 하는 시장으로서 전국적 범위에 이른다고 한 다음, 원고는 프로그램 송출시장에서의 시장지배적 지위를 전이하여 인접시장인 프로그램 송출서비스시장에서의 거래상대방으로서 다른 사업자인 우리홈쇼핑에게 이 사건 채널변경행위를 통하여 시장지배적 사업자의 지위남용행위를 하였다고 판단하였다.

다. 먼저, 이 사건 관련 상품시장 및 관련 지역시장에 관한 원심판결 이유를 위 법리 및 기록에 비추어 보면, 원심의 이유설시에 일부 모순되는 듯한 점은 있으나, 원심이 결론적으로 이 사건 관련 상품시장은 프로그램 송출시장과는 별개의 시장으로서 원고와 같은 플랫폼사업자가 TV홈쇼핑사업자 등으로부터 수수료를 지급받고 송출채널을 통해 프로그램의 송출서비스를 제공하는 프로그램 송출서비스시장이고, 이 사건 관련 지역시장의 범위는 전국이라고 본 것은 옳은 것으로 수긍할 수 있다.

그러나 원심이 스스로 인정한 바와 같이 별개의 시장인 프로그램 송출시장에서의 시장지배적 사업자가 곧바로 프로그램 송출서비스시장에서도 시장지배적 사업자가 되는 것이 아니며, 또한 위 양시장의 거래내용, 특성, 시장지배적 지위남용행위의 규제목적, 내용 및 범위 등을 비롯한 여러 사정을 종합적으로 고려하면, 프로그램 송출시장에서 시장지배적 사업자인 원고의 시장지배력이 프로그램 송출서비스시장으로 전이된다고 볼 만한 근거를 찾아볼 수도 없다. 따라서 이 사건 채널변경행위가 이루어진 이 사건 관련 시장에서 원고가 시장지배적 사업자의 지위에 있다고 볼 수는 없다 할 것이다.

그럼에도 불구하고, 원고가 이 사건 관련 시장에서 시장지배적 사업자의 지위에 있다고 판단한 원심판결에는 법 제3조의2 제1항 제3호에 규정된 시장지배적 사업자의 지위남용행위 성립요건에 관한 법리 등을 오해하여 판결에 영향을 미친 위법이 있다.

이를 지적하는 이 부분 상고이유의 주장은 이유 있다.

2. 상고이유 제1점에 대하여

가. 법 제3조의2 제1항 제3호의 시장지배적 사업자의 지위남용행위로서 불이익 강제행위의 부당성은 '독과점적 시장에서의 경쟁촉진'이라는 입법 목적에 맞추어 해석하여야 할 것이므로, 시장지배적 사업자가 개별 거래의 상대방인 특정 사업자에 대한 부당한 의도나 목적을 가지고 불이익 강제행위를 한 모든 경우 또는 그 불이익 강제행위로 인하여 특정 사업자가 사업활동에 곤란을 겪게 되었다거나 곤란을 겪게 될 우려가 발생하였다는 것과 같이 특정 사업자가 불이익을 입게 되었다는 사정만으로는 그 부당성을 인정하기에 부족하고, 그중에서도 특히 시장에서의 독점을 유지·강화할 의도나 목적, 즉 시장에서의 자유로운 경쟁을 제한함으로써 인위적으로 시장질서에 영향을 가하려는 의도나 목적을 갖고, 객관적으로도 그러한 경쟁제한의 효과가 생길 만한 우려가 있는 행위로 평가될 수 있는 불이익 강제행위를 하였을 때에 그 부당성이 인정될 수 있다.

그러므로 시장지배적 사업자의 불이익 강제행위가 그 지위남용행위에 해당한다고 주장하는 피고로서는 그 불이익 강제행위가 경쟁제한의 효과가 생길 만한 우려가 있는 행위로서 그에 대한 의도와 목적이 있었다는 점을 입증하여야 할 것이고, 불이익 강제행위로 인하여 현실적으로 위와 같은 효과가 나타났음이 입증된 경우에는 그 행위 당시에 경쟁제한을 초래할 우려가 있었고 또한, 그에 대한 의도나 목적이 있었음을 사실상 추정할 수 있다 할 것이지만, 그렇지 않은 경우에는 불이익 강제행위의 경위 및 동기, 불이익 강제행위의 태양, 관련 시장의 특성, 불이익 강제행위로 인하여 그 거래상대방이 입은 불이익의 정도, 관련 시장에서의 가격 및 산출량의 변화 여부, 혁신 저해 및 다양성 감소 여부 등 여러 사정을 종합적으로 고려하여 불이익 강제행위가 위에서 본 경쟁제한의 효과가 생길 만한 우려가 있는 행위로서 그에 대한 의도나 목적이 있었는지를 판단하여야 할 것이다(대법원 2007. 11. 22. 선고 2002두8626 전원합의체 판결 등 참조).

나. 앞에서 본 바와 같이 원고가 이 사건 관련 시장에서 시장지배적 사업자의 지위에 있다고 볼 수 없는 이상, 이 사건 채널변경행위가 법 제3조의2 제1항 제3호에 규정된 시장지배적 지위남용행위로서 부당성을 갖는지 여부를 더 나아가 살필 필요는 없으나, 설령 이 사건 관련 시장에서 원고가 시장지배적 사업자의 지위에 있다고 하더라도, 이 사건 채널변경행위가 법 제3조의2 제1항 제3호에 규정된 시장지배적 지위남용행위로서 부당성을 갖는다는 원심의 판단은 다음과 같은 이유로 수긍하기 어렵다.

우선 위 법리에 비추어 보면, 시장지배적 사업자의 불이익 강제행위로 인하여 현실적으로 경쟁제한의 효과가 나타난 경우에는 그에 대한 우려가 있는 행위로서 시장지배적 사업자에게 경쟁제한의 의도나 목적이 있었음을 사실상 추정할 수 있다고 할 것인데, 원심이 들고 있는 사정들은 모두 원고의 이 사건 채널변경행위에 의하여 우리홈쇼핑이 입게 된 구체적인 불이익에 불과한 것들로서 현실적으로 경쟁제한의 결과가 나타났다고 인정할 만한 사정에 이르지 못한다.

또한, 기록에 의하여 알 수 있는 여러 사정을 종합하더라도, 원고가 시장에서의 독점을 유지·강화할 의도나 목적, 즉 시장에서의 자유로운 경쟁을 제한함으로써 인위적으로 시장질서에 영향을 가하려는 의도나 목적을 갖고, 객관적으로도 그러한 경쟁제한의 효과가 생길 만한 우려가 있는 행위로 평가될 수 있는 불이익 강제행위를 했다고 보기도 어렵다.

그렇다면 원고의 이 사건 채널변경행위가 법 제3조의2 제1항 제3호에 규정된 시장지배적 사업자의 부당한 불이익 강제행위에 해당한다고 판단한 원심판결에는 시장지배적 사업자의 불이익 강제행위와 관련된 부당성에 관한 법리 등을 오해하여 판결에 영향을 미친 위법이 있다.

이를 지적하는 이 부분 상고이유의 주장도 이유 있다.

3. 결 론

그러므로 원심판결을 파기하고, 사건을 다시 심리·판단하게 하기 위하여 원심법원에 환송하기로 하여 관여 법관의 일치된 의견으로 주문과 같이 판결한다.

대법관　　전수안(재판장)　고현철(주심)　김지형　차한성

▥ 참조문헌 ▥

강상욱, "시장지배적 지위남용행위로서의 불이익 강제행위에 관한 소고", 경쟁법연구 33권, 한국경쟁법학회, 법문사(2016)

신영수, "시장지배적 사업자에 의한 사업활동방해 행위의 성립 요건 – 유료방송시장을 중심으로 –", 경제법판례연구 6권, 경제법판례연구회, 법문사(2010)

주진열, "티브로드 사건에 대한 고찰: 시장지배력 전이 이론을 중심으로", 경쟁법연구 25권, 한국경쟁법학회, 법문사(2012)

홍대식, "다채널 유료방송시장에서의 프리미엄 방송 콘텐츠 공급과 관련된 경쟁법적 문제와 대응방안", 정보법학 13권 2호, 한국정보법학회(2009)

(3) 대법원 2010. 3. 25. 선고 2008두7465 판결 [자동차 판매대리점 영업제한 사건]
(사업활동 방해)

판시사항

[1] 시장지배적 사업자의 거래상대방인 사업자가 독점규제 및 공정거래에 관한 법률 제3조의2 제1항 제3호에서 정한 '다른 사업자'에 포함되는지 여부(적극)

[2] 독점규제 및 공정거래에 관한 법률 제3조의2 제1항 제3호의 시장지배적 사업자

의 지위남용행위로서 '사업활동 방해행위의 부당성' 여부의 판단 기준

[3] 국내 승용차 등 판매시장에서 시장지배적 사업자인 자동차 제조·판매회사가 판매대리점의 거점 이전 승인 및 판매인원 채용등록을 지연하거나 거부하는 등 판매대리점의 사업활동을 방해한 행위는, 시장지배적 지위남용행위로서 그 부당성이 인정된다고 한 사례

[4] 시장지배적 사업자의 지위남용행위에 대한 과징금 산정에서 관련매출액 산정과 관련한 관련상품의 범위

판결요지

[1] 독점규제 및 공정거래에 관한 법률 제3조의2 제1항은 시장지배적 사업자의 지위남용행위를 금지하고 있고, 같은 항 제3호는 그 지위남용행위의 하나로 다른 사업자의 사업활동을 부당하게 방해하는 행위를 규정하고 있는바, 여기에서 '다른 사업자'란 시장지배적 사업자의 거래상대방인 사업자도 포함한다고 보아야 한다.

[2] 독점규제 및 공정거래에 관한 법률 제3조의2 제1항 제3호가 규정하고 있는 시장지배적 사업자의 지위남용행위로서 사업활동 방해행위의 부당성은 '독과점적 시장에서의 경쟁촉진'이라는 입법 목적에 맞추어 해석하여야 하므로, 시장지배적 사업자가 개별 거래의 상대방인 특정 사업자에 대한 부당한 의도나 목적을 가지고 사업활동을 방해한 모든 경우 또는 그 사업활동 방해로 인하여 특정 사업자가 사업활동에 곤란을 겪게 되었다거나 곤란을 겪게 될 우려가 발생하였다는 것과 같이 특정 사업자가 불이익을 입게 되었다는 사정만으로는 그 부당성을 인정하기에 부족하고, 그중에서도 특히 시장에서의 독점을 유지·강화할 의도나 목적, 즉 시장에서의 자유로운 경쟁을 제한함으로써 인위적으로 시장질서에 영향을 가하려는 의도나 목적을 갖고, 객관적으로도 그러한 경쟁제한의 효과가 생길 만한 우려가 있는 행위로 평가될 수 있는 행위로서의 성질을 갖는 사업활동 방해행위를 하였을 때에 그 부당성이 인정될 수 있다. 그러므로 시장지배적 사업자의 사업활동 방해행위가 그 지위남용행위에 해당한다고 주장하는 공정거래위원회로서는 그 사업활동 방해행위가 상품의 가격 상승, 산출량 감소, 혁신저해, 유력한 경쟁사업자의 수의 감소, 다양성 감소 등과 같은 경쟁제한의 효과가 생길 만한 우려가 있는 행위로서 그에 대한 의도와 목적이 있었다는 점을 증명하여야 하고, 사업활동 방해행위로 인하여 현실적으로 위와 같은 효과가 나타난 것이 증명된 경우에는 그 행위 당시에 경쟁제한을 초래할 우려가 있었고 또한

그에 대한 의도나 목적이 있었다는 것을 사실상 추정할 수 있지만, 그렇지 않은 경우에는 사업활동 방해의 경위 및 동기, 사업활동 방해행위의 태양, 관련 시장의 특성, 사업활동 방해로 인하여 그 거래상대방이 입은 불이익의 정도, 관련 시장에서의 가격 및 산출량의 변화 여부, 혁신 저해 및 다양성 감소 여부 등 여러 사정을 종합적으로 고려하여 사업활동 방해행위가 위에서 본 경쟁제한의 효과가 생길 만한 우려가 있는 행위로서 그에 대한 의도나 목적이 있었는지를 판단하여야 한다.

[3] 국내 승용차 및 5t이하 화물차 판매시장에서 시장지배적 사업자인 자동차 제조·판매회사가 판매대리점의 거점 이전 승인 및 판매인원 채용등록을 지연하거나 거부하는 등 판매대리점의 사업활동을 방해한 행위는, 위 시장에서 직영판매점과 판매대리점의 자유로운 경쟁을 제한함으로써 인위적으로 시장질서에 영향을 가려는 의도나 목적을 갖고, 객관적으로도 그러한 경쟁제한의 효과가 생길 만한 우려가 있는 행위로 평가될 수 있으므로, 독점규제 및 공정거래에 관한 법률 제3조의2 제1항 제3호의 시장지배적 지위남용행위로서 그 부당성이 인정된다고 한 사례.

[4] 독점규제 및 공정거래에 관한 법률 제6조, 제55조의3 제1항, 구 독점규제 및 공정거래에 관한 법률 시행령(2007. 11. 2. 대통령령 제20360호로 개정되기 전의 것) 제61조 제1항 [별표 2] 제2호 (가)목의 각 규정에 의하면, 공정거래위원회는 시장지배적 사업자가 남용행위를 한 경우 위반행위의 내용 및 정도, 위반행위의 기간 및 횟수, 위반행위로 인해 취득한 이익의 규모 등과 이에 영향을 미치는 사항을 고려하여 과징금을 산정하되, 위반사업자가 위반기간 동안 판매 또는 매입한 관련상품(상품에는 용역을 포함한다)의 매출액(매입액을 포함한다) 또는 이에 준하는 금액(관련매출액)에 중대성의 정도별로 정하는 부과기준율을 곱한 금액을 기본과징금으로 하여 과징금을 부과하며, 관련매출액 산정과 관련한 관련상품의 범위는 위반행위로 인하여 직접 또는 간접적으로 영향을 받는 상품의 종류와 성질, 거래지역, 거래상대방, 거래단계 등을 고려하여 행위유형별로 개별적·구체적으로 판단하여야 한다.

참조조문

[1] 독점규제 및 공정거래에 관한 법률 제3조의2 제1항 제3호
[2] 독점규제 및 공정거래에 관한 법률 제3조의2 제1항 제3호

[3] 독점규제 및 공정거래에 관한 법률 제3조의2 제1항 제3호

[4] 독점규제 및 공정거래에 관한 법률 제6조, 제55조의3 제1항, 구 독점규제 및 공정거래에 관한 법률 시행령(2007. 11. 2. 대통령령 제20360호로 개정되기 전의 것) 제61조 제1항 [별표 2] 제2호 (가)목

참조판례

[2] 대법원 2007. 11. 22. 선고 2002두8626 전원합의체 판결, 대법원 2008. 12. 11. 선고 2007두25183 판결

따름판례

대법원 2010. 4. 8. 선고 2008두17707 판결

전 문

【원고, 피상고인 겸 상고인】 현대자동차 주식회사
【피고, 상고인 겸 피상고인】 공정거래위원회
【원심판결】 서울고법 2008. 4. 16. 선고 2007누16051 판결
【주 문】
상고를 모두 기각한다. 상고비용은 각자가 부담한다.
【이 유】

1. 원고의 상고이유에 관한 판단

가. 상고이유 제1점에 관하여

독점규제 및 공정거래에 관한 법률(이하 '공정거래법'이라 한다) 제3조의2 제1항은 시장지배적 사업자의 지위남용행위를 금지하고 있고, 같은 항 제3호는 그 지위남용행위의 하나로 다른 사업자의 사업활동을 부당하게 방해하는 행위를 규정하고 있는바, 여기에서 '다른 사업자'라 함은 시장지배적 사업자의 거래상대방인 사업자도 포함한다고 봄이 상당하다.

원심이 같은 취지에서, 원고의 판매대리점은 자신의 비용과 노력으로 점포 개설, 직원채용, 판촉 활동 등을 통하여 기본급 없이 판매실적에 따른 수수료를 지급받는 방식으로 독자적인 사업을 하는 독립된 개별사업자로서 자동차 판매시장에서 원고와 판매대리점계약이라는 거래관계에 있는 거래상대방이므로, 공정거래법 제3조의2 제1항 제3호에 정한 '다른 사업자'에 해당한다고 판단한 것은 정당하고, 거기에 사업활동 방해행위의 대상 사업자에 대한 법리오해 등의 위법이 없다.

나. 상고이유 제2점 및 제3점에 관하여

공정거래법 제3조의2 제1항 제3호가 규정하고 있는 시장지배적 사업자의 지위남용행위로서의 사업활동 방해행위의 부당성은 '독과점적 시장에서의 경쟁촉진'이라는 입법 목적에 맞추어 해석하여야 할 것이므로, 시장지배적 사업자가 개별 거래의 상대방인 특정 사업자에

대한 부당한 의도나 목적을 가지고 사업활동을 방해한 모든 경우 또는 그 사업활동 방해로 인하여 특정 사업자가 사업활동에 곤란을 겪게 되었다거나 곤란을 겪게 될 우려가 발생하였다는 것과 같이 특정 사업자가 불이익을 입게 되었다는 사정만으로는 그 부당성을 인정하기에 부족하고, 그중에서도 특히 시장에서의 독점을 유지·강화할 의도나 목적, 즉 시장에서의 자유로운 경쟁을 제한함으로써 인위적으로 시장질서에 영향을 가하려는 의도나 목적을 갖고, 객관적으로도 그러한 경쟁제한의 효과가 생길 만한 우려가 있는 행위로 평가 될 수 있는 행위로서의 성질을 갖는 사업활동 방해행위를 하였을 때에 그 부당성이 인정될 수 있다. 그러므로 시장지배적 사업자의 사업활동 방해행위가 그 지위남용행위에 해당한다고 주장하는 피고로서는 그 사업활동 방해행위가 상품의 가격 상승, 산출량 감소, 혁신 저해, 유력한 경쟁사업자의 수의 감소, 다양성 감소 등과 같은 경쟁제한의 효과가 생길 만한 우려가 있는 행위로서 그에 대한 의도와 목적이 있었다는 점을 입증하여야 하고, 사업활동 방해행위로 인하여 현실적으로 위와 같은 효과가 나타났음이 입증된 경우에는 그 행위 당시에 경쟁제한을 초래할 우려가 있었고 또한 그에 대한 의도나 목적이 있었음을 사실상 추정할 수 있을 것이지만, 그렇지 않은 경우에는 사업활동 방해의 경위 및 동기, 사업활동 방해행위의 태양, 관련 시장의 특성, 사업활동 방해로 인하여 그 거래상대방이 입은 불이익의 정도, 관련 시장에서의 가격 및 산출량의 변화 여부, 혁신 저해 및 다양성 감소 여부 등 여러 사정을 종합적으로 고려하여 사업활동 방해행위가 위에서 본 경쟁제한의 효과가 생길 만한 우려가 있는 행위로서 그에 대한 의도나 목적이 있었는지를 판단하여야 한다(대법원 2007. 11. 22. 선고 2002두8626 전원합의체 판결, 대법원 2008. 12. 11. 선고 2007두25183 판결 등 참조).

원심판결 이유 및 원심이 적법하게 채택한 증거에 의하면, 국내 승용차 판매시장 및 5톤 이하 화물차(트럭)판매시장에서 시장지배적 사업자인 원고는 별다른 합리적인 사유 없이 노동조합과의 협의 지연 또는 노동조합의 반대 등을 이유로 9건의 판매대리점 거점 이전 승인을 지연하거나 거부하고 약 170건의 판매대리점 판매인원 채용등록을 지연하거나 거부하는 등의 이 사건 사업활동 방해행위를 하였는데, 이는 원고가 판매대리점의 거점 이전 및 판매인원 채용으로 인하여 직영판매점의 경쟁력이 약화될 것을 우려하였기 때문인 사실, 판매대리점의 판매를 결정하는 주된 요소는 전시장 거점, 판매인원 수, 판매인원의 판매력으로서, 상권에 대한 고려와 함께 고객의 방문을 유도하기 위한 장소의 선택, 방문고객을 위한 차량 전시장의 확보는 판매대리점 영업활동에 있어 중요한 환경요소이고, 판매인원의 증감에 따라 판매실적이 정비례하며, 또한 판매경로 중 방문 고객에 대한 판매가 12.3% 내지 40%를 차지하고, 판매인원을 통한 판매가 60% 내지 87.7%를 차지하는 사실, 이에 따라 판매대리점으로서는 거점을 이전해야만 하는 상황에서 이전이 지연되거나 유능한 판매인원을 확보하지 못하게 되면 같은 지역 내에서 경쟁하고 있는 직영판매점에 비하여 경쟁력이 약화될 수밖에 없는 사실, 원고의 시장점유율은 높은데 경쟁사업자의 수는 적고 경쟁사업자의 시장점유율은 낮아 원고의 판매대리점들이 다른 자동차 판매회사의 판매대리점으로 전환할 가능성도 제한되어 있는 사실, 이 사건 사업활동 방해행위의 대상이 된 판매대리점은 400여 개 판매대리점 중 100여 개로서 20%가 넘는 사실, 이 사건 사업활동 방해행위로 인하여 소비자로서는 판매대리점보다 직영판매점을 더 선택할 수밖에 없게 되고 이로 인해 서비스 질 제고 및 가격인하 유인이 축소될 수 있는 사실을 알 수 있다. 앞서 본 법리에 따라 위와 같은 사정을 종합적으로 고려하면, 원고의 이 사건 사업활동 방해행위는 국내 승용차 판매시장 및 5톤 이하 화물차(트럭)판매시장에서 직영판매점과 판매대리점의 자유로운 경쟁을 제한함으로써 인위적으로 시장질서에 영향을 가하려는 의도나 목적을 갖고, 객관적으로도 그러한 경쟁제한의 효과가 생길 만한 우려가 있는 행위로 평가될 수 있으므로, 그 부당성이 인정된다. 같은 취지의 원심 판단은 정당하고, 거기에 시장지배적 지위남용행위의 부당성에 관한 법리오해 또는 자유심증주의의 한계 일탈 등의 위법이 없다.

2. 피고의 상고이유에 관한 판단

가. 상고이유 제1점에 관하여

원심은 그 판결에서 들고 있는 증거들을 종합하여 그 판시와 같은 사실을 인정한 다음, 원고가 판매대리점들에 대하여 일방적으로 판매목표를 설정한 후에 판매목표 달성을 위하여 선출고를 요구하기도 하고, 자동차 판매실적과 판매목표 달성률 등을 주된 평가요소로 해서 부진대리점을 선정하여 경고장 발송, 자구계획서 징구, 재계약 불가 통보를 하는 등의 방법으로 부진대리점을 관리함으로써 판매목표 달성을 사실상 강제하였다 하더라도, 그 판매목표가 직영판매점에 비하여 지나치게 높게 설정되어 판매대리점들이 직영판매점에 비하여 불리한 위치에서 영업을 하였다고 볼 만한 뚜렷한 자료가 없는 점, 원고가 판매목표의 설정을 통하여 달성하고자 했던 것은 매출신장으로 인한 이윤의 극대화일 뿐 판매대리점에 대한 압박을 통한 판매대리점의 퇴출이나 경쟁력 약화는 아니었던 것으로 보이는 점 등에 비추어 보면, 원고가 직영판매점과 판매대리점의 자유로운 경쟁을 제한함으로써 인위적으로 시장질서에 영향을 가하려는 의도나 목적 아래 판매대리점에 판매목표를 설정하여 이를 강요하였다고 보기 어렵고, 또 원고의 위와 같은 행위를 객관적으로 경쟁제한의 효과가 생길 만한 우려가 있는 행위로 볼 수도 없다고 판단하였다.

기록에 비추어 살펴보면, 원심의 위와 같은 판단은 정당하고, 거기에 시장지배적 사업자의 사업활동 방해행위와 관련한 부당성에 관한 법리오해 등의 위법이 없다.

나. 상고이유 제2점에 관하여

공정거래법 제6조, 제55조의3 제1항, 공정거래법 시행령(2007. 11. 2. 대통령령 제20360호로 개정되기 전의 것) 제61조 제1항 [별표 2] 제2호 (가)목의 각 규정에 의하면, 공정거래위원회는 시장지배적 사업자가 남용행위를 한 경우 위반행위의 내용 및 정도, 위반행위의 기간 및 횟수, 위반행위로 인해 취득한 이익의 규모 등과 이에 영향을 미치는 사항을 고려하여 과징금을 산정하되, 위반사업자가 위반기간 동안 판매 또는 매입한 관련상품(상품에는 용역을 포함한다)의 매출액(매입액을 포함한다) 또는 이에 준하는 금액(이하 '관련매출액'이라 한다)에 중대성의 정도별로 정하는 부과기준율을 곱한 금액을 기본과징금으로 하여 과징금을 부과하며, 관련매출액 산정과 관련한 관련상품의 범위는 위반행위로 인하여 직접 또는 간접적으로 영향을 받는 상품의 종류와 성질, 거래지역, 거래상대방, 거래단계 등을 고려하여 행위유형별로 개별적·구체적으로 판단하여야 한다.

원심판결 이유에 의하여 알 수 있는 다음과 같은 사정, 즉 원고의 이 사건 사업활동 방해행위로 인하여 판매대리점을 통한 매출액은 감소 영향을 받는 반면, 직영판매점의 매출액은 증가 영향을 받는 관계에 있다는 점, 이 사건 사업활동 방해행위와 관련한 원고의 공정거래법 위반사실은 원고가 전체 판매대리점들과 사이에 거점 이전과 인원 채용에 관하여 사전에 원고와 합의 또는 협의하거나 등록하도록 판매대리점계약을 체결한 사실 그 자체가 아니라, 원고가 그와 같은 계약조항을 근거로 하여 합리성이 없는 사유를 내세워 구체적으로 일부 개별 판매대리점들에 대하여 거점 이전 승인이나 인원 등록을 지연하거나 거부한 행위라는 점 및 개별 판매대리점에 대한 사업활동 방해행위로 인하여 전체 직영판매점의 매출액이 직접 또는 간접적으로 영향을 받았다고 보기 어려운 점 등을 종합하여 보면, 이 사건에서 관련매출액은 원고의 직영판매점 매출액을 기준으로 하되, 그중에서도 특히 사업활동 방해를 받은 개별 판매대리점과 경쟁관계에 있어 그 직접 또는 간접적인 영향을 받았다고 볼 수 있는 인근 직영판매점의 매출액을 관련매출액으로 봄이 상당하고, 그 위반기간도 구체적인 사업활동 방해행위에 따라 개별로 따져야 할 것이다.

따라서 피고가 판매대리점 전체의 매출액을 이 사건 과징금 산정의 기준이 되는 관련매출액으로 삼고, 위반기간도 전체적으로 2004. 1. 1.부터 2006. 12. 31.까지로 보아 과징금납부명령을 한 것은 잘못이다.

원심판결은 인근 직영판매점의 매출액이 아닌 해당 개별 판매대리점의 매출액을 기준으로 삼아야 한다고 본 점에서 그 이유 설시에 다소 부적절한 점이 있으나, 이 사건 과징금납부명령이 위법하다고 본 결론은 정당하므로, 판결 결과에 영향을 미친 위법이 없다.

3. 결 론

그러므로 상고를 모두 기각하고 상고비용은 각자가 부담하기로 하여, 관여 대법관의 일치된 의견으로 주문과 같이 판결한다.

대법관   안대희(재판장) 박시환(주심) 차한성

▌ 참조문헌 ▌

박재우, "독점규제 및 공정거래에 관한 법률 제3조의2 제1항 제3호의 시장지배적 사업자의 지위남용행위로서 '사업활동 방해행위의 부당성' 판단 기준", 대법원판례해설 83호, 법원도서관(2010)

양명조, "시장지배적 사업자의 사업활동방해행위: 현대자동차(주) 사건판결의 두 가지 논점", 경쟁법연구 24권, 한국경쟁법학회, 법문사(2011)

이봉의, "공정거래법상 부당한 사업활동방해의 경쟁제한성 판단: 현대기아차 판결을 중심으로", 법학논문집 41권 2호, 중앙대학교 법학연구원(2017)

주진열, "시장지배적 지위 남용 관련 현대자동차 사건에 대한 비판적 고찰 – 대법원 2010. 3. 25. 선고 2008두7465 판결", 법경제학연구 13권 1호, 한국법경제학회(2016)

홍대식, "시장지배적 사업자의 사업활동 방해행위의 판단기준과 과징금 산정기준", 공정거래

법 판례선집, 사법발전재단(2011)

---

(4) 대법원 2014. 11. 13. 선고 2009두20366 판결 [동영상콘텐츠 광고제한 사건]
(사업활동 방해)

판시사항

[1] 특정 사업자가 시장지배적 지위에 있는지 여부를 판단하기 위한 전제 조건 및 관련시장 중 관련상품시장의 의미와 그 시장의 범위를 판단하는 방법

[2] 독점규제 및 공정거래에 관한 법률 제3조의2 제1항 제3호에서 정한 시장지배적 사업자의 지위남용행위로서 불이익 강제행위의 부당성 여부의 판단 방법

[3] 구 독점규제 및 공정거래에 관한 법률 제23조 제1항 제7호에서 정한 현저히 유리한 조건의 거래에 해당하기 위한 요건인 '당해 거래에서 급부와 반대급부 사이의 차이가 정상가격에 비해 현저히 유리할 것'에서 정상가격의 의미 / 해당 거래 당시의 실제 사례를 찾을 수 없어 부득이 정상가격을 추단할 수밖에 없는 경우 추단하는 방법 및 정상가격에 관한 증명책임의 소재(=공정거래위원회)

판결요지

[1] 특정 사업자가 시장지배적 지위에 있는지를 판단하기 위해서는, 우선 경쟁관계가 문제 될 수 있는 일정한 거래 분야에 관하여 관련시장이 구체적으로 정해져야 하고, 그 다음에 그 시장에서 지배가능성이 인정되어야 한다. 관련시장 중 관련상품시장은 일반적으로 시장지배적 사업자가 시장지배력을 행사하는 것을 억제하여 줄 경쟁관계에 있는 상품들의 범위를 말하는 것으로서, 구체적으로는 거래되는 상품의 가격이 상당기간 어느 정도 의미 있는 수준으로 인상 또는 인하될 경우 그 상품의 대표적 구매자 또는 판매자가 이에 대응하여 구매 또는 판매를 전환할 수 있는 상품의 집합을 의미하고, 그 시장의 범위는 거래에 관련된 상품의 가격, 기능 및 효용의 유사성, 구매자들의 대체가능성에 대한 인식 및 그와 관련한 구매행태는 물론, 판매자들의 대체가능성에 대한 인식 및 그와 관련한 경영의사의 결정행태, 사회적·경제적으로 인정되는 업종의 동질성 및 유사성 등을 종합적으로 고려하여 판단하여야 하며, 그 외에도 기술발전의 속도, 그

상품의 생산을 위하여 필요한 다른 상품 및 그 상품을 기초로 생산되는 다른 상품에 관한 시장의 상황, 시간적·경제적·법적 측면에서의 대체의 용이성 등도 함께 고려하여야 한다.

[2] 독점규제 및 공정거래에 관한 법률 제3조의2 제1항 제3호의 시장지배적 사업자의 지위남용행위로서 불이익 강제행위의 부당성은 '독과점 시장에서의 경쟁촉진'이라는 입법 목적에 맞추어 해석해야 하므로, 시장지배적 사업자가 개별 거래의 상대방인 특정 사업자에 대한 부당한 의도나 목적을 가지고 불이익 강제행위를 한 모든 경우 또는 불이익 강제행위로 특정 사업자가 사업활동에 곤란을 겪게 되었다거나 곤란을 겪게 될 우려가 발생하였다는 것과 같이 특정 사업자가 불이익을 입게 되었다는 사정만으로는 부당성을 인정하기에 부족하고, 그중에서도 특히 시장에서의 독점을 유지·강화할 의도나 목적, 즉 시장에서의 자유로운 경쟁을 제한함으로써 인위적으로 시장질서에 영향을 가하려는 의도나 목적을 갖고, 객관적으로도 그러한 경쟁제한의 효과가 생길 만한 우려가 있는 행위로 평가될 수 있는 불이익 강제행위를 하였을 때에 부당성이 인정될 수 있다.

그러므로 시장지배적 사업자의 불이익 강제행위가 지위남용행위에 해당한다고 주장하는 공정거래위원회로서는 불이익 강제행위가 경쟁제한의 효과가 생길 만한 우려가 있는 행위로서 그에 대한 의도와 목적이 있었다는 점을 입증하여야 하고, 불이익 강제행위로 인하여 현실적으로 위와 같은 효과가 나타났음이 입증된 경우에는 그 행위 당시에 경쟁제한을 초래할 우려가 있었고 또한 그에 대한 의도나 목적이 있었음을 사실상 추정할 수 있다 할 것이지만, 그렇지 않은 경우에는 불이익 강제행위의 경위 및 동기, 불이익 강제행위의 태양, 관련시장의 특성, 불이익 강제행위로 인하여 거래상대방이 입은 불이익의 정도, 관련시장에서의 가격 및 산출량의 변화 여부, 혁신 저해 및 다양성 감소 여부 등 여러 사정을 종합적으로 고려하여 불이익 강제행위가 위에서 본 경쟁제한의 효과가 생길 만한 우려가 있는 행위로서 그에 대한 의도나 목적이 있었는지를 판단하여야 한다.

[3] 구 독점규제 및 공정거래에 관한 법률(2013. 8. 13. 법률 제12095호로 개정되기 전의 것, 이하 '공정거래법'이라 한다) 제23조 제1항 제7호에서 정한 현저히 유리한 조건의 거래에 해당하기 위해서는, 우선 당해 거래에서의 '급부와 반대급부 사이의 차이'가 정상가격에 비해 현저히 유리한 것이어야 하고, 여기서 정상가격이란 지원주체와 지원객체 간에 이루어진 경제적 급부와 동일한 경제적 급부가 시기, 종류, 규모, 기간, 신용상태 등이 유사한 상황에서 특수관계가 없는 독립된 자

간에 이루어졌을 경우 형성되었을 거래가격을 의미한다.

그 정상가격이 시정명령이나 과징금부과 등 제재적 행정처분의 근거가 된다는 점이나 공정거래법이 부당지원을 금지하는 취지 등을 고려할 때, 당해 거래 당시의 실제 사례를 찾을 수 없어 부득이 여러 가지 간접적인 자료에 의해 정상가격을 추단할 수밖에 없는 경우에는, 통상의 거래 당사자가 당해 거래 당시의 일반적인 경제 및 경영상황과 장래 예측의 불확실성까지도 모두 고려하여 보편적으로 선택하였으리라고 보이는 현실적인 가격을 규명하여야 하고, 단순히 제반 상황을 사후적, 회고적인 시각으로 판단하여 거래 당시에 기대할 수 있었던 최선의 가격 또는 당해 거래가격보다 더 나은 가격으로 거래할 수도 있었을 것이라 하여 가벼이 이를 기준으로 정상가격을 추단해서는 아니 될 것이며, 정상가격에 대한 증명책임은 어디까지나 공정거래위원회에 있다.

참조조문

[1] 독점규제 및 공정거래에 관한 법률 제3조의2 제1항 제3호, 제2항, 독점규제 및 공정거래에 관한 법률 시행령 제5조 제3항 제4호
[2] 독점규제 및 공정거래에 관한 법률 제3조의2 제1항 제3호
[3] 구 독점규제 및 공정거래에 관한 법률(2013. 8. 13. 법률 제12095호로 개정되기 전의 것) 제23조 제1항 제7호

참조판례

[1][2] 대법원 2007. 11. 22. 선고 2002두8626 전원합의체 판결, 대법원 2008. 12. 11. 선고 2007두25183 판결
[3] 대법원 2006. 12. 7. 선고 2004두11268 판결

전 문

【원고, 피상고인】 엔에이치엔 주식회사
【피고, 상고인】 공정거래위원회
【원심판결】 서울고법 2009. 10. 8. 선고 2008누27102 판결
【주 문】
상고를 기각한다. 상고비용은 피고가 부담한다.
【이 유】
상고이유를 판단한다.

  1. 상고이유 제1점, 제2점에 대하여

독점규제 및 공정거래에 관한 법률(이하 '공정거래법') 제3조의2 제1항은 시장지배적 사

업자의 지위남용행위를 금지하고 있고, 같은 항 제3호는 그 지위남용행위의 하나로 다른 사업자의 사업활동을 부당하게 방해하는 행위를 규정하고 있다. 그리고 공정거래법 제3조의2 제2항이 남용행위의 유형 또는 기준을 대통령령에 위임함에 따라 독점규제 및 공정거래에 관한 법률 시행령(이하 '공정거래법 시행령') 제5조 제3항 제4호는 '다른 사업자의 사업활동을 부당하게 방해하는 행위'의 하나로 '제1호 내지 제3호 외의 부당한 방법으로 다른 사업자의 사업활동을 어렵게 하는 행위로서 공정거래위원회가 고시하는 행위'를 규정하고 있고, 이에 따라 공정거래위원회가 고시한 시장지배적 지위남용행위 심사기준(2009. 8. 20. 공정거래위원회 고시 제2009-26호 '시장지배적 지위남용 행위의 심사기준'으로 개정되기 전의 것) Ⅳ. 3. 라. (3)항은 공정거래법 시행령 제5조 제3항 제4호의 한 경우로서 "부당하게 거래상대방에게 불이익이 되는 거래 또는 행위를 강제하는 행위"(이하 '불이익 강제행위')를 규정하고 있다. 결국 위 관련 법령 등의 규정에 의하면, 시장지배적 사업자의 지위남용행위로서의 불이익 강제행위는 '시장지배적 사업자가 부당하게 거래상대방에게 불이익이 되는 거래 또는 행위를 강제함으로써 그 사업자의 사업활동을 어렵게 하는 행위'라 할 것이다(대법원 2008. 12. 11. 선고 2007두25183 판결 등 참조).

한편 특정 사업자가 시장지배적 지위에 있는지 여부를 판단하기 위해서는, 우선 경쟁관계가 문제 될 수 있는 일정한 거래 분야에 관하여 관련시장이 구체적으로 정하여져야 하고, 그 다음에 그 시장에서 지배가능성이 인정되어야 한다. 관련시장 중 관련상품시장은 일반적으로 시장지배적 사업자가 시장지배력을 행사하는 것을 억제하여 줄 경쟁관계에 있는 상품들의 범위를 말하는 것으로서, 구체적으로는 거래되는 상품의 가격이 상당기간 어느 정도 의미 있는 수준으로 인상 또는 인하될 경우 그 상품의 대표적 구매자 또는 판매자가 이에 대응하여 구매 또는 판매를 전환할 수 있는 상품의 집합을 의미하고, 그 시장의 범위는 거래에 관련된 상품의 가격, 기능 및 효용의 유사성, 구매자들의 대체가능성에 대한 인식 및 그와 관련한 구매행태는 물론, 판매자들의 대체가능성에 대한 인식 및 그와 관련한 경영의사의 결정행태, 사회적·경제적으로 인정되는 업종의 동질성 및 유사성 등을 종합적으로 고려하여 판단하여야 할 것이며, 그 외에도 기술발전의 속도, 그 상품의 생산을 위하여 필요한 다른 상품 및 그 상품을 기초로 생산되는 다른 상품에 관한 시장의 상황, 시간적·경제적·법적 측면에서의 대체의 용이성 등도 함께 고려하여야 한다(대법원 2007. 11. 22. 선고 2002두8626 전원합의체 판결, 대법원 2008. 12. 11. 선고 2007두25183 판결 등 참조).

원심판결 이유에 의하면, 원심은 그 채택 증거들을 종합하여 판시와 같은 사실을 인정한 다음, 피고가 이 사건 처분의 전제가 되는 관련상품시장에 관하여 인터넷 포털이 대부분 검색(Search) 서비스, 이메일·메신저 등 커뮤니케이션(Communication) 서비스, 홈페이지·온라인카페 등 커뮤니티(Community) 서비스, 스포츠·금융·뉴스·게임 등 각종 콘텐츠(Contents) 서비스, 온라인 쇼핑 등 전자상거래(Commerce) 서비스(이하 위 각 서비스를 통틀어 '1S-4C 서비스')를 기반으로 유사한 서비스를 제공하고 있는 점 등에 근거하여 이 사건 관련시장을 '인터넷 포털서비스 이용자시장'으로 획정한 것에 대하여, ① 이 사건 광고제한행위는 동영상 콘텐츠 공급업체(contents provider)의 동영상 콘텐츠에 대한 색인 데이터베이스 제공계약을 체결하면서 원고의 검색결과로 보이는 동영상 플레이어 내 동영상 시청에 방해가 되는 선광고(先廣告)만을 원고와 협의 없이 게재할 수 없도록 한 것으로 원고의 검색서비스를 통하여 동영상 콘텐츠 공급업체와 이용자를 중개해 주는 과정에서 이루어진 점, ② 원고가 관련상품시장에서 시장지배력을 가지고 이를 남용하는 행위를 하였는지 여부를 판단함에 있어서는 원고가 동영상 콘텐츠 공급업체와 자신의 이용자들을 중개하는 시장에서 시장지배력을 가지는지 여부와 그 지위를 남용하는 행위를 하였는지 여부를 판단하여야 할 것이고, 이는 동영상 콘텐츠 공급업체들이 이용자들을 자신의 사이트로 유인함에 있어 원고와 같은 인터넷 포털사업자에게 얼마나 의존하고 있는지 여부와 직결되는 문제인 점, ③ 동영상 콘텐츠의 이용은 원고와 같이 1S-4C 서비스를 모두 제공하는 인터넷 포털사업자뿐만 아니라 그중 검색서비스만을 제공하는 인터넷 사업자의 인터넷 검색서비스를 통해서도 충분히 가능하고, 그 서비스의 효용이나 성능, 소요되는 비용은 1S-4C 서비스를 제공하는 인터넷 포털사업자와 별다른 차이가 있을 수 없는 점 등을 종합하여 보면, 결국 피고가 이 사건 관련시장을 인터넷 포털서비스 이용자시장으로 획정한 것은 부당하다고 판단하였다.

또한 원심은, 공정거래법 시행령 제4조 제2항은 시장점유율을 공급 또는 구매한 상품 또는 용역의 금액기준으로 산정하기 어려운 경우에는 물량기준 또는 생산능력기준으로 이를 산정할 수 있다고 규정하고 있고, 이때 매출액이나 물량 또는 생산능력은 일정한 거래분야 즉 관련시장에서 발생한 매출 등을 의미하는데, 피고는 인터넷 포털서비스 이용자시장을 관련시장으로 획정하면서도 아무런 근거 없이 인터넷 포털사업자의 인터넷 광고시장에서의 매출액을 포함한 전체 매출액을 기준으로 시장점유율을 산정하고 있는 점, 인터넷 광고시장에서의 매출액을 인터넷 이용자시장에서의 지배력이 그대로 반영되어 나타난 결과로 보더라도 전체 매출액에는 인터넷 광고시장에서의 매출과 관련이 없는 게임 관련 매출액, 전자상거래 매출액 등이 포함되어 있어 이를 시장지배적 사업자를 추정하는 시장점유율의 기준으로 삼기에는 시장과의 관련성이 희박한 점, 최근 신규 사업자의 시장진입이 없었더라도 기존 사업자의 신규 서비스분야로의 진출과 서비스경쟁은 매우 치열한 양상으로 계속되어 왔고 과거 인터넷 포털사업자들의 성장과정을 보더라도 최근의 매출액만을 기준으로 인터넷 포털서비스 시장이 원고를 포함한 일부 사업자들의 과점시장으로 고착화되었다고 단정하기는 어려운 점 등을 종합하여 보면, 피고가 이 사건 관련상품시장에서의 시장지배력의 추정 기준으로 인터넷 포털사업자의 전체 매출액을 삼은 것은 부당하다고 판단하였다.

위 법리와 기록에 비추어 보면, 원심의 위와 같은 판단은 정당하다. 거기에 이 부분 상고이유와 같은 관련상품시장의 획정 및 시장지배적 사업자의 인정 여부 등에 관한 법리오해의 위법이 없다.

2. 상고이유 제3점에 대하여

공정거래법 제3조의2 제1항 제3호의 시장지배적 사업자의 지위남용행위로서 불이익 강제행위의 부당성은 '독과점 시장에서의 경쟁촉진'이라는 입법 목적에 맞추어 해석하여야 할 것이므로, 시장지배적 사업자가 개별 거래의 상대방인 특정 사업자에 대한 부당한 의도나 목적을 가지고 불이익 강제행위를 한 모든 경우 또는 그 불이익 강제행위로 인하여 특정 사업자가 사업활동에 곤란을 겪게 되었다거나 곤란을 겪게 될 우려가 발생하였다는 것과 같이 특정 사업자가 불이익을 입게 되었다는 사정만으로는 그 부당성을 인정하기에 부족하고, 그중에서도 특히 시장에서의 독점을 유지·강화할 의도나 목적, 즉 시장에서의 자유로운 경쟁을 제한함으로써 인위적으로 시장질서에 영향을 가하려는 의도나 목적을 갖고, 객관적으로도 그러한 경쟁제한의 효과가 생길 만한 우려가 있는 행위로 평가될 수 있는 불이익 강제행위를 하였을 때에 그 부당성이 인정될 수 있다.

그러므로 시장지배적 사업자의 불이익 강제행위가 그 지위남용행위에 해당한다고 주장하는 피고로서는 그 불이익 강제행위가 경쟁제한의 효과가 생길 만한 우려가 있는 행위로서 그에 대한 의도와 목적이 있었다는 점을 입증하여야 할 것이고, 불이익 강제행위로 인하여 현실적으로 위와 같은 효과가 나타났음이 입증된 경우에는 그 행위 당시에 경쟁제한을 초래할 우려가 있었고 또한 그에 대한 의도나 목적이 있었음을 사실상 추정할 수 있다 할 것이지만, 그렇지 않은 경우에는 불이익 강제행위의 경위 및 동기, 불이익 강제행위의 태양, 관련시장의 특성, 불이익 강제행위로 인하여 그 거래상대방이 입은 불이익의 정도, 관련시장에서의 가격 및 산출량의 변화 여부, 혁신 저해 및 다양성 감소 여부 등 여러 사정을 종합적으로 고려하여 불이익 강제행위가 위에서 본 경쟁제한의 효과가 생길 만한 우려가 있는 행위로서 그에 대한 의도나 목적이 있었는지를 판단하여야 한다(대법원 2007. 11. 22. 선고 2002두8626 전원합의체 판결, 대법원 2008. 12. 11. 선고 2007두25183 판결 등 참조).

원심판결 이유에 의하면, 원심은 그 채택 증거들을 종합하여 판시와 같은 사실을 인정한 다음, 설령 이 사건 관련시장에서 원고에게 시장지배적 사업자의 지위가 인정된다고 하더라도, 원고의 이 사건 광고제한행위로 인하여 동영상 콘텐츠 공급업체의 광고수익이 줄어들 가능성이 있다는 사정은 원고의 이 사건 광고제한행위로 인하여 동영상 콘텐츠 공급업체가 입게 되는 구체적인 불이익에 불과하여 현실적으로 경쟁제한의 결과가 나타났다고 인정할 만한 사정에 이르지 못하고 경쟁제한의 의도나 목적이 있었던 것으로 보기도 어렵다고 판단하였다. 또한 원심은, 오히려 원고와 동영상 콘텐츠 공급업체 사이의 색인 데이터베이스 제공계약과 관련하여 아무런 대가가 수수된 바 없고, 이 사건 광고제한행위에도 불구하고 동영상 콘텐츠 공급업체인 ○○○티비는 위 제공계약 후 얼마 지나지 않아 선광고를 게재하였으며 원고 역시 2007. 5.부터 동영상 콘텐츠 공급업체의 선광고를 허용한 점, 당시 원고가 자체 제공하던 동영상 콘텐츠에도 선광고를 게재하지 않아 동영상 콘텐츠 공급업체를 특별히 차별한 것도 아니었고, 동영상 콘텐츠의 선광고를 무조건 금지한 것이 아니라 사전 협의하도록 약정한 점, 동영상 콘텐츠 공급업체로서도 선광고가 자신에게 불이익하다면 다른 인터넷 포털 사업자를 선택할 수 있고, 이러한 불이익을 감수하더라도 이용자의 편익을 고려한 동영상 콘텐츠를 제공함으로써 이용자 유입을 늘려 광고수익을 증대시키는 방안도 선택 가능한 정책으로 보이는 점 등을 종합하여 보면, 원고가 시장에서의 독점을 유지·강화할 의도나 목적, 즉 시장에서의 자유로운 경쟁을 제한함으로써 인위적으로 시장질서에 영향을 가하려는 의도나 목적을 갖고, 객관적으로도 그러한 경쟁제한의 효과가 생길 만한 우려가 있는 행위로 평가될 수 있는 불이익 강제행위를 했다고 보기 어렵다고 판단하였다.

위 법리와 기록에 비추어 보면, 원심의 위와 같은 판단은 정당하다. 거기에 이 부분 상고이유와 같은 시장지배적 사업자의 불이익 강제행위의 부당성에 관한 법리오해의 위법이 없다.

3. 상고이유 제4점에 대하여

공정거래법 제23조 제1항 제7호 소정의 현저히 유리한 조건의 거래에 해당하기 위해서는, 우선 당해 거래에서의 '급부와 반대급부 사이의 차이'가 정상가격에 비해 현저히 유리한 것이어야 하고, 여기서 정상가격이라 함은 지원주체와 지원객체 간에 이루어진 경제적 급부와 동일한 경제적 급부가 시기, 종류, 규모, 기간, 신용상태 등이 유사한 상황에서 특수관계가 없는 독립된 자 간에 이루어졌을 경우 형성되었을 거래가격을 의미한다(대법원 2006. 12. 7. 선고 2004두11268 판결 참조). 그 정상가격이 시정명령이나 과징금부과 등 제재적 행정처분의 근거가 된다는 점이나 공정거래법이 부당지원을 금지하는 취지 등을 고려할 때, 당해 거래 당시의 실제 사례를 찾을 수 없어 부득이 여러 가지 간접적인 자료에 의해 정상가격을 추단할 수밖에 없는 경우에는, 통상의 거래 당사자가 당해 거래 당시의 일반적인 경제 및 경영상황과 장래 예측의 불확실성까지도 모두 고려하여 보편적으로 선택하였으리라고 보이는 현실적인 가격을 규명하여야 할 것이고, 단순히 제반 상황을 사후적, 회고적인 시각으로 판단하여 거래 당시에 기대할 수 있었던 최선의 가격 또는 당해 거래가격보다 더 나은 가격으로 거래할 수도 있었을 것이라 하여 가벼이 이를 기준으로 정상가격을 추단하여서는 아니 될 것이며, 정상가격에 대한 증명책임은 어디까지나 피고에게 있다(대법원 2008. 2. 14. 선고 2007두1446 판결 참조).

원심판결 이유에 의하면, 원심은 그 채택 증거들을 종합하여 판시와 같은 사실을 인정한 다음, 원고가 건물주에게 지급한 임차료보다 원고의 자회사인 서치솔루션 주식회사(이하 '서치솔루션')와 엔에이치엔서비스 주식회사(이하 '엔에이치엔서비스')로부터 수취한 전대료가 낮은 것은 사실이나, 서치솔루션에 대한 전대행위는 임차한 건물 중 근소한 부분에 대한 것이어서 전대료가 임차료보다 반드시 높아야 한다고 볼 수 없고, 서치솔루션 및 엔에이치엔서비스에 대한 각 전대료의 정상가격을 원고가 건물주에게 지급한 임차보증금을 연 12%의 비율로 전환하여 산정하여야 한다는 피고의 주장을 인정할 증거가 없는 점 등에 비추어 보면, 이 사건 전대행위가 정상가격에 비하여 현저히 낮은 가격으로 이루어진 것으로 보기는 어렵다고 판단하였다.

위 법리와 기록에 비추어 보면, 원심의 위와 같은 판단은 정당하다. 거기에 이 부분 상고이유와 같은 부당한 지원행위의 현저성에 관한 법리오해의 위법이 없다.

4. 상고이유 제5점에 대하여

지원행위가 부당성을 갖는지 유무를 판단함에 있어서는 지원주체와 지원객체와의 관계, 지원행위의 목적과 의도, 지원객체가 속한 시장의 구조와 특성, 지원성 거래규모와 지원행위로 인한 경제상 이익 및 지원기간, 지원행위로 인하여 지원객체가 속한 시장에서의 경쟁제한이나 경제력집중의 효과 등은 물론 중소기업 및 여타 경쟁사업자의 경쟁능력과 경쟁여건의 변화 정도, 지원행위 전후의 지원객체의 시장점유율의 추이, 시장개방의 정도 등을 종합적으로 고려하여 당해 지원행위로 인하여 지원객체의 관련시장에서 경쟁이 저해되거나 경제력 집중이 야기되는 등으로 공정한 거래가 저해될 우려가 있는지 여부에 따라 판단하여야 한다(대법원 2006. 12. 22. 선고 2004두1483 판결 등 참조).

위 법리와 기록에 비추어 보면, 원심이 이 사건 전대행위로 인하여 서치솔루션이나 엔에이치엔서비스가 속한 시장에서의 경쟁이 저해되거나 경제력 집중이 야기되는 등으로 공정한 거래가 저해될 우려가 있다고 보기 어렵다고 판단한 것은 정당하다. 거기에 이 부분 상고이유와 같은 부당한 지원행위의 부당성에 관한 법리오해 등으로 인하여 판결 결과에 영향을 미친 위법이 없다.

5. 결 론

그러므로 상고를 기각하고 상고비용은 패소자가 부담하기로 하여, 관여 대법관의 일치된 의견으로 주문과 같이 판결한다.

대법관　박보영(재판장)　민일영　김신　권순일(주심)

‖ 참조문헌 ‖

송태원, "인터넷 검색서비스에 대한 경쟁법 집행에 있어 관련시장 획정에 대한 검토: 대법원 2014. 11. 13 선고 2009두20366 판결을 중심으로", 법학논문집 39집 1호, 중앙대학교 법학연구소(2015)
홍대식, "플랫폼 경제에 대한 경쟁법의 적용 – 온라인 플랫폼을 중심으로", 법경제학연구 13권 1호, 한국법경제학회(2016)

(5) 대법원 2021. 6. 30. 선고 2018두37700 판결 [기업메시징서비스 사건] (이윤압착)

판시사항

[1] 수직 통합된 상류시장의 시장지배적 사업자가 하류시장에서 완제품의 소매가격을 낮추는 형태로 이루어지는 이윤압착행위를 함으로써 부당하게 상품 또는 용역을 통상거래가격에 비하여 낮은 대가로 공급하여 경쟁자를 배제할 우려가 있는 경우, 독점규제 및 공정거래에 관한 법령이 금지하는 시장지배적 지위 남용행위로 볼 수 있는지 여부(적극)

[2] 독점규제 및 공정거래에 관한 법률 시행령 제5조 제5항 제1호에서 정한 '통상거래가격'의 의미

[3] 독점규제 및 공정거래에 관한 법률 제3조의2 제1항 제5호 전단에서 정한 '경쟁사업자를 배제하기 위하여 거래한 행위'의 부당성을 판단하는 기준과 방법

[4] 이윤압착을 수단으로 한 지위 남용행위를 독점규제 및 공정거래에 관한 법률 제 3조의2 제1항 제5호 전단과 독점규제 및 공정거래에 관한 법률 시행령 제5조 제5항 제1호에서 정한 '부당하게 상품 또는 용역을 통상거래가격에 비하여 낮은 대가로 공급하여 경쟁자를 배제시킬 우려가 있는 거래'로서 부당성이 있는지 판단할 때 고려할 사항

판결요지

[1] 시장지배적 사업자의 이윤압착(margin squeeze)을 독자적인 시장지배적 지위 남용행위의 한 유형으로 보아 규제하는 경우 상류시장(upstream market) 원재료 등에 관한 투자 유인이나 혁신 동기를 위축시킬 우려가 있다. 그러나 수직 통합된(vertically integrated) 상류시장의 시장지배적 사업자가 그 지위를 남용하여 이윤압착행위를 함으로써 하류시장(downstream market)의 경쟁사업자가 부당하게 경쟁에서 배제될 우려가 있어 공정한 경쟁의 기반이 유지될 수 없다면, 이윤압착행위는 공정한 경쟁을 통한 시장성과에 기초를 둔 이른바 '성과경쟁'이라는 정당한 경쟁방법에 해당한다고 보기 어렵다.

따라서 하류시장에서 완제품의 소매가격을 낮추는 형태로 이루어지는 시장지배적 사업자의 이윤압착행위가 '부당하게 상품 또는 용역을 통상거래가격에 비하여 낮은 대가로 공급하여 경쟁자를 배제할 우려가 있는 거래'로 평가될 수 있다면 독점규제 및 공정거래에 관한 법률(2020. 12. 29. 법률 제17799호로 전부개정되기 전의 것) 제3조의2 제1항 제5호 전단, 독점규제 및 공정거래에 관한 법률 시행령 제5조 제5항 제1호가 금지하는 시장지배적 지위 남용행위로 보아 규제할 필요가 있다.

[2] 독점규제 및 공정거래에 관한 법률 시행령 제5조 제5항 제1호는 모법 조항인 독점규제 및 공정거래에 관한 법률(2020. 12. 29. 법률 제17799호로 전부개정되기 전의 것) 제3조의2 제1항 제5호 전단에서 정한 '부당하게 경쟁사업자를 배제하기 위하여 거래하는 행위'를 구체화한 것으로서, 통상거래가격은 '약탈적 가격설정'(predation)뿐만 아니라 '이윤압착'(margin squeeze) 등과 같이 다양한 유형으로 나타날 수 있는 시장지배적 사업자의 가격과 관련된 배제남용행위를 판단하기 위한 도구 개념이다. 따라서 그 의미는 모법 조항의 의미와 내용, 그리고 입법목적에 합치하도록 해석하여야 한다.

통상거래가격은 자유롭고 공정한 경쟁이 이루어지고 있는 시장에서 정상적으로

이루어지는 거래의 경우 일반적으로 형성될 수 있는 가격, 좀 더 구체적으로는 시장지배적 사업자가 부당하게 경쟁사업자를 배제하기 위하여 거래함으로써 시장지배적 지위를 남용하는 행위가 존재하지 않는 정상적인 거래에서 일반적으로 형성되었을 가격을 뜻한다.

[3] 독점규제 및 공정거래에 관한 법률(2020. 12. 29. 법률 제17799호로 전부개정되기 전의 것) 제3조의2 제1항 제5호 전단에서 정한 '경쟁사업자를 배제하기 위하여 거래한 행위'의 부당성은 독과점적 시장에서 경쟁촉진이라는 입법 목적에 맞추어 해석하여야 한다. 따라서 시장지배적 사업자가 시장에서 독점을 유지·강화할 의도나 목적, 즉 시장에서의 자유로운 경쟁을 제한함으로써 인위적으로 시장질서에 영향을 미치려는 의도나 목적을 갖고, 객관적으로도 그러한 경쟁제한의 효과가 생길 우려가 있다고 평가할 수 있는 행위를 하였을 때 부당성을 인정할 수 있다. 이를 위해서는 그 행위가 상품의 가격상승, 산출량 감소, 혁신 저해, 유력한 경쟁사업자의 감소, 다양성 감소 등과 같은 경쟁제한의 효과가 생길 우려가 있는 행위로서 그에 대한 의도와 목적이 있었다는 점이 증명되어야 한다. 그 행위로 현실적으로 위와 같은 효과가 나타났음이 증명된 경우에는 행위 당시에 경쟁제한을 초래할 우려가 있고 그에 대한 의도나 목적이 있음을 사실상 추정할 수 있다. 그렇지 않은 경우에는 행위의 경위와 동기, 행위의 양태, 관련 시장의 특성, 유사품과 인접시장의 존재 여부, 관련 시장에서의 가격과 산출량의 변화 여부, 혁신 저해와 다양성 감소 여부 등 여러 사정을 종합적으로 고려하여 그 행위가 경쟁제한의 효과가 생길 우려가 있고 그에 대한 의도나 목적이 있었는지를 판단하여야 한다. 이때 부당성은 개별 남용행위의 유형과 특징을 고려하여 판단하여야 한다.

[4] 이윤압착(margin squeeze)의 개념과 시장지배적 지위 남용행위로서의 유형적 특징에 비추어 보면, 이윤압착을 수단으로 한 지위 남용행위를 '부당하게 상품 또는 용역을 통상거래가격에 비하여 낮은 대가로 공급하여 경쟁자를 배제시킬 우려가 있는 거래'[독점규제 및 공정거래에 관한 법률(2020. 12. 29. 법률 제17799호로 전부개정되기 전의 것) 제3조의2 제1항 제5호 전단과 독점규제 및 공정거래에 관한 법률 시행령 제5조 제5항 제1호]로서 부당성이 있는지를 부당성 판단 기준에 비추어 구체적으로 판단할 때에는 아래와 같은 여러 사정을 종합적으로 고려하여야 한다.

먼저, 행위자가 수직 통합된(vertically integrated) 사업자로서 상류시장(upstream

market)에서 시장지배적 지위가 인정되어야 하고, 하류시장(downstream market)에서도 시장지배적 지위에 있는지, 각 시장에서 시장지배력의 정도, 상류시장의 원재료 등의 특성과 그 원재료 등이 하류시장에서 판매하는 완제품의 생산·공급·판매에 필수적인 요소이거나 원재료 등에 해당하는지와 그 정도, 원재료 등과 완제품의 기능적 연관성과 비교가능성, 대체가능성, 두 시장의 신규나 재진입에 관한 법률적·제도적 또는 사실적·경제적 진입 장벽의 존재와 정도, 시장지배적 사업자와 경쟁사업자의 시장점유율, 상대적 규모의 차이, 관련 공법적 규제의 내용 등을 고려할 필요가 있다.

다음으로, 원칙적으로 시장지배적 사업자가 설정한 도매가격과 소매가격의 차이와 시장지배적 사업자의 비용을 기초로 하되 특별한 사정이 있는 경우에는 예외적으로 경쟁사업자의 비용을 바탕으로 이윤압착의 정도를 검토해 보아야 한다. 나아가 행위가 지속된 기간, 해당 거래의 대상이 되는 완제품의 특성, 해당 거래의 규모나 매출액에서 차지하는 비중, 거래 당시의 구체적인 시장 상황 등을 고려할 때 시장지배적 사업자가 해당 가격으로 거래할 경우 하류시장 경쟁사업자로서는 정상적으로 사업을 영위하기 어려워 유력한 현실적 또는 잠재적 경쟁사업자의 시장진입이나 확대의 기회가 봉쇄되거나 봉쇄될 우려가 있는지와 그 정도, 하류시장에서 경쟁사업자의 비용이 증대되는 등으로 경쟁에서 배제될 우려가 있는지와 그 정도, 시장지배적 사업자의 지배적 지위가 강화되는지와 그 정도, 그로 인하여 장기적으로 소비자 폐해가 발생할 우려가 있는지를 중점적으로 살펴보아야 한다.

가격은 시장경제체제에서 경쟁의 가장 기본적인 수단으로서 시장에서 자유로운 가격경쟁은 일반적으로 보호되어야 한다. 수직 통합된 시장지배적 사업자가 하류시장에서 완제품의 소매가격을 낮게 설정하는 경우 정당한 경쟁 수단에 해당하는 것인지, 아니면 이윤압착을 통하여 경쟁사업자를 배제시키고자 하는 것인지 구별이 쉽지 않다.

하류시장에서 완제품의 소매가격을 낮게 설정하는 방식으로 이윤압착행위가 이루어지는 경우 거래상대방의 비용이 절감됨으로써 최종소비자 가격이 인하될 가능성이 있으므로, 그 부당성을 판단할 때에는 단기적으로 발생할 수 있는 소비자후생 증대효과도 아울러 고려할 필요가 있다.

이윤압착 유형의 시장지배적 지위 남용행위로 경쟁사업자가 배제될 우려는 위와 같이 상류시장과 하류시장이 연결되어 있는 관련 시장의 구조적 특징과 시장지배적 사업자의 지위에 기반을 둔 '도매가격과 소매가격의 차이'에서 비롯되는 것이므로 이를 상류시장과 하류시장에서 발생할 수 있는 문제로 각각 분리함을 전제로 부당성을 판단할 필요는 없다.

참조조문

[1] 독점규제 및 공정거래에 관한 법률 제3조의2 제1항 제5호, 독점규제 및 공정거래에 관한 법률 시행령 제5조 제5항 제1호

[2] 독점규제 및 공정거래에 관한 법률 제3조의2 제1항 제5호, 독점규제 및 공정거래에 관한 법률 시행령 제5조 제5항 제1호

[3] 독점규제 및 공정거래에 관한 법률 제3조의2 제1항 제5호, 독점규제 및 공정거래에 관한 법률 시행령 제5조 제5항 제1호

[4] 독점규제 및 공정거래에 관한 법률 제3조의2 제1항 제5호, 독점규제 및 공정거래에 관한 법률 시행령 제5조 제5항 제1호

참조판례

[3][4] 대법원 2019. 1. 31. 선고 2013두14726 판결
[3] 대법원 2007. 11. 22. 선고 2002두8626 전원합의체 판결

전 문

【원고, 피상고인】 주식회사 엘지유플러스
【피고, 상고인】 공정거래위원회
【피고보조참가인, 상고인】 인포뱅크 주식회사
【원심판결】 서울고법 2018. 1. 31. 선고 2015누38278 판결
【주 문】
원심판결을 파기하고, 사건을 서울고등법원에 환송한다.
【이 유】
상고이유(상고이유서 제출기간이 지난 다음 제출된 상고이유보충서 등은 이를 보충하는 범위에서)를 판단한다.

1. 사건 개요

원심판결 이유에 따르면 다음 사실을 알 수 있다.

가. 원고는 전기통신사업법(2017. 7. 26. 법률 제14839호로 개정되기 전의 것, 이하 같다) 제6조에 따라 미래창조과학부장관(현 과학기술정보통신부장관, 이하 같다)의 허가를 받은 기간통신사업자로 「독점규제 및 공정거래에 관한 법률」(2020. 12. 29. 법률 제17799호로 전부개정되기 전의 것, 이하 '공정거래법'이라 한다) 제2조 제1호의 사업자이다. 무선통신업

을 영위하던 주식회사 엘지텔레콤(이하 회사명을 지칭할 때는 '주식회사'를 생략한다)이 2010. 1. 1. 유선통신업을 영위하던 엘지데이콤과 엘지파워콤을 흡수 합병하여 현재의 원고가 되었다.

나. 기업메시징서비스란 기업의 컴퓨터에서 이동통신사업자의 무선통신망을 통하여 사용자의 휴대폰단말기로 문자메시지를 전송해 주는 서비스이다. 이는 은행·카드사·증권사 등 금융기관, 공공기관, 쇼핑몰, 병원 등 다양한 영역에서 활용되고 있는데, 신용카드 승인, 은행 입출금, 증권거래, 쇼핑주문배송 알림 문자서비스가 그 예이다.

기업메시징서비스는 전기통신사업법 제2조에 따라 기간통신역무 외의 전기통신역무로서 부가통신역무에 해당하고, 이 사업을 경영하려면 같은 법 제22조에 따라 미래창조과학부장관에게 신고하여야 한다. 다만 기간통신사업자가 부가통신사업을 경영하려는 경우에는 부가통신사업을 신고한 것으로 보도록 되어 있어, 기간통신사업자는 별도 신고 없이 이 사업을 할 수 있다. 이동통신역무를 수행하는 3개 기간통신사업자(에스케이텔레콤, 케이티, 원고, 이하 같다) 가운데 에스케이텔레콤을 제외한 원고와 케이티가 기업메시징서비스를 생산하여 판매하고 있다.

다. 기업메시징서비스 시장은 2000년대 초반 피고보조참가인(이하 '보조참가인'이라 한다)이 은행, 카드사 등 금융기업을 통해 이용고객의 카드승인내역, 은행계좌 입출금 내역 등 각종 금융 알림 문자서비스를 제공하기 시작하면서 형성되었다. 시장 형성 당시에는 기업메시징서비스에 대한 시장의 인식이 낮은 편이어서 금융사고 예방과 마케팅 등 일부 영역에서만 한정적으로 사용되었다. 이후 금융정보, 개인정보, 마케팅 문자를 중심으로 수요가 급증하면서 시장이 빠르게 성장하였다. 이 과정에서 원고의 합병 전 법인인 엘지데이콤, 케이티, 스탠다드네트웍스, 다우기술, 삼성네트웍스(현 삼성 에스디에스), 에스케이텔링크 등이 시장에 진입하였다.

기업메시징서비스 시장은 거래단계별로 '이동통신사업자와 기업메시징사업자 간 기업메시지 전송서비스(이하 '전송서비스'라 한다) 거래'와 '기업메시징사업자와 기업고객 간 기업메시징서비스 거래'로 구분할 수 있다. 이동통신사업자는 기업메시징사업자와 전송서비스 계약을 체결하고, 무선통신망을 통하여 이동통신망 가입고객에게 문자메시지를 발송하는 전송서비스를 제공한다. 특정 이동통신서비스에 가입한 이용자에 대해서는 해당 이동통신사업자만이 문자메시지를 보낼 수 있으므로, 기업고객이 특정 이동통신망 가입고객에게만 메시지를 보내고자 하는 것이 아니라면 기업메시징사업자로서는 국내 모든 이동통신사업자와 전송서비스 계약을 체결하여야 한다.

라. 기업메시징사업자는 크게 무선통신망을 보유한 사업자와 무선통신망을 보유하지 않은 사업자로 구분된다. 기업메시징서비스와 관련한 사업자 가운데는 기업메시징사업자가 생산한 상품을 구매하여 이를 판매하는 재판매사업자가 있고, 이동통신사업자와 전송서비스 이용계약을 체결하여 기업메시징서비스를 직접 생산·판매하면서 동시에 다른 기업메시징사업자의 상품을 구매하여 재판매하기도 하는 사업자도 존재한다.

결과적으로 기업메시징사업자는 ① 원고, 케이티와 같이 무선통신망을 보유하여 전송서비스도 제공하면서 기업메시징서비스업을 영위하는 사업자, ② 다우기술, 스탠다드네트웍스, 에스케이네트웍스서비스와 같이 위 3개 이동통신사업자와 전송서비스 이용계약을 체결하여 기업메시징서비스를 생산·판매하는 사업자, ③ 보조참가인, 슈어엠, 삼성에스디에스, 에스케이텔링크와 같이 기업메시징서비스를 생산·판매하면서 다른 기업메시징사업자의 상품을 재판매하기도 하는 사업자로 구분된다(씨제이시스템즈, 롯데정보통신, 씨제이헬로비전 등 재판매사업만 영위하는 사업자는 기업메시징서비스를 직접 생산·판매하지 않으므로 기업메시징사업자가 아니다).

마. 원고를 포함한 국내 3개 이동통신사업자는 기간통신사업자로서 전기통신사업법에 따라 전송서비스 이용요금을 약관으로 정하여 미래창조과학부장관에게 신고하여야 한다. 위 약관에 따르면 3개 이동통신사업자 모두 전송건수가 많아질수록 건당 이용단가가 저렴해지는 계단식 가격체계를 채택하고 있다. 구간별 이용단가는 사업자별로 다르지만, 3사 모두 기본료를 제외한 최저 단가는 에스케이텔레콤의 경우 3,000만 건 초과 시 건당 9원, 케이티의 경우 2,000만 건 초과 시 건당 9원, 원고의 경우 100만 건 초과 시 건당 10원으로 정해져 있다. 원고는 자신이 보유한 무선통신망을 이용하는 전송서비스를 다른 기업메시징사업자에게 건당 10~20원에 판매하고 있고, 자신의 기업메시징서비스를 판매하기 위하여 에스케이텔레콤과 케이티로부터 전송서비스를 건당 9~20원에 구입하고 있다.

바. 원고는 2010. 6.부터 2013. 12.까지 다수의 기업고객에게 자신의 기업메시징서비스를 아래의 전송서비스 건당 평균 최저 이용요금 현황 [표]보다 낮은 가격에 판매하였다(이하 '이 사건 행위'라 한다). 즉, 원고는 기업메시징서비스를 판매하면서 자신이 에스케이텔레콤이나 케이티로부터 구입하는 전송서비스 이용요금보다 낮고, 또한 자신이 다른 기업메시징사업자에게 제공하는 전송서비스 최저 이용요금 단가보다 낮은 수준인 8원대부터 판매하고 있다.

아래 [표] 기재 기간별 각 전송서비스 건당 평균 최저 이용요금(이하 '전송서비스 최저 판매단가'라 한다)은 기업메시징사업자가 기업고객에게 서비스를 제공하기 위해서는 3개 이동통신사업자의 무선통신망을 동시에 이용하여야 한다는 점에 착안하여, 3개 이동통신사업자별 최저 이용요금 수준을 각 이동통신사업자별 가입자 점유율(5 : 3 : 2)에 따라 가중 평균한 금액이다.

기간별	건당 평균 최저 이용요금
2009. 10. 1.~2011. 9. 30.	건당 10원(SKT 10원×50%+KT 10원×30%+LGU+10원×20%)
2011. 10. 1.~2011. 10. 30.	건당 9.5원(SKT 9원×50%+KT 10원×30%+LGU+10원×20%)
2011. 11. 1. 이후	건당 9.2원(SKT 9원×50%+KT 9원×30%+LGU+10원×20%)

사. 피고는 2015. 2. 23. 전원회의 의결 제2015-49호로 원고에게 원심판결 별지 기재와 같은 시정명령과 과징금납부명령을 하였다(이하 '이 사건 처분'이라 한다). 그 이유로 원고의 행위는 이 사건 관련 시장인 국내 무선통신망을 통한 기업메시징서비스 시장(이하 '기업메시징서비스 시장'이라 한다)의 시장지배적 사업자인 원고가 '부당하게 상품 또는 용역을 통상거래가격에 비하여 낮은 대가로 공급하여 경쟁사업자를 배제시킬 우려가 있는 경우'로서 공정거래법 제3조의2 제1항 제5호, 「독점규제 및 공정거래에 관한 법률 시행령」(이하

'공정거래법 시행령'이라 한다) 제5조 제5항 제1호에 따른 시장지배적 지위 남용행위에 해당한다는 점을 들었다.

2. 원심판단과 쟁점

가. 원심은 다음과 같은 이유로 이 사건 처분을 위법하다고 보아 이를 모두 취소하였다.

공정거래법 시행령 제5조 제5항 제1호의 통상거래가격은 '효율적인 경쟁자가 거래 당시의 경제·경영상황, 해당 시장의 구조, 장래 예측의 불확실성 등을 고려하여 일반적으로 선택하였을 때 시장에서 형성되는 현실적인 가격'이라고 봄이 타당하다. 피고는 전송서비스 최저 판매단가를 기준으로 통상거래가격을 산출하였는데, 이는 '전송서비스'의 통상거래가격을 산출하는 방식으로 볼 수 있을지는 몰라도 '기업메시징서비스'의 통상거래가격을 산출하는 방식이라고 보기 어렵다. 설령 위와 같은 산정방식을 인정하더라도 피고가 산정한 통상거래가격은 시장가격의 형성원리와 원고의 비용구조를 제대로 반영하지 못한 것은 물론 필요한 조사·분석 없이 대략적인 추정치에 근거한 것으로서 정당하지 않다.

나아가 예비적으로 보더라도, 피고가 제출한 증거만으로는 원고의 행위가 객관적으로 부당하게 경쟁사업자를 배제할 우려가 있는 행위에 해당하지 않는다. 원고에게 이 사건 행위 당시 독점을 유지·강화할 의도나 목적이 있다고 보기도 어려우므로, 원고의 행위에 '부당하게 통상거래가격에 비하여 낮은 대가로 공급하여 경쟁사업자를 배제시킬 우려'가 있다고 볼 수 없다.

나. 쟁점은 ① 전송서비스 최저 판매단가보다 낮은 가격으로 기업메시징서비스를 판매한 원고의 행위가 '통상거래가격에 비하여 낮은 대가로 공급한 행위'에 해당하는지 여부와 ② 이윤압착(margin squeeze)을 수단으로 하는 시장지배적 사업자의 지위 남용행위로서 부당성이 인정되는지 여부이다.

3. 대법원 판단

가. 시장지배적 지위 남용행위의 유형으로서 이윤압착의 개념과 규제 필요성

시장지배적 사업자가 공급망의 연쇄를 따라 두 개의 서로 다른 생산단계에서 모두 사업을 영위하는 수직 통합된(vertically integrated) 사업자로서 상류시장(upstream market, '상위시장'이라고도 한다)에서 하류시장(downstream market, '하위시장'이라고도 한다) 사업자의 생산 활동에 필수적인 원재료나 투입요소 등(이하 '원재료 등'이라 한다)을 공급함과 동시에 하류시장에서 원재료 등을 기초로 상품 또는 용역(이하 '완제품'이라 한다)을 생산·판매하는 경우 시장지배적 지위 남용행위의 한 유형으로서 이윤압착이 문제될 수 있다.

이윤압착이란 위와 같이 수직 통합된 상류시장의 시장지배적 사업자가 상류시장 원재료 등의 판매가격(이하 '도매가격'이라 한다)과 하류시장의 완제품 판매가격(이하 '소매가격'이라 한다)의 차이를 줄임으로써 하류시장의 경쟁사업자가 효과적으로 경쟁하기 어려워 경쟁에서 배제되도록 하는 행위를 가리킨다.

상류시장에서 원재료 등의 공급자로서 시장지배적 지위를 보유한 수직 통합 사업자가 하류시장에서 완제품 사업도 영위하는 경우 일반적으로 원재료 등의 공급에 관하여 하류시장에서 경쟁사업자에 비하여 유리한 조건을 갖출 수 있다. 반면, 하류시장의 경쟁사업자는 시

장지배적 사업자로부터 완제품 제조에 필요한 원재료 등을 공급받아야 하므로 시장지배적 사업자의 원재료 등에 관한 도매가격 설정에 따라 자신의 생산비용이 직접적으로 달라질 수 있는 구조적인 의존관계가 형성될 수 있다.

이와 같은 관련 시장의 구조에서 시장지배적 사업자는 원재료 등의 도매가격을 높이거나 완제품의 소매가격을 낮추든지, 아니면 두 방법을 함께 시행하여, 도매가격과 소매가격의 차이를 줄일 수 있다. 이때 ① 수직 통합된 시장지배적 사업자가 설정한 도매가격이 소매가격보다 높아 소매가격과 도매가격의 차이가 음수(−)이거나, ② 도매가격과 소매가격의 차이가 시장지배적 사업자 자신의 하류시장 비용조차 충당할 수 없을 정도로 너무 작으면, 위와 같은 시장지배적 사업자로부터 원재료 등을 공급받아야 하는 하류시장의 경쟁사업자로서는 하류시장에서 생산에 필요한 비용을 충당하고 적정한 이윤도 얻으면서 효과적으로 경쟁할 수 없게 되고, 그러한 압력이 일정한 기간 동안 지속되면 결국 시장에서 배제될 가능성이 있다.

공정거래법은 자유로운 경쟁과 아울러 공정한 경쟁을 보호하려는 목적으로 제정되었고 (공정거래법 제1조 참조), 특히 시장지배적 사업자가 존재하는 시장에서는 다른 시장참여자들의 자유로운 경쟁이 실질적으로 보장되어야 비로소 경쟁의 본래적 기능이 제대로 작동할 수 있다.

시장지배적 사업자의 이윤압착을 독자적인 시장지배적 지위 남용행위의 한 유형으로 보아 규제하는 경우 상류시장 원재료 등에 관한 투자 유인이나 혁신 동기를 위축시킬 우려가 있다. 그러나 수직 통합된 상류시장의 시장지배적 사업자가 그 지위를 남용하여 이윤압착행위를 함으로써 하류시장의 경쟁사업자가 부당하게 경쟁에서 배제될 우려가 있어 공정한 경쟁의 기반이 유지될 수 없다면, 이윤압착행위는 공정한 경쟁을 통한 시장성과에 기초를 둔 이른바 '성과경쟁'이라는 정당한 경쟁방법에 해당한다고 보기 어렵다.

따라서 하류시장에서 완제품의 소매가격을 낮추는 형태로 이루어지는 시장지배적 사업자의 이윤압착행위가 '부당하게 상품 또는 용역을 통상거래가격에 비하여 낮은 대가로 공급하여 경쟁자를 배제시킬 우려가 있는 거래'로 평가될 수 있다면 공정거래법 제3조의2 제1항 제5호 전단, 공정거래법 시행령 제5조 제5항 제1호가 금지하는 시장지배적 지위 남용행위로 보아 규제할 필요가 있다.

　나. '통상거래가격'에 비하여 낮은 대가로 공급한 행위인지 여부(피고 상고이유 제1점, 보조
　　　참가인 상고이유 제1, 2점)
　(1) 통상거래가격의 의미
공정거래법 제3조의2 제1항 제5호 전단은 시장지배적 사업자의 지위 남용행위로서 '부당하게 경쟁사업자를 배제하기 위하여 거래하는 행위'를 규정하고, 공정거래법 시행령 제5조 제5항 제1호는 그 행위의 하나로 '부당하게 상품 또는 용역을 통상거래가격에 비하여 낮은 대가로 공급하거나 높은 대가로 구입하여 경쟁사업자를 배제시킬 우려가 있는 경우'를 들고 있다.

종래 공정거래법 시행령 제5조 제5항 제1호는 강학상 시장지배적 사업자가 자신이 들인 비용보다 낮은 가격으로 상품 또는 용역을 판매함으로써 경쟁자를 배제할 우려가 있는 행위를 지칭하는 '약탈적 가격설정'(predation)을 규율하기 위한 조항이라고 보았다. 그러나

통상거래가격은 비용과는 구별되는 '가격'의 일종이므로, 이를 '비용'으로 새긴다면 법문언에 명백히 반하는 해석이 된다. 이는 공정거래법 제23조 제1항 제2호, 공정거래법 시행령 제36 조 제1항 [별표 1의2] 제3호 (가)목에서 불공정거래행위의 한 유형인 '부당염매'를 '자기의 상품 또는 용역을 공급함에 있어서 정당한 이유 없이 그 공급에 소요되는 비용보다 현저히 낮은 대가로 계속하여 공급하거나 기타 부당하게 상품 또는 용역을 낮은 대가로 공급함으로써 자기 또는 계열회사의 경쟁사업자를 배제시킬 우려가 있는 행위'라고 정하고 있는 것과 대비하면 더욱 명확하다.

공정거래법 시행령 제5조 제5항 제1호는 모법 조항인 공정거래법 제3조의2 제1항 제5호 전단에서 정한 '부당하게 경쟁사업자를 배제하기 위하여 거래하는 행위'를 구체화한 것으로서, 통상거래가격은 '약탈적 가격설정'뿐만 아니라 '이윤압착' 등과 같이 다양한 유형으로 나타날 수 있는 시장지배적 사업자의 가격과 관련된 배제남용행위를 판단하기 위한 도구 개념이다. 따라서 그 의미는 모법 조항의 의미와 내용, 그리고 입법 목적에 합치하도록 해석하여야 한다.

통상거래가격은 자유롭고 공정한 경쟁이 이루어지고 있는 시장에서 정상적으로 이루어지는 거래의 경우 일반적으로 형성될 수 있는 가격, 좀 더 구체적으로는 시장지배적 사업자가 부당하게 경쟁사업자를 배제하기 위하여 거래함으로써 시장지배적 지위를 남용하는 행위가 존재하지 않는 정상적인 거래에서 일반적으로 형성되었을 가격을 뜻한다고 보아야 한다.

통상거래가격은 위와 같이 문언의 가능한 범위에서 모법 조항과의 체계적·목적론적 해석을 통하여 그 의미와 내용을 충분히 알 수 있다. 또한 그 수범자는 시장지배적 사업자이므로 상대적으로 규제대상 행위에 대한 예측가능성이 크다. 시장지배적 사업자의 거래행위가 형식적으로 공정거래법 시행령 제5조 제5항 제1호의 통상거래가격보다 낮은 수준으로 공급하는 행위에 해당하더라도 그 행위의 부당성이 인정되어야만 시장지배적 지위 남용행위가 성립할 수 있다. 따라서 공정거래법 시행령 제5조 제5항 제1호의 '통상거래가격'이 시장지배적 사업자의 가격설정을 직접 규제하는 내용으로 제재적 행정처분인 시정명령이나 과징금 부과처분의 형식적 성립요건이 될 수 있다는 점을 고려하더라도 통상거래가격의 의미를 위와 같이 새기는 것이 침익적 행정처분 근거 규정에 관한 엄격해석 원칙에 반하는 것이 아니다.

공정거래위원회는 시정명령 등 처분의 적법성에 대한 증명책임을 부담하므로, 시장지배적 지위 남용행위의 유형적 특징이나 구체적인 모습, 관련 시장의 구조, 가격 결정방법과 변화 추이, 공급 또는 구입의 수량과 기간, 해당 상품이나 용역의 특성과 수급상황 등을 종합적으로 고려하여 합리적인 방법으로 시장지배적 사업자가 설정한 특정 공급이나 구입의 대가가 공정거래법 시행령 제5조 제5항 제1호에서 정한 통상거래가격에 비하여 낮거나 높은 수준으로서 부당하게 경쟁자를 배제시킬 우려가 있는지를 증명하면 된다.

(2) 이 사건에 관한 판단

위와 같은 통상거래가격에 관한 법리에 비추어 살펴보면, 원고의 이 사건 행위는 '상품 또는 용역을 통상거래가격에 비하여 낮은 대가로 공급한 행위'에 해당한다고 볼 수 있다. 그 이유는 다음과 같다.

시장에서 가격은 비용만으로 정해지는 것이 아니다. 원고로부터 전송서비스를 공급받아야 하는 기업메시징서비스 시장의 경쟁사업자인 기업메시징사업자는 필수 원재료 구입비용에 상응하는 전송서비스 이용요금에 인건비, 판매관리비 등 기타 비용과 적정 이윤을 더한 가격으로 기업메시징서비스를 공급하는 것이 기업의 경제활동의 기본적인 방식이라는 것이 일반적인 거래관행이나 경험칙에 부합한다.

위에서 보았듯이 기업메시징사업자로서는 특정 이동통신망 가입고객에게만 메시지를 보내고자 하는 것이 아니라면 국내 모든 이동통신사업자와 전송서비스 계약을 체결하여야 하는 이 사건 관련 시장의 특수한 거래구조를 함께 고려하면, 이 사건에서 기업메시징서비스의 통상거래가격은 적어도 기업메시징서비스 시장에서 원고의 경쟁사업자들인 기업메시징사업자들의 필수 원재료인 전송서비스의 구입비용을 상회할 것으로 추단된다.

원심판결 이유에 따르면, 피고는 이 사건 처분 당시 전송서비스 이용요금을 제외한 기타 비용과 적정이윤을 0으로 가정하여 산정한 전송서비스 최저 판매단가가 기업메시징서비스 시장에서 객관적으로 가정할 수 있는 최저 수준의 통상거래가격에 해당한다고 보았음을 알 수 있다.

한편 원심판결 이유와 기록에 따르면, 이 사건 전송서비스 시장에서는 특별한 변동이 없이 원고를 포함한 3개 이동통신사업자가 장기간 전송서비스의 공급을 과점하고 있는 사정이 있다. 따라서 피고가 이 사건 처분 당시 이 사건 행위가 이루어진 기간 동안 실제 시장 점유율이나 문자메시지 발송량이 아니라 이동통신사업자의 가입자 점유율을 기준으로 각 이동통신사업자의 전송서비스 이용요금을 가중 평균하는 방식으로 객관적으로 가정할 수 있는 최저 수준의 통상거래가격을 산정하여 원고가 공급한 기업메시징서비스의 판매가격이 통상거래가격보다 낮은 수준이라고 본 것이 불합리하다고 단정할 수 없다.

결국 원고의 이 사건 행위는 공정거래법 시행령 제5조 제5항 제1호의 '통상거래가격에 비하여 낮은 대가로 공급하는 행위'에 해당한다고 볼 수 있다.

그런데도 원심은 통상거래가격의 의미를 위에서 본 법리와 달리 해석하고 이를 전제로 피고가 시장에서 형성되는 현실적인 거래가격 등을 조사하여 고려하지 않았다는 등의 이유로 이 사건 처분에서 통상거래가격 산정이 잘못되었으므로 이 사건 처분은 처분사유가 인정되지 않아 위법하다고 판단하였다.

원심판결에는 공정거래법 시행령 제5조 제5항 제1호에서 정한 '통상거래가격'의 해석·적용에 관한 법리를 오해하여 자유심증주의의 한계를 벗어나거나 필요한 심리를 다하지 않은 잘못이 있다.

다. 부당성 인정 여부(피고 상고이유 제2, 3점, 보조참가인 상고이유 제2~4점)
(1) 이윤압착행위의 부당성 판단 기준
이 사건 처분사유는 원고의 행위가 부당하게 통상거래가격에 비하여 낮은 대가로 공급하여 경쟁사업자를 배제시킬 우려가 있는 경우로서 공정거래법 제3조의2 제1항 제5호, 공정거래법 시행령 제5조 제5항 제1호에 위반된다는 것으로, 여기에서 '통상거래가격에 비하여 낮은 대가로 공급하는 행위'에는 약탈적 가격설정뿐만 아니라 이윤압착행위도 포함될 수 있음은 위에서 본 바와 같다.

시장지배적 사업자가 '통상거래가격에 비하여 낮은 대가로 공급한 행위'를 하였다고 하더라도 그러한 사실만으로 해당 거래행위가 시장지배적 지위 남용행위에 해당한다고 볼 수는 없고, '부당하게 낮은 대가로 공급하는 행위'로서 '경쟁사업자를 배제시킬 우려', 즉 부당성이 인정되어야 한다.

이 사건 처분서에 기재된 내용, 관계 법령, 이 사건 처분에 이르기까지의 전체적인 과정을 종합적으로 고려할 때, 피고는 이 사건 행위가 원고의 전송서비스의 도매가격보다 기업메시징서비스의 소매가격을 낮게 설정한 이윤압착행위로서의 유형적 특징을 지닌다는 사실관계에 기초하여 원고의 행위가 부당성 요건을 충족하였다는 이유로 이 사건 처분을 하였음을 알 수 있다.

공정거래법 제3조의2 제1항 제5호 전단에서 정한 '경쟁사업자를 배제하기 위하여 거래한 행위'의 부당성은 독과점적 시장에서 경쟁촉진이라는 입법 목적에 맞추어 해석하여야 한다. 따라서 시장지배적 사업자가 시장에서 독점을 유지·강화할 의도나 목적, 즉 시장에서의 자유로운 경쟁을 제한함으로써 인위적으로 시장질서에 영향을 미치려는 의도나 목적을 갖고, 객관적으로도 그러한 경쟁제한의 효과가 생길 우려가 있다고 평가할 수 있는 행위를 하였을 때 부당성을 인정할 수 있다. 이를 위해서는 그 행위가 상품의 가격상승, 산출량 감소, 혁신 저해, 유력한 경쟁사업자의 감소, 다양성 감소 등과 같은 경쟁제한의 효과가 생길 우려가 있는 행위로서 그에 대한 의도와 목적이 있었다는 점이 증명되어야 한다. 그 행위로 현실적으로 위와 같은 효과가 나타났음이 증명된 경우에는 행위 당시에 경쟁제한을 초래할 우려가 있고 그에 대한 의도나 목적이 있음을 사실상 추정할 수 있다. 그렇지 않은 경우에는 행위의 경위와 동기, 행위의 양태, 관련 시장의 특성, 유사품과 인접시장의 존재 여부, 관련 시장에서의 가격과 산출량의 변화 여부, 혁신 저해와 다양성 감소 여부 등 여러 사정을 종합적으로 고려하여 그 행위가 경쟁제한의 효과가 생길 우려가 있고 그에 대한 의도나 목적이 있었는지를 판단하여야 한다(대법원 2007. 11. 22. 선고 2002두8626 전원합의체 판결, 대법원 2019. 1. 31. 선고 2013두14726 판결 등 참조). 이때 부당성은 개별 남용행위의 유형과 특징을 고려하여 판단하여야 한다.

이윤압착의 개념과 시장지배적 지위 남용행위로서의 유형적 특징에 비추어 보면, 원고의 행위와 같이 이윤압착을 수단으로 한 지위 남용행위를 '부당하게 상품 또는 용역을 통상거래가격에 비하여 낮은 대가로 공급하여 경쟁자를 배제시킬 우려가 있는 거래'(공정거래법 제3조의2 제1항 제5호 전단과 공정거래법 시행령 제5조 제5항 제1호)로서 부당성이 있는지를 위에서 본 부당성 판단 기준에 비추어 구체적으로 판단할 때에는 아래와 같은 여러 사정을 종합적으로 고려하여야 한다.

먼저, 행위자가 수직 통합된 사업자로서 상류시장에서 시장지배적 지위가 인정되어야 하고, 하류시장에서도 시장지배적 지위에 있는지 여부, 각 시장에서 시장지배력의 정도, 상류시장의 원재료 등의 특성과 그 원재료 등이 하류시장에서 판매하는 완제품의 생산·공급·판매에 필수적인 요소이거나 원재료 등에 해당하는지 여부와 그 정도, 원재료 등과 완제품의 기능적 연관성과 비교가능성, 대체가능성, 두 시장의 신규나 재진입에 관한 법률적·제도적 또는 사실적·경제적 진입 장벽의 존재와 정도, 시장지배적 사업자와 경쟁사업자의 시장점유율, 상대적 규모의 차이, 관련 공법적 규제의 내용 등을 고려할 필요가 있다.

다음으로, 원칙적으로 시장지배적 사업자가 설정한 도매가격과 소매가격의 차이와 시장지배적 사업자의 비용을 기초로 하되 특별한 사정이 있는 경우에는 예외적으로 경쟁사업자의 비용을 바탕으로 이윤압착의 정도를 검토해 보아야 한다. 나아가 행위가 지속된 기간, 해당 거래의 대상이 되는 완제품의 특성, 해당 거래의 규모나 매출액에서 차지하는 비중, 거래 당시의 구체적인 시장 상황 등을 고려할 때 시장지배적 사업자가 해당 가격으로 거래할 경우 하류시장 경쟁사업자로서는 정상적으로 사업을 영위하기 어려워 유력한 현실적 또는 잠재적 경쟁사업자의 시장진입이나 확대의 기회가 봉쇄되거나 봉쇄될 우려가 있는지 여부와 그 정도, 하류시장에서 경쟁사업자의 비용이 증대되는 등으로 경쟁에서 배제될 우려가 있는지 여부와 그 정도, 시장지배적 사업자의 지배적 지위가 강화되는지 여부와 그 정도, 그로 인하여 장기적으로 소비자 폐해가 발생할 우려가 있는지 여부를 중점적으로 살펴보아야 한다.

가격은 시장경제체제에서 경쟁의 가장 기본적인 수단으로서 시장에서 자유로운 가격경쟁은 일반적으로 보호되어야 한다(대법원 2019. 1. 31. 선고 2013두14726 판결 참조). 수직 통합된 시장지배적 사업자가 하류시장에서 완제품의 소매가격을 낮게 설정하는 경우 정당한 경쟁 수단에 해당하는 것인지, 아니면 이윤압착을 통하여 경쟁사업자를 배제시키고자 하는 것인지 그 구별이 쉽지 않다.

하류시장에서 완제품의 소매가격을 낮게 설정하는 방식으로 이윤압착행위가 이루어지는 경우 거래상대방의 비용이 절감됨으로써 최종소비자 가격이 인하될 가능성이 있으므로, 그 부당성을 판단할 때에는 단기적으로 발생할 수 있는 소비자후생 증대효과도 아울러 고려할 필요가 있다.

이윤압착 유형의 시장지배적 지위 남용행위로 경쟁사업자가 배제될 우려는 위와 같이 상류시장과 하류시장이 연결되어 있는 관련 시장의 구조적 특징과 시장지배적 사업자의 지위에 기반을 둔 '도매가격과 소매가격의 차이'에서 비롯되는 것이므로 이를 상류시장과 하류시장에서 발생할 수 있는 문제로 각각 분리함을 전제로 부당성을 판단할 필요는 없다.

(2) 이 사건에 관한 판단

(가) 원심판결 이유에 따르면 다음 사정을 알 수 있다.

원고는 기업메시징서비스 시장의 1위 사업자로서 2013년 기업메시징서비스 시장에서 원고를 포함한 상위 3개 사업자의 시장점유율 합계는 약 79%에 달한다. 기업메시징서비스의 필수 원재료의 성격을 갖는 전송서비스시장에서 원고의 시장점유율은 약 20%에 이르며 원고와 케이티를 포함한 3개 이동통신사업자의 점유율의 합계는 100%이다. 기업메시징서비스의 판매가격 중 원재료인 전송서비스 이용 관련 비용이 차지하는 비중이 상당하다.

관련 시장인 기업메시징서비스 시장에서 원고와 케이티가 원재료 조달조건에서 우위를 점하고 있고 이미 상당 기간 기업메시징서비스 시장에 종사하면서 관련 기술과 인력을 구비한 기존 경쟁사업자들이 존재하고 있다. 원고는 케이티를 제외한 기업메시징서비스 시장의 주요 경쟁사업자들에 비해 자금력, 경제적 규모, 시장점유율, 원재료 공급 비중 등에서 상당한 우위에 있다.

이 사건 행위가 이루어진 기간 동안 무선통신망을 보유한 원고와 케이티의 기업메시징서비스 시장점유율은 상승한 반면, 기업메시징서비스 시장의 확대에도 불구하고 보조참가인을 비롯하여 무선통신망을 보유하지 않은 기업메시징사업자들의 시장점유율은 감소하는 경향이 나타났다.

(나) 위 1.에서 본 사실관계와 위 3. 다. (2) (가)에서 본 사정을 위 3. 다. (1)에서 본 법리에 비추어 보면, 이 사건 행위는 이윤압착행위로서 '부당하게' 통상거래가격에 비하여 낮은 대가로 공급하여 경쟁사업자를 배제시킬 우려가 있는 거래행위에 해당한다고 볼 수 있는 여지가 있다. 그 이유는 다음과 같다.

① 원고는 수직 통합 사업자로서 원심판결 이유에 의하더라도 전송서비스 시장과 기업메시징서비스 시장 모두에서 시장지배적 지위에 있다. 원고는 전기사업통신법상 기간통신사업자로 이 사건 처분 당시 전송서비스시장에는 법률적·제도적 진입장벽이, 기업메시징서비스 시장에는 사실적·경제적 진입장벽이 존재한다고 볼 수 있다.

② 원고의 행위와 같이 수직 통합된 시장지배적 사업자가 전송서비스 최저 판매단가 미만으로 기업메시징서비스를 판매하는 상황이 지속되는 경우라면, 독자적인 무선통신망을 갖추지 못한 통상적인 경쟁사업자가 위와 같은 전송서비스 최저 판매단가로 전송서비스를 구입하였다고 가정할 때 손실을 보지 않고서는 기업메시징서비스를 제대로 공급하기 어려우므로 기업메시징서비스 시장에서 가격경쟁 자체가 구조적으로 어렵다.

또한 원고와 같이 상류시장에서 무선통신망을 보유한 수직 통합된 시장지배적 사업자가 상류시장 원재료 등의 도매가격을 하류시장 완제품의 소매가격보다 높게 설정하여 소매가격과 도매가격의 차이가 음수(－)가 되는 경우라면, 독자적인 무선통신망을 보유하지 않은 통상적인 기업메시징서비스 시장의 경쟁사업자들이 위와 같은 가격 조건에서는 특별한 사정이 없는 한 기업메시징서비스 시장에서 효과적으로 경쟁하기 어려워, 결국 퇴출되거나 재판매사업자로 전환함으로써 경쟁에서 배제될 개연성이 크다고 볼 수 있다. 이러한 판단을 하기 위해서 도매가격과 소매가격의 차이가 양수인 경우와 달리 별도로 원고의 하류시장 비용을 분석해야 하는 것은 아니다. 기업메시징서비스 시장의 경쟁사업자들이 원고와 동등하거나 심지어 좀 더 효율적으로 사업을 한다고 하더라도 결과가 달라지지 않을 것이다.

이와 같이 소매가격과 도매가격의 차이가 음수(－)가 되는 경우라면 상류시장과 하류시장 모두에서 시장지배적 지위를 보유한 수직 통합된 사업자인 원고로서도 도매가격과 소매가격의 차이에 따른 이윤압착으로 기업메시징서비스 시장의 경쟁사업자가 배제될 개연성을 충분히 예상할 수 있으므로 통상 그 행위 자체에 경쟁을 제한하려는 의도와 목적이 있다고 추정할 수 있다.

③ 기업메시징서비스 시장에서 원고의 경쟁사업자들이 직면하게 되는 비용상의 열위는 이동통신망을 보유한 원고나 케이티와 같이 수직 통합된 시장지배적 사업자가 존재하는 관련 시장의 구조와 특징에 기인한 것일 뿐이다. 원래 기업메시징서비스는 2000년대 초반 보조참가인이 처음으로 기술을 개발하여 그 시장이 형성되기 시작한 것이다. 이러한 사정에 비추어 보더라도 무선통신망을 보유하지 못한 기업메시징사업자가 기업메시징서비스 공급 자체에서 '비효율적인 경쟁자'라고 볼 수는 없으므로, 원고의 행위를 규제하는 것이 비효율적인 경쟁자에 대한 가격보호에 해당한다고 할 수 없다.

④ 원고가 이 사건 행위를 하던 기간 동안 기업메시징서비스 가격이 하락하고 그 시장 규모가 성장하였다고 하더라도, 중·장기적으로 기업메시징서비스 시장의 경쟁사업자가 배제됨으로써 나타날 수 있는 가격인상이나 서비스 품질 저하 등의 우려, 시장에서 유력한 현실적 또는 잠재적 경쟁사업자가 배제됨으로써 다양성이 감소되어 혁신이 저해될 우려와 이로 인하여 거래상대방의 선택의 기회가 제한될 우려를 비교하면, 이 사건 행위로 단기적으로 발생할 수 있는 소비자후생 증대효과가 이 사건 행위의 경쟁제한적 효과를 상쇄할 정도라고 단정할 수 없다.

(다) 따라서 원심으로서는 위에서 본 이윤압착행위의 부당성 판단 기준에 관한 법리에 따라 원고의 행위가 수직 통합된 상류시장의 시장지배적 사업자가 소매가격을 도매가격에 비하여 낮게 설정한 시장지배적 사업자의 이윤압착행위로서 부당성이 인정되는지 여부에 관하여 더 나아가 심리하여 이 사건 처분사유의 존부를 판단하여야 한다.

그런데도 원심은 이와 다른 법리를 전제로 이 사건 행위가 통상거래가격에 비하여 낮은 대가로 공급하는 행위에 해당한다고 볼 수 없다고 판단하고, 예비적으로 이 사건 행위의 부당성도 인정되지 않는다고 판단하였다.

원심판결에는 공정거래법 제3조의2 제1항 제5호 전단, 공정거래법 시행령 제5조 제5항 제1호에 따른 시장지배적 지위 남용행위의 성립요건 중 부당성에 관한 법리를 오해하여 필요한 심리를 다하지 않은 잘못이 있다. 이를 지적하는 상고이유 주장은 정당하다.

4. 결 론

피고와 보조참가인의 상고는 모두 이유 있어 원심판결을 파기하고, 사건을 다시 심리·판단하도록 원심법원에 환송하기로 하여, 대법관의 일치된 의견으로 주문과 같이 판결한다.

대법관   안철상(재판장) 김재형(주심) 노정희

▌ 참조문헌 ▌

손동환, "2021년 공정거래 주요 판례 회고", 경쟁법연구 45권, 한국경쟁법학회, 법문사(2022)

정재훈, "판례평석: 대법원 판결에 사용된 용어와 표현의 무게 – 대법원 2021. 6. 30. 선고 2018두37700 판결", 인권과 정의 509호, 대한변호사협회(2022)

주진열, "약탈적 가격인하와 가격(이윤)압착 문제에 대한 고찰 – 기업메시징서비스 사건(대법원 2021. 6. 30. 선고 2018두37700 판결)을 중심으로", 경쟁법연구 44권, 한국경쟁법학회, 법문사(2021)

(6) 대법원 2009. 7. 9. 선고 2007두22078 판결 [화학비료 유통제한 사건] (배타조건 부거래)

판시사항

[1] 배타조건부 거래행위가 구 독점규제 및 공정거래에 관한 법률 제3조의2 제1항 제5호 전단의 시장지배적 사업자의 지위남용행위에 해당하는 경우

[2] 시장지배적 지위남용행위로서 배타조건부 거래의 부당성 판단 방법

[3] 식량작물용 화학비료 구매사업이 사업의 특수성 때문에 '경쟁제한이 합리적이라고 인정되는 사업' 또는 '인가제 등에 의하여 사업자의 독점적 지위가 보장되는 사업'이라고 할 수 없다고 한 사례

[4] 사업자조합이 구 독점규제 및 공정거래에 관한 법률 제60조에 정한 법 적용 제외 조합에 해당하기 위한 요건

판결요지

[1] 배타조건부 거래행위가 구 독점규제 및 공정거래에 관한 법률(2007. 4. 13. 법률 제8382호로 개정되기 전의 것) 제3조의2 제1항 제5호 전단의 시장지배적 사업자의 지위남용행위에 해당하려면 그 배타조건부 거래행위가 부당하게 거래상대방이 경쟁사업자와 거래하지 아니할 것을 조건으로 그 거래상대방과 거래하는 행위로 평가될 수 있어야 한다. 여기서 말하는 '부당성'은 '독과점적 시장에서의 경쟁촉진'이라는 입법 목적에 맞추어 해석하여야 하므로, 시장에서의 독점을 유지·강화할 목적, 즉 시장에서의 자유로운 경쟁을 제한함으로써 인위적으로 시장질서에 영향을 가하려는 목적을 가지고, 객관적으로도 그러한 경쟁제한의 효과가 생길 만한 우려가 있는 행위로 평가될 수 있는 배타조건부 거래행위를 하였을 때 그 부당성이 인정될 수 있다.

[2] 시장지배적 지위남용행위로서 배타조건부 거래의 부당성은 그 거래행위의 목적 및 태양, 시장지배적 사업자의 시장점유율, 경쟁사업자의 시장 진입 내지 확대 기회의 봉쇄 정도 및 비용 증가 여부, 거래의 기간, 관련시장에서의 가격 및 산출량 변화 여부, 유사품 및 인접시장의 존재 여부, 혁신 저해 및 다양성 감소 여부 등 여러 사정을 종합적으로 고려하여 판단하여야 한다. 다만, 시장지배적 지위남용행위로서의 배타조건부 거래행위는 거래상대방이 경쟁사업자와 거래하지

아니할 것을 조건으로 그 거래상대방과 거래하는 경우이므로, 통상 그러한 행위 자체에 경쟁을 제한하려는 목적이 포함되어 있다고 볼 수 있는 경우가 많다.

[3] 농업협동조합법 제134조, 비료관리법 제7조, 농림부장관의 비료수급계획 등의 어떠한 법령에도 식량작물용 화학비료 구매사업을 경쟁제한이 합리적이라고 인정되는 사업으로 보거나, 농업협동조합중앙회의 독점적 지위를 보장하거나, 고도의 공공적 규제가 필요하다고 보아 자유경쟁의 예외를 구체적으로 인정하는 내용이 기재되어 있지 않으므로, 식량작물용 화학비료 구매사업이 사업의 특수성 때문에 경쟁제한이 합리적이라고 인정되는 사업 또는 인가제 등에 의하여 사업자의 독점적 지위가 보장되는 사업이라고 할 수 없다고 한 사례.

[4] 사업자조합이 구 독점규제 및 공정거래에 관한 법률(2007. 4. 13. 법률 제8382호로 개정되기 전의 것) 제60조에 정한 법 적용제외 조합에 해당하기 위하여는 소규모의 사업자들만으로 구성되어야 하고 소규모 사업자 이외의 자가 가입되어 있어서는 안되며, 위 법 제60조에 정한 소규모 사업자는 대기업과 대등하게 교섭할 수 있게 하기 위하여 단결할 필요성이 있는 규모의 사업자라야 한다.

참조조문

[1] 구 독점규제 및 공정거래에 관한 법률(2007. 4. 13. 법률 제8382호로 개정되기 전의 것) 제3조의2 제1항 제5호
[2] 구 독점규제 및 공정거래에 관한 법률(2007. 4. 13. 법률 제8382호로 개정되기 전의 것) 제3조의2 제1항 제5호
[3] 구 독점규제 및 공정거래에 관한 법률(2007. 4. 13. 법률 제8382호로 개정되기 전의 것) 제58조
[4] 구 독점규제 및 공정거래에 관한 법률(2007. 4. 13. 법률 제8382호로 개정되기 전의 것) 제60조 제1호

따름판례

대법원 2011. 6. 10. 선고 2008두16322 판결, 대법원 2019. 1. 31. 선고 2013두14726 판결

전 문

【원고, 상고인】 농업협동조합중앙회
【피고, 피상고인】 공정거래위원회
【원심판결】 서울고법 2007. 9. 19. 선고 2007두7149 판결

【주 문】

상고를 기각한다. 상고비용은 원고가 부담한다.

【이 유】

상고이유를 본다.

1. 상고이유 제3점에 대하여

원심은, 그 채용 증거를 종합하여 그 판시와 같은 사실을 인정한 다음, 식량작물용 화학비료가 벼 등 농작물에 시비되는 것에 비하여 원예용 화학비료는 주로 과수 및 원예작물에 시비되므로 그 각 성분 및 효용이 달라 두 상품이 동일한 시장 내에 있다고 보기 어렵고, 또한 원고가 비영리법인이라는 이유만으로 원고에 의한 비료 유통시장과 일반 시판상에 의한 비료 유통시장을 별개의 다른 시장으로 분류할 수는 없다고 판단하였다.

기록에 비추어 살펴보면, 원심의 위와 같은 판단은 정당하다.

원심판결에는 상고이유에서 주장하는 바와 같은 관련시장의 획정에 관한 법리오해, 판단유탈 등의 위법이 없다.

2. 상고이유 제1점에 대하여

원심은, 그 채용 증거를 종합하여 그 판시와 같은 사실을 인정한 다음, 1987년경 비료 판매 자유화조치로 말미암아 종전의 원고에 의한 국내생산 비료 전량인수제도가 폐지되어 자율판매체제로 전환되었고 이때부터 농업협동조합 계통(원고 및 단위조합)과 일반 시판상 (비료 제조회사의 영업소 및 판매대리점 등)을 통하여 비료가 유통된 점, 그 후 1990년 8월경 걸프전 사태를 계기로 원자재 가격이 폭등하자 정부가 비료 수급 및 가격 안정을 위하여 원고를 통하여 계통구매되는 식량작물용 화학비료에 대하여 판매가격의 약 25%에 상당하는 차손보전을 실시해 줌으로써 원고가 식량작물용 화학비료의 판매를 사실상 독점할 수 있었던 점, 정부가 2003년경부터 식량작물용 화학비료에 대한 가격보조를 단계적으로 축소하여 오다가 2005년 7월경부터 식량작물용 화학비료 전비종에 대한 가격보조를 완전히 폐지함으로써 식량작물용 화학비료 시장이 완전경쟁체제에 돌입한 점 등을 근거로, 적어도 2005년 7월경부터는 식량작물용 화학비료 유통시장이 경쟁관계가 성립될 수 있는 시장이라고 판단하였다.

기록에 비추어 살펴보면, 원심의 위와 같은 사실인정과 판단은 정당하다.

원심판결에는 상고이유에서 주장하는 바와 같은 시장의 경쟁관계 성립 여부에 관한 채증법칙 위배 등의 위법이 없다.

3. 상고이유 제2점에 대하여

원심은, 그 채용 증거를 종합하여 그 판시와 같은 사실을 인정한 다음, 2005년 7월경 식량작물용 화학비료에 대한 정부의 가격보조가 완전히 폐지된 이후에도 원고가 식량작물용 화학비료 유통시장에서 여전히 100%에 가까운 시장점유율을 가지고 있는 점 등을 근거로, 원고가 식량작물용 화학비료 유통시장에서 가격·수량 등 거래조건을 결정·유지 또는 변경할 수 있는 시장지배적 사업자에 해당한다고 판단하였다.

기록에 비추어 살펴보면, 원심의 위와 같은 사실인정과 판단은 정당하다.

원심판결에는 상고이유에서 주장하는 바와 같은 원고가 시장지배적 사업자에 해당하는 지 여부에 관한 채증법칙 위배 등의 위법이 없다.

4. 상고이유 제4점에 대하여

배타조건부 거래행위가 구 독점규제 및 공정거래에 관한 법률(2007. 4. 13. 법률 제8382 호로 개정되기 전의 것, 이하 '법'이라 한다) 제3조의2 제1항 제5호 전단의 시장지배적 사업 자의 지위남용행위에 해당하려면 그 배타조건부 거래행위가 부당하게 거래상대방이 경쟁사 업자와 거래하지 아니할 것을 조건으로 그 거래상대방과 거래하는 행위로 평가될 수 있어 야 하는바, 여기서 말하는 '부당성'은 '독과점적 시장에서의 경쟁촉진'이라는 입법 목적에 맞 추어 해석하여야 할 것이므로, 시장에서의 독점을 유지·강화할 목적, 즉 시장에서의 자유 로운 경쟁을 제한함으로써 인위적으로 시장질서에 영향을 가하려는 목적을 가지고, 객관적 으로도 그러한 경쟁제한의 효과가 생길 만한 우려가 있는 행위로 평가될 수 있는 배타조건 부 거래행위를 하였을 때에 그 부당성이 인정될 수 있다.

그러므로 시장지배적 지위남용행위로서의 배타조건부 거래의 부당성은 그 거래행위의 목적 및 태양, 시장지배적 사업자의 시장점유율, 경쟁사업자의 시장 진입 내지 확대 기회의 봉쇄 정도 및 비용 증가 여부, 거래의 기간, 관련시장에서의 가격 및 산출량 변화 여부, 유 사품 및 인접시장의 존재 여부, 혁신 저해 및 다양성 감소 여부 등 여러 사정을 종합적으로 고려하여 판단하여야 한다. 다만, 시장지배적 지위남용행위로서의 배타조건부 거래행위는 거래상대방이 경쟁사업자와 거래하지 아니할 것을 조건으로 그 거래상대방과 거래하는 경 우이므로, 통상 그러한 행위 자체에 경쟁을 제한하려는 목적이 포함되어 있다고 볼 수 있는 경우가 많을 것이다.

원심이 인정한 사실관계 및 기록에 의하면, 원고는 식량작물용 화학비료 시장에서 정부 의 가격 보조를 기반으로 하여 독점적 사업자의 지위를 누려오다가, 2005. 7. 1.부터 정부의 화학비료에 대한 차손 보조가 완전 폐지되어 경쟁사업자에 의한 시장 잠식이 현저히 우려 되자, 자신의 시장지배력을 종전과 같이 유지할 목적으로 경쟁사업자를 배제하기 위하여 비 료 제조회사들과 사이에 이 사건 구매납품계약을 체결한 것으로 보이는 점, 이러한 원고의 행위는 경쟁사업자인 비료 제조회사의 영업소나 판매대리점 등을 통한 식량작물용 화학비 료의 시중 판매를 원천적으로 봉쇄함으로써 식량작물용 화학비료 유통시장에서 이들을 배 제하는 결과를 초래할 우려가 있다고 보이는 점, 더욱이 이 사건 구매납품계약이 체결된 2006. 1.부터 2006. 6. 30.까지의 식량작물용 화학비료의 시장점유율을 보면 원고는 여전히 100%에 가까운 시장점유율을 보이고 있는 반면, 원고의 경쟁사업자인 일반 시판상들의 시 장점유율은 전년도보다 오히려 악화된 0%를 보이고 있어 현실적으로도 이 사건 구매납품계 약에 의한 경쟁제한의 효과가 발생한 것으로 보이는 점 등을 알 수 있는바, 이러한 사정들 을 종합하여 보면 식량작물용 화학비료 유통시장에서 이미 독점적인 구매력과 유통망을 확 보하고 있는 원고의 위 배타조건부 거래행위는 위 시장에서의 경쟁을 부당하게 제한하였다 고 봄이 상당하다.

원심이 같은 취지에서, 원고의 이 사건 배타조건부 거래행위가 식량작물용 화학비료 유통시장에서의 경쟁을 부당하게 제한함으로써 법 제3조의2 제1항 제5호 전단 소정의 시장지배적 지위남용행위에 해당한다고 판단한 것은 정당하다.

원심판결에는 상고이유에서 주장하는 바와 같은 시장지배적 지위남용행위로서의 배타조건부 거래의 부당성에 관한 법리오해 등의 위법이 없다.

5. 상고이유 제5점에 대하여

법 제58조는 "이 법의 규정은 사업자 또는 사업자단체가 다른 법률 또는 그 법률에 의한 명령에 따라 행하는 정당한 행위에 대하여는 이를 적용하지 아니한다"고 규정하고 있다.

그런데 여기서 말하는 정당한 행위라 함은 당해 사업의 특수성으로 경쟁제한이 합리적이라고 인정되는 사업 또는 인가제 등에 의하여 사업자의 독점적 지위가 보장되는 반면 공공성의 관점에서 고도의 공적규제가 필요한 사업 등에서 자유경쟁의 예외를 구체적으로 인정하고 있는 법률 또는 그 법률에 의한 명령의 범위 내에서 행하는 필요·최소한의 행위를 말하는 것이다(대법원 1997. 5. 16. 선고 96누150 판결, 대법원 2008. 12. 24. 선고 2007두19584 판결 등 참조).

원심은, 그 채용 증거를 종합하여 그 판시와 같은 사실을 인정한 다음, 농업협동조합법 제134조, 비료관리법 제7조, 농림부장관의 비료수급계획 등 원고가 주장하는 어떠한 법령에도 식량작물용 화학비료 구매사업을 경쟁제한이 합리적이라고 인정되는 사업으로 보거나, 원고의 독점적 지위를 보장하거나, 고도의 공공적 규제가 필요하다고 보아 자유경쟁의 예외를 구체적으로 인정하는 내용이 기재되어 있지 않으므로, 식량작물용 화학비료 구매사업이 사업의 특수성으로 인하여 경쟁제한이 합리적이라고 인정되는 사업 또는 인가제 등에 의하여 사업자의 독점적 지위가 보장되는 사업이라고 할 수 없다고 판단하였다.

위 법리 및 기록에 비추어 살펴보면, 원심의 위와 같은 판단은 정당하다.

원심판결에는 상고이유에서 주장하는 바와 같은 법 제58조의 해석에 관한 법리오해 등의 위법이 없다.

6. 상고이유 제6점에 대하여

원심은, 그 채용 증거를 종합하여 그 판시와 같은 사실을 인정한 다음, 사업자조합이 법 제60조에 정한 법 적용제외 조합에 해당하기 위하여는 소규모의 사업자들만으로 구성되어야 하고 소규모 사업자 이외의 자가 가입되어 있어서는 안되며, 법 제60조에 정한 소규모사업자는 대기업과 대등하게 교섭할 수 있게 하기 위하여 단결할 필요성이 있는 규모의 사업자라야 할 것인데, 이 사건의 경우 원고 회원은 지역조합, 품목조합 및 품목조합연합회로 이루어져 있어 소규모의 사업자 또는 소비자에 해당하지 않고, 원고는 농업협동조합법에 의하여 설립된 법인으로서 그 단결을 촉진하여야 할 필요성이 있는 임의로 설립된 조합에 해당되지 아니하므로, 법 제60조의 적용대상인 조합에 해당하지 않는다고 판단하였다.

관계 법령 및 기록에 비추어 살펴보면, 원심의 위와 같은 판단은 정당하다.

원심판결에는 상고이유에서 주장하는 바와 같은 법 제60조의 해석에 관한 법리오해 등의 위법이 없다.

7. 결 론

그렇다면 상고를 기각하고, 상고비용은 패소자가 부담하기로 하여, 관여 대법관의 일치된 의견으로 주문과 같이 판결한다.

대법관　양창수(재판장)　양승태　김지형(주심)　전수안

▌ 참조문헌 ▌

강상욱, "배타조건부 거래행위", 대법원판례해설 81호, 법원도서관(2010)

김성훈, "배타조건부거래의 위법성 요건", 법학논고 32권, 경북대학교 법학연구원(2010)

주진열, "수요자의 배타조건부거래(구매)와 시장지배력 남용 문제: 대법원 2009. 7. 9. 선고 2007두22078 판결", 경쟁법연구 34권, 한국경쟁법학회, 법문사(2016)

홍대식, "배타조건부거래행위, 경쟁제한성 기준인가 강제성 기준인가?", 법조 60권 10호, 법조협회(2011)

황태희, "시장지배적 사업자의 배타조건부 거래행위", 공정거래법 판례선집, 사법발전재단(2011)

(7) 대법원 2011. 6. 10. 선고 2008두16322 판결 [오픈마켓 거래제한 사건] (배타조건부거래)

판시사항

[1] 특정 사업자가 시장지배적 지위에 있는지를 판단하는 데 전제가 되는 '관련상품시장'의 의미 및 그 범위의 판단 기준

[2] 구 독점규제 및 공정거래에 관한 법률 제3조의2 제1항 제5호 전단, 같은 법 시행령 제5조 제5항 제2호에서 정한 시장지배적 지위남용행위로서 배타조건부 거래의 '부당성'을 판단하는 기준

[3] 甲 회사가 자신이 운영하는 오픈마켓에 입점하여 상품을 판매하는 사업자들 중 乙 회사가 운영하는 쇼핑몰에도 입점해 있던 7개 사업자들에게 자신의 오픈마켓에서 판매가격을 인하하거나 乙 회사의 쇼핑몰에서 판매가격을 인상할 것 등을 요구하고, 乙 회사의 쇼핑몰에 올려놓은 상품을 내리지 않으면 자신의 메인 화면에 노출된 상품을 빼버리겠다고 위협한 행위에 대하여, 시장지배적 지위남용행위로서 배타조건부 거래에 해당한다는 이유로 공정거래위원회가 시정명령과 과징

금 납부를 명령한 사안에서, 위 행위가 부당한지 명백하지 않음에도 배타조건부 거래행위로서 부당하다고 본 원심판결에 법리를 오해한 위법이 있다고 한 사례

판결요지

[1] 특정 사업자가 시장지배적 지위에 있는지를 판단하기 위해서는 경쟁관계가 문제될 수 있는 일정한 거래 분야에서 거래의 객체인 관련 상품 또는 용역(이하 '상품 등'이라 한다)에 따른 시장(이하 '관련상품시장'이라 한다)과 거래의 지리적 범위인 관련지역에 따른 시장 등을 구체적으로 정하고 그 시장에서 지배가능성이 인정되어야 한다. 관련상품시장은 일반적으로 시장지배적 사업자가 시장지배력을 행사하는 것을 억제하여 줄 경쟁관계에 있는 상품 등의 범위를 말하는 것으로서, 구체적으로는 거래되는 상품 등의 가격이 상당기간 어느 정도 의미 있는 수준으로 인상 또는 인하될 경우 그 상품 등의 대표적 구매자 또는 판매자가 이에 대응하여 구매 또는 판매를 전환할 수 있는 상품 등의 집합을 의미하고, 그 범위는 거래에 관련된 상품 등의 가격, 기능 및 효용의 유사성, 구매자들의 대체가능성에 대한 인식 및 그와 관련한 구매행태는 물론 판매자들의 대체가능성에 대한 인식 및 그와 관련한 경영의사결정 형태, 사회적·경제적으로 인정되는 업종의 동질성 및 유사성 등을 종합적으로 고려하여 판단하여야 하며, 그 외에도 기술발전 속도, 그 상품 등의 생산을 위하여 필요한 다른 상품 등 및 그 상품 등을 기초로 생산되는 다른 상품 등에 관한 시장 상황, 시간적·경제적·법적 측면의 대체 용이성 등도 함께 고려하여야 한다.

[2] 구 독점규제 및 공정거래에 관한 법률(2007. 8. 3. 법률 8631호로 개정되기 전의 것) 제3조의2 제1항 제5호 전단, 구 독점규제 및 공정거래에 관한 법률 시행령(2007. 11. 2. 대통령령 제20360호로 개정되기 전의 것) 제5조 제5항 제2호에서 시장지배적 사업자의 지위남용행위로 규정하고 있는 배타조건부 거래의 '부당성'은 '독과점적 시장의 경쟁촉진'이라는 입법 목적에 맞추어 해석해야 하므로, 시장에서 독점을 유지·강화할 목적, 곧 시장에서 자유로운 경쟁을 제한함으로써 인위적으로 시장질서에 영향을 가하려는 목적을 가지고, 객관적으로도 그러한 경쟁제한의 효과가 생길 만한 우려가 있는 행위로 평가될 수 있는 배타조건부 거래행위를 하였을 때에 부당성이 인정될 수 있다. 그러므로 시장지배적 지위남용행위로서의 배타조건부 거래의 부당성은 거래행위의 목적 및 태양, 시장지배적 사업자의 시장점유율, 경쟁사업자의 시장 진입 내지 확대 기회의 봉쇄 정도 및 비용 증가

여부, 거래의 기간, 관련 시장에서의 가격 및 산출량 변화 여부, 유사품 및 인접 시장의 존재 여부, 혁신 저해 및 다양성 감소 여부 등 여러 사정을 종합적으로 고려하여 판단하여야 한다.

[3] 甲 회사가 자신이 운영하는 오픈마켓에 입점하여 상품을 판매하는 사업자들 중 乙 회사가 운영하는 쇼핑몰에도 입점해 있던 7개 사업자들에게 자신의 오픈마켓에서 판매가격을 인하하거나 乙 회사의 쇼핑몰에서 판매가격을 인상할 것 등을 요구하고, 乙 회사의 쇼핑몰에 올려놓은 상품을 내리지 않으면 자신의 메인 화면에 노출된 상품을 빼버리겠다고 위협한 행위에 대하여 시장지배적 지위남용행위로서 배타조건부 거래에 해당한다는 이유로 공정거래위원회가 시정명령과 과징금 납부를 명령한 사안에서, 甲 회사의 행위로 7개 사업자들이 乙 회사와 거래를 중단한 기간은 주로 1, 2개월이고, 짧게는 14일, 길게는 7개월 보름 남짓에 불과한 점, 행위의 상대방들이 전체 판매업체들 중 차지하는 비율이 미미한 점 등에 비추어 보면 甲 회사의 행위로 인하여 乙 회사가 매출부진을 이기지 못하고 오픈마켓 시장에서 퇴출된 것인지, 다른 신규 사업자의 시장진입에도 부정적인 영향을 미쳤는지 명백하지 않음에도, 위 행위가 '부당하게 거래상대방이 경쟁사업자와 거래하지 아니할 조건으로 그 거래상대방과 거래하는 경우'에 해당한다고 본 원심판결에 법리를 오해한 위법이 있다고 한 사례.

참조조문

[1] 구 독점규제 및 공정거래에 관한 법률(2007. 8. 3. 법률 8631호로 개정되기 전의 것) 제3조의2 제1항

[2] 구 독점규제 및 공정거래에 관한 법률(2007. 8. 3. 법률 8631호로 개정되기 전의 것) 제3조의2 제1항 제5호, 구 독점규제 및 공정거래에 관한 법률 시행령(2007. 11. 2. 대통령령 제20360호로 개정되기 전의 것) 제5조 제5항 제2호

[3] 구 독점규제 및 공정거래에 관한 법률(2007. 8. 3. 법률 8631호로 개정되기 전의 것) 제3조의2 제1항 제5호, 구 독점규제 및 공정거래에 관한 법률 시행령(2007. 11. 2. 대통령령 제20360호로 개정되기 전의 것) 제5조 제5항 제2호

참조판례

[1] 대법원 2007. 11. 22. 선고 2002두8626 전원합의체 판결, 대법원 2009. 9. 10. 선고 2008두9744 판결
[2] 대법원 2009. 7. 9. 선고 2007두22078 판결

따름판례

대법원 2014. 4. 10. 선고 2012두6308 판결

전 문

【원고, 상고인 겸 피상고인】 주식회사 이베이지마켓(변경전 상호: 주식회사 인터파크 지마켓)
【피고, 피상고인 겸 상고인】 공정거래위원회
【원심판결】 서울고법 2008. 8. 20. 선고 2008누2851 판결
【주 문】
원심판결을 파기하고, 사건을 서울고등법원에 환송한다.
【이 유】
상고이유(상고이유서 제출기간이 경과한 후에 제출된 상고이유보충서의 기재는 상고이유를 보충하는 범위 내에서)를 판단한다.

1. 원고가 시장지배적 사업자에 해당하는지 여부에 관하여

가. 관련시장의 획정

특정 사업자가 시장지배적 지위에 있는지 여부를 판단하기 위해서는 경쟁관계가 문제될 수 있는 일정한 거래 분야에 관하여 거래의 객체인 관련 상품 또는 용역(이하 '상품 등'이라 한다)에 따른 시장(이하 '관련상품시장'이라 한다)과 거래의 지리적 범위인 관련지역에 따른 시장 등을 구체적으로 정하고 그 시장에서 지배가능성이 인정되어야 한다.

관련상품시장은 일반적으로 시장지배적 사업자가 시장지배력을 행사하는 것을 억제하여 줄 경쟁관계에 있는 상품 등의 범위를 말하는 것으로서, 구체적으로는 거래되는 상품 등의 가격이 상당기간 어느 정도 의미 있는 수준으로 인상 또는 인하될 경우 그 상품 등의 대표적 구매자 또는 판매자가 이에 대응하여 구매 또는 판매를 전환할 수 있는 상품 등의 집합을 의미하고, 그 시장의 범위는 거래에 관련된 상품 등의 가격, 기능 및 효용의 유사성, 구매자들의 대체가능성에 대한 인식 및 그와 관련한 구매행태는 물론 판매자들의 대체가능성에 대한 인식 및 그와 관련한 경영의사결정 형태, 사회적·경제적으로 인정되는 업종의 동질성 및 유사성 등을 종합적으로 고려하여 판단하여야 하며, 그 외에도 기술발전의 속도, 그 상품 등의 생산을 위하여 필요한 다른 상품 등 및 그 상품 등을 기초로 생산되는 다른 상품 등에 관한 시장의 상황, 시간적·경제적·법적 측면에서의 대체의 용이성 등도 함께 고려하여야 한다(대법원 2007. 11. 22. 선고 2002두8626 전원합의체 판결 참조).

원심은 적법하게 인정한 사실관계를 기초로 오픈마켓 운영시장과 종합쇼핑몰 시장 사이에는 원심판시와 같이 그 거래형태, 입점조건, 구매자의 인식과 시장유형의 선택 등에서 차별성이 크고, 한편 오픈마켓 운영시장과 '포털사이트 등의 광고시장' 사이에는 원심판시와 같이 그 제공하는 용역이 전혀 다를 뿐만 아니라, 수요 및 공급의 대체가능성도 낮다는 제반 사정을 종합하여, 오픈마켓 운영시장을 종합쇼핑몰 시장 또는 '포털사이트 등 광고시장'과 하나의 관련시장으로 볼 수 없다고 판단하였다.

원심이 이 같은 판단에서 이 사건 관련상품시장을 오픈마켓 운영시장으로 한정한 것은 앞서 본 법리에 따른 것으로서 정당하다. 거기에 특정 사업자가 시장지배적 지위에 있는지 여부를 판단하는 데 전제가 되는 관련시장 획정에 관한 법리오해 등의 위법이 없다.

나. 시장지배적 지위의 유무

구 독점규제 및 공정거래에 관한 법률(2007. 8. 3. 법률 8631호로 개정되기 전의 것, 이하 '구 공정거래법'이라 한다)은, 시장지배적 사업자라 함은 일정한 거래분야의 공급자나 수요자로서 단독으로 또는 다른 사업자와 함께 상품이나 용역의 가격·수량·품질 기타의 거래조건을 결정·유지 또는 변경할 수 있는 시장지위를 가진 사업자를 말하고, 이를 판단함에 있어서는 시장점유율, 진입장벽의 존재 및 정도, 경쟁사업자의 상대적 규모 등을 종합적으로 고려한다고 규정하고 있고(제2조 제7호), 일정한 거래분야에서 3이하의 사업자의 시장점유율의 합계가 100분의 75 이상인 경우 당해 사업자는 시장지배적 사업자로 추정한다고 규정하고 있다(제4조 제2호 본문). 또한 구 공정거래법 시행령(2007. 11. 2. 대통령령 제20360호로 개정되기 전의 것)은, '시장점유율'이라 함은 시장지배적지위의 남용금지 규정에 위반한 혐의가 있는 행위의 종료일이 속하는 사업연도의 직전 사업연도 1년 동안에 국내에서 공급 또는 구매된 상품 또는 용역의 금액 중에서 당해 사업자가 국내에서 공급 또는 구매한 상품 또는 용역의 금액이 점하는 비율을 말하며 당해사업자와 그 계열회사는 이를 하나의 사업자로 본다고 규정하고 있다(제4조 제2항 본문, 제3항).

원심은 적법하게 인정한 사실관계를 기초로, 원고가 2006년 국내 오픈마켓 운영시장에서 계열사의 것을 포함한 시장점유율이 39.5%에 이르고, 이것과 1위 사업자인 옥션의 시장점유율을 합한 상위 2사의 시장점유율이 91.4%에 이르러, 원고는 국내 오픈마켓 운영시장에서 시장지배적 사업자로 추정될 뿐만 아니라, 3위 사업자의 시장점유율과 현저한 격차, 오픈마켓 시장의 진입장벽 등을 함께 고려할 때 원고는 국내 오픈마켓 운영시장에서 시장지배적 사업자의 지위에 있다고 인정하기에 충분하다고 판단하였다.

관계 법령 및 기록에 비추어 볼 때 원심의 이 같은 판단은 정당하고, 거기에 시장지배적 사업자에 관한 법리오해 등의 위법이 없다. 원고의 이 부분 상고이유에 관한 그 밖의 주장은 원심의 증거의 취사나 사실인정이 잘못되었다는 취지의 것에 불과하여 이를 받아들일 수 없다.

2. 원고의 이 사건 행위가 배타조건부 거래행위에 해당하는지 여부에 관하여

원심은, 원고가 2006. 10. 중순경, 원고가 운영하는 오픈마켓인 'G마켓'에 입점하여 상품을 판매하는 사업자들 중 주식회사 엠플온라인이 운영하는 쇼핑몰(이하 '엠플온라인'이라 한다)에도 입점하여 있던 누리원 등 7개 사업자들(이하 '7개 사업자들'이라 한다)에게 'G마켓'에서의 판매가격을 인하하거나 엠플온라인에서의 판매가격을 인상할 것, 주로 원고와 거래하면서 매출을 올려 줄 것, 엠플온라인과의 거래를 중단할 것 등을 요구하고, 엠플온라인에 올려놓은 상품을 내리지 아니하면 원고의 메인 화면에 노출된 상품을 모두 빼버리겠다고 위협한 사실(이하 '이 사건 행위'라 한다)을 인정하고, 원고의 이 사건 행위가 구 공정거래법 제3조의2 제1항 제5호 전단, 제2항, 구 공정거래법 시행령 제5조 제5항 제2호 소정의 배타조건부 거래행위, 즉 '거래상대방이 경쟁사업자와 거래하지 아니할 것을 조건으로 그 거래상대방과 거래하는 경우'에 해당한다고 판단하였다.

관계 법령 및 기록에 비추어 볼 때 원심의 이러한 사실인정과 판단에 논리와 경험의 법칙에 위배하고 자유심증주의의 한계를 벗어난 위법 또는 시장지배적 사업자의 배타조건부 거래행위에 관한 법리오해 등의 위법이 없다.

3. 시장지배적 지위의 남용행위로서 배타조건부 거래의 부당성에 관하여

(1) 구 공정거래법 제3조의2 제1항 제5호 전단은 시장지배적 사업자의 지위남용행위로서 "부당하게 경쟁사업자를 배제하기 위한 행위"를 규정하고 있고, 구 공정거래법 시행령 제5조 제5항 제2호는 그 유형의 하나로서 "부당하게 거래상대방이 경쟁사업자와 거래하지 아니할 것을 조건으로 그 거래상대방과 거래하는 경우"를 규정하고 있다. 여기서 '부당성'은 '독과점적 시장에서의 경쟁촉진'이라는 입법 목적에 맞추어 해석하여야 할 것이므로, 시장에서의 독점을 유지·강화할 목적, 즉 시장에서의 자유로운 경쟁을 제한함으로써 인위적으로 시장질서에 영향을 가하려는 목적을 가지고, 객관적으로도 그러한 경쟁제한의 효과가 생길 만한 우려가 있는 행위로 평가될 수 있는 배타조건부 거래행위를 하였을 때에 그 부당성이 인정될 수 있다.

그러므로 시장지배적 지위남용행위로서의 배타조건부 거래의 부당성은 그 거래행위의 목적 및 태양, 시장지배적 사업자의 시장점유율, 경쟁사업자의 시장 진입 내지 확대기회의 봉쇄 정도 및 비용 증가 여부, 거래의 기간, 관련시장에서의 가격 및 산출량 변화 여부, 유사품 및 인접시장의 존재 여부, 혁신 저해 및 다양성 감소 여부 등 여러 사정을 종합적으로 고려하여 판단하여야 한다(대법원 2009. 7. 9. 선고 2007두22078 판결 참조).

(2) 원심은 다음과 같은 사정을 주요 근거로 삼아, 시장지배적 사업자인 원고가 그 지위를 남용하는 이 사건 행위를 함으로써 후발사업자가 결국 매출부진을 이기지 못하고 시장에서 퇴출되기에 이르러 유력한 경쟁사업자를 배제하는 효과를 거두었을 뿐만 아니라, 다른 신규 사업자의 시장진입에도 부정적인 영향을 미쳐 오픈마켓 운영시장에서 자신의 시장지배적 지위를 유지·강화시켰다고 보고, 이 사건 행위가 '부당하게 거래상대방이 경쟁사업자와 거래하지 아니할 것을 조건으로 그 거래상대방과 거래하는 경우'에 해당한다고 판단하였다.

① 엠플온라인은 2006. 4.경 오픈마켓 운영시장에 후발사업자로 진입하여 공격적인 사업 전략으로 빠르게 성장하고 있었는데, 원고가 2006. 10. 중순경 이 사건 행위 등의 방법으로 엠플온라인과의 거래중단을 요구하였다. 이러한 원고의 행위는 오픈마켓 운영시장에서의 자신의 독과점적 지위를 유지·강화할 의도나 목적을 가지고 행하여진 것으로 보인다.

② 오픈마켓에 입점한 판매자들로서는 인지도·신뢰도가 높은 오픈마켓을 통해 소비자들에게 자신의 상품을 효과적으로 노출시키는 것이 판매량 증대와 직결되므로, 원고의 요구를 거절하기는 어려울 것으로 보이고, 실제로 7개 사업자들은 원고의 위와 같은 요구에 강한 불만을 가지면서도 불이익을 우려하여 원고보다 더 유리한 조건으로 거래하고 있던 엠플온라인과의 거래를 중단하게 되었다.

③ 7개 사업자들은 매출이 상대적으로 높은 우량 판매자들로 보인다.

④ 후발사업자인 엠플온라인이 원고의 이 사건 행위로 인하여 우량한 판매자들과 거래

를 확대하여 매출을 늘릴 수 있는 기회를 상실하였다.

(3) 그러나 원심이 인정한 사실관계에 의하면, ① 원고의 이 사건 행위로 인하여 7개 사업자들이 엠플온라인과 거래를 중단한 기간은 주로 1, 2개월이고, 짧게는 14일, 길게는 7개월 보름 남짓에 불과한 점, ② 그 기간 국내 오픈마켓 시장의 시장점유율 2위 사업자인 원고가 7개 사업자들로부터 얻은 판매수수료 총액이 약 2,500만 원에 불과하여, 원고보다 시장점유율이 훨씬 낮은 엠플온라인에게는 7개 사업자들과 위 기간 거래중단이 없었으면 얻을 수 있었던 판매수수료가 그보다 더 낮았을 것으로 보이는 점, ③ 이 사건 행위의 상대방은 7개 사업자들로서 G마켓에 입점한 약 23만 개의 판매업체를 기준으로 하더라도 그 비율이 극히 미미하고, 국내 오픈마켓 전체 시장을 기준으로 하면 그 비율은 더 낮았을 것으로 보이는 점, ④ 2006년 기준 7개 사업자가 G마켓을 통하여 상품 등을 판매한 거래금액의 비중은 G마켓의 전체 상품판매 거래금액의 0.24%에 불과하고, 오픈마켓 시장 전체를 기준으로 볼 때에도 이에 크게 벗어나지 않을 것으로 보이는 점 등을 알 수 있는바, 이러한 사정에 비추어 보면, 과연 엠플온라인이 원고의 이 사건 행위로 인하여 매출 부진을 이기지 못하고 오픈마켓 시장에서 퇴출된 것인지, 나아가 이 사건 행위가 다른 신규 사업자의 시장진입에도 부정적인 영향을 미쳤는지 명백하지 아니하다.

그렇다면 원심으로서는 오픈마켓 운영시장의 진입장벽이나 시장진입 초기 우량 판매자 확보의 중요도, 상품 구성의 영향 등의 제반 특성과 엠플온라인의 재무구조의 건전성이나 영업전략의 현실성 등을 심리하여 이 사건 행위가 엠플온라인의 전체 사업활동이나 매출에 어떠한 영향을 미쳤는지 등을 우선적으로 살핀 다음, 이를 전제로 엠플온라인이 이 사건 행위로 인하여 매출 부진을 이기지 못하고 오픈마켓 시장에서 퇴출된 것인지 여부와 이 사건 행위로 나타난 신규사업자의 시장진입을 봉쇄한 정도나 기간 등을 종합적으로 고려하여 이 사건 행위를 객관적으로 오픈마켓 시장에 경쟁제한의 효과가 생길만한 우려가 있는 행위로 평가할 수 있는지 여부 등을 판단하였어야 할 것이다.

그럼에도 원심은 그 판시와 같은 이유만을 들어 이 사건 행위가 '부당하게 거래상대방이 경쟁사업자와 거래하지 아니할 것을 조건으로 그 거래상대방과 거래하는 경우'에 해당한다고 판단하고 말았으니, 이러한 원심판결에는 시장지배적 사업자의 배타조건부거래행위의 부당성에 관한 법리를 오해한 나머지 필요한 심리를 다 하지 아니한 잘못이 있고, 이러한 잘못은 판결에 영향을 미쳤음이 명백하다. 이를 지적하는 이 부분 상고이유의 주장에는 정당한 이유가 있다.

4. 결 론

그러므로 이 사건 행위가 부당함을 전제로 한 과징금 납부명령에 관한 피고의 상고이유에 대한 판단을 생략한 채 원심판결을 파기하고, 위 과징금 납부명령에 관한 부분까지 포함하여 사건을 다시 심리·판단하게 하기 위하여 원심법원에 환송하기로 하여 관여 대법관의 일치된 의견으로 주문과 같이 판결한다.

대법관   김능환(재판장) 민일영 이인복(주심)

▓ 참조문헌 ▓

김정중, "오픈마켓(Open Market) 서비스의 관련 시장 획정과 시장지배적 지위의 남용행위로서 배타조건부 거래행위의 부당성", 대법원판례해설 87호, 법원도서관(2011)

주진열, "이베이지마켓(온라인 거래중개서비스 사업자)의 배타조건부거래 사건에 대한 비판적 고찰 – 대법원 2011. 6. 10. 선고 2008두16322 판결", 법경제학연구 13권, 한국법경제학회(2016)

황태희, "소매 유통업에서의 수요지배력 남용행위 규제에 관한 경제법적 연구", 법학논집 19권 3호, 이화여자대학교 법학연구소(2015)

(8) 대법원 2019. 1. 31. 선고 2013두14726 판결 [조건부 리베이트 사건] (배타조건부거래)

판시사항

[1] 독점규제 및 공정거래에 관한 법률 시행령 제5조 제5항 제2호에서 정한 '경쟁사업자와 거래하지 아니할 조건'은 시장지배적 사업자에 의하여 일방적 · 강제적으로 부과된 경우 외에 거래상대방과의 합의에 의하여 설정된 경우도 포함되는지 여부(적극) 및 '경쟁사업자와 거래하지 아니할 것을 조건으로 거래하는 행위'는 조건 준수에 사실상의 강제력 내지 구속력이 부여되어 있는 경우도 포함되는지 여부(적극)

[2] 특정 사업자의 시장지배적 지위 인정 여부의 판단에서 '관련지역시장'의 의미 및 그 시장의 범위를 판단하는 방법

[3] 독점규제 및 공정거래에 관한 법률 제3조의2 제1항 제5호 전단의 '경쟁사업자를 배제하기 위하여 거래한 행위'의 부당성을 인정하기 위한 요건 및 부당성을 판단하는 기준 / 위 부당성 판단 기준에 따라 배타조건부 거래행위가 부당한지 판단할 때 고려할 사항

[4] 조건부 리베이트 제공행위를 배타조건부 거래행위로 의율하여 부당성을 판단할 때 고려할 사항 / 이른바 '약탈 가격 설정(predation)'에 적용되는 부당성 판단 기준을 조건부 리베이트 제공행위에 그대로 적용할 수 있는지 여부(소극) 및 이러한 부당성 인정의 전제조건으로 리베이트 제공이 실질적으로 비용 이하의 가

격으로 판매한 경우에 해당하여야 한다는 점 등에 관하여 회계적·경제적 분석 등을 통한 공정거래위원회의 증명이 필수적으로 요구되는지 여부(소극) / 사업자 가 위 경제분석의 기초자료나 분석방법 등의 신빙성을 증명함으로써 조건부 리 베이트 제공행위의 사실상의 구속력이나 부당성에 관한 공정거래위원회의 합리 적 증명을 탄핵할 수 있는지 여부(적극)

[5] 공정거래위원회가 위반행위에 대한 과징금을 부과하면서 여러 개의 위반행위에 대하여 외형상 하나의 과징금 납부명령을 하였으나 여러 개의 위반행위 중 일부 위반행위에 대한 과징금 부과만 위법하고 소송상 그 일부 위반행위를 기초로 한 과징금액을 산정할 수 있는 자료가 있는 경우, 그 일부 위반행위에 대한 과징금 액에 해당하는 부분만 취소하여야 하는지 여부(적극)

판결요지

[1] 독점규제 및 공정거래에 관한 법률(이하 '법'이라 한다) 제3조의2 제1항 제5호 전 단은 시장지배적 사업자의 지위 남용행위로 '부당하게 경쟁사업자를 배제하기 위하여 거래하는 행위'를 규정하고, 독점규제 및 공정거래에 관한 법률 시행령 제5조 제5항 제2호는 그 행위의 하나로 '부당하게 거래상대방이 경쟁사업자와 거래하지 아니할 것을 조건으로 그 거래상대방과 거래하는 경우'를 들고 있다.

여기서 '경쟁사업자와 거래하지 아니할 조건'은, 시장지배적 사업자에 의하여 일 방적·강제적으로 부과된 경우에 한하지 않고 거래상대방과의 합의에 의하여 설정된 경우도 포함된다. 또한 '경쟁사업자와 거래하지 아니할 것을 조건으로 거 래하는 행위'는 그 조건의 이행 자체가 법적으로 강제되는 경우만으로 한정되지 는 않고, 그 조건 준수에 사실상의 강제력 내지 구속력이 부여되어 있는 경우도 포함된다. 따라서 실질적으로 거래상대방이 조건을 따르지 않고 다른 선택을 하 기 어려운 경우 역시 여기에서 당연히 배제된다고 볼 수는 없다. 그 이유는 다 음과 같다.

먼저 법령 문언이 조건 준수에 법적·계약적 구속력이 부여되는 경우만을 전제 한다고 보기는 어렵다. 나아가 당연히 배타조건부 거래행위의 형식적 요건에 해 당된다고 널리 인정되는 이른바 '전속적 거래계약'처럼 경쟁사업자와 거래하지 않기로 하는 구속적 약정이 체결된 경우와, 단순히 경쟁사업자와 거래하지 아니 하면 일정한 이익이 제공되고 반대로 거래하면 일정한 불이익이 주어지는 경우 사이에는 경쟁사업자와 거래하지 않도록 강제되는 이익의 제공이 어느 시점에,

어느 정도로 이루어지는지에 따른 차이가 있을 뿐이고, 그와 같은 강제력이 실현되도록 하는 데에 이미 제공되었거나 제공될 이익이나 불이익이 결정적으로 기여하게 된다는 점에서는 실질적인 차이가 없다.

그러므로 여기에 더하여 경쟁제한적 효과를 중심으로 시장지배적 지위 남용행위를 규제하려는 법의 입법 목적까지 아울러 고려하면, 결국 조건의 준수에 계약에 의한 법적 강제력 내지 구속력이 부과되는지에 따라 배타조건부 거래행위의 성립요건을 달리 보는 것은 타당하지 않다. 따라서 경쟁사업자와 거래하지 않을 것을 내용으로 하는 조건의 준수에 이익이 제공됨으로써 사실상의 강제력 내지 구속력이 있게 되는 경우라고 하여 '경쟁사업자와 거래하지 아니할 것을 조건으로 거래하는 행위'에 형식적으로 해당되지 않는다고 볼 수는 없다.

[2] 관련지역시장은 일반적으로 서로 경쟁관계에 있는 사업자들이 위치한 지리적 범위를 말하는 것으로서, 구체적으로는 다른 모든 지역에서의 가격은 일정하나 특정 지역에서만 상당 기간 어느 정도 의미 있는 가격 인상 또는 가격 인하가 이루어질 경우 그 지역의 대표적 구매자 또는 판매자가 이에 대응하여 구매 또는 판매를 전환할 수 있는 지역 전체를 의미한다. 그 시장의 범위는 거래에 관련된 상품의 가격과 특성 및 판매자의 생산량, 사업능력, 운송비용, 구매자의 구매지역 전환가능성에 대한 인식 및 그와 관련한 구매자들의 구매지역 전환행태, 판매자의 구매지역 전환가능성에 대한 인식 및 그와 관련한 경영 의사결정 행태, 시간적·경제적·법적 측면에서의 구매지역 전환의 용이성 등을 종합적으로 고려하여 판단하여야 한다. 그 외에 기술발전의 속도, 관련 상품의 생산을 위하여 필요한 다른 상품 및 관련 상품을 기초로 생산되는 다른 상품에 관한 시장의 상황 등도 함께 고려하여야 한다.

[3] 독점규제 및 공정거래에 관한 법률 제3조의2 제1항 제5호 전단의 '경쟁사업자를 배제하기 위하여 거래한 행위'의 부당성은 독과점적 시장에서의 경쟁촉진이라는 입법 목적에 맞추어 해석하여야 하므로, 시장지배적 사업자가 시장에서의 독점을 유지·강화할 의도나 목적, 즉 시장에서의 자유로운 경쟁을 제한함으로써 인위적으로 시장질서에 영향을 가하려는 의도나 목적을 갖고, 객관적으로도 그러한 경쟁제한의 효과가 생길 만한 우려가 있는 행위로 평가할 수 있는 행위를 하였을 때에 부당성을 인정할 수 있다. 이를 위해서는 그 행위가 상품의 가격상승, 산출량 감소, 혁신 저해, 유력한 경쟁사업자의 수의 감소, 다양성 감소 등과 같은 경쟁제한의 효과가 생길 만한 우려가 있는 행위로서 그에 대한 의도와 목적

이 있었다는 점이 증명되어야 한다. 그 행위로 인하여 현실적으로 위와 같은 효과가 나타났음이 증명된 경우에는 그 행위 당시에 경쟁제한을 초래할 우려가 있었고 또한 그에 대한 의도나 목적이 있었음을 사실상 추정할 수 있지만, 그렇지 않은 경우에는 행위의 경위 및 동기, 행위의 태양, 관련시장의 특성 또는 유사품 및 인접시장의 존재 여부, 관련시장에서의 가격 및 산출량의 변화 여부, 혁신 저해 및 다양성 감소 여부 등 여러 사정을 종합적으로 고려하여 그 행위가 경쟁제한의 효과가 생길 만한 우려가 있는 행위로서 그에 대한 의도나 목적이 있었는지를 판단하여야 한다. 다만 시장지배적 지위 남용행위로서의 배타조건부 거래행위는 거래상대방이 경쟁사업자와 거래하지 아니할 것을 조건으로 거래상대방과 거래하는 경우이므로, 통상 그러한 행위 자체에 경쟁을 제한하려는 목적이 포함되어 있다고 볼 수 있는 경우가 많다.

여기에서 배타조건부 거래행위가 부당한지를 앞서 든 부당성 판단 기준에 비추어 구체적으로 판단할 때에는, 배타조건부 거래행위로 인하여 대체적 물품구입처 또는 유통경로가 봉쇄·제한되거나 경쟁사업자 상품으로의 구매전환이 봉쇄·제한되는 정도를 중심으로, 그 행위에 사용된 수단의 내용과 조건, 배타조건을 준수하지 않고 구매를 전환할 경우에 구매자가 입게 될 불이익이나 그가 잃게 될 기회비용의 내용과 정도, 행위자의 시장에서의 지위, 배타조건부 거래행위의 대상이 되는 상대방의 수와 시장점유율, 배타조건부 거래행위의 실시 기간 및 대상이 되는 상품 또는 용역의 특성, 배타조건부 거래행위의 의도 및 목적과 아울러 소비자 선택권이 제한되는 정도, 관련 거래의 내용, 거래 당시의 상황 등 제반 사정을 종합적으로 고려하여야 한다.

[4] 다양한 형태의 조건부 리베이트 제공행위를 배타조건부 거래행위로 의율하여 그 부당성을 판단할 때에는, 리베이트의 양면적 성격과 배타조건부 거래행위의 부당성 판단 기준을 염두에 두고, 리베이트의 지급구조, 배타조건의 준수에 따라 거래상대방이 얻게 되는 리베이트의 내용과 정도, 구매전환 시에 거래상대방이 감수해야 할 불이익의 내용과 정도, 거래상대방이 구매전환이 가능한지를 고려하였는지 및 그 내용, 리베이트 제공 무렵 경쟁사업자들의 동향, 경쟁사업자의 시장진입 시도 여부, 리베이트 제공조건 제시에 대한 거래상대방의 반응, 거래상대방이 리베이트가 제공된 상품 내지 용역에 관하여 시장지배적 사업자에 대한 잠재적 경쟁자가 될 수 있는지, 배타조건부 거래행위로 인하여 발생할 수도 있는 비용 절감 효과 등이 최종소비자들에게 미치는 영향 등을 아울러 고려하여

야 한다.

조건부 리베이트 제공행위로 인한 부정적 효과와 그러한 행위가 반드시 소비자 후생증대에 기여하지는 않는 점, 장기간의 배타조건부 거래계약을 체결함으로써 부당한 배타조건부 거래행위에 해당하게 되는 경우에도 계약체결을 위하여 반대급부로 제공된 이익이 비용 이하에 해당하는지 여부를 반드시 고려해야 한다고 볼 수는 없는 점과의 균형 등을 고려하면, 이른바 '약탈 가격 설정(predation)'과 비교하여 그 폐해가 발생하는 구조와 맥락이 전혀 다른 조건부 리베이트 제공행위를 그와 마찬가지로 보아 약탈 가격 설정에 적용되는 부당성 판단 기준을 그대로 적용할 수는 없다. 따라서 이러한 부당성 인정의 전제조건으로, 리베이트 제공이 실질적으로 비용 이하의 가격으로 판매한 경우에 해당하여야 한다는 점이나 시장지배적 사업자와 동등한 효율성을 가진 가상의 경쟁사업자 또는 실제 경쟁사업자들이 리베이트 제공에 대하여 가격 및 비용 측면에서 대처하는 데 지장이 없었다는 점 등에 관하여 회계적·경제적 분석(이하 '경제분석'이라 한다) 등을 통한 공정거래위원회의 증명이 필수적으로 요구되는 것은 아니다.

한편 사업자는 조건부 리베이트 제공행위의 사실상 구속력이나 부당성 증명을 위하여 위와 같은 경제분석을 사용하여 그 결정의 신뢰성을 높이는 것은 권장될 수 있다. 나아가 통상의 경우 사업자는 경제분석의 기초가 되는 원가자료나 비용 관련 자료, 리베이트의 설계방식과 목적·의도와 관련한 자료 등은 보유하고 있으므로, 경제분석의 정확성이나 경제분석에 사용된 기초자료의 신뢰성·정확성과 관련한 모호함이나 의심이 있는 상황에서는, 사업자가 그 기초자료나 분석방법 등의 신빙성을 증명함으로써 조건부 리베이트 제공행위의 사실상의 구속력이나 부당성에 관한 공정거래위원회의 일응의 합리적 증명을 탄핵할 수 있다.

[5] 공정거래위원회가 위반행위에 대한 과징금을 부과하면서 여러 개의 위반행위에 대하여 외형상 하나의 과징금 납부명령을 하였으나 여러 개의 위반행위 중 일부의 위반행위에 대한 과징금 부과만이 위법하고 소송상 그 일부의 위반행위를 기초로 한 과징금액을 산정할 수 있는 자료가 있는 경우에는, 하나의 과징금 납부명령일지라도 그 일부의 위반행위에 대한 과징금액에 해당하는 부분만을 취소하여야 한다.

참조조문

[1] 독점규제 및 공정거래에 관한 법률 제3조의2 제1항 제5호, 독점규제 및 공정거래에 관한

법률 시행령 제5조 제5항 제2호

[2] 독점규제 및 공정거래에 관한 법률 제3조의2 제1항 제5호, 독점규제 및 공정거래에 관한
법률 시행령 제5조 제5항 제2호

[3] 독점규제 및 공정거래에 관한 법률 제3조의2 제1항 제5호, 독점규제 및 공정거래에 관한
법률 시행령 제5조 제5항 제2호

[4] 독점규제 및 공정거래에 관한 법률 제3조의2 제1항 제5호, 독점규제 및 공정거래에 관한
법률 시행령 제5조 제5항 제2호

[5] 독점규제 및 공정거래에 관한 법률 제6조

참조판례

[2][3] 대법원 2007. 11. 22. 선고 2002두8626 전원합의체 판결
[3] 대법원 2009. 7. 9. 선고 2007두22078 판결
[5] 대법원 2006. 12. 22. 선고 2004두1483 판결, 대법원 2009. 10. 29. 선고 2009두
11218 판결

따름판례

대법원 2021. 6. 30. 선고 2018두37960 판결, 대법원 2021. 6. 30. 선고 2018두37700 판결

전 문

【원고, 상고인】 퀄컴 인코포레이티드
【원고, 피상고인】 한국퀄컴 유한회사 외 1인
【피고, 피상고인 겸 상고인】 공정거래위원회
【원심판결】 서울고법 2013. 6. 19. 선고 2010누3932 판결
【주 문】
원심판결의 원고 퀄컴 인코포레이티드 패소 부분 중 RF칩에 대한 조건부 리베이트 제공행
위로 인한 과징금 납부명령 부분을 파기하고 이 부분 사건을 서울고등법원에 환송한다. 원
고 퀄컴 인코포레이티드의 나머지 상고와 피고의 상고를 모두 기각한다. 상고비용 중 피고
의 원고 한국퀄컴 유한회사 및 원고 퀄컴씨디엠에이테크날러지코리아 유한회사에 대한 상
고로 인한 부분은 피고가 부담한다.
【이 유】
상고이유를 판단한다.

1. 원고 퀄컴 인코포레이티드의 상고이유에 대하여

가. 배타조건부 거래행위의 성립요건에 관하여

(1) 독점규제 및 공정거래에 관한 법률(이하 '법'이라고 한다) 제3조의2 제1항 제5호 전
단은 시장지배적 사업자의 지위 남용행위로 '부당하게 경쟁사업자를 배제하기 위하여 거래
하는 행위'를 규정하고, 독점규제 및 공정거래에 관한 법률 시행령(이하 '시행령'이라고 한

다) 제5조 제5항 제2호는 그 행위의 하나로 '부당하게 거래상대방이 경쟁사업자와 거래하지 아니할 것을 조건으로 그 거래상대방과 거래하는 경우'를 들고 있다.

여기서 '경쟁사업자와 거래하지 아니할 조건'은, 시장지배적 사업자에 의하여 일방적·강제적으로 부과된 경우에 한하지 않고 거래상대방과의 합의에 의하여 설정된 경우도 포함된다. 또한 '경쟁사업자와 거래하지 아니할 것을 조건으로 거래하는 행위'는 그 조건의 이행 자체가 법적으로 강제되는 경우만으로 한정되지는 않고, 그 조건 준수에 사실상의 강제력 내지 구속력이 부여되어 있는 경우도 포함된다. 따라서 실질적으로 거래상대방이 조건을 따르지 않고 다른 선택을 하기 어려운 경우 역시 여기에서 당연히 배제된다고 볼 수는 없다. 그 이유는 다음과 같다.

먼저 법령 문언이 그 조건 준수에 법적·계약적 구속력이 부여되는 경우만을 전제한다고 보기는 어렵다. 나아가 당연히 배타조건부 거래행위의 형식적 요건에 해당된다고 널리 인정되는 이른바 '전속적 거래계약'처럼 경쟁사업자와 거래하지 않기로 하는 구속적 약정이 체결된 경우와, 단순히 경쟁사업자와 거래하지 아니하면 일정한 이익이 제공되고 반대로 거래하면 일정한 불이익이 주어지는 경우 사이에는 경쟁사업자와 거래하지 않도록 강제되는 이익의 제공이 어느 시점에, 어느 정도로 이루어지는지에 따른 차이가 있을 뿐이고, 그와 같은 강제력이 실현되도록 하는 데에 이미 제공되었거나 제공될 이익이나 불이익이 결정적으로 기여하게 된다는 점에서는 실질적인 차이가 없다.

그러므로 여기에 더하여 경쟁제한적 효과를 중심으로 시장지배적 지위 남용행위를 규제하려는 법의 입법 목적까지 아울러 고려하여 보면, 결국 조건의 준수에 계약에 의한 법적 강제력 내지 구속력이 부과되는지 여부에 따라 배타조건부 거래행위의 성립요건을 달리 보는 것은 타당하지 않다. 따라서 경쟁사업자와 거래하지 않을 것을 내용으로 하는 조건의 준수에 이익이 제공됨으로써 사실상의 강제력 내지 구속력이 있게 되는 경우라고 하여 '경쟁사업자와 거래하지 아니할 것을 조건으로 거래하는 행위'에 형식적으로 해당되지 않는다고 볼 수는 없다.

(2) 원심은, 원고 퀄컴 인코포레이티드(이하 '원고 퀄컴'이라고 한다)가 국내 휴대폰 제조사들에게 경쟁사업자들과 거래하지 않을 것을 조건으로 하여 리베이트를 제공하기로 한 행위에는 실질적인 구속력이 있으므로, '거래상대방이 경쟁사업자와 거래하지 아니할 것을 조건으로 그 거래상대방과 거래하는 경우'에 해당한다고 판단하였다.

원심판결 이유를 앞서 본 법리와 기록에 나타난 여러 사정에 비추어 살펴보면, 원심의 이러한 판단은 정당하고, 시장지배적 지위 남용행위인 배타조건부 거래행위의 형식적 성립요건, 조건의 강제성 내지 구속력 등에 관한 법리를 오해하거나 자유심증주의의 한계를 벗어나는 등의 잘못이 없다.

나. 관련지역시장 획정에 관하여

(1) 관련지역시장은 일반적으로 서로 경쟁관계에 있는 사업자들이 위치한 지리적 범위를 말하는 것으로서, 구체적으로는 다른 모든 지역에서의 가격은 일정하나 특정 지역에서만 상당 기간 어느 정도 의미 있는 가격 인상 또는 가격 인하가 이루어질 경우 그 지역의 대표적 구매자 또는 판매자가 이에 대응하여 구매 또는 판매를 전환할 수 있는 지역 전체를 의

미한다. 그 시장의 범위는 거래에 관련된 상품의 가격과 특성 및 판매자의 생산량, 사업능력, 운송비용, 구매자의 구매지역 전환가능성에 대한 인식 및 그와 관련한 구매자들의 구매지역 전환행태, 판매자의 구매지역 전환가능성에 대한 인식 및 그와 관련한 경영 의사결정 행태, 시간적·경제적·법적 측면에서의 구매지역 전환의 용이성 등을 종합적으로 고려하여 판단하여야 한다. 그 외에 기술발전의 속도, 관련 상품의 생산을 위하여 필요한 다른 상품 및 관련 상품을 기초로 생산되는 다른 상품에 관한 시장의 상황 등도 함께 고려하여야 한다(대법원 2007. 11. 22. 선고 2002두8626 전원합의체 판결 등 참조).

(2) 원심은, 원고 퀄컴의 조건부 리베이트 제공행위의 관련지역시장을 CDMA2000 방식 모뎀칩의 국내 공급시장 및 RF칩의 국내 공급시장으로 획정한 피고의 조치에 위법이 없다고 보면서, 설령 관련지역시장을 세계시장으로 획정하더라도 그 시장에서 원고 퀄컴의 시장지배적 지위를 인정하는 데에 아무런 문제가 없고, 그 지위 남용행위를 통해 봉쇄하려는 표적인 시장이 모뎀칩 및 RF칩에 관한 국내 공급시장인 이상 그 시장을 기준으로 경쟁제한성 유무를 평가하면 족하다고 판단하였다.

원심판결 이유를 앞서 본 법리와 기록에 비추어 살펴보면, 원심의 이러한 판단은 수긍할 수 있고, 거기에 상고이유 주장과 같이 관련지역시장 획정에 관한 법리를 오해한 잘못이 없다.

다. 부당성 인정 여부에 관하여

(1) 관련 법리

(가) 법 제3조의2 제1항 제5호 전단의 '경쟁사업자를 배제하기 위하여 거래한 행위'의 부당성은 독과점적 시장에서의 경쟁촉진이라는 입법 목적에 맞추어 해석하여야 하므로, 시장지배적 사업자가 시장에서의 독점을 유지·강화할 의도나 목적, 즉 시장에서의 자유로운 경쟁을 제한함으로써 인위적으로 시장질서에 영향을 가하려는 의도나 목적을 갖고, 객관적으로도 그러한 경쟁제한의 효과가 생길 만한 우려가 있는 행위로 평가할 수 있는 행위를 하였을 때에 부당성을 인정할 수 있다. 이를 위해서는 그 행위가 상품의 가격상승, 산출량 감소, 혁신 저해, 유력한 경쟁사업자의 수의 감소, 다양성 감소 등과 같은 경쟁제한의 효과가 생길 만한 우려가 있는 행위로서 그에 대한 의도와 목적이 있었다는 점이 증명되어야 한다. 그 행위로 인하여 현실적으로 위와 같은 효과가 나타났음이 증명된 경우에는 그 행위 당시에 경쟁제한을 초래할 우려가 있었고 또한 그에 대한 의도나 목적이 있었음을 사실상 추정할 수 있지만, 그렇지 않은 경우에는 행위의 경위 및 동기, 행위의 태양, 관련시장의 특성 또는 유사품 및 인접시장의 존재 여부, 관련시장에서의 가격 및 산출량의 변화 여부, 혁신 저해 및 다양성 감소 여부 등 여러 사정을 종합적으로 고려하여 그 행위가 경쟁제한의 효과가 생길 만한 우려가 있는 행위로서 그에 대한 의도나 목적이 있었는지를 판단하여야 한다. 다만 시장지배적 지위 남용행위로서의 배타조건부 거래행위는 거래상대방이 경쟁사업자와 거래하지 아니할 것을 조건으로 그 거래상대방과 거래하는 경우이므로, 통상 그러한 행위 자체에 경쟁을 제한하려는 목적이 포함되어 있다고 볼 수 있는 경우가 많을 것이다(위 2002두8626 전원합의체 판결, 대법원 2009. 7. 9. 선고 2007두22078 판결 등 참조).

여기에서 배타조건부 거래행위가 부당한지 여부를 앞서 든 부당성 판단 기준에 비추어 구체적으로 판단할 때에는, 배타조건부 거래행위로 인하여 대체적 물품구입처 또는 유통경로가 봉쇄·제한되거나 경쟁사업자 상품으로의 구매전환이 봉쇄·제한되는 정도를 중심으로, 그 행위에 사용된 수단의 내용과 조건, 배타조건을 준수하지 않고 구매를 전환할 경우에 구매자가 입게 될 불이익이나 그가 잃게 될 기회비용의 내용과 정도, 행위자의 시장에서의 지위, 배타조건부 거래행위의 대상이 되는 상대방의 수와 시장점유율, 배타조건부 거래행위의 실시 기간 및 대상이 되는 상품 또는 용역의 특성, 배타조건부 거래행위의 의도 및 목적과 아울러 소비자 선택권이 제한되는 정도, 관련 거래의 내용, 거래 당시의 상황 등 제반 사정을 종합적으로 고려하여야 한다.

(나) 한편 가격은 구매자가 상품 또는 용역의 구매 여부를 결정하는 데 고려하는 가장 중요한 요소 중 하나로, 시장경제체제에서 경쟁의 가장 기본적인 수단이다. 경쟁사업자들 사이의 가격을 통한 경쟁은 거래상대방과 일반 소비자 모두에게 이익이 될 수 있으므로 시장에서의 자유로운 가격 경쟁은 일반적으로 보호되어야 한다. 그런데 리베이트 제공행위는 단기적으로 거래상대방에게 이익이 될 수도 있을 뿐 아니라 그로 인한 비용의 절감이 최종소비자에 대한 혜택으로 돌아갈 여지가 있다. 또한 이는 실질적으로 가격 인하와 일부 유사하기도 하므로 일반적인 가격 할인과 같은 정상적인 경쟁수단과의 구별이 쉽지 않은 측면이 있다. 이러한 관점에서 보면, 시장지배적 사업자의 조건부 리베이트 제공행위가 그 자체로 위법하다고 단정할 수는 없다.

반면, 시장지배적 사업자가 제공하는 리베이트의 제공조건, 내용과 형태에 따라 그로 인한 경쟁제한적 효과 역시 커질 수 있다. 예컨대, 리베이트가 조건 성취 후에 제공되는 '사후적·소급적' 리베이트일수록, 그 제공되는 이익이 구매물량과 비례하여 '누진적'으로 커질수록 그 구매전환을 제한·차단하는 효과는 커지므로, 조건부 리베이트로 인한 경쟁제한적 효과 역시 커질 수 있다. 또한 단순히 일정 구매량에 대응하는 리베이트 제공보다는 구매자 자신이 특정 기간 시장 전체에서 구매한 구매물량 중 일정 비율을 리베이트 제공자로부터 구매하도록 강제하는 경우에는 그 경쟁제한적 효과가 더욱 클 수 있다. 게다가 뒤에서 보는 바와 같이 표준기술을 보유한 시장지배적 사업자가 배타조건의 준수 대가로 특정 상품이나 용역의 구매에 대한 경제적 이익을 제공함과 동시에 표준기술에 대한 사용료도 함께 감액해주는 등으로 복수의 경제적 이익을 제공하는 경우에는 구매자들의 합리적인 선택이 왜곡될 수 있고 그 구매전환을 제한·차단하는 효과가 한층 더 커진다.

(다) 위와 같이 다양한 형태의 조건부 리베이트 제공행위를 위 배타조건부 거래행위로 의율하여 그 부당성을 판단할 때에는, 앞서 본 리베이트의 양면적 성격과 배타조건부 거래행위의 부당성 판단 기준을 염두에 두고, 리베이트의 지급구조, 배타조건의 준수에 따라 거래상대방이 얻게 되는 리베이트의 내용과 정도, 구매전환 시에 거래상대방이 감수해야 할 불이익의 내용과 정도, 거래상대방이 구매전환이 가능한지 여부를 고려하였는지 여부 및 그 내용, 리베이트 제공 무렵 경쟁사업자들의 동향, 경쟁사업자의 시장진입 시도 여부, 리베이트 제공조건 제시에 대한 거래상대방의 반응, 거래상대방이 리베이트가 제공된 상품 내지 용역에 관하여 시장지배적 사업자에 대한 잠재적 경쟁자가 될 수 있는지 여부, 배타조건부 거래행위로 인하여 발생할 수도 있는 비용 절감 효과 등이 최종소비자들에게 미치는 영향 등을 아울러 고려하여야 한다.

(라) 앞서 본 조건부 리베이트 제공행위로 인한 부정적 효과와 그러한 행위가 반드시 소비자 후생증대에 기여하지는 않는 점, 장기간의 배타조건부 거래계약을 체결함으로써 부당한 배타조건부 거래행위에 해당하게 되는 경우에도 그 계약체결을 위하여 반대급부로 제공된 이익이 비용 이하에 해당하는지 여부를 반드시 고려해야 한다고 볼 수는 없는 점과의 균형 등을 고려하면, 이른바 '약탈 가격 설정(predation)'과 비교하여 그 폐해가 발생하는 구조와 맥락이 전혀 다른 조건부 리베이트 제공행위를 그와 마찬가지로 보아 약탈 가격 설정에 적용되는 부당성 판단 기준을 그대로 적용할 수는 없다. 따라서 이러한 부당성 인정의 전제조건으로, 리베이트 제공이 실질적으로 비용 이하의 가격으로 판매한 경우에 해당하여야 한다는 점이나 시장지배적 사업자와 동등한 효율성을 가진 가상의 경쟁사업자 또는 실제 경쟁사업자들이 리베이트 제공에 대하여 가격 및 비용 측면에서 대처하는 데 지장이 없었다는 점 등에 관하여 회계적 · 경제적 분석(이하 '경제분석'이라고만 한다) 등을 통한 공정거래위원회의 증명이 필수적으로 요구되는 것은 아니라고 할 것이다.

한편 사업자는 조건부 리베이트 제공행위의 사실상 구속력이나 부당성 증명을 위하여 위와 같은 경제분석을 사용하여 그 결정의 신뢰성을 높이는 것은 권장될 수 있다. 나아가 통상의 경우 사업자는 경제분석의 기초가 되는 원가자료나 비용 관련 자료, 리베이트의 설계방식과 목적 · 의도와 관련한 자료 등은 보유하고 있으므로, 경제분석의 정확성이나 경제분석에 사용된 기초자료의 신뢰성 · 정확성과 관련한 모호함이나 의심이 있는 상황에서는, 사업자가 그 기초자료나 분석방법 등의 신빙성을 증명함으로써 조건부 리베이트 제공행위의 사실상의 구속력이나 부당성에 관한 공정거래위원회의 일응의 합리적 증명을 탄핵할 수는 있다.

(2) 국내 CDMA2000 방식 모뎀칩 시장에서의 부당성 인정 여부

(가) 원심은 그 채택 증거에 의하여 다음과 같은 사실 등을 인정하였다.

① 원고 퀄컴은 2000. 7. 1. 국내 휴대폰 제조사인 엘지전자 주식회사(이하 '엘지전자'라고 한다)와 양해각서를 체결하여 모뎀칩 구매 조건부 리베이트(이하 '모뎀칩 리베이트'라고 한다)를 제공하기로 하였다. 주요 조건은 "엘지전자가 전체 모뎀칩 수요량의 85% 이상이면서 연간 650만 개 이상을 원고 퀄컴으로부터 구매하고 전체 IF/RF칩 수요량의 55% 이상을 구매하면, 연간 최소 357만 5,000달러, 최대 2,000만 달러의 리베이트를 지급한다."는 등이었다. 이는 2004. 7. 1.부터 새로운 계약 조건으로 변경되었는데, 그 내용은 "분기별 엘지전자 전체 모뎀칩 수요량의 85%, 90%, 95%, 전체 RF칩 수요량의 75%, 85%, 95% 이상의 구매조건을 각 충족하면, 각 조합에 따라 3~5% 비율을 전체 모뎀칩 및 RF칩 구매액에 곱하여 산정한 금액을 리베이트로 지급한다."는 것이었다. 이후 RF칩 구매비율 내지 장착률 조건은 이를 구성하는 별개의 칩인 RFR, RFL, RFT, RTR의 각 장착률 등을 서로 연계하여 산정하였다.

② 원고 퀄컴은 1999. 5. 18. 삼성전자 주식회사(이하 '삼성전자'라고 한다)와 Strategic Agreement를 체결하여 1999. 10. 1.부터 2003. 9. 30.까지 로열티 할인을 해 주었다. 그 주요 조건은 "삼성전자가 분기별 전체 모뎀칩 수요량의 60% 이상, 휴대폰을 1, 000만 대 초과하여 판매할 때 최소 800만 개 이상을 원고 퀄컴으로부터 구매하면, 모뎀칩 구매비율에

따라 분기당 최대 500만 달러 상당의 로열티를 할인한다.”는 것이었다(이하 '1999년 Strategic Agreement'라고 한다).

③ 원고 퀄컴은 2004. 9. 27. 삼성전자와 다시 계약을 체결하여 모뎀칩 리베이트를 제공하기로 하였다. 주요 조건은 “삼성전자가 분기별로 전체 CDMA 표준 모뎀칩 수요량의 70% 이상이면서 최소 500만 개 이상을 원고 퀄컴으로부터 구매하면, 구매량 및 구매비율에 따라 분기당 최소 450만 달러, 최대 1,000만 달러의 리베이트를 지급한다. CDMA2000 방식 모뎀칩 총수요량의 최소 80% 이상을 구매하면 처음 1년 동안 분기당 최대 250만 달러를 추가로 지급한다.”는 것이었다. 이에 더하여 원고 퀄컴은 2005. 7. 1.부터 2005. 12. 31.까지 삼성전자가 그 자신의 전체 CDMA2000용 칩셋 수요량 중 95% 이상을 원고 퀄컴으로부터 구매하는 것을 조건으로 하여, CDMA2000 방식 저가형(low-end) 모뎀칩, RFR, RFT로 조합된 칩셋 구매량에 대한 리베이트도 지급하였다.

④ 원고 퀄컴은 2004. 4. 1. 엘지전자, 삼성전자, 주식회사 팬택앤큐리텔(이하 '팬택'이라고 한다)과 원고 퀄컴이 보유한 CDMA 기술에 관한 라이선스를 제공하기로 하는 종전 라이선스 계약 내용을 일부 수정하는 계약을 체결하였다. 수정계약에서는 내수용 휴대폰의 로열티 산정 기준이 되는 휴대폰 최종 판매가격에서 휴대폰 제조사가 원고 퀄컴으로부터 구매하여 장착한 부품들의 가격은 공제한다는 종전 계약 내용이 그대로 유지되었다. 그리고 원고 퀄컴의 모뎀칩을 장착한 수출용 휴대폰에 대하여, 엘지전자와 삼성전자에는 종전 로열티 부과율 5.75%를 5%로 인하하고 팬택에는 분기별 판매량에 따라 5.0~6.5%로 적용하되 분기당 판매량이 10만 대를 초과하면 5.0%를 적용하기로 하였다. 또한 휴대폰 1대당 로열티 상한금액을 원고 퀄컴의 모뎀칩을 장착한 휴대폰은 20달러, 다른 사업자의 모뎀칩을 장착한 휴대폰은 30달러로 정하여 차이를 두었다(이하 '로열티 할인 병행행위'라고 한다). 이와 같이 원고 퀄컴은 2004. 4. 1.부터 2009. 7. 15.까지 엘지전자와 삼성전자가 원고 퀄컴의 모뎀칩을 장착하기로 선택하면, 다른 사업자의 모뎀칩을 장착하기로 선택한 경우보다 로열티 중 일정 금액을 아울러 할인해 주었다.

⑤ 2002년부터 2008년까지의 기간 동안 원고 퀄컴의 국내 CDMA2000 방식 모뎀칩 판매 시장점유율은 약 98~100%에 달하였다.

⑥ 2004년 내지 2005년 무렵 저가형 제품군에서 원고 퀄컴 모뎀칩과 VIA 모뎀칩 사이의 가격 차이는 1개당 약 1~2달러 내외였다.

⑦ 원고 퀄컴의 경쟁사업자 중 하나인 VIA의 CDMA 방식 모뎀칩 해외 시장점유율은 2004년 1.5%에서 2009년 11.5%로 증가하였다. 같은 기간 원고 퀄컴의 국내 CDMA 방식 모뎀칩 시장점유율은 약 99~100%였다. 2004년 하반기를 전후로 엘지전자와 삼성전자의 경쟁사업자 모뎀칩 사용 비율은 소폭 상승 후 하락하였다.

⑧ 원고 퀄컴은 모뎀칩 리베이트 제공의 효과를 내부적으로 분석하였는데, 이는 거래상대방이 그 수요량의 일정 비율 이상을 경쟁사업자로 구매전환하면 위 리베이트 방식에 따라 산정된 금액이 기회비용이 되어 구매전환에 장애가 된다는 취지의 내용이었다.

⑨ 휴대폰 제조사들은 원래의 가격을 지불하고 모뎀칩을 구매한 다음, 모뎀칩 수요량의 일정 부분 이상을 원고 퀄컴으로부터 구매하도록 하는 조건을 달성한 후에 리베이트를 지

급받았다. 원고 퀄컴과 휴대폰 제조사 사이에 정해진 모뎀칩 가격은 추후 리베이트가 제공될 것을 전제로 협의되었고, 휴대폰 제조사가 조건을 충족하지 못하여 리베이트를 받지 못하게 될 경우, 그에 따른 기회비용 상실은 사실상 상당한 금전적 제재로 작용하였다.

(나) 원심은 위 사실관계를 전제로, 모뎀칩 리베이트 제공행위는 거래상대방이 경쟁사업자인 CDMA2000 방식 모뎀칩 사업자와 거래하지 아니할 것을 조건으로 거래한 '배타조건부 거래행위'로서 국내 CDMA2000 방식 모뎀칩 시장에서 경쟁제한적 효과가 생길 만한 우려가 있는 행위에 해당하고, 원고 퀄컴은 이러한 경쟁제한적 효과 내지 우려에 대한 인식과 함께 그에 대한 의도와 목적도 있었다고 보아, 그 부당성이 인정된다고 판단하였다.

(다) ① 엘지전자에 대한 모뎀칩 리베이트는 모뎀칩과는 그 시장이 구별되는 다른 상품인 RF칩의 구매비율도 동시에 충족할 것을 요구한 점, ② 원고 퀄컴이 모뎀칩 리베이트를 제공한 시점을 전후로 엘지전자 및 삼성전자의 경쟁사업자 모뎀칩 사용 비율은 비교적 선명한 하락 추세를 보이는 점, ③ 원고 퀄컴이 제출한 경제분석 결과에 따르더라도 모뎀칩의 '유효가격(effective price)'이 평균총비용이나 장기평균증분비용보다 낮은 부분이 여러 범위에서 관찰되는 점, ④ 이러한 경제분석 등 관련 자료만으로 피고의 부당성 등에 관한 일응의 증명을 뒤엎을 정도에 이르렀다고 판단하기는 어려운 점, ⑤ 원고 퀄컴이 제공한 리베이트로 인하여 휴대폰 소비자가격이 낮아지는 등 소비자 후생 향상에 기여하였다는 사정도 찾아보기 어려운 점 등 기록에 나타난 여러 사정과 함께 원심판결 이유를 앞서 본 법리에 따라 살펴보면, 원심의 위와 같은 판단에 시장지배적 지위 남용행위인 배타조건부 거래행위의 부당성 등에 관한 법리를 오해하거나 논리와 경험의 법칙에 반하여 자유심증주의의 한계를 벗어난 잘못이 없다.

(3) 국내 CDMA2000 방식 RF칩 시장에서의 부당성 인정 여부

(가) 2005. 7. 1.부터 2006. 12. 31.까지의 기간에 있었던 RF칩 구매 조건부 리베이트(이하 'RF칩 리베이트'라고 한다) 제공행위에 관하여

원심은, 앞서 인정한 각 사실과 더불어 ① 원고 퀄컴이 엘지전자에 2000. 7. 1.부터 2009. 7. 15.까지 약 9년 동안 모뎀칩 리베이트 제공과 연계된 RF칩 리베이트를 제공해 온 사실, ② 엘지전자에 대한 RF칩 리베이트는 그 지급 조건으로 RF칩 구매비율뿐 아니라 '모뎀칩' 구매비율도 동시에 충족할 것을 요구하고 있고, 더 나아가 RFR, RFT, RFL 등으로 세분화하여 산정하는 각각의 장착률까지 연계하여 리베이트가 지급되도록 설계된 사실, ③ 원고 퀄컴은 삼성전자에 2005. 7. 1.부터 2006. 6. 30.까지 각 RF칩 장착률 기준 달성을 조건으로 RF칩 리베이트를 제공하였고, 팬택에도 2005. 7. 1.부터 2006. 12. 31.까지 그와 유사한 조건으로 RF칩 리베이트를 제공한 사실, ④ 엘지전자는 조건부 리베이트가 제공된 대부분의 기간 동안 원고 퀄컴의 RF칩 구매비율을 96%~100%로 유지한 사실 등을 인정하였다.

원심은 이러한 사실관계를 전제로, 위 기간에 있었던 원고 퀄컴의 RF칩 시장에서의 배타조건부 거래행위로 인하여 시장봉쇄 효과가 발생하여 경쟁사업자들의 시장진입이 저지되었고, 휴대폰 제조사와 소비자의 선택 기회가 적어지고 제품의 다양성도 감소하였다고 보아, 그 경쟁제한성 내지 부당성이 인정된다고 판단하였다.

원심판결 이유를 앞서 본 법리와 기록에 비추어 살펴보면, 원심의 이러한 판단에 배타조

건부 거래행위의 부당성 등에 관한 법리를 오해하거나 논리와 경험의 법칙에 반하여 자유심증주의의 한계를 벗어난 잘못이 없다.

(나) 원고 퀄컴이 엘지전자에 대하여만 RF칩 리베이트를 제공한 2000. 7. 1.부터 2005. 6. 30.까지 및 2007. 1. 1.부터 2009. 7. 15.까지의 기간에 관하여

① 원심은, 국내 CDMA2000 방식 휴대폰 제조시장이 엘지전자와 삼성전자가 각각 40% 이상의 시장점유율을 갖는 과점체제라고 전제한 후, 원고 퀄컴이 위 기간 중 엘지전자에 RF칩 리베이트를 제공하여 엘지전자에 대한 공급을 독점하는 것만으로도 국내 CDMA2000 방식 RF칩 시장에서 최소 40% 이상의 시장봉쇄 효과가 발생하고, 그 행위의 부당성도 인정된다고 판단하였다.

② 그러나 적법하게 채택된 증거에 의하면, 엘지전자의 2006~2008년 국내 CDMA2000 방식 휴대폰 판매시장 점유율은 약 21.6% 내지 25.9%에 불과하였던 사실, 엘지전자에 대하여만 RF칩 조건부 리베이트를 제공한 기간에 삼성전자의 비(非) 퀄컴 RF칩 사용 비율이 증가한 사실, 원고 퀄컴의 국내 CDMA2000 방식 RF칩 시장에서의 시장점유율은 2002년 91.4%에서 2004년 77.1%로 대폭 하락하였고, 이후 2006년 83.5%, 2007년 71.5%, 2008년 71.2%로 계속하여 상당폭 하락 추세에 있었던 사실 등을 알 수 있다. 나아가 피고는, 원심이 40%의 시장봉쇄 효과가 있었다고 판단한 부분 중 "40%" 부분은 오기에 불과하고, 엘지전자 1개사에 대하여만 RF칩 리베이트를 제공하더라도 경쟁제한성을 인정하는 데 아무런 문제가 없다고 주장하고 있다.

③ 사정이 이와 같다면, 원심이 전제한 것처럼 '엘지전자가 국내 CDMA2000 방식 휴대폰 제조시장에서 40% 이상의 시장점유율을 갖는다'고 볼 근거는 없고, 이러한 전제가 잘못된 이상 엘지전자에 대한 RF칩 리베이트 제공으로 인하여 국내 CDMA2000 방식 RF칩 시장에서 최소 40% 이상의 시장봉쇄 효과가 발생하였다고 단정할 수도 없다. 그 밖에 앞서 본 법리에 따라 원심이 들고 있는 사정 및 적법하게 채택된 증거들과 기록에 나타난 제반 사정을 종합하여 보더라도, 위 리베이트 제공행위로 인하여 국내 CDMA2000 방식 RF칩 시장 전체에서의 경쟁을 제한하는 효과가 생길 만한 우려가 있다거나 부당성이 인정된다고 보기는 어렵다. 설령 엘지전자가 국내 RF칩 구매시장에서 40% 이상의 점유율을 차지하였다고 가정하더라도, 엘지전자가 원고 퀄컴으로부터 구매한 RF칩 전량이 리베이트로 인하여 구매하게 된 것이라고 단정할 수 없으므로 곧바로 40%의 봉쇄효과를 인정하기도 어렵고, 원고 퀄컴이 위 기간 중 삼성전자와 팬택에 대하여는 RF칩 리베이트를 제공한 바 없으며, 위 기간 중 원고 퀄컴의 RF칩 시장점유율이 계속하여 줄어들었던 점 등 제반 사정에 비추어 보면, 위와 같은 결론이 달라진다고 보기도 어렵다.

④ 그런데도 원심은 이와 달리, 위 RF칩 리베이트 제공과 관련한 경쟁제한성 내지 부당성이 인정된다고 판단하였다. 이러한 원심판결에는 논리와 경험칙에 반하여 자유심증주의의 한계를 벗어나거나 필요한 심리를 다하지 아니하고, 배타조건부 거래행위의 부당성 등에 관한 법리를 오해한 잘못이 있다. 이 점을 지적하는 원고 퀄컴의 상고이유 주장은 이유 있다.

라. 로열티 할인 병행행위와 관련한 시정명령에 관하여

(1) 원심판결 이유에 의하면, 다음과 같은 사정을 알 수 있다.

(가) 피고는 모뎀칩 구매와 관련한 배타조건부 리베이트 제공행위와 함께 이루어진 로열티 할인 병행행위와 관련하여, "1. 원고들은 국내 휴대폰 제조사에 CDMA 이동통신표준과 관련된 특허기술을 사용하도록 하면서 다음과 같은 방법으로 기술료를 부당하게 차별적으로 부과하여 다른 사업자의 사업 활동을 어렵게 하는 행위를 하여서는 아니 된다."라는 시정명령을 부과하였다. 그리고 그 구체적 방법으로 다음과 같은 내용을 제시하였다.

① 원고들 이외의 다른 사업자의 CDMA2000용 모뎀칩을 장착한 휴대폰에 대해서 원고들의 CDMA2000용 모뎀칩을 장착한 휴대폰에 비하여 더 높은 기술료 부과율을 적용하는 방법(위 시정명령 1.나.항)

② 원고들의 CDMA2000용 모뎀칩을 장착한 휴대폰에 대해서만 기술료 부과 금액 상한을 설정하거나, 원고들 이외 다른 사업자의 CDMA2000용 모뎀칩을 장착한 경우 원고들의 CDMA2000용 모뎀칩을 장착한 휴대폰의 경우에 비하여 더 높은 상한금액을 설정하는 방법(위 시정명령 1.다.항)

(나) 피고 처분서에 따르면, 피고는 모뎀칩 구매에 관한 배타조건부 거래행위의 부당성 판단에서 위 로열티 할인으로 인한 효과 역시 함께 고려하였고 로열티 할인 병행행위와 관련한 별도의 과징금을 부과한 바 없다.

(2) 이러한 사정들과 아울러 피고 처분서의 문언 및 전체적인 취지 등을 앞서 본 법리에 비추어 살펴보면, 로열티 할인 병행행위와 관련한 시정명령의 의미와 그 적법성 여부는 다음과 같이 봄이 타당하다.

(가) 행정청이 문서에 의하여 처분을 한 경우 처분서 문언의 통상적 의미와 처분서의 전체적 내용·맥락과 취지에 따라 어떤 처분을 하였는지를 확정함이 원칙이다(대법원 2017. 8. 29. 선고 2016두44186 판결 등 참조).

(나) 이 사건 사실관계와 피고 처분서의 전체적 취지에 비추어 보면, 위 시정명령은 표준기술을 보유한 시장지배적 사업자가 모뎀칩 구매와 관련하여 배타조건부 거래행위를 하면서 그와 함께 기술료 할인도 함께 제공할 때에 조건 성취 여부에 따라 그 할인 혜택이 달리 부여될 수 있음을 나타낸 것에 불과하다. 결국 위 시정명령은 'CDMA2000 방식 모뎀칩의 국내공급시장'을 전제로 그 모뎀칩 구매와 관련한 배타조건부 리베이트 제공행위와 조건부 로열티 할인 병행행위 등 일련의 행위가 금지됨을 명시하는 취지이다. 비록 피고가 이 부분과 관련하여 법 제3조의2 제1항 제3호, 시행령 제5조 제3항 제4호, 「시장지배적지위남용행위 심사기준」 Ⅳ. 3. 라. (2) 등을 적용법조로 들고 있기는 하다. 그러나 이는 로열티 병행 할인행위가 추가적으로 위 조항에도 해당될 수 있음을 주장하는 취지에 불과하다. 이처럼 위 시정명령과 관련한 피고 처분서의 이유기재에 적절치 않은 부분이 있기는 하나, 이러한 사정만으로 위 시정명령이 위법하게 되는 것은 아니다.

(다) 따라서 앞서 본 바와 같이 모뎀칩 구매와 관련하여 이루어진 배타조건부 로열티 할인 및 모뎀칩 가격 할인 등 일련의 행위와 그 부당성이 인정되는 이상 위 시정명령은 적법하다.

(3) 결국, 원심이 위 시정명령 대상행위인 로열티 할인 병행행위에 관한 관련상품시장을 '원고 퀄컴이 보유한 CDMA 표준기술을 제공하는 시장'으로 보면서, 그 관련시장에서 거래 상대방에 대하여 가격을 차별하는 행위가 성립한다고 본 점에서는 잘못이 있으나, 위 시정 명령 부분이 적법하다고 본 결론만은 정당하다.

마. 모뎀칩 리베이트 제공에 대한 과징금 납부명령에 관하여

(1) 관련매출액 산정에 관하여

원심은, ① 2000년경부터 2003년경까지의 기간에도 국내 CDMA2000 방식 모뎀칩 시장 에서 경쟁이 제한되거나 제한될 우려가 인정되므로, 이 기간에 원고 퀄컴이 엘지전자 외의 다른 거래상대방에게 판매한 CDMA2000 방식 모뎀칩 매출액도 관련매출액에 포함되고, ② 원고 퀄컴의 모뎀칩 리베이트는 저가형 제품군과 고가형(high-end) 제품군을 구분하지 아 니하고 모두 제공되었으므로 모든 CDMA2000 모뎀칩의 매출이 직접 또는 간접적 영향을 받았다고 볼 수 있으며, ③ 국내 휴대폰 제조사가 국내시장에서 구매한 CDMA2000 방식 모뎀칩 매출액은 모두 관련 상품의 매출액에 해당한다고 보아, 2000. 7. 1.부터 2009. 7. 15.까지 원고 퀄컴이 국내시장에서 판매한 CDMA2000 방식 모뎀칩 매출액 전체를 관련매 출액으로 산정한 피고의 조치는 적법하다고 판단하였다.

관련 법리와 기록에 비추어 살펴보면, 원심의 위와 같은 판단은 정당하고, 관련매출액 산정에 관한 법리를 오해하는 등의 잘못이 없다.

(2) 부과기준율 산정에 관하여

원심은, 원고 퀄컴의 행위로 인한 경쟁사업자 배제 내지 시장봉쇄 우려가 매우 크고, 그 효과가 미치는 범위가 국내 전역이며, 원고 퀄컴의 3개년 평균 매출액이 1천억 원 이상인 점 등을 고려할 때, 원고 퀄컴의 행위를 '매우 중대한 위반행위'로 보아 부과기준율을 산정 한 피고의 조치는 적법하다고 판단하였다.

관련 법리와 기록에 비추어 살펴보면, 원심의 위와 같은 판단은 정당하고, 거기에 과징 금 부과에서의 재량권 일탈·남용 등에 관한 법리를 오해한 잘못이 없다.

(3) 과징금의 가중·감경에 관하여

원심은, 원고 퀄컴의 고위임원이 위반행위에 직접 관여하였음을 이유로 의무적 조정과징 금 10%를 가중한 피고 조치에 위법이 없고, 원고 퀄컴이 피고 조사에 적극 협력한 점을 인 정할 수 없으며, 원고 퀄컴의 현실적 부담능력, 위반행위가 시장에 미치는 효과 및 사회적 파장 등을 감안하더라도 부과과징금이 현저히 과중해 보이지 않는다는 등의 이유를 들어 추가 감경을 하지 않은 피고의 조치에 위법이 없다고 판단하였다.

관련 법리와 기록에 비추어 살펴보면, 원심의 위와 같은 판단은 정당하고, 거기에 과징 금 부과에서의 재량권 일탈·남용 등에 관한 법리를 오해한 잘못이 없다.

2. 피고의 상고이유에 대하여

원심은, ① 모뎀칩 리베이트 및 RF칩 리베이트 제공행위(이하 '이 사건 위반행위'라고 한 다) 모두 원고 퀄컴이 휴대폰 제조사와 체결한 계약에 의한 것이고, CDMA 기술 보유자나 모뎀칩 및 RF칩 생산·판매자도 원고 퀄컴이며, 원고 한국퀄컴 유한회사(이하 '한국퀄컴'이

라고 한다)와 원고 퀄컴씨디엠에이테크날러지코리아 유한회사(이하 'QCTK'라고 한다)는 이 사건 위반행위를 할 지위에 있지 않은 점, ② 한국퀄컴과 QCTK가 가까운 장래에 독자적으로 이 사건 위반행위를 할 우려가 있다고 보기도 어려운 점, ③ 한국퀄컴과 QCTK에 대하여도 시정조치가 필요하다고 볼 그 밖의 사정도 인정되지 않는 점 등을 이유로 하여, 피고의 한국퀄컴 및 QCTK에 대한 시정명령이 위법하다고 판단하였다.

관련 법리와 기록에 비추어 살펴보면, 원심의 이러한 판단은 정당하고, 거기에 법 제5조가 정하는 시정명령에 관한 법리를 오해한 잘못이 없다.

3. 파기의 범위

가. 시정명령 부분

(1) 로열티 할인과 관련한 시정명령 부분이 적법함은 앞서 본 바와 같다.

(2) 나아가 원심이, 엘지전자에 대하여만 RF칩 리베이트 제공행위가 있었던 기간에 관하여도 국내 CDMA2000 방식 RF칩 시장에서의 경쟁을 제한하는 효과가 생길 만한 우려가 있는 행위라고 단정한 부분은 잘못이다. 그러나 원고 퀄컴이 2005. 7. 1.부터 2006. 12. 31.까지 엘지전자 및 삼성전자 또는 팬택에 대하여도 RF칩 조건부 리베이트를 제공한 행위는, '부당하게 경쟁사업자를 배제하기 위하여 거래한 행위'에 해당하므로, 결국 피고 시정명령 중 이러한 행위의 금지를 명한 부분은 적법하다. 따라서 원심의 위와 같은 잘못이 이 부분 시정명령의 위법 여부에 관한 원심의 결론에 영향을 미치지 않았다.

나. 과징금 납부명령 부분

(1) 공정거래위원회가 위반행위에 대한 과징금을 부과하면서 여러 개의 위반행위에 대하여 외형상 하나의 과징금 납부명령을 하였으나 여러 개의 위반행위 중 일부의 위반행위에 대한 과징금 부과만이 위법하고 소송상 그 일부의 위반행위를 기초로 한 과징금액을 산정할 수 있는 자료가 있는 경우에는, 하나의 과징금 납부명령일지라도 그 일부의 위반행위에 대한 과징금액에 해당하는 부분만을 취소하여야 한다(대법원 2006. 12. 22. 선고 2004두1483 판결, 대법원 2009. 10. 29. 선고 2009두11218 판결 등 참조).

(2) 기록에 의하면, 피고는 원고 퀄컴에 대하여 과징금 납부명령을 하면서, 로열티 할인행위 및 모뎀칩 리베이트 제공행위에 대하여 모뎀칩 리베이트 제공행위 기간인 2000. 7. 1.부터 2009. 7. 15.까지 발생한 원고 퀄컴의 국내 CDMA2000 방식 모뎀칩 매출액을, RF칩 조건부 리베이트 제공행위에 대하여 위 기간에 발생한 원고 퀄컴의 국내 CDMA2000 방식 RF칩 매출액을 각 관련매출액으로 산정하여 산술적으로 합산한 다음, 동일한 부과기준율과 의무적 조정과징금 가중 등을 각각 적용하여 최종적으로 외형상 하나의 과징금 납부명령을 하였다.

(3) 앞서 본 법리에 따라 본다. 먼저 로열티 할인 및 모뎀칩 리베이트 제공행위에 대한 과징금 납부명령이 적법함은 앞서 본 바와 같고, 이 사건 과징금액 중 이러한 행위들에 대한 과징금액을 산정할 수 있는 자료가 있으므로, 이 부분 과징금 납부명령을 취소하여서는 아니 된다. 반면 앞서 본 바와 같이 엘지전자에 대하여만 RF칩 리베이트 제공이 있었던 기간에 관한 원고 퀄컴의 위반행위가 인정되지 않고, 하나의 위반행위에 대한 과징금 납부명

령은 재량행위이므로, RF칩 리베이트 제공행위에 관한 과징금 납부명령은 전부 취소되어야 한다.

결국, RF칩 리베이트 제공행위에 관한 과징금 부과처분에 관한 원심판결은 위법하다.

4. 결 론

그러므로 원고 퀄컴의 나머지 상고이유에 대한 판단을 생략한 채 원심판결의 원고 퀄컴 패소 부분 중 RF칩 리베이트 제공행위에 관한 과징금 납부명령 부분을 파기하고, 이 부분 사건을 다시 심리·판단하게 하기 위하여 원심법원에 환송하며, 원고 퀄컴의 나머지 상고와 피고의 상고를 모두 기각하고, 상고비용 중 피고의 원고 한국퀄컴 및 QCTK에 대한 상고로 인한 부분은 피고가 부담하기로 하여, 관여 대법관의 일치된 의견으로 주문과 같이 판결한다.

대법관   박정화(재판장) 권순일 이기택(주심)

‖ **참조문헌** ‖

주진열, "조건부(충성)할인과 시장지배력 남용 문제에 대한 고찰 – 대법원 2019. 1. 31. 선고 2013두14726 판결을 중심으로", 경쟁법연구 43권, 한국경쟁법학회, 법문사(2021)

---

(9) 대법원 2010. 2. 11. 선고 2008두16407 판결 [유선방송 상품변경 사건] (소비자 이익 저해)

판시사항

시장지배적 사업자의 지위남용행위의 하나로 독점규제 및 공정거래에 관한 법률 제3조의2 제1항 제5호 후단에서 정한 '부당하게 소비자의 이익을 현저히 저해할 우려가 있는 행위'의 요건과 그에 관한 증명책임자(＝공정거래위원회) 및 소비자의 이익을 '현저히' 저해할 우려가 있는지 여부의 판단 기준

판결요지

독점규제 및 공정거래에 관한 법률 제3조의2 제1항 제5호 후단은 '부당하게 소비자의 이익을 현저히 저해할 우려가 있는 행위'를 시장지배적 사업자의 지위남용행위의 한 유형으로 규정하고 있는바, 그 요건으로서는 시장지배적 사업자의 소비자이익을 저해할 우려가 있는 행위의 존재, 소비자이익 저해 정도의 현저성 및 그 행위의 부

당성이 증명되어야 하고, 그러한 요건에 대한 증명책임은 시정명령 등 처분의 적법성을 주장하는 공정거래위원회에 있다. 이때 소비자의 이익을 '현저히' 저해할 우려가 있는지 여부는 당해 상품이나 용역의 특성, 이익이 저해되는 소비자의 범위, 유사 시장에 있는 다른 사업자의 거래조건, 거래조건 등의 변경을 전후한 시장지배적 사업자의 비용변동 정도, 당해 상품 또는 용역의 가격 등과 경제적 가치와의 차이 등 여러 사정을 종합적으로 고려하여 구체적·개별적으로 판단하여야 한다.

참조조문

독점규제 및 공정거래에 관한 법률 제3조의2 제1항 제5호

따름판례

대법원 2010. 5. 27. 선고 2009두1983 판결

전 문

【원고, 피상고인】 ○○주식회사
【피고, 상고인】 공정거래위원회
【원심판결】 서울고법 2008. 8. 20. 선고 2007누23547 판결
【주 문】
상고를 기각한다. 상고비용은 피고가 부담한다.
【이 유】
상고이유를 판단한다.

독점규제 및 공정거래에 관한 법률 제3조의2 제1항 제5호 후단은 '부당하게 소비자의 이익을 현저히 저해할 우려가 있는 행위'를 시장지배적 사업자의 지위남용행위의 한 유형으로 규정하고 있는바, 그 요건으로서는 시장지배적 사업자의 소비자이익을 저해할 우려가 있는 행위의 존재, 소비자이익 저해 정도의 현저성 및 그 행위의 부당성이 증명되어야 하고, 그러한 요건에 대한 증명책임은 시정명령 등 처분의 적법성을 주장하는 공정거래위원회에게 있다.

이때, 소비자의 이익을 '현저히' 저해할 우려가 있는지 여부는 당해 상품이나 용역의 특성, 이익이 저해되는 소비자의 범위, 유사 시장에 있는 다른 사업자의 거래조건, 거래조건 등의 변경을 전후한 시장지배적 사업자의 비용 변동 정도, 당해 상품 또는 용역의 가격 등과 경제적 가치와의 차이 등 여러 사정을 종합적으로 고려하여 구체적·개별적으로 판단하여야 한다.

위 법리 및 기록에 비추어 살펴보면, 원심이 이 사건 채널편성 변경에 의한 거래조건을 유사 시장에서의 다른 사업자의 거래조건과 비교 등을 하지 아니한 채 단순히 그 정도가

현저하지 않다고 판단한 것은 적절하지 아니하나, 이를 인정할 아무런 자료가 없는 이상 이 사건 채널편성 변경행위에 소비자이익 저해행위의 현저성이 인정되지 않는다고 본 원심의 결론은 결과적으로 정당하므로, 원심판결에는 상고이유로 주장하는 바와 같은 판결에 영향을 미친 법리오해 등의 위법이 없다.

그러므로 상고를 기각하고 상고비용은 패소자가 부담하기로 하여, 관여 대법관의 일치된 의견으로 주문과 같이 판결한다.

대법관   김영란(재판장) 이홍훈 김능환(주심) 민일영

▌ 참조문헌 ▌

강우찬, "'소비자이익의 현저한 저해행위'의 판단방법", 공정거래법 판례선집, 사법발전재단 (2011)

양대권, "'부당한 소비자이익의 현저한 저해행위'에 관한 고찰", 경쟁법연구 33권, 한국경쟁법 학회, 법문사(2016)

이봉의 · 전종익, "독점규제법 제3조의2 제1항 제5호 후단 "소비자이익 저해행위" 금지의 위헌성 판단 – 명확성의 원칙을 중심으로 –", 서울대학교 법학 49권 3호, 서울대학교 법학연구소(2008)

황태희, "소비자 이익 저해행위의 부당성 판단기준", 공정거래법 판례선집, 사법발전재단(2011)

---

(10) 대법원 2010. 5. 27. 선고 2009두1983 판결 [유선방송 단체계약 폐지] (소비자 이익 저해)

판시사항

[1] 독점규제 및 공정거래에 관한 법률 제3조의2 제1항 제5호 후단이 시장지배적사업자의 지위남용행위의 한 유형으로 규정하고 있는 '부당하게 소비자의 이익을 현저히 저해할 우려가 있는 행위'의 요건 중 소비자의 이익을 '현저히' 저해할 우려가 있는지 여부의 판단 기준

[2] 독점규제 및 공정거래에 관한 법률 제3조의2 제1항 제5호 후단이 시장지배적사업자의 지위남용행위의 한 유형으로 규정하고 있는 '부당하게 소비자의 이익을 현저히 저해할 우려가 있는 행위'의 요건 중 소비자의 이익을 현저히 저해할 우려가 있는 행위의 '부당성'에 대한 판단기준

[3] 독점규제 및 공정거래에 관한 법률 제3조의2 제1항 제5호 후단이 법치주의 원

리에서 파생되는 명확성 원칙에 반하는지 여부(소극)

[4] 독점규제 및 공정거래에 관한 법률 제58조에서 말하는 '법률'의 의미

판결요지

[1] 독점규제 및 공정거래에 관한 법률 제3조의2 제1항 제5호 후단은 '부당하게 소비자의 이익을 현저히 저해할 우려가 있는 행위'를 시장지배적 사업자의 지위남용행위의 한 유형으로 규정하고 있는바, 이때 소비자의 이익을 '현저히' 저해할 우려가 있는지 여부는 당해 상품이나 용역의 특성, 당해 행위가 이루어진 기간·횟수·시기, 이익이 저해되는 소비자의 범위 등을 살펴, 당해 행위로 인하여 변경된 거래조건을 유사시장에 있는 다른 사업자의 거래조건과 비교하거나 당해 행위로 인한 가격상승의 효과를 당해 행위를 전후한 시장지배적 사업자의 비용 변동의 정도와 비교하는 등의 방법으로 구체적·개별적으로 판단하여야 한다.

[2] 독점규제 및 공정거래에 관한 법률 제3조의2 제1항 제5호 후단이 규정하고 있는 '부당하게 소비자의 이익을 현저히 저해할 우려가 있는 행위'의 요건 중 소비자의 이익을 현저히 저해할 우려가 있는 행위의 '부당성'은 시장지배적 사업자의 지위 남용행위의 규제 목적이 단순히 그 행위의 상대방인 개별 소비자의 이익을 직접 보호하고자 하는데 있는 것이 아니라, 독과점 시장에서 경쟁촉진과 아울러 시장지배적 사업자의 과도한 독점적 이익 실현행위로부터 경쟁시장에서 누릴 수 있는 소비자의 이익을 보호하고자 하는 데 있음을 고려할 때, 시장지배적 사업자의 행위의 의도나 목적이 독점적 이익의 과도한 실현에 있다고 볼 만한 사정이 있는지, 상품의 특성·행위의 성격·행위기간·시장의 구조와 특성 등을 고려하여 그 행위가 이루어진 당해 시장에서 소비자 이익의 저해의 효과가 발생하였거나 발생할 우려가 있는지 등을 구체적으로 살펴 판단하여야 한다. 다만, 시장지배적 사업자의 소비자 이익을 저해할 우려가 있는 행위가 존재하고, 그로 인한 소비자 이익의 저해 정도가 현저하다면, 통상 시장지배적 사업자가 과도한 독점적 이익을 취하고자 하는 행위로서 부당하다고 볼 경우가 많다.

[3] 독점규제 및 공정거래에 관한 법률 제3조의2 제1항 제5호 후단의 규율 대상은 '시장지배적 사업자의 소비자 이익을 저해하는 남용행위'로서 그 내용이 지극히 다양하고 수시로 변하는 성질이 있어 이를 일일이 열거하는 것은 입법기술적으로 불가능한 점, 위 규정은 '시장지배적 사업자의 소비자 이익을 저해할 우려가

있는 행위의 존재', '소비자 이익 저해 정도의 현저성' 및 '그 행위의 부당성'이 인정될 경우 적용되는바, 그 요건에 관한 판단은 독점규제 및 공정거래에 관한 법률의 입법 목적을 고려하고, 위 제3조의2 제1항이 규정한 여러 유형의 시장지배적지위 남용행위 등과 비교하는 등 체계적·종합적 해석을 통하여 구체화될 수 있는 점, 위 규정의 수범자는 시장지배적 사업자로서 일반인에 비하여 상대적으로 규제대상 행위에 관한 예측가능성이 큰 점 등을 고려하면, 위 규정이 헌법상 법치주의 원리에서 파생되는 명확성 원칙을 위반한다고 볼 수 없다.

[4] 독점규제 및 공정거래에 관한 법률 제58조는 "이 법의 규정은 사업자 또는 사업자단체가 다른 법률 또는 그 법률에 의한 명령에 따라 행하는 정당한 행위에 대하여는 이를 적용하지 아니한다"고 규정하고 있는바, 위 조항에서 말하는 '법률'은 당해 사업의 특수성으로 경쟁제한이 합리적이라고 인정되는 사업 또는 인가제 등에 의하여 사업자가 독점적 지위가 보장되는 반면 공공의 관점에서 고도의 공적 규제가 필요한 사업 등에서 자유경쟁의 예외를 구체적으로 인정하고 있는 법률 또는 그 법률에 의한 명령의 범위 내에서 행하는 필요·최소한의 행위를 말하는 것이다.

참조조문

[1] 독점규제 및 공정거래에 관한 법률 제3조의2 제1항 제5호
[2] 독점규제 및 공정거래에 관한 법률 제3조의2 제1항 제5호
[3] 헌법 제13조, 제37조 제2항, 독점규제 및 공정거래에 관한 법률 제3조의2 제1항 제5호
[4] 독점규제 및 공정거래에 관한 법률 제58조

참조판례

[1] 대법원 2010. 2. 11. 선고 2008두16407 판결
[4] 대법원 2005. 8. 19. 선고 2003두9251 판결

따름판례

대법원 2011. 4. 14. 선고 2009두7844 판결, 대법원 2011. 4. 14. 선고 2009두7912 판결

전 문

【원고, 상고인】 주식회사 티브로드강서방송 외 3인
【피고, 피상고인】 공정거래위원회

【원심판결】 서울고법 2008. 12. 18. 선고 2007누29842 판결

【주 문】

원심판결을 파기하고, 사건을 서울고등법원에 환송한다.

【이 유】

상고이유를 판단한다.

1. 상고이유 제4, 5점에 관하여

독점규제 및 공정거래에 관한 법률(이하 '공정거래법'이라고 한다) 제3조의2 제1항 제5호 후단(이하 '이 사건 규정'이라고 한다)은 '부당하게 소비자의 이익을 현저히 저해할 우려가 있는 행위'를 시장지배적 사업자의 지위남용행위의 한 유형으로 규정하고 있는바, 그 요건으로서는 시장지배적 사업자의 소비자 이익을 저해할 우려가 있는 행위의 존재, 소비자 이익 저해 정도의 현저성 및 그 행위의 부당성이 증명되어야 하고, 그러한 요건에 대한 증명책임은 시정명령 등 처분의 적법성을 주장하는 공정거래위원회에게 있다.

이때, 소비자의 이익을 '현저히' 저해할 우려가 있는지 여부는 당해 상품이나 용역의 특성, 당해 행위가 이루어진 기간·횟수·시기, 이익이 저해되는 소비자의 범위 등을 살펴, 당해 행위로 인하여 변경된 거래조건을 유사 시장에 있는 다른 사업자의 거래조건과 비교하거나 당해 행위로 인한 가격상승의 효과를 당해 행위를 전후한 시장지배적 사업자의 비용 변동의 정도와 비교하는 등의 방법으로 구체적·개별적으로 판단하여야 한다(대법원 2010. 2. 11. 선고 2008두16407 판결 참조).

그리고 소비자의 이익을 현저히 저해할 우려가 있는 행위의 부당성은 시장지배적 사업자의 지위 남용행위의 규제 목적이 단순히 그 행위의 상대방인 개별 소비자의 이익을 직접 보호하고자 하는 데 있는 것이 아니라, 독과점 시장에서 경쟁촉진과 아울러 시장지배적 사업자의 과도한 독점적 이익 실현행위로부터 경쟁시장에서 누릴 수 있는 소비자의 이익을 보호하고자 하는 데 있음을 고려할 때, 시장지배적 사업자의 행위의 의도나 목적이 독점적 이익의 과도한 실현에 있다고 볼 만한 사정이 있는지, 상품의 특성·행위의 성격·행위기간·시장의 구조와 특성 등을 고려하여 그 행위가 이루어진 당해 시장에서 소비자 이익의 저해의 효과가 발생하였거나 발생할 우려가 있는지 등을 구체적으로 살펴 판단하여야 한다. 다만, 시장지배적 사업자의 소비자 이익을 저해할 우려가 있는 행위가 존재하고, 그로 인한 소비자 이익의 저해 정도가 현저하다면, 통상 시장지배적 사업자가 과도한 독점적 이익을 취하고자 하는 행위로서 부당하다고 볼 경우가 많을 것이다.

그런데 원심판결의 이유에 의하면, 원심은 ① 원고 등 7개 사업자(이하 '원고 등'이라고 한다)가 제도적으로 일정한 지역에서 유료방송서비스 사업의 독점권을 보장받고 있기 때문에 일반 사업자에 비하여 소비자의 권익보호 등의 공익적 목적을 위해 영업의 자유가 더 제한될 수 있다는 점, ② 이 사건 단체계약 상품의 수익이 적자였다는 증거가 없고, 원고 등이 이 사건 단체계약 상품의 공급을 폐지한 행위(이하 '이 사건 행위'라 한다)를 결정할 때 해당 상품의 적절한 가격수준에 관한 고려 흔적이 보이지 않는 점, ③ 원고 등의 수익은 수신료 이외에도 광고수익, 시설설치수익, 장비대여수익, 기타 사업수익 등으로 이루어져 있어, 단순히 수신료만을 기준으로 채산성을 판단할 수는 없는 점, ④ 이 사건 단체계약 상품

의 수익성이 적자였다고 하더라도, 순차적으로 요금을 인상하는 등의 다른 대안을 고려하지 아니하고 곧바로 일시에 해당 상품 자체를 폐지하는 극단적인 방법을 취한 점, ⑤ 이 사건 행위로 인하여 기존의 단체계약 상품 가입자들 중 개별계약으로 전환한 세대 가운데 종전 단체계약과 동일한 상품의 수신료가 2.1~9.2배 증가하고, 이 사건 행위로 인하여 기존의 단체계약 상품 가입자들 중 절반 가량이 개별계약을 체결하지 못하고 유료방송 시청을 중단하게 된 점 등을 이유로 이 사건 행위가 소비자의 이익을 현저히 저해할 우려가 있는 행위로서 '부당성'이 인정된다고 판단하였다.

그러나 앞서 본 법리에 비추어 보면, 이 사건 규정이 정한 소비자 이익 저해행위의 부당성 판단은 소비자의 이익을 현저히 저해할 우려가 있는 행위를 대상으로 하므로, 원심으로서는 먼저 이 사건 행위로 인한 소비자 이익 저해 정도가 현저한지 여부를 판단한 다음 이를 기초로 그 행위의 부당성을 판단하였어야 할 것임에도, 이 사건 행위로 인한 소비자 이익의 저해 정도가 현저하다는 점을 명확히 하지 아니한 상태에서 그 행위의 부당성만을 판단한 잘못이 있다. 게다가 원심이 이 사건 행위가 시장지배적지위 남용행위로서 부당하다고 판단한 이유 가운데, ①, ④항은 원고 등 시장지배적 사업자의 행위의 의도나 목적이 독점적 이익의 과도한 실현에 있다고 추단할 만한 사정이라고 보기 어렵고, ②, ③항은 소비자 이익 저해행위의 부당성이 피고에 의하여 어느 정도 입증되었음을 전제로 이 사건 행위의 정당성에 관한 원고들의 반증이 충분하지 않다는 판단에 불과한 것으로서 이 사건 행위의 부당성에 관한 적극적인 근거가 될 수 없으며, ⑤항의 수신료 상승률이나 유료방송시청 중단의 정도는 단지 이 사건 행위를 전후하여 소비자 이익이 변화된 정도에 불과한 것으로서 유사시장에서의 거래조건 등과 비교한 내용이 아니므로 이 사건 행위가 소비자의 이익을 현저히 저해하였거나 저해할 우려가 있는 행위에 해당한다고 볼 징표라고 보기도 어렵다. 따라서 원심이 들고 있는 위 사정만으로는 이 사건 행위가 소비자 이익을 현저히 저해할 우려가 있는 행위로서 부당하다고 볼 수 없다.

그러므로 원심의 이 부분 판단에는 이 사건 행위로 인한 소비자 이익 저해 정도의 현저성 및 부당성에 관하여 법리를 오해하여 판결 결과에 영향을 미친 위법이 있다.

2. 상고이유 제1, 2점에 관하여

법치국가 원리의 한 표현인 명확성의 원칙은 기본적으로 모든 기본권제한 입법에 대하여 요구된다. 규범의 의미내용으로부터 무엇이 금지되는 행위이고 무엇이 허용되는 행위인지를 수범자가 알 수 없다면 법적 안정성과 예측가능성은 확보될 수 없게 될 것이고, 또한 법집행 당국에 의한 자의적 집행을 가능하게 할 것이기 때문이다. 다만, 기본권제한 입법이라 하더라도 규율대상이 지극히 다양하거나 수시로 변화하는 성질의 것이어서 입법기술상 일의적으로 규정할 수 없는 경우에는 명확성의 요건이 완화되어야 할 것이다. 또 당해 규정이 명확한지 여부는 그 규정의 문언만으로 판단할 것이 아니라 관련 조항을 유기적·체계적으로 종합하여 판단하여야 할 것이다(헌재 1999. 9. 16. 선고 97헌바73 결정 등 참조).

이 사건 규정의 규율 대상은 '시장지배적 사업자의 소비자 이익을 저해하는 남용행위'로서 그 내용이 지극히 다양하고 수시로 변하는 성질이 있어 이를 일일이 열거하는 것은 입법기술적으로 불가능한 점, 이 사건 규정은 앞서 본 바와 같이 '시장지배적 사업자의 소비자이익을 저해할 우려가 있는 행위의 존재', '소비자 이익 저해 정도의 현저성' 및 '그 행위의 부당성'이 인정될 경우 적용되는바, 위 요건에 관한 판단은 공정거래법의 입법 목적을 고려하고, 공정거래법 제3조의2 제1항이 규정한 여러 유형의 시장지배적지위 남용행위 등과 비교하는 등 체계적·종합적 해석을 통하여 구체화될 수 있는 점, 이 사건 규정의 수범자는 시장지배적사업자로서 일반인에 비하여 상대적으로 규제대상 행위에 관한 예측가능성이 크다 할 것인 점 등을 고려하면, 이 사건 규정이 헌법상 법치주의 원리에서 파생되는 명확성 원칙을 위반한다고 볼 수 없다.

그리고 공정거래법 제3조의2 제2항은 남용행위의 유형 또는 기준을 대통령령으로 정할 수 있다고 규정하였을 뿐, 관련 대통령령의 기준이 있어야만 같은 조 제1항의 남용금지 규정이 효력이 있다는 취지는 아니다.

따라서 원심이, 이 사건 규정이 헌법에 위배되지 아니할 뿐만 아니라, 하위 법령에 구체적인 행위유형 및 기준이 마련되어 있지 않더라도 유효하게 적용될 수 있다는 전제에서, 이 사건 행위가 이 사건 규정의 시장지배적지위 남용행위에 해당하는지 여부의 판단에 나아간 것은 정당하고, 거기에 상고이유에서 지적하는 바와 같은 이 사건 규정의 위헌성이나 효력에 관한 법리오해 등의 위법이 없다.

3. 상고이유 제3점에 관하여

이 부분 상고이유 주장은 상고심에 이르러 비로소 주장한 내용일 뿐만 아니라, 원심이 인정한 사실관계에 비추어 보면, 원심이 이 사건 행위가 이 사건 규정의 소비자 이익 저해행위의 유형에 속한다고 본 것은 정당하고, 거기에 상고이유에서 지적하는 바와 같은 이 사건 규정의 적용범위에 관한 법리오해 등의 위법이 없다.

4. 상고이유 제6점에 관하여

원심은, 공정거래법은 사업자의 시장지배적지위의 남용 등을 규제하여 공정하고 자유로운 경쟁을 촉진함으로써 창의적인 기업활동을 조장하고 소비자를 보호함과 아울러 국민경제의 균형있는 발전을 도모함을 목적으로 하고 있는 반면(공정거래법 제1조), 구 방송법(2008. 2. 29. 법률 제8867호로 개정되기 이전의 것, 이하 같다)은 방송의 자유와 독립을 보장하고 방송의 공적 책임을 높임으로써 시청자의 권익보호와 민주적 여론형성 및 국민문화의 향상을 도모하고 방송의 발전과 공공복리의 증진에 이바지함을 목적으로 하는 것으로서(구 방송법 제1조) 서로 그 입법 목적을 달리하고 있는 점 등을 고려한다면 구 방송법과 공정거래법이 서로 특별법과 일반법의 관계에 있다고 볼 수 없다고 판단하였는바, 원심의 이러한 판단은 정당한 것으로서 수긍할 수 있고, 거기에 상고이유에서 지적하는 바와 같은 구 방송법과 공정거래법의 법적 효력 관계에 관한 법리오해 등의 위법이 없다.

5. 상고이유 제7점에 관하여

공정거래법 제58조는 "이 법의 규정은 사업자 또는 사업자단체가 다른 법률 또는 그 법률에 의한 명령에 따라 행하는 정당한 행위에 대하여는 이를 적용하지 아니한다"고 규정하고 있는바, 위 조항에서 말하는 법률은 당해 사업의 특수성으로 경쟁제한이 합리적이라고 인정되는 사업 또는 인가제 등에 의하여 사업자의 독점적 지위가 보장되는 반면 공공성의 관점에서 고도의 공적 규제가 필요한 사업 등에 있어서 자유경쟁의 예외를 구체적으로 인정하고 있는 법률 또는 그 법률에 의한 명령의 범위 내에서 행하는 필요·최소한의 행위를 말하는 것이다(대법원 2005. 8. 19. 선고 2003두9251 판결 등 참조).

원심은, 구 방송법 제77조는 종합유선방송사업자로 하여금 그 이용요금 및 기타 조건에 관한 약관을 정하여 방송위원회에 신고하여야 하고, 방송위원회가 위 약관이 현저히 부당하여 시청자의 이익을 저해한다고 판단하는 때에는 약관의 변경을 명할 수 있도록 규정하고 있으나, 이는 종합유선방송사업자에게 약관신고 의무를 부과하고, 방송위원회로 하여금 이를 심사하여 약관변경명령을 발할 수 있는 권한을 부여하는 조항일 뿐, 방송위원회로 하여금 종합유선방송사업자의 이용요금 결정에 개별적·직접적으로 관여하도록 허용하는 것은 아니므로, 구 방송법을 자유경쟁의 예외를 구체적으로 인정하고 있는 법률이라고 볼 수는 없고, 이 사건 행위가 방송위원회의 명령에 따라 행한 행위라고 볼 수도 없다는 이유를 들어 이 사건 행위가 구 방송법 제77조에 따른 행위로서 공정거래법 제58조에서 정한 '법령에 따른 정당한 행위'에 해당한다는 원고들의 주장을 배척한 것은 정당하고, 거기에 상고이유에서 지적하는 바와 같은 공정거래법 제58조의 적용범위 등에 관한 법리오해 등의 위법이 없다.

6. 결 론

그렇다면 원심판결을 파기하고, 사건을 다시 심리·판단하게 하기 위하여 원심법원에 환송하기로 하여, 관여 대법관의 일치된 의견으로 주문과 같이 판결한다.

대법관   박시환(재판장) 안대희 차한성(주심) 신영철

▏ 참조문헌 ▏

윤인성, "부당하게 소비자의 이익을 현저히 저해할 우려가 있는 행위에 관한 소고", 행정판례연구 16-2집, 한국행정판례연구회, 박영사(2011)

(11) 대법원 2011. 10. 13. 선고 2008두1832 판결 [음악파일 DRM 탑재 사건] (사업활동 방해, 소비자이익 저해)

판시사항

[1] 이동통신서비스 업체인 甲주식회사가 자신의 MP3폰과 자신이 운영하는 온라인 음악사이트의 음악파일에 자체 개발한 DRM(digital rights management)을 탑재하

여 甲회사의 MP3폰을 사용하는 소비자로 하여금 위 음악사이트에서 구매한 음악파일만 재생할 수 있도록 하고, 다른 사이트에서 구매한 음악은 위 음악사이트에 회원으로 가입한 후 별도의 컨버팅 과정 등을 거치도록 한 행위에 대하여, 공정거래위원회가 시정명령 및 과징금 납부명령을 한 사안에서, 甲회사의 행위가 '다른 사업자의 사업활동을 방해하는 행위'에 해당하더라도 그 부당성을 인정할 수 없다는 이유로 위 처분이 위법하다고 본 원심판단을 수긍한 사례

[2] 이동통신서비스 업체인 甲주식회사가 자신의 MP3폰과 자신이 운영하는 온라인 음악사이트의 음악파일에 자체 개발한 DRM(digital rights management)을 탑재하여 甲회사의 MP3폰을 사용하는 소비자로 하여금 위 음악사이트에서 구매한 음악파일만 재생할 수 있도록 하고, 다른 사이트에서 구매한 음악은 위 음악사이트에 회원으로 가입한 후 별도의 컨버팅 과정 등을 거치도록 한 행위에 대하여, 공정거래위원회가 시정명령 및 과징금 납부명령을 한 사안에서, 甲회사의 행위가 '소비자의 이익을 현저히 저해할 우려가 있는 행위'에 해당하지 않는다고 한 사례

판결요지

[1] 이동통신서비스 업체인 甲주식회사가 자신의 MP3폰과 자신이 운영하는 온라인 음악사이트의 음악파일에 자체 개발한 DRM(digital rights management)을 탑재하여 甲회사의 MP3폰을 사용하는 소비자로 하여금 위 음악사이트에서 구매한 음악파일만 재생할 수 있도록 하고, 다른 사이트에서 구매한 음악은 위 음악사이트에 회원으로 가입한 후에 별도의 컨버팅 과정 등을 거치도록 한 행위에 대하여, 독점규제 및 공정거래에 관한 법률 제3조의2 제1항 제3호에서 정한 '다른 사업자의 사업활동을 부당하게 방해하는 행위'에 해당한다며 공정거래위원회가 시정명령 및 과징금 납부명령을 한 사안에서, 甲회사가 자신의 MP3폰과 음악파일에 DRM을 탑재한 것은 인터넷 음악서비스 사업자들의 수익과 저작권자 보호 및 불법 다운로드 방지를 위한 것으로서 정당한 이유가 있다고 보이는 점, 소비자가 甲회사 MP3폰으로 음악을 듣기 위해서 겪어야 하는 불편은 MP3파일 다운로드서비스 사업자들에게 DRM을 표준화할 법적 의무가 있지 않은 이상 부득이한 것으로 현저한 이익 침해가 되거나 부당하여 불법한 것으로 보이지 않는 점, 위 행위로 인해 현실적으로 경쟁제한 효과가 일정 정도 나타났지만 DRM의 특성과 필요성 및 개발경위 등에 비추어 甲회사의 행위에 경쟁제한 효과의 의도나

목적이 있었다고 단정하기 어려운 점 등을 종합할 때, 甲회사의 행위가 '다른 사업자의 사업활동을 방해하는 행위'에 해당하더라도 그 부당성을 인정할 수 없다는 이유로 위 처분이 위법하다고 본 원심판단을 수긍한 사례.

[2] 이동통신서비스 업체인 甲주식회사가 자신의 MP3폰과 자신이 운영하는 온라인 음악사이트의 음악파일에 자체 개발한 DRM(digital rights management)을 탑재하여 甲회사 MP3폰을 사용하는 소비자로 하여금 위 음악사이트에서 구매한 음악파일만 재생할 수 있도록 하고, 다른 사이트에서 구매한 음악은 위 음악사이트에 회원으로 가입한 후에 별도의 컨버팅 과정 등을 거치도록 하는 행위에 대하여, 독점규제 및 공정거래에 관한 법률 제3조의2 제1항 제5호 후단에서 정한 '부당하게 소비자의 이익을 현저히 저해할 우려가 있는 행위'에 해당한다며 공정거래위원회가 시정명령 및 과징금납부명령을 한 사안에서, 소비자의 이익을 현저히 저해할 우려가 있는 행위를 판단하는 방법에 관한 법리와 제반 사정에 비추어 甲회사의 행위가 '현저한 침해'에 해당하지 않는다고 한 사례.

참조조문

[1] 독점규제 및 공정거래에 관한 법률 제3조의2 제1항 제3호, 독점규제 및 공정거래에 관한 법률 시행령 제5조 제4항 제4호
[2] 독점규제 및 공정거래에 관한 법률 제3조의2 제1항 제5호

전 문

【원고, 피상고인】 에스케이텔레콤 주식회사
【피고, 상고인】 공정거래위원회
【피고보조참가인, 상고인】 피고보조참가인 1외 29인
【원심판결】 서울고법 2007. 12. 27. 선고 2007누8623 판결
【주 문】
상고를 모두 기각한다. 상고비용은 피고 및 피고보조참가인이 부담한다.
【이 유】
상고이유를 판단한다.

1. 제1, 2점에 대하여

독점규제 및 공정거래에 관한 법률(이하 '공정거래법'이라 한다) 제3조의2 제1항 제3호, 독점규제 및 공정거래에 관한 법률 시행령 제5조 제3항 제4호, 시장지배적지위남용행위 심사기준(2002. 5. 16. 공정거래위원회 고시 제2002-6호) Ⅳ. 3. 라. (3)에 규정된 시장지배적

사업자의 지위남용행위로서 불이익 강제행위의 부당성은 '독과점적 시장에서의 경쟁촉진'이라는 입법 목적에 맞추어 해석하여야 할 것이므로, 시장지배적 사업자가 개별 거래의 상대방에 대한 부당한 의도나 목적을 가지고 불이익 강제행위를 한 모든 경우 또는 그 불이익 강제행위로 인하여 특정 사업자가 사업활동에 곤란을 겪게 되었다거나 곤란을 겪게 될 우려가 발생하였다는 것과 같이 특정 사업자가 불이익을 입게 되었다는 사정만으로는 그 부당성을 인정하기에 부족하고, 그중에서도 특히 시장에서의 독점을 유지·강화할 의도나 목적, 즉 시장에서의 자유로운 경쟁을 제한함으로써 인위적으로 시장질서에 영향을 가하려는 의도나 목적을 갖고, 객관적으로도 그러한 경쟁제한의 효과가 생길 만한 우려가 있는 행위로 평가될 수 있는 불이익 강제행위를 하였을 때에 그 부당성이 인정될 수 있다.

그러므로 시장지배적 사업자의 불이익 강제행위가 그 지위남용행위에 해당한다고 주장하는 피고로서는, 그 불이익 강제행위가 상품의 가격상승, 산출량 감소, 혁신 저해, 유력한 경쟁사업자의 수의 감소, 다양성 감소 등과 같은 경쟁제한의 효과가 생길 만한 우려가 있는 행위로서 그에 대한 의도와 목적이 있었다는 점을 증명하여야 할 것이다. 시장지배적 사업자의 불이익 강제행위로 인하여 현실적으로 위와 같은 경쟁제한의 효과가 나타났음이 증명된 경우에는 그 행위 당시에 경쟁제한을 초래할 우려가 있었고 또한 그에 대한 의도나 목적이 있었음을 사실상 추정할 수 있을 것이나, 그렇지 않은 경우에는 불이익 강제행위의 경위 및 동기, 불이익 강제행위의 태양, 관련 시장의 특성, 불이익 강제행위로 인하여 그 거래상대방이 입은 불이익의 정도, 관련 시장에서의 가격 및 산출량의 변화 여부, 혁신 저해 및 다양성 감소 여부 등 여러 사정을 종합적으로 고려하여 불이익 강제행위가 위에서 본 경쟁제한의 효과가 생길 만한 우려가 있는 행위로서 그에 대한 의도나 목적이 있었는지를 판단하여야 할 것이다(대법원 2007. 11. 22. 선고 2002두8626 전원합의체 판결, 대법원 2008. 12. 11. 선고 2007두25183 판결 등 참조).

원심은 그 채택 증거들을 종합하여 판시와 같은 사실을 인정한 다음, 원고가 자신의 MP3폰과 멜론사이트의 음악파일에 자체 개발한 DRM(digital rights management)을 탑재하여 원고의 MP3폰을 사용하는 소비자로 하여금 멜론사이트에서 구매한 음악파일만 재생할 수 있도록 하고, 다른 사이트에서 구매한 음악은 멜론사이트에 회원으로 가입한 후에 별도의 컨버팅 과정 등을 거치도록 하는 행위(이하 '이 사건 행위'라 한다)를 하였으나, 본래 DRM은 음악저작권을 보호하고 음악파일의 무단복제 등을 방지하기 위하여 필요한 기술이므로, 원고가 자신의 MP3폰과 음악파일에 DRM을 탑재한 것은 인터넷 음악서비스 사업자들의 수익과 저작권자의 보호 및 불법 다운로드 방지를 위한 것으로서 정당한 이유가 있다고 보이는 점, 소비자가 원고의 MP3폰으로 음악을 듣기 위해서는 멜론사이트에서 컨버팅과정을 거치거나 CD굽기를 해야 하는 등 불편을 겪을 수밖에 없으나, MP3파일 다운로드서비스 사업자들에게 DRM을 표준화할 법적 의무가 있지 아니한 이상 위와 같은 불편은 부득이한 것으로 현저한 이익의 침해가 되거나 부당하여 불법에까지 이른다고 보이지는 않는 점, 원고는 보다 낮은 가격에 통합형서비스를 이용하고자 하는 소비자들의 욕구를 충족시키기 위하여 월 5,000원 정도를 내면 멜론사이트에서 제공되는 모든 곡을 스트리밍하거나 다운로드받을 수 있도록 하는 '월 정액제 임대형서비스'를 개발하였는데, 이는 소비자에게 불리한 지출을 강요한 것이 아니라고 보이는 점, 이 사건 행위로 인하여 현실적으로 경쟁제한의 효과가 일정한 정도로 나타났지만 DRM의 특성과 필요성 및 그 개발경위 등에 비추어 원고의 이 사건 행위에 있어서 경쟁제한의 효과에 대한 의도나 목적이 있었음을 추단하기 어려운 점, 원고에게 음악파일의 상호호환을 강제할 법령상의 근거가 없는 점, 원고의 DRM이 법령상의 '필수적 설비'에 해당한다고 보기 어려운 점 등을 종합하여 보면, 원고의 이 사건 행위가 공정거래법 제3조의2 제1항 제3호에 규정된 '다른 사업자의 사업활동을 방해하는 행위'에 해당된다고 하더라도 그 부당성을 인정할 수 없으므로, 이와 다른 전제에선 피고의 이 사건 처분은 위법하다고 판단하였다.

위 법리를 기록에 비추어 살펴보면, 원심의 이러한 판단은 정당한 것으로 수긍되고, 거기에 상고이유의 주장과 같은 시장지배적 사업자의 불이익 강제행위와 관련된 경쟁제한성과 부당성 요건에 관한 법리오해 등의 위법이 없다.

2. 제3점에 대하여

공정거래법 제3조의2 제1항 제5호 후단은 '부당하게 소비자의 이익을 현저히 저해할 우려가 있는 행위'를 시장지배적 사업자의 지위남용행위의 한 유형으로 규정하고 있는바, 이때 소비자의 이익을 '현저히' 저해할 우려가 있는지 여부는 당해 상품이나 용역의 특성, 당해 행위가 이루어진 기간·횟수·시기, 이익이 저해되는 소비자의 범위 등을 살펴, 당해 행위로 인하여 변경된 거래조건을 유사 시장에 있는 다른 사업자의 거래조건과 비교하거나 당해 행위로 인한 가격상승의 효과를 당해 행위를 전후한 시장지배적 사업자의 비용 변동의 정도와 비교하는 등의 방법으로 구체적·개별적으로 판단하여야 한다(대법원 2007. 11. 22. 선고 2002두8626 전원합의체 판결, 대법원 2008. 12. 11. 선고 2007두25183 판결 등 참조).

원심은 그 채택 증거들을 종합하여 판시와 같은 사실을 인정한 다음, 소비자가 다른 음악사이트에서 이미 유료로 음악파일을 구입한 경우에 원고의 MP3폰에서 작동이 안 되거나 매우 어렵기 때문에 동일한 음악파일을 보유한 소비자라도 원고의 MP3폰으로 음악을 듣기 위해서는 추가로 원고의 멜론사이트에서 음악파일을 다운로드받고 비용을 지출하게 되는 이중부담을 진다고 볼 여지는 있으나, 일반적으로 음악사이트에 새로 가입하거나 가입사이트를 변경하는 소비자의 경우는 그 침해의 현저성이 문제가 되지 아니하고, 또한 컨버팅과정을 거치는 경우에도 이는 단지 불편할 뿐이지 현저한 침해가 된다고 보기는 어렵다고 판단하였다.

원심의 이유 설시에 일부 적절치 않은 부분이 있으나, 이 사건 행위가 현저한 침해에 해당하지 않는다고 본 원심의 결론은 앞서 본 법리와 기록에 비추어 이를 수긍할 수 있으므로, 거기에 상고이유의 주장과 같이 공정거래법 제3조의2 제1항 제5호 후단에 규정된 소비자이익 저해행위에 관한 법리오해의 위법이 있다고 할 수 없다.

3. 제4점에 대하여

원심판결 이유에 의하면, 원심은 이 사건 행위가 공정거래법 제3조의2 제1항 제3호에 규정된 '다른 사업자의 사업활동을 방해하는 행위'로서 부당한 것인지 여부를 판단함에 있어 그 여러 고려할 사항 중의 하나로, 음악파일의 상호호환을 강제할 법률적 근거는 없으므로,

피고가 별도의 입법조치 없이 원고에게 호환기술의 사용을 요구하거나 이를 의무화하는 것은 그 권한 범위를 넘어서는 것이라는 취지로 설시하였음을 알 수 있고, 이 사건 행위가 공정거래법 제3조의2 제1항 제3호에 규정된 '다른 사업자의 사업활동을 방해하는 행위'로서 부당하다고 볼 수 없다고 본 원심의 판단은 정당하므로, 거기에 상고이유에서 주장하는 바와 같은 시정명령의 해석에 관한 법리오해의 위법이 없다.

4. 제5점에 대하여

소송절차를 현저하게 지연시키는 보조참가는 허용될 수 없고, 이러한 경우 법원은 직권으로 참가를 허가하지 아니하는 결정을 하여야 하며, 이 결정에 대하여는 즉시항고를 할 수 있다(행정소송법 제8조 제2항, 민사소송법 제71조, 제73조 참조).

기록에 의하면 엠넷미디어 주식회사 외 3인은 원심 변론종결 이후 비로소 피고를 위한 보조참가신청서를 제출한 사실, 그러나 원심은 이를 받아들이지 아니한 채 그대로 원심판결을 선고한 사실 등을 알 수 있고, 이러한 보조참가신청은 소송절차를 현저히 지연시키는 경우에 해당하여 허용될 수 없다고 할 것이므로, 원심이 비록 위 보조참가신청인들의 참가를 불허하는 결정을 하지 아니한 채 본안판결을 선고한 잘못이 있다고 하더라도 이는 판결 결과에 아무런 영향을 미칠 수 없다. 이 부분 상고이유는 결국 이유 없다.

5. 결 론

그러므로 상고를 모두 기각하고 상고비용은 패소자들의 부담으로 하여, 관여 대법관의 일치된 의견으로 주문과 같이 판결한다.

대법관　이상훈(재판장)　김지형　전수안(주심)　양창수

▌ 참조문헌 ▌

오승한, "SK 이동통신의 휴대폰 폐쇄 DRM 장착행위의 경쟁제한성판단", 경쟁법연구 28권, 한국경쟁법학회, 법문사(2013)

이완희, "시장지배적 지위남용행위로서 다른 사업자의 사업활동을 부당하게 방해하는 행위에 해당하는지 여부", 대법원판례해설 89호, 법원도서관(2012)

이호영, "시장지배적 사업자의 배타적 DRM 탑재행위의 경쟁법적 평가", 행정판례연구 17-1집, 한국행정판례연구회, 박영사(2012)

주진열, "시장지배적 지위 남용 관련 SKT 멜론 온라인 음악 서비스 사건에 대한 비판적 고찰", 경쟁법연구 32권, 한국경쟁법학회, 법문사(2015)

제2장

기업결합의 제한

1. 개 관

(1) 기업결합 규제의 요건과 체계

개정법에서는 기업결합 규제와 관련하여 경쟁제한적인 기업결합행위를 형사처벌 대상에서 제외하였는데, 이것을 제외하고는 실체법적 내용에는 아무런 변화가 없다. 개정법 제9조 제1항(구법 제7조 제1항)은 일정한 거래분야에서 경쟁을 실질적으로 제한하는 기업결합을 금지하고 있다. 기업결합이란 기업 간의 자본적·인적·조직적인 결부를 통하여 기업활동을 단일한 관리체제 하에 통합시킴으로써 개별기업의 경제적인 독립성을 소멸시키는 기업들 간의 결합을 말한다.[1]

기업결합의 경쟁제한성을 판단하기 위해서는 통상적으로 일정한 거래분야, 즉 관련시장을 먼저 획정할 필요가 있다. 일정한 거래분야는 거래의 객체별·단계별 또는 지역별로 경쟁관계에 있거나 경쟁관계가 성립될 수 있는 분야를 의미한다(개정법 제2조 제4호, 구법 제2조 제8호). 관련시장을 획정한 결과 기업결합 당사회사들이 동일한 시장에서 서로 경쟁관계에 있음이 드러나면 수평결합에 해당하고, 원재료의 생산에서 상품의 생산 및 판매에 이르는 생산과 유통과정에 있어서 인접하는 단계에 있는 회사간의 결합이면 수직결합에 해당하며, 기업결합 당사회사들이 수평적인 관계나 수직적인 관계에 있지 않으면 혼합결합에 해당한다.[2]

법에서는 경쟁을 실질적으로 제한하는 행위를 일정한 거래분야의 경쟁이 감소하여 특정 사업자 또는 사업자단체의 의사에 따라 어느 정도 자유로이 가격·수량·품질 그 밖의 거래조건 등의 결정에 영향을 미치거나 미칠 우려가 있는 상태를 초래하는 행위라고 정의하고 있다(개정법 제2조 제5호, 구법 제2조 제8호의2). 이러한 정의에 따라서 공정거래위원회의 고시인 "기업결합 심사기준"에서는 "경쟁을 실질적으로 제한하는 기업결합" 또는 "경쟁제한적 기업결합"이란 당해 기업결합에 의해 일정한 거래분야에서 경쟁이 감소하여 특정한 기업 또는 기업집단이 어느 정도 자유로이 상품의 가격·수량·품질 기타 거래조건이나 혁신, 소비자선택가능성 등의 결정에 영향을 미치거나 미칠 우려가 있는 상태를 초래하거나 그러한 상태를 상당히 강화하는 기업결합을 말하고, "경쟁제한성" 또는 "경쟁을 실질적으로 제한한다" 함은 그러한 상태를 초래하거나 그러한 상태를 상당히 강화함을 말하는 것으로 좀 더 구체화 하고 있다.[3] 법은 경쟁제한적인 기업결합의 증명

---

1) 권오승·홍명수(2021), 183면.
2) 기업결합 심사기준 II. 제7호 내지 제9호.
3) 기업결합 심사기준 II. 제6호.

을 용이하게 하기 위하여 기업결합의 당사회사들의 시장점유율(계열회사의 시장점유율 합산) 합계가 시장지배적 사업자의 추정요건에 해당하고, 그 시장점유율 합계가 해당 거래분야에서 제1위이며, 그 시장점유율 합계와 제2위인 회사의 시장점유율과의 차이가 그 시장점유율의 합계의 100분의 25 이상인 경우에 일정한 거래분야에서 경쟁을 실질적으로 제한하는 것으로 추정하고 있다(개정법 제9조 제3항 제1호, 구법 제7조 제4항 제1호). 자산총액 또는 매출액(계열회사의 자산총액 또는 매출액 합산)의 규모가 2조원 이상인 대규모 회사가 직접 또는 특수관계인을 통하여 행한 기업결합이 중소기업의 시장점유율이 3분의 2이상인 시장에서의 기업결합으로서 해당 기업결합으로 100분의 5 이상의 시장점유율을 가지게 되는 경우에도 경쟁제한적인 기업결합으로 추정하고 있다(개정법 제9조 제3항 제2호, 구법 제7조 제4항 제2호).

수평결합의 경쟁제한성은 시장점유율에 기반한 시장집중도 분석과 함께 단독효과 (unilateral effects)와 협조효과(coordinated effects) 등을 고려하여 심사한다.[4] 단독효과는 기업결합 당사회사가 단독으로 경쟁을 제한할 개연성이 있거나 그러한 개연성이 상당히 강화되는 경우를 의미하고, 협조효과는 기업결합 당사회사와 다른 경쟁사업자들이 그들의 행위를 반경쟁적인 방법으로 조정할 개연성이 있거나 상당히 강화되는 경우를 의미한다.[5][6] 단독효과와 협조효과는 공급 측면에서 나타날 수 있을 뿐만 아니라 기업결합을 통해 구매자로서 기업결합 당사회사의 지배력이 형성 또는 강화될 경우에는 수요 측면에서도 발생할 수 있다.[7] 수직결합의 경쟁제한성은 봉쇄효과(foreclosure effects)와 협조효과 등을 고려하여 심사한다.[8] 봉쇄효과는 수직결합을 통해 기업결합 당사회사가 경쟁관계에 있는 사업자의 구매선 또는 판매선을 봉쇄하거나 다른 사업자의 진입을 봉쇄하여 경쟁능력이나 유인을 약화시키는 경우를 의미한다.[9] 혼합결합의 경쟁제한성은 잠재적 경쟁의 저해, 경쟁사업자 배제, 진입장벽 증대효과 등을 고려하여 심사한다.[10] 또한 기업결합 당사회사가 정보자산을 활용하여 관련시장에서 경쟁을 실질적으로 제한할 가능성이 있는지도 심사한다.[11] 이와 같이 기업결합의 경쟁제한성을 판단함에 있어서는 경쟁제한성 완화요인도 함께 고려하여야 하는데, 경쟁제한성 완화요인으로는 해외경쟁의 도입수준 및 국

---

4) 기업결합 심사기준 VI. 2. 참조.
5) 이민호, 기업결합의 경쟁제한성 판단기준 – 수평결합을 중심으로 –, 경인문화사, 2013(이하 '이민호 (2013)'), 164-167면 참조.
6) 기업결합 심사기준 VI. 2. 라.의 혁신저해 효과는 단독효과의 한 형태라고 할 수 있을 것이다.
7) 기업결합 심사기준 VI. 2. 다. 참조.
8) 기업결합 심사기준 VI. 3. 참조.
9) 기업결합 심사기준 VI. 3. 가. 참조.
10) 기업결합 심사기준 VI. 4. 참조.
11) 기업결합 심사기준 VI. 5. 참조.

제적 경쟁상황, 신규진입의 가능성, 유사품 및 인접시장의 존재, 강력한 구매자의 존재 등이 있다.[12]

한편 경쟁제한적인 기업결합에 해당하더라도 해당 기업결합 외의 방법으로는 달성하기 어려운 효율성 증대효과가 경쟁제한으로 인한 폐해보다 큰 경우에 해당하거나(이하 '효율성 항변'), 상당기간 대차대조표상의 자본총계가 납입자본금보다 작은 상태에 있는 등 회생이 불가한 회사와의 기업결합으로서 일정한 요건을 충족하는 경우(이하 '도산기업 항변')에는 예외적으로 허용된다(개정법 제9조 제2항, 구법 제7조 제2항).

기업결합에 대한 시정조치의 당부를 판단한 대법원 판결은 아래에서 보는 2008년의 피아노 사건과 2009년의 카본블랙 사건에 대한 판결 두 건에 불과하다. 이 두 건은 모두 수평결합에 해당하는 사안이었고, 아직 수직결합이나 혼합결합에 대한 판결은 찾아볼 수 없다. 기업결합의 특성상 장차 관련시장에서 일어날 경쟁상황의 변화를 판단하여야 하는데 사업자가 공정거래위원회의 판단에 오류가 있음을 밝혀서 승소하는 것이 쉽지 않을 수 있고, 비록 기업결합 당사회사가 승소하더라도 소송에 상당한 기간이 소요됨으로써 시장상황과 경영환경에 상당한 변화가 있어 그 기업결합의 의미가 퇴색되는 경우도 있기 때문에, 기업결합에 대한 공정거래위원회의 시정조치에 대하여 사업자들이 소송을 제기한 사례가 많지 않다.[13] 한편 2019년에 기업결합 이후 시정조치를 불이행한 사업자에 대하여 이행강제금을 부과한 것이 적법하였는지를 판단한 대법원 판결이 있었다.

(2) 피아노 사건[14]

삼익악기 및 그 계열회사가 영창악기의 주식을 취득한 사안에서 공정거래위원회는 국내 업라이트 피아노 시장, 그랜드 피아노 시장, 디지털 피아노 시장에서의 경쟁제한성을 인정하여 주식 매각 등의 시정조치를 부과하였다. 이에 삼익악기가 불복하여 소송을 제기하였으나 대법원은 공정거래위원회의 판단을 지지하였다. 이 판결은 기업결합에 관한 최초의 판결로 기업결합에 관한 기본적인 법리를 판시하였다는 점에서 그 의의가 있다.

먼저 관련상품시장 획정에 관한 법리를 설시하였는데, 그 내용은 시장지배적지위 남용행위 사건인 포스코 판결[15]의 판시사항을 따르고 있다. 또한 경쟁제한성 판단과 관련하여 수평결합에서는 "기업결합 전후의 시장 집중상황, 해외 경쟁의 도입수준 및 국제적

---

12) 기업결합 심사기준 Ⅶ. 참조.
13) 이민호(2013), 69면.
14) 대법원 2008. 5. 29. 선고 2006두6659 판결(이하 '삼익악기 판결').
15) 대법원 2007. 11. 22. 선고 2002두8626 전원합의체 판결.

경쟁상황, 신규진입의 가능성, 경쟁사업자 간의 공동행위 가능성, 유사품 및 인접시장의 존재 여부 등을 종합적으로 고려하여 개별적으로 판단하여야 한다"고 판시하여 공정거래위원회가 이 사건 처분을 한 2004년 당시의 기업결합 심사기준에 규정된 판단기준을 거의 그대로 받아들였다. 그런데 공정거래위원회는 이 사건에서 2004년 당시 심사기준에 규정되어 있지 않았던 단독효과에 특히 방점을 두고 경쟁제한성을 인정하였음에도[16] 대법원은 그러한 공정거래위원회의 판단을 그대로 지지하였다. 삼익악기 판결에서는 효율성 항변과 도산기업 항변에 관해서도 기본적인 법리를 판시하였다.

(3) 카본블랙 사건[17]

국내회사인 오씨아이가 외국회사인 콜럼비안 케미컬즈 컴퍼니의 주식을 취득한 사안에서 공정거래위원회는 국내 고무용카본블랙 시장에서의 경쟁제한성을 인정하여 주식을 매각하거나 일부 설비를 매각하도록 하는 시정조치를 명하였고, 대법원도 공정거래위원회의 판단을 지지하였다.

먼저 대법원은 관련상품시장 및 관련지역시장의 획정과 관련하여 포스코 판결과 삼익악기 판결에서 밝힌 법리를 되풀이 하였고, 이를 기초로 국내 고무용카본블랙 시장을 관련시장으로 획정하였다. 또한 경쟁제한성과 효율성 항변에 대한 법리도 삼익악기 판결에서 밝힌 법리를 반복하였다. 이 판결에서 대법원은 공정거래위원회가 어떠한 시정조치를 명할 것인지에 관하여는 비교적 넓은 재량을 가진다고 판시하고 공정거래위원회의 시정조치를 지지하였다.

(4) 기업결합 이행강제금 사건[18]

이 사건에서는 부작위 의무를 명하는 시정조치를 받은 사업자가 그러한 부작위 의무를 이행하지 않고 있다가 이행강제금이 부과되기 전에 이를 이행한 경우에 공정거래위원회가 이행강제금을 부과할 수 있는지가 문제되었다. 대법원은 "개별 법률에서 제 각각으로 정한 이행강제금의 법적 성질은 각 개별 법률의 규정 형식과 내용, 체계 등을 종합적으로 고려하여 판단하여야 한다"는 원칙을 밝히면서 "[구법] 제17조의3(개정법 제16조)에 따른 이행강제금은 기업결합과 관련하여 종래의 과징금 제도를 폐지하고 과거의 의무위

---

16) 단독효과는 2007. 12. 20. 제정된 기업결합 심사기준에서부터 수평결합의 경쟁제한성 판단기준에 포함되었다.
17) 대법원 2009. 9. 10. 선고 2008두9744 판결.
18) 대법원 2019. 12. 12. 선고 2018두63563 판결.

반행위에 대한 제재와 장래 의무이행의 간접강제를 통합하여 시정조치 불이행기간에 비례하여 제재금을 부과하도록 하는 제도"라고 보았다. 따라서 대법원은 "이행강제금이 부과되기 전에 시정조치를 이행하거나 부작위 의무를 명하는 시정조치 불이행을 중단한 경우 과거의 시정조치 불이행기간에 대하여 이행강제금을 부과할 수 있다고 봄이 타당하다"고 판시하였다.

2. 주요 판례

(1) 대법원 2008. 5. 29. 선고 2006두6659 판결 [피아노 사건]

판시사항

[1] 독점규제 및 공정거래에 관한 법률 제7조에 규정된 기업결합의 제한에 해당하는지 여부를 판단하기 위하여 획정하여야 하는 '관련 상품에 따른 시장'의 의미와 그 범위의 판단 방법

[2] 수평적 기업결합에서 실질적 경쟁제한성이 존재하는지 여부의 판단 방법

[3] 독점규제 및 공정거래에 관한 법률 제7조 제2항 제1호에 규정된 당해 기업결합으로 인한 특유의 '효율성 증대효과'의 판단 방법

[4] 국내 유명한 피아노 제조회사 사이에 기업결합이 이루어진 사안에서, 그 기업결합이 독점규제 및 공정거래에 관한 법률 제7조 제2항에 정한 효율성 증대를 위한 기업결합 또는 회생이 불가한 회사와의 기업결합에 해당하지 않는다고 한 사례

판결요지

[1] 독점규제 및 공정거래에 관한 법률 제7조에 규정된 기업결합의 제한에 해당하는지 여부를 판단하기 위해서는 그 경쟁관계가 문제될 수 있는 일정한 거래분야에 관하여 거래의 객체인 관련 상품에 따른 시장 등을 획정하는 것이 선행되어야한다. 여기서 '관련 상품에 따른 시장'은 일반적으로 서로 경쟁관계에 있는 상품들의 범위를 말하는 것으로서, 구체적으로는 거래되는 상품의 가격이 상당 기간 어느 정도 의미 있는 수준으로 인상될 경우 그 상품의 대표적 구매자가 이에 대응하여 구매를 전환할 수 있는 상품의 집합을 의미하고, 그 시장의 범위는 거래

에 관련된 상품의 가격, 기능 및 효용의 유사성, 구매자들의 대체가능성에 대한 인식 및 그와 관련한 구매행태는 물론, 판매자들의 대체가능성에 대한 인식 및 그와 관련한 경영의사의 결정행태, 사회적·경제적으로 인정되는 업종의 동질성 및 유사성 등을 종합적으로 고려하여 판단하여야 하며, 그 밖에도 기술발전의 속도, 그 상품의 생산을 위하여 필요한 다른 상품 및 그 상품을 기초로 생산되는 다른 상품에 관한 시장의 상황, 시간적·경제적·법적 측면에서의 대체의 용이성 등도 함께 고려하여야 한다.

[2] 수평적 기업결합이 일정한 거래분야에서 경쟁을 실질적으로 제한하는지 여부를 판단할 때에는 기업결합 전후의 시장 집중상황, 해외 경쟁의 도입수준 및 국제적 경쟁상황, 신규진입의 가능성, 경쟁사업자 간의 공동행위 가능성, 유사품 및 인접시장의 존재 여부 등을 종합적으로 고려하여 개별적으로 판단하여야 한다.

[3] 독점규제 및 공정거래에 관한 법률 제7조 제2항 제1호에서 말하는 당해 기업결합으로 인한 특유의 '효율성 증대효과'를 판단할 때에는 기업의 생산·판매·연구개발 등의 측면 및 국민경제의 균형발전 측면 등을 종합적으로 고려하여 개별적으로 판단하되, 이러한 효율성 증대효과는 가까운 시일 내에 발생할 것이 명백하여야 한다.

[4] 국내 유명한 피아노 제조회사 사이에 기업결합이 이루어진 사안에서, 그 기업결합은 관련 시장에서의 경쟁을 실질적으로 제한하는 행위로서 그 예외규정인 독점규제 및 공정거래에 관한 법률 제7조 제2항에 정한 효율성 증대를 위한 기업결합 또는 회생이 불가한 회사와의 기업결합에 해당하지는 않는다고 한 사례.

참조조문

[1] 독점규제 및 공정거래에 관한 법률 제7조
[2] 독점규제 및 공정거래에 관한 법률 제2조 제8호의2, 제7조 제4항
[3] 독점규제 및 공정거래에 관한 법률 제7조 제2항 제1호
[4] 독점규제 및 공정거래에 관한 법률 제7조 제2항

참조판례

[1] 대법원 2007. 11. 22. 선고 2002두8626 전원합의체 판결

따름판례

대법원 2009. 9. 10. 선고 2008두9744 판결

전 문

【원고, 상고인】 주식회사 삼익악기 외 1인
【피고, 피상고인】 공정거래위원회
【원심판결】 서울고법 2006. 3. 15. 선고 2005누3174 판결
【주 문】
상고를 모두 기각한다. 상고비용은 원고들이 부담한다.
【이 유】
상고이유를 판단한다.

1. 관련 시장의 획정 등과 관련된 상고이유에 대하여

구 독점규제 및 공정거래에 관한 법률(2004. 12. 31. 법률 제7315호로 일부 개정되기 전의 것, 이하 '법'이라 한다) 제7조에 규정된 기업결합의 제한에 해당되는지 여부를 판단하기 위해서는 그 경쟁관계가 문제될 수 있는 일정한 거래분야에 관하여 거래의 객체인 관련 상품에 따른 시장(이하 '관련 상품시장'이라 한다) 등을 획정하는 것이 선행되어야 한다.

관련 상품시장은 일반적으로 서로 경쟁관계에 있는 상품들의 범위를 말하는 것으로서, 구체적으로는 거래되는 상품의 가격이 상당 기간 어느 정도 의미 있는 수준으로 인상될 경우 그 상품의 대표적 구매자가 이에 대응하여 구매를 전환할 수 있는 상품의 집합을 의미하고, 그 시장의 범위는 거래에 관련된 상품의 가격, 기능 및 효용의 유사성, 구매자들의 대체가능성에 대한 인식 및 그와 관련한 구매행태는 물론, 판매자들의 대체가능성에 대한 인식 및 그와 관련한 경영의사의 결정행태, 사회적·경제적으로 인정되는 업종의 동질성 및 유사성 등을 종합적으로 고려하여 판단하여야 할 것이며, 그 이외에도 기술발전의 속도, 그 상품의 생산을 위하여 필요한 다른 상품 및 그 상품을 기초로 생산되는 다른 상품에 관한 시장의 상황, 시간적·경제적·법적 측면에서의 대체의 용이성 등도 함께 고려하여야 한다.

원심은 채택 증거를 종합하여 판시와 같은 사실을 인정한 다음, 공급 측면의 경우 중고 피아노는 신품 피아노와 달리 가격이 상승하더라도 공급량이 크게 증가될 수 없다고 보이는 점, 수요 측면의 경우에도 가격과 구매수량에 더 민감한 수요층(중고 피아노)과 제품 이미지, 품질, 사용기간 등에 더 민감한 수요층(신품 피아노)으로 그 대표적 수요층이 구분되어 신품 피아노의 가격이 상승하더라도 신품 피아노를 구입하려는 소비자들이 그 의사결정을 바꿔 중고 피아노로 수요를 전환할 가능성은 크지 않다고 보이는 점, 원고들이 그동안 신품 피아노의 가격결정, 마케팅 등과 같은 영업전략을 수립함에 있어 중고 피아노의 시장 규모 등을 고려했다는 자료가 없는 점 등에 비추어 중고 피아노는 신품 피아노와 상품용도, 가격, 판매자와 구매자층, 거래행태, 영업전략 등에서 차이가 있고 상호간 대체가능성을 인정하기 어렵다는 이유로, 피고가 이 사건 기업결합의 관련 시장을 국내의 업라이트 피아노, 그랜드 피아노, 디지털 피아노의 각 신품 피아노 시장으로 획정한 것은 정당하다고 판단하였으며, 아울러 거래의 지리적 범위인 관련 지역시장의 획정 문제와 실질적 경쟁제한성 판단의 한 요소인 해외 경쟁의 도입수준 등의 문제를 별도로 판단하였다.

위 법리와 기록에 비추어 보면, 원심의 이러한 조치는 정당하고, 거기에 상고이유와 같은 관련 상품시장의 획정에 관한 법리오해, 관련 지역시장의 획정과 실질적 경쟁제한성 판단의 한 요소인 해외 경쟁의 도입수준 등의 오인·혼동으로 인한 법리오해 등의 위법이 없다.

2. 실질적 경쟁제한성이 존재하는지 여부와 관련된 상고이유에 대하여

법 제2조 제8호의2에서 규정한 '경쟁을 실질적으로 제한하는 행위'라 함은 일정한 거래분야의 경쟁이 감소하여 특정 사업자 또는 사업자단체의 의사에 따라 어느 정도 자유로이 가격·수량·품질 기타 거래조건 등의 결정에 영향을 미치거나 미칠 우려가 있는 상태를 초래하는 행위를 의미하며, 법 제7조 제4항에서는 기업결합이 그 각 호의 1에 해당하는 경우에 일정한 거래분야에서 경쟁을 실질적으로 제한하는 것으로 추정하고 있는바, 수평적 기업결합에서 이러한 실질적 경쟁제한성을 판단함에 있어서는 기업결합 전후의 시장 집중상황, 해외 경쟁의 도입수준 및 국제적 경쟁상황, 신규진입의 가능성, 경쟁사업자 간의 공동행위 가능성, 유사품 및 인접시장의 존재 여부 등을 종합적으로 고려하여 개별적으로 판단하여야 한다.

원심은 채택 증거를 종합하여 판시와 같은 사실을 인정한 다음, 이 사건 기업결합으로 인한 원고 주식회사 삼익악기 및 영창악기제조 주식회사(이하 '영창악기'라 한다)의 시장점유율 합계는 이 사건 관련 시장에서의 실질적 경쟁제한성 추정요건에 해당할 뿐만 아니라, 신규진입의 가능성이 거의 없으며, 해외 경쟁의 도입 가능성이나 인접시장 경쟁압력의 정도 역시 매우 적고, 특히 이 사건 기업결합으로 인하여 국내의 양대 피아노 생산·판매업체는 사실상 독점화되고 직접적인 대체재 관계에 있던 두 제품이 하나의 회사 내에서 생산·판매되므로 소비자의 입장에서는 제품선택의 폭이 줄어들고 생산자의 입장에서는 이를 이용하여 가격인상을 통한 이윤증대의 가능성이 커지게 되므로, 이 사건 기업결합은 관련 시장에서의 경쟁을 실질적으로 제한하는 행위에 해당한다고 판단하였다.

위 법리와 기록에 비추어 보면, 원심의 이러한 조치는 정당하고, 거기에 상고이유와 같은 실질적 경쟁제한성에 관한 법리오해, 심리미진 등의 위법이 없다.

3. 효율성 증대를 위한 기업결합인지 여부와 관련된 상고이유에 대하여

법 제7조 제2항에서는 당해 기업결합 외의 방법으로는 달성하기 어려운 효율성 증대효과가 경쟁제한으로 인한 폐해보다 큰 경우(제1호)에 해당한다고 공정거래위원회가 인정하는 기업결합에 대하여는 법 제7조 제1항의 규정을 적용하지 아니하며, 이 경우 해당요건을 충족하는지에 대한 입증은 당해 사업자가 하여야 한다고 규정하고 있는바, 이러한 당해 기업결합으로 인한 특유의 효율성 증대효과를 판단함에 있어서는 기업의 생산·판매·연구개발 등의 측면 및 국민경제의 균형발전 측면 등을 종합적으로 고려하여 개별적으로 판단하되, 이러한 효율성 증대효과는 가까운 시일 내에 발생할 것이 명백하여야 한다.

원심은 채택 증거를 종합하여 판시와 같은 사실을 인정한 다음, 원고들 주장의 효율성 증대효과 대부분이 이 사건 기업결합으로 인한 특유의 효율성 증대효과에 해당한다고 보기 어려울 뿐만 아니라, 국내 소비자 후생 등과 관련이 없으므로 효율성 증대효과로 인정하기에 부족하고, 달리 이 사건 기업결합의 효율성 증대효과가 경쟁제한으로 인한 폐해보다 큰 경우로 볼 수 없다는 이유로, 이 사건 기업결합이 효율성 증대를 위한 기업결합에 해당한다는 원고들의 이 부분 주장을 배척하였다.

위 법리와 기록에 비추어 보면, 원심의 이러한 조치는 정당하고, 거기에 상고이유와 같은 효율성 증대를 위한 기업결합에 관한 법리오해, 채증법칙 위배 등의 위법이 없다.

4. 회생이 불가한 회사와의 기업결합인지 여부와 관련된 상고이유에 대하여

법 제7조 제2항에서는 상당 기간 대차대조표상의 자본총계가 납입자본금보다 작은 상태에 있는 등 회생이 불가한 회사와의 기업결합(제2호)으로서, 법 시행령 제12조의4에서 규정하고 있는 요건인 '기업결합을 하지 아니하는 경우 회사의 생산설비 등이 당해 시장에서 계속 활용되기 어려운 경우, 당해 기업결합보다 경쟁제한성이 적은 다른 기업결합이 이루어지기 어려운 경우'에 해당한다고 공정거래위원회가 인정하는 기업결합에 대하여는 법 제7조 제1항의 규정을 적용하지 아니하며, 이 경우 해당요건을 충족하는지에 대한 입증은 당해 사업자가 하여야 한다고 규정하고 있다.

원심은 채택 증거를 종합하여 판시와 같은 사실을 인정한 다음, 이 사건 기업결합 당시 영창악기의 자금사정이 열악하였다고 보이기는 하나 영창악기가 지급불능 상태에 있었거나 가까운 시일 내에 지급불능 상태에 이르러 회생이 불가한 회사라고 단정하기 어려운 점, 영창악기가 국내외에서 높은 브랜드 인지도를 보유하고 상당한 판매실적을 기록하고 있는 사정 등에 비추어 영창악기가 관련 시장에서 퇴출될 것이라고 보기는 어려워 '생산설비 등이 당해 시장에서 계속 활용되기 어려운 경우'라고 단정하기 어려운 점, 실제로 원고들 이외의 다른 회사들이 영창악기에 대하여 증자참여 내지 인수를 제안했던 사정 등에 비추어 제3자의 인수가능성이 없어 '이 사건 기업결합보다 경쟁제한성이 적은 다른 기업결합이 이루어지기 어려운 경우'이었다고 단정하기 어려운 점 등을 종합하여, 이 사건 기업결합이 회생이 불가한 회사와의 기업결합에 해당한다는 원고들의 이 부분 주장을 배척하였다.

위 법리와 기록에 비추어 보면, 원심의 이러한 조치는 정당하고, 거기에 상고이유와 같은 회생이 불가한 회사와의 기업결합에 관한 법리오해, 채증법칙 위배 등의 위법이 없다.

5. 재량권의 일탈·남용과 관련된 상고이유에 대하여

관계 법령과 기록에 비추어 보면, 피고는 법에서 규정한 범위 내에서 시정조치를 명하는 이 사건 처분을 하였을 뿐만 아니라, 원고들이 상고이유에서 내세우고 있는 사정을 참작하더라도, 피고가 이 사건 처분을 함에 있어 평등의 원칙, 비례의 원칙에 위배되는 등의 방법으로 재량권을 일탈·남용하였다고 할 수 없다.

같은 취지의 원심의 판단은 정당하고, 거기에 상고이유와 같은 재량권의 일탈·남용에 관한 법리오해, 심리미진의 위법이 없다.

6. 결 론

그러므로 상고를 모두 기각하고, 상고비용은 패소자들이 부담하도록 하여 관여 법관의 일치된 의견으로 주문과 같이 판결한다.

대법관   김영란(재판장) 김황식 이홍훈(주심) 안대희

‖ 참조문헌 ‖

곽상현, "수평결합에 대한 경쟁제한성 판단기준", 저스티스 통권 116호, 한국법학원(2010)

윤인성, "가. 독점규제 및 공정거래에 관한 법률 제7조에 규정된 기업결합의 제한에 해당하는
지 여부를 판단하기 위하여 획정하여야 하는 '관련 상품에 따른 시장'의 의미와 그
범위의 판단 방법, 나. 수평적 기업결합에서 실질적 경쟁제한성이 존재하는지 여부의
판단 방법", 대법원판례해설 75호, 법원도서관(2008)

이민호, "2008년 기업결합 관련 판례 검토", 경쟁법연구 19권, 한국경쟁법학회, 법문사(2009)

주진열, "삼익악기와 영창악기의 기업결합사건", 공정거래법 판례선집, 사법발전재단(2011)

(2) 대법원 2009. 9. 10. 선고 2008두9744 판결 [카본블랙 사건]

판시사항

[1] 특정 사업자가 시장지배적 지위에 있는지 여부를 판단함에 있어 '관련 상품시장'
과 '관련 지역시장'의 의미 및 그 범위의 판단 방법

[2] 구 독점규제 및 공정거래에 관한 법률 제2조 제8호의2에서 정한 '경쟁을 실질적
으로 제한하는 행위'의 의미 및 수평적 기업결합에서 실질적 경쟁제한성 유무의
판단 방법

[3] 구 독점규제 및 공정거래에 관한 법률 제7조 제2항 제1호에서 정한 당해 기업결
합으로 인한 특유의 '효율성 증대효과'의 판단 방법

[4] 회사가 기업결합을 위하여 주식 100%를 소유한 자회사를 설립하고 소멸회사인
자회사와 존속회사인 피취득회사의 합병과정에서 존속회사가 발행한 신주를 소
멸회사의 주식을 대신하여 전부 취득한 사안에서, 공정거래위원회에 한 기업결
합 신고는 존속회사에 대한 주식취득이 이미 완료되었음을 전제로 한 사후신고
에 해당하므로, 공정거래위원회의 시정조치 처분은 구 독점규제 및 공정거래에
관한 법률 제16조 제1항 후문, 제12조 제7항의 규정에 의한 처분기간의 제한을
받지 않는다고 한 사례

판결요지

[1] 관련 상품시장은 일반적으로 서로 경쟁관계에 있는 상품들의 범위를 말하는 것

으로서, 구체적으로는 거래되는 상품의 가격이 상당 기간 어느 정도 의미 있는 수준으로 인상될 경우 그 상품의 대표적 구매자가 이에 대응하여 구매를 전환할 수 있는 상품의 집합을 의미하고, 그 시장의 범위는 거래에 관련된 상품의 가격, 기능 및 효용의 유사성, 구매자들의 대체가능성에 대한 인식 및 그와 관련한 구매행태는 물론, 판매자들의 대체가능성에 대한 인식 및 그와 관련한 경영의사의 결정행태, 사회적·경제적으로 인정되는 업종의 동질성 및 유사성 등을 종합적으로 고려하여 판단하여야 하며, 그 이외에도 기술발전의 속도, 그 상품의 생산을 위하여 필요한 다른 상품 및 그 상품을 기초로 생산되는 다른 상품에 관한 시장의 상황, 시간적·경제적·법적 측면에서의 대체의 용이성 등도 함께 고려하여야 한다. 한편, 관련 지역시장은 일반적으로 서로 경쟁관계에 있는 사업자들이 위치한 지리적 범위를 말하는 것으로서, 구체적으로는 다른 모든 지역에서의 가격은 일정하나 특정 지역에서만 상당 기간 어느 정도 의미 있는 가격인상 또는 가격인하가 이루어질 경우 당해 지역의 대표적 구매자 또는 판매자가 이에 대응하여 구매 또는 판매를 전환할 수 있는 지역 전체를 의미하고, 그 시장의 범위는 거래에 관련된 상품의 가격과 특성 및 판매자의 생산량, 사업능력, 운송비용, 구매자의 구매지역 전환가능성에 대한 인식 및 그와 관련한 구매자들의 구매지역 전환행태, 판매자의 구매지역 전환가능성에 대한 인식 및 그와 관련한 경영의사결정 행태, 시간적·경제적·법적 측면에서의 구매지역 전환의 용이성 등을 종합적으로 고려하여 판단하여야 하며, 그 외에 기술발전의 속도, 관련 상품의 생산을 위하여 필요한 다른 상품 및 관련 상품을 기초로 생산되는 다른 상품에 관한 시장의 상황 등도 함께 고려하여야 한다.

[2] 구 독점규제 및 공정거래에 관한 법률(2007. 4. 13. 법률 제8382호로 개정되기 전의 것) 제2조 제8호의2가 규정하고 있는 '경쟁을 실질적으로 제한하는 행위'란 일정한 거래분야의 경쟁이 감소하여 특정 사업자 또는 사업자단체의 의사에 따라 어느 정도 자유로이 가격·수량·품질 기타 거래조건 등의 결정에 영향을 미치거나 미칠 우려가 있는 상태를 초래하는 행위를 의미하며, 수평적 기업결합에서 이러한 실질적 경쟁제한성 유무를 판단하는 경우에는 위 법 제7조 제4항 제1호가 규정하고 있는 경쟁제한성 추정요건의 충족 여부 외에도 해외경쟁의 도입수준 및 국제적 경쟁상황, 신규진입의 가능성, 경쟁사업자들 사이의 공동행위 가능성, 유사품 및 인접시장의 존재 여부 등을 종합적으로 고려하여 개별적으로 판단하여야 한다.

[3] 구 독점규제 및 공정거래에 관한 법률(2007. 4. 13. 법률 제8382호로 개정되기 전의 것) 제7조 제2항은 공정거래위원회가 당해 기업결합 외의 방법으로 달성하기 어려운 효율성 증대효과가 경쟁제한으로 인한 폐해보다 큰 경우(제1호)에 해당한다고 인정하는 기업결합에 대하여는 같은 조 제1항의 기업결합 제한규정을 적용하지 아니하고, 이러한 경우 해당요건을 충족하는지에 대한 입증은 당해 사업자가 하여야 한다고 규정하고 있으므로, 당해 기업결합으로 인한 특유의 효율성 증대효과는 기업의 생산·판매·연구개발 등의 측면 및 국민경제의 균형발전 측면 등을 종합적으로 고려하여 개별적으로 판단하되, 그 효율성 증대효과는 가까운 시일 내에 발생할 것이 명백하여야 한다.

[4] 회사가 기업결합을 위하여 주식 100%를 소유한 자회사를 설립하고 소멸회사인 자회사와 존속회사인 피취득회사의 합병과정에서 존속회사가 발행한 신주를 소멸회사의 주식을 대신하여 전부 취득한 사안에서, 그 회사의 존속회사 주식 취득은 구 독점규제 및 공정거래에 관한 법률 시행령(2007. 11. 2. 대통령령 제20360호로 개정되기 전의 것) 제18조 제8항 제1호 (나)목에서 정한 기타 주식취득에 해당하여, 그 회사가 공정거래위원회에 한 기업결합 신고는 존속회사에 대한 주식 취득이 이미 완료되었음을 전제로 한 사후신고에 해당하므로, 공정거래위원회의 시정조치처분은 구 독점규제 및 공정거래에 관한 법률(2007. 4. 13. 법률 제8382호로 개정되기 전의 것) 제16조 제1항 후문, 제12조 제7항의 규정에 의한 처분기간의 제한을 받지 않는다고 한 사례.

참조조문

[1] 독점규제 및 공정거래에 관한 법률 제7조
[2] 구 독점규제 및 공정거래에 관한 법률(2007. 4. 13. 법률 제8382호로 개정되기 전의 것) 제2조 제8호의2
[3] 구 독점규제 및 공정거래에 관한 법률(2007. 4. 13. 법률 제8382호로 개정되기 전의 것) 제7조 제2항
[4] 구 독점규제 및 공정거래에 관한 법률(2007. 4. 13. 법률 제8382호로 개정되기 전의 것) 제12조 제7항, 제16조 제1항, 구 독점규제 및 공정거래에 관한 법률 시행령(2007. 11. 2. 대통령령 제20360호로 개정되기 전의 것) 제18조 제8항 제1호 (나)목(현행 제18조 제10항 제1호 참조)

참조판례

[1] 대법원 2007. 11. 22. 선고 2002두8626 전원합의체 판결
[3] 대법원 2008. 5. 29. 선고 2006두6659 판결

따름판례

대법원 2011. 6. 10. 선고 2008두16322 판결

전 문

【원고, 상고인】 오씨아이 주식회사 외 1인
【피고, 피상고인】 공정거래위원회
【피고 보조참가인】 대한타이어공업협회
【주 문】
상고를 모두 기각한다. 상고비용은 원고들이 부담한다.
【이 유】
상고이유를 판단한다.

1. 상고이유 제1점에 대하여

관련 상품시장은 일반적으로 서로 경쟁관계에 있는 상품들의 범위를 말하는 것으로서, 구체적으로는 거래되는 상품의 가격이 상당 기간 어느 정도 의미 있는 수준으로 인상될 경우 그 상품의 대표적 구매자가 이에 대응하여 구매를 전환할 수 있는 상품의 집합을 의미하고, 그 시장의 범위는 거래에 관련된 상품의 가격, 기능 및 효용의 유사성, 구매자들의 대체가능성에 대한 인식 및 그와 관련한 구매행태는 물론, 판매자들의 대체가능성에 대한 인식 및 그와 관련한 경영의사의 결정행태, 사회적·경제적으로 인정되는 업종의 동질성 및 유사성 등을 종합적으로 고려하여 판단하여야 할 것이며, 그 이외에도 기술발전의 속도, 그 상품의 생산을 위하여 필요한 다른 상품 및 그 상품을 기초로 생산되는 다른 상품에 관한 시장의 상황, 시간적·경제적·법적 측면에서의 대체의 용이성 등도 함께 고려하여야 한다 (대법원 2008. 5. 29. 선고 2006두6659 판결 참조).

원심은, 채택증거를 종합하여 판시와 같은 사실을 인정한 다음, 타이어용 카본블랙과 산업고무용 카본블랙은 제품의 상당 부분이 중복되고 산업고무용 카본블랙의 70% 이상이 타이어용으로도 사용 가능한 점, 두 제품 사이의 가격 차이가 크지 아니한 점, 공급 측면에서도 생산설비 및 제품 공정의 상당 부분을 공유하고 있는 점 등에 비추어 볼 때, 산업고무용 카본블랙의 가격이 상당한 기간 의미 있는 수준으로 인상될 경우에 구매자는 이에 대응하여 타이어용 카본블랙으로 구매를 전환할 수 있고, 반대로 타이어용 카본블랙의 가격이 인상될 경우에도 구매자는 동일하게 산업고무용 카본블랙으로 구매를 전환할 수 있으므로, 비록 타이어용 카본블랙과 산업고무용 카본블랙 사이에 용도, 수요자, 운송 및 포장방법에

다소 차이가 있다고 하더라도, 타이어용 카본블랙과 산업고무용 카본블랙을 함께 하나의 관련시장(이하 이를 '고무용 카본블랙 시장'이라 한다)으로 획정하는 것이 타당하다고 판단하였다.

위 법리 및 기록에 비추어 보면, 원심의 위와 같은 판단은 정당하고, 거기에 상고이유에서 주장하는 바와 같은 관련 상품시장의 획정에 관한 법리오해 등의 위법이 없다.

2. 상고이유 제2점에 대하여

관련 지역시장은 일반적으로 서로 경쟁관계에 있는 사업자들이 위치한 지리적 범위를 말하는 것으로서, 구체적으로는 다른 모든 지역에서의 가격은 일정하나 특정 지역에서만 상당 기간 어느 정도 의미 있는 가격인상 또는 가격인하가 이루어질 경우 당해 지역의 대표적 구매자 또는 판매자가 이에 대응하여 구매 또는 판매를 전환할 수 있는 지역 전체를 의미하고, 그 시장의 범위는 거래에 관련된 상품의 가격과 특성 및 판매자의 생산량, 사업능력, 운송비용, 구매자의 구매지역 전환가능성에 대한 인식 및 그와 관련한 구매자들의 구매지역 전환행태, 판매자의 구매지역 전환가능성에 대한 인식 및 그와 관련한 경영의사결정 행태, 시간적·경제적·법적 측면에서의 구매지역 전환의 용이성 등을 종합적으로 고려하여 판단하여야 할 것이며, 그 외에 기술발전의 속도, 관련 상품의 생산을 위하여 필요한 다른 상품 및 관련 상품을 기초로 생산되는 다른 상품에 관한 시장의 상황 등도 함께 고려하여야 할 것이다(대법원 2007. 11. 22. 선고 2002두8626 전원합의체 판결 참조).

원심은, 채택증거를 종합하여 판시와 같은 사실을 인정한 다음, 고무용 카본블랙의 경우 수입품의 점유율이 1% 미만으로 매우 미미할 뿐 아니라 향후에도 수입물량이 쉽게 증가되지 않을 것으로 보이는 점 등에 비추어 보면, 고무용 카본블랙에 대한 관련 지리적 시장은 국내 시장으로 획정함이 타당하다고 판단하였다. 위 법리 및 기록에 비추어 보면, 원심의 위와 같은 판단은 정당하고, 거기에 상고이유에서 주장하는 바와 같은 관련 지역시장의 획정에 관한 법리오해 등의 위법이 없다.

3. 상고이유 제3 내지 8점에 대하여

구 독점규제 및 공정거래에 관한 법률(2007. 4. 13. 법률 제8382호로 개정되기 전의 것, 이하 '공정거래법'이라고 한다) 제2조 제8호의2가 규정하고 있는 '경쟁을 실질적으로 제한하는 행위'란 일정한 거래분야의 경쟁이 감소하여 특정 사업자 또는 사업자단체의 의사에 따라 어느 정도 자유로이 가격·수량·품질 기타 거래조건 등의 결정에 영향을 미치거나 미칠 우려가 있는 상태를 초래하는 행위를 의미하는바, 수평적 기업결합에서 이러한 실질적 경쟁제한성 유무를 판단하는 경우에는 공정거래법 제7조 제4항 제1호가 규정하고 있는 경쟁제한성 추정요건의 충족 여부 외에도 해외경쟁의 도입수준 및 국제적 경쟁상황, 신규진입의 가능성, 경쟁사업자들 사이의 공동행위 가능성, 유사품 및 인접시장의 존재 여부 등을 종합적으로 고려하여 개별적으로 판단하여야 한다.

원심은, 채택증거를 종합하여 판시와 같은 사실을 인정한 다음, 이 사건 기업결합으로 인한 원고 오씨아이 주식회사(이하 '원고 오씨아이'라 한다)및 콜럼비안 캐미컬즈 코리아 주식회사(Columbian Chemicals Korea, 이하 'CCK'라 한다)의 시장점유율 합계가 공정거래법

제7조 제4항 제1호가 규정하고 있는 경쟁제한성 추정요건을 충족할 뿐만 아니라, CCK와 금호타이어 주식회사 사이에 카본블랙 장기공급계약이 체결되어 있다는 사유만으로 이 사건 기업결합으로 인한 시장집중도가 크게 감소되지는 않으며, 해외경쟁의 도입 가능성도 그다지 높지 않고, 이 사건 관련시장에 대량구매사업자가 존재하기는 하지만 그 존재가 이 사건 기업결합에 의하여 제한되는 경쟁을 회복시키는 정도는 아니며, 이 사건 기업결합 후 국내 고무용 카본블랙 시장에서 경쟁사업자들 사이의 공동행위 가능성이 증가하거나 원고 오씨아이-CCK(이하 '결합회사'라 한다)가 가격인상과 같은 시장지배력 지위남용행위를 할 가능성이 높다는 이유로, 이 사건 기업결합은 관련시장에서의 경쟁을 실질적으로 제한하는 행위에 해당한다고 판단하였다.

위 법리 및 기록에 비추어 보면, 원심의 위와 같은 판단은 정당하고, 거기에 상고이유에서 주장하는 바와 같은 경쟁제한성 추정요건에 관한 법리오해, 시장집중도와 해외경쟁의 도입 가능성, 대량구매자가 존재하는 경우의 경쟁제한성, 공동행위의 가능성 및 시장지배력지위남용 가능성 등에 관한 채증법칙 위배 등의 위법이 없다.

4. 상고이유 제9점에 대하여

공정거래법 제7조 제2항은 공정거래위원회가 당해 기업결합 외의 방법으로 달성하기 어려운 효율성 증대효과가 경쟁제한으로 인한 폐해보다 큰 경우(제1호)에 해당한다고 인정하는 기업결합에 대하여는 같은 조 제1항 소정의 기업결합 제한규정을 적용하지 아니하고, 이러한 경우 해당요건을 충족하는지에 대한 입증은 당해 사업자가 하여야 한다고 규정하고 있는바, 당해 기업결합으로 인한 특유의 효율성 증대효과는 기업의 생산·판매·연구개발 등의 측면 및 국민경제의 균형발전 측면 등을 종합적으로 고려하여 개별적으로 판단하되, 그 효율성 증대효과는 가까운 시일 내에 발생할 것이 명백하여야 한다(대법원 2008. 5. 29. 선고 2006두6659 판결 참조).

원심은, 채택증거를 종합하여 판시와 같은 사실을 인정한 다음, 이 사건 기업결합으로 인하여 총 88억 9,700만 원 정도의 효율성 증대효과가 발생할 수 있으나, 위와 같은 효율성 증대효과액은 2005년 기준 연간 국내 고무용 카본블랙 시장의 매출액 규모인 2,695억 원에 비하여 3.3% 정도에 불과하므로 이로 인한 가격인하 효과가 크지 않다고 보이고, 따라서 원고가 주장하는 사유만으로는 이 사건 기업결합으로 인한 효율성 증대효과가 경쟁제한으로 인한 폐해보다 크다고 할 수 없다고 판단하였다.

기록에 비추어 보면, 원심의 위와 같은 판단은 정당하고, 거기에 상고이유에서 주장하는 바와 같은 효율성 증대효과에 관한 채증법칙 위배 등의 위법이 없다.

5. 상고이유 제10점에 대하여

원심은, 채택증거를 종합하여 판시와 같은 사실을 인정한 다음, 원고 콜럼비안 캐미컬즈 어퀴지션 엘엘씨(Columbian Chemicals Acquisition LLC, 이하 '원고 CCAL'이라 한다)가 이 사건 기업결합을 위하여 주식 100%를 소유한 자회사로 콜럼비안 캐미컬즈 머저 서브(Columbian Chemicals Merger Sub, Inc., 이하 'CCMS'라 한다)를 설립하였는데, CCMS와 피취득회사인 콜럼비안 캐미컬즈 컴퍼니(Columbian Chemicals Company, 이하 'CCC'라고 한다)의 합병으로 인하여 존속회사인 CCC의 구 주주인 펠프스 다지 코퍼레이션(Phelps Dodge Corporation)이 보유하고 있는 CCC의 기존 주식은 전부 소각되었고, 소멸회사인 CCMS의 주주인 원고 CCAL은 합병 후 CCC가 새로이 발행하는 주식을 전부 취득하게 되었으므로 CCMS와 CCC의 합병은 원고 CCAL이 CCC의 신주를 취득하기 위한 수단에 불과한 점, 이 사건 기업결합의 신고 대상도 CCMS와 CCC의 합병 자체가 아니라 원고 CCAL의 CCC 주식의 취득인 점, 원고 CCAL은 CCC의 기존 주식을 장외에서 취득한 것이 아니라 CCMS와 CCC 사이의 합병과정에서 존속법인인 CCC가 발행한 신주를 소멸법인인 CCMS의 주식을 대신하여 취득한 것인 점 등에 비추어 볼 때, 원고 CCAL의 CCC 주식 취득은 구 독점규제 및 공정거래에 관한 법률 시행령(2007. 11. 2. 대통령령 제20360호로 개정되기 전의 것) 제18조 제8항 제1호 (가)목 소정의 구주의 장외취득에 해당하는 것이 아니라, 같은 호 (나)목 소정의 기타 주식취득에 해당하므로, 원고 CCAL이 2006. 3. 28. 피고에게 한 기업결합 신고는 CCC에 대한 주식취득이 이미 완료되었음을 전제로 한 사후신고에 해당하고, 따라서 이 사건 처분은 공정거래법 제16조 제1항 후문, 제12조 제7항의 규정에 의한 처분기간의 제한을 받지 아니한다고 판단하였다.

관계 법령 및 기록에 비추어 보면, 원심의 위와 같은 판단은 정당하고, 거기에 상고이유에서 주장하는 바와 같은 이 사건 기업결합 신고의 법적 성격 등에 관한 법리오해 등의 위법이 없다.

6. 상고이유 제11점에 대하여

원심은, 채택증거를 종합하여 판시와 같은 사실을 인정한 다음, 피고가 이 사건 기업결합에 대하여 이 사건 처분과 같은 구조적 시정조치를 취하지 않을 것이라는 공적 견해를 표명하였다고 볼 만한 아무런 증거가 없으므로 신뢰보호의 원칙이 적용되지 않는다는 취지로 판단하였다.

기록에 비추어 보면, 원심의 위와 같은 판단은 정당하고, 거기에 상고이유에서 주장하는 바와 같은 신뢰보호의 원칙에 관한 채증법칙 위배 등의 위법이 없다.

7. 상고이유 제12점에 대하여

원심은, 채택증거를 종합하여 판시와 같은 사실을 인정한 다음, 공정거래법 제16조 제1항은 피고가 일정한 거래분야에서의 경쟁을 실질적으로 제한하는 기업결합에 대하여는 주식의 전부 또는 일부의 처분(제2호), 영업양도(제3호), 기타 법위반 상태를 시정하기 위한 조치(제8호)등 시정조치를 할 수 있다고 규정하고 있는바, 위 규정에 따라 어떠한 시정조치를 명할 것인지에 관하여는 피고에게 비교적 넓은 재량이 부여되어 있다고 할 것인 점, 이 사건 기업결합으로 인하여 국내 고무용 카본블랙 시장의 경쟁사업자 수가 3개에서 2개로 감소함으로써 결합회사의 시장점유율 합계가 63%를 초과하게 되어 경쟁제한의 정도가 매우 크고 이로 인한 폐해도 매우 심각할 것으로 보이는 점, 이미 실현된 기업결합으로 인한 경쟁제한의 폐해를 시정하기 위하여는 결합 전의 상태로 원상회복을 명하거나 일부 생산설비를 매각하는 등으로 새로운 경쟁사업자를 출현시키는 것이 가장 효율적인 수단이라고 할 것인 점, 피고는 원고들로 하여금 CCK 주식에 대한 매각을 통한 원상회복 조치 이외에 원고 오씨아이의 포항공장 또는 광양공장 중 한 곳의 카본블랙 설비 일체를 제3자에게 매각할 수 있도록 선택권을 부여하고 있는 점, 카본블랙은 크레오소트(Creosote) 또는 에프씨씨 오일(FCC Oil)을 주원료로 하는 것이지만 원고 오씨아이는 자체 생산하는 크레오소트를 카본블랙의 주원료로 사용하고 있으므로 에프씨씨 오일의 국제가격을 기준으로 한 카본블랙의 가격상한 설정방식은 유효적절한 시정조치로 보이지 아니하는 점, 다른 행태적 시정조치도 기술발전 등 장래의 시장여건 변화에 따른 경제상황에 탄력적으로 대응할 수 없어 이 사건 기업결합으로 인한 경쟁제한성을 해소하기에 현저히 부족할 것으로 보이는 점 등에 비추어 볼 때, 피고가 이 사건 기업결합으로 인한 경쟁제한성을 시정하기 위하여 이 사건 처분과 같은 구조적 시정조치를 한 것은 적절하고, 거기에 재량권의 범위를 일탈하였거나 남용한 위법이 있다고 할 수 없다고 판단하였다.

기록에 비추어 보면, 원심의 위와 같은 판단은 정당하고, 거기에 상고이유에서 주장하는 바와 같은 시정조치의 선택에 관한 재량권을 일탈·남용한 위법이 없다.

8. 결 론

그러므로 상고를 모두 기각하고 상고비용은 패소자들이 부담하기로 하여, 관여 대법관의 일치된 의견으로 주문과 같이 판결한다.

대법관   박시환(재판장), 안대희, 신영철(주심)

▌ 참조문헌 ▌

강상욱, "기업결합과 경쟁제한성 인정 여부 등", 대법원판례해설 82호, 법원도서관(2010)
주진열, "오씨아이와 CCK의 기업결합사건", 공정거래법 판례선집, 사법발전재단(2011)

(3) 대법원 2019. 12. 12. 선고 2018두63563 판결 [기업결합 이행강제금 사건]

판시사항

[1] 독점규제 및 공정거래에 관한 법률 제16조에 따른 시정조치를 그 정한 기간 내에 이행하지 아니하는 자에 대하여 같은 법 제17조의3에 따라 이행강제금을 부과할 수 있는지 여부(적극) 및 시정조치가 같은 법 제16조 제1항 제7호에 따른 부작위 의무를 명하는 내용인 경우에도 마찬가지인지 여부(적극) / 이행강제금이 부과되기 전에 시정조치를 이행하거나 부작위 의무를 명하는 시정조치 불이행을 중단한 경우 과거의 시정조치 불이행기간에 대하여 이행강제금을 부과할 수 있

는지 여부(적극)

[2] 회사합병이 있는 경우 피합병회사의 권리·의무가 모두 합병으로 인하여 존속한 회사에 승계되는지 여부(원칙적 적극)

판결요지

[1] 독점규제 및 공정거래에 관한 법률(이하 '공정거래법'이라 한다)상 기업결합 제한 위반행위자에 대한 시정조치 및 이행강제금 부과 등에 관한 구 공정거래법(1999. 2. 5. 법률 제5813호로 개정되기 전의 것) 제17조 제3항, 공정거래법 제7조 제1항 제1호, 제16조 제1항 제7호, 제17조의3 제1항 제1호, 제2항, 독점규제 및 공정거래에 관한 법률 시행령 제23조의4 제1항, 제3항을 종합적·체계적으로 살펴보면, 공정거래법 제17조의3은 같은 법 제16조에 따른 시정조치를 그 정한 기간 내에 이행하지 아니하는 자에 대하여 이행강제금을 부과할 수 있는 근거 규정이고, 시정조치가 공정거래법 제16조 제1항 제7호에 따른 부작위 의무를 명하는 내용이더라도 마찬가지로 보아야 한다. 나아가 이러한 이행강제금이 부과되기 전에 시정조치를 이행하거나 부작위 의무를 명하는 시정조치 불이행을 중단한 경우 과거의 시정조치 불이행기간에 대하여 이행강제금을 부과할 수 있다고 봄이 타당하다.

[2] 회사합병이 있는 경우에는 피합병회사의 권리·의무는 사법상의 관계나 공법상의 관계를 불문하고 그의 성질상 이전을 허용하지 않는 것을 제외하고는 모두 합병으로 인하여 존속한 회사에 승계되는 것으로 보아야 한다.

참조조문

[1] 구 독점규제 및 공정거래에 관한 법률(1999. 2. 5. 법률 제5813호로 개정되기 전의 것) 제17조 제3항(현행 삭제), 독점규제 및 공정거래에 관한 법률 제7조 제1항 제1호, 제16조 제1항 제7호, 제17조의3 제1항 제1호, 제2항, 독점규제 및 공정거래에 관한 법률 시행령 제23조의4 제1항, 제3항, 건축법 제80조 제6항, 구 국토의 계획 및 이용에 관한 법률 (2016. 1. 19. 법률 제13797호로 개정되기 전의 것) 제124조의2 제5항(현행 부동산 거래 신고 등에 관한 법률 제18조 제5항 참조), 부동산 실권리자명의 등기에 관한 법률 제6조 제2항

[2] 상법 제235조

참조판례

[2] 대법원 1994. 10. 25. 선고 93누21231 판결, 대법원 2004. 7. 8. 선고 2002두1946 판결

전 문

【원고, 상고인】 주식회사 현대에이치씨엔
【피고, 피상고인】 공정거래위원회
【원심판결】 서울고법 2018. 10. 19. 선고 2018누39883 판결
【주 문】
상고를 기각한다. 상고비용은 원고가 부담한다.
【이 유】

1. 사안의 개요와 쟁점

가. 원심판결 이유에 의하면, 다음과 같은 사실을 알 수 있다.

(1) 피고는 주식회사 현대에이치씨엔경북방송(이하 '경북방송'이라 한다)의 모회사인 원고가 포항종합케이블방송사의 주식 98.58%를 취득한 기업결합이 독점규제 및 공정거래에 관한 법률(이하 '공정거래법'이라 한다) 제7조 제1항의 규정에 위반한다고 판단하여, 2013. 3. 14. 경북방송에 일정기간 수신료를 소비자물가상승률을 초과하여 인상하는 행위를 금지하는 내용 등의 시정조치(이하 '이 사건 시정조치'라 한다)를 하였다.

(2) 피고는 2016. 11. 21. 경북방송에 이 사건 시정조치를 이행하지 않았다는 이유로 이행강제금 부과처분을 하였다. 이에 경북방송은 이행강제금 부과처분 취소소송(서울고등법원 2016누81255)을 제기하였고, 원고는 위 취소소송 계속 중인 2016. 12. 29. 경북방송을 흡수합병하고 위 소송절차를 수계하였다.

(3) 서울고등법원은 2017. 10. 11. '시정조치 불이행기간 산정이 잘못되었다'는 이유로 이행강제금 부과처분을 취소하는 판결(이하 '선행판결'이라 한다)을 선고하였고, 위 판결은 2017. 11. 7. 확정되었다.

(4) 피고는 선행판결 취지에 따라 불이행기간과 이행강제금액을 다시 산정하여 2018. 2. 5. 원고에게 이행강제금 부과처분(이하 '이 사건 처분'이라 한다)을 하였다.

나. 이 사건의 쟁점은 이행강제금 부과 전에 부작위 의무를 명하는 시정조치의 불이행을 중단한 경우 이행강제금을 부과할 수 있는지, 경북방송의 이행강제금 납부의무가 원고에게 승계되는지, 이행강제금 부과기간이 도과하였는지 여부 등이다.

2. 이행강제금 부과 전에 부작위 의무를 명하는 시정조치의 불이행을 중단한 경우 이행강제금을 부과할 수 있는지 여부(상고이유 제1점, 제2점)

가. 관련 법령의 내용과 법령 개정 경위

(1) 공정거래법 제7조 제1항은 누구든지 직접 또는 대통령령이 정하는 특수한 관계에 있는 자를 통하여 '다른 회사의 주식의 취득 또는 소유'(제1호) 등에 해당하는 행위(이하 '기

업결합'이라 한다)로서 일정한 거래분야에서 경쟁을 실질적으로 제한하는 행위를 하여서는 아니 된다고 규정하고 있다. 공정거래법 제16조 제1항은 공정거래위원회는 제7조 제1항(기업결합의 제한)의 규정에 위반하거나 위반할 우려가 있는 행위가 있는 때에는 당해 사업자 또는 위반행위자에 대하여 다음 각호의 1의 시정조치를 명할 수 있다고 규정하면서, 제7호에서 '기업결합에 따른 경쟁제한의 폐해를 방지할 수 있는 영업방식 또는 영업범위의 제한'을 규정하고 있다.

한편, 공정거래법 제17조의3 제1항은 공정거래위원회는 제7조(기업결합의 제한) 제1항을 위반하여 제16조(시정조치 등)에 따라 시정조치를 받은 후 그 정한 기간 내에 이행을 하지 아니하는 자에 대하여 매 1일당 다음 각 호의 금액에 1만분의 3을 곱한 금액을 초과하지 아니하는 범위 안에서 이행강제금을 부과할 수 있다고 규정하면서, 제1호에서 '제7조(기업결합의 제한) 제1항 제1호의 기업결합의 경우에는 취득 또는 소유한 주식의 장부가격과 인수하는 채무의 합계액'을 규정하고 있다. 또한 공정거래법 제17조의3 제2항은 이행강제금의 부과·납부·징수·환급 등에 관하여 필요한 사항은 대통령령으로 정한다고 규정하고 있고, 그 위임에 따라 독점규제 및 공정거래에 관한 법률 시행령(이하 '공정거래법 시행령'이라 한다) 제23조의4는 공정거래위원회는 법 제17조의3(이행강제금)의 규정에 의하여 이행강제금을 부과하는 때에는 시정조치에서 정한 기간의 종료일 다음날부터 시정조치를 이행하는 날까지의 기간에 대하여 이를 부과한다고 규정하고(제1항), 제1항에도 불구하고 법 제16조(시정조치) 제1항 제7호 및 제8호의 규정에 의한 시정조치가 매분기·매사업연도등 기간별로 일정한 의무를 명하는 내용인 경우로서 이를 이행하지 아니하는 자에 대하여 이행강제금을 부과하는 때에는 당해불이행기간에 대하여 이를 부과한다고 규정하고 있다(제3항).

(2) 공정거래법은 1999. 2. 5. 법률 제5813호로 개정되면서 공정거래법상 기업결합 관련 시정조치에 '기업결합에 따른 경쟁제한의 폐해를 방지할 수 있는 영업방식 또는 영업범위의 제한'이 추가되었고(제16조 제1항 제7호), 기업결합 관련 이행강제금 제도(제17조의3)가 새로 도입되었다. 위 개정 전 공정거래법은 경쟁제한적인 기업결합을 한 자에 대하여 시정조치 외에 과징금 제도(제17조 제3항)를 두고 있었으나, 위 개정으로 과징금 규정을 삭제하고, 기업결합에 대한 제재조치가 시정조치로 일원화되었으며, 그 시정조치의 실효성을 제고하기 위하여 이행강제금 제도가 신설되었다.

나. 이러한 공정거래법상 기업결합 제한 위반행위자에 대한 시정조치 및 이행강제금 부과 등에 관한 위 각 규정을 종합적·체계적으로 살펴보면, 공정거래법 제17조의3은 같은 법 제16조에 따른 시정조치를 그 정한 기간 내에 이행하지 아니하는 자에 대하여 이행강제금을 부과할 수 있는 근거 규정이고, 시정조치가 공정거래법 제16조 제1항 제7호에 따른 부작위 의무를 명하는 내용이더라도 마찬가지로 보아야 한다. 나아가 이러한 이행강제금이 부과되기 전에 시정조치를 이행하거나 부작위 의무를 명하는 시정조치 불이행을 중단한 경우 과거의 시정조치 불이행기간에 대하여 이행강제금을 부과할 수 있다고 봄이 타당하다. 그 이유는 다음과 같다.

(1) 현행 법질서에서 행정의 '새로운 의무이행확보수단'인 이행강제금에 관한 일반법이 존재하지 않고, 개별법률에서 제 각각으로 정한 이행강제금의 법적 성질은 각 개별법률의

규정 형식과 내용, 체계 등을 종합적으로 고려하여 판단하여야 한다.

(2) 그런데 공정거래법 제17조의3은 이행강제금의 부과 상대방(시정조치를 받은 후 그 정한 기간 내에 이행을 하지 아니하는 자)과 부과 범위(매 1일당 위 제17조의3 제1항 제1 내지 3호의 금액에 1만분의 3을 곱한 금액을 초과하지 아니하는 범위)를 규정하고 나머지 부과·납부·징수·환급 등에 관하여 필요한 사항은 대통령령에 위임하고 있다. 그 위임에 따른 공정거래법 시행령 제23조의4는 공정거래위원회가 '시정조치에서 정한 기간의 종료일 다음날부터 시정조치를 이행하는 날까지의 기간'에 대하여 이행강제금을 부과하도록 규정하면서(제1항), 법 제16조(시정조치) 제1항 제7호 및 제8호의 규정에 의한 시정조치가 매분기·매사업연도등 기간별로 일정한 의무를 명하는 내용인 경우로서 이를 이행하지 아니하는 자에 대하여 이행강제금을 부과하는 때에는 '당해 불이행기간'에 대하여 이를 부과하도록 규정하고 있다(제3항). 이처럼 공정거래법 제17조의3에 따른 이행강제금은 반복하여 부과할 수 있도록 규정하고 있지 않고 매 1일당 일정 금액을 불이행기간에 비례하여 부과할 수 있도록 규정하고 있을 뿐, 시정명령(또는 이행명령)을 받은 자가 그 명령을 이행하는 경우에 새로운 이행강제금의 부과를 즉시 중지한다는 취지의 규정{건축법 제80조 제6항, 구 국토의 계획 및 이용에 관한 법률(2016. 1. 19. 법률 제13797호로 개정되기 전의 것, 이하 '구 국토계획법'이라 한다) 제124조의2 제5항} 또는 이미 의무 불이행이라는 과거의 사실에 대한 제재인 과징금이 부과된 행위를 대상으로 재차 이행강제금을 부과할 수 있도록 하는 규정{부동산 실권리자명의 등기에 관한 법률(이하 '부동산실명법'이라 한다) 제6조 제2항} 등을 두고 있지 않다.

(3) 또한 공정거래위원회는 공정거래법 제7조 제1항의 기업결합 제한 규정을 위반한 사업자에 대하여 제16조에 규정된 시정조치 중 하나로서 '기업결합에 따른 경쟁제한의 폐해를 방지할 수 있는 영업방식 또는 영업범위의 제한'을 명할 수 있으므로(공정거래법 제16조 제1항 제7호), 영업방식 또는 영업범위의 제한을 위하여 일정한 기간 동안 어떠한 행위를 금지하는 부작위 의무를 부과할 수 있다.

부작위 의무자가 시정조치를 위반한 이상 일정한 기간 동안의 부작위 의무 불이행 후 의무 불이행을 중단한다고 하더라도 시장에 미친 경쟁제한의 영향력이 없다고 보기 어려우므로 '기업결합에 따른 경쟁제한의 폐해 방지'라는 공정거래법 제16조 제1항에 따른 시정조치의 목적은 이미 일정한 범위에서 달성되지 못하게 된다.

만약 일정한 기간 동안의 부작위 의무를 불이행한 후 의무 불이행을 중단하였다고 하여 불이행기간에 대하여 이행강제금을 부과할 수 없다고 해석한다면, 공정거래법 제7조 제1항을 위반하여 같은 법 제16조 제1항 제7호에 따라 일정한 부작위 의무를 명하는 시정조치를 받은 사업자는 피고의 시정조치에 따른 부작위 의무를 이행하지 않고 있다가 공정거래위원회가 이행강제금 부과처분을 위한 심사에 착수하면 그때 불이행을 중단함으로써 이행강제금 부과를 면할 수 있게 되고, 그 경우 공정거래법상 이행강제금 규정은 규제의 실효성을 가지지 못하게 된다.

(4) 이처럼 공정거래법 관련 규정 형식과 내용, 체계, 연혁 등을 종합적으로 고려하면, 공정거래법 제17조의3에 따른 이행강제금은 기업결합과 관련하여 종래의 과징금 제도를 폐

지하고 과거의 의무위반행위에 대한 제재와 장래 의무 이행의 간접강제를 통합하여 시정조치 불이행기간에 비례하여 제재금을 부과하도록 하는 제도라고 보아야 한다.

(5) 원고가 상고이유에서 원용하고 있는 건축법, 구 국토계획법, 부동산실명법에 따른 이행강제금 관련 판례들(대법원 2014. 12. 11. 선고 2013두15750 판결, 대법원 2016. 7. 14. 선고 2015두46598 판결, 대법원 2016. 6. 23. 선고 2015두36454 판결)은 각 해당 개별법률의 규정 형식과 내용, 체계 등을 고려한 해석일 뿐이므로, 공정거래법 제17조의3에 따른 이행강제금에 관하여 원용하기에는 적절하지 않다.

다. 같은 취지에서 원심은 공정거래법 제16조 제1항 제7호에 따라 일정한 기간 동안 부작위 의무를 명하는 시정조치를 받은 후 그 정한 기간 내에 부작위 의무를 이행하지 아니하는 자에 대하여도 공정거래법 제17조의3에 따른 이행강제금을 부과할 수 있고, 이행강제금이 부과되기 전에 시정조치를 이행하였다고 하여 달리 볼 것이 아니라고 판단하였다. 나아가 원심은 공정거래법 제17조의3 제1항은 이행강제금에 관한 기본적이고 본질적인 사항인 부과 상대방과 부과 범위에 관하여 규정하고 있으므로, 공정거래법 제17조의3 제2항의 위임에 따라 이행강제금의 부과·납부·징수·환급 등에 관하여 필요한 사항을 규정한 공정거래법 시행령 제23조의4 제3항이 법률유보원칙에 반하거나 법률의 위임범위를 일탈하였다고 보기 어렵다고 판단하였다.

라. 이러한 원심 판단은 앞서 본 법리에 기초한 것으로서, 상고이유와 같이 공정거래법 제17조의3에 따른 이행강제금의 부과 요건, 위임입법의 한계 등에 대한 법리를 오해한 위법이 없다.

3. 이행강제금 납부의무가 원고에게 승계되는지 여부(상고이유 제3점)

가. 회사합병이 있는 경우에는 피합병회사의 권리·의무는 사법상의 관계나 공법상의 관계를 불문하고 그의 성질상 이전을 허용하지 않는 것을 제외하고는 모두 합병으로 인하여 존속한 회사에 승계되는 것으로 보아야 한다(대법원 1994. 10. 25. 선고 93누21231 판결, 대법원 2004. 7. 8. 선고 2002두1946 판결 등 참조).

나. 원심은 다음과 같은 이유로 피고가 원고를 상대로 이 사건 처분을 한 것은 적법하다고 판단하였다.

(1) 흡수합병으로 소멸한 회사인 경북방송이 흡수합병 전 이미 이행강제금 부과처분을 받은 지위에 있었고, 흡수합병의 경우 이행강제금의 부과처분을 받은 지위가 성질상 이전이 되지 않는 것이라고 보기 어렵다.

(2) 선행판결에서 당초의 이행강제금 부과처분을 전부 취소한 이유는 정당한 이행강제금액의 재산정을 위해서이지, 경북방송 또는 원고에게 이행강제금 부과를 금하기 위한 것이 아니었다.

(3) 경북방송이 이 사건 시정조치를 부과받을 당시부터 원고가 경북방송의 지분 97.04%를 보유하고 있었던 점과 원고가 선행판결의 소송절차를 수계하였던 점을 고려하면, 원고에게 이 사건 처분을 한다고 하더라도 예기치 못한 법적 불안이나 손해를 야기한다고 보기도 어렵다.

다. 이러한 원심 판단은 앞서 본 법리에 기초한 것으로서, 상고이유와 같이 법인의 흡수합병으로 인한 의무승계에 관한 법리를 오해한 위법이 없다.

4. 이행강제금 부과시기를 도과하였는지 여부(상고이유 제4점)

가. 공정거래법 시행령 제23조의3 제1항 후단은 이행강제금의 부과는 특별한 사유가 있는 경우를 제외하고는 시정조치에서 정한 기간의 종료일로부터 30일 이내에 이를 하여야 한다고 규정하고 있고, 공정거래법 시행령 제23조의4 제3항 후단은 이행강제금의 부과는 특별한 사유가 있는 경우를 제외하고는 그 이행 여부를 확인할 수 있는 날부터 30일 이내에 이를 하여야 한다고 규정하고 있다.

나. 원심은 이 사건 처분은 선행판결의 취지에 따른 재처분이고, 피고가 선행판결이 확정된 후 이 사건 처분을 지연하였다는 등의 사정도 보이지 않으므로 공정거래법 시행령 제23조의4 제3항 후단 소정의 '특별한 사유'에 해당하고, 피고의 이 사건 처분이 이행강제금 부과시기를 도과하여 이루어졌다고 볼 수 없다고 판단하였다.

다. 이러한 원심 판단은 관련 법리에 기초한 것으로서 상고이유와 같이 이행강제금 부과시기에 관한 법리를 오해한 위법이 없다.

5. 결 론

그러므로 상고를 기각하고 상고비용은 패소자가 부담하기로 하여, 관여 대법관의 일치된 의견으로 주문과 같이 판결한다.

대법관   노정희(재판장) 박상옥(주심) 안철상 김상환

제3장

부당한 공동행위 및 사업자단체금지행위

1. 개 관

(1) 부당한 공동행위 및 사업자단체금지행위의 요건과 체계

1) 부당한 공동행위

부당한 공동행위의 경우 개정법에서 실체법적으로는 정보교환행위와 관련하여 큰 변화가 있었고, 예외인정을 위한 인가요건에 다소의 변경이 있었다. 개정법에서는 정보교환행위를 부당한 공동행위의 한 유형으로 새로이 추가하였고(개정법 제40조 제1항 제9호), 사업자들 사이에 정보교환행위와 행위의 외형상 일치가 존재하는 경우에 합의를 추정할 수 있도록 하였다(개정법 제40조 제5항 제2호).[1) 따라서, 구법 하에서 정보교환행위와 관련된 판례들의 판시사항은 개정법 하에서는 내용이나 결론이 달라질 수도 있을 것이므로 유의할 필요가 있다.

개정법 제40조 제1항(구법 제19조 제1항)은 사업자가 계약·협정·결의 또는 그 밖의 어떠한 방법으로도 다른 사업자와 공동으로 부당하게 경쟁을 제한하는 법 제40조 제1항 각 호의 어느 하나에 해당하는 행위를 할 것을 합의('부당한 공동행위')하는 것을 금지하고 있다. 부당한 공동행위의 요건은 ① 둘 이상의 사업자들이 ② 법 제40조 제1항 각 호의 어느 하나에 해당하는 행위를 내용으로 하는 ③ 부당하게 경쟁을 제한하는 ④ 합의를 하는 것으로 나누어 볼 수 있다. 사업자가 부당한 공동행위를 직접 하는 것뿐만 아니라 다른 사업자로 하여금 부당한 공동행위를 하도록 하는 것도 금지된다(개정법 제40조 제1항 후단, 구법 제19조 제1항 후단).

먼저 부당한 공동행위가 성립하기 위해서는 '복수의 사업자들'이 합의를 하여야 한다. 그런데 다수의 사업자를 실질적·경제적 관점에서 '사실상 하나의 사업자'로 볼 수 있는 경우에는 그들 사이에서만 이루어진 합의에는 법 제40조 제1항을 적용하지 아니한다. 다만 공동행위 심사기준은 입찰담합만은 사실상 하나의 사업자로 볼 수 있는 사업자들 사이에서도 성립하는 것으로 규정하고 있다.[2)

그리고 법 제40조 제1항 각 호에서는 부당한 공동행위의 유형을 가격합의, 거래조건합의, 공급제한합의, 시장분할합의, 설비제한합의, 상품의 종류·규격제한합의, 합작회사 등 설립행위, 입찰담합, 다른 사업자의 사업활동제한 합의와 정보교환합의의 9가지로 규정하고 있다. 특히 제9호의 다른 사업자의 사업활동제한 합의는 "그 밖의 행위로서 다른

---

1) 권오승·서정(2023), 332-333면.
2) 공동행위 심사기준 II. 1. 나. (1).

사업자(그 행위를 한 사업자를 포함한다)의 사업활동 또는 사업내용을 방해·제한 ··· 일정한 거래분야에서 경쟁을 실질적으로 제한하는 행위"라고 포괄적으로 규정하고 있어서 제1호 내지 제8호의 유형에 해당하지 않는 행위유형을 규제할 수 있도록 하고 있다.

또한 사업자들 사이의 합의가 존재하여야 하는데, 합의를 인정하기 위해서는 사업자들 상호간에 그들의 사업활동을 제한하기로 하는 '의사의 연락(meeting of minds)'이 있으면 충분하고, 이에 기하여 사업자들 간에 실제로 행위의 일치가 이루어질 것까지 요구하지는 않는다.[3] 합의는 계약·협정·결의 그 밖의 어떠한 방법으로도 이루어질 수 있고, 명시적인 합의뿐만 아니라 묵시적인 합의 내지 암묵적인 요해까지도 포함한다.[4] 합의의 증명을 용이하게 하기 위하여 둘 이상의 사업자가 법 제40조 제1항 각 호의 어느 하나에 해당하는 행위를 하고, (i) 해당 거래분야 또는 상품·용역의 특성, 해당 행위의 경제적 이유 및 파급효과, 사업자 간 접촉의 횟수·양태 등 제반사정에 비추어 그 행위를 그 사업자들이 공동으로 한 것으로 볼 수 있는 상당한 개연성이 있을 때, 또는 (ii) 제1항 각 호의 행위(제9호의 행위 중 정보를 주고받음으로써 일정한 거래분야에서 경쟁을 실질적으로 제한하는 행위는 제외)에 필요한 정보를 주고받는 때에는 합의를 추정하고 있다(개정법 제40조 제5항).[5]

마지막으로 '부당하게 경쟁을 제한하는' 합의만이 금지되는데, '부당하게 경쟁을 제한하는'이 바로 공동행위의 위법성 표지라고 할 수 있다. 공동행위의 위법성 심사의 핵심은 경쟁제한성을 판단하는 것에 있는데, 공동행위 심사기준은 먼저 공동행위의 성격을 분석하도록 하고 있다. 그 성격상 경쟁제한 효과만 생기는 것이 명백한 경우(예컨대 가격·산출량의 결정·제한이나 시장·고객의 할당 등)에는 특별한 사정이 없는 한 구체적인 경쟁제한성에 대한 심사 없이 부당한 공동행위로 판단할 수 있으나, 이 경우에도 당해 공동행위와 관련되는 시장의 구조, 거래형태, 경쟁상황 등 시장상황에 대한 개략적인 분석은 하도록 하고 있다. 반면에 그 성격상 경쟁제한 효과와 효율성증대 효과를 함께 발생시킬 수 있는 경우(예컨대 공동마케팅, 공동생산, 공동구매, 공동연구·개발, 공동표준개발 등)에는 당해 공동행위의 위법성을 판단하기 위해 경쟁제한 효과와 효율성증대 효과를 종합적으로 심사함을 원칙으로 한다.[6] 통상적으로 전자를 '경성공동행위'로, 후자를 '연성공동행

---

3) 권오승·홍명수(2021), 273면.
4) 권오승·홍명수(2021), 276면.
5) 개정법 제40조 제5항에 해당하는 규정은 구법 제19조 제5항인데, "제1항 각 호의 행위(제9호의 행위 중 정보를 주고받음으로써 일정한 거래분야에서 경쟁을 실질적으로 제한하는 행위는 제외한다)에 필요한 정보를 주고받는 때"는 개정법 제40조 제5항 제2호로 새로이 도입된 규정이다.
6) 공동행위 심사기준 V.

위'로 지칭한다. 한편 '부당하게 경쟁을 제한하는'을 어떻게 이해할 것인지에 대해서는 다양한 학설이 전개되고 있으나, 판례는 아래에서 보는 바와 같이 부당성과 경쟁제한성을 별개의 개념으로 보고 관련시장에서 경쟁제한성이 인정되더라도 경쟁에 미치는 영향 이외의 다른 요소들을 고려하여 예외적으로는 부당성이 부인될 수도 있다는 태도를 취하고 있는 것으로 보인다.[7]

한편 비록 부당한 공동행위에 해당하더라도 불황극복을 위한 산업구조조정, 연구·기술개발, 거래조건의 합리화, 중소기업의 경쟁력향상[8] 중 어느 하나의 목적을 위한 행위로서 대통령령이 정하는 요건에 해당하고 공정거래위원회의 인가를 받은 경우에는 예외적으로 허용된다(개정법 제40조 제2항). 다만 실제로 공정거래위원회가 부당한 공동행위를 인가하여 예외적으로 허용한 사례는 희소하다.[9]

2) 사업자단체 금지행위

사업자단체금지행위의 경우 개정법에서는 제50조 제2호와 제4호를 형사처벌 대상에서 제외하였는데, 그 밖에는 실체법적으로 아무런 변화가 없다. 사업자단체라 함은 그 형태가 무엇이든 상관없이 둘 이상의 사업자가 공동의 이익을 증진할 목적으로 조직한 결합체 또는 그 연합체를 말한다(개정법 제2조 제2호, 구법 제2조 제4호). 사업자단체는 구성사업자와는 별개로 인식될 수 있는 사회적인 존재, 즉 독립적인 명칭을 갖고 일정한 조직을 유지하는 둘 이상 사업자의 결합체 또는 연합체를 의미하고, 그 명칭 여하를 불문하며, 법인격이 없더라도 사업자단체에 해당할 수 있다.[10]

사업자단체는 개정법 제40조 제1항(구법 제19조 제1항) 각호의 행위로 부당하게 경쟁을 제한하는 행위, 일정한 거래분야에서 현재 또는 장래의 사업자 수를 제한하는 행위, 구성사업자의 사업내용 또는 활동을 부당하게 제한하는 행위, 사업자에게 개정법 제45조 제1항(구법 제23조 제1항)에 따른 불공정거래행위 또는 개정법 제46조(구법 제29조)에 따른 재판매가격유지행위를 하게 하거나 이를 방조하는 행위를 하는 것이 금지된다(개정법 제51조 제1항, 구법 제26조 제1항). 공동의 이익을 증진할 목적으로 설립된 사업자단체의 활동은 통상적으로 구성사업자들의 성장과 국민경제의 건전한 발전에 긍정적인 기여를 할 수도 있지만, 그 활동이 자유롭고 공정한 경쟁질서를 저해할 우려가 있는 경우에는 금지된

---

7) 이민호, 공동행위의 위법성 판단에 관한 판례상 법리 고찰, 사법 39호, 2017, 91-111면 참조.
8) 구법 제19조 제2항에서는 "산업합리화, 연구·기술개발, 불황의 극복, 산업구조의 조정, 거래조건의 합리화, 중소기업의 경쟁력향상"을 규정하고 있었다.
9) 권오승·서정(2023), 311-312면 참조.
10) 권오승·서정(2023), 506-507면.

다.[11)]

사업자단체가 개정법 제40조 제1항(구법 제19조 제1항) 각호의 행위로 부당하게 경쟁을 제한하는 행위를 하는 경우에는 부당한 공동행위 요건 중에서 행위유형과 위법성에 관한 논의가 동일하게 적용될 수 있다. 또한 부당한 공동행위의 인가에 관한 규정(개정법 제40조 제2항 및 제3항, 구법 제19조 제2항 및 제3항)도 이 경우에 준용된다(개정법 제51조 제2항, 구법 제26조 제2항).

(2) 공동행위의 위법성

1) 치즈 사건[12)]은 치즈 제조사들의 가격합의가 문제된 사안으로 대법원이 경성공동행위에 대하여 어떻게 위법성을 판단하는지를 잘 보여주는 전형적인 사건이다. 대법원은 경성공동행위의 경우에도 부당한 공동행위에 해당하는지 여부를 판단하기 위하여 먼저 관련시장을 구체적으로 획정하여야 한다고 판시하였다. 그리고 경성공동행위의 경우에도 경쟁제한성이 당연히 인정되는 것이 아니라 제반 사정을 고려하여 "당해 공동행위로 인하여 가격·수량·품질 기타 거래조건 등의 결정에 영향을 미치거나 미칠 우려가 있는지를 살펴 개별적으로 판단하여야 한다"고 판시하였다. 그러면서도 가격합의는 "그 범위 내에서 가격경쟁을 감소시킴으로써 그들의 의사에 따라 어느 정도 자유로이 가격결정에 영향을 미치거나 미칠 우려가 있는 상태를 초래하게 되므로 그와 같은 사업자의 공동행위는 특별한 사정이 없는 한 부당하다고 볼 수밖에 없다"고 하여 특별한 사정이 없는 한 가격합의가 경쟁에 미치는 영향을 구체적으로 검토하지 않고서도 경쟁제한성을 인정하고 나아가 부당성도 사실상 추정하는 듯한 태도를 보이고 있다.

2) 경성공동행위의 경우에 경쟁제한성 판단의 전제가 되는 관련시장 획정이 반드시 필요한 것인지에 대하여 학설의 대립이 있으나, 음료 제조사들 사이의 가격합의가 문제되었던 음료 사건[13)]에서 보는 바와 같이 대법원은 경성공동행위의 경우에도 관련시장을 구체적으로 획정하여야 한다는 점을 분명히 하고 있다. 또한 이 사건에서 대법원은 관련시장의 획정을 필요로 하는 행위가 기업결합행위인지 또는 부당한 공동행위인지 등에 따라 관련시장 획정의 기준이 본질적으로 달라지는 것이 아니라는 점을 명확히 하였다.

그런데 이러한 대법원의 판시에 대하여 관련시장 획정은 경쟁제한성을 판단하기 위한 수단에 불과하고 관련시장을 정확하게 획정하기 위해서는 상당한 비용과 노력을 들여야

---

11) 권오승·홍명수(2021), 395면 참조.
12) 대법원 2013. 2. 15. 선고 2012두21413 판결.
13) 대법원 2013. 2. 14. 선고 2010두28939 판결.

함에도 경쟁제한성이 명확한 사건까지 항상 관련시장을 엄밀하고 정확하게 획정하여야만 하는 것인지, 관련시장 획정을 위해서 항상 실증적 경제분석을 하여야 하는 것인지에 대하여 의문이 제기되었다. 이러한 의문에 대하여 자동차운전학원 사건[14]에서 보는 바와 같이 대법원은 관련시장을 획정할 때 반드시 실증적인 경제분석을 거쳐야만 하는 것은 아니고, 관련시장 획정에 오류가 있다고 하더라도 해당 사안의 경쟁제한성 판단에 영향을 미치지 않는 경우에는 공정거래위원회의 처분을 취소할 수 없다는 태도를 취하고 있다.

3) 옥외자동검침시스템 입찰담합 사건[15]에서는 사실상 하나의 사업자에 해당하는 두 사업자가 입찰담합을 한 경우에 경쟁제한성이 인정될 것인지가 문제되었다. 공동행위 심사기준은 사실상 하나의 사업자로 볼 수 있는 사업자들 사이에서는 부당한 공동행위가 성립하지 않는다고 규정하면서도 입찰담합만은 예외로 규정하고 있다.[16] 그런데 이 사건의 원심에서는 당해 사건에서 들러리 합의를 한 두 사업자가 상호 독립적으로 운영된다고 볼 수 없는 사실상 하나의 사업자에 해당하고, 원고가 단독으로 입찰에 참가하여 유찰이 되는 경우에는 수의계약을 체결할 수 있기 때문에 그러한 들러리 합의는 단지 유찰을 방지한 것에 불과하여 경쟁이 감소된 것으로 볼 수 없다고 판단하여 부당한 공동행위의 성립을 부정하였다. 그러나 대법원은 입찰담합을 금지하는 것은 "입찰 자체의 경쟁뿐 아니라 입찰에 이르는 과정에서의 경쟁도 함께 보호하려는 데 그 취지가 있다"고 입찰담합의 위법성에 관한 법리를 밝히면서 두 사업자 사이의 들러리 합의로 인하여 "실질적인 경쟁 없이 투찰금액으로 낙찰을 받은 반면, 다른 사업자들은 유찰 후 재입찰 등의 절차에 참가하여 경쟁을 할 기회를 제한받은 것이므로, 결국 이 사건 각 입찰에서의 경쟁이 감소하여 가격·수량·품질 기타 거래조건 등의 결정에 영향을 미치거나 미칠 우려가 있었고, 나아가 입찰에 이르는 과정에서의 경쟁 자체도 제한되었다고 봄이 상당하다"고 하여 경쟁제한성을 인정하고 부당한 공동행위가 성립된다고 보았다.

4) 어떠한 공동행위가 경쟁제한 효과와 함께 효율성증대 효과와 같은 경쟁촉진 효과도 낳는 경우 양자를 비교형량 하여 위법성을 판단하여야 한다는 점에 대해서는 이견을 찾아보기 어렵다. 그런데 경쟁제한성을 판단하는 단계에서 경쟁촉진 효과와 비교형량할 것인지, 아니면 경쟁제한성을 인정한 후 부당성을 판단하는 단계에서 경쟁촉진 효과를 고려할 것인지에 대해서는 대법원의 판례가 나뉘어져 있는 것으로 보인다. 온라인으로 음원을 유통하는 사업자들의 공동행위가 문제된 사안에서 한 재판부는 "당해 공동행위가

---

14) 대법원 2015. 10. 29. 선고 2012두28827 판결.
15) 대법원 2016. 4. 12. 선고 2015두50061 판결.
16) 공동행위 심사기준 II. 1. 나. (1).

경쟁제한적 효과 외에 경쟁촉진적 효과도 함께 가져오는 경우에는 양자를 비교·형량하여 경쟁제한성 여부를 판단해야 한다"[17]고 판시하여 경쟁제한성 판단 단계에서 양자를 비교형량 하여야 하는 것으로 본 반면에, 다른 재판부는 "공동행위의 부당성은 … 당해 공동행위에 의하여 발생될 수 있는 경쟁제한적인 결과와 아울러 당해 공동행위가 경제전반의 효율성에 미치는 영향 등을 비롯한 구체적 효과 등을 종합적으로 고려하여 그 인정 여부를 판단하여야 한다"[18]고 하여 경쟁촉진 효과를 부당성 판단 단계에서 고려하는 것처럼 판시하였다.

연성공동행위의 경우 대법원이 경쟁제한성을 어떻게 판단하는지를 보여주는 판례로는 건설사들이 공동수급체를 구성하여 입찰에 참가한 지하철 7호선 입찰담합 사건[19]이 있다. 대법원은 공동수급체를 구성하여 입찰에 참가하는 경우 해당 입찰시장에서 경쟁자의 수가 감소되어 경쟁이 어느 정도 제한된다고 보면서도 사실상 입찰에 참여할 수 없거나 경쟁력이 약한 회사가 공동수급체 구성에 참여함으로써 경쟁능력을 갖추게 되고, 공동수급체를 구성하는 사업자 사이에 대규모 건설공사에서의 예측 불가능한 위험을 분산시키고 시공의 확실성을 담보하는 등의 경쟁촉진 효과 내지 효율성증대 효과도 존재한다는 점을 명확히 하였다. 따라서 그러한 점들과 함께 제반 사정을 고려하여 당해 공동수급체의 구성행위로 입찰에서의 경쟁이 감소하여 낙찰가격이나 기타 거래조건 등의 결정에 영향을 미치거나 미칠 우려가 있는지 여부를 판단하여야 한다는 취지로 판시하였다.

5) 경쟁제한성과는 별개로 부당성을 판단하여야 한다는 것이 판례의 태도로 보인다. 이 때 부당성을 판단할 때 어떠한 요소들을 고려할 것인지를 잘 보여주는 판례로는 사업자단체 금지행위에 관한 사건인 제주도관광협회 사건[20]이 있다. 가격합의가 문제된 사건에서 대법원은 "[구법 제19조] 제2항은 제1항의 부당한 공동행위에 해당하더라도 일정한 목적을 위하여 행하여지는 경우로서 공정거래위원회의 인가를 받은 경우에는 제1항의 적용을 배제하고 있는 점, 법 제19조 제1항에서 부당한 공동행위를 금지하는 입법 취지는 직접적으로는 공정하고 자유로운 경쟁을 촉진하고, 궁극적으로는 소비자를 보호함과 아울러 국민경제의 균형 있는 발전을 도모하고자 함에 있는 점 등에 비추어 보면 … 경쟁

---

17) 대법원 2013. 11. 14. 선고 2012두19298 판결.
18) 대법원 2013. 11. 28. 선고 2012두17773 판결. 한편 이 판결에서 대법원은 영업양수인이 기존의 합의 사실을 알면서도 기존 합의를 계속해서 실행하는 행위를 한 경우에 양수인이 기존의 부당한 공동행위를 유지·계속한다는 묵시적 의사의 합치가 있다고 판시하였다. 또한 대법원은 가격합의의 대상이 되는 '가격'은 거래상대방이 상품 또는 용역의 대가로 지급하는 일체의 것을 의미하는 것으로 넓게 보았다.
19) 대법원 2011. 5. 26. 선고 2008도6341 판결. 이 사건에서 대법원은 공구분할 합의와 들러리 합의에 대해서는 경쟁제한성을 그대로 인정하였다.
20) 대법원 2005. 9. 9. 선고 2003두11841 판결.

이 제한되는 정도에 비하여 법 제19조 제2항 각 호에 정해진 목적 등에 이바지하는 효과가 상당히 커서 소비자를 보호함과 아울러 국민경제의 균형 있는 발전을 도모한다는 법의 궁극적인 목적에 실질적으로 반하지 아니하는 예외적인 경우에 해당한다면, 부당한 가격제한행위라고 할 수 없다"고 판시하였다. 이러한 판시는 아래에서 보는 유선통신 사건[21])에서도 반복되었다.

또한 컨테이너 운송업 사건[22])에서 대법원은 "사업자들이 공동으로 가격을 결정하거나 변경하는 행위는 그 범위 내에서 가격경쟁을 감소시킴으로써 그들의 의사에 따라 어느 정도 자유로이 가격 결정에 영향을 미치거나 미칠 우려가 있는 상태를 초래하게 되므로 원칙적으로 부당"하다고 인정하면서도 "다만 그 공동행위가 법령에 근거한 정부기관의 행정지도에 따라 적합하게 이루어진 경우라든지 또는 경제전반의 효율성 증대로 인하여 친경쟁적 효과가 매우 큰 경우와 같이 특별한 사정이 있는 경우에는 부당하다고 할 수 없다"고 하는 법리를 설시하였다. 이러한 법리에 따라서 컨테이너 운임적용률에 관한 합의에 대해서도 "정부의 행정지도가 있었다고 볼 여지가 있는 점, … 정부가 컨테이너 운임의 덤핑을 방치할 경우 출혈가격경쟁이 발생하여 이로 인한 전국적인 산업 분규, 물류의 차질 및 교통안전 위해 등의 문제가 발생할 수 있고, 이를 해결하기 위하여 추가되는 사회적 비용은 육상화물 운송시장에서의 가격경쟁으로 인한 소비자 후생 증대효과에 비교하여 적다고 볼 수 없는 점 등에 비추어 볼 때, 친경쟁적 효과가 매우 커 공동행위의 부당성이 인정되지 않을 여지가 있다"고 판시하면서, 원심이 심리를 충분히 하지 않은 위법이 있다고 보아서 파기환송하였다.

(3) 행정지도와 공동행위

1) 사업자들의 공동행위와 관련하여 정부기관의 행정지도가 있었던 경우에 부당성이 부인될 수 있는지가 다투어지고 있다. 앞에서 본 컨테이너 운송업 사건에서 대법원은 행정지도가 있으면 경우에 따라 부당성이 부인될 여지가 있음을 시사하였다. 또한 행정지도로 인한 공동행위에 대해서는 구법 제58조(개정법 제116조)에 따른 적용제외에 해당하는지가 다투어진 경우가 많다. 구법 제58조(개정법 제116조)는 사업자 또는 사업자단체가 다른 법률 또는 그 법률에 의한 명령에 따라 행하는 정당한 행위에 대하여는 이 법이 적용되지 않는 것으로 규정하고 있다. 그 밖에 행정지도로 인한 공동행위의 경우에는 사업자들 사이의 합의가 존재하는지 여부가 문제되기도 한다.

---

21) 대법원 2008. 12. 24. 선고 2007두19584 판결.
22) 대법원 2009. 7. 9. 선고 2007두26117 판결.

2) 유선통신 사업자들 사이에 시외전화 요금 등에 관한 합의가 문제된 유선통신 사건[23]에서 행정지도에 따른 공동행위에 대하여 구법 제58조의 적용제외 조항이 적용될 수 있는지가 문제되었다. 대법원은 "[구법] 제58조에서 말하는 정당한 행위라 함은 당해 사업의 특수성으로 경쟁제한이 합리적이라고 인정되는 사업 또는 인가제 등에 의하여 사업자의 독점적 지위가 보장되는 반면 공공성의 관점에서 고도의 공적규제가 필요한 사업 등에 있어 자유경쟁의 예외를 구체적으로 인정하고 있는 법률 또는 그 법률에 의한 명령의 범위 내에서 행하는 필요·최소한의 행위를 말하는 것"이라고 하는 종전의 판시를 되풀이 하였다. 그리고 시외전화 사업은 경쟁제한이 합리적이라고 인정되는 사업 또는 인가제 등에 의하여 사업자의 독점적 지위가 보장되는 사업에 해당하지 않고, 행정지도의 근거로 들고 있는 전기통신사업법의 해당 조항이 자유경쟁의 예외를 구체적으로 인정하고 있는 법률에 해당되지도 않는다고 판단하여 구법 제58조에 따른 적용제외를 인정하지 않았다. 또한 부당성도 문제되었는데, 대법원은 위에서 본 제주도관광협회 사건의 판시와 동일한 법리를 판시하면서 이 사건의 합의가 소비자를 보호함과 아울러 국민경제의 균형 있는 발전을 도모한다는 공정거래법의 궁극적인 목적에 실질적으로 반하지 않는다고 인정되는 예외적인 경우에 해당한다고 볼 수도 없다고 판단하였다.

단체상해보험 사건[24]에서는 손해보험사들 및 생명보험사들이 공동으로 단체상해보험 상품의 영업보험료 할인 등을 합의한 것이 문제되었다. 원고들은 금융감독원의 정책결정을 위한 의견을 수렴하여 전달한 것에 불과하다고 주장하였으나, 대법원은 그 합의가 부당한 공동행위에 해당한다고 판단하였다. 또한 구법 제58조의 적용제외에 해당하는지도 문제되었으나, 대법원은 "금융감독원의 보험사들에 대한 감독의 근거가 되는 보험업법의 해당 규정들이 자유경쟁의 예외를 구체적으로 인정하고 있는 법률 등에 해당한다고 볼 수 없으므로" 적용제외도 인정되지 않는다고 보았다. 그 밖에 대법원은 "정부의 정책 또는 법집행에 영향력을 행사하기 위한 사업자의 행위가 헌법상의 표현의 자유 및 청원권의 행사로 인정된다는 이유만으로 공정거래법의 적용이 배제될 수 없"다는 취지로 판시하였다.

3) 한편 자동차보험료 결정행위가 문제된 자동차보험 사건[25]에서는 행정지도에 따른 보험료결정행위에 대하여 사업자들 사이의 합의를 인정할 수 있는지가 문제되었다. 사업자들의 2000. 4. 1.자 보험료결정행위에 대하여 공정거래위원회는 구법 제19조 제5항[26]

---

23) 대법원 2008. 12. 24. 선고 2007두19584 판결.
24) 대법원 2012. 5. 24. 선고 2010두375 판결.
25) 대법원 2005. 1. 28. 선고 2002두12052 판결.
26) 당시의 구법 제19조 제5항은 "2 이상의 사업자가 일정한 거래분야에서 경쟁을 실질적으로 제한하는 제1

에 따라서 사업자들 사이의 합의를 추정하였는데, 대법원은 금융감독원장이 행정지도를 통하여 사실상 보험료변경에 관여하였다는 점을 들어 합의의 추정이 복멸되었다고 판단하였다. 또한 사업자들의 2000. 8. 1.자 보험료결정행위에 대해서는 공정거래위원회가 구법 제19조 제1항(개정법 제40조 제1항)을 적용하였는데, 대법원은 이 경우도 사업자들이 금융감독원장으로부터 부가보험료산정과 관련하여 행정지도를 받고 이를 이행하는 과정에서 실무자들 사이에 세부적인 사항에 관한 의견을 교환한 사실이 있을 뿐이라는 점을 들어서 공동행위에 대한 합의의 입증이 부족하여 구법 제19조 제1항에 해당하지 않는 것으로 판단하였다.

(4) 공동행위와 개정법 제117조(무체재산권의 행사행위)

제약회사들 사이에 약품의 생산·판매에 관한 특허관련 분쟁이 발생하자 이를 종료하는 대신 특허권자가 다른 제약회사에게 특정 약품에 대한 판매권을 부여하는 등의 합의를 한 역지불 합의 사건[27]에서 공동행위와 구법 제59조(개정법 제117조)의 관계가 문제되었다. 구법 제59조는 "이 법의 규정은 저작권법, 특허법, 실용신안법, 디자인보호법 또는 상표법에 의한 권리의 정당한 행사라고 인정되는 행위에 대하여는 적용하지 아니한다"고 규정하고 있었다. 따라서 '특허권의 정당한 행사라고 인정되지 아니하는 행위'에는 공정거래법이 적용될 수 있다.

대법원은 "특허권의 정당한 행사라고 인정되지 아니하는 행위란 행위의 외형상 특허권의 행사로 보이더라도 그 실질이 특허제도의 취지를 벗어나 제도의 본질적 목적에 반하는 경우를 의미하고, 여기에 해당하는지는 특허법의 목적과 취지, 당해 특허권의 내용과 아울러 당해 행위가 공정하고 자유로운 경쟁에 미치는 영향 등 제반 사정을 함께 고려하여 판단하여야 한다"고 판시하였다. 이러한 법리에 따라서 대법원은 "의약품의 특허권자가 자신의 특허권을 침해할 가능성이 있는 의약품의 제조·판매를 시도하면서 그 특허의 효력이나 권리범위를 다투는 자에게 그 행위를 포기 또는 연기하는 대가로 일정한 경제적 이익을 제공하기로 하고 특허 관련 분쟁을 종결하는 합의를 한 경우, 그 합의가 '특허권의 정당한 행사라고 인정되지 아니하는 행위'에 해당하는지는 특허권자가 그 합의를 통하여 자신의 독점적 이익의 일부를 상대방에게 제공하는 대신 자신의 독점적 지위를 유지함으로써 공정하고 자유로운 경쟁에 영향을 미치는지에 따라 개별적으로 판

항 각호의 1에 해당하는 행위를 하고 있는 경우 동사업자간에 그러한 행위를 할 것을 약정한 명시적인 합의가 없는 경우에도 부당한 공동행위를 하고 있는 것으로 추정한다"라고 규정되어 있었다.
27) 대법원 2014. 2. 27. 선고 2012두24498 판결.

단하여야 하고, 이를 위하여는 합의의 경위와 내용, 합의의 대상이 된 기간, 합의에서 대가로 제공하기로 한 경제적 이익의 규모, 특허분쟁에 관련된 비용이나 예상이익, 그 밖에 합의에서 정한 대가를 정당화할 수 있는 사유의 유무 등을 종합적으로 고려하여야 한다"고 판시하면서 이 사건 합의는 특허권의 정당한 행사에 해당하지 않는다고 보아 공정거래법의 적용대상이 된다고 판시하고, 나아가 그 경쟁제한성도 인정하였다.

(5) 공동행위의 합의

1) 사업자들 사이에 정보교환이 있는 경우 이에 근거하여 공동행위의 합의를 인정할 수 있을 것인지가 자주 문제된다. 생명보험 사건[28]에서는 생명보험사들 사이에 미래의 예정이율 및 공시이율 등에 관한 정보를 서로 교환하고 이를 통해 각자의 이율을 결정한 경우에 공동행위의 합의를 인정할 수 있는지가 문제되었다. 대법원은 "경쟁 사업자들이 가격 등 주요 경쟁요소에 관한 정보를 교환한 경우에, 정보 교환은 가격 결정 등의 의사결정에 관한 불확실성을 제거하여 담합을 용이하게 하거나 촉진할 수 있는 수단이 될 수 있으므로 사업자 사이의 의사연결의 상호성을 인정할 수 있는 유력한 자료가 될 수 있지만, 그렇다고 하더라도 정보 교환 사실만으로 부당하게 경쟁을 제한하는 행위에 대한 합의가 있다고 단정할 수는 없고, 관련 시장의 구조와 특성, 교환된 정보의 성질·내용, 정보 교환의 주체 및 시기와 방법, 정보 교환의 목적과 의도, 정보 교환 후의 가격·산출량 등의 사업자 간 외형상 일치 여부 내지 차이의 정도 및 그에 관한 의사결정 과정·내용, 그 밖에 정보 교환이 시장에 미치는 영향 등의 모든 사정을 종합적으로 고려하여" 공동행위의 합의가 있는지를 판단하여야 한다고 판시하였다. 즉 사업자들 사이에 가격·산출량 등에 관한 정보를 교환하는 경우 가격·산출량 등에 관한 공동행위의 합의를 인정하기 위한 유력한 자료가 될 수는 있지만, 정보교환만으로는 바로 그러한 공동행위의 합의를 인정할 수는 없고, 제반 사정을 종합적으로 고려하여 합의가 존재하는지를 판단하여야 한다는 것이다.

다만, 앞에서 살펴본 것과 같이 개정법에서는 정보교환행위를 부당한 공동행위의 유형으로 추가하여 정보교환행위 자체가 경쟁을 실질적으로 제한하는 경우에 정보교환의 합의가 위법할 수 있고(개정법 제40조 제1항 제9호), 사업자들 사이에 정보교환행위와 행위의 외형상 일치가 존재하는 경우에는 합의를 추정할 수 있도록 하였음(개정법 제40조 제5항 제2호)을 유의할 필요가 있다.

---

28) 대법원 2014. 7. 24. 선고 2013두16951 판결.

2) 한편 정부종합청사 신축공사 입찰담합 사건[29]에서 보는 바와 같이 대법원은 합의의 일방 당사자가 처음부터 합의에 따를 의사가 전혀 없음에도 불구하고 합의에 참여한 경우에도 공동행위의 합의는 성립할 수 있다고 보고 있다. 이 판결에서 대법원은 "어느 한쪽의 사업자가 당초부터 합의에 따를 의사도 없이 진의 아닌 의사표시에 의하여 합의한 경우라고 하더라도 다른 쪽 사업자는 당해 사업자가 합의에 따를 것으로 신뢰하고 당해 사업자는 다른 사업자가 합의를 위와 같이 신뢰하고 행동할 것이라는 점을 이용함으로써 경쟁을 제한하는 행위가 되는 것은 마찬가지이므로 … 부당한 공동행위의 성립에 방해가 되지 않는다"고 판시하였다. 또한 부당한 공동행위의 합의는 "어떠한 거래분야나 특정한 입찰에 참여하는 모든 사업자들 사이에서 이루어질 필요는 없고 일부의 사업자들 사이에서만 이루어진 경우에도 그것이 경쟁을 제한하는 행위로 평가되는 한 부당한 공동행위가 성립한다"고 밝혔다. 나아가 "부당한 공동행위는 … 합의함으로써 성립하는 것이므로, 합의에 따른 행위를 현실적으로 하였을 것을 요하는 것이 아니다"라고 하여 합의에 따른 실행행위가 이루어지지 않더라도 부당한 공동행위가 성립함을 밝혔다.

3) 액화석유가스 가격에 대한 수입사들 및 정유사들 사이의 부당한 공동행위가 문제된 LPG 사건[30]은 대법원이 다른 사업자들 사이에서는 합의를 인정하면서도 한 정유사에 대해서는 합의의 존재를 부인함으로써 합의의 인정에 관한 한계선을 잘 보여주고 있다. 대법원은 2012두4104 판결에서 공동행위의 합의에는 "명시적 합의뿐 아니라 묵시적인 합의도 포함"되는데, "여기에서 합의는 둘 이상 사업자 사이의 의사의 연락이 있을 것을 본질로 하므로, 단지 위 규정 각 호에 열거된 행위가 있었던 것과 일치하는 외형이 존재한다고 하여 당연히 합의가 있었다고 인정할 수는 없지만, 사업자 사이에서의 의사연결의 상호성을 인정할 만한 사정이 증명되는 경우에는 합의가 있었다고 인정할 수 있다"고 밝히면서 "과점시장에서 시장점유율이 높은 업체가 독자적인 판단에 따라 가격을 먼저 결정한 뒤에 그 밖의 경쟁 사업자들이 그 가격을 추종하고 있고, 그와 같은 가격 결정 관행이 상당한 기간 누적되어 사업자들이 이러한 사정을 모두 인식하고 있는 경우에, 가격 결정과 관련된 의사 연락이 증명되거나, 추가적인 여러 사정들에 비추어 의사 연락을 추인할 수 있다면, 부당하게 경쟁을 제한하는 행위에 대한 합의가 있다고 인정할 수 있다"고 판시하였다.

반면에 2011두23085 판결에서는 "과점시장에서는 경쟁사업자가 가격을 책정하면 다른 사업자는 이에 적절한 방법으로 대처하기 마련이고, 이때 어느 사업자가 경쟁사업자

---

29) 대법원 1999. 2. 23. 선고 98두15849 판결.
30) 대법원 2014. 5. 29. 선고 2011두23085 판결; 대법원 2014. 6. 26. 선고 2012두4104 판결.

의 가격을 모방하는 것이 자신의 이익에 부합할 것으로 판단되면 경쟁사업자와 명시적 합의나 암묵적인 양해 없이도 독자적으로 실행에 나아갈 수 있는 것이므로, 과점시장에서 경쟁상품의 가격이 동일·유사하게 나타나는 외형상의 일치가 상당한 기간 동안 지속되고 사업자들이 이러한 사정을 모두 인식하고 있다고 하더라도, 이에 더하여 사업자들 사이에 가격결정과 관련된 명시적·묵시적 의사 연락이 있다고 볼 만한 추가적 사정이 증명되지 아니하면 가격결정에 관한 합의가 있다고 인정할 수 없다. 그리고 경쟁사업자들 사이에 가격결정에 관한 합의가 있었다고 하더라도 어느 사업자가 그러한 합의에 가담하였다고 볼 만한 사정은 제한적인 반면, 사업자가 시장 여건에 따라 자신의 이익을 극대화하기 위하여 독자적으로 행동하였다거나 또는 경쟁사업자들과 사이에 담합을 한 것과는 일반적으로 양립하기 어려운 행동을 하였다고 볼 만한 사정이 상당한 기간 동안 지속되는 등 경쟁사업자들과 사이에 의사 연락이 있었다고 보기 어려운 경우에는 사업자가 합의에 가담하였다고 인정할 수 없다"고 판시하여 합의의 존재를 부인하였다.

4) 그리고 부당한 공동행위의 합의는 반드시 경쟁관계에 있는 사업자들 사이에서만 성립될 수 있는 것은 아니고, 경쟁관계에 있는 사업자들과 함께 그러한 관계가 없는 다른 사업자가 합의에 가담한 경우에도 단일한 부당한 공동행위가 성립될 수 있다는 것이 판례의 태도이다. 영화배급업자들과 영화상영업자들이 함께 극장에서 허용되는 할인의 종류와 범위를 설정하고 그 이외의 모든 할인을 금지한 사안에서 대법원은 영화배급업자들과 영화상영업자들 사이에 부당한 공동행위가 성립한 것으로 인정하였다.[31]

5) 한편 부당한 공동행위가 장기간 지속되는 경우에 이를 전체적으로 1개의 단일한 부당한 공동행위로 볼 것인지, 아니면 이를 수 개의 부당한 공동행위로 볼 것인지가 문제되기도 한다. 이와 관련하여 세탁세제 및 주방세제에 대한 가격 합의가 문제된 세제 사건[32]에서 대법원은 "사업자들이 부당한 공동행위의 기본적 원칙에 관한 합의를 하고 이를 실행하는 과정에서 수차례의 합의를 계속하여 온 경우는 물론, 그러한 기본적 원칙에 관한 합의 없이 장기간에 걸쳐 여러 차례의 합의를 해 온 경우에도 그 각 합의가 단일한 의사에 터잡아 동일한 목적을 수행하기 위한 것으로서 끊임없이 계속 실행되어 왔다면, 그 각 합의의 구체적인 내용이나 구성원 등에 일부 변경이 있었다고 할지라도, 특별한 사정이 없는 한 그와 같은 일련의 합의는 전체적으로 1개의 부당한 공동행위로 봄이 상당하다"고 판시하였다.

이 사건에서는 사업자들이 다양한 브랜드의 세제 중에서 대표적인 브랜드 몇 개에 대

---

31) 대법원 2010. 2. 11. 선고 2009두11485 판결.
32) 대법원 2009. 6. 25. 선고 2008두17035 판결.

해서만 합의를 하였는데, 대법원은 "세제회사가 세제제품의 브랜드별로 가격을 달리 책정하고 있다고 하더라도 세탁·주방세제라는 동질성으로 대표성 있는 브랜드 제품에 대하여 기준가격을 결정하고 나면 나머지 제품들도 그 가격의 영향을 받지 않을 수 없는 점 등에 비추어, 세탁세제 3개 및 주방세제 3개 브랜드 제품들의 가격 담합에 대한 과징금을 산정하면서 담합의 대상에 직접적으로 포함되지 않은 나머지 12개 브랜드 제품들의 매출액도 과징금 산정의 기준이 되는 관련매출액의 범위에 포함되어야 한다"고 보았다.[33]

(6) 교사 또는 이에 준하는 행위

개정법 제40조 제1항(구법 제19조 제1항)은 부당한 공동행위를 하는 것뿐만 아니라 다른 사업자로 하여금 이를 하도록 하는 것도 금지하고 있다. 통신장비 제조·판매 사업자가 자신의 총판 3개사에 대하여 입찰담합을 행하도록 한 것인지가 문제된 주파수공용통신장치 입찰담합 사건[34]에서 대법원은 "입법 취지 및 개정경위, 관련 법률조항의 체계, 이 조항이 시정명령과 과징금 납부명령 등 침익적 행정행위의 근거가 되므로 가능한 한 이를 엄격하게 해석할 필요가 있는 점 등에 비추어 보면, 위 [구법] 제19조 제1항 후단의 '다른 사업자로 하여금 부당한 공동행위를 행하도록 하는 행위'는 다른 사업자로 하여금 부당한 공동행위를 하도록 교사하는 행위 또는 이에 준하는 행위를 의미하고, 다른 사업자의 부당한 공동행위를 단순히 방조하는 행위는 여기에 포함되지 않는다고 할 것"이라고 판시하였다.

(7) 역외적용

흑연전극봉 사건[35]은 흑연전극봉을 제조·판매하는 외국사업자들이 외국에서 국내시장을 포함한 세계시장을 대상으로 하여 가격을 합의한 사안으로 그러한 공동행위를 할 당시에는 역외적용에 관한 구법 제2조의2(개정법 제3조)가 존재하지 않았음에도 대법원은 우리 법이 적용된다고 판단하였다. 이 판결에서 대법원은 "외국사업자가 외국에서 부당한 공동행위를 함으로 인한 영향이 국내시장에 미치는 경우에도 공정거래법의 목적을 달

---

33) 이 사건에서는 회사가 분할하는 경우 분할로 설립된 신설회사에 대하여 분할하는 회사의 분할 전 법 위반행위를 이유로 과징금을 부과할 수 있는지도 쟁점이 되었는데, 대법원은 과징금 부과가 허용되지 않는다고 보았다. 그러나 이 판결 이후에 법이 개정되어 현재는 공정거래위원회가 분할 또는 분할합병 이전의 법 위반행위를 분할되는 회사, 분할 또는 분할합병으로 설립되는 새로운 회사, 분할되는 회사의 일부가 다른 회사에 합병된 후 그 다른 회사가 존속하는 경우 그 다른 회사 중 어느 하나의 행위로 보고 과징금을 부과할 수 있도록 하고 있다(개정법 제102조 제3항, 구법 제55조의3 제3항).

34) 대법원 2009. 5. 14. 선고 2009두1556 판결.

35) 대법원 2006. 3. 23. 선고 2003두11155 판결.

성하기 위하여 이를 공정거래법의 적용대상으로 삼을 필요성이 있는 점 등을 고려해 보면, 외국사업자가 외국에서 다른 사업자와 공동으로 경쟁을 제한하는 합의를 하였더라도, 그 합의의 대상에 국내시장이 포함되어 있어서 그로 인한 영향이 국내시장에 미쳤다면 그 합의가 국내시장에 영향을 미친 한도 내에서 공정거래법이 적용된다고 할 것"이라고 판시하였다.

항공화물 유류할증료 사건[36]에서는 항공사들이 항공화물운송의 운임과 관련하여 유류할증료를 도입하거나 인상하기로 합의한 것이 문제되었다. 대법원은 구법 제2조의2(개정법 제3조)에 규정된 '국내시장에 영향을 미치는 경우'의 의미를 "문제된 국외행위로 인하여 국내시장에 직접적이고 상당하며 합리적으로 예측 가능한 영향을 미치는 경우로 제한 해석해야 하고, 그 해당 여부는 문제된 행위의 내용·의도, 행위의 대상인 재화 또는 용역의 특성, 거래 구조 및 그로 인하여 국내시장에 미치는 영향의 내용과 정도 등을 종합적으로 고려하여 구체적·개별적으로 판단하여야 할 것이다. 다만 국외에서 사업자들이 공동으로 한 경쟁을 제한하는 합의의 대상에 국내시장이 포함되어 있다면, 특별한 사정이 없는 한 그 합의가 국내시장에 영향을 미친다고 할 것이어서 이러한 국외행위에 대하여는 [구법] 제19조 제1항 등을 적용할 수 있다"고 밝혔다.

이 사안에서는 유류할증료의 도입과 인상에 대한 사업자들의 합의가 항공법에 따른 행위로 구법 제58조(개정법 제116조)의 적용제외에 해당하는지도 문제되었다. 이에 대하여 대법원은 "항공화물운임을 해당 노선의 지정항공사들 사이의 합의에 의하여 정하고 항공당국의 인가를 받도록 규정한 구 항공법 제117조 제1항과 항공협정은 운임에 대한 가격경쟁 자체를 배제하는 것이 아니라 인가받은 운임을 기준으로 그 정도가 과도하지 아니한 범위 내에서 가격경쟁을 예정하고 있는 것이라고 보아야 한다. 따라서 지정항공사들 사이의 운임 등에 관한 합의내용이 단순히 운임의 체계에 관한 사항을 변경하는 것을 넘어 일정한 항목에 대한 할인을 제한하는 내용까지 포함하고 있다면, 이러한 합의는 구 항공법과 항공협정이 허용하는 범위를 벗어나는 것으로서 '자유경쟁의 예외를 구체적으로 인정하고 있는 법률 또는 그 법률에 의한 명령의 범위 내에서 행하는 필요·최소한의 행위'에 해당하지 아니한다"고 판시하고, 이 사안에는 적용제외가 인정되지 않는다고 판단하였다.

또한 원고는 문제되는 행위가 일본 법률에 따른 행위이므로 우리 공정거래법의 적용이 배제된다고 주장하였는데, 이에 대하여 대법원은 "당해 행위에 대한 외국 법률 또는

외국 정부의 정책이 국내 법률과 상이하여 외국 법률 등에 따라 허용되는 행위라고 하더라도 그러한 사정만으로 당연히 공정거래법의 적용이 제한된다고 볼 수는 없다. 다만 동일한 행위에 대하여 국내 법률과 외국의 법률 등이 충돌되어 사업자에게 적법한 행위를 선택할 수 없게 하는 정도에 이른다면 그러한 경우에도 국내 법률의 적용만을 강제할 수는 없으므로, 당해 행위에 대하여 공정거래법 적용에 의한 규제의 요청에 비하여 외국 법률 등을 존중해야 할 요청이 현저히 우월한 경우에는 공정거래법의 적용이 제한될 수 있다고 보아야 할 것이고, 그러한 경우에 해당하는지는 당해 행위가 국내시장에 미치는 영향, 당해 행위에 대한 외국 정부의 관여 정도, 국내 법률과 외국 법률 등이 상충되는 정도, 이로 인하여 당해 행위에 대하여 국내 법률을 적용할 경우 외국 사업자에게 미치는 불이익 및 외국 정부가 가지는 정당한 이익을 저해하는 정도 등을 종합적으로 고려하여 판단하여야 한다"고 판시하였다. 이 사안에서 대법원은 "일본국 법률과 국내 법률 자체가 서로 충돌된다고 보기 어렵고, 원고가 일본국 법률과 국내 법률을 동시에 준수하는 것이 불가능하다고 볼 수도 없는 점 등"을 근거로 우리 법의 적용을 긍정하였다.

(8) 사업자단체 금지행위

1) 부동산중개업자들의 친목회가 비회원에 대하여 부동산거래정보를 차단한 부동산중개업자 친목회 사건37)에서 대법원은 부동산중개업자들의 친목회가 법상 사업자단체에 해당한다고 판단하였다. 구법 제2조 제4호는 사업자단체를 2 이상의 사업자가 공동의 이익을 증진할 목적으로 조직한 결합체 또는 그 연합체로 정의하고 있었는데, 대법원은 '공동의 이익'을 "구성사업자의 경제활동상의 이익을 말하고 단지 친목, 종교, 학술, 조사, 연구, 사회활동만을 목적으로 하는 단체는 이에 해당하지 않는다"고 판시하였다. 또한 대법원은 "사업자단체에 참가하는 개별 구성사업자는 독립된 사업자이어야 하므로, 개별 사업자가 그 단체에 흡수되어 독자적인 활동을 하지 않는 경우에는 사업자단체라고 할 수 없고, 사업자단체로 되기 위해서는 개별 구성사업자와 구별되는 단체성, 조직성을 갖추어야 한다"고 판시하였다.38)

---

37) 대법원 2008. 2. 14. 선고 2005두1879 판결.

38) 이 사건에서 대법원이 불공정거래행위에 대한 규정으로 개정법 제45조 제1항 제10호에 해당하는 조항인 구법 제23조 제1항 제8호(제1호 내지 제7호 이외의 행위로서 공정한 거래를 저해할 우려가 있는 행위)는 "행위의 작용 내지 효과 등이 제1호 내지 제7호와 유사한 유형의 불공정거래행위를 규제할 필요가 있는 경우에 이를 대통령령으로 정하여 규제하도록 한 수권규정이라고 해석함이 상당"하고, "같은 법 시행령에 위 제8호와 관련된 불공정거래행위의 유형 또는 기준이 정하여져 있지 아니한 이상, 문제된 행위가 공정한 거래를 저해할 우려가 있는 행위라고 하여 이를 위 제8호의 불공정거래행위로 의율하여 제재를 가할 수는 없다"고 판시한 부분도 주목할 만하다.

2) 대한의사협회 사건 I[39]에서는 사단법인 대한의사협회가 의약분업 시행을 앞두고 의료계의 주장을 관철하기 위하여 의사대회를 개최하면서 구성사업자인 의사들에게 대회 당일 휴업·휴진하도록 한 행위가 구법 제26조 제1항 제3호(개정법 제51조 제1항 제3호)에서 정한 '구성사업자의 사업내용 또는 활동을 부당하게 제한하는 행위'에 해당되는지가 문제되었다. 먼저 대법원은 "의도의 앙양과 의권신장에 관한 사항 등을 그 사업내용으로 규정하고 있"는 "정관의 규정과 대한의사협회의 활동내용을 종합하여 보면, 대한의사협회는 서비스업 기타 사업을 행하는 사업자인 의사들이 구성원이 되어 공동의 이익을 증진할 목적 등을 가지고 의료법에 의하여 조직된 사단법인이므로 … 사업자단체에 해당한다"고 판단하였다.

이 사안에서는 대한의사협회의 행위가 '구성사업자의 사업내용 또는 활동을 부당하게 제한하는 행위'에 해당되는지가 치열하게 다투어졌는데, 대법원의 다수의견은 구법 제26조 제1항 제3호에 해당하기 위해서는 '공정하고 자유로운 경쟁을 저해'하는 것이 요건으로 요구된다는 입장에서 "대한의사협회가 비록 구성사업자인 의사들 모두의 이익을 증진하기 위한 목적에서라고 하더라도 구성사업자들에게 본인의 의사 여하를 불문하고 일제히 휴업하도록 요구하였고 그 요구에 어느 정도 강제성이 있었다고 한다면, 이는 구성사업자인 의사들의 자유의 영역에 속하는 휴업 여부 판단에 사업자단체가 간섭한 것이고, 그 결과 사업자 각자의 판단에 의하지 아니한 사유로 집단휴업 사태를 발생시키고 소비자 입장에 있는 일반 국민들의 의료기관 이용에 큰 지장을 초래하였으니, 그와 같은 집단휴업 조치는 의사들 사이의 공정하고 자유로운 경쟁을 저해하는 것이라고 보지 않을 수 없으므로" 대한의사협회의 행위는 구법 제26조 제1항 제3호에 위반된다고 판단하였다. 반면에 별개의견은 구법 제26조 제1항 제3항의 요건에 '공정하고 자유로운 경쟁의 저해'는 포함되지 않는다는 입장에서 "[구법] 제26조 제1항 제3호는 사업자단체가 경쟁과 직접적인 관계없이 구성사업자의 사업내용 또는 활동을 부당하게 제한하는 행위를 금지하는 내용으로 이해함이 자연스럽고 … 합목적적 해석상 같은 법 제26조 제1항 제3호의 해당요건으로서 '부당한 제한행위' 외에 '자유공정경쟁제한'이라는 요건을 부가할 것은 아니"라고 판시하면서 다수의견과 결론은 같이 하였다. 그러나 반대의견은 다수의견과 마찬가지로 구법 제26조 제1항 제3항의 요건에 '공정하고 자유로운 경쟁의 저해'가 포함된다고 보면서 "대한의사협회가 정부의 정책에 대하여 항의의사를 표시하는 과정에서 구성사업자 상당수로 하여금 영업의 기회를 포기하게 하였다는 점을 들어 바로 대한의사협

---

39) 대법원 2003. 2. 20. 선고 2001두5347 전원합의체 판결.

회의 행위를 구성사업자 사이의 공정하고 자유로운 경쟁을 저해하는 행위로서 허용될 수 없는 행위라고 단정하기는 어렵다 할 것이고, 나아가 이는 사업자단체에 의하여 행하여지는 가격, 고객, 설비, 개업, 영업방법 등에 대한 제한 등에도 해당하지 아니한다 할 것이어서, 대한의사협회의 행위는 같은 법 제26조 제1항 제3호에 의하여 금지되는 사업자단체의 행위에 해당한다고 할 수 없다"고 설시하였다.

한편 이 사건에서 대법원은 시정명령에 관해서도 중요한 판시를 하였는데, 대법원은 "시정명령이 지나치게 구체적인 경우 매일 매일 다소간의 변형을 거치면서 행해지는 수많은 거래에서 정합성이 떨어져 결국 무의미한 시정명령이 되므로 그 본질적인 속성상 다소간의 포괄성·추상성을 띨 수밖에 없다 할 것이고, 한편 시정명령 제도를 둔 취지에 비추어 시정명령의 내용은 과거의 위반행위에 대한 중지는 물론 가까운 장래에 반복될 우려가 있는 동일한 유형의 행위의 반복금지까지 명할 수는 있는 것으로 해석함이 상당하다"고 밝혔다.

3) 대한의사협회 사건 II[40)]에서는 대한의사협회가 원격의료제 및 영리병원 허용정책에 대한 찬반투표를 실시하고 그 결과에 따라 휴업 참여 여부에 관하여는 소속 회원들이 자율적으로 결정하도록 하여 하루 휴업을 실행하기로 결의하고 회원들에게 이를 통지한 행위가 구법 제26조 제1항 제1호 및 제3호(개정법 제51조 제1항 제1호 및 제3호)에 위반되는지가 문제되었다.

대법원은 "단 하루 동안 휴업이 진행되었고 실제 참여율이 높지 않으며 응급실과 중환자실 등 필수 진료기관은 휴업에서 제외되는 등 휴업 기간, 참여율, 구체적인 범위와 내용 등에 비추어 보면 휴업으로 의료소비자의 의료서비스 이용에서의 대체가능성에 영향을 미쳤다고 볼 정도에 이르지 않았고 달리 의료서비스의 품질 기타 거래조건 등에 영향을 미쳐 의료서비스 시장에서 경쟁제한성이 인정될 정도라고 단정하기 어려운 점 등을 종합하면, 위 행위가 [구법] 제26조 제1항 제1호, 제19조 제1항 제3호에서 금지하는 '부당하게 경쟁을 제한하는 행위'에 해당한다고 볼 수 없"다고 판시하였다. 또한 대법원은 사업자단체의 결의가 구성사업자의 사업활동에 있어서 공정하고 자유로운 경쟁을 저해하는 경우에 구법 제26조 제1항 제3호에 해당할 수 있다고 보고, "원고가 구성사업자들의 투표를 거쳐 휴업을 결의하기는 하였지만 구체적인 실행은 구성사업자인 의사들의 자율적 판단에 맡긴 것이어서 … 구성사업자들인 의사들의 휴업 여부 판단에 간섭하였다고 볼 수 없는 등 위 행위가 공정거래법 제26조 제1항 제3호에서 정한 '부당한 제한행위'에

---

40) 대법원 2021. 9. 9. 선고 2016두36345 판결.

해당한다고 할 수 없다"고 판시하였다.

특히 대법원은 "이 사건 휴업은 의료수가의 인상 등 구성사업자들의 경제적인 이익을 직접적으로 추구하거나 상호 경쟁관계에 있는 구성사업자들 사이의 경쟁을 제한하여 의료서비스의 가격·수량·품질 기타 거래조건 등의 결정에 영향을 미치기 위한 목적에서 이루어진 것으로 보기 어렵다"고 하면서, "이 사건 휴업은 헌법상 결사의 자유를 향유하는 원고가 구성사업자들을 대표하여 정부의 의료정책인 원격의료제나 영리병원제 도입과 관련하여 정부에 의견을 전달하고 교섭하는 과정에서 원고의 구성사업자들이 집단적으로 진료의 제공을 거부하는 방식으로 정부 정책에 반대하기 위한 목적에서 이루어진 것으로 보는 것이 상당하다"고 설시하였다.

4) 학생복 제조사들의 총판 및 대리점주들로 구성된 전국학생복발전협의회가 학생복 판매가격을 일정한 수준으로 유지하도록 결의하는 등의 행위를 한 전국학생복발전협의회 사건[41]에서 대법원은 부당한 공동행위가 합의로서 성립하고 그 실행행위까지 요하는 것은 아닌 것과 동일하게 "[구법] 제26조 제1항 제1호의 사업자단체 금지행위도 사업자단체가 부당하게 경쟁을 제한하는 [구법] 제19조 제1항 각 호에 규정된 행위를 할 것을 결정하고 사업자단체의 구성원 간에 그 사업자단체의 의사결정을 준수하여야 한다는 공동인식이 형성됨으로써 성립한다고 할 것이고, 사업자단체의 구성원이 사업자단체의 의사결정에 따른 행위를 현실적으로 하였을 것을 요하는 것은 아니"라고 판시하였다.

또한 이 사건에서는 구법 제60조(개정법 제118조)에 따른 적용제외에 해당하는지가 문제되었는데, 대법원은 "[구법] 제60조 소정의 '일정한 조합의 행위'로서 법 적용이 제외되기 위하여는 당해 사업자단체에 소규모 사업자 외의 자가 가입되어 있어서는 아니 되는 등의 [구법] 제60조 각 호 소정의 4가지 요건을 모두 충족하여야 하고, 또한 [구법] 제60조 단서에 의하면 당해 행위가 불공정거래행위 또는 부당하게 경쟁을 제한하여 가격을 인상하게 되는 경우에 해당되지 않아야 한다"고 보고, 구성사업자 중 일부는 매출액이 커서 소규모 사업자에 해당하지 않기 때문에 원고 협의회가 구법 제60조 소정의 조합에 해당되지 않는다고 판시하였다. 또한 원고 협의회의 판매가격 결정 등의 행위는 실질적으로 가격을 인상하게 되는 경우에 해당한다는 점에서도 구법 제60조의 적용제외에 해당하지 않는다고 보았다.

---

41) 대법원 2006. 11. 24. 선고 2004두10319 판결.

2. 주요 판례

(1) 대법원 2013. 2. 15. 선고 2012두21413 판결 [치즈 사건] (가격합의와 위법성)

전 문

【원고, 상고인】 ○○주식회사
【피고, 피상고인】 공정거래위원회
【원심판결】 서울고법 2012. 8. 30. 선고 2011누32739 판결
【주 문】
상고를 기각한다. 상고비용은 원고가 부담한다.
【이 유】
상고이유(상고이유서 제출기간이 경과한 후에 제출된 상고이유보충서의 기재는 상고이유를 보충하는 범위 내에서)를 판단한다.

1. 상고이유 제1점에 대하여

원심판결 이유에 의하면, 원심은 그 채택증거를 종합하여 판시와 같은 사실을 인정한 다음, 원고 등은 치즈의 원재료 가격 인상으로 영업이익이 계속 하락하자 '치즈 유통 정보 협의회'라는 모임을 통하여 치즈 가격을 인상하되 그 인상시기, 인상률에 대하여는 서로 교환한 정보를 토대로 서울우유협동조합이나 매일유업 주식회사를 기준으로 각 회사의 사정에 맞게 실시하기로 합의하였다고 볼 수 있어서 원고가 이 사건 1차 내지 3차 합의에 가담하였음을 인정할 수 있다고 판단하고, 이를 부인하는 취지의 원고의 주장을 그 판시와 같은 이유로 배척하였다.

관련 법리와 기록에 비추어 살펴보면 원심의 위와 같은 판단은 정당하여 수긍할 수 있고, 거기에 상고이유로 주장하는 바와 같이 원고가 이 사건 1차 내지 3차 합의 및 그 실행행위에 가담하였는지 등에 관한 중대한 채증법칙위반이나 심리미진, 법리오해 등의 위법이 없다.

2. 상고이유 제2점에 대하여

「독점규제 및 공정거래에 관한 법률」(이하 '공정거래법'이라 한다) 제2조 제8호, 제19조 제1항, 제22조 본문의 내용, 형식, 체제 및 입법취지 등에 비추어 보면, 공정거래법 제19조 제1항 제1호에 규정된 부당한 공동행위에 해당하는지 여부를 판단하기 위해서는 먼저 경쟁관계가 문제될 수 있는 일정한 거래분야에 관하여 거래의 객체인 관련 상품에 따른 시장(이하 '관련상품시장'이라 한다)을 구체적으로 정하여야 하는데, 이러한 관련상품시장을 정함에 있어서는 거래대상인 상품의 기능 및 효용의 유사성, 구매자들의 대체가능성에 대한 인식 및 그와 관련한 경영의사 결정형태 등을 종합적으로 고려하여야 한다. 그리고 어떠한 공동

행위가 공정거래법 제19조 제1항의 경쟁제한성을 가지는지 여부는 당해 상품의 특성, 소비자의 제품선택 기준, 당해 행위가 시장 및 사업자들의 경쟁에 미치는 영향 등 여러 사정을 고려하여, 당해 공동행위로 인하여 가격·수량·품질 기타 거래조건 등의 결정에 영향을 미치거나 미칠 우려가 있는지를 살펴 개별적으로 판단하여야 한다. 한편 사업자들이 공동으로 가격을 결정하거나 변경하는 행위는 그 범위 내에서 가격경쟁을 감소시킴으로써 그들의 의사에 따라 어느 정도 자유로이 가격결정에 영향을 미치거나 미칠 우려가 있는 상태를 초래하게 되므로 그와 같은 사업자의 공동행위는 특별한 사정이 없는 한 부당하다고 볼 수밖에 없다(대법원 2011. 4. 14. 선고 2009두7912 판결, 대법원 2012. 4. 26. 선고 2010두18703 판결 등 참조).

이러한 법리에 비추어 이 사건 기록을 살펴보면, 원심이 업소용 치즈에 관한 원고 등의 가격인상 합의가 부당한 공동행위에 해당한다고 보아 업소용 치즈에 관한 원고의 이 부분 주장을 배척한 것은 정당하고, 거기에 상고이유에서 주장하는 바와 같이 관련상품시장에 관한 법리오해, 채증법칙위반, 심리미진, 사실오인, 이유불비나 이유모순 등으로 판결 결과에 영향을 미친 위법이 없다.

3. 상고이유 제3점에 대하여

원심판결 이유에 의하면 원심은, 그 판시와 같이 이 사건 관련매출액은 원고가 제출한 매출액을 근거로 산정되었고, 업소용 치즈 및 군납 치즈, 업소용 가공치즈 중 대용량제품, 소매용 치즈 중 신제품 등의 매출액이 관련매출액에 포함되어야 하므로 피고의 관련매출액 산정은 적법하다고 보고, 이 사건 공동행위의 시기와 종기에 관한 원고의 주장을 그 판시와 같은 이유로 배척하였으며, 피고의 기본과징금 및 임의적 조정과징금의 산정 및 부과과징금의 결정이 위법하지 않다고 판단하였다.

관련 법리와 기록에 비추어 살펴보면 원심의 위와 같은 판단은 정당하고, 거기에 상고이유로 주장하는 바와 같이 과징금을 부과함에 있어 관련매출액의 산정, 공동행위의 시기나 종기, 기본과징금이나 임의적 조정과징금의 산정, 부과과징금의 결정, 재량권 행사의 일탈·남용에 관한 법리오해 또는 그와 관련된 채증법칙위반, 심리미진 등의 위법이 없다.

4. 결 론

그러므로 상고를 기각하고, 상고비용은 패소자가 부담하도록 하여 관여 대법관의 일치된 의견으로 주문과 같이 판결한다.

대법관 김소영(재판장) 신영철 이상훈(주심) 김용덕

▌ 참조문헌 ▌

이민호, "공동행위의 위법성 판단에 관한 판례상 법리 고찰", 사법 39호, 사법발전재단(2017)
이호영, "공정거래법상 경쟁자 간 정보교환행위의 평가에 관한 연구", 상사법연구 33권, 한국상사법학회(2014)

(2) 대법원 2013. 2. 14. 선고 2010두28939 판결 [음료 사건] (관련시장 획정)

판시사항

[1] 독점규제 및 공정거래에 관한 법률 제19조 제1항 제1호에서 정한 부당한 공동행위 판단의 전제가 되는 관련 상품에 따른 시장의 의미 및 그 획정 방법

[2] 음료를 제조·판매하는 갑 주식회사 등이 음료제품의 가격을 공동으로 인상하기로 합의한 행위가 독점규제 및 공정거래에 관한 법률 제19조 제1항 제1호에서 정한 '가격을 결정·유지 또는 변경하는 행위'에 해당한다는 이유로 공정거래위원회가 시정명령 및 과징금 납부명령을 한 사안에서, 관련상품시장이 전체 음료시장이라고 본 원심판결에 관련상품시장 획정에 관한 법리를 오해한 위법이 있다고 한 사례

참조조문

[1] 독점규제 및 공정거래에 관한 법률 제2조 제8호, 제19조 제1항 제1호, 제22조, 구 독점규제 및 공정거래에 관한 법률 시행령(2012. 6. 19. 대통령령 제23864호로 개정되기 전의 것) 제9조 제1항

[2] 독점규제 및 공정거래에 관한 법률 제2조 제8호, 제19조 제1항 제1호, 제22조, 구 독점규제 및 공정거래에 관한 법률 시행령(2012. 6. 19. 대통령령 제23864호로 개정되기 전의 것) 제9조 제1항

참조판례

[1] 대법원 2012. 4. 26. 선고 2010두18703 판결

따름판례

대법원 2013. 4. 11. 선고 2012두11829 판결

전 문

【원고, 피상고인 겸 상고인】 ○○주식회사
【피고, 상고인 겸 피상고인】 공정거래위원회
【원심판결】 서울고법 2010. 11. 25. 선고 2009누38406 판결

【주 문】

원심판결 중 원고 패소 부분을 파기하고, 이 부분 사건을 서울고등법원에 환송한다. 피고의 상고를 기각한다.

【이 유】

상고이유(상고이유서 제출기간 경과 후에 제출된 보충상고이유서 등의 기재는 상고이유를 보충하는 범위에서)를 판단한다.

1. 원고의 상고이유 제1점에 대하여

가. '독점규제 및 공정거래에 관한 법률'(이하 '공정거래법'이라고 한다) 제19조 제1항은 "사업자는 계약·협정·결의 기타 어떠한 방법으로도 다른 사업자와 공동으로 부당하게 경쟁을 제한하는 다음 각 호의 어느 하나에 해당하는 행위를 할 것을 합의(이하 '부당한 공동행위'라 한다)하거나 다른 사업자로 하여금 이를 행하도록 하여서는 아니된다"고 정하면서 제1호에서 '가격을 결정·유지 또는 변경하는 행위'를 들고 있다. 그리고 공정거래법 제22조 본문은 "공정거래위원회는 제19조(부당한 공동행위의 금지) 제1항의 규정을 위반하는 행위가 있을 때에는 당해 사업자에 대하여 대통령령이 정하는 매출액에 100분의 10을 곱한 금액을 초과하지 아니하는 범위 안에서 과징금을 부과할 수 있다"고 정하고 있고, 그 위임에 따라 구 '독점규제 및 공정거래에 관한 법률 시행령'(2012. 6. 19. 대통령령 제23864호로 개정되기 전의 것) 제9조 제1항 본문은 공정거래법 제22조 본문에서의 '대통령령이 정하는 매출액'이란 위반사업자가 위반기간 동안 일정한 거래분야에서 판매한 관련 상품이나 용역의 매출액 또는 이에 준하는 금액(이하 '관련매출액'이라고 한다)을 가리킨다고 한다. 한편 공정거래법 제2조 제8호는 "'일정한 거래분야'라 함은 거래의 객체별·단계별 또는 지역별로 경쟁관계에 있거나 경쟁관계가 성립될 수 있는 분야를 말한다"고 정하고 있다.

이와 같은 관계 법령의 내용·형식·체제 및 입법 취지 등에 비추어 보면, 공정거래법 제19조 제1항 제1호에 규정된 부당한 공동행위에 해당하는지 여부를 판단하기 위하여는 먼저 경쟁관계가 문제될 수 있는 일정한 거래분야에 관하여 거래의 객체인 관련 상품에 따른 시장(이하 '관련상품시장'이라고 한다)을 구체적으로 정하여야 한다. 여기에서 관련상품시장은 경쟁관계에 있는 상품들의 범위를 말하는 것으로서 구체적으로는 거래되는 상품의 가격이 상당기간 어느 정도 의미 있는 수준으로 인상 또는 인하될 경우 그 상품의 대표적 구매자 또는 판매자가 이에 대응하여 구매 또는 판매를 전환할 수 있는 상품의 집합을 의미한다. 이러한 관련상품시장을 획정함에 있어서는 거래대상인 상품의 기능 및 효용의 유사성, 구매자들의 대체가능성에 대한 인식 및 그와 관련한 경영의사 결정형태 등을 종합적으로 고려하여야 한다(대법원 2012. 4. 26. 선고 2010두18703 판결 등 참조).

나. 원심은 관련상품시장의 획정을 필요로 하는 행위가 공정거래법상 규제대상에 해당하는 기업결합행위인지 또는 부당한 공동행위인지 여부 등에 따라 그 관련상품시장이 달라져야 한다고 전제한 다음, 원고를 포함한 음료제조기업들이 가격인상 합의의 대상과 목적을 전체 음료시장에서의 가격경쟁을 제한하는 데 두었고 그 경쟁제한의 효과도 전체 음료시장에서 발생한 점 등을 들어 관련상품시장을 ① 과실 또는 채소를 주원료로 가공한 주스음료

인 과실음료, ② 콜라·사이다·탄산수 등 탄산음료, ③ 커피· 기능성음료·스포츠음료·
차류·두유류·먹는 샘물 등 기타 음료의 셋을 모두 포함하는 전체 음료시장이라고 판단하
였다.

다. 그러나 공정거래법 제2조 제8호를 비롯하여 관련상품시장 획정과 관련된 공정거래법
령 및 피고 스스로 일정한 거래분야의 판단기준에 관하여 마련한 여러 심사기준 등을 종합
하면, 원심과 같이 관련상품시장의 획정을 필요로 하는 행위가 무엇인지 여부에 따라 관련
상품시장 획정의 기준이 본질적으로 달라진다고 볼 수 없다.

또한 이 사건 공동행위의 관련상품시장을 획정함에 있어서 원심이 기준으로 삼고 있는
합의의 대상·목적·효과 등은 주로 관련상품시장 획정 그 자체를 위한 고려요소라기보다
관련상품시장 획정을 전제로 한 부당한 공동행위의 경쟁제한성을 평가하는 요소들에 해당
하므로, 만약 원심과 같은 방식으로 관련상품시장을 획정하게 되면 관련상품시장을 획정한
다음 경쟁제한성을 평가하는 것이 아니라 반대로 경쟁제한의 효과가 미치는 범위를 관련상
품시장으로 보게 되는 결과가 되어 부당하다(대법원 2012. 4. 26. 선고 2010두18703 판결
참조).

특히 원심이 동일한 관련상품시장에 속한다고 본 음료상품들을 살펴보면, 그중에는 먹는
샘물부터 두유류, 기능성음료, 스포츠음료, 차류를 비롯하여 탄산음료, 과실음료, 커피까지
포함되어 있다. 그런데 이들 음료상품들은 기능과 효용 및 구매자들의 대체가능성에 대한
인식의 면 등에서 동일한 관련상품시장에 포함된다고 쉽사리 인정하기 어렵다. 그리고 거기
에는 각 음료상품의 가격이 상당기간 어느 정도 의미 있는 수준으로 인상 또는 인하될 경
우 그 음료상품의 대표적 구매자 또는 판매자가 이에 대응하여 구매 또는 판매를 전환할
수 있는 음료상품에 해당되는지 여부가 분명하지 아니한 여러 음료상품들이 포함되어 있음
을 쉽게 알 수 있다. 따라서 원심으로서는 위에서 본 법리에 따라 이 사건 공동행위의 대상
인 음료상품의 기능 및 효용의 유사성, 구매자들의 대체가능성에 대한 인식 및 그와 관련한
경영의사 결정형태 등을 종합적으로 고려하여 이 사건 공동행위 해당 여부 판단의 전제가
되는 관련상품시장이 제대로 획정되었는지 여부를 먼저 살펴보았어야 마땅하다.

그럼에도 원심은 그 판시와 같은 이유만을 들어 이와 달리 판단하였다. 이러한 원심판결
에는 부당한 공동행위 해당 여부 판단의 전제가 되는 관련상품시장의 획정에 관한 법리를
오해하고 필요한 심리를 다하지 아니하여 판결 결과에 영향을 미친 위법이 있다.

2. 피고의 상고이유에 대하여

피고는 전체 음료시장이 하나의 관련상품시장이라고 전제한 다음 원고가 3차례의 공동
행위에 모두 가담하였다고 보아 과징금납부명령을 하였으나, 원심은 관련상품시장 획정에
관한 피고의 판단을 수긍하면서도 2008년 2월경 공동행위에 원고가 가담하지 아니하였다는
점을 이유로 피고의 과징금납부명령을 취소하였다.

피고는 원고가 2008년 2월경 공동행위에도 가담하였으므로 원심판결 중 피고의 과징금
납부명령 취소 부분은 파기되어야 한다는 점을 상고이유로 삼고 있다. 그러나 공동행위 가
담 여부는 관련상품시장 획정이 제대로 이루어진 후에야 판단될 수 있는데, 앞에서 원고의

상고이유 제1점에 대하여 본 바와 같이 원심판결에는 관련상품시장의 획정에 관한 법리를 오해하고 필요한 심리를 다하지 아니한 잘못이 있으므로, 원고의 위 공동행위 가담 여부 판단에 나아갈 필요 없이 피고의 과징금납부명령은 취소될 수밖에 없다. 따라서 원심의 판단은 결론에 있어서 정당하고, 거기에 상고이유 주장과 같이 판결에 영향을 미친 위법이 없다.

3. 결 론

그러므로 원고의 나머지 상고이유에 대한 판단을 생략한 채 원심판결 중 원고 패소 부분을 파기하고 이 부분 사건을 다시 심리·판단하게 하기 위하여 원심법원에 환송하며 피고의 상고를 기각하기로 하여, 관여 대법관의 일치된 의견으로 주문과 같이 판결한다.

대법관   고영한(재판장) 양창수(주심) 박병대 김창석

∥ 참조문헌 ∥

강상덕, "반경쟁적 효과를 판단함에 있어 시장획정이 반드시 필요한가? − 시장획정과 시장지배력에 대한 미국에서의 최근의 논의를 중심으로 −", 법조 64권 1호, 법조협회(2015)

김종민·이황, "상식과 직관에 부합하는 경제분석의 필요성 − 경성카르텔에 시장획정을 요구하는 대법원판례에 대한 코멘트 −", 고려법학 81호, 고려대학교 법학연구원(2016)

이호영, "독점규제법상 '관련시장' 획정의 의미와 입법적 개선", 법조 63권 5호, 법조협회(2014)

황태희, "부당한 공동행위에서의 관련시장 획정 − 음료 담합사건을 중심으로 −", 안암법학 43호, 안암법학회(2014)

(3) 대법원 2015. 10. 29. 선고 2012두28827 판결 [자동차운전학원 사건] (관련시장 획정)

판시사항

어떤 공동행위가 독점규제 및 공정거래에 관한 법률 제19조 제1항에서 정한 '경쟁제한성'을 갖는지 판단하는 방법 / 가격담합의 경우, 관련지역시장을 획정하면서 공동행위 가담자들의 정확한 시장점유율을 계량적으로 산정하지 않았거나 적법한 시장획정을 전제로 한 정확한 시장점유율이 산정되어 있지 않더라도 경쟁제한성을 인정할 수 있는지 여부(원칙적 적극)

판결요지

어떤 공동행위가 '경쟁제한성'을 가지는지는 당해 상품이나 용역의 특성, 소비자의 제품선택 기준, 시장 및 사업자들의 경쟁에 미치는 영향 등 여러 사정을 고려하여, 공동행위로 인하여 일정한 거래분야에서의 경쟁이 감소하여 가격·수량·품질 기타 거래조건 등의 결정에 영향을 미치거나 미칠 우려가 있는지를 살펴서 개별적으로 판단하여야 한다.

다만 경쟁사업자 사이에서 가격을 결정·유지 또는 변경하는 행위를 할 것을 합의하는 가격담합은 특별한 사정이 없는 한 합의의 내용 자체로 합의에 경쟁제한적 효과가 있다는 점이 비교적 쉽게 드러나게 되므로, 이러한 경우 관련지역시장을 획정하면서 공동행위 가담자들의 정확한 시장점유율을 계량적으로 산정하지 않았거나, 공정거래위원회가 적법한 관련시장의 범위보다 협소하게 시장획정을 한 잘못이 있음이 밝혀져 적법한 시장획정을 전제로 한 정확한 시장점유율이 산정되어 있지 않더라도, 예상되는 시장점유율의 대략을 합리적으로 추론해 볼 때 경쟁을 제한하거나 제한할 우려가 있음이 인정되지 않을 정도로 시장점유율이 미미하다는 등의 특별한 사정이 없다면, 경쟁제한성 판단의 구체적 고려 요소를 종합하여 경쟁제한성을 인정할 수도 있다.

참조조문

독점규제 및 공정거래에 관한 법률 제19조 제1항

참조판례

대법원 2013. 11. 14. 선고 2012두19298 판결

따름판례

대법원 2021. 9. 9. 선고 2016두36345 판결

전 문

【원고, 상고인】 원고 1 외 6인
【피고, 피상고인】 공정거래위원회
【원심판결】 서울고법 2012. 12. 6. 선고 2012누18402 판결

【주 문】

원심판결 중 원고 1, 원고 2, 원고 3, 원고 4, 원고 5, 원고 6에 대한 부분을 파기하고, 이 부분 사건을 서울고등법원에 환송한다. 원고 주식회사 창동자동차학원의 상고를 기각한다. 원고 주식회사 창동자동차학원의 상고로 인한 상고비용은 같은 원고가 부담한다.

【이 유】

상고이유(상고이유서 제출기간이 지난 후에 제출된 상고이유보충서의 기재는 상고이유서를 보충하는 범위 내에서)에 대하여 판단한다.

1. 원고 1, 원고 2, 원고 3, 원고 4, 원고 5, 원고 6의 상고이유에 대하여

가. 합의의 성립에 관하여

원심은 채택 증거에 의하여, ① 국민들이 적은 비용으로 운전면허를 취득할 수 있게 하기 위한「운전면허시험 간소화 방안」에 따라 2011. 4. 30. 도로교통법 시행령 및 시행규칙이 개정(2011. 6. 10. 시행)된 결과, 운전전문학원에서의 운전면허 취득을 위한 의무교육시간이 제1종 보통면허 기준으로 장내기능 15시간, 도로주행 10시간 등 총 25시간에서 장내기능 2시간, 도로주행 6시간 등 8시간으로 변경되고, 장내 기능시험 항목도 11개 항목에서 2개 항목으로 대폭 축소된 사실, ② 전국자동차운전전문학원연합회 서울특별시협회(이하 '서울협회'라 한다)는 2011. 5. 16. 도로교통법 시행령 및 시행규칙 공포와 관련 향후 전문학원 운영 등에 관한 의견을 논의하기 위하여 회의(이하 '5월 회의'라 한다)를 개최한 사실, ③ 서울협회 사무국장 소외 1은 위 회의에 참석한 원고 1이 운영하는 녹천자동차운전전문학원(이하 개별 학원 상호에서 '자동차운전전문'은 모두 생략한다), 원고 2, 원고 3, 원고 4, 원고 5가 공동으로 운영하는 삼일학원, 원고 6이 운영하는 서울학원, 원고 주식회사 창동자동차학원이 운영하는 창동학원 등과 소외 2, 소외 3이 공동으로 운영하는 노원학원 및 성산학원, 소외 4, 소외 5가 공동으로 운영하는 양재학원 등(이하 이들 학원을 '7개 학원'이라 하고, 7개 학원을 운영하는 사업자들을 '7개 사업자들'이라 한다)의 원장 또는 학감 등에게 미리 작성한 '2011년 5월 회의자료'를 배포하고 그 내용을 설명하였으며, 위 참석자들은 이에 대하여 특별한 의견이나 이의를 제기하지 아니한 사실, ④ 위 회의자료는 피고의 조사과정 중 삼일학원에서 발견된 것으로서, '도로교통법 시행령, 시행규칙 개정 관련 내용'과 '도로교통법령 개정에 따라 전문학원 운영방안'(이하 '이 사건 운영방안'이라 한다) 등 2개의 안건으로 구성되어 있었는데, 이에 따르면 개정된 도로교통법령의 시행에 따른 최소 의무교육시간인 8시간을 기준으로 한 교육과정의 수강료를 총 470,000원으로 책정하고 있는 사실, ⑤ 7개 사업자들이 위 회의 이후 2011년 5월 말부터 6월 초에 걸쳐 서울지방경찰청에 최초 신고한 수강료 내역에 따르면, 위 7개 학원 중 양재학원과 서울학원을 제외한 5개 학원 사업자가 신고한 최소 의무교육시간 수강료가 위 회의에서 논의된 수강료인 470,000원에 근접한 사실 등을 인정하였다.

원심은 이러한 사실관계에 더하여, ① 7개 사업자들은 관련 법령의 개정으로 수강생의 의무교육시간이 대폭 축소됨에 따라 수익도 크게 감소될 것으로 예상되어 수강료를 인상할 필요성이 있었던 반면, 각 운전전문학원이 제공하는 서비스가 동질적인 탓에 수강료가 중요한 차별요소여서 이를 공동으로 결정하려는 유인이 매우 컸던 점, ② 위 5월 회의 이후 최초 신고된 수강료 중 양재학원의 수강료가 437,000원, 서울학원의 수강료가 448,000원으로서 470,000원을 기준으로 약 7%, 4.7% 정도 차이가 나는 점 등의 각 사정을 함께 고려하여, 원고들을 포함한 7개 사업자들이 2011. 5. 16. 제1종 보통 및 제2종 보통(수동·자동) 법정 최소 의무교육시간인 총 8시간을 교육과정으로 하는 기본형 상품의 수강료(검정료 포함)를 이 사건 운영방안에서 제시된 기준을 참고하여 그 선에서 책정하자는 합의(이하 '이 사건 합의'라 한다)를 하였다고 판단하였다.

관련 법리와 기록에 비추어 살펴보면 원심의 위와 같은 판단은 정당하고, 거기에 상고이유 주장과 같이 논리와 경험의 법칙에 반하여 자유심증주의의 한계를 벗어나거나 부당한 공동행위의 성립에 관한 법리 등을 오해한 위법이 없다.

나. 시장획정 및 경쟁제한성에 관하여

(1) 독점규제 및 공정거래에 관한 법률 제19조 제1항 각 호에 규정된 부당한 공동행위에 해당하는지 여부를 판단하기 위해서는, 먼저 경쟁관계가 문제 될 수 있는 일정한 거래분야에 관하여 거래의 객체인 관련시장을 구체적으로 정하여야 하는데, 부당한 공동행위의 다양성과 그 규제의 효율성 및 합리성 등을 고려하면 어느 공동행위의 관련시장을 획정할 때 반드시 실증적인 경제 분석을 거쳐야만 하는 것은 아니고, 이러한 경제 분석 없이 관련시장을 획정하였더라도 문제가 된 공동행위의 유형과 구체적 내용, 그 내용에서 추론할 수 있는 경제적 효과, 공동행위의 대상인 상품이나 용역의 일반적인 거래현실 등에 근거하여 그 시장획정의 타당성을 인정할 수 있다고 보아야 한다(대법원 2014. 11. 27. 선고 2013두24471 판결 등 참조).

나아가 어떤 공동행위가 '경쟁제한성'을 가지는지는 당해 상품이나 용역의 특성, 소비자의 제품선택 기준, 시장 및 사업자들의 경쟁에 미치는 영향 등 여러 사정을 고려하여, 당해 공동행위로 인하여 일정한 거래분야에서의 경쟁이 감소하여 가격·수량·품질 기타 거래조건 등의 결정에 영향을 미치거나 미칠 우려가 있는지를 살펴서 개별적으로 판단하여야 한다(대법원 2013. 11. 14. 선고 2012두19298 판결 등 참조).

다만 경쟁사업자 사이에서 가격을 결정·유지 또는 변경하는 행위를 할 것을 합의하는 가격담합은 특별한 사정이 없는 한 그 합의의 내용 자체로 합의에 경쟁제한적 효과가 있다는 점이 비교적 쉽게 드러나게 되므로, 이러한 경우 관련지역시장을 획정하면서 공동행위 가담자들의 정확한 시장점유율을 계량적으로 산정하지 않았거나, 피고가 적법한 관련시장의 범위보다 협소하게 시장획정을 한 잘못이 있음이 밝혀져 적법한 시장획정을 전제로 한 정확한 시장점유율이 산정되어 있지 않더라도, 예상되는 시장점유율의 대략을 합리적으로 추론해 볼 때 경쟁을 제한하거나 제한할 우려가 있음이 인정되지 않을 정도로 그 시장점유율이 미미하다는 등의 특별한 사정이 없다면, 위에서 본 경쟁제한성 판단의 구체적 고려 요소를 종합하여 경쟁제한성을 인정할 수도 있다.

(2) 원심판결 및 원심이 적법하게 채택한 증거에 의하면, ① 11개 운전전문학원의 대부분이 서울 외곽지역에 위치하고 있고 수강생들이 자신들의 거주 지역 또는 활동 지역과 가까운 학원을 선택하는 경향이 있다면, 서울 지역에 골고루 분포되어 있는 7개 학원 사업자들은 서울에 인접한 경기도 지역의 운전학원과 셔틀버스나 대중교통의 편의성 여하에 따라

직접적 경쟁관계에 있다고 볼 여지가 있는 점, ② 도로교통법상 지방경찰청 단위로 운전전문학원에 대한 관리·감독이 이루어진다는 사정은 수강생들의 학원 선택에 영향을 미치는 요소로 보기 어려운 점 등에 비추어 보면, 이 사건 합의와 관련한 지역시장은 '서울시 전체와 이에 인접한 경기도 일부 지역'으로 볼 여지가 크다.

나아가 앞서 본 법리에 비추어 이러한 관련지역시장을 전제로 하여 이 사건 합의로 인한 경쟁제한성의 존부에 관하여 보건대, 기록에 의하여 알 수 있는 다음과 같은 사정, 즉 ① 이 사건 합의에 참여한 7개 사업자의 서울 지역 운전전문학원 시장에서의 점유율 합계가 60%를 초과하는 점, ② 경기도 지역은 셔틀버스 또는 대중교통의 편의성이 확보되는 일부 지역만이 제한적으로 관련지역시장에 포함될 수 있으므로, 7개 사업자의 '서울 및 인접 경기도 일부 지역 운전전문학원 시장'에서의 점유율을 산정한다고 하더라도 서울 지역을 관련지역시장으로 한 시장점유율 수준과 크게 다르지 않을 것으로 보이는 점, ③ 운전전문학원이 제공하는 서비스는 학원별로 큰 차이가 없어 접근성과 함께 수강료가 중요한 경쟁요소가 되는 점, ④ 이 사건 합의는 수강료의 수준을 정한 가격담합 행위인 점, ⑤ 이 사건 합의가 실제로 영향력을 미칠 수 있는 지역은 주로 서울 지역일 것으로 보이는 반면 이 사건 합의의 관련지역시장에는 경기도 일부 지역이 포함된다는 등의 사정으로 인하여, 이 사건 합의가 경기도 일부 지역에 거주하는 소비자들에 대하여 미칠 수 있는 경쟁제한적 효과가 미약할 수 있다고 하더라도, 그러한 사정만으로 이 사건 합의의 경쟁제한성이 부인될 수는 없을 것으로 보이는 점 등을 종합하면, 이 사건 합의로 인하여 관련지역시장에서 경쟁을 제한하거나 제한할 우려가 있음이 인정된다고 봄이 상당하다.

따라서 원심이 이 사건 합의의 관련지역시장을 서울 지역으로 전제한 점에서는 잘못이 있으나, 이 사건 합의로 인한 경쟁제한성이 인정된다고 판단한 결론은 정당하고, 거기에 상고이유 주장과 같이 논리와 경험의 법칙에 반하여 자유심증주의의 한계를 벗어나거나 부당한 공동행위의 경쟁제한성 등에 관한 법리를 오해하여 판결에 영향을 미친 위법이 없다.

다. 부당한 공동행위의 종기에 관하여

(1) 원심은 7개 사업자들이 이 사건 합의를 피고의 심의일인 2012. 3. 9.까지 실행하였다고 판단하고, 2011. 6. 10. 무렵 이 사건 부당한 공동행위가 종료되었다는 원고들의 주장을 받아들이지 아니하였다.

(2) 그러나 원심의 위와 같은 판단은 다음과 같은 이유로 그대로 수긍하기 어렵다.

원심이 적법하게 채택한 증거에 의하면, ① 5월 회의 당시 개정된 도로교통법 시행령 및 시행규칙이 2011. 6. 10.부터 시행될 예정이었고, 위 날짜를 기준으로 새로운 수강료 체제가 시행될 예정이었던 점, ② 5월 회의에서 합의한 대로 470,000원에 근접하게 수강료를 최초 신고하였던 7개 사업자들 중 양재학원을 제외한 나머지 사업자들은 서울지방경찰청에 최초 수강료 신고일부터 위 시행일까지 사이에 수강료 변경 신고를 하여 각 학원별 신고가격이 410,000원부터 442,000원으로 다양하게 바뀌면서 신고가격이 하락한 점, ③ 서울 지역 사업자 중 이 사건 합의에 참여하지 않았던 학원 중 가장 낮은 수준(456,000원)으로 최초 수강료를 신고한 신도림학원은 2011. 6. 8. 수강료를 446,000원으로 낮추어 변경 신고하였는데, 당시 7개 사업자들이 낮추어 신고한 수강료는 이보다 오히려 더 낮은 수준인 점,

④ 2011. 6. 11. 기준 7개 사업자들의 수강료의 평균가격(약 431,428원)도 이 사건 합의에 가담하지 않은 서울 지역의 다른 4개 학원의 수강료 평균가격(434,500원)보다 더 낮은 점, ⑤ 따라서 관련 법령의 개정으로 새로운 수강료 체계가 시행될 무렵인 2011. 6. 11. 기준으로 보면, 7개 사업자들의 수강료는 이 사건 합의에 따른 수강료와 다를 뿐만 아니라, 7개 사업자들 사이의 가격 차이도 심화되었고, 다른 경쟁사업자들의 수강료보다도 낮은 수준으로 책정되어 시행된 점 등의 사정을 알 수 있다.

이러한 사정에 비추어 보면, 이 사건 합의는 2011. 6. 11.경 그에 기한 실행행위가 실제로 실행되지 못한 채 그대로 종료되었다고 봄이 상당하고, 피고가 이와 달리 이 사건 합의가 2012. 3. 9.까지 실행되었다고 보고 이에 기초하여 과징금을 산정하고 그 납부를 명한 처분에는 그 판단의 기초되는 사실을 오인한 잘못으로 재량권을 일탈·남용한 위법이 있다고 볼 여지가 크다.

(3) 그럼에도 원심은 그 판시와 같은 사정만으로 이 사건 과징금 납부명령이 적법하다고 판단하였으므로, 이러한 원심판단에는 부당공동행위의 종기(終期) 또는 피고의 과징금 산정에서의 재량권 일탈·남용 등에 관한 법리를 오해하여 판단을 그르친 위법이 있다.

2. 원고 주식회사 창동자동차학원의 상고에 대하여 위 원고는 법정기간 내에 상고이유서를 제출하지 아니하였고 상고장에 상고이유의 기재도 없다.

3. 결 론

그러므로 원고 1, 원고 2, 원고 3, 원고 4, 원고 5, 원고 6의 나머지 상고이유에 대한 판단을 생략한 채, 원심판결 중 위 원고들에 대한 부분을 파기하고 이 부분 사건을 다시 심리·판단하도록 원심법원에 환송하며, 원고 주식회사 창동자동차학원의 상고를 기각하고 위 원고의 상고로 인한 상고비용은 패소자가 부담하도록 하여, 관여 대법관의 일치된 의견으로 주문과 같이 판결한다.

대법관   김소영(재판장) 이인복(주심) 고영한 이기택

(4) 대법원 2016. 4. 12. 선고 2015두50061 판결 [옥외자동검침시스템 입찰담합 사건] (경제적 동일체, 경쟁제한성)

판시사항

공동행위가 독점규제 및 공정거래에 관한 법률 제19조 제1항이 정하고 있는 '경쟁제한성'을 갖는지 판단하는 기준 및 입찰담합에 관한 같은 항 제8호가 입찰 자체의 경쟁과 입찰에 이르는 과정에서의 경쟁을 함께 보호하려는 취지인지 여부(적극)

참조조문

독점규제 및 공정거래에 관한 법률 제19조 제1항

참조판례

대법원 2015. 7. 9. 선고 2013두20493 판결

전 문

【원고, 피상고인】 주식회사 ○○
【피고, 상고인】 공정거래위원회
【원심판결】 서울고법 2015. 7. 16. 선고 2014누70367 판결
【주 문】
원심판결을 파기하고, 사건을 서울고등법원에 환송한다.
【이 유】
상고이유(상고이유서 제출기간이 지난 후에 제출된 상고이유보충서 등의 기재는 상고이유를 보충하는 범위 내에서)를 판단한다.

　1. 공동행위가 독점규제 및 공정거래에 관한 법률(이하 '공정거래법'이라 한다) 제19조 제1항이 정하고 있는 '경쟁제한성'을 갖는지는 당해 상품이나 용역의 특성, 소비자의 제품선택 기준, 시장 및 사업자들의 경쟁에 미치는 영향 등 여러 사정을 고려하여, 당해 공동행위로 인하여 일정한 거래분야에서의 경쟁이 감소하여 가격·수량·품질 기타 거래조건 등의 결정에 영향을 미치거나 미칠 우려가 있는지를 살펴 개별적으로 판단하여야 한다. 한편 입찰담합에 관한 공정거래법 제19조 제1항 제8호는 입찰 자체의 경쟁뿐 아니라 입찰에 이르는 과정에서의 경쟁도 함께 보호하려는 데 그 취지가 있다(대법원 2015. 7. 9. 선고 2013두20493 판결 등 참조).

　2. 원심은 채택 증거에 의하여 판시와 같은 사실을 인정한 다음, (1) 원고는 주식회사 엠앤에스(이하 '엠앤에스'라 한다)가 옥외자동검침시스템시장에 진입하기 전까지는 옥외자동검침시스템을 유일하게 생산하는 사업자였던 점, (2) 원고와 주식회사 자스텍(이하 '자스텍'이라 한다)은 상호 독립적으로 운영된다고 볼 수 없어 사실상 하나의 사업자에 해당하고, 옥외자동검침시스템의 독점적인 생산능력을 가지고 있는 원고로서는 단독으로 입찰에 참가함으로써 입찰이 유찰되더라도 종국적으로는 지방자치단체를 당사자로 하는 계약에 관한 법률 등의 규정에 따라 수의계약을 체결할 수 있기 때문에 굳이 자스텍을 들러리로 세워 입찰에 참여할 경제적 동기가 부족하고 단지 자스텍을 들러리로 내세워 경쟁 입찰의 외형을 작출함으로써 유찰을 방지한 것에 불과하므로, 이 사건 공동행위로 인하여 원고와 자스텍 사이의 경쟁이 감소되었다고 볼 수 없는 점, (3) 온누리넷, 주식회사 한국스키다, 주식회사

누리아이코리아, 주식회사 하이텍이피씨, 이에스피, 한일개발, 영상기전 주식회사(이하 명칭에서 '주식회사'를 생략하고, 모두 합쳐서 '온누리넷 등 7개사'라 한다)는 옥외자동검침시스템에 관한 독자적인 생산능력이 없어서, 이들이 낙찰을 받더라도 옥외자동검침시스템을 정상적으로 공급할 것인지 여부는 온전히 유일한 생산자인 원고가 온누리넷 등 7개사에 옥외자동검침시스템을 공급할 의사가 있는지에 달려 있으므로 이들이 이 사건 각 입찰시장에서 원고와 유효한 경쟁관계에 있었다고 볼 수 없고, 또한 원고가 자스텍과 이 사건 공동행위를 한 것은 유찰 방지 및 신속한 입찰 진행을 위한 조달청 담당 공무원의 유도나 지도에 의한 것이었고, 엠앤에스가 이 사건 각 입찰에 참가하기 시작한 이후에는 원고가 유찰을 방지하고자 자스텍을 들러리로 세울 필요가 없었던 점, 엠앤에스가 참가한 입찰에서는 엠앤에스와 실질적인 경쟁이 이루어져서 유찰되는 경우가 없었던 점, 자스텍은 엠앤에스가 참가한 2013. 3. 8.자 광주시 지능형 옥외자동검침시스템 구매 및 설치 입찰을 마지막으로 더 이상 입찰에 참가하지 아니한 점 등에 비추어 보면 원고에게 이 사건 공동행위 당시 이 사건 각 입찰시장의 경쟁을 제한하고자 하는 의도나 목적이 있었다고 보이지 않는다는 등의 사정을 들어, 원고와 자스텍의 이 사건 공동행위로 인하여 이 사건 각 입찰시장에서 실질적으로 경쟁이 감소하여 낙찰가격이나 기타 거래조건 등의 결정에 영향을 미치거나 미칠 우려가 있다고 단정할 수 없다고 판단하였다.

3. 그러나 원심의 판단은 다음과 같은 이유로 수긍하기 어렵다.

가. 원심판결의 이유와 원심이 적법하게 채택한 증거에 의하면, ① 이 사건 각 입찰에 참가하기 위한 입찰참가자격으로 입찰참가자가 반드시 옥외자동검침시스템을 직접 생산할 것은 요구되지 않았던 사실, ② 옥외자동검침시스템을 직접 생산할 능력이 없는 온누리넷 등 7개사가 이 사건 각 입찰 중 7건의 입찰(원심판결문 별지 2 연번 9, 24, 30, 43, 49, 54, 63 입찰. 이하 연번 숫자로 특정하여 '이 사건 ○번 입찰'이라 한다)에 참가하여 적법하게 낙찰을 받은 사실, ③ 엠앤에스도 이 사건 각 입찰 중 3건의 입찰(이 사건 62, 65, 66 입찰)에 참가하여 그중 2건의 입찰(이 사건 62, 65 입찰)에서 적법하게 낙찰을 받은 사실, ④ 위와 같이 온누리넷 등 7개사와 엠앤에스가 입찰에 참가하여 낙찰을 받을 당시 이들의 투찰률은 75.062% 내지 97.089%로서 원고와 자스텍의 투찰률보다 낮았던 사실, ⑤ 온누리넷 등 7개사는 위와 같이 낙찰을 받은 다음 원고로부터 옥외자동검침시스템을 구매하여 지방자치단체 등에게 납품한 사실, ⑥ 엠앤에스가 이 사건 62번 입찰에서 낙찰을 받은 이후, 원고와 자스텍은 이 사건 64, 65, 66번 입찰에 참가하면서 기존의 투찰률보다 낮추어 약 87 내지 88%로 투찰한 사실 등을 알 수 있다.

나. 이러한 사실관계에 비추어 알 수 있는 다음과 같은 사정, 즉 ① 원고와 자스텍의 이 사건 공동행위가 없었더라면 이 사건 각 입찰 중 상당수가 '입찰참가자격이 있는 자 2인 이상이 입찰하지 아니하여 입찰이 성립하지 않은 경우'에 해당하여 재입찰이 이루어질 수 있었고, 재입찰이 이루어질 경우 원고 또는 자스텍 외의 다른 사업자들도 재입찰 절차에 참가하여 가격 경쟁을 할 수 있었을 것으로 보이는 점, ② 이 사건 각 입찰에서 입찰참가자가 옥외자동검침시스템을 직접 생산할 것이 입찰참가자격으로 정해지지 아니하였으므로 낙찰자로 결정된 사업자가 낙찰받은 옥외자동검침시스템 물량을 생산자인 원고로부터 구매하여

계약을 이행할 수 있고, 실제로 온누리넷 등 7개사는 낙찰받은 후 이와 같이 원고로부터 구매하여 계약의 이행을 완료하였으므로, 단순히 온누리넷 등 7개사가 생산능력을 갖추지 못하였다는 사정만으로 원고 또는 자스텍과 유효한 경쟁관계에 있지 아니하다고 단정하기 어려운 점, ③ 온누리넷 등 7개사와 엠앤에스가 입찰에 참가하여 낙찰을 받은 사안에서 이들의 투찰률은 원고와 자스텍이 이 사건 공동행위를 통해 합의한 투찰률에 비해 낮았고, 실제로 엠앤에스가 입찰에 참가하여 낙찰을 받은 이후 원고와 자스텍이 이 사건 64, 65, 66번 입찰에 참가하면서 기존의 투찰률보다 낮추어 투찰하였으므로, 원고와 자스텍이 이 사건 공동행위를 통해 경쟁 입찰의 외형을 작출함으로써 유찰을 방지하지 않았더라면 유찰 후 재입찰, 재공고입찰 또는 수의계약 과정에서 계약금액이 낮아졌을 가능성을 배제할 수 없는 점 등을 종합하면, 이 사건 공동행위를 통해 원고 또는 자스텍이 실질적인 경쟁 없이 투찰금액으로 낙찰을 받은 반면, 다른 사업자들은 유찰 후 재입찰 등의 절차에 참가하여 경쟁을 할 기회를 제한받은 것이므로, 결국 이 사건 각 입찰에서의 경쟁이 감소하여 가격·수량·품질 기타 거래조건 등의 결정에 영향을 미치거나 미칠 우려가 있었고, 나아가 입찰에 이르는 과정에서의 경쟁 자체도 제한되었다고 봄이 상당하다.

4. 그럼에도 원심은 이와 달리 판시와 같은 사정만으로 원고와 자스텍의 이 사건 공동행위는 경쟁제한성이 없다고 판단하였으니, 이러한 원심의 판단에는 부당한 공동행위의 성립요건인 경쟁제한성에 관한 법리를 오해하고 필요한 심리를 다하지 아니하여 판결에 영향을 미친 위법이 있다. 이 점을 지적하는 상고이유 주장은 이유 있다.

5. 그러므로 나머지 상고이유에 대한 판단을 생략한 채 원심판결을 파기하고, 사건을 다시 심리·판단하도록 원심법원에 환송하기로 하여 관여 대법관의 일치된 의견으로 주문과 같이 판결한다.

대법관   김창석(재판장) 이상훈 조희대 박상옥(주심)

▌ 참조문헌 ▌

이민호·김수련, "경제적 동일체 이론과 입찰담합: 대상판결 – 대법원 2016. 4. 12. 선고 2015두50061 판결", 경쟁저널 191호, 한국공정경쟁연합회(2017)

(5) 대법원 2013. 11. 14. 선고 2012두19298 판결; 대법원 2013. 11. 28. 선고 2012두17773 판결 [음원유통 사건] (부당성과 경쟁제한성, 합의)

- 대법원 2013. 11. 14. 선고 2012두19298 판결

판시사항

[1] 독점규제 및 공정거래에 관한 법률 제19조 제1항이 금지하는 '부당하게 경쟁을 제한하는 합의'에 묵시적인 의사의 일치가 포함되는지 여부(적극)

[2] 당해 공동행위가 경쟁제한적 효과 외에 경쟁촉진적 효과도 함께 가져오는 경우, 독점규제 및 공정거래에 관한 법률 제19조 제1항이 정하는 경쟁제한성을 가지는지 판단하는 방법

[3] 독점규제 및 공정거래에 관한 법률에 따른 시정명령이 금지하는 행위의 범위를 판단하는 기준

판결요지

[1] 독점규제 및 공정거래에 관한 법률 제19조 제1항이 금지하는 '부당하게 경쟁을 제한하는 합의'에서 '합의'는 둘 이상의 사업자 간 의사의 연락을 본질로 하는데, 여기에는 명시적 합의뿐 아니라 묵시적인 의사의 일치까지도 포함된다.

[2] 당해 공동행위가 독점규제 및 공정거래에 관한 법률 제19조 제1항이 정하고 있는 경쟁제한성을 가지는지 여부는 당해 상품의 특성, 소비자의 제품선택 기준, 당해행위가 시장 및 사업자들의 경쟁에 미치는 영향 등 여러 사정을 고려하여, 당해 공동행위로 인하여 가격·수량·품질 기타 거래조건 등의 결정에 영향을 미치거나 미칠 우려가 있는지를 살펴 개별적으로 판단해야 한다. 특히 당해 공동행위가 경쟁제한적 효과 외에 경쟁촉진적 효과도 함께 가져오는 경우에는 양자를 비교·형량하여 경쟁제한성 여부를 판단해야 하는데, 경쟁제한적 효과는 공동행위에 가담한 사업자들의 시장점유율, 공동행위 가담 사업자들 사이의 경쟁제한의 정도 등을 고려하고, 경쟁촉진적 효과는 당해 공동행위로 인한 효율성 증대가 소비자 후생의 증가로 이어지는 경우를 포괄적으로 감안하되 당해 공동행위가 그러한 효과 발생에 합리적으로 필요한지 여부 등을 고려해야 한다.

[3] 독점규제 및 공정거래에 관한 법률에 따른 시정명령은 그 본질적인 속성상 다소

간의 포괄성·추상성을 띨 수밖에 없으므로 시정명령이 금지하는 행위의 범위
는 시정명령의 문언, 관련 법령, 의결서에 기재된 시정명령의 이유 등을 종합하
여 판단해야 한다.

참조조문

[1] 독점규제 및 공정거래에 관한 법률 제19조 제1항
[2] 독점규제 및 공정거래에 관한 법률 제19조 제1항
[3] 독점규제 및 공정거래에 관한 법률 제19조 제1항, 제21조

참조판례

[2] 대법원 2002. 3. 15. 선고 99두6514 판결, 대법원 2012. 6. 14. 선고 2010두10471 판결

따름판례

대법원 2013. 11. 28. 선고 2012두17773 판결, 대법원 2014. 2. 27. 선고 2012두27794
판결, 대법원 2015. 6. 11. 선고 2013두1676 판결, 대법원 2015. 7. 9. 선고 2013두26804
판결, 대법원 2015. 10. 29. 선고 2012두28827 판결, 대법원 2015. 10. 29. 선고 2013두
8233 판결, 대법원 2017. 1. 12. 선고 2015두2352 판결, 대법원 2019. 9. 26. 선고 2015
두59 판결, 대법원 2021. 9. 15. 선고 2018두41822 판결

전 문

【원고, 상고인】 ○○주식회사
【피고, 피상고인】 공정거래위원회
【원심판결】 서울고법 2012. 7. 11. 선고 2011누25724 판결
【주 문】
상고를 기각한다. 상고비용은 원고가 부담한다.
【이 유】
상고이유를 판단한다.

1. 상고이유 제1점에 관하여

독점규제 및 공정거래에 관한 법률(이하 '공정거래법'이라고 한다) 제19조 제1항이 금지
하는 '부당하게 경쟁을 제한하는 합의'에서 '합의'는 둘 이상의 사업자 간 의사의 연락을 본
질로 하는데, 여기에는 명시적 합의뿐 아니라 묵시적인 의사의 일치까지도 포함된다. 원심
판결 이유에 의하면, 원심은, 작사자·작곡자·실연자·음반제작자 등의 저작권 등을 신탁
받아 관리하는 사단법인 한국음악저작권협회, 사단법인 한국음악실연자연합회, 사단법인 한
국음원제작자협회(이하 '신탁 3단체'라고 한다)가 마련한 사용료 징수규정의 개정으로 곡수
무제한 월 정액제 논디알엠(Non-DRM)상품이 도입될 가능성이 커지자, 원고가 음원사업자

들의 모임인 디지털음악산업발전협의회(이하 '디발협'이라고 한다)의 회원사로 회의에 참석하면서 다른 외국계 음원사업자들과 달리 Non-DRM 상품에 음원 제공의사를 밝혀왔던 점, 먼저 온라인 음악서비스 사업자와 음원사업자의 지위를 겸하는 엠넷미디어 주식회사 등 주요 4개사가 월 정액제 Non-DRM 상품에 음원을 공급하되 곡수 무제한 상품에는 공급하지 않고 월 40곡 5,000원, 월 150곡 9,000원 상품에만 음원을 공급하기로 합의하였고, 그 후 개최된 디발협 회의에서 원고를 포함한 다른 음원사업자들도 위 합의에 가담하기로 하여 이 사건 합의가 이루어졌던 점, 원고가 그 후 이 사건 합의대로 온라인 음악서비스사업자들과 음원 공급계약을 체결하였던 점 등 그 판시와 같은 사정들을 근거로, 원고가 이 사건 합의에 가담하였다고 본 피고의 이 사건 처분을 정당하다고 판단하였다. 위 법리와 기록에 비추어 보면, 원심의 이와 같은 판단은 정당하고, 거기에 공정거래법상 합의에 관한 법리를 오해하였거나, 경험이나 논리의 법칙을 위반하여 자유심증주의의 한계를 벗어난 위법 등이 없다.

2. 상고이유 제2점에 관하여

당해 공동행위가 공정거래법 제19조 제1항이 정하고 있는 경쟁제한성을 가지는지 여부는 당해 상품의 특성, 소비자의 제품선택 기준, 당해 행위가 시장 및 사업자들의 경쟁에 미치는 영향 등 여러 사정을 고려하여, 당해 공동행위로 인하여 가격·수량·품질 기타 거래조건 등의 결정에 영향을 미치거나 미칠 우려가 있는지를 살펴 개별적으로 판단하여야 한다(대법원 2002. 3. 15. 선고 99두6514 판결, 대법원 2012. 6. 14. 선고 2010두10471 판결 등 참조). 특히 당해 공동행위가 경쟁제한적 효과 외에 경쟁촉진적 효과도 함께 가져오는 경우에는 양자를 비교·형량하여 경쟁제한성 여부를 판단하여야 하는데, 경쟁제한적 효과는 공동행위에 가담한 사업자들의 시장점유율, 공동행위 가담 사업자들 사이의 경쟁제한의 정도 등을 고려하고, 경쟁촉진적 효과는 당해 공동행위로 인한 효율성 증대가 소비자 후생의 증가로 이어지는 경우를 포괄적으로 감안하되 당해 공동행위가 그러한 효과 발생에 합리적으로 필요한지 여부 등을 고려하여야 할 것이다.

원심판결 이유에 의하면, 원심은 이 사건 합의에 음원매출액 기준으로 점유율 91%에 이르는 음원사업자들이 가담하였고, 이 사건 합의로 Non-DRM 상품이 단 두 종류로 제한됨으로써 상품의 거래조건을 통한 경쟁이 제한되고 소비자의 선택가능성이 제한되었으며, 이 사건 합의로 Non-DRM 상품의 출시가 앞당겨졌을 수 있으나 당시 시장 상황에 비추어 그 여지도 크지 않다고 할 것이므로, 이 사건 합의로 인한 경쟁제한적 효과보다 경쟁촉진적 효과가 더 크다고 볼 수 없다는 취지로 판단하였다.

위 법리와 기록에 비추어 보면, 원심의 이와 같은 판단은 정당하고, 거기에 부당한 공동행위의 경쟁제한성 등에 관한 법리오해 등의 위법이 없다.

3. 상고이유 제3점에 관하여

공정거래위원회는 공정거래법 위반행위에 대하여 과징금을 부과할 것인지 여부와 만일 과징금을 부과할 경우 공정거래법령이 정하고 있는 일정한 범위 안에서 과징금의 액수를 구체적으로 얼마로 정할 것인지에 관하여 재량을 가지고 있다고 할 것이므로 과징금 부과의 기초가 되는 사실을 오인하였거나, 비례·평등의 원칙에 위배되는 등의 사유가 있다면 이는 재량권의 일탈·남용에 해당하여 위법하다(대법원 2002. 3. 15. 선고 99두6514 판결, 대법원 2012. 6. 14. 선고 2010두10471 판결 등 참조). 또 부당한 공동행위를 한 사업자에게 과징금을 부과하는 경우, 위반행위 기간의 관련 상품 또는 용역의 매출액을 기준으로 과징금을 산정하는데, 여기서 매출액 산정의 전제가 되는 관련 상품 또는 용역의 범위는 부당한 공동행위를 한 사업자 간의 합의내용에 포함된 상품 또는 용역의 종류와 성질, 용도 및 대체가능성과 거래지역·거래상대방·거래단계 등을 고려하여 개별적·구체적으로 판단하여야 한다(대법원 2003. 1. 10. 선고 2001두10387 판결, 대법원 2011. 5. 26. 선고 2008두18335 판결 등 참조).

원심판결 이유에 의하면, 원심은 이 사건 합의의 경쟁제한성을 인정할 수 있고, 원고가 디발협 회의에 지속적으로 참가하면서 적극적 의견을 개진하는 위치에 있었으므로 이 사건 합의에 소극적으로 가담하였다고 보기 어렵다는 점 등의 제반 사정을 종합하여, 피고가 이 사건 합의를 과징금 부과대상으로 보고 기본과징금을 산정한 후 의무적·임의적 조정을 거쳐 부과과징금을 결정한 데 재량권 일탈·남용의 위법이 없다고 판단하였고, 또 DRM 상품이 Non-DRM 상품과 대체관계에 있어 이 사건 합의의 대상인 Non-DRM 상품 수요의 영향을 받고, 이 사건 합의로 곡수 무제한 Non-DRM 상품에 대한 음원 공급을 하지 않기로 하였으므로 DRM 상품의 경쟁력이 유지될 수 있었다는 점 등을 근거로, 피고가 이 사건 과징금 산정에서 DRM 상품을 관련 상품에 포함하여 관련 매출액을 산정한 것을 적법하다는 취지로 판단하였다.

위 법리와 기록에 비추어 보면, 원심의 이와 같은 판단은 정당하고, 거기에 상고이유와 같은 재량권 일탈·남용에 관한 법리오해 등의 위법이 없다.

4. 상고이유 제4점에 관하여

공정거래법에 따른 시정명령은 그 본질적인 속성상 다소간의 포괄성·추상성을 띨 수밖에 없으므로 시정명령이 금지하는 행위의 범위는 시정명령의 문언, 관련 법령, 의결서에 기재된 시정명령의 이유 등을 종합하여 판단하여야 한다.

원심이 적법하게 채택한 증거에 의하면, 이 사건 시정명령이 원고가 온라인 음악서비스 사업자에 Non-DRM 상품의 곡수 및 소비자가격을 제한하는 조건의 음원 공급행위 자체를 금지하는 것으로 볼 여지도 있으나, 이 사건 시정명령 문언에 의하면 '부당하게 경쟁을 제한하는 행위를 다시는 하여서는 아니 된다'고 하였고, 공정거래법은 부당하게 경쟁을 제한하는 '합의'를 금지하고 있으며, 이 사건 의결서에 의하면 원고가 다른 음원사업자들과 함께 공동으로 곡수 무제한 월 정액제 Non-DRM 상품에는 음원을 공급하지 않고 곡수 제한 Non-DRM 상품에만 음원을 공급하기로 한 것이 공정거래법상 부당한 공동행위에 해당한다는 점을 이 사건 시정명령 등의 이유로 들고 있는 사정들을 알 수 있다.

이와 같은 사정들을 앞서 법리에 비추어 보면, 이 사건 시정명령에 의한 금지행위의 범위는 '원고가 다른 음원사업자들과 함께 공동으로 온라인 음악서비스 사업자에 Non-DRM 상품의 곡수 및 소비자가격을 제한하는 조건의 음원을 공급하는 행위'라고 할 것이므로, 이 사건 시정명령의 취소를 구하는 원고 주장을 배척한 원심은 타당하고, 거기에 상고이유와 같은 법리오해의 위법 등이 없다.

5. 결 론

그러므로 상고를 기각하고 상고비용은 패소자의 부담으로 하기로 하여 관여 대법관 의 일치된 의견으로 주문과 같이 판결한다.

대법관   이인복(재판장)   민일영   박보영   김신(주심)

• 대법원 2013. 11. 28. 선고 2012두17773 판결

판시사항

[1] 부당한 공동행위가 이루어지고 있는 영업을 양수한 사업자가 양도인과 동일하게 기존 합의를 실행하는 행위를 하고, 기존 합의 가담자들도 종전과 마찬가지로 양수인과 함께 합의를 실행하는 행위를 계속한 경우, 양수인과 기존 합의 가담 자들 사이에 '부당한 공동행위'를 유지·계속한다는 묵시적 의사의 합치가 있다 고 볼 수 있는지 여부(원칙적 적극)

[2] 독점규제 및 공정거래에 관한 법률 제19조 제1항 제1호가 금지하는 가격에 관 한 합의에서 '가격'의 의미

[3] 공동행위가 독점규제 및 공정거래에 관한 법률 제19조 제1항이 정하고 있는 경 쟁제한성 및 부당성을 가지는지 판단하는 기준

판결요지

[1] 독점규제 및 공정거래에 관한 법률 제19조 제1항이 금지하는 '부당한 공동행위' 는 '부당하게 경쟁을 제한하는 행위에 대한 합의'로서 이때 '합의'에는 명시적 합 의뿐 아니라 묵시적인 합의도 포함되고, 이와 같은 합의 및 그에 따른 실행행위 가 있었던 경우 '부당한 공동행위'는 그 합의를 실행하는 행위가 계속될 때까지 유지된다. 따라서 '부당한 공동행위'가 이루어지고 있는 영업을 양수한 사업자가 기존의 합의 사실을 알면서도 이를 받아들여 양도인과 동일하게 기존 합의를 실 행하는 행위를 하였으며, 기존의 합의 가담자들도 양수인의 영업을 기존 합의에 서 배제하는 등의 특별한 사정이 없이 종전과 마찬가지로 양수인과 함께 합의를 실행하는 행위를 계속하였다면, 양수인도 기존 합의 가담자들 사이의 '부당한 공 동행위'에 가담하여 그들 사이에서 종전과 같은 '부당한 공동행위'를 유지·계속

한다는 묵시적 의사의 합치가 있다고 보는 것이 타당하다.

[2] 독점규제 및 공정거래에 관한 법률 제19조 제1항 제1호가 금지하는 가격에 관한 합의에서 '가격'은 당해 상품이나 용역의 특성, 거래 내용 및 방식 등에 비추어 거래 상대방이 상품 또는 용역의 대가로 지급하는 일체의 것을 의미한다.

[3] 공동행위가 독점규제 및 공정거래에 관한 법률(이하 '공정거래법'이라 한다) 제19조 제1항이 정하고 있는 경쟁제한성을 가지는지는 당해 상품의 특성, 소비자의 제품선택 기준, 당해 행위가 시장 및 사업자들의 경쟁에 미치는 영향 등 여러 사정을 고려하여, 당해 공동행위로 인하여 경쟁이 감소하여 가격·수량·품질 기타 거래조건 등의 결정에 영향을 미치거나 미칠 우려가 있는지를 살펴, 개별적으로 판단해야 한다. 또 공동행위의 부당성은 소비자를 보호함과 아울러 국민경제의 균형 있는 발전을 도모한다는 공정거래법의 궁극적인 목적(제1조) 등에 비추어 당해 공동행위에 의하여 발생될 수 있는 경쟁제한적인 결과와 아울러 당해 공동행위가 경제 전반의 효율성에 미치는 영향 등을 비롯한 구체적 효과 등을 종합적으로 고려하여 그 인정 여부를 판단해야 한다.

참조조문

[1] 독점규제 및 공정거래에 관한 법률 제19조 제1항
[2] 독점규제 및 공정거래에 관한 법률 제19조 제1항
[3] 독점규제 및 공정거래에 관한 법률 제19조 제1항

참조판례

[1] 대법원 2003. 2. 28. 선고 2001두1239 판결, 대법원 2008. 10. 23. 선고 2007두12774 판결, 대법원 2013. 11. 14. 선고 2012두19298 판결
[2] 대법원 2001. 5. 8. 선고 2000두10212 판결
[3] 대법원 2002. 3. 15. 선고 99두6514 판결, 대법원 2012. 6. 14. 선고 2010두10471 판결

따름판례

대법원 2014. 2. 13. 선고 2011두16049 판결, 대법원 2021. 9. 9. 선고 2016두36345 판결

전 문

【원고, 상고인】 ○○주식회사 외 1인
【피고, 피상고인】 공정거래위원회
【원심판결】 서울고법 2012. 7. 5. 선고 2011누23025 판결

【주 문】

상고를 모두 기각한다. 상고비용은 원고들이 부담한다.

【이 유】

상고이유(상고이유서 제출기간이 지난 후에 제출된 상고이유보충서의 기재는 상고이유를 보충하는 범위 내에서)를 판단한다.

1. 상고이유 제1점에 대하여

독점규제 및 공정거래에 관한 법률(이하 '공정거래법'이라 한다) 제19조 제1항이 금지하는 '부당한 공동행위'는 '부당하게 경쟁을 제한하는 행위에 대한 합의'로서 이때 '합의'에는 명시적 합의뿐 아니라 묵시적인 합의도 포함되고(대법원 2003. 2. 28. 선고 2001두1239 판결 등 참조), 이와 같은 합의 및 그에 따른 실행행위가 있었던 경우 '부당한 공동행위'는 그 합의를 실행하는 행위가 계속될 때까지 유지된다고 할 것이다(대법원 2008. 10. 23. 선고 2007두12774 판결 등 참조). 따라서 '부당한 공동행위'가 이루어지고 있는 영업을 양수한 사업자가 기존의 합의 사실을 알면서도 이를 받아들여 양도인과 동일하게 기존 합의를 실행하는 행위를 하였으며, 기존의 합의 가담자들도 양수인의 영업을 기존 합의에서 배제하는 등의 특별한 사정이 없이 종전과 마찬가지로 양수인과 함께 합의를 실행하는 행위를 계속하였다면, 양수인도 기존 합의 가담자들 사이의 '부당한 공동행위'에 가담하여 그들 사이에서 종전과 같은 '부당한 공동행위'를 유지·계속한다는 묵시적 의사의 합치가 있다고 봄이 타당하다.

원심은, 원고 에스케이텔레콤 주식회사(이하 '에스케이텔레콤'이라 한다)로부터 온라인 음악서비스 사업을 양수한 원고 주식회사 로엔엔터테인먼트(이하 '로엔'이라 한다)는 영업양수 전에 이미 2008. 5. 28. 이루어진 이 사건 합의에 참석하여 이 사건 합의를 알고 있었고, 이 사건 영업양수에 관한 주주총회 결의가 이루어진 후에 개최된 이 사건 합의와 관련된 가격 협의 회의에 참가한 사실 등의 판시 사정들에 기초하여, 원고 로엔이 영업양수 후인 2009. 1. 1.부터 이 사건 합의에 따른 공동행위에 대하여 부당한 공동행위가 성립된다는 취지로 판단하였다.

원심판결 이유를 적법하게 채택된 증거들에 비추어 보면, 위와 같은 원심의 판단은 앞서 본 법리에 기초한 것으로 보이고, 거기에 상고이유의 주장과 같이 경험이나 논리의 법칙을 위반하여 자유심증주의의 한계를 벗어나거나 공정거래법 제19조 제1항에서 정한 부당한 공동행위에 관한 법리를 오해한 위법이 없다.

2. 상고이유 제2점에 대하여

원심판결 이유 및 원심이 적법하게 채택한 증거 등에 의하면, 원고들이 다른 온라인 음악서비스 사업자들과 함께 이 사건 합의를 하면서 "논-디알엠 음원[(디지털 저작권 관리가 해제된 음원(Non Digital Rights Management 음원)으로, 이하 'Non-DRM'이라 한다] 월정액 다운로드 상품의 경우에 곡수 무제한 상품은 허용하지 않고 곡수 제한 상품만 출시하되, 40곡은 5,000원으로 하고, 150곡은 9,000원으로 한다"는 내용의 합의를 한 사실, 작사자·작곡자·실연자·음반제작자 등의 저작권 등을 신탁받아 관리하는 사단법인 한국음악저작권협회, 사단법인 한국음악실연자연합회, 사단법인 한국음원제작자협회(이하 '신탁 3단체'라 한다)가 마련한 사용료 징수규정은 가입자 수 기준 사용료와 매출액 기준 사용료 중 많은 금액을 부과 사용료로 정하고 있어서 온라인 음악서비스 사업자로서는 양 기준의 균형을 이루는 금액을 상품가격으로 정할 가능성이 큰 사실, 원고들을 포함한 온라인 음악서비스 사업자들은 이 사건 합의를 하면서 위 징수규정에 따른 균형가격에 해당하는 5,000원 상품과 9,000원 상품에 포함될 곡의 수를 정하기 위하여 주로 논의하였던 사실 등을 알 수 있다.

공정거래법 제19조 제1항 제1호가 금지하는 가격에 관한 합의에서 '가격'은 당해 상품이나 용역의 특성, 거래 내용 및 방식 등에 비추어 거래 상대방이 상품 또는 용역의 대가로 지급하는 일체의 것을 의미하므로(대법원 2001. 5. 8. 선고 2000두10212 판결 등 참조), Non-DRM 월정액 다운로드 상품 가격인 5,000원과 9,000원은 물론이고, 소비자들이 실제 거래에서 주요한 판단요소로 고려하는 1곡당 가격 역시 위 가격에 포함된다고 할 것이다.

원고들 등 온라인 음악서비스 사업자가 음원 사업자로부터 공급받는 음원의 대가가 신탁 3단체가 정한 사용료 징수규정의 영향을 받아 결정되고, 그 효과로 온라인 음악서비스 사업자가 소비자에게 공급하는 Non-DRM 월정액 다운로드 상품 가격이 5,000원과 9,000원으로 정해질 가능성이 크다고 하더라도, 그 합의의 주요 내용은 그 상품에 제공하는 곡수를 제한함으로써 결국에는 음악서비스 시장의 소비자가 거래하는 1곡당 가격을 결정하는 것이라고 할 것이다.

따라서 이 사건 합의는 단순히 새로운 상품인 Non-DRM 월정액 다운로드 상품의 규격을 정한 것에 그치는 것이 아니라, 공정거래법 제19조 제1항 제1호가 금지하는 '가격에 관한 합의'라고 보아야 한다.

원심이 판시와 같은 이유를 들어 이와 같은 결론을 택한 것은 수긍할 수 있고, 이러한 원심의 판단에 상고이유의 주장과 같이 논리와 경험의 법칙을 위반하고 자유심증주의의 한계를 벗어난 잘못으로 인하여 판결에 영향을 미친 위법이 없다.

3. 상고이유 제3, 8점에 대하여

공정거래위원회는 부당한 공동행위를 한 사업자에게 위반행위기간의 관련 상품 또는 용역의 매출액을 기준으로 산정한 과징금을 부과할 수 있다. 여기서 매출액 산정의 전제가 되는 관련 상품 또는 용역의 범위는 부당한 공동행위를 한 사업자 간의 합의내용에 포함된 상품 또는 용역의 종류와 성질, 용도 및 대체가능성과 거래지역·거래상대방·거래단계 등을 고려하여 개별적·구체적으로 판단하여야 한다(대법원 2003. 1. 10. 선고 2001두10387 판결, 대법원 2011. 5. 26. 선고 2008두18335 판결 등 참조).

원심은, 엠알[월간 사용(Monthly Rental) 음원으로, 이하 'MR'이라 한다] 상품이 이 사건 합의의 대상이 되었고, MR 상품, DRM 상품, 곡당 다운로드 상품 등이 Non-DRM 상품과 대체관계에 있고 Non-DRM 상품에 관하여 규격, 가격 등이 정하여지면 그 가격의 영향을 받지 않을 수 없다는 등의 판시와 같은 사정 등을 이유로 들어, 피고가 이 사건 과징금 산정에서 위 상품들을 관련 상품에 포함하여 관련매출액을 산정한 것은 적법하다는 취지로 판단하였다.

원심판결 이유를 위 법리와 적법하게 채택된 증거들에 비추어 살펴보면, 원심의 이와 같은 판단에 상고이유의 주장과 같이 논리와 경험의 법칙에 반하여 자유심증주의의 한계를 벗어나거나 관련매출액 산정에 관한 법리 등을 오해한 위법이 없다.

4. 상고이유 제4, 5점에 대하여

원심은, ① 원고들이 이 사건 합의에서 다른 사업자들과 논의한 사항은 Non-DRM 상품의 가격 및 곡수, 복합상품의 가격, 변칙상품 출시 금지 및 신규 업체의 출시에 대한 대응, 신규상품의 출시일정, 체험 프로모션의 금지 등으로서 이는 단순히 상품 구성에 관한 사항을 정한 것이라 볼 수 없고 상품의 종류와 규격 등을 제한하는 내용의 합의에 해당하며, ② 신탁 3단체의 징수규정이 가입자 수 기준 사용료와 매출액 기준 사용료 중 많은 금액을 부과 사용료로 정하고 있어서 사실상 온라인 음악서비스 사업자들이 5,000원과 9,000원을 월 정액제 Non-DRM 상품 가격으로 정할 가능성이 높지만 그와 다르게 소비자 가격을 정하는 것 역시 충분히 가능하고, ③ 이 사건 합의는 온라인 음악서비스 사업자와 음원권자가 음원 사용에 관하여 서로 자신의 이익을 위하여 협상하는 것이라기보다는 온라인 음악서비스의 소비자에 대한 관계에서 온라인 음악서비스 사업자이자 음원권자인 원고들 등의 이익을 극대화하려는 논의로 해석된다는 등의 판시와 같은 이유를 들어, 원고들의 이 사건 합의가 온라인 음악서비스 사업자들 사이에서 상품의 종류와 규격을 제한하는 공정거래법 제19조 제1항 제6호의 합의에 해당한다는 취지로 판단하였다.

원심판결 이유를 관련 법령과 적법하게 채택된 증거들에 비추어 살펴보면, 원심의 이와 같은 판단에 상고이유의 주장과 같이 논리와 경험의 법칙에 반하여 자유심증주의의 한계를 벗어나거나, 공정거래법 제19조 제1항 제6호에서 정한 상품의 종류·규격을 제한하는 공동행위에 관한 법리 등을 오해한 위법이 없다.

5. 상고이유 제6, 7점에 대하여

공동행위가 공정거래법 제19조 제1항이 정하고 있는 경쟁제한성을 가지는지 여부는 당해 상품의 특성, 소비자의 제품선택 기준, 당해 행위가 시장 및 사업자들의 경쟁에 미치는 영향 등 여러 사정을 고려하여, 당해 공동행위로 인하여 경쟁이 감소하여 가격·수량·품질 기타 거래조건 등의 결정에 영향을 미치거나 미칠 우려가 있는지를 살펴, 개별적으로 판단하여야 한다(대법원 2002. 3. 15. 선고 99두6514 판결, 대법원 2012. 6. 14. 선고 2010두10471 판결 등 참조). 또 공동행위의 부당성은 소비자를 보호함과 아울러 국민경제의 균형 있는 발전을 도모한다는 공정거래법의 궁극적인 목적(제1조) 등에 비추어 당해 공동행위에 의하여 발생될 수 있는 경쟁제한적인 결과와 아울러 당해 공동행위가 경제 전반의 효율성에 미치는 영향 등을 비롯한 구체적 효과 등을 종합적으로 고려하여 그 인정 여부를 판단하여야 한다.

원심은 (1) 앞서 본 것과 같이 이 사건 합의를 Non-DRM 상품의 가격을 결정 또는 유지하고 그 종류와 구성 등을 제한하는 내용의 합의로 인정하고, 온라인 음악서비스 사업자들 사이의 경쟁의 격화를 방지하기 위하여 이 사건 공동행위에 이른 것이라고 판단하고, (2) 나아가 ① 사업자들이 공동으로 가격을 결정하거나 변경하는 행위는 그 범위 내에서 가격경쟁을 감소시킴으로써 그들의 의사에 따라 어느 정도 자유로이 가격 결정에 영향을 미치거나 미칠 우려가 있는 상태를 초래하게 되므로 원칙적으로 부당하다고 볼 것이고, ② 원고들이 주장하는 효율성 증진 효과 중 불법 음악시장의 양성화를 통한 합법 음악시장의 규모 확대 및 거래 활성화, 음악저작권 보호로 인한 음악시장의 창작 및 투자활성화 효과, 소비자들의 비용절감은 이 사건 합의 때문이라기보다는 Non-DRM 상품의 도입에 의한 것으로 봄이 타당하며, ③ 이 사건 합의로 Non-DRM 상품의 출시가 앞당겨졌을 수 있지만 원고들이 주장하는 규격표준화는 음원 공급계약 중 일부의 조건에 불과하다는 등의 판시 사정에 비추어 그로 인하여 Non-DRM 상품의 출시에 얼마나 영향을 미쳤는지 단정할 수 없다는 등의 이유를 들어, 원고들의 공동행위가 경쟁을 제한하거나 제한할 우려가 있음이 명백하고 이와 달리 경쟁 제한적 효과보다 효율성 증대 효과가 더 크다고 인정하기 어렵다고 판단하였다.

원심판결 이유를 위 법리와 적법하게 채택된 증거들에 비추어 살펴보면, 원심의 이와 같은 판단에 상고이유의 주장과 같이 논리와 경험의 법칙에 반하여 자유심증주의의 한계를 벗어나고 필요한 심리를 다하지 아니하거나 공정거래법 제19조 제1항에서 정한 부당한 공동행위에서의 경쟁제한성 및 부당성 등에 관한 법리를 오해하여 판결에 영향을 미친 위법이 없다.

6. 상고이유 제9점에 대하여

공정거래위원회는 공정거래법 위반행위에 대하여 과징금을 부과할 것인지 여부와 과징금을 부과할 경우에 공정거래법령이 정하고 있는 일정한 범위 안에서 과징금의 액수를 구체적으로 얼마로 정할 것인지에 관하여 재량을 가지므로, 공정거래위원회의 과징금 부과처분은 재량행위라 할 것이다. 다만 이러한 재량을 행사하면서 과징금 부과의 기초가 되는 사실을 잘못 판단하였거나 비례·평등의 원칙에 위배되는 등의 사유가 있다면 이는 재량권의 일탈·남용에 해당하여 위법하다(대법원 2002. 9. 24. 선고 2000두1713 판결, 대법원 2010. 3. 11. 선고 2008두15176 판결 등 참조).

원심은, (1) 이 사건 합의에 가담한 자들의 시장점유율이 매우 높고 합의의 대상에 가격과 상품의 규격 등이 포함되어 있는 점과 아울러 그 파급효과를 고려하면 피고가 이 사건 공동행위를 매우 중대한 위반행위에 해당한다고 본 것은 정당하고, 이 사건 공동행위로 인한 원고들의 부당이득액은 부과기준율을 정할 때에 고려되었다고 보이며, 문화체육관광부가 Non-DRM 상품의 출시를 요청한 사정만으로 임의적 과징금 산정단계에서 감경하기는 어렵고, 이 사건 합의로 인하여 소비자 후생이 증가하였음을 인정할 자료가 없다는 등의 판시와 같은 사정들을 인정한 후, (2) 피고가 이 사건 합의를 매우 중대한 위반행위로 보고 기본과징금을 산정한 후 의무적·임의적 조정을 거쳐 부과과징금을 산정한 것에 대하여 재량권 일탈·남용의 위법이 없다고 판단하였다.

원심판결 이유를 위 법리와 적법하게 채택된 증거들에 비추어 살펴보면, 원심의 이와 같은 판단에 상고이유의 주장과 같이 과징금 부과처분에서의 재량권 일탈·남용에 관한 법리를 오해하거나 논리와 경험의 법칙에 반하여 자유심증주의의 한계를 벗어나는 등의 잘못으로 판결에 영향을 미친 위법이 없다.

7. 결 론

그러므로 상고를 모두 기각하고, 상고비용은 패소자들이 부담하기로 하여, 관여 대법관의 일치된 의견으로 주문과 같이 판결한다.

대법관 신영철(재판장) 이상훈 김용덕(주심) 김소영

(6) 대법원 2011. 5. 26. 선고 2008도6341 판결 [지하철 7호선 입찰담합 사건] (컨소시엄)

판시사항

[1] 독점규제 및 공정거래에 관한 법률 제58조에서 정한 '법령에 따른 정당한 행위'의 의미

[2] 건설회사인 피고인들이 지하철 연장공사가 시행될 특정 공구의 입찰에 참가하면서 공동수급체를 구성하여 공동계약을 체결한 사안에서, 위 공동수급체 구성행위가 독점규제 및 공정거래에 관한 법률 제58조에서 정한 '법령에 따른 정당한 행위'에 해당하지 않는다고 본 원심판단을 수긍한 사례

[3] 어떠한 공동행위가 독점규제 및 공정거래에 관한 법률 제19조 제1항에서 정한 '경쟁제한성'을 가지는지의 판단 기준

[4] 건설회사인 피고인들이 지하철 연장공사가 시행될 특정 공구의 입찰에 참가하면서 공동수급체를 구성하여 공동계약을 체결한 행위가, 독점규제 및 공정거래에 관한 법률 제19조 제1항에서 정한 부당한 공동행위에 해당한다고 하여 기소된 사안에서, 위 공동수급체 구성행위가 '경쟁제한성을 가진 부당한 공동행위'에 해당한다고 단정한 원심판단에 법리오해의 위법이 있다고 한 사례

판결요지

[1] 독점규제 및 공정거래에 관한 법률 제58조는 "이 법의 규정은 사업자 또는 사업자단체가 다른 법률 또는 그 법률에 의한 명령에 따라 행하는 정당한 행위에 대하여는 이를 적용하지 아니한다"고 규정하고 있다. 여기서 말하는 '정당한 행위'란 당해 사업의 특수성으로 경쟁제한이 합리적이라고 인정되는 사업 또는 인가제 등에 의하여 사업자의 독점적 지위가 보장되는 반면 공공성의 관점에서 고도

의 공적규제가 필요한 사업 등에 관하여 자유경쟁의 예외를 구체적으로 인정하고 있는 법률 또는 그 법률에 의한 명령의 범위 내에서 행하는 필요·최소한의 행위를 말한다.

[2] 건설회사인 피고인들이 지하철 7호선 연장공사가 시행될 특정 공구의 입찰에 참가하면서 공동수급체를 구성하여 공동계약을 체결한 사안에서, 계약담당공무원 등이 계약상대자를 2인 이상으로 하는 공동계약을 체결하는 것이 가능하고 가급적 이를 원칙으로 한다는 것에 불과한 내용의 국가를 당사자로 하는 계약에 관한 법률 제25조 제1항, 같은 법 시행령 제72조 제2항은, 피고인들과 같이 공동수급체를 구성하여 입찰에 참가하는 것을 가능하게 하는 규정이지 사업자의 독점적 지위가 보장되는 반면 공공성의 관점에서 고도의 공적규제가 필요한 사업 등에 관하여 자유경쟁의 예외를 구체적으로 인정하고 있는 규정은 아니라는 이유로, 위 공동수급체 구성행위가 독점규제 및 공정거래에 관한 법률 제58조에서 정한 '법령에 따른 정당한 행위'에 해당하지 않는다고 본 원심판단을 수긍한 사례.

[3] 어떠한 공동행위가 독점규제 및 공정거래에 관한 법률 제19조 제1항이 정하고 있는 '경쟁제한성'을 가지는지는 상품의 특성, 소비자의 제품선택 기준, 당해 행위가 시장 및 사업자들의 경쟁에 미치는 영향 등 여러 사정을 고려하여, 공동행위로 인하여 일정한 거래분야에서 경쟁이 감소하여 가격·수량·품질 기타 거래조건 등의 결정에 영향을 미치거나 미칠 우려가 있는지를 살펴 개별적으로 판단하여야 한다.

[4] 건설회사인 피고인들이 지하철 7호선 연장공사가 시행될 특정 공구의 입찰에 참가하면서 공동수급체를 구성하여 공동계약을 체결한 행위가, 독점규제 및 공정거래에 관한 법률(이하 '공정거래법'이라 한다) 제19조 제1항에서 정한 부당한 공동행위에 해당한다고 하여 기소된 사안에서, 위 공동수급체 구성행위의 경쟁제한성 유무를 판단할 때에는, 국가를 당사자로 하는 계약에 관한 법률 제25조 제1항 및 같은 법 시행령 제72조 제2항의 규정 내용에 비추어 비록 공정거래법 제58조에 규정된 법령에 따른 정당한 행위에는 해당하지 않더라도 국가를 당사자로 하는 계약에서 공동수급체를 구성하는 행위 자체가 위법한 것은 아닌 사정, 공동수급체 구성을 통해 얻을 수 있는 효과와 조달청의 업무처리 현황 등의 사정과 함께 당해 입찰의 종류 및 태양, 공동수급체를 구성하게 된 경위 및 의도, 공동수급체 구성원들의 시장점유율, 공동수급체 구성원들이 아닌 경쟁사업자의 존재 여부, 당해 공동수급체 구성행위가 입찰 및 다른 사업자들과의 경쟁

에 미치는 영향 등을 제대로 심리하여 당해 공동수급체 구성행위로 입찰 경쟁이 감소하여 낙찰가격이나 기타 거래조건 등의 결정에 영향을 미치거나 미칠 우려가 있는지를 고려해야 하는데도, 위 공동수급체의 구성행위가 경쟁제한성을 가진 부당한 공동행위에 해당한다고 단정한 원심판결에 법리오해의 위법이 있다고 한 사례.

참조조문

[1] 독점규제 및 공정거래에 관한 법률 제58조
[2] 독점규제 및 공정거래에 관한 법률 제58조, 국가를 당사자로 하는 계약에 관한 법률 제25조 제1항, 국가를 당사자로 하는 계약에 관한 법률 시행령 제72조 제2항
[3] 독점규제 및 공정거래에 관한 법률 제19조 제1항
[4] 독점규제 및 공정거래에 관한 법률 제19조 제1항 제1호, 제2호, 제58조, 제66조 제1항 제9호, 제70조, 국가를 당사자로 하는 계약에 관한 법률 제25조 제1항, 국가를 당사자로 하는 계약에 관한 법률 시행령 제72조 제2항

참조판례

[1] 대법원 1997. 5. 16. 선고 96누150 판결, 대법원 2008. 12. 24. 선고 2007두19584 판결, 대법원 2009. 6. 23. 선고 2007두19416 판결
[3] 대법원 2002. 3. 15. 선고 99두6514 판결, 대법원 2009. 3. 26. 선고 2008두21058 판결, 대법원 2011. 4. 14. 선고 2009두7912 판결

전 문

【피고인】 피고인 1 주식회사 외 5인
【상고인】 피고인들
【원심판결】 서울중앙지법 2008. 6. 27. 선고 2008노862 판결
【주 문】
원심판결을 파기하고, 사건을 서울중앙지방법원 합의부에 환송한다.
【이 유】
상고이유에 대하여 판단한다.

1. 피고인 1 주식회사의 상고이유 중 공구 분할 및 공모 입찰을 통한 부당한 공동행위의 점에 대하여

가. 공구 분할을 통한 부당한 공동행위의 점에 대하여

원심판결 이유에 의하면, 원심은 그 채택 증거들을 종합하여 피고인들 6개 회사는 이 사건 지하철 7호선 연장공사 중 701 내지 706 공구 등 6개 공구에 관하여 동일 공구에 2개

이상의 회사가 함께 입찰에 참가하여 경쟁하는 경우 낙찰금액이 낮아지고 탈락된 회사는 입찰 준비과정에서 지출한 설계비를 회수하지 못하는 등의 손해를 입게 될 것을 우려하여 이 사건 6개 공구 중 각자 1개 공구의 입찰에만 참가하기로 서로 합의한 사실을 인정한 다음, 이와 같은 내용의 공구 분할에 관한 합의는 입찰에서의 경쟁을 감소시키고 자유로운 가격 결정에 영향을 미치거나 미칠 우려가 있는 상태를 초래함으로써 경쟁제한성을 가진다고 판단하였다.

관계 법령 및 기록에 비추어 보면, 원심의 이러한 사실인정과 판단은 정당하다. 거기에 이 부분 상고이유의 주장과 같이 이 사건 각 공구 분할의 합의에 관하여 논리와 경험의 법칙에 위배되고 자유심증주의의 한계를 벗어난 위법 및 부당한 공동행위의 경쟁제한성 인정 여부에 관한 법리오해 등의 위법이 없다.

나. 공모 입찰을 통한 부당한 공동행위의 점에 대하여

원심판결 이유에 의하면, 원심은 그 채택 증거들을 종합하여 피고인 1 주식회사가 2004. 11. 5. 공소외 1 주식회사와 사이에 701공구에 대한 입찰이 입찰자의 수가 부족하여 유찰되는 것을 방지할 목적으로 공소외 1 주식회사로 하여금 이른바 들러리로 입찰에 참가하도록 하는 내용의 합의를 한 사실을 인정한 다음, 이와 같은 내용의 합의는 입찰에서의 경쟁을 제한하는 행위에 해당하고, 또한 피고인 1 주식회사가 위 합의에 따라 입찰가격을 공모하여 미리 조작한 가격으로 입찰에 참가한 행위는 위 피고인이 낙찰을 받기 위하여 경쟁관계가 아님에도 불구하고 경쟁관계를 가장한 행위에 해당하므로 위 행위 당시 위 피고인에게는 건설산업기본법 제95조 제1호에 규정된 부당한 이익을 취득하거나 공정한 가격결정을 저해할 목적이 있었다고 판단하였다.

관계 법령 및 기록에 비추어 보면, 원심의 이러한 사실인정과 판단은 정당하다. 거기에 이 부분 상고이유의 주장과 같이 이른바 들러리 입찰합의에 관하여 논리와 경험의 법칙에 위배되고 자유심증주의의 한계를 벗어난 위법, 부당한 공동행위의 경쟁제한성 인정 여부에 관한 법리오해 및 건설산업기본법 제95조 제1호에 관한 법리오해 등의 위법이 없다.

2. 피고인 1 주식회사의 나머지 상고이유 및 나머지 피고인들의 상고이유인 공동수급체 구성을 통한 부당한 공동행위의 점에 대하여

가. 독점규제 및 공정거래에 관한 법률(이하 '공정거래법'이라 한다) 제58조에 규정된 법령에 따른 정당한 행위에 해당하는지에 대하여

공정거래법 제58조는 "이 법의 규정은 사업자 또는 사업자단체가 다른 법률 또는 그 법률에 의한 명령에 따라 행하는 정당한 행위에 대하여는 이를 적용하지 아니한다"고 규정하고 있다. 여기서 말하는 정당한 행위라 함은 당해 사업의 특수성으로 경쟁제한이 합리적이라고 인정되는 사업 또는 인가제 등에 의하여 사업자의 독점적 지위가 보장되는 반면 공공성의 관점에서 고도의 공적규제가 필요한 사업 등에 있어 자유경쟁의 예외를 구체적으로 인정하고 있는 법률 또는 그 법률에 의한 명령의 범위 내에서 행하는 필요·최소한의 행위를 말하는 것이다(대법원 1997. 5. 16. 선고 96누150 판결, 대법원 2008. 12. 24. 선고 2007두19584 판결 등 참조).

원심은 그 채택 증거들을 종합하여 판시와 같은 사실을 인정한 다음, 국가를 당사자로 하는 계약에 관한 법률(이하 '국가계약법'이라 한다) 제25조 제1항, 국가계약법 시행령 제72조 제2항의 내용은 계약담당공무원 등이 계약상대자를 2인 이상으로 하는 공동계약을 체결하는 것이 가능하고 가급적 이를 원칙으로 한다는 것에 불과하므로, 이는 피고인들과 같이 공동수급체를 구성하여 입찰에 참가하는 것을 가능하게 하는 규정이 될 뿐이지 사업자의 독점적 지위가 보장되는 반면 공공성의 관점에서 고도의 공적규제가 필요한 사업 등에 있어 자유경쟁의 예외를 구체적으로 인정하고 있는 규정이라고 볼 수 없다는 이유를 들어, 이 사건 공동수급체 구성행위가 공정거래법 제58조에 규정된 '법령에 따른 정당한 행위'에 해당하지 않는다고 판단하였다.

위 법리 및 기록에 비추어 보면, 원심의 이러한 판단은 정당하다. 거기에 이 부분 상고이유의 주장과 같은 공정거래법 제58조, 국가계약법 제25조 제1항 등의 해석에 관한 법리오해 등의 위법이 없다.

나. 공정거래법 제19조 제1항에 규정된 부당한 공동행위에 해당하는지에 대하여

어떠한 공동행위가 공정거래법 제19조 제1항이 정하고 있는 '경쟁제한성'을 가지는지 여부는 당해 상품의 특성, 소비자의 제품선택 기준, 당해 행위가 시장 및 사업자들의 경쟁에 미치는 영향 등 여러 사정을 고려하여, 당해 공동행위로 일정한 거래분야에서의 경쟁이 감소하여 가격·수량·품질 기타 거래조건 등의 결정에 영향을 미치거나 미칠 우려가 있는지를 살펴, 개별적으로 판단하여야 한다(대법원 2002. 3. 15. 선고 99두6514, 6521 판결, 대법원 2009. 3. 26. 선고 2008두21058 판결 등 참조).

원심은 그 채택 증거들을 종합하여 판시와 같은 사실을 인정한 다음, 대안입찰을 준비하는 건설회사들 간에 서로 경쟁하는 경우 입찰가격이 낮아지고 탈락된 회사는 입찰 준비과정에서 지출한 막대한 규모의 설계비 등을 회수하지 못하는 손해를 입게 되므로 피고인들이 이러한 사태를 피하기 위하여 이 사건 각 공동수급체를 구성한 것으로 보이는 점, 대안설계는 원안설계보다 기능 및 효과가 우수하고 입찰 평가항목 중 가격점수의 최고·최저간 격차보다 설계점수의 최고·최저간 격차가 더 크므로 원안설계보다는 대안설계로 참가하는 건설회사가 낙찰받기에 더 유리한데, 피고인들이 각 공동수급체로 끌어들인 공소외 2 주식회사, 공소외 3 주식회사 등은 당시 각 공구별로 대안입찰을 준비하던 유일한 건설회사인 점, 특히 702 내지 706 공구의 경우 이른바 들러리 입찰업체를 제외하고 각 공구별로 실제로 입찰을 준비하던 건설회사가 2개사뿐이어서 피고인들이 각 대안설계방식으로 입찰을 준비하던 유일한 경쟁자와 공동수급체를 구성함으로써 경쟁구도가 완전히 사라졌다고 볼 수 있는 점 등을 근거로, 피고인들의 이 사건 각 공동수급체 구성행위는 주로 경쟁제한을 목적으로 한 것이므로 공정거래법 제19조 제1항에 규정된 부당한 공동행위에 해당한다고 판단하였다.

그러나 위 법리와 기록에 비추어 원심의 이러한 판단은 그대로 수긍하기 어렵다.

국가계약법 제25조 제1항은 "각 중앙관서의 장 또는 계약담당공무원은 공사·제조 기타의 계약에 있어 필요하다고 인정할 때에는 계약상대자를 2인 이상으로 하는 공동계약을 체결할 수 있다."라고 규정하고 있고, 국가계약법 시행령 제72조 제2항은 "각 중앙관서의 장

또는 계약담당공무원이 경쟁에 의하여 계약을 체결하고자 할 경우에는 계약의 목적 및 성질상 공동계약에 의하는 것이 부적절하다고 인정되는 경우를 제외하고는 가능한 한 공동계약에 의하여야 한다."라고 규정하고 있으므로, 비록 공정거래법 제58조에 규정된 법령에 따른 정당한 행위에는 해당하지 않더라도, 국가를 당사자로 하는 계약에서 공동수급체를 구성하는 행위 그 자체가 위법한 것은 아니다.

한편 여러 회사가 공동수급체를 구성하여 입찰에 참가하는 경우 해당 입찰시장에서 경쟁자의 수가 감소되는 등으로 경쟁이 어느 정도 제한되는 것은 불가피하나, 사실상 시공실적, 기술 및 면허 보유 등의 제한으로 입찰시장에 참여할 수 없거나 경쟁력이 약한 회사의 경우 공동수급체 구성에 참여함으로써 경쟁능력을 갖추게 되어 실질적으로 경쟁이 촉진되는 측면도 있다. 나아가 공동수급체의 구성에 참여한 회사들로서는 대규모 건설공사에서의 예측 불가능한 위험을 분산시키고 특히 중소기업의 수주 기회를 확대하며 대기업의 기술이전을 받을 수 있을 뿐만 아니라, 도급인에게는 시공의 확실성을 담보하는 기능을 하는 등 효율성을 증대하는 효과도 가지고 있다고 볼 것이다. 또한 원심판결 이유에 의하면, 서울특별시 및 인천광역시로부터 이 사건 각 공구에 대한 입찰의 실시를 의뢰받은 조달청은 이 사건 각 입찰공고에서 공동수급체의 구성을 통한 공동계약이 가능하다는 점을 명시하였고, 공사현장을 관할하는 지역에 주된 영업소가 있는 업체가 포함된 공동수급체에 대하여는 가산점까지 부가하였음을 알 수 있다.

그렇다면 원심으로서는 이 사건 각 공동수급체 구성행위의 경쟁제한성 유무를 판단함에 있어서 앞에서 본 사정들과 함께, 당해 입찰의 종류 및 태양, 공동수급체를 구성하게 된 경위 및 의도, 공동수급체 구성원들의 시장점유율, 공동수급체 구성원들이 아닌 경쟁사업자의 존재 여부, 당해 공동수급체 구성행위가 입찰 및 다른 사업자들과의 경쟁에 미치는 영향 등을 제대로 심리하여 당해 공동수급체의 구성행위로 입찰에서의 경쟁이 감소하여 낙찰가격이나 기타 거래조건 등의 결정에 영향을 미치거나 미칠 우려가 있는지 여부를 판단하였어야 할 것이다. 그럼에도 원심은 그 판시와 같은 이유만을 들어 이 사건 각 공동수급체의 구성행위가 경쟁제한성을 가진 부당한 공동행위에 해당한다고 단정하고 말았으니, 이러한 원심판결에는 공동수급체 구성행위의 경쟁제한성에 관한 법리를 오해하여 판결에 영향을 미친 위법이 있다.

3. 결 론

따라서 원심판결 중 각 공동수급체 구성으로 인한 공정거래법 위반의 점은 이를 파기하여야 하는바, 이와 나머지 유죄 부분은 형법 제37조 전단의 경합범 관계에 있어 하나의 형이 선고되어야 하는 경우이므로, 결국 원심판결은 전부 파기를 면할 수 없다.

그러므로 피고인들의 나머지 상고이유에 대하여 더 나아가 살필 필요 없이 원심판결을 파기하고, 사건을 다시 심리·판단하도록 원심법원에 환송하기로 하여 관여 대법관의 일치된 의견으로 주문과 같이 판결한다.

대법관   김능환(재판장) 이홍훈 민일영 이인복(주심)

▌ 참조문헌 ▌

이완희, "공동수급체(컨소시엄) 구성의 부당한 공동행위 해당 여부", 올바른 재판 따뜻한 재판: 이인복 대법관 퇴임기념 논문집, 사법발전재단(2016)

(7) 대법원 2005. 9. 9. 선고 2003두11841 판결 [제주도관광협회 사건] (부당성)

판시사항

[1] 구 독점규제 및 공정거래에 관한 법률 제26조 제1항 제1호, 제19조 제1항에서 정한 '사업자단체가 가격을 결정·유지 또는 변경하는 행위에 의하여 일정한 거래분야의 경쟁을 실질적으로 제한하는 행위'가 부당한 가격제한행위에 해당한다고 할 수 없는 경우

[2] 제주지역의 일부 관광사업자들로 구성된 사업자단체가 관광상품과 용역의 판매가격 및 송객수수료가 위 판매가격에서 차지하는 비율을 하향조정하기로 결의한 다음 이를 준수하도록 구성원인 사업자들에게 통보한 행위가 구 '독점규제 및 공정거래에 관한 법률'상의 부당한 가격제한행위에 해당하지 않는다고 한 사례

판결요지

[1] 사업자단체에 의한 가격결정행위가 일정한 거래분야의 경쟁이 감소하여 사업자단체의 의사에 따라 어느 정도 자유로이 가격의 결정에 영향을 미치거나 미칠 우려가 있는 상태를 초래하는 행위, 즉 구 독점규제 및 공정거래에 관한 법률(1999. 2. 5. 법률 제5813호로 개정되기 전의 것) 제26조 제1항 제1호, 제19조 제1항 제1호의 '사업자단체의 가격을 결정·유지 또는 변경하는 행위에 의하여 일정한 거래분야의 경쟁을 실질적으로 제한하는 행위'(이하 '가격제한행위'라고 한다)에 해당하더라도, 이로 인하여 경쟁이 제한되는 정도에 비하여 같은 법 제19조 제2항 각 호에 정해진 목적 등에 이바지하는 효과가 상당히 커서 소비자를 보호함과 아울러 국민경제의 균형 있는 발전을 도모한다는 법의 궁극적인 목적에 실질적으로 반하지 아니하는 예외적인 경우에 해당한다면, 부당한 가격제한행위라고 할 수 없다.

[2] 제주지역의 일부 관광사업자들로 구성된 사업자단체가 관광상품과 용역의 판매

가격 및 송객수수료가 위 판매가격에서 차지하는 비율을 하향조정하기로 결의한 다음 이를 준수하도록 구성원인 사업자들에게 통보한 행위는, 위 사업자단체가 제주지역 내의 전체 관광산업에서 차지하는 비중이 높지 아니할 뿐만 아니라 구성사업자의 탈퇴에 특별한 제한이 없고 구성사업자가 위 사업자단체의 결의사항을 위반하였을 경우에도 효과적인 제재수단이 없는 점, 위 사업자단체의 결의가 제주도 관광사범수사지도협의회의 수수료 지급실태에 대한 조사 및 협의에 따라 지나치게 과다한 송객수수료의 지급으로 인한 관광의 부실화 및 바가지요금, 물품강매 등 관광부조리를 방지하고 관광상품 판매가격의 인하를 유도하기 위하여 행하여진 점 등에 비추어 구 '독점규제 및 공정거래에 관한 법률'(1999. 2. 5. 법률 제5813호로 개정되기 전의 것)상의 부당한 가격제한행위에 해당하지 아니한다고 한 사례.

참조조문

[1] 구 독점규제 및 공정거래에 관한 법률(1999. 2. 5. 법률 제5813호로 개정되기 전의 것)
제19조 제1항 제1호, 제2항, 제26조 제1항 제1호
[2] 구 독점규제 및 공정거래에 관한 법률(1999. 2. 5. 법률 제5813호로 개정되기 전의 것)
제19조 제1항 제1호, 제2항, 제26조 제1항 제1호

전 문

【원고, 피상고인】 사단법인 제주도관광협회
【피고, 상고인】 공정거래위원회
【원심판결】 서울고법 2003. 8. 28. 선고 2002누14852 판결
【주 문】
상고를 기각한다. 상고비용은 피고가 부담한다.
【이 유】
독점규제 및 공정거래에 관한 법률(1999. 2. 5. 법률 제5813호로 개정되기 전의 것, 이하 '법'이라고 한다) 제19조 제1항은 일정한 거래분야에서 경쟁을 실질적으로 제한하는 '가격을 결정·유지 또는 변경하는 행위' 등을 부당한 공동행위로서 금지하고, 제2항은 제1항의 부당한 공동행위에 해당하더라도 일정한 목적을 위하여 행하여지는 경우로서 공정거래위원회의 인가를 받은 경우에는 제1항의 적용을 배제하고 있는 점, 법 제19조 제1항에서 부당한 공동행위를 금지하는 입법 취지는 직접적으로는 공정하고 자유로운 경쟁을 촉진하고, 궁극적으로는 소비자를 보호함과 아울러 국민경제의 균형 있는 발전을 도모하고자 함에 있는 점 등에 비추어 보면, 사업자단체에 의한 가격결정행위가 일정한 거래분야의 경쟁이 감소하여 사업자단체의 의사에 따라 어느 정도 자유로이 가격의 결정에 영향을 미치거나 미칠 우

려가 있는 상태를 초래하는 행위, 즉 법 제26조 제1항 제1호, 제19조 제1항 제1호의 '사업자단체의 가격을 결정·유지 또는 변경하는 행위에 의하여 일정한 거래분야의 경쟁을 실질적으로 제한하는 행위'(이하 '가격제한행위'라고 한다)에 해당하더라도, 이로 인하여 경쟁이 제한되는 정도에 비하여 법 제19조 제2항 각 호에 정해진 목적 등에 이바지하는 효과가 상당히 커서 소비자를 보호함과 아울러 국민경제의 균형 있는 발전을 도모한다는 법의 궁극적인 목적에 실질적으로 반하지 아니하는 예외적인 경우에 해당한다면, 부당한 가격제한행위라고 할 수 없다.

원심이 적법하게 채택한 증거 및 기록에 의하면, 원고는 1997. 12. 10. 원심판결 별지 '판매가격 및 송객수수료율 협약 현황' 기재와 같이 관광상품 및 용역(이하 '관광상품'이라고만 한다)의 판매가격 및 송객수수료가 관광상품 판매가격에서 차지하는 비율(이하 '송객수수료율'이라고 한다)을 하향조정하기로 결의하는 행위(이하 '이 사건 가격결정행위'라고 한다)를 하고 이를 준수하도록 구성원인 사업자들(이하 '구성사업자'라고 한다)에게 통보하였는바, (1) 이 사건 가격결정행위는 제주지역의 농원, 성읍, 유람선업, 승마장업, 기념품업, 관광지업, 사진업, 비디오업 등의 분야에서 관광사업을 영위하는 원고의 구성사업자가 관광객을 유치·안내해 주는 여행사·안내원·운전사에게 지급하는 송객수수료율을 하향조정하여 최고가격을 설정함과 동시에 이로 인하여 판매비용이 절약되는 점을 감안하여 관광상품의 판매가격도 하향조정하여 최고가격을 설정하는 것을 내용으로 하는 행위로서, 관광객을 관광사업자에게 유치·안내해 주는 용역(이하 '관광객 유치용역'이라고 한다)을 제공하고 그 대가를 지급받는 거래분야(이하 '관광객 유치시장'이라고 한다) 및 관광상품을 판매하는 거래분야(이하 '관광상품 판매시장'이라고 한다)에서 구성사업자들에게 위와 같이 설정된 가격보다 높은 가격으로 관광객 유치용역의 대가를 지급하거나 관광상품을 판매하지 못하도록 제한함으로써 관광객 유치시장 및 관광상품 판매시장에서 경쟁이 감소하여 원고의 의사에 따라 어느 정도 자유로이 가격의 결정에 영향을 미치거나 미칠 우려가 있는 상태를 초래하는 행위에 해당하지만, (2) 원고는 관광진흥법 제43조에 근거하여 제주지역의 450개 관광사업자로 구성된 단체로서 구성사업자가 제주지역 내의 전체 관광산업(2,000여 사업자로 구성되어 있음)에서 차지하는 비중이 높지 아니할 뿐 아니라, 구성사업자의 탈퇴에 특별한 제한이 없고, 구성사업자가 원고의 결의사항을 위반하였을 경우에도 효과적인 제재수단이 없는 점 등에 비추어 보면, 이로 인하여 관련시장에서 경쟁이 제한되는 정도가 그리 크다고 볼 수 없고, (3) 위 가격결정행위는 제주지방검찰청 및 경찰청, 제주도와 제주시 등 지방자치단체 및 원고의 관계자들로 구성된 제주도 관광사범수사지도협의회의 수수료 지급실태에 대한 조사 및 협의에 따라 지나치게 과다한 송객수수료의 지급으로 인한 관광의 부실화 및 바가지요금, 물품강매 등 관광부조리를 방지하고 관광상품 판매가격의 인하를 유도하기 위하여 행하여진 행위로서, 과다한 송객수수료의 인하를 통하여 거래조건을 합리화함으로써 관광부조리를 방지하여 관광질서를 확립하고 관광상품 판매가격이 인하되도록 유도하는 등의 효과가 적지 아니하고, 그로 인한 혜택이 최종소비자인 관광객들에게 귀속될 뿐 아니라 제주도의 관광산업 발전에도 이바지하는 것이므로, 결국 이 사건 가격결정행위는 경쟁제한행위에 해당하지만 소비자를 보호함과 아울러 국민경제의 균형 있는 발전을 도모한다는 법의 궁극적인 목적에 실질적으로 반하지 아니하는 예외적인 경우에 해당한다고 볼 수 있어 부당한 가격제한행위라고 할 수 없다.

원심의 설시에 일부 적절하지 아니한 부분이 있으나, 이 사건 가격결정행위가 부당한 공동행위에 해당한다고 할 수 없으므로 이 사건 각 처분 중 위 가격결정행위에 대한 시정명령 및 공표명령 부분은 위법하고, 이 사건 과징금 부과처분은 원고의 구성사업자에 대한 비예약관광상품의 판매활동제한행위뿐만 아니라 위 가격결정행위도 법에 위반됨을 전제로 과징금 액수가 산정되었고 위 판매활동제한행위에 대한 과징금액만을 따로 산정할 수 있는 자료가 없으므로 그 전부가 위법하다는 취지의 원심의 판단은 정당한 것으로 수긍이 가고, 거기에 상고이유에서 주장하는 바와 같은 부당한 경쟁제한행위에 해당하는지 여부에 관한 법리오해 등의 위법이 있다고 할 수 없다.

그러므로 상고를 기각하고, 상고비용은 패소자가 부담하는 것으로 하여 관여 대법관의 일치된 의견으로 주문과 같이 판결한다.

대법관 박재윤(재판장) 이용우(주심) 이규홍 양승태

║ 참조문헌 ║

양명조, "대법원의 부당한 공동행위에 대한 이해: 2005년 판결 평석", 경쟁법연구 14권, 한국경쟁법학회, 법문사(2006)

이봉의, "공정거래법상 '카르텔'의 부당성 판단", 사법 2호, 사법발전재단(2007)

이봉의, "독점규제법의 목적과 경쟁제한행위의 위법성", 공정거래법 판례선집, 사법발전재단(2011)

(8) 대법원 2009. 7. 9. 선고 2007두26117 판결 [컨테이너 운송업 사건] (부당성)

판시사항

[1] 사업자들이 공동으로 가격을 결정하거나 변경하는 행위가 부당하다고 할 수 없는 경우

[2] '컨테이너 육상운임 적용률 및 운송관리비 징수에 관한 합의' 중 컨테이너 운임 적용률에 관한 부분은 친경쟁적 효과가 매우 커 공동행위의 부당성이 인정되지 않을 여지가 있다고 한 사례

판결요지

[1] 사업자들이 공동으로 가격을 결정하거나 변경하는 행위는 그 범위 내에서 가격 경쟁을 감소시킴으로써 그들의 의사에 따라 어느 정도 자유로이 가격 결정에 영향을 미치거나 미칠 우려가 있는 상태를 초래하게 되므로 원칙적으로 부당하고, 다만 그 공동행위가 법령에 근거한 정부기관의 행정지도에 따라 적합하게 이루어진 경우라든지 또는 경제 전반의 효율성 증대로 인하여 친경쟁적 효과가 매우 큰 경우와 같이 특별한 사정이 있는 경우에는 부당하다고 할 수 없다.

[2] '컨테이너 운임 적용률 및 운송관리비 징수에 관한 합의' 중 운수회사들이 화주로부터 지급받는 컨테이너 운임의 적용률을 인상하는 내용의 합의 부분은 화물연대 파업사태를 해결하는 과정에서 정부의 행정지도가 있었다고 볼 여지가 있고, 화물연대의 요구사항 중 하나인 하불료를 인상해 주기 위하여는 화물 운수회사들이 화주들로부터 받는 운송료가 인상되어야 하는 등 어느 정도의 수익 증가가 화물 운수회사들에게 필요하다고 보이는 점 등에 비추어, 친경쟁적 효과가 매우 커 공동행위의 부당성이 인정되지 않을 여지가 있다고 한 사례.

참조조문

[1] 구 독점규제 및 공정거래에 관한 법률(2004. 12. 31. 법률 제7289호로 개정되기 전의 것) 제19조 제1항

[2] 구 독점규제 및 공정거래에 관한 법률(2004. 12. 31. 법률 제7289호로 개정되기 전의 것) 제19조 제1항

참조판례

[1] 대법원 2005. 8. 19. 선고 2003두9251 판결, 대법원 2009. 3. 26. 선고 2008두21058 판결

따름판례

대법원 2021. 12. 30. 선고 2020두34797 판결

전 문

【원고, 상고인】 원고 1 주식회사 외 9인
【피고, 피상고인】 공정거래위원회

【원심판결】 서울고법 2007. 11. 14. 선고 2007누1783 판결

【주 문】

원심판결 중 컨테이너 운임적용률 인상행위에 대한 부분을 파기하고, 이 부분 사건을 서울고등법원에 환송한다. 나머지 상고를 모두 기각한다.

【이 유】

상고이유를 판단한다.

1. 가. 원심은, 채택 증거를 종합하여 판시와 같은 사실을 인정한 다음, 2003. 5.경 전국운송하역노동조합 화물운송특수고용직연대(이하 '화물연대'라 한다)의 파업사태가 발발하여 화물연대와 화주들 사이에 하불료 인상에 관한 협상이 필요하게 되었으나, 다수의 화주들이 협상 당사자로 나올 수 없어 정부가 원고들로 하여금 화물연대의 상대방이 되어 협상에 임하도록 하였던 점, 원고들이 화물연대 소속 화물차주들에게 지급할 하불료를 인상해 주기 위하여는 화주들로부터 받는 운송료를 인상하는 것이 어느 정도 필요하였던 점 등은 인정되나, 이 사건에서 문제된 원고들의 행위는 원고들이 2003. 6. 19.자 공정거래이행협약서의 기재와 같이 협약을 체결한 후 이를 구체화하기 위한 일련의 실무협의회를 거쳐 이 사건 컨테이너 운임적용률 및 운송관리비에 관한 합의(이하 '이 사건 합의'라고 한다)를 한 것인데, 위 협약서상 협약 당사자는 원고들 및 소외 회사들로, 화물연대는 입회인으로만 각 기재되어 있는 점, 위 파업사태 당시 화물연대의 요구사항은 원고들과 같은 운송회사들이 화물차주들에게 지급하는 하불료의 인상에 관한 것이었고, 정부도 원고들에게 하불료의 인상과 관련된 문제의 해결을 요청한 것이었는데, 원고들의 이 사건 합의 내용은 하불료에 관한 사항이 아니라 원고들이 화주들로부터 받을 운송료 및 운송관리비에 관한 사항인 점, 특히 운송관리비에 관한 사항은 자가운송업자로부터 징수하는 요금으로서 화물연대의 파업사태 해결에 필요한 하불료와는 아무런 관계가 없는 사항인 점 등을 종합하여 보면, 원고들의 행위는 화주들 및 원고들의 화물연대에 대한 협력과 양보를 통하여 국가적 물류대란을 해결하려는 정부의 요구에 따라 여러 이해관계자들의 이해를 조정하는 차원에서 불가피하게 이루어진 것이 아니라, 오히려 화물연대의 파업사태를 기화로 원고들이 공동으로 그 이익을 추구하기 위하여 가격 등에 관한 합의를 한 것이라고 봄이 상당하다고 판단하고, 나아가 이 사건에서 전체 8,000여 개의 운송회사 중 0.01%에 불과한 원고들 및 소외 회사들이 화물차수를 기준으로는 18.6%의 시장점유율을 가지고 있지만 운송물량 기준으로는 30~40%의 시장점유율을 가지고 있고, 나머지 운송회사들은 상대적으로 소규모 회사들이어서 원고들 및 소외 회사들이 화물운송 시장에서 상당한 가격결정력을 가지고 있다고 보이는 점, 컨테이너 전용장치장 운영분야에서 원고들 및 소외 회사들이 80%가 넘는 시장점유율을 가지고 있어 운송관리비의 징수를 통하여 자가운송업자의 가격 경쟁에 영향을 미치거나 미칠 우려가 있는 점 등을 종합하여 보면, 원고들의 이 사건 합의는 구 독점규제 및 공정거래에 관한 법률(2004. 12. 31. 법률 제7289호로 개정되기 전의 것, 이하 '공정거래법'이라 한다) 제19조 제1항 소정의 부당한 공동행위에 해당한다고 판단하였다.

나. 어떠한 공동행위가 공정거래법 제19조 제1항이 정하고 있는 경쟁제한성을 가지는지 여부는 당해 상품의 특성, 소비자의 제품선택 기준, 당해 행위가 시장 및 사업자들의 경쟁

에 미치는 영향 등 여러 사정을 고려하여, 당해 공동행위로 인하여 가격·수량·품질 기타 거래조건 등의 결정에 영향을 미치거나 미칠 우려가 있는지를 살펴, 개별적으로 판단하여야 한다. 한편, 사업자들이 공동으로 가격을 결정하거나 변경하는 행위는 그 범위 내에서 가격 경쟁을 감소시킴으로써 그들의 의사에 따라 어느 정도 자유로이 가격 결정에 영향을 미치거나 미칠 우려가 있는 상태를 초래하게 되므로 원칙적으로 부당하고(대법원 2009. 3. 26. 선고 2008두21058 판결 참조), 다만 그 공동행위가 법령에 근거한 정부기관의 행정지도에 따라 적합하게 이루어진 경우라든지 또는 경제 전반의 효율성 증대로 인하여 친경쟁적 효과가 매우 큰 경우와 같이 특별한 사정이 있는 경우에는 부당하다고 할 수 없다.

위 법리에 비추어 이 사건 기록을 살펴보면, 원심이, 이 사건 합의 중 운송관리비 징수에 관한 부분은 위와 같이 원고들 및 소외 회사들이 컨테이너 전용장치장 운영분야에서 80%가 넘는 시장점유율을 가지고 있어 운송관리비 징수를 통하여 자가운송업자의 가격 경쟁에 영향을 미치거나 미칠 우려가 있는 점, 화물연대 파업사태의 해결과 운송관리비의 징수 문제는 별다른 관련이 있다고 보이지 않는 점 등을 근거로, 원고들의 이 사건 합의가 공정거래법 제19조 제1항 소정의 부당한 공동행위에 해당한다고 판단한 것은 정당하고, 거기에 상고이유에서 주장하는 바와 같은 공동행위의 부당성에 관한 법리오해 등의 위법이 없다.

그러나 이 사건 합의 중 컨테이너 운임적용률에 관한 부분은 이 사건 기록에 의하여 알 수 있는 다음과 같은 사정들, 즉 2003. 5.경 화물연대가 전면 파업에 돌입하자 정부가 이를 수습할 목적으로 2003. 5. 15. 화물연대의 주요 요구안을 수용하여 '화물운송노동자 단체와 운수업 사업자단체 간에 중앙교섭이 원만히 이루어질 수 있도록 적극 지원하고, 화주업체의 협조가 필요한 부분이 있는 경우에는 적극 참여하도록 지원한다'는 내용의 '노·정합의문'을 발표한 데 이어, 2003. 8. 22.에는 원고들 및 소외 회사 임원들로 하여금 '화물연대 관련 컨테이너운송업자 임원 대책회의'를 개최하게 하였고, 2003. 8. 25.에는 '하불료 13% 인상' 등의 후속조치를 취하도록 촉구하는 등 강력한 행정지도를 펼친 사실이 인정되는바, 그 과정에서 원고들 및 소외 회사들이 화주로부터 지급받는 컨테이너 운임의 적용률을 인상하는 내용의 이 사건 합의에 대하여도 위와 같은 정부의 행정지도가 있었다고 볼 여지가 있는 점, 화물연대의 요구사항 중의 하나인 하불료를 인상해 주기 위하여는 원고들이 화주들로부터 받는 운송료가 인상되어야 하는 등 어느 정도의 수익 증가가 원고들에게 필요하다고 보이는 점, 피고는 원고들이 화주로부터 지급받는 운임적용률을 공동으로 결정한 행위만을 문제삼고 있고, 화물차주들에게 지급할 하불료를 공동으로 결정한 행위에 대하여는 아무런 문제를 제기하고 있지 아니한 점, 원고들 및 소외 회사들이 이 사건 합의를 하게 된 경위는 위와 같이 하불료를 인상하는 데 필요한 재원 마련에 있었는데, 우리나라 육상화물 운송시장의 특성상 하불료는 지입차주들의 소득과 직결되어 있어 정부가 컨테이너 운임의 덤핑을 방지할 경우 출혈가격경쟁이 발생하여 이로 인한 전국적인 산업 분규, 물류의 차질 및 교통 안전 위해 등의 문제가 발생할 수 있고, 이를 해결하기 위하여 추가되는 사회적 비용은 육상화물 운송시장에서의 가격경쟁으로 인한 소비자 후생 증대효과에 비교하여 적다고 볼 수 없는 점 등에 비추어 볼 때, 친경쟁적 효과가 매우 커 공동행위의 부당성이 인정되지 않을 여지가 있다.

그렇다면 원심으로서는 정부기관의 위와 같은 행정지도가 이 사건 합의 중 컨테이너 운임적용률을 인상한 부분에 대하여도 있었는지 여부, 원고들이 화물연대에게 하불료를 인상해 주기 위하여는 화주들로부터 받는 운송료가 얼마만큼 인상되었어야 하는지, 원고들이 이 사건 합의로 인상한 운송료에 비하여 화물차주들에게는 실제로 얼마만큼 하불료를 인상해 주었는지 등을 심리하여 본 다음 공동행위의 부당성 부분을 판단하였어야 할 것임에도 이에 이르지 아니한 채 그 판시와 같은 사유만으로 이 사건 합의 중 컨테이너 운임적용률에 관한 부분이 부당하게 경쟁을 제한하였다고 판단하였으니, 이러한 원심판결에는 공동행위의 부당성에 관한 법리를 오해하여 심리를 충분히 하지 아니한 위법이 있고, 이러한 위법은 판결에 영향을 미쳤음이 분명하다.

2. 그러므로 나머지 상고이유에 대하여 더 나아가 살펴 볼 필요도 없이, 원심판결 중 컨테이너 운임적용률 인상행위에 대한 부분을 파기하고, 이 부분 사건을 원심법원에 환송하며, 나머지 상고를 모두 기각하기로 하여, 관여 대법관의 일치된 의견으로 주문과 같이 판결한다.

대법관 　 박시환(재판장)　박일환　안대희(주심)　신영철

▌ 참조문헌 ▌

노경필, "부당한 공동행위에서의 경쟁제한성과 부당성", 공정거래법 판례선집, 사법발전재단 (2011)

양명조, "독점규제법위반 공동행위 사건에 있어서의 부당성 판단과 행위일치의 쟁점: 2009년 대법원 판결 평석", 경쟁법연구 21권, 한국경쟁법학회, 법문사(2010)

이봉의, "공정거래법상 공동행위의 부당성과 '특별한 사정'", 경제법판례연구 8권, 경제법판례 연구회, 법문사(2013)

(9) 대법원 2008. 12. 24. 선고 2007두19584 판결 [유선통신 사건] (행정지도, 법 제116조, 부당성)

판시사항

[1] 법률의 적용제외에 관한 규정인 독점규제 및 공정거래에 관한 법률 제58조에 정한 '정당한 행위'의 의미

[2] 통신사업자들 사이에 시외전화 맞춤형 정액요금제 상품을 출시하기로 한 합의가 독점규제 및 공정거래에 관한 법률 제58조에 정한 '법률 또는 그 법률에 의한

명령에 따른 정당한 행위'에 해당하지 않는다고 한 사례

[3] 사업자들의 공동가격결정 행위로 일정한 거래분야의 경쟁이 감소하여 사업자들의 의사에 따라 어느 정도 자유로이 가격결정에 영향을 미치거나 미칠 우려가 초래된 경우, 부당한 가격결정 행위에 해당하는지 여부(원칙적 적극)

[4] 공정거래위원회가 부당한 공동행위를 한 사업자에게 과징금을 부과하는 경우, 매출액 산정의 전제가 되는 부당한 공동행위와 관련된 상품 또는 용역의 범위에 관한 판단 기준

참조조문

[1] 독점규제 및 공정거래에 관한 법률 제58조
[2] 독점규제 및 공정거래에 관한 법률 제58조
[3] 독점규제 및 공정거래에 관한 법률 제19조 제1항
[4] 독점규제 및 공정거래에 관한 법률 제19조 제1항, 제22조, 독점규제 및 공정거래에 관한 법률 시행령 제9조

참조판례

[1][3] 대법원 2005. 8. 19. 선고 2003두9251 판결
[1] 대법원 1997. 5. 16. 선고 96누150 판결, 대법원 2007. 12. 13. 선고 2005두5963 판결
[4] 대법원 2003. 1. 10. 선고 2001두10387 판결, 대법원 2008. 10. 23. 선고 2007두2586 판결

따름판례

대법원 2009. 6. 23. 선고 2007두19416 판결, 대법원 2011. 5. 26. 선고 2008도6341 판결

전 문

【원고, 상고인】 ○○주식회사
【피고, 피상고인】 공정거래위원회
【원심판결】 서울고법 2007. 8. 22. 선고 2006누1960 판결
【주 문】
상고를 기각한다. 상고비용은 원고가 부담한다.
【이 유】
상고이유(상고이유서 제출기간 경과 후에 제출된 상고이유보충서의 기재는 상고이유를 보충하는 범위 내에서)를 판단한다.

1. 상고이유 제1점 및 제2점에 대하여

독점규제 및 공정거래에 관한 법률(이하 '공정거래법'이라 한다) 제58조는 "이 법의 규정은 사업자 또는 사업자단체가 다른 법률 또는 그 법률에 의한 명령에 따라 행하는 정당한 행위에 대하여는 이를 적용하지 아니한다"고 규정하고 있다. 그런데 여기서 말하는 정당한 행위라 함은 당해 사업의 특수성으로 경쟁제한이 합리적이라고 인정되는 사업 또는 인가제 등에 의하여 사업자의 독점적 지위가 보장되는 반면 공공성의 관점에서 고도의 공적규제가 필요한 사업 등에 있어 자유경쟁의 예외를 구체적으로 인정하고 있는 법률 또는 그 법률에 의한 명령의 범위 내에서 행하는 필요·최소한의 행위를 말하는 것이다(대법원 1997. 5. 16. 선고 96누150 판결, 대법원 2007. 12. 13. 선고 2005두5963 판결 등 참조).

원심은 그 채택 증거를 종합하여 그 판시와 같은 사실을 인정한 다음, 이 사건 시외전화사업이 그 특수성으로 인하여 경쟁제한이 합리적이라고 인정되는 사업 또는 인가제 등에 의하여 사업자의 독점적 지위가 보장되는 사업이라고 할 수 없는 점, 원고가 행정지도의 근거로 들고 있는 전기통신사업법(2008. 2. 29. 법률 제8867호로 개정되기 전의 것, 이하 같다) 제34조 제2항이 자유경쟁의 예외를 구체적으로 인정하고 있는 법률에 해당한다고 볼 만한 사정이 없는 점, 원고는 정보통신부 담당공무원으로부터 접속료 부담문제에 관한 행정지도를 받게 되자 이를 이용하여 시외전화 맞춤형 정액요금제 상품을 출시하기로 하는 등 위 행정지도의 범위를 벗어나는 별도의 내용으로 이 사건 2002년 합의를 한 점 등의 이유를 들어, 이 사건 2002년 합의가 공정거래법 제58조에서 말하는 '법률 또는 그 법률에 의한 명령에 따른 정당한 행위'에 해당하지 않는다고 판단하였다.

위 법리 및 기록에 비추어 보면, 원심의 이러한 사실인정과 판단은 정당하다.

원심판결에는 상고이유의 주장과 같은 공정거래법 제58조, 전기통신사업법 제34조 제2항 등의 해석에 관한 법리오해, 정보통신부 담당공무원의 행정지도와 이 사건 2002년 합의 사이의 인과관계에 관한 법리오해, 채증법칙 위배 등의 위법이 없다.

2. 상고이유 제3점에 대하여

공정거래법(2004. 12. 31. 법률 제7315호로 개정되기 전의 것, 이하 같다) 제19조 제1항은 부당하게 경쟁을 제한하는 '가격을 결정·유지 또는 변경하는 행위' 등을 부당한 공동행위로서 금지하고, 제2항은 제1항의 부당한 공동행위에 해당하더라도 일정한 목적을 위하여 행하여지는 경우로서 공정거래위원회의 인가를 받은 경우에는 제1항의 적용을 배제하고 있는 점, 공정거래법 제19조 제1항에서 부당한 공동행위를 금지하는 입법 취지가 직접적으로는 공정하고 자유로운 경쟁을 촉진하고, 궁극적으로는 소비자를 보호함과 아울러 국민경제의 균형 있는 발전을 도모하고자 함에 있는 점 등에 비추어 보면, 사업자들의 공동 가격결정 행위로 인하여 일정한 거래분야의 경쟁이 감소하여 사업자들의 의사에 따라 어느 정도 자유로이 가격결정에 영향을 미치거나 미칠 우려가 있는 상태가 초래된 이상, 이로 인하여 경쟁이 제한되는 정도에 비하여 공정거래법 제19조 제2항 각 호에 정해진 목적 등에 이바지하는 효과가 상당히 커서 소비자를 보호함과 아울러 국민경제의 균형 있는 발전을 도모한다는 법의 궁극적인 목적에 실질적으로 반하지 않는다고 인정되는 예외적인 경우에 해당하지 않는 한, 위와 같은 가격결정 행위는 부당하다고 볼 수밖에 없다(대법원 2005. 8. 19. 선고 2003두9251 판결 등 참조).

원심은 그 채택 증거를 종합하여 그 판시와 같은 사실을 인정한 다음, 이 사건 2002년 합의로 인하여 시외전화 시장에서의 경쟁 자체가 감소하여 원고 등의 의사에 따라 자유롭게 가격결정에 영향을 미치거나 미칠 우려가 있는 상태가 초래되었다고 할 것이고, 이 사건 2002년 합의가 소비자를 보호함과 아울러 국민경제의 균형 있는 발전을 도모한다는 공정거래법의 궁극적인 목적에 실질적으로 반하지 않는다고 인정되는 예외적인 경우에 해당한다고 볼 수도 없으므로, 이 사건 2002년 합의는 부당한 공동행위에 해당한다고 판단하였다.

위 법리 및 기록에 비추어 보면, 원심의 이러한 판단은 정당하다.

원심판결에는 상고이유의 주장과 같은 공정거래법 제19조에 규정된 부당한 공동행위의 부당성 배제에 관한 법리오해 등의 위법이 없다.

3. 상고이유 제4점에 대하여

공정거래법 제19조 제1항 제1호가 규정하고 있는 가격결정 등의 합의 및 그에 기한 실행행위가 있었던 경우 부당한 공동행위가 종료한 날은 그 합의에 기한 실행행위가 종료한 날을 의미하므로(대법원 2006. 3. 24. 선고 2004두11275 판결 참조), 합의에 참가한 사업자들 중 일부가 합의에 기한 실행행위를 종료하였다고 하기 위해서는 다른 사업자에 대하여 명시적 또는 묵시적으로 합의에서 탈퇴한다는 내용의 의사표시를 하고 독자적인 판단에 따라 합의가 없었더라면 존재하였을 수준으로 가격을 책정하는 등 합의의 목적에 반하는 행위를 하여야 하고, 합의에 참가한 사업자들 모두가 합의에 기한 실행행위를 종료하였다고 하기 위해서는 사업자들이 명시적으로 합의를 파기하고 각자의 독자적인 판단에 따라 합의가 없었더라면 존재하였을 수준으로 가격을 책정하는 등 합의의 목적에 반하는 행위를 하거나, 사업자들 사이의 반복적인 가격경쟁 등으로 합의가 사실상 파기되었다고 인정할 수 있을 정도의 행위가 일정 기간 계속되는 등 합의가 사실상 파기되었다고 볼 수 있을 만한 사정이 있어야 한다(대법원 2008. 10. 23. 선고 2007두2586 판결 등 참조).

원심은 그 채택 증거를 종합하여 그 판시와 같은 사실을 인정한 다음, 원고가 이 사건 2002년 합의에 따른 시외전화 맞춤형 정액요금제 상품의 내용을 그대로 유지한 상태에서 단순히 요금구조를 변경하겠다고 정보통신부의 담당공무원에게 수정 제의한 것만으로는 이 사건 2002년 합의가 파기된 것으로 보기 어렵고, 이 사건 2002년 합의에 따른 원고 등의 요금체계가 이 사건 의결서 작성기한인 2005. 9. 28.까지 지속된 이상 위 2005. 9. 28.을 이 사건 2002년 합의에 따른 부당한 공동행위의 종기로 보아야 하며, 이러한 사정을 비롯한 여러 사정을 종합하면, 원고에 대한 이 부분 과징금이 지나치게 과중하여 재량권을 일탈·남용한 경우에 해당한다고 볼 수 없다고 판단하였다.

위 법리 및 기록에 비추어 보면, 원심의 이러한 사실인정과 판단은 정당하다.

원심판결에는 상고이유의 주장과 같은 공정거래법상 부당한 공동행위의 종기에 관한 법리오해 및 채증법칙 위배, 과징금 산정에 있어 재량권 일탈·남용에 관한 법리오해 등의 위법이 없다.

4. 상고이유 제5점에 대하여

과징금의 산정방법 및 부과기준에 관한 공정거래법 및 그 시행령(2005. 3. 31. 대통령령 제18768호로 개정되기 전의 것)의 각 규정에 의하면, 사업자가 다른 사업자와 공동으로 부당한 공동행위를 한 경우에 공정거래위원회는 그 사업자에 대하여 당해 위반행위 기간 동안의 매출액을 기준으로 하여 산정한 과징금을 부과할 수 있고, 과징금 산정의 기준이 되는 매출액을 산정함에 있어서 그 전제가 되는 부당한 공동행위와 관련된 상품 또는 용역의 범위는 부당한 공동행위를 한 사업자 간의 합의의 내용에 포함된 상품 또는 용역의 종류와 성질·거래지역·거래상대방·거래단계 등을 고려하여 개별적·구체적으로 판단하여야 한다(대법원 2003. 1. 10. 선고 2001두10387 판결, 대법원 2008. 10. 23. 선고 2007두2586 판결 등 참조).

원심은 그 채택 증거를 종합하여 그 판시와 같은 사실을 인정한 다음, 이 사건 2004년 합의는 시외전화 요금부분에 한정되지 않고, 시외전화 사전선택제 가입자 수 분할 및 상호 협력에 의한 시장분할 합의, 번들상품 금지에 따른 상품의 종류제한 합의 등 시외전화 전체 시장의 경쟁에 직접적인 영향을 미치는 사항까지 포함되어 있는 점, 시외전화 1대역 및 2대역 요금은 원고 등의 시외전화 가입자가 그 서비스를 이용하는 과정에서 시외전화 통화권 간의 거리에 따른 요금을 구분한 것에 불과하여, 원고 등의 시외전화 가입자들도 위 기준에 따른 가입자들로 구분되어 있지 않은 점 등을 종합하면, 시외전화 1대역 요금으로 인한 매출액도 과징금 산정의 기초가 되는 관련매출액에 포함되어야 한다고 판단하였다.

위 법리 및 기록에 비추어 보면, 원심의 이러한 사실인정과 판단은 정당하다.

원심판결에는 상고이유의 주장과 같은 공정거래법상 과징금 산정에 있어 관련매출액의 범위에 관한 법리오해, 채증법칙 위배 등의 위법이 없다.

5. 상고이유 제6점에 대하여

원심은 그 채택 증거를 종합하여 그 판시와 같은 사실을 인정한 다음, 이 사건 2004년 합의에 따른 부당한 공동행위의 종기가 2004. 8. 12. 또는 2004. 8. 17.이라고 보기는 어렵고, 오히려 주식회사 온세통신(이하 '온세통신'이라 한다)이 사업자들 사이의 요금경쟁 및 가입자 유치경쟁을 위하여 시외전화 요금을 인하함으로써 이 사건 2004년 합의의 본질에 명백히 반하는 행위를 한 2004. 9. 22.이 이 사건 2004년 합의에 따른 부당한 공동행위의 종기이며, 이러한 사정을 비롯한 여러 사정을 종합하면 원고에 대한 이 부분 과징금이 지나치게 과중하여 재량권을 일탈·남용한 경우에 해당한다고 볼 수 없다고 판단하였다.

그러나 원심이 인정한 사실을 위 3항에서 본 법리에 비추어 보면, 온세통신의 위와 같은 행위들은 온세통신이 이 사건 2004년 합의에서 탈퇴한 것으로 볼 수 있는 사정에 지나지 않을 뿐이고 원고가 위 합의에서 탈퇴한 것으로 볼 수 있는 사정이 될 수는 없을 것이므로, 원고 등이 명시적으로 이 사건 2004년 합의를 파기하고 각자의 독자적인 판단에 따라 위 합의가 없었더라면 존재하였을 수준으로 가격을 책정하는 등 위 합의의 목적에 반하는 행위를 하지 않은 이상, 원고가 이 사건 2004년 합의의 파기일이라고 주장하는 2004. 8. 12. 및 온세통신이 약관변경 신고를 한 2004. 8. 17.뿐만 아니라, 온세통신이 시외전화 요금을 인하한 2004. 9. 22.을 원고에 대한 이 사건 2004년 합의에 따른 부당한 공동행위의 종기로 인정하기는 어렵다.

따라서 원심의 이러한 판단은 그 이유 설시에 있어 다소 부적절하지만, 피고가 인정한 이 사건 2004년 합의에 따른 부당한 공동행위의 종기 이전에 그 실행행위가 종료되었다는 원고의 주장을 배척한다는 취지이므로, 그 결론은 정당하다.

원심판결에는 상고이유의 주장과 같이 판결에 영향을 미친 공정거래법상 부당한 공동행위의 종기에 관한 법리오해 및 채증법칙 위배, 과징금 산정에 있어 재량권 일탈·남용에 관한 법리오해 등의 위법이 없다.

6. 결 론

그러므로 상고를 기각하고, 상고비용은 패소자가 부담하기로 하여, 관여 대법관의 일치된 의견으로 주문과 같이 판결한다.

대법관 차한성(재판장) 고현철 김지형(주심) 전수안

▌ 참조문헌 ▐

이호영, "규제산업과 공정거래법의 적용제외", 법학논총 23권 1호, 한양대학교 법학연구소 (2006)

윤인성, "'독점규제 및 공정거래에 관한 법률' 관련 2008년 대법원판례의 개관", 경쟁법연구 19권, 한국경쟁법학회, 법문사(2009)

(10) 대법원 2012. 5. 24. 선고 2010두375 판결 [단체상해보험 사건] (행정지도, 법 제116조, 기본권)

판시사항

갑 주식회사를 포함한 보험사들이 단체상해보험상품의 영업보험료 할인 등을 합의한 것이 가격결정 등에 관한 부당한 공동행위에 해당한다는 이유로 공정거래위원회가 시정명령 등을 한 사안에서, 위 합의가 독점규제 및 공정거래에 관한 법률 제58조에서 정한 '법령에 따른 정당한 행위'에 해당하지 않는다는 등의 이유로 부당한 공동행위에 해당한다고 본 원심판단을 정당하다고 한 사례

참조조문

구 독점규제 및 공정거래에 관한 법률(2004. 12. 31. 법률 제7315호로 개정되기 전의 것) 제

19조 제1항 제1호, 제58조

전 문

【원고, 상고인】 ○○주식회사
【피고, 피상고인】 공정거래위원회
【원심판결】 서울고법 2009. 11. 18. 선고 2008누34445 판결
【주 문】
상고를 기각한다. 상고비용은 원고가 부담한다.
【이 유】
상고이유(상고이유서 제출기간이 경과한 후에 제출된 상고이유 보충서의 기재는 상고이유를 보충하는 범위 내에서)를 판단한다.

1. 상고이유 제1점에 관하여

가. 구 독점규제 및 공정거래에 관한 법률(2004. 12. 31. 법률 제7315호로 개정되기 전의 것, 이하 '공정거래법'이라 한다) 제19조 제1항은 "사업자는 계약·협정·결의 기타 어떠한 방법으로도 다른 사업자와 공동으로 부당하게 경쟁을 제한하는 다음 각 호의 1에 해당하는 행위를 할 것을 합의(이하 '부당한 공동행위'라 한다)하여서는 아니 된다"고 규정하면서, 그 금지되는 경쟁제한행위로서 "가격을 결정·유지 또는 변경하는 행위"(제1호) 등을 규정하고 있다.

원심판결 이유에 의하면, 원심은 그 채택 증거들을 종합하여, 원고를 포함한 손해보험사 및 생명보험사들이 2004. 6.경 T/F팀을 구성한 후 공동으로 단체상해보험상품의 영업보험료 할인, 환급률 축소·폐지, 공동위험률 산출·적용 등을 합의(이하 '이 사건 합의'라 한다)한 사실을 인정한 다음, 이 사건 합의가 금융감독원의 정책입안 과정에 보험사들이 참여하여 정책결정을 위한 의견을 수렴하여 전달한 것에 불과하다는 원고의 주장을 배척하고, 이 사건 합의를 공정거래법에 규정된 부당한 공동행위에 해당한다고 판단하였다.

관계 법령 및 기록에 비추어 보면, 원심의 이와 같은 판단은 정당하고, 거기에 부당한 공동행위의 성립에 관한 법리를 오해하거나 논리와 경험의 법칙에 반하여 자유심증주의의 한계를 벗어난 잘못이 없다.

나. 공정거래법 제58조는 "이 법의 규정은 사업자 또는 사업자단체가 다른 법률 또는 그 법률에 의한 명령에 따라 행하는 정당한 행위에 대하여는 이를 적용하지 아니한다"고 규정하고 있고, 위 조항에서 말하는 '법률 또는 그 법률에 의한 명령에 따라 행하는 정당한 행위'라 함은 당해 사업의 특수성으로 경쟁제한이 합리적이라고 인정되는 사업 또는 인가제 등에 의하여 사업자의 독점적 지위가 보장되는 반면 공공성의 관점에서 고도의 공적 규제가 필요한 사업 등에 있어 자유경쟁의 예외를 구체적으로 인정하고 있는 법률 또는 그 법률에 의한 명령의 범위 내에서 행하는 필요·최소한의 행위를 말한다(대법원 1997. 5. 16. 선고 96누150 판결, 대법원 2011. 5. 26. 선고 2008두20376 판결 등 참조).

원심판결 이유에 의하면, 원심은 그 채택 증거들을 종합하여, 금융감독원이 단체보험시

장에서 보험료율 적용방식이나 과도한 할인·환급 등으로 인한 문제점을 인식하고 그 대책을 마련하기 위하여 보험사들의 의견을 청취한 사실 등을 인정한 다음, 금융감독원이 이와 같은 의견청취 절차 등을 통하여 이 사건 합의에 관여하기는 하였으나 보험사들로 하여금 이 사건 합의를 할 것을 직접적이고 구체적으로 지시하였다고 할 수 없고, 금융감독원의 보험사들에 대한 감독의 근거가 되는 보험업법의 해당 규정들이 자유경쟁의 예외를 구체적으로 인정하고 있는 법률 등에 해당한다고 볼 수도 없으므로, 이 사건 합의가 공정거래법 제58조에 규정된 법령에 따른 정당한 행위에 해당하지 않는다고 판단하였다.

나아가 원심은, 정부의 정책 또는 법집행에 영향력을 행사하기 위한 사업자의 행위가 헌법상의 표현의 자유 및 청원권의 행사로 인정된다는 이유만으로 공정거래법의 적용이 배제될 수 없을 뿐만 아니라, 이 사건 합의가 금융감독원의 정책에 영향을 끼치려는 의도 아래 이루어진 것이라고 볼 수도 없다는 이유 등을 들어, 이 사건 합의에 공정거래법이 적용되지 않는다는 원고의 주장을 배척하였다.

위 법리와 기록에 비추어 보면, 원심의 이와 같은 판단은 정당하고, 거기에 공정거래법 제58조의 적용 제외 및 행정지도에 따른 부당한 공동행위의 부당성 배제에 관한 법리오해 등의 잘못이 없다.

2. 상고이유 제2점에 관하여

판결서의 이유에는 주문이 정당하다는 것을 인정할 수 있을 정도로 당사자의 주장, 그 밖의 공격방어방법에 관한 판단을 표시하면 되고 당사자의 모든 주장이나 공격방어방법에 관하여 판단할 필요가 없다. 따라서 법원의 판결에 당사자가 주장한 사항에 관한 구체적·직접적인 판단이 기재되지 않았더라도 판결 이유의 전반적인 취지에 비추어 그 주장을 인용하거나 배척하였음을 알 수 있는 정도라면 판단누락이라고 할 수 없다(대법원 2008. 7. 10. 선고 2006재다218 판결, 대법원 2010. 4. 29. 선고 2009다88631 판결 등 참조).

원심판결 이유에 의하면, 원고의 주장은 이 사건 합의가 금융감독원의 정책결정 과정에서 의견을 개진한 것으로 청원행위에 불과하다는 취지인데, 원심은 그 채택 증거들을 종합하여 판시와 같은 사실을 인정한 다음, 이 사건 합의가 단순한 의견수집 및 제시행위가 아니라 공정거래법상 부당한 공동행위에 해당하기 위한 요건을 구비하였다는 취지의 이유를 적시하여 원고의 주장을 배척하였다.

위 법리와 기록에 비추어 보면, 원심판결에 판단누락이나 논리와 경험의 법칙에 반하여 자유심증주의의 한계를 벗어난 잘못이 없다.

3. 결 론

그러므로 상고를 기각하고, 상고비용은 패소자가 부담하기로 하여, 관여 대법관의 일치된 의견으로 주문과 같이 판결한다.

대법관 　박일환(재판장) 신영철 민일영(주심) 박보영

‖ 참조문헌 ‖

윤인성, "공정거래법상 정당한 행위", 시장경제와 사회조화: 남천 권오승교수 정년기념논문집, 남천 권오승교수 정년기념논문집 간행위원회, 법문사(2015)

(11) 대법원 2005. 1. 28. 선고 2002두12052 판결 [자동차보험 사건] (행정지도와 합의)

판시사항

[1] 독점규제 및 공정거래에 관한 법률 제19조 제5항에 의한 부당한 공동행위의 합의 추정의 복멸

[2] 자동차보험료의 유지·변경에 관하여 자동차보험사업자들 사이에 공동행위의 합의가 있었다는 추정이 복멸되었다고 한 사례

판결요지

[1] 독점규제 및 공정거래에 관한 법률 제19조 제5항에 따라 공동행위의 합의추정을 받는 사업자들로서는 외부적으로 드러난 동일 또는 유사한 행위가 실제로는 아무런 합의 없이 각자의 경영판단에 따라 독자적으로 이루어졌음에도 마침 우연한 일치를 보게 되는 등 공동행위의 합의가 없었다는 사실을 입증하거나, 또는 외부적으로 드러난 동일 또는 유사한 행위가 합의에 따른 공동행위가 아니라는 점을 수긍할 수 있는 정황을 입증하여 그 추정을 복멸시킬 수 있다.

[2] 금융감독원장이 행정지도를 통하여 사실상 자동차보험료변경에 관여하였고 그 결과 보험료가 동일하게 유지된 사정을 참작하여 자동차보험료의 유지·변경에 관하여 자동차보험사업자들 사이에 공동행위의 합의가 있었다는 추정이 복멸되었다고 한 사례.

참조조문

[1] 독점규제 및 공정거래에 관한 법률 제19조 제5항

[2] 독점규제 및 공정거래에 관한 법률 제19조 제5항

참조판례

[1] 대법원 2003. 2. 28. 선고 2001두1239 판결, 대법원 2003. 5. 27. 선고 2002두4648 판결, 대법원 2003. 5. 30. 선고 2002두4433 판결, 대법원 2003. 12. 12. 선고 2001두 5552 판결, 대법원 2004. 10. 28. 선고 2002두7456 판결

전 문

【원고, 상고인 겸 피상고인】 ○○주식회사 외 10인

【피고, 피상고인 겸 상고인】 공정거래위원회

【원심판결】 서울고법 2002. 10. 17. 선고 2001누10716 판결

【주 문】

상고를 모두 기각한다. 상고비용은 각자가 부담한다.

【이 유】

1. 원심 판단의 요지

원심은 원고들이 (1) 2000. 4. 1.부터 시행되는 자동차보험료(기본보험료)를 종전 수준으로 유지하기로 결정하여 이를 금융감독원에 신고·실행한 사실(이하 '2000. 4. 1.자 보험료 결정행위'라 한다), (2) 5개 자동차보험종목{개인용(플러스 포함)·업무용(플러스 포함)·영업용·이륜·운전자보험}의 2000. 8. 1.자 시행분 자동차보험료(기본보험료)를 평균 3.8% 인상하기로 결정하여 이를 금융감독원에 신고·실행한 사실(이하 '2000. 8. 1.자 보험료결정행위'라 한다), (3) 1999. 9. 15. 부터 1999. 10. 25. 사이에 1999. 11. 1.부터 책임이 개시되는 자동차보험 계약분에 대하여 특별할증률을 4그룹으로 나누어 종전보다 10%씩 동일하게 인상하여 이를 실행한 사실(이하 '특별할증률 인상행위'라 한다), (4) 한국전력공사가 2000. 7. 15. 실시한 업무용자동차보험 입찰에서 입찰가격을 1,237,414,520원으로 동일하게 제출하여 위 입찰이 유찰되게 한 사실(이하 '입찰담합행위'라 한다)을 인정한 다음, 위 인정 사실에 기하여 원고들이 독점규제 및 공정거래에 관한 법률(이하 '법'이라 한다) 제19조 제5항, 제1항 제1호에 규정된 '가격을 결정·유지 또는 변경하는 행위'를 할 것을 합의한 것으로 추정하고, 다만 위 (1), (2)의 행위에 대하여는 보험사업자의 보험료산출방법서 변경에 관한 인가권 및 심사권을 가진 금융감독원의 행정지도에 따라 순보험요율 및 예정사업비율이 결정되었으며 그에 따라 원고들이 기본보험료를 결정하여 신고하다 보니 기본보험료가 원고들 사이에 동일하게 유지 또는 인상된 것으로 보이고, 여기에 국내 자동차보험시장의 특성과 현황, 자동차보험료의 결정 구조, 자동차보험료가 국내 경제에 미치는 영향, 당시의 경제정책적 배경 등을 종합적으로 고려해 볼 때, 기본보험료 인상률이 원고들 사이에 동일하게 유지 또는 변경되었다는 사정만으로 원고들 사이에 보험료의 유지, 변경에 관한 합의가 있었다고 추정하기에는 거래통념상 합리성이 없다고 판단된다는 이유로 위 각 보험료의 유지, 변경에 관한 원고들의 합의추정은 복멸된다고 판단하였다.

2. 피고의 상고이유에 대한 판단

가. 2000. 4. 1.자 보험료결정행위에 대하여

(1) 법 제19조 제5항에 따라 공동행위의 합의추정을 받는 사업자들로서는 외부적으로 드러난 동일 또는 유사한 행위가 실제로는 아무런 합의 없이 각자의 경영판단에 따라 독자적으로 이루어졌음에도 마침 우연한 일치를 보게 되는 등 공동행위의 합의가 없었다는 사실을 입증하거나, 또는 외부적으로 드러난 동일 또는 유사한 행위가 합의에 따른 공동행위가 아니라는 점을 수긍할 수 있는 정황을 입증하여 그 추정을 복멸시킬 수 있다 할 것이다(대법원 2003. 12. 12. 선고 2001두5552 판결 등 참조).

그리고 구 보험업법(2003. 5. 29. 법률 제6891호로 전문 개정되기 전의 것) 제7조에 의하면 보험사업자가 보험료산출방법서를 변경하기 위하여는 금융감독위원회로부터 인가를 받아야 하고 금융감독위원회가 위 변경을 인가함에 있어서 필요하다고 인정할 때에 금융감독원의 심사를 거치도록 할 수 있다고 규정하고 있어 금융감독원장에게 위 변경에 관한 인가권이 있는 것은 아니지만, 같은 법 제22조 및 금융감독원의 손해보험상품관리규정(1999. 3. 12. 개정된 것) 제2조, 제6조, 제7조와 보험상품관리규정(2000. 2. 25. 개정된 것) 제2조, 제6조, 제12조는 보험사업자가 금융감독원장에게 위 변경을 신고한 후 소정의 기간 내에 수리가 거부되지 아니하면 인가가 의제되는 것으로 규정하고 있으므로, 비록 법 제63조 제1항이 정한 피고와의 협의가 없었다고 하더라도 보험사업자의 위 신고에 대한 심사과정에서 금융감독원장이 행정지도를 통하여 사실상 보험료결정에 관여하였고 그 결과 보험료가 동일하게 유지되었다면, 위와 같은 사정은 공동행위의 합의추정을 복멸시킬 수 있는 정황으로서 참작될 수 있다고 할 것이다.

(2) 원심이 적법하게 확정한 사실관계에 의하면, 원심이 판시한 행위는 법 제19조 제1항 제1호가 규정한 가격유지행위로서 법 제19조 제5항에서 규정한 공동행위의 합의가 있었던 것으로 추정되지만, 한편 원심이 적법하게 인정한 바와 같이 금융감독원장이 자동차손해배상보장법시행령의 개정에 따라 2000. 8. 1.자로 책임보험요율 조정이 예정되어 있는 점과 보험료의 잦은 조정으로 보험계약자의 혼란이 초래될 수 있다는 점 등을 이유로 2000. 8. 1.까지 부가보험료 자유화조치를 유예하고 순보험료도 종전 보험료에 대한 예정손해율(73%) 수준으로 유지하기로 방침을 정하여, 보험개발원으로 하여금 위 예정손해율에 해당하는 만큼의 순보험료만을 분리하도록 하였고 원고들에게는 보험개발원이 제시하는 참조순보험요율에 따른 순보험료와 종전 예정사업비율에 따른 부가보험료를 책정하여 이를 합산한 금액을 기본보험료로 신고하도록 행정지도한 사실을 알 수 있으며, 달리 위 행정지도에 앞서 원고들 사이에 기본보험료에 대한 별도의 합의를 하였다거나 또는 위 행정지도를 기화로 기본보험료를 동일하게 유지하기로 하는 별도의 합의를 하였다고 볼 자료도 없으므로, 원고들의 판시 행위는 원고들 사이의 의사연락에 의한 것이 아니라고 할 것이니 공동행위의 합의가 있었다는 추정은 복멸되었다고 할 것이다.

원심이 금융감독원에 보험료산출방법서 변경에 관한 인가권이 있다고 판시한 것은 잘못이나 금융감독원장이 행정지도를 통하여 사실상 보험료변경에 관여하였고 공동행위의 합의가 있었다는 추정이 복멸되었다고 한 증거의 취사선택과 사실인정 및 판단은 옳고, 거기에 상고이유로 주장하는 바와 같은 채증법칙 위배 및 이유불비, 법률상 추정규정의 성격과 그 추정의 복멸에 관한 법리오해, 보험료산출방법서 등 변경의 인가권과 행정지도의 적법성에 관한 법리오해 등의 위법이 있다고 할 수 없다.

나. 2000. 8. 1.자 보험료결정행위에 대하여

기록에 의하면, 원고들은 앞서 본 5개 자동차보험종목의 2000. 8. 1.자 시행분 자동차보험료(기본보험료)를 평균 3.8% 수준(원고들별로 평균 3.2 내지 4.3%)으로 인상하기로 결정하여 이를 금융감독원장에게 신고·실행하였고, 피고는 원고들의 판시 행위에 대하여 각 자동차업무부장에 대한 진술조서(을 제2호증의 1 내지 16)와 쌍용화재해상보험 주식회사 직원 소외 1 등이 작성한 자동차업무부장회의 결과보고 등(을 3호증의 1 내지 4)에 기하여 원고들 사이에 가격인상의 합의가 있었다고 보고 법 제19조 제1항을 처분의 근거조항으로 하여 시정명령 및 과징금납부명령 등에 이르렀음을 알 수 있다.

그런데 피고가 합의의 증거로 내세운 위 증거들은 원고들이 금융감독원장으로부터 물가 및 소비자보호 등을 이유로 부가보험료산정과 관련하여 예정사업비율을 초과하는 사업비를 감축하라는 행정지도를 받고 이를 이행하는 과정에서 실무자인 자동차업무부장들 사이에 세부적인 사항에 관한 의견을 교환한 사실을 뒷받침할 뿐 위 행정지도에 앞서 원고들 사이에 위 인상률에 대한 별도의 합의를 하였다거나 또는 위 행정지도를 기화로 위 인상률을 동일하게 하기로 하는 별도의 합의를 하였음을 입증하기에는 부족한 반면, 기록에 의하면 금융감독원장은 당초 보험개발원이 원고들의 손해율 등 통계자료에 기하여 인상요인 5.4%를 반영한 참조순보험요율을 작성하였음에도 불구하고, 물가 및 소비자보호 등을 이유로 이를 평균 3.8%로 억제하도록 하였고 원고들에게도 앞서 본 바와 같은 행정지도를 하여, 원고들은 보험개발원이 재작성한 평균 3.8% 인상된 참조순보험요율에 회사별 수정계수를 곱하여 순보험료를 산출하였고 부가보험료는 각 회사의 가입자특성, 판매비, 보험모집원 수당 등을 반영한 실적사업비율을 적용하지 아니한 채 부가보험료자유화 이전의 예정사업비율에 따른 LCM계수를 적용하여 기본보험료를 평균 3.8% 수준으로 인상하게 된 것임을 알 수 있으므로, 결국 원고들의 판시 행위는 공동행위에 대한 합의의 입증이 부족하여 법 제19조 제1항이 정한 부당한 공동행위에 해당한다고 볼 수 없다.

그렇다면 피고가 법 제19조 제1항을 처분의 근거조항으로 삼고 있음에도, 원심이 법 제19조 제5항에 의하여 합의를 추정한 후에 증거에 의하여 그 추정의 복멸을 인정한 것은 잘못이지만 부당한 공동행위에 해당하지 않는다고 한 결론은 옳고, 거기에 상고이유로 주장하는 바와 같은 보험료결정의 원리에 관한 법리오해나 판결 결과에 영향을 미친 공동행위의 합의추정 및 그 복멸에 관한 채증법칙 위반, 이유불비 등의 위법이 없다.

3. 원고들의 상고이유에 대한 판단

가. 특별할증률 인상행위에 대하여

원심이 채용한 증거 및 기록에 의하면, 원심이 판시한 행위는 비록 원고들별로 그 인상을 결정한 시기가 다소 상이하기는 하지만, 원고들이 1999. 11. 1.부터 책임이 개시되는 자동차보험 계약분에 대하여 그 책임이 개시되기 전 1달 여에 걸쳐 특별할증률을 동일하게 인상함으로써 행위가 외형상 일치되었다고 봄이 상당하므로, 원고들이 법 제19조 제5항에 의하여 같은 조 제1항 제1호에 규정된 가격결정행위를 합의한 것으로 추정되고, 당시 급증한 교통사고율을 줄이기 위하여 원고들이 아무런 합의 없이 각자의 경영판단에 따라 독자적으로 행위한 결과가 우연히 일치한 것이라고 보기 어려우며, 또한 위 특별할증률의 적용대상이 전체 보험계약자의 5 내지 6%에 불과한 불량계약자에게 한정되는 것이기는 하지만, 원고들의 위와 같은 행위는 위 특별할증률이 적용되는 거래분야에서 실질적 경쟁제한성이 인정된다고 할 것이다.

같은 취지의 원심의 인정 및 판단은 정당하고 거기에 상고이유로 주장하는 바와 같은 사실오인이나 공동행위의 합의추정과 그 복멸에 관한 법리오해의 위법이 없다.

나. 입찰담합행위에 대하여

기록에 의하면, 원고들은 한국전력공사가 그 소유차량에 대한 자동차보험가입을 위하여 2000. 7. 15. 실시한 입찰에 있어서 종전에 수의계약으로 체결되어 왔던 한국전력공사의 업무용 자동차보험계약방식을 유지하고자 위 입찰 실시 전에 개최된 자동차업무부장회의에서 합의한 바에 따라 종전에 각 회사별로 가입된 차량의 보험료를 합산한 동일한 금액으로 응찰한 사실을 알 수 있고, 위 입찰은 전적으로 입찰가격에 따라 경쟁이 이루어지는 것이어서 그 담합은 실질적으로 경쟁을 제한한다고 할 것이므로, 원고들은 법 제19조 제1항에 의하여 부당한 공동행위를 합의한 것으로 인정되며, 원고들 주장과 같이 당시 입찰과 관련된 자료가 부족하여 종전에 한국전력공사가 다른 회사에 가입한 차량의 보험료를 파악하여 각자 자기 회사에 가입된 차량의 보험료와 합산한 금액으로 응찰한 결과가 우연히 일치한 것이라고 보기는 어렵다.

피고가 법 제19조 제1항을 처분의 근거조항으로 삼고 있음에도, 원심이 법 제19조 제5항에 의하여 합의를 추정한 것은 잘못이지만 그 주장을 배척한 결론은 옳고, 거기에 상고이유로 주장하는 바와 같은 사실오인이나 판결에 영향을 미친 부당한 공동행위의 추정에 관한 법리오해 등의 위법이 있다고 할 수 없다.

4. 결 론

그러므로 상고를 모두 기각하고, 상고비용은 각자가 부담하기로 하여, 관여 대법관의 일치된 의견으로 주문과 같이 판결한다.

대법관 　 유지담(재판장) 　 배기원 　 이강국(주심) 　 김용담

∥ **참조문헌** ∥

유해용, "부당공동행위 추정과 관련된 판례 연구(상)", 저스티스 통권 88호, 한국법학원(2005)
유해용, "부당공동행위 추정과 관련된 판례 연구(하)", 저스티스 통권 89호, 한국법학원(2006)
정재훈, "행정지도와 공동행위 합의추정의 번복", 공정거래법 판례선집, 사법발전재단(2011)

(12) 대법원 2014. 2. 27. 선고 2012두24498 판결 [역지불 합의 사건] (경쟁제한성, 법 제117조)

판시사항

[1] 독점규제 및 공정거래에 관한 법률 제59조에 따라 법 적용 대상이 되는 '특허권의 정당한 행사라고 인정되지 아니하는 행위'의 의미와 판단기준 및 의약품 특허권자가 특허의 효력 등을 다투는 자에게 그 행위를 포기하는 등의 대가로 일정한 경제적 이익을 제공하기로 하고 특허 관련 분쟁 종결의 합의를 한 경우, 합의가 '특허권의 정당한 행사라고 인정되지 아니하는 행위'에 해당하는지를 판단하는 방법과 기준

[2] 독점규제 및 공정거래에 관한 법률 제19조 제1항 제9호에서 정한 '부당한 공동행위'의 성립 범위

판결요지

[1] 독점규제 및 공정거래에 관한 법률(이하 '공정거래법'이라 한다) 제59조는 "이 법의 규정은 저작권법, 특허법, 실용신안법, 디자인보호법 또는 상표법에 의한 권리의 정당한 행사라고 인정되는 행위에 대하여는 적용하지 아니한다"고 규정하고 있으므로, '특허권의 정당한 행사라고 인정되지 아니하는 행위'에 대하여는 공정거래법이 적용되고, 이는 '정당한'이란 표현이 없던 구 독점규제 및 공정거래에 관한 법률(2007. 8. 3. 법률 제8631호로 개정되기 전의 것) 제59조의 경우도 마찬가지이다. '특허권의 정당한 행사라고 인정되지 아니하는 행위'란 행위의 외형상 특허권의 행사로 보이더라도 실질이 특허제도의 취지를 벗어나 제도의 본질적 목적에 반하는 경우를 의미하고, 여기에 해당하는지는 특허법의 목적과 취지, 당해 특허권의 내용과 아울러 당해 행위가 공정하고 자유로운 경쟁에 미치는 영향 등 제반 사정을 함께 고려하여 판단해야 한다.

따라서 의약품의 특허권자가 자신의 특허권을 침해할 가능성이 있는 의약품의 제조·판매를 시도하면서 특허의 효력이나 권리범위를 다투는 자에게 행위를 포기 또는 연기하는 대가로 일정한 경제적 이익을 제공하기로 하고 특허 관련 분쟁을 종결하는 합의를 한 경우, 합의가 '특허권의 정당한 행사라고 인정되지 아니하는 행위'에 해당하는지는 특허권자가 합의를 통하여 자신의 독점적 이익

의 일부를 상대방에게 제공하는 대신 자신의 독점적 지위를 유지함으로써 공정하고 자유로운 경쟁에 영향을 미치는지에 따라 개별적으로 판단해야 하고, 이를 위해서는 합의의 경위와 내용, 합의의 대상이 된 기간, 합의에서 대가로 제공하기로 한 경제적 이익의 규모, 특허분쟁에 관련된 비용이나 예상이익, 그 밖에 합의에서 정한 대가를 정당화할 수 있는 사유의 유무 등을 종합적으로 고려해야 한다.

[2] 독점규제 및 공정거래에 관한 법률 제2조 제8호, 제8호의2에 의하면, 같은 법 제19조 제1항 제9호에서 말하는 '일정한 거래분야'에는 경쟁관계가 있는 경우뿐만 아니라 경쟁관계가 성립될 수 있는 경우도 포함되고, '부당한 공동행위'에서 경쟁제한성에는 경쟁이 감소하여 가격·수량·품질 기타 거래조건 등의 결정에 영향을 미치는 경우뿐만 아니라 그러한 영향을 미칠 우려가 있는 경우도 포함된다.

참조조문

[1] 독점규제 및 공정거래에 관한 법률 제59조
[2] 독점규제 및 공정거래에 관한 법률 제2조 제8호, 제8호의2, 제19조 제1항 제9호

따름판례

대법원 2015. 6. 11. 선고 2013두1676 판결, 대법원 2017. 1. 12. 선고 2015두2352 판결

전 문

【원고, 상고인】 ○○리미티드 외 1인
【피고, 피상고인】 공정거래위원회
【원심판결】 서울고법 2012. 10. 11. 선고 2012누3028 판결
【주 문】
원심판결 중 과징금 납부명령 부분 및 '당해 특정신약의 특허와 관련 없는 다른 신약의 복제약 내지 경쟁제품'에 관한 시정명령 부분을 파기하고, 이 부분 사건을 서울고등법원에 환송한다. 나머지 상고를 모두 기각한다.
【이 유】
상고이유(상고이유서 제출기간이 경과한 후에 제출된 상고이유보충서들의 기재는 상고이유를 보충하는 범위 내에서)를 판단한다.

1. 상고이유 제1점에 대하여

가. 독점규제 및 공정거래에 관한 법률(이하 '공정거래법'이라 한다) 제19조 제1항은 다른 사업자와 공동으로 부당하게 경쟁을 제한하는 행위를 할 것을 합의하는 '부당한 공동행

위'를 금지하면서, 그 합의대상인 행위로 제4호에서 '거래지역 또는 거래상대방을 제한하는 행위', 제9호에서 '제1호부터 제8호까지 외의 행위로서 다른 사업자(그 행위를 한 사업자를 포함한다)의 사업활동 또는 사업내용을 방해하거나 제한함으로써 일정한 거래분야에서 경쟁을 실질적으로 제한하는 행위'를 들고 있다. 공정거래법 제2조 제8호의2에 의하면 '경쟁을 실질적으로 제한하는 행위'란 '일정한 거래분야의 경쟁이 감소하여 특정 사업자 또는 사업자단체의 의사에 따라 어느 정도 자유로이 가격·수량·품질 기타 거래조건 등의 결정에 영향을 미치거나 미칠 우려가 있는 상태를 초래하는 행위'를 말한다.

나. 원심은, 원고들이 주식회사 동아제약(이하 '동아제약'이라 한다)과의 이 사건 합의를 통하여 동아제약이 '○○○'(항구토제)의 생산·판매를 중단하고 서로 특허관련 분쟁을 종료하는 대신 원고들이 동아제약에게 '△△△'(항구토제)의 공동판매권과 '□□□□'(바이러스성 피부병 치료제)의 독점판매권 등을 부여하면서 '△△△'이나 '□□□□'의 경쟁제품의 제조·생산·판매 등을 금지한 행위가 공정거래법 제19조 제1항 제4호와 제9호의 '부당한 공동행위'에 해당한다고 본 피고의 처분이 모두 정당하다는 취지로 판단하였다.

다. 그러나 앞서 본 공정거래법 규정과 관련 법리 및 기록에 비추어 살펴보면, 이 사건 합의 중 '□□□□'의 경쟁제품에 대한 제조 등을 금지한 부분이 공정거래법 제19조 제1항 제9호의 '부당한 공동행위'에 해당한다는 원심의 판단은 다음과 같은 이유로 이를 그대로 수긍하기 어렵다.

(1) 원심판결 이유 및 원심이 적법하게 채택한 증거에 의하면 피고는, 원고들의 동아제약에 대한 '△△△'과 '□□□□'의 공급판매권 부여가 '△△△'의 경쟁제품인 '○○○'에 대한 동아제약의 생산·판매 중단 등에 대한 대가이므로 '□□□□'에 대한 독점판매권 부여가 공정거래법 제19조 제1항 제4호의 행위에 대한 합의의 일부를 구성할 뿐만 아니라 '□□□□'에 대한 독점판매 및 공급계약을 체결하면서 동아제약에게 '□□□□'의 경쟁제품에 대한 제조 등을 금지한 것이 같은 항 제9호의 행위에 대한 합의에도 해당한다고 보아, 원고들에 대하여 '당해 특정 신약의 특허와는 관련 없는 다른 신약의 복제약 내지 경쟁제품을 개발·생산·판매·취급하지 못하도록 합의함으로써 부당하게 경쟁을 제한하는 행위를 다시 하여서는 아니된다'는 내용의 시정명령을 하고, '△△△' 외에 '□□□□'의 매출액도 관련매출액에 포함시켜 과징금을 산정·부과하였음을 알 수 있다.

(2) 그런데 이 사건 합의 중 '□□□□'의 경쟁제품에 관한 부분이 공정거래법에 정한 '부당한 공동행위'에 해당하기 위하여는 그 합의의 경쟁제한성이 인정되어야 하고, 경쟁제한성은 관련상품시장의 획정을 거쳐 당해 합의로 인하여 경쟁에 영향을 미치거나 미칠 우려가 발생하였는지를 기준으로 판단하여야 한다.

(3) 그러나 피고는 '□□□□'의 관련상품시장을 획정하지 아니하였을 뿐만 아니라 이 사건 합의 중 '□□□□'의 경쟁제품에 관한 부분이 경쟁에 미치는 영향 등에 대하여 아무런 근거를 제시하지 아니한 채 그 부분 합의의 경쟁제한성을 인정하여 이것이 공정거래법에 정한 '부당한 공동행위'에 해당함을 전제로 위와 같은 시정명령과 과징금 납부명령을 하였다.

(4) 그럼에도 원심은 그 판시와 같은 사정만으로 이 사건 합의 중 '□□□□'의 경쟁제

품에 관한 부분까지 공정거래법에 정한 '부당한 공동행위'에 해당한다고 판단하였으므로, 이러한 원심판결에는 공정거래법에 정한 '부당한 공동행위'에 관한 법리를 오해하여 판결에 영향을 미친 위법이 있다.

라. 결국 이 부분 상고이유의 주장은 이유 있다.

2. 상고이유 제2점에 대하여

가. 공정거래법 제59조는 "이 법의 규정은 저작권법, 특허법, 실용신안법, 디자인보호법 또는 상표법에 의한 권리의 정당한 행사라고 인정되는 행위에 대하여는 적용하지 아니한다"고 규정하고 있으므로, '특허권의 정당한 행사라고 인정되지 아니하는 행위'에 대하여는 공정거래법이 적용되고, 이는 '정당한'이란 표현이 없던 구 독점규제 및 공정거래에 관한 법률(2007. 8. 3. 법률 제8631호로 개정되기 전의 것) 제59조의 경우도 마찬가지이다. '특허권의 정당한 행사라고 인정되지 아니하는 행위'란 행위의 외형상 특허권의 행사로 보이더라도 그 실질이 특허제도의 취지를 벗어나 제도의 본질적 목적에 반하는 경우를 의미하고, 여기에 해당하는지는 특허법의 목적과 취지, 당해 특허권의 내용과 아울러 당해 행위가 공정하고 자유로운 경쟁에 미치는 영향 등 제반 사정을 함께 고려하여 판단하여야 한다.

따라서 의약품의 특허권자가 자신의 특허권을 침해할 가능성이 있는 의약품의 제조·판매를 시도하면서 그 특허의 효력이나 권리범위를 다투는 자에게 그 행위를 포기 또는 연기하는 대가로 일정한 경제적 이익을 제공하기로 하고 특허 관련 분쟁을 종결하는 합의를 한 경우, 그 합의가 '특허권의 정당한 행사라고 인정되지 아니하는 행위'에 해당하는지는 특허권자가 그 합의를 통하여 자신의 독점적 이익의 일부를 상대방에게 제공하는 대신 자신의 독점적 지위를 유지함으로써 공정하고 자유로운 경쟁에 영향을 미치는지에 따라 개별적으로 판단하여야 하고, 이를 위하여는 합의의 경위와 내용, 합의의 대상이 된 기간, 합의에서 대가로 제공하기로 한 경제적 이익의 규모, 특허분쟁에 관련된 비용이나 예상이익, 그 밖에 합의에서 정한 대가를 정당화할 수 있는 사유의 유무 등을 종합적으로 고려하여야 한다.

나. 원심판결 이유 및 원심이 적법하게 채택한 증거에 의하면 다음과 같은 사실이나 사정이 있음을 알 수 있다.

(1) 원고들은 항구토작용을 하는 '◇◇◇◇◇'의 제조방법에 관한 특허를 받아 '△△△'이란 상품명으로 항구토제를 판매하고 있었는데, 동아제약이 원고들의 특허와 다른 제조방법으로 '◇◇◇◇◇'을 자체 개발하였다면서 '◇◇◇◇◇' 성분을 포함하는 항구토제인 '○○○'을 출시하자, 원고들은 동아제약을 상대로 특허침해금지의 소를 제기하였고, 동아제약은 원고들을 상대로 특허청에 소극적 권리범위확인심판을 청구하였다.

(2) 그 후 원고들과 동아제약은 2000. 4. 17. 동아제약이 5년간 '○○○'의 제조·판매를 중단하고 관련청구와 소를 모두 취하하기로 하는 내용의 화해계약 및 원고들이 동아제약에게 '△△△'의 국·공립병원 판매권과 '□□□□'의 독점판매권을 부여하는 내용의 공급계약을 포함하는 이 사건 합의를 하였다.

(3) 이 사건 합의는 당초 그 기간이 원고들의 특허만료일인 2005. 1. 25. 이후인 2005. 4. 16.까지로 정하여졌을 뿐 아니라 그 후에도 여러 차례 공급계약의 갱신을 통하여 피고의

이 사건 심의일인 2011. 10. 19.까지도 합의의 효력이 유지되었다.

(4) 원고들은 이 사건 합의를 통하여 동아제약에 대하여 원고들이 받은 특허와 다른 방법으로 '◇◇◇◇◇'을 생산하는 것까지 금지시켰고, 또 '◇◇◇◇◇'과 다른 물질로서 그것과 경쟁관계에 놓일 수 있는 제품의 연구·개발·제조·판매까지 금지시켰다.

(5) 원고들은 동아제약이 자신들의 특허를 침해하였다고 주장하면서도 오히려 동아제약에게 '△△△'의 공동판매권뿐만 아니라 '□□□□'의 독점판매권 등도 부여하는 내용으로 이 사건 합의를 하였는데, 신약의 판매권은 그 자체로 상당한 경제적 이익에 해당하는데다가 원고들이 동아제약에 지급하기로 한 성과장려금도 '△△△'의 경우 목표판매량의 80%만 달성하면 지급하고, '□□□□'의 경우 판매량과 무관하게 5년간 매년 1억 원을 지급하기로 되어 있는 등 통상적인 수준을 넘어선다.

(6) 원고들이 동아제약과의 특허 관련 분쟁에 통상적인 특허소송보다 훨씬 더 많은 비용이 소요된다고 보기 어렵고, 원고들이 이 사건 합의를 통하여 동아제약에 제공하는 경제적 이익은 원고들의 평균 특허소송비용보다 훨씬 크다.

(7) 경쟁제품인 동아제약의 '○○○' 출시에 따라 원고들의 '△△△' 약가가 인하된 적이 있고, 보험의약품의 기준약가 결정이 국민건강보험공단의 주도 아래 이루어지는 현행 제도에서 의약품에 관한 특허권을 가진 제약사라도 독자적으로 의약품의 가격을 결정할 수는 없지만, 보험의약품의 기준약가 결정 기준에 의하면 건강보험에 등재되는 복제약의 증가에 따라 신약뿐만 아니라 기존의 등재된 복제약의 가격도 체감하도록 되어 있어서 복제약의 수가 늘어남에 따라 의약품의 가격도 낮아질 가능성이 높다.

다. 이러한 사정 등을 앞서 본 법리에 비추어 살펴보면, 이 사건 합의는 원고들이 자신들의 특허권을 다투면서 경쟁제품을 출시한 동아제약에게 특허 관련 소송비용보다 훨씬 큰 규모의 경제적 이익을 제공하면서 그 대가로 경쟁제품을 시장에서 철수하고 특허기간보다 장기간 그 출시 등을 제한하기로 한 것으로서 특허권자인 원고들이 이 사건 합의를 통하여 자신의 독점적 이익의 일부를 동아제약에게 제공하는 대신 자신들의 독점력을 유지함으로써 공정하고 자유로운 경쟁에 영향을 미친 것이라고 할 수 있으므로, 이는 '특허권의 정당한 행사라고 인정되지 아니하는 행위'에 해당하여 공정거래법의 적용대상이 된다고 할 것이다.

라. 원심판결은 그 이유 설시에 부적절한 점이 없지 아니하나 이 사건 합의에 공정거래법이 적용된다고 판단한 결론은 정당하고, 거기에 상고이유의 주장과 같은 공정거래법의 적용 제외 규정에 관한 법리오해 등으로 판결에 영향을 미친 위법이 없다.

3. 상고이유 제3점에 대하여

어떤 공동행위가 경쟁제한성을 가지는지는 당해 상품의 특성, 소비자의 제품선택 기준, 당해 행위가 시장 및 사업자들의 경쟁에 미치는 영향 등 여러 사정을 고려하고, 당해 공동행위로 인하여 일정한 거래분야에서의 경쟁이 감소하여 가격·수량·품질 기타 거래조건 등의 결정에 영향을 미치거나 미칠 우려가 있는지를 살펴서 개별적으로 판단하여야 한다 (대법원 2002. 3. 15. 선고 99두6514 판결, 대법원 2013. 11. 14. 선고 2012두19298 판결 등 참조).

원심판결 이유를 이러한 법리와 기록에 비추어 살펴보면, 원심이 그 판시와 같은 사유 등을 근거로 이 사건 합의(다만 '□□□□'의 경쟁제품에 관한 부분 제외)가 경쟁제한성을 가진다고 판단한 것은 정당하고, 거기에 상고이유의 주장과 같은 경쟁제한성 판단에 관한 법리오해 등의 위법이 없다.

4. 상고이유 제4점에 대하여

원심은, 원고들과 동아제약 사이의 화해계약 및 '△△△'과 '□□□□'에 대한 공급계약의 체결 경위와 목적, 그 내용과 형식 등에 의하면 각 계약이 단일한 의사에 기하여 동일한 목적을 수행하기 위한 것으로 계속 실행되어 왔으므로 전체적으로 1개의 '부당한 공동행위'에 해당한다는 취지로 판단하면서 처분시효가 완성되었다는 원고들의 주장을 배척하였다.

원심판결 이유를 관련 법리와 기록에 비추어 살펴보면 원심의 이와 같은 판단과 조치는 정당하고, 거기에 상고이유의 주장과 같은 '부당한 공동행위'의 단일성 판단이나 처분시효에 관한 법리오해 등의 위법이 없다.

5. 상고이유 제5점에 대하여

공정거래법 제2조 제8호, 제8호의2에 의하면, 같은 법 제19조 제1항 제9호에서 말하는 '일정한 거래분야'에는 경쟁관계가 있는 경우뿐만 아니라 경쟁관계가 성립될 수 있는 경우도 포함되고, '부당한 공동행위'에서의 경쟁제한성에는 경쟁이 감소하여 가격·수량·품질 기타 거래조건 등의 결정에 영향을 미치는 경우뿐만 아니라 그러한 영향을 미칠 우려가 있는 경우도 포함된다.

원심판결 이유 및 원심이 적법하게 채택한 증거에 의하면, 동아제약은 이 사건 합의 전에 원고들의 항구토제 '△△△'의 경쟁제품인 '○○○'을 출시하였다가 이 사건 합의 후에 이를 시장에서 철수하였는데, 이 사건 합의에 포함된 '△△△' 공급계약에서 동아제약에 '△△△'의 경쟁제품에 대한 연구·개발까지도 금지하고 있는 사실을 알 수 있다.

이를 앞서 본 법리를 비롯한 관련 법리에 비추어 살펴보면, 원고들이 자신들의 항구토제인 '△△△'의 경쟁제품인 '○○○'을 출시한 적이 있는 동아제약과 체결한 이 사건 합의는 잠재적 경쟁관계에 있는 사업자의 사업내용을 제한하는 합의로서 공정거래법에 정한 '부당한 공동행위'에 해당할 수 있다고 할 것이다.

원심판결은 그 이유 설시에 부적절한 점이 없지 아니하나 이 사건 합의가 공정거래법에 정한 '부당한 공동행위'에 해당할 수 있다는 취지의 결론은 정당하고, 거기에 상고이유의 주장과 같은 판매공급계약에서 '부당한 공동행위'의 성립 범위에 관한 법리오해 등으로 판결에 영향을 미친 위법이 없다.

상고이유에서 들고 있는 대법원판례는 이 사건과 사안 및 적용법규를 달리하는 것이어서 원용하기에 적절하지 아니하다.

6. 상고이유 제6점에 대하여

이 부분 상고이유의 주장은, 이 사건 합의가 특허권의 정당한 행사로서 공정거래법의 적용이 제외됨을 전제로 한 것인데, 앞서 본 바와 같이 이 사건 합의에는 공정거래법이 적용된다고 할 것이므로, 이러한 측면에서는 위 주장을 받아들이기 어렵다.

그러나 앞서 상고이유 제1점에 대한 판단에서 본 바와 같이 이 사건 합의 중 '□□□□'의 경쟁제품에 관한 부분은 공정거래법 제19조 제1항 제9호의 '부당한 공동행위'에 해당한다고 보기 어렵고, '□□□□' 공급계약이 공정거래법 제19조 제1항 제4호의 '부당한 공동행위'의 일부 내용을 구성한다는 점만으로는 '□□□□' 매출액이 원고들에 대한 과징금 산정의 기초가 되는 관련매출액에 포함된다고 보기 어려우므로, 결국 '□□□□' 매출액을 관련매출액에 포함시켜 산정한 이 사건 과징금 납부명령은 재량권을 일탈·남용한 것으로서 위법하다고 할 수 있다.

한편 처분을 할 것인지 여부와 처분의 정도에 관하여 재량이 인정되는 과징금 납부명령에 대하여 그 명령이 재량권을 일탈·남용하였을 경우 법원으로서는 재량권의 일탈·남용 여부만 판단할 수 있을 뿐이지 재량권의 범위 내에서 어느 정도가 적정한 것인지에 관하여는 판단할 수 없어 그 전부를 취소할 수밖에 없고, 법원이 적정하다고 인정되는 부분을 초과한 부분만 취소할 수는 없다(대법원 2009. 6. 23. 선고 2007두18062 판결 등 참조). 따라서 재량행위인 이 사건 과징금 납부명령은 전부 취소되어야 한다.

7. 결 론

그러므로 원심판결 중 과징금 납부명령 부분 및 '당해 특정신약의 특허와 관련 없는 다른 신약의 복제약 내지 경쟁제품'에 관한 시정명령 부분을 파기하고, 이 부분 사건을 다시 심리·판단하게 하기 위하여 원심법원에 환송하며, 나머지 상고를 모두 기각하기로 하여 관여 대법관의 일치된 의견으로 주문과 같이 판결한다.

대법관   김소영(재판장) 신영철 이상훈(주심) 김용덕

‖ 참조문헌 ‖

백승엽, "역지불합의와 공정거래법 제59조상 권리의 '정당한 행사'의 판단기준에 대한 고찰", 경쟁과 법 6호, 서울대학교 경쟁법센터(2016)

이호영, "역지불합의에 대한 공정거래법의 적용에 관한 연구: 우리나라와 미국의 판결례 분석을 중심으로", 경영법률 24집 4호, 한국경영법률학회(2014)

주진열, "특허분쟁 화해계약과 독점규제법상 부당공동행위 문제: 글락소스미스클라인 및 동아제약 사건(대법원 2012두24498 및 2012두27794 판결)에 대한 고찰", 법학연구 18집 4호, 인하대학교 법학연구소(2015)

(13) 대법원 2014. 7. 24. 선고 2013두16951 판결 [생명보험 사건] (정보교환)

[1] 경쟁 사업자들이 가격 등 주요 경쟁요소에 관한 정보를 교환한 경우, 독점규제 및 공정거래에 관한 법률 제19조 제1항이 금지하는 '부당하게 경쟁을 제한하는 행위에 대한 합의'가 있는지 판단하는 방법

[2] 갑 생명보험 주식회사가 을 생명보험 주식회사 등 15개 보험회사와 2001년부터 2006년까지 미래의 예정이율 및 공시이율 등에 관한 정보를 서로 교환하고 이를 통해 각자의 이율을 결정하였다는 이유로 공정거래위원회가 갑 회사에 시정명령 및 과징금부과처분을 한 사안에서, 갑 회사 등 16개 생명보험회사 사이에 '공동으로 예정이율 등을 결정'하기로 하는 합의가 있었다고 인정하기 부족하다는 등의 이유로 위 처분이 위법하다고 본 원심판단을 정당하다고 한 사례

[1] 경쟁 사업자들이 가격 등 주요 경쟁요소에 관한 정보를 교환한 경우에, 정보 교환은 가격 결정 등의 의사결정에 관한 불확실성을 제거하여 담합을 용이하게 하거나 촉진할 수 있는 수단이 될 수 있으므로 사업자 사이의 의사연결의 상호성을 인정할 수 있는 유력한 자료가 될 수 있지만, 그렇다고 하더라도 정보 교환 사실만으로 부당하게 경쟁을 제한하는 행위에 대한 합의가 있다고 단정할 수는 없고, 관련 시장의 구조와 특성, 교환된 정보의 성질·내용, 정보 교환의 주체 및 시기와 방법, 정보 교환의 목적과 의도, 정보 교환 후의 가격·산출량 등의 사업자 간 외형상 일치 여부 내지 차이의 정도 및 그에 관한 의사결정 과정·내용, 그 밖에 정보 교환이 시장에 미치는 영향 등의 모든 사정을 종합적으로 고려하여 독점규제 및 공정거래에 관한 법률 제19조 제1항이 금지하는 '부당하게 경쟁을 제한하는 행위에 대한 합의'가 있는지를 판단해야 한다.

[2] 갑 생명보험 주식회사가 을 생명보험 주식회사 등 15개 보험회사와 2001년부터 2006년까지 미래의 예정이율 및 공시이율 등에 관한 정보를 서로 교환하고 이를 통해 각자의 이율을 결정하였다는 이유로 공정거래위원회가 갑 회사에 시정명령 및 과징금부과처분을 한 사안에서, 갑 회사 등 16개 생명보험회사 사이에

예정이율 등에 관한 정보교환행위가 있었다거나 정보교환행위를 통해 각자의 이율을 결정하여 왔다는 사정만으로 '공동으로 예정이율 등을 결정'하기로 하는 합의가 있었다고 인정하기 부족하다는 등의 이유로, 위 처분이 위법하다고 본 원심판단을 정당하다고 한 사례.

참조조문

[1] 독점규제 및 공정거래에 관한 법률 제19조 제1항
[2] 독점규제 및 공정거래에 관한 법률 제19조 제1항

따름판례

대법원 2015. 12. 24. 선고 2013두25924 판결, 대법원 2016. 12. 29. 선고 2016두31098 판결, 대법원 2022. 5. 26. 선고 2017두47144 판결, 대법원 2022. 6. 16. 선고 2017두56346 판결

전 문

【원고, 피상고인】 ○○주식회사
【피고, 상고인】 공정거래위원회
【원심판결】 서울고법 2013. 7. 17. 선고 2012누2346 판결
【주 문】
상고를 기각한다. 상고비용은 피고가 부담한다.
【이 유】
상고이유를 판단한다.

1. 부당한 공동행위의 성립에 관하여

가. 「독점규제 및 공정거래에 관한 법률」 제19조 제1항이 금지하는 '부당한 공동행위'는 '부당하게 경쟁을 제한하는 행위에 대한 합의'로서 이때 '합의'에는 명시적 합의뿐 아니라 묵시적 합의도 포함된다고 할 것이지만(대법원 2003. 2. 28. 선고 2001두1239 판결 등 참조), 이는 둘 이상 사업자 사이의 의사의 연락이 있을 것을 본질로 하므로 단지 위 규정 각 호에 열거된 '부당한 공동행위'가 있었던 것과 일치하는 외형이 존재한다고 하여 당연히 합의가 있었다고 인정할 수는 없고 사업자 간 의사연결의 상호성을 인정할 만한 사정에 대한 증명이 있어야 하며, 그에 대한 증명책임은 그러한 합의를 이유로 시정조치 등을 명하는 피고에게 있다고 할 것이다(대법원 2013. 11. 28. 선고 2012두17421 판결 등 참조).

그리고 경쟁 사업자들이 가격 등 주요 경쟁요소에 관한 정보를 교환한 경우에, 그 정보교환은 가격 결정 등의 의사결정에 관한 불확실성을 제거하여 담합을 용이하게 하거나 촉진할 수 있는 수단이 될 수 있으므로 사업자 사이의 의사연결의 상호성을 인정할 수 있는

유력한 자료가 될 수 있지만, 그렇다고 하더라도 그 정보 교환 사실만으로 부당하게 경쟁을 제한하는 행위에 대한 합의가 있다고 단정할 수는 없고, 관련 시장의 구조와 특성, 교환된 정보의 성질·내용, 정보 교환의 주체 및 시기와 방법, 정보 교환의 목적과 의도, 정보 교환 후의 가격·산출량 등의 사업자 간 외형상 일치 여부 내지 차이의 정도 및 그에 관한 의사결정 과정·내용, 그 밖에 정보 교환이 시장에 미치는 영향 등의 모든 사정을 종합적으로 고려하여 위 합의가 있는지를 판단하여야 한다.

나. 원심은 (1) 원고 등 16개 보험회사가 2001년부터 2006년까지 공동으로 가격을 결정·유지 또는 변경하는 행위를 하기로 합의하였음이 인정되지 않는 이상, 원고 등 16개 생명보험회사 사이에 미래의 예정이율 및 공시이율 등에 관한 정보교환행위가 있었다는 사정만으로 막바로 부당한 공동행위를 한 것이라고 볼 수는 없고, (2) 원고 등 16개 생명보험회사가 2001년부터 2006년까지 정보교환행위를 통해 각자의 이율을 결정하여 왔다는 사정만으로 그들 사이에 '공동으로 예정이율 등을 결정'하기로 하는 합의가 있었다고 인정할 증거가 부족하다는 등의 이유를 들어, 원고가 다른 15개 생명보험회사와 부당한 공동행위를 하였음을 전제로 하는 피고의 시정명령 및 과징금부과처분(이하 '이 사건 처분'이라고 한다)은 나머지 점에 관하여 더 살펴볼 필요 없이 위법하다고 판단하였다.

앞서 본 법리와 기록에 비추어 살펴보면, 원심의 위와 같은 판단은 정당하고, 거기에 상고이유 주장과 같이 정보교환과 부당공동행위의 관계, 동조적 행위와 부당공동행위의 관계, 묵시적 담합의 추인 등 부당공동행위의 성립, 부당공동행위의 대상 등에 관한 법리를 오해하거나 논리와 경험의 법칙을 위반하여 자유심증주의의 한계를 벗어나는 등의 위법이 없다.

2. 처분시효 도과 여부에 관하여

원심은, 1998년부터 2000년까지 수차례에 걸쳐 예정이율 등을 특정이율로 하거나 함께 인하하기로 합의한 행위(이하 '1차 행위'라고 한다)와 2001년부터 2006년까지 미래의 예정이율 등에 관한 정보를 서로 교환하고 이러한 정보를 반영하여 각자의 이율을 결정하기로 하는 행위(이하 '2차 행위'라고 한다)는 전체적으로 하나의 공동행위에 해당한다고 보아야 한다는 피고의 주장에 대하여, 1차 행위가 부당공동행위에 해당한다 할지라도 2차 행위로 인한 부당공동행위가 성립하지 않으므로, 피고가 2차 행위의 시기(始期)로 특정한 2001년경에는 위 1차 행위가 이미 종료되었다고 보아야 하고, 이 사건 처분은 그로부터 5년이 경과한 2011. 12. 15. 있었으므로, '1차 행위'에 대한 이 사건 처분은 처분시효가 경과한 후 이루어진 것이어서 부적법하다고 판단하였다.

원심판결 이유를 관련 법리와 기록에 비추어 살펴보면, 이러한 원심의 판단은 정당하고, 거기에 부당공동행위의 수 및 종기, 처분시효에 관한 법리를 오해하거나 판단을 누락하는 등의 위법이 없다.

3. 기본적 사실관계의 동일성 및 법원의 심판범위에 관하여

원심은, 그 판시 증거를 종합하여 원고와 삼성생명보험 주식회사 및 교보생명보험 주식회사가 정보교환 및 예정이율 등에 관한 결정 관행을 바탕으로 어느 시기부터는 시장점유율

1위인 삼성생명보험 주식회사가 예정이율 등을 결정하면 교보생명보험 주식회사와 원고가 그보다는 조금 높지만 그 두 사업자 사이에서는 같은 수준으로 예정이율 등을 결정하기로 하는 묵시적 양해를 한 것으로 볼 여지가 있다고 보면서도, 이는 이 사건 처분사유와 부당공동행위의 참가자, 합의내용, 합의방식, 합의의 시기 및 종기 등을 달리하는 것이어서 기본적 사실관계가 같다고 할 수 없어 이 사건 처분의 적법사유로 삼을 수 없다고 판단하였다.

원심판결의 이유를 관련 법리와 기록에 비추어 살펴보면, 원심의 판단 중 위와 같은 '묵시적 양해'에 관한 사실과 이 사건 처분사유의 기본적 사실관계가 다르다고 본 것에는 다소 적절하지 않은 점이 있으나, 양자 사이의 기본적 사실관계가 동일하다고 하더라도, 부당공동행위의 시기, 종기, 합의의 내용과 방식, 참가자의 수 등 다수의 관련 사실이 변경되는 경우에는, 단순한 처분사유의 정정에 그치는 것이라고 보기 어렵고, 당사자의 방어권 행사에 실질적인 불이익이 초래될 우려도 있으므로, 이러한 경우에는 처분사유의 추가·변경 없이, 법원이 직권으로 당초의 처분사유에서 상당 부분 변경된 다른 사실을 처분사유로 인정할 수는 없다. 따라서 위와 같은 '묵시적 양해'에 관한 사실을 이 사건 처분의 적법사유로 삼을 수 없다고 판단한 원심의 결론은 정당하고, 거기에 상고이유 주장과 같이 법원의 심판범위에 관한 법리를 오해하거나 필요한 심리를 다하지 아니하는 등의 위법이 없다.

4. 결 론

그러므로 상고를 기각하고 상고비용은 패소자가 부담하도록 하여, 관여 대법관의 일치된 의견으로 주문과 같이 판결한다.

대법관 양창수(재판장) 고영한 김창석(주심) 조희대

║ **참조문헌** ║

강우찬, "정보교환행위와 부당공동행위의 성립과의 관계", 대법원판례해설 101호, 법원도서관 (2015)

---

(14) 대법원 1999. 2. 23. 선고 98두15849 판결 [정부종합청사 신축공사 입찰담합 사건] (비진의 의사표시)

판시사항

[1] 독점규제 및 공정거래에 관한 법률 제19조 제1항 소정의 '부당한 공동행위'가 성립하기 위하여 합의에 따른 현실적 행위를 요하는지 여부(소극)

[2] 독점규제 및 공정거래에 관한 법률 제19조 제1항 소정의 합의가 비진의 의사표시인 경우, 부당한 공동행위의 성립 여부(적극)

[3] 독점규제 및 공정거래에 관한 법률 제19조 제1항 소정의 합의가 일부 사업자들 사이에서만 이루어진 경우, 부당한 공동행위의 성립 여부(적극)

판결요지

[1] 독점규제 및 공정거래에 관한 법률 제19조 제1항의 부당한 공동행위는 사업자가 다른 사업자와 공동으로 일정한 거래분야에서 경쟁을 실질적으로 제한하는 같은 항 각 호의 1에 해당하는 행위를 할 것을 합의함으로써 성립하는 것이므로, 합의에 따른 행위를 현실적으로 하였을 것을 요하는 것이 아니다.

[2] 어느 한쪽의 사업자가 당초부터 합의에 따를 의사도 없이 진의 아닌 의사표시에 의하여 합의한 경우라고 하더라도 다른 쪽 사업자는 당해 사업자가 합의에 따를 것으로 신뢰하고 당해 사업자는 다른 사업자가 합의를 위와 같이 신뢰하고 행동할 것이라는 점을 이용함으로써 경쟁을 제한하는 행위가 되는 것은 마찬가지이므로 독점규제 및 공정거래에 관한 법률 제19조 제1항 소정의 부당한 공동행위의 성립에 방해가 되지 않는다.

[3] 독점규제 및 공정거래에 관한 법률 제19조 제1항 소정의 합의는 어떠한 거래분야나 특정한 입찰에 참여하는 모든 사업자들 사이에서 이루어질 필요는 없고 일부의 사업자들 사이에서만 이루어진 경우에도 그것이 경쟁을 제한하는 행위로 평가되는 한 부당한 공동행위가 성립한다.

참조조문

[1] 독점규제 및 공정거래에 관한 법률 제19조 제1항, 제26조 제1항, 제66조 제1항
[2] 독점규제 및 공정거래에 관한 법률 제19조 제1항, 민법 제107조
[3] 독점규제 및 공정거래에 관한 법률 제19조 제1항

참조판례

[1] 대법원 1995. 5. 12. 선고 94누13794 판결, 대법원 1997. 5. 16. 선고 96누150 판결

따름판례

대법원 2001. 5. 8. 선고 2000두7872 판결, 대법원 2008. 5. 29. 선고 2006도6625 판결, 대법원 2008. 9. 25. 선고 2007두3756 판결, 헌재 2011. 11. 24. 선고 2010헌마83 결정

전 문

【원고, 상고인】 주식회사○○
【피고, 피상고인】 공정거래위원회
【원심판결】 서울고법 1998. 8. 18. 선고 97구53412 판결
【주 문】
상고를 기각한다. 상고비용은 원고의 부담으로 한다.
【이 유】
상고이유를 본다.

1. 독점규제 및 공정거래에 관한 법률(이하 '법'이라 한다) 제19조 제1항의 부당한 공동행위는 사업자가 다른 사업자와 공동으로 일정한 거래분야에서 경쟁을 실질적으로 제한하는 같은 항 각 호의 1에 해당하는 행위를 할 것을 합의함으로써 성립하는 것이므로, 합의에 따른 행위를 현실적으로 하였을 것을 요하는 것이 아니고, 또 어느 한쪽의 사업자가 당초부터 합의에 따를 의사도 없이 진의 아닌 의사표시에 의하여 합의한 경우라고 하더라도 다른쪽 사업자는 당해 사업자가 합의에 따를 것으로 신뢰하고 당해 사업자는 다른 사업자가 합의를 위와 같이 신뢰하고 행동할 것이라는 점을 이용함으로써 경쟁을 제한하는 행위가 되는 것은 마찬가지이므로 부당한 공동행위의 성립에 방해가 되지 않는다고 할 것이며, 위와 같은 합의는 어떠한 거래분야나 특정한 입찰에 참여하는 모든 사업자들 사이에서 이루어질 필요는 없고 일부의 사업자들 사이에서만 이루어진 경우에도 그것이 경쟁을 제한하는 행위로 평가되는 한 부당한 공동행위가 성립한다고 보아야 할 것이다.

2. 원심의 인정 사실에 의하면, 선경건설 부장 소외 1과 원고 회사 이사 소외 2와 사이에 원고가 이 사건 공사에 금 565억 원의 가격으로 응찰하기로 약속함으로써 원고는 선경건설과 사이에 경쟁을 실질적으로 제한하는 가격결정의 합의를 하였다고 보아야 할 것이고, 이로써 법 제19조 제1항 제1호 소정의 부당한 공동행위가 성립하였다고 할 것이며, 원고가 당초부터 위 합의를 이행할 의사로 합의를 하였는지, 또 위 합의를 이행하였는지 여부는 그 성립에 영향이 없다고 할 것이므로 비록 원고가 내심으로는 금 530억 원에 응찰하여 낙찰을 받을 의사를 가졌고 그 후 합의와 달리 응찰하였다고 하더라도 이러한 사정은 부당한 공동행위의 성립에 방해가 되지 아니한다고 할 것이다. 같은 취지의 원심의 판단은 정당하다.

그리고 원고와 선경건설 사이의 위와 같은 합의만으로써 부당한 공동행위가 성립하였다고 할 것이므로 원고가 선경건설 외의 다른 업체들과 사이에 합의를 하였다고 볼 것인지 여부의 점은 결론에 아무런 영향이 없다고 할 것이다.

또한 원고의 위와 같은 행위가 단지 기업이윤을 고려한 적정선에서 무모한 출혈경쟁을 방지하기 위하여 일반거래 통념상 인정되는 범위 내에서 입찰자 상호간에 의사의 타진과 절충을 한 것에 불과하다고 볼 수도 없다.

따라서 원심에 독점규제 및 공정거래에 관한 법률 제19조의 법리를 오해하거나 당사자

의 의사표시의 해석을 그르친 위법이 있다는 논지는 이유 없다.

3. 그러므로 상고를 기각하고 상고비용은 패소자의 부담으로 하기로 하여 관여 법관의 일치된 의견으로 주문과 같이 판결한다.

대법관 이임수(재판장) 박준서(주심) 이돈희 서성

▌ 참조문헌 ▌

정호열, "담합을 어긴 투찰과 카르텔행위의 성립", 저스티스 통권 55호, 한국법학원(2000)
홍명수, "부당한 공동행위에 있어서 비진의 의사표시와 합의의 성립", 경제법판례연구 6권, 경제법판례연구회, 법문사(2010)

(15) 대법원 2014. 5. 29. 선고 2011두23085 판결; 대법원 2014. 6. 26. 선고 2012두4104 판결 [LPG 사건] (합의)

• 대법원 2014. 5. 29. 선고 2011두23085 판결

판시사항

과점시장에서 경쟁사업자들 사이에 가격결정에 관한 합의가 있었는지 및 어느 사업자가 그러한 합의에 가담하였는지를 판단하는 방법

판결요지

과점시장에서는 경쟁사업자가 가격을 책정하면 다른 사업자는 이에 적절한 방법으로 대처하기 마련이고, 이때 어느 사업자가 경쟁사업자의 가격을 모방하는 것이 자신의 이익에 부합할 것으로 판단되면 경쟁사업자와 명시적 합의나 암묵적인 양해 없이도 독자적으로 실행에 나아갈 수 있는 것이므로, 과점시장에서 경쟁상품의 가격이 동일·유사하게 나타나는 외형상의 일치가 상당한 기간 동안 지속되고 사업자들이 이러한 사정을 모두 인식하고 있다고 하더라도, 이에 더하여 사업자들 사이에 가격결정과 관련된 명시적·묵시적 의사 연락이 있다고 볼 만한 추가적 사정이 증명되지 아니하면 가격결정에 관한 합의가 있다고 인정할 수 없다. 그리고 경쟁사업자들 사이에 가격결정에 관한 합의가 있었다고 하더라도 어느 사업자가 그러한 합의에 가담하였다고 볼 만한 사정은 제한적인 반면, 사업자가 시장 여건에 따라 자신의

이익을 극대화하기 위하여 독자적으로 행동하였다거나 또는 경쟁사업자들과 사이에 담합을 한 것과는 일반적으로 양립하기 어려운 행동을 하였다고 볼 만한 사정이 상당한 기간 동안 지속되는 등 경쟁사업자들과 사이에 의사 연락이 있었다고 보기 어려운 경우에는 사업자가 합의에 가담하였다고 인정할 수 없다.

참조조문

독점규제 및 공정거래에 관한 법률 제19조 제1항

전 문

【원고, 상고인】 ○○주식회사
【피고, 피상고인】 공정거래위원회
【원심판결】 서울고법 2011. 8. 18. 선고 2010누15058 판결
【주 문】
원심판결을 파기하고, 사건을 서울고등법원에 환송한다.
【이 유】
상고이유(상고이유서 제출기간이 경과한 후에 제출된 상고이유보충서의 기재는 상고이유를 보충하는 범위에서)에 대하여 판단한다.

1. 독점규제 및 공정거래에 관한 법률(이하 '공정거래법'이라 한다) 제19조 제1항이 금지하는 '부당한 공동행위'는 '부당하게 경쟁을 제한하는 행위에 대한 합의'로서 이때 '합의'에는 명시적 합의뿐 아니라 묵시적인 합의도 포함되지만, 그 합의는 둘 이상 사업자 사이에 의사의 연락이 있을 것을 본질로 하므로 단지 위 규정 각 호에 열거된 '부당한 공동행위'가 있었던 것과 일치하는 외형이 존재한다고 하여 당연히 합의가 있었다고 인정할 수는 없고 사업자 사이에 의사연결의 상호성을 인정할 만한 사정에 대한 증명이 있어야 한다(대법원 2013. 11. 28. 선고 2012두17421 판결 등 참조).

과점시장에서는 경쟁사업자가 가격을 책정하면 다른 사업자는 이에 적절한 방법으로 대처하기 마련이고, 이때 어느 사업자가 경쟁사업자의 가격을 모방하는 것이 자신의 이익에 부합할 것으로 판단되면 경쟁사업자와의 명시적 합의나 암묵적인 양해 없이도 독자적으로 실행에 나아갈 수 있는 것이므로, 과점시장에서 경쟁상품의 가격이 동일·유사하게 나타나는 외형상의 일치가 상당한 기간 동안 지속되고 사업자들이 이러한 사정을 모두 인식하고 있다 하더라도, 이에 더하여 사업자들 사이에 가격결정과 관련된 명시적·묵시적 의사 연락이 있다고 볼 만한 추가적 사정이 증명되지 아니하면 가격결정에 관한 합의가 있다고 인정할 수 없다. 그리고 경쟁사업자들 사이에 가격결정에 관한 합의가 있었다고 하더라도 어느 사업자가 그러한 합의에 가담하였다고 볼 만한 사정은 제한적인 반면, 그 사업자가 시장 여건에 따라 자신의 이익을 극대화하기 위하여 독자적으로 행동하였다거나 또는 경쟁사업자들과 사이에 담합을 한 것과는 일반적으로 양립하기 어려운 행동을 하였다고 볼 만한 사정

이 상당한 기간 동안 지속되는 등 경쟁사업자들과 사이에 의사 연락이 있었다고 보기 어려운 경우에는 그 사업자가 그 합의에 가담하였다고 인정할 수 없다.

2. 원심은 채택 증거에 의하여 인정할 수 있는 다음과 같은 사실과 사정, 즉 ① 액화석유가스(이하 'LPG'라 한다) 시장은 수입사인 주식회사 이원(이하 'E1'이라 한다), 에스케이가스 주식회사(이하 'SK가스'라 한다), 정유사인 에스케이에너지 주식회사(이하 'SK에너지'라 한다), 지에스칼텍스 주식회사(이하 'GS칼텍스'라 한다), 에스대시오일 주식회사(이하 'S-Oil'이라 한다), 원고 등이 과점 체제를 이루고 있는데, 법령에 규정된 정제시설 및 저장시설 등을 갖추어야 하는 등의 사유로 진입장벽이 높은 점, ② 정유사들은 LPG 가격자유화 이전인 1999년경부터 수입사들로부터 LPG를 구매하면서 수입사들의 충전소 판매가격을 통보받은 후 그 통보가격과 거의 동일한 수준으로 각자의 충전소 판매가격을 결정하여 왔는데, 이러한 관행 아래 수입사들은 2001. 1. 1.의 LPG 가격자유화조치 이후에도 자신들이 서로 거의 동일한 가격으로 충전소 판매가격을 결정하면 정유사들이 이에 동조하여 가격을 결정할 것이라고 예견하고 그 판매가격을 정유사들에 통보하여 주었고, 특히 SK가스는 통보문서의 수신자란에 정유사들을 모두 표시하고 자신의 충전소 판매가격까지 알려 줌으로써 그 무렵부터 합의 기간인 약 6년 동안 LPG 판매가격이 거의 동일한 수준으로 결정되도록 한 것으로 보이는 점, ③ 원고의 임직원이 다른 LPG 사업자 소속 임직원들과 함께 모임을 가지면서 가격 정보를 확인하기 위하여 실제 판매가격을 유선으로 확인하기도 하였고, E1은 원고의 협조를 얻어 'SK가스가 기존에 원고가 거래하던 스폿(SPOT)거래업자와의 거래를 유치한 사실'을 파악하기도 한 것으로 보이는 사정 등에 비추어 원고가 다른 LPG 사업자들과 교류를 통하여 경쟁 자제, 판매가격 유지 등에 관한 공감대를 유지하여 온 것으로 보이는 점, ④ GS칼텍스가 수입사의 판매가격과 차이를 두어 판매가격을 정하자, 원고의 직원은 E1에 'LPG 가격차이 발생이 시장경쟁 촉발의 도화선이 될 수 있음'을 우려한다는 의사를 표명한 일도 있는 점, ⑤ 스폿거래는 계절적 요인 등에 따른 잉여물량을 일회성으로 처분하기 위한 것인데도, 원고는 전체 물량 중 연 20% 가량의 물량을 스폿거래로 하면서 그 가격도 '충전소 판매가격 − 60원/kg'의 저가로 거래하였고 그러한 가운데에도 수입사로부터 스폿거래 물량을 초과하는 LPG를 계속 구매하였는바, 이는 이 사건 합의를 용이하게 하고 이탈을 방지하기 위한 것으로 보이고, 또한 수입사들은 LPG 판매가격의 하락을 방지할 목적에서 정유사들의 스폿거래를 억제하기 위하여 잉여물량을 구매해 주는 영업전략으로 SK에너지나 S-Oil의 잉여물량을 구매해 주었으며, 원고도 2회에 걸쳐 SK에너지에 잉여물량을 판매한 적이 있는데 그 가격은 S-Oil이 SK가스에 잉여물량을 판매한 가격과 유사한 점 등에 비추어, 원고가 이 사건 합의에 가담하였다고 본 피고의 이 사건 처분이 정당하다고 판단하였다.

3. 그러나 원심의 이러한 사실인정과 판단은 다음과 같은 이유로 수긍하기 어렵다.

가. 원심판결 이유와 원심이 적법하게 채택한 증거에 의하면 다음과 같은 사정을 알 수 있다.

(1) LPG 시장은 과점시장으로서 한 사업자가 경쟁사업자의 가격을 모방하는 것이 자신

의 이익에 부합할 것으로 보이면 합의 없이도 독자적으로 실행에 나아갈 수 있으므로, LPG 판매가격이 거의 동일하게 유지되었다는 사정만으로는 가격결정에 관한 합의의 존재나 그 합의에 가담한 사실을 인정하기 어렵다.

(2) LPG 수입사들이 원고에게 거래기간 동안 판매가격을 통보하였으나 그것이 원고와의 합의에 의하여 이루어진 것이라고 볼 만한 자료는 없고, 수입사 중 SK가스가 자신의 충전소 판매가격을 통보하면서 그 수신자란에 원고도 표시한 것은 SK가스의 일방적 행위이므로, 이러한 사정을 들어 원고와 다른 LPG 사업자 사이에 가격결정에 관하여 상호 의사 연락이 있었다고 볼 수는 없다.

(3) 원고의 임원 또는 팀장급 직원이 LPG 수입사 및 정유사들의 모임에 참석한 것은 피고가 주장하는 이 사건 합의기간 중 2회에 불과하므로, 그 모임에 참석한 것이 이 사건 합의와 관련이 있다고 단정하기는 어렵다.

(4) 정유사 직원들의 진술 중 'SK가스가 기존에 원고가 거래하던 스폿거래업자와의 거래를 유치한 사실'을 E1이 파악하고 있었다는 점만으로 원고와 E1이 긴밀한 협조관계에 있었다고 보기 어렵고, GS칼텍스가 가격인하 조치를 단행하자 E1 소속 직원이 대비책을 마련하면서 원고의 직원으로부터 청취하였다는 'LPG 가격차이 발생이 시장경쟁 촉발의 도화선이 될 수 있다'는 취지의 의견도 기존에 원고와 다른 LPG 사업자들 사이에 합의가 존재하였음을 인정한 것이라고 볼 근거가 될 수 없다.

(5) 피고가 주장하는 이 사건 합의는 수입사들 사이의 10원 내외의 판매가격 차이에서 비롯되었다는 것인데, 원고는 스폿거래를 통하여 자신의 물량 중 20% 가량을 계속하여 충전소 판매가격보다 kg당 60원 저렴한 가격에 판매하여 왔고 그로 인하여 이 사건 합의에 반하는 가격혼란이 초래될 위험이 있었음에도 원고의 이러한 행위는 줄곧 유지되어 왔으며, 수입사들은 이러한 스폿거래 억제를 위하여 정유사들의 잉여물량을 구매해 주는 전략을 펼쳤음에도 불구하고 수입사들이 원고의 잉여물량을 구매해 준 적은 없고, 다만 원고가 같은 정유사인 SK에너지에 잉여물량을 판매한 적이 있을 뿐이다.

(6) 한편 원고는 LPG 시장에서 점유율이 가장 낮고 2003년 이후 그 점유율이 계속하여 하락하였는데, 그 기간에도 수입사들로부터 LPG를 구매하면서 줄곧 수입사들의 가격을 추종해 왔다.

나. 이러한 사정들을 앞서 본 법리에 비추어 보면, 비록 피고가 주장하는 이 사건 합의기간 동안 LPG 사업자들의 충전소에 대한 판매가격이 거의 동일하게 유지되고 있었고 수입사들이 원고에게 판매가격을 통보하여 왔으며, 원고와 다른 LPG 사업자들 사이에 직원 모임 등이 있었거나 직원들 사이에 연락이 이루어진 사정이 있다고 하더라도, 원고와 다른 사업자들 사이에 가격결정에 관한 의사 연락을 추인할 만한 사정은 제한적인 반면, 원고가 주어진 시장상황에서 자신의 이익을 극대화하기 위하여 독자적으로 행동하였거나 또는 가격결정에 관하여 다른 사업자들과 담합을 한 것과는 일반적으로 양립하기 어려운 행동을 하였다고 볼 만한 사정이 상당한 기간 동안 지속되었다고 할 것이므로, 원고가 다른 LPG 사업자들과 LPG 가격에 관하여 상호 의사연락을 함으로써 이 사건 합의에 가담하였다는 점이 증명되었다고 보기는 어렵다고 할 것이다.

다. 그럼에도 원심은 그 판시와 같은 사정만으로 원고가 이 사건 합의기간 동안 다른 사업자들과 LPG 가격결정에 관하여 묵시적 합의를 하였거나 그러한 합의에 가담한 것으로 인정할 수 있다고 판단하였으니, 이러한 원심판결에는 공정거래법상 '부당한 공동행위'의 성립에 관한 법리를 오해하여 필요한 심리를 다하지 아니하거나, 논리와 경험법칙에 위배하여 자유심증주의의 한계를 벗어난 잘못이 있다. 이 점을 지적하는 상고이유의 주장에는 정당한 이유가 있다.

4. 그러므로 원심판결을 파기하고, 이 사건을 다시 심리·판단하도록 원심법원에 환송하기로 하여 관여 대법관의 일치된 의견으로 주문과 같이 판결한다.

대법관   김신(재판장) 민일영 이인복(주심) 박보영

• 대법원 2014. 6. 26. 선고 2012두4104 판결

판시사항

과점시장에서 시장점유율이 높은 업체가 독자적으로 가격을 먼저 결정한 뒤에 경쟁 사업자들이 그 가격을 추종하고 있고, 그런 관행이 상당한 기간 누적되어 사업자들이 사정을 모두 인식하고 있는 경우, 가격 결정과 관련된 의사 연락이 증명되거나 의사 연락을 추인할 수 있으면 독점규제 및 공정거래에 관한 법률 제19조 제1항이 금지하는 '부당하게 경쟁을 제한하는 행위에 대한 합의'가 있다고 인정할 수 있는지 여부(적극)

판결요지

독점규제 및 공정거래에 관한 법률 제19조 제1항은 '부당하게 경쟁을 제한하는 행위에 대한 합의'를 금지하고 있는데, 그 합의에는 명시적 합의뿐 아니라 묵시적인 합의도 포함된다. 여기에서 합의는 둘 이상 사업자 사이의 의사의 연락이 있을 것을 본질로 하므로, 단지 위 규정 각 호에 열거된 행위가 있었던 것과 일치하는 외형이 존재한다고 하여 당연히 합의가 있었다고 인정할 수는 없지만, 사업자 사이에서의 의사연결의 상호성을 인정할 만한 사정이 증명되는 경우에는 합의가 있었다고 인정할 수 있다.

따라서 과점시장에서 시장점유율이 높은 업체가 독자적인 판단에 따라 가격을 먼저 결정한 뒤에 그 밖의 경쟁 사업자들이 그 가격을 추종하고 있고, 그와 같은 가격 결정 관행이 상당한 기간 누적되어 사업자들이 이러한 사정을 모두 인식하고 있는 경

우에, 가격 결정과 관련된 의사 연락이 증명되거나, 추가적인 여러 사정들에 비추어 의사 연락을 추인할 수 있다면, 부당하게 경쟁을 제한하는 행위에 대한 합의가 있다고 인정할 수 있다.

참조조문

독점규제 및 공정거래에 관한 법률 제19조 제1항

참조판례

대법원 2013. 11. 28. 선고 2012두17421 판결, 대법원 2014. 5. 16. 선고 2012두13665 판결

따름판례

대법원 2019. 3. 14. 선고 2018두60984 판결, 대법원 2021. 12. 30. 선고 2020두34797 판결

전 문

【원고, 상고인】 ○○주식회사
【피고, 피상고인】 공정거래위원회
【원심판결】 서울고법 2012. 1. 11. 선고 2010누32084 판결
【주 문】
상고를 기각한다. 상고비용은 원고가 부담한다.
【이 유】
상고이유(상고이유서 제출기간이 지난 후에 제출된 참고서면의 기재는 상고이유를 보충하는 범위 내에서)를 판단한다.

1. 부당공동행위의 성립에 관하여

가. 「독점규제 및 공정거래에 관한 법률」(이하 '공정거래법'이라 한다) 제19조 제1항은 '부당하게 경쟁을 제한하는 행위에 대한 합의'를 금지하고 있는데, 그 합의에는 명시적 합의뿐 아니라 묵시적인 합의도 포함된다. 여기에서 합의는 둘 이상 사업자 사이의 의사의 연락이 있을 것을 본질로 하므로, 단지 위 규정 각 호에 열거된 행위가 있었던 것과 일치하는 외형이 존재한다고 하여 당연히 합의가 있었다고 인정할 수는 없지만, 사업자 사이에서의 의사연결의 상호성을 인정할 만한 사정이 증명되는 경우에는 합의가 있었다고 인정할 수 있다(대법원 2013. 11. 28. 선고 2012두17421 판결 참조).

따라서 과점시장에서 시장점유율이 높은 업체가 독자적인 판단에 따라 가격을 먼저 결정한 뒤에, 그 밖의 경쟁 사업자들이 그 가격을 추종하고 있고, 그와 같은 가격 결정 관행이

상당한 기간 누적되어 사업자들이 이러한 사정을 모두 인식하고 있는 경우에, 가격 결정과 관련된 의사 연락이 증명되거나, 추가적인 여러 사정들에 비추어 그 의사 연락을 추인할 수 있다면, 부당하게 경쟁을 제한하는 행위에 대한 합의가 있다고 인정할 수 있다.

나. 원심은, (1) ① 주식회사 이원(이하 'E1'이라 한다)과 에스케이가스 주식회사(이하 'SK가스'라 하고, E1과 SK가스를 함께 '수입 2사'라 한다)는 엘피지(이하 'LPG'라 한다)를 수입하여 자신과 전속적 거래관계에 있는 충전소에 판매하거나 원고를 비롯한 정유사·석유화학업체 등에도 판매하는 사실, ② 원고를 비롯한 정유사들은 LPG를 직접 생산하거나 수입 2사 등으로부터 사들여 자신의 충전소 등에 판매하는 사실, ③ 수입 2사는 2002. 12. 31.부터 2008. 12.까지 거의 매월 말경 전화 등을 통해 서로 상대 회사의 충전소에 대한 LPG 판매가격에 관한 정보를 교환 또는 협의하고 충전소 판매가격을 결정해 왔으며, LPG의 판매실적자료와 판매계획을 서로 교환하기도 하고 적정한 중간이윤을 유지하는 방향으로 기준가격을 결정하기로 하는 등의 가격정책을 논의하여 온 사실, ④ 원고 등 정유사는 충전소에 LPG를 판매하는 시장에서는 수입 2사와 경쟁하는 경쟁자임에도, E1은 매달 말경 원고, 현대오일뱅크 및 S-OIL에 미리 자신들의 다음 달 충전소 판매가격을 알려주어 왔고, 정유사들은 통보받은 위 가격을 그대로 추종하여 자신들의 가격을 결정해 온 사실, ⑤ 원고의 임원, 팀장 및 직원들은 수입 2사, 정유사들의 임직원들과 2003년부터 2006년 말까지 19회에 걸쳐 모임을 가지면서 LPG 시장 안정화를 위한 경쟁자제와 LPG 고가유지 등에 관하여 공감대를 형성하여 온 사실, ⑥ 그 결과, 원고 등이 충전소에 LPG를 판매하는 시장에서는 LPG 품질에서 거의 차이가 없어 충전소 판매가격이 거의 유일한 경쟁요소임에도, 원고가 2003. 1.부터 2007. 6.까지 54개월 동안 충전소에 판매하는 LPG가격과 E1의 충전소 판매가격의 차이가 ±0.5원으로 충전소 판매가격 대비 0.04% 이내 정도에 불과하였던 사실, ⑦ 나머지 정유사 역시 수입 2사의 충전소 판매가격과 거의 같게 자신의 충전소 LPG 판매가격을 정한 사실, ⑧ 한편 원고가 2007. 7. 1.부터 LPG의 자체 생산분 가격과 구매분 가격을 50%씩 반영한 자신만의 충전소 판매가격 결정방식을 도입하자, E1의 담당자가 원고의 가격 차별화에 대응하기 위하여 각 정유사 LPG 구매담당자와 통화한 후 2008. 6. 3. '판매가격에 따른 정유사 동향 및 대응'이라는 제목의 문서를 작성하여 대책을 마련하였는데, 원고에 대한 대응방안으로는 사후정산 요구 시 '계약내용 준수: 계약상 당사 대리점판매가격 규정'을 대응논리로 전개한다고 되어 있는 사실, ⑨ 원고는 2003년부터 2008년 사이에 시장점유율 2위 내지 3위를 유지해 온 사실 등을 인정하고, (2) 이러한 사실 등을 비롯한 판시 사정들을 종합하여, 원고는 수입 2사 등과 상호 간에 LPG에 관하여 수입 2사가 충전소 판매가격을 먼저 결정·변경하고 E1이 원고에게 그 결정·변경된 판매가격을 통보하면 원고가 그 통보받은 판매가격과 같거나 거의 비슷한 가격으로 원고의 충전소 판매가격을 정하기로 하는 묵시적 합의가 있었거나 또는 적어도 이러한 행위를 할 것을 합의한 것으로 추정되어 원고가 이 사건 공동행위를 하였다고 봄이 타당하고, 이 사건 공동행위는 경쟁 제한성도 인정된다고 판단하였다.

다. 위와 같은 원심 인정 사실 등에 의하면, ① 사업자가 경쟁자들에 대하여 계속적으로 자신의 판매가격을 개별적으로 사전 통지하는 것은, 사업자가 일방적으로 가격을 결정한 후 구체적인 판매 과정을 통하여 이를 공표하였는데 다른 사업자들이 시장에서 얻어진 정보를 토대로 스스로의 판단에 의하여 그 가격을 모방하는 경우와는 다르다고 보이고, ② 5~6년 이라는 장기간 동안 계절별 잉여물량 변동에도 불구하고 다수의 사업자들의 LPG 판매가격 이 거의 일치한 점과 원고가 위 공동행위 기간 중 계절적 비수기 등에 발생하는 잉여물량 을 일반 충전소 판매가격보다 저렴한 가격으로 별도로 판매한 사정도 찾아보기 어려운 점 은 매우 이례적이며, ③ 수입 2사에 의하여 충전소 판매가격이 매월 통보되고 있는 상황에 서, 정기적·비정기적으로 계속적으로 열린 다수의 위 각 모임에서 각 사업자들이 그 판매 가격을 직접 논의하지 않았더라도 LPG 시장 안정화, 경쟁 자제 및 고가유지 등을 논의한 것만으로도 가격담합의 효과를 충분히 거둘 수 있었다고 할 것이다.

이러한 사정들과 아울러 적법하게 채택된 증거들에 비추어 원심판결 이유를 살펴보면, 원고와 수입 2사 등과의 사이에서 수입 2사가 먼저 결정한 충전소 판매가격과 같거나 거의 비슷한 가격으로 원고의 충전소 판매가격을 정하기로 하는 묵시적 합의가 있었다는 원심의 위 판단은 앞서 본 법리에 기초한 것으로 보이고, 거기에 상고이유 주장과 같이 과점시장에 서의 상호의존적 행위, 부당공동행위의 성립, 공동행위의 대상, 경쟁 제한성, 합의사실 추정 과 복멸, 사실상 추정 및 증명책임에 관한 법리를 오해하거나 판단을 누락하고 논리와 경험 의 법칙에 반하여 자유심증주의의 한계를 벗어나며 필요한 심리를 다하지 아니하는 등의 사유로 판결에 영향을 미친 위법이 없다.

2. 부당공동행위의 시기(始期)에 관하여

원심은, 이 사건 공동행위의 시기 자체가 불분명하여 관련 매출액 산정이 어려운 경우에 해당하므로 20억 원 이하의 정액과징금이 부과되어야 한다는 원고의 주장에 대하여, 판시와 같은 이유로 원고가 2003. 1. 1.부터 이 사건 공동행위에 관한 합의·실행을 하였다고 판단 하여 원고의 위 주장을 배척하였다.

원심판결 이유를 적법하게 채택된 증거들에 비추어 살펴보면, 위와 같은 원심판결에 부 당공동행위의 시기에 관한 법리를 오해하거나 논리와 경험의 법칙에 반하여 자유심증주의 의 한계를 벗어나는 등의 위법이 없다.

3. 관련매출액에 관하여

원심은 판시와 같은 이유를 들어, 원고가 E1에서 구매하여 충전소에 판매한 LPG는 이 사건 공동행위의 직접적인 대상이므로 관련 상품에서 배제될 수 없다고 판단하였다.

원심판결 이유를 적법하게 채택된 증거들에 비추어 살펴보면, 위와 같은 원심판결에 상 고이유의 주장과 같이 관련매출액의 범위에 관한 법리를 오해하거나 판단을 누락하여 판결 에 영향을 미친 위법이 없다.

4. 과징금 산정에서 재량권의 일탈·남용에 관하여

원심은, (1) (가) ① 기본과징금 부과기준율 범위 내에서 어떤 비율을 선택할 것인지에 관하여 피고에게 재량권이 있고, ② 원고가 먼저 자진시정을 함으로써 법 위반행위 기간 및 관련 매출액에서 수입 2사 등 다른 사업자들의 그것보다 더 적었을 뿐이므로 기본과징금 부과기준율 자체는 되도록 차이가 작도록 함이 타당하며, ③ 다른 사업자들에 대하여는 법령 개정으로 말미암은 기준부과율 상승에 따른 과징금 증가 등을 고려하여 기본과징금 부과기준율 중 '하한'을 선택한 것으로 보이는데, 원고는 이러한 고려 요소에서 다른 사업자들과 다르므로 서로 단순 비교할 수 없고, ④ 이처럼 하한이 적용된 사정만을 고려하여 원고에게도 개정 전 법령의 기본과징금 부과기준율 중 상한이 아닌 다른 비율을 선택한다면, 위와 같은 고려에서 좁혀졌던 부과기준율 차이가 다시 벌어지게 되어 부당하다는 사정들을 인정하여, (나) 이러한 사정들을 종합하여 보면, 피고가 수입 2사 등 다른 사업자들에 대하여는 2008년 개정된 법령의 기본과징금 부과기준율 중 '하한'인 7.0%를 선택하면서도 원고에게는 개정 전 법령의 기본과징금 부과기준율 중 '상한'인 5.0%를 선택한 것이 평등원칙이나 비례원칙에 위배된다고 할 수 없다고 판단하고, (2) 또한 원고의 LPG 시장점유율, 조달방법별 물량 비율, 영업이익 등에 비추어, 원고가 수입 2사를 단순히 추종하였다고 볼 수 없다고 보아, 단순추종 감경이 적용되어야 한다는 임의적 조정과징금에 관한 원고의 주장을 받아들이지 아니하였다.

원심판결 이유를 적법하게 채택된 증거들에 비추어 살펴보면, 위와 같은 원심판결에 상고이유의 주장과 같이 재량권 일탈·남용 및 평등·비례의 원칙에 관한 법리를 오해한 위법이 없다.

5. 결 론

그러므로 상고를 기각하고, 상고비용은 패소자가 부담하기로 하여, 관여 대법관의 일치된 의견으로 주문과 같이 판결한다.

대법관   신영철(재판장) 이상훈 김용덕(주심) 김소영

▌ 참조문헌 ▐

강우찬, "과점시장에서의 부당공동행위의 성립 인정에 필요한 입증의 정도", 대법원판례해설 99호, 법원도서관(2014)

윤인성, "외형상 일치가 있는 과점시장의 가격합의에 가담하였다고 인정하기 위한 요건", 경쟁과 법 3호, 서울대학교 경쟁법센터(2014)

(16) 대법원 2010. 2. 11. 선고 2009두11485 판결 [영화배급업 및 영화상영업 사건] (수평적 및 수직적 합의, 관련매출액)

판시사항

[1] 어떠한 공동행위가 구 독점규제 및 공정거래에 관한 법률 제19조 제1항이 정하고 있는 '경쟁제한성'을 가지는지 여부의 판단 기준 및 사업자들이 공동으로 가

격을 결정하거나 변경하는 행위가 부당한 공동행위인지 여부(적극)

[2] 영화배급업 또는 영화상영업을 하는 7개 사업자들이 극장에서 허용되는 할인의 종류와 범위를 설정하고 그 이외의 모든 할인을 금지하며 이를 어기는 극장에 대해 제재하기로 하는 내용의 합의를 한 후 그 내용대로 실행한 행위가, 가격을 결정·유지 또는 변경하는 공동행위에 해당하고, 그로 말미암아 부당하게 시장의 경쟁을 축소시켰다고 한 사례

[3] 부당한 공동행위에 대한 과징금 산정의 기준(＝당해 위반행위 기간 동안의 매출액) 및 과징금 산정의 기준이 되는 매출액 산정의 전제가 되는 부당한 공동행위와 관련된 상품 또는 용역 범위의 판단 기준

[4] 공정거래위원회가 부당한 공동행위를 한 영화배급사 등에게 과징금 납부명령을 하면서 일부 영화의 위반행위 기간 이후의 매출액까지 산입하여 과징금을 산정한 사안에서, 정당한 과징금 액수를 초과하는 부분을 취소하거나 과징금 납부명령 전부를 취소하였어야 함에도 위 과징금 납부명령이 정당하다고 판단한 원심 판결을 법리오해 등을 이유로 파기한 사례

참조조문

[1] 구 독점규제 및 공정거래에 관한 법률(2007. 8. 3. 법률 제8631호로 개정되기 전의 것) 제19조 제1항
[2] 구 독점규제 및 공정거래에 관한 법률(2007. 8. 3. 법률 제8631호로 개정되기 전의 것) 제19조 제1항
[3] 구 독점규제 및 공정거래에 관한 법률(2007. 8. 3. 법률 제8572호로 개정되기 전의 것) 제22조, 구 독점규제 및 공정거래에 관한 법률 시행령(2007. 11. 2. 대통령령 제20360호로 개정되기 전의 것) 제9조 제1항, 제61조 제1항 [별표 2]
[4] 구 독점규제 및 공정거래에 관한 법률(2007. 8. 3. 법률 제8572호로 개정되기 전의 것) 제22조, 구 독점규제 및 공정거래에 관한 법률 시행령(2007. 11. 2. 대통령령 제20360호로 개정되기 전의 것) 제9조 제1항, 제61조 제1항 [별표 2]

참조판례

[1] 대법원 2009. 3. 26. 선고 2008두21058 판결, 대법원 2009. 6. 23. 선고 2007두19416 판결
[2] 대법원 2003. 1. 10. 선고 2001두10387 판결, 대법원 2008. 2. 29. 선고 2006두10443 판결, 대법원 2009. 6. 25. 선고 2008두17035 판결

따름판례

대법원 2011. 4. 14. 선고 2009두7844 판결, 대법원 2011. 4. 14. 선고 2009두7912 판결, 대법원 2011. 5. 26. 선고 2008두18335 판결, 대법원 2011. 5. 26. 선고 2008두20376 판결, 대법원 2011. 6. 9. 선고 2008두22020 판결

전 문

【원고, 상고인】 ○○주식회사
【피고, 피상고인】 공정거래위원회
【원심판결】 서울고법 2009. 6. 10. 선고 2008누18764 판결
【주 문】
원심판결 중 원심판결 별지 제1목록 기재 과징금 납부명령에 대한 부분을 파기하고, 이 부분 사건을 서울고등법원에 환송한다.
【이 유】
상고이유를 본다.

1. 상고이유 제1점, 제2점에 대하여

어떠한 공동행위가 구 독점규제 및 공정거래에 관한 법률(2007. 8. 3. 법률 제8631호로 개정되기 전의 것, 이하 '구 공정거래법'이라 한다) 제19조 제1항이 정하고 있는 '경쟁제한성'을 가지는지 여부는 당해 상품의 특성, 소비자의 제품선택 기준, 당해 행위가 시장 및 사업자들의 경쟁에 미치는 영향 등 여러 사정을 고려하여, 당해 공동행위로 인하여 일정한 거래분야에서의 경쟁이 감소하여 가격·수량·품질 기타 거래조건 등의 결정에 영향을 미치거나 미칠 우려가 있는지를 살펴, 개별적으로 판단하여야 한다. 또한, 사업자들이 공동으로 가격을 결정하거나 변경하는 행위는 그 범위 내에서 가격경쟁을 감소시킴으로써 그들의 의사에 따라 어느 정도 자유로이 가격의 결정에 영향을 미치거나 미칠 우려가 있는 상태를 초래하게 되므로, 그와 같은 사업자들의 공동행위는 특별한 사정이 없는 한 부당하다고 볼 수밖에 없고(대법원 2009. 3. 26. 선고 2008두21058 판결 등 참조), 공정한 거래질서에 대한 침해의 우려가 있는 한 단순한 사업경영상의 필요나 거래상의 합리성 내지 필요성 유무는 불공정거래행위의 성립에 영향을 미칠 수 없는 것이다(대법원 2001. 2. 9. 선고 2000두6206 판결 등 참조).

원심은 그 채택 증거에 의하여, 영화배급업 또는 영화상영업을 영위하면서 국내 영화배급시장의 약 79.3%와 영화상영시장의 약 60%를 차지하고 있는 원고 등 7개 사업자들이 2007. 3. 12. 극장에서 허용되는 할인의 종류 및 범위를 설정하고 이외의 모든 할인을 금지하며 이를 어기는 극장에 대해 제재하기로 하는 내용의 이 사건 합의를 하고, 2007. 3. 14.부터 2007. 7. 25.까지 실제로 합의한 내용대로 각종 요금 할인을 중지하면서 극장의 합의 준수 여부를 지속적으로 감시한 사실 등을 인정한 다음, 그 판시와 같은 사정들을 들어 이 사건 합의 및 그 실행이 가격을 결정·유지 또는 변경하는 공동행위에 해당하고, 그로 인하여 부당하게 시장의 경쟁을 축소시켰다고 판단하였다.

앞서 본 법리와 기록에 비추어 보면 위와 같은 원심의 사실인정과 판단은 정당하고, 거기에 상고이유에서 주장하는 바와 같은 채증법칙 위반, 경쟁제한성이나 부당성에 관한 법리오해 등의 위법이 없다.

2. 상고이유 제3점에 대하여

구 공정거래법 제22조, 구 독점규제 및 공정거래에 관한 법률 시행령(2007. 11. 2. 대통령령 제20360호로 개정되기 전의 것) 제9조 제1항, 제61조 제1항 [별표 2]의 각 규정에 의하면, 사업자가 다른 사업자와 공동으로 부당한 공동행위를 한 경우에 공정거래위원회는 그 사업자에 대하여 당해 위반행위의 기간 동안의 매출액을 기준으로 하여 산정한 과징금을 부과할 수 있고, 과징금 산정의 기준이 되는 매출액을 산정하면서 그 전제가 되는 부당한 공동행위와 관련된 상품 또는 용역의 범위는 부당한 공동행위를 한 사업자 간의 합의의 내용에 포함된 상품 또는 용역의 종류, 성질, 용도 및 대체가능성과 거래지역, 거래상대방, 거래단계 등을 고려하여 개별적·구체적으로 판단하여야 한다(대법원 2003. 1. 10. 선고 2001두10387 판결, 대법원 2009. 6. 25. 선고 2008두17035 판결 등 참조).

위 법리와 기록에 비추어 보면, 원심이 그 판시와 같이 인정한 사실에 기초하여 이 사건 공동행위는 위반행위의 기간 동안 배급·상영된 모든 영화의 매출액에 영향을 미쳤으므로 과징금 산정의 기준이 되는 매출액도 위반행위의 기간 동안 배급·상영된 영화의 총 매출액을 기준으로 산정하여야 한다고 판단한 것은 정당하다.

그러나 원심이 채택하거나 배척하지 아니한 갑 제1, 2호증, 갑 제18호증의 1, 을 제12호증의 각 기재 등을 기록에 비추어 살펴보면, 피고는 이 사건 처분에서 위반행위의 기간을 2007. 3. 12.부터 2007. 7. 25.까지로 하여 과징금 산정의 기준이 되는 매출액을 산정하면서, 2007. 7. 25.이 지나서까지 상영된 일부 영화들의 경우 위반행위의 기간 이후의 매출액까지 과징금 산정의 기준이 되는 매출액에 산입한 것으로 보이는바, 그렇다면 원심으로서는 과징금 산정의 기준이 되는 매출액에 산입된 위반행위의 기간 이후의 매출액의 범위에 대하여 자세히 살펴 본 다음, 정당한 과징금의 액수를 산출하여 원심판결 별지 제1목록 기재 과징금 납부명령 중 정당한 과징금 액수를 초과하는 부분을 취소하거나, 그것이 불가능할 경우라면 위 과징금 납부명령 전부를 취소하였어야 할 것이다.

그럼에도 불구하고 원심은 이에 이르지 않고 위 과징금 납부명령이 정당하다고 판단하였으니, 원심판결에는 과징금 산정의 기준이 되는 매출액에 관한 법리를 오해하였거나 필요한 심리를 다하지 아니하여 판결에 영향을 미친 위법이 있다고 할 것이다. 이 점이 포함된 상고이유의 주장은 이유 있다.

3. 결 론

그러므로 원심판결 중 원심판결 별지 제1목록 기재 과징금 납부명령에 대한 부분을 파기하고, 이 부분 사건을 다시 심리·판단하도록 원심법원에 환송하기로 하여 관여 대법관의 일치된 의견으로 주문과 같이 판결한다.

대법관   김영란(재판장) 이홍훈 김능환(주심) 민일영

‖ 참조문헌 ‖

배상원, "공정거래법상 수직적 공동행위의 성립 여부", 사법논집 65집, 법원도서관(2017)

(17) 대법원 2009. 6. 25. 선고 2008두17035 판결 [세제 사건] (가격합의, 관련매출액)

판시사항

[1] 사업자들이 부당한 공동행위의 기본적 원칙에 관한 합의 없이 장기간에 걸쳐 여러 차례의 합의를 해온 경우 그 각 합의가 단일한 의사에 터잡아 동일한 목적을 수행하기 위하여 끊임없이 계속 실행된 경우라면 이를 1개의 부당한 공동행위로 볼 수 있는지 여부(적극)

[2] 부당한 공동행위에 대한 과징금 산정의 기준(＝당해 위반행위 기간 동안의 매출액) 및 과징금 산정의 기준이 되는 매출액 산정의 전제가 되는 부당한 공동행위와 관련된 상품 또는 용역의 범위의 판단 방법

[3] 세탁세제 3개 및 주방세제 3개 브랜드 제품들의 가격 담합에 대한 과징금을 산정하면서 담합의 대상에 직접적으로 포함되지 않는 나머지 12개 브랜드 제품들의 매출액도 과징금 산정의 기준이 되는 '관련매출액'의 범위에 포함되어야 한다고 한 사례

[4] 회사가 분할하는 경우 신설회사에 대하여 분할하는 회사의 분할 전 법 위반행위를 이유로 과징금을 부과할 수 있는지 여부(원칙적 소극)

판결요지

[1] 사업자들이 부당한 공동행위의 기본적 원칙에 관한 합의를 하고 이를 실행하는 과정에서 수차례의 합의를 계속하여 온 경우는 물론, 그러한 기본적 원칙에 관한 합의 없이 장기간에 걸쳐 여러 차례의 합의를 해 온 경우에도 그 각 합의가 단일한 의사에 터잡아 동일한 목적을 수행하기 위한 것으로서 끊임없이 계속 실행되어 왔다면, 그 각 합의의 구체적인 내용이나 구성원 등에 일부 변경이 있었다고 할지라도, 특별한 사정이 없는 한 그와 같은 일련의 합의는 전체적으로 1개의 부당한 공동행위로 봄이 상당하다.

[2] 구 독점규제 및 공정거래에 관한 법률(2007. 8. 3. 법률 제8572호로 개정되기 전의 것) 제22조, 구 독점규제 및 공정거래에 관한 법률 시행령(2007. 11. 2. 대통령령 제20360호로 개정되기 전의 것) 제9조 제1항, 제61조 제1항 [별표 2]의 각 규정에 의하면, 사업자가 다른 사업자와 공동으로 부당한 공동행위를 한 경우에 공정거래위원회는 그 사업자에 대하여 당해 위반행위 기간 동안의 매출액을 기준으로 하여 산정한 과징금을 부과할 수 있고, 과징금 산정의 기준이 되는 매출액을 산정하면서 그 전제가 되는 부당한 공동행위와 관련된 상품 또는 용역의 범위는 부당한 공동행위를 한 사업자 간의 합의의 내용에 포함된 상품 또는 용역의 종류, 성질, 용도 및 대체가능성과 거래지역, 거래상대방, 거래단계 등을 고려하여 개별적·구체적으로 판단하여야 한다.

[3] 세제회사가 세제제품의 브랜드별로 가격을 달리 책정하고 있다고 하더라도 세탁·주방세제라는 동질성으로 대표성 있는 브랜드 제품에 대하여 기준가격을 결정하고 나면 나머지 제품들도 그 가격의 영향을 받지 않을 수 없는 점 등에 비추어, 세탁세제 3개 및 주방세제 3개 브랜드 제품들의 가격 담합에 대한 과징금을 산정하면서 담합의 대상에 직접적으로 포함되지 않은 나머지 12개 브랜드 제품들의 매출액도 과징금 산정의 기준이 되는 '관련매출액'의 범위에 포함되어야 한다고 한 사례.

[4] 회사가 분할하는 경우 신설회사 또는 존속회사가 승계하는 것은 분할하는 회사의 권리와 의무라 할 것인바, 분할하는 회사의 분할 전 법 위반행위를 이유로 과징금이 부과되기 전까지는 단순한 사실행위만 존재할 뿐 그 과징금과 관련하여 분할하는 회사에게 승계의 대상이 되는 어떠한 의무가 있다고 할 수 없으므로, 특별한 규정이 없는 한 신설회사에 대하여 분할하는 회사의 분할 전 법 위반행위를 이유로 과징금을 부과하는 것은 허용되지 않는다.

참조조문

[1] 구 독점규제 및 공정거래에 관한 법률(2007. 8. 3. 법률 제8572호로 개정되기 전의 것) 제19조 제1항
[2] 구 독점규제 및 공정거래에 관한 법률(2007. 8. 3. 법률 제8572호로 개정되기 전의 것) 제22조, 구 독점규제 및 공정거래에 관한 법률 시행령(2007. 11. 2. 대통령령 제20360호로 개정되기 전의 것) 제9조 제1항, 제61조 제1항 [별표 2]
[3] 구 독점규제 및 공정거래에 관한 법률(2007. 8. 3. 법률 제8572호로 개정되기 전의 것) 제22조, 구 독점규제 및 공정거래에 관한 법률 시행령(2007. 11. 2. 대통령령 제20360호

로 개정되기 전의 것) 제9조 제1항, 제61조 제1항 [별표 2]

[4] 상법 제530조의9 제1항, 제530조의10

참조판례

[1] 대법원 2008. 9. 25. 선고 2007두3756 판결, 대법원 2009. 1. 30. 선고 2008두16179 판결

[2] 대법원 2003. 1. 10. 선고 2001두10387 판결, 대법원 2008. 2. 29. 선고 2006두10443 판결

[4] 대법원 2007. 11. 29. 선고 2006두18928 판결

따름판례

대법원 2010. 2. 11. 선고 2009두11485 판결, 대법원 2010. 3. 11. 선고 2008두15169 판결, 대법원 2011. 5. 26. 선고 2008두18335 판결, 대법원 2011. 5. 26. 선고 2009두12082 판결, 대법원 2016. 5. 27. 선고 2013두1126 판결

전 문

【원고, 피상고인】 ○○주식회사

【피고, 상고인】 공정거래위원회

【원심판결】 서울고법 2008. 8. 28. 선고 2007누15621 판결

【주 문】

원심판결을 파기하고, 사건을 서울고등법원으로 환송한다.

【이 유】

상고이유(상고이유서 제출기간이 경과한 후에 제출된 상고이유보충서의 기재는 상고이유를 보충하는 범위 내에서)를 판단한다.

1. 상고이유 제1, 2점에 대하여

사업자들이 부당한 공동행위의 기본적 원칙에 관한 합의를 하고 이를 실행하는 과정에서 수차례의 합의를 계속하여 온 경우는 물론, 그러한 기본적 원칙에 관한 합의 없이 장기간에 걸쳐 여러 차례의 합의를 해 온 경우에도 그 각 합의가 단일한 의사에 기하여 동일한 목적을 수행하기 위한 것으로서 단절됨이 없이 계속 실행되어 왔다면, 그 각 합의의 구체적인 내용이나 구성원 등에 일부 변경이 있었다고 할지라도, 특별한 사정이 없는 한 그와 같은 일련의 합의는 전체적으로 1개의 부당한 공동행위로 봄이 상당하다(대법원 2008. 9. 25. 선고 2007두3756 판결, 대법원 2009. 1. 30. 선고 2008두16179 판결 등 참조).

원심은, 채택 증거를 종합하여 그 판시와 같은 사실을 인정한 다음, 이 사건 각 담합행위가 1개의 부당한 공동행위로 되기 위하여는 부당한 공동행위의 기본적 원칙에 관한 합의가 반드시 존재하여야 한다는 전제하에, 원고를 포함한 세제 4사가 부당한 공동행위의 기본적 원칙에 관한 합의를 하였고 그 합의를 실행하는 과정에서 매년 구체적인 가격 결정 등

을 위한 합의를 계속한 사실을 인정할 아무런 증거가 없으므로, 이 사건 각 담합행위는 하나의 연속된 행위가 아니라 각각의 개별적인 담합행위로 보아야 한다고 판단하였다.

그러나 위 법리에 비추어 살펴보면, 부당한 공동행위의 기본적 원칙에 관한 합의가 없더라도 이 사건 각 담합행위가 단일한 의사에 기하여 동일한 목적을 수행하기 위한 것으로서 단절됨이 없이 계속 실행되어 왔다면 이를 하나의 부당한 공동행위로 볼 여지가 있으므로, 원심으로서는 위와 같은 사정이 있는지를 잘 살펴 이 사건 각 담합행위가 전체적으로 하나의 부당한 공동행위에 해당하는지 여부를 판단하였어야 함에도 불구하고, 이와 달리 원고를 포함한 세제 4사가 이 사건 각 담합행위의 기본적 원칙에 관한 합의를 하였고 그 합의를 실행하는 과정에서 매년 구체적인 가격 결정 등을 위한 합의를 계속한 사실을 인정할 만한 증거가 없다는 이유로 위와 같이 판단하고 말았으니, 이러한 원심판결에는 부당한 공동행위의 개수에 관한 법리를 오해하여 판결에 영향을 미친 위법이 있고, 이를 지적하는 위 상고이유의 주장은 이유 있다.

2. 상고이유 제3점에 대하여

구 독점규제 및 공정거래에 관한 법률(2007. 8. 3. 법률 제8572호로 개정되기 전의 것) 제22조, 구 독점규제 및 공정거래에 관한 법률 시행령(2007. 11. 2. 대통령령 제20360호로 개정되기 전의 것) 제9조 제1항, 제61조 제1항 [별표 2]의 각 규정에 의하면, 사업자가 다른 사업자와 공동으로 부당한 공동행위를 한 경우에 공정거래위원회는 그 사업자에 대하여 당해 위반행위 기간 동안의 매출액을 기준으로 하여 산정한 과징금을 부과할 수 있고, 과징금 산정의 기준이 되는 매출액을 산정하면서 그 전제가 되는 부당한 공동행위와 관련된 상품 또는 용역의 범위는 부당한 공동행위를 한 사업자간의 합의의 내용에 포함된 상품 또는 용역의 종류와 성질 용도 및 대체가능성과 거래지역·거래상대방·거래단계 등을 고려하여 개별적·구체적으로 판단하여야 한다(대법원 2003. 1. 10. 선고 2001두10387 판결, 대법원 2008. 2. 29. 선고 2006두10443 판결 등 참조).

기록에 의하면, 원고가 생산하였거나 생산하고 있는 세제제품은 세탁세제 11개 브랜드 제품 및 주방세제 7개 브랜드 제품이고, 그중 세탁세제 3개 브랜드 제품(한스푼, 테크, 수퍼타이) 및 주방세제 3개 브랜드 제품(자연퐁, 자연퐁 싹, 퐁퐁)이 이 사건 담합의 대상이 되었는데, 나머지 12개의 브랜드 제품들도 그 주요 성분 등이 담합의 대상으로 된 제품들과 같은 것으로 보이는 점, 원고를 포함한 세제 4사가 세제제품의 브랜드별로 가격을 달리 책정하고 있기는 하나, 세탁·주방세제라는 동질성으로 인하여 위와 같이 대표성 있는 브랜드 제품에 대하여 기준가격을 결정하고 나면 나머지 제품들도 그 가격의 영향을 받지 않을 수 없는 점, 실제로도 소외 1 주식회사의 2001. 11. 19.자 이사회 자료에는 2001. 8.경 가격담합에 따른 가격인상의 대상이 "주방/분말 등 전 품목에 대한 매가 인상 진행", "3사 공동대응으로 가격 인상 완료"라고 기재되어 있고, 2002. 8. 28.자 자료에는 2002. 8.경 가격담합에 따른 가격 인상의 대상이 "주방/분말세제"로, 그 가격 인상의 방법은 "각사 1위 브랜드를 기준으로 인상"이라고 각 기재되어 있는 점, 통상 대형 할인점에 대한 판매가격이 원고를 포함한 세제 4사가 공급하는 제품의 최저가이므로 그 외의 유통채널들도 대형 할인점에 대한 판매가격에 영향을 받지 않을 수 없는 점 등을 알 수 있는바, 이러한 사정을 종합하여 보면 이 사건 담합의 대상에 직접적으로 포함되지 아니한 나머지 12개 브랜드 제품들의 매출액도 관련매출액의 범위에 포함되어야 할 것이다.

그럼에도 불구하고 원심은 그 판시와 같은 이유만으로 위 12개 브랜드 제품들의 매출액이 과징금 산정의 기준이 되는 관련매출액의 범위에서 제외되어야 한다고 판단하고 말았으니, 이러한 원심판결에는 관련매출액의 범위에 관한 법리를 오해하여 심리를 다하지 아니한 위법이 있고, 이를 지적하는 위 상고이유의 주장은 이유 있다.

3. 상고이유 제4점에 대하여

회사 분할시 신설회사 또는 존속회사가 승계하는 것은 분할하는 회사의 권리와 의무라 할 것인바, 분할하는 회사의 분할 전 법 위반행위를 이유로 과징금이 부과되기 전까지는 단순한 사실행위만 존재할 뿐 그 과징금과 관련하여 분할하는 회사에게 승계의 대상이 되는 어떠한 의무가 있다고 할 수 없으므로, 특별한 규정이 없는 한 신설회사에 대하여 분할하는 회사의 분할 전 법 위반행위를 이유로 과징금을 부과하는 것은 허용되지 않는다(대법원 2007. 11. 29. 선고 2006두18928 판결 참조).

원심은, 채택 증거를 종합하여 판시와 같은 사실을 인정한 다음, 원고가 소외 2 주식회사로부터 2001. 4. 1. 생활용품 부문만을 분할하여 나오면서 신설되었으므로 그 전인 2001. 3. 31.까지의 위반행위 부분을 이 사건 과징금 산정의 기준이 되는 위반행위 기간에 포함시킨 것은 소외 2 주식회사가 분할되기 전의 위반행위를 이유로 신설회사인 원고에게 과징금을 부과한 것이 되어 위법하다고 판단하였다.

위 법리 및 기록에 비추어 보면, 원심의 위와 같은 판단은 정당하고, 거기에 상고이유에서 주장하는 바와 같은 회사 분할시 책임 승계에 관한 법리오해 등의 위법이 없다.

4. 결 론

그러므로 원심판결을 파기하고, 사건을 다시 심리·판단하게 하기 위하여 원심법원으로 환송하기로 하여 관여 대법관의 일치된 의견으로 주문과 같이 판결한다.

대법관   김지형(재판장) 양승태(주심) 전수안

‖ 참조문헌 ‖

김성훈, "관련매출액 산정시 관련 상품의 범위", 공정거래법 판례선집, 사법발전재단(2011)

(18) 대법원 2009. 5. 14. 선고 2009두1556 판결 [주파수공용통신장치 입찰담합 사건] (교사)

판시사항

[1] 구 독점규제 및 공정거래에 관한 법률 제19조 제1항 후단의 '다른 사업자로 하여금 부당한 공동행위를 행하도록 하는 행위'의 의미와 그 범위

[2] 주파수공용통신장치(TRS) 구매입찰시장에서 기존 시스템 설치자인 통신장비 제조·판매 사업자가 자신의 국내총판 3개 회사에 담당수요처를 배분하거나 담당 총판 이외의 총판에게 제품공급확인서 및 기술지원확인서를 발급해준 행위 등이 전체적으로 결합하여 위 총판 3개 회사에 대한 부당한 공동행위(입찰담합)의 교사 또는 이에 준하는 행위를 구성한다고 볼 수 없다고 한 사례

참조조문

[1] 구 독점규제 및 공정거래에 관한 법률(2004. 12. 31. 법률 제7315호로 개정되고 2007. 8. 3. 법률 제8631호로 개정되기 전의 것) 제19조 제1항

[2] 구 독점규제 및 공정거래에 관한 법률(2004. 12. 31. 법률 제7315호로 개정되고 2007. 8. 3. 법률 제8631호로 개정되기 전의 것) 제19조 제1항

따름판례

대법원 2019. 3. 14. 선고 2018두59670 판결

전 문

【원고, 피상고인】 ○○주식회사
【피고, 상고인】 공정거래위원회
【원심판결】 서울고법 2008. 12. 24. 선고 2008누14854 판결
【주 문】
상고를 기각한다. 상고비용은 피고가 부담한다.
【이 유】
상고이유를 판단한다.

1. 상고이유 제1점에 대하여

구 독점규제 및 공정거래에 관한 법률(2004. 12. 31. 법률 제7315호로 개정되고 2007.

8. 3. 법률 제8631호로 개정되기 전의 것)은 다른 사업자로 하여금 부당한 공동행위를 행하도록 한 사업자에 대해서도 같은 법을 적용할 근거를 마련하기 위하여 제19조 제1항 후단으로 '다른 사업자로 하여금 부당한 공동행위를 행하도록 하여서는 아니된다.'라는 규정을 신설하였는바, 위 법률조항의 입법 취지 및 개정경위, 관련 법률조항의 체계, 이 조항이 시정명령과 과징금 납부명령 등 침익적 행정행위의 근거가 되므로 가능한 한 이를 엄격하게 해석할 필요가 있는 점 등에 비추어 보면, 위 제19조 제1항 후단의 '다른 사업자로 하여금 부당한 공동행위를 행하도록 하는 행위'는 다른 사업자로 하여금 부당한 공동행위를 하도록 교사하는 행위 또는 이에 준하는 행위를 의미하고, 다른 사업자의 부당한 공동행위를 단순히 방조하는 행위는 여기에 포함되지 않는다고 할 것이다.

같은 취지의 원심판단은 정당하고, 거기에 부당한 공동행위의 금지에 관한 법리오해의 위법이 없다.

2. 상고이유 제2 내지 4점에 대하여

원심판결 이유에 의하면, 원심은 그 채용증거들을 종합하여 판시 사실을 인정한 다음, 판시와 같은 이유로 원고의 총판 3사에 대한 담당수요처 배분행위나, 담당총판 이외의 총판에 대한 제품공급확인서 및 기술지원확인서의 발급행위 등이 전체적으로 결합하여 총판 3사에 대한 부당한 공동행위(입찰담합)의 교사 또는 이에 준하는 행위를 구성한다고 볼 수 없다고 판단하였는바, 위 법리와 기록에 비추어 살펴보면, 원심의 이와 같은 사실인정과 판단은 정당한 것으로 수긍할 수 있고, 거기에 채증법칙 위배, 심리미진 등 위법이 없다.

3. 결 론

그러므로 상고를 기각하고 상고비용은 패소자가 부담하는 것으로 하여, 관여 대법관의 일치된 의견으로 주문과 같이 판결한다.

대법관   안대희(재판장) 박시환(주심) 박일환 신영철

▌ 참조문헌 ▌

노경필, "부당한 공동행위의 교사와 방조", 공정거래법 판례선집, 사법발전재단(2011)
최승재, "독점규제 및 공정거래에 관한 법률 제19조 후단의 '다른 사업자로 하여금 이를 행하도록 [한]'의 의미와 수직적 공동행위에 대한 검토", 인권과 정의 423호, 대한변호사협회(2011)

(19) 대법원 2006. 3. 23. 선고 2003두11155 판결 [흑연전극봉 사건] (역외적용)

판시사항

[1] 공정거래위원회가 국내에 주소·거소·영업소 또는 사무소가 없는 외국사업자에 대하여 우편송달의 방법으로 문서를 송달할 수 있는지 여부(적극)

[2] 외국사업자가 외국에서 다른 사업자와 한 부당한 공동행위에 대하여 독점규제 및 공정거래에 관한 법률이 적용되는 경우

[3] 사업자들이 부당한 공동행위에 대하여 기본적 원칙에 관한 합의를 하고, 이에 따라 위 합의를 실행하는 과정에서 수회에 걸쳐 회합을 가지고 구체적인 가격의 결정 등을 위한 합의를 계속하여 온 경우, 시정조치 등의 부과기간에 관한 독점규제 및 공정거래에 관한 법률 제49조 제4항에서 정한 '법의 규정에 위반하는 행위가 종료한 날'의 판단 방법

참조조문

[1] 독점규제 및 공정거래에 관한 법률 제55조의2, 구 행정절차법(2002. 12. 30. 법률 제6839호로 개정되기 전의 것) 제14조 제1항, 제16조 제2항

[2] 구 독점규제 및 공정거래에 관한 법률(2004. 12. 31. 법률 제7315호로 개정되기 전의 것) 제2조 제1호, 제19조

[3] 구 독점규제 및 공정거래에 관한 법률(2004. 12. 31. 법률 제7315호로 개정되기 전의 것) 제19조, 제49조 제4항

전 문

【원고, 상고인】 ○○악틴게젤사프트
【피고, 피상고인】 공정거래위원회
【원심판결】 서울고법 2003. 8. 26. 선고 2002누15015 판결
【주 문】
상고를 기각한다. 상고비용은 원고가 부담한다.
【이 유】
상고이유를 판단한다.

1. 제3점에 대하여

구 '독점규제 및 공정거래에 관한 법률'(2004. 12. 31. 법률 제7315호로 개정되기 전의

것, 이하 '공정거래법'이라 한다) 제55조의2 및 이에 근거한 공정거래위원회 회의운영 및 사건절차 등에 관한 규칙(공정거래위원회 고시 제2001-8호) 제3조 제2항에 의하여 준용되는 구 행정절차법(2002. 12. 30. 법률 제6839호로 개정되기 전의 것, 이하 '행정절차법'이라 한다) 제14조 제1항은 문서의 송달방법의 하나로 우편송달을 규정하고 있고, 행정절차법 제16조 제2항은 외국에 거주 또는 체류하는 자에 대한 기간 및 기한은 행정청이 그 우편이나 통신에 소요되는 일수를 감안하여 정하여야 한다고 규정하고 있는 점 등에 비추어 보면, 피고는 국내에 주소·거소·영업소 또는 사무소(이하 '주소 등'이라 한다)가 없는 외국사업자에 대하여도 우편송달의 방법으로 문서를 송달할 수 있다고 할 것이다.

그럼에도 불구하고, 원심이 이와는 달리 국내에 주소 등이 없는 외국사업자에 대하여는 행정절차법 제14조 제1항의 우편송달을 할 수 없고, 달리 송달할 방법이 없어 같은 조 제4항 제2호 소정의 '송달이 불가능한 경우'에 해당하므로 공시송달의 방법을 취할 수밖에 없다고 한 것은 잘못이라고 할 것이나, 기록에 의하면, 피고는 국내에 주소 등이 없는 외국사업자인 원고에게 '심사보고서에 대한 의견제출요구 및 전원회의 개최통지서' 및 '의결서 정본'을 등기우편으로 송달하였음을 알 수 있고, 이는 행정절차법 제14조 제1항의 규정에 따른 우편송달로서 적법하다 할 것이므로, 원심판결은 그 결론에 있어서 정당하고, 거기에 판결 결과에 영향을 미친 공시송달의 보충성 등에 관한 법리오해의 위법이 없다.

2. 제1점 및 제2점에 대하여

공정거래법은 사업자의 부당한 공동행위 등을 규제하여 공정하고 자유로운 경쟁을 촉진함으로써 창의적인 기업활동을 조장하고 소비자를 보호함과 아울러 국민경제의 균형 있는 발전을 도모함을 그 목적으로 하고 있고(제1조 참조), 부당한 공동행위의 주체인 사업자를 '제조업, 서비스업, 기타 사업을 행하는 자'로 규정하고 있을 뿐 내국사업자로 한정하고 있지 않는 점(제2조 참조), 외국사업자가 외국에서 부당한 공동행위를 함으로 인한 영향이 국내시장에 미치는 경우에도 공정거래법의 목적을 달성하기 위하여 이를 공정거래법의 적용대상으로 삼을 필요성이 있는 점 등을 고려해 보면, 외국사업자가 외국에서 다른 사업자와 공동으로 경쟁을 제한하는 합의를 하였더라도, 그 합의의 대상에 국내시장이 포함되어 있어서 그로 인한 영향이 국내시장에 미쳤다면 그 합의가 국내시장에 영향을 미친 한도 내에서 공정거래법이 적용된다고 할 것이다.

원심은 그 판결에서 채용하고 있는 증거들을 종합하여, 흑연전극봉 제조·판매업을 영위하는 사업자인 원고가 같은 사업자인 소외 유카 인터내셔날 인코퍼레이티드, 토카이 카본 코퍼레이션 리미티드, 쇼와 덴코 케이케이, 니폰 카본 코퍼레이션 리미티드 및 에스이씨 코퍼레이션(이하 '소외 회사들'이라 한다)과 공동하여 1992. 5. 21.부터 1998. 2.경까지 사이에 외국에서 국내시장을 포함한 세계시장을 대상으로 하여 흑연전극봉의 가격을 결정, 유지하기로 하는 합의를 하였고, 그로 인하여 원고와 소외 회사들이 생산한 흑연전극봉의 수입가격이 위 합의에 따라 결정되는 등 국내시장에 영향을 미친 사실을 인정한 다음, 원고가 소외 회사들과 공동으로 흑연전극봉의 판매가격을 결정, 유지하기로 한 합의가 국내시장에 영향을 미친 한도 내에서 공정거래법이 적용된다고 판단하였는바, 앞서 본 법리를 기록에 비추어 살펴보면, 원심의 이러한 인정 및 판단은 정당한 것으로 수긍이 가고, 거기에 상고이유에서 주장하는 바와 같은 심리미진, 채증법칙 위배로 인한 사실오인, 공정거래법의 적용범위에 관한 법리오해의 위법이 없다.

3. 제4점에 대하여

원심은 그 판결에서 채용하고 있는 증거들을 종합하여 그 판시와 같은 사실을 인정한 후, 피고가 이 사건을 조사한 후 전원회의에 상정하면서 원고에게 심사보고서에 대한 의견요구와 위 회의개최를 알리는 내용의 통지를 함에 있어 국문으로 작성된 심사보고서를 송부한 것이 공정거래법 제49조 제3항 및 피고의 내부규정인 '외국사업자의 공정거래법 위반행위에 대한 조사 및 처리지침'에 위배된 것이라고 할 수 없을 뿐만 아니라, 그로 인해 원고가 방어권 행사의 기회를 침해당하였다고 보기 어렵다는 취지로 판단하였다.

관계 법령과 기록에 비추어 살펴보면, 원심의 이러한 인정 및 판단은 정당한 것으로 수긍이 가고, 거기에 상고이유에서 주장하는 바와 같은 심리미진, 채증법칙 위배로 인한 사실오인, 공정거래법 제49조 제3항 등에 관한 법리오해의 위법이 없다.

4. 제5점에 대하여

사업자들이 경쟁을 제한할 목적으로 공동하여 향후 계속적으로 가격의 결정, 유지 또는 변경행위 등을 하기로 하면서, 그 결정주체, 결정방법 등에 관한 일정한 기준을 정하고, 향후 이를 실행하기 위하여 계속적인 회합을 가지기로 하는 등의 기본적 원칙에 관한 합의를 하고, 이에 따라 위 합의를 실행하는 과정에서 수회에 걸쳐 회합을 가지고 구체적인 가격의 결정 등을 위한 합의를 계속하여 온 경우, 그 회합 또는 합의의 구체적 내용이나 구성원에 일부 변경이 있더라도, 그와 같은 일련의 합의는 전체적으로 하나의 부당한 공동행위로 봄이 상당하므로, 공정거래법 제49조 제4항 소정의 '법의 규정에 위반하는 행위가 종료한 날'을 판단함에 있어서도 각각의 회합 또는 합의를 개별적으로 분리하여 판단할 것이 아니라 그와 같은 일련의 합의를 전체적으로 하나의 행위로 보고 판단하여야 할 것이다.

원심은 원고가 1992. 5. 21. 소외 회사들과 최고책임자급 회합을 개최하여 흑연전극봉 시장에서 경쟁을 제한할 목적으로 향후 계속적으로 가격의 결정, 유지 또는 변경행위 등을 하기로 하면서, 가격의 결정주체, 결정방법 등에 관한 일정한 기준을 정하고, 향후 가격의 결정 등을 위하여 계속적인 회합을 가지기로 하는 등의 기본적 원칙에 관한 합의를 하고, 이에 따라 위 합의를 실행하는 과정에서 1998. 2.경까지 사이에 수회에 걸쳐 최고책임자급 회합과 실무자급 회합을 개최하여 구체적인 가격의 결정 등을 위한 합의를 계속하여 왔으므로, 그 합의의 구체적 내용에 일부 변동이 있고, 쇼와 덴코 케이케이가 1997. 4.경 탈퇴하는 등 구성원에 일부 변동이 있었다고 하더라도, 그와 같은 일련의 합의는 전체적으로 하나의 부당한 공동행위로 보아야 할 것이고, 이 사건 처분은 원고 및 소외 회사들(쇼와 덴코 케이케이 제외)이 마지막 회합을 개최한 1998. 2.경부터 5년이 경과하지 아니한 2002. 4.경 이루어졌으므로, 이 사건 처분 당시 이 사건 부당한 공동행위가 종료한 날로부터 5년이 경과되지 않았다고 판단하였다.

앞서 본 법리를 기록에 비추어 살펴보면, 원심의 이러한 판단은 정당한 것으로 수긍이 가고, 거기에 상고이유에서 주장하는 바와 같은 공정거래법 제49조 제4항에 관한 법리오해 등의 위법이 없다.

5. 결 론

그러므로 상고를 기각하고, 상고비용은 패소자가 부담하기로 하여 관여 대법관의 일치된 의견으로 주문과 같이 판결한다.

대법관 　 강신욱(재판장) 고현철 양승태(주심) 김지형

‖ 참조문헌 ‖

박평균, "공정거래법의 역외적용", 공정거래법 판례선집, 사법발전재단(2011)

(20) 대법원 2014. 5. 16. 선고 2012두5466 판결 [항공화물 유류할증료 사건] (역외적용, 관련매출액)

판시사항

[1] 구 독점규제 및 공정거래에 관한 법률 제2조의2에서 정한 '국내시장에 영향을 미치는 경우'의 의미와 그 판단 기준 및 국외에서 사업자들이 공동으로 한 경쟁을 제한하는 합의의 대상에 국내시장이 포함된 경우, 독점규제 및 공정거래에 관한 법률 제19조 제1항 등을 적용할 수 있는지 여부(원칙적 적극)

[2] 구 항공법 제117조 제1항과 '대한민국 정부와 일본국 정부 간의 항공업무를 위한 협정'에 따라 해당 노선의 지정항공사들이 항공화물운임 등에 관한 합의를 하면서 운임의 체계에 관한 사항을 변경하는 것을 넘어 일정한 항목에 대한 할인을 제한하는 내용까지 포함한 경우, 독점규제 및 공정거래에 관한 법률 제58조에서 정한 '법률 또는 그 법률에 의한 명령에 따라 행하는 정당한 행위'로 볼 수 있는지 여부(소극)

[3] 국내시장에 영향을 미치는 국외에서 이루어진 외국 사업자의 행위가 외국 법률 등에 따라 허용되는 행위라는 사정만으로 구 독점규제 및 공정거래에 관한 법률의 적용이 제한되는지 여부(소극) 및 위와 같은 사정에서 독점규제 및 공정거래에 관한 법률의 적용이 제한될 수 있는 경우와 판단 기준

[4] 구 독점규제 및 공정거래에 관한 법률 제19조 제1항 제1호에서 정한 부당한 공

동행위의 합의에 참가한 일부 사업자 또는 사업자 전부가 부당한 공동행위를 종료하였다고 보기 위한 요건

참조조문

[1] 구 독점규제 및 공정거래에 관한 법률(2007. 8. 3. 법률 제8631호로 개정되기 전의 것) 제2조의2, 제19조 제1항

[2] 구 독점규제 및 공정거래에 관한 법률(2007. 8. 3. 법률 제8631호로 개정되기 전의 것) 제58조, 구 항공법(2007. 12. 21. 법률 제8787호로 개정되기 전의 것) 제117조 제1항, 제121조 제1항, 제2항, 제129조 제1항, 제150조 제1항, 제152조, 대한민국 정부와 일본국 정부 간의 항공업무를 위한 협정 제10조 제2항

[3] 구 독점규제 및 공정거래에 관한 법률(2007. 8. 3. 법률 제8631호로 개정되기 전의 것) 제2조의2

[4] 구 독점규제 및 공정거래에 관한 법률(2007. 8. 3. 법률 제8631호로 개정되기 전의 것) 제19조 제1항

참조판례

[4] 대법원 2008. 10. 23. 선고 2007두12774 판결, 대법원 2011. 4. 14. 선고 2009두4159 판결

따름판례

대법원 2014. 12. 24. 선고 2012두13412 판결

전 문

【원고, 상고인】 ○○주식회사

【피고, 피상고인】 공정거래위원회

【원심판결】 서울고법 2012. 1. 19. 선고 2010누45943 판결

【주 문】

상고를 기각한다. 상고비용은 원고가 부담한다.

【이 유】

상고이유를 판단한다.

1. 부당한 공동행위의 성립 및 합의의 대상에 관하여

원심은 그 채택 증거를 종합하여 판시와 같은 사실을 인정한 다음, ① 한국발 전세계행 노선의 경우, 국적사인 주식회사 대한항공(이하 '대한항공'이라 한다)과 원고가 유류할증료의 도입과 인상에 관하여 개별적으로 합의한 후 그 주도하에 항공운송대표자 화물분과회의

(Board of Airline Representative Cargo Sub-Committee; 이하 'BAR 미팅'이라 한다), 노선별 항공사모임 등을 통하여 외국항공사들의 동의를 이끌어내고, 유류할증료를 유사한 시기에 도입하거나 동일한 금액만큼 인상한 점 등을 종합하면, 원고의 행위가 구 독점규제 및 공정거래에 관한 법률(2007. 8. 3. 법률 제8631호로 개정되기 전의 것, 이하 '공정거래법'이라 한다) 제19조 제1항 제1호 소정의 부당한 공동행위에 해당하고, ② 홍콩발 국내행 노선의 경우, 홍콩 항공시장에서는 국적사인 캐세이패시픽 에어웨이즈 리미티드(이하 '캐세이패시픽'이라 한다)가 주도하는 홍콩 항공대표회의 화물분과회의(이하 'BAR 화물분과'라 한다)에서 유류할증료의 도입과 계산체계에 관한 결정을 하고 홍콩 민항처에 집단인가를 신청하는 방식으로 유류할증료의 도입 및 인상이 이루어졌는데, 원고가 BAR 화물분과의 의사결정 과정에 참가하여 줄곧 동의 의사표시를 하였던 점, 유류할증료의 도입 전에 이미 원고와 다른 항공사들 사이에 그에 관한 의사연락이 있었고 그 후 원고는 홍콩발 국내행 노선의 항공사들 대부분과 함께 동일한 시기에 유류할증료를 도입하여 동일한 계산체계에 따라 이를 인상해 왔던 점 등을 종합하면, 원고의 행위가 공정거래법 제19조 제1항 제1호 소정의 부당한 공동행위에 해당하며, ③ 일본발 국내행 노선의 경우, 원고가 일본발 항공사들 중 군소항공사에 불과하여 유류할증료의 도입이나 인상에 관하여 주도적 역할을 하지 못하였으나 동일한 계산체계의 유류할증료를 도입하는 데 대하여 사전에 일본 항공화물 영업모임(Interline Cargo Association of Japan; 이하 'ICAJ'라 한다) 산하 노선별 모임 중 하나인 TC3부회(아시아 노선)를 통하여 논의하면서 원고도 이에 동조하였던 점, 일본 항공시장에서는 국적사의 결정을 추종하는 관행이 있는데, 일본 국적사들이 유류할증료를 유가인상에 따라 수차례 인상하고 그때마다 원고는 대한항공과 거의 동일한 시기에 동일한 인상폭의 유류할증료에 대한 인가를 받았던 점 등을 종합하면, 원고의 행위가 공정거래법 제19조 제1항 제1호 소정의 부당한 공동행위(이하 한국발 전세계행 노선, 홍콩발 국내행 노선 및 일본발 국내행 노선에서의 합의를 포함하여 '이 사건 합의'라 한다)에 해당한다고 판단하였다.

나아가 원심은 공정거래법이 금지하는 합의의 대상이 되는 가격이란 사업자가 제공하는 상품 또는 용역의 대가, 즉 사업자가 거래의 상대방으로부터 반대급부로 받는 일체의 경제적 이익을 가리키는 것이므로 항공화물운송의 대가로 지급되는 총운임에 포함되는 유류할증료도 여기서 말하는 가격에 포함된다고 판단하였다.

관계 법령 및 기록에 비추어 보면, 원심의 이러한 판단은 정당하고, 거기에 상고이유 주장과 같은 부당한 공동행위의 성립 여부와 합의의 대상에 관한 법리오해의 위법 및 논리와 경험칙에 위배하고 자유심증주의의 한계를 벗어나는 등의 위법이 없다.

2. 경쟁제한성 및 부당성에 관하여

어떠한 공동행위가 공정거래법 제19조 제1항이 정하고 있는 '경쟁제한성'을 가지는지 여부는 당해 상품의 특성, 소비자의 제품선택 기준, 당해 행위가 시장 및 사업자들의 경쟁에 미치는 영향 등 여러 사정을 고려하여, 당해 공동행위로 인하여 일정한 거래분야에서의 경쟁이 감소하여 가격·수량·품질 기타 거래조건 등의 결정에 영향을 미치거나 미칠 우려가 있는지를 살펴 개별적으로 판단하여야 한다. 또한 사업자들이 공동으로 가격을 결정하거나 변경하는 행위는 그 범위 내에서 가격경쟁을 감소시킴으로써 그들의 의사에 따라 어느 정도 자유로이 가격의 결정에 영향을 미치거나 미칠 우려가 있는 상태를 초래하게 되므로, 그와 같은 사업자들의 공동행위는 특별한 사정이 없는 한 부당하다고 볼 수밖에 없다(대법원 2002. 3. 15. 선고 99두6514 판결, 대법원 2011. 5. 26. 선고 2008두20376 판결 등 참조).

원심은 그 채택 증거를 종합하여 판시와 같은 사실을 인정한 다음, 이 사건 합의의 내용은 원고를 비롯한 항공화물 운송사업자들이 일정한 시기에 유류할증료 도입과 인상을 통하여 유류할증료 자체뿐 아니라 유류할증료가 포함된 항공화물운송의 가격을 유지, 변경하는 행위이어서 그 범위에서의 가격경쟁 제한이 명백하고, 또한 참여한 사업자들의 점유율이 한국발 전세계행 노선에서 약 51%~99%, 홍콩발 국내행 노선에서 약 88~99%, 일본발 국내행 노선에서 약 76~88%에 이른 점까지 고려하여 볼 때, 이 사건 합의로 인한 경쟁감소와 공동행위 가담자들에 의한 항공화물운송의 가격에 대한 통제력이 증대하는 외에 달리 소비자를 보호함과 아울러 국민경제의 균형 있는 발전을 도모한다는 공정거래법의 궁극적인 목적에 실질적으로 반하지 않는다고 인정되는 예외적인 사정을 찾기 어려우므로 그 경쟁제한성과 부당성이 모두 인정된다고 판단하였다.

위 법리 및 기록에 비추어 보면, 원심의 이러한 판단은 정당하고, 거기에 상고이유 주장과 같은 경쟁제한성 및 부당성에 관한 법리오해의 위법이 없다.

3. 국외에서 이루어진 부당한 공동행위에 대한 공정거래법의 적용에 관하여

가. 공정거래법 제19조 제1항, 제21조, 제22조는, 사업자가 다른 사업자와 공동으로 부당하게 경쟁을 제한하는 가격 결정 등의 행위를 할 것을 합의하는 행위 등을 금지하고, 이를 위반한 사업자에 대하여 위반행위의 중지 등 시정조치를 하거나 과징금을 부과할 수 있도록 규정하고 있다. 그리고 공정거래법 제2조의2는 국외에서 이루어진 행위라도 국내시장에 영향을 미치는 경우에는 그 법을 적용하도록 규정하고 있다.

이와 같이 공정거래법 제2조의2가 국외행위에 관하여 공정거래법을 적용하기 위한 요건으로 '국내시장에 영향을 미치는 경우'라고만 규정하고 있으나, 국가 간의 교역이 활발하게 이루어지는 현대 사회에서는 국외에서의 행위라도 그 행위가 이루어진 국가와 직·간접적인 교역이 있는 이상 국내시장에 어떠한 형태로든 어느 정도의 영향을 미치게 되고, 국외에서의 행위로 인하여 국내시장에 영향이 미친다고 하여 그러한 모든 국외행위에 대하여 국내의 공정거래법을 적용할 수 있다고 해석할 경우 국외행위에 대한 공정거래법의 적용범위를 지나치게 확장시켜 부당한 결과를 초래할 수 있는 점 등을 고려하면, 공정거래법 제2조의2에서 말하는 '국내시장에 영향을 미치는 경우'는 문제된 국외행위로 인하여 국내시장에 직접적이고 상당하며 합리적으로 예측 가능한 영향을 미치는 경우로 제한 해석해야 하고, 그 해당 여부는 문제된 행위의 내용·의도, 행위의 대상인 재화 또는 용역의 특성, 거래 구조 및 그로 인하여 국내시장에 미치는 영향의 내용과 정도 등을 종합적으로 고려하여 구체적·개별적으로 판단하여야 할 것이다. 다만 국외에서 사업자들이 공동으로 한 경쟁을 제한하는 합의의 대상에 국내시장이 포함되어 있다면, 특별한 사정이 없는 한 그 합의가 국내시장에 영향을 미친다고 할 것이어서 이러한 국외행위에 대하여는 공정거래법 제19조 제1항 등을 적용할 수 있다(대법원 2006. 3. 24. 선고 2004두11275 판결 등 참조).

나. 원심판결 이유와 원심이 적법하게 채택한 증거에 의하면, 원고 등은 앞서 본 바와 같이 홍콩·일본발 국내행 항공화물노선에서 유류할증료의 도입과 변경에 관한 이 사건 합의를 한 사실, 항공화물운송계약은 출발지 운송주선인이 항공사와 체결하고 운임도 그 운송주선인이 지급하나, 운송주선인은 화주인 송하인 또는 수하인의 의뢰에 따라 항공사와 운송계약을 체결하고 그 대가로 수수료를 받을 뿐이어서 그 운임은 실질적으로 화주인 송하인 또는 수하인이 부담하는 것인 사실, 홍콩·일본에서 국내로 물품 등을 공급하는 내용의 국제거래에서 운임 부담은 홍콩·일본의 송하인과 국내 수하인 사이의 약정에 따라 정해지는데, 출발지불 거래에 의할 경우 홍콩·일본의 송하인이 운송계약 체결 및 운송비용 지급의무를 부담하게 되나 도착지불 거래에서는 국내 수하인이 이와 같은 의무를 부담하는 사실 등을 알 수 있다.

이러한 사실관계에 의하여 알 수 있는 다음과 같은 사정, 즉 홍콩·일본발 국내행 항공화물운송계약이 출발지인 홍콩 또는 일본에서 운송주선인과 항공사 사이에 체결된다고 하더라도, 운송주선인은 화주의 의뢰에 따라 그 계약을 체결한 것에 불과하므로 항공화물운송에서 운임의 부담자는 화주인 홍콩·일본의 송하인 또는 국내 수하인으로 보아야 하고, 송하인과 수하인 중 누가 운임의 부담자로 될 것인지는 이들 사이의 약정에 따라 정해지는 점, 국내 수하인이 도착지불 거래에 의하여 스스로 항공화물운송에 관한 운임을 부담할 것인지 또는 출발지불 거래에 의하여 송하인을 통하여 전가된 운임을 부담할 것인지는 거래형태에 따라 선택하는 것에 불과하므로, 출발지불 거래에서도 국내 수하인을 항공화물운송의 수요자로 볼 수 있는 점, 홍콩·일본발 국내행 항공화물운송은 출발지인 홍콩·일본으로부터 도착지인 국내에 이르기까지 제공되는 일련의 역무의 총합으로서, 도착지인 국내에서도 화물의 하역이나 추적 등 그 역무의 일부가 이루어지는 점 등에 비추어 보면, 홍콩·일본발 국내행 항공화물운송 중 운임의 지급방식이 도착지불 거래인 경우는 물론 출발지불 거래인 경우에도 이에 대한 국내시장이 존재한다고 볼 것이다.

따라서 홍콩·일본발 국내행 항공화물운송에 유류할증료를 도입·변경하기로 하는 이 사건 합의의 대상에 국내시장이 포함되어 있다고 할 것이어서 이 사건 합의가 국내시장에 영향을 미치는 경우에 해당하므로, 이에 대하여는 공정거래법 제19조 제1항 등을 적용할 수 있다고 할 것이다.

다. 원심이 같은 취지에서 이 사건 합의에 공정거래법이 적용된다는 결론은 정당하고, 거기에 상고이유에서 주장하는 바와 같이 국외행위에 대한 공정거래법 적용에 관한 법리 등을 오해하여 판결에 영향을 미친 위법이 없다.

4. 공정거래법 제58조의 적용에 관하여

가. 공정거래법 제58조에서 말하는 '법률 또는 그 법률에 의한 명령에 따라 행하는 정당한 행위'란, 당해 사업의 특수성으로 경쟁제한이 합리적이라고 인정되는 사업 또는 인가제 등에 의하여 사업자의 독점적 지위가 보장되는 반면 공공성의 관점에서 고도의 공적 규제가 필요한 사업 등에서, 자유경쟁의 예외를 구체적으로 인정하고 있는 법률 또는 그 법률에 의한 명령의 범위 내에서 행하는 필요·최소한의 행위를 말한다(대법원 2011. 4. 14. 선고

2009두7912 판결 등 참조).

나. 구 항공법(2007. 12. 21. 법률 제8787호로 개정되기 전의 것, 이하 '구 항공법'이라 한다) 제117조 제1항은 "국제항공노선을 운항하는 정기항공운송사업자는 당해 국제항공노선에 관련된 항공협정이 정하는 바에 따라 국제항공노선의 여객 또는 화물의 운임 및 요금을 정하여 건설교통부장관의 인가를 받거나 건설교통부장관에게 신고하여야 한다"고 규정하고 있고, 「대한민국 정부와 일본국 정부 간의 항공업무를 위한 협정」 제10조 제2항은 각 특정노선 및 동 노선의 구간에 대한 운임에 관하여 관계 지정항공사 간에 합의를 보아야 하고, 그러한 합의는 가능하다면 국제항공운수협회의 운임결정기구를 통하여 이루어져야 하며, 이렇게 하여 합의된 운임은 양 체약국 항공당국의 승인을 받아야 한다고 규정하고 있다(「대한민국 정부와 홍콩 정부 간의 항공업무에 관한 협정」 제7조도 이와 유사하게 규정하고 있다. 이 협정과 앞서 본 「대한민국 정부와 일본국 정부 간의 항공업무를 위한 협정」을 합하여 '항공협정'이라 한다).

한편 구 항공법 제121조 제1항 본문은 "정기항공운송사업자가 다른 항공운송사업자(외국인 항공운송사업자를 포함한다)와 공동운항협정 등 운수에 관한 협정을 체결하거나 운항일정·운임·홍보·판매에 관한 영업협력 등 제휴에 관한 협정을 체결하는 경우에는 건설교통부령이 정하는 바에 의하여 건설교통부장관의 인가를 받아야 한다"고 규정하면서, 제2항에서 그 인가 요건으로 협정 내용이 '항공운송사업자 간 경쟁을 실질적으로 제한하는 내용'에 해당되어서는 아니 된다고 규정하고 있고, 구 항공법 제129조 제1항은 '정당한 사유 없이 제117조의 규정에 의하여 인가받은 운임에 관한 사항을 이행하지 아니한 때'(제3호)와 별도로 '운임 등을 과도하게 할인하는 등으로 국익에 반하는 과당경쟁행위를 한 때'(제7호)를 정기항공운송사업자에 대한 면허의 취소·정지사유로 규정하고 있으며, 구 항공법 제150조 제1항은 '정당한 사유 없이 인가받은 사항을 이행하지 아니한 때'(제3호)를 외국인 국제항공운송사업자에 대한 허가의 취소·정지사유로 규정하고 있고, 구 항공법 제152조는 제117조 제1항이 외국인 국제항공운송사업자에게도 준용되도록 규정하고 있다.

이러한 구 항공법 규정의 내용과 취지 등에 비추어 보면, 항공화물운임을 해당 노선의 지정항공사들 사이의 합의에 의하여 정하고 항공당국의 인가를 받도록 규정한 구 항공법 제117조 제1항과 항공협정은 운임에 대한 가격경쟁 자체를 배제하는 것이 아니라 인가받은 운임을 기준으로 그 정도가 과도하지 아니한 범위 내에서 가격경쟁을 예정하고 있는 것이라고 보아야 한다. 따라서 지정항공사들 사이의 운임 등에 관한 합의내용이 단순히 운임의 체계에 관한 사항을 변경하는 것을 넘어 일정한 항목에 대한 할인을 제한하는 내용까지 포함하고 있다면, 이러한 합의는 구 항공법과 항공협정이 허용하는 범위를 벗어나는 것으로서 '자유경쟁의 예외를 구체적으로 인정하고 있는 법률 또는 그 법률에 의한 명령의 범위 내에서 행하는 필요·최소한의 행위'에 해당하지 아니한다.

다. 원심판결 이유와 원심이 적법하게 채택한 증거에 의하면, 유류할증료 도입 이전에 항공화물운임은 기본운임과 기타운임으로만 구성되었는데, 유류비용은 인건비, 보험료 등과 함께 기본운임의 일부를 구성하는 것으로서 항공화물의 중량에 비례하여 징수된 사실, 국제항공화물운송은 각 항공사가 제공하는 역무의 내용이 동질적이어서 수요의 가격탄력성이 높기 때문에 항공사들은 인가받은 운임을 상한으로 하여 시장 상황에 따라 상시적으로 가격할인을 해 온 사실, 이 사건 합의는 유류할증료의 도입과 변경에 관한 것으로서 이와 같이 기본운임에 대한 상시적인 가격할인으로 인하여 유가 상승 시 유류비용 보전이 어려워질 것을 우려한 항공사들이 기본운임 중 유류비용을 별도의 항목으로 책정하여 이 부분을 할인 대상에서 제외하기로 한 것인 사실, 원고 등은 이와 같은 내용의 유류할증료를 도입하기로 합의하고 구 항공법 제117조에 따라 건설교통부장관으로부터 인가를 받은 사실 등을 알 수 있다.

이러한 사실관계를 앞서 본 법리에 비추어 보면, 이 사건 합의는 단순히 전체 운임 중 유류비용 부분을 별도의 항목으로 책정하여 항공화물운임의 체계만을 변경한 것에 그치지 아니하고 종래 기본운임의 일부에 포함되어 상시적인 할인의 대상이 된 유류비용 부분에 대한 할인을 제한하는 행위로서, '자유경쟁의 예외를 구체적으로 인정하고 있는 법률 또는 법률에 따른 명령의 범위 내에서 행하는 필요·최소한의 행위'에 해당하지 아니하므로, 그에 대하여 공정거래법의 적용이 제외된다고 볼 수 없다.

원심이 같은 취지에서 이 사건 합의가 구 항공법과 항공협정에 근거한 것으로서 공정거래법 제58조가 정한 법령에 따른 정당한 행위라는 원고의 주장을 배척한 것은 정당한 것으로 수긍할 수 있고, 거기에 상고이유에서 주장하는 바와 같이 공정거래법 제58조의 적용에 관한 법리 등을 오해하여 판결에 영향을 미친 위법이 없다.

5. 일본국 법률에 따른 행위로서 공정거래법의 적용이 제한되는지 여부에 관하여

가. 국외에서 이루어진 외국 사업자의 행위가 국내시장에 영향을 미치는 경우에는 공정거래법 제2조의2의 요건을 충족하므로, 당해 행위에 대한 외국 법률 또는 외국 정부의 정책이 국내 법률과 상이하여 외국 법률 등에 따라 허용되는 행위라고 하더라도 그러한 사정만으로 당연히 공정거래법의 적용이 제한된다고 볼 수는 없다. 다만 동일한 행위에 대하여 국내 법률과 외국의 법률 등이 충돌되어 사업자에게 적법한 행위를 선택할 수 없게 하는 정도에 이른다면 그러한 경우에도 국내 법률의 적용만을 강제할 수는 없으므로, 당해 행위에 대하여 공정거래법 적용에 의한 규제의 요청에 비하여 외국 법률 등을 존중해야 할 요청이 현저히 우월한 경우에는 공정거래법의 적용이 제한될 수 있다고 보아야 할 것이고, 그러한 경우에 해당하는지는 당해 행위가 국내시장에 미치는 영향, 당해 행위에 대한 외국 정부의 관여 정도, 국내 법률과 외국 법률 등이 상충되는 정도, 이로 인하여 당해 행위에 대하여 국내 법률을 적용할 경우 외국 사업자에게 미치는 불이익 및 외국 정부가 가지는 정당한 이익을 저해하는 정도 등을 종합적으로 고려하여 판단하여야 한다.

나. 원심판결 이유와 기록에 의하면, 일본국 항공법 제110조는 '국내의 지점과 국외의 지점 간의 노선 또는 국외의 각지 간의 노선에서 공중의 편의의 증진을 위하여 국내항공사업자가 다른 항공운송사업자와 행하는 연락운수에 관한 계약, 운임협정 기타 운수에 관한 협정의 체결에 대하여는 일정한 거래분야에서 경쟁을 실질적으로 제한하게 되어 이용자의 이익을 부당하게 해하는 경우에 해당하지 아니하는 한 사적독점의 금지 및 공정거래의 확보에 관한 법률(이하 '일본국 독점금지법'이라 한다)의 적용이 배제된다'고 규정하고 있는 사

실, 원고 등은 이 사건 합의 중 일본발 국내행 노선에 유류할증료를 도입하는 것에 관하여 일본국 항공법에 따라 일본국 국토교통성의 인가를 받았고, 일본국 국토교통성은 위 합의에 대하여 일본국 항공법 제110조에 의하여 일본국 독점금지법의 적용이 제외된다는 견해를 밝힌 사실, 원고 등 위 합의에 가담한 항공사들의 일본발 국내행 항공화물운송시장에서 점유율이 연도별로 76% 내지 88%에 이르는 사실 등을 알 수 있다.

위와 같은 사실관계에 의하여 알 수 있는 다음과 같은 사정, 즉 일본발 국내행 항공화물운송운임의 체계를 변경하고 그 운임 중 주요 구성부분에 관한 할인을 제한하는 내용의 이 사건 합의가 국내시장에 미치는 영향이 작다고 볼 수 없는 점, 위 합의에 관하여 일본국 정부는 원고 등의 신청에 따라 그 결과를 인가하였을 뿐이어서 합의에 대한 관여 정도가 높다고 볼 수 없는 점, 일본국 항공법 제110조가 국토교통성의 인가를 받은 운임협정 등에 대하여 일본국 독점금지법의 적용을 제외하고 있으나, 일정한 거래분야에서 경쟁을 실질적으로 제한하는 경우는 그 예외로 규정하고 있으므로 일본국 법률과 국내 법률 자체가 서로 충돌된다고 보기 어렵고, 원고가 일본국 법률과 국내 법률을 동시에 준수하는 것이 불가능하다고 볼 수도 없는 점 등을 앞서 본 법리에 비추어 보면, 이 사건 합의 중 일본발 국내행 부분이 공정거래법의 적용이 제한되어야 하는 경우에 해당한다고 볼 수 없다.

다. 원심이 이 사건 합의 중 일본발 국내행 부분에 대하여 공정거래법의 적용이 제한되지 않는다고 판단한 것은 정당하고, 거기에 상고이유에서 주장하는 바와 같이 국외행위에 대한 공정거래법 적용에 관한 법리 등을 오해한 위법이 없다.

6. 관련매출액의 범위 등에 관하여

가. 구 독점규제 및 공정거래에 관한 법률(2004. 12. 31. 법률 제7315호로 개정되기 전의 것, 이하 '구 공정거래법'이라 한다) 제22조, 구 공정거래법 시행령(2005. 3. 31. 대통령령 제18768호로 개정되기 전의 것, 이하 '구 공정거래법 시행령'이라 한다) 제9조 제1항, 제61조 제1항 [별표 2]의 각 규정에 의하면, 사업자가 다른 사업자와 부당한 공동행위를 한 경우에 공정거래위원회는 그 사업자에 대하여 해당 위반행위기간 동안의 관련 상품 또는 용역의 매출액을 기준으로 산정한 과징금을 부과할 수 있는데, 매출액 산정의 전제가 되는 관련 상품 또는 용역의 범위는 부당한 공동행위를 한 사업자 사이의 합의내용에 포함된 상품 또는 용역의 종류와 성질, 용도 및 대체가능성과 거래지역·거래상대방·거래단계 등을 고려하여 개별적·구체적으로 판단하여야 한다(대법원 2011. 5. 26. 선고 2008두18335 판결 등 참조).

한편 구 공정거래법 제6조, 제17조, 제22조, 제24조의2, 제28조, 제31조의2, 제34조의2 등 각 규정을 종합하여 보면, 공정거래위원회는 공정거래법 위반행위에 대하여 과징금을 부과할 것인지 여부와 만일 과징금을 부과할 경우 공정거래법령이 정하고 있는 일정한 범위 안에서 과징금의 액수를 구체적으로 얼마로 정할 것인지에 관하여 재량을 가지고 있다고 할 것이므로, 공정거래위원회의 공정거래법 위반행위자에 대한 과징금 부과처분은 재량행위라 할 것이고, 다만 이러한 재량을 행사함에 있어 과징금 부과의 기초가 되는 사실을 오인하였거나, 비례·평등의 원칙에 위배하는 등의 사유가 있다면 이는 재량권의 일탈·남용으로서 위법하다고 할 것이다(대법원 2002. 9. 24. 선고 2000두1713 판결, 대법원 2011. 7. 14. 선고 2011두6387 판결 등 참조).

나. 원심은 그 채택 증거를 종합하여 판시와 같은 사실을 인정한 다음, 구 공정거래법 시행령의 문언상 관련매출액은 '위반사업자가 위반기간 동안 일정한 거래분야에서 판매한 관련 용역의 매출액'으로 규정되어 '판매한 관련 용역'을 전제로 하고 있으므로, 이 사건 합의에서 원고가 판매한 용역인 항공화물운송의 매출액이 기준이 될 수밖에 없고, 독립적으로 판매되는 용역으로 상정하기 어려운 유류할증료를 기준으로 삼기 어려운 점, 이 사건 합의가 비록 유류할증료만을 대상으로 삼고 있지만 그로 인하여 항공화물운송의 가격에 직접 또는 간접적인 영향을 준 이상 이를 기준으로 관련매출액을 산정할 수 있는 점, 부당한 공동행위에 대한 과징금은 그 취지와 기능, 부과의 주체와 절차 등을 종합할 때 부당한 공동행위의 억지라는 행정목적을 실현하기 위하여 그 위반행위에 대하여 가하는 행정상의 부당이득 환수적 성격에다가 제재적 성격을 겸유하고 있어, 원고의 부당이득이 그 주장과 같이 유류할증료 부분에 국한된다고 하더라도 위와 같은 과징금의 제재적 성격에 비추어 총운임을 기준으로 관련매출액을 산정할 수 있는 점, 이 사건 합의의 관련시장은 각 항공화물운송시장이고, 이 사건 합의의 본질도 가격할인의 대상이 되지 않는 유류할증료를 통하여 사업자들의 총운임에 대한 가격 통제력을 높이려는 데 있으므로, 항공화물운송의 총운임을 기준으로 관련매출액을 산정할 수 있는 점 등을 종합하면, 피고가 이 사건 과징금을 산정하면서 유류할증료가 아닌 총운임을 기준으로 관련매출액을 산정한 것이 적법하다는 취지로 판단하였다.

또한 원심은, 이 사건 합의로 인하여 국내시장에 영향을 미치는 것이 도착지불 거래에 국한되지 아니함을 전제로 하여, 피고가 홍콩·일본발 국내행 항공화물운송노선의 총 매출액을 포함하여 관련매출액을 산정하고, 다만 이중제재의 염려 등을 고려하여 최종 과징금 부과단계에서 최대한도인 50%의 감경을 하여 과징금을 산정한 사정 등을 근거로 이 사건 과징금 납부명령에 사실오인이나 비례의 원칙에 위배되는 재량권 일탈·남용의 위법이 없다고 판단하였다.

다. 관계 법령, 법리 및 기록에 비추어 보면 원심의 이러한 판단은 수긍할 수 있고, 거기에 상고이유 주장과 같은 관련매출액의 범위 또는 과징금 산정에 있어 재량권의 일탈·남용에 관한 법리오해 등의 위법이 없다.

7. 부당한 공동행위의 종기에 관하여

공정거래법 제19조 제1항 제1호에 정한 가격 결정 등의 합의 및 그에 터 잡은 실행행위가 있었던 경우 부당한 공동행위가 종료한 날은 그 합의에 터 잡은 실행행위가 종료한 날이므로, 합의에 참가한 일부 사업자가 부당한 공동행위를 종료하기 위해서는 다른 사업자에 대하여 합의에서 탈퇴하였음을 알리는 명시적 내지 묵시적인 의사표시를 하고 독자적인 판단에 따라 담합이 없었더라면 존재하였을 가격 수준으로 인하하는 등 합의에 반하는 행위를 하여야 한다. 또한 합의에 참가한 사업자 전부에 대하여 부당한 공동행위가 종료되었다고 하기 위해서는 합의에 참가한 사업자들이 명시적으로 합의를 파기하고 각 사업자가 각자의 독자적인 판단에 따라 담합이 없었더라면 존재하였을 가격 수준으로 인하하는 등 합의에 반하는 행위를 하거나 또는 합의에 참가한 사업자들 사이에 반복적인 가격 경쟁 등을 통하여 담합이 사실상 파기되었다고 인정되는 행위가 일정 기간 계속되는 등 합의가 파기되었다고 볼 만한 사정이 있어야 한다(대법원 2008. 10. 23. 선고 2007두12774 판결, 대법원 2011. 4. 14. 선고 2009두4159 판결 등 참조).

원심은 그 채택 증거를 종합하여 판시와 같은 사실을 인정한 다음, ① 한국발 전세계행 노선의 경우, 2006. 2. 14. 피고를 비롯한 각국의 경쟁당국이 유류할증료 담합에 관한 현장조사를 시작한 이후에도 이 사건 합의가 주로 이루어진 BAR 미팅, 노선별 항공사모임이 계속 유지되고 그 모임에서도 합의파기에 관한 명시적 의사표현이 이루어지지 않았으며, 원고나 대한항공이 위 모임에서 탈퇴하지도 아니한 채 2007. 7. 31.까지 위 모임들이 유지되었으므로 2007. 7. 30.을 이 사건 공동행위의 종료일로 보아야 하고, ② 홍콩발 국내행 노선의 경우, 홍콩의 국적사로서 BAR 화물분과를 주도하던 캐세이패시픽이 2007. 6. 25. 공식적으로 기존 합의에 따른 유류할증료 계산체계에서 탈퇴하였으므로, 그 전날인 2007. 6. 24.을 이 사건 공동행위의 종료일로 보아야 하며, ③ 일본발 국내행 노선의 경우, 해당 노선에서 점유율이 가장 큰 대한항공이 2006. 8.경 ICAJ를 탈퇴하고 TC3부회에도 불참하기 시작하였고, 일본 국적사들도 그 무렵 탈퇴한 후 2006. 9.부터 개별적으로 유류할증료를 부과하기 시작하였으므로, 대한항공과 일본 국적사들이 모임에서 탈퇴하기 전인 2006. 7. 31.을 이 사건 공동행위의 종료일로 보아야 한다고 판단하였다.

위 법리 및 기록에 비추어 보면, 원심의 이러한 판단은 정당하고, 거기에 상고이유 주장과 같은 부당한 공동행위의 종기에 관한 법리오해 등의 위법이 없다.

8. 결 론

상고를 기각하고 상고비용은 패소자가 부담하기로 하여, 관여 대법관의 일치된 의견으로 주문과 같이 판결한다.

대법관   이상훈(재판장) 신영철 김용덕 김소영(주심)

▮ 참조문헌 ▮

권오승, "한국 독점규제법의 역외적용 – 항공화물 국제카르텔 사건을 중심으로 –", 경쟁법연구 24권, 한국경쟁법학회, 법문사(2011)

최지현, "공정거래법 역외적용의 기준과 범위 – 항공화물운임 담합 판결을 중심으로", 경제법판례연구 10권, 경제법판례연구회, 법문사(2017)

황태희, "화물운송료 담합사건과 항공시장의 경쟁", 외법논집 39권 3호, 한국외국어대학교 법학연구소(2015)

(21) 대법원 2008. 2. 14. 선고 2005두1879 판결 [부동산중개업자 친목회 사건] (사업자단체의 개념)

[1] 구 독점규제 및 공정거래에 관한 법률 제2조 제4호에 규정한 사업자단체의 의미 및 요건

[2] 독점규제 및 공정거래에 관한 법률 제23조 제1항 제8호의 성격 및 위 제8호에 관한 불공정거래행위의 유형 또는 기준이 같은 법 시행령에 정하여 있지 않음에도 문제된 행위를 위 제8호의 '공정한 거래를 저해할 우려가 있는 행위'로 의율하여 제재를 가할 수 있는지 여부(소극)

[1] 구 독점규제 및 공정거래에 관한 법률(2004. 12. 31. 법률 제7315호로 개정되기 전의 것) 제2조 제4호에서 사업자단체는 그 형태 여하를 불문하고 2 이상의 사업자가 공동의 이익을 증진할 목적으로 조직한 결합체 또는 그 연합체를 말한다고 규정하고 있고, 여기서 '공동의 이익'이란 구성사업자의 경제활동상의 이익을 말하고 단지 친목, 종교, 학술, 조사, 연구, 사회활동만을 목적으로 하는 단체는 이에 해당하지 않는다. 또한, 사업자단체에 참가하는 개별 구성사업자는 독립된 사업자이어야 하므로, 개별 사업자가 그 단체에 흡수되어 독자적인 활동을 하지 않는 경우에는 사업자단체라고 할 수 없고, 사업자단체로 되기 위해서는 개별 구성사업자와 구별되는 단체성, 조직성을 갖추어야 한다.

[2] 독점규제 및 공정거래에 관한 법률 제23조 제1항 제8호가 복잡·다양한 경제활동 또는 시장 상황에서 발생할 수 있는 불공정거래행위 전부를 법률에 규정하는 것이 입법기술상 어려운 상황에서 공정거래 저해성에 있어서 그 제1호 내지 제7호와 유사한 행위를 규제하기 위한 것이라고 하더라도, 위 제8호에서는 제1호 내지 제7호와 달리 기본적 행위유형이나 이를 가늠할 대강의 기준조차 전혀 제시되어 있지 않아서 수범자인 사업자의 입장에서는 구체적으로 통상의 사업활동 중에 행하여지는 어떤 행위가 위 제8호에서 규정한 '공정한 거래를 저해할 우려가 있는 행위'에 해당하는 것으로서 금지되는지 여부를 예측하기가 매우 어렵다.

더욱이 독점규제 및 공정거래에 관한 법률은 같은 법 제23조 제1항에 위반하여 불공정거래행위를 한 사업자에 대하여 행정적 제재뿐만 아니라 형사처벌까지 가능하도록 하고 있는 점을 감안하면, 위 제8호는 행위의 작용 내지 효과 등이 제1호 내지 제7호와 유사한 유형의 불공정거래행위를 규제할 필요가 있는 경우에 이를 대통령령으로 정하여 규제하도록 한 수권규정이라고 해석함이 상당하다. 따라서 같은 법 시행령에 위 제8호와 관련된 불공정거래행위의 유형 또는 기준이 정하여져 있지 아니한 이상, 문제된 행위가 공정한 거래를 저해할 우려가 있는 행위라고 하여 이를 위 제8호의 불공정거래행위로 의율하여 제재를 가할 수는 없다.

참조조문

[1] 구 독점규제 및 공정거래에 관한 법률(2004. 12. 31. 법률 제7315호로 개정되기 전의 것) 제2조 제4호
[2] 독점규제 및 공정거래에 관한 법률 제23조 제1항 제8호

전 문

【원고, 상고인】 원고 1 주식회사 외 13인
【피고, 피상고인】 공정거래위원회
【원심판결】 서울고법 2004. 10. 21. 선고 2003누12693 판결
【주 문】
원심판결 중 원고 1 주식회사 부분을 파기하고, 이 부분 사건을 서울고등법원에 환송한다. 원고 1 주식회사를 제외한 나머지 원고들의 상고를 모두 기각한다. 원고 1 주식회사를 제외한 나머지 원고들과 피고 사이에 생긴 상고비용은 위 원고들이 부담한다.
【이 유】
상고이유를 판단한다.

1. 원고 1 주식회사를 제외한 나머지 원고들의 상고이유에 대하여

가. 원고 12 부분

원심판결 이유에 의하면 원심은, 원고 12의 소송대리인으로서 이 사건 소를 제기한 변호사 최호영의 소송대리권의 증명이 없음을 이유로 원고 12의 이 사건 소를 각하하였는바, 기록에 의하면 원심의 위와 같은 조치는 정당한 것으로 수긍이 가고, 거기에 소송대리권에 관한 위임계약 및 무권대리행위의 추인에 관한 법리오해의 위법이 없다.

나. 원고 2 등 부분

(1) 구 독점규제 및 공정거래에 관한 법률(2004. 12. 31. 법률 제7315호로 개정되기 전

의 것, 이하 '공정거래법'이라 한다)은 그 제2조 제4호에서 사업자단체를 그 형태 여하를 불문하고 2 이상의 사업자가 공동의 이익을 증진할 목적으로 조직한 결합체 또는 그 연합체를 말한다고 규정하고 있는바, 여기서 '공동의 이익'이라 함은 구성사업자의 경제활동상의 이익을 말하고, 단지 친목, 종교, 학술, 조사, 연구, 사회활동만을 목적으로 하는 단체는 이에 해당되지 않는다. 또한, 사업자단체에 참가하는 개별 구성사업자는 독립된 사업자이어야 하므로, 개별 사업자가 그 단체에 흡수되어 독자적인 활동을 하지 않는 경우에는 사업자단체라고 할 수 없고, 사업자단체로 되기 위해서는 개별 구성사업자와는 구별되는 단체성, 조직성을 갖추어야 할 것이다.

원심판결 이유에 의하면, 원심은 그 채택증거를 종합하여 그 판시와 같은 사실을 인정한 다음, 원고 1 주식회사를 제외한 나머지 원고들(이하, 원고 1 주식회사와 원고 12를 제외한 나머지 원고들을 칭할 경우에는 '원고 2 등'이라 하고, 원고 2 등에 원고 12를 포함하여 칭할 경우에는 '원고 친목회들'이라 한다)은 부동산중개업자인 회원 상호간의 친목도모와 부동산거래질서 확립 및 부동산중개업자 회원의 공동이익 증진 등을 목적으로 하여 성남시 분당구의 동 또는 마을 단위로 1998년 2월경부터 1999년 사이에 설립된 부동산중개업자들의 결합체로서, 독자적인 명칭을 갖고 그 대표자로 회장과 그 아래 부회장, 총무 등의 조직을 갖추고 있으며, 총회 및 임시총회에서 주요 의사결정을 하는 등 의사결정절차를 두고 있고, 분당지역 13개 부동산중개업자친목회 전·현직 회장 등이 중심이 되어 결성된 점, 원고 친목회들은 그 연합체 성격의 소외회에서 윤리규정을 제정하고, 그 산하 단체로 볼 수 있는 각 회에서 그 회원들에 대한 강제력을 갖는 윤리규정을 시행한 점, 원고 12 등의 경우에는 위 윤리규정 시행 전에 자체 회칙과 윤리규정을 갖추고 있었던 점 등에 비추어 보면 원고 2 등이 공정거래법 제2조 제4호 소정의 사업자단체에 해당된다고 판단하였다.

위 법리 및 기록에 비추어 살펴보면, 원심의 위와 같은 사실인정 및 판단에 상고이유로 주장하는 원고 2 등의 조직 및 활동에 관한 채증법칙 위배 및 사업자단체에 관한 법리오해 등의 위법이 없다.

(2) 한편, 원심은 그 채택증거들을 종합하여, 원고 친목회들은 2000년 7월경 소외회를 결성하여 짝수 달 둘째 목요일에 정기모임과 수시 모임을 통해 업권보호와 친목도모 및 복지증진을 꾀하여 온 사실, 원고 친목회들은 2001년 3월 내지 같은 해 4월경에 소외회 모임을 통해 비회원과의 거래금지, 일요일 영업금지, 광고제한 등 구성사업자의 사업내용 또는 활동을 제한하는 내용이 포함된 '건전질서 확립을 위한 윤리규정'을 제정하고 이를 분당지역 각 부동산중개업자 친목회가 공통적으로 시행할 것을 결의하였으며, 위 윤리규정을 각 회원들에게 배포한 사실, 한편 부동산중개업자 상호 간에 중개대상물의 중개에 관한 정보를 교환하는 부동산거래정보망을 운영하는 사업자인 원고 1 주식회사는 2000년 11월경 원고 친목회들의 회장단의 모임에 참석하여 자신이 개발한 시스템에 대한 설명을 하면서, 다른 부동산거래정보망 운영업체인 소외 주식회사와는 달리 자신들이 운용하는 부동산거래정보망을 이용할 경우 비회원에 대하여 정보를 차단할 수 있으므로 부당한 거래거절 등의 공정거래법 위반을 회피하면서 비회원을 부동산거래정보망에서 배제할 수 있다고 홍보한 사실, 이에 원고 친목회들은 2000년 12월경 소외회 모임을 통하여 기존에 이용하고 있던 소외 주

식회사의 부동산거래정보망 대신 정보차단장치가 설치되어 있는 원고 1 주식회사의 부동산
거래정보망을 이용하기로 한 후, 비회원 명단의 작성 및 회원들에 대한 명단 배포를 함으로
써 회원들로 하여금 비회원에 대하여 부동산거래정보를 차단하도록 하였으며, 원고 친목회
들의 회원들은 원고 1 주식회사의 부동산거래정보망을 이용하여 비회원에 대하여 부동산거
래정보를 차단한 사실 등을 인정한 다음, 사업자단체인 원고 2 등의 위와 같은 행위는 구성
사업자인 회원들의 사업내용 또는 활동을 부당하게 제한하는 행위 및 회원들에 대하여 표
시·광고를 제한하는 행위로서 공정거래법 제26조 제1항 제3호와 표시·광고의 공정화에
관한 법률 제6조 제1항을 각 위반하였고 결국 이를 이유로 한 피고의 원고 2 등에 대한 이
사건 처분은 적법하다고 판단하였다.

기록에 비추어 살펴보면, 원심의 위와 같은 사실인정 및 판단에 상고이유의 주장과 같은
채증법칙을 위반한 위법이 있다고 인정되지 아니할 뿐만 아니라, 원고 2 등의 이 부분 상고
이유는 사실심의 전권에 속하는 증거의 취사선택과 사실인정을 탓하는 것에 불과하여 적법
한 상고이유라고 보기도 어렵다.

2. 원고 1 주식회사의 상고이유에 대하여

공정거래법 제23조 제1항은 "사업자는 다음 각 호의 어느 하나에 해당하는 행위로서 공
정한 거래를 저해할 우려가 있는 행위(이하 '불공정거래행위'라 한다)를 하거나, 계열회사
또는 다른 사업자로 하여금 이를 행하도록 하여서는 아니된다"라고 규정한 후, 그 제1호 내
지 제7호에서 불공정거래행위의 유형을 규정하고 그 제8호에서는 '제1호 내지 제7호 이외의
행위로서 공정한 거래를 저해할 우려가 있는 행위'를 불공정거래행위의 하나로 규정하고 있
다. 그리고 "불공정거래행위의 유형 또는 기준은 대통령령으로 정한다"라는 공정거래법 제
23조 제2항에 따라 구 공정거래법 시행령(2007. 7. 13. 대통령령 제20166호로 개정되기 전
의 것, 이하 같다) 제36조 제1항은 불공정거래행위들의 구체적 유형 또는 기준을 정하고 있
는데, 거기에는 공정거래법 제23조 제1항 제1호 내지 제7호와 관련된 불공정거래행위들의
유형 또는 기준만이 규정되어 있을 뿐 그 제8호와 관련된 규정은 없다. 한편, 공정거래법은
공정거래법 제23조 제1항에 위반하여 불공정거래행위를 한 사업자에 대하여 시정조치(공정
거래법 제24조), 과징금(공정거래법 제24조의2), 형벌(공정거래법 제67조 제2호) 등의 제재
를 가할 수 있도록 규정하고 있다.

그런데 공정거래법 제23조 제1항 제8호가 복잡·다양한 경제활동 또는 시장상황에서 발
생할 수 있는 불공정거래행위 전부를 법률에 규정하는 것이 입법기술상 어려운 상황에서 공
정거래저해성에 있어서 그 제1호 내지 제7호와 유사한 행위를 규제하기 위한 것이라고 하
더라도, 위 제8호에서는 제1호 내지 제7호와 달리 그 기본적 행위유형이나 이를 가늠할 대
강의 기준조차도 전혀 제시되어 있지 아니한 관계로 수범자인 사업자의 입장에서 구체적으
로 통상의 사업활동 중에 행하여지는 어떤 행위가 위 제8호에서 규정한 '공정한 거래를 저해
할 우려가 있는 행위'에 해당하는 것으로서 금지되는지 여부를 예측하기가 매우 어렵다. 더
욱이 앞서 본 바와 같이 공정거래법은 공정거래법 제23조 제1항에 위반하여 불공정거래행위
를 한 사업자에 대하여 행정적 제재뿐만 아니라 형사처벌까지 가능하도록 하고 있는 점을
감안하면, 공정거래법 제23조 제1항 제8호는 행위의 작용 내지 효과 등이 그 제1호 내지 제7

호와 유사한 유형의 불공정거래행위를 규제할 필요가 있는 경우에 이를 대통령령으로 정하여 규제하도록 한 수권규정이라고 해석함이 상당하다. 따라서 공정거래법 시행령에 공정거래법 제23조 제1항 제8호와 관련된 불공정거래행위의 유형 또는 기준이 정하여져 있지 아니한 이상 문제된 행위가 공정한 거래를 저해할 우려가 있는 행위라고 하여 이를 공정거래법 제23조 제1항 제8호의 불공정거래행위로 의율하여 제재를 가할 수는 없다고 할 것이다.

그런데 피고는 원고 1 주식회사의 이 사건 홍보행위를 공정거래법 제23조 제1항 제8호의 불공정거래행위로 의율하여 원고 1 주식회사에 대하여 시정명령 등 이 사건 처분을 하였고, 이에 대하여 원심은 공정거래법 시행령에 공정거래법 제23조 제1항 제8호와 관련된 불정거래행위의 유형 또는 기준에 관한 규정이 없더라도 원고 1 주식회사의 이 사건 홍보행위를 공정거래법 제23조 제1항 제8호의 불공정거래행위로 의율할 수 있다는 전제하에 원고 1 주식회사의 이 사건 홍보행위를 공정거래법 제23조 제1항 제8호의 불공정거래행위로 의율한 피고의 원고 1 주식회사에 대한 이 사건 처분은 적법하다고 판단하였다. 그러나 앞서 본 법리에 비추어 보면 위와 같은 원심판결에는 위 규정의 해석·적용과 관련한 법리를 오해하여 판결에 영향을 미친 위법이 있다 할 것이므로 이를 지적하는 이 부분 상고이유에 관한 주장은 이유 있다.

3. 결 론

그러므로 원고 1 주식회사의 나머지 상고이유에 대한 판단을 생략한 채 원심판결 중 원고 1 주식회사에 대한 부분을 파기하여 이 부분 사건을 서울고등법원에 환송하고, 원고 1 주식회사를 제외한 나머지 원고들의 상고를 모두 기각하기로 하여 관여 법관의 일치된 의견으로 주문과 같이 판결한다.

대법관   김영란(재판장) 김황식 이홍훈(주심) 안대희

▌ 참조문헌 ▌

이승택, "독점규제 및 공정거래에 관한 법률 제23조 제1항 제8호의 직접 적용 가능 여부 – 대상판결: 대법원 2008. 2. 14. 선고 2005두1879 판결 –", 경쟁법연구 20권, 한국경쟁법학회, 법문사(2009)

---

(22) 대법원 2003. 2. 20. 선고 2001두5347 전원합의체 판결 [대한의사협회 사건 I]
(사업자단체, 기본권)

판시사항

[1] 독점규제 및 공정거래에 관한 법률에 의한 시정명령의 명확성 정도

[2] 사단법인 대한의사협회가 독점규제 및 공정거래에 관한 법률의 적용대상인 사업
자단체에 해당하는지 여부(적극)

[3] 사업자단체인 사단법인 대한의사협회가 의약분업 시행을 앞두고 의료계의 주장
을 관철하기 위하여 의사대회를 개최하면서 구성사업자인 의사들에게 대회 당일
휴업·휴진할 것과 참석자에 대한 참석 서명 및 불참자에 대한 불참사유서 징
구를 결의하고 이를 통보하여 휴업·휴진하도록 한 행위가 독점규제 및 공정거
래에 관한 법률 제26조 제1항 제3호 소정의 '구성사업자의 사업내용 또는 활동
을 부당하게 제한하는 행위'에 해당하는지 여부(적극)

판결요지

[1] 독점규제 및 공정거래에 관한 법률에 의한 시정명령이 지나치게 구체적인 경우
매일 매일 다소간의 변형을 거치면서 행해지는 수많은 거래에서 정합성이 떨어
져 결국 무의미한 시정명령이 되므로 그 본질적인 속성상 다소간의 포괄성·추
상성을 띨 수밖에 없다 할 것이고, 한편 시정명령 제도를 둔 취지에 비추어 시
정명령의 내용은 과거의 위반행위에 대한 중지는 물론 가까운 장래에 반복될 우
려가 있는 동일한 유형의 행위의 반복금지까지 명할 수는 있는 것으로 해석함이
상당하다.

[2] 독점규제 및 공정거래에 관한 법률 제2조 제1호, 제4호, 제26조의 각 규정을 종
합하여 보면, 같은 법의 적용대상인 사업자단체는 2 이상의 제조업, 서비스업,
기타 사업을 행하는 자가 공동의 이익을 증진할 목적으로 조직한 결합체 또는
그 연합체를 말한다 할 것인바, 사단법인 대한의사협회는 의료법 제26조 제1항
에 의하여 설립된 의사회의 중앙회로서, 그 정관에서 사회복지와 국민건강증진
및 보건향상에 기여하기 위한 의도의(醫道義) 앙양, 의학·의술의 발전보급 외에
도 '의권 및 회원권익옹호' 등을 그 목적으로 내세우는 한편 의도의 앙양과 의권
신장에 관한 사항 등을 그 사업내용으로 규정하고 있음을 알 수 있으므로, 이러
한 정관의 규정과 대한의사협회의 활동내용을 종합하여 보면, 대한의사협회는
서비스업 기타 사업을 행하는 사업자인 의사들이 구성원이 되어 공동의 이익을
증진할 목적 등을 가지고 의료법에 의하여 조직된 사단법인이므로 독점규제 및
공정거래에 관한 법률의 적용대상인 사업자단체에 해당한다.

[3] [다수의견] 원래 사업자단체는 구성사업자의 공동의 이익을 증진하는 것을 목적
으로 하는 단체로서, 그 목적 달성을 위하여 단체의 의사결정에 의하여 구성사

업자의 사업활동에 대하여 일정한 범위의 제한을 하는 것은 예정되어 있다고 할 것이나, 그 결의가 구성사업자의 사업활동에 있어서 공정하고 자유로운 경쟁을 저해하는 경우에는 독점규제 및 공정거래에 관한 법률 제26조 제1항 제3호에 규정된 '구성사업자의 사업내용 또는 활동을 부당하게 제한하는 행위'에 해당한다고 할 것인데, 사업자단체인 사단법인 대한의사협회가 의약분업 시행을 앞두고 의료계의 주장을 관철하기 위하여 개최하는 의사대회 당일 휴업·휴진할 것과 참석 서명 및 불참자에 대한 불참사유서를 징구할 것을 결의하고, 그 결의내용을 문서, 인터넷 홈페이지 및 신문광고 등을 통해 자신의 구성사업자인 의사들에게 통보하여 대회 당일 휴업·휴진을 하도록 한 행위는, 이른바 단체적 구속으로서, 내심으로나마 휴업·휴진에 반대하는 구성사업자인 의사들에게 자기의 의사에 반하여 휴업·휴진하도록 사실상 강요함으로써 구성사업자들의 공정하고 자유로운 경쟁을 저해하는 결과를 가져온다고 할 것이고, 한편, 의료 업무는 그 공익적 성격으로 인하여 여러 가지 공법적 제한이 따르고 있으나, 그 제한 외의 영역에서 개업, 휴업, 폐업, 의료기관의 운영방법 등은 의료인의 자유에 맡겨져 있는 것이고, 그와 같은 자유를 바탕으로 한 경쟁을 통하여 창의적인 의료활동이 조장되고 소비자인 일반 국민의 이익도 보호될 수 있는 것인바, 대한의사협회가 비록 구성사업자인 의사들 모두의 이익을 증진하기 위한 목적에서라고 하더라도 구성사업자들에게 본인의 의사 여하를 불문하고 일제히 휴업하도록 요구하였고 그 요구에 어느 정도 강제성이 있었다고 한다면, 이는 구성사업자인 의사들의 자유의 영역에 속하는 휴업 여부 판단에 사업자단체가 간섭한 것이고, 그 결과 사업자 각자의 판단에 의하지 아니한 사유로 집단휴업 사태를 발생시키고 소비자 입장에 있는 일반 국민들의 의료기관 이용에 큰 지장을 초래하였으니, 그와 같은 집단휴업 조치는 의사들 사이의 공정하고 자유로운 경쟁을 저해하는 것이라고 보지 않을 수 없으므로, 대한의사협회의 행위는 독점규제 및 공정거래에 관한 법률 제26조 제1항 제3호 소정의 '부당한 제한행위'에 해당한다.

[별개의견] 독점규제 및 공정거래에 관한 법률의 규정도 기본적으로는 그 법률조항에서 사용된 문언의 통상적인 의미와 그 법률조항 상호의 관계, 법이 그 규정에 의하여 달성하려고 하는 목적 등을 종합하여 합리적으로 판단하여야 할 것인바, 사업자단체의 금지행위 조항인 같은 법 제26조 제1항 제1호 및 제3호를, 그에 사용된 문언의 통상적 의미로 해석할 때, 같은 조 제1항 제1호는 사업자단체가 가격, 거래조건, 고객, 설비, 개업, 영업방법 등에 관하여 같은 법 제19조

제1항 각 호의 행위에 의하여 구성사업자에 대하여 부당하게 경쟁을 제한하는 행위를 금지하는 내용인 데 반하여, 같은 법 제26조 제1항 제3호는 사업자단체가 경쟁과 직접적인 관계없이 구성사업자의 사업내용 또는 활동을 부당하게 제한하는 행위를 금지하는 내용으로 이해함이 자연스럽고, 또한, 경쟁 제한행위를 금지한 같은 조 제1항 제1호와 별개로, 그 제3호에 경쟁제한과 직접 관계없이 사업자단체가 구성사업자의 활동을 부당하게 제한하는 행위를 금지하고 이를 위반한 때 행정제재를 가하도록 규정한 것으로 해석한다 하여, 그러한 해석이 입법목적에 반한다고 볼 것은 아니므로, 같은 법 관련 조항의 합목적적 해석상 같은 법 제26조 제1항 제3호의 해당요건으로서 '부당한 제한행위' 외에 '자유공정경쟁제한'이라는 요건을 부가할 것은 아니다.

[반대의견] 독점규제 및 공정거래에 관한 법률의 목적은 공정하고 자유로운 경쟁을 촉진함으로써 창의적인 기업활동을 조장하려는 등에 있고(제1조), 한편 같은 법 제26조 제1항 제3호에서 사업자단체의 금지행위로서 '구성사업자의 사업내용 또는 활동을 부당하게 제한하는 행위'를 규정하고 있는 취지는 원래 사업자단체는 구성사업자의 공동의 이익을 증진하는 것을 목적으로 하는 단체로서 그 목적 달성을 위하여 단체의 의사결정에 의하여 구성사업자의 사업활동에 대하여 일정한 범위의 제한을 하는 것이 어느 정도 예정되어 있다고 하더라도, 그 결의의 내용이 구성사업자의 사업내용이나 활동을 과도하게 제한하여 구성사업자 사이의 공정하고 자유로운 경쟁을 저해할 정도에 이른 경우에는 이를 허용하지 않겠다는 데에 있는 것인바, 사업자단체의 행위가 '구성사업자의 사업내용 또는 활동을 부당하게 제한하는 행위'에 해당하는지 여부는 위와 같은 독점규제 및 공정거래에 관한 법률의 목적과 사업자단체의 일정한 행위를 금지하는 취지, 당해 사업자단체의 설립목적과 성격, 구성사업자의 지위, 당해 행위의 목적과 의도 및 태양, 효과와 영향, 구성사업자에게 미치는 구속력의 정도 등을 종합하는 한편 외부적으로 드러나는 직접적인 이윤동기까지 아울러 고려하여 그것이 구성사업자 사이의 '공정하고 자유로운 경쟁을 저해하는 경우'에 해당하는지 여부에 따라 합리적으로 판단하여야 할 것이고, 일반적으로 여기에 해당되는 행위유형으로는 경쟁관계에 있는 사업자들을 구성원으로 하는 사업자단체에 의하여 행하여지는 가격, 고객, 설비, 개업, 영업방법 등에 대한 제한 등을 들 수 있는데, 대한의사협회가 의사대회에 다수의 의사들이 참가하도록 독려하기 위해 구성사업자인 의사들에게 휴업을 하도록 통보한 이 사건에서, 대한의사협회의 행

위의 목적은 정부의 의료정책에 대한 항의에 있는 것이지 구성사업자인 의사들 사이의 경쟁을 제한하여 이윤을 더 얻겠다는 데 있는 것이 아님이 분명하므로, 위 '부당성'의 판단 기준에 비추어 볼 때 대한의사협회가 정부의 정책에 대하여 항의의사를 표시하는 과정에서 구성사업자 상당수로 하여금 영업의 기회를 포기하게 하였다는 점을 들어 바로 대한의사협회의 행위를 구성사업자 사이의 공정하고 자유로운 경쟁을 저해하는 행위로서 허용될 수 없는 행위라고 단정하기는 어렵다 할 것이고, 나아가 이는 사업자단체에 의하여 행하여지는 가격, 고객, 설비, 개업, 영업방법 등에 대한 제한 등에도 해당하지 아니한다 할 것이어서, 대한의사협회의 행위는 같은 법 제26조 제1항 제3호에 의하여 금지되는 사업자단체의 행위에 해당한다고 할 수 없다.

[보충의견] 독점규제 및 공정거래에 관한 법률의 목적이 '사업자의 시장지배적 지위의 남용과 과도한 경제력의 집중을 방지하고, 부당한 공동행위 및 불공정거래행위를 규제하여 공정하고 자유로운 경쟁을 촉진함'에 있음에 비추어(제1조), 동법 제26조 제1항이 사업자단체에 대하여 일정한 행위를 금지하는 것은 그와 같은 행위가 사업자 사이의 공정하고 자유로운 경쟁을 저해하거나 저해할 우려가 있기 때문인 것으로 이해하여야 할 것이고, 따라서 제3호의 '구성사업자의 사업내용 또는 활동을 부당하게 제한하는 행위'도 공정하고 자유로운 경쟁의 저해와 관련된 사항에 관한 것임을 당연한 전제로 하는 것으로 보아야 할 것이므로, 독점규제 및 공정거래에 관한 법률의 목적과는 아무런 관련이 없는 사항에 관한 제한, 예컨대 경쟁제한적 요소가 전혀 없는 회비징수, 회의참석, 영업내부의 경영방식(회계방법, 노무관리 등) 등에 관한 제한은, 다른 법에 의한 규제는 별론으로 하고, 그 본질상 독점규제 및 공정거래에 관한 법률의 규제대상이 될 수 없으며, 한편, 다수의견은 제한행위의 내용이 경쟁제한과 관련된 것이라면, 즉 반대의견의 표현을 빌린다면 '경쟁정책상 문제가 있는 행위'라면, 그 제한의 정도 여하를 불문하고 일단 위 법규정의 규제대상이 되는 것으로 보고, 다만 그 제한행위의 '부당'여부를 판단함에 있어서 제한행위의 구체적인 목적이나 효과, 공정하고 자유로운 경쟁을 저해하거나 저해할 우려를 발생시킨 정도 등을 고려하되, 이 경우에도 경쟁의 저해 여부를 유일의 판단요소로 하는 것이 아니고 독점규제 및 공정거래에 관한 법률의 목적은 물론 사회통념상 요청되는 여러 판단요소들과 더불어 하나의 판단요소로서 경쟁저해의 정도를 고려하게 된다는 점에서 반대의견과는 약간 취지를 달리한다.

참조조문

[1] 독점규제 및 공정거래에 관한 법률 제27조
[2] 독점규제 및 공정거래에 관한 법률 제2조 제1호, 제4호, 제26조, 의료법 제26조 제1항
[3] 독점규제 및 공정거래에 관한 법률 제1조, 제26조 제1항 제3호

참조판례

[3] 대법원 1995. 5. 12. 선고 94누13794 판결, 대법원 1997. 5. 16. 선고 96누150 판결,
대법원 2001. 6. 15. 선고 2001두175 판결

따름판례

대법원 2004. 4. 9. 선고 2001두6197 판결, 대법원 2009. 5. 28. 선고 2007두24616 판결,
대법원 2009. 5. 28. 선고 2008두549 판결, 대법원 2010. 11. 25. 선고 2008두23177 판
결, 대법원 2021. 9. 9. 선고 2016두36345 판결, 대법원 2021. 9. 15. 선고 2018두41822
판결

전 문

【원고, 상고인】 사단법인 대한의사협회
【피고, 피상고인】 공정거래위원회
【원심판결】 서울고법 2001. 5. 17. 선고 2000누3278 판결
【주 문】
원심판결 중 법위반사실의 공표명령 부분을 파기하고, 그 부분 소를 각하한다. 나머지 상고
를 기각한다. 소각하 부분의 소송총비용과 상고기각 부분의 상고비용은 모두 원고의 부담으
로 한다.
【이 유】

1. 법위반사실의 공표명령 부분에 관하여

직권으로 보건대, 기록에 의하면, 피고는 이 사건이 당심에 계속중이던 2002. 3. 8. 이
사건 처분 중 법위반사실의 공표명령 부분을 직권으로 취소한 사실을 알 수 있는바, 그렇다
면 이 부분에 대하여는 무효확인 또는 취소를 구할 소의 이익이 없어졌다 할 것이다.

2. 나머지 부분에 관하여

가. 이 사건 시정명령의 내용이 불명확한지 여부

독점규제 및 공정거래에 관한 법률(이하 '공정거래법'이라 한다)에 의한 시정명령이 지나
치게 구체적인 경우 매일 매일 다소간의 변형을 거치면서 행해지는 수많은 거래에서 정합
성이 떨어져 결국 무의미한 시정명령이 되므로 그 본질적인 속성상 다소간의 포괄성·추상
성을 띨 수밖에 없다 할 것이고, 한편 시정명령 제도를 둔 취지에 비추어 시정명령의 내용

은 과거의 위반행위에 대한 중지는 물론 가까운 장래에 반복될 우려가 있는 동일한 유형의 행위의 반복금지까지 명할 수는 있는 것으로 해석함이 상당하다 할 것이다.

원심은, 이 사건 시정명령은 '구성사업자들로 하여금 휴업 또는 휴진을 하도록 함으로써' 라고 하여 행위유형을 명시하면서 원고가 행한 위와 같은 부당한 제한행위를 확인하고 장래 동일한 유형의 행위의 반복금지를 명한 것이고, 반복금지를 명한 행위의 상대방과 내용이 '원고의 구성사업자들인 의사들로 하여금, 그들의 의사에 반하여, 진찰, 투약, 시술 등 의료행위 전반에 걸친 휴업 또는 휴진을 하게 하는 것'임은 이 사건 시정명령에 명시된 법령의 규정이나 이유 등에 비추어 분명하므로, 이 사건 시정명령은 그 행위유형, 상대방, 품목 등에 있어서 관계인들이 인식할 수는 있는 정도로 명확하다는 이유로, 이 사건 시정명령이 아무런 의미가 없는 것이라거나 불명확하여 위법하다는 원고의 주장을 배척하였는바, 기록과 관계 법령의 규정 및 위 법리에 비추어 살펴보면, 이러한 원심의 조치는 정당하고 거기에 상고이유의 주장과 같은 위법이 없다.

이 점에 관한 상고이유의 주장은 받아들일 수 없다.

나. 원고가 공정거래법의 적용대상인 사업자단체인지 여부

공정거래법 제2조 제1호, 제4호, 제26조의 각 규정을 종합하여 보면, 공정거래법의 적용대상인 사업자단체는 2 이상의 제조업, 서비스업, 기타 사업을 행하는 자가 공동의 이익을 증진할 목적으로 조직한 결합체 또는 그 연합체를 말한다 할 것인바, 기록에 의하면, 원고는 의료법 제26조 제1항에 의하여 설립된 의사회의 중앙회로서, 그 정관에서 사회복지와 국민건강증진 및 보건향상에 기여하기 위한 의도의(醫道義) 앙양, 의학·의술의 발전보급 외에도 '의권 및 회원권익옹호' 등을 그 목적으로 내세우는 한편 의도의 앙양과 의권신장에 관한 사항 등을 그 사업내용으로 규정하고 있음을 알 수 있으므로, 이러한 정관의 규정과 원고의 활동내용을 종합하여 보면, 원고는 서비스업 기타 사업을 행하는 사업자인 의사들이 구성원이 되어 공동의 이익을 증진할 목적 등을 가지고 의료법에 의하여 조직된 사단법인이므로 공정거래법의 적용대상인 사업자단체에 해당한다 할 것이다.

같은 취지에서, 원심이 원고를 공정거래법의 적용대상인 사업자단체로 본 조치는 정당하고, 거기에 상고이유에서 지적하는 바와 같은 법리오해 등의 잘못은 없다. 이 점에 관한 상고이유의 주장은 받아들일 수 없다.

다. 원고의 행위가 구성사업자의 사업내용 또는 활동을 부당하게 제한하는 행위인지 여부

(1) 원래 사업자단체는 구성사업자의 공동의 이익을 증진하는 것을 목적으로 하는 단체로서, 그 목적 달성을 위하여 단체의 의사결정에 의하여 구성사업자의 사업활동에 대하여 일정한 범위의 제한을 하는 것은 예정되어 있다고 할 것이나, 그 결의가 구성사업자의 사업활동에 있어서 공정하고 자유로운 경쟁을 저해하는 경우에는 공정거래법 제26조 제1항 제3호에 규정된 '구성사업자의 사업내용 또는 활동을 부당하게 제한하는 행위'에 해당한다고 할 것이다(대법원 1997. 5. 16. 선고 96누150 판결 참조).

(2) 원심은 그 채택한 증거를 종합하여, 원고가 법령에 의하여 구성사업자들에 대하여 가지는 보수교육권 등의 권한과 정관위배나 질서문란의 경우 내려질 수 있는 징계의 내용 및 원고가 2000. 7. 1. 의약분업 시행을 앞두고 실시된 '약품 실거래가 상환제'를 둘러싸고

의약분업제도의 보완과 의료수가의 현실화 등 의료계의 주장을 관철하기 위하여 의권쟁취
투쟁위원회(이하 '의쟁투'라 한다)의 설립을 승인하고 대정부 투쟁에 따른 전권을 위임함에
따라 의쟁투가 중심이 되어 2000. 2. 17. 이 사건 의사대회를 개최하기로 하고 당일 전체
의료기관의 1일 휴업을 기본방침으로 하되 의사대회 참석에 따른 휴진신고 문제는 각 의사
회 단위로 처리하기로 하는 한편, 참석 서명과 아울러 불참자에 대해서는 불참사유서를 받
기로 결의하여 소속 회원들에게 통보한 결과 전국의 14,847개 의원이 이 사건 의사대회 참
석을 위해 관할 보건소에 휴업신고를 함으로써 전체 병·의원의 75.8%, 개인의원의 79.7%
가 대회 당일 휴업하였고, 구성사업자인 의사 등 약 3만 명이 이 사건 의사대회에 참석한
사실 등 그 판시와 같은 사실을 인정한 다음, 의사면허를 취득한 자는 의료법의 규정에 따
라 관련 사업자단체인 원고의 당연 회원으로 가입되고 그 정관을 준수하여야 하며, 원고는
그 회원이 '정관위배 및 본회 질서문란행위'를 한 때에는 회원권리정지 등의 징계를 할 수
있는 권한이 있는 데다가, 사업자단체의 구성사업자들은 단체의 구성원으로서 그 단체의 의
사결정에 따라야 하는 것이 일반적인 조직체의 속성인 점에 비추어 볼 때, 원고는 그 구성
사업자들에 대하여 상당한 영향력을 행사할 수 있는 지위에 있다고 보인다고 전제하고 나
서, 원고가 이 사건 의사대회와 관련하여 특별기구로 설치한 의쟁투 등에 전권을 위임하고,
그들이 수차의 회의를 통해 대회 당일 휴업·휴진할 것과 참석 서명 및 불참자에 대한 불
참사유서를 징구할 것을 결의하고, 그 결의내용을 문서, 인터넷 홈페이지 및 신문광고 등을
통해 자신의 구성사업자들에게 통보하여 대회 당일 휴업·휴진을 하도록 한 행위는, 이른바
단체적 구속으로서, 내심으로나마 휴업·휴진에 반대하는 구성사업자들에게 자기의 의사에
반하여 휴업·휴진하도록 사실상 강요함으로써 구성사업자들의 공정하고 자유로운 경쟁을
저해하는 결과를 가져온다고 할 것이므로, 이는 공정거래법 제26조 제1항 제3호에 규정된
'구성사업자의 사업내용 또는 활동을 부당하게 제한하는 행위'에 해당한다고 판단하였다.

(3) 기록에 의하여 살펴보면, 원심의 사실인정은 정당한 것으로 수긍할 수 있고, 거기에
채증법칙 위배의 위법은 없다.

(4) 나아가 위에서 본 법리와 사실관계에 비추어 이 사건 집단휴업 조치가 '부당한 제한
행위'에 해당하는지를 본다.

의료 업무는 그 공익적 성격으로 인하여 여러 가지 공법적 제한이 따르고 있으나, 그 제
한 외의 영역에서 개업, 휴업, 폐업, 의료기관의 운영방법 등은 의료인의 자유에 맡겨져 있
는 것이고, 그와 같은 자유를 바탕으로 한 경쟁을 통하여 창의적인 의료활동이 조장되고 소
비자인 일반 국민의 이익도 보호될 수 있는 것이다.

이 사건에서, 원고가 비록 구성사업자인 의사들 모두의 이익을 증진하기 위한 목적에서
라고 하더라도 구성사업자들에게 본인의 의사 여하를 불문하고 일제히 휴업하도록 요구하
였고 그 요구에 어느 정도 강제성이 있었다고 한다면, 이는 구성사업자인 의사들의 자유의
영역에 속하는 휴업 여부 판단에 사업자단체가 간섭한 것이고, 그 결과 사업자 각자의 판단
에 의하지 아니한 사유로 집단휴업 사태를 발생시키고 소비자 입장에 있는 일반 국민들의
의료기관 이용에 큰 지장을 초래하였으니, 그와 같은 집단휴업 조치는 의사들 사이의 공정
하고 자유로운 경쟁을 저해하는 것이라고 보지 않을 수 없고, 따라서 원고의 행위는 위 법

제26조 제1항 제3호 소정의 '부당한 제한행위'에 해당한다고 할 것이다.

같은 취지의 원심 판단은 정당하고, 거기에 상고이유로 주장하는 바와 같이 공정거래법 제26조 제1항 제3호에 대한 해석을 그르친 위법이 있다고 할 수 없다.

라. 고발의결 부분에 관한 판단유탈 주장에 대하여

기록에 의하면, 원고는 피고의 고발의결 부분에 대하여도 다투다가 그 부분 소를 취하하였음이 분명하므로(기록 258면), 원심판결에 판단유탈이 있다는 취지의 주장은 더 나아가 살필 필요 없이 이유 없다.

3. 그러므로 원심판결 중 법위반사실의 공표명령 부분을 파기하되, 이 법원이 재판하기에 충분하므로 직접 판결하기로 하여 이 부분에 대한 소를 각하하고, 나머지 부분에 관한 상고를 기각하기로 하여 주문과 같이 판결한다.

이 판결에는 위 2.의 다.항의 판단에 관하여 대법관 조무제, 대법관 유지담, 대법관 배기원의 별개의견과 대법관 송진훈, 대법관 변재승, 대법관 윤재식, 대법관 이용우, 대법관 이규홍의 반대의견이 있는 외에는 관여 법관의 의견이 일치되었으며, 대법관 손지열의 다수의견에 대한 보충의견이 있다.

4. 위 판시 2.의 다.항의 판단에 관한 대법관 조무제, 대법관 유지담, 대법관 배기원의 별개의견

가. 법률조항의 해석에 있어서 같은 조항에 규정된 다른 규정과 비교 고찰할 때 그 조항에서 사용된 문언이 일상생활 중에서 사용되고 있는 통상의 용어의 의미로 사용되고 있다고 해석하여야 할 경우에는 그 문언의 통상적인 의미가 입법목적에 반하는 등의 사정이 없는 이상 그 문언에 따라 해석하여야 할 것이다.

공정거래법의 규정도 기본적으로는 그 법률조항에서 사용된 문언의 통상적인 의미와 그 법률조항 상호의 관계, 법이 그 규정에 의하여 달성하려고 하는 목적 등을 종합하여 합리적으로 판단하여야 할 것이다.

그러한 관점에서 사업자단체의 금지행위 조항인 공정거래법 제26조 제1항 제1호 및 제3호를, 그에 사용된 문언의 통상적 의미로 해석할 때, 동조 제1항 제1호는 사업자단체가 가격, 거래조건, 고객, 설비, 개업, 영업방법 등에 관하여 동법 제19조 제1항 각 호의 행위에 의하여 구성사업자에 대하여 부당하게 경쟁을 제한하는 행위를 금지하는 내용인 데 반하여, 동법 제26조 제1항 제3호는 사업자단체가 경쟁과 직접적인 관계없이 구성사업자의 사업내용 또는 활동을 부당하게 제한하는 행위를 금지하는 내용으로 이해함이 자연스럽다.

뿐만 아니라 경쟁 제한행위를 금지한 동조 제1항 제1호와 별개로, 그 제3호에 경쟁제한과 직접 관계없이 사업자단체가 구성사업자의 활동을 부당하게 제한하는 행위를 금지하고 이를 위반한 때 행정제재를 가하도록 규정한 것으로 해석한다 하여, 그러한 해석이 입법목적에 반한다고 볼 것은 아니다.

나. 나아가, 공정거래법 관련 조항의 합목적적 해석상 동법 제26조 제1항 제3호(이하 제3호라 한다)의 해당 요건으로서 '부당한 제한행위' 외에 '자유공정경쟁제한'이란 사정이 필

요한지에 관하여 본다.

공정거래법은 제1조에서 사업자의 시장지배적 지위의 남용을 방지하고 과도한 경제력의 집중을 방지하며 부당한 공동행위 및 불공정거래행위의 규제라는 구체적 수단을 통하여 공정하고 자유로운 경쟁을 촉진하는 방법에 의하여, 창의적인 기업활동을 조장하고 소비자를 보호함과 아울러 국민경제의 균형있는 발전을 도모하는 목적을 이루려는 것임을 밝히고 있다.

또, 동법 제2조 제8호의2에서는 '경쟁을 실질적으로 제한하는 행위'라 함은 '거래의 객체별, 단계별, 지역별로 경쟁관계에 있거나 경쟁관계가 성립될 수 있는 일정한 거래분야에서의 경쟁이 감소하여 특정사업자 또는 사업자 단체의 의사에 따라 어느 정도 자유로이 가격, 수량, 품질, 기타 거래조건 등의 결정에 영향을 미치거나 미칠 우려가 있는 상태를 초래하는 행위'라고 정의한다.

한편, 공정거래법이 예정하는 법률관계의 주체는 각 소비자, 각 사업자, 각 사업자단체 그리고 공정거래위원회가 있으니, 그에 따른 법률관계로는 각 소비자와 각 사업자 간의 관계, 각 소비자와 사업자의 지위에 선 각 사업자단체 간의 관계, 각 구성사업자와 사업자단체 간의 관계, 각 사업자와 공정거래위원회 간의 관계, 각 사업자단체와 공정거래위원회 간의 관계를 예상할 수 있다.

앞서 본 동법 제2조 제8호의2의 규정에서 분명하듯이 경쟁을 실질적으로 제한하는 행위는 '거래분야'에서 금지되는 것이므로, 그 법률관계들 중 그 법의 목적달성을 위한 공정경쟁제한방지라는 입법 취지가 직접 적용되어야 할 법률관계는 각 소비자와 각 사업자 간 그리고 각 소비자와 사업자의 지위에 선 각 사업자단체 간의 관계에 한정된다 할 것이다.

그리고 사업자단체가 하는 행위 중 사업자단체의 구성사업자에 대한 행위는 그 단체가 사업자와 같은 지위에서 대 소비자 관계에서 하는 행위와는 달라서 그 행위 자체가 바로 경쟁제한의 결과를 가져오는 것이 아니라 그 행위로 영향을 받은 구성사업자가 소비자에 대한 관계에서 경쟁을 저해하는 행위를 할 때 비로소 경쟁제한의 결과가 초래되는 것이므로, 구성사업자나 사업자단체의 대 소비자 관계의 규율에서 항상 직접 경쟁저해행위를 방지할 근거와 필요가 있는 것과는 달리, 제3호와 같이 소비자와 직접 관련됨이 없는 사업자단체의 구성사업자들만에 대한 행위의 규율에서는 반드시 경쟁저해방지를 요건으로 삼아야 할 근거도 필요도 없는 것이다.

제3호가 시정명령의 요건으로서 구성사업자의 사업내용 또는 활동을 부당하게 제한하는 행위로 한정명시할 뿐 같은 조항 제1호의 법문언과 달리 '부당하게 경쟁을 제한하는'이란 요건을 덧붙이지 아니한 까닭은 여기에 있다고 하겠다.

더구나, 사업자단체가 구성사업자만을 대상으로 한 행위에 대하여는 직접적인 이해관계를 가진 구성사업자가 그 행위를 다툴 지위에 있는 외에 공정거래위원회만이 감독자의 지위에서 규제할 수 있을 뿐이며 일반소비자가 그 행위에 대하여 직접 다툴 수 있는 이해관계를 갖지 못한다고 볼 것이다.

그러한 사정들까지 감안하여 제3호는 공정거래위원회가 시정명령을 함에 있어 사업자단체의 제3호 해당행위가 경쟁제한을 초래한다는 사정을 주장·입증할 것을 요건으로 규정하지 않았던 것이어서 그 규정은 주장·입증책임 분배의 측면에서도 정당한 것으로 수긍된다.

아울러 생각해 볼 때, 법문에 명정되지 아니한 경쟁제한금지를 위한 요건을 해석상 부가한다고 하면 심리의 실제에 있어서 혼란이 생길 수 있을 것이다.

'경쟁을 제한할 목적으로' 하는 행위를 규제할 것인지, '경쟁제한의 결과가 되는 행위'가 규제되어야 할 것인지, '경쟁이 제한될 우려가 있는 행위'까지도 규제해야 할 것인지 등 부가될 수 있는 요건이 다양하게 상정될 수 있어서 그에 따른 적용범위에서 차이가 나게 될 터인바, 그 결과는 사업자단체의 행위를 규제하는 주체인 공정거래위원회에게 법문에도 없는 막연하고 부당한 주장·입증책임을 지우는 것으로서 법적 안정성의 측면에서도 바람직하지 못한 것이다.

요컨대, 제3호의 요건으로서 경쟁저해방지에 관련된 요건은 부가할 것은 아니라고 하겠다.

다. 다수의견은 제3호의 요건으로서 법문에는 없어도 경쟁의 저해방지라는 요건이 부가되어야 한다고 풀이하면서 이 사건에서의 영업제한행위의 성질상 경쟁이 저해된 것이 주장·입증된 것처럼 판단하고 있다.

그러나 소속 사업자인 의사들에게 함께 일시 폐문할 것을 요구한 대한의사협회의 행위에 있어서 경쟁제한이 내심적 동기였을지는 몰라도 그 행위의 목적이었다거나 또는 그 행위로써 '가격, 수량, 품질 기타 거래조건 등의 결정에 영향을 미치거나 미칠 우려가 있는 상태가 초래되었다.'고 보기는 어려운 이 사건 사실관계에서는 의사들 상호간에 경쟁이 저해된 점에 대한 입증이 되었다거나 그 사정이 추인된 것으로 보기는 어렵다고 하겠다.

또, 반대의견처럼 이 사건 원고의 행위가 정부의 의료정책에 대한 항의에 그 목적이 있을 뿐 의사들 사이의 경쟁을 제한하여 이윤을 더 얻겠다는 데 있는 것이 아니었다고 하더라도, 의사들의 집단휴업은 공정거래법 제26조 제1항 제3호에 의하여 금지되는 사업자단체의 행위에 해당한다고 보는 데 아무런 장애가 되지 아니한다 할 것이다.

따라서 본 견해는 다수의견과 논거를 달리하며 반대의견에 동조하지 않는 것이다.

결국, 이 사건 시정명령의 당부 판단에서는 법문 그대로 구성사업자의 사업내용 또는 활동을 부당하게 제한하는 행위임을 입증하면 충분하다고 하겠으므로, 원심판결의 이유설시에 부적절한 바가 없지는 않으나 그 결론은 옳고 거기에는 판결 결과에 영향을 준 증거법칙 위반, 법리오해 등의 위법사유가 없으며, 또한, 반대의견이 지적하는 대법원 1995. 5. 12. 선고 94누13794 판결은 변경될 것이 아니라 하겠다.

5. 위 판시 2.의 다.항의 판단에 관한 대법관 송진훈, 대법관 변재승, 대법관 윤재식, 대법관 이용우, 대법관 이규홍의 반대의견

가. (1) 다수의견은, 원심이 그 판시와 같은 사실을 인정한 다음, 원고의 판시행위는 이른바 단체적 구속으로서, 내심으로나마 휴업·휴진에 반대하는 구성사업자들에게 자기의 의사에 반하여 휴업·휴진을 하도록 사실상 강요함으로써 구성사업자들의 공정하고 자유로운 경쟁을 저해하는 결과를 가져온다고 할 것이므로, 이는 공정거래법 제26조 제1항 제3호에 규정된 '구성사업자의 사업내용 또는 활동을 부당하게 제한하는 행위'에 해당한다고 판단한 조치를 정당하다고 수긍하였다.

그러나 다수의견은 다음과 같은 이유로 위 규정에 관한 해석을 그르쳤다 할 것이어서 그

대로 받아들일 수 없다.

(2) 공정거래법의 목적은 공정하고 자유로운 경쟁을 촉진함으로써 창의적인 기업활동을 조장하려는 등에 있고(제1조), 한편 공정거래법 제26조 제1항 제3호에서 사업자단체의 금지행위로서 '구성사업자의 사업내용 또는 활동을 부당하게 제한하는 행위'를 규정하고 있는 취지는 원래 사업자단체는 구성사업자의 공동의 이익을 증진하는 것을 목적으로 하는 단체로서 그 목적 달성을 위하여 단체의 의사결정에 의하여 구성사업자의 사업활동에 대하여 일정한 범위의 제한을 하는 것이 어느 정도 예정되어 있다고 하더라도, 그 결의의 내용이 구성사업자의 사업내용이나 활동을 과도하게 제한하여 구성사업자 사이의 공정하고 자유로운 경쟁을 저해할 정도에 이른 경우에는 이를 허용하지 않겠다는 데에 있는 것인바(대법원 2001. 6. 15. 선고 2001두175 판결 참조), 사업자단체의 행위가 '구성사업자의 사업내용 또는 활동을 부당하게 제한하는 행위'에 해당하는지 여부는 위와 같은 공정거래법의 목적과 사업자단체의 일정한 행위를 금지하는 취지, 당해 사업자단체의 설립목적과 성격, 구성사업자의 지위, 당해 행위의 목적과 의도 및 태양, 효과와 영향, 구성사업자에게 미치는 구속력의 정도 등을 종합하는 한편 외부적으로 드러나는 직접적인 이윤동기까지 아울러 고려하여 그것이 구성사업자 사이의 '공정하고 자유로운 경쟁을 저해하는 경우'에 해당하는지 여부에 따라 합리적으로 판단하여야 할 것이고, 일반적으로 여기에 해당되는 행위 유형으로는 경쟁관계에 있는 사업자들을 구성원으로 하는 사업자단체에 의하여 행하여지는 가격, 고객, 설비, 개업, 영업방법 등에 대한 제한 등을 들 수 있다.

그런데 원심이 적법하게 확정한 사실과 기록에 의하면, 원고가 그 구성사업자인 의사들에게 휴업을 하도록 통보한 것은 2000. 7. 1. 의약분업 시행을 앞두고 실시된 '약품 실거래가 상환제'를 둘러싸고 의약분업제도의 보완과 의료수가의 현실화 등 의료계의 주장을 관철하기 위하여 열리는 이 사건 의사대회에 다수의 의사들이 참가하도록 독려하기 위하여 행하여진 것임을 알 수 있는바, 원고의 행위의 목적은 정부의 의료정책에 대한 항의에 있는 것이지 구성사업자인 의사들 사이의 경쟁을 제한하여 이윤을 더 얻겠다는 데 있는 것이 아님이 분명하므로, 위 '부당성'의 판단 기준에 비추어 볼 때 원고가 정부의 정책에 대하여 항의의사를 표시하는 과정에서 구성사업자 상당수로 하여금 영업의 기회를 포기하게 하였다는 점을 들어 바로 원고의 행위를 구성사업자 사이의 공정하고 자유로운 경쟁을 저해하는 행위로서 허용될 수 없는 행위라고 단정하기는 어렵다 할 것이고, 나아가 이는 사업자단체에 의하여 행하여지는 가격, 고객, 설비, 개업, 영업방법 등에 대한 제한 등에도 해당하지 아니한다 할 것이어서, 원고의 행위는 공정거래법 제26조 제1항 제3호에 의하여 금지되는 사업자단체의 행위에 해당한다고 할 수 없다.

(3) 다수의견은 위 규정의 취지에 대하여서는 견해를 같이하면서도, 비록 구성사업자 모두의 이익을 증진하기 위한 목적에서라고 하더라도 구성사업자들에게 본인의 의사 여하를 불문하고 일제히 휴업하도록 요구하였고 그 요구에 어느 정도 강제성이 있었다고 한다면 그와 같은 집단휴업조치로 인하여 의사들 사이의 공정하고 자유로운 경쟁이 저해되었다고 보지 않을 수 없으므로 공정거래법위반행위에 해당한다고 판단하고 있으나, 원고가 구성사업자인 의사들로 하여금 휴업을 하게 한 목적은 정부의 의료정책에 대한 항의집회에 참석

하도록 하는 데 있었던 것이지 담합하여 직접적으로 진료비를 인상하려는 데 있었던 것이 아님은 앞서 본 바와 같으므로, 그러한 목적의 휴업이 구성사업자 사이의 공정하고 자유로운 경쟁을 저해하였다고는 할 수 없고, 나아가 원고가 그 구성사업자인 의사들에게 휴업을 하도록 통보하고, 이 사건 의사대회 참석자에 대한 참석 서명 및 불참자에 대한 불참사유서 징구결의를 한 것은 구성사업자 공동의 이익 내지 공익의 증진이라는 목적을 위한 집단적인 의사표시를 함에 있어 구성사업자들의 이탈을 방지하기 위한 조치에 불과하였다 할 것이므로 그것을 의료법 등에 의하여 제한 또는 제재조치의 대상으로 삼는 것은 별론으로 하더라도 이를 두고 의사들 사이의 공정하고 자유로운 경쟁을 저해하는 행위라고 할 수는 없다.

(4) 따라서 이와 같이 공정거래법 제26조 제1항 제3호에 규정된 '부당성'의 의미를 '공정하고 자유로운 경쟁을 저해하는 것'으로 이해하는 한, 경쟁저해라는 개념을 전혀 상정하지 아니한 채 '구 독점규제 및 공정거래에 관한 법률(1994. 12. 22. 법률 제4790호로 개정되기 전의 것) 제26조 제1항 제3호의 취지는 사업자단체의 구성사업자도 그 개개인은 모두 개별사업자이므로 그들의 휴업 여부 결정 등의 사업활동은 그들의 경영방침에 따라 자유롭게 보장되어야 한다는 데에 있음'을 전제로, '사업자단체가 집단휴업 결의내용을 그 구성사업자들에게 통보하여 그들의 자유의사에 불문하고 휴업을 실행하도록 한 행위는 이른바 단체적 구속으로서 개별 구성사업자의 사업내용 또는 활동을 부당하게 제한하는 행위에 해당한다.'고 본 대법원 1995. 5. 12. 선고 94누13794 판결의 견해는 위 반대의견에 배치되는 범위 내에서 변경되어야 한다고 본다.

나. 한편, 다수의견의 별개의견은 공정거래법 제26조 제1항 제1호가 '부당하게 경쟁을 제한하는'으로 규정하고 있는 것과는 달리 제3호가 '부당하게 제한하는'으로만 규정하고 있는 점 등에 착안하여, 제3호는 사업자단체가 경쟁과 직접적인 관계없이 구성사업자의 사업내용 또는 활동을 부당하게 제한하는 행위를 금지하는 내용으로 이해함이 자연스러우므로 제3호의 해당 요건으로서 '부당한 제한행위' 외에 '자유공정경쟁제한'이라는 요건은 필요하지 않고, 따라서 집단휴업을 하게 한 원고의 행위는 그 자체로 위 제3호에 의하여 금지되는 행위에 해당하므로 원심판결의 이유설시에 부적절한 바가 없지 않으나 그 결론은 옳다고 판단하고 있다.

그러나 위 제1호가 '부당하게 경쟁을 제한하는'이라는 요건을 규정하고 있는 것과는 달리 제3호가 '부당하게 제한'이라고만 규정하여 경쟁에 미치는 영향이나 효과를 위법요건으로 명기하지 않고 있는 것은, 제3호는 경쟁의 실질적 제한에는 이르지 않더라도 경쟁정책상 문제가 있는 행위를 규제하겠다는 취지의 규정이어서 그렇게 규정하고 있는 데 불과한 것이지 별개의견의 해석처럼 이러한 요건을 완전히 배제한 규정이라고는 할 수 없고, 또한 앞서 본 공정거래법의 직접적인 목적 등에 비추어 볼 때 제3호에서 말하는 '부당성'이란 '경쟁저해성'에 다름 아니라 할 것이어서 이를 기준으로 행위의 위법성 여부를 판단하여야 할 것이므로, '부당하게'라는 법문의 의미를 '공정하고 자유로운 경쟁을 저해하는'으로 해석한다고 하여 법문에 없는 새로운 요건을 부가하는 것이라고는 할 수 없다.

별개의견의 제3호에 관한 해석도 받아들이기 어렵다.

다. 그럼에도 불구하고, 원심은 원고의 행위가 공정거래법에 의하여 금지되는 사업자단체의 행위에 해당하는 것으로 판단하였으니, 여기에는 제3호에 규정된 '부당한 사업내용 또는 활동 제한'에 관한 법리오해 등으로 판결의 결과에 영향을 미친 위법이 있다 할 것이고, 이 점을 지적하는 취지의 상고이유의 주장은 이유 있어, 원심판결은 그대로 유지될 수 없다 할 것이다.

그러므로 원심판결은 파기되어 원심법원으로 환송됨이 마땅하다.

6. 위 판시 2.의 다.항의 판단에 관한 대법관 손지열의 보충의견

가. 공정거래법의 목적이 '사업자의 시장지배적 지위의 남용과 과도한 경제력의 집중을 방지하고, 부당한 공동행위 및 불공정거래행위를 규제하여 공정하고 자유로운 경쟁을 촉진함'에 있음에 비추어(제1조), 동법 제26조 제1항이 사업자단체에 대하여 일정한 행위를 금지하는 것은 그와 같은 행위가 사업자 사이의 공정하고 자유로운 경쟁을 저해하거나 저해할 우려가 있기 때문인 것으로 이해하여야 할 것이고, 따라서 제3호의 '구성사업자의 사업내용 또는 활동을 부당하게 제한하는 행위'도 공정하고 자유로운 경쟁의 저해와 관련된 사항에 관한 것임을 당연한 전제로 하는 것으로 보아야 할 것이다. 공정거래법의 목적과는 아무런 관련이 없는 사항에 관한 제한, 예컨대 경쟁제한적 요소가 전혀 없는 회비징수, 회의 참석, 영업내부의 경영방식(회계방법, 노무관리 등) 등에 관한 제한은, 다른 법에 의한 규제는 별론으로 하고, 그 본질상 공정거래법의 규제대상이 될 수 없다.

다수의견이 사업자단체의 결의가 '구성사업자의 사업활동에 있어서 공정하고 자유로운 경쟁을 저해하는 경우에' 위 법규정의 부당제한행위에 해당한다고 설시한 것은, 사업자단체의 구성사업자에 대한 제한이 부당하다고 하더라도 그 내용이 사업자 사이의 경쟁제한과 아무런 관련이 없는 것이라면 공정거래법이 발동될 필요도 없고 발동될 수도 없다는 자명한 이치를 표현하는 것일 뿐, 별개의견이 이해하는 것처럼 법이 정하는 요건에 경쟁저해방지라는 별도의 요건을 부가하는 것이 아니다.

나. 한편, 반대의견은 제3호의 취지에 관하여 대체로 다수의견과 견해를 같이하면서도, 이 사건 원고의 행위의 목적은 정부의 의료정책에 대한 항의에 있는 것이지 구성사업자인 의사들 사이의 경쟁을 제한하여 이윤을 더 얻겠다는 데 있는 것이 아님이 분명하므로 이를 구성사업자 사이의 공정하고 자유로운 경쟁을 저해하는 행위라고 단정하기 어렵고, 나아가 이는 사업자단체에 의하여 행하여지는 가격, 고객, 설비, 개업, 영업방법 등에 대한 제한 등에도 해당하지 아니한다고 하여, 그 행위가 위 법규정에 의하여 금지되는 사업자단체의 행위에 해당하지 아니한다고 한다.

그러나 이 사건에서와 같은 집단휴업 조치는 구성사업자의 의사에 불구하고 의료기관을 폐문하고 의료활동을 중지할 것을 요구하는 것으로서, 반대의견 스스로 설시하는 '개업' 내지 '영업방법'에 관한 제한이거나 이에 준하는 제한으로 보아야 할 것이고, 또 그 제한의 내용이 의료기관의 내부운영방법에 국한된 것이 아니라 고객인 일반 국민에 대한 의료서비스의 중단을 포함하고 있는 이상 그 제한이 경쟁제한적 요소와 관련된 것이라고 보지 않을 수 없다. 이 사건 집단휴업 조치의 목적이나 경위 등에 비추어 볼 때 그 집단휴업이 사업자 또는 사업자단체의 이익 증진과 무관한 순수한 공익적 활동이라고 보기도 어렵다.

반대의견은 위와 같은 판단의 전제로, '사업자단체의 결의의 내용이 구성사업자의 사업내용이나 활동을 과도하게 제한하여 구성사업자 사이의 공정하고 자유로운 경쟁을 저해할 정도에 이른 경우에는 이를 허용하지 않는 것'이라고 함으로써, 비록 제한행위의 내용이 경쟁제한과 관련된 것이라고 하더라도 제한행위의 구체적인 목적이나 효과, 구속력의 정도 등에 비추어 '공정하고 자유로운 경쟁을 저해하는 정도에 이르지 않은 경우'에는 위 법규정에서의 제한행위에 해당하지 않는 것으로 될 여지를 남겨두고 있으나(다만 반대의견도 별개의견에 대한 반론 부분에서는, '위 제3호는 경쟁의 실질적 제한에는 이르지 않더라도 경쟁정책상 문제가 있는 행위를 규제하겠다는 취지의 규정'이라고 설시한다), 다수의견은 제한행위의 내용이 경쟁제한과 관련된 것이라면, 즉 반대의견의 표현을 빌린다면 '경쟁정책상 문제가 있는 행위'라면, 그 제한의 정도 여하를 불문하고 일단 위 법규정의 규제대상이 되는 것으로 보고, 다만 그 제한행위의 '부당' 여부를 판단함에 있어서 제한행위의 구체적인 목적이나 효과, 공정하고 자유로운 경쟁을 저해하거나 저해할 우려를 발생시킨 정도 등을 고려하되, 이 경우에도 경쟁의 저해 여부를 유일의 판단요소로 하는 것이 아니고 공정거래법의 목적은 물론 사회통념상 요청되는 여러 판단요소들과 더불어 하나의 판단요소로서 경쟁저해의 정도를 고려하게 된다는 점에서, 위의 견해와는 약간 취지를 달리한다.

다. 그리고 다수의견의 입장에서는, 대법원 1995. 5. 12. 선고 94누13794 판결이, '공정거래법 제26조 제1항 제3호 규정의 취지는 사업자단체의 구성사업자도 그 개개인은 모두 개별사업자이므로 그들의 폐문(휴업) 여부 결정 등의 사업활동은 그들의 경영방침에 따라 자유롭게 보장되어야 한다는 데에 있는 것이고, 따라서 이 사건의 경우 원고 약사회가 집단폐문 결의내용을 그 구성사업자들에게 통보하여 그들의 자유의사에 불문하고 폐문을 실행하도록 한 행위는 이른바 단체적 구속으로서 개별 구성사업자의 사업내용 또는 활동을 부당하게 제한하는 행위에 해당한다고 할 것이다.'라고 판시한 것은, 위 법규정에서의 제한행위는 공정하고 자유로운 경쟁을 제한하는 것과 관련된 것에 한한다는 당연한 법리를 생략하였을 뿐 이 판결 2.의 다.항 첫머리에서 인용한 대법원 1997. 5. 16. 선고 96누150 판결의 법리 내용과 다를 바 없는 것으로 이해하고(위 96누150 판결도 위와 같은 법리를 판시함에 있어서 판례변경의 절차를 밟지 아니하였다), 그 판결에서의 사안 또한 이 사건에서와 유사한 집단휴업 조치에 관한 것으로서 경쟁제한과 관련된 것으로 보이므로, 이 판결에서 구태여 위 94누13794 판결을 변경할 필요는 없다고 본다.

대법원장　최종영(재판장)
대법관　송진훈 서성 조무제 변재승 유지담 윤재식(주심)
이용우 배기원 강신욱 이규홍 손지열 박재윤

▌ 참조문헌 ▐

서　정, "사업자단체의 부당행위와 경쟁제한성", 경제법판례연구 1권, 경제법판례연구회, 법문사(2004)

심재한, "사업자단체의 사업활동 제한행위", 상사판례연구 18집 2권, 한국상사판례학회(2005)

(23) **대법원 2021. 9. 9. 선고 2016두36345 판결 [대한의사협회 사건 II]** (사업자단체, 경쟁제한성과 부당성)

판시사항

[1] 독점규제 및 공정거래에 관한 법률 제26조 제1항 제1호에서 정한 '사업자단체의 금지행위'의 성립 요건 및 어떤 공동행위가 독점규제 및 공정거래에 관한 법률 제19조 제1항에서 정한 '경쟁제한성' 및 부당성을 갖는지 판단하는 방법

[2] 사업자단체의 결의가 구성사업자의 사업 활동에 있어서 공정하고 자유로운 경쟁을 저해하는 경우, 독점규제 및 공정거래에 관한 법률 제26조 제1항 제3호에 규정된 '구성사업자의 사업내용 또는 활동을 부당하게 제한하는 행위'에 해당하는지 여부(적극)

[3] 대한민국의 의사를 구성사업자로 하는 갑 사업자단체가 원격의료 및 영리병원 허용정책에 대한 찬반투표를 실시하고 그 결과에 따라 휴업 참여 여부는 소속 회원들이 자율적으로 결정하도록 하여 하루 휴업을 실행하기로 결의하고 회원들에게 이를 통지한 행위에 대하여, 공정거래위원회가 구성사업자인 의사들의 의료서비스 거래를 제한함으로써 부당하게 경쟁을 제한한다는 등의 이유로 시정명령 및 과징금 납부명령을 한 사안에서, 위 행위는 독점규제 및 공정거래에 관한 법률 제26조 제1항 제1호, 제3호에서 금지하는 '부당하게 경쟁을 제한하는 행위' 및 '구성사업자의 사업내용 또는 활동을 부당하게 제한하는 행위'에 해당하지 않는다고 한 사례

판결요지

[1] 독점규제 및 공정거래에 관한 법률(2020. 12. 29. 법률 제17799호로 전부개정되기 전의 것, 이하 '공정거래법'이라 한다) 제26조 제1항 제1호가 정한 '사업자단체의 금지행위'는 사업자단체가 부당하게 경쟁을 제한하는 같은 법 제19조 제1항 각호에 규정된 행위를 할 것을 결정하고 사업자단체의 구성원 간에 사업자단체의 의사결정을 준수하여야 한다는 공동인식이 형성됨으로써 성립한다.

어떤 공동행위가 '경쟁제한성'을 가지는지는 당해 상품이나 용역의 특성, 소비자의 제품선택 기준, 시장 및 사업자들의 경쟁에 미치는 영향 등 여러 사정을 고

려하여, 당해 공동행위로 인하여 일정한 거래분야에서 경쟁이 감소하여 가격·수량·품질 기타 거래조건 등의 결정에 영향을 미치거나 미칠 우려가 있는지를 살펴서 개별적으로 판단하여야 한다. 공동행위의 부당성은 소비자를 보호함과 아울러 국민경제의 균형 있는 발전을 도모한다는 공정거래법의 궁극적인 목적(제1조) 등에 비추어 당해 공동행위에 의하여 발생될 수 있는 경쟁제한적인 결과와 아울러 당해 공동행위가 경제 전반의 효율성에 미치는 영향 등을 비롯한 구체적 효과 등을 종합적으로 고려하여 인정 여부를 판단하여야 한다.

[2] 원래 사업자단체는 구성사업자의 공동의 이익을 증진하는 것을 목적으로 하는 단체로서, 그 목적 달성을 위하여 단체의 의사결정에 의하여 구성사업자의 사업 활동에 대하여 일정한 범위의 제한을 하는 것은 예정되어 있으나, 그 결의가 구성사업자의 사업 활동에 있어서 공정하고 자유로운 경쟁을 저해하는 경우에는 독점규제 및 공정거래에 관한 법률(2020. 12. 29. 법률 제17799호로 전부개정되기 전의 것) 제26조 제1항 제3호에 규정된 '구성사업자의 사업내용 또는 활동을 부당하게 제한하는 행위'에 해당한다.

[3] 대한민국의 의사면허를 취득한 자를 회원으로 의료법에 따라 설립된 갑 사업자단체가 원격의료제 등을 허용하는 내용의 의료법 개정안과 영리병원 허용정책에 대한 찬반투표를 실시하고 그 결과에 따라 휴업 참여 여부에 관하여는 소속 회원들이 자율적으로 결정하도록 하여 하루 휴업을 실행하기로 결의하고 회원들에게 이를 통지한 행위에 대하여, 공정거래위원회가 구성사업자인 의사들의 의료서비스 거래를 제한함으로써 부당하게 경쟁을 제한하고 휴업하도록 강제하는 방법으로 사업내용 또는 활동을 부당하게 제한하여 독점규제 및 공정거래에 관한 법률(2020. 12. 29. 법률 제17799호로 전부개정되기 전의 것, 이하 '공정거래법'이라 한다) 제26조 제1항 제1호, 제3호에 위반된다는 이유로 시정명령 및 과징금 납부명령을 한 사안에서, 위 행위가 경쟁제한성을 가지려면 휴업 실행 결의에 따라 상호 경쟁관계에 있는 구성사업자들 사이에서 경쟁이 제한되어 의료서비스의 가격·수량·품질 기타 거래조건 등의 결정에 영향을 미치거나 미칠 우려가 있어야 하는데, 단 하루 동안 휴업이 진행되었고 실제 참여율이 높지 않으며 응급실과 중환자실 등 필수 진료기관은 휴업에서 제외되는 등 휴업 기간, 참여율, 구체적인 범위와 내용 등에 비추어 보면 휴업으로 의료소비자의 의료서비스 이용에서의 대체가능성에 영향을 미쳤다고 볼 정도에 이르지 않았고 달리 의료서비스의 품질 기타 거래조건 등에 영향을 미쳐 의료서비스 시장에서 경쟁제한성이 인

정될 정도라고 단정하기 어려운 점 등을 종합하면, 위 행위가 공정거래법 제26
조 제1항 제1호 등에서 금지하는 '부당하게 경쟁을 제한하는 행위'에 해당한다고
볼 수 없고, 갑 사업자단체가 구성사업자들의 투표를 거쳐 휴업을 결의하기는
하였지만 구체적인 실행은 구성사업자인 의사들의 자율적 판단에 맡긴 것이어서
사업자단체인 갑이 구성사업자들인 의사들의 휴업 여부 판단에 간섭하였다고 볼
수 없는 등 위 행위가 공정거래법 제26조 제1항 제3호에서 정한 '부당한 제한행
위'에 해당하지 않는다고 한 사례.

참조조문

[1] 독점규제 및 공정거래에 관한 법률(2020. 12. 29. 법률 제17799호로 전부개정되기 전의
   것) 제1조, 제19조 제1항, 제26조 제1항 제1호
[2] 독점규제 및 공정거래에 관한 법률(2020. 12. 29. 법률 제17799호로 전부개정되기 전의
   것) 제26조 제1항 제3호
[3] 독점규제 및 공정거래에 관한 법률(2020. 12. 29. 법률 제17799호로 전부개정되기 전의
   것) 제19조 제1항, 제26조 제1항 제1호, 제3호

참조판례

[1] 대법원 2006. 11. 24. 선고 2004두10319 판결, 대법원 2009. 3. 26. 선고 2008두
   21058 판결, 대법원 2013. 11. 28. 선고 2012두17773 판결, 대법원 2015. 10. 29. 선
   고 2012두28827 판결
[2] 대법원 1997. 5. 16. 선고 96누150 판결, 대법원 2003. 2. 20. 선고 2001두5347 전원
   합의체 판결

전 문

【원고, 피상고인】 사단법인 대한의사협회
【피고, 상고인】 공정거래위원회
【원심판결】 서울고법 2016. 3. 17. 선고 2014누58824 판결
【주 문】
상고를 기각한다. 상고비용은 피고가 부담한다.
【이 유】
상고이유(상고이유서 제출 기간이 지난 후에 제출된 상고이유보충서의 기재는 상고이유를
보충하는 범위 내에서)를 판단한다.

  1. 사건의 개요

  원심판결 이유와 이 사건 기록에 의하면 아래 사정을 알 수 있다.

가. 원고는 대한민국의 의사면허를 취득한 자를 회원으로 의료법에 따라 설립된 단체로서, 위 회원들을 구성사업자로 하는 「독점규제 및 공정거래에 관한 법률」(2020. 12. 29. 법률 제17799호로 전부개정되기 전의 것, 이하 '공정거래법'이라고 한다) 제2조 제4호의 사업자단체에 해당한다. 2014. 4. 18. 현재 면허를 신고한 회원 수는 96,958명이다.

나. 보건복지부는 2013. 10. 29. 원격의료제 등을 허용하는 내용의 의료법 개정안을 입법예고하였고, 기획재정부는 2013. 12. 3. 의료법인이 영리 자회사를 세워 각종 의료부대사업을 통해 영리활동을 할 수 있도록 하는 '영리병원 허용정책'을 발표하였다.

다. 원고는 2014. 2. 21.부터 2. 28.까지 전체 회원을 상대로 원격의료 및 영리병원 허용정책에 관한 원고와 보건복지부 사이의 제1차 의·정 협의 결과에 대한 수용 여부를 묻는 방식으로 휴업에 대한 찬반투표를 실시하였다. 그 결과 전체 회원 중 48,861명이 투표에 참여하여 그중 약 76.69%의 회원들이 찬성한 것으로 집계되었다. 원고는 응급실과 중환자실 등 일부 필수 진료기관은 휴업 대상에서 제외하고, 휴업 참여 여부에 관하여는 소속 회원들이 자율적으로 결정하도록 하여 2014. 3. 10. 휴업을 실행하기로 결의하고 문서 송부, 인터넷 홈페이지 게재 등의 방법으로 회원들에게 이를 통지하였다(이하 원고의 위 휴업 결의, 통지, 권고 등의 행위를 '이 사건 행위'라고 한다).

라. 원고의 구성사업자들 중 일부 의사들은 2014. 3. 10. 휴업(이하 '이 사건 휴업'이라고 한다)을 실행하였다. 보건복지부 통계에 의하면 휴업 참여율은 개원의의 경우 20.9%, 전공의의 경우 30%이었고, 각 지역별 휴업 참여율은 서울 14.2%, 부산 47.4%, 대구 22.8%, 인천 26.2%, 광주 2.7%, 대전 15.9%, 울산 5% 등으로 집계되었다.

마. 피고는, 2014. 7. 7. 전원회의 의결 제2014-146호로 원고에게, 원고의 이 사건 행위가 구성사업자인 의사들의 의료서비스 거래를 제한함으로써 부당하게 경쟁을 제한하여 공정거래법 제26조 제1항 제1호에 위반되고, 구성사업자들로 하여금 휴업을 하도록 강요하는 방법으로 사업내용 또는 활동을 부당하게 제한하여 공정거래법 제26조 제1항 제3호에 위반된다는 이유로, 원심판결 별지 '시정명령 및 과징금 납부명령' 기재와 같이 시정명령 및 과징금 납부명령을 하였다.

2. 상고이유 제1점에 대하여

가. 공정거래법 제26조 제1항 제1호가 정한 '사업자단체의 금지행위'는 사업자단체가 부당하게 경쟁을 제한하는 법 제19조 제1항 각호에 규정된 행위를 할 것을 결정하고 사업자단체의 구성원 간에 그 사업자단체의 의사결정을 준수하여야 한다는 공동인식이 형성됨으로써 성립한다(대법원 2006. 11. 24. 선고 2004두10319 판결 참조).

어떤 공동행위가 '경쟁제한성'을 가지는지 여부는 당해 상품이나 용역의 특성, 소비자의 제품선택 기준, 시장 및 사업자들의 경쟁에 미치는 영향 등 여러 사정을 고려하여, 당해 공동행위로 인하여 일정한 거래분야에서 경쟁이 감소하여 가격·수량·품질 기타 거래조건 등의 결정에 영향을 미치거나 미칠 우려가 있는지를 살펴서 개별적으로 판단하여야 한다(대법원 2009. 3. 26. 선고 2008두21058 판결, 대법원 2015. 10. 29. 선고 2012두28827 판결 등 참조). 공동행위의 부당성은 소비자를 보호함과 아울러 국민경제의 균형 있는 발전을 도모한다는 공정거래법의 궁극적인 목적(제1조) 등에 비추어 당해 공동행위에 의하여 발생될 수 있는 경쟁제한적인 결과와 아울러 당해 공동행위가 경제 전반의 효율성에 미치는 영향 등을 비롯한 구체적 효과 등을 종합적으로 고려하여 그 인정 여부를 판단하여야 한다(대법원 2013. 11. 28. 선고 2012두17773 판결 참조).

나. 원심은 위와 같은 사실관계 및 그 판시와 같은 사정을 기초로, ① 이 사건 휴업의 목적 또는 이유는 정부의 원격의료제 및 영리병원 허용정책을 반대하기 위한 것으로 의료서비스의 가격·수량·품질 기타 거래조건 등의 결정에 영향을 미칠 의사나 목적이 없었고, ② 이 사건 휴업 당일 일부 의료기관이 휴업함으로써 의료서비스를 공급하는 의료기관의 수가 줄어들었다고 하더라도 의료소비자로서는 종전과 동일한 비용으로 휴업을 하지 않은 의료기관에서 의료서비스를 제공받을 수 있었고, 이 사건 휴업으로 이 사건 휴업일과 그 다음 날 의료소비자 1인당 진료시간이 단축되는 등 이 사건 휴업이 실제로 의료서비스의 가격·수량·품질 기타 거래조건 등의 결정에 어떠한 영향을 미쳤다고 보기 어려우며, ③ 원고가 이 사건 휴업으로 영향력을 행사하여 2015년에 적용될 의료수가가 3.1% 인상되었다고 볼 만한 증거가 없다는 등의 이유로 원고의 이 사건 행위는 공정거래법 제26조 제1항 제1호, 제19조 제1항 제3호에서 금지하는 행위에 해당하지 않는다고 판단하였다.

다. 앞서 본 법리에 비추어 보면, 원고의 이 사건 행위는 공정거래법 제26조 제1항 제1호, 제19조 제1항 제3호에서 금지하는 '부당하게 경쟁을 제한하는 행위'에 해당한다고 볼 수 없다. 그 이유는 아래와 같다.

1) 원고가 결의한 이 사건 휴업은 의료수가의 인상 등 구성사업자들의 경제적인 이익을 직접적으로 추구하거나 상호 경쟁관계에 있는 구성사업자들 사이의 경쟁을 제한하여 의료서비스의 가격·수량·품질 기타 거래조건 등의 결정에 영향을 미치기 위한 목적에서 이루어진 것으로 보기 어렵다. 오히려, 이 사건 휴업은 원고와 보건복지부가 2014. 1. 17. 의료발전협의회를 구성하여 총 5차례에 걸쳐 원격의료 및 영리병원 허용정책에 관한 협상을 진행한 후 2014. 2. 18. 발표한 제1차 의·정 협의 결과에 대한 수용 여부에 관한 것인 점 등 앞서 본 사실관계와 원심판결 이유에 의하여 알 수 있는 이 사건 휴업의 경위나 태양 등 제반 사정에 비추어 보면, 이 사건 휴업은 헌법상 결사의 자유를 향유하는 원고가 구성사업자들을 대표하여 정부의 의료정책인 원격의료제나 영리병원제 도입과 관련하여 정부에 의견을 전달하고 교섭하는 과정에서 원고의 구성사업자들이 집단적으로 진료의 제공을 거부하는 방식으로 정부 정책에 반대하기 위한 목적에서 이루어진 것으로 보는 것이 상당하다.

2) 가) 우리나라의 의료서비스 시장에는 의료 업무의 공익적 성격으로 인하여 여러 가지 공법상 제한이 존재하지만, 그 제한이 없는 영역에서 개업, 휴업, 폐업, 의료기관의 운영방법 등은 의료인의 자율에 맡겨져 있고, 국민건강보험법령에 따라 시장경제체제의 가장 기본적인 경쟁 수단이자 본질적 요소인 가격에 관한 경쟁이 대부분 제도적으로 제한되어 있으므로 의료서비스 자체의 전문성, 소비자의 의료기관 선택에 있어서의 기회나 대체가능성, 품질 및 공급량 등 다른 요소들이 상대적으로 중요한 경쟁의 요소가 될 수 있다.

나) 원고의 이 사건 행위가 경쟁제한성을 가지려면 이 사건 결의에 따라 상호 경쟁관계

에 있는 구성사업자들 사이에서 경쟁이 제한되어 의료서비스의 가격·수량·품질 기타 거래조건 등의 결정에 영향을 미치거나 미칠 우려가 있어야 한다.

그런데 이 사건 휴업은 단 하루 동안만 진행되었고, 실제 휴업 참여율이 그다지 높지 않으며 응급실과 중환자실 등 필수 진료기관은 휴업에서 제외되었다. 이러한 휴업의 기간, 참여율, 구체적인 범위와 내용 등에 비추어 보면 비록 이 사건 휴업 당일 의료서비스의 공급량이 전체적으로 일부 감소하였다고 하더라도 이 사건 휴업으로 의료소비자의 의료서비스 이용에 있어서의 대체가능성에 영향을 미쳤다고 볼 정도에 이르지 아니하였고, 달리 의료서비스의 품질 기타 거래조건 등에 영향을 미쳐 의료서비스 시장에서 경쟁제한성이 인정될 정도라고 단정하기 어렵다.

다) 나아가 앞서 본 이 사건 행위의 목적이나 경위, 경쟁제한성의 정도 등을 종합적으로 고려할 때 원고의 이 사건 행위가 소비자를 보호함과 아울러 국민경제의 균형 있는 발전을 도모한다는 공정거래법의 궁극적인 목적에 실질적으로 반하는 행위라고 볼 수 없으므로, 부당성이 인정된다고 보기도 어렵다.

라. 원심판결 이유 중 이 사건 휴업으로 인하여 의료서비스의 가격이 상승될 가능성이 없다는 점을 이 사건 휴업의 경쟁제한성을 부인하는 주된 근거로 들면서 이 사건 휴업으로 인하여 소비자의 불편이 있었다는 사정만으로 경쟁제한성이 있다고 할 수 없다고 판시한 부분은 부적절하다. 그러나 원심이 이 사건 휴업으로 인하여 의료소비자의 진료시간이 단축되는 품질저하가 있었다고 단정할 수 없고, 그로 인하여 원고나 구성사업자의 경제적 이익이나 이윤이 더 늘어난 것이 아니라는 등 그 판시 사정을 들어 이 사건 휴업의 경쟁제한성이 인정된다고 볼 만한 자료가 없어 이 사건 행위가 부당하게 경쟁을 제한한다고 볼 수 없다고 판단한 것은 결론에 있어서 정당하다.

마. 한편 피고가 상고이유로 들고 있는 대법원 2003. 2. 20. 선고 2001두5347 전원합의체 판결은 원고의 휴업 결의의 목적이나 태양, 휴업 참여율 등에서 이 사건과는 구체적인 사실관계가 다르고, 처분의 근거 법령이 공정거래법 제26조 제1항 제3호인 사안으로 이 부분과 처분사유가 다르므로 원심의 위와 같은 판단이 위 대법원 전원합의체 판결에 배치된다고 볼 수 없다.

바. 따라서 원고의 이 사건 행위가 공정거래법 제26조 제1항 제1호, 제19조 제1항 제3호에서 금지하는 '부당하게 경쟁을 제한하는 행위'에 해당하지 아니한다고 본 원심의 판단은 앞서 본 법리에 따른 것으로서 정당하고, 원심의 판단에 상고이유 주장과 같이 논리와 경험의 법칙을 위반하여 자유심증주의의 한계를 벗어나거나 공정거래법 제26조 제1항 제1호, 제19조 제1항 제3호의 경쟁제한성이나 부당성에 관한 법리를 오해한 잘못이 없다.

3. 상고이유 제2점에 대하여

가. 원래 사업자단체는 구성사업자의 공동의 이익을 증진하는 것을 목적으로 하는 단체로서, 그 목적 달성을 위하여 단체의 의사결정에 의하여 구성사업자의 사업 활동에 대하여 일정한 범위의 제한을 하는 것은 예정되어 있다고 할 것이나, 그 결의가 구성사업자의 사업 활동에 있어서 공정하고 자유로운 경쟁을 저해하는 경우에는 공정거래법 제26조 제1항 제3

호에 규정된 '구성사업자의 사업내용 또는 활동을 부당하게 제한하는 행위'에 해당한다고 할 것이다(대법원 1997. 5. 16. 선고 96누150 판결, 위 대법원 2001두5347 전원합의체 판결 참조).

나. 원심은, 원고의 구성사업자들인 의사들이 이 사건 휴업에 참여할지 여부에 관하여는 자율적으로 결정하도록 하였고, 원고가 구성사업자들에게 직간접적으로 휴업 참여를 강요하거나 그 휴업 불참에 따른 불이익이나 징계를 사전에 고지한 바 없고, 사후에도 휴업 불참에 따른 불이익이나 징계를 가하였다고 보이지 않으며 휴업 찬성률보다 더 낮은 휴업 참여율을 기록한 점 등을 종합하면, 원고가 구성사업자들의 투표를 거쳐 이 사건 휴업을 결의하기는 하였지만 그 구체적인 실행은 구성사업자인 의사들의 자율적 판단에 맡긴 것이라고 할 것이어서 이 사건 휴업의 실행에 있어 사업자단체인 원고가 구성사업자들인 의사들의 휴업 여부 판단에 간섭하였다고 볼 수 없는 등 그 판시와 같은 사정을 이유로 원고의 이 사건 행위가 공정거래법 제26조 제1항 제3호에서 정한 '부당한 제한행위'에 해당한다고 할 수 없다고 판단하였다.

앞서 본 법리와 기록에 비추어 보면, 원심의 위와 같은 판단에 논리와 경험의 법칙을 위반하여 자유심증주의의 한계를 벗어나거나 공정거래법 제26조 제1항 제3호의 법리를 오해한 잘못이 없다.

피고가 상고이유에서 들고 있는 위 대법원 2001두5347 전원합의체 판결은 이 사건과는 사안을 달리하므로 이 사건에 원용하기에 적절하지 아니하다.

이 부분에 관한 그 밖의 상고이유는 위와 같은 결론에 영향을 미치지 못하는 것이므로 더 나아가 살펴볼 필요 없이 이유 없다.

4. 결 론

그러므로 상고를 기각하고, 상고비용은 패소자가 부담하도록 하여, 관여 대법관의 일치된 의견으로 주문과 같이 판결한다.

대법관 조재연(재판장) 민유숙 이동원(주심) 천대엽

‖ 참조문헌 ‖

나지원, "사업자단체의 금지행위와 부당성 판단 – 대상판결: 대법원 2021. 9. 9. 선고 2016두 36345 판결 –", 경쟁법연구 46권, 한국경쟁법학회, 법문사(2022)

(24) 대법원 2006. 11. 24. 선고 2004두10319 판결 [전국학생복발전협의회 사건]
(사업자단체, 법 제118조)

판시사항

[1] 구 독점규제 및 공정거래에 관한 법률 제26조 제1항 제1호에서 정한 '사업자단체의 금지행위'의 성립요건

[2] 전국학생복발전협의회가 시장점유율이 50%가 넘는 학생복 판매회사들과 공동으로 학생복 판매가격에 관한 결의 등을 한 것은 '사업자단체의 금지행위'에 해당하고, 구 독점규제 및 공정거래에 관한 법률 제60조에 정한 '일정한 조합의 행위'로서 같은 법의 적용을 제외할 수 없다고 한 사례

판결요지

[1] 구 독점규제 및 공정거래에 관한 법률(2004. 12. 31. 법률 제7315호로 개정되기 전의 것) 제26조 제1항 제1호에서 정한 '사업자단체의 금지행위'는 사업자단체가 부당하게 경쟁을 제한하는 같은 법 제19조 제1항 각 호에 규정된 행위를 할 것을 결정하고 사업자단체의 구성원 간에 그 사업자단체의 의사결정을 준수하여야 한다는 공동인식이 형성됨으로써 성립하고, 사업자단체의 구성원이 사업자단체의 의사결정에 따른 행위를 현실적으로 하였을 것을 요하는 것은 아니다.

[2] 전국학생복발전협의회가 시장점유율이 50%가 넘는 학생복 판매회사들과 공동으로 학생복 판매가격에 관한 결의 등을 한 것은 '사업자단체의 금지행위'에 해당하고, 구 독점규제 및 공정거래에 관한 법률(2004. 12. 31. 법률 제7315호로 개정되기 전의 것) 제60조에 정한 '일정한 조합의 행위'로서 같은 법의 적용을 제외할 수 없다고 한 사례.

참조조문

[1] 구 독점규제 및 공정거래에 관한 법률(2004. 12. 31. 법률 제7315호로 개정되기 전의 것) 제19조 제1항, 제26조 제1항 제1호

[2] 구 독점규제 및 공정거래에 관한 법률(2004. 12. 31. 법률 제7315호로 개정되기 전의 것) 제19조 제1항, 제26조 제1항 제1호, 제60조

따름판례

대법원 2021. 9. 9. 선고 2016두36345 판결

전 문

【원고, 상고인】 전국학생복발전협의회 외 20인
【피고, 피상고인】 공정거래위원회
【원심판결】 서울고법 2004. 8. 18. 선고 2001누17717 판결
【주 문】
상고를 모두 기각한다. 상고비용은 원고들이 부담한다.
【이 유】
상고이유를 본다.

1. 상고이유 제1점에 대하여

원심은, 원고 전국학생복발전협의회(이하 '중앙협의회'라 한다)는 에스케이글로벌 주식회사, 제일모직 주식회사, 주식회사 새한(이하 위 3개 회사를 합하여 '학생복 3사'라 한다)의 총판 및 대리점주들 중 유통업체별·지역별로 안배된 20명의 발기인들이 공동구매가 확산되는 등 영업환경이 악화되자 그에 공동으로 대처하기 위하여 1998. 11. 24. 창립회의를 개최하고 이후 회장 등 집행부 구성 및 정관 제정 등을 마친 사업자단체인 사실, 그 이후 67개 지역별 협의회가 구성되어 원고 중앙협의회의 지시, 독려 및 점검을 받으며 활동하여 온 사실, 1998. 11.경부터 2001. 3.경까지 사이에 원고 중앙협의회는 각각 학생복 3사와 나머지 원고들이 참석한 가운데 수차례의 회의를 개최하여 학생복 판매가격의 결정방법이나 인하율 등의 기준을 제시하면서 지역별 협의회로 하여금 그 기준에 따라 판매가격을 일정한 수준으로 유지하도록 결의하고 그 결의내용의 이행을 위하여 수시로 지역별 협의회의 상황을 점검한 사실, 원고 중앙협의회가 학생복 제조·유통업체들이 학부모회 등에서 추진하는 학생복 공동구매 활동에 참여하는 것을 학생복 3사와 공동으로 대응하여 방해한 사실, 원고 중앙협의회가 학생복 3사 대리점들의 사은품·판촉물 제공을 금지하고 백화점 입점 수수료를 결정하거나 입점 자체를 제한하는 결의를 한 후 그 결의내용을 지역별 협의회를 통하여 실행시킨 사실 등을 인정하였다.

기록을 살펴보면, 위와 같은 원심의 사실인정은 정당하고, 거기에 상고이유에서 주장하는 바와 같은 채증법칙 위배로 인한 사실오인의 위법이 있다고 할 수 없다.

2. 상고이유 제2점에 대하여

구 독점규제 및 공정거래에 관한 법률(2004. 12. 31. 법률 제7315호로 개정되기 전의 것, 이하 '법'이라 한다) 제26조 제1항 제1호 소정의 '사업자단체의 금지행위'는 사업자단체가 부당하게 경쟁을 제한하는 법 제19조 제1항 각 호에 규정된 행위를 할 것을 결정하고 사업자단체의 구성원 간에 그 사업자단체의 의사결정을 준수하여야 한다는 공동인식이 형

성됨으로써 성립한다고 할 것이고, 사업자단체의 구성원이 사업자단체의 의사결정에 따른 행위를 현실적으로 하였을 것을 요하는 것은 아니다.

원심은, 앞에서 본 바와 같은 원고 중앙협의회의 학생복 판매가격에 관한 결의와 그에 따른 점검행위 및 사업활동방해행위 등은 사업자단체의 행위에 해당하고, 유통업체별·지역 별로 안배된 대표 20명의 발기인들에 의하여 창립된 원고 중앙협의회가 2000년 기준으로 시장점유율이 50%를 넘는 학생복 3사와 공동으로 위와 같은 행위를 한 점에 비추어 보면, 원고 중앙협의회의 위와 같은 행위는 학생복 판매시장에서의 경쟁을 실질적으로 제한하는 행위로서 법 제26조 제1항 제1호 소정의 '사업자단체의 금지행위'에 해당된다고 판단하였다.

위 법리와 기록에 비추어 살펴보면, 원심의 위와 같은 판단은 정당한 것으로 수긍할 수 있고, 거기에 상고이유에서 주장하는 바와 같은 '사업자단체의 금지행위'에 관한 법리오해의 위법이 있다고 할 수 없다.

3. 상고이유 제3점에 대하여

원심은, 법 제60조 소정의 '일정한 조합의 행위'로서 법 적용이 제외되기 위하여는 당해 사업자단체에 소규모 사업자 외의 자가 가입되어 있어서는 아니 되는 등의 법 제60조 각 호 소정의 4가지 요건을 모두 충족하여야 하고, 또한 법 제60조 단서에 의하면 당해 행위가 불공정거래행위 또는 부당하게 경쟁을 제한하여 가격을 인상하게 되는 경우에 해당되지 않 아야 한다고 전제한 다음, 원고들 중 일부는 매출액이 커서 원고 중앙협의회의 구성사업자 모두가 법 제60조 제1호 소정의 소규모 사업자인 경우에 해당되지 아니하므로 원고 중앙협 의회가 법 제60조 소정의 조합에 해당되지 아니할 뿐 아니라, 원고 중앙협의회가 학생복 가 격의 인하율 등을 일정수준으로 유지하기로 결의한 것은 당시의 경제상황에서 당해 행위가 없다면 인하될 수 있는 가격을 인하될 수 없게 하는 행위로서 실질적으로 가격을 인상하게 되는 경우에 해당되므로, 원고 중앙협의회의 판매가격 결정 등의 행위에 대하여 법 제60조 에 따라 법 적용을 제외할 수 없다고 판단하였다.

관계 법령과 기록에 비추어 살펴보면, 원심의 위와 같은 판단은 정당하고, 거기에 상고 이유에서 주장하는 바와 같은 법 제60조의 '일정한 조합의 행위'에 관한 법리오해의 위법이 없다.

4. 상고이유 제4점에 대하여

원심은, 이 사건 과징금의 액수는 법정 기준에 따라 원고들의 이익규모, 위법행위 가담 정도 등을 참작하여 정하여진 것이고, 이 사건 과징금의 액수가 원고들 각자의 3개년 당기 순이익 합계액을 초과하였다 하더라도 과징금이 가지는 제재적 성격을 아울러 고려하면 그 러한 사유만으로는 이 사건 과징금 납부명령이 위법하다고 할 수 없다고 판단하였다.

관계 법령과 기록에 비추어 살펴보면, 원심의 위와 같은 판단은 정당한 것으로 수긍할 수 있고, 거기에 상고이유에서 주장하는 바와 같은 과징금에 관한 법리오해의 위법이 있다 고 할 수 없다.

5. 결 론

그러므로 상고를 모두 기각하고, 상고비용은 패소자들이 부담하는 것으로 하여 관여 대법관의 일치된 의견으로 주문과 같이 판결한다.

대법관   김능환(재판장) 김용담 박시환(주심) 박일환

▌ 참조문헌 ▌

김경란, "사업자단체 금지행위와 적용제외", 공정거래법 판례선집, 사법발전재단(2011)

이 황, "사업자단체의 부당공동행위와 실행행위", 대법원판례해설 64호, 법원도서관(2007)

제4장

불공정거래행위, 재판매가격유지행위 및 특수관계인에 대한 부당한 이익제공의 금지

1. 개 관

(1) 불공정거래행위, 재판매가격유지행위 및 특수관계인에 대한 부당한 이익제공 행위의 요건과 체계

1) 불공정거래행위

불공정거래행위 금지의 경우 개정법에서 일부 유형의 행위를 형사처벌의 대상에서 제외한 것 이외에는 실체법적으로 큰 변화가 없다. 개정법 제45조 제1항(구법 제23조 제1항)에서는 불공정거래행위를 금지하고 있는데, 사업자가 같은 항 각호에 열거된 행위유형에 해당하는 행위로서 공정한 거래를 저해할 우려('공정거래저해성')가 있는 행위를 하거나, 계열회사 또는 다른 사업자로 하여금 이를 하도록 하는 것을 금지하고 있다. 한편 부당한 지원행위의 경우에는 사업자가 지원행위를 하는 것을 금지할 뿐만 아니라 특수관계인 또는 회사가 다른 사업자로부터 지원을 받는 행위를 하는 것도 금지하고 있다(개정법 제45조 제2항, 구법 제23조 제2항). 개정법 제45조 제1항(구법 제23조 제1항)은 수범자를 사업자로 규정하고 있다.

불공정거래행위의 유형 및 기준은 대통령령으로 정하도록 하고 있는데(개정법 제45조 제3항, 구법 제23조 제3항), 개정령 제52조 관련 [별표 2](구령 제36조 제1항 관련 [별표1의 2])에서는 불공정거래행위의 유형을 거래거절(공동의 거래거절, 그 밖의 거래거절), 차별적 취급(가격차별, 거래조건차별, 계열회사를 위한 차별, 집단적 차별), 경쟁사업자 배제(부당염매, 부당고가매입), 부당한 고객유인(부당한 이익에 의한 고객유인, 위계에 의한 고객유인, 그 밖의 부당한 고객유인), 거래강제(끼워팔기, 사원판매, 그 밖의 거래강제), 거래상 지위의 남용(구입강제, 이익제공강요, 판매목표강제, 불이익제공, 경영간섭), 구속조건부 거래(배타조건부거래, 거래지역 또는 거래상대방의 제한), 사업활동 방해(기술의 부당이용, 인력의 부당유인·채용, 거래처 이전 방해, 그 밖의 사업활동 방해), 부당한 지원행위(부당한 자금지원, 부당한 자산·상품 등 지원, 부당한 인력지원, 부당한 거래단계 추가 등)의 29개 세부유형으로 규정하고 있다.[1] 한편 개정법 제45조 제1항 제10호에서는 "그 밖의 행위로서 공정한 거래를 해칠 우려가 있는 행위"[2]도 행위유형으로 열거함으로써 포괄적으로 불공정거래행위를 규정할 여지를

---

[1] 구령 [별표1의2]에서는 "그 밖의 거래거절", "그 밖의 부당한 고객유인", "그 밖의 거래강제", "그 밖의 사업활동 방해"를 각각 "기타의 거래거절", "기타의 부당한 고객유인", "기타의 거래강제", "기타의 사업활동 방해"로 명명하고 있었다.

[2] 구법 제23조 제1항 제8호에서는 "제1호 내지 제7호 이외의 행위로서 공정한 거래를 저해할 우려가 있는 행위"로 규정하고 있었다.

남기고 있지만, 개정령 제52조 관련 [별표 2]에서는 이에 해당하는 세부행위유형을 규정하지 않고 있다.

불공정거래행위의 위법성 표지인 공정거래저해성을 어떻게 이해할 것인지에 대해서는 다양한 학설이 전개되고 있다. 공정거래위원회는 공정거래저해성을 경쟁제한성, 경쟁수단의 불공정성, 거래내용의 불공정성, 경제력집중의 야기를 포함하는 개념으로 보고, 세부행위유형에 따라서 위법성의 내용을 달리 보는 태도를 취하고 있다.[3] 이 때 경쟁제한성은 당해 행위로 인해 시장 경쟁의 정도 또는 잠재적 경쟁사업자를 포함한 경쟁사업자의 수가 유의미한 수준으로 줄어들거나 줄어들 우려가 있음을 의미한다.[4] 경쟁수단의 불공정성은 상품 또는 용역의 가격과 품질 이외에 바람직하지 않은 경쟁수단을 사용함으로써 정당한 경쟁을 저해하거나 저해할 우려가 있음을 의미하고, 거래내용의 불공정성이라 함은 거래상대방의 자유로운 의사결정을 저해하거나 불이익을 강요함으로써 공정거래의 기반이 침해되거나 침해될 우려가 있음을 의미한다.[5] 경제력집중의 야기는 경제력이 소수의 개인이나 기업에게 집중되는 현상을 초래하는 것을 말한다.[6]

공정거래위원회의 불공정거래행위 심사지침에 따르면, 경쟁제한성을 위주로 위법성을 판단하는 유형으로는 거래거절(공동의 거래거절, 그 밖의 거래거절), 차별적 취급(가격차별, 거래조건차별, 집단적 차별), 경쟁사업자 배제(부당염매, 부당고가매입), 거래강제(끼워팔기), 구속조건부 거래(배타조건부거래, 거래지역 또는 거래상대방의 제한)가 있다. 다만 포스코 판결[7]에서 대법원은 공정거래위원회의 입장과 달리 그 밖의 거래거절은 경쟁제한성이 아니라 불공정성의 관점에서 위법성을 판단하여야 한다는 취지로 판시하였고, 뒤에서 보는 공동주택지 사건[8]에서 끼워팔기의 경우에도 불공정성의 측면에서 위법성을 판단하여야 한다는 취지로 판시하였다.

불공정거래행위 심사지침에 따르면, 경쟁수단의 불공정성을 위주로 위법성을 판단하는 유형으로는 부당한 고객유인(부당한 이익에 의한 고객유인, 위계에 의한 고객유인, 그 밖의 부당한 고객유인), 거래강제(사원판매, 그 밖의 거래강제), 사업활동 방해(기술의 부당이용, 인

---

3) 불공정거래행위 심사지침 III. 1. 가. (2) 및 부당한 지원행위의 심사지침 IV. 1 참조.
4) 불공정거래행위 심사지침 III. 1. 가. (2). (다).
5) 불공정거래행위 심사지침 III. 1. 가. (2). (라).
6) 이러한 경제력집중은 시장집중, 일반집중, 소유집중 등으로 구분할 수 있는데, 개별시장에 있어서 지배력의 집중을 시장집중이라고 하고, 국민경제 전체에서 소수의 상위기업이 차지하는 비중의 크기를 일반집중이라고 하며, 어떤 기업이나 기업집단에서 특정인과 그 가족이 차지하는 부의 집중현상을 소유집중이라고 한다. 권오승·서정(2023), 529-530면 참조.
7) 대법원 2007. 11. 22. 선고 2002두8626 전원합의체 판결.
8) 대법원 2006. 5. 26. 선고 2004두3014 판결.

력의 부당유인·채용, 거래처 이전 방해, 그 밖의 사업활동 방해)가 있다. 또한 거래내용의 불공정성을 위주로 위법성을 판단하는 유형에는 거래상 지위의 남용(구입강제, 이익제공강요, 판매목표강제, 불이익제공, 경영간섭)이 해당된다.

불공정거래행위 심사지침에서는 차별적 취급 중 계열회사를 위한 차별 행위는 경쟁제한성 또는 경제력집중의 우려를 위주로 위법성을 판단하도록 하고 있다.[9] 또한 부당한 지원행위의 심사지침에서 부당한 지원행위(부당한 자금지원, 부당한 자산·상품 등 지원, 부당한 인력지원, 부당한 거래단계 추가 등)는 관련시장의 경쟁저해나 경제력집중의 야기를 기준으로 위법성을 판단하도록 하고 있다.[10]

시행령에 규정된 불공정거래행위의 세부행위유형에서는 그 위법성과 관련하여 "정당한 이유없이"라고 규정되어 있는 경우와 "부당하게"라고 규정되어 있는 경우로 나뉘어져 있다. 공정거래위원회는 "부당하게"라고 규정된 경우에는 공정거래위원회가 공정거래저해성에 대한 입증책임을 부담하는 반면에 "정당한 이유없이"라고 규정되어 있는 경우에는 사업자가 정당한 사유에 대한 입증책임을 부담한다고 보고 있고,[11] 판례[12]도 동일한 태도를 취하고 있다.

2) 특수관계인에 대한 부당한 이익제공 등 금지

불공정거래행위의 한 유형으로 규정되어 있는 부당한 지원행위는 '공정거래저해성'을 요건으로 하고 있어서 그 지원행위가 시장에 참여하고 있는 사업자가 아닌 특수관계인 개인을 지원하는 경우에는 변칙적인 부의 세대 간 이전 등을 통한 소유집중의 우려가 있어도 규제가 어려웠다.[13] 이에 2013년 8월에 개정된 공정거래법에서는 공정거래저해성을 요건으로 하지 않고 특수관계인('특수관계인에 대한 부당한 이익제공 등 금지'에서 '특수관계인'은 동일인 및 그 친족에 한정함)에게 부당한 이익을 귀속시키는 행위인지 여부를 기준으로 위법성을 판단하도록 하는 제23조의2를 신설하였다.[14] 그 행위 유형으로는 상당히 유리한 조건의 거래, 사업기회의 제공, 현금 또는 금융상품의 상당히 유리한 조건의 거래, 합리적 고려나 비교 없는 상당한 규모의 거래가 있다. 제공객체가 해당 거래를 하거나 사업기회를 제공받는 행위를 하는 것도 금지하고(개정법 제47조 제3항, 구법 제23조의2 제3항), 특수관계인이 해당 행위를 하도록 지시하거나 해당 행위에 관여하는 것도 금지하고

---

9) 불공정거래행위 심사지침 V. 2. 다. (2). (가).
10) 부당한 지원행위의 심사지침 IV. 1.
11) 불공정거래행위 심사지침 III. 1. 가. (3).
12) 대법원 2001. 12. 11. 선고 2000두833 판결.
13) 대법원 2022. 5. 12. 선고 2017두63993 판결.
14) 위 판결.

있다(개정법 제47조 제4항, 구법 제23조의2 제4항).

개정법 제47조에서는 구법 제23조의2에 비해 그 적용대상을 확대하였다. 즉 동일인이 자연인인 공시대상기업집단에 속하는 국내 회사가 특수관계인, 동일인이 단독으로 또는 다른 특수관계인과 합하여 발행주식 총수의 100분의 20 이상의 주식을 소유한 국내 계열회사 또는 그 계열회사가 단독으로 발행주식 총수의 100분의 50을 초과하는 주식을 소유한 국내 계열회사와 거래하거나 사업기회를 제공하는 경우에 동조가 적용될 수 있도록 하였다.

3) 재판매가격유지행위

재판매가격유지행위라 함은 사업자가 상품 또는 용역을 거래할 때 거래상대방인 사업자 또는 그 다음 거래단계별 사업자에 대하여 거래가격을 정하여 그 가격대로 판매 또는 제공할 것을 강제하거나 그 가격대로 판매 또는 제공하도록 그 밖의 구속조건을 붙여 거래하는 행위를 말한다(개정법 제2조 제20호, 구법 제2조 제6호). 구법 제29조 제1항에서는 "사업자는 재판매가격유지행위를 하여서는 아니된다. 다만, 상품이나 용역을 일정한 가격 이상으로 거래하지 못하도록 하는 최고가격유지행위로서 정당한 이유가 있는 경우에는 그러하지 아니하다"라고 규정하고 있었으나, 이러한 법문에도 불구하고 판례[15]는 최저재판매가격유지행위의 경우에도 정당한 이유가 있는 경우에는 위법하지 않은 것으로 보았다. 이러한 판례를 반영하여 개정법 제46조 제1호에서는 최고재판매가격유지행위와 최저재판매가격유지행위를 구분하지 않고 효율성 증대로 인한 소비자후생 증대효과가 경쟁제한으로 인한 폐해보다 큰 경우 등 정당한 이유가 있는 경우에는 재판매가격유지행위를 허용하는 것으로 변경하였다. 또한 개정법에서는 재판매가격유지행위를 형사처벌의 대상에서 제외하였다.

재판매가격유지행위의 위법성 표지를 경쟁제한성에 둘 것인지, 거래상대방 또는 그 다음 단계 사업자의 자율성을 침해하는 불공정성을 고려할 것인지에 대하여 논의가 있으나, 판례는 "최저재판매가격유지행위가 당해 상표 내의 경쟁을 제한하는 것으로 보이는 경우라 할지라도, 시장의 구체적 상황에 따라 그 행위가 관련 상품시장에서의 상표 간 경쟁을 촉진하여 결과적으로 소비자후생을 증대하는 등 정당한 이유가 있는 경우에는 이를 예외적으로 허용하여야 할 필요가 있다"[16]고 하여 경쟁제한성에서 위법성을 찾는 것으로 보인다.

---

15) 대법원 2010. 11. 25. 선고 2009두9543 판결.
16) 위 판결.

(2) 경쟁제한성을 위주로 위법성을 판단하는 행위유형[17]

1) 음료 원액 공급거절 사건[18]에서는 독점적 음료 원액 공급업자가 병입사업자에 대하여 계약관계를 종료하고 음료 원액공급을 중단한 행위가 그 밖의 거래거절에 해당하는지가 문제되었다. 대법원은 "개별적 거래거절행위는 그 거래상대방이 종래 계속적 거래관계에 있은 경우에도, 자유시장경제 체제하에서 일반적으로 인정되는 거래처 선택의 자유라는 원칙에서 볼 때, 또 다른 거래거절의 유형인 '공동의 거래거절'과는 달리, 거래거절이라는 행위 자체로 바로 불공정거래행위에 해당하는 것은 아니고, 그 거래거절이 특정 사업자의 거래기회를 배제하여 그 사업활동을 곤란하게 할 우려가 있거나 오로지 특정사업자의 사업활동을 곤란하게 할 의도를 가진 유력 사업자에 의하여 그 지위 남용행위로서 행하여지거나 혹은 같은 법이 금지하고 있는 거래강제 등의 목적 달성을 위하여 그 실효성을 확보하기 위한 수단으로 부당하게 행하여진 경우라야 공정한 거래를 저해할 우려가 있는 거래거절행위로서 같은 법이 금지하는 불공정거래행위에 해당한다"라고 그 법리를 판시하고,[19] 이 사건은 불공정거래행위로서의 그 밖의 거래거절에 해당한다고 보기 어렵다는 취지로 판단하였다.

2) 신용카드 수수료 사건[20]에서는 신용카드 사업자가 백화점 업종에 대한 신용카드 가맹점 수수료율을 할인점 업종에 비하여 1% 정도 높게 책정한 것이 부당한 가격차별에 해당하는지가 문제되었다. 대법원은 "가격차별이 부당성을 갖는지 유무를 판단함에 있어서는 가격차별의 정도, 가격차별이 경쟁사업자나 거래상대방의 사업활동 및 시장에 미치는 경쟁제한의 정도, 가격차별에 이른 경영정책상의 필요성, 가격차별의 경위 등 여러 사정을 종합적으로 고려하여 그와 같은 가격차별로 인하여 공정한 거래가 저해될 우려가

---

17) 공정거래위원회의 불공정거래행위 심사지침에 따라서 행위유형을 분류하였다.
18) 대법원 2001. 1. 5. 선고 98두17869 판결.
19) 과거 이러한 공정거래저해성에 대한 판시가 불공정성뿐만 아니라 경쟁제한성까지 포괄하는 것인지 논의가 있었는데, 포스코 판결에서 다수의견은 "[구법] 제23조 제1항 제1호의 불공정거래행위로서의 거래거절행위에 관하여는 그 행위의 주체에 제한이 없으며, 또한 그 당해 거래거절행위의 공정거래저해성 여부에 주목하여 특정 사업자의 거래기회를 배제하여 그 사업활동을 곤란하게 하거나 곤란하게 할 우려가 있는 경우, 거래상대방에 대한 부당한 통제 등의 목적 달성을 위한 실효성 확보 수단 등으로 거래거절이 사용된 경우 등과 같이 사업자의 거래거절행위가 시장에 미치는 영향을 고려하지 아니하고 그 거래상대방인 특정 사업자가 당해 거래거절행위로 인하여 불이익을 입었는지 여부에 따라 그 부당성의 유무를 평가하여야 한다"고 하여 그 밖의 거래거절의 위법성은 불공정성의 관점에서 판단하는 것이라는 취지로 판시하였다. 그럼에도 불구하고 그 밖의 거래거절의 위법성 표지를 불공정성에서 찾아야 하는지에 대해서는 여전히 논의가 있고, 공정거래위원회의 불공정거래 심사지침 V. 1. 나. (2)에서는 경쟁제한성 위주로 판단하도록 하고 있다.
20) 대법원 2006. 12. 7. 선고 2004두4703 판결.

있는지 여부에 따라 판단하여야 할 것”이라고 하여 경쟁제한성을 위주로 공정거래저해성을 판단하여야 한다는 취지로 판시하였다. 대법원은 이러한 법리를 바탕으로 “원고의 입장에서는 백화점보다 후발 업자이면서 발전가능성이 많은 할인점에 대하여 백화점보다 낮은 수수료율을 적용하는 방법으로 할인점을 선점하려는 경영상의 필요도 있었다고 볼 수 있고, 이러한 요인에 의한 가격차별은 다른 카드업자들과 사이에 할인점 선점을 둘러싼 경쟁에 대응하는 것으로서 오히려 경쟁을 촉진시키는 측면도 있는 점, 백화점과 할인점 수수료율의 차등 적용은 호화업종과 생필품업종을 구분하여 수수료율을 정하도록 유도한 감독관청인 재무부의 행정지도에서 비롯된 것인 점” 등을 고려하여 공정거래저해성을 부정하였다.

3) 지역정보화시스템통합용역 사건[21]에서는 시스템통합 사업자인 원고가 지역정보화시스템통합용역이라는 신규시장에 먼저 진입하기 위하여 매우 낮은 입찰금액으로 입찰에 참여한 행위가 부당염매에 해당하는지가 문제되었다. 대법원은 “계속거래상의 부당염매는 사업자가 채산성이 없는 낮은 가격으로 상품 또는 용역을 계속하여 공급하는 것을 가리키므로 그 행위의 외형상 그에 해당하는 행위가 있으면 ‘정당한 이유가 없는 한’ 공정한 거래를 저해할 우려가 있다고 보아야 할 것이나, … 기타 거래상의 부당염매는 그 행위태양이 단순히 상품 또는 용역을 낮은 가격으로 공급하는 것이어서 그 자체로 이를 공정한 거래를 저해할 우려가 있다고 보기 어려운 만큼 그것이 ‘부당하게’ 행하여진 경우라야 공정한 거래를 저해할 우려가 있다고 보아야 할 것이며, 이 때 그 부당성의 유무는 당해 염매행위의 의도, 목적, 염가의 정도, 반복가능성, 염매대상 상품 또는 용역의 특성과 그 시장상황, 행위자의 시장에서의 지위, 경쟁사업자에 대한 영향 등 개별사안에서 드러난 여러 사정을 종합적으로 살펴 그것이 공정한 거래를 저해할 우려가 있는지의 여부에 따라 판단하여야 한다”고 그 법리를 판시하고, “인천광역시는 향후 이 사건 용역과 관련된 각종 장비 및 용역을 추가로 구매함에 있어서 낙찰자인 원고에게 연고권 등 사실상의 우선권을 부여하지 않고 그 때마다 경쟁입찰방식에 의하여 공급자를 정하기로 방침을 세워놓고 있었으며, 이 사건 용역사업은 계속성 사업이 아니라 보고서의 제출로써 종료되는 1회성 사업이라서, 원고가 이 사건 용역을 저가로 낙찰받았다고 하여 이로 말미암아 원고의 경쟁사업자들이 향후 위 신규시장에서 배제될 우려가 없었던 점” 등을 근거로 부당성을 부인한 원심판결을 지지하였다.

또한 부당염매로 인해 경쟁사업자가 배제될 우려와 관련하여 대법원은 “부당염매를

---

21) 대법원 2001. 6. 12. 선고 99두4686 판결.

규제하는 취지가 법이 금지하는 시장지배적 지위의 남용을 사전에 예방하는데 있다고 볼 때, 시장진입이 예상되는 잠재적 사업자도 경쟁사업자의 범위에 포함된다고 보아야 할 것이고, 나아가 경쟁사업자를 배제시킬 우려는 실제로 경쟁사업자를 배제할 필요는 없고 여러 사정으로부터 그러한 결과가 초래될 추상적 위험성이 인정되는 정도로 족하다고 할 것"이라고 판시하였다.

4) 공동주택지 사건[22]에서 대법원은 한국토지공사가 거래상대방으로 하여금 비인기토지를 매입하지 않고서는 사실상 인기토지를 매입할 수 없게 만든 행위가 끼워팔기에 해당한다고 판단하였다.[23] 대법원은 "끼워팔기는 자기가 공급하는 상품 또는 용역 중 거래상대방이 구입하고자 하는 상품 또는 용역('주된 상품')을 상대방에게 공급하는 것과 연계하여 상대방이 구입하고자 하지 않거나 상대적으로 덜 필요로 하는 상품 또는 용역('종된 상품')을 정상적인 거래관행에 비추어 부당하게 자기 또는 자기가 지정하는 다른 사업자로부터 상대방이 구입하도록 하는 행위를 말한다 할 것이고, 이러한 끼워팔기가 정상적인 거래관행에 비추어 부당한지 여부는 종된 상품을 구입하도록 한 결과가 상대방의 자유로운 선택의 자유를 제한하는 등 가격과 품질을 중심으로 한 공정한 거래질서를 저해할 우려가 있는지 여부에 따라 판단하여야 할 것"이라고 하여 끼워팔기의 위법성을 경쟁수단의 불공정성에서 찾는 듯한 판시를 하였다.[24] 또한 끼워팔기에 해당하기 위하여 행위자가 시장지배적 사업자일 필요는 없고 "주된 상품을 공급하는 것과 연계하여 거래상대방이 그의 의사에 불구하고 종된 상품을 구입하도록 하는 상황을 만들어낼 정도의 지위를 갖는 것"으로 충분하다고 판시하였다.

5) 주유소 전량공급거래 사건[25]에서 대법원은 정유사와 자영주유소 사이의 전량공급조건 거래가 불공정거래행위로서의 배타조건부거래행위에 해당한다고 판단하였다.[26] 대

---

22) 대법원 2006. 5. 26. 선고 2004두3014 판결.
23) 이 사건에서는 부당한 지원행위, 차별적 취급 중 거래조건차별, 거래상 지위의 남용행위 중 불이익제공 행위도 문제되었는데, 특히 원고가 출자회사인 감리공단과 수의계약을 체결하여 책임감리용역을 발주한 행위가 부당한 지원행위에 해당하는지가 문제된 사안에서 대법원은 "건설공사의 감리 및 설계용역시장에서의 경쟁을 제한하는 측면이 전혀 없는 것은 아니나, 소외 공사의 인력감축 등 구조조정을 전제로 민영화를 달성하기 위한 공익적 목적으로 원고에게 부여된 수의계약 집행권한의 범위 내에 속하는 행위인 점, 이 사건 책임감리용역 발주행위의 규모 및 그로 인한 경제상 이익이 그다지 크지 아니한 점" 등을 고려하여 공정거래저해성을 부인하였다.
24) 그러나 공정거래위원회의 불공정거래행위 심사지침 V. 5. 가. (2)에서는 끼워팔기의 경우 경쟁제한성을 위주로 위법성을 판단하도록 하고 있다.
25) 대법원 2013. 4. 25. 선고 2010두25909 판결.
26) 이 사건에서는 정유사가 자영주유소와 사후적으로 정산가격을 정하여 정산하는 방식으로 거래한 것이 거래상 지위의 남용행위 중 불이익제공 행위에 해당하는지도 문제되었는데, 대법원은 이를 불이익제공 행위에 해당되지 않는다고 판단하였다.

법원은 불공정거래행위로서의 배타조건부거래행위는 시장지배적지위 남용행위로서의 배타조건부거래행위와 규제목적과 범위가 다르므로 그 부당성의 의미도 달리 보아야 한다는 입장에서 "불공정거래행위로 규정하고 있는 배타조건부거래행위의 '부당성'은 당해 배타조건부 거래행위가 물품의 구입 또는 유통경로의 차단, 경쟁수단의 제한을 통하여 자기 또는 계열회사의 경쟁사업자나 잠재적 경쟁사업자를 관련시장에서 배제하거나 배제할 우려가 있는지 여부를 비롯한 경쟁제한성을 중심으로 그 유무를 평가하되, 거래상대방인 특정 사업자가 당해 배타조건부 거래행위로 인하여 거래처 선택의 자유 등이 제한됨으로써 자유로운 의사결정이 저해되었거나 저해될 우려가 있는지 여부 등도 아울러 고려할 수 있다고 봄이 타당하다"라고 판시하였다. 그리고 "부당성을 판단함에 있어서는 당해 배타조건부 거래행위로 인하여 대체적 물품구입처 또는 유통경로가 차단되는 정도, 경쟁사업자가 경쟁할 수 있는 수단을 침해받는지 여부, 행위자의 시장점유율 및 업계순위, 배타조건부 거래행위의 대상이 되는 상대방의 수와 시장점유율, 배타조건부 거래행위의 실시기간 및 대상이 되는 상품 또는 용역의 특성, 배타조건부 거래행위의 의도 및 목적과 아울러 배타조건부 거래계약을 체결한 거래당사자의 지위, 계약내용, 계약체결 당시의 상황 등을 종합적으로 고려하여야 할 것"이라고 판시하였다.

6) 오픈마켓 공급금지 사건[27])에서 대법원은 원고가 소형가전제품 4~5개 품목에 대하여 인터넷 오픈마켓에 공급하는 것을 금지하고 이를 위반한 대리점에 대하여 제재를 한 행위를 거래지역 또는 거래상대방의 제한행위에 해당된다고 판단하였다.[28]) 대법원은 거래지역 또는 거래상대방 제한행위의 공정거래저해성을 "해당 행위의 의도와 목적, 효과와 영향 등 구체적 태양과 거래의 형태, 상품 또는 용역의 특성, 시장 상황, 사업자 및 거래상대방의 시장에서의 지위, 제한의 내용과 정도, 경쟁에 미치는 영향, 공정거래법상 위법한 목적 달성을 위한 다른 행위와 함께 또는 그 수단으로 사용되는지 여부 등을 종합적으로 고려하여 판단하여야 한다"고 판시하였다.

(3) 경쟁수단의 불공정성을 위주로 위법성을 판단하는 행위유형

1) 제약회사 리베이트 사건[29])에서 대법원은 제약회사가 의약품의 판매를 촉진하기 위하여 의료기관 등에 물품·현금·상품권 지급 등 다양한 형태의 이익을 제공한 행위가 부당한 이익에 의한 고객유인 행위에 해당된다고 보았다.[30]) 이 사건의 원심은 "의사가

---

27) 대법원 2017. 6. 19. 선고 2013두17435 판결.
28) 이 사건에서는 또한 재판매가격유지행위도 문제되었다.
29) 대법원 2010. 11. 25. 선고 2009두9543 판결.

의약품을 선택하는 데에 그 품질과 가격의 우위에 근거하지 않고 제약업체가 제공하는 부적절한 이익의 대소에 영향을 받게 된다면 소비자의 이익은 현저하게 침해될 수밖에 없고 의약품시장에서의 건전한 경쟁도 기대할 수 없게 되므로, 제약회사의 판매촉진활동은 위와 같은 측면들을 종합적으로 고려하여 투명성, 비대가성, 비과다성 등의 판단 기준 하에 정상적인 거래관행에 비추어 보아 부당하거나 과다한 이익의 제공에 해당되는지 여부를 가려야 할 것"이라고 전제하고, 이 사건에서 원고의 이익제공 행위는 한국제약협회에서 제정한 "공정경쟁규약 제4조 제1항에서 예외적으로 허용하는 금품류 제공 행위에 해당되지 아니하고, 그 금액 또는 규모도 사회통념상 정상적인 상관행 또는 정당한 영업활동으로 인정될 수 있는 범위를 초과한 것으로 보이므로, 원고의 행위는 부당한 고객유인행위에 해당한다"고 보았는데, 대법원은 이러한 원심의 판단을 지지하였다.

또한 이 사건에서는 관련매출액의 산정도 문제되었는데, 대법원은 "본사 차원에서 의약품별 판촉계획을 수립하여 전국적으로 시행한 것으로 볼 수 있는지 여부, 이익제공 행위의 구체적인 태양이 다르더라도 의약품 판매 증진을 위한 경제적 이익의 제공이라는 점에서 판촉계획의 실행행위 일부로 볼 수 있는지 여부 … 등을 종합적으로 고려하여, 구체적으로 확인된 이익제공 행위가 본사 차원에서 수립된 거래처 일반에 대한 판촉계획의 실행행위로서 이루어진 것으로 볼 수 있으면, 원고의 당해 의약품에 대한 거래처 전체의 매출액을 위반행위로 인하여 영향을 받는 관련상품의 매출액, 즉 관련매출액으로 봄이 상당하다"고 판시하였다.

2) 상조회사 이관할인 사건[31])에서 대법원은 상조회사가 경쟁사와 상조거래 계약을 체결한 고객이 그 계약을 해지하고 자신과 신규로 상조거래 계약을 체결하는 경우 최대 36회차분까지 납입금 지급 의무를 면제하는 영업방식이 부당한 이익에 의한 고객유인 행위에 해당된다는 취지로 판시하였다. 대법원은 부당한 이익에 의한 고객유인 행위에 해당되는지 여부를 판단함에 있어서는 "그 행위로 인하여 경쟁사업자들 사이의 상품가격 등 비교를 통한 소비자의 합리적인 선택이 저해되거나 다수 소비자들이 궁극적으로 피해를 볼 우려가 있게 되는 등 널리 거래질서에 대해 미칠 파급효과의 유무 및 정도, 문제된 행위를 영업전략으로 채택한 사업자들의 수나 규모, 경쟁사업자들이 모방할 우려가 있는지, 관련되는 거래의 규모 등에 비추어 해당 행위가 널리 업계 전체의 공정한 경쟁질서나 거래질서에 미치게 될 영향 등과 함께 사업자가 제공하는 경제적 이익의 내용과 정도, 그 제공의 방법, 제공기간, 이익제공이 계속적·반복적인지 여부, 업계의 거래 관행

---

30) 이 사건에서는 재판매가격유지행위도 문제되었는데, 이에 대해서는 아래 (7)항 참조.
31) 대법원 2018. 7. 12. 선고 2017두51365 판결.

및 관련 규제의 유무 및 정도 등을 종합적으로 고려하여야 한다"고 판시하였다.

또한 대법원은 행정제재처분의 취소를 구하는 소송에서 공정거래저해성을 판단하는 것과 형사처벌과 관련하여 공정거래저해성의 '고의'를 인정하는 데는 차이가 있음을 밝혔다. 대법원은 "불공정거래행위에서의 '공정거래저해성' 역시 형벌의 객관적 구성요건에 해당하므로 행위자가 인식해야 할 대상으로서 '고의'의 내용을 구성한다. 따라서 불공정거래행위의 유형 중, 제반 사정의 형량과 분석을 거쳐 경쟁에 미치는 효과에 관한 판단까지도 요구되는 경우나 사용된 수단의 성격과 실질이 가격할인과 유사한 측면이 있어 경쟁질서 내지 거래질서 전반에 미치는 파급효과까지 종합적으로 고려해야 하는 경우 등 복잡한 규범적·경제적 분석과 판단이 필요한 경우에는, 행위자에게 범죄의 구성요건인 '공정거래저해성'에 관한 '고의'를 인정하는 데 신중해야 한다. 이처럼 고의의 증명이 제대로 되었는지 여부를 명확하게 심사함으로써 형사절차에서 수범자가 예측하기 어려운 처벌을 받을 우려를 제거할 수 있다"고 하여 형사절차에서 공정거래저해성과 같이 복잡한 규범적·경제적 분석과 판단이 필요한 구성요건에 대한 '고의'를 인정하는 데는 신중해야 함을 명확히 하였다. 그러면서도 행정처분과 관련하여서는 "형사처벌과 달리 제재적 처분의 경우에는 원칙적으로 행위자에게 그 임무 해태를 정당화할 사정이 없는 이상 그 처분이 가능하다. 따라서 불공정거래행위를 원인으로 한 제재처분을 다투는 행정소송에서는 앞서 본 바와 같이 거래질서 전반에 미치는 영향 등 다양한 사정을 종합적으로 고려하여 부당성 내지 공정거래저해성을 판단할 수 있고, 이를 제재적 처분에 관한 엄격해석 원칙, 책임주의 원칙이나 죄형법정주의에 어긋난다고 볼 수는 없다"고 판시하였다.

3) 이동전화 단말기 보조금 사건[32]에서 대법원은 이동통신사업자가 이동전화 단말기 제조사들과 협의하여 사전 장려금을 단말기의 공급가 내지 출고가에 반영해서 출고가를 높인 다음 그와 같이 조성된 사전 장려금을 재원으로 하여 유통망을 통해 소비자들에게 이동통신 서비스 가입을 조건으로 약정외 보조금이 지급되도록 한 행위가 위계에 의한 고객유인행위에 해당한다고 보았다.

대법원은 "위계에 의한 고객유인행위가 성립하기 위해서는 위계 또는 기만적인 유인행위로 인하여 고객이 오인될 우려가 있음으로 충분하고, 반드시 고객에게 오인의 결과가 발생하여야 하는 것은 아니다. 그리고 여기에서 오인이라 함은 고객의 상품 또는 용역에 대한 선택 및 결정에 영향을 미치는 것을 말하고, 오인의 우려라 함은 고객의 상품 또는 용역의 선택에 영향을 미칠 가능성 또는 위험성을 말한다"고 판시하였다. 대법원은

---

32) 대법원 2019. 9. 26. 선고 2014두15047 판결.

"위계에 의한 고객유인행위를 금지하는 취지는 위계 또는 기만행위로 소비자의 합리적인 상품선택을 침해하는 것을 방지하는 한편, 해당 업계 사업자 간의 가격 등에 관한 경쟁을 통하여 공정한 경쟁질서 내지 거래질서를 유지하기 위한 데에 있다"고 보고, "사업자의 행위가 불공정거래행위로서 위계에 의한 고객유인행위에 해당하는지를 판단할 때에는, 그 행위로 인하여 보통의 거래 경험과 주의력을 가진 일반 소비자의 거래 여부에 관한 합리적인 선택이 저해되거나 다수 소비자들이 궁극적으로 피해를 볼 우려가 있게 되는 등 널리 업계 전체의 공정한 경쟁질서나 거래질서에 미치게 될 영향, 파급효과의 유무 및 정도, 문제된 행위를 영업전략으로 채택한 사업자의 수나 규모, 경쟁사업자들이 모방할 우려가 있는지 여부, 관련되는 거래의 규모, 통상적 거래의 형태, 사업자가 사용한 경쟁수단의 구체적 태양, 사업자가 해당 경쟁수단을 사용한 의도, 그와 같은 경쟁수단이 일반 상거래의 관행과 신의칙에 비추어 허용되는 정도를 넘는지, 계속적·반복적인지 여부 등을 종합적으로 살펴보아야 한다"고 판시하였다.

한편 대법원은 시정명령과 관련하여 '기타 시정을 위한 필요한 조치'로 "공정거래위원회는 개별 구체적인 위반행위의 형태나 관련시장의 구조 및 특성 등을 고려하여 위반행위의 위법을 시정하기 위하여 필요하다고 인정되는 조치를 할 수 있다"고 인정하면서도 "이러한 조치는 위반행위를 시정하기 위해 필요한 경우에 한하여 명할 수 있는 것이므로, 그 내용은 위반행위에 의하여 저해된 공정한 경쟁질서를 회복하거나 유지하기 위해서 필요한 범위로 한정되고, 위반행위와 실질적 관련성이 인정되지 않는 조치는 허용되지 않으며, 나아가 해당 위반행위의 내용과 정도에 비례하여야 한다"고 판시하여 시정명령 내용의 한계를 명확히 하였다.

4) 먹는샘물 대리점 사건[33]에서 대법원은 원고가 다른 먹는샘물 회사와 거래하던 11개의 대리점 중 8개 대리점에 대하여 기존의 계약관계를 해소하고 자신과 거래하도록 유도한 것이 그 밖의 사업활동방해 행위에 해당된다고 판단하였다. 대법원은 그 밖의 사업활동방해 행위의 부당성은 "해당 사업자의 시장에서의 지위, 사용된 방해 수단, 그 수단을 사용한 의도와 목적, 사용된 수단과 관련한 법령의 규정 내용, 문제된 시장의 특성, 통상적인 거래 관행, 방해 행위의 결과 등을 종합적으로 고려하여 그 행위가 공정하고 자유로운 거래를 저해할 우려가 있는지 여부에 따라 판단하여야 한다"고 판시하였다. "특히 사용된 방해 수단이 더 낮은 가격의 제시에 그칠 경우에는 그것만으로 부당성을 인정하는 데에는 신중해야 한다"고 하면서도, "제시된 거래조건이나 혜택 자체가 경쟁사업자와

---

33) 대법원 2018. 7. 11. 선고 2014두40227 판결.

기존에 전속적 계약관계를 맺고 있는 대리점에 대한 것이고, 그 혜택이나 함께 사용된 다른 방해 수단이, 통상적인 거래 관행에 비추어 이례적이거나 선량한 풍속 기타 사회질서에 반하는 등으로 관련 법령에 부합하지 않는다면, 단순히 낮은 가격을 제시한 경우와 똑같이 취급할 수는 없다"고 보았다.

(4) 거래상 지위의 남용행위

1) 지하철 광고대행 사건[34]에서 대법원은 원고가 광고대행업체에 대하여 지하철 5호선의 개통지연 및 미영업역 발생 등에 따른 추가비용을 지급하지 않은 행위와 매립형 광고틀의 제작·설치비용을 협의 없이 청구한 행위가 거래상 지위의 남용행위 중 불이익제공 행위에 해당하지 않는다는 취지로 판단하였다. 이 사건에서 대법원은 불이익제공 행위의 한계를 설정하는 법리를 판시하였다.

대법원은 "'불이익제공'에 해당하기 위하여는 그 행위의 내용이 상대방에게 다소 불이익하다는 점만으로는 부족하고, … 구입강제, 이익제공강요, 판매목표강제 등과 동일시할 수 있을 정도로 일방 당사자가 자기의 거래상의 지위를 부당하게 이용하여 그 거래조건을 설정 또는 변경하거나 그 이행과정에서 불이익을 준 것으로 인정되고, 그로써 정상적인 거래관행에 비추어 상대방에게 부당하게 불이익을 주어 공정거래를 저해할 우려가 있어야" 한다고 그 법리를 밝혔다. 또한 "상대방에게 부당하게 불이익을 주는 행위인지 여부는, 당해 행위가 행하여진 당시를 기준으로 당해 행위의 의도와 목적, 당해 행위에 이른 경위, 당해 행위에 의하여 상대방에게 생길 수 있는 불이익의 내용과 정도, 당해 행위가 당사자 사이의 거래과정에 미치는 경쟁제약의 정도, 관련업계의 거래관행, 일반경쟁질서에 미치는 영향 및 관계 법령의 규정 등 여러 요소를 종합하여 전체적인 관점에서 판단하여야 한다"고 보았다. 나아가 불이익제공 행위에 해당된다고 보아 행정처분을 하기 위해서는 "거래상대방에게 발생한 '불이익'의 내용이 객관적으로 명확하게 확정되어야 하고, 여기에서의 '불이익'이 금전상의 손해인 경우에는, 법률상 책임 있는 손해의 존재는 물론 그 범위(손해액)까지 명확하게 확정되어야 할 것"이라고 판시하였다.

2) 유선방송 가입자유치 사건[35]에서 대법원은 종합유선방송사업자인 원고가 협력업체들에 대하여 케이블방송 및 인터넷의 신규가입자 유치목표를 설정하고 이를 달성하지 못할 경우 불이익을 준 행위를 판매목표강제에 해당한다고 판단하였다.

대법원은 거래상 지위와 관련하여 기존에 판시한 법리에 따라 "일방이 상대적으로 우

---

34) 대법원 2002. 5. 31. 선고 2000두6213 판결.
35) 대법원 2011. 5. 13. 선고 2009두24108 판결.

월한 지위 또는 적어도 상대방과의 거래활동에 상당한 영향을 미칠 수 있는 지위를 갖고 있으면 이를 인정하기에 족하다"고 하고, "거래상 지위가 있는지 여부는 당사자가 처하고 있는 시장의 상황, 당사자 간의 전체적 사업능력의 격차, 거래의 대상인 상품의 특성 등을 모두 고려하여 판단하여야 할 것"이라고 판시하였다.

또한 대법원은 "판매목표강제에 해당하는지 여부는 당해 행위의 의도와 목적, 효과와 영향 등과 같은 구체적 태양과 상품의 특성, 거래의 상황, 해당 사업자의 시장에서의 우월적 지위의 정도 및 상대방이 받게 되는 불이익의 내용과 정도 등에 비추어 볼 때 정상적인 거래관행을 벗어난 것으로서 공정한 거래를 저해할 우려가 있는지 여부를 판단하여 결정하여야 하고, '판매목표강제'에 있어서 '목표를 제시하고 이를 달성하도록 강제하는 행위'에는 상대방이 목표를 달성하지 않을 수 없는 객관적인 상황을 만들어 내는 것을 포함하고, 사업자가 일방적으로 상대방에게 목표를 제시하고 이를 달성하도록 강제하는 경우뿐만 아니라 사업자와 상대방의 의사가 합치된 계약의 형식으로 목표가 설정되는 경우도 포함한다"고 판시하여 판매목표강제의 의미와 그 판단기준을 밝혔다.

3) 자동차보험금 사건[36]에서 대법원은 구체적 타당성을 추구하여 '거래'의 개념을 넓게 해석하고, 손해보험사들이 보험사고 발생시 피해차주에게 지급할 의무가 있는 대차료 등을 피해차주에게 지급하지 아니한 행위도 거래상 지위의 남용행위에 해당된다고 판단하였다. 이 사건에서는 손해보험사와 피해차주 사이에는 직접적인 계약관계가 존재하지 않는다는 점에서 '거래'가 존재한다고 볼 수 있는지가 문제되었다.

대법원은 "불공정거래행위에서의 '거래'란 통상의 매매와 같은 개별적인 계약 자체를 가리키는 것이 아니라 그보다 넓은 의미로서 사업활동을 위한 수단 일반 또는 거래질서를 뜻하는 것으로 보아야 하는 점, 비록 피해차주의 보험회사에 대한 직접청구권이 피보험자의 불법행위에 의하여 발생한다고 하더라도 보험회사 및 피보험자는 바로 그러한 경우를 위하여 보험계약을 체결하는 것이고, 피해차주는 자동차손해보험의 특성상 보험계약 성립 당시에 미리 확정될 수 없을 따름이지 그 출현이 이미 예정되어 있는 것이며, 그에 따라 보험회사가 피해차주에게 대물손해를 배상하여야 할 의무도 위 보험계약에 근거하고 있는 것인 점, 불법행위로 인한 손해배상채무가 이행되는 과정에서도 채무자에 의한 불공정거래행위가 얼마든지 발생할 여지가 있는 점 등에 비추어 볼 때, 원고들과 피해차주들 사이에는 피보험자들을 매개로 한 거래관계가 존재한다고 봄이 상당하다"고 판시하여 '거래'의 존재를 인정하였다.

---

36) 대법원 2010. 1. 14. 선고 2008두14739 판결.

4) 골프장 회칙변경 사건[37]에서 대법원은 골프장을 운영하는 원고가 골프장 회칙 개정을 통하여 회원들에게 소멸성 연회비 부과 등 일정한 불이익을 입힌 사안에서 공정거래저해성을 부정하여 거래상 지위의 남용행위가 성립하지 않는다고 판단하였다. 이 사건에서 대법원은 거래상 지위의 남용행위의 상대방이 경쟁자 또는 사업자가 아니라 일반소비자인 경우에 공정거래저해성을 판단하는 기준을 밝혔다.

대법원은 불공정거래행위 금지 조항의 의의와 관련하여 "[구법] 제23조 제1항은 단순히 불공정한 계약내용이나 사법상 권리의무를 조정하기 위한 것이 아니라 공정한 거래질서 또는 경쟁질서의 확립을 위하여 경제에 관한 규제와 조정이라는 공법적 관점에서 불공정한 거래행위를 금지하는 규정'"이라고 판시하였다. 그리고 불공정거래행위에 관한 법령의 문언 및 체계를 고려할 때 "[구법] 제23조 제1항 제4호가 '자기의 거래상의 지위를 부당하게 이용하여 상대방과 거래하는 행위'라고 규정하여 행위의 상대방을 사업자 또는 경쟁자로 한정하고 있지는 않지만, 그 거래상 지위의 남용행위에서는 적어도 거래질서와의 관련성은 필요하다"고 보았다. 나아가 대법원은 "거래상 지위 남용행위의 상대방이 경쟁자 또는 사업자가 아니라 일반 소비자인 경우에는 단순히 거래관계에서 문제될 수 있는 행태 그 자체가 아니라, 널리 거래질서에 미칠 수 있는 파급효과라는 측면에서 거래상 지위를 가지는 사업자의 불이익 제공행위 등으로 인하여 불특정 다수의 소비자에게 피해를 입힐 우려가 있거나, 유사한 위반행위 유형이 계속적·반복적으로 발생할 수 있는 등 거래질서와의 관련성이 인정되는 경우에 한하여 공정한 거래를 저해할 우려가 있는 것으로 해석함이 타당하다"고 그 법리를 명시하였다.

(5) 부당한 지원행위

1) 기업어음 매입 등 사건[38]은 계열회사들 사이의 기업어음 매입, 자금대여, 부동산 임대차 등이 문제된 사건으로, 이 사건을 통해 판례에서 형성된 부당한 지원행위에 대한 여러 기본적인 법리들을 살펴볼 수 있다.

먼저 대법원은 "현저히[39] 유리한 조건의 거래인지 여부는 급부와 반대급부 사이의 차이는 물론 지원성 거래규모와 지원행위로 인한 경제상 이익, 지원기간, 지원횟수, 지원시기, 지원행위 당시 지원객체가 처한 경제적 상황 등을 종합적으로 고려하여 구체적·개

---

37) 대법원 2015. 9. 10. 선고 2012두18325 판결.
38) 대법원 2006. 12. 22. 선고 2004두1483 판결.
39) 과거에는 '현저히'로 규정되어 있었으나 2013. 8. 13. 일부개정된 법률 제12095호에 의하여 현행과 같이 '상당히'로 개정되었다.

별적으로 판단하여야 한다"라는 기본적인 법리를 설시하였다. 이러한 법리 하에서 생명보험사인 원고가 수탁은행들에게 특정금전신탁을 하고 수탁은행들로 하여금 그 자금을 원천으로 자신이 지정하는 계열회사의 기업어음을 정상할인율보다 낮은 할인율로 매입하도록 한 행위는 부당한 지원행위에 해당한다고 보았다.

또한 지원행위의 현저성을 판단하기 위한 정상금리를 산정함에 있어서 공정거래위원회는 개별정상금리[40]를 찾기 어려운 경우에 한국은행이 발표하는 시중은행의 매월 말 평균 당좌대출금리('일반정상금리')를 기준으로 판단하기도 하였는데, 대법원은 "당좌대출계약을 기초로 한 일시적 단기성 대출금리로서 정상적인 기업어음 대출금리 등 일반대출금리보다 일반적으로 높기 때문에 개별정상금리를 산정하기 어렵다는 이유만으로 바로 일반정상금리를 정상금리로 적용할 수는 없다고 할 것이지만 개별정상금리가 일반정상금리를 하회하지 않을 것으로 인정되는 특별한 사정이 있는 경우에는 비록 개별정상금리를 구체적으로 특정할 수 없다고 하더라도 일반정상금리를 정상금리로 적용할 수 있다"고 판시하여 어떠한 경우에 일반정상금리를 정상금리로 적용할 수 있는지를 명확히 하였다.

모회사와 모회사가 100% 주식을 보유하고 있는 완전자회사 사이에서도 부당한 지원행위가 성립할 수 있는지에 대하여 대법원은 "양자는 법률적으로 별개의 독립한 거래주체라 할 것이고, 부당지원행위의 객체를 정하고 있는 [구법] 제23조 제1항 제7호의 '다른 회사'의 개념에서 완전자회사를 지원객체에서 배제하는 명문의 규정이 없으므로 모회사와 완전자회사 사이의 지원행위도 [구법] 제23조 제1항 제7호의 규율대상"이 된다고 판시하였다.

한편 생명보험사인 원고가 수탁은행에 특정금전신탁을 하고 수탁은행으로 하여금 친족독립경영회사의 기업어음을 매입하도록 한 사안과 관련하여 대법원은 원고가 친족독립경영회사 외에도 단체보험을 가입한 다른 제3자에 대해서 동일한 방식으로 유사한 수준의 할인율로 기업어음을 매입해 준 사실이 있음을 들어 부당한 지원행위가 성립하지 않는다고 본 원심의 판단을 지지하였다.

그 밖에도 대법원은 과징금 납부명령과 관련하여 "여러 개의 위반행위에 대하여 하나의 과징금 납부명령을 하였으나 여러 개의 위반행위 중 일부의 위반행위만이 위법하고 소송상 그 일부의 위반행위를 기초로 한 과징금액을 산정할 수 있는 자료가 있는 경우에는, 하나의 과징금 납부명령일지라도 그중 위법하여 그 처분을 취소하게 된 일부의 위반

---

40) 해당 자금거래와 시기, 종류, 규모, 기간, 신용상태 등의 면에서 동일 또는 유사한 상황에서 특수관계가 없는 독립된 자 사이에 자금거래가 이루어졌다면 적용될 금리를 말한다(부당한 지원행위의 심사지침 III. 1. 나).

행위에 대한 과징금액에 해당하는 부분만을 취소할 수 있다"고 판시하였다.

2) 해외채권 매입 등 사건[41]도 다양한 형태의 지원행위가 문제된 사건으로서 판례에서 형성된 부당한 지원행위에 대한 기본적인 법리들을 살펴볼 수 있다.

부당한 지원행위 해당 여부를 판단함에 있어서는 해당 거래의 정상가격을 판단하는 것이 중요한데, 대법원은 "'정상가격'은 지원주체와 지원객체 간에 이루어진 경제적 급부와 동일한 경제적 급부가 시기, 종류, 규모, 기간, 신용상태 등이 유사한 상황에서 특수관계가 없는 독립된 자 간에 이루어졌을 경우 형성되었을 거래가격 등을 말한다"고 판시하였다. 또한 특정한 자금 또는 자산거래에 있어서 지원행위 여부의 판단기준이 되는 정상금리와 관련하여 대법원은 "급부와 반대급부가 현저히 유리한지 여부를 판단하는 기준이 되는 정상금리라 함은 지원주체와 지원객체 사이의 자금거래와 시기, 종류, 규모, 기간, 신용상태 등의 면에서 동일 또는 유사한 상황에서 그 지원객체와 그와 특수관계 없는 독립된 금융기관 사이에 자금거래가 이루어졌다면 적용될 금리, 또는 지원주체와 지원객체 사이의 자금거래와 시기, 종류, 규모, 기간, 신용상태 등의 면에서 동일 또는 유사한 상황에서 특수관계 없는 독립된 자 사이에 자금거래가 이루어졌다면 적용될 금리를 의미한다고 할 것"이라고 판시하였다.

대법원은 "지원주체가 지원객체를 지원하기 위한 목적으로서 지원행위를 하되 지원주체와 지원객체와 사이의 직접적이고 현실적인 자산거래나 자금거래행위라는 형식을 회피하기 위한 방편으로 제3자를 매개하여 자산거래나 자금거래행위가 이루어지고 그로 인하여 지원객체에게 실질적으로 경제상 이익이 귀속되는 경우에는 지원행위에 해당한다"고 판시하였다. 이러한 법리에 따라 대법원은 원고가 해외에 설립된 투자전문회사로부터 해외채권을 매입한 것이 실질적으로는 역외 펀드의 구조를 이용하여 계열회사들을 우회적으로 지원한 것이라고 본 원심의 판단이 정당하다고 수긍하였다. 또한 대법원은 이미 인수한 전환사채의 전환권 행사도 "실질적으로 전환사채와 주식을 교환하는 일종의 거래행위에 다름 아닌 것으로서 전환권행사를 이용하여 지원객체에게 경제활동의 정상성에 반하는 부당한 경제상의 이익을 제공하는 것이라면" 지원행위에 해당할 수 있다고 본 원심의 판단을 지지하였다.

한편 이 사건에서 대법원은 현저히 유리한 조건의 거래에는 '현저한[42] 규모로 제공 또는 거래하여 과다한 경제상 이익을 제공'하는 행위(이른바 '물량몰아주기')도 포함될 수

---

41) 대법원 2007. 1. 25. 선고 2004두7610 판결.
42) 과거에는 '현저한'으로 규정되어 있었으나 2014. 2. 11. 일부개정된 대통령령 제25173호에 의하여 현행과 같이 '상당한'으로 개정되었다.

있다는 점을 분명히 하였다. 대법원은 "거래규모는 거래수량에 관한 사항으로서 거래조건에 포함된다고 할 수 있고 현실적인 관점에서 경우에 따라서는 유동성의 확보 자체가 긴요한 경우가 적지 않음에 비추어 현저한 규모로 유동성을 확보할 수 있다는 것 자체가 현저히 유리한 조건의 거래가 될 수 있으므로, '현저한 규모로 제공 또는 거래하여 과다한 경제상 이익을 제공'하는 것도 [구법] 제23조 제1항 제7호 소정의 '현저히 유리한 조건의 거래'의 하나라고 볼 수 있을 것"이라고 판시하였다. 그러면서도 대법원은 "현저한 규모의 거래라 하여 바로 과다한 경제상 이익을 준 것이라고 할 수 없고 현저한 규모의 거래로 인하여 과다한 경제상 이익을 제공한 것인지 여부는 지원성 거래규모 및 급부와 반대급부의 차이, 지원행위로 인한 경제상 이익, 지원기간, 지원횟수, 지원시기, 지원행위 당시 지원객체가 처한 경제적 상황 등을 종합적으로 고려하여 구체적·개별적으로 판단하여야 할 것"이라고 그 판단기준을 제시하였다.

또한 대법원은 지원행위의 부당성을 판단함에 있어서는 "지원주체와 지원객체의 관계, 지원행위의 목적과 의도, 지원객체가 속한 시장의 구조와 특성, 지원성 거래규모와 지원행위로 인한 경제상 이익 및 지원기간, 지원객체가 속한 시장에서의 경쟁제한이나 경제력 집중의 효과 등을 종합적으로 고려하여 당해 지원행위로 인하여 지원객체의 관련시장에서 경쟁이 저해되거나 경제력 집중이 야기되는 등으로 공정한 거래가 저해될 우려가 있는지 여부에 따라 판단하여야 한다"고 판시하였다.

3) 계열분리회사 지원행위 사건[43]에서도 부당한 지원행위에 관한 기본적인 판례 법리들을 살펴볼 수 있다.

먼저 대법원은 부당한 지원행위의 객체가 대규모기업집단의 계열회사로만 한정되는 것이 아니라는 점을 명확히 하였다. 대법원은 법문에 따를 때 "부당지원행위의 지원객체에 '특수관계인'과 더불어 '다른 회사'가 포함됨을 명시적으로 규정하고 있고, 부당지원행위 금지의 입법 취지가 경제력집중의 방지와 아울러 공정한 거래질서의 확립에 있는 점 … 에 비추어 볼 때, 부당지원행위의 객체인 '다른 회사'는 대규모기업집단의 계열회사로만 한정되는 것은 아니라고 할 것이고, 이와 같이 해석한다고 하여 국민의 재산권의 본질적인 부분을 침해하거나 사적자치의 원칙을 훼손하는 것은 아니"라고 판시하였다.

또한 대법원은 지원행위의 성립 및 지원금액의 산정은 지원객체를 기준으로 하여야 함을 명확히 하였다. 즉 "특정한 자금 또는 자산 거래에 있어서 실제적용금리와 정상금리를 비교하는 것은 당해 거래행위가 지원객체에게 '현저히 유리한 조건'인지 여부와 그로 인하

---

43) 대법원 2004. 3. 12. 선고 2001두7220 판결.

여 지원객체가 속한 관련시장에서 경쟁을 제한하거나 경제력 집중을 야기하는 등으로 공정한 거래를 저해할 우려가 있는지 여부를 판단하기 위한 것이므로, 이 사건에서 정상금리와 비교하여야 할 실제적용금리는" 지원객체가 발행한 기업어음을 우회지원의 매개체가 된 금융기관이 매입한 할인율로 하여야 한다고 판시하였다. 또한 과징금산정의 기초가 되는 지원금액은 "지원행위와 관련하여 지원주체가 지출한 금액 중 지원객체가 속한 시장에서 경쟁을 제한하거나 경제력 집중을 야기하는 등으로 공정한 거래를 저해할 우려가 있는 '지원객체가 받았거나 받은 것과 동일시할 수 있는 경제적 이익'만을 의미하는 것이지 지원과정에서 부수적으로 제3자에게 지출한 비용은 포함되지 않는다"고 밝혔다.

4) 광고비 등 사건[44]에서 대법원은 부당한 지원행위의 공정거래저해성과 관련하여 중요한 판시를 하였다. 먼저 무상광고행위 및 광고비 대지급행위와 관련하여 지원행위의 성립은 부정하지 않으면서도 지원금액이 미미하고 지원객체의 "관련시장에서의 경쟁조건이 다른 경쟁사업자에 비하여 유리하게 되거나 그 퇴출이 저지될 우려가 있었다고 보기 어려워" 공정거래저해성을 인정할 수 없다는 취지로 판시하였다. 지원행위의 성립을 인정하면서도 공정거래저해성이 부인된 사례들은 많지 않은데, 이 사건에서는 지원금액이 미미하였다는 점이 고려된 것으로 보인다.

또한 이 사건에서 대법원은 "지원행위가 부당성을 갖는지 여부는 오로지 공정한 거래질서라는 관점에서 평가되어야 하는 것이고, 사업경영상 또는 거래상의 필요성 내지 합리성 등도 공정한 거래질서와 관계없는 것이 아닌 이상 부당성을 갖는지 여부를 판단함에 있어 고려되어야 하는 요인의 하나라고 할 것이나, 단순한 사업경영상의 필요 또는 거래상의 합리성 내지 필요성만으로는 부당지원행위의 성립요건으로서의 부당성 및 공정거래저해성이 부정된다고 할 수는 없다"고 하여 공정거래저해성 판단에 있어서 사업경영상 또는 거래상의 필요성 내지 합리성이 가지는 의미를 판시하였다.

5) 판매수수료율 사건[45]에서 대법원은 동일한 실제 사례를 찾을 수 없어서 유사한 사례를 기준으로 정상가격을 산정하는 경우의 그 산정 방법에 관하여 판시를 하였다. 대법원은 정상가격의 의미에 대해서는 기존의 판례에서 형성된 판시사항을 되풀이 하면서 "공정거래위원회가 당해 거래와 동일한 실제 사례를 찾을 수 없어 부득이 유사한 사례에 의해 정상가격을 추단할 수밖에 없는 경우에는, 단순히 제반 상황을 사후적, 회고적인 시각에서 판단하여 거래 당시에 기대할 수 있었던 최선의 가격이나 당해 거래가격보다 더 나은 가격으로 거래할 수도 있었을 것이라 하여 가벼이 이를 기준으로 정상가격을 추단

44) 대법원 2005. 9. 15. 선고 2003두12059 판결.
45) 대법원 2015. 1. 29. 선고 2014두36112 판결.

하여서는 안 되고, 먼저 당해 거래와 비교하기에 적합한 유사한 사례를 선정하고 나아가 그 사례와 당해 거래 사이에 가격에 영향을 미칠 수 있는 거래조건 등의 차이가 존재하는지를 살펴 차이가 있다면 이를 합리적으로 조정하는 과정을 거쳐 정상가격을 추단하여야 한다"고 판시하였다. 그리고 정상가격이 합리적으로 산정되었다는 점에 대한 증명책임은 공정거래위원회에 있다는 것도 분명히 하였다.

6) 인력지원 등 사건[46]에서는 다양한 거래 행위가 부당한 지원행위 또는 특수관계인에 대한 부당한 이익제공행위에 해당하는지가 문제되었다. 대법원은 계열회사에 대한 인력지원행위가 특수관계인에 대한 부당한 이익제공행위에 해당된다고 보면서 '부당성'에 관하여 아래에서 살펴보는 항공사 사건[47]의 법리를 반복하였다. 또한 대법원은 인력지원행위가 부당한 지원행위에도 해당한다고 보았고, 계열회사와의 알루미늄 캔 거래 및 알루미늄 코일 거래가 현저한 규모의 거래로 인하여 과다한 경제상 이익을 제공하는 형태의 부당한 지원행위에 해당한다고 보았으며, 글라스락 캡 거래는 다른 사업자와 직접 상품·용역을 거래하면 상당히 유리함에도 불구하고 거래상 실질적인 역할이 없는 특수관계인이나 다른 회사를 매개로 거래하는 행위에 해당한다고 판단하였다.

대법원은 "부당한 인력지원행위에서 '상당히 낮거나 높은 대가로 제공 또는 거래하거나 상당한 규모로 제공 또는 거래하여 과다한 경제상 이익을 제공'한 것인지, 부당한 거래단계 추가 등 행위에서 '다른 사업자와 직접 상품·용역을 거래하면 상당히 유리함에도 특수관계인이나 다른 회사를 거래단계에 추가하거나 거쳐서 거래하여 과다한 경제상 이익을 제공'한 것인지를 판단할 때에도 급부와 반대급부의 차이, 지원성 거래규모, 지원행위로 인한 경제상 이익, 지원기간, 지원횟수, 지원시기, 지원행위 당시 지원객체가 처한 경제적 상황 등을 종합적으로 고려하여 구체적·개별적으로 판단"하여야 하고, "급부와 반대급부가 상당히 유리한지를 판단하는 기준이 되는 '정상가격'은, 지원주체와 지원객체 간에 이루어진 경제적 급부와 동일한 경제적 급부가 시기, 종류, 규모, 기간, 신용상태 등이 유사한 상황에서 특수관계가 없는 독립된 자 간에 이루어졌을 경우 형성되었을 거래가격 등을 말한다"라고 판시하였다.

7) 치즈납품 등 사건[48]에서 대법원은 지원주체가 치즈 등을 공급받음에 있어 유제품 회사로부터 직접 공급받지 않고 거래상 아무런 역할을 하지 않는 지원객체를 거래단계에 추가하여 공급받아 지원객체로 하여금 유통이윤을 취득하게 한 행위가 '현저한 규모로

---

46) 대법원 2022. 5. 26. 선고 2020두36267 판결.
47) 대법원 2022. 5. 12. 선고 2017두63993 판결.
48) 대법원 2022. 9. 16. 선고 2019도19067 판결.

거래하여 과다한 경제상 이익을 제공함으로써 특수관계인 또는 다른 회사를 지원하는 행위'로서 부당한 지원행위에 해당된다는 취지로 판단하였다.[49]

대법원은 '현저한 규모의 거래'의 의미와 관련하여 "설령 지원객체가 속한 시장에서 이 사건 지원행위가 차지하는 비중이 크지 않다고 하더라도, 그것만으로 곧바로 이 사건 지원행위가 '현저한 규모의 거래'에 해당하지 않는다고 단정할 것은 아니다. 왜냐하면, 부당지원행위를 금지하는 규정의 입법 취지는, 경제력 집중을 방지함과 아울러 효율성이 낮은 부실기업이나 한계기업을 존속케 함으로써 당해 시장에서 경쟁자를 부당하게 배제하거나 잠재적 경쟁자의 신규 시장진입을 억제하는 등으로 공정한 거래질서를 저해하는 것을 막고자 하는 데에 있다. 따라서 앞서 본 사정에 비추어 이 사건 지원행위의 거래물량만으로도 지원객체의 사업개시 또는 사업유지를 위한 최소한의 물량을 초과할 정도의 거래규모가 확보되어 지원객체의 사업위험이 제거되었다고 볼 수 있는 이상, 이 사건 지원행위는 '현저한 규모의 거래'에 해당한다"라고 판시하였다.

8) 특수관계인 지원행위 사건[50]에서는 자연인인 특수관계인에 대한 지원행위가 문제되었는데 대법원은 이 사건에서 공정거래저해성이 부존재 하여 부당한 지원행위에 해당하지 않는다는 취지로 판시하였다. 먼저 대법원은 부당성의 의미를 "지원객체가 직접 또는 간접적으로 속한 시장에서 경쟁이 저해되거나 경제력이 집중되는 등으로 공정한 거래를 저해할 우려가 있다는 의미로 해석"하여야 한다고 보아 "지원객체가 일정한 거래분야에서 시장에 직접 참여하고 있는 사업자일 것을 요건으로 하는 것은 아니"라고 판시하였다.

그러면서도 대법원은 "경제력 집중의 억제가 부당지원행위 규제의 입법 목적에 포함되어 있다고 하더라도, 법상 경제력 집중의 억제와 관련하여서는 제3장에서 … 대규모기업집단의 일반집중을 규제하면서도 부당지원행위는 제5장의 불공정거래행위의 금지의 한 유형으로서 따로 다루고 있으며,[51] 변칙적인 부의 세대간 이전 등을 통한 소유집중의 직접적인 규제는 법의 목적이 아니고 시장집중과 관련하여 볼 때 기업집단 내에서의 특수관계인 또는 계열회사 간 지원행위를 통하여 발생하는 경제력 집중의 폐해는 지원행위로 인하여 직접적으로 발생하는 것이 아니라 지원을 받은 특수관계인이나 다른 회사가 자신이 속한 관련시장에서의 경쟁을 저해하게 되는 결과 발생할 수 있는 폐해라고 할 것

---

49) 이 사건에서는 그 밖의 사업활동방해도 문제되었는데, 대법원은 가맹본부가 종래 자신의 가맹점사업자였던 사업자가 새로운 브랜드로 창업하자 이를 표적으로 하여 일련의 행위를 한 것이 그 밖의 사업활동방해 행위에 해당된다고 판단하였다.

50) 대법원 2004. 9. 24. 선고 2001두6364 판결.

51) 개정법에서는 "경제력 집중의 억제"는 구법과 달리 제4장으로 규정하고 있고, "특수관계인에 대한 부당한 이익제공의 금지"는 제6장에서 불공정거래행위, 재판매가격유지행위와 함께 규정하면서 "부당한 지원행위"는 불공정거래행위의 한 유형으로 분류하고 있다.

인 점 등에 비추어 보면, 부당지원행위의 부당성을 판단함에 있어서는 지원주체와 지원객체와의 관계, 지원객체 및 지원객체가 속한 관련시장의 현황과 특성, 지원금액의 규모와 지원된 자금 자산 등의 성격, 지원금액의 용도, 거래행위의 동기와 목적, 정당한 사유의 존부 등을 종합적으로 고려하여 판단하여야 하며", 공정거래저해성에 대한 증명책임은 공정거래위원회에 있다는 취지로 판시하였다. 이러한 법리 하에서 "이 사건 행위로 인하여 부의 세대간 이전이 가능해지고 특수관계인들을 중심으로 경제력이 집중될 기반이나 여건이 조성될 여지가 있다는 것만으로는 공정한 거래를 저해할 우려가 있다고 단정하기 어렵고, 위 특수관계인들이 지원받은 자산을 계열회사에 투자하는 등으로 관련시장에서의 공정한 거래를 저해할 우려가 있다는 점이 공지의 사실로서 입증을 필요로 하지 않는 사항이라고도 할 수 없으므로 … 공정한 거래를 저해할 우려가 있다고 할 수 없다"고 판단하였다.

(6) 특수관계인에 대한 부당한 이익제공 등 금지

항공사 사건[52]에서는 회사가 구법 제23조의2 제1항의 적용을 받는 계열회사들[53]과 거래한 여러 행위들이 '정상가격보다 상당히 유리한 조건으로 거래하는 행위를 통하여 특수관계인에게 부당한 이익을 귀속시키는 행위'에 해당하는지가 문제되었는데, 대법원은 문제된 행위들 모두 이에 해당하지 않는다고 판단하였다. 대법원은 먼저 '상당히 유리한 조건의 거래인지 여부'를 판단하는 기준이 되는 '정상가격'의 의미를 부당한 지원행위에 관한 위 판매수수료율 사건[54]에서 밝힌 법리와 거의 동일하게 판시하였다.

또한 대법원은 특수관계인에 대한 부당한 이익제공 등 금지의 '부당성' 요건에 대한 법리도 밝혔다. 즉 부당성과 관련하여 "[구법] 제23조의2의 규정 내용, 입법 경위 및 입법 취지 등을 고려하면, … 제1호의 행위에 해당하는지 여부와는 별도로 그 행위를 통하여 특수관계인에게 귀속된 이익이 '부당'한지에 대한 규범적 평가가 아울러 이루어져야 한다. 여기에서 말하는 '부당성'이란, 이익제공행위를 통하여 그 행위객체가 속한 시장에서 경쟁이 제한되거나 경제력이 집중되는 등으로 공정한 거래를 저해할 우려가 있을 것까지 요구하는 것은 아니고, 행위주체와 행위객체 및 특수관계인의 관계, 행위의 목적과 의도, 행위의 경위와 그 당시 행위객체가 처한 경제적 상황, 거래의 규모, 특수관계인에

---

52) 대법원 2022. 5. 12. 선고 2017두63993 판결.
53) 개정법 제47조 제1항이 이에 상응하는 조항이나 동 조항의 적용을 받는 계열회사의 범위가 구법에 비해 확대되었다.
54) 대법원 2015. 1. 29. 선고 2014두36112 판결.

게 귀속되는 이익의 규모, 이익제공행위의 기간 등을 종합적으로 고려하여, 변칙적인 부의 이전 등을 통하여 대기업집단의 특수관계인을 중심으로 경제력 집중이 유지·심화될 우려가 있는지 여부에 따라 판단하여야 한다. 이와 같이 특수관계인에게 귀속된 이익이 '부당'하다는 점은 시정명령 등 처분의 적법성을 주장하는 피고가 증명하여야 한다"고 판시하였다.

(7) 재판매가격유지행위

부당한 이익에 의한 고객유인 행위가 문제된 제약회사 리베이트 사건[55]에서는 부당한 고객유인 이외에 최저재판매가격유지행위도 문제되었다. 구법 제29조 제1항은 최저재판매가격유지행위의 경우 최고재판매가격유지행위와는 달리 부당성을 검토할 필요도 없이 당연히 위법한 것처럼 규정하고 있었다. 그러한 법문에도 불구하고 이 사건에서 대법원은 최저재판매가격유지행위의 경우에도 사업자가 정당한 이유가 있음을 증명하는 경우에는 예외적으로 허용된다고 판시하였다.

즉 대법원은 "최저재판매가격유지행위가 당해 상표 내의 경쟁을 제한하는 것으로 보이는 경우라 할지라도, 시장의 구체적 상황에 따라 그 행위가 관련 상품시장에서의 상표 간 경쟁을 촉진하여 결과적으로 소비자후생을 증대하는 등 정당한 이유가 있는 경우에는 이를 예외적으로 허용하여야 할 필요가 있다. 그리고 그와 같은 정당한 이유가 있는지 여부는 관련시장에서 상표 간 경쟁이 활성화되어 있는지 여부, 그 행위로 인하여 유통업자들의 소비자에 대한 가격 이외의 서비스 경쟁이 촉진되는지 여부, 소비자의 상품 선택이 다양화되는지 여부, 신규사업자로 하여금 유통망을 원활히 확보함으로써 관련 상품시장에 쉽게 진입할 수 있도록 하는지 여부 등을 종합적으로 고려하여야 할 것이며, 이에 관한 증명책임은 관련 규정의 취지상 사업자에게 있다"고 판시한 것이다. 대법원은 이러한 법리를 기초로 이 사건에서는 재판매가격유지행위를 허용할 정당한 이유가 있다고 보기 어렵다고 보아서 법위반을 인정하였다. 이러한 판례상 법리를 반영하여 개정법 제46조 제1호와 같이 개정이 이루어졌음은 앞에서 설명한 바와 같다.

---

55) 대법원 2010. 11. 25. 선고 2009두9543 판결.

2. 주요 판례

(1) 대법원 2001. 1. 5. 선고 98두17869 판결 [음료 원액 공급거절 사건] (그 밖의 거래거절)

판시사항

[1] 불공정거래행위의 한 유형인 구 독점규제 및 공정거래에 관한 법률 시행령 제36조 제1항 [별표] 제1호 (나)목 소정의 '기타의 거래거절'의 성립요건

[2] 독점적 음료 원액공급권자가 보틀러(병입사업자)회사에 대하여 보틀러계약관계의 종료를 들어 음료 원액공급을 중단한 행위가 부당하게 이루어진 개별적 거래거절행위로서 구 독점규제 및 공정거래에 관한 법률상의 불공정거래행위에 해당하지 않는다고 본 사례

판결요지

[1] 구 독점규제 및 공정거래에 관한 법률(1999. 2. 5. 법률 제5813호로 개정되기 전의 것) 제23조 제1항 제1호 및 같은법시행령(1999. 3. 31. 대통령령 제16221호로 개정되기 전의 것) 제36조 제1항 [별표] 제1호 (나)목에서 불공정거래행위의 한 유형으로 규정하고 있는 '기타의 거래거절'은 개별 사업자가 그 거래 상대방에 대하여 하는 이른바 개별적 거래거절을 가리키는 것이나, 이러한 개별적 거래거절행위는 그 거래 상대방이 종래 계속적 거래관계에 있은 경우에도, 자유시장경제 체제하에서 일반적으로 인정되는 거래처 선택의 자유라는 원칙에서 볼 때, 또 다른 거래거절의 유형인 '공동의 거래거절'과는 달리, 거래거절이라는 행위 자체로 바로 불공정거래행위에 해당하는 것은 아니고, 그 거래거절이 특정 사업자의 거래기회를 배제하여 그 사업활동을 곤란하게 할 우려가 있거나 오로지 특정사업자의 사업활동을 곤란하게 할 의도를 가진 유력 사업자에 의하여 그 지위 남용행위로서 행하여지거나 혹은 같은 법이 금지하고 있는 거래강제 등의 목적 달성을 위하여 그 실효성을 확보하기 위한 수단으로 부당하게 행하여진 경우라야 공정한 거래를 저해할 우려가 있는 거래거절행위로서 같은 법이 금지하는 불공정거래행위에 해당한다.

[2] 독점적 음료 원액공급권자가 보틀러(병입사업자)회사에 대하여 보틀러계약관계의

종료를 들어 음료 원액공급을 중단한 행위가 부당하게 이루어진 개별적 거래거절행위로서 구 독점규제 및 공정거래에 관한 법률상의 불공정거래행위에 해당하지 않는다고 본 사례.

참조조문

[1] 구 독점규제 및 공정거래에 관한 법률(1999. 2. 5. 법률 제5813호로 개정되기 전의 것) 제23조 제1항 제1호, 구 독점규제 및 공정거래에 관한 법률 시행령(1999. 3. 31. 대통령령 제16221호로 개정되기 전의 것) 제36조 제1항 [별표] 제1호 (나)목

[2] 구 독점규제 및 공정거래에 관한 법률(1999. 2. 5. 법률 제5813호로 개정되기 전의 것) 제23조 제1항 제1호, 구 독점규제 및 공정거래에 관한 법률 시행령(1999. 3. 31. 대통령령 제16221호로 개정되기 전의 것) 제36조 제1항 [별표] 제1호 (나)목

따름판례

대법원 2004. 7. 9. 선고 2002두11059 판결, 대법원 2005. 5. 26. 선고 2004두3038 판결, 대법원 2008. 2. 14. 선고 2004다39238 판결, 대법원 2010. 8. 26. 선고 2010다28185 판결, 대법원 2012. 6. 14. 선고 2010다26035 판결

전 문

【원고, 상고인】 한국코카콜라 주식회사
【피고, 피상고인】 공정거래위원회
【원심판결】 서울고법 1998. 10. 14. 선고 97구53139 판결
【주 문】
원심판결을 파기하고, 사건을 서울고등법원에 환송한다.
【이 유】
상고이유를 판단한다.

1. 원심은 그 채용증거에 의하여, 원고 측이 1974년 이래 이른바 '보틀러(Bottler, 병입사업자) 계약'에 기하여 코카콜라 등의 음료 원액을 소외 범양식품 주식회사(이하 '소외 회사'라고 한다)에게 공급하여 소외 회사로 하여금 공급받은 원액을 이용하여 완제품을 제조·판매하게 하여 오다가 1991. 5. 21.에 이르러 소외 회사와 새로운 보틀러계약을 체결하면서 계약기간을 1996. 6. 1.까지로 정하는 한편, '소외 회사는 계약의 자동연장(묵시적 갱신)을 주장할 권리가 없음을 상호 인식하고 합의한다'는 조항을 두었던 사실, 그 후 소외 회사는 1991. 9. 9. 소외 건영식품 주식회사라는 음료수 제조·판매업체를 자회사로 설립하여 그 회사의 여러 음료제품을 임가공 방식으로 별도로 생산하기 시작하였고, 그 한편으로 원고 측은 자신의 음료사업의 구조개편을 위하여 소외 회사 등의 국내 4개 보틀러회사에 대하여 '단일보틀러통합안'과 '단일판매법인안'을 1993년과 1994년에 순차 제안하였다가 성사되지

않자 위 계약기간의 만료가 임박한 1996. 5. 22.에 이르러 소외 회사에 새로운 구조개편안 인 '생산통합안'을 제안하면서 이를 수락하면 1996. 12. 1.까지 원액공급을 계속 받을 수 있는 수권서(授權書, Letter of Authorization)를 발급하여 주겠다고 제안하여 소외 회사가 이를 수락하자 그 같은 내용의 1차 수권서를 소외 회사에 발급하였으나 위 구조개편안은 1996년 8월 이견으로 인하여 결렬된 사실, 그러자 원고 측은 1996. 11. 4.에 이르러 소외 회사에 대하여 소외 회사가 보유하고 있는 관련 공장설비를 인수하기로 하는 자산인수안을 제안하면서 이를 수락하면 1997. 4. 1.까지 원액공급을 계속 받을 수 있을 수 있는 수권서를 발급하여 주겠다고 제안하여 소외 회사가 이를 일단 수락하자 그 같은 내용의 2차 수권서를 발급하여 준 사실, 그 후 진행된 구체적인 자산인수가격의 결정을 위한 협상 과정에서 소외 회사 측은 1997. 2. 20. 금 297,865,000,000원을 제시하였다가 원고 측이 최종적으로 1997. 3. 28.에 이르러 금 46,805,000,000원으로 하되 추후 자산실사작업을 통하여 조정할 수 있다는 안을 제시하자 이를 거절함으로써 원고 측은 위 2차 수권서상의 기한인 1997. 4. 1.자로 소외 회사와의 보틀러계약 관계를 종료되었다고 하여 원액공급을 중단한 사실, 그 후 소외 회사는 원액공급의 재개를 구하는 가처분신청을 하여 그 재판이 진행 중인 1997. 11. 20. 원고 측과의 재판상 화해에 의하여 1998. 2. 28.까지 원액공급을 계속 받았고, 그 이후에는 위 건영식품 주식회사의 음료사업을 인수하여 독자적인 콜라를 개발·판매하는 등 음료사업을 영위하고 있는 사실, 그런데 위와 같은 자산인수안에 관한 협상의 결렬과 그로 인한 2차 수권서상의 기한 만료에 따른 원액공급의 중단 과정에서 소외 회사로부터 원고 측의 위와 같은 원액공급 중단행위(이하 '이 사건 거래 중단행위'라고 한다)가 불공정거래행위에 해당한다는 신고를 받은 피고는 1997. 8. 27. 원고 측과 소외 회사 사이에는 1997년말까지 보틀러계약관계를 존속시켜 원액공급을 계속하기로 하는 의사 합치가 있었음에도 불구하고 원고 측이 2차 수권서상의 기한 만료를 들어 이 사건 거래 중단행위를 한 것은 구 독점규제 및 공정거래에 관한 법률(1999. 2. 5. 법률 제5813호로 개정되기 전의 법률, 이하 '법'이라고 한다) 제23조 제1항 제1호, 그 시행령(1999. 3. 31. 대통령령 제16221호로 개정되기 전의 시행령, 이하 '영'이라고 한다) 제36조 제1항 [별표] 제1호 (나)목 소정의 '기타의 거래거절'로서 불공정거래행위에 해당한다고 하여 원고 측에 대하여 그 시정과 아울러 법위반사실의 공표를 명하는 이 사건 처분을 한 사실을 인정한 다음, 원고 측과 소외 회사 사이의 보틀러계약관계는 2차 수권서상의 기한인 1997. 4. 1.자로 종료되었다고 할 것이나, 원고 측이 그와 같은 계약기간 종료를 들어 이 사건 거래 중단행위로 나아간 것은 소외 회사에 대하여 독점적으로 원액공급권을 갖고 있는 우월적 지위를 이용하여 소외 회사와의 자산인수가격에 관한 협상 과정에서 자신이 일방적으로 결정한 인수가격과 조건을 관철함으로써 거래 상대방인 소외 회사의 선택의 자유를 실질적으로 제한하려는 경쟁 제한적인 목적을 달성하기 위한 수단으로 행하여진 것으로서 실효성도 있었다고 보이므로 이 사건 원액공급 중단행위는 법상 '기타의 거래거절'로서 불공정거래행위에 해당하고 따라서 이를 전제로 한 이 사건 처분은 적법하다고 판단함으로써 그 취소를 구하는 원고의 이 사건 청구를 기각하였다.

  2. 법 제23조 제1항 제1호 및 영 제36조 제1항 [별표] 제1호 (나)목에서 불공정거래행위

의 한 유형으로 규정하고 있는 '기타의 거래거절'은 개별 사업자가 그 거래 상대방에 대하여 하는 이른바 개별적 거래거절을 가리키는 것이나, 이러한 개별적 거래거절행위는 그 거래 상대방이 종래 계속적 거래관계에 있은 경우에도, 자유시장경제 체제하에서 일반적으로 인정되는 거래처 선택의 자유라는 원칙에서 볼 때, 또 다른 거래거절의 유형인 '공동의 거래거절'과는 달리, 거래거절이라는 행위 자체로 바로 불공정거래행위에 해당하는 것은 아니고, 그 거래거절이 특정 사업자의 거래기회를 배제하여 그 사업활동을 곤란하게 할 우려가 있거나 오로지 특정사업자의 사업활동을 곤란하게 할 의도를 가진 유력 사업자에 의하여 그 지위 남용행위로서 행하여지거나 혹은 법이 금지하고 있는 거래강제 등의 목적 달성을 위하여 그 실효성을 확보하기 위한 수단으로 부당하게 행하여진 경우라야 공정한 거래를 저해할 우려가 있는 거래거절행위로서 법이 금지하는 불공정거래행위에 해당한다고 할 수가 있다.

그런데 원심이 판시한 바에 의하더라도, 원고 측과 소외 회사가 1991. 5. 21.자로 보틀러계약을 다시 체결할 당시 계약기간은 1996. 6. 1.로 만료되고 더 이상 연장할 수 없는 것이 명시되어 있었고, 그에 따라 소외 회사 측에서도 자회사로 별도의 음료업체를 설립하여 그 제품을 소외 회사의 공장설비를 이용하여 주문자 상표부착 방식으로 그 생산활동을 계속하는 한편, 위 계약기간의 만료 전후를 통하여 원고 측과 일련의 구조개편안에 관한 협상을 하는 과정에서 1, 2차 수권서를 발급받아 원액공급기한을 연장하여 왔으나 최종적으로 제시된 구조개편안인 자산인수안에 관한 협상이 쌍방 제시가격의 차이로 결렬되기에 이르자, 그 후 그 자회사의 음료사업을 인수하여 독자적인 콜라 음료를 개발·판매하고 있다는 것이므로, 이러한 전후 경과에 비추어 보면, 소외 회사에서 그 자산의 매각 여부에 대하여 달리 선택의 여지가 없었다고 단정할 수가 없고, 기록을 살펴보아도 소외 회사 측에서 그 자산을 매각하는 외에 달리 대안이 없다거나 원고 측에서도 소외 회사의 자산을 반드시 인수하여야만 할 긴급한 필요가 있었다고 볼 자료도 없다.

그렇다면 비록 원고 측이 소외 회사에 비하여 상대적으로 원액공급자라는 우월적 지위에 있었고 또 원고 측이 제시한 인수가격이 소외 회사 측의 제시가격에 크게 못미쳤다고 하더라도, 이 사건 거래 중단행위가 원고 측이 그가 제시한 가격과 조건으로 소외 회사의 자산을 인수하려는 목적 아래 그 실효성을 확보하기 위한 수단으로 이루어진 것이라고 단정할 수가 없을 뿐만 아니라, 나아가 원고 측에서 오로지 소외 회사의 사업활동을 곤란하게 할 의도로서 이 사건 거래 거절행위를 하였다거나 혹은 그로 인하여 소외 회사의 거래기회가 배제되었다고 단정하기도 어려우므로, 결국 원고 측의 이 사건 거래 중단행위를 들어 부당하게 이루어진 개별적 거래거절행위로서 법상의 불공정거래행위에 해당한다고 할 수가 없다.

그럼에도 불구하고 원심은, 원고 측이 1991. 5. 21. 소외 회사와 체결한 보틀러계약기간이 1996. 6. 1.자로 만료된 후 1, 2차 수권서를 발급하였으나 그 과정에서 소외 회사와 최종적인 구조개편안으로 협상하여 온 자산인수안이 쌍방 제시가격의 차이로 인하여 결렬되면서 2차 수권서상의 기한인 1997. 4. 1.자로 소외 회사와의 보틀러계약관계가 종료되었다고 보면서도, 원고 측이 그와 같은 보틀러계약관계의 종료를 들어 바로 이 사건 거래 중단행위로 나아간 것은 소외 회사에 비하여 우월적 지위에 있는 원고 측이 소외 회사 측과의 자산인수에 관한 협상 과정에서 소외 회사 측이 제시한 가격에 크게 못미치는 자신의 제시가격과 조건 등을 관철시키려는 목적 아래 이루어진 실효성 있는 수단으로 이용된 것이어서 불공정거래행위로서의 개별적 거래거절행위에 해당한다고 단정하였으니 이는 결국 불공정거래행위에 관한 법리를 오해하거나 채증법칙을 위배하여 사실을 오인함으로써 판결에 영향을 미친 위법을 저지른 것이라고 하지 않을 수 없다. 상고이유 중 이 점을 지적하는 부분은 이유 있다.

3. 그러므로 나머지 상고이유에 대한 판단을 생략한 채 원심판결을 파기하고, 사건을 다시 심리·판단케 하기 위하여 원심법원에 환송하기로 관여 대법관의 의견이 일치되어 주문과 같이 판결한다.

대법관 　 조무제(재판장) 이용우 강신욱(주심) 이강국

‖ 참조문헌 ‖

심재한, "한국코카콜라의 거래거절 사건", 공정거래법 판례선집, 사법발전재단(2011)

이봉의, "공정거래법상 방해남용의 위법성 판단기준: 거래거절을 중심으로", 법조 52권 10호, 법조협회(2003)

이승택, "불공정거래행위로서 개별적 거래거절의 성립요건", 공정거래법 판례선집, 사법발전재단(2011)

이 황, "공정거래법상 단독의 위반행위 규제의 체계(Ⅱ) − 불공정거래행위로서의 거래거절행위의 위법성, 그 본질과 판단기준(판례를 중심으로)", 경제법연구 9권 2호, 한국경제법학회(2010)

(2) 대법원 2006. 12. 7. 선고 2004두4703 판결 [신용카드 수수료 사건] (가격차별)

판시사항

[1] 독점규제 및 공정거래에 관한 법률에서 불공정거래행위의 한 유형으로 규정하고 있는 '가격차별'의 의미 및 가격차별이 부당성을 갖는지 여부의 판단 기준

[2] 신용카드사업자가 백화점 업종에 대한 수수료율을 할인점 업종에 비하여 1% 정도 높게 책정하여 차이를 둔 것이 공정한 경쟁을 저해하는 부당한 가격차별로서 불공정거래행위에 해당하는지 여부(소극)

[1] 독점규제 및 공정거래에 관한 법률 제23조 제1항 제1호 및 같은 법 시행령 제 36조 제1항 [별표 1] 제2호 (가)목에서 불공정거래행위의 한 유형으로 규정하고 있는 '가격차별'은 "부당하게 거래지역 또는 거래상대방에 따라 현저하게 유리하거나 불리한 가격으로 거래하는 행위"를 의미하므로 거래지역이나 거래상대방에 따라 현저한 가격의 차이가 존재하고 그러한 가격의 차이가 부당하여 시장에서의 공정한 거래를 저해할 우려가 있는 경우에 성립한다고 할 것인바, 가격차별을 규제하는 입법 취지와 위 각 규정을 종합하면, 가격차별이 부당성을 갖는지 여부를 판단함에 있어서는 가격차별의 정도, 가격차별이 경쟁사업자나 거래상대방의 사업활동 및 시장에 미치는 경쟁제한의 정도, 가격차별에 이른 경영정책상의 필요성, 가격차별의 경위 등 여러 사정을 종합적으로 고려하여 그와 같은 가격차별로 인하여 공정한 거래가 저해될 우려가 있는지 여부에 따라 판단하여야한다.

[2] 신용카드사업자가 백화점 업종에 대한 수수료율을 할인점 업종에 비하여 1% 정도 높게 책정하여 차이를 둔 것이 공정한 경쟁을 저해하는 부당한 가격차별로서 불공정거래행위에 해당한다고 볼 수 없다.

[1] 독점규제 및 공정거래에 관한 법률 제23조 제1항 제1호, 독점규제 및 공정거래에 관한 법률 시행령 제36조 제1항 [별표 1] 제2호 (가)목

[2] 독점규제 및 공정거래에 관한 법률 제23조 제1항 제1호, 독점규제 및 공정거래에 관한 법률 시행령 제36조 제1항 [별표 1] 제2호 (가)목

대법원 2012. 6. 14. 선고 2010다26035 판결

전 문

【원고, 피상고인】 외환신용카드 주식회사의 소송수계인 주식회사 한국외환은행
【피고, 상고인】 공정거래위원회
【원심판결】 서울고법 2004. 4. 7. 선고 2003누416 판결

【주 문】

상고를 기각한다. 상고비용은 피고가 부담한다.

【이 유】

상고이유를 본다.

독점규제 및 공정거래에 관한 법률(이하 '법'이라 한다) 제23조 제1항 제1호 및 같은 법 시행령 제36조 제1항 [별표 1] 제2호 (가)목에서 불공정거래행위의 한 유형으로 규정하고 있는 '가격차별'은 "부당하게 거래지역 또는 거래상대방에 따라 현저하게 유리하거나 불리한 가격으로 거래하는 행위"를 의미하므로 거래지역이나 거래상대방에 따라 현저한 가격의 차이가 존재하고 그러한 가격의 차이가 부당하여 시장에서의 공정한 거래를 저해할 우려가 있는 경우에 성립한다고 할 것인바, 가격차별을 규제하는 입법 취지와 위 각 규정을 종합하면, 가격차별이 부당성을 갖는지 유무를 판단함에 있어서는 가격차별의 정도, 가격차별이 경쟁사업자나 거래상대방의 사업활동 및 시장에 미치는 경쟁제한의 정도, 가격차별에 이른 경영정책상의 필요성, 가격차별의 경위 등 여러 사정을 종합적으로 고려하여 그와 같은 가격차별로 인하여 공정한 거래가 저해될 우려가 있는지 여부에 따라 판단하여야 할 것이다.

원심은, 신용카드사업자인 원고가 백화점 업종에 대하여 적용하는 신용카드 가맹점 수수료율은 2.5~2.6%이고 할인점 업종에 대하여 적용하는 신용카드 가맹점 수수료율은 1.5%인 사실, 백화점과 할인점의 주력품목, 소비자들의 이용동기 등에서의 세부적인 차이에도 불구하고, 최근 양 업종의 영업전략, 특히 할인점의 영업범위 확대로 인하여 취급품목이 중복됨에 따라 제한적이기는 하지만 백화점과 할인점은 상호 경쟁관계에 있는 사실 등을 인정한 다음, 원고가 상호 경쟁관계에 있는 가맹점인 백화점 업종과 할인점 업종의 가맹점 수수료율에 1% 내지 1.1%의 차이를 둔 것은 '거래상대방에 따른 현저한 가격차이가 존재하는 경우'로 볼 수 있다고 할 것이나, 매출액 대비 이윤율이 높고, 수요의 가격탄력성이 상대적으로 낮은 백화점에 대하여 할인점보다 높은 수수료율을 적용하는 것은 원고의 경영정책에 따른 현상으로 볼 수 있는 점, 원고의 입장에서는 백화점보다 후발 업자이면서 발전가능성이 많은 할인점에 대하여 백화점보다 낮은 수수료율을 적용하는 방법으로 할인점을 선점하려는 경영상의 필요도 있었다고 볼 수 있고, 이러한 요인에 의한 가격차별은 다른 카드업자들과 사이에 할인점 선점을 둘러싼 경쟁에 대응하는 것으로서 오히려 경쟁을 촉진시키는 측면도 있는 점, 백화점과 할인점 수수료율의 차등 적용은 호화업종과 생필품업종을 구분하여 수수료율을 정하도록 유도한 감독관청인 재무부의 행정지도에서 비롯된 것인 점, 국내 대부분의 신용카드업자들은 원고와 비슷한 수준으로 백화점과 할인점에 대하여 업종별로 차별화 된 수수료율을 적용하고 있고, 외국의 경우에도 양 시장의 특성을 반영하여 일정 수준의 차별화된 수수료율을 적용하는 사례가 있는 점 등 제반 사정에 비추어 보면, 원고가 백화점 업종에 대한 수수료율을 할인점 업종에 비하여 1% 내지 1.1% 더 높게 책정하였다고 하더라도, 그러한 차이를 둔 것이 공정한 경쟁을 저해하는 부당한 가격차별로서 불공정거래행위에 해당한다고 볼 수는 없다고 판단하였다.

위 법리와 기록에 비추어 살펴보면, 원심의 위와 같은 사실인정과 판단은 정당한 것으로 수긍이 가고, 거기에 상고이유와 같은 가격차별의 부당성에 관한 법리오해, 사실오인, 심리미진 및 이유모순의 위법이 있다고 할 수 없다.

그러므로 상고를 기각하고 상고비용은 패소자가 부담하기로 하여 관여 대법관의 일치된 의견으로 주문과 같이 판결한다.

대법관 　 안대희(재판장) 김영란 김황식(주심) 이홍훈

(3) 대법원 2001. 6. 12. 선고 99두4686 판결 [지역정보화시스템통합용역 사건] (부당염매)

판시사항

[1] 구 독점규제 및 공정거래에 관한 법률 시행령 제36조 제1항 [별표] 제3호 (가)목 소정의 '부당염매'에 해당하는지 여부에 관한 판단 기준

[2] 지방자치단체가 발주하는 지역정보화시스템통합용역사업의 경쟁입찰에서 시스템통합사업자가 최소한의 인건비조차도 반영되지 않은 저가로 입찰하여 낙찰받은 경우, 그 저가입찰행위가 부당성이 없다는 이유로 구 독점규제 및 공정거래에 관한 법률 시행령 제36조 제1항 [별표] 제3호 (가)목 후단 소정의 '기타 거래상의 부당염매'에 해당하지 아니한다고 본 사례

[3] 구 독점규제 및 공정거래에 관한 법률 시행령 제36조 제1항 [별표] 제3호 (가)목 소정의 '경쟁사업자를 배제시킬 우려'의 인정 및 판단 기준과 그 경쟁사업자의 범위

판결요지

[1] 구 독점규제 및 공정거래에 관한 법률(1999. 2. 5. 법률 제5813호로 개정되기 전의 것) 제23조 제1항은 공정한 거래를 저해할 우려가 있는 행위의 하나로 그 제2호에서 '부당하게 경쟁자를 배제하기 위하여 거래하는 행위'를 열거하고, 같은 조 제2항은 그 행위유형 또는 기준을 대통령령으로 정하도록 하여, 같은법시행령(1999. 3. 31. 대통령령 제16221호로 개정되기 전의 것) 제36조 제1항 [별표] 제3호 (가)목은 같은 법 제23조 제1항 제2호에 해당하는 행위유형의 하나로 부당염매를 정하면서 이를 '자기의 상품 또는 용역을 공급함에 있어서 정당한 이유 없이 그 공급에 소요되는 비용보다 현저히 낮은 대가로 계속하여 공급하거나 기타 부

당하게 상품 또는 용역을 낮은 대가로 공급함으로써 자기 또는 계열회사의 경쟁
사업자를 배제시킬 우려가 있는 행위'라고 규정하고 있는바, 위 (가)목 전단에서
규정하는 이른바 계속거래상의 부당염매는 사업자가 채산성이 없는 낮은 가격으
로 상품 또는 용역을 계속하여 공급하는 것을 가리키므로 그 행위의 외형상 그
에 해당하는 행위가 있으면 '정당한 이유가 없는 한' 공정한 거래를 저해할 우려
가 있다고 보아야 할 것이나, 그 후단에서 규정하는 이른바 기타 거래상의 부당
염매는 그 행위태양이 단순히 상품 또는 용역을 낮은 가격으로 공급하는 것이어
서 그 자체로 이를 공정한 거래를 저해할 우려가 있다고 보기 어려운 만큼 그것
이 '부당하게' 행하여진 경우라야 공정한 거래를 저해할 우려가 있다고 보아야
할 것이며, 이 때 그 부당성의 유무는 당해 염매행위의 의도, 목적, 염가의 정
도, 반복가능성, 염매대상 상품 또는 용역의 특성과 그 시장상황, 행위자의 시장
에서의 지위, 경쟁사업자에 대한 영향 등 개별사안에서 드러난 여러 사정을 종
합적으로 살펴 그것이 공정한 거래를 저해할 우려가 있는지의 여부에 따라 판단
하여야 한다.

[2] 지방자치단체가 발주하는 지역정보화시스템통합용역사업의 경쟁입찰에서 시스템
통합사업자가 최소한의 인건비조차도 반영되지 않은 저가로 입찰하여 낙찰받은
경우, 그 저가입찰행위가 부당성이 없다는 이유로 구 독점규제 및 공정거래에
관한 법률 시행령 제36조 제1항 [별표] 제3호 (가)목 후단 소정의 '기타 거래상
의 부당염매'에 해당하지 아니한다고 본 사례.

[3] 구 독점규제 및 공정거래에 관한 법률 시행령(1999. 3. 31. 대통령령 제16221호로
개정되기 전의 것) 제36조 제1항 [별표] 제3호 (가)목에서 말하는 경쟁사업자는
통상 현실적으로 경쟁관계에 있는 사업자를 가리킨다고 할 것이지만, 부당염매
를 규제하는 취지가 같은 법(1999. 2. 5. 법률 제5813호로 개정되기 전의 것)이 금지
하는 시장지배적 지위의 남용을 사전에 예방하는데 있다고 볼 때, 시장진입이
예상되는 잠재적 사업자도 경쟁사업자의 범위에 포함된다고 보아야 할 것이고,
나아가 경쟁사업자를 배제시킬 우려는 실제로 경쟁사업자를 배제할 필요는 없고
여러 사정으로부터 그러한 결과가 초래될 추상적 위험성이 인정되는 정도로 족
하다고 할 것인바, 경쟁사업자를 배제시킬 우려는 당해 염매행위의 의도, 목적,
염가의 정도, 행위자의 사업규모 및 시장에서의 지위, 염매의 영향을 받는 사업
자의 상황 등을 종합적으로 살펴 개별적으로 판단하여야 한다.

참조조문

[1] 구 독점규제 및 공정거래에 관한 법률(1999. 2. 5. 법률 제5813호로 개정되기 전의 것) 제 23조 제1항 제2호, 제2항, 구 독점규제 및 공정거래에 관한 법률 시행령(1999. 3. 31. 대 통령령 제16221호로 개정되기 전의 것) 제36조 제1항 [별표] 제3호 (가)목

[2] 구 독점규제 및 공정거래에 관한 법률(1999. 2. 5. 법률 제5813호로 개정되기 전의 것) 제 23조 제1항 제2호, 제2항, 구 독점규제 및 공정거래에 관한 법률 시행령(1999. 3. 31. 대 통령령 제16221호로 개정되기 전의 것) 제36조 제1항 [별표] 제3호 (가)목

[3] 구 독점규제 및 공정거래에 관한 법률(1999. 2. 5. 법률 제5813호로 개정되기 전의 것) 제 23조 제1항 제2호, 제2항, 구 독점규제 및 공정거래에 관한 법률 시행령(1999. 3. 31. 대 통령령 제16221호로 개정되기 전의 것) 제36조 제1항 [별표] 제3호 (가)목

전 문

【원고, 피상고인】 현대정보기술 주식회사
【피고, 상고인】 공정거래위원회
【원심판결】 서울고법 1999. 2. 11. 선고 98누9181 판결
【주 문】
상고를 기각한다. 상고비용은 피고의 부담으로 한다.
【이 유】
상고이유를 판단한다.

1. 제1점에 대하여

구 독점규제 및 공정거래에 관한 법률(1999. 2. 5. 법률 제5813호로 개정되기 전의 것, 이하 '법'이라고 한다) 제23조 제1항은 공정한 거래를 저해할 우려가 있는 행위(이하 '불공 정거래행위'라 한다)의 하나로 그 제2호에서 '부당하게 경쟁자를 배제하기 위하여 거래하는 행위'를 열거하고, 같은 조 제2항은 그 행위유형 또는 기준을 대통령령으로 정하도록 하여, 같은법시행령(1999. 3. 31. 대통령령 제16221호로 개정되기 전의 것, 이하 '영'이라고 한다) 제36조 제1항 [별표] 제3호 (가)목은 법 제23조 제1항 제2호에 해당하는 행위유형의 하나 로 부당염매를 정하면서 이를 '자기의 상품 또는 용역을 공급함에 있어서 정당한 이유 없이 그 공급에 소요되는 비용보다 현저히 낮은 대가로 계속하여 공급하거나 기타 부당하게 상 품 또는 용역을 낮은 대가로 공급함으로써 자기 또는 계열회사의 경쟁사업자를 배제시킬 우려가 있는 행위'라고 규정하고 있는바, 위 (가)목 전단에서 규정하는 이른바 계속거래상의 부당염매는 사업자가 채산성이 없는 낮은 가격으로 상품 또는 용역을 계속하여 공급하는 것을 가리키므로 그 행위의 외형상 그에 해당하는 행위가 있으면 '정당한 이유가 없는 한' 공정한 거래를 저해할 우려가 있다고 보아야 할 것이나, 그 후단에서 규정하는 이른바 기타 거래상의 부당염매는 그 행위태양이 단순히 상품 또는 용역을 낮은 가격으로 공급하는 것

이어서 그 자체로 이를 공정한 거래를 저해할 우려가 있다고 보기 어려운 만큼 그것이 '부당하게' 행하여진 경우라야 공정한 거래를 저해할 우려가 있다고 보아야 할 것이며, 이 때 그 부당성의 유무는 당해 염매행위의 의도, 목적, 염가의 정도, 반복가능성, 염매대상 상품 또는 용역의 특성과 그 시장상황, 행위자의 시장에서의 지위, 경쟁사업자에 대한 영향 등 개별사안에서 드러난 여러 사정을 종합적으로 살펴 그것이 공정한 거래를 저해할 우려가 있는지의 여부에 따라 판단하여야 한다.

원심판결 이유에 의하면, 원심은 그 채용 증거들을 종합하여 그 판시와 같은 사실을 인정한 다음, 그 인정 사실에 의하면, 낙찰자로 결정된 원고의 입찰금액은 최소한의 인건비조차도 반영하지 못하는 낮은 가격임은 분명하나, 원고의 위와 같은 저가 입찰행위가 영 제36조 제1항 [별표] 제3호 (가)목 후단에서 규정하는 부당염매에 해당하기 위해서는 그것이 '부당하게' 행하여졌음을 요건으로 하는바, 위 경쟁입찰이 있기 전에 지방자치단체의 지역정보화시스템통합용역은 수의계약에 의하여 주로 정보통신부 산하 한국전산원이나 지역 소재 대학에 발주되었고 민간 업체를 상대로 경쟁입찰에 부쳐진 것은 이 사건 용역이 처음이었으며, 행정자치부의 '지방자치단체의 지역정보화촉진시행계획'에 따르면 향후 시·군 단위까지 지역정보화시스템통합사업이 확대·실시될 예정에 있었으므로, 시스템통합 사업자들인 원고 및 위 소외 회사들은 지역정보화시스템통합용역이라는 신규시장에 각자 먼저 진입하여 기술과 경험을 축적할 목적을 가지고 원심 판시와 같이 모두 입찰예정가격에 훨씬 못 미치는 입찰금액으로 입찰에 참가하였던 점, 인천광역시는 향후 이 사건 용역과 관련된 각종 장비 및 용역을 추가로 구매함에 있어서 낙찰자인 원고에게 연고권 등 사실상의 우선권을 부여하지 않고 그 때마다 경쟁입찰방식에 의하여 공급자를 정하기로 방침을 세워놓고 있었으며, 이 사건 용역사업은 계속성 사업이 아니라 보고서의 제출로써 종료되는 1회성 사업이라서, 원고가 이 사건 용역을 저가로 낙찰받았다고 하여 이로 말미암아 원고의 경쟁사업자들이 향후 위 신규시장에서 배제될 우려가 없었던 점 등에 비추어 볼 때, 원고의 위와 같은 저가입찰행위를 부당성을 지닌 행위라고 볼 수 없으므로 영 제36조 제1항 [별표] 제3호 (가)목 후단에서 규정하는 부당염매에 해당하지 않는다고 판단하였다.

기록과 앞서 본 법리에 의하면, 원심의 위와 같은 사실인정과 판단은 정당한 것으로 수긍이 가고, 거기에 상고이유에서 주장하는 바와 같이 거래상의 부당염매에 있어서 부당성의 판단에 관한 법리오해의 위법이 없다.

2. 제2점에 대하여

원심은, 영 제36조 제1항 [별표] 제3호 (가)목에서 말하는 '경쟁사업자를 배제시킬 우려'는 추상적인 우려가 아니라 어느 정도 구체성을 지닌 우려를 가리킨다고 전제한 다음, 인천광역시가 이 사건 입찰참가자격을 제한함으로써 원고의 경쟁사업자들은 입찰에 참가한 위 소외 회사들로 한정되었는데 그들이 대규모기업집단 소속 계열회사라서 자금, 규모, 인력 등 면에서 결코 원고에 뒤떨어지지 않았고 그들 또한 입찰예정가격에 훨씬 못 미치는 낮은 가격으로 응찰하였던 점, 이 사건 용역이 계속적 사업이 아니라 보고서 제출로써 종료되는 1회성 사업이라는 점 등에 비추어 보면, 원고의 이 사건 입찰행위로 말미암아 경쟁사업자인 위 소외 회사들이 위 신규시장에서 배제될 우려도 없다고 판단하였다.

위 (가)목에서 말하는 경쟁사업자는 통상 현실적으로 경쟁관계에 있는 사업자를 가리킨 다고 할 것이지만, 부당염매를 규제하는 취지가 법이 금지하는 시장지배적 지위의 남용을 사전에 예방하는데 있다고 볼 때, 시장진입이 예상되는 잠재적 사업자도 경쟁사업자의 범위 에 포함된다고 보아야 할 것이고, 나아가 경쟁사업자를 배제시킬 우려는 실제로 경쟁사업자 를 배제할 필요는 없고 여러 사정으로부터 그러한 결과가 초래될 추상적 위험성이 인정되 는 정도로 족하다고 할 것이다.

따라서 원심이, 원고의 경쟁사업자를 이 사건 입찰에 참가한 위 소외 회사들로만 한정한 것과 경쟁사업자를 배제시킬 우려는 어느 정도 구체성을 가져야 한다고 본 것은, 그에 관한 법리를 오해한 잘못이 있다 할 것이다.

그러나 원고의 경쟁사업자에 향후 시장진입이 예상되는 사업자를 포함시킨다고 하더라 도, 경쟁사업자를 배제시킬 우려는 당해 염매행위의 의도, 목적, 염가의 정도, 행위자의 사 업규모 및 시장에서의 지위, 염매의 영향을 받는 사업자의 상황 등을 종합적으로 살펴 개별 적으로 판단하여야 할 것인바, 원고의 이 사건 입찰목적이 앞서 본 바와 같고, 원고가 향후 이 사건 신규시장에서 다시 최저가로 입찰에 참가할 것으로 내다볼 만한 자료가 없는 이 사건에서, 1회성에 그치는 원고의 이 사건 입찰행위를 가리켜 이를 경쟁사업자를 배제시킬 위험성 있는 행위라고 단정하기는 어렵다고 할 것이니, 원심의 판단은 그 결론에 있어 정당 하고, 원심의 위와 같은 잘못은 판결 결과에 영향을 미친 위법이라 할 수는 없다. 이 점에 대한 상고이유의 주장도 받아들일 수 없다.

3. 그러므로 상고를 기각하고, 상고비용은 상고인인 피고의 부담으로 하기로 관여 법관 의 의견이 일치되어 주문과 같이 판결한다.

대법관 이용우(재판장) 조무제 강신욱 이강국(주심)

▌ 참조문헌 ▌

변동열, "약탈가격설정과 부당염매의 판단기준", 저스티스 통권 76호, 한국법학원(2003)

신영수, "부당염매의 위법성 판단과 경쟁사업자", 경제법판례연구 1권, 경제법판례연구회, 법 문사(2004)

윤 준, "부당염매의 위법성 판단기준", 대법원판례해설 36호, 법원도서관(2001)

이봉의, "공정거래법상 저가입찰의 '부당염매' 해당요건", 상사판례연구 13집, 한국상사판례학 회(2002)

(4) 대법원 2010. 11. 25. 선고 2009두9543 판결 [제약회사 리베이트 사건] (부당한 이익에 의한 고객유인, 재판매가격유지행위)

판시사항

[1] 독점규제 및 공정거래에 관한 법률 제29조 제1항에서 정한 사업자의 최저재판매가격유지행위도 정당한 이유가 있는 경우 예외적으로 허용되는지 여부 및 '정당한 이유'가 있는지 여부의 판단 기준과 그에 관한 증명책임자(=사업자)

[2] 제약회사가 의약품의 판매를 촉진하기 위하여 병·의원, 약국 등에 물품·현금·상품권 등 지원, 골프 등 접대, 할증 지원, 세미나 등 행사경비 지원, 인력 지원, 시판 후 조사 등의 이익을 제공한 행위가 독점규제 및 공정거래에 관한 법률상 부당한 고객유인행위에 해당한다고 한 사례

[3] 제약회사가 의약품의 판매를 증진하기 위하여 의료기관 등을 상대로 한 독점규제 및 공정거래에 관한 법률 제23조 제1항 제3호의 부당한 고객유인행위에 대하여 과징금을 부과하는 경우, 과징금 산정의 기준이 되는 관련매출액의 범위

판결요지

[1] 독점규제 및 공정거래에 관한 법률 제2조 제6호, 제29조 제1항 등 독점규제 및 공정거래에 관한 법률의 입법 목적과 재판매가격유지행위를 금지하는 취지에 비추어 볼 때, 최저재판매가격유지행위가 당해 상표 내의 경쟁을 제한하는 것으로 보이는 경우라 할지라도, 시장의 구체적 상황에 따라 그 행위가 관련 상품시장에서의 상표 간 경쟁을 촉진하여 결과적으로 소비자후생을 증대하는 등 정당한 이유가 있는 경우에는 이를 예외적으로 허용하여야 할 필요가 있다. 그리고 그와 같은 정당한 이유가 있는지 여부는 관련시장에서 상표 간 경쟁이 활성화되어 있는지 여부, 그 행위로 인하여 유통업자들의 소비자에 대한 가격 이외의 서비스 경쟁이 촉진되는지 여부, 소비자의 상품 선택이 다양화되는지 여부, 신규사업자로 하여금 유통망을 원활히 확보함으로써 관련 상품시장에 쉽게 진입할 수 있도록 하는지 여부 등을 종합적으로 고려하여야 할 것이며, 이에 관한 증명책임은 관련 규정의 취지상 사업자에게 있다고 보아야 한다.

[2] 제약회사가 의약품의 판매를 촉진하기 위하여 병·의원, 약국 등에 물품·현

금·상품권 등 지원, 골프 등 접대, 할증 지원, 세미나 등 행사경비 지원, 인력 지원, 시판 후 조사 등의 이익을 제공한 행위가 한국제약협회에서 제정한 보험용 의약품의 거래에 관한 공정경쟁규약 제4조 제1항에서 예외적으로 허용하는 금품류 제공 행위에 해당하지 않고, 그 금액 또는 규모도 사회통념상 정상적인 상관행 또는 정당한 영업활동으로 인정될 수 있는 범위를 초과한 것으로 보아, 독점규제 및 공정거래에 관한 법률 제23조 제1항 제3호에서 정한 부당한 고객 유인행위에 해당한다고 한 사례.

[3] 제약회사가 의약품의 판매를 증진하기 위하여 의료기관 등에 제공한 물품·현금·상품권 등 지급, 골프 등 접대, 할증 지원, 세미나 등 행사경비 지원, 인력 지원, 시판 후 조사 등과 같은 유형의 독점규제 및 공정거래에 관한 법률 위반행위에서는, 판촉계획 및 실제 이루어진 이익제공 행위의 대상·내용·액수·기간·지속성 및 관련성 등에 비추어 본사 차원에서 의약품별 판촉계획을 수립하여 전국적으로 시행한 것으로 볼 수 있는지 여부, 이익제공 행위의 구체적인 태양이 다르더라도 의약품 판매 증진을 위한 경제적 이익의 제공이라는 점에서 판촉계획의 실행행위 일부로 볼 수 있는지 여부, 이익제공을 위한 비용이 상품 가격에 전가될 우려 및 정도, 판촉계획 및 이익제공 행위 적발의 난이도, 법 위반행위 당시의 거래관행 등을 종합적으로 고려하여, 구체적으로 확인된 이익제공 행위가 본사 차원에서 수립된 거래처 일반에 대한 판촉계획의 실행행위로서 이루어진 것으로 볼 수 있으면, 제약회사의 당해 의약품에 대한 거래처 전체의 매출액을 위반행위로 인하여 영향을 받는 관련상품의 매출액, 즉 관련매출액으로 봄이 상당하다.

참조조문

[1] 독점규제 및 공정거래에 관한 법률 제2조 제6호, 제29조 제1항
[2] 독점규제 및 공정거래에 관한 법률 제23조 제1항 제3호
[3] 독점규제 및 공정거래에 관한 법률 제24조의2

따름판례

대법원 2010. 12. 23. 선고 2008두22815 판결, 대법원 2011. 3. 10. 선고 2010두9976 판결, 대법원 2017. 6. 19. 선고 2013두17435 판결

전 문

【원고, 피상고인 겸 상고인】 한미약품 주식회사의 소송수계인 한미약품 주식회사
【피고, 상고인 겸 피상고인】 공정거래위원회
【원심판결】 서울고법 2009. 5. 14. 선고 2008누2530 판결
【주 문】
원심판결 중 피고 패소 부분을 파기하고, 이 부분 사건을 서울고등법원에 환송한다. 원고의 상고를 기각한다.
【이 유】

1. 원고의 상고이유에 관한 판단

가. 상고이유 제1점에 관하여

1) 원심판결 이유에 의하면, 원심은 원고가 도매상들과 체결한 도매거래약정서에 도매상이 원고로부터 공급받은 보험의약품을 보험약가(보험상한액)로 출하하도록 하고, 도매상이 이를 어길 경우 원고가 일방적으로 거래를 중단하고 손해배상을 청구할 수 있는 재판매가격유지 조항을 정하였고, 실제 그 재판매가격을 지키지 아니한 도매상들에 대하여 원고가 거래 정리, 각서 수취, 재발방지 약속 등의 제재를 가하여 재판매가격유지 조항이 도매상들에 대하여 실질적인 구속력이 있었던 사실 등 그 판시와 같은 사실을 인정한 다음, 이러한 사실관계에 비추어 보면, 원고의 행위는 독점규제 및 공정거래에 관한 법률 (이하 '공정거래법'이라 한다) 제29조 제1항에 정한 재판매가격유지행위에 해당한다고 판단하였다.

기록에 비추어 살펴보면, 원심의 이러한 사실인정과 판단은 정당하다.

원심판결에는 이에 관하여 상고이유로 주장하는 바와 같이 재판매가격유지행위에 관한 법리를 오해하는 등의 위법이 없다.

2) 공정거래법 제2조 제6호는 "재판매가격유지행위라 함은 사업자가 상품 또는 용역을 거래함에 있어서 거래상대방인 사업자 또는 그 다음 거래단계별 사업자에 대하여 거래가격을 정하여 그 가격대로 판매 또는 제공할 것을 강제하거나 이를 위하여 규약 기타 구속조건을 붙여 거래하는 행위"라고 정의하고 있고, 공정거래법 제29조 제1항은 "사업자는 재판매가격유지행위를 하여서는 아니 된다. 다만, 상품이나 용역을 일정한 가격 이상으로 거래하지 못하도록 하는 최고가격유지행위로서 정당한 이유가 있는 경우에는 그러하지 아니하다"라고 규정하고 있다. 그런데 공정거래법의 목적은 경쟁을 촉진하여 소비자후생을 증대하기 위한 것 등에 있고, 제29조 제1항이 재판매가격유지행위를 금지하는 취지도 사업자가 상품 또는 용역에 관한 거래가격을 미리 정하여 거래함으로써 유통단계에서의 가격경쟁을 제한하여 소비자후생을 저해함을 방지하기 위한 것 등에 있다.

이러한 공정거래법의 입법 목적과 재판매가격유지행위를 금지하는 취지에 비추어 볼 때, 최저재판매가격유지행위가 당해 상표 내의 경쟁을 제한하는 것으로 보이는 경우라 할지라도, 시장의 구체적 상황에 따라 그 행위가 관련 상품시장에서의 상표 간 경쟁을 촉진하여 결과적으로 소비자후생을 증대하는 등 정당한 이유가 있는 경우에는 이를 예외적으로 허용

하여야 할 필요가 있다. 그리고 그와 같은 정당한 이유가 있는지 여부는 관련시장에서 상표 간 경쟁이 활성화되어 있는지 여부, 그 행위로 인하여 유통업자들의 소비자에 대한 가격 이외의 서비스 경쟁이 촉진되는지 여부, 소비자의 상품 선택이 다양화되는지 여부, 신규사업자로 하여금 유통망을 원활히 확보함으로써 관련 상품시장에 쉽게 진입할 수 있도록 하는지 여부 등을 종합적으로 고려하여야 할 것이며, 이에 관한 증명책임은 관련 규정의 취지상 사업자에게 있다고 보아야 한다.

원심판결 및 원심이 적법하게 채택한 증거에 의하면, 원고는 도매상들로 하여금 보험약가 수준으로 재판매가격을 유지하도록 하였고, 그와 같은 행위는 경쟁을 통한 보험약가의 인하를 막는 결과로 이어지며, 그로 인한 부담은 결국 최종 소비자에게 전가되는 점 등을 알 수 있고, 이러한 사정 및 앞서 본 법리에 비추어 보면, 원고 주장과 같이 보험약가 범위 안에서 요양기관이 실제 구입한 가격으로 약제비를 상환하는 실거래가상환제도가 적용된다 하더라도 그러한 사정만으로 원고의 재판매가격유지행위를 허용할 정당한 이유가 있다고 보기 어렵다.

이 부분 원고의 주장을 배척한 원심판단의 결론은 정당하다.

원심판결에는 이에 관하여 상고이유에서 주장하는 바와 같이 채증법칙을 위반하거나 경쟁제한성 유무 등에 관한 법리를 오해함으로써 판결에 영향을 미친 위법이 없다.

3) 원심판결 이유에 의하면, 원심은, 공정거래법상 과징금은 법 위반행위의 억지라는 행정목적을 실현하기 위하여 그 위반행위에 대하여 제재를 가하는 행정상의 제재금으로서의 기본적 성격에 부당이득 환수적 요소가 부가되어 있는 점, 당초 원고가 제출한 자료에 의하여 피고가 과징금 부과의 기준으로 삼은 매출액은 4,750억 3,300만 원인데, 원고가 제외하여야 한다고 주장하는 매출액은 위 금액에 비하여 아주 근소한 금액인 점, 거래 도매상들의 재판매가격이 보험약가와 거의 동일한 수준으로 결정되었으므로 이 사건 재판매가격유지행위는 대부분의 도매상들의 매출에 영향을 미친 것으로 볼 수 있는 점 등 그 판시와 같은 사정에 비추어 보면, 원고가 주장하는 사정만으로는 피고가 재판매가격유지행위에 관한 관련매출액을 산정한 데에 재량권을 일탈·남용한 위법이 있다고 할 수 없다고 판단하였다. 또한 원심은 원고의 3개년 매출액이 500억 원이 넘는 점, 관련시장이 전국적인 점을 고려하면, 피고가 이를 중대한 위반행위로 본 것을 재량권의 일탈·남용이라고 할 수 없다고 판단하였다.

기록에 비추어 살펴보면, 원심의 이러한 사실인정과 판단은 정당하다.

원심판결에는 이에 관하여 상고이유로 주장하는 바와 같이 과징금 산정에서의 재량권 일탈·남용에 관한 법리를 오해하는 등의 위법이 없다.

나. 상고이유 제2점에 관하여

원심판결 이유에 의하면, 원심은 원고가 의약품의 판매를 촉진하기 위하여 병·의원, 약국 등에 물품·현금·상품권 등 지원, 골프 등 접대, 할증 지원, 세미나 등 행사경비 지원, 인력 지원, 시판 후 조사 등의 이익을 제공한 사실을 인정한 다음, 의약품 판매에서 정보제공활동과 설득활동은 필수불가결하다고 할 수 있으나, 의사가 의약품을 선택하는 데에 그 품질과 가격의 우위에 근거하지 않고 제약업체가 제공하는 부적절한 이익의 대소에 영향을 받게 된다면 소비자의 이익은 현저하게 침해될 수밖에 없고 의약품시장에서의 건전한 경쟁도 기대할 수 없게 되므로, 제약회사의 판매촉진활동은 위와 같은 측면들을 종합적으로 고려하여 투명성, 비대가성, 비과다성 등의 판단 기준하에 정상적인 거래관행에 비추어 보아 부당하거나 과다한 이익의 제공에 해당되는지 여부를 가려야 할 것이고, 이러한 판단 과정에서 한국제약협회에서 제정한 보험용 의약품의 거래에 관한 공정경쟁규약은 중요한 기준이 될 수 있을 것이라고 전제한 후, 원고의 위와 같은 이익제공 행위는 위 공정경쟁규약 제4조 제1항에서 예외적으로 허용하는 금품류 제공 행위에 해당되지 아니하고, 그 금액 또는 규모도 사회통념상 정상적인 상관행 또는 정당한 영업활동으로 인정될 수 있는 범위를 초과한 것으로 보이므로, 원고의 행위는 부당한 고객유인행위에 해당한다고 판단하였다.

기록에 비추어 살펴보면, 원심의 이러한 사실인정과 판단은 정당하다.

원심판결에는 이에 관하여 상고이유로 주장하는 바와 같이 부당한 고객유인행위에 관한 법리를 오해하는 등의 위법이 없다.

다. 상고이유 제3점에 관하여

원심판결 이유에 의하면, 원심은 원고가 도매상들에 대하여 지정 납품처 아닌 곳에의 납품을 금지하고, 이를 어기는 도매상들을 적발하여 각서를 징구하거나, 경고장 발송, 거래 정리 등의 조치를 취한 사실을 인정한 다음, 이와 같이 거래상대방을 제한하는 행위의 상대방이 단순히 의약품의 배송 역할만을 담당하는 간납도매상이라고 볼 자료가 없고, 원고의 이러한 행위는 도매상들에 대하여 실질적인 구속력이 있었으므로, 이는 구속조건부거래에 해당한다고 판단하였다. 또한 원심은, 피고가 제정한 불공정거래행위 심사지침은 행위 사업자의 시장점유율이 10% 미만인 경우 원칙적으로 심사면제대상(안전지대)으로 한다고 규정하고 있기는 하나, 여기서 말하는 시장점유율은 원고 주장처럼 국내 제약시장에서 원고의 매출액이 차지하는 비율을 말하는 것이 아니라 원고의 제품과 경쟁관계가 성립할 수 있는 일정한 거래분야에서의 시장점유율을 의미하는 것으로 보아야 하고, 위 심사지침에 따르면 안전지대에 해당되는 사업자의 행위라도 심사를 개시할 수 없는 것은 아니라고 규정하고 있는 점 등에 비추어 보면, 원고의 행위는 구속조건부거래에 해당한다는 취지로 판단하였다.

기록에 비추어 살펴보면, 원심의 이러한 사실인정과 판단은 정당하다.

원심판결에는 이에 관하여 상고이유로 주장하는 바와 같이 구속조건부거래에 관한 법리를 오해하는 등의 위법이 없다.

2. 피고의 상고이유에 관한 판단

공정거래법 제24조의2, 제55조의3 제1항, 공정거래법 시행령(2007. 11. 2. 대통령령 제20360호로 개정되기 전의 것) 제61조 제1항 [별표 2] 제2호 (가)목의 각 규정에 의하면, 공정거래위원회는 불공정거래행위의 경우 위반행위의 내용 및 정도, 위반행위의 기간 및 횟수, 위반행위로 인해 취득한 이익의 규모 등과 이에 영향을 미치는 사항을 고려하여 과징금을 산정하되, 위반사업자가 위반기간 동안 판매 또는 매입한 관련상품(상품에는 용역을 포함한다)의 매출액(매입액을 포함한다) 또는 이에 준하는 금액(이하 '관련매출액'이라 한다)에 중대성의 정도별로 정하는 부과기준율을 곱한 금액을 기본과징금으로 하여 과징금을 부과하며, 관련매출액 산정과 관련한 관련상품의 범위는 위반행위로 인하여 직접 또는 간접적으로 영향을 받는 상품의 종류와 성질, 거래지역, 거래상대방, 거래단계 등을 고려하여 행위유형별로 개별적·구체적으로 판단하여야 한다.

원심판결 및 원심이 적법하게 채택한 증거에 의하면, 원고는 2003년부터 2006년까지 의약품의 판매를 증진하기 위하여 의료기관 등에 현금·상품권·물품·시공품 등을 지급하거나 시판 후 조사를 실시하는 등 다양한 판촉계획을 수립한 사실, 이러한 판촉계획의 대부분은 특정 의료기관이 아닌 거래처 일반을 대상으로 하고 있는 사실, 원고는 실제로 2003년부터 2006. 9. 30.까지 의약품의 판매를 증진하기 위하여 의료기관 등에 물품·현금·상품권 등 지급, 골프 등 접대, 할증 지원, 세미나 등 행사경비 지원, 인력 지원, 시판 후 조사 등을 한 사실, 원고가 위와 같이 판매촉진을 위하여 의료기관 등에 지원한 현금과 물품 등의 액수 및 규모가 상당하고, 이익제공 행위가 이루어진 의료기관 등이 전국에 걸쳐 광범위하게 존재하는 사실, 한편 제약회사의 판매비 및 관리비는 2005년 기준으로 매출액의 35.16%에 달하여 일반 제조업의 판매관리비 비중 12.18%에 비해 매우 높은데, 이는 제약회사들이 연구개발을 통한 제품의 질 경쟁보다 의료인에 대한 판촉활동에 치중하고 있기 때문인 사실 등을 알 수 있다.

이러한 유형의 법 위반행위에서는, 판촉계획 및 실제 이루어진 이익제공 행위의 대상·내용·액수·기간·지속성 및 관련성 등에 비추어 본사 차원에서 의약품별 판촉계획을 수립하여 전국적으로 시행한 것으로 볼 수 있는지 여부, 이익제공 행위의 구체적인 태양이 다르더라도 의약품 판매 증진을 위한 경제적 이익의 제공이라는 점에서 판촉계획의 실행행위 일부로 볼 수 있는지 여부, 이익제공을 위한 비용이 상품가격에 전가될 우려 및 정도, 판촉계획 및 이익제공 행위 적발의 난이도, 법 위반행위 당시의 거래관행 등을 종합적으로 고려하여, 구체적으로 확인된 이익제공 행위가 본사 차원에서 수립된 거래처 일반에 대한 판촉계획의 실행행위로서 이루어진 것으로 볼 수 있으면, 원고의 당해 의약품에 대한 거래처 전체의 매출액을 위반행위로 인하여 영향을 받는 관련상품의 매출액, 즉 관련매출액으로 봄이 상당하다.

그럼에도 불구하고, 원심은 위와 같은 사정을 고려하지 아니한 채 이 사건 부당한 고객유인행위가 행해진 개개의 거래처에 대한 매출액만을 관련매출액으로 산정하는 것이 타당하다고 보았으니, 원심판결에는 과징금 산정에 관한 법리를 오해하여 판결에 영향을 미친 위법이 있다.

이 점을 지적하는 취지의 상고이유의 주장은 이유 있다.

3. 결 론

그러므로 원심판결 중 피고 패소 부분을 파기하고, 이 부분 사건을 다시 심리·판단하게 하기 위하여 원심법원에 환송하며, 원고의 상고를 기각하기로 하여, 관여 대법관의 일치된 의견으로 주문과 같이 판결한다.

대법관   양창수(재판장) 양승태 김지형(주심) 전수안

▌ 참조문헌 ▌

김두진, "최저재판매가격유지행위의 위법성 판단기준 – Leegin 판결의 영향을 중심으로 –",
경쟁법연구 30권, 한국경쟁법학회, 법문사(2014)

조성국, "재판매가격유지행위의 위법성 판단기준에 관한 최근 판례분석", 경제법판례연구 8
권, 경제법판례연구회, 법문사(2013)

홍명수, "공정거래법상 부당 고객유인행위 규제에 관한 대법원 판결 검토", 행정법연구 31권,
행정법이론실무학회(2011)

(5) 대법원 2018. 7. 12. 선고 2017두51365 판결 [상조회사 이관할인 사건] (부당한 이익에 의한 고객유인)

판시사항

[1] 독점규제 및 공정거래에 관한 법률 제23조 제1항 제3호, 독점규제 및 공정거래에 관한 법률 시행령 제36조 제1항 [별표 1의2] 제4호 (가)목에서 부당한 이익에 의한 고객유인 행위를 금지하는 취지 및 사업자의 행위가 불공정거래행위로서 부당한 이익에 의한 고객유인 행위에 해당하는지 판단하는 방법

[2] 불공정거래행위를 원인으로 한 제재처분을 다투는 행정소송에서 부당성 내지 공정거래저해성을 판단하는 방법 및 이를 제재적 처분에 관한 엄격해석 원칙, 책임주의 원칙이나 죄형법정주의에 어긋난다고 볼 수 있는지 여부(소극)

[3] 상조용역 등 제공을 업으로 하는 갑 주식회사가 여러 상조회사와 상조거래 계약을 체결한 다수 고객에 대해 최대 36회차분까지 자신에 대한 납입금 지급 의무를 면제하는 이익을 제공하는 이른바 '이관할인방식'에 의한 영업을 한 것이 부당한 이익에 의한 고객유인 불공정거래행위에 해당한다는 이유로 공정거래위원회가 갑 회사에 시정명령을 한 사안에서, 이관할인방식에 의한 고객유인 행위는 정상적인 거래관행에 비추어 '부당한' 이익을 제공 또는 제공할 제의를 하여 경쟁사업자의 고객을 자기와 거래하도록 유인하는 행위에 해당하는 것으로 볼 여지가 상당한데도, 이와 달리 본 원심판단에 법리오해 등의 위법이 있다고 한 사례

판결요지

[1] 독점규제 및 공정거래에 관한 법률 제23조 제1항 제3호, 독점규제 및 공정거래에 관한 법률 시행령 제36조 제1항 [별표 1의2] 제4호 (가)목에서 부당한 이익에 의한 고객유인 행위를 금지하는 취지는 부당한 이익제공으로 가격, 품질, 서비스 비교를 통한 소비자의 합리적인 상품 선택을 침해하는 것을 방지하는 한편, 해당 업계 사업자 간의 가격 등에 관한 경쟁을 통하여 공정한 경쟁질서 내지 거래질서를 유지하기 위한 데에 있다. 따라서 사업자의 행위가 불공정거래행위로서 부당한 이익에 의한 고객유인 행위에 해당하는지를 판단할 때에는, 그 행위로 경쟁사업자들 사이의 상품가격 등 비교를 통한 소비자의 합리적인 선택이 저해되거나 다수 소비자들이 궁극적으로 피해를 볼 우려가 있게 되는 등 널리 거래질서에 대해 미칠 파급효과의 유무 및 정도, 문제된 행위를 영업전략으로 채택한 사업자들의 수나 규모, 경쟁사업자들이 모방할 우려가 있는지, 관련되는 거래의 규모 등에 비추어 해당 행위가 널리 업계 전체의 공정한 경쟁질서나 거래질서에 미치게 될 영향 등과 함께 사업자가 제공하는 경제적 이익의 내용과 정도, 제공의 방법, 제공기간, 이익제공이 계속적·반복적인지 여부, 업계의 거래 관행 및 관련 규제의 유무 및 정도 등을 종합적으로 고려하여야 한다.

[2] 부당한 고객유인 행위와 관련하여 독점규제 및 공정거래에 관한 법률(이하 '공정거래법'이라 한다)은 형사처벌 조항도 함께 두고 있으므로, 행정 제재처분의 취소를 구하는 소송에서 그 부당성 내지 공정거래저해성을 판단할 때에도 엄격해석의 원칙을 관철할 필요성이 있기는 하다. 공정거래법령이 '공정거래저해성'이라는 '불확정개념'을 사용하여 그 의미가 다소 명확하지 않기 때문에 수범자가 그 의미를 명확하게 알기 어려울 수 있고, 경우에 따라 복잡한 법률적 또는 경제적 분석과 평가가 필요한 경우도 있게 된다. 반면, 자유롭고 공정한 거래질서를 확립하려는 공정거래법의 입법 목적을 달성하기 위하여 다양한 행위 유형에 대하여 실효적인 행정 제재처분을 하기 위해서는 불가피하게 일정한 불확정개념을 사용할 필요성 역시 인정된다. 그런데 불공정거래행위에서의 '공정거래저해성' 역시 형벌의 객관적 구성요건에 해당하므로 행위자가 인식해야 할 대상으로서 '고의'의 내용을 구성한다. 따라서 불공정거래행위의 유형 중, 제반 사정의 형량과 분석을 거쳐 경쟁에 미치는 효과에 관한 판단까지도 요구되는 경우나 사용된 수단의 성격과 실질이 가격할인과 유사한 측면이 있어 경쟁질서 내지 거래질서

전반에 미치는 파급효과까지 종합적으로 고려해야 하는 경우 등 복잡한 규범적·경제적 분석과 판단이 필요한 경우에는, 행위자에게 범죄의 구성요건인 '공정거래저해성'에 관한 '고의'를 인정하는 데 신중해야 한다. 이처럼 고의의 증명이 제대로 되었는지 여부를 명확하게 심사함으로써 형사절차에서 수범자가 예측하기 어려운 처벌을 받을 우려를 제거할 수 있다. 그러나 형사처벌과 달리 제재적 처분의 경우에는 원칙적으로 행위자에게 그 임무 해태를 정당화할 사정이 없는 이상 그 처분이 가능하다. 따라서 불공정거래행위를 원인으로 한 제재처분을 다투는 행정소송에서는 거래질서 전반에 미치는 영향 등 다양한 사정을 종합적으로 고려하여 부당성 내지 공정거래저해성을 판단할 수 있고, 이를 제재적 처분에 관한 엄격해석 원칙, 책임주의 원칙이나 죄형법정주의에 어긋난다고 볼 수는 없다.

[3] 상조용역 등 제공을 업으로 하는 갑 주식회사가 여러 상조회사와 상조거래 계약을 체결한 다수 고객에 대해 최대 36회차분까지 자신에 대한 납입금 지급 의무를 면제하는 이익을 제공하는 이른바 '이관할인방식'에 의한 영업을 한 것이 독점규제 및 공정거래에 관한 법률 제23조 제1항 제3호에서 정한 '부당하게 경쟁자의 고객을 자기와 거래하도록 유인하거나 강제하는 행위'로서 부당한 이익에 의한 고객유인 불공정거래행위에 해당한다는 이유로 공정거래위원회가 갑 회사에 시정명령을 한 사안에서, 다수의 사업자가 시장 전반에 걸쳐 이러한 고객유인 행위를 시행하고 있는 상황에서 갑 회사의 이관할인방식에 의한 고객유인 행위에 따른 부담은 결국 상조용역시장 전체의 부담으로 돌아갈 수밖에 없고, 시장 전체의 비효율성을 초래할 수 있으며, 일반 고객들은 물론 이관할인방식에 따라 갑 회사와 상조계약을 체결한 고객 역시 그에 따른 직간접적인 부담을 지게 되고, 나아가 이러한 고객유인 방식은 고객들이 상조용역 등의 내용과 질, 상조회사의 신뢰성 등을 기초로 한 합리적인 선택을 하는 데 상당한 지장을 가져올 수 있는 점 등 갑 회사의 고객유인 행위가 상조 시장 전체의 경쟁질서나 거래질서에 미치는 부정적 영향을 고려할 때, 이관할인방식에 의한 고객유인 행위는 정상적인 거래관행에 비추어 '부당한' 이익을 제공 또는 제공할 제의를 하여 경쟁사업자의 고객을 자기와 거래하도록 유인하는 행위에 해당하는 것으로 볼 여지가 상당한데도, 이와 달리 본 원심판단에 법리오해 등의 위법이 있다고 한 사례.

[1] 독점규제 및 공정거래에 관한 법률 제23조 제1항 제3호, 독점규제 및 공정거래에 관한 법률 시행령 제36조 제1항 [별표 1의2] 제4호 (가)목
[2] 독점규제 및 공정거래에 관한 법률 제23조 제1항 제3호, 제67조 제2호, 독점규제 및 공정거래에 관한 법률 시행령 제36조 제1항 [별표 1의2] 제4호
[3] 독점규제 및 공정거래에 관한 법률 제23조 제1항 제3호, 제67조 제2호, 독점규제 및 공정거래에 관한 법률 시행령 제36조 제1항 [별표 1의2] 제4호

[1] 대법원 2013. 11. 14. 선고 2011두16667 판결, 대법원 2014. 3. 27. 선고 2013다212066 판결

전 문

【원고, 피상고인】 더리본 주식회사(변경 전 상호: 케이엔엔라이프 주식회사)
【피고, 상고인】 공정거래위원회
【원심판결】 서울고법 2017. 5. 31. 선고 2015누56689 판결
【주 문】
원심판결을 파기하고, 사건을 서울고등법원에 환송한다.
【이 유】
상고이유를 판단한다.

1. 독점규제 및 공정거래에 관한 법률(이하 '공정거래법'이라 한다) 제23조 제1항 제3호는 "부당하게 경쟁자의 고객을 자기와 거래하도록 유인하거나 강제하는 행위"를 불공정거래행위로 보아 금지하고 있고, 공정거래법 시행령 제36조 제1항 [별표 1의2] 제4호 (가)목은 부당한 이익에 의한 고객유인을 "정상적인 거래관행에 비추어 부당하거나 과대한 이익을 제공 또는 제공할 제의를 하여 경쟁사업자의 고객을 자기와 거래하도록 유인하는 행위"로 규정하고 있다.

이와 같이 부당한 이익에 의한 고객유인 행위를 금지하는 취지는 부당한 이익제공으로 인하여 가격, 품질, 서비스 비교를 통한 소비자의 합리적인 상품 선택을 침해하는 것을 방지하는 한편, 해당 업계 사업자 간의 가격 등에 관한 경쟁을 통하여 공정한 경쟁질서 내지 거래질서를 유지하기 위한 데에 있다. 따라서 사업자의 행위가 불공정거래행위로서 부당한 이익에 의한 고객유인 행위에 해당하는지를 판단할 때에는, 그 행위로 인하여 경쟁사업자들 사이의 상품가격 등 비교를 통한 소비자의 합리적인 선택이 저해되거나 다수 소비자들이 궁극적으로 피해를 볼 우려가 있게 되는 등 널리 거래질서에 대해 미칠 파급효과의 유무 및 정도, 문제된 행위를 영업전략으로 채택한 사업자들의 수나 규모, 경쟁사업자들이 모방

할 우려가 있는지, 관련되는 거래의 규모 등에 비추어 해당 행위가 널리 업계 전체의 공정한 경쟁질서나 거래질서에 미치게 될 영향 등과 함께 사업자가 제공하는 경제적 이익의 내용과 정도, 그 제공의 방법, 제공기간, 이익제공이 계속적·반복적인지 여부, 업계의 거래관행 및 관련 규제의 유무 및 정도 등을 종합적으로 고려하여야 한다(대법원 2013. 11. 14. 선고 2011두16667 판결, 대법원 2014. 3. 27. 선고 2013다212066 판결 등 참조).

한편 부당한 고객유인 행위와 관련하여 공정거래법은 형사처벌 조항도 함께 두고 있으므로, 행정 제재처분의 취소를 구하는 소송에서 그 부당성 내지 공정거래저해성을 판단할 때에도 엄격해석의 원칙을 관철할 필요성이 있기는 하다. 공정거래법령이 '공정거래저해성'이라는 '불확정개념'을 사용하여 그 의미가 다소 명확하지 않기 때문에 수범자가 그 의미를 명확하게 알기 어려울 수 있고, 경우에 따라 복잡한 법률적 또는 경제적 분석과 평가가 필요한 경우도 있게 된다. 반면, 자유롭고 공정한 거래질서를 확립하려는 공정거래법의 입법 목적을 달성하기 위하여 다양한 행위 유형에 대하여 실효적인 행정 제재처분을 하기 위해서는 불가피하게 일정한 불확정개념을 사용할 필요성 역시 인정된다. 그런데 불공정거래행위에서의 '공정거래저해성' 역시 형벌의 객관적 구성요건에 해당하므로 행위자가 인식해야 할 대상으로서 '고의'의 내용을 구성한다. 따라서 불공정거래행위의 유형 중, 제반 사정의 형량과 분석을 거쳐 경쟁에 미치는 효과에 관한 판단까지도 요구되는 경우나 사용된 수단의 성격과 실질이 가격할인과 유사한 측면이 있어 경쟁질서 내지 거래질서 전반에 미치는 파급효과까지 종합적으로 고려해야 하는 경우 등 복잡한 규범적·경제적 분석과 판단이 필요한 경우에는, 행위자에게 범죄의 구성요건인 '공정거래저해성'에 관한 '고의'를 인정하는 데 신중해야 한다. 이처럼 고의의 증명이 제대로 되었는지 여부를 명확하게 심사함으로써 형사절차에서 수범자가 예측하기 어려운 처벌을 받을 우려를 제거할 수 있다. 그러나 형사처벌과 달리 제재적 처분의 경우에는 원칙적으로 행위자에게 그 임무 해태를 정당화할 사정이 없는 이상 그 처분이 가능하다. 따라서 불공정거래행위를 원인으로 한 제재처분을 다투는 행정소송에서는 앞서 본 바와 같이 거래질서 전반에 미치는 영향 등 다양한 사정을 종합적으로 고려하여 부당성 내지 공정거래저해성을 판단할 수 있고, 이를 제재적 처분에 관한 엄격해석 원칙, 책임주의 원칙이나 죄형법정주의에 어긋난다고 볼 수는 없다.

2. 원심판결 이유와 기록에 의하면, 다음과 같은 사정들을 알 수 있다.

가. 원고는 할부거래에 관한 법률(이하 '할부거래법'이라 한다) 제2조의 선불식 할부거래업자로, 제공 시기가 확정되지 않은 장례 또는 혼례를 위한 용역 및 이에 부수한 재화 등(이하 '상조용역 등'이라 한다)의 대금 전부 또는 일부(이하 '납입금'이라 한다)를 사전에 고객으로부터 지급받은 다음, 장래에 상조용역 등을 제공하는 것을 내용으로 하는 거래(이하 '상조거래'라 한다)를 업으로 한다.

나. 상조거래에 따른 원고의 상조용역 등의 제공 의무는 특별한 사정이 없는 한 장래의 어느 시점에 현실화할 가능성이 높고, 상조용역 등의 내용은 원고와 고객 사이의 상조거래 계약에 따라 정해진다. 원고는 고객으로부터 미리 지급받은 납입금을 재원으로 하여 장래의 상조용역 등 제공 의무를 이행하게 된다.

다. 고객은 미리 납입금을 원고에게 지급한 후 시기가 확정되지 않은 장래의 어느 시점에 상조용역 등을 제공받게 된다. 따라서 상조회사의 장래 의무이행 능력, 재정건전성 등을 포함한 신뢰성, 소비자 보호를 위한 각종 조치의 이행 가능 여부 등은 고객이 상조거래의 상대방을 선택할 때 중요한 선택의 기준이 된다.

라. 원고는 여러 경쟁 상조회사와 상조거래 계약을 체결한 다수 고객을 상대로 하여, 고객이 그 계약을 해지하고 자신과 신규로 상조거래 계약을 체결하는 것을 조건으로, 그 고객에 대해 최대 36회차분까지 자신에 대한 납입금 지급 의무를 면제하는 이익을 제공하는 이른바 '이관할인방식'에 의한 영업방식을 사용하였다.

마. 이에 따라 원고는 면제된 납입금 상당액을 지급받지 않은 채 장래의 상조용역 등 제공 의무를 부담하고 그 고객들은 원고로부터 납입금 지급 의무의 일부를 면제받게 되며, 이와 달리 단순히 신규로 상조거래 계약을 체결한 고객은 다른 고객의 이관에 따른 직접 또는 간접적인 부담을 지게 될 수 있다.

바. 이러한 원고의 경제적·재정적 부담으로 인하여 유발될 수 있는 원고의 장래 의무이행 능력 및 신뢰성 저하는 결국 아직 원고로부터 상조용역 등을 현실적으로 제공받지 않은 다른 고객들에 대하여도 직접 또는 간접적인 부담이 된다. 이와 같은 상조거래의 특성을 고려할 때, 이관할인방식에 의한 이 사건 고객유인 행위를 단순히 판매자가 소비자에게 상품 또는 용역의 가격 일부를 할인해 주는 등의 일반적인 가격할인 거래와 같다고 보기는 어렵다.

사. 원고가 그 설립일인 2009. 1. 1.부터 2013. 10. 31.까지 이관할인방식으로 체결한 상조계약은, 원고가 같은 기간 체결한 전체 상조계약 총수의 약 40%에 달한다. 원고 외에도 여러 상조회사들이 위 기간 중 이관할인방식으로 경쟁 상조회사의 고객을 유치하였던 것으로 보인다. 한편 원고는 한국상조공제조합의 회신 의견에 따라 2013. 11.부터는 이관할인방식의 영업을 중단한 것으로 보인다.

아. 원고가 경쟁 상조회사 고객에 대해 면제한 납입금은 최하 1회차에서 최대 36회차로, 360만 원 상품을 기준으로 하면 3만 원 내지 108만 원에 달한다. 한편 원고가 2009. 1. 1.부터 2013. 10. 31.까지 11회차 이상의 납입금을 면제한 계약 건수는 전체 이관할인방식 계약 총수의 62.7%에 달한다.

3. 이러한 사정을 앞서 본 법리에 비추어 보면, 다음과 같이 판단할 수 있다.

피고가 전제한 처분사유를 구성하는 사실관계 중에는, 원고가 경쟁 상조회사의 고객과 체결한 계약 중 고객이 원고의 경쟁 상조회사로부터 해약환급금을 받지 않거나 적게 받은 경우처럼 '과대한' 이익을 얻었다고 보기 어려운 경우도 일부 포함된 것으로 보이기는 한다. 그러나 다수의 사업자가 시장 전반에 걸쳐 이러한 고객유인 행위를 시행하고 있는 상황에서, 원고의 이관할인방식에 의한 이 사건 고객유인 행위에 따른 부담은 결국 상조용역시장 전체의 부담으로 돌아갈 수밖에 없고, 시장 전체의 비효율성을 초래할 수 있으며, 일반 고객들은 물론 이관할인방식에 따라 원고와 상조계약을 체결한 고객 역시 그에 따른 직간접적인 부담을 지게 된다. 나아가 이러한 고객유인 방식은 고객들이 상조용역 등의 내용과 질, 상조회사의 신뢰성 등을 기초로 한 합리적인 선택을 하는 데 상당한 지장을 초래할 수 있다. 원고의 이 사건 고객유인 행위가 상조 시장 전체의 경쟁질서나 거래질서에 미치는 부정적 영향을 고려할 때, 이관할인방식에 의한 이 사건 고객유인 행위는 정상적인 거래관행에 비추어 '부당한' 이익을 제공 또는 제공할 제의를 하여 경쟁사업자의 고객을 자기와 거래하도록 유인하는 행위에 해당하는 것으로 볼 여지가 상당하다.

4. 그런데도 원심은 이와 달리, 원고가 체결한 모든 이관할인계약을 정상적인 거래관행에 비추어 부당하거나 과대한 이익을 제공하는 행위로 보기는 어렵고, 일부 경쟁을 촉진하는 효과도 있으며, 이관할인방식으로 인한 상조회사의 재무부실 위험은 불공정거래행위 인정 여부에 고려할 것은 아니라는 등의 이유를 들어, 원고의 이 사건 고객유인 행위가 부당한 이익에 의한 고객유인 행위에 해당하지 않는다고 판단하였다. 원심의 이러한 판단에는 불공정거래행위로서의 부당한 고객유인에 관한 법리를 오해하여 필요한 심리를 다하지 아니함으로써 판결에 영향을 미친 위법이 있다. 이 점을 지적하는 상고이유는 이유 있다.

5. 그러므로 나머지 상고이유에 대한 판단을 생략한 채 원심판결을 파기하고, 사건을 다시 심리·판단하도록 원심법원에 환송하기로 하여, 관여 대법관의 일치된 의견으로 주문과 같이 판결한다.

대법관　권순일(재판장)　고영한(주심)　김소영　조재연

(6) 대법원 2019. 9. 26. 선고 2014두15047 판결 [이동전화 단말기 보조금 사건]
(위계에 의한 고객유인)

판시사항

[1] 구 독점규제 및 공정거래에 관한 법률 시행령 제36조 제1항 [별표 1의2] 제4호 (나)목에서 불공정거래행위의 한 유형으로 정한 '위계에 의한 고객유인행위'가 성립하기 위해서는 고객에게 오인의 결과가 발생하여야 하는지 여부(소극) / 이때 '오인' 및 '오인의 우려'의 의미

[2] 구 독점규제 및 공정거래에 관한 법률 시행령 제36조 제1항 [별표 1의2] 제4호 (나)목에서 불공정거래행위의 한 유형으로 정한 '위계에 의한 고객유인행위'를 금지하는 취지 및 사업자의 행위가 불공정거래행위로서 위계에 의한 고객유인행위에 해당하는지 판단하는 방법

[3] 공정거래위원회가 이동통신사인 갑 주식회사에 대하여 '2008~2010년 출시되어

갑 회사가 유통에 관여한 일부 모델의 단말기와 관련하여 갑 회사가 이동전화 단말기를 제조하는 국내 3개 사업자와 협의하여 공급가 또는 출고가를 부풀려 소비자에게 지급할 약정외 보조금의 재원을 조성하고, 이를 대리점 등을 통해 소비자에게 지급함으로써 소비자로 하여금 고가의 단말기를 할인받아 저렴하게 구매하는 것으로 오인시켜 자신의 이동통신 서비스에 가입하도록 유인하였다'는 이유로, 구 독점규제 및 공정거래에 관한 법률 제23조 제1항 제3호 등을 적용하여 시정명령과 과징금 납부명령을 한 사안에서, 갑 회사의 행위는 '상품 등의 거래조건 등에 관하여 실제보다 유리한 것으로 오인시켜 고객을 유인한 행위'에 해당한다고 한 사례

[4] 구 독점규제 및 공정거래에 관한 법률 제24조의2, 구 독점규제 및 공정거래에 관한 법률 시행령 제61조 제1항 [별표 2]에 따라 공정거래위원회가 불공정거래 행위를 한 사업자에게 과징금을 부과하는 경우, 과징금 산정의 기준이 되는 매출액을 산정할 때 전제가 되는 관련 상품 또는 용역의 범위를 판단하는 방법

[5] 구 독점규제 및 공정거래에 관한 법률 제24조에 정한 '기타 시정을 위한 필요한 조치'에 위반행위의 위법을 시정하기 위하여 필요하다고 인정되는 제반 조치가 포함되는지 여부(적극) 및 이러한 조치 내용의 한계

판결요지

[1] 위계에 의한 고객유인행위가 성립하기 위해서는 위계 또는 기만적인 유인행위로 인하여 고객이 오인될 우려가 있음으로 충분하고, 반드시 고객에게 오인의 결과가 발생하여야 하는 것은 아니다. 그리고 여기에서 오인이란 고객의 상품 또는 용역에 대한 선택 및 결정에 영향을 미치는 것을 말하고, 오인의 우려란 고객의 상품 또는 용역의 선택에 영향을 미칠 가능성 또는 위험성을 말한다.

[2] 위계에 의한 고객유인행위를 금지하는 취지는 위계 또는 기만행위로 소비자의 합리적인 상품선택을 침해하는 것을 방지하는 한편, 해당 업계 사업자 간의 가격 등에 관한 경쟁을 통하여 공정한 경쟁질서 내지 거래질서를 유지하기 위한 데에 있다. 따라서 사업자의 행위가 불공정거래행위로서 위계에 의한 고객유인 행위에 해당하는지를 판단할 때에는, 그 행위로 보통의 거래 경험과 주의력을 가진 일반 소비자의 거래 여부에 관한 합리적인 선택이 저해되거나 다수 소비자들이 궁극적으로 피해를 볼 우려가 있게 되는 등 널리 업계 전체의 공정한 경쟁질서나 거래질서에 미치게 될 영향, 파급효과의 유무 및 정도, 문제된 행위를 영

업전략으로 채택한 사업자의 수나 규모, 경쟁사업자들이 모방할 우려가 있는지 여부, 관련되는 거래의 규모, 통상적 거래의 형태, 사업자가 사용한 경쟁수단의 구체적 태양, 사업자가 해당 경쟁수단을 사용한 의도, 그와 같은 경쟁수단이 일반 상거래의 관행과 신의칙에 비추어 허용되는 정도를 넘는지, 계속적·반복적인지 여부 등을 종합적으로 살펴보아야 한다.

[3] 공정거래위원회가 이동통신사인 갑 주식회사에 대하여 '2008~2010년 출시되어 갑 회사가 유통에 관여한 일부 모델의 단말기와 관련하여 갑 회사가 이동전화 단말기를 제조하는 국내 3개 사업자와 협의하여 공급가 또는 출고가를 부풀려 소비자에게 지급할 약정외 보조금의 재원을 조성하고, 이를 대리점 등을 통해 소비자에게 지급함으로써 소비자로 하여금 고가의 단말기를 할인받아 저렴하게 구매하는 것으로 오인시켜 자신의 이동통신 서비스에 가입하도록 유인하였다'는 이유로, 구 독점규제 및 공정거래에 관한 법률(2013. 8. 13. 법률 제12095호로 개정되기 전의 것) 제23조 제1항 제3호, 제2항, 구 독점규제 및 공정거래에 관한 법률 시행령(2014. 2. 11. 대통령령 제25173호로 개정되기 전의 것) 제36조 제1항 [별표 1의2] 제4호 (나)목을 적용하여 시정명령(금지명령, 공개명령, 보고명령)과 과징금 납부명령을 한 사안에서, 갑 회사와 제조 3사는 협의하여 사전 장려금을 단말기의 공급가 내지 출고가에 반영하여 출고가를 높인 후 유통망에 사전 장려금을 지급한 다음, 순차적으로 유통망을 통하여 소비자에게 이동통신 서비스 가입을 조건으로 사전 장려금을 재원으로 한 약정외 보조금이 지급되도록 한 점, 이러한 위반행위로 소비자는 실질적인 할인 혜택이 없음에도 할인을 받아 출고가가 높은 단말기를 저렴하게 구매하였고, 그와 같은 할인이 특정 이동통신 서비스에 가입하였기 때문에 이루어졌으며, 할인의 재원이 단말기 출고가 자체에 이미 포함되었던 것이 아니라 자신이 이동통신 서비스에 가입함에 따라 갑 회사가 얻게 되는 수익 중 일부였다고 오인할 우려가 큰 점 등을 종합하면, 갑 회사의 행위는 '상품 등의 거래조건 등에 관하여 실제보다 유리한 것으로 오인시켜 고객을 유인한 행위'에 해당한다고 한 사례.

[4] 구 독점규제 및 공정거래에 관한 법률(2013. 8. 13. 법률 제12095호로 개정되기 전의 것) 제24조의2, 구 독점규제 및 공정거래에 관한 법률 시행령(2014. 2. 11. 대통령령 제25173호로 개정되기 전의 것) 제61조 제1항 [별표 2]의 각 규정에 의하면, 공정거래위원회는 불공정거래행위를 한 사업자에게 위반기간 동안 일정한 거래 분야에서 판매한 관련 상품 또는 용역의 매출액을 기준으로 산정한 과징금을 부

과할 수 있다. 여기서 매출액 산정의 전제가 되는 관련 상품 또는 용역의 범위는 위반행위의 내용, 위반행위로 인하여 직접 또는 간접적으로 영향을 받는 상품 또는 용역의 종류와 성질, 용도 및 대체 가능성과 거래지역·거래상대방·거래단계 등을 고려하여 개별적·구체적으로 판단하여야 한다.

[5] 구 독점규제 및 공정거래에 관한 법률(2013. 8. 13. 법률 제12095호로 개정되기 전의 것) 제24조는 "공정거래위원회는 제23조(불공정거래행위의 금지) 제1항의 규정에 위반하는 행위가 있을 때에는 당해 사업자에 대하여 당해 불공정거래행위의 중지, 계약조항의 삭제, 시정명령을 받은 사실의 공표 기타 시정을 위한 필요한 조치를 명할 수 있다."라고 규정하고 있다. 이러한 규정의 문언, 시정명령 제도의 취지와 실효성 확보 필요 등에 비추어 보면, 위 조항에 정한 '기타 시정을 위한 필요한 조치'에는 위반행위의 중지뿐만 아니라 그 위법을 시정하기 위하여 필요하다고 인정되는 제반 조치가 포함된다. 따라서 공정거래위원회는 개별 구체적인 위반행위의 형태나 관련시장의 구조 및 특성 등을 고려하여 위반행위의 위법을 시정하기 위하여 필요하다고 인정되는 조치를 할 수 있다. 다만 이러한 조치는 위반행위를 시정하기 위해 필요한 경우에 한하여 명할 수 있는 것이므로, 그 내용은 위반행위에 의하여 저해된 공정한 경쟁질서를 회복하거나 유지하기 위해서 필요한 범위로 한정되고, 위반행위와 실질적 관련성이 인정되지 않는 조치는 허용되지 않으며, 나아가 해당 위반행위의 내용과 정도에 비례하여야 한다.

참조조문

[1] 구 독점규제 및 공정거래에 관한 법률(2013. 8. 13. 법률 제12095호로 개정되기 전의 것) 제23조 제1항 제3호, 제2항(현행 제23조 제3항 참조), 구 독점규제 및 공정거래에 관한 법률 시행령(2014. 2. 11. 대통령령 제25173호로 개정되기 전의 것) 제36조 제1항 [별표 1의2] 제4호 (나)목

[2] 구 독점규제 및 공정거래에 관한 법률(2013. 8. 13. 법률 제12095호로 개정되기 전의 것) 제23조 제1항 제3호, 제2항(현행 제23조 제3항 참조), 구 독점규제 및 공정거래에 관한 법률 시행령(2014. 2. 11. 대통령령 제25173호로 개정되기 전의 것) 제36조 제1항 [별표 1의2] 제4호 (나)목

[3] 구 독점규제 및 공정거래에 관한 법률(2013. 8. 13. 법률 제12095호로 개정되기 전의 것) 제23조 제1항 제3호, 제2항(현행 제23조 제3항 참조), 구 독점규제 및 공정거래에 관한 법률 시행령(2014. 2. 11. 대통령령 제25173호로 개정되기 전의 것) 제36조 제1항 [별표 1의2] 제4호 (나)목

[4] 구 독점규제 및 공정거래에 관한 법률(2013. 8. 13. 법률 제12095호로 개정되기 전의 것)

제24조의2, 구 독점규제 및 공정거래에 관한 법률 시행령(2014. 2. 11. 대통령령 제25173
호로 개정되기 전의 것) 제61조 제1항 [별표 2]

[5] 구 독점규제 및 공정거래에 관한 법률(2013. 8. 13. 법률 제12095호로 개정되기 전의 것)
제24조

참조판례

[1] 대법원 2002. 12. 26. 선고 2001두4306 판결
[4] 대법원 2017. 6. 19. 선고 2013두17435 판결

따름판례

대법원 2019. 10. 18. 선고 2014두4801 판결

전   문

【원고, 피상고인 겸 상고인】 에스케이텔레콤 주식회사
【피고, 상고인 겸 피상고인】 공정거래위원회
【원심판결】 서울고법 2014. 10. 29. 선고 2012누22999 판결
【주 문】
상고를 모두 기각한다. 상고비용은 각자 부담한다.
【이 유】
상고이유(상고이유서 제출기간이 지난 후 제출된 상고이유보충서 등의 기재는 상고이유를
보충하는 범위 내에서)를 판단한다.

1. 사안의 개요 및 쟁점

가. 사안의 개요
원심판결 이유에 의하면 아래와 같은 사실을 알 수 있다.
(1) 시장 현황
삼성전자 주식회사(이하 각 회사의 명칭에서 '주식회사'는 모두 생략한다), 엘지전자, 팬
택(이하 통칭하여 '제조 3사'라 한다)은 이동전화 단말기(이하 '단말기'라 한다)를 제조하는
국내 사업자이다. 2010년 당시 제조 3사의 시장점유율은 합계 약 85%에 이르렀고, 국내 이
동통신 서비스 시장에서는 원고, 케이티, 엘지유플러스(이하 통칭하여 '이동통신 3사'라 한
다)가 경쟁하고 있었다.
(2) 단말기 유통 구조
(가) 국내에서 유통되는 단말기 중 약 85%가 제조사에서 이동통신사를 거쳐 대리점, 판
매점 등(이하 통칭하여 '유통망'이라 한다)으로 공급되었다(이하 '사업자모델'이라 한다). 이
동통신사를 거치지 않고 제조사에서 유통망으로 바로 공급되는 단말기의 경우에도 이동통
신사가 단말기 정보를 등록해 주어야만 단말기 개통이 가능하였다. 이에 따라 이동통신사가

중심이 되어 단말기가 유통되는 구조가 형성되었다.

(나) 단말기와 이동통신 서비스는 필수적 보완재 관계에 있어서 소비자는 일반적으로 유통망으로부터 단말기를 구입하면서 이동통신 서비스 이용계약도 함께 체결하였다. 이동통신사가 단말기 유통을 주도하면서 이동통신 서비스 가입을 조건으로 단말기 보조금을 지급하는 판촉방법 역시 활성화되었다.

(3) 단말기 가격 구조

(가) 일반적으로 제조사가 이동통신사에 단말기를 판매하는 가격을 '공급가'라 하고, 이동통신사가 대리점에 단말기를 판매하는 가격을 '출고가'라 한다. 단말기 출고가는 언론 등을 통해 소비자에게 알려진다.

(나) 제조사나 이동통신사는 단말기 판매를 촉진하기 위해서 제조사 장려금, 이동통신사 장려금, 제조사·이동통신사 공동판촉장려금 등 다양한 명목의 장려금을 대리점에 지급한다. 대리점은 장려금의 규모 등을 고려하여 자신의 이윤폭을 설정하고 단말기의 소매가격을 결정하게 된다. 이때 대리점이 단말기 가격을 할인하여 주는 폭을 '약정외 보조금'이라 한다. 한편 이동통신사는 이동통신 서비스 마케팅을 위해서 이동통신 서비스에 가입한 소비자에게 단말기 또는 이동통신요금의 할인 혜택을 직접 제공하기도 한다. 그중 단말기에 대한 할인 규모는 단말기 기종, 약정 기간, 사용 요금제별로 달라지는데, 이를 단말기에 대한 '약정 보조금'이라 한다.

(다) 단말기만을 구매하거나 이동통신사의 장려금 지급정책에 들어맞는 특정 이동통신 서비스에 가입하지 않은 채 단말기를 구매하는 소비자를 제외한 대다수 소비자들은 약정외 보조금이나 약정 보조금 상당을 공제받음으로써 원래의 출고가보다 낮은 가격으로 단말기를 구매할 수 있게 된다.

(4) 이 사건 처분

피고는 2012. 7. 10. 원고에 대하여 '2008~2010년 출시되어 원고가 유통에 관여한 일부 모델의 단말기와 관련하여 원고가 제조 3사와 협의하여 공급가 또는 출고가를 부풀려 소비자에게 지급할 약정외 보조금의 재원을 조성하고, 이를 대리점 등을 통해 소비자에게 지급함으로써 소비자로 하여금 고가의 단말기를 할인받아 저렴하게 구매하는 것으로 오인시켜 자신의 이동통신 서비스에 가입하도록 유인하였다'는 이유로, 구 독점규제 및 공정거래에 관한 법률(2013. 8. 13. 법률 제12095호로 개정되기 전의 것, 이하 '공정거래법'이라 한다) 제23조 제1항 제3호, 제2항, 구 독점규제 및 공정거래에 관한 법률 시행령(2014. 2. 11. 대통령령 제25173호로 개정되기 전의 것, 이하 '공정거래법 시행령'이라 한다) 제36조 제1항 [별표 1의2] 제4호 (나)목을 적용하여 시정명령(금지명령, 공개명령, 보고명령)과 과징금 납부명령을 하였다.

나. 이 사건의 쟁점

이 사건의 쟁점은 원고의 행위가 위계에 의한 고객유인행위에 해당하는지, 과징금 납부명령의 관련매출액 산정이 잘못되었는지, 시정명령 중 공개명령과 보고명령이 위법한지 여부 등이다.

2. 위계에 의한 고객유인행위에 해당하는지 여부(원고의 상고이유 제1 내지 3점)

가. 관련 법리

공정거래법 제23조 제1항 제3호는 "부당하게 경쟁자의 고객을 자기와 거래하도록 유인하거나 강제하는 행위"를 불공정거래행위 중 하나의 유형으로 규정하고 있고, 제2항은 불공정거래행위의 유형 또는 기준을 대통령령으로 정하도록 규정하고 있다. 그 위임에 따른 공정거래법 시행령 제36조 제1항 [별표 1의2] 제4호 (나)목은 "위계에 의한 고객유인"을 불공정거래행위의 한 유형으로 정하면서 그 행위 내용을 "제9호의 규정에 의한 부당한 표시 · 광고 외의 방법으로 자기가 공급하는 상품 또는 용역의 내용이나 거래조건 기타 거래에 관한 사항에 관하여 실제보다 또는 경쟁사업자의 것보다 현저히 우량 또는 유리한 것으로 고객을 오인시키거나 경쟁사업자의 것이 실제보다 또는 자기의 것보다 현저히 불량 또는 불리한 것으로 고객을 오인시켜 경쟁사업자의 고객을 자기와 거래하도록 유인하는 행위"라고 정하고 있다. 한편 위계에 의한 고객유인행위가 성립하기 위해서는 위계 또는 기만적인 유인행위로 인하여 고객이 오인될 우려가 있음으로 충분하고, 반드시 고객에게 오인의 결과가 발생하여야 하는 것은 아니다. 그리고 여기에서 오인이라 함은 고객의 상품 또는 용역에 대한 선택 및 결정에 영향을 미치는 것을 말하고, 오인의 우려라 함은 고객의 상품 또는 용역의 선택에 영향을 미칠 가능성 또는 위험성을 말한다(대법원 2002. 12. 26. 선고 2001두4306 판결 참조).

이와 같이 위계에 의한 고객유인행위를 금지하는 취지는 위계 또는 기만행위로 소비자의 합리적인 상품선택을 침해하는 것을 방지하는 한편, 해당 업계 사업자 간의 가격 등에 관한 경쟁을 통하여 공정한 경쟁질서 내지 거래질서를 유지하기 위한 데에 있다. 따라서 사업자의 행위가 불공정거래행위로서 위계에 의한 고객유인행위에 해당하는지를 판단할 때에는, 그 행위로 인하여 보통의 거래 경험과 주의력을 가진 일반 소비자의 거래 여부에 관한 합리적인 선택이 저해되거나 다수 소비자들이 궁극적으로 피해를 볼 우려가 있게 되는 등 널리 업계 전체의 공정한 경쟁질서나 거래질서에 미치게 될 영향, 파급효과의 유무 및 정도, 문제 된 행위를 영업전략으로 채택한 사업자의 수나 규모, 경쟁사업자들이 모방할 우려가 있는지 여부, 관련되는 거래의 규모, 통상적 거래의 형태, 사업자가 사용한 경쟁수단의 구체적 태양, 사업자가 해당 경쟁수단을 사용한 의도, 그와 같은 경쟁수단이 일반 상거래의 관행과 신의칙에 비추어 허용되는 정도를 넘는지, 계속적 · 반복적인지 여부 등을 종합적으로 살펴보아야 한다.

나. 원심판결 이유와 기록에 의하면 아래와 같은 사실을 알 수 있다.

(1) 사업자모델의 공급가와 출고가 결정

(가) 비계약모델의 경우

2008. 3. 원고는 보조금 규제 폐지 등으로 가입자 유치 경쟁이 치열해져 점점 더 많은 보조금을 지급할 필요가 있게 되자, 제조 3사에게 점차 더 많은 분담금을 요구하였다. 제조 3사는 원고의 요구에 의해 분담해야 하는 보조금의 재원을 마련할 필요가 있었을 뿐만 아니라 출고가 바로 단말기의 위상을 반영한다고 보고 그것이 타 제조사의 동급 단말기와 유사한 수준에서 결정되기를 원하였다. 이에 제조 3사는 원고에게 출고가 안(案)을 제시하

고 그에 맞춰 출고가를 결정해 줄 것을 요청하였다. 또한, 제조 3사는 원고와의 협의를 거쳐 약정외 보조금 등으로 쓰일 장려금의 규모를 정한 후 순판가[일명 넷가(Net價)라고도 한다]에다가 이를 더해 공급가를 결정하였다(이하 단말기의 공급가 또는 출고가를 결정하는 과정에서 가격에 반영된 장려금을 '사전 장려금'이라 한다). 비계약모델의 출고가는 협의된 공급가에 소정의 물류비용을 더해 결정되므로, 공급가 협의는 곧 출고가 협의를 의미하며 이 과정은 동시에 이루어진다.

(나) 계약모델의 경우

계약모델은 이동통신사가 다른 이동통신사와 구별되는 전략 단말기 확보 등을 위해서 단말기 출시 전부터 제조사와 일정 물량만큼을 구매하기로 약속한 단말기로서, 대량구매가 이루어지는 대신 순판가로 공급된다. 원고는 공급가에 물류비용을 더한 수준에서 출고가를 결정하던 기존 관행과 다르게, 계약모델의 경우에는 제조 3사와 협의하여 사전 장려금으로 사용하기 위한 금액이 반영된 수준으로 출고가를 결정하였다. 제조 3사는 원고에게 계약모델을 순판가로 공급하는 데 그치지 않고, 원고가 결정하는 출고가와 관련하여 높은 수준의 출고가 안(안)을 제시하는 등 출고가 결정에 적극적으로 관여하였다.

(2) 사전 장려금의 집행

원고는 제조 3사와 협의를 거쳐 공급가 또는 출고가에 반영된 사전 장려금의 대부분이 약정외 보조금으로 사용될 것임을 전제로 사전 장려금을 유통망에 지급하였다. 또한 원고는 제조 3사와 협의한 단말기 모델별 소비자가격을 고려하여 사전 장려금 지급 기준 등을 정리한 정책표를 수시로 대리점에 배포하거나 마케팅팀을 통하여 대리점 직원을 상대로 정책표 등에 관한 교육을 실시하는 등 사전 장려금의 집행에 관여하였다.

유통망은 소비자에게 '단말기의 출고가는 얼마인데, 이동통신 서비스 이용 약정을 하면 매장에서 얼마를 할인해 주고, 그 이용 기간이 일정 기간 이상이면 추가로 약정 보조금을 받게 되어 실제 단말기 구매가격은 얼마이다'는 식으로 판촉 활동을 하여 단말기 구매 및 이동통신 서비스 가입을 유도하였다.

다. 판 단

(1) 이러한 사실관계 등을 앞서 본 법리에 비추어 살펴보면, 원고의 행위는 '상품 등의 거래조건 등에 관하여 실제보다 유리한 것으로 오인시켜 고객을 유인한 행위'에 해당한다. 그 이유는 아래와 같다.

(가) 원고와 제조 3사는 협의하여 사전 장려금을 단말기의 공급가 내지 출고가에 반영하여 출고가를 높인 후 유통망에 사전 장려금을 지급한 다음, 순차적으로 유통망을 통하여 소비자에게 이동통신 서비스 가입을 조건으로 사전 장려금을 재원으로 한 약정외 보조금이 지급되도록 하였다(이하 '이 사건 위반행위'라 한다).

(나) 이와 같이 원고와 제조 3사가 이 사건 위반행위를 한 이유는, 단말기의 위상을 나타내는 지표로 인식되는 출고가를 경쟁 업체의 단말기 출고가와 유사한 수준으로 관리할 필요성이 있었을 뿐 아니라, 사전 장려금을 반영하여 단말기 출고가를 높게 설정하였다가 이동통신 서비스 가입을 조건으로 약정외 보조금을 지급하여 실제 구매가격을 낮추어 주면 소비자는 고가의 단말기를 그만큼 저렴하게 구매하는 것으로 오인하게 되는 점을 노렸기

때문이다.

(다) 가격은 구매자가 상품 또는 용역의 구매 여부를 결정하는 데 고려하는 가장 주요한 요소 중 하나로, 시장경제체제에서 가장 기본적인 경쟁수단이다. 경쟁사업자들 사이의 가격을 통한 경쟁은 거래상대방과 일반 소비자 모두에게 이익이 될 수 있으므로 시장에서의 자유로운 가격 경쟁은 원칙적으로 보호되어야 한다. 또한 사업자가 동종 사업자와 경쟁하고 상품 또는 용역의 판매를 촉진하기 위하여 유통망에 장려금을 지급할 필요가 있을 수 있다. 이러한 장려금의 조성과 집행은 가격 인하와 일정 부분 유사한 측면이 있으므로 정상적인 가격 할인과의 구별이 항상 쉽지만은 않고, 그 자체로 위계에 의한 고객유인행위의 수단으로 평가되는 것도 아니다.

그러나 이 사건에서 문제되는 사전 장려금은 원고와 제조 3사가 공급가 내지 출고가에 반영시키기로 사전에 협의한 것으로서 처음부터 이들에게 귀속되지 않을 것임이 정해졌을 뿐 아니라, 상품 출시 때부터 유통망이 취하는 일부 이윤을 제외한 상당 부분이 소비자에게 약정외 보조금으로 지급될 것을 전제로, 단지 소매가격을 인하하는 외관을 형성하는 등 정상적인 장려금과는 성격을 달리한다.

또한 원고와 제조 3사는 단말기 출시 단계에서부터 사전 장려금을 반영하여 공급가 및 출고가를 정하였을 뿐 아니라, 적정 소비자가격에 맞추어 사전 장려금의 규모를 협의하기까지 하였다. 이는 사전 장려금이 가격에 반영된 단말기의 경우 출고가가 실제 판매가격으로 예정되지 않은 명목상 가격에 불과하다고 볼 수 있는 사정이다. 한편 원고와 제조 3사는 순판가로 거래가 이루어지는 계약모델은 물론이고 비계약모델의 거래에서도, 공급가에서 제조 3사가 부담하는 사전 장려금을 공제한 순판가를 기준으로 사전 장려금 및 공급가 등에 대한 협의를 진행하였고, 제조 3사는 순판가를 기준으로 손익률을 산정하였다. 이는 사전 장려금이 가격에 반영된 단말기의 경우 원고와 제조 3사 사이의 공급가 협상 과정에서 순판가가 실제 공급가와 같은 역할을 하였음을 뒷받침한다.

(라) 소비자는 일반적으로 높은 출고가의 단말기는 성능과 품질이 우수하다고 인식하는 반면, 단말기나 이동통신 서비스의 복잡한 가격 구조나 체제를 완전히 이해하지 못한 채 이동통신사인 원고가 제공하는 정보나 유통망의 설명에 의존하여 단말기를 구매하고 이동통신 서비스에 가입하기 마련이다. 그런데 원고와 제조 3사는 사실은 이동통신 서비스 약정이나 단말기 가격과는 아무런 재무적 관련성이 없는 사전 장려금을 단말기 가격 자체에 반영한 후 이를 약정외 보조금의 재원으로 삼으면서 이러한 사실을 숨긴 채 소비자가 이동통신 서비스에 가입하는 경우에만 유통망을 통하여 약정외 보조금을 지급하였다. 또 유통망은 소비자를 대상으로 이동통신 서비스에 가입하여야만 출고가에서 어느 정도의 보조금을 공제한 금액으로 단말기를 구매할 수 있다는 식으로 판촉 활동을 하였다.

결국 이 사건 위반행위로 인하여 소비자는, 실질적인 할인 혜택이 없음에도 불구하고 할인을 받아 출고가가 높은 단말기를 저렴하게 구매하였고, 그와 같은 할인이 특정 이동통신 서비스에 가입하였기 때문에 이루어졌으며, 할인의 재원이 단말기 출고가 자체에 이미 포함되었던 것이 아니라 자신이 이동통신 서비스에 가입함에 따라 원고가 얻게 되는 수익 중 일부였다고 오인할 우려가 크다.

(마) 단말기 유통 시장의 경우 일반 전자제품과 달리 통상 단말기와 이동통신 서비스가 결합되어 판매되고 이동통신 서비스의 가입에 대한 조건으로 보조금을 지급하는 관행이 형성되어 있었다. 이러한 상황에서 이동통신 3사와 제조 3사가 출시 단계에서부터 장려금을 반영하여 출고가를 높게 책정한 후 장려금을 재원으로 한 보조금을 지급하여 단말기를 할인해 주는 방식으로 마케팅 효과를 누리기로 한 이 사건 위반행위는, 소비자를 오인시켜 소비자의 합리적 선택을 방해하고 정상적인 단말기 출고가 및 이동통신 요금에 대한 경쟁촉진을 저해하는 행위이다.

단말기와 이동통신 서비스의 결합판매로 인하여 매출증대에 관한 제조사와 이동통신사의 이해관계가 일정 부분 합치하는 상황하에서 '제조사의 고가 가격 정책'과 '이동통신사의 단말기 가격 저감 요청'이라는 이해관계의 상충을 해소시킬 '필요성'이 존재하여 이와 같은 수법이 사용되었다고 하더라도, 그와 같은 '필요성'으로 인하여 이 사건 위반행위가 정당화되는 것도 아니다.

(2) 원심은 같은 취지에서 원고의 이 사건 위반행위가 '상품 등의 거래조건 등에 관하여 실제보다 유리한 것으로 오인시켜 고객을 유인한 행위'에 해당한다고 판단하였다.

나아가 원심은, 단말기 출시 후 시장 상황의 변화에 대응한 재고 소진 등 위계에 의한 고객유인행위와 무관한 장려금(이하 '사후 장려금'이라 한다)이 있을 수 있는데, 피고는 이러한 사정을 감안하여, '사후 장려금이 출고가에서 차지하는 평균 비율'을 원고에게 최대한 유리하게 계산한 후 이를 기준으로 이 사건 위반행위 대상인 단말기를 특정하고 나머지는 그 대상에서 제외하였으므로, 이러한 피고의 조치에 재량권 일탈·남용의 위법이 없다고 판단하였다.

또한 원심은, 2008~2010년 출시되어 원고가 유통에 관여한 사업자모델 중 이 사건 위반행위의 대상이 된 단말기의 경우 출고가의 규모가 작지 않고, 해당 단말기의 출고가 대비 사전 장려금 비율, 출고가 대비 총장려금 비율, 총장려금 중 사전 장려금의 비율 등이 상당한 규모였던 점, 이 사건 위반행위가 단말기 및 이동통신 서비스 거래 전반과 소비자의 의사결정에 미친 영향의 정도 등을 종합적으로 고려하여, 이 사건 위반행위가 원고의 단말기 등에 대한 거래조건에 관하여 실제보다 '현저히' 유리한 것으로 고객(소비자)을 오인시키거나 오인시킬 우려가 있는 행위에 해당한다고 판단하였다.

(3) 이러한 원심판단은 앞에서 본 법리에 기초한 것으로서, 거기에 상고이유 주장과 같이 '위계에 의한 고객유인행위' 및 '현저성 요건' 등에 관한 법리를 오해하거나 논리와 경험의 법칙에 반하여 자유심증주의의 한계를 벗어난 잘못이 없다.

3. 관련매출액 산정의 위법 여부(원고의 상고이유 제4점)

가. 공정거래법 제24조의2, 공정거래법 시행령 제61조 제1항 [별표 2]의 각 규정에 의하면, 공정거래위원회는 불공정거래행위를 한 사업자에게 위반기간 동안 일정한 거래분야에서 판매한 관련 상품 또는 용역의 매출액을 기준으로 산정한 과징금을 부과할 수 있다. 여기서 매출액 산정의 전제가 되는 관련 상품 또는 용역의 범위는 위반행위의 내용, 위반행위로 인하여 직접 또는 간접적으로 영향을 받는 상품 또는 용역의 종류와 성질, 용도 및 대체 가능성과 거래지역·거래상대방·거래단계 등을 고려하여 개별적·구체적으로 판단하여야 한다

(대법원 2017. 6. 19. 선고 2013두17435 판결 등 참조).

나. 원심은 아래와 같은 이유 등을 들어 피고의 이 사건 관련매출액 산정에 재량권 일탈·남용의 위법이 없다고 판단하였다.

(1) 피고는 사후 장려금이 출고가에서 차지하는 평균 비율을 기준으로 이를 넘는 경우 소비자가 가입한 이동통신 서비스 이용요금을 이 사건 위반행위로 인하여 직접 또는 간접적으로 영향을 받은 상품이나 용역의 매출액으로 보았는데, 이러한 피고의 조치가 자의적이라거나 합리성이 없다고 보이지 않는다.

(2) 유통망이 약정외 보조금의 지급 액수를 결정하는 재량은 매우 제한적으로 행사되는 데 그치고, 사실상 원고와 제조 3사의 의도에 맞게 사전 장려금 중 상당 부분이 약정외 보조금으로 지급된 것으로 보인다. 이러한 사정에 비추어 보면 피고가 유통망에 의하여 실제로 소비자에게 지급된 약정외 보조금의 액수를 일일이 확인하지 않은 채 가격 부풀리기를 통하여 조성된 사전 장려금 중 상당 금액이 약정외 보조금으로 지급되었을 것을 전제로 관련매출액을 산정한 조치에 합리성이 없거나 재량권 일탈·남용이 있다고 볼 수는 없다.

다. 이러한 원심판단은 앞에서 본 법리에 기초한 것으로서, 거기에 상고이유 주장과 같이 관련매출액에 관한 법리를 오해하는 등의 잘못이 없다.

4. 공개명령과 보고명령의 위법 여부(피고의 상고이유)

가. 공정거래법 제24조는 "공정거래위원회는 제23조(불공정거래행위의 금지) 제1항의 규정에 위반하는 행위가 있을 때에는 당해 사업자에 대하여 당해 불공정거래행위의 중지, 계약조항의 삭제, 시정명령을 받은 사실의 공표 기타 시정을 위한 필요한 조치를 명할 수 있다."라고 규정하고 있다. 이러한 규정의 문언, 시정명령 제도의 취지와 실효성 확보 필요 등에 비추어 보면, 위 조항에 정한 '기타 시정을 위한 필요한 조치'에는 위반행위의 중지뿐만 아니라 그 위법을 시정하기 위하여 필요하다고 인정되는 제반 조치가 포함된다. 따라서 공정거래위원회는 개별 구체적인 위반행위의 형태나 관련시장의 구조 및 특성 등을 고려하여 위반행위의 위법을 시정하기 위하여 필요하다고 인정되는 조치를 할 수 있다. 다만 이러한 조치는 위반행위를 시정하기 위해 필요한 경우에 한하여 명할 수 있는 것이므로, 그 내용은 위반행위에 의하여 저해된 공정한 경쟁질서를 회복하거나 유지하기 위해서 필요한 범위로 한정되고, 위반행위와 실질적 관련성이 인정되지 않는 조치는 허용되지 않으며, 나아가 해당 위반행위의 내용과 정도에 비례하여야 한다.

나. 원심은 아래와 같은 이유 등을 들어 이 사건 공개명령과 보고명령은 비례원칙을 위반하여 위법하다고 판단하였다.

(1) 피고는 원고가 판매하는 일체의 단말기의 모델별 출고가와 공급가의 차이 내역을 원고의 홈페이지에 공개하고, 피고에게 공급가, 출고가, 공급가의 변동내역, 출고가의 변동내역을 보고할 것을 명하였다.

(2) 피고는 원고가 제조 3사와의 '협의'하에 장차 이동통신 서비스에 가입하는 소비자에게 지급될 약정외 보조금의 재원을 마련하기 위하여 사전 장려금 상당을 미리 단말기의 공급가 또는 출고가에 반영한 행위 자체를 위법하다고 보았을 뿐 모든 장려금의 조성 및 지

급행위가 위법하다고 본 것은 아니다.

(3) 원고와 제조사 사이에 출고가에 관한 협의가 있었는지 여부 등을 전혀 고려하지 않은 채 모든 단말기를 그 대상으로 하여 이 사건 위반행위와 관련성이 없는 단말기까지 공개명령과 보고명령 대상에 포함시키는 것은 위반행위의 내용과 정도에 비례하지 않는다.

(4) 나아가 비계약모델의 경우 공급가와 출고가의 차액을 공개하거나 공급가와 출고가를 보고할 것을 명하더라도 그것만으로는 공급가가 부풀려졌는지를 알 수도 없다.

다. 이러한 원심판단은 앞에서 본 법리에 기초한 것으로서, 거기에 상고이유 주장과 같이 공개명령 및 보고명령이 재량권을 일탈·남용하였는지 여부에 관하여 '수단의 적합성', '비례의 원칙' 등에 관한 법리를 오해하는 등의 잘못이 없다.

5. 결 론

그러므로 상고를 모두 기각하고, 상고비용은 각자 부담하도록 하여, 관여 대법관의 일치된 의견으로 주문과 같이 판결한다.

대법관   김재형(재판장) 조희대 민유숙 이동원(주심)

---

(7) 대법원 2006. 5. 26. 선고 2004두3014 판결 [공동주택지 사건] (끼워팔기, 부당한 지원행위)

판시사항

[1] 구 독점규제 및 공정거래에 관한 법률 시행령 제36조 제1항 [별표 1] 제5호 (가)목의 '끼워팔기'의 의미 및 이러한 끼워팔기가 정상적인 거래관행에 비추어 부당한지 여부에 관한 판단 기준

[2] 구 독점규제 및 공정거래에 관한 법률 시행령 제36조 제1항 [별표 1] 제5호 (가)목의 '끼워팔기'에 해당하기 위하여 주된 상품을 공급하는 사업자가 시장지배적 사업자이어야 하는지 여부(소극)

[3] 부당지원행위의 요건으로서 지원행위의 부당성 유무에 관한 판단 기준

[4] 정부투자기관의 수의계약에 의한 책임감리용역 발주행위가 구 독점규제 및 공정거래에 관한 법률 시행령 제36조 제1항 [별표 1] 제10호의 부당지원행위에 해당하지 않는다고 한 사례

[5] 구 독점규제 및 공정거래에 관한 법률 시행령 제36조 제1항 [별표 1] 제2호 (나)목의 '거래조건차별'에 해당하기 위한 요건

[6] 구 독점규제 및 공정거래에 관한 법률 시행령 제36조 제1항 [별표 1] 제6호 (라)목의 '불이익제공'에 해당하기 위한 요건 및 상대방에게 부당하게 불이익을 주는 행위인지 여부에 관한 판단 기준

판결요지

[1] 독점규제 및 공정거래에 관한 법률 제23조 제1항 제3호 후단 및 같은 법 시행령 (2002. 3. 30. 대통령령 제17564호로 개정되기 전의 것) 제36조 제1항 [별표 1] 일반 불공정거래행위의 유형 및 기준 제5호 (가)목의 '거래강제' 중 '끼워팔기'는, 자기가 공급하는 상품 또는 용역 중 거래 상대방이 구입하고자 하는 상품 또는 용역을 상대방에게 공급하는 것과 연계하여 상대방이 구입하고자 하지 않거나 상대적으로 덜 필요로 하는 상품 또는 용역(이하 '종된 상품'이라 한다)을 정상적인 거래관행에 비추어 부당하게 자기 또는 자기가 지정하는 다른 사업자로부터 상대방이 구입하도록 하는 행위를 말한다 할 것이고, 이러한 끼워팔기가 정상적인 거래관행에 비추어 부당한지 여부는 종된 상품을 구입하도록 한 결과가 상대방의 자유로운 선택의 자유를 제한하는 등 가격과 품질을 중심으로 한 공정한 거래질서를 저해할 우려가 있는지 여부에 따라 판단하여야 한다.

[2] 독점규제 및 공정거래에 관한 법률 제23조 제1항 제3호 후단 및 같은 법 시행령 (2002. 3. 30. 대통령령 제17564호로 개정되기 전의 것) 제36조 제1항 [별표 1] 일반 불공정거래행위의 유형 및 기준 제5호 (가)목의 '끼워팔기'에 해당하기 위하여는 자기가 공급하는 상품 또는 용역 중 거래 상대방이 구입하고자 하는 상품 또는 용역(이하 '주된 상품'이라 한다)을 공급하는 사업자가 주된 상품을 공급하는 것과 연계하여 거래 상대방이 그의 의사에 불구하고 상대방이 구입하고자 하지 않거나 상대적으로 덜 필요로 하는 상품 또는 용역을 구입하도록 하는 상황을 만들어낼 정도의 지위를 갖는 것으로 족하고 반드시 시장지배적 사업자일 필요는 없다.

[3] 부당지원행위의 요건으로서 지원행위의 부당성 유무는 지원주체와 지원객체와의 관계, 지원행위의 목적과 의도, 지원객체가 속한 시장의 구조와 특성, 지원성 거래규모와 지원행위로 인한 경제상 이익 및 지원기간, 지원행위로 인하여 지원객체가 속한 시장에서의 경쟁제한이나 경제력 집중의 효과는 물론 경쟁사업자의 경쟁능력과 경쟁여건의 변화 정도, 지원행위 전후의 지원객체의 시장점유율의 추이, 시장개방의 정도 등을 종합적으로 고려하여 판단하여야 한다.

[4] 정부투자기관의 수의계약에 의한 책임감리용역 발주행위가 건설공사의 감리 및

설계용역시장에서의 경쟁을 제한하는 측면이 전혀 없는 것은 아니나, 지원객체
인 감리용역회사의 인력감축 등 구조조정을 전제로 민영화를 달성하기 위한 공
익적 목적으로 위 정부투자기관에게 부여된 수의계약 집행권한의 범위 내에 속
하는 행위이고, 그 책임감리용역 발주행위의 규모 및 그로 인한 경제상 이익이
그다지 크지 아니한 점 등에 비추어, 위 책임감리용역 발주행위가 독점규제 및
공정거래에 관한 법률 제23조 제1항 제7호 및 같은 법 시행령(2002. 3. 30. 대통
령령 제17564호로 개정되기 전의 것) 제36조 제1항 [별표 1] 일반불공정거래행위의
유형 및 기준 제10호의 부당지원행위에 해당하지 않는다고 한 사례.

[5] 독점규제 및 공정거래에 관한 법률 제23조 제1항 제1호 후단 및 같은 법 시행령
(2002. 3. 30. 대통령령 제17564호로 개정되기 전의 것) 제36조 제1항 [별표 1] 일반
불공정거래행위의 유형 및 기준 제2호 (나)목의 '거래조건차별'에 해당하기 위해
서는 특정사업자에 대한 거래조건이나 거래내용이 다른 사업자에 대한 것보다
유리 또는 불리하여야 할 뿐만 아니라 그 유리 또는 불리한 정도가 현저하여야
하고, 또 그렇게 차별취급하는 것이 부당한 것이어야 한다.

[6] 독점규제 및 공정거래에 관한 법률 제23조 제1항 제1호 후단 및 같은 법 시행령
(2002. 3. 30. 대통령령 제17564호로 개정되기 전의 것) 제36조 제1항 [별표 1] 일반
불공정거래행위의 유형 및 기준 제6호 (라)목의 '불이익제공'에 해당되기 위하여
는, 일방 당사자가 자기의 거래상의 지위를 부당하게 이용하여 그 거래조건을
설정 또는 변경하거나 그 이행과정에서 불이익을 준 것으로 인정되고, 그로써
정상적인 거래관행에 비추어 상대방에게 부당하게 불이익을 주어 공정거래를 저
해할 우려가 있어야 하며, 또한 상대방에게 부당하게 불이익을 주는 행위인지
여부는, 당해 행위가 행하여진 당시를 기준으로 당해 행위의 의도와 목적, 당해
행위에 이른 경위, 당해 행위에 의하여 상대방에게 생길 수 있는 불이익의 내용
과 정도, 당해 행위가 당사자 사이의 거래과정에 미치는 경쟁제약의 정도, 관련
업계의 거래관행, 일반경쟁질서에 미치는 영향 및 관계 법령의 규정 등 여러 요
소를 종합하여 전체적인 관점에서 판단하여야 한다.

참조조문

[1] 독점규제 및 공정거래에 관한 법률 제23조 제1항 제3호, 구 독점규제 및 공정거래에 관
한 법률 시행령(2002. 3. 30. 대통령령 제17564호로 개정되기 전의 것) 제36조 제1항
[별표 1] 제5호 (가)목

[2] 독점규제 및 공정거래에 관한 법률 제23조 제1항 제3호, 구 독점규제 및 공정거래에 관한 법률 시행령(2002. 3. 30. 대통령령 제17564호로 개정되기 전의 것) 제36조 제1항 [별표 1] 제5호 (가)목

[3] 독점규제 및 공정거래에 관한 법률 제23조 제1항 제7호, 구 독점규제 및 공정거래에 관한 법률 시행령(2002. 3. 30. 대통령령 제17564호로 개정되기 전의 것) 제36조 제1항 [별표 1] 제10호

[4] 독점규제 및 공정거래에 관한 법률 제23조 제1항 제7호, 구 독점규제 및 공정거래에 관한 법률 시행령(2002. 3. 30. 대통령령 제17564호로 개정되기 전의 것) 제36조 제1항 [별표 1] 제10호

[5] 독점규제 및 공정거래에 관한 법률 제23조 제1항 제1호, 구 독점규제 및 공정거래에 관한 법률 시행령(2002. 3. 30. 대통령령 제17564호로 개정되기 전의 것) 제36조 제1항 [별표 1] 제2호 (나)목

[6] 독점규제 및 공정거래에 관한 법률 제23조 제1항 제1호, 구 독점규제 및 공정거래에 관한 법률 시행령(2002. 3. 30. 대통령령 제17564호로 개정되기 전의 것) 제36조 제1항 [별표 1] 제6호 (라)목

참조판례

[3] 대법원 2004. 3. 12. 선고 2001두7220 판결, 대법원 2004. 4. 9. 선고 2001두6197 판결, 대법원 2005. 5. 27. 선고 2004두6099 판결, 대법원 2005. 10. 28. 선고 2003두13441 판결

[6] 대법원 2001. 12. 11. 선고 2000두833 판결, 대법원 2002. 5. 31. 선고 2000두6213 판결, 대법원 2005. 12. 8. 선고 2003두5327 판결

따름판례

대법원 2006. 6. 29. 선고 2003두1646 판결, 대법원 2007. 1. 26. 선고 2005두2773 판결, 대법원 2007. 3. 29. 선고 2005두3561 판결

전 문

【원고, 상고인 겸 피상고인】 한국토지공사
【피고, 피상고인 겸 상고인】 공정거래위원회
【피고 보조참가인】 주식회사 창보종합건설
【원심판결】 서울고법 2004. 2. 10. 선고 2001누16288 판결
【주 문】
원고의 상고와 피고의 상고를 모두 기각한다. 상고비용은 각자가 부담한다.

【이 유】

1. 원고의 상고이유에 대하여

가. 제1점에 대하여

기록에 비추어 살펴보면, 피고가 이 사건 처분 중 공표명령 부분을 직권변경함에 따라 직권변경 전 공표명령에 대하여 그 취소를 구할 소의 이익이 소멸하였다는 취지의 원심의 판단은 정당하고, 거기에 상고이유와 같은 심리미진 또는 행정처분의 효력발생에 관한 법리오해의 위법이 없다.

나. 제2점에 대하여

(1) 독점규제 및 공정거래에 관한 법률(이하 '법'이라 한다) 제23조 제1항 제3호 후단 및 같은 법 시행령(2002. 3. 30. 대통령령 제17564호로 개정되기 전의 것, 이하 '법 시행령'이라 한다) 제36조 제1항 [별표 1] 일반불공정거래행위의 유형 및 기준(이하 '불공정거래행위기준'이라 한다) 제5호 (가)목의 '거래강제' 중 '끼워팔기'는, 자기가 공급하는 상품 또는 용역 중 거래 상대방이 구입하고자 하는 상품 또는 용역(이하 '주된 상품'이라 한다)을 상대방에게 공급하는 것과 연계하여 상대방이 구입하고자 하지 않거나 상대적으로 덜 필요로 하는 상품 또는 용역(이하 '종된 상품'이라 한다)을 정상적인 거래관행에 비추어 부당하게 자기 또는 자기가 지정하는 다른 사업자로부터 상대방이 구입하도록 하는 행위를 말한다 할 것이고, 이러한 끼워팔기가 정상적인 거래관행에 비추어 부당한지 여부는 종된 상품을 구입하도록 한 결과가 상대방의 자유로운 선택의 자유를 제한하는 등 가격과 품질을 중심으로 한 공정한 거래질서를 저해할 우려가 있는지 여부에 따라 판단하여야 할 것이다.

원심은, 채택 증거들을 종합하여, 원고가 인천마전·남양주호평·평내·마석지구 등 공동주택지(이하 '비인기토지'라 한다)의 판매가 저조하자 상대적으로 분양이 양호한 부천상동·용인신봉·동천·죽전·동백지구 등 공동주택지(이하 '인기토지'라 한다)를 판매하면서 비인기토지의 매입시 인기토지에 대한 매입우선권을 부여함으로써 비인기토지를 매입하지 않고서는 사실상 인기토지를 매입할 수 없게 만들어, 주된 상품인 인기토지를 매입하여 주택건설사업을 하고자 하는 주택사업자로서는 사실상 종된 상품인 비인기토지를 매입할 수밖에 없는 상황에 처하였다는 등 판시와 같은 사실을 인정한 다음, 이러한 연계판매행위는 거래상대방에 대하여 자기의 주된 상품을 공급하면서 자기의 종된 상품을 구입하도록 하는 행위로서 끼워팔기에 해당하고, 나아가 공공부문 택지개발사업의 40% 이상을 점하고 있는 원고가 위와 같은 끼워팔기에 해당하는 연계판매행위를 할 경우 거래상대방인 주택사업자들의 상품 선택의 자유를 제한하는 등 공정한 거래질서를 침해할 우려가 있으므로, 원고의 위와 같은 행위는 결국, 법 제23조 제1항 제3호 후단 및 법 시행령 제36조 제1항 [별표 1] 불공정거래행위기준 제5호 (가)목의 '끼워팔기'에 해당한다는 취지로 판단하였다.

앞서 본 법리에 비추어 기록을 살펴보면, 원심의 위와 같은 사실인정 및 판단은 정당하고, 거기에 심리미진 또는 채증법칙 위배로 인한 사실오인, '끼워팔기'에 관한 법리오해의 위법이 없다.

한편, 끼워팔기에 해당하기 위하여는 주된 상품을 공급하는 사업자가 주된 상품을 공급하는 것과 연계하여 거래 상대방이 그의 의사에 불구하고 종된 상품을 구입하도록 하는 상황을 만들어낼 정도의 지위를 갖는 것으로 족하고 반드시 시장지배적 사업자일 필요는 없다 할 것이므로, 같은 취지의 원심의 판단은 정당하고, 이와 반대의 전제에서 하는 상고이유 주장도 이유 없다.

2. 피고의 상고이유에 대하여

가. 제1점에 대하여

(1) '부당지원행위'를 불공정거래행위의 한 유형으로 규정하여 금지하는 입법 취지가 공정한 거래질서의 확립과 아울러 경제력 집중의 방지에 있는 점, 법 제23조 제1항 제7호가 부당지원행위의 규제대상을 포괄적으로 규정하면서 '가지급금·대여금·인력·부동산·유가증권·무체재산권'을 구체적으로 예시하고 있을 뿐 상품·용역이라는 개념을 별도로 상정하여 상품·용역거래와 자금·자산·인력거래를 상호 구별하여 대응시키거나 상품·용역거래를 부당지원행위의 규제대상에서 제외하고 있지 아니한 점, 법 제23조 제2항에 따라 불공정거래행위의 유형 및 기준을 정한 법 시행령 제36조 제1항 [별표 1] 불공정거래행위 기준 제10호도 부당지원행위의 유형 및 기준을 지원내용과 효과에 초점을 두어 자금지원행위, 자산지원행위, 인력지원행위로 나누어 규정한 것이고 지원행위를 거래형식별로 상정하여 그것만을 규제의 대상으로 삼은 것이라거나 상품·용역이라는 개념을 별도로 상정하여 그것을 부당지원행위의 규제대상에서 제외하고 있지 아니한 점, 부당지원행위와 법 제23조 제1항 제1호, 법 시행령 제36조 제1항 [별표 1] 제2호 (다)목 소정의 계열회사를 위한 차별이나 법 제23조 제1항 제2호, 법 시행령 제36조 제1항 [별표 1] 제3호 소정의 경쟁사업자 배제와는 입법 취지, 요건 및 효과가 서로 다른 별개의 제도인 점 등을 종합하면, 상품·용역의 제공 또는 거래라는 이유만으로 부당지원행위의 규제대상에서 제외되는 것은 아니고 그것이 부당지원행위의 요건을 충족하는 경우에는 부당지원행위의 규제대상이 될 수 있다고 할 것이다(대법원 2004. 10. 14. 선고 2001두2935 판결 참조).

그럼에도 불구하고, 원심이 이와는 다른 견해에 서서 원고가 소외 주식회사 한국건설관리공사(이하 '소외 공사'라 한다)에 대하여 한 그 판시의 수의계약에 의한 책임감리용역 발주행위가 용역의 거래라는 이유만으로 부당지원행위의 대상인 행위 자체에 해당되지 않는다고 판단한 것은 잘못이라고 할 것이나, 아래에서 보듯이 위의 행위는 부당성이 없으므로 부당지원행위가 되지 아니한다는 원심의 부가적 판단이 정당하므로, 위의 잘못은 판결 결과에 영향이 없다.

(2) 부당지원행위의 요건으로서 지원행위의 부당성 유무는 지원주체와 지원객체와의 관계, 지원행위의 목적과 의도, 지원객체가 속한 시장의 구조와 특성, 지원성 거래규모와 지원행위로 인한 경제상 이익 및 지원기간, 지원행위로 인하여 지원객체가 속한 시장에서의 경쟁제한이나 경제력 집중의 효과는 물론 경쟁사업자의 경쟁능력과 경쟁여건의 변화 정도, 지원행위 전후의 지원객체의 시장점유율의 추이, 시장개방의 정도 등을 종합적으로 고려하여 판단하여야 할 것이다(대법원 2004. 3. 12. 선고 2001두7220 판결, 대법원 2004. 10. 14. 선고 2001두2935 판결 등 참조).

원심이 인정한 사실 및 기록에 의하면, 정부는 1998년경 공기업 경영혁신계획에 따라 원고 및 대한주택공사, 한국도로공사, 한국수자원공사의 자회사이던 4개 감리공단을 통합하여 소외 공사를 설립시키고 인력을 감축하는 등 강도 높은 구조조정을 하여 2001년 상반기 중으로 이를 민영화하려고 계획한 사실, 그러나 원고 등 4개 공사가 공기업 경영혁신계획에 따라 소외 공사에게 수의계약을 전면적으로 중단할 경우 입찰참가자격 심사시 평가점수가 낮은 소외 공사로서는 일반경쟁에 의하여 감리용역을 수주하기 어려우므로 그 수지의 급격한 악화로 민영화를 원만히 추진할 수 없게 될 우려가 생기자, 원고 등 4개 공사는 건설교통부장관에게 '투자기관은 투자기관의 경영혁신을 위하여 투자기관의 자회사 또는 출자회사를 정리함에 있어서 주무부장관이 불가피하다고 인정하는 경우에 투자기관은 자회사 또는 출자회사와 수의계약을 체결할 수 있다.'는 정부투자기관회계규칙 제15조 제2호 (라)목에 따른 수의계약승인을 신청하였고, 이에 대하여 건설교통부장관은 2000. 4. 4. 원고 등 4개 공사가 정부의 공기업 경영혁신계획에 따라 원활한 민영화를 추진하기 위하여 필요하다고 판단하는 경우 소외 공사와 건설공사의 감리 및 설계용역의 일부에 대하여 수의계약에 의할 수 있음을 승인한 사실, 원고는 위와 같은 건설교통부장관의 승인에 따라 2000. 10. 12. 및 같은 해 11. 13. 출자회사인 소외 공사에게 수의계약에 의하여 2건의 책임감리용역 발주행위를 하게 된 사실, 원고가 소외 공사에 발주한 총 용역금액 11억 6,500만 원(예정가격 대비 94.2%)은 소외 공사의 2000년 총 책임감리용역 수주금액의 4.84% 정도이고, 소외 공사의 2000년 추정매출액의 2.25% 정도이며, 지원금액은 추정순이익의 2.42% 정도에 불과한 사실 등을 알 수 있는바, 이 사건 수의계약에 의한 책임감리용역 발주행위가 건설공사의 감리 및 설계용역시장에서의 경쟁을 제한하는 측면이 전혀 없는 것은 아니나, 소외 공사의 인력감축 등 구조조정을 전제로 민영화를 달성하기 위한 공익적 목적으로 원고에게 부여된 수의계약 집행권한의 범위 내에 속하는 행위인 점, 이 사건 책임감리용역 발주행위의 규모 및 그로 인한 경제상 이익이 그다지 크지 아니한 점 등에 비추어, 이 사건 책임감리용역 발주행위가 부당하다고 볼 수는 없다 할 것이다.

같은 취지에서 이 사건 책임감리용역 발주행위가 부당지원행위의 대상이 되는 행위라고 하더라도 부당성이 없으므로 법 제23조 제1항 제7호 및 법 시행령 제36조 제1항 [별표 1] 불공정거래행위기준 제10호의 '부당지원행위'에 해당하지 아니한다는 원심의 결론은 정당하고, 거기에 지원행위의 부당성에 관한 법리오해 등의 위법이 없다.

(3) 결국, 이 점에 관한 상고이유는 받아들일 수 없다.

나. 제2점에 대하여

법 제23조 제1항 제1호 후단 및 법 시행령 제36조 제1항 [별표 1] 불공정거래행위기준 제2호 (나)목의 '거래조건차별'에 해당하기 위해서는 특정사업자에 대한 거래조건이나 거래내용이 다른 사업자에 대한 것보다 유리 또는 불리하여야 할 뿐만 아니라 그 유리 또는 불리한 정도가 현저하여야 하고, 또 그렇게 차별취급하는 것이 부당한 것이어야 한다.

원심은, 채택 증거들을 종합하여 판시와 같은 사실을 인정한 다음, 원고가 남양주지구 공동주택지를 판매하기 위한 선수협약을 체결하면서, 대한주택공사에 대하여는 공급가격이 10% 이상 상승할 경우 대한주택공사가 그 협약의 해제를 청구할 수 있고 이에 따라 협약이 해제될 경우 원고는 대한주택공사로부터 수납한 선수금에 법정이자를 가산하여 반환한다는 조항을 설정한 반면, 소외 우미건설 주식회사 및 신명주택건설 주식회사(이하 '다른 매수인'이라 한다)에 대하여는 같은 사유가 발생하는 경우에 원고와 다른 매수인이 협의하여 협약을 해제할 수 있다는 규정만을 두고 선수금의 반환에 관하여는 아무런 규정을 두지는 않았고, 원고의 위와 같은 선수협약 체결은 외견상으로는 특정사업자를 유리하게 취급하는 것으로서 거래조건에서 차별취급을 한 것으로 보이기는 하지만, 한편 원고의 내부지침인 선수공급에 관한 지침 및 용지규정 등의 관련조항에 의하면 선수협약 체결 후 공급가격이 10% 이상 상승하는 경우 다른 매수인이 요청하면 협약은 해제될 것으로 보이고, 이러한 사유로 해제되는 경우 원고로서는 위약금 귀속 없이 선수금 및 이에 대한 법정이자를 가산하여 반환해줄 의무가 있다고 할 것이므로, 위와 같은 외형상의 거래조건의 차이가 특정 사업자를 현저하게 유리하거나 불리하게 하는 행위에 해당한다고 보기 어렵다는 취지로 판단하였다.

기록에 비추어 살펴보면, 원심의 위와 같은 사실인정과 판단은 정당하고, 거기에 상고이유와 같은 채증법칙 위배로 인한 사실오인 또는 '거래조건차별'에 관한 법리오해의 위법이 없다.

다. 제3점에 대하여

법 제23조 제1항 제4호 및 법 시행령 제36조 제1항 [별표 1] 불공정거래행위기준 제6호 (라)목의 '불이익제공'에 해당되기 위하여는, 일방 당사자가 자기의 거래상의 지위를 부당하게 이용하여 그 거래조건을 설정 또는 변경하거나 그 이행과정에서 불이익을 준 것으로 인정되고, 그로써 정상적인 거래관행에 비추어 상대방에게 부당하게 불이익을 주어 공정거래를 저해할 우려가 있어야 하며, 또한 상대방에게 부당하게 불이익을 주는 행위인지 여부는, 당해 행위가 행하여진 당시를 기준으로 당해 행위의 의도와 목적, 당해 행위에 이른 경위, 당해 행위에 의하여 상대방에게 생길 수 있는 불이익의 내용과 정도, 당해 행위가 당사자 사이의 거래과정에 미치는 경쟁제약의 정도, 관련업계의 거래관행, 일반경쟁질서에 미치는 영향 및 관계 법령의 규정 등 여러 요소를 종합하여 전체적인 관점에서 판단하여야 할 것이다(대법원 2002. 5. 31. 선고 2000두6213 판결 참조).

원심은, 채택 증거들을 종합하여 판시와 같은 사실을 인정한 다음, 원고가 시공업체에 대하여 거래활동에 상당한 영향을 미칠 수 있는 지위에 있다고 한 후, 삼호, 삼성물산, 삼능건설, 한진건설 등 4개 시공업체가 시공한 각 공사의 공사기간이 위 시공업체들의 귀책사유 없이 연장되어 간접비용이 추가로 발생한 것은 사실이나, 공사계약상 위와 같은 간접비용이 발생하면 시공업체들의 신청에 의하여 계약금액을 조정하도록 되어 있음에도 위 시공업체들 중 삼호, 삼성물산, 삼능건설은 계약금액을 조정해 줄 것을 신청한 바 없고, 한진건설에 대하여 당초 신청한 간접비용 중에서 일부를 삭감한 것은 실사 결과 주요공정이 조기완료될 것으로 판단한 결과에 불과하고 그 삭감된 부분이 원고가 부담하여야 할 비용이라든가 삭감한 것이 부당한 것이라고 볼 자료가 없으므로, 원고가 시공업체가 신청하지 않은 간접비용이나 정당한 절차에 의하여 삭감한 간접비용을 지급하지 아니한 행위가 자신의 거래상의 지위를 부당하게 이용하여 상대방에게 불이익을 준 행위에 해당한다고 볼 수 없다는 취지로 판단하였다.

기록에 비추어 살펴보면, 원심의 위와 같은 사실인정과 판단은 정당하고, 거기에 심리미진 또는 채증법칙 위배로 인한 사실오인, '불이익제공'에 관한 법리오해의 위법이 없다.

3. 결 론

그러므로 원고의 상고와 피고의 상고를 모두 기각하기로 하여 관여 법관의 일치된 의견으로 주문과 같이 판결한다.

대법관   박시환(재판장) 이강국 손지열(주심)

▌ 참조문헌 ▌

변동열, "불공정거래행위로서의 끼워팔기 – "경쟁제한"은 요건이 아닌가? –", 경제법판례연구 7권, 경제법판례연구회, 법문사(2011)

이 황, "불공정거래행위 중 끼워팔기에 관한 소고 – 대법원 2006. 5. 24. 선고 2004두3014 판결을 대상으로", 경쟁법연구 14권, 한국경쟁법학회, 법문사(2006)

홍명수, "끼워팔기 등 불공정거래행위", 공정거래법 판례선집, 사법발전재단(2011)

(8) 대법원 2002. 5. 31. 선고 2000두6213 판결 [지하철 광고대행 사건] (불이익제공)

판시사항

[1] 공정거래위원회가 구 독점규제 및 공정거래에 관한 법률 시행령 제36조 제1항 [별표] 제6호 (라)목 소정의 사업자의 불이익 제공행위에 대하여 시정명령 등 행정처분을 하기 위하여 확정하여야 하는 '불이익'의 내용

[2] 도시철도공사가 지하철의 광고대행사에 대하여 지하철의 개통지연 및 미영업역 발생 등으로 인한 경상관리비를 광고대행료에 반영하여 주지 아니하는 불이익을 제공하였다는 것을 이유로 한 공정거래위원회의 시정명령이 손해배상책임의 존재와 범위가 특정되지 아니한 상태에서 이루어진 것으로 위법하다고 한 사례

[3] 구 독점규제 및 공정거래에 관한 법률 시행령 제36조 제1항 [별표] 제6호 (라)목 소정의 '불이익제공'에 해당하기 위한 요건 및 그 해당 여부의 판단 기준

[4] 도시철도공사가 지하철승강장 매립형 광고틀을 시공완료하고 그 비용을 광고대행사에게 구상청구하면서 상호협의절차를 통한 금액의 조정 없이 일방적으로 납부를 요구한 경우, 구 독점규제 및 공정거래에 관한 법률 시행령 제36조 제1항 [별표] 제6호 (라)목 소정의 '불이익제공'에 해당하지 아니한다고 한 사례

판결요지

[1] 구 독점규제 및 공정거래에 관한 법률(1999. 2. 5. 법률 제5813호로 개정되기 전의 것) 제23조 제1항은 불공정거래행위의 하나로 그 제4호에서 '자기의 거래상의 지위를 부당하게 이용하여 상대방과 거래하는 행위'를 들고, 같은 조 제2항에 따른 같은법시행령(1999. 3. 31. 대통령령 제16221호로 개정되기 전의 것) 제36조 제1항 [별표] 제6호 (라)목은 같은 법 제23조 제1항 제4호에 해당하는 행위유형의 하나로 '불이익제공'을 들면서 이를 '(가)목 내지 (다)목에 해당하는 행위 외의 방법으로 거래상대방에게 불이익이 되도록 거래조건을 설정 또는 변경하거나 그 이행과정에서 불이익을 주는 행위'라고 규정하고 있는바, 공정거래위원회로서는 같은 법 제2조 제1호 소정의 사업자가 같은 법 제23조 제1항 제4호, 제2항, 같은법시행령 제36조 제1항 [별표] 제6호 (라)목 소정 '자기의 거래상의 지위를 부당하게 이용하여 거래상대방에게 불이익이 되도록 거래조건을 설정 또는 변경하거나 그 이행과정에서 불이익을 주는 행위'를 하였음을 이유로 같은 법 제24조 소정의 시정명령 등 행정처분을 하기 위해서는 거래상대방에게 발생한 '불이익'의 내용이 객관적으로 명확하게 확정되어야 하고, 여기에서의 '불이익'이 금전상의 손해인 경우에는, 법률상 책임 있는 손해의 존재는 물론 그 범위(손해액)까지 명확하게 확정되어야 한다.

[2] 지하철의 광고대행계약의 체결과 그 이행과정에서 도시철도공사가 지하철의 개통지연 및 미영업역 발생 등으로 인하여 발생한 광고대행사의 경상관리비를 광고대행료에 반영하여 주지 아니하는 불이익을 제공하였다는 것을 이유로 한 공정거래위원회의 시정명령이 손해배상책임의 존재와 범위가 특정되지 아니한 상태에서 이루어졌다는 이유로 위법하다고 한 사례.

[3] 구 독점규제 및 공정거래에 관한 법률(1999. 2. 5. 법률 제5813호로 개정되기 전의 것) 제23조 제1항 제4호, 제2항, 같은법시행령(1999. 3. 31. 대통령령 제16221호로 개정되기 전의 것) 제36조 제1항 [별표] 제6호 (라)목의 규정체계에 비추어 볼 때, (라)목이 정하는 '불이익제공'에 해당하기 위하여는 그 행위의 내용이 상대방에게 다소 불이익하다는 점만으로는 부족하고, (가)목 내지 (다)목이 정하는 바와 같이 구입강제, 이익제공강요, 판매목표강제 등과 동일시할 수 있을 정도로 일방 당사자가 자기의 거래상의 지위를 부당하게 이용하여 그 거래조건을 설정 또는 변경하거나 그 이행과정에서 불이익을 준 것으로 인정되고, 그로써 정

상적인 거래관행에 비추어 상대방에게 부당하게 불이익을 주어 공정거래를 저해할 우려가 있어야 하며, 또한 상대방에게 부당하게 불이익을 주는 행위인지 여부는, 당해 행위가 행하여진 당시를 기준으로 당해 행위의 의도와 목적, 당해 행위에 이른 경위, 당해 행위에 의하여 상대방에게 생길 수 있는 불이익의 내용과 정도, 당해 행위가 당사자 사이의 거래과정에 미치는 경쟁제약의 정도, 관련업계의 거래관행, 일반경쟁질서에 미치는 영향 및 관계 법령의 규정 등 여러 요소를 종합하여 전체적인 관점에서 판단하여야 한다.

[4] 도시철도공사가 지하철승강장 매립형 광고틀을 시공완료하고 그 비용을 광고대행사에게 구상청구하면서 상호협의절차를 통한 금액의 조정 없이 일방적으로 납부를 요구한 경우, 매립형 광고틀의 제작 · 설치의 특수성, 광고틀의 제작 · 설치비를 부과하게 된 경위 및 그에 의하여 제작업자에게 생길 수 있는 불이익의 내용, 광고틀의 제작 · 설치비의 부과가 당사자 사이의 거래과정에 미치는 경쟁제약의 정도 및 관련업계의 거래관행, 관계 법령의 규정 등 여러 요소를 종합하여 전체적인 관점에서 고려하면, 구 독점규제 및 공정거래에 관한 법률 시행령(1999. 3. 31. 대통령령 제16221호로 개정되기 전의 것) 제36조 제1항 [별표] 제6호 (라)목 소정의 '불이익제공'에 해당하지 아니한다고 한 사례.

참조조문

[1] 구 독점규제 및 공정거래에 관한 법률(1999. 2. 5. 법률 제5813호로 개정되기 전의 것) 제2조 제1호, 제23조 제1항 제4호, 제2항, 제24조, 구 독점규제 및 공정거래에 관한 법률 시행령(1999. 3. 31. 대통령령 제16221호로 개정되기 전의 것) 제36조 제1항 [별표] 제6호 (라)목

[2] 구 독점규제 및 공정거래에 관한 법률(1999. 2. 5. 법률 제5813호로 개정되기 전의 것) 제2조 제1호, 제23조 제1항 제4호, 제2항, 제24조, 구 독점규제 및 공정거래에 관한 법률 시행령(1999. 3. 31. 대통령령 제16221호로 개정되기 전의 것) 제36조 제1항 [별표] 제6호 (라)목

[3] 구 독점규제 및 공정거래에 관한 법률(1999. 2. 5. 법률 제5813호로 개정되기 전의 것) 제2조 제1호, 제23조 제1항 제4호, 제2항, 제24조, 구 독점규제 및 공정거래에 관한 법률 시행령(1999. 3. 31. 대통령령 제16221호로 개정되기 전의 것) 제36조 제1항 [별표] 제6호 (라)목

[4] 구 독점규제 및 공정거래에 관한 법률(1999. 2. 5. 법률 제5813호로 개정되기 전의 것) 제2조 제1호, 제23조 제1항 제4호, 제2항, 제24조, 구 독점규제 및 공정거래에 관한 법률 시행령(1999. 3. 31. 대통령령 제16221호로 개정되기 전의 것) 제36조 제1항 [별표] 제6

호 (라)목

참조판례

[3] 대법원 1998. 3. 27. 선고 96누18489 판결, 대법원 2001. 12. 11. 선고 2000두833 판결

따름판례

대법원 2002. 10. 25. 선고 2001두1444 판결, 대법원 2003. 12. 26. 선고 2001두9646 판결, 대법원 2004. 7. 9. 선고 2002두11059 판결, 대법원 2005. 1. 28. 선고 2002두9940 판결, 대법원 2005. 12. 8. 선고 2003두5327 판결, 대법원 2006. 5. 26. 선고 2004두3014 판결, 대법원 2007. 1. 11. 선고 2004두3304 판결, 대법원 2007. 1. 26. 선고 2005두2773 판결, 대법원 2007. 3. 29. 선고 2005두3561 판결

전 문

【원고, 피상고인】 서울특별시 도시철도공사
【피고, 상고인】 공정거래위원회
【피고보조참가인】 주식회사 광인기업
【원심판결】 서울고법 2000. 6. 13. 선고 99누1238 판결
【주 문】
상고를 기각한다. 상고비용을 피고의 부담으로 한다.
【이 유】

1. 개통지연 등에 따른 경상관리비 등의 추가비용 미지급에 관하여

구 독점규제 및 공정거래에 관한 법률(1999. 2. 5. 법률 제5813호로 개정되기 전의 것, 다음부터는 '법'이라 한다) 제23조 제1항은 불공정거래행위의 하나로 그 제4호에서 '자기의 거래상의 지위를 부당하게 이용하여 상대방과 거래하는 행위'를 들고, 같은 조 제2항에 따른 법시행령(1999. 3. 31. 대통령령 제16221호로 개정되기 전의 것) 제36조 제1항 [별표] 제6호 (라)목은 법 제23조 제1항 제4호에 해당하는 행위유형의 하나로 '불이익제공'을 들면서 이를 '(가)목 내지 (다)목에 해당하는 행위 외의 방법으로 거래상대방에게 불이익이 되도록 거래조건을 설정 또는 변경하거나 그 이행과정에서 불이익을 주는 행위'라고 규정하고 있는바, 피고로서는 법 제2조 제1호 소정의 사업자가 법 제23조 제1항 제4호, 제2항, 법시행령 제36조 제1항 [별표] 제6호 (라)목 소정 '자기의 거래상의 지위를 부당하게 이용하여 거래상대방에게 불이익이 되도록 거래조건을 설정 또는 변경하거나 그 이행과정에서 불이익을 주는 행위'를 하였음을 이유로 법 제24조 소정의 시정명령 등 행정처분을 하기 위해서는 거래상대방에게 발생한 '불이익'의 내용이 객관적으로 명확하게 확정되어야 하고, 여기에서의 '불이익'이 금전상의 손해인 경우에는, 법률상 책임 있는 손해의 존재는 물론 그 범위(손해액)까지 명확하게 확정되어야 할 것이다.

원심은, 원고가 서울특별시 지하철 5, 6, 8호선의 관리운영 업무를 담당하고 있는 지방공

사로서, 1995. 8. 4. 공개경쟁입찰을 통하여 최고가로 응찰한 광고대행업체인 원심 피고보
조참가인(다음부터는 '참가인'이라 한다)과 사이에, '계약금은 201억 원으로 정하되 계약금
액의 조정은 계약 다음해부터 한국은행 발표 전년도 연평균 생산자물가상승율을 적용하여
조정하고, 계약이행보증금은 참가인이 원고에게 계약금액의 10/100 이상에 해당하는 현금
을 납입하거나 원고를 피보험자로 하는 이행보증보험증권 등을 예치하는 것으로 하며, 계약
기간은 5호선 구간 중 최초 개통일로부터 3년으로 하고, 계약금액의 월할액 상당의 광고대
행료를 매월 10.까지 광고물의 게첨실적과 관계없이 납입하되 원고의 사정으로 광고물 게첨
이 불가능하게 된 때에는 그 일부 또는 전부를 감면할 수 있도록 하며, 참가인이 광고대행
료 등 제세공과금을 30일 이상 연체하였을 경우에는 원고는 이 사건 광고대행계약을 해지
할 수 있다'는 등 내용의 '5호선 역구내 및 차내 광고대행계약(다음부터는 '이 사건 광고대
행계약'이라 한다)을 체결한 사실, 그런데 지하철 5호선은 당초 공고된 개통예정일인 1995.
8. 1.보다 106일이 경과한 같은 해 11. 15. 왕십리－상일동 구간이 최초로 개통되었고, 이어
1996. 3. 20. 방화－까치산 구간이, 같은 해 3. 30. 강동－마천 구간이, 같은 해 8. 12. 까치
산－여의도 구간이, 같은 해 12. 30. 여의도－왕십리 구간이 순차 개통되었으며, 당초 설치
하기로 예정되어 있었던 51개 역 중 마곡역은 주변의 여건이 성숙되지 못하였던 관계로 미
영업역(통과역)으로 확정됨에 따라 참가인은 마곡역에 관하여는 전혀 광고게첨을 할 수 없
게 된 사실, 그런데 참가인은 IMF 경제위기의 영향으로 광고수주물량이 급감하는 등 경영
난에 봉착하여 원고에게 월광고대행료를 연체하기 시작하였고, 이에 원고는 1997. 12. 24.
참가인이 월광고대행료를 3회 연체하였다는 이유로 이 사건 광고대행계약을 해지한 사실,
그러자 참가인은 1998. 2. 9. 피고에게, 원고가 이 사건 광고대행계약의 체결과 그 이행과정
에서 불공정거래행위를 하였다는 이유로 조사를 촉구한 사실, 이에 피고는 1998. 8. 31. 원
고에게, 원고가 자기의 귀책사유로 인한 개통지연 및 미영업역 발생 등에 따른 참가인의 경
상관리비 등 추가비용 2억 7,500만 원을 반영하여 주지 아니하는 행위는 원고가 자기의 거
래상의 지위를 부당하게 이용하여 거래상대방에게 불이익이 되도록 거래조건을 설정 또는
변경하거나 그 이행과정에서 불이익을 주는 행위라는 이유로 법 제23조 제1항 제4호, 제2
항, 법시행령 제36조 제1항 [별표] 제6호 (라)목, 법 제24조를 적용하여 위 행위의 중지를
명하는 이 사건 시정명령을 하였다는 취지의 사실을 인정하였다.

　원심은 나아가, 피고가 이 사건 시정명령의 근거로 삼은 '원고가 배상해 주어야 할 2억
7,500만 원 상당의 경상관리비'는 참가인이 그 사업수행과정에서 당연히 부담하게 될 비용
을 기초로 하여 산정한 것으로서 원고의 귀책사유로 인한 개통지연 및 미영업역 발생 등과
상당인과관계가 있는 손해라고 보기 어렵고, 또한 원고의 귀책사유로 인하여 참가인이 입게
된 상당인과관계 있는 통상의 손해는 그 개통지연으로 인하여 참가인이 상실한 영업기간
중 얻을 수 있었던 광고영업수입에서 개통지연으로 인하여 상실한 영업기간 중 참가인이
그 지출을 면하게 된 월광고대행료 상당액 등 제반 경비를 공제한 잔액이라고 봄이 상당할
것인데, 참가인에게 최초 개통일로부터 3년간의 영업기간이 보장되어 있었던 이 사건 광고
대행계약에 있어서 개통지연으로 인한 참가인의 영업기간의 단축은 당초부터 문제가 되지
아니하여 그로 인하여 어떠한 손해를 입었다고 볼 수 없으며, 그 밖에 즉시 영업개시가 되

지 아니함으로써 최초의 지연기간 중에 별도로 특별히 입게 된 다른 손해가 있음을 밝힐 만한 아무런 증거도 없음에도 불구하고, 피고가 이러한 법률상 책임 있는 손해의 실체와 범위를 정확히 가려보지도 아니한 채 원고에게 손해배상책임을 부담시킬 수 없는 것에 터잡아 이루어진 이 사건 처분은 원고의 손해배상책임의 존재와 범위가 특정되지도 아니한 상태에서 이루어진 것으로서 위법하다고 판단하였다.

기록과 관계 법령의 규정 및 위의 법리에 비추어 살펴보니, 원심의 이러한 인정과 판단은 정당한 것으로 수긍되고 거기에 채증법칙 위배로 인한 사실오인이나 거래상 지위의 남용행위 등에 관한 법리오해 등으로 판결에 영향을 미친 위법은 없다.

상고이유의 이 주장을 받아들일 수 없다.

2. 매립형 광고틀의 제작·설치비용의 협의 없는 전가부분에 관하여

법 제23조 제1항 제4호, 제2항, 법시행령 제36조 제1항 [별표] 제6호 (라)목의 규정체계에 비추어 볼 때, (라)목이 정하는 '불이익제공'에 해당하기 위하여는 그 행위의 내용이 상대방에게 다소 불이익하다는 점만으로는 부족하고, (가)목 내지 (다)목이 정하는 바와 같이 구입강제, 이익제공강요, 판매목표강제 등과 동일시할 수 있을 정도로 일방 당사자가 자기의 거래상의 지위를 부당하게 이용하여 그 거래조건을 설정 또는 변경하거나 그 이행과정에서 불이익을 준 것으로 인정되고, 그로써 정상적인 거래관행에 비추어 상대방에게 부당하게 불이익을 주어 공정거래를 저해할 우려가 있어야 하며(대법원 2001. 12. 11. 선고 2000두833 판결 참조), 또한 상대방에게 부당하게 불이익을 주는 행위인지 여부는, 당해 행위가 행하여진 당시를 기준으로 당해 행위의 의도와 목적, 당해 행위에 이른 경위, 당해 행위에 의하여 상대방에게 생길 수 있는 불이익의 내용과 정도, 당해 행위가 당사자 사이의 거래과정에 미치는 경쟁제약의 정도, 관련업계의 거래관행, 일반경쟁질서에 미치는 영향 및 관계 법령의 규정 등 여러 요소를 종합하여 전체적인 관점에서 판단하여야 한다.

기록에 따르니, 원고는 1995. 12. 29. 참가인이 제작·설치하기로 되어 있던 승강장 매립형 광고틀을 서울특별시 지하철건설본부가 시공완료함에 따라 그 비용을 참가인에게 청구하면서 참가인과 상호협의절차를 통한 금액의 조정 없이 일방적으로 납부를 요구함으로써 참가인에게 다소 불이익하게 그 이행과정에서 불이익을 준 사실을 인정할 수 있으나, 한편 매립형 광고틀은 공사절차상 지하철건설공사과정에서 미리 설치되어야 할 성질의 것이었기 때문에 부득이 위 건설공사를 담당한 서울특별시 지하철건설본부가 그 광고틀을 제작·설치한 다음 사후에 원고를 통하여 참가인에게 이를 구상하게 한 것이고, 설치비 단가 478,984원 역시 공식적인 조달물자구매과정에서 품목별 지정단가를 적용하여 책정된 것이며, 원고가 위 제작비에 관하여 참가인에게 그 비용을 납부하라는 공문을 발송한 이래 수차에 걸쳐 원고와 참가인 사이에 공문을 통한 의견교환이 이루어지고 원고측 관계자와 참가인측 관계자가 직접 만나 협의를 거친 끝에 1996. 9. 6.경 제작·설치비 체납으로 인하여 그 사이 누적된 연체료는 이를 면제하는 대신 참가인이 그 제작·설치비를 부담하기로 하는 합의가 최종적으로 이루어진 사실을 알 수 있으나 매립형 광고틀의 제작·설치의 특수성, 광고틀의 제작·설치비를 부과하게 된 경위 및 그에 의하여 참가인에게 생길 수 있는 불이익의 내용, 광고틀의 제작·설치비의 부과가 당사자 사이의 거래과정에 미치는 경쟁제약의 정도 및 관련 업계의 거래관행, 관계 법령의 규정 등 기록에 나타난 여러 요소를 종합하여 전체적인 관점에서 볼 때, 원고의 이러한 행위가 구입강제, 이익제공강요, 판매목표강제 등과 동일시할 수 있을 정도로 자기의 거래상의 지위를 부당하게 이용하여 그 이행과정에서 불이익을 주었다거나, 그로써 정상적인 거래관행에 비추어 상대방에게 부당하게 불이익을 주어 공정거래를 저해할 우려가 있는 것이라고는 보이지 아니한다.

원심이, 마치 원고의 이러한 행위가 이루어진 후에 있은 일련의 비용절충과정까지 포함하여 전체로 보아 거래상 지위의 남용행위의 해당성 여부를 따져야 하는 것처럼 설시한 부분은 앞에서 본 법리에 비추어 잘못된 것이기는 하지만, 원고의 이러한 행위가 법 제23조 제1항 제4호, 제2항, 법시행령 제31조 제1항 [별표] 제6호 (라)목 소정의 불이익 제공에 의한 거래상 지위의 남용행위에 해당하지 아니한다고 하여 피고의 이 사건 시정명령의 취소를 구하는 원고의 이 사건 청구를 인용한 것은 결론에 있어서 정당한 것으로 수긍되고, 거기에는 채증법칙 위배로 인한 사실오인이나 거래상 지위의 남용행위 등에 관한 법리오해 등으로 판결에 영향을 미친 위법이 없다.

상고이유의 이 주장도 받아들이지 아니한다.

3. 결 어

그러므로 상고를 기각하고, 상고비용을 피고의 부담으로 하기로 관여 대법관들의 의견이 일치되어 주문에 쓴 바와 같이 판결한다.

대법관   강신욱(재판장) 조무제(주심) 유지담 손지열

‖ **참조문헌** ‖

박해식, "불공정거래행위의 하나인 '자기의 거래상의 지위를 부당하게 이용하여 거래상대방에게 불이익이 되도록 거래조건을 설정 또는 변경하거나 그 이행과정에서 불이익을 주는 행위'를 하였음을 이유로 시정명령 등 행정처분을 하기 위한 요건으로서 "불이익"의 의미", 대법원판례해설 41호, 법원도서관(2002)
신영수, "거래상 지위남용 규제 법리의 형성과 전개", 시장경제와 사회조화: 남천 권오승교수 정년기념논문집, 남천 권오승교수 정년기념논문집 간행위원회, 법문사(2015)

---

(9) 대법원 2011. 5. 13. 선고 2009두24108 판결 [유선방송 가입자유치 사건] (판매목표강제)

판시사항

[1] 구 독점규제 및 공정거래에 관한 법률 시행령 제36조 제1항 [별표 1] 제6호

(다)목에서 불공정거래행위 유형의 하나로 들고 있는 '판매목표강제'에 해당하기
위한 요건으로서 '거래상 지위'가 있는지의 판단 기준

[2] 독점규제 및 공정거래에 관한 법률 제23조 제1항 제4호의 '자기의 거래상의 지
위를 부당하게 이용하여 상대방과 거래하는 행위' 중 하나로 구 독점규제 및 공
정거래에 관한 법률 시행령 제36조 제1항 [별표 1] 제6호 (다)목이 규정한 '판매
목표강제'에 해당하는지의 판단 기준 및 '목표를 제시하고 이를 달성하도록 강제
하는 행위'의 범위

[3] 복합 종합유선방송사업자 갑 회사가 케이블방송 등의 설치, 관리 및 유지 등의
업무를 위탁한 협력업체들에 대해 독점규제 및 공정거래에 관한 법률 제23조 제
1항 제4호, 구 독점규제 및 공정거래에 관한 법률 시행령 제36조 [별표 1] 제6
호 (다)목에서 정한 거래상 지위의 남용행위(판매목표강제)를 하였다는 이유로 공
정거래위원회가 갑 회사에 시정명령 등을 내린 사안에서, 갑 회사가 소속 종합
유선방송사업자인 을 회사를 통해 케이블방송 등의 설치, 관리 및 유지 등의 업
무를 위탁한 협력업체들에 대해 케이블방송 및 인터넷의 신규가입자 유치목표를
설정하고 이를 달성하지 못할 경우 지급할 업무위탁 수수료를 감액하는 불이익
을 주는 방법으로 협력업체들의 자유로운 의사결정을 저해하거나 불이익을 강요
한 것은 '거래상 지위의 남용행위(판매목표강제)'로서 공정한 거래를 저해할 우려
가 있다고 본 원심판단을 수긍한 사례

판결요지

[1] 독점규제 및 공정거래에 관한 법률 제23조 제1항 제4호는 '자기의 거래상의 지
위를 부당하게 이용하여 상대방과 거래하는 행위'를 불공정거래행위의 하나로
규정하고, 같은 조 제2항에 따른 구 독점규제 및 공정거래에 관한 법 시행령
(2010. 5. 14. 대통령령 제22160호로 개정되기 전의 것) 제36조 제1항 [별표 1] 제6
호 (다)목은 위 법 제23조 제1항 제4호에 해당하는 행위 유형의 하나로 '판매목
표강제'를 들면서, 이를 '자기가 공급하는 상품 또는 용역과 관련하여 거래상대
방의 거래에 관한 목표를 제시하고 이를 달성하도록 강제하는 행위'라고 규정하
고 있다. 판매목표강제행위에 해당하는지를 판단할 때 '거래상 지위'는 일방이
상대적으로 우월한 지위 또는 적어도 상대방과의 거래활동에 상당한 영향을 미
칠 수 있는 지위를 갖고 있으면 인정할 수 있고, 거래상 지위가 있는지는 당사
자가 처한 시장의 상황, 당사자 간의 전체적 사업능력의 격차, 거래의 대상인 상

품의 특성 등을 모두 고려하여 판단하여야 한다.

[2] 독점규제 및 공정거래에 관한 법률 제23조 제1항 제4호 '자기의 거래상의 지위를 부당하게 이용하여 상대방과 거래하는 행위' 중의 하나로 구 독점규제 및 공정거래에 관한 법 시행령(2010. 5. 14. 대통령령 제22160호로 개정되기 전의 것) 제36조 제1항 [별표 1] 제6호 (다)목이 규정한 '판매목표강제'에 해당하는지는 당해 행위의 의도와 목적, 효과와 영향 등과 같은 구체적 태양과 상품의 특성, 거래의 상황, 해당 사업자의 시장에서 우월적 지위의 정도 및 상대방이 받게 되는 불이익의 내용과 정도 등에 비추어 볼 때 정상적인 거래관행을 벗어난 것으로서 공정한 거래를 저해할 우려가 있는지를 판단하여 결정하여야 하고, '판매목표강제'에서 '목표를 제시하고 이를 달성하도록 강제하는 행위'에는 상대방이 목표를 달성하지 않을 수 없는 객관적인 상황을 만들어 내는 것을 포함하고, 사업자가 일방적으로 상대방에게 목표를 제시하고 이를 달성하도록 강제하는 경우뿐만 아니라 사업자와 상대방의 의사가 합치된 계약 형식으로 목표가 설정되는 경우도 포함한다.

[3] 복합 종합유선방송사업자 갑 회사가 케이블방송 등의 설치, 관리 및 유지 등의 업무를 위탁한 협력업체들에 대해 독점규제 및 공정거래에 관한 법률 제23조 제1항 제4호, 구 독점규제 및 공정거래에 관한 법 시행령(2010. 5. 14. 대통령령 제22160호로 개정되기 전의 것) 제36조 [별표 1] 제6호 (다)목에서 정한 거래상 지위의 남용행위(판매목표강제)를 하였다는 이유로 공정거래위원회가 갑 회사에 시정명령 등을 내린 사안에서, 갑 회사가 그 소속 종합유선방송사업자인 을 회사를 통해 협력업체들에 대해 케이블방송 및 인터넷의 신규가입자 유치목표를 설정하고, 이를 달성하지 못할 경우 지급할 업무위탁 수수료를 감액하는 불이익을 주는 방법으로 협력업체들의 자유로운 의사결정을 저해하거나 불이익을 강요한 것은 '거래상 지위의 남용행위(판매목표강제)'로서 공정한 거래를 저해할 우려가 있다고 본 원심판단을 수긍한 사례.

참조조문

[1] 독점규제 및 공정거래에 관한 법률 제23조 제1항 제4호, 구 독점규제 및 공정거래에 관한 법률 시행령(2010. 5. 14. 대통령령 제22160호로 개정되기 전의 것) 제36조 제1항 [별표 1] 제6호 (다)목[현행 제36조 제1항 [별표 1의2] 제6호 (다)목 참조]
[2] 독점규제 및 공정거래에 관한 법률 제23조 제1항 제4호, 구 독점규제 및 공정거래에 관

한 법률 시행령(2010. 5. 14. 대통령령 제22160호로 개정되기 전의 것) 제36조 제1항 [별표 1] 제6호 (다)목[현행 제36조 제1항 [별표 1의2] 제6호 (다)목 참조]

[3] 독점규제 및 공정거래에 관한 법률 제23조 제1항 제4호, 구 독점규제 및 공정거래에 관한 법률 시행령(2010. 5. 14. 대통령령 제22160호로 개정되기 전의 것) 제36조 제1항 [별표 1] 제6호 (다)목[현행 제36조 제1항 [별표 1의2] 제6호 (다)목 참조]

참조판례

[1][2] 대법원 2000. 6. 9. 선고 97누19427 판결
[1] 대법원 2002. 1. 25. 선고 2000두9359 판결

따름판례

대법원 2011. 6. 9. 선고 2008두13811 판결, 대법원 2014. 2. 27. 선고 2012다67061 판결

전 문

【원고, 상고인】 주식회사 씨제이헬로비전
【피고, 피상고인】 공정거래위원회
【원심판결】 서울고법 2009. 11. 12. 선고 2009누4748 판결
【주 문】
상고를 기각한다. 상고비용은 원고가 부담한다.
【이 유】
상고이유(상고이유서 제출기간이 경과한 후에 제출된 상고이유보충서의 기재는 상고이유를 보충하는 범위 내에서)를 판단한다.

1. 상고이유 제1점 및 제2점에 대하여

독점규제 및 공정거래에 관한 법률(이하 '법'이라 한다) 제23조 제1항 제4호는 '자기의 거래상의 지위를 부당하게 이용하여 상대방과 거래하는 행위'를 불공정거래행위의 하나로 규정하고, 같은 조 제2항에 따른 구 독점규제 및 공정거래에 관한 법률 시행령(2010. 5. 14. 대통령령 제22160호로 개정되기 전의 것) 제36조 제1항 [별표 1] 불공정거래행위의 유형 및 기준(이하 '불공정거래행위기준'이라 한다) 제6호 (다)목은 법 제23조 제1항 제4호에 해당하는 행위유형의 하나로 '판매목표강제'를 들면서, 이를 '자기가 공급하는 상품 또는 용역과 관련하여 거래상대방의 거래에 관한 목표를 제시하고 이를 달성하도록 강제하는 행위'라고 규정하고 있는바, 판매목표강제행위에 해당하는지 여부를 판단함에 있어 '거래상 지위'는 일방이 상대적으로 우월한 지위 또는 적어도 상대방과의 거래활동에 상당한 영향을 미칠 수 있는 지위를 갖고 있으면 이를 인정하기에 족하다고 할 것이고(대법원 2002. 1. 25. 선고 2000두9359 판결 참조), 거래상 지위가 있는지 여부는 당사자가 처하고 있는 시장의 상황, 당사자 간의 전체적 사업능력의 격차, 거래의 대상인 상품의 특성 등을 모두 고려하여

판단하여야 할 것이다(대법원 2000. 6. 9. 선고 97누19427 판결 참조).

원심은, 그 채택 증거를 종합하여 판시와 같은 사실을 인정한 다음, 원고는 전국 11개 지역에 종합유선방송사업자를 보유하고 종합유선방송사업을 영위하는 복합 종합유선방송사업자로서 1년 매출액이 1,890억 원에 이르는 대기업이고 위 종합유선방송사업자 중 가야방송은 경남 내 6개 지역에서 경쟁사업자가 없는 독점사업자인 반면 이 사건 4개 협력업체들은 가야방송이 관할하는 지역 내에서 전적으로 가야방송으로부터 업무를 위탁받아 운영되는 중소기업인 점, 협력업체들은 가야방송으로부터 위탁수수료를 지급받는 대가로 가야방송의 포괄적인 지도·감독하에 가야방송의 상호, 상표 등을 사용하여 가야방송이 제공하는 케이블방송 등의 서비스 유지 보수 등 업무를 위탁수행하며 가야방송이 설정한 영업목표 달성에 대한 평가에 따라 지급받는 수수료가 감액되거나 위탁계약까지 해지될 수 있는 점, 특히 협력업체들은 경업금지 의무를 부담하고 있고 계약기간 연장에 있어 가야방송에게 일방적인 권한이 부여되어 있어 가야방송을 제외한 다른 방송사업자와의 새로운 계약체결에 의한 사업활동이 쉽지 아니한 점 등 여러 사정에 비추어 보면, 원고가 협력업체들에 대하여 상대적으로 우월한 지위 또는 적어도 협력업체들과의 거래활동에 상당한 영향을 미칠 수 있는 지위를 갖고 있음이 인정된다고 판단하였다.

앞서 본 법리와 기록에 비추어 원심판결 이유를 살펴보면, 원심의 위와 같은 판단은 정당하고, 거기에 상고이유로 주장하는 바와 같이 법 제23조 제1항 제4호가 정한 거래상 지위의 인정과 이를 부당하게 이용한 불공정거래행위에 관한 법리를 오해하는 등으로 판결에 영향을 미친 위법이 없다.

2. 상고이유 제3점에 대하여

법 제23조 제1항 제4호의 '자기의 거래상의 지위를 부당하게 이용하여 상대방과 거래하는 행위' 중의 하나로 불공정거래행위기준 제6호 (다)목이 규정한 '판매목표강제'에 해당하는지 여부는 당해 행위의 의도와 목적, 효과와 영향 등과 같은 구체적 태양과 상품의 특성, 거래의 상황, 해당 사업자의 시장에서의 우월적 지위의 정도 및 상대방이 받게 되는 불이익의 내용과 정도 등에 비추어 볼 때 정상적인 거래관행을 벗어난 것으로서 공정한 거래를 저해할 우려가 있는지 여부를 판단하여 결정하여야 하고(대법원 2000. 6. 9. 선고 97누19427 판결 참조), '판매목표강제'에 있어서 '목표를 제시하고 이를 달성하도록 강제하는 행위'에는 상대방이 목표를 달성하지 않을 수 없는 객관적인 상황을 만들어 내는 것을 포함하고, 사업자가 일방적으로 상대방에게 목표를 제시하고 이를 달성하도록 강제하는 경우뿐만 아니라 사업자와 상대방의 의사가 합치된 계약의 형식으로 목표가 설정되는 경우도 포함한다.

원심은, 그 판시와 같은 사정들을 종합하여, 원고는 그 소속 종합유선방송사업자인 가야방송을 통해 협력업체들에 대해 케이블방송 및 인터넷의 신규가입자 유치목표를 설정하고 이를 달성하지 못할 경우 지급할 업무위탁 수수료를 감액하는 불이익을 주는 방법으로 협력업체들의 자유로운 의사결정을 저해하거나 불이익을 강요함으로써 공정한 거래를 저해할 우려가 있는 행위를 하였다고 판단한 다음, 이 사건 영업수수료 산정방식이 차등적, 누진적 인센티브제로서 합리적 영업촉진수단의 범주에 속한다는 원고의 주장에 대해서는 그 판시와 같은 이유를 들어 이를 배척하였다.

앞서 본 법리와 기록에 비추어 원심판결 이유를 살펴보면, 원심의 위와 같은 판단은 정당하고, 거기에 상고이유로 주장하는 바와 같이 판매목표강제에 관한 법리를 오해하는 등으로 판결에 영향을 미친 위법이 없다.

3. 상고이유 제4점에 대하여

기록에 의하면, 원고는 원심에서 가야방송의 이 사건 행위가 거래상 지위의 남용행위에 해당하지 않는다든가 판매목표를 강제한 경우에 해당하지 않는다고 주장하였을 뿐이고, 이 사건 과징금처분이 평등의 원칙이나 신뢰보호의 원칙에 반하는 위법한 처분이라는 주장은 상고심에 이르러서야 비로소 제기된 새로운 주장으로 원심에서 이를 주장한 바가 없으므로, 이 점은 원심판결에 대한 적법한 상고이유가 되지 못한다.

4. 결 론

그러므로 상고를 기각하고, 상고비용은 패소자가 부담하기로 하여 관여 대법관의 일치된 의견으로 주문과 같이 판결한다.

대법관   김능환(재판장) 이홍훈(주심) 민일영

▌ 참조문헌 ▌

강정희, "거래상 지위의 남용행위의 거래상대방에 따른 위법성 판단기준", 경쟁법연구 24권, 한국경쟁법학회, 법문사(2011)
김형석, "불공정거래행위의 하나인 판매목표강제행위의 판단 기준", 대법원판례해설 87호, 법원도서관(2011)

---

(10) 대법원 2010. 1. 14. 선고 2008두14739 판결 [자동차보험금 사건] (불이익제공)

판시사항

손해보험회사와 피보험자가 책임질 사고로 대물손해를 입은 피해차주 사이에 독점규제 및 공정거래에 관한 법률 제23조 제1항 제4호에 정한 '거래관계'가 존재하는지 여부(적극)

판결요지

불공정거래행위에 관한 독점규제 및 공정거래에 관한 법률상의 관련 규정과 입법 취지 등에 의하면 불공정거래행위에서의 '거래'란 통상의 매매와 같은 개별적인 계약 자체를 가리키는 것이 아니라 그보다 넓은 의미로서 사업활동을 위한 수단 일반 또는 거래질서를 뜻하는 것으로 보아야 하는 점, 비록 피해차주의 보험회사에 대한 직접청구권이 피보험자의 불법행위에 의하여 발생한다고 하더라도 보험회사 및 피보험자는 바로 그러한 경우를 위하여 보험계약을 체결하는 것이고, 피해차주는 자동차손해보험의 특성상 보험계약 성립 당시에 미리 확정될 수 없을 따름이지 그 출현이 이미 예정되어 있는 것이며, 그에 따라 보험회사가 피해차주에게 대물손해를 배상하여야 할 의무도 위 보험계약에 근거하고 있는 것인 점, 불법행위로 인한 손해배상채무가 이행되는 과정에서도 채무자에 의한 불공정거래행위가 얼마든지 발생할 여지가 있는 점 등에 비추어 볼 때, 보험회사와 피해차주 사이에는 피보험자를 매개로 한 '거래관계'가 존재한다고 봄이 상당하다.

참조조문

독점규제 및 공정거래에 관한 법률 제23조 제1항 제4호

따름판례

대법원 2015. 9. 10. 선고 2012두18325 판결, 대법원 2019. 9. 26. 선고 2014두15740 판결, 대법원 2019. 9. 26. 선고 2015두59 판결, 대법원 2019. 10. 18. 선고 2014두4801 판결

전 문

【원고, 피상고인】 삼성화재해상보험 주식회사 외 7인
【피고, 상고인】 공정거래위원회
【원심판결】 서울고법 2008. 7. 24. 선고 2008누4567 판결
【주 문】
원심판결을 파기하고, 사건을 서울고등법원에 환송한다.
【이 유】
상고이유를 판단한다.

　　1. 원심판결 이유에 의하면, 손해보험업을 하는 원고들이 보험사고 발생시 보험약관에 따라 피해차주들에게 지급할 의무가 있는 대차료, 휴차료 또는 자동차 시세하락 손해금을

피해차주들에게 지급하지 아니한 행위가 독점규제 및 공정거래에 관한 법률(이하 '법'이라한다) 제23조 제1항 제4호에서 정한 '자기의 거래상 지위를 부당하게 이용하여 상대방과 거래하는 행위'에 해당한다는 이유로 피고가 원고들에게 시정명령 등(이하 '이 사건 처분'이라한다)을 부과한 것에 대하여, 원심은 판시와 같은 점을 근거로, 거래라는 용어에는 행위자의 의사표시가 전제되어 있으므로 법률행위와 그에 수반하는 행위는 거래에 포함되나 불법행위와 그에 수반하는 행위는 거래에 포함되지 않는다고 본 다음, 피보험자가 책임을 질 사고로 인하여 대물손해를 입은 피해차주들이 상법 제724조 제2항에 의하여 보험자인 원고들에게 직접 보상을 청구할 수 있는 권리는 피보험자들의 불법행위로 인하여 발생한 손해배상청구권에 불과하므로 원고들과 피해차주들 사이에 직접적인 거래관계가 있다고 할 수 없을 뿐만 아니라, 피보험자들을 매개로 한 거래관계가 있다고 볼 수도 없고, 따라서 원고들과 피해차주들 사이에 거래관계가 있음을 전제로 한 피고의 이 사건 처분은 위법하다면서이를 취소하였다.

2. 그러나 원심의 이와 같은 판단은 다음과 같은 이유로 수긍하기 어렵다.

① 불공정거래행위에 관한 법상의 관련 규정과 입법 취지 등에 의하면 불공정거래행위에서의 "거래"란 통상의 매매와 같은 개별적인 계약 자체를 가리키는 것이 아니라 그보다넓은 의미로서 사업활동을 위한 수단 일반 또는 거래질서를 뜻하는 것으로 보아야 하는 점, ② 비록 피해차주의 보험회사에 대한 직접청구권이 피보험자의 불법행위에 의하여 발생한다고 하더라도 보험회사 및 피보험자는 바로 그러한 경우를 위하여 보험계약을 체결하는것이고, 피해차주는 자동차손해보험의 특성상 보험계약 성립 당시에 미리 확정될 수 없을따름이지 그 출현이 이미 예정되어 있는 것이며, 그에 따라 보험회사가 피해차주에게 대물손해를 배상하여야 할 의무도 위 보험계약에 근거하고 있는 것인 점(보험회사는 피보험자의 피해차주에 대한 손해배상채무를 병존적으로 인수하는 것이다. 대법원 2005. 10. 7. 선고 2003다6774 판결 참조), ③ 불법행위로 인한 손해배상채무가 이행되는 과정에서도 채무자에 의한 불공정거래행위가 얼마든지 발생할 여지가 있는 점(예컨대, 보험회사가 피해차의수리비용을 일시불로 즉시 지급하지 아니하고 장기간에 걸쳐 소액으로 분할지급한다거나, 아예 상당한 기간이 경과한 후에야 수리비용을 지급하는 것 등) 등에 비추어 볼 때, 원고들과 피해차주들 사이에는 피보험자들을 매개로 한 거래관계가 존재한다고 봄이 상당하다.

그럼에도 불구하고 원심은 원고들과 피해차주들 사이에 거래관계가 존재하지 않는다고판단하였으니, 이러한 원심판결에는 법상의 불공정거래행위에서의 거래의 개념에 관한 법리를 오해하여 판결에 영향을 미친 잘못이 있다. 이 점을 지적하는 피고의 주장은 이유 있다.

3. 그러므로 원심판결을 파기하고, 사건을 다시 심리·판단하게 하기 위하여 원심법원에환송하기로 하여, 관여 대법관의 일치된 의견으로 주문과 같이 판결한다.

대법관   이홍훈(재판장) 김영란 김능환 민일영(주심)

▓ **참조문헌** ▓

주진열, "독점규제법상 거래상 지위남용 조항의 적용 범위에 대한 비판적 고찰: 소비자·사업자간 거래를 중심으로", 특별법연구 13권, 사법발전재단(2016)

홍명수, "불공정거래행위에 관한 대법원 판결 분석(2010): 거래상 지위남용 사건을 중심으로", 경쟁법연구 23권, 한국경쟁법학회, 법문사(2011)

(11) 대법원 2015. 9. 10. 선고 2012두18325 판결 [골프장 회칙변경 사건] (불이익 제공)

【판시사항】

거래상 지위 남용행위의 상대방이 경쟁자 또는 사업자가 아니라 일반 소비자인 경우, 공정한 거래를 저해할 우려가 있는지 판단하는 기준

【판결요지】

거래상 지위 남용행위의 상대방이 경쟁자 또는 사업자가 아니라 일반 소비자인 경우에는 단순히 거래관계에서 문제 될 수 있는 행태 자체가 아니라, 널리 거래질서에 미칠 수 있는 파급효과라는 측면에서 거래상 지위를 가지는 사업자의 불이익 제공행위 등으로 불특정 다수의 소비자에게 피해를 입힐 우려가 있거나, 유사한 위반행위 유형이 계속적·반복적으로 발생할 수 있는 등 거래질서와의 관련성이 인정되는 경우에 한하여 공정한 거래를 저해할 우려가 있는 것으로 해석함이 타당하다.

【참조조문】

독점규제 및 공정거래에 관한 법률 제23조 제1항

【참조판례】

대법원 2010. 1. 14. 선고 2008두14739 판결

전 문

【원고, 상고인】 금보개발 주식회사
【피고, 피상고인】 공정거래위원회

【원심판결】 서울고법 2012. 7. 12. 선고 2011누26505 판결

【주 문】

원심판결을 파기하고, 사건을 서울고등법원에 환송한다.

【이 유】

상고이유(상고이유서 제출기간이 경과한 후에 제출된 상고이유보충서의 기재는 상고이유를 보충하는 범위 내에서)에 대하여 판단한다.

1. 상고이유 제1점에 대하여

가. 독점규제 및 공정거래에 관한 법률(이하 '공정거래법'이라 한다) 제23조는 제1항에서 "사업자는 다음 각 호의 어느 하나에 해당하는 행위로서 공정한 거래를 저해할 우려가 있는 행위(이하 '불공정거래행위'라 한다)를 하거나, 계열회사 또는 다른 사업자로 하여금 이를 행하도록 하여서는 아니 된다"고 규정하면서 제4호로 '자기의 거래상의 지위를 부당하게 이용하여 상대방과 거래하는 행위'를 들고 있고, 제2항에서 "불공정거래행위의 유형 또는 기준은 대통령령으로 정한다"고 규정하고 있다. 이러한 위임에 따라 불공정거래행위의 유형을 정한 구 공정거래법 시행령(2010. 5. 14. 대통령령 제22160호로 개정되기 전의 것, 이하 같다) 제36조 제1항의 [별표 1]은 그 제6호 (라)목에서 '거래상 지위의 남용행위'의 하나인 '불이익 제공'을 '(가)목 내지 (다)목(구입 강제, 이익제공 강요, 판매목표 강제)에 해당하는 행위 외의 방법으로 거래상대방에게 불이익이 되도록 거래조건을 설정 또는 변경하거나 그 이행과정에서 불이익을 주는 행위'로 규정하고 있다.

여기에서 '거래상 지위'는 일방이 상대적으로 우월한 지위 또는 적어도 상대방과의 거래 활동에 상당한 영향을 미칠 수 있는 지위를 가지고 있으면 인정할 수 있고, 거래상 지위가 있는지 여부는 당사자가 처하고 있는 시장의 상황, 당사자 사이의 전체적 사업능력의 격차, 거래의 대상이 되는 상품 또는 용역이나 그 거래관계의 특성 등을 모두 고려하여 판단하여야 한다(대법원 2011. 5. 13. 선고 2009두24108 판결 등 참조).

나. 원심은 그 채택 증거들을 종합하여 판시와 같은 사실을 인정한 다음, ① 원고가 회원의 골프장 이용에 관한 정보와 골프장 이용 배정권한을 사실상 독점하고 있고, 골프장 이용자는 일반적으로 회원권 구입에 소요되는 비용 때문에 회원권을 여러 개 보유하기 어려운데, 원고의 회원이 다른 골프장을 이용할 때에는 우선 이용 및 요금 할인 등의 혜택이 없어 이용이 곤란하거나 추가비용이 발생하는 점 등에 비추어 볼 때, 평일회원의 원고에 대한 거래의존도가 높고, ② 평일회원들이 ○○CC를 탈회하고 반환받는 입회비로 다른 골프장의 평일회원권을 구입할 수는 있지만, 입회 후 수년이 지난 시점에서 탈회하고 반환받는 입회비로는 국내 골프장 중 최고가의 정회원권 거래시세를 형성하고 있는 ○○CC에 버금가는 골프장의 평일회원권을 구입하는 것이 쉽지 않을 뿐만 아니라, 그 거래에 드는 비용 또한 적지 않다는 등 그 판시와 같은 이유를 들어, 원고는 평일회원에 대하여 상대적으로 우월한 지위에 있다고 볼 수 있다고 판단하였다.

기록에 비추어 살펴보면 이러한 원심의 판단은 앞서 본 법리에 부합하는 것으로서 정당하고, 거기에 상고이유로 주장하는 바와 같은 지위남용 불공정거래행위에서 거래상 지위에

관한 법리를 오해한 위법이 없다.

2. 상고이유 제2, 3점에 대하여

가. 원심은 그 채택 증거들을 종합하여, ① 원고는 ○○CC가 주주회원제에서 예탁금회원제로 전환된 무렵인 2003. 4. 1.부터 회원들에게 적용되는 ○○CC 회칙을 그 회칙에서 정한 절차에 따라 개정하여 2008. 3. 21.부터 시행(이하 '이 사건 행위'라 한다)한 사실, ② 이 사건 행위를 통하여 평일회원 자격기간을 종전 5년에서 1년으로 축소하고, 평일회원 자격 연장요건을 종전 탈회의사를 서면으로 표시하지 아니하는 한 자동으로 연장되는 방식에서 연장의사를 서면으로 표시하면 심사 후 연장 여부를 결정하는 방식으로 변경하며, 종전과 달리 평일회원에게 소멸성 연회비를 부과할 수 있도록 한 사실, ③ 원고는 평일회원들에게 2008. 4. 1.자로 연회비 300만 원을 징구하면서, 갈수록 급격히 증가되는 골프장 운영 관련 제세금 인상 및 각종 원가의 상승으로 인한 경영상 어려움을 극복하기 위하여 소멸성 연회비를 신설하였다고 안내한 사실 등을 인정하였다.

나아가 원심은, (1) 불이익 제공 여부에 관하여, ① 원고가 평일회원의 자격기간을 5년에서 1년으로 줄인 것은 자격기간을 5년으로 약정한 일부 평일회원들에 대하여는 구 회칙에서 보장되었던 5년간의 회원자격 유지권을 침해하므로 불이익이라고 볼 수 있고, ② 평일회원들이 원하지 않는 경우를 제외하고는 회원자격이 자동 연장되던 조항을 심사 후 연장되는 것으로 변경한 것도 구 회칙에서 보장되었던 안정적·지속적 골프장 이용권한을 침해하므로 불이익이라고 할 수 있으며, ③ 기존에 없던 소멸성 연회비를 신설한 것도 그 자체로 불이익임이 분명하다고 판단한 다음, (2) 부당성 여부에 관하여, ① 세금 인상 및 원가 상승 요인이 있다고 하더라도, 입회금이 7,500만 원인 평일회원권은 양도가 불가능하여 입회금을 반환받는 것 외에는 환가가 불가능한 점을 고려하면, 평일회원들에 대하여만 소멸성 연회비를 신설하는 데에서 그 해결방안을 찾는 것이 정상적인 거래관행에 맞는 것이라거나 합리적인 이유가 있다고 보기 어렵고, ② 원고가 경영상 어려움을 극복한다는 명목으로 새롭게 받은 연회비 수입의 대부분이 골프장 운영에 사용되지 않고 당기순이익으로 원고에게 귀속되었으므로, 정상적으로 골프장을 유지·보수하는 데 필요한 최소한의 운영경비 조달을 위하여 연회비를 부과하였다는 원고의 주장도 설득력이 없으며, ③ 평일회원들은 입회비 7,500만 원만 납부하면 자신들이 탈회하지 않는 이상 계약이 자동 연장되어 계속 골프장을 이용할 수 있으리라는 기대하에 회원으로 가입하였고, 매년 소멸성 연회비를 납부하고 재심사를 통해 기간연장 여부가 결정되리라 예상하였다고 보기 어렵고, ④ 심사에 의한 자격연장 여부 결정은 연회비 납부를 강제하는 수단으로 둔 것으로 볼 여지가 많으며, ⑤ 예상할 수 없었던 소멸성 연회비를 새로 부과하려면 이해당사자인 평일회원들에게 사전에 사정을 설명하고 양해를 구하는 최소한의 절차는 거치는 것이 회원제골프장을 운영하는 원고가 지녀야 할 공정한 태도라고 볼 수 있음에도, 원고는 이러한 사전절차를 거치지 않은 채 회칙에 규정된 절차만을 거쳐 소멸성 연회비를 신설한 다음 일방적으로 통보하였다는 등의 이유를 들어, 원고가 회칙을 변경하여 계약기간 중에 거래상대방인 평일회원의 사전 동의 없이 일방적으로 평일회원의 자격기간 및 그 연장 관련 거래조건을 불리하게 변경하

거나, 소멸성 연회비 신설 등 추가적인 비용을 부담시키는 거래조건을 설정한 이 사건 행위
는 정상적인 거래관행을 벗어난 것으로서 공정한 거래를 저해할 우려가 있는 행위라고 판
단하였다.

나. 그러나 이러한 원심의 판단은 다음과 같은 이유로 수긍하기 어렵다.

(1) 불공정거래행위의 한 유형으로 거래상 지위의 남용행위를 규정하고 있는 것은, 현실
의 거래관계에서 경제력에 차이가 있는 거래주체 사이에도 상호 대등한 지위에서 법이 보
장하는 공정한 거래를 할 수 있게 하기 위하여, 사업자가 그 지위를 남용하여 상대방에게
거래상 불이익을 주는 행위를 금지시키고자 하는 데 그 취지가 있다. 나아가 거래상 지위의
남용행위로서 불이익 제공에 해당한다고 하기 위해서는 당해 행위의 내용이 상대방에게 다
소 불이익하다는 점만으로는 부족하고, 구입 강제, 이익제공 강요, 판매목표 강제 등과 동일
시할 수 있을 정도로 일방 당사자가 자기의 거래상의 지위를 부당하게 이용하여 그 거래조
건을 설정 또는 변경하거나 그 이행과정에서 불이익을 준 것으로 인정되어야 한다(대법원
2013. 4. 25. 선고 2010두25909 판결 등 참조).

그리고 공정거래법은 불공정거래행위를 규제하여 공정하고 자유로운 경쟁을 촉진함으로
써 창의적인 기업활동을 조장하고 소비자를 보호함과 아울러 국민경제의 균형있는 발전을
도모함을 목적으로 하고(제1조 참조), 불공정거래행위에서의 '거래'란 통상의 매매와 같은
개별적인 계약 자체를 가리키는 것이 아니라 그보다 넓은 의미로서 사업활동을 위한 수단
일반 또는 거래질서를 뜻하는 것으로 보아야 하는 점(대법원 2010. 1. 14. 선고 2008두
14739 판결 참조)을 고려할 때, 공정거래법 제23조 제1항은 단순히 불공정한 계약내용이나
사법상 권리의무를 조정하기 위한 것이 아니라 공정한 거래질서 또는 경쟁질서의 확립을
위하여 경제에 관한 규제와 조정이라는 공법적 관점에서 불공정한 거래행위를 금지하는 규
정이라고 보아야 한다.

또한 공정거래법 제23조 제1항 각 호 중 이 사건 처분의 근거가 된 제4호를 제외한 나
머지 규정이 금지하고 있는 불공정거래행위의 구체적인 유형은, '부당하게 거래를 거절하거
나 거래의 상대방을 차별하여 취급하는 행위'(제1호), '부당하게 경쟁자를 배제하는 행위'(제
2호), '부당하게 경쟁자의 고객을 자기와 거래하도록 유인하거나 강제하는 행위'(제3호), '거
래의 상대방의 사업활동을 부당하게 구속하는 조건으로 거래하거나 다른 사업자의 사업활
동을 방해하는 행위'(제5호), '부당하게 특수관계인 또는 다른 회사에 대하여 가지급금 · 대
여금 · 인력 · 부동산 · 유가증권 · 상품 · 용역 · 무체재산권 등을 제공하거나 현저히 유리한
조건으로 거래하여 특수관계인 또는 다른 회사를 지원하는 행위'(제7호) 등이고, 구 공정거
래법 시행령 제36조 제1항 [별표 1]은 위와 같은 불공정거래행위를 거래 거절(제1호), 차별
적 취급(제2호), 경쟁사업자 배제(제3호), 부당한 고객유인(제4호), 거래 강제(제5호), 구속
조건부 거래(제7호), 사업활동 방해(제8호), 부당한 지원행위(제10호) 등으로 세부적으로 유
형화하고 있다. 이와 같은 불공정거래행위에 관한 법령의 규정 내용에 따르면, 그 문언에서
행위의 상대방을 사업자 또는 경쟁자로 규정하고 있거나 그 문언의 해석상 거래질서 또는
경쟁질서와의 관련성을 요구하고 있으므로, 이러한 규정의 체계를 고려할 때 공정거래법 제
23조 제1항 제4호가 '자기의 거래상의 지위를 부당하게 이용하여 상대방과 거래하는 행위'

라고 규정하여 행위의 상대방을 사업자 또는 경쟁자로 한정하고 있지는 않지만, 그 거래상 지위의 남용행위에서는 적어도 거래질서와의 관련성은 필요하다고 보아야 한다.

이상과 같은 여러 사정을 종합하여 보면, 거래상 지위 남용행위의 상대방이 경쟁자 또는 사업자가 아니라 일반 소비자인 경우에는 단순히 거래관계에서 문제 될 수 있는 행태 그 자체가 아니라, 널리 거래질서에 미칠 수 있는 파급효과라는 측면에서 거래상 지위를 가지는 사업자의 불이익 제공행위 등으로 인하여 불특정 다수의 소비자에게 피해를 입힐 우려가 있거나, 유사한 위반행위 유형이 계속적·반복적으로 발생할 수 있는 등 거래질서와의 관련성이 인정되는 경우에 한하여 공정한 거래를 저해할 우려가 있는 것으로 해석함이 타당하다고 할 것이다.

(2) 이러한 법리에 비추어 보면, 비록 이 사건 행위의 내용이 원고의 평일회원들에게 다소 불이익하다고 볼 수는 있지만, 평일회원들은 골프장 경영 회사인 원고에 대한 관계에서 일반 소비자에 해당하므로, 먼저 거래질서와의 관련성이 인정되어야만 이 사건 행위가 공정한 거래를 저해할 우려가 있다고 볼 수 있을 것이다.

그런데 원심이 이 사건 행위의 부당성을 인정하는 근거로 든 판시의 사정들은, 이 사건 행위의 내용이 평일회원들에게 불이익하고 그 행위가 일방적으로 이루어졌다는 점을 뒷받침하는 것으로서 원고가 특정 회원들과 사적 거래관계를 개별적으로 형성하는 과정의 잘못을 지적하는 측면이 크므로, 이 사건 행위가 널리 거래질서와 관련성이 있는 것으로서 공정거래 저해성이 인정된다는 근거로 삼기에는 부족하다. 나아가 기록을 살펴보아도, 불이익 제공의 대상이 된 위 평일회원들이 불특정 다수의 소비자에 해당한다고 보기 어렵고, 원고뿐 아니라 다른 골프장 경영 회사와 소속 회원들 사이에 이 사건 행위와 유사한 형태의 행위가 계속적·반복적으로 발생할 수 있다는 등 거래질서와의 관련성을 인정할 만한 뚜렷한 자료도 없다.

뿐만 아니라 체육시설의 설치·이용에 관한 법률 제18조, 위 법 시행령 제19조 제2호는 체육시설의 회원으로 가입한 이후 회원 권익에 관한 약정이 변경되는 경우에는 기존 회원은 탈퇴할 수 있으며, 탈퇴자가 입회금의 반환을 요구하는 경우에는 체육시설업자 등은 지체 없이 이를 반환하여야 한다고 규정하고 있어, 평일회원들은 이 사건 행위로 인하여 회원 권익에 관한 약정이 변경되었음을 들어 자유로이 탈퇴하고 입회금을 반환받을 수 있으므로, 평일회원들의 권리에 대한 사법적 보호도 불충분하다고 할 수 없다.

이와 같은 제반 사정을 종합하여 보면, 이 사건 행위는 외형상 공정거래법 시행령 제36조 제1항 [별표 1] 제6호 (라)목이 규정하는 거래상 지위 남용행위의 형식적 요건을 갖추었다고 볼 여지는 있지만, 거래질서와의 관련성이 인정되지 아니하므로 공정한 거래를 저해할 우려가 있는 것으로 보기는 어렵다.

다. 그럼에도 원심은 그 판시와 같은 이유만을 들어 이 사건 행위가 거래상 지위의 남용행위로서 부당한 불이익 제공에 해당한다고 보아 이 사건 처분이 적법하다고 판단하였으므로, 이러한 원심판결에는 거래상 지위 남용행위의 성립요건에 관한 법리를 오해한 나머지 필요한 심리를 다하지 아니하여 판결에 영향을 미친 잘못이 있고, 이를 지적하는 상고이유 주장에는 정당한 이유가 있다.

3. 결 론

그러므로 나머지 상고이유에 대한 판단을 생략한 채 원심판결을 파기하고, 사건을 다시 심리·판단하도록 원심법원에 환송하기로 하여, 관여 대법관의 일치된 의견으로 주문과 같이 판결한다.

대법관   고영한(재판장) 이인복(주심) 김용덕 김소영

║ 참조문헌 ║

이민호, "거래상 지위의 남용행위와 거래질서", 경쟁법연구 34권, 한국경쟁법학회, 법문사 (2016)

정재훈, "거래상 지위 남용 규제에서 거래질서와 적용 범위의 문제: 대법원 2015. 9. 10. 선고 2012두18325 판결(금보개발 사건)", 경쟁저널 186호, 한국공정경쟁연합회(2016)

(12) 대법원 2013. 4. 25. 선고 2010두25909 판결 [주유소 전량공급거래 사건] (배타조건부거래, 불이익제공)

판시사항

[1] 독점규제 및 공정거래에 관한 법률 제23조 제1항 제5호 전단, 구 독점규제 및 공정거래에 관한 법률 시행령 제36조 제1항 [별표 1] 제7호 (가)목에서 불공정거래행위로 규정하고 있는 배타조건부 거래행위의 '부당성' 판단 시 고려할 사항 및 배타조건부 거래행위가 부당한지 여부의 판단 기준

[2] 독점규제 및 공정거래에 관한 법률 제23조 제1항 제4호, 제2항, 구 독점규제 및 공정거래에 관한 법률 시행령 제36조 제1항 [별표 1] 제6호 (라)목에서 불공정거래행위의 한 유형으로 규정한 사업자의 거래상 지위의 남용행위로서 불이익제공행위에 해당하기 위한 요건 및 그중 부당성 유무의 판단 기준

판결요지

[1] 독점규제 및 공정거래에 관한 법률(이하 '공정거래법'이라 한다) 제3조의2 제1항 제5호 전단, 독점규제 및 공정거래에 관한 법률 시행령 제5조 제5항 제2호에서 시장지배적 사업자의 지위남용행위로 규정하고 있는 배타조건부 거래행위의 '부

당성'과는 달리 공정거래법 제23조 제1항 제5호 전단, 구 독점규제 및 공정거래에 관한 법률 시행령(2010. 5. 14. 대통령령 제22160호로 개정되기 전의 것) 제36조 제1항 [별표 1] 제7호 (가)목에서 불공정거래행위로 규정하고 있는 배타조건부 거래행위의 '부당성'은 당해 배타조건부 거래행위가 물품의 구입 또는 유통경로의 차단, 경쟁수단의 제한을 통하여 자기 또는 계열회사의 경쟁사업자나 잠재적 경쟁사업자를 관련시장에서 배제하거나 배제할 우려가 있는지를 비롯한 경쟁제한성을 중심으로 그 유무를 평가하되, 거래상대방인 특정 사업자가 당해 배타조건부 거래행위로 거래처 선택의 자유 등이 제한됨으로써 자유로운 의사결정이 저해되었거나 저해될 우려가 있는지 등도 아울러 고려할 수 있다고 보는 것이 타당하다. 여기서 배타조건부 거래행위가 부당한지를 판단할 때에는 당해 배타조건부 거래행위로 인하여 대체적 물품구입처 또는 유통경로가 차단되는 정도, 경쟁사업자가 경쟁할 수 있는 수단을 침해받는지 여부, 행위자의 시장점유율 및 업계순위, 배타조건부 거래행위의 대상이 되는 상대방의 수와 시장점유율, 배타조건부 거래행위의 실시기간 및 대상이 되는 상품 또는 용역의 특성, 배타조건부 거래행위의 의도 및 목적과 아울러 배타조건부 거래계약을 체결한 거래당사자의 지위, 계약내용, 계약체결 당시의 상황 등을 종합적으로 고려하여야 한다.

[2] 독점규제 및 공정거래에 관한 법률 제23조 제1항 제4호, 제2항, 구 독점규제 및 공정거래에 관한 법률 시행령(2010. 5. 14. 대통령령 제22160호로 개정되기 전의 것) 제36조 제1항 [별표 1] 제6호 (라)목의 각 규정을 종합하면, 불공정거래행위의 한 유형으로 사업자의 거래상 지위의 남용행위를 규정하고 있는 것은 현실의 거래관계에서 경제력에 차이가 있는 거래주체 간에도 상호 대등한 지위에서 법이 보장하고자 하는 공정한 거래를 할 수 있게 하기 위하여 사업자가 그 지위를 남용하여 상대방에게 거래상 불이익을 주는 행위를 금지하고자 하는 데 그 취지가 있는 것으로서, 거래상 지위의 남용행위로서 불이익제공행위에 해당한다고 하기 위해서는 당해 행위의 내용이 상대방에게 다소 불이익하다는 점만으로는 부족하고, 구입강제, 이익제공강요, 판매목표강제 등과 동일시할 수 있을 정도로 일방 당사자가 자기의 거래상 지위를 부당하게 이용하여 그 거래조건을 설정 또는 변경하거나 그 이행과정에서 불이익을 준 것으로 인정되어야 하고, 이때 부당성의 유무를 판단할 때에는 당해 행위의 의도와 목적, 효과와 영향 등과 같은 구체적 태양과 상품의 특성, 거래의 상황, 해당 사업자의 시장에서의 우월적 지위의 정도 및 상대방이 받게 되는 불이익의 내용과 정도 등에 비추어 볼 때, 정상적인 거래관행을 벗어난

것으로서 공정한 거래를 저해할 우려가 있는지를 판단하여 결정하여야 한다.

참조조문

[1] 독점규제 및 공정거래에 관한 법률 제3조의2 제1항 제5호, 제23조 제1항 제5호, 독점규제 및 공정거래에 관한 법률 시행령 제5조 제5항 제2호, 구 독점규제 및 공정거래에 관한 법률 시행령(2010. 5. 14. 대통령령 제22160호로 개정되기 전의 것) 제36조 제1항 [별표 1] 제7호 (가)목[현행 제36조 제1항 [별표 1의2] 제7호 (가)목 참조]
[2] 독점규제 및 공정거래에 관한 법률 제23조 제1항 제4호, 제2항, 구 독점규제 및 공정거래에 관한 법률 시행령(2010. 5. 14. 대통령령 제22160호로 개정되기 전의 것) 제36조 제1항 [별표 1] 제6호 (라)목[현행 제36조 제1항 [별표 1의2] 제6호 (라)목 참조]

참조판례

[2] 대법원 1998. 3. 27. 선고 96누18489 판결, 대법원 2003. 12. 26. 선고 2001두9646 판결

따름판례

대법원 2018. 12. 13. 선고 2016다266118 판결

전 문

【원고, 상고인 겸 피상고인】 에쓰대시오일 주식회사
【피고, 피상고인 겸 상고인】 공정거래위원회
【원심판결】 서울고법 2010. 10. 21. 선고 2009누6959 판결
【주 문】
상고를 모두 기각한다. 상고비용은 각자가 부담한다.
【이 유】

1. 원고의 상고이유에 대하여

가. 불공정거래행위로서의 배타조건부 거래행위의 위법성 판단에 관한 법리오해 및 자유심 증주의 위반 주장에 대하여

독점규제 및 공정거래에 관한 법률(이하 '공정거래법'이라고 한다)은 제3조의2 제1항 제5호 전단에서 시장지배적 사업자의 지위남용행위로서의 배타조건부 거래행위를 규제하면서 이와 별도로, 같은 법 제23조 제1항 제5호 전단에서 개별 사업자가 거래의 상대방의 사업활동을 부당하게 구속하는 조건으로 거래하여 공정한 거래를 저해할 우려가 있는 행위를 한 경우, 그 배타조건부 거래행위를 한 사업자의 시장지배적 지위 유무와 상관없이 이를 불공정거래행위로 보아 규제하고 있는바, 공정거래법 제3조의2 제1항 제5호 전단의 시장지배적 사업자의 배타조건부 거래행위와 공정거래법 제23조 제1항 제5호 전단의 불공정거래행

위로서의 배타조건부 거래행위는 그 규제목적 및 범위를 달리하고 있으므로 공정거래법 제3조의2 제1항 제5호 전단이 규제하는 시장지배적 사업자의 배타조건부 거래행위의 부당성의 의미는 공정거래법 제23조 제1항 제5호 전단의 불공정거래행위로서의 배타조건부 거래행위의 부당성과는 별도로 독자적으로 평가·해석하여야 한다.

공정거래법이 제3조의2 제1항 제5호 전단에서 시장지배적 사업자의 지위남용행위로서의 배타조건부 거래행위를 규제하면서도 제23조 제1항 제5호 전단에서 시장지배적 사업자를 포함한 모든 사업자의 불공정거래행위로서의 배타조건부 거래행위를 규제하고 있는 이유는, 배타조건부 거래행위가 시장지배적 사업자의 지위남용에 해당하는지 여부를 떠나 관련시장에서의 경쟁을 제한하거나 그 거래상대방에 대하여 거래처 선택의 자유 등을 제한함으로써 공정한 거래를 저해할 우려가 있는 행위라고 평가되는 경우에는 이를 규제하여야 할 필요성이 있기 때문이다.

따라서 공정거래법 제3조의2 제1항 제5호 전단, 공정거래법 시행령 제5조 제5항 제2호에서 시장지배적 사업자의 지위남용행위로 규정하고 있는 배타조건부 거래행위의 '부당성'과는 달리 공정거래법 제23조 제1항 제5호 전단, 구 독점규제 및 공정거래에 관한 법률 시행령(2010. 5. 14. 대통령령 제22160호로 개정되기 전의 것, 이하 '구 공정거래법 시행령'이라고 한다) 제36조 제1항 [별표 1] 제7호 (가)목에서 불공정거래행위로 규정하고 있는 배타조건부 거래행위의 '부당성'은 당해 배타조건부 거래행위가 물품의 구입 또는 유통경로의 차단, 경쟁수단의 제한을 통하여 자기 또는 계열회사의 경쟁사업자나 잠재적 경쟁사업자를 관련시장에서 배제하거나 배제할 우려가 있는지 여부를 비롯한 경쟁제한성을 중심으로 그 유무를 평가하되, 거래상대방인 특정 사업자가 당해 배타조건부 거래행위로 인하여 거래처 선택의 자유 등이 제한됨으로써 자유로운 의사결정이 저해되었거나 저해될 우려가 있는지 여부 등도 아울러 고려할 수 있다고 봄이 타당하다.

여기서 배타조건부 거래행위가 부당한지 여부를 판단함에 있어서는 당해 배타조건부 거래행위로 인하여 대체적 물품구입처 또는 유통경로가 차단되는 정도, 경쟁사업자가 경쟁할 수 있는 수단을 침해받는지 여부, 행위자의 시장점유율 및 업계순위, 배타조건부 거래행위의 대상이 되는 상대방의 수와 시장점유율, 배타조건부 거래행위의 실시기간 및 대상이 되는 상품 또는 용역의 특성, 배타조건부 거래행위의 의도 및 목적과 아울러 배타조건부 거래계약을 체결한 거래당사자의 지위, 계약내용, 계약체결 당시의 상황 등을 종합적으로 고려하여야 할 것이다.

원심판결 이유에 의하면, 원심은 그 채택 증거를 종합하여 알 수 있는 다음과 같은 사정, 즉 석유제품은 그 품질이 균일하고 표준화되어 있어서 다수의 유통경로를 확보하는 것이 가장 중요한 경쟁수단인데 국내 전체 자영주유소 중 전량공급계약을 체결하고 있는 주유소의 비율은 약 86%에 이르러 수입사 등 잠재적 경쟁자들은 국내 경질유제품 공급시장에서 가장 중요한 유통수단인 주유소를 통한 진입이 거의 차단됨으로써 종전 사업자들과 경쟁할 수 있는 수단을 침해받고 있는 점, 수입사 등 잠재적 경쟁사업자들은 원고의 전량공급조건 거래로 인해 봉쇄된 자영주유소를 통한 유통경로 이외의 대체적인 유통경로를 확보하는 것이 실질적으로 곤란하고, 대체적인 유통경로를 확보하더라도 그 유통비중이 매우 낮아 국내 경질유제품 시장의 유통경로가 사실상 차단되는 점, 원고의 시장점유율은 2004년부터 2007년까지 사이에 경질유제품을 기준으로 13% 내지 15% 상당이고, 휘발유 기준으로 12% 내지 13% 상당인데, 원고는 국내 정유업계의 후발주자로서 4개 정유사업자 중 업계 4위이기는 하지만 3위 사업자인 현대오일뱅크 주식회사와 비교하여 3% 정도 밖에 차이가 나지 않을 뿐 아니라, 원고 등의 시장점유율이 상당한 기간 동안 큰 변화 없이 유지됨으로써 사실상 고착되어 유통경로에 대한 봉쇄효과가 작다고 할 수 없는 점, 원고는 경질유제품의 특성으로 인하여 가장 중요한 경쟁수단이 되는 주유소에 대한 공급량을 최대한 많이 확보함으로써 시장점유율을 확대하는 한편, 종전의 경쟁정유사들의 시장점유율 확대를 저지하고 잠재적 경쟁사업자의 시장진입을 봉쇄하기 위하여 이 사건 전량공급조건 계약을 체결하였다고 봄이 상당한 점 등을 종합하면, 원고의 전량공급조건 거래로 인하여 경질유제품 시장에서 경쟁사업자에 대한 봉쇄효과가 발생하는 점이 인정되므로 원고의 배타조건부 거래행위에는 경쟁제한성이 있고, 또한 국내 석유제품공급시장은 공급초과상태로서 주유소들은 정유사별 가격비교를 통해 보다 저렴한 상품을 구매할 수 있음에도 원고의 전량공급조건 거래에 동의한 것은 국내 모든 정유사가 그러한 거래를 하고 있기 때문에 주유소들로서는 그러한 거래방식을 수용할 수밖에 없었던 것으로 보이는 점, 2008. 9. 1.부터 주유소의 복수상표 표시가 허용되었으므로 원고와 거래하는 자영주유소들은 독립된 사업자로서 거래처를 하나 또는 그 이상으로 자유롭게 선택하여 서로 다른 상표를 동시에 표시할 수 있는 길이 열렸는데도 이 사건 전량공급조건 계약에 의하여 복수상표의 제품을 취급하지 못하고 있는 점 등에 비추어 보면, 원고의 전량공급조건 거래가 거래상대방인 주유소의 의사에 반하지 않았다고 단정하기 어렵다고 판단하였다.

앞서 본 법리 및 기록에 비추어 살펴보면, 원심의 이유 설시에 일부 적절하지 않은 점이 있으나, 원심의 이와 같은 판단은 정당하고, 거기에 이 부분 상고이유의 주장과 같은 배타조건부 거래행위의 위법성 판단에 관한 법리를 오해하거나 자유심증주의의 한계를 벗어남으로써 판결 결과에 영향을 미친 위법이 없다.

나. 헌법상 자기책임의 원칙에 관한 법리오해 주장에 대하여

원심판결 이유에 의하면, 원심은 공정거래법이나 공정거래위원회의 고시, 지침 등에 여러 사업자의 배타조건부 거래행위에 따른 누적적 봉쇄효과의 개념이나 그에 대한 판단 기준이 명시적으로 규정된 바 없으므로, EU 가이드라인상의 누적적 봉쇄효과와 그에 대한 기여도 평가 등의 판단 기준과 상관없이 원고의 전량공급조건 거래가 이루어진 국내 경질유 시장의 구조와 특성, 각 정유사들의 시장점유율 및 영업행태, 잠재적 경쟁사업자들의 유통경로 확보의 가능성, 전량공급조건 거래가 이루어진 의도와 목적 등을 종합적으로 고려하여 그 경쟁제한성을 평가해야 한다는 전제 아래, 국내 경질유시장은 사실상 원고를 포함한 4개 정유사가 주된 공급자로서 수년에 걸쳐 시장점유율이 고착되어 있는 상황이어서 다른 잠재적 정유사나 수입정유사가 그 시장에 진입하기가 거의 불가능하다는 특징이 있으므로, 비록 원고의 시장점유율이나 봉쇄비율이 다른 정유사들에 비하여 낮다고 하더라도 그 전량공급조건 거래행위가 국내 경질유시장에 미치는 파급효과나 영향이 적다고 단정할 수 없고, 그 시장점유율이나 봉쇄비율이 낮다는 이유로 다른 정유사들과 달리 원고의 경우에는 아무런

제한 없이 전량공급조건 거래를 허용한다면 오히려 다른 정유사들과의 정상적인 경쟁을 왜곡시키는 결과를 가져온다고 할 것이므로, 원고에 대하여도 배타조건부 거래에 따른 봉쇄효과의 책임을 인정하는 것은 위와 같은 국내 경질유시장의 구조와 특성으로 인한 것일 뿐, 원고가 주장하는 바와 같이 국내 경질유시장에서의 시장점유율이 낮고 다른 정유사들에 비하여 미미한 봉쇄효과만을 가져오는 원고의 처지를 고려하지 않았다거나 상대적으로 과도한 책임을 지우는 것은 아니라고 판단하였다.

관계 법령과 앞서 든 불공정거래행위로서의 배타조건부 거래행위에 있어서 부당성의 판단기준에 관한 법리 및 기록에 비추어 살펴보면, 원심의 이와 같은 판단은 정당하고, 거기에 이 부분 상고이유의 주장과 같은 헌법상 자기책임의 원칙에 관한 법리오해의 위법이 없다.

다. 시정명령의 명확성에 관한 법리오해 주장에 대하여

원심판결 이유에 의하면, 원심은 이 사건 처분 중 제1항 기재의 '거래상대방의 의사에 반하여'라는 문언은 주유소가 스스로의 필요에 의하여 자유로운 의사에 따라 전량공급조건 거래를 선택하는 것을 금지하는 것은 아니라는 뜻이어서 그 의미가 불명확하다고 할 수 없다고 판단하였다.

공정거래법에 의한 시정명령이 지나치게 구체적인 경우 매일 다소간의 변형을 거치면서 행해지는 수많은 거래에서 정합성이 떨어져 결국 무의미한 시정명령이 되므로 그 본질적인 속성상 다소간의 포괄성·추상성을 띨 수밖에 없는 점(대법원 2003. 2. 20. 선고 2001두5347 전원합의체 판결 등 참조)에 비추어 보면, 원심의 이와 같은 판단은 정당하고, 거기에 이 부분 상고이유의 주장과 같은 시정명령의 명확성에 관한 법리오해의 위법은 없다.

2. 피고의 상고이유에 대하여

공정거래법 제23조 제1항 제4호, 제2항, 구 공정거래법 시행령 제36조 제1항 [별표 1] 제6호 (라)목의 각 규정을 종합하면, 불공정거래행위의 한 유형으로 사업자의 거래상 지위의 남용행위를 규정하고 있는 것은 현실의 거래관계에서 경제력에 차이가 있는 거래주체 간에도 상호 대등한 지위에서 법이 보장하고자 하는 공정한 거래를 할 수 있게 하기 위하여 사업자가 그 지위를 남용하여 상대방에게 거래상 불이익을 주는 행위를 금지시키고자 하는 데 그 취지가 있는 것으로서, 거래상 지위의 남용행위로서 불이익제공행위에 해당한다고 하기 위해서는 당해 행위의 내용이 상대방에게 다소 불이익하다는 점만으로는 부족하고, 구입강제, 이익제공강요, 판매목표강제 등과 동일시할 수 있을 정도로 일방 당사자가 자기의 거래상의 지위를 부당하게 이용하여 그 거래조건을 설정 또는 변경하거나 그 이행과정에서 불이익을 준 것으로 인정되어야 하고, 이 때 부당성의 유무를 판단함에 있어서는 당해 행위의 의도와 목적, 효과와 영향 등과 같은 구체적 태양과 상품의 특성, 거래의 상황, 해당 사업자의 시장에서의 우월적 지위의 정도 및 상대방이 받게 되는 불이익의 내용과 정도 등에 비추어 볼 때, 정상적인 거래관행을 벗어난 것으로서 공정한 거래를 저해할 우려가 있는지 여부를 판단하여 결정하여야 한다(대법원 1998. 3. 27. 선고 96누18489 판결, 대법원 2003. 12. 26. 선고 2001두9646 판결 등 참조).

원심판결 이유에 의하면, 원심은 그 채택 증거를 종합하여 인정되는 다음과 같은 사정,

즉 원고의 거래 주유소들은 구매 당시 원고로부터 통보받는 가격을 기준으로 대금을 입금하고, 원고는 나중에 실제 제품을 공급할 당시 가격이 인하되거나 다른 경쟁사의 가격보다 공급가격이 높은 경우 이를 할인하여 정산하는 방식으로 거래하여 왔는데 정산가격을 할증하는 경우는 극히 예외적이었던 것으로 보이는 점, 경질유 제품은 해외 및 국내의 수급상황 등에 따라 수시로 그 가격이 변동되는 특징이 있으나 원고의 거래 주유소들은 어느 특정 시점에서 가격이 낮다고 하여 그 주문량을 늘리거나 가격이 높다고 하여 구매를 보류하는 등의 탄력적인 조치를 취할 상황에 있지 아니하였던 점, 주유소 간의 경쟁은 지역적으로 또는 주변 상권별로 진행되는 경향이 있기 때문에 원고의 입장에서는 해당 상권 내에서 최저가격을 보장하면서 자영주유소를 관리해야 할 필요에 따라 서로 다른 경쟁정유사의 가격동향을 살펴 경쟁사보다 더 높지 않은 가격으로 최종가격을 결정하였던 것이고, 결과적으로 원고 거래 주유소들로서는 통상 다른 경쟁사에 비하여 높은 가격으로 경질유제품을 구매하였을 가능성이 낮기 때문에 실제적으로 어떠한 불이익을 입었다고 보기 어려운 점 등을 종합하면, 원고가 제품공급 시 가격을 확정하지 아니한 행위가 불이익제공행위에 해당한다고 보기 어렵다고 판단하였다.

원심판결 이유 및 기록에 의하면, 이 사건 사후정산방식의 거래는 거래주유소들과의 사전 합의에 기초하지 아니한 것으로서, 원고의 거래 주유소들로 하여금 사전에 적정한 판매가격을 책정하기 어렵게 할 수 있을 뿐만 아니라 제품가격에 따른 탄력적인 구매 관련 영업활동을 제약할 가능성이 있어 상대방에게 다소 불이익하게 거래조건을 설정하거나 그 이행과정에서 불이익을 주었다고 볼 여지도 있으나, 한편 원고가 속한 이 사건 석유제품 공급시장, 유통시장의 구조와 현황 및 관련시장 내 원고의 지위, 정유사와 거래주유소 사이의 자금 및 시설 등 지원현황, 원고의 위와 같은 행위가 이루어진 경위 및 과정을 비롯하여 상대방에게 생길 수 있는 불이익의 내용과 불이익 발생의 개연성, 당사자 사이의 일상 거래과정에 미치는 경쟁제약의 정도, 관련업계의 거래관행과 거래형태, 일반 경쟁질서에 미치는 영향 등 기록에 나타난 여러 요소를 종합하여 보면, 원고의 위와 같은 행위가 구입강제, 이익제공강요, 판매목표강제 등과 동일시할 수 있을 정도로 자기의 거래상의 지위를 부당하게 이용하여 그 거래조건을 설정 또는 변경하거나 그 이행과정에서 불이익을 줌으로써 공정거래를 저해할 우려가 있는 것이라고 볼 수는 없다.

앞서 본 법리 및 기록에 비추어 살펴보면, 원심의 이유 설시에 일부 적절하지 않은 점이 있으나, 원심의 이와 같은 판단은 정당하고, 거기에 이 부분 상고이유의 주장과 같은 불이익제공행위의 성립 및 그 부당성에 관한 법리를 오해하거나 자유심증주의 한계를 벗어남으로써 판결 결과에 영향을 미친 위법은 없다.

3. 결 론

그러므로 상고를 모두 기각하고, 상고비용은 각자가 부담하기로 하여 관여 대법관의 일치된 의견으로 주문과 같이 판결한다.

대법관   이인복(재판장) 민일영 박보영 김신(주심)

‖ **참조문헌** ‖

서 정, "배타조건부거래의 위법성 판단에 관한 검토 − 최근의 판례를 중심으로 −", 경쟁법
　　연구 30권, 한국경쟁법학회, 법문사(2014)
심재한, "배타조건부거래행위의 위법성판단기준: S-OIL 사건을 중심으로", 상사판례연구 28
　　집 4호, 한국상사판례학회(2015)
이민호, "끼워팔기 및 배타조건부거래에 관한 소고", 경쟁저널 169호, 한국공정경쟁연합회
　　(2013)

(13) 대법원 2017. 6. 19. 선고 2013두17435 판결 [오픈마켓 공급금지 사건] (거래지역 또는 거래상대방의 제한, 재판매가격유지행위)

판시사항

[1] 구 독점규제 및 공정거래에 관한 법률상 금지된 최저재판매가격유지행위가 해당 상표 내 경쟁을 제한하는 것으로 보이는 경우라도 정당한 이유가 있는 경우에는 예외적으로 허용되는지 여부(적극) / 이때 '정당한 이유'가 있는지 판단하는 기준 및 그에 관한 증명책임의 소재(＝사업자)

[2] 구 독점규제 및 공정거래에 관한 법률 제23조 제1항 제5호, 제2항 등에서 불공정거래행위의 한 유형으로 규정한 구속조건부 거래 중 거래지역 또는 거래상대방 제한의 의미 및 여기에서 공정한 거래를 저해할 우려가 있는지 판단하는 방법

[3] 구 독점규제 및 공정거래에 관한 법률 제24조의2, 제31조의2, 구 독점규제 및 공정거래에 관한 법률 시행령 제61조 제1항 [별표 2]에 따라 공정거래위원회가 불공정거래행위 및 재판매가격유지행위를 한 사업자에게 과징금을 부과하는 경우, 과징금 산정의 기준이 되는 매출액 산정의 전제가 되는 관련 상품 또는 용역의 범위를 판단하는 방법

[4] 구 독점규제 및 공정거래에 관한 법률 시행령 제61조 제1항 [별표 2] 제2호 (다)목, 제3호에 근거하여 공정거래위원회가 '위반사업자의 비등기 임원이 위반행위에 직접 관여한 경우에도 100분의 10 이내 범위에서 과징금을 과중할 수 있다'고 정한 구 과징금부과 세부기준 등에 관한 고시 IV. 3. 나. (5)항의 법적 성격(＝재량준칙) 및 이에 따른 과징금 산정과 부과에 관한 기준이 재량권 남용

이 아닌 한 존중되어야 하는지 여부(적극)

참조조문

[1] 구 독점규제 및 공정거래에 관한 법률(2013. 8. 13. 법률 제12095호로 개정되기 전의 것) 제2조 제6호, 제29조

[2] 구 독점규제 및 공정거래에 관한 법률(2013. 8. 13. 법률 제12095호로 개정되기 전의 것) 제23조 제1항 제5호, 제2항, 구 독점규제 및 공정거래에 관한 법률 시행령(2012. 6. 19. 대통령령 제23864호로 개정되기 전의 것) 제36조 제1항 [별표 1의2] 제7호 (나)목

[3] 구 독점규제 및 공정거래에 관한 법률(2013. 8. 13. 법률 제12095호로 개정되기 전의 것) 제24조의2, 제31조의2, 구 독점규제 및 공정거래에 관한 법률 시행령(2012. 6. 19. 대통령령 제23864호로 개정되기 전의 것) 제61조 제1항 [별표 2]

[4] 구 독점규제 및 공정거래에 관한 법률(2013. 8. 13. 법률 제12095호로 개정되기 전의 것) 제55조의3 제1항 제1호, 제2항, 구 독점규제 및 공정거래에 관한 법률 시행령(2012. 6. 19. 대통령령 제23864호로 개정되기 전의 것) 제61조 제1항 [별표 2] 제2호 (다)목

참조판례

[1][2] 대법원 2011. 3. 10. 선고 2010두9976 판결
[1][3] 대법원 2010. 11. 25. 선고 2009두9543 판결
[4] 대법원 2013. 11. 14. 선고 2011두28783 판결, 대법원 2017. 1. 12. 선고 2016두35199 판결

따름판례

대법원 2019. 9. 26. 선고 2014두15047 판결, 대법원 2019. 10. 18. 선고 2014두4801 판결, 대법원 2022. 8. 25. 선고 2020두35219 판결

전 문

【원고, 상고인】 주식회사 필립스코리아(변경 전 상호: 주식회사 필립스전자)
【피고, 피상고인】 공정거래위원회
【원심판결】 서울고법 2013. 7. 17. 선고 2012누29228 판결
【주 문】
상고를 기각한다. 상고비용은 원고가 부담한다.
【이 유】

1. 최저재판매가격유지행위의 성립 여부에 관하여(상고이유 제1, 2점)

구 독점규제 및 공정거래에 관한 법률(2013. 8. 13. 법률 제12095호로 개정되기 전의 것, 이하 '공정거래법'이라고 한다)의 입법 목적과 그 제2조 제6호, 제29조에서 재판매가격

유지행위를 금지하는 취지에 비추어 볼 때, 최저재판매가격유지행위가 해당 상표 내의 경쟁을 제한하는 것으로 보이는 경우라 할지라도 시장의 구체적 상황에 따라 그 행위가 관련 상품시장에서의 상표 간 경쟁을 촉진하여 결과적으로 소비자 후생을 증대하는 등 정당한 이유가 있는 경우에는 이를 예외적으로 허용하여야 할 필요가 있다. 그리고 그와 같은 정당한 이유가 있는지 여부는 관련 시장에서 상표 간 경쟁이 활성화되어 있는지 여부, 그 행위로 인하여 유통업자들의 소비자에 대한 가격 이외의 서비스 경쟁이 촉진되는지 여부, 소비자의 상품 선택이 다양화되는지 여부, 신규사업자로 하여금 유통망을 원활히 확보함으로써 관련 상품시장에 쉽게 진입할 수 있도록 하는지 여부 등을 종합적으로 고려하여야 하며, 이에 관한 증명책임은 관련 규정의 취지상 사업자에게 있다고 보아야 한다(대법원 2011. 3. 10. 선고 2010두9976 판결 등 참조).

원심은 그 채택 증거를 종합하여 ① 원고가 2011. 5. 4.부터 2012. 5. 18.까지 그 거래하는 대리점들에 대하여 인터넷 오픈마켓에서 원고의 소형가전 제품을 권장소비자가격의 50% 이상 가격으로 판매하여야 한다는 가격정책을 수립하고, 이를 위반한 대리점들에 대하여 출고정지, 공급가격 인상 등의 제재를 함으로써 위 가격정책을 강제한 사실(이하 '이 사건 제1행위'라고 한다)을 인정한 후, ② 이 사건 제1행위가 특별할인행사 등을 위하여 특별할인된 제품이 원래의 목적에 맞지 않게 인터넷 오픈마켓에서 판매됨을 방지하기 위한 것이라거나, 그 밖에 상표 간 경쟁 등을 촉진하여 결과적으로 소비자 후생을 증대하여 정당한 이유가 있다고 인정하기 어렵다는 이유로, 이 사건 제1행위는 공정거래법상 금지된 최저재판매가격유지행위에 해당한다고 판단하였다.

앞서 본 법리 및 기록에 비추어 살펴보면, 원심의 위와 같은 판단은 정당하다. 거기에 상고이유 주장과 같이 논리와 경험의 법칙에 반하여 자유심증주의의 한계를 벗어나거나 이 사건 재판매가격유지행위의 정당한 이유에 관한 법리를 오해하는 등의 잘못이 없다.

2. 구속조건부 거래행위의 공정거래저해성에 관하여(상고이유 제3점)

공정거래법 제23조 제1항 제5호, 제2항, 구 독점규제 및 공정거래에 관한 법률 시행령(2012. 6. 19. 대통령령 제23864호로 개정되기 전의 것, 이하 '공정거래법 시행령'이라 한다) 제36조 제1항 [별표1의2] 제7호 (나)목에서 불공정거래행위의 한 유형으로 규정한 구속조건부 거래 중 거래지역 또는 거래상대방의 제한은 상품 또는 용역을 거래함에 있어서 그 거래상대방의 거래지역 또는 거래상대방을 부당하게 구속하는 조건으로 거래하는 행위로서 공정한 거래를 저해할 우려가 있는 행위를 말한다. 여기에서 공정한 거래를 저해할 우려가 있는지 여부는 해당 행위의 의도와 목적, 효과와 영향 등 구체적 태양과 거래의 형태, 상품 또는 용역의 특성, 시장 상황, 사업자 및 거래상대방의 시장에서의 지위, 제한의 내용과 정도, 경쟁에 미치는 영향, 공정거래법상 위법한 목적 달성을 위한 다른 행위와 함께 또는 그 수단으로 사용되는지 여부 등을 종합적으로 고려하여 판단하여야 한다(위 대법원 2010두9976 판결 등 참조).

원심은, 그 채택 증거를 종합하여 원고가 2011. 3. 18.부터 2012. 5. 18.까지 그 거래하는 대리점에 대하여 비교적 고가인 센소터치 전기면도기 등 4개 품목[2011. 7.경부터 에어프라이어(공기튀김기)를 포함하여 5개 품목]을 인터넷 오픈마켓에 공급하는 것을 금지하고 이를 위반한 대리점에 대하여 출고정지·공급가격 인상 등의 제재를 한 사실(이하 '이 사건 제2행위'라고 한다)을 인정하였다. 나아가 원심은 ① 원고가 상대적으로 고가인 위 제품들이 인터넷 오픈마켓에서 가격 경쟁으로 저렴하게 판매됨에 따라 다른 유통채널에서도 판매가격이 인하되는 것을 막기 위하여 이 사건 제2행위를 한 것으로 보이는 점, ② 위 각 제품에 관한 국내 판매시장에서 상당한 시장점유율을 가진 원고가 이 사건 제2행위를 함으로써 인터넷 오픈마켓에서의 상표 내 경쟁을 근본적으로 차단하였을 뿐만 아니라, 그에 따라 오픈마켓과 오프라인, 인터넷 종합쇼핑몰 등 다른 유통채널과의 가격경쟁도 제한되었으므로, 이 사건 제2행위로 인한 경쟁제한 및 소비자 후생 저해 효과가 큰 점, ③ 소형가전 제품은 그 특성상 사용법 설명이나 시연의 필요성이 크지 않고, 온라인 동영상 등을 통해서도 충분히 사용법을 설명할 수 있다고 보이며, 원고가 오픈마켓과 마찬가지로 사용법 설명의 제약 및 무임승차의 우려가 존재하는 온라인 종합쇼핑몰에 제품을 공급하는 것은 허용한 점 등에 비추어, 이 사건 제2행위가 신규 제품의 원활한 시장 진입이나 무임승차 방지를 위한 합리적인 유통채널 선별전략이라고 인정하기 어렵다는 이유를 들어, 이는 공정한 거래를 저해할 우려가 있는 행위라고 판단하였다.

원심이 설시한 사정들에 더하여 기록에 의하여 인정되는 다음 사정, 즉 원고는 이 사건 제2행위를 위와 같이 위법한 최저재판매가격유지행위인 이 사건 제1행위와 비슷한 시기에 함께 실행하였는데, 이를 고려할 때 이 사건 제2행위 역시 오픈마켓에서의 가격경쟁으로 인한 제품가격 하락을 방지하려는 데에 그 의도와 목적이 있다고 보이는 점 등을 앞서 본 법리에 비추어 살펴보면, 비록 원심의 이유 설시 중 일부 적절하지 않은 부분이 있으나, 원심이 이 사건 제2행위가 '공정한 거래를 저해할 우려가 있는 행위'에 해당한다고 판단한 것은 정당하다. 거기에 상고이유 주장과 같이 구속조건부 거래행위의 관련시장 획정 및 공정거래 저해성에 관한 법리를 오해하는 등의 잘못이 없다.

3. 과징금 부과·산정의 위법 여부에 관하여(상고이유 제4 내지 8점)

가. 이 사건 각 행위의 종료일

원심은, 이 사건 각 행위의 종료를 인정하기 위하여는 원고가 내부적으로 이 사건 각 행위를 해제하겠다고 결정한 것만으로는 부족하고, 그 뜻을 거래상대방인 대리점에 명시적으로 표시하거나 혹은 대리점의 위반행위에 대하여 상당한 기간 아무런 제재도 하지 않는 등으로 대리점이 사실상 이 사건 각 행위에 따른 금지조치가 해제된 것으로 인식할 수 있을 정도에 이르러야 하는데, 2012. 5. 18. 이전에 그와 같은 사정이 있다고 인정되지 않고, 따라서 피고가 이 사건 각 행위는 위 무렵 비로소 종료되었다는 전제하에 구 과징금부과 세부기준 등에 관한 고시(2012. 3. 28. 공정거래위원회 고시 제2012-6호로 개정된 것, 이하 '이 사건 과징금 고시'라고 한다)를 적용하여 과징금을 산정한 것은 적법하다고 판단하였다.

원심판결 이유를 관련 법리에 비추어 살펴보면, 원심의 위와 같은 판단은 정당하다. 거기에 상고이유 주장과 같이 이 사건 각 행위의 종료에 관한 법리 등을 오해한 잘못이 없다.

나. 관련매출액 산정의 위법 여부

공정거래법 제24조의2, 제31조의2, 공정거래법 시행령 제61조 제1항 [별표 2]의 각 규정에 의하면, 공정거래위원회는 불공정거래행위 및 재판매가격유지행위를 한 사업자에게 위반 기간 동안 일정한 거래분야에서 판매한 관련 상품 또는 용역의 매출액을 기준으로 산정한 과징금을 부과할 수 있다. 여기서 매출액 산정의 전제가 되는 관련 상품 또는 용역의 범위는 위반행위의 내용, 위반행위로 인하여 직접 또는 간접적으로 영향을 받는 상품 또는 용역의 종류와 성질, 용도 및 대체 가능성과 거래지역·거래상대방·거래단계 등을 고려하여 개별 적·구체적으로 판단하여야 한다(대법원 2010. 11. 25. 선고 2009두9543 판결 등 참조).

한편 민사소송법 규정이 준용되는 행정소송에서의 증명책임은 원칙적으로 민사소송 일 반원칙에 따라 당사자 간에 분배되고, 항고소송의 경우에는 그 특성에 따라 처분의 적법성 을 주장하는 피고에게 그 적법사유에 대한 증명책임이 있다. 피고가 주장하는 일정한 처분 의 적법성에 관하여 합리적으로 수긍할 수 있는 일응의 증명이 있는 경우에는 그 처분은 정당하다고 할 것이며, 이와 상반되는 주장과 증명은 그 상대방인 원고에게 그 책임이 돌아 간다(대법원 2011. 9. 8. 선고 2009두15005 판결 등 참조).

원심은, 이 사건 각 행위로 인터넷 오픈마켓에서 상표 내 가격경쟁이 제한·차단됨으로 써 오프라인 등 다른 유통채널에서의 제품 가격도 일정 수준 이상으로 유지되거나 인하가 방지되었다고 보인다는 등 그 판시와 같은 이유를 들어 오프라인 등 다른 유통채널에 공급 된 제품도 이 사건 각 행위로 직접 또는 간접적으로 영향을 받은 관련 상품에 해당한다고 판단하였다. 나아가 원심은, 원고가 제출한 증거만으로 피고가 과징금 산정의 기초로 한 회 계자료상 매출액에 직거래 매출액이 포함되어 있다고 단정하기도 어렵다는 등의 이유를 들 어 피고의 관련매출액 산정이 위법하지 않다고 판단하였다.

앞서 본 법리 및 기록에 비추어 보면, 원심의 위와 같은 판단은 정당하다. 거기에 상고 이유 주장과 같이 논리와 경험의 법칙에 반하여 자유심증주의의 한계를 벗어나거나 관련 상품 및 관련매출액에 관한 법리를 오해하는 등의 잘못이 없다.

다. 위반행위의 중대성 평가 및 고위 임원 가중의 위법 여부
(1) 공정거래법 제24조의2, 제31조의2 등 각 규정을 종합해 보면, 공정거래위원회는 공 정거래법 위반행위에 대하여 과징금을 부과할 것인지 여부와 만일 과징금을 부과할 경우 공정거래법과 같은 법 시행령이 정하고 있는 일정한 범위 안에서 과징금의 액수를 구체적 으로 얼마로 정할 것인지를 재량으로 판단할 수 있으므로, 공정거래위원회의 법 위반행위자 에 대한 과징금 부과처분은 재량행위이다. 다만 이러한 재량을 행사하면서 과징금 부과의 기초가 되는 사실을 오인하였거나, 비례·평등의 원칙에 반하는 사유가 있다면 이는 재량권 의 일탈·남용으로서 위법하다(대법원 2011. 9. 8. 선고 2009두15005 판결 등 참조).

공정거래법 제55조의3 제1항 1호에 의하면, 공정거래위원회는 '위반행위의 내용 및 정도' 등을 참작하여 과징금을 결정하여야 하고, 공정거래법 제55조의3 제2항의 위임에 따른 공 정거래법 시행령 제61조 제1항, [별표 2] 제2호 (다)목은 위반행위의 내용 및 정도 등 공정 거래법 제55조의3 제1항 각호의 사항에 영향을 미치는 '위반사업자의 고의·과실, 위반행위 의 성격과 사정' 등의 사유를 고려하여 공정거래위원회가 정하여 고시하는 기준에 따라 과 징금을 조정하도록 규정하고 있다.

또한 공정거래법 시행령 [별표 2] 제2호 (다)목, 제3호에 근거한 이 사건 과징금고시 IV.

3. 나. (5)항(이하 '이 사건 고시조항'이라고 한다)은 '위반사업자의 이사 또는 그 이상에 해당하는 고위 임원(등기부 등재 여부를 불문한다)이 위반행위에 직접 관여한 경우'에는 100분의 10 이내 범위에서 과징금을 가중할 수 있다고 정하고 있는데, 그중 '(등기부 등재 여부를 불문한다)'는 부분은 2007. 12. 31. 공정거래위원회 고시 제2007-15호로 개정되면서 추가된 것이다. 한편 공정거래법 제2조 제5호는 '임원'이라 함은 '이사·대표이사·업무집행을 하는 무한책임사원·감사나 이에 준하는 자 또는 지배인 등 본점이나 지점의 영업전반을 총괄적으로 처리할 수 있는 상업사용인'이라고 정의하고 있다.

이 사건 고시조항은 위와 같은 형식과 내용에 비추어, 과징금 산정과 그 부과에 관한 재량권 행사의 기준으로 마련된 행정청 내부의 사무처리준칙 즉 재량준칙이고, 이러한 과징금 산정과 부과에 관한 기준을 정하는 것은 행정청의 재량에 속하므로 그 기준이 헌법 또는 법률에 합치되지 않거나 객관적으로 합리적이라고 볼 수 없어 재량권을 남용한 것이라고 인정되지 않는 이상 행정청의 의사는 가능한 한 존중되어야 한다(대법원 2013. 11. 14. 선고 2011두28783 판결 등 참조).

(2) 위와 같은 법리에 비추어 피고가 상법상 이사로 법인등기부에 등기된 자 이외에 비등기 임원에 대하여도 이 사건 고시조항을 적용하여 과징금을 가중한 것이 재량권의 일탈·남용에 해당하여 위법한지 살펴본다.

피고는 법령에 반하지 않는 범위 내에서 과징금의 가중·감면 사유 등에 관한 재량준칙의 내용을 어떻게 정할지에 관하여 재량이 있다. 피고는 이러한 재량에 기초하여 이 사건 고시조항의 적용 대상을 상법상 이사로 법인등기부에 등기된 자 이외에도, 비등기 임원 등으로까지 확장하기 위하여 이 사건 고시조항에 '등기부 등재 여부를 불문한다'는 부분을 추가하고, 그 후 비등기 임원에 대하여도 이 사건 고시조항을 적용한 것으로 보인다.

나아가 거래현실상 비등기 임원이라 하더라도 일반 직원과는 의사결정이나 업무집행 권한의 범위 등에서 차이가 있는데, 그러한 비등기 임원이 단순히 위반행위에 관하여 보고를 받고도 이를 제지하지 않는 등 간접적으로 관여하는 차원을 넘어서 위반행위를 주도·계획하거나 이에 유사한 정도로 위반행위에 직접 관여하였다고 볼 수 있다면, 이는 공정거래법령이 정한 과징금 산정의 참작사유, 즉 '위반행위의 내용과 정도'에 영향을 미치는 '위반사업자의 고의, 위반행위의 성격과 사정'에 대한 평가를 달리 할 수 있는 사정에 해당한다.

위와 같은 사정 이외에 공정거래법 제2조 제5호도 임원을 상법상 이사로 한정하고 있지 않은 점을 고려하면, 위반사업자의 비등기 임원이 위반행위에 직접 관여하였다는 사정을 들어 100분의 10 이내 범위에서 과징금을 가중하는 것이 헌법과 공정거래법령에 합치되지 않는다거나 객관적 합리성이 없이 현저히 부당하다고 할 수 없다.

따라서 피고가 비등기 임원이 위반행위에 직접 관여한 경우도 이 사건 고시조항의 적용 대상이라고 보아 과징금을 가중하였더라도, 비등기 임원의 실질적 지위가 일반 직원과 마찬가지라는 등의 특별한 사정이 없는 한, 이를 두고 곧바로 재량권을 일탈·남용하여 위법하다고 볼 수는 없다(대법원 2017. 1. 12. 선고 2016두35199 판결 참조).

(3) 원심은, 그 판시와 같은 사실을 인정한 다음, ① 이 사건 각 행위가 대리점의 자유로운 영업활동을 제한하고 인터넷 오픈마켓에서의 상표 내 경쟁을 제한·차단함으로써 전체

시장에서의 경쟁 및 소비자 후생을 저해하는 효과가 큰 점 등에 비추어, 피고가 이 사건 각 위반행위를 '매우 중대한 위반행위'로 평가한 것이 위법하지 않고, ② 또한 원고의 소비자라이프스타일 사업부 책임자로서 비등기 임원인 소외인 전무가 이 사건 각 행위를 논의한 온라인 TF를 주도하는 등 함으로써 위반행위에 직접 관여하였으므로, 피고가 이 사건 고시조항에 기하여 과징금을 가중한 것 역시 부당하지 않다는 등의 이유를 들어, 이 사건 처분에 재량권을 일탈·남용한 위법이 없다고 판단하였다.

(4) 앞서 본 법리와 기록에 비추어 원심판결 이유를 살펴보면, 원심의 위와 같은 판단은 정당하다. 거기에 과징금 부과 및 산정에 있어 재량권 일탈·남용에 관한 법리 등을 오해한 잘못이 없다.

4. 결 론

상고를 기각하고 상고비용은 패소자가 부담하기로 하여, 관여 대법관의 일치된 의견으로 주문과 같이 판결한다.

대법관   권순일(재판장) 박보영(주심) 김재형

---

(14) 대법원 2018. 7. 11. 선고 2014두40227 판결 [먹는샘물 대리점 사건] (그 밖의 사업활동방해)

판시사항

독점규제 및 공정거래에 관한 법률 제23조 제1항 제5호, 구 독점규제 및 공정거래에 관한 법률 시행령 제36조 제1항 [별표 1] 제8호 (라)목이 정한 '기타의 사업활동방해'에 해당하기 위한 요건 및 이때 '부당성' 유무를 판단하는 방법 / 낮은 가격을 제시하는 방해 수단을 사용한 사업자의 부당성을 판단하는 방법

판결요지

독점규제 및 공정거래에 관한 법률 제23조 제1항 제5호, 구 독점규제 및 공정거래에 관한 법률 시행령(2010. 5. 14. 대통령령 제22160호로 개정되기 전의 것) 제36조 제1항 [별표 1] 제8호 (라)목이 정한 '기타의 사업활동방해'에 해당하려면 사업자의 행위가 부당한 방법으로 다른 사업자의 사업활동을 심히 곤란하게 할 정도로 방해하는 경우이어야 한다.

이때 '부당성'의 유무는, 해당 사업자의 시장에서의 지위, 사용된 방해 수단, 그 수단을 사용한 의도와 목적, 사용된 수단과 관련한 법령의 규정 내용, 문제된 시장의 특

성, 통상적인 거래 관행, 방해 행위의 결과 등을 종합적으로 고려하여 그 행위가 공정하고 자유로운 거래를 저해할 우려가 있는지 여부에 따라 판단하여야 한다.

특히 사용된 방해 수단이 더 낮은 가격의 제시에 그칠 경우에는 그것만으로 부당성을 인정하는 데에는 신중해야 한다. 그러나 제시된 거래조건이나 혜택 자체가 경쟁사업자와 기존에 전속적 계약관계를 맺고 있는 대리점에 대한 것이고, 그 혜택이나 함께 사용된 다른 방해 수단이, 통상적인 거래 관행에 비추어 이례적이거나 선량한 풍속 기타 사회질서에 반하는 등으로 관련 법령에 부합하지 않는다면, 단순히 낮은 가격을 제시한 경우와 똑같이 취급할 수는 없다. 이때에는 위에서 본 사정들을 종합적으로 살피면서 그 방해 수단을 사용한 사업자가 단순히 경쟁사업자와 대리점의 기존 거래계약 관계를 알고 있었던 것에 불과한지, 아니면 더 나아가 경쟁사업자와 기존 대리점 계약관계의 해소에 적극 관여하거나 그 해소를 유도하였는지 여부, 그로 인하여 경쟁사업자의 사업활동이 어려워지게 된 정도 역시 중요하게 고려하여야 한다.

참조조문

독점규제 및 공정거래에 관한 법률 제23조 제1항 제5호, 구 독점규제 및 공정거래에 관한 법률 시행령(2010. 5. 14. 대통령령 제22160호로 개정되기 전의 것) 제36조 제1항 [별표 1] 제8호 (라)목

따름판례

대법원 2022. 9. 16. 선고 2019도19067 판결

전 문

【원고, 상고인】 하이트진로음료 주식회사
【피고, 피상고인】 공정거래위원회
【피고보조참가인】 마메든샘물 주식회사
【원심판결】 서울고법 2014. 7. 4. 선고 2013누46411 판결
【주 문】
상고를 기각한다. 상고비용은 보조참가로 인한 부분을 포함하여 원고가 부담한다.
【이 유】
상고이유(상고이유서 제출기간이 지난 후에 제출된 상고이유보충서의 기재는 상고이유를 보충하는 범위 내에서)를 판단한다.

1. 독점규제 및 공정거래에 관한 법률 제23조 제1항 제5호, 구 독점규제 및 공정거래에 관한 법률 시행령(2010. 5. 14. 대통령령 제22160호로 개정되기 전의 것) 제36조 제1항 [별표 1] 제8호 (라)목이 정한 '기타의 사업활동방해'에 해당하려면 사업자의 행위가 부당한 방법으로 다른 사업자의 사업활동을 심히 곤란하게 할 정도로 방해하는 경우이어야 한다.

이때 '부당성'의 유무는, 해당 사업자의 시장에서의 지위, 사용된 방해 수단, 그 수단을 사용한 의도와 목적, 사용된 수단과 관련한 법령의 규정 내용, 문제된 시장의 특성, 통상적인 거래 관행, 방해 행위의 결과 등을 종합적으로 고려하여 그 행위가 공정하고 자유로운 거래를 저해할 우려가 있는지 여부에 따라 판단하여야 한다.

특히 사용된 방해 수단이 더 낮은 가격의 제시에 그칠 경우에는 그것만으로 부당성을 인정하는 데에는 신중해야 한다. 그러나 제시된 거래조건이나 혜택 자체가 경쟁사업자와 기존에 전속적 계약관계를 맺고 있는 대리점에 대한 것이고, 그 혜택이나 함께 사용된 다른 방해 수단이, 통상적인 거래 관행에 비추어 이례적이거나 선량한 풍속 기타 사회질서에 반하는 등으로 관련 법령에 부합하지 않는다면, 단순히 낮은 가격을 제시한 경우와 똑같이 취급할 수는 없다. 이때에는 위에서 본 사정들을 종합적으로 살피면서 그 방해 수단을 사용한 사업자가 단순히 경쟁사업자와 대리점의 기존 거래계약 관계를 알고 있었던 것에 불과한지, 아니면 더 나아가 경쟁사업자와 기존 대리점 계약관계의 해소에 적극 관여하거나 그 해소를 유도하였는지 여부, 그로 인하여 경쟁사업자의 사업활동이 어려워지게 된 정도 역시 중요하게 고려하여야 한다.

2. 원심판결 이유와 원심이 적법하게 채택한 증거에 의하면 다음과 같은 사실을 알 수 있다.

가. 원고와 피고보조참가인(이하 '참가인 회사'라고 한다)의 지위

소외인은 2004. 8. 2. 참가인 회사를 설립하여 천안 지역을 중심으로 인근 충청남북도와 경기도 남부 지역까지 먹는샘물(12.5 내지 18.9ℓ 크기의 플라스틱 통 제품, 이하 '이 사건 제품'이라고 한다)을 공급하였는데, 2008년 7월, 8월경 총 11개의 대리점을 가지고 있었다. 원고는 그 무렵 국내 먹는샘물 시장에서 10% 이상의 점유율을 기록하는 사업자였다. 한편 천안 인근에서 원고 제품의 판매량은 미미한 수준이었고, 위 11개 대리점이 있던 지역 역시 원고에게 매우 취약한 시장이었다.

나. 원고와 8개 대리점들의 계약체결 경위

원고는 참가인 회사와 그 대리점주들 사이의 대리점 계약 기간이 남아 있음에도 불구하고, 2008년 초부터 같은 해 7월 중순까지 위 대리점주들과 수차례 만나 참가인 회사와의 거래를 중단하고 참가인 회사보다 현저히 유리한 조건으로 자신과 대리점 계약을 체결할 것을 권유하였다. 참가인 회사와 거래하던 11개 대리점 중 8개 대리점은 그 계약 기간 중인 2008. 7. 15. ~ 21.경 참가인 회사와의 대리점 계약에 따른 거래를 종료하였다. 원고는 그 직후인 2008. 8. 1. 이들 8개 대리점주와 계약기간 5년의 대리점 계약을 체결하였다. 한편 8개 대리점주는 위와 같이 거래가 종료되기 전에 수차례에 걸쳐 참가인 회사에게 원고가 제시한 가격을 알려주면서 더 낮은 가격으로 이 사건 제품을 공급하여 달라고 요구하였다.

다. 원고의 8개 대리점 지원 내역

1) 원고는 8개 대리점이 참가인 회사와의 거래를 종료하고 자신과 새로운 대리점 계약을 체결함에 따라 참가인 회사가 8개 대리점에 대하여 제기할 것으로 예상되는 소송에 대한 변호사비용 중 50%를 8개 대리점에게 지원하기로 약정하였다. 그 후 실제로 참가인 회사와 8개 대리점들 사이에 민사소송이 발생하자 약정에 따라 8개 대리점에 변호사비용을 지원하였다.

2) 원고는 8개 대리점과 사이에 이 사건 제품의 공급가격을 통당 2,000원으로 하되, 통당 총 280원의 장려금을 지원하기로 약정하여 결과적으로 통당 1,720원에 공급한 것과 동일하게 되었다. 나아가 원고는 계약 첫해인 2008. 8. 1.부터 2009. 7. 31.까지 8개 대리점에게 각 대리점의 월 평균판매량 대비 총 600%를 무상 제공하기로 약정하고, 실제로 이를 이행하였다. 그 결과 계약 첫해에 8개 대리점에 공급된 이 사건 제품의 실질적인 평균 공급단가는 808.3원이 되었다. 한편 원고가 주장하는 이 사건 제품에 대한 자신의 공급원가는 631.26원이다.

3) 한편 원고의 실무자는 위 대리점 계약에 대한 결재를 올리면서, 8개 대리점에게 지원한 내용이 기존대리점들에게 제공된 것과 비교하여 월등하게 좋은 것이어서 이에 관한 정보유출을 차단하기 위한 예방책이 필요하다고 보았다. 원고는 이전에도 다른 회사의 대리점을 영입하면서 지원한 내용이 알려질 경우 기존대리점과 마찰이 우려된다면서 매월 판매 마감 후 할인(D/C) 처리하는 등으로 영업조건에 관한 보안 유지 방안을 강구하기도 하였다.

라. 참가인 회사와 기존 8개 대리점 사이에 계약관계가 종료됨에 따라 참가인 회사는 이들 대리점을 통한 사업활동이 불가능하게 되었고, 그 결과 2008년 이후 매출액이 급격히 감소하였다.

3. 이러한 사실관계를 앞서 본 법리에 비추어 살펴본다.

가. 원고는 8개 대리점과 대리점 계약을 체결하는 과정에서 경쟁사업자인 참가인 회사와 8개 대리점 사이의 기존 계약관계 해소에 적극 관여하거나 더 나아가 그 해소를 유도하였다고 평가할 수 있다.

1) 앞서 살핀 바와 같이 원고는 상당 기간 8개 대리점주에게 참가인 회사와의 거래를 중단하고 자신과 대리점 계약을 체결할 것을 권유하였고, 변호사비용 중 일부를 지원하기로 미리 약정하였으므로, 그 자체로 기존 계약관계 해소에 적극적으로 관여하거나 그 해소를 유도한 것으로 볼 수 있다.

2) 참가인 회사의 대리점들이 있던 지역이 취약 지역이었던 원고는 그 지역을 목표로 하여 8개 대리점을 영입할 적극적인 필요성이 인정된다. 반면, 참가인 회사와 8개 대리점주 사이에 이 사건 제품의 품질이나 가격 등에 관하여 일정 부분 이견이 있었던 것으로는 보이나, 나아가 8개 대리점이 급작스럽게 기존의 계약관계를 종료할 만한 특별한 사유가 있었다고 인정하기는 어렵다.

나. 원고가 8개 대리점과 대리점 계약을 체결하면서 변호사비용 중 일부를 지원하기로 한 것은 통상적인 거래 관행으로 보기는 어렵다.

1) 계약의 중도 종료와 관련한 변호사비용을 지원하는 것은 가격, 질, 서비스 등 일반적으로 사용되는 경쟁수단으로 볼 수 없다.

2) 원고는 경쟁업체들도 비슷한 내용의 지원을 한다고 주장하나, 자신이 체결한 일부 계약 외에 이러한 이례적인 수단이 사용된 계약 사례를 제시하지 못하였고, 달리 먹는샘물 시장에 이러한 거래 관행이 존재한다고 보기도 어렵다.

다. 물량지원에 관한 이 사건 계약조건이 통상적인 거래 관행과 부합한다고 보기 어려운 면이 적지 않다. 구체적인 계약조건은 영업비밀에 해당하고 기존대리점과 신규로 영입하는 대리점의 취급에 다소 차이가 있을 수 있다는 점을 고려하더라도, 신규 대리점을 영입하면서 이에 대한 정보유출 예방책을 별도로 마련하는 것은 굉장히 이례에 속하는 사정으로서 물량지원에 관한 이 사건 계약조건이 통상적인 거래 관행에 부합하지 않는다고 의심할 만한 사정에 해당한다.

라. 게다가 전국 시장 단위에서 상당한 지위를 점하고 있는 원고가 천안 지역시장에 진입하기 위하여 특정한 경쟁사업자를 표적으로 삼아 그와 기존에 거래하던 대리점들에 유리한 거래조건을 선별적으로 제시한 의도와 목적 역시 부당성 판단에 중요하게 고려되어야 한다.

마. 이 사건 제품의 판매사업을 영위하는 데 있어서 대리점이 필수적인 유통채널로 기능하는데, 참가인 회사는 총 11개 대리점들 중 8개와 한꺼번에 거래가 끊겨 사업활동이 심히 곤란하게 되었다.

바. 이러한 사정들을 종합하여 보면, 원고가 참가인 회사와 8개 대리점주 사이의 계약관계 해소에 적극 관여하면서 앞서 본 계약조건들을 제시하여 8개 대리점주와 대리점 계약을 체결한 행위는, 공정하고 자유로운 경쟁을 저해할 우려가 있는 것으로서 그 부당성이 충분히 인정된다.

4. 이와 같은 취지로 판단한 원심판결은 정당하고, 거기에 상고이유 주장과 같이 '기타의 사업활동방해'의 부당성에 관한 법리를 오해하거나 논리와 경험의 법칙을 위반하여 사실을 오인한 잘못이 없다.

5. 그러므로 상고를 기각하고, 상고비용은 패소자가 부담하기로 하여, 관여 대법관의 일치된 의견으로 주문과 같이 판결한다.

대법관 이기택(재판장) 김신(주심) 박상옥 박정화

▌ 참조문헌 ▌

이호영, "공정거래법상 사업활동방해의 공정거래저해성 – 공정거래위원회 의결 제2013-142호(2013. 7. 11.)의 사실관계를 중심으로 –", 경쟁법연구 32권, 한국경쟁법학회, 법문사(2015)

서정·조계창, "기타 사업활동 방해의 부당성 판단 방법에 관한 검토 - 대상판결: 서울고등 법원 2014. 7. 4. 선고 2013누46411 판결 및 대법원 2018. 7. 11. 선고 2014두40227 판결 -", 경쟁저널 201호, 한국공정경쟁연합회(2019)

(15) 대법원 2006. 12. 22. 선고 2004두1483 판결 [기업어음 매입 등 사건] (부당한 지원행위)

판시사항

[1] 독점규제 및 공정거래에 관한 법률 제23조 제1항 제7호에 정한 '현저히 유리한 조건의 거래'에 해당하는지 여부의 판단 기준

[2] 모회사가 주식의 100%를 소유하고 있는 자회사에 대한 지원행위가 부당지원행위의 규제대상이 되는지 여부(적극)

[3] 지원행위의 현저성 판단을 위한 정상금리 산정에 있어서 개별정상금리가 일반정상금리를 하회하지 않을 것으로 인정되는 특별한 사정이 있는 경우, 일반정상금리를 정상금리로 적용할 수 있는지 여부(적극)

[4] 부당지원행위에 관한 규정이 시행되기 이전에 지원주체가 지원객체와 체결한 임대차계약을 위 규정 시행 이후에 단순히 원래의 계약 내용대로 유지하는 행위가 부당지원행위에 관한 규정이 적용되는 지원행위에 해당하는지 여부(소극)

[5] 공정거래위원회가 여러 개의 위반행위에 대하여 하나의 과징금 납부명령을 하였더라도 일부의 위반행위에 대한 과징금액 부분만을 취소할 수 있는 경우

[6] 부당지원행위에 관한 규정이 시행되기 이전에 지원주체가 지원객체에게 제공한 자금을 위 규정 시행 이후에 단순히 회수하지 아니하는 행위가 부당한 자금지원행위에 해당하는지 여부(소극)

[7] 부당지원행위에 관한 규제가 입법되기 이전에 지원주체가 지원객체에 대여한 자금에 대한 이자를 부당지원행위에 관한 규정이 시행된 이후에 회수하지 않은 것은 부당지원행위에 해당하지 않지만, 위 대여금의 상환기일을 연장한 것은 부당지원행위가 될 수 있다고 한 사례

판결요지

[1] 독점규제 및 공정거래에 관한 법률 제23조 제1항 제7호에서 정한 현저히 유리

한 조건의 거래인지 여부는 급부와 반대급부 사이의 차이는 물론 지원성 거래규모와 지원행위로 인한 경제상 이익, 지원기간, 지원횟수, 지원시기, 지원행위 당시 지원객체가 처한 경제적 상황 등을 종합적으로 고려하여 구체적·개별적으로 판단하여야 한다.

[2] 모회사가 주식의 100%를 소유하고 있는 자회사(완전자회사)라 하더라도 양자는 법률적으로 별개의 독립한 거래주체라 할 것이고, 부당지원행위의 객체를 정하고 있는 독점규제 및 공정거래에 관한 법률 제23조 제1항 제7호의 '다른 회사'의 개념에서 완전자회사를 지원객체에서 배제하는 명문의 규정이 없으므로 모회사와 완전자회사 사이의 지원행위도 같은 법 제23조 제1항 제7호의 규율대상이 된다.

[3] 지원행위의 현저성 판단을 위한 정상금리 산정에 있어서 한국은행이 발표하는 시중은행의 매월 말 평균 당좌대출금리(일반정상금리)는 당좌대출계약을 기초로 한 일시적 단기성 대출금리로서 정상적인 기업어음 대출금리 등 일반대출금리보다 일반적으로 높기 때문에 개별정상금리를 산정하기 어렵다는 이유만으로 바로 일반정상금리를 정상금리로 적용할 수는 없지만 개별정상금리가 일반정상금리를 하회하지 않을 것으로 인정되는 특별한 사정이 있는 경우에는 비록 개별정상금리를 구체적으로 특정할 수 없다고 하더라도 일반정상금리를 정상금리로 적용할 수 있다.

[4] 부당지원행위의 규제대상은 지원의도에 기한 자금의 제공 또는 거래행위 그 자체이므로 자금지원의 의도로 자금의 제공 또는 거래행위가 있으면 그 즉시 자금지원행위가 성립하는 것이고 그로 인하여 지원객체가 얻게 되는 이익은 이러한 행위로 인한 경제상 효과에 불과한 것이므로, 부당지원행위에 관한 규정이 시행된 1997. 4. 1. 이전에 지원주체가 지원객체와 체결한 임대차계약을 위 규정 시행 이후에 임대차기간을 연장하는 것 등과 같이 새로운 지원행위와 동일시할 수 있는 정도의 특별한 사정 없이 단순히 원래의 계약 내용대로 유지하는 행위만으로는 위 규정이 적용되는 지원행위에 해당한다고 할 수 없다.

[5] 공정거래위원회가 부당지원행위에 대한 과징금을 부과함에 있어 여러 개의 위반행위에 대하여 하나의 과징금 납부명령을 하였으나 여러 개의 위반행위 중 일부의 위반행위만이 위법하고 소송상 그 일부의 위반행위를 기초로 한 과징금액을 산정할 수 있는 자료가 있는 경우에는, 하나의 과징금 납부명령일지라도 그중 위법하여 그 처분을 취소하게 된 일부의 위반행위에 대한 과징금액에 해당하는

부분만을 취소할 수 있다.

[6] 부당지원행위에 관한 규정이 시행된 1997. 4. 1. 이후에 자금을 지원할 의도로 자산이나 용역 등의 거래로 인한 대가인 자금을 변제기 이후에도 회수하지 아니하여 지원객체로 하여금 그 자금을 운용하도록 함으로써 금융상 이익을 얻게 하는 것과 같은 부작위행위도 자금지원행위에 포함된다고 해석함이 상당하지만, 부당지원행위에 관한 규정이 시행된 이후에 지원주체가 지원객체에 대한 자금지원의 의도로 변제기를 연장하는 것 등과 같이 자금을 회수하지 않는 부작위가 새로운 자금지원행위와 동일시 할 수 있을 정도라고 볼 만한 특별한 사정이 없는 이상, 위 규정이 시행되기 이전에 지원주체가 지원객체에 대하여 제공한 자금을 위 규정시행 이후에 단순히 회수하지 아니하는 행위만으로는 자금지원행위에 해당한다고 할 수 없다.

[7] 부당지원행위에 관한 규제가 입법되기 이전에 지원주체가 지원객체에 대여한 자금에 대한 이자를 부당지원행위에 관한 규정이 시행된 이후에 회수하지 않은 것은 부당지원행위에 해당하지 않지만, 위 대여금의 상환기일을 연장한 것은 새로운 자금지원행위와 동일시할 수 있는 특별한 경우에 해당하여 부당지원행위가 될 수 있다고 한 사례.

참조조문

[1] 독점규제 및 공정거래에 관한 법률 제23조 제1항 제7호
[2] 독점규제 및 공정거래에 관한 법률 제23조 제1항 제7호
[3] 독점규제 및 공정거래에 관한 법률 제23조 제1항 제7호, 독점규제 및 공정거래에 관한 법률 시행령 제36조 제1항 [별표 1] 제10호 (가)목
[4] 독점규제 및 공정거래에 관한 법률 제23조 제1항 제7호
[5] 행정소송법 제27조, 독점규제 및 공정거래에 관한 법률 제55조의3
[6] 독점규제 및 공정거래에 관한 법률 제23조 제1항 제7호
[7] 독점규제 및 공정거래에 관한 법률 제23조 제1항 제7호

참조판례

[1] 대법원 2004. 10. 14. 선고 2001두2881 판결, 대법원 2004. 10. 14. 선고 2001두2935 판결, 대법원 2006. 2. 10. 선고 2003두15171 판결, 대법원 2006. 7. 13. 선고 2004두3007 판결
[2][3][4][6] 대법원 2004. 11. 12. 선고 2001두2034 판결, 대법원 2006. 4. 14. 선고 2004두3298 판결

[3][4][6] 대법원 2004. 4. 9. 선고 2001두6197 판결, 대법원 2006. 4. 14. 선고 2004두3298
판결
[4][6] 대법원 2003. 9. 5. 선고 2001두7411 판결

따름판례

대법원 2007. 1. 25. 선고 2004두7610 판결, 대법원 2007. 1. 26. 선고 2005두2773 판결,
대법원 2007. 3. 29. 선고 2005두3561 판결, 대법원 2007. 4. 26. 선고 2005두2766 판결,
대법원 2009. 10. 29. 선고 2009두11218 판결, 대법원 2011. 9. 8. 선고 2009두11911 판결,
대법원 2019. 1. 31. 선고 2013두14726 판결

전 문

【원고, 상고인 겸 피상고인】 삼성에스디아이 주식회사 외 3인
【원고, 상고인】 삼성전자 주식회사 외 2인
【피고, 피상고인 겸 상고인】 공정거래위원회
【원심판결】 서울고법 2003. 12. 23. 선고 98누13081 판결
【주 문】

1. 원심판결 중 아래 각 부분을 파기하고, 이 부분 사건을 서울고등법원에 환송한다.
   가. 원고 삼성에스디아이 주식회사, 삼성전자 주식회사, 삼성화재해상보험 주식회사 및
   삼성생명보험 주식회사의 국제경영연수원 임차 행위에 관한 같은 원고들 패소 부분.
   나. 원고 삼성에버랜드 주식회사의 무진개발 주식회사에 대한 자금대여 행위 중 대여금
   상환기일 연장 행위에 관한 피고 패소 부분.
2. 원고 삼성테크윈 주식회사, 삼성중공업 주식회사의 각 상고와 원고 삼성에스디아이 주식
   회사, 삼성전자 주식회사, 삼성화재해상보험 주식회사, 삼성에버랜드 주식회사, 삼성생명
   보험 주식회사 및 피고의 각 나머지 상고를 모두 기각한다.
3. 상고비용 중 원고 삼성테크윈 주식회사 및 삼성중공업 주식회사의 각 상고로 인한 비용
   은 같은 원고들이 부담한다.

【이 유】

1. 원고들의 상고이유에 대한 판단

가. 원고 삼성생명보험 주식회사(이하 '원고 삼성생명'이라 한다)의 삼성자동차 주식회사(이
하 '삼성자동차'라 한다) 및 원고 삼성에버랜드 주식회사(이하 '원고 삼성에버랜드'라 한
다) 발행의 기업어음 매입 행위 부분에 대하여

독점규제 및 공정거래에 관한 법률(이하 '법'이라 한다) 제23조 제1항 제7호 소정의 현저
히 유리한 조건의 거래인지 여부는 급부와 반대급부 사이의 차이는 물론 지원성 거래규모
와 지원행위로 인한 경제상 이익, 지원기간, 지원횟수, 지원시기, 지원행위 당시 지원객체가
처한 경제적 상황 등을 종합적으로 고려하여 구체적·개별적으로 판단하여야 한다(대법원
2006. 2. 10. 선고 2003두15171 판결 참조).

원심은 채택 증거들을 종합하여, 원고 삼성생명이 1997. 4. 1.부터 1998. 3. 31. 사이에 조흥은행 등 8개 은행의 특정금전신탁 계정에 각각 100억 원, 200억 원 또는 500억 원씩 총 1,800억 원을 예치하고, 같은 무렵 수탁자인 조흥은행 등 8개 은행들은 위 원고의 계열 회사인 삼성자동차 및 원고 삼성에버랜드가 발행한 액면가 100억 원, 200억 원, 또는 224 억 원인 기업어음을 11.71% 내지 18.50%의 할인율로 2회 내지 6회에 걸쳐 매입하였으며, 원고 삼성생명이 1997. 8. 28.부터 같은 해 10. 16. 사이에 위 8개 은행들 중 상업은행의 특 정금전신탁 계정에 3차례에 걸쳐 각각 185억 원, 150억 원 또는 200억 원씩 총 535억 원을 예치하고, 수탁자인 상업은행은 1998. 3. 31. 삼성자동차가 발행한 액면가 1억 2,700만 원, 3억 400만 원, 13억 400만 원인 기업어음을 14.70%의 할인율로 매입한 사실, 특정금전신탁 은 위탁자의 지시에 의해 운용되는 것을 특징으로 하고 있으며, 그 계약서에는 투자대상에 대하여 개략적인 지정을 하거나 아무런 지정을 하지 않더라도 수탁은행은 향후 특정금전신 탁과 같은 거액 자금의 유치를 위하여 원고 삼성생명과 같은 기관고객의 요구에 따르지 않 을 수 없는 사실, 위 8개 은행들이 매입한 삼성자동차 및 원고 삼성에버랜드 발행의 기업어 음들은 그 할인율이 정상금리보다 훨씬 낮고 원고 삼성생명이 위 8개 은행들의 특정금전신 탁에 가입한 날짜 및 금액과 은행들이 매입한 위 기업어음들의 회전기간 및 금액 등이 대 부분 일치하는 사실, 원고 삼성생명이 가입한 특정금전신탁에 편입된 자산에는 삼성자동차 등의 기업어음이 반드시 포함되어 있지는 않으나 수탁은행의 기업어음 매입을 위한 내부품 의서에 특정금전신탁자금이 그 매입자금임을 표시하고 있으며 수탁은행은 당해 특정금전신 탁자금이 아닌 다른 신탁자금 등을 이용하여 원고 삼성생명이 지정하는 기업의 어음을 매 입할 여지도 있는 사실, 원고 삼성생명과 수탁은행들 사이에는 일정기간 시중의 기업어음 할인율에 변동이 있더라도 수탁은행이 당초 약정된 할인율로 기업어음을 계속 회전매입하 기로 하는 소위 '옵션 CP거래 약정'이 맺어진 경우가 많은 사실 등을 인정한 다음, 원고 삼 성생명이 위 수탁은행들에 특정금전신탁을 하고 위 수탁은행들과 옵션 CP거래 약정을 맺어 그들로 하여금 자신의 특정금전신탁자금을 원천으로 자신이 지정하는 삼성자동차 및 원고 삼성에버랜드 발행의 기업어음을 정상할인율보다 낮은 할인율로 매입하도록 하였으며, 1998. 3. 31. 매입한 3건의 삼성자동차 발행 기업어음은 소위 '자투리 CP'로서 위와 같은 맥락에서 수탁자인 상업은행이 적어도 원고 삼성생명의 묵시적 지시에 따라 행동한 것으로 전제하고, 위 기업어음 중에서 원고 삼성생명이 위 8개 은행들 중 한일은행을 통하여 매입 한 1997. 9. 29.부터 같은 해 12. 29.까지를 회전기간으로 하는 액면가 224억 원인 원고 삼 성에버랜드 발행 기업어음을 제외한 다른 모든 이 사건 기업어음 매입행위는, IMF 경제위 기 이후인 것으로서 정상금리에 대비하여 상당한 차이가 있어 현저한 지원행위에 해당하고 이로 인하여 삼성자동차 및 원고 삼성에버랜드가 당해 시장에서 유력한 사업자로서의 지위 를 형성 또는 유지·강화할 우려가 있으므로 부당한 지원행위라고 판단하였다.

위에서 본 법리와 기록에 비추어 살펴보면, 원심의 사실인정과 판단은 정당한 것으로 수 긍이 가고, 거기에 상고이유로 주장하는 바와 같은 채증법칙 위배로 인한 사실오인이나 처 분의 이유 제시에 관한 법리오해 또는 부당지원행위에 관한 법리오해 등의 위법이 있다고 할 수 없다.

나. 원고 삼성에버랜드의 주식회사 연포레져(이하 '연포레져'라 한다)에 대한 자금대여 행위
부분에 대하여

모회사가 주식의 100%를 소유하고 있는 자회사(이하 '완전자회사'라 한다)라 하더라도
양자는 법률적으로 별개의 독립한 거래주체라 할 것이고, 부당지원행위의 객체를 정하고 있
는 법 제23조 제1항 제7호의 '다른 회사'의 개념에서 완전자회사를 지원객체에서 배제하는
명문의 규정이 없으므로 모회사와 완전자회사 사이의 지원행위도 법 제23조 제1항 제7호의
규율대상이 되고(대법원 2004. 11. 12. 선고 2001두2034 판결 참조), 지원행위의 현저성 판
단을 위한 정상금리 산정에 있어서 한국은행이 발표하는 시중은행의 매월 말 평균 당좌대
출금리(이는 해당 월말 현재 시중은행의 당좌대출계약에 의하여 실행한 대출액 잔액 전부
를 가중평균하여 산출한다. 이하 '일반정상금리'라 한다)는 당좌대출계약을 기초로 한 일시
적 단기성 대출금리로서 정상적인 기업어음 대출금리 등 일반대출금리보다 일반적으로 높
기 때문에 개별정상금리를 산정하기 어렵다는 이유만으로 바로 일반정상금리를 정상금리로
적용할 수는 없다고 할 것이지만 개별정상금리가 일반정상금리를 하회하지 않을 것으로 인
정되는 특별한 사정이 있는 경우에는 비록 개별정상금리를 구체적으로 특정할 수 없다고
하더라도 일반정상금리를 정상금리로 적용할 수 있다(대법원 2004. 4. 9. 선고 2001두6197
판결 참조).

위 법리와 앞서 본 현저히 유리한 조건의 거래에 관한 법리에 비추어 기록을 살펴보면,
연포레져가 원고 삼성에버랜드의 100% 자회사라 하더라도 부당지원행위의 규제대상에 포
함되는 것은 분명하고, 연포레져는 이 사건 자금대여 당시 연속 적자로 자본이 잠식된 기업
으로서 외부로부터의 자금차입이 사실상 불가능하였음은 물론 부도위기에 처하였으며, 결국
연포레져에 대한 개별정상금리는 일반정상금리를 하회하지 않을 것으로 보이는 사정을 알
수 있는바, 이와 같은 경우에는 일반정상금리를 정상금리로 삼아 이 사건 자금대여 행위가
연포레져에 현저히 유리한 조건의 거래인지 여부를 판단할 수 있고, 그러한 상황에서 원고
삼성에버랜드가 당시 자본금 25억 9,000만 원, 연 매출액 4억 5,500만 원 정도인 연포레져
에게 정상금리보다 4.93% 내지 6.42% 낮은 금리로 18억 원의 자금을 신규대여한 것은 연
포레져를 지원할 의도로 경제상 이익을 제공한 것으로서 이로 인하여 연포레져는 시장에서
의 퇴출을 면하였던 것으로 보이므로, 사정이 이와 같다면 이 사건 자금대여 행위는 현저히
유리한 조건의 거래로서 공정한 거래를 저해할 우려가 있는 부당한 지원행위에 해당한다고
할 것이다.

같은 취지의 원심의 사실인정과 판단은 정당한 것으로 수긍이 가고, 거기에 상고이유로
주장하는 바와 같은 채증법칙 위배로 인한 사실오인이나 처분의 이유 제시에 관한 법리오
해 또는 부당지원행위에 관한 법리오해 등의 위법이 있다고 할 수 없다.

다. 원고 삼성생명, 삼성화재해상보험 주식회사(이하 '원고 삼성화재'라 한다), 삼성중공업 주
식회사(이하 '원고 삼성중공업'이라 한다)의 자동차판매장 임대 행위 부분에 대하여

원심은 채택 증거들을 종합하여, 원고 삼성생명, 삼성화재, 삼성중공업이 각각 1997. 10.
부터 1998. 3. 31. 사이에 삼성물산 주식회사(이하 '삼성물산'이라 한다)에게 삼성자동차 판
매영업장을 임대해 주면서 각각 임대보증금 합계 67억 4,400만 원과 임대료 합계 11억

7,000만 원을 1개월 내지 9개월간 지연하여 받은 사실을 인정한 다음, 원고 삼성중공업이 이 사건 자동차판매장 임대 당시 볼보와 사업양수도 협의 중에 있어서 이 사건 임대건물이 양도대상자산에 포함될 가능성이 있었으므로 그 협의과정에서 위 건물이 양도대상에서 제외되는 것으로 확정될 때까지 위 원고 스스로 임대보증금과 월차임의 수령을 보류하였다는 사정은 위 원고의 주관적 사정에 불과하여 이를 수령지체의 정당한 사유라고 볼 수 없으므로 위 원고는 위 지연기간에 해당하는 이자액만큼 낮은 가격으로 부동산을 임대하여 삼성물산을 지원한 것이고, 비록 그 지원금액이 삼성물산의 자산 및 매출액에 비하여 미미한 것이라고 하더라도 달리 볼 수 없다고 판단하였다.

앞서 본 현저히 유리한 조건의 거래에 관한 법리와 기록에 비추어 살펴보면, 원심의 사실인정과 판단은 정당한 것으로 수긍이 가고, 거기에 상고이유로 주장하는 바와 같은 채증법칙 위배로 인한 사실오인이나 처분의 이유 제시에 관한 법리오해 또는 부당지원행위에 관한 법리오해 등의 위법이 있다고 할 수 없다.

라. 원고 삼성에스디아이 주식회사(이하 '원고 삼성에스디아이'라 한다), 삼성전자 주식회사(이하 '원고 삼성전자'라 한다), 삼성생명, 삼성화재의 국제경영연수원 임차 행위에 대하여

(1) 원심은 채택 증거를 종합하여 그 판시와 같은 사실을 인정한 다음, 원고 삼성에스디아이, 삼성전자, 삼성생명, 삼성화재(이하 위 4개 회사들을 합하여 '원고 삼성에스디아이 등 4개 회사'라 한다)의 삼성물산 소유 국제경영연수원 임차행위는 부당지원행위가 입법되기 전인 1994.말에 맺은 5년간의 계약에 따른 것이므로 부당지원행위 규정 시행 후의 남은 계약기간에 대하여 부당지원행위가 성립될 수 없다는 위 원고들의 주장에 대하여, 특별히 경과규정이 있지 않는 한 위와 같은 계속적 계약관계에도 새로 입법된 부당지원행위 규정이 적용된다는 이유로 이를 배척하고, 원고 삼성에스디아이 등 4개 회사의 국제경영연수원 임차행위는 임대차의 형식을 빌린 부당지원행위에 해당한다고 판단하였다.

(2) 그러나 원심의 판단은 다음과 같은 이유로 그대로 수긍하기 어렵다.

부당지원행위의 규제대상은 지원의도에 기한 자금의 제공 또는 거래행위 그 자체이므로 자금지원의 의도로 자금의 제공 또는 거래행위가 있으면 그 즉시 자금지원행위가 성립하는 것이고 그로 인하여 지원객체가 얻게 되는 이익은 이러한 행위로 인한 경제상 효과에 불과한 것이므로, 부당지원행위에 관한 규정이 시행된 1997. 4. 1. 이전에 지원주체가 지원객체와 체결한 임대차계약을 위 규정시행 이후에 임대차기간을 연장하는 것 등과 같이 새로운 지원행위와 동일시 할 수 있는 정도의 특별한 사정 없이 단순히 원래의 계약 내용대로 유지하는 행위만으로는 위 규정이 적용되는 지원행위에 해당한다고 할 수 없다.

기록에 의하면 원고 삼성에스디아이 등 4개 회사는 1994. 12. 삼성물산과 사이에 국제경영연수원을 임대차기간 5년으로 정하여 임대차계약을 체결하였고 그 후에는 원래의 임대차계약을 그대로 유지하였을 뿐이며, 새로운 지원행위와 동일시 할 수 있는 특별한 사정은 인정되지 아니하므로 위 임대차기간 중인 1997. 4. 1.부터 부당지원행위 규정이 시행되었다고 하여 그 규정을 적용할 수는 없다.

그럼에도 불구하고 원심은 원고 삼성에스디아이 등 4개 회사와 삼성물산 사이에 임대차계약이 유지되고 있다는 이유만으로 국제경영연수원 임차 행위가 부당지원행위에 해당한다

고 판단하였으니 원심판결에는 부당지원행위 규정의 적용시기 내지 범위에 관한 법리를 오해하여 판결에 영향을 미친 위법이 있다. 이 점에 대한 위 원고들의 상고이유의 주장은 이유 있다.

　　마. 원고 삼성에스디아이, 삼성전자, 삼성화재, 삼성생명 및 삼성테크윈 주식회사(이하 '원고 삼성테크윈'이라 한다)의 산청연수원 임차 행위에 대하여

　원심은 채택 증거를 종합하여 그 판시와 같은 사실을 인정한 다음, 원고 삼성에스디아이, 삼성전자, 삼성화재, 삼성생명 및 삼성테크윈(이하 위 5개 회사들을 합하여 '원고 삼성에스디아이 등 5개 회사'라 한다)이 원고 삼성중공업 소유의 산청연수원을 공동소유함에도 형식상으로는 이를 원고 삼성중공업의 단독소유 명의로 하고 원고 삼성에스디아이 등 5개 회사가 그 설립·운영 및 관리에 소요되는 비용을 임차료 형식을 빌어 분담하고 있다는 위 원고들의 주장에 대하여 이를 인정할 만한 증거가 부족하다는 이유로 배척하고, 위 산청연수원 임차행위는 임대차의 형식을 빌린 자금지원행위로서 부당지원행위라고 판단하였다.

　앞서 본 현저히 유리한 조건의 거래에 관한 법리와 기록에 비추어 살펴보면, 원심의 사실인정과 판단은 정당한 것으로 수긍이 가고, 거기에 상고이유로 주장하는 바와 같은 채증법칙 위배로 인한 사실오인이나 처분의 이유 제시에 관한 법리오해 또는 부당지원행위에 관한 법리오해 등의 위법이 있다고 할 수 없다.

　　바. 과징금 납부명령의 일부취소에 대하여

　피고가 부당지원행위에 대한 과징금을 부과함에 있어 여러 개의 위반행위에 대하여 하나의 과징금 납부명령을 하였으나 여러 개의 위반행위 중 일부의 위반행위만이 위법하고 소송상 그 일부의 위반행위를 기초로 한 과징금액을 산정할 수 있는 자료가 있는 경우에는, 하나의 과징금 납부명령일지라도 그중 위법하여 그 처분을 취소하게 된 일부의 위반행위에 대한 과징금액에 해당하는 부분만을 취소할 수 있다고 할 것이다.

　위 법리에 비추어 기록을 살펴보면, 피고가 원고들 각자에 대하여 부과한 과징금은 그 위반행위별 금액과 산정근거를 각각 알 수 있는 자료가 있어 일부의 위반행위에 대한 과징금 부과처분만을 취소할 수 있다고 할 것이므로, 같은 취지의 원심의 판단은 정당하고, 거기에 상고이유로 주장하는 바와 같은 과징금의 일부취소에 관한 법리오해 등의 위법이 있다고 할 수 없다.

2. 피고의 상고이유에 대한 판단

　　가. 원고 삼성생명의 원고 삼성에버랜드 발행의 기업어음 매입 행위 부분에 대하여

　원심은 채택 증거들을 종합하여 그 판시와 같은 사실을 인정한 다음, 원고 삼성생명이 한일은행의 특정금전신탁계정을 통해 1997. 9. 29.에 같은 해 12. 29.까지를 회전기간으로 하는 224억 원 상당의 원고 삼성에버랜드 발행의 기업어음을 매입한 부분은, 그 당시의 경제적 상황이나 금리 차이 등에 있어 현저성의 요건을 충족하지 못하는 것이라는 이유로, 피고의 이 사건 처분 중 위에 해당하는 부분은 위법하다고 판단하였다.

　앞서 본 현저히 유리한 조건의 거래에 관한 법리와 기록에 비추어 살펴보면, 원심의 사실인정과 판단은 정당한 것으로 수긍이 가고, 거기에 상고이유로 주장하는 바와 같은 판단

여지 내지 판단 우위, 부당지원행위의 개수, 현저히 유리한 조건의 거래에 관한 법리오해 등의 위법이 있다고 할 수 없다.

나. 원고 삼성생명의 한솔제지 주식회사(이하 '한솔제지'라 한다) 발행의 기업어음 매입 행위 부분에 대하여

원심은 채택 증거들을 종합하여, 원고 삼성생명이 1997. 10. 16. 상업은행의 특정금전신탁계정에 200억 원을 예치하고 수탁자인 상업은행은 1998. 3. 30. 위 원고의 친족독립경영회사인 한솔제지가 발행한 200억 원의 기업어음을 할인율 12.82%로 매입한 사실, 위 원고가 위와 같이 상업은행으로 하여금 한솔제지 발행의 기업어음을 매입하도록 한 것은 한솔제지가 위 원고에게 직장인저축보험계약을 맺고 보험료를 납부한 것과 대가관계에 있는 사실, 위 원고는 한솔제지 외에도 위 원고에게 단체보험을 가입한 현대강관 주식회사, 대우중공업 주식회사, 동아건설 주식회사, 현대석유화학 주식회사 등에 대하여도 같은 방식으로 특정금전신탁을 통한 대출을 받도록 하는 이른바 '법인영업'을 하였는데, 현대강관 주식회사 등 발행의 기업어음 매입시의 할인율도 한솔제지의 경우와 유사한 수준인 사실 등을 인정한 다음, 위 원고가 한솔제지 발행의 기업어음을 매입한 부분은 관련시장에서 한솔제지를 유리하게 하는 부당지원행위라고 할 수 없다고 판단하였다.

앞서 본 현저히 유리한 조건의 거래에 관한 법리와 기록에 비추어 살펴보면, 한솔제지 발행의 위 기업어음 매입행위가 현저한 지원행위라고는 보이지 아니하므로 원심의 판단은 정당한 것으로 수긍이 가고, 거기에 상고이유로 주장하는 바와 같은 부당지원행위에 관한 법리오해 등의 위법이 있다고 할 수 없다.

다. 원고 삼성에스디아이의 원고 삼성전자에 대한 공장임대 행위 부분에 대하여

기록에 의하면, 원고 삼성에스디아이가 자신의 천안공장 안에 설치한 TFT-LCD 생산공장을 1998. 1.부터 계열회사인 원고 삼성전자에게 사용하도록 하면서 임대차계약을 1998. 4. 15.에 체결하고 임대료를 같은 달 27. 이후에 지급받은 것은 원고 삼성에스디아이와 원고 삼성전자 간에 임대료에 관한 합의가 이루어지지 않아 임대차계약의 체결이 늦어졌기 때문인 사실, 위 원고들은 원고 삼성전자가 위 공장을 이미 3개월간 사용한 점을 감안하여 그에 대한 미지급 임대료까지 감안하여 위 공장에 대한 임대차계약을 체결한 사실을 알 수 있는바, 이러한 사정을 앞서 본 현저히 유리한 조건의 거래에 관한 법리에 비추어 살펴보면, 이 사건 공장임대 행위는 현저히 유리한 조건의 거래에 해당한다고 할 수 없다.

같은 취지의 원심의 사실인정과 판단은 정당하고, 거기에 상고이유로 주장하는 바와 같은 채증법칙 위배로 인한 사실오인이나 처분의 이유 제시에 관한 법리오해 또는 부당지원행위에 관한 법리오해 등의 위법이 있다고 할 수 없다.

라. 원고 삼성에버랜드의 무진개발 주식회사(이하 '무진개발'이라 한다)에 대한 자금대여 행위 부분에 대하여

(1) 원심은 채택 증거들을 종합하여, 원고 삼성에버랜드가 무진개발에게 1995. 3.부터 1996. 12.까지 대여한 대여금 182억 1,000만 원에 대한 이자 38억 1,100만 원을 1998. 4.까지 회수하지 않고, 86억 4,200만 원은 담보 없이 이자율 연 20%로 1998. 1. 1.부터 같은 해 12. 31.까지 대여한 사실, 무진개발은 연속 적자로 자본이 잠식된 기업으로서 외부로부터의

자금차입이 사실상 불가능한 상태이었던 사실, 골프장 사업을 추진 중이던 무진개발은 1997. IMF 경제위기로 인하여 골프장 회원권을 분양할 수 없어서 원고 삼성에버랜드에 대한 이자를 상환할 수 없었던 사실, 무진개발에 대한 대여금 86억 4,200만 원은 신규 대여가 아니라 부당지원행위에 대한 규제가 입법되기 전인 1996.에 이미 무진개발에 대여하였던 대여금 중 일부로서 그 상환기일을 1997.말경에 이르러 연장하였던 사실을 인정한 다음, 원고 삼성에버랜드의 무진개발에 대한 이자 미회수 및 상환기일의 연장조치는 위와 같은 특별한 경제사정 때문에 부득이하였던 것이고 달리 그 부당성을 인정할 증거가 없으므로 부당지원행위가 아니라고 판단하였다.

(2) 부당지원행위에 관한 규정이 시행된 1997. 4. 1. 이후에 자금을 지원할 의도로 자산이나 용역 등의 거래로 인한 대가인 자금을 변제기 이후에도 회수하지 아니하여 지원객체로 하여금 그 자금을 운용하도록 함으로써 금융상 이익을 얻게 하는 것과 같은 부작위행위도 자금지원행위에 포함된다고 해석함이 상당하지만, 부당지원행위에 관한 규정이 시행된 이후에 지원주체가 지원객체에 대한 자금지원의 의도로 변제기를 연장하는 것 등과 같이 자금을 회수하지 않는 부작위가 새로운 자금지원행위와 동일시 할 수 있을 정도라고 볼 만한 특별한 사정이 없는 이상, 위 규정이 시행되기 이전에 지원주체가 지원객체에 대하여 제공한 자금을 위 규정시행 이후에 단순히 회수하지 아니하는 행위만으로는 자금지원행위에 해당한다고 할 수 없다(대법원 2004. 11. 12. 선고 2001두2034 판결 참조).

위 법리에 비추어 기록을 살펴보면, 원심판결의 이유 설시에 다소 적절하지 않은 점은 있지만 위 이자 미회수 행위가 부당지원행위에 해당하지 않는다고 본 결론은 정당하고, 거기에 상고이유로 주장하는 바와 같은 채증법칙 위배로 인한 사실오인이나 부당지원행위에 관한 법리오해 등의 위법이 있다고 할 수 없다.

(3) 그러나 위 대여금의 상환기일을 연장한 행위까지도 부당지원행위에 해당하지 않는다고 본 원심의 판단은 그대로 수긍하기 어렵다.

원심이 인정한 바와 같은 상황에서 원고 삼성에버랜드가 무진개발에 1996. 대여하였던 위 86억 4,200만 원을 부당지원행위에 관한 규정이 시행된 1997. 4. 1. 이후에 단순히 회수하지 않은데 그치지 않고, 1997.말경 그 상환기일을 1년간 연장하여 준 것은 자금을 지원할 의도로 변제기를 연장하여 무진개발로 하여금 채무불이행에 따른 책임을 면하게 해 준 것이어서 이는 앞에서 설시한 새로운 자금지원행위와 동일시 할 수 있는 특별한 사정이 있는 경우에 해당한다고 할 것이다.

그럼에도 불구하고 원심은 위 상환기일연장 행위가 현저히 유리한 조건의 거래인지 여부, 나아가 그와 같은 거래가 부당한지 여부에 관하여 심리·판단하지 아니한 채 지원행위성과 부당성을 혼동하여 그 설시와 같은 이유만으로 위 상환기일연장 행위가 부당지원행위가 아니라고 판단하였으니, 원심판결에는 부당지원행위에 관한 법리를 오해하거나 심리를 다하지 아니하여 판결에 영향을 미친 위법이 있다. 이 점에 관한 피고의 상고이유의 주장은 이유 있다.

마. 원고 삼성생명, 삼성화재, 삼성중공업의 자동차판매장 임대 행위 부분에 대하여

원심은 채택 증거들을 종합하여, 원고 삼성생명, 삼성화재, 삼성중공업이 각각 1997. 10.

부터 1998. 3. 31. 사이에 삼성물산 주식회사(이하 '삼성물산'이라 한다)에게 삼성자동차 판매영업장을 임대해 주면서 각각 임대보증금 합계 67억 4,400만 원과 임대료 합계 11억 7,000만 원을 1개월 내지 9개월간 지연하여 받은 사실, 원고 삼성생명과 삼성화재의 경우에는 자신 소유 건물의 일부를 삼성물산에 임대하면서 우선 가계약을 맺어 삼성물산이 점포 내부시설 공사를 하도록 하고 본격적으로 영업을 개시할 무렵 본계약을 맺으면서 가계약일을 임대차 기산일로 하여 임대료를 받은 사실, 임대료가 고액이고 입주 가능한 업체도 제한되어 있는 대형건물의 1층 매장을 위 원고들이 임대할 경우 위와 같은 방식으로 임대차계약을 맺는 사례가 종종 있었던 사실, 특히 위 계약 당시는 IMF 경제위기로 인하여 임차인을 구하는 것이 쉽지 않았던 사실 등을 인정한 다음, 위 원고들의 자동차판매장 임대 행위는 경제적으로 합리성이 있는 행위로서 부당성이 없으므로 부당지원행위가 아니라고 판단하였다.

앞서 본 현저히 유리한 조건의 거래에 관한 법리와 기록에 비추어 살펴보면, 원고 삼성생명과 삼성화재의 자동차판매장 임대 행위로 인하여 삼성물산에 제공된 경제상 이익이 있다고 할 수 없음에도 원심이 이를 부당성이 없는 것으로 본 것은 적절하지 않지만, 위 원고들의 자동차판매장 임대 행위가 부당지원행위에 해당하지 않는 것으로 본 결론은 정당하고, 거기에 상고이유로 주장하는 바와 같은 부당지원행위에 관한 법리오해 등의 위법이 있다고 할 수 없다.

3. 결 론

그러므로 원심판결 중 원고 삼성에스디아이 등 4개 회사의 국제경영연수원 임차 행위에 관한 위 원고들 패소 부분 및 원고 삼성에버랜드의 무진개발에 대한 자금대여 행위에 관한 피고 패소 부분을 각 파기하고, 이 부분 사건을 다시 심리·판단하게 하기 위하여 원심법원에 환송하되, 위 원고들과 피고의 각 나머지 상고와 원고 삼성테크원 및 삼성중공업의 각 상고를 모두 기각하기로 하여 관여 법관의 일치된 의견으로 주문과 같이 판결한다.

대법관 박시환(재판장) 김용담 박일환 김능환(주심)

▌ 참조문헌 ▌

신영수, "독점규제법상 부당지원행위 규제에 대한 비판적 고찰", 서울대학교 법학 53권 1호, 서울대학교 법학연구소(2012)

이봉의, "독점규제법상 부당지원행위", 경쟁법연구 27권, 한국경쟁법학회, 법문사(2013)

주진열, "공정거래법상 부당지원행위 규제에 대한 비판적 고찰", 법학 53권 1호, 서울대학교 법학연구소(2012)

홍대식, "자본거래 관련 부당지원행위의 성립", 경쟁법연구 17권, 한국경쟁법학회, 법문사(2008)

(16) 대법원 2007. 1. 25. 선고 2004두7610 판결 [해외채권 매입 등 사건] (부당한 지원행위)

판시사항

[1] 구 독점규제 및 공정거래에 관한 법률 시행령 제36조 제1항 [별표] 제10호에서 정한 '부당한 자금·자산·인력의 지원행위'의 의미와 그 판단 기준

[2] 지원주체의 지원객체에 대한 지원행위가 부당성을 갖는지 여부의 판단 기준

[3] 부당지원행위에 대한 과징금부과기준인 '지원금액'의 의미 및 산정방법

[4] 부당지원행위로서의 해외채권의 매입행위, 전환사채의 전환권행사행위 및 유상 증자 참여행위가 그에 대한 과징금부과기준인 지원금액을 산출하기 어려운 경우에 해당한다고 본 사례

[5] 지원주체가 부당지원행위에 관한 규정 시행 전 제공한 자금을 회수하지 않고 있다가 위 규정 시행 후 변제기를 적극적으로 연장해 주는 것과 같은 새로운 자금 지원행위라고 볼 만한 행위를 한 경우 자금지원행위에 해당하는지 여부(적극)

[6] '현저한 규모로 제공 또는 거래하여 과다한 경제상 이익을 제공'하는 것이 구 독점규제 및 공정거래에 관한 법률 제23조 제1항 제7호에서 정한 '현저히 유리한 조건의 거래'에 해당하는지 여부(적극) 및 그 판단 기준

[7] 회사채 중개행위 및 광고비 대지급행위가 부당지원행위에 해당할 수 있다고 본 사례

[8] 지원금액의 산정에 있어 개별정상금리가 일반정상금리를 하회하지 않을 것으로 인정되는 특별한 사정이 없는 경우, 일반정상금리를 정상금리로 적용할 수 있는지 여부(소극)

[9] 거래행위가 지원객체에 현저히 유리한 조건인지 여부를 판단하는 기준이 되는 정상금리의 의미와 기업어음을 중개기관을 통하여 인수하는 형태의 지원행위에 있어 정상할인율과 비교하여야 할 실제할인율 및 지원금액의 산정 기준

판결요지

[1] 구 독점규제 및 공정거래에 관한 법률(1999. 12. 28. 법률 제6043호로 개정되기 전의 것) 제23조 제1항, 제2항, 같은 법 시행령(1999. 3. 31. 대통령령 제16221호로 개

정되기 전의 것) 제36조 제1항 [별표] 제10호의 각 규정을 종합하면, 부당한 자금·자산·인력의 지원행위라 함은 '사업자가 부당하게 특수관계인 또는 다른 회사에 대하여 가지급금·대여금·인력·부동산·유가증권·무체재산권 등을 현저히 낮거나 높은 대가로 제공 또는 거래하거나 현저한 규모로 제공 또는 거래하여 과다한 경제상 이익을 제공함으로써 특수관계인 또는 다른 회사를 지원하는 행위로서 공정한 거래를 저해할 우려가 있는 행위'를 말하며, 여기서 '현저히 낮거나 높은 대가로 제공 또는 거래하거나 현저한 규모로 제공 또는 거래하여 과다한 경제상 이익을 제공'한 것인지 여부를 판단함에 있어서는 급부와 반대급부 사이의 차이는 물론 지원성 거래규모와 지원행위로 인한 경제상 이익, 지원기간, 지원횟수, 지원시기, 지원행위 당시 지원객체가 처한 경제적 상황 등을 종합적으로 고려하여 구체적·개별적으로 판단하여야 할 것인바, 지원주체가 지원객체를 지원하기 위한 목적으로서 지원행위를 하되 지원주체와 지원객체 사이의 직접적이고 현실적인 자산거래나 자금거래행위라는 형식을 회피하기 위한 방편으로 제3자를 매개하여 자산거래나 자금거래행위가 이루어지고 그로 인하여 지원객체에게 실질적으로 경제상 이익이 귀속되는 경우는 지원행위에 해당한다.

[2] 지원행위가 부당성을 갖는지 여부를 판단함에 있어서는 지원주체와 지원객체의 관계, 지원행위의 목적과 의도, 지원객체가 속한 시장의 구조와 특성, 지원성 거래규모와 지원행위로 인한 경제상 이익 및 지원기간, 지원객체가 속한 시장에서의 경쟁제한이나 경제력 집중의 효과 등을 종합적으로 고려하여 당해 지원행위로 인하여 지원객체의 관련 시장에서 경쟁이 저해되거나 경제력 집중이 야기되는 등으로 공정한 거래가 저해될 우려가 있는지 여부에 따라 판단하여야 한다.

[3] 구 독점규제 및 공정거래에 관한 법률(1999. 12. 28. 법률 제6043호로 개정되기 전의 것) 제23조 제1항 제7호, 제2항, 제24조의2, 같은 법 시행령(1999. 3. 31. 대통령령 제16221호로 개정되기 전의 것) 제36조 제1항 [별표] 제10호 등 각 규정의 내용에 비추어 보면, 부당지원행위에 대한 과징금부과기준인 '지원금액'은 지원주체가 지원객체에게 제공하는 경제적 급부의 정상가격에서 그에 대한 대가로 지원객체로부터 받는 경제적 반대급부의 정상가격을 차감한 금액을 말하고, '정상가격'은 지원주체와 지원객체 사이에 이루어진 경제적 급부와 동일한 경제적 급부가 시기, 종류, 규모, 기간, 신용상태 등이 유사한 상황에서 특수관계가 없는 독립된 자 사이에 이루어졌을 경우 형성되었을 거래가격을 말한다.

[4] 부당지원행위로서의 해외채권의 매입행위, 전환사채의 전환권행사행위 및 유상

증자 참여행위가 그에 대한 과징금부과기준인 지원금액을 산출하기 어려운 경우에 해당한다고 한 사례.

[5] 부당지원행위 금지제도의 입법 취지와 구 독점규제 및 공정거래에 관한 법률(1999. 12. 28. 법률 제6043호로 개정되기 전의 것) 제23조 제1항 제7호, 제2항, 같은 법 시행령(1999. 3. 31. 대통령령 제16221호로 개정되기 전의 것) 제36조 제1항 [별표] 제10호 (가)목의 규정을 종합하면, 자금을 지원할 의도로 자산이나 용역 등의 거래로 인한 대가인 자금을 변제기 이후에도 회수하지 아니하여 지원객체로 하여금 그 자금을 운용하도록 함으로써 금융상의 이익을 얻게 하는 것과 같은 부작위행위도 자금지원행위에 포함되지만, 부당지원행위에 관한 규정이 1997. 4. 1.부터 시행되었으므로 그 자금의 변제기가 위 규정이 시행되기 이전인 경우에는 위 규정 시행 이후에 지원주체가 적극적으로 변제기를 연장하는 것과 같은 새로운 자금지원행위를 하였다고 볼 만한 사정이 있는 경우에 자금지원행위에 해당한다.

[6] 구 독점규제 및 공정거래에 관한 법률(1999. 12. 28. 법률 제6043호로 개정되기 전의 것) 제23조 제1항 제7호는 '현저히 유리한 조건으로 거래'하여 특수관계인 또는 다른 회사를 지원하는 행위를 지원행위로 규정하고 있고, 같은 조 제2항의 위임에 기한 같은 법 시행령 제36조 제1항 [별표] 제10호는 현저히 낮거나 높은 대가로 제공 또는 거래하거나 현저한 규모로 제공 또는 거래하여 과다한 경제상 이익을 제공함으로써 특수관계인 또는 다른 회사를 지원하는 행위를 지원행위로 규정하고 있는바, 거래의 조건에는 거래되는 상품 또는 역무의 품질, 내용, 규격, 거래수량, 거래횟수, 거래시기, 운송조건, 인도조건, 결제조건, 지불조건, 보증조건 등이 포함되고 그것이 자금, 자산, 인력 거래라고 하여 달리 볼 것은 아니며, 거래규모는 거래수량에 관한 사항으로서 거래조건에 포함된다고 할 수 있고 현실적인 관점에서 경우에 따라서는 유동성의 확보 자체가 긴요한 경우가 적지 않음에 비추어 현저한 규모로 유동성을 확보할 수 있다는 것 자체가 현저히 유리한 조건의 거래가 될 수 있으므로, '현저한 규모로 제공 또는 거래하여 과다한 경제상 이익을 제공'하는 것도 같은 법 제23조 제1항 제7호 소정의 '현저히 유리한 조건의 거래'의 하나라고 볼 수 있을 것이지만, 현저한 규모의 거래라 하여 바로 과다한 경제상 이익을 준 것이라고 할 수 없고 현저한 규모의 거래로 인하여 과다한 경제상 이익을 제공한 것인지 여부는 지원성 거래규모 및 급부와 반대급부의 차이, 지원행위로 인한 경제상 이익, 지원기간, 지원횟수, 지원시기,

지원행위 당시 지원객체가 처한 경제적 상황 등을 종합적으로 고려하여 구체적·개별적으로 판단하여야 한다.

[7] 회사채 중개행위 및 광고비 대지급행위가 부당지원행위의 요건을 충족하는 경우에는 부당지원행위의 규제대상이 될 수 있다고 한 사례.

[8] 한국은행이 발표하는 시중은행의 매월 말 평균 당좌대출금리(일반정상금리)는 당좌대출계약을 기초로 한 일시적 단기성 대출금리로서 정상적인 기업어음 대출금리 등 일반대출금리보다 일반적으로 높기 때문에, 개별정상금리가 일반정상금리를 하회하지 않을 것으로 인정되는 특별한 사정이 없는 한 개별정상금리를 산정하기 어렵다는 이유만으로 바로 일반정상금리를 정상금리로 적용할 수는 없다.

[9] 기업어음 인수와 같은 특정한 자금 또는 자산거래에서 실제적용금리와 정상금리를 비교하는 것은, 당해 거래행위가 지원객체에게 '현저히 유리한 조건'인지 여부와 그로 인하여 지원객체가 속한 관련시장에서 경쟁을 제한하거나 경제력 집중을 야기하는 등으로 공정한 거래를 저해할 우려가 있는지 여부를 판단하기 위한 것이므로, 급부와 반대급부가 현저히 유리한지 여부를 판단하는 기준이 되는 정상금리는 지원주체와 지원객체 사이의 자금거래와 시기, 종류, 규모, 기간, 신용상태 등의 면에서 동일 또는 유사한 상황에서 그 지원객체와 그와 특수관계 없는 독립된 금융기관 사이에 자금거래가 이루어졌다면 적용될 금리, 또는 지원주체와 지원객체 사이의 자금거래와 시기, 종류, 규모, 기간, 신용상태 등의 면에서 동일 또는 유사한 상황에서 특수관계 없는 독립된 자 사이에 자금거래가 이루어졌다면 적용될 금리를 의미하고, 기업어음을 중개기관을 통하여 인수한 경우에 정상할인율과 비교하여야 할 실제할인율은 지원객체에게 제공되는 자금의 실제할인율인 기업어음의 발행할인율을 기준으로 하여야 하는 것이지 발행금액에다가 중개기관에 지급하는 수수료 등 경비를 포함한 지원주체의 매입할인율을 기준으로 할 것이 아니고, 지원금액도 지원주체가 지출한 금액이 아니라 지원객체가 받았거나 받은 것과 동일시할 수 있는 경제상 이익만을 의미하는 것으로 보아야 한다.

참조조문

[1] 구 독점규제 및 공정거래에 관한 법률(1999. 12. 28. 법률 제6043호로 개정되기 전의 것) 제23조 제1항 제7호, 구 독점규제 및 공정거래에 관한 법률 시행령(1999. 3. 31. 대통령령 제16221호로 개정되기 전의 것) 제36조 제1항 [별표] 제10호

[2] 구 독점규제 및 공정거래에 관한 법률(1999. 12. 28. 법률 제6043호로 개정되기 전의 것) 제23조 제1항 제7호, 구 독점규제 및 공정거래에 관한 법률 시행령(1999. 3. 31. 대통령령 제16221호로 개정되기 전의 것) 제36조 제1항 [별표] 제10호

[3] 구 독점규제 및 공정거래에 관한 법률(1999. 12. 28. 법률 제6043호로 개정되기 전의 것) 제23조 제1항 제7호, 제24조의2

[4] 구 독점규제 및 공정거래에 관한 법률(1999. 12. 28. 법률 제6043호로 개정되기 전의 것) 제23조 제1항 제7호, 제24조의2

[5] 구 독점규제 및 공정거래에 관한 법률(1999. 12. 28. 법률 제6043호로 개정되기 전의 것) 제23조 제1항 제7호, 구 독점규제 및 공정거래에 관한 법률 시행령(1999. 3. 31. 대통령령 제16221호로 개정되기 전의 것) 제36조 제1항 [별표] 제10호 (가)목

[6] 구 독점규제 및 공정거래에 관한 법률(1999. 12. 28. 법률 제6043호로 개정되기 전의 것) 제23조 제1항 제7호, 구 독점규제 및 공정거래에 관한 법률 시행령(1999. 3. 31. 대통령령 제16221호로 개정되기 전의 것) 제36조 제1항 [별표] 제10호

[7] 구 독점규제 및 공정거래에 관한 법률(1999. 12. 28. 법률 제6043호로 개정되기 전의 것) 제23조 제1항 제7호

[8] 구 독점규제 및 공정거래에 관한 법률(1999. 12. 28. 법률 제6043호로 개정되기 전의 것) 제23조 제1항 제7호, 구 독점규제 및 공정거래에 관한 법률 시행령(1999. 3. 31. 대통령령 제16221호로 개정되기 전의 것) 제36조 제1항 [별표] 제10호 (가)목

[9] 구 독점규제 및 공정거래에 관한 법률(1999. 12. 28. 법률 제6043호로 개정되기 전의 것) 제23조 제1항 제7호, 구 독점규제 및 공정거래에 관한 법률 시행령(1999. 3. 31. 대통령령 제16221호로 개정되기 전의 것) 제36조 제1항 [별표] 제10호 (가)목

참조판례

[1][2] 대법원 2004. 10. 14. 선고 2001두2881 판결
[1][8] 대법원 2006. 4. 14. 선고 2004두3298 판결
[2][5][8] 대법원 2004. 4. 9. 선고 2001두6197 판결
[2] 대법원 2005. 5. 27. 선고 2004두6099 판결, 대법원 2005. 10. 28. 선고 2003두13441 판결, 대법원 2005. 4. 29. 선고 2004두3281 판결, 대법원 2006. 5. 12. 선고 2004두12315 판결, 대법원 2006. 7. 27. 선고 2004두1186 판결
[5][8] 대법원 2004. 11. 12. 선고 2001두2034 판결, 대법원 2006. 12. 22. 선고 2004두1483 판결
[9] 대법원 2004. 10. 14. 선고 2001두2935 판결, 대법원 2006. 9. 14. 선고 2004두3267 판결

따름판례

대법원 2007. 3. 29. 선고 2005두3561 판결, 대법원 2007. 4. 26. 선고 2005두2766 판결, 대법원 2007. 10. 26. 선고 2005두3172 판결, 대법원 2008. 3. 27. 선고 2005두9972 판결, 대법원 2011. 9. 8. 선고 2009두11911 판결, 대법원 2014. 6. 12. 선고 2013두4255 판결

전 문

【원고, 상고인 겸 피상고인】 푸르덴셜자산운용 주식회사 외 17인
【피고, 피상고인 겸 상고인】 공정거래위원회
【원심판결】 서울고법 2004. 6. 16. 선고 2000누4943 판결
【주 문】

1. 원심판결의 피고 패소 부분 중 원고 현대증권 주식회사의 광고비 대지급에 관한 부분 및 회사채 중개에 관한 부분을 각 파기하고, 이 부분 사건을 서울고등법원에 환송한다.

2. 원고들의 상고와 피고의 원고 푸르덴셜자산운용 주식회사, 현대자동차 주식회사, 주식회사 하이닉스반도체, 현대하이스코 주식회사, 푸르덴셜투자증권 주식회사에 대한 상고 및 원고 현대증권 주식회사에 대한 나머지 상고를 각 기각한다.

3. 원고 현대증권 주식회사를 제외한 나머지 원고들과 피고 사이에 생긴 상고비용은 각자가 부담한다.

【이 유】

1. 원고들만이 상고한 부분에 대하여 본다.

가. 원고 현대중공업 주식회사의 해외채권 고가매입 부분에 대하여

(1) 지원행위 해당 여부

구 독점규제 및 공정거래에 관한 법률(1999. 12. 28. 법률 제6043호로 개정되기 전의 것, 이하 '법'이라 한다) 제23조 제1항, 제2항, 법 시행령(1999. 3. 31. 대통령령 제16221호로 개정되기 전의 것, 이하 같다) 제36조 제1항 [별표] 제10호의 각 규정을 종합하면, 부당한 자금·자산·인력의 지원행위라 함은 '사업자가 부당하게 특수관계인 또는 다른 회사에 대하여 가지급금·대여금·인력·부동산·유가증권·무체재산권 등을 현저히 낮거나 높은 대가로 제공 또는 거래하거나 현저한 규모로 제공 또는 거래하여 과다한 경제상 이익을 제공함으로써 특수관계인 또는 다른 회사를 지원하는 행위로서 공정한 거래를 저해할 우려가 있는 행위'를 말하는바, 여기서 '현저히 낮거나 높은 대가로 제공 또는 거래하거나 현저한 규모로 제공 또는 거래하여 과다한 경제상 이익을 제공'한 것인지 여부를 판단함에 있어서는 급부와 반대급부 사이의 차이는 물론, 지원성 거래규모와 지원행위로 인한 경제상 이익, 지원기간, 지원횟수, 지원시기, 지원행위 당시 지원객체가 처한 경제적 상황 등을 종합적으로 고려하여 구체적·개별적으로 판단하여야 할 것이고(대법원 2004. 4. 9. 선고 2001두6197 판결 등 참조), 지원주체가 지원객체를 지원하기 위한 목적으로서 지원행위를 하되 지원주체와 지원객체와 사이의 직접적이고 현실적인 자산거래나 자금거래행위라는 형식을 회피하기 위한 방편으로 제3자를 매개하여 자산거래나 자금거래행위가 이루어지고 그로 인하여 지원객체에게 실질적으로 경제상 이익이 귀속되는 경우에는 지원행위에 해당한다(대법원 2004. 10. 14. 선고 2001두2881 판결 등 참조).

원심은, 그 채택 증거를 종합하여, 원고 현대중공업 주식회사(이하 '주식회사' 부분을 생략하고, 상호가 변경된 경우 변경 전의 상호를 그대로 사용한다)는 피고에 의하여 대규모

기업집단으로 지정된 「현대」 소속 계열회사인 사실, 원고 현대중공업은 1998. 6. 12. 코리아 맥시마 인베스트먼트(Korea Maxima Investment, 이하 'KOMA'라 한다)로부터 '현대' 소속 계열회사인 원고 현대증권, 현대전자산업, 현대자동차, 현대상선, 합병 전 현대종합금융(현대종합금융은 1999. 2. 11. 강원은행에 흡수합병되었고, 강원은행이 다시 1999. 9. 15. 원고 조흥은행에 흡수합병되었다, 이하 원고 현대증권, 현대전자산업, 현대자동차, 현대상선, 합병 전 현대종합금융 등을 합쳐 '현대증권 등 5개사'라 한다) 등이 사실상 설립한 컨티넨탈 그로쓰 인베스트먼트 엘티디(Continental Growth Investment. LTD, 이하 'COGI'라 한다)의 순자산가치와 연계되어 있는 주식연계형 채권(Equity Linked Note, 이하 '이 사건 해외채권'이라 한다) 169만 매를 1매당 미화 10달러(이하 달러는 미화를 표시한다)의 가격으로 매입하고, 그 대금으로 1,690만 달러(235억 원, 원고 현대중공업의 1997년도 영업이익의 35% 상당임)를 지급한 사실, 한편 COGI는 현대증권 등 5개사가 1996. 9. 12. 최초자본금 10만 달러와 1차 증자 자본금 3,000만 달러를 출자하고 차입금 7,000만 달러로 구성된 역외 펀드로서, 차입에 따른 조건에 의하여 자산총액이 부채총액(7,000만 달러)의 103% 이하로 떨어질 경우 그 자산총액을 부채총액의 105%인 7,350만 달러 이상으로 올려야만 청산을 면할 수 있었는데, 1998. 6. 11. 당시 원고 현대중공업의 출자직전 COGI 자산총액은 19,434,000달러 정도에 불과하여, COGI의 순자산가치는 −50,566,000달러(＝자산총액 19,434,000달러 − 부채총액 7,000만 달러)이고, 따라서 추가적인 자본증가 없이는 청산이 불가피한 상황이었으며, 그 당시 COGI 1주당 가치는 −3.3달러 정도였던 사실, COGI는 위와 같이 청산을 면하기 위하여는 최소한 54,066,000달러의 증자가 필요하게 되었고, 그러자 원고 현대증권은 1996. 5.경 말레이시아 라부안에 설립한 역외 투자전문회사인 KOMA를 통하여 증자를 하게 되었는데, 1998. 6. 12. 합계 7,055만 달러(970억 원) 상당의 이 사건 해외채권 7,055,000매(1매당 10달러이고, 만기는 1999. 9. 30.임)를 발행하여 그중 5,365만 달러 상당의 채권은 COGI의 최초 출자자인 현대증권 등 5개사에 의하여 매입되고, 나머지 1,690만 달러 상당의 채권은 위와 같이 원고 현대중공업에 의하여 매입된 사실 등을 인정한 다음, 현대증권 등 5개사로서는 COGI가 청산되었다면 출자분 각 700만 달러(90억 원 가량)를 상실하게 되고, 원고 현대중공업의 이 사건 해외채권 매입행위가 없었다면 청산방지를 위한 추가 출자가 불가피하였던 점, 원고 현대중공업이 KOMA로부터 이 사건 해외채권을 매입하였으나 이는 실질적으로 역외 펀드의 구조를 이용한 우회적인 지원행위로 볼 수 있는 점, 원고 현대중공업이 이 사건 해외채권을 환매하여 얻은 원화기준 약 9.96%의 수익률은 3년물 국고채(연 15.45%)나 회사채(연 16.8%)보다 훨씬 적은 수익률이어서 이 사건 해외채권 매입을 정상적인 투자활동으로 보기는 어려운 점 등의 사정에 비추어 보면, 이 사건 해외채권 매입 당시 COGI의 1주당 가치가 −3.3달러이고, 청산위기에 있었음에도 원고 현대중공업의 출자행위로 인하여 지원객체인 현대증권 등 5개사로 하여금 COGI의 청산에 따른 투자손실을 방지하게 하였다고 볼 수 있고, 이는 유가증권인 이 사건 해외채권을 현저하게 높은 대가로 거래하여 지원객체인 현대증권 등 5개사에게 과다한 경제상의 이익을 제공한 지원행위로 보아야 한다고 판단하였다.

위 법리와 기록에 비추어 살펴보면, 원심의 위와 같은 사실인정 및 판단은 정당한 것으로 수긍이 가고, 거기에 상고이유 주장과 같은 채증법칙 위반이나 부당지원행위의 성립요건에 관한 법리오해 등의 위법이 있다고 할 수 없다.

(2) 부당성 여부

지원행위가 부당성을 갖는지 여부를 판단함에 있어서는 지원주체와 지원객체의 관계, 지원행위의 목적과 의도, 지원객체가 속한 시장의 구조와 특성, 지원성 거래규모와 지원행위로 인한 경제상 이익 및 지원기간, 지원객체가 속한 시장에서의 경쟁제한이나 경제력 집중의 효과 등을 종합적으로 고려하여 당해 지원행위로 인하여 지원객체의 관련 시장에서 경쟁이 저해되거나 경제력 집중이 야기되는 등으로 공정한 거래가 저해될 우려가 있는지 여부에 따라 판단하여야 한다(대법원 2004. 10. 14. 선고 2001두2881 판결 등 참조).

원심은, 이 사건 해외채권 매입 당시 지원객체들인 현대증권 등 5개사의 열악한 재무상태와 COGI가 청산될 경우 지원객체들이 입게 되는 각 90억 원 가량의 손실 등을 감안하면, 이 사건 해외채권 매입행위는 지원객체들의 자금력의 제고를 가져와 경쟁사업자에 비하여 경쟁여건을 유리하게 하여 공정한 거래를 저해하거나 저해할 우려가 있다는 취지로 판단하였다.

위 법리와 기록에 비추어 살펴보면, 원심의 위와 같은 판단은 정당한 것으로 수긍이 가고, 거기에 상고이유 주장과 같은 부당성에 관한 법리오해 내지 심리미진의 위법이 있다고 할 수 없다.

(3) 지원금액 산정의 위법 여부

법 제23조 제1항 제7호, 제2항, 제24조의2, 법 시행령 제36조 제1항 [별표] 제10호 등 각 규정의 내용에 비추어 보면, 부당지원행위에 대한 과징금부과기준인 '지원금액'이라 함은 지원주체가 지원객체에게 제공하는 경제적 급부의 정상가격에서 그에 대한 대가로 지원객체로부터 받는 경제적 반대급부의 정상가격을 차감한 금액을 말하고, '정상가격'은 지원주체와 지원객체 간에 이루어진 경제적 급부와 동일한 경제적 급부가 시기, 종류, 규모, 기간, 신용상태 등이 유사한 상황에서 특수관계가 없는 독립된 자 간에 이루어졌을 경우 형성되었을 거래가격 등을 말한다.

위 법리와 관계 법령에 비추어 기록을 살펴보면, 이 사건 해외채권 발행 당시 이 사건 해외채권과 종류, 규모, 기간, 신용상태 등이 유사한 상황에서 특수관계가 없는 독립된 자 간에 채권 발행·인수의 사례가 있었음을 인정할 자료가 없어 이 사건 해외채권은 그 '정상가격'을 산정할 수 없고, 그 결과 이 사건 해외채권 매입행위는 지원금액을 산출하기 어려운 경우에 해당한다고 할 것이다.

이 사건 해외채권 매입행위와 관련된 피고의 처분이 적법하다고 본 원심의 판단에는 위와 같은 취지의 판단이 포함된 것이라 할 것이고, 거기에 상고이유 주장과 같은 지원금액 산정방법에 관한 법리오해의 위법이 있다고 할 수 없다.

나. 원고 현대자동차 등의 전환사채 전환 부분에 대하여

(1) 전환사채의 전환행위가 부당지원행위의 규제대상이 되는지 여부

원심은, 법 제23조 제1항 제7호 소정의 지원행위는 지원주체가 지원객체에게 직접 또는 간접으로 제공하는 경제적 급부의 정상가격이 그에 대한 대가로 지원객체로부터 받는 경제

적 반대급부의 정상가격보다 높은 경우(무상제공 또는 무상이전의 경우를 포함)에 이루어지는 것으로 지원주체가 지원객체에게 경제상 이익을 제공하는 것을 말한다고 할 것인바, 이미 인수한 전환사채의 경우 그 전환권행사 여부가 전환사채권자의 일방적 의사에 의하여 이루어지는 것이라 하더라도 이는 실질적으로 전환사채와 주식을 교환하는 일종의 거래행위에 다름 아닌 것으로서 전환권행사를 이용하여 지원객체에게 경제활동의 정상성에 반하는 부당한 경제상의 이익을 제공하는 것이라면, 이는 법 제23조 제1항 제7호 소정의 지원행위가 될 수 있다는 취지로 판단하였다.

관계 법령과 기록에 비추어 살펴보면, 원심의 위와 같은 판단은 정당한 것으로 수긍이 가고, 거기에 상고이유 주장과 같은 전환사채의 전환권행사가 부당지원행위의 규제대상이 될 수 있는지 여부에 관한 법리오해의 위법이 있다고 할 수 없다.

(2) 지원행위 해당 여부

원심은, 그 채택 증거를 종합하여 판시와 같은 사실을 인정한 다음, 전환권행사 당시 대한알루미늄공업 내지 금강개발산업의 주가가 전환사채의 장부가액을 실현시켜주는 이른바 이익실현주가보다 낮았을 뿐만 아니라 대부분 전환금액이 전환사채의 취득원가에도 미치지 못하였던 점, 대한알루미늄공업의 경우 전환권행사 당시 완전자본잠식상태에 있을 정도로 재무구조가 열악하여 향후 주가의 상승이 기대되기 어려웠던 점, 금강개발산업의 경우 전환자들이 1998. 9. 17.부터 같은 해 12. 16.까지 전환된 주식 합계 281만 주의 73%에 해당하는 주식을 장내 시장에서 시가매도하여 전환자별로 적게는 4억 원에서 많게는 27억 원까지 모두 68억 원의 손해를 입은 점, 전환권행사 당시 금강개발산업으로서는 대규모 기업집단 '현대'로부터의 계열분리가 진행 중이었고 이를 위하여는 계열회사와의 자금대차관계를 해소할 필요성이 있어 그에 필요한 자금수요가 적지 않았을 것으로 보이는 점 등에 비추어 보면, 이 사건 전환사채의 전환권행사가 전환사채권자의 이익의 극대화나 주가의 상승을 예측하여 이루어진 것이라기보다는 대한알루미늄공업 내지 금강개발산업의 부채비율 축소 및 자금상환 부담완화의 차원에서 이루어진 것으로 보이고, 한편 전환패리티는 전환 당시 주가와 전환가격을 비교하는 개념으로 전환 당시의 주가가 전환가격보다 높은 경우 전환권의 행사가 이루어질 가능성이 있다고 할 수 있지만, 전환 당시의 주가가 전환가격보다 높은 경우이더라도 그 차이가 미세할 경우 전환권행사로 인하여 얻을 수 있는 경제적 이익인 전환금액이 장부가액보다 적을 수 있고, 그 경우 전환권이 적정하게 행사되었다고 볼 수 없어 전환패리티를 기준으로 주가가 전환가격보다 높은 경우에만 지원행위가 된다고 할 수는 없으며, 지원행위에 있어 지원성 및 지원효과는 지원행위 당시를 기준으로 판단하여야 하므로, 주식투자의 시점을 포착하기 어렵고 회사의 경우 이사회결의 등 내부절차를 요한다 하여 직전·직후 1개월 또는 1주간의 최고주가에 의하여 전환금액을 산정할 수는 없다는 등의 사정을 들어 이 사건 전환사채의 전환권행사는 전환권행사를 이용하여 지원객체인 대한알루미늄공업 내지 금강개발산업에게 경제활동의 정상성에 반하는 경제상의 이익을 제공한 것으로서 지원행위에 해당한다는 취지로 판단하였다.

앞서 본 지원행위 해당 여부에 관한 법리와 기록에 비추어 살펴보면, 원심의 위와 같은 사실인정 및 판단은 정당한 것으로 수긍이 가고, 거기에 상고이유 주장과 같은 채증법칙 위반, 이유모순 및 지원행위 해당 여부에 관한 법리오해 등의 위법이 있다고 할 수 없다.

(3) 금강개발산업 발행 전환사채의 전환권행사의 부당성 여부

원심은, 금강개발산업으로서는 계열분리 요건을 충족하기 위하여 전환사채를 만기도래 전이라도 시세가액으로 매입할 수 있고, 그 경우 전환자들이 전환사채를 중도상환 받아 손해를 보지 않고서도 계열분리를 실시할 수 있었을 뿐만 아니라, 전환자들이 제3자에게 전환 사채를 시세가격으로 처분하는 방법으로도 계열분리를 추진할 수도 있었던 점 등에 비추어 보면, 이 사건 전환사채의 전환권행사가 금강개발산업의 계열분리를 위한 것이라는 사정만으로 부당성이 없다고 할 수 없다는 취지로 판단하였다.

앞서 본 부당성에 관한 법리와 기록에 비추어 살펴보면, 원심의 위와 같은 판단은 정당한 것으로 수긍이 가고, 거기에 상고이유 주장과 같은 부당성 여부에 관한 법리오해의 위법이 있다고 할 수 없다.

(4) 대한알루미늄공업 발행의 제38회 전환사채 부분에 대한 이중제재 여부 등

원심은, 피고가 원고 현대엘리베이터, 현대종합상사, 인천제철 및 고려산업개발이 대한알루미늄공업 발행의 제38회 전환사채를 인수한 행위에 대하여 이를 부당지원행위로 보고 그에 대하여 이미 시정조치 및 과징금 부과처분을 한 사실을 인정한 다음, 전환사채의 저가전환으로 인하여 지원객체에게 귀속된 경제상의 이익은 그 시기 및 경쟁제한의 효과에 있어 이에 앞선 전환사채의 인수자체를 통한 지원행위에 있어서의 그것과 전혀 별개의 것으로서 전환사채의 전환권행사가 전환사채의 인수행위와 연속된 것이라 하여 이를 통한 별개의 위반행위까지 1개의 행위로 간주할 수는 없는 것이므로, 전환사채의 인수행위에 대한 제재처분이 있다 하여 전환사채의 전환행위에 대한 제재처분을 2중의 제재로 볼 수는 없으며, 전환사채의 전환행위에 대한 과징금 산정시 반드시 이를 참작하여야 하는 것도 아니라고 판단하였다.

관계 법령과 기록에 비추어 살펴보면, 원심의 위와 같은 판단은 정당하고, 거기에 상고이유 주장과 같은 부당지원행위 및 과징금 산정 등에 관한 법리오해의 위법이 있다고 할 수 없다.

(5) 지원금액 산정의 위법 여부

특정한 자금 또는 자산거래에 있어서 지원금액은 지원주체가 지출한 금액이 아니라 지원객체가 받았거나 받은 것과 동일시할 수 있는 경제상 이익만을 의미하는 것으로 보아야 할 것인바(대법원 2004. 4. 9. 선고 2001두6197 판결 등 참조), 전환사채의 전환권행사는 사채와 주식의 교환이라는 거래행위의 성격 외에 단체법적인 출자행위의 성격도 가지고 있어 전환사채의 전환권행사로 지원객체인 사채발행회사가 얻은 구체적인 경제적 이익을 산정하기 곤란하고, 그 결과 이 사건 전환사채의 전환권행사 행위는 지원금액을 산출하기 어려운 경우에 해당한다고 할 것이다.

이 사건 전환사채의 전환권행사 행위와 관련된 피고의 처분이 적법하다고 본 원심의 판단에는 위와 같은 취지의 판단이 포함된 것이라 할 것이고, 거기에 상고이유 주장과 같은 지원금액 산정방법에 관한 법리오해의 위법이 있다고 할 수 없다.

(6) COGI의 출자회사인 해당 원고들에 대한 과징금 부과의 적법 여부

기록에 의하면, 형식적으로 COGI가 전환사채의 전환권을 행사한 것이지만, 실질적으로는 역외 펀드의 일종인 COGI에 출자한 원고 현대증권 등 해당 원고들이 전환사채의 전환권을 행사하여 COGI를 통하여 우회적으로 지원객체인 대한알루미늄공업 내지 금강개발산업에게 경제상 이익을 제공한 것으로 봄이 상당하므로, COGI 보유의 전환사채의 전환권행사 부분에 대한 과징금을 COGI가 아닌, COGI에 출자한 해당 원고들에 대하여 부과한 피고의 처분은 적법하다고 할 것인바, 같은 취지의 원심의 판단은 정당하고, 거기에 상고이유 주장과 같은 과징금 부과에 관한 법리오해의 위법이 있다고 할 수 없다.

다. 원고 현대건설, 현대정유 등의 유상증자 참여 부분에 대하여

(1) 지원행위 해당 여부

원심은, 그 채택 증거를 종합하여 판시와 같은 사실을 인정한 다음, 이 사건 유상증자 직전·직후에 원고 현대강관 내지 고려산업개발의 주가가 인수가격보다 일시적으로 높았다고 하더라도, 원고 현대강관 내지 고려산업개발의 그 무렵 주가동향에 비추어 볼 때 이 사건 유상증자일인 1998. 12. 30. 당시 가까운 장래에 주가 상승을 기대하기 어려웠을 뿐만 아니라, 재무구조, 주가수준 등에서 원고 현대강관 내지 고려산업개발보다 훨씬 우량한 다른 계열사들이 이 사건 유상증자와 비슷한 시기에 25~30%의 할인율을 적용하여 신주를 발행하였음에도 실권주가 발생된 점에 비추어 보면, 제3자 배정방식이 아닌 공모방식을 취하였을 경우 원고 현대건설, 현대정공 등 이 사건 유상증자 참여 부분 해당 원고들의 이 사건 유상증자에 따른 주식의 인수가격이 특수관계가 없는 일반투자자의 참여를 유인할 수 있는 정도의 가격이었다고는 보기 어려운 점, 합병 전 현대자동차써비스는 1998년도에 2,278억 원이라는 거액의 당기 순손실을 기록하고 있었으며, 부채비율도 514%에 이르면서도 현대강관뿐만 아니라, 고려산업개발의 유상증자에도 참여하였고, 원고 현대건설, 현대산업개발은 당기 순이익의 2배에 달하는 유상증자 주식을 인수한 점, 원고 현대강관의 경우, 냉연공장 건설에 따른 1조 5천억 원의 자금소요로 유상증자 당시 부채가 1조 4천억 원, 부채비율이 813%에 달하는 등 재무구조 악화로 유상증자를 통한 재무구조 개선이 필요하였으며, 유상증자 직전인 1998. 12. 10. 채권은행들이 워크아웃 대상기업으로 확정하였다고 언론에 발표되는 등 대내외적으로 상당히 어려운 경영상태에 처하여 있었으며, 고려산업개발의 경우 부실 계열회사인 현대알루미늄을 합병함에 따라 부채비율이 445.8%에서 547.8%로 높아졌고, 또한 증자 직전 단기차입금이 6,179억 6,600만 원으로 전체차입금의 70%를 차지할 정도로 차입구조가 취약하여 단기부채의 조속한 상환 및 부채비율 축소를 위해서는 유상증자가 필요한 상황이었던 점, 원고 현대강관의 이 사건 유상증자액 1,500억 원은 증자 전 자기자본 2,356억 원의 63.7%, 1998년 매출액 4,746억 원의 31.6%, 1998년 당기 순이익 68억 원의 22배에 달하는 규모이고, 고려산업개발의 이 사건 유상증자액 1,134억 원은 증자 전 자기자본 2,067억 원의 54.8%, 1998년 매출액 6,010억 원의 18.9%, 1998년 당기 순이익 23억 원의 49배에 해당되는 규모인 점 등에 비추어 보면, 원고 현대건설, 현대정공 등 이 사건 유상증자 참여 부분 해당 원고들은 원고 현대강관 내지 고려산업개발 발행의 제3자 배정방식에 의한 유상증자 주식을 현저히 높은 대가인 액면가로 인수하여 지원객체에게

과다한 경제상의 이익을 제공하였다는 취지로 판단하였다.

앞서 본 현저히 유리한 조건에 관한 법리와 기록에 비추어 살펴보면, 원심의 위와 같은 사실인정 및 판단은 정당한 것으로 수긍이 가고, 거기에 상고이유 주장과 같은 채증법칙 위반 및 심리미진, 지원행위 해당 여부에 관한 법리오해 등의 위법이 있다고 할 수 없다.

(2) 부당성 여부

원심은, 이 사건 유상증자에 의한 원고 현대강관 내지 고려산업개발의 재무구조 개선은 자기자본의 확충에 따른 반사적 결과이고, 구조조정 과정에서 이 사건 유상증자가 이루어진 것이라도 이것이 특수관계인의 부당한 지원행위에 힘입어 이루어진 것이라면, 그 지원주체의 행위가 부당하지 않다고 할 수 없다는 취지로 판단하였는바, 앞서 본 부당성에 관한 법리와 기록에 비추어 살펴보면, 원심의 위와 같은 판단은 정당한 것으로 수긍이 가고, 거기에 상고이유 주장과 같은 부당성 여부에 관한 법리오해 등의 위법이 있다고 할 수 없다.

(3) 지원금액 산정의 위법 여부

유상증자에 따른 신주인수는 신주 발행회사와 신주인수인 사이의 주식 또는 주권의 거래 행위로서의 성격 외에 단체법적인 출자행위의 성격도 가지고 있어 신주인수로 지원객체인 신주 발행회사가 얻은 구체적인 경제적 이익을 산정하기 곤란하고, 그 결과 이 사건 유상증자 참여행위는 지원금액을 산출하기 어려운 경우에 해당한다고 할 것이다.

이 사건 유상증자 참여행위와 관련된 피고의 처분이 적법하다고 본 원심의 판단에는 위와 같은 취지의 판단이 포함된 것이라 할 것이고, 거기에 상고이유 주장과 같은 지원금액 산정방법에 관한 법리오해의 위법이 있다고 할 수 없다.

라. 원고 현대건설의 주식 고가매입 부분에 대하여

원심은, 그 채택 증거를 종합하여 판시와 같은 사실을 인정한 다음, 원고 현대건설이 현대중기산업의 구조조정에 관여하는 것과 지원객체인 대한알루미늄공업이 보유하고 있던 현대중기산업의 주식을 고가로 매입하는 것은 별개의 문제이며, 설령 원고 현대건설의 현대중기산업의 주식 매입이 현대중기산업의 구조조정을 위한 것이라 하더라도 부당성이 없다고 볼 수 없는 점, 매입 당시 시행되던 상속세 및 증여세법에 기한 비상장주식 평가방법에 의하여 현대중기산업의 주식가격이 1주당 2,433원으로 평가된 바 있다고 하더라도 이를 퇴출 직전에 있는 기업의 실질적인 주식가격으로는 볼 수 없는 점, 이 사건 주식 매입으로 인한 지원금액이 대한알루미늄공업의 자산 또는 매출액과 비교하면 그리 큰 금액이라 할 수 없으나, 대한알루미늄공업의 그 당시 재무구조가 완전자본잠식상태에 있어 대한알루미늄공업은 다른 계열회사로부터의 자금지원 없이는 독자적인 존립이 사실상 불가능하였던 사정을 고려하면 그 지원효과가 너무 적어 공정거래를 저해할 우려가 없다고 보기는 어려운 점, 이 사건 주식 매입이 퇴출기업으로 선정·발표되기 하루 전에 이루어지고, 매입 1년 가량 후에 현대중기산업이 청산되었으며, 청산 당시 1주당 가액이 181원으로 정하여진 점 등에 비추어 보면, 원고 현대건설은 지원객체인 대한알루미늄공업으로부터 현대중기산업 주식을 고가로 매입하여 지원객체에게 과도한 경제상의 이익을 제공한 것으로서 이는 법 제23조 제1항 제7호 소정의 부당지원행위에 해당한다는 취지로 판단하였다.

앞서 본 지원행위 해당 여부 및 부당성에 관한 법리와 기록에 비추어 살펴보면, 원심의 위와 같은 사실인정 및 판단은 정당한 것으로 수긍이 가고, 거기에 상고이유 주장과 같은 채증법칙 위반 및 이 사건 주식 매입행위의 지원행위 해당 여부 및 부당성 여부에 관한 법리오해 등의 위법이 있다고 할 수 없다.

마. 원고 현대상선의 용역대금 지연수령 부분에 대하여

(1) 부당지원행위 규정 신설 이전 행위에 대한 법의 소급적 적용 여부

부당지원행위 금지제도의 입법 취지와 법 제23조 제1항 제7호, 제2항, 법 시행령 제36조 제1항 [별표] 제10호 (가)목의 규정을 종합하면, 자금을 지원할 의도로 자산이나 용역 등의 거래로 인한 대가인 자금을 변제기 이후에도 회수하지 아니하여 지원객체로 하여금 그 자금을 운용하도록 함으로써 금융상의 이익을 얻게 하는 것과 같은 부작위행위도 자금지원행위에 포함된다고 할 것이지만(대법원 2004. 4. 9. 선고 2001두6197 판결 등 참조), 부당지원행위에 관한 규정이 1997. 4. 1.부터 시행되었으므로 그 자금의 변제기가 위 규정이 시행되기 이전인 경우에는 위 규정 시행 이후에 지원주체가 적극적으로 변제기를 연장하는 것과 같은 새로운 자금지원행위라고 볼 만한 사정이 있는 경우에 자금지원행위에 해당한다고 할 것이다.

기록에 의하면, 원고 현대상선이 현대물류와 원심판결의 〈별지 8〉 기재와 같은 용역내용, 징수수수료 입금조건 등에 관한 용역계약을 체결한 사실, 그런데 원고 현대상선은 징수수수료의 입금에 대한 상호 정산이나 구체적인 합의를 하지 아니하는 등 용역대금의 수령을 지연하여 오다가, 1998. 1. 1. 위 용역계약에 대한 추가약정을 체결하면서, 원고 현대상선이 현대물류로부터 매출액 전액을 수령하는 대신 현대물류에게 추가약정서에서 특정된 운영인건비 등을 정산지급하기로 약정함에 따라, 운영권사용대가의 지급방식을 변경함과 아울러 추가약정의 내용을 최초 계약일에 소급 적용하도록 합의하여, 현대물류의 수수료지급 지체책임을 사실상 면책시킨 사실 등을 알 수 있는바, 위 법리에 비추어 보면, 이 사건 용역대금 중 일부의 변제기가 부당지원행위에 관한 규정이 시행되기 이전에 있었다고 하더라도 위에서 본 바와 같은 새로운 자금지원행위라고 볼 만한 사정이 있으므로 이 사건 용역대금 지연수령행위 전부가 자금지원행위에 해당한다고 할 것이다.

따라서 원심판결에 부당지원행위 규정을 소급 적용하여 판결에 영향을 미친 위법이 있다는 상고이유 주장은 이유 없다.

(2) 부당지원행위 해당 여부 및 지원금액 산정 위법 여부

원심은, 그 채택 증거를 종합하여 판시와 같은 사실을 인정한 다음, 원고 현대상선이 현대물류와 원심판결의 〈별지 8〉 기재와 같은 용역계약을 체결하고 현대물류로부터 그에 따라 지급받아야 할 수수료 등의 금원을 지급받지 않고 방치하여 현대물류로 하여금 이를 그대로 보유, 사용하도록 한 다음 지연수령하는 것은 현대물류로 하여금 수수료 상당액의 자금을 이용할 수 있도록 경제상 이익을 제공한 행위라 할 것인 점, 이 사건 용역계약이 현대물류의 주업종과 무관하다 하더라도 그 당시 현대물류가 3년 연속 적자로 자금사정이 매우 어려운 상황이었던 사정을 감안하면, 원고 현대상선의 지원행위로 인하여 현대물류의 자금력이 제고되고, 경영여건이 개선되어 경쟁조건을 경쟁사업자에 비하여 유리하게 하는 등 소화물일관수송업 시장에서 공정한 거래를 저해하거나 저해할 우려가 있어 보이는 점 등에

비추어 보면, 원고 현대상선의 용역대금 지연수령행위는 법 제23조 제1항 제7호 소정의 부당지원행위에 해당하고, 이러한 경우 그 지원금액은 현대물류가 수수료 상당의 자금을 제3자로부터 차입할 경우 정상금리에 따라 산정한 이자 상당액이라는 취지로 판단하였다.

앞서 본 지원행위 해당 여부 및 부당성, 지원금액에 관한 법리와 기록에 비추어 살펴보면, 원심의 위와 같은 사실인정 및 판단은 정당한 것으로 수긍이 가고, 거기에 상고이유 주장과 같은 채증법칙 위반이나 이 사건 용역대금 지연수령행위의 지원행위 해당 여부 및 부당성 여부, 지원금액 산정방법에 관한 법리오해 등의 위법이 있다고 할 수 없다.

2. 피고만이 상고한 부분에 대하여 본다.

가. 원고 현대투자신탁운용의 이 사건 저리의 연계대출 부분에 대하여

원심은, 그 채택 증거를 종합하여 판시와 같은 사실을 인정한 다음, 정부 당국이 이른바 '12. 12. 증시부양조치'라는 정책을 펴면서 한국투자신탁, 대한투자신탁, 국민투자신탁(국민투자신탁이 상호변경 및 법인분리 등의 절차를 거쳐 원고 현대투자신탁운용과 원고 현대투자신탁증권으로 되었다) 등의 투자신탁회사(이하 '투신사'라 한다)로 하여금 무리하게 주식을 매입하도록 지시하고, 그 이후 주가하락과 차입금에 대한 이자누적으로 투신사의 부실이 초래됨에 따라 그 부실을 해소하기 위하여 국고자금지원 등의 지원을 하였음에도 투신사의 부실이 근본적으로 해소되지 아니하였고, 이에 금융기관에 대하여 연계대출을 원칙적으로 금지하면서도 투신사에게는 예외적으로 허용하는 등 연계대출은 금융당국의 승인하에 이루어진 우회적인 정부지원의 수단으로 볼 수도 있는 점, 이 사건 연계대출 중 어음할인 거래의 경우 금리가 한국증권금융에 의하여 최종적으로 결정되는 고정금리이고, 그 금리는 모든 투신사에 공통적으로 적용되어 원고 현대투자신탁운용의 독자적인 결정에 의하여 원고 현대투자신탁증권에게 저리로 대출을 하였다고 보기 어려운 점, 이른바 IMF 사태 초기 비연계 콜금리는 당시 시행중이던 이자제한법 소정의 제한이율 25%를 상회하는 등 비정상적으로 상승하였고, 그에 반하여 한국증권금융은 시장의 금리를 비교적 안정적으로 반영하던 통화안정증권의 최종호가 수익률을 어음할인율로 결정함에 따라 이 사건 연계대출과 비연계 콜금리 사이에 비교적 큰 폭의 금리 차이가 발생하였으나, 그 이후 금융시장이 안정되어 감에 따라 그 금리 차이가 점차 해소되어, 1998. 12.경부터는 1% 미만의 차이로 좁혀진 점, 1998. 1.부터 1999. 4.까지 기간 동안 원고 현대투자신탁운용의 한국증권금융을 통한 연계대출의 규모(법인분리 전의 것까지 포함)가 경쟁사업자라 할 수 있는 한국투자신탁 주식회사, 대한투자신탁 주식회사보다 더 적은 점, 대출금리를 직접 결정하는 연계 콜론 거래의 경우 대부분은 금리 차이가 미미하여 문제되지 아니하였을 뿐만 아니라, 이 사건 연계 콜론 거래의 경우도 비연계 콜 차입금리보다 10% 가량 낮기는 하나, IMF 이후 금융시장의 경색으로 인하여 거래대상 및 시기에 따른 금리의 변동폭 또한 적지 아니하였던 점 등 연계대출이 허용된 배경, 연계대출의 금리결정 방식과 적용범위, IMF 초기 금리 차이가 발생하게 된 원인 및 그 이후의 사정, 콜론 거래의 금리 차이, 다른 투신사들의 연계대출 규모 등을 종합하여 고려하면, 이 사건 연계대출이 적지 않은 규모이고, 그 금리 역시 시중의 금리보다 다소 저리이기는 하지만, 이 사건 연계대출 행위가 공정한 거래를 저해할 우려가 있는 부당한 지원행위라고 볼 수 없다는 취지로 판단하였다.

앞서 본 부당성에 관한 법리와 기록에 비추어 살펴보면, 원심의 위와 같은 판단은 정당한 것으로 수긍이 가고, 거기에 상고이유 주장과 같은 이 사건 저리의 연계대출 행위의 부당성 여부에 관한 법리오해 등의 위법이 있다고 할 수 없다.

나. 원고 현대투자신탁운용의 이 사건 대출 부분에 대하여

법 제23조 제1항 제7호는 '현저히 유리한 조건으로 거래'하여 특수관계인 또는 다른 회사를 지원하는 행위를 지원행위로 규정하고 있고, 같은 조 제2항의 위임에 기한 법 시행령 제36조 제1항 [별표] 제10호는 현저히 낮거나 높은 대가로 제공 또는 거래하거나 현저한 규모로 제공 또는 거래하여 과다한 경제상 이익을 제공함으로써 특수관계인 또는 다른 회사를 지원하는 행위를 지원행위로 규정하고 있는바, 거래의 조건에는 거래되는 상품 또는 역무의 품질, 내용, 규격, 거래수량, 거래횟수, 거래시기, 운송조건, 인도조건, 결제조건, 지불조건, 보증조건 등이 포함되고 그것이 자금, 자산, 인력 거래라고 하여 달리 볼 것은 아니며, 거래규모는 거래수량에 관한 사항으로서 거래조건에 포함된다고 할 수 있고 현실적인 관점에서 경우에 따라서는 유동성의 확보 자체가 긴요한 경우가 적지 않음에 비추어 현저한 규모로 유동성을 확보할 수 있다는 것 자체가 현저히 유리한 조건의 거래가 될 수 있으므로, '현저한 규모로 제공 또는 거래하여 과다한 경제상 이익을 제공'하는 것도 법 제23조 제1항 제7호 소정의 '현저히 유리한 조건의 거래'의 하나라고 볼 수 있을 것이지만, 현저한 규모의 거래라 하여 바로 과다한 경제상 이익을 준 것이라고 할 수 없고 현저한 규모의 거래로 인하여 과다한 경제상 이익을 제공한 것인지 여부는 지원성 거래규모 및 급부와 반대급부의 차이, 지원행위로 인한 경제상 이익, 지원기간, 지원횟수, 지원시기, 지원행위 당시 지원객체가 처한 경제적 상황 등을 종합적으로 고려하여 구체적·개별적으로 판단하여야 할 것이다.

원심은, 원고 현대투자신탁운용은 1999. 4. 30. 현재 총 1,983개의 펀드를 운영하였고, 그중 바이코리아 펀드가 106개이었는데, 바이코리아 펀드 발매 이후 판매량이 폭발적으로 증가하여 수탁고가 10일 만에 1조 원씩 증가하는 양상이었고, 그에 따라 갑자기 늘어난 잉여 유동자금에 대한 운용처를 찾지 못하던 차에 원고 현대투자신탁증권에게 펀드당 대출한도액을 초과하여 시중 콜금리로 2개월 가량 대출(이하 '이 사건 대출'이라 한다)하였다가 회수한 사실, 이 사건 대출금의 규모가 바이코리아 펀드 1일 평잔금액의 41.5%에 달하고, 원고 현대투자신탁증권의 1998 사업연도 매출액의 138%에 이를 뿐만 아니라, 펀드당 대출한도를 규정한, 1998. 11. 30.자로 신설된 증권투자신탁업감독규정 시행세칙 제39조의3 제2항을 위반하였고, 그 한도 초과액도 7,393억 원에 이른 사실 등에 비추어 보면, 이 사건 대출이 현저한 규모의 거래로서 원고 현대투자신탁증권에게 과다한 경제상 이익을 준 것으로 볼 여지가 없지는 아니하나, 이 사건 대출은 투신사의 부실을 보전하기 위하여 정부 당국에 의하여 허용된 연계대출의 일환으로 이루어졌고, 그 총 대출규모를 보면 앞서 본 이 사건 연계대출 기간보다 오히려 그 규모나 비중이 줄어들었으며, 신탁재산 전체를 놓고 보면 정부 당국이 허용한 10%의 범위 내에서 대출이 이루어진 점, 이 사건 대출 당시 바이코리아 펀드의 폭발적인 판매량 증가로 잉여 유동자금이 있었던 것으로 보이고, 원고 현대투자신탁운용으로서는 원고 현대투자신탁증권에 대한 대출도 그 자금의 적절한 운용방법 중 하나로

볼 수도 있는 점, 원고 현대투자신탁증권이 이 사건 대출 중 한도 초과액을 2개월가량만에 변제한 점에 미루어 보아 이 사건 대출의 규모가 원고 현대투자신탁증권이 정상적으로는 제공받을 수 없는 정도의 규모였다고도 보기 어려운 점, 이 사건 대출이 경쟁사업자인 다른 투신사의 대출규모에 비하여 대규모라는 점을 인정할 아무런 증거가 없는 점, 위 증권투자신탁업감독규정 시행세칙 제39조의3 제2항에 "위탁회사는 신탁재산의 100분의 10을 초과하여 당해 회사의 수익증권 판매회사 … 에 운용지시를 하여서는 아니된다."라고 규정하여 초과대출금지의 대상이 펀드당 신탁재산인지 전체 신탁재산인지 여부가 규정 그 자체에 의하여 명백하게 규정되어 있다고도 볼 수 없고, 원고 현대투자신탁증권이 이 사건 대출 후 2개월만에 자발적으로 한도 초과 부분을 해소한 점에서 보듯이, 원고 현대투자신탁운용의 주장과 같이 관련 법규정을 일시적으로 잘못 해석하여 이 사건 대출이 이루어졌을 가능성도 있어 보이는 점 등의 제반 사정을 참작하면, 이 사건 대출은 법 시행령 제36조 제1항 [별표] 제10호 소정의 '현저한 규모로 제공 또는 거래하여 과다한 경제상 이익을 제공'한 것으로 볼 수 없다는 취지로 판단하였다.

위 법리와 기록에 비추어 살펴보면, 원심의 위와 같은 판단은 정당한 것으로 수긍이 가고, 거기에 법 제23조 제1항 제7호 소정의 '현저히 유리한 조건'의 거래 등에 관한 법리오해의 위법이 있다고 할 수 없다.

다. 원고 현대증권의 회사채 중개행위 부분에 대하여

(1) 원심은, 법 제23조 제1항 제7호 및 제2항의 위임을 받아 부당지원행위의 내용을 정의한 법 시행령 제36조 제1항 [별표] 제10호의 각 규정은 '부당한 자금지원', '부당한 자산지원', '부당한 인력지원'으로 세분하여 각 지원행위의 내용을 정의하고 있고, 여기에 상품·용역을 거래함에 있어서 지급조건을 유리하게 해 주는 경우까지도 포함된다고 보기는 어려우므로, 상품·용역을 거래함에 있어서 정상보다 높은 대가를 지급하여 그 차액 상당의 자금을 지원하는 경우까지 자금·자산·인력을 거래한 경우에 적용되는 위 각 규정을 적용할 수 없다는 전제하에, 피고는 원고 현대증권이 1998. 3. 27. 원고 현대전자산업 발행의 보증전환사채 2,500억 원을 인수·중개하고, 그에 따른 수수료를 지급받음에 있어 정상수수료율보다 현저히 낮은 수수료율을 적용한 것을 부당한 자금지원행위로 보아 이 사건 시정명령 등의 처분을 하였으나 원고 현대증권이 지급받은 수수료는 보증전환사채의 인수·중개라는 용역 제공에 대한 대가이므로 이 부분 피고의 이 사건 시정명령 등의 처분은 위법하다고 판단하였다.

(2) 그러나 원심의 위와 같은 판단은 다음과 같은 이유로 수긍할 수 없다.

상품·용역의 제공 또는 거래라도 그것이 부당지원행위의 요건을 충족하는 경우에는 부당지원행위의 규제대상이 될 수 있다고 할 것이므로(대법원 2004. 10. 14. 선고 2001두2935 판결 등 참조), 원심으로서는 이 사건 회사채 중개행위가 용역의 거래라는 이유만으로 부당지원행위에 해당되지 않는다고 할 것이 아니라, 그 정상적인 거래조건과 실제 거래조건 사이의 차이, 거래규모 및 그로 인한 경제적 이익, 거래기간 및 거래시기, 거래행위 당시 지원객체가 처한 경제적 상황, 거래로 인한 지원객체가 속한 시장에서의 경쟁제한이나 경제력집중의 효과 등을 종합적으로 고려하여 위와 같은 용역의 거래가 '현저히 유리한 조건의 거래'인지, '공정한 거래를 저해할 우려가 있는 행위'인지 등을 살펴 '부당한 자금지원' 등에 해당하는지 여부에 관하여 나아가 판단하였어야 할 것인데도 이에 이르지 아니한 채 위 행위가 용역의 거래라는 이유만으로 부당지원행위에 해당되지 않는다고 보고 이 사건 회사채 중개행위와 관련된 피고의 처분이 위법하다고 판단하고 말았으니, 이러한 원심판결에는 부당지원행위의 규제대상에 관한 법리를 오해하여 판결에 영향을 미친 위법이 있고, 따라서 이를 지적하는 피고의 상고이유 주장은 이유 있다.

라. 원고 현대투자신탁운용의 수익증권 판매보수 지급행위 부분

기록에 의하면, 원고 현대투자신탁증권은 금융산업의 구조개선에 관한 법률(1999. 5. 24. 법률 제5982호로 개정되기 전의 것) 제9조에 의하여 수익증권 판매업무 및 투자신탁 운용업무 중 투자신탁 운용업무를 분리하여야 할 처지에 놓이게 되어 1998. 2. 23. 원고 현대투자신탁운용을 설립하여 1998. 3. 2. 원고 현대투자신탁운용과 사이에 투자신탁 운용업무에 관한 양도양수계약을 한 사실, 원고 현대투자신탁증권과 원고 현대투자신탁운용은 위 양도양수계약을 체결함에 있어 위탁자보수 중 원고 현대투자신탁증권 몫인 판매보수와 원고 현대투자신탁운용 몫인 운용보수의 배분비율(이하 '보수배분비율'이라 한다)에 따른 영업권 가액에 대하여 삼일회계법인에 평가를 의뢰한 바 있는데, 그 평가를 기초로 하여 판매보수 대 운용보수의 비율을 85:15로 정하고 이에 따른 영업권 가액 1,294억 원을 영업권 양도대금으로 정한 사실, 삼일회계법인은 영업권 가액을 평가함에 있어 그 평가가 주로 예측을 기초로 한 것이므로 환경의 변화로 인하여 실제로는 중대한 차이가 있을 수 있다고 전제한 바가 있어 원고 현대투자신탁운용과 원고 현대투자신탁증권은 1998. 5. 20. 수익증권판매대행 계약을 체결하면서 향후 시장상황의 변동에 따라 보수배분비율을 변경하기로 약정한 사실, 그런데 그 후 원고 현대투자신탁운용을 비롯한 투자신탁 운용회사들의 수탁고가 급격히 증가하여 당초 영업권 평가가 잘못되었다는 사실이 드러남에 따라 원고 현대투자신탁운용과 원고 현대투자신탁증권은 1998. 11. 1.부터 전체 영업권 양도가액을 변경하지 아니한 채 판매보수 대 운용보수의 비율만을 90:10으로 변경한 사실, 1998. 11. 1.부터 1999. 4. 30.까지 기간 중 원고 현대투자신탁운용이 원고 현대투자신탁증권에게 지급한 변경된 보수배분비율에 따른 판매보수는 1,618억 원으로서 이는 당초의 보수배분비율에 따른 판매보수 1,528억 원보다 90억 원이 더 많은 사실, 피고는 원고 현대투자신탁운용이 전체 영업권 양도가액을 변경하지 아니한 채 판매보수 대 운용보수 비율만을 90:10으로 변경하여, 1998. 11. 1.부터 1999. 4. 30.까지 기간 중 원고 현대투자신탁증권에게 수익증권 판매보수를 당초 계약한 액수 1,528억 원보다 90억 원이 더 많은 1,618억 원을 더 지급한 행위는 부당지원행위에 해당한다고 보아 시정명령 등을 한 사실 등을 알 수 있다.

앞서 본 바와 같이 위 판매보수의 지급행위가 용역거래라는 이유만으로 법 제23조 제1항 제7호에 규정된 부당지원행위의 규제대상에서 제외되는 것은 아니라고 할 것이나, 위에서 본 위 양도양수계약의 체결경위, 계약의 내용과 보수배분비율 조정에 관한 약정, 계약후 사정의 변경 및 이에 보수배분비율 변경 정도 등에 비추어 보면, 위 약정에 따른 보수배분비율의 변경이 원고 현대투자신탁증권에게 현저히 유리하다고 보기 어렵다.

원심이 원고 현대투자신탁운용의 행위가 부당지원행위에 해당하지 않는다고 한 결론은

정당하고, 거기에 상고이유 주장과 같은 판결에 영향을 미친 이유모순 등의 위법이 있다고 할 수 없다.

마. 원고 현대증권의 이 사건 광고비 대지급 행위 부분에 대하여

(1) 원심은, 그 채택 증거들을 종합하여 판시와 같은 사실을 인정한 다음, 원고 현대증권이 원고 현대투자신탁증권과 공동으로 바이코리아 펀드 판매목표를 100조 원으로 설정하고 그 달성도를 알리는 내용의 광고를 해 오면서, 1999. 3. 2.부터 같은 해 4. 30.까지 바이코리아 펀드 수익증권 판매액의 1 내지 4조 각 단위 돌파 광고를 일간지에 게재하면서 바이코리아 펀드 판매회사로 원고 현대증권과 함께 원고 현대투자신탁증권을 표시하였으면서도 원고 현대투자신탁증권에게 그에 대한 광고비의 분담을 요구함이 없이 자신이 광고비 전액을 지불한 행위는 경제적인 측면에서 보면 위에서 본 자금 또는 자산의 지원행위로 될 여지는 있으나, 원고 현대증권과 원고 현대투자신탁증권 사이에 직접적인 거래관계가 없으며, 원고 현대증권이 일간지 등에 광고를 게재하는 거래행위를 함으로 인하여 원고 현대투자신탁증권이 반사적으로 광고효과를 얻은 것에 불과하므로 부당지원행위라고 할 수 없다는 취지로 판단하였다.

(2) 그러나 원심의 위와 같은 판단은 수긍할 수 없다.

기록에 의하면, 이 사건 광고의 주된 목적은 원고 현대증권과 원고 현대투자신탁증권이 각자 판매하고 있는 바이코리아 펀드의 판매실적을 올리기 위한 것인데, 원고 현대증권은 이 사건 광고에 바이코리아 펀드의 판매회사로 원고 현대증권 자신뿐만 아니라 원고 현대투자신탁증권도 함께 표시하여 원고 현대투자신탁증권과 공동으로 광고를 하는 것과 같은 외관을 창출한 사실을 알 수 있는바, 원고 현대증권이 광고비 전액을 지불한 행위는 그 자체로 원고 현대증권이 원고 현대투자신탁증권에게 경제적 이익을 제공한 행위라 할 것이고, 원고 현대증권은 바이코리아 펀드 판매에 있어서 원고 현대투자신탁증권과 상호 경쟁관계에 있으므로 이 사건 광고의 광고효과가 양 사에 분산되어 상대적으로 불리한 것이 명백함에도 불구하고, 경쟁사의 이름을 광고비 분담 없이 원고 현대증권의 바이코리아 펀드 광고에 판매회사로 원고 현대투자신탁증권을 같이 표시한 것은 영업상의 필요에 의한 것이라기보다는 계열회사인 원고 현대투자신탁증권을 지원할 의도에 기한 것이라고 할 것이고, 이 사건 광고가 원고 현대증권과 원고 현대투자신탁증권 사이의 직접적인 거래관계에 따른 것이 아니라고 하여 원고 현대투자신탁증권에 대한 지원행위가 성립하지 않는다고 할 수 없다(이 사건 광고비 대지급 행위가 지원행위에 해당하기는 하나, 기록에 의하면 피고는 지원객체인 원고 현대투자신탁증권이 바이코리아 펀드의 판매회사로 표시되어 있지 아니한 광고의 광고비까지 포함한 광고비 합계액을 기준으로 지원금액을 산정한 잘못이 있음을 지적해 둔다).

(3) 그럼에도 불구하고, 원심이 이 사건 광고비 대지급 행위를 지원행위라고 할 수 없다고 판단한 것에는 지원행위 해당 여부에 대한 법리를 오해한 위법이 있다고 할 것이고, 따라서 이를 지적하는 피고의 상고이유 주장은 이유 있다.

3. 원고들과 피고가 함께 상고한 부분에 대하여 본다.

가. 원고 현대자동차의 선급금 명목의 무이자 자금대여 부분에 대하여

(1) 부당지원행위의 성립 여부에 대하여

원심은, 그 채택 증거를 종합하여 판시와 같은 사실을 인정한 다음, 원고 현대자동차가 친족독립경영회사인 현대종합금속과 사이에 특별한 거래관계가 없어 거액의 선급금을 지급할 이유가 없음에도 현대종합금속에게 선급금 명목으로 1998년 총매출액의 21%에 달하는 적지 않은 규모인 250억 원을 지급한 것은 선급금 지급을 빙자하여 현대종합금속으로 하여금 자금을 무이자로 이용할 수 있도록 경제상 이익을 제공하고, 이로 인하여 현대종합금속의 자금력을 제고시키고 경영여건을 개선시켜 경쟁조건을 경쟁사업자에 비하여 유리하게 함에 따라 관련 시장에서의 지위를 유지·강화시킴으로써 공정한 거래를 저해하거나 저해할 우려가 있는 부당지원행위에 해당한다는 취지로 판단하였다.

앞서 본 지원행위 해당 여부 및 부당성에 관한 법리와 기록에 비추어 살펴보면, 원심의 위와 같은 사실인정 및 판단은 정당한 것으로 수긍이 가고, 거기에 원고들의 상고이유 주장과 같은 채증법칙 위반 및 부당지원행위에 관한 법리오해 등의 위법이 있다고 할 수 없다.

(2) 지원금액의 산정에 대하여

한국은행이 발표하는 시중은행의 매월 말 평균 당좌대출금리(이는 해당 월말 현재 시중은행의 당좌대출계약에 의하여 실행한 대출액 잔액 전부를 가중평균하여 산출한다. 이하 '일반정상금리'라 한다)는 당좌대출계약을 기초로 한 일시적 단기성 대출금리로서 정상적인 기업어음 대출금리 등 일반대출금리보다 일반적으로 높기 때문에, 개별정상금리가 일반정상금리를 하회하지 않을 것으로 인정되는 특별한 사정이 없는 한 개별정상금리를 산정하기 어렵다는 이유만으로 바로 일반정상금리를 정상금리로 적용할 수는 없다고 할 것이다(대법원 2004. 4. 9. 선고 2001두6197 판결 등 참조).

원심은, 피고는 원고 현대자동차의 무이자 자금대여가 부당지원행위임을 전제로 그에 따른 과징금 산정의 기초가 되는 지원금액을 산정하면서 원심판결의 〈표 24〉 및 〈별지 7〉에서 보는 바와 같이, 현대종합금속이 무이자 자금대여 기간인 1998. 1.부터 같은 해 12.까지의 기간 동안 차입한 위 〈별지 7〉 기재 산업운영자금, 원자재생산자금, 담보대출, 원자재구매자금, 어음할인 대출 중 1998. 10. 및 11.의 차입금리만 정상금리로 인정하고, 나머지는 정책자금이거나 담보대출에 의한 것으로 당시 일반정상금리보다 최고 8.84%까지 낮다는 이유로 이를 정상금리로 보지 아니한 채 나머지 기간 동안에는 일반정상금리를 정상금리로 보아 그에 따른 지원금액을 산정하였으나, 현대종합금속이 1998. 11. 12. 산업은행으로부터 산업운영자금으로 차입한 금리가 12.48%로서, 비슷한 시기에 피고에 의하여 정상금리로 인정된 어음할인금리 10%보다 오히려 높은 점에 비추어 정책금융이라 하여 일반 어음할인을 통한 차입금리보다 반드시 낮다고는 단정할 수 없고, 또한 현대종합금속이 원고 현대자동차로부터 선급금을 지급받은 기간 동안 실제 차입한 정책자금이나 담보대출 이외에는 더 이상 그와 유사한 대출을 받을 수 없다거나, 개별정상금리가 일반정상금리를 하회하지 않을 것으로 인정되는 특별한 사정이 있다는 점에 관한 피고의 주장·입증이 없다는 점 등을 근거로 일반정상금리를 정상금리로 삼아 지원금액을 산정할 수 없다는 취지로 판단하였다.

위 법리와 기록에 비추어 살펴보면, 원심의 위와 같은 판단은 정당한 것으로 수긍이 가고, 거기에 피고의 상고이유 주장과 같은 정상금리에 관한 법리오해의 위법이 있다고 할 수 없다.

나. 원고 현대증권 등의 기업어음 고가인수 부분에 대하여

(1) 대한알루미늄공업 발행의 기업어음 인수 부분

기업어음 인수와 같은 특정한 자금 또는 자산거래에 있어서 실제적용금리와 정상금리를 비교하는 것은, 당해 거래행위가 지원객체에게 '현저히 유리한 조건'인지 여부와 그로 인하여 지원객체가 속한 관련시장에서 경쟁을 제한하거나 경제력 집중을 야기하는 등으로 공정한 거래를 저해할 우려가 있는지 여부를 판단하기 위한 것이므로, 급부와 반대급부가 현저히 유리한지 여부를 판단하는 기준이 되는 정상금리라 함은 지원주체와 지원객체 사이의 자금거래와 시기, 종류, 규모, 기간, 신용상태 등의 면에서 동일 또는 유사한 상황에서 그 지원객체와 그와 특수관계 없는 독립된 금융기관 사이에 자금거래가 이루어졌다면 적용될 금리, 또는 지원주체와 지원객체 사이의 자금거래와 시기, 종류, 규모, 기간, 신용상태 등의 면에서 동일 또는 유사한 상황에서 특수관계 없는 독립된 자 사이에 자금거래가 이루어졌다면 적용될 금리를 의미한다고 할 것이고(대법원 2004. 10. 14. 선고 2001두2935 판결, 대법원 2004. 11. 12. 선고 2001두2034 판결 등 참조), 기업어음을 중개기관을 통하여 인수한 경우에 있어서 정상할인율과 비교하여야 할 실제할인율은 지원객체에게 제공되는 자금의 실제할인율인 기업어음의 발행할인율을 기준으로 하여야 하는 것이지 발행금액에다가 중개기관에 지급하는 수수료 등 경비를 포함한 지원주체의 매입할인율을 기준으로 할 것이 아니고, 지원금액도 지원주체가 지출한 금액이 아니라 지원객체가 받았거나 받은 것과 동일시할 수 있는 경제상 이익만을 의미하는 것으로 보아야 한다(대법원 2004. 4. 9. 선고 2001두6197 판결 등 참조).

원심은, 그 채택 증거를 종합하여 판시와 같은 사실을 인정한 다음, ① 국민투자신탁이 민영화 방침에 따라 대규모 기업집단 '현대'에 편입되어 상호변경을 거쳐 원고 현대투자신탁증권이 되었는데, 법인분리와 함께 1998. 3. 1.자로 투자신탁의 운용업무가 원고 현대투자신탁운용으로 이전되면서 신탁재산이 양도된 것이고, 원심판결 〈별지 6〉에서 보는 바와 같이 국민투자신탁의 매입은 법인분리 이전에 이루어진 것인바, 이와 같이 원고 현대투자신탁증권의 기업어음 인수로 인한 지원행위 이후에 그에 이용된 신탁재산 및 영업권이 포괄적으로 원고 현대투자신탁운용에게 양도되었다고 하여 이미 성립한 공정거래법상 위반행위에 대한 책임까지 원고 현대투자신탁운용에게 전가되는 것은 아니라 할 것이고, ② 만기연장을 위한 대환 형식으로 기업어음이 발행된 경우 이는 구채무의 소멸과 동액의 신채무의 부담이라는 별개의 거래행위라고도 볼 수 있으므로, 대환의 형식으로 기업어음의 인수가 이루어진 경우 그 금액을 합산하여 지원성 거래규모를 산정하였다 하여 거기에 무슨 잘못이 있다고는 할 수 없으며, ③ 개별정상금리는 지원주체와 지원객체 사이의 자금거래와 정상할인율로 삼고자 하는 자금거래의 시기, 종류, 규모, 기간, 신용상태 등을 종합적으로 고려하여 판단하여야 할 것이지, 단순히 거래규모가 적다는 사정만으로 그 자금거래의 할인율을 개별정상금리로 삼을 수 없는 것은 아니라 할 것이어서, 대한알루미늄공업과 울산종합금융

과의 거래실적이 같은 기간 동안 대한알루미늄공업의 총 거래실적의 2.41%에 불과하다고 하여 울산종합금융의 할인율을 정상할인율로 못 볼 바는 아니라 할 것이고, 해당 원고들이 내세우는 한미은행 등 금융기관의 인수할인율은 계열회사의 보증이 있는 어음에 대한 것이어서, 이 사건 무보증어음과 조건에 있어 유사한 경우에 해당하지 아니하여 이를 이 사건 기업어음 인수에 적용할 정상할인율로 볼 수 없다는 취지로 판단하였다.

나아가 원심은, 이 사건 대한알루미늄공업 발행 기업어음 인수가 모두 중개기관을 통하여 이루어진 것이므로 정상할인율과 비교하여야 할 실제할인율은 매입할인율이 아니라 발행할인율이라 할 것인데, 원심판결의 〈별지 6〉 기재의 정상할인율과 발행할인율을 기준으로 대한알루미늄공업 발행의 기업어음 인수행위가 부당지원행위인지 여부를 살펴보면, 위 〈별지 6〉 일련번호 1 내지 35 기재 기업어음 인수의 경우, 원고 현대강관 등 인수자들이 지원객체인 대한알루미늄공업이 비슷한 시기에 비계열 금융기관인 울산종합금융으로부터 독립적으로 차용한 할인율보다 15~3% 낮은 금리(원심이 15~5%라고 한 것은 오기이다)로 대한알루미늄공업 발행의 기업어음을 인수하여 지원객체에게 현저한 경제상의 이익을 제공하였다 할 것이고, 그 당시 대한알루미늄공업의 재무구조와 다른 계열사들의 조직적인 지원행위 등을 감안하면 이러한 기업어음의 고가인수는 대한알루미늄공업의 자금력을 제고시키고, 경쟁사업자에 비하여 경쟁조건을 상당히 유리하게 하거나, 알루미늄압연제품 시장의 유력한 사업자인 대한알루미늄공업의 지위를 유지 또는 강화하여 공정한 경쟁을 저해하거나 저해할 우려가 있는 부당지원행위라 할 것이나, 위 〈별지 6〉 일련번호 36 내지 41 기재 기업어음 인수의 경우 정상할인율과 발행할인율의 차이가 불과 2%에 불과하고, 그 당시 이른바 IMF 사태로 인하여 금융시장이 경색되어 있고 거래대상 및 시기에 따른 금리의 변동폭 또한 적지 아니하였던 점 등에 비추어 원고 현대투자신탁운용이 인수한 일련번호 36 내지 41 기재 기업어음 인수는 현저한 지원행위로 볼 수 없고, 또 정상할인율과 매입할인율의 차이를 산출하여 이를 기준으로 대한알루미늄공업 발행 기업어음 인수에 따른 지원금액을 산정한 것은 잘못이라는 취지로 판단하였다.

위에서 본 법리와 기록에 비추어 살펴보면, 원심의 위와 같은 판단은 정당한 것으로 수긍이 가고, 거기에 각 상고이유의 주장과 같은 지원주체 선정 및 정상금리 산정의 위법 여부, 지원행위의 현저성 및 부당성 여부, 지원성 거래규모 산정의 위법 여부 및 지원금액 산정의 위법 여부 등에 관한 법리오해의 위법이 있다고 할 수 없다.

(2) 금강 발행의 기업어음 인수 부분

원심은, 그 채택 증거를 종합하여 판시와 같은 사실을 인정한 다음, 위에서 본 것과 같은 이유를 들어 이른바 대환 형식으로 거래가 이루어진 경우 이를 합산하여 지원성 거래규모를 산정한 것은 정당하고, 금강이 이 사건 기업어음 발행 내지 유사한 시점에 동종의 기업어음을 원고 현대전자산업이 아닌 제3자에게 발행한 바가 없으므로, 금강 발행의 이 사건 기업어음과 동일자에 이 사건 어음과 같은 형태로 중개기관인 동양종합금융 및 한국종합금융을 통하여 발행·인수된 금강과 신용등급(A2)이 동일한 원고 현대전자산업 등 다른 회사 발행 기업어음의 할인율을 개별정상할인율로 삼은 것에 잘못이 있다 할 수는 없으며, 또한 한국은행 발표의 기업어음 일별 할인율은 신용등급 A1 이상의 발행사가 발행한 기업어음의 거래시장에서의 평균 수익률인데 이를 할인율로 환산하면 금강의 신용등급과 동일한 A2 등급의 할인율보다 대부분 낮으므로 한국은행 발표의 기업어음 일별 할인율을 금강 발행의 이 사건 기업어음 중 일부의 정상할인율로 삼은 것에 잘못이 있다고 할 수 없다는 취지로 판단하였다.

나아가 원심은, 이 사건 금강 발행 기업어음 인수 역시 중개기관을 통하여 이루어진 것이므로 정상할인율과 비교하여야 할 실제할인율은 매입할인율이 아니라 발행할인율이라 할 것인데, 원심판결의 〈표 13〉 기재의 정상할인율과 발행할인율을 기준으로 금강 발행의 기업어음 인수행위가 부당지원행위인지 여부를 살펴보면, 정상할인율과 발행할인율의 차이가 6.45% 내지 24.86%이고, 그 당시 금강이 건축경기 부진으로 매출액이 격감하고 환율 상승으로 인한 외화부채 원리금 상환부담이 증가하는 등 자금수급 사정이 매우 어려웠던 점, 기업어음 매입총액 1,942억 원은 금강의 1998년 매출액의 36.3%에 이르는 적지 않은 규모이며, 원고 현대전자산업 역시 1997년 당기순손실이 1,835억 원에 이를 정도로 재무구조가 열악하였던 점 등을 감안하면, 원고 현대전자산업이 금강 발행 기업어음을 정상할인율보다 6.45~24.89% 정도 낮은 금리로 인수하여 지원객체에게 현저한 경제상의 이익을 제공하였다 할 것이고, 이로 인하여 지원객체의 자금력을 제고시키고, 경쟁사업자에 비하여 경쟁조건을 상당히 유리하게 하거나, 관련시장인 건자재 및 판유리 시장에서 유력한 사업자의 지위를 유지·강화하여 공정한 경쟁을 저해하거나 저해할 우려가 있는 부당지원행위를 하였다고 할 것이나, 정상할인율과 매입할인율의 차이를 산출하여 이를 기준으로 금강 발행 기업어음 인수에 따른 지원금액을 산정한 것은 잘못이라는 취지로 판단하였다.

위에서 본 법리와 기록에 비추어 살펴보면, 원심의 위와 같은 판단은 정당한 것으로 수긍이 가고, 거기에 각 상고이유 주장과 같은 지원주체 선정, 정상금리 산정의 위법 여부, 지원행위의 현저성 및 부당성 여부, 지원성 거래규모 산정의 위법 여부 및 지원금액 산정의 위법 여부 등에 관한 법리오해의 위법이 있다고 할 수 없다.

4. 결 론

그러므로 원심판결의 피고 패소 부분 중 원고 현대증권의 광고비 대지급에 관한 부분 및 회사채 중개에 관한 부분을 각 파기하고, 이 부분 사건을 다시 심리·판단하게 하기 위하여 원심법원에 환송하며, 원고들의 상고와 피고의 원고 푸르덴셜자산운영(현대투자신탁운용), 현대자동차, 하이닉스반도체(현대전자산업), 현대하이스코(현대강관), 푸르덴셜투자증권(현대투자신탁증권)에 대한 상고 및 원고 현대증권에 대한 나머지 상고를 각 기각하기로 하여 관여 법관의 일치된 의견으로 주문과 같이 판결한다.

대법관　　김지형(재판장)　고현철(주심)　양승태　전수안

║ 참조문헌 ║

홍명수, "현저한 규모에 의한 지원행위(물량몰아주기)의 규제 법리 고찰", 특별법연구 10권, 사법발전재단(2012)

(17) 대법원 2004. 3. 12. 선고 2001두7220 판결 [계열분리회사 지원행위 사건] (부당한 지원행위)

판시사항

[1] 구 독점규제 및 공정거래에 관한 법률 제23조 제1항 제7호 및 같은법시행령 제 36조 제1항 관련 [별표 1]의 제10호 소정의 부당지원행위의 지원객체인 '다른 회사'가 대규모기업집단의 계열회사로만 한정되는 것인지 여부(소극)

[2] 지원객체인 회사가 발행한 기업어음을 제3자인 회사를 매개로 하여 우회적으로 그 회사에게 현저하게 유리한 조건으로 인수하는 행위가 구 독점규제 및 공정거래에 관한 법률 제23조 제1항 제7호 소정의 부당지원행위에 해당한다고 한 사례

[3] 구 독점규제 및 공정거래에 관한 법률 제23조 제1항 제7호 소정의 부당지원행위가 성립하기 위한 요건인 지원주체의 지원객체에 대한 지원행위가 부당성을 갖는지 여부에 관한 판단 기준

[4] 구 독점규제 및 공정거래에 관한 법률 제23조 제1항 제7호 소정의 부당지원행위에 대한 과징금이 헌법에 위반되는지 여부(소극)

[5] 구 독점규제 및 공정거래에 관한 법률 시행령 [별표 2] 제8호 소정의 '지원금액'의 의미

[6] 부당지원행위에 대한 공정거래위원회의 과징금납부명령이 정상금리와 실제적용금리의 위법한 산정에 기한 지원금액 산정의 잘못으로 인하여 과징금이 과다하게 부과되었다는 이유로 위법하다고 한 사례

판결요지

[1] 구 독점규제 및 공정거래에 관한 법률(1999. 12. 28. 법률 제6043호로 개정되기 전의 것) 제23조 제1항 제7호 및 같은법시행령(2002. 3. 30. 대통령령 제17564호로 개정되기 전의 것) 제36조 제1항 관련 [별표 1]의 제10호는 부당지원행위의 지원객체에 '특수관계인'과 더불어 '다른 회사'가 포함됨을 명시적으로 규정하고 있고, 부당지원행위 금지의 입법 취지가 경제력집중의 방지와 아울러 공정한 거래질서의 확립에 있는 점과, 헌법 제119조 제2항이 국가로 하여금 시장의 지배와 경제력의 남용을 방지하기 위하여 경제에 관한 규제와 조정을 할 수 있다고 규정하

고 있는 점에 비추어 볼 때, 부당지원행위의 객체인 '다른 회사'는 대규모기업집단의 계열회사로만 한정되는 것은 아니라고 할 것이고, 이와 같이 해석한다고 하여 국민의 재산권의 본질적인 부분을 침해하거나 사적 자치의 원칙을 훼손하는 것은 아니다.

[2] 지원객체인 회사가 발행한 기업어음을 제3자인 회사를 매개로 하여 우회적으로 그 회사에게 현저하게 유리한 조건으로 인수하는 행위가 구 독점규제 및 공정거래에 관한 법률(1999. 12. 28. 법률 제6043호로 개정되기 전의 것) 제23조 제1항 제7호 소정의 부당지원행위에 해당한다고 한 사례.

[3] 구 독점규제 및 공정거래에 관한 법률(1999. 12. 28. 법률 제6043호로 개정되기 전의 것) 제23조 제1항 제7호 소정의 부당지원행위가 성립하기 위하여는 지원주체의 지원객체에 대한 지원행위가 부당하게 이루어져야 하는바, 지원주체의 지원객체에 대한 지원행위가 부당성을 갖는지 유무를 판단함에 있어서는 지원주체와 지원객체와의 관계, 지원행위의 목적과 의도, 지원객체가 속한 시장의 구조와 특성, 지원성 거래규모와 지원행위로 인한 경제상 이익 및 지원기간, 지원행위로 인하여 지원객체가 속한 시장에서의 경쟁제한이나 경제력 집중의 효과 등은 물론 중소기업 및 여타 경쟁사업자의 경쟁능력과 경쟁여건의 변화 정도, 지원행위 전후의 지원객체의 시장점유율의 추이, 시장개방의 정도 등을 종합적으로 고려하여 당해 지원행위로 인하여 지원객체의 관련 시장에서 경쟁이 저해되거나 경제력 집중이 야기되는 등으로 공정한 거래가 저해될 우려가 있는지 여부에 따라 판단하여야 한다.

[4] 부당지원행위에 대한 과징금은 부당지원행위 억지라는 행정목적을 실현하기 위한 행정상 제재금으로서의 기본적 성격에 부당이득환수적 요소도 부가되어 있는 것으로서, 이중처벌금지원칙에 위반된다거나 무죄추정의 원칙에 위반된다고 할 수 없고, 구 독점규제 및 공정거래에 관한 법률(1999. 12. 28. 법률 제6043호로 개정되기 전의 것) 제24조의2가 지원주체에 대하여 과징금을 부과하도록 정한 것은 입법자의 정책판단에 기한 것이고, 반드시 지원객체에 대하여 과징금을 부과하는 것만이 입법목적 달성을 위한 적절한 수단이 된다고 할 수 없으며, 과징금액의 산정에 있어서 지원주체의 매출액에 대한 일정한 비율의 한도 내에서 과징금을 부과하도록 하고 있으나, 공정거래위원회로서는 같은 법 제55조의3 제1항에 정한 각 사유를 참작하여 개별 부당지원행위의 불법의 정도에 비례하는 상당한 금액의 범위 내에서만 과징금을 부과할 의무가 있다는 점 등을 고려하면, 비례

원칙에 위배된다고도 할 수 없다.

[5] 구 독점규제 및 공정거래에 관한 법률 시행령(2002. 3. 30. 대통령령 제17564호로 개정되기 전의 것) [별표 2] 제8호 소정의 '지원금액'은 지원행위와 관련하여 지원 주체가 지출한 금액 중 지원객체가 속한 시장에서 경쟁을 제한하거나 경제력 집 중을 야기하는 등으로 공정한 거래를 저해할 우려가 있는 '지원객체가 받았거나 받은 것과 동일시할 수 있는 경제적 이익'만을 의미하는 것이지 지원과정에서 부수적으로 제3자에게 지출한 비용은 포함되지 않는다.

[6] 부당지원행위에 대한 공정거래위원회의 과징금납부명령이 정상금리와 실제적용 금리의 위법한 산정에 기한 지원금액 산정의 잘못으로 인하여 과징금이 과다하 게 부과되었다는 이유로 위법하다고 한 사례.

참조조문

[1] 구 독점규제 및 공정거래에 관한 법률(1999. 12. 28. 법률 제6043호로 개정되기 전의 것) 제23조 제1항 제7호, 구 독점규제 및 공정거래에 관한 법률 시행령(2002. 3. 30. 대통령 령 제17564호로 개정되기 전의 것) 제36조 제1항 [별표 1] 제10호, 헌법 제119조 제2항

[2] 구 독점규제 및 공정거래에 관한 법률(1999. 12. 28. 법률 제6043호로 개정되기 전의 것) 제23조 제1항 제7호, 구 독점규제 및 공정거래에 관한 법률 시행령(2002. 3. 30. 대통령 령 제17564호로 개정되기 전의 것) 제36조 제1항 [별표 1] 제10호

[3] 구 독점규제 및 공정거래에 관한 법률(1999. 12. 28. 법률 제6043호로 개정되기 전의 것) 제23조 제1항 제7호

[4] 구 독점규제 및 공정거래에 관한 법률(1999. 12. 28. 법률 제6043호로 개정되기 전의 것) 제23조 제1항 제7호, 제24조의2, 제55조의3, 구 독점규제 및 공정거래에 관한 법률 시행 령(2002. 3. 30. 대통령령 제17564호로 개정되기 전의 것) 제36조 제1항 [별표 1] 제10호

[5] 구 독점규제 및 공정거래에 관한 법률 시행령(2002. 3. 30. 대통령령 제17564호로 개정 되기 전의 것) 제61조 제1항 [별표 2] 제8호

[6] 구 독점규제 및 공정거래에 관한 법률(1999. 12. 28. 법률 제6043호로 개정되기 전의 것) 제23조 제1항 제7호, 제24조의2, 제55조의3, 구 독점규제 및 공정거래에 관한 법률 시행 령(2002. 3. 30. 대통령령 제17564호로 개정되기 전의 것) 제61조 제1항 [별표 2] 제8호

따름판례

대법원 2004. 4. 9. 선고 2001두6197 판결, 대법원 2004. 4. 23. 선고 2001두6517 판결, 대법원 2004. 9. 24. 선고 2001두6364 판결, 대법원 2004. 10. 14. 선고 2001두2881 판결, 대법원 2004. 10. 14. 선고 2001두2935 판결, 대법원 2004. 11. 12. 선고 2001두2034 판결, 대법원 2005. 4. 29. 선고 2004두3281 판결, 대법원 2005. 10. 28. 선고 2003두13441 판결, 대법원 2006. 4. 14. 선고 2004두3298 판결, 대법원 2006. 5. 26. 선고 2004두3014 판결,

대법원 2006. 9. 8. 선고 2004두2202 판결, 대법원 2006. 10. 27. 선고 2004두3274 판결

전 문

【원고, 상고인】 에스케이씨앤씨 주식회사

【피고, 피상고인】 공정거래위원회

【원심판결】 서울고법 2001. 7. 24. 선고 2000누11064 판결

【주 문】

원심판결 중 법위반사실의 공표명령 부분을 파기하고, 이 부분 소를 각하한다. 원심판결 중 과징금납부명령 부분과 1999. 7. 30. 한국종합금융 주식회사가 에스케이엠 주식회사 발행의 기업어음을 매입한 행위가 원고의 에스케이엠 주식회사에 대한 부당지원행위임을 전제로 한 시정명령 부분을 파기하여, 이 부분 사건을 서울고등법원에 환송한다. 나머지 상고를 기각한다.

【이 유】

1. 법위반사실의 공표명령 부분에 대하여

직권으로 보건대, 기록에 의하면 피고는 이 사건이 당심에 계속중이던 2002. 3. 8. 이 사건 처분 중 법위반사실의 공표명령 부분을 직권으로 취소한 사실을 알 수 있는바, 그렇다면 이 부분에 대하여는 원고가 그 취소를 구할 소의 이익이 없어졌다 할 것이다.

2. 부당지원행위의 지원객체에 대하여

독점규제 및 공정거래에 관한 법률(이하 '법'이라 한다) 제23조 제1항 제7호 및 법 시행령 제36조 제1항 관련 [별표 1]의 제10호는 부당지원행위의 지원객체에 '특수관계인'과 더불어 '다른 회사'가 포함됨을 명시적으로 규정하고 있고, 부당지원행위 금지의 입법 취지가 경제력집중의 방지와 아울러 공정한 거래질서의 확립에 있는 점과, 헌법 제119조 제2항이 국가로 하여금 시장의 지배와 경제력의 남용을 방지하기 위하여 경제에 관한 규제와 조정을 할 수 있다고 규정하고 있는 점에 비추어 볼 때, 부당지원행위의 객체인 '다른 회사'는 대규모기업집단의 계열회사로만 한정되는 것은 아니라고 할 것이고, 이와 같이 해석한다고 하여 국민의 재산권의 본질적인 부분을 침해하거나 사적자치의 원칙을 훼손하는 것은 아니다.

같은 취지의 원심 판단은 정당하고, 거기에 상고이유의 주장과 같은 부당지원행위의 지원객체에 관한 법리를 오해한 위법이 없다.

3. 부당지원행위의 성립에 대하여

가. 우회적 지원행위

원심판결 이유에 의하면, 원심은, 1998. 11. 30.부터 1999. 8. 6.까지의 기간 중 원고가 한국종합금융 주식회사(이하 '한국종금'이라 한다) 발행의 기업어음 합계 393억 2천만 원(약 48억 원 내지 50억 원씩 8회)을 연 6.0~8.5%의 할인율로 매입하고, 한국종금이 같은 기간 중 소외 에스케이엠 주식회사(이하 '소외 회사'라 한다)가 발행한 기업어음 440억 7천만 원(47억 6,800만 원 내지 49억 9,500만 원씩 9회)을 연 7.0~9.5%의 할인율로 매입한 것은,

원고가 소외 회사 발행의 기업어음을 한국종금을 통한 우회적인 방법으로 정상할인율보다 현저히 낮은 할인율로 인수하여 소외 회사에게 과다한 경제상 이익을 제공함으로써 소외 회사를 지원한 행위라는 전제하에서, 이 사건 시정명령 및 과징금납부명령이 적법하다고 판단하였다.

기록에 비추어 살펴보면, 1998. 11. 30.부터 1999. 7. 7.까지의 판시행위는 원고와 소외 회사 사이의 직접적인 자산거래행위는 아니지만, 실질적으로는 원고가 소외 회사를 지원할 의도하에 한국종금 발행의 기업어음을 매입하고 한국종금으로 하여금 원고의 판시 매입행위와 동일 또는 유사한 시점에 그 매출금액의 범위 내에서 소외 회사 발행의 기업어음을 소외 회사에게 현저히 유리한 조건으로 매입하도록 함으로써 제3자인 한국종금을 매개로 하여 우회적으로 소외 회사를 지원하는 행위에 해당한다고 할 것이므로, 같은 취지의 이 부분 원심판결은 정당하나, 한국종금이 1999. 7. 30. 소외 회사 발행의 기업어음 49억 9,500만 원을 연 7.0%의 할인율로 매입한 행위는 원고의 매입행위 없이 한국종금이 소외 회사의 기업어음을 매입한 것이고 원고와 한국종금 사이에 소외 회사를 지원하기로 하는 의사의 연락이 있었다고 인정할 자료도 없어 우회적 지원행위에 해당한다고 볼 수 없으므로, 이 부분 원심판결에는 지원행위의 성립에 관한 법리를 오해하거나 채증법칙을 위배한 위법이 있다고 할 것이다.

나. 부당성

법 제23조 제1항 제7호 소정의 부당지원행위가 성립하기 위하여는 지원주체의 지원객체에 대한 지원행위가 부당하게 이루어져야 하는바, 지원주체의 지원객체에 대한 지원행위가 부당성을 갖는지 유무를 판단함에 있어서는 지원주체와 지원객체와의 관계, 지원행위의 목적과 의도, 지원객체가 속한 시장의 구조와 특성, 지원성 거래규모와 지원행위로 인한 경제상 이익 및 지원기간, 지원행위로 인하여 지원객체가 속한 시장에서의 경쟁제한이나 경제력집중의 효과 등은 물론 중소기업 및 여타 경쟁사업자의 경쟁능력과 경쟁여건의 변화 정도, 지원행위 전후의 지원객체의 시장점유율의 추이, 시장개방의 정도 등을 종합적으로 고려하여 당해 지원행위로 인하여 지원객체의 관련 시장에서 경쟁이 저해되거나 경제력 집중이 야기되는 등으로 공정한 거래가 저해될 우려가 있는지 여부에 따라 판단하여야 할 것이다.

기록에 의하면, 소외 회사는 자기테이프제조업을 주력업종으로 하는 회사로서, 원고가 소속된 대규모기업집단 SK의 친족독립경영회사이지만 통신서비스업을 영위하는 원고와는 아무런 업무적 연관관계가 없는 점, 소외 회사는 1998년 말 당시 IMF 사태 이후 수익성이 악화되어 6억 9,300만 원의 당기순손실을 기록하며 적자로 전환되었고 부채규모가 1997년에 대비하여 30% 이상 증가하는 등 재무구조가 부실화되고 자금사정이 악화된 점, 원고가 1998. 11. 30.부터 1999. 7. 7.까지 원심 판시와 같이 한국종금을 통한 우회적인 방법으로 매입한 소외 회사 발행의 기업어음은 소외 회사의 자본금 및 1998년도 매출액에 비추어 현저한 규모에 이르는 점 등을 알 수 있는바, 위 기간 동안 원고의 판시행위는 소외 회사의 금융부담을 줄이고 자금사정을 개선시켜 경쟁사업자에 비해 경쟁조건을 유리하게 하고 소외 회사의 관련 시장에서 유력한 사업자의 지위를 유지 또는 강화시킬 우려가 있는 지원행위로서 부당성이 인정된다고 할 것이다.

같은 취지의 원심 판단은 정당하고, 위 지원행위로부터 약 4개월 후에 소외 회사가 경영수지 및 자금사정의 악화 등으로 은행거래가 정지되고 회사정리절차개시결정을 받았다는 사정이 있다고 하더라도 달리 볼 것은 아니다. 이 부분 원심판결에 상고이유의 주장과 같은 '공정한 거래를 저해할 우려'에 관한 법리를 오해한 위법이 없다.

4. 과징금납부명령에 대하여

가. 근거 규정의 위헌성 여부

부당지원행위에 대한 과징금은 부당지원행위 억지라는 행정목적을 실현하기 위한 행정상 제재금으로서의 기본적 성격에 부당이득환수적 요소도 부가되어 있는 것으로서, 이중처벌금지원칙에 위반된다거나 무죄추정의 원칙에 위반된다고 할 수 없다.

그리고 법 제24조의2가 지원주체에 대하여 과징금을 부과하도록 정한 것은 입법자의 정책판단에 기한 것이고, 반드시 지원객체에 대하여 과징금을 부과하는 것만이 입법목적 달성을 위한 적절한 수단이 된다고 할 수 없으며, 과징금액의 산정에 있어서 지원주체의 매출액에 대한 일정한 비율의 한도 내에서 과징금을 부과하도록 하고 있으나, 피고로서는 법 제55조의3 제1항에 정한 각 사유를 참작하여 개별 부당지원행위의 불법의 정도에 비례하는 상당한 금액의 범위 내에서만 과징금을 부과할 의무가 있다는 점 등을 고려하면, 비례원칙에 위배된다고도 할 수 없다.

위 법리에 비추어 보면, 법 제24조의2가 헌법에 위배되지 아니함을 전제로 이 사건 과징금액의 적정 여부에 대한 판단에 나아간 원심의 조치는 정당하고, 거기에 과징금납부명령의 근거가 되는 위 규정의 위헌성 여부에 관한 법리를 오해한 위법이 없다.

나. 과징금납부명령의 전제로서 지원금액의 산정

(1) 정상금리의 산정

원심판결 이유에 의하면, 원심은 원고가 1999. 5. 7.과 6. 7. 한국종금 발행의 기업어음을 매입한 금액의 범위 내에서 한국종금으로 하여금 같은 해 5. 3.과 6. 3. 소외 회사 발행의 기업어음을 매입하도록 함으로써 우회적으로 소외 회사를 지원한 행위에 대하여, 당해 자금거래와 시기, 종류, 규모, 기간, 신용상태 등이 유사한 상황에서 당해 지원객체가 그와 특수관계가 없는 금융기관과 사이에 지원주체의 지원 없이 자금거래가 이루어졌다면 적용될 금리(이하 '개별정상금리'라 한다)를 산정하기 어려운 경우에 해당하므로, 한국은행이 발표한 시중은행의 매월 말 평균 당좌대출금리를 정상금리로 적용한 것은 옳고, 한국은행이 발표한 종금사의 기업어음 가중평균 할인금리(이하 '기업어음 평균할인금리'라 한다)는 신용평가기관에 의한 신용등급 등에 비추어 신용상태가 지원객체와 유사하다고 인정할 수 있는 회사의 개별정상금리에 해당하지 않는다고 판단하였다.

기록에 의하면, 위 기업어음 평균할인금리는 각 신용등급별로 4개의 업체만을 표본추출하여 조사한 수치에 불과하여 소외 회사의 개별정상금리로 보기 어려우나 그 변동추이는 피고가 적용한 개별정상금리와 더불어 소외 회사의 정상금리 산정을 위한 참고자료로 삼을 수는 있다고 할 것인데, 소외 회사의 개별정상금리는 피고가 적용한 바에 의하더라도 1998. 11. 말부터 1999. 4. 초까지 계속 하락한 데다가 1999. 7. 초에는 같은 해 4. 초보다 더 하락하였고 위 기업어음 평균할인금리도 위 각 개별정상금리보다 다소 낮은 수준이기는 하지만 같은 추세에 있었던 점, 1999. 7. 초에는 소외 회사의 개별정상금리가 위 기업어음 평균할인금리보다 더 낮은 수준으로 떨어진 점을 알 수 있는바, 그렇다면 적어도 1999. 5. 초와 6. 초 소외 회사의 정상금리는 같은 해 4. 초 소외 회사의 개별정상금리로 피고가 적용한 것보다 낮은 수준이어야 할 것이다.

그럼에도 불구하고, 1999. 5. 초 및 6. 초 소외 회사의 신용도가 장기의 자금을 차용할 수 없고 당좌대출과 같은 고율의 단기대출에 의하지 아니하고는 자금을 조달할 수 없을 정도에 이르렀다고 볼 사정에 대한 아무런 입증도 없이 같은 해 4. 초 소외 회사의 개별정상금리보다 더 높은 위 평균 당좌대출금리를 위 각 시점의 정상금리로 적용한 피고의 조치가 적법하다고 한 원심판결에는 정상금리산정에 관한 법리를 오해한 위법이 있다고 할 것이다.

(2) 실제적용금리와 지원금액

원심판결 이유에 의하면, 원심은 법 제23조 제1항 제7호가 지원주체를 수명자로 하여 부당지원행위를 금지하고 있고 또한 법시행령 [별표 2] 제8호가 지원금액을 지원주체에 대하여 부과하는 과징금산정의 기초로 하고 있다는 이유로, 지원금액은 지원주체의 법위반행위와 관련된 금액, 즉 지원주체가 지원객체에 대한 지원을 위하여 지출한 경제적 이익의 총액을 기준으로 산정하여야 한다고 전제한 다음, 원고의 소외 회사에 대한 우회적 지원과정에서 한국종금이 얻은 이익도 원고의 부당지원행위에 관련된 금액으로서 지원금액에 포함되는 것이고, 따라서 피고가 지원금액 산정을 위하여 정상금리와 비교하여야 할 실제적용금리를 원고가 한국종금 발행의 기업어음을 매입한 금리로 본 것은 적법하다고 판단하였다.

그러나 특정한 자금 또는 자산 거래에 있어서 실제적용금리와 정상금리를 비교하는 것은 당해 거래행위가 지원객체에게 '현저히 유리한 조건'인지 여부와 그로 인하여 지원객체가 속한 관련 시장에서 경쟁을 제한하거나 경제력 집중을 야기하는 등으로 공정한 거래를 저해할 우려가 있는지 여부를 판단하기 위한 것이므로, 이 사건에서 정상금리와 비교하여야 할 실제적용금리는 '소외 회사 발행의 기업어음을 한국종금이 매입한 할인율'로 하여야 함에도 불구하고, 원심이 이와 달리 판단한 것에는 실제적용금리 산정에 대한 법리를 오해한 위법이 있다고 할 것이다.

또한, 법시행령 [별표 2]에서 규정하고 있는 '지원금액'은 지원행위와 관련하여 지원주체가 지출한 금액 중 지원객체가 속한 시장에서 경쟁을 제한하거나 경제력 집중을 야기하는 등으로 공정한 거래를 저해할 우려가 있는 '지원객체가 받았거나 받은 것과 동일시할 수 있는 경제적 이익'만을 의미하는 것이지 지원과정에서 부수적으로 제3자에게 지출한 비용은 포함되지 않는다고 할 것이다.

그럼에도 불구하고, 1998. 11. 30.부터 1999. 7. 7.까지 원고의 소외 회사에 대한 지원행위에 있어서 우회지원과정에서의 비용, 즉 원고가 한국종금 발행의 기업어음을 매입한 금리와 한국종금이 소외 회사 발행의 기업어음을 매입한 금리의 차이로 인하여 한국종금에 귀속된 이익에 해당하는 부분도 지원금액에 포함되는 것으로 본 원심의 판단에는 지원금액의 법적 성격에 대한 법리를 오해한 위법도 있다고 할 것이다.

다. 과징금액 산정

법 제24조의2, 법시행령 제9조 제1항은 지원주체의 매출액을 기준으로 과징금을 부과하도록 규정하고 있지만, 피고의 '과징금산정방법및부과지침'에 의하면 부당지원행위에 있어서 지원금액의 합리적 산출이 가능한 경우에는 위 법령이 정한 상한의 범위 내에서 당해 지원금액 이내(지원금액의 합리적 산출이 어려운 경우에는 위 상한의 범위 내에서 거래규모의 10/100 이내)의 금액을 부과하도록 하고 있는데, 위 지침은 피고 내부의 사무처리준칙에 불과하다고 할 것이나 법에서 정한 금액의 범위 내에서 적정한 과징금 산정기준을 마련하기 위하여 제정된 것임에 비추어 피고로서는 위 지침상의 기준 등을 고려한 적절한 액수로 과징금을 정하여야 할 것이고, 이러한 과징금 부과에 있어서 그 기준이 되는 지원금액의 산정이 잘못되어 과징금을 과다하게 부과한 경우에는 그 과징금납부명령은 비례의 원칙에 위반되어 위법하다고 할 것이다.

앞서 본 바와 같이 1999. 7. 30. 한국종금이 소외 회사 발행의 기업어음을 매입한 행위는 원고의 소외 회사에 대한 지원행위라고 볼 수 없음에도 피고가 그 지원금액을 산출하여 과징금을 부과한 잘못이 있고, 또 1998. 11. 30.부터 1999. 7. 7.까지 원고가 소외 회사를 지원한 행위에 대하여는 정상금리와 실제적용금리의 산정이 위법하여 그에 기한 지원금액의 산정에 잘못이 있는 것이므로, 결국 이 사건 과징금납부명령은 위와 같이 잘못 산정된 지원금액에 기하여 과다하게 부과된 위법이 있어 전부가 취소되어야 할 것이다.

5. 결 론

그러므로 원심판결 중 법위반사실의 공표명령 부분을 파기하되, 이 부분은 이 법원이 직접 재판하기에 충분하므로 자판하기로 하는바, 위 파기 부분에 대한 소를 각하하고, 시정명령 중 1999. 7. 30. 한국종금이 소외 회사 발행의 기업어음을 매입한 행위가 원고의 소외 회사에 대한 부당지원행위임을 전제로 한 부분과 과징금납부명령 전부를 파기하여 이 부분을 다시 심리·판단하도록 원심법원에 환송하며, 나머지 부분에 관한 상고를 기각하기로 하여 관여 법관의 일치된 의견으로 주문과 같이 판결한다.

대법관   윤재식(재판장) 변재승 강신욱 고현철(주심)

‖ 참조문헌 ‖

홍명수, "부당지원행위 사건", 공정거래법 판례선집, 사법발전재단(2011)

(18) 대법원 2005. 9. 15. 선고 2003두12059 판결 [광고비 등 사건] (부당한 지원행위)

판시사항

[1] 계열회사에게 정상인쇄비보다 많은 인쇄비를 지급한 행위가 '독점규제 및 공정
거래에 관한 법률'상의 부당지원행위에 해당하지 않는다고 한 원심판결을 파기
한 사례

[2] 지하철 벽면광고를 하면서 계열회사에 관한 내용을 포함시켜 광고하고서도 그
계열회사에게 광고비 분담을 요구하지 아니한 행위가 '독점규제 및 공정거래에
관한 법률'상의 부당지원행위에 해당하지 않는다고 한 사례

[3] 계열회사에 대한 전광판사용료의 회수를 지연한 행위가 '독점규제 및 공정거래에
관한 법률'상의 부당지원행위에 해당하지 않는다고 한 원심판결을 파기한 사례

판결요지

[1] 계열회사에게 정상인쇄비보다 많은 인쇄비를 지급한 행위가 인쇄용역을 거래함
에 있어서 지급조건을 유리하게 해 준 것에 불과하여 '독점규제 및 공정거래에
관한 법률'상의 부당지원행위에 해당하지 않는다고 한 원심판결을, 상품·용역
의 제공 또는 거래라는 사정만으로 부당지원행위의 규제대상에서 제외할 수 없
다는 이유로 파기한 사례.

[2] 지하철 벽면광고를 하면서 계열회사에 관한 내용을 포함시켜 광고하고서도 그
계열회사에게 광고비 분담을 요구하지 아니한 행위(이하 '무상광고행위'라고 한다)
에 대하여, 그 무상광고행위로 인한 지원금액이 위 계열회사의 자산총액 등에
비하여 극히 미미하고 위 광고 당시 위 계열회사의 재무상태가 악화된 상태였다
고 보이지 아니하므로 위 무상광고행위로 인하여 위 계열회사의 관련시장에서의
경쟁조건이 다른 경쟁사업자에 비하여 유리하게 되거나 그 퇴출이 저지될 우려
가 있었다고 보기 어렵다는 등의 이유로, 위 무상광고행위가 '독점규제 및 공정
거래에 관한 법률'상의 부당지원행위에 해당하지 않는다고 한 사례.

[3] 계열회사에 대한 전광판사용료의 회수를 지연한 행위(이하 '전광판사용료 지연회수
행위'라고 한다)에 대하여, 그 전광판사용료 지연회수행위는 지연된 기간 동안 이
자의 지급 없이 전광판사용료를 사용할 수 있게 하는 금융상 이익을 무상으로

제공한 행위이고 그 사용료의 규모가 적지 아니할 뿐만 아니라 계열회사가 설립된 직후부터 수년간 계속된 것으로서, 계열회사가 무리하게 채무를 승계함으로써 겪게된 재무사정의 악화를 보전해 주기 위한 것에 불과하므로 위 전광판사용료 지연회수행위가 '독점규제 및 공정거래에 관한 법률'상의 부당지원행위에 해당할 여지가 있다는 이유로, 위 전광판사용료 지연회수행위가 부당지원행위에 해당하지 않는다고 한 원심판결을 파기한 사례.

참조조문

[1] 독점규제 및 공정거래에 관한 법률 제23조 제1항 제7호, 독점규제 및 공정거래에 관한 법률 시행령 제36조 제1항 [별표 1] 제10호

[2] 독점규제 및 공정거래에 관한 법률 제23조 제1항 제7호, 독점규제 및 공정거래에 관한 법률 시행령 제36조 제1항 [별표 1] 제10호

[3] 독점규제 및 공정거래에 관한 법률 제23조 제1항 제7호, 독점규제 및 공정거래에 관한 법률 시행령 제36조 제1항 [별표 1] 제10호

전 문

【원고, 피상고인】 주식회사 조선일보사 외 2인
【피고, 상고인】 공정거래위원회
【원심판결】 서울고법 2003. 9. 23. 선고 2002누1047 판결
【주 문】
원심판결 중 원고 주식회사 조선일보사, 주식회사 스포츠조선의 조광출판인쇄 주식회사에 대한 인쇄비 과다지급행위, 원고 주식회사 디지틀조선일보의 주식회사 디지틀조선애드에 대한 전광판사용료 지연회수행위에 대한 시정명령 부분을 파기하고, 이 부분 사건을 서울고등법원에 환송한다. 피고의 나머지 상고를 기각한다.
【이 유】

1. 인쇄비 과다지급행위에 대하여

원심은, 독점규제 및 공정거래에 관한 법률(이하 '법'이라고 한다) 제23조 제1항 제7호 및 제2항의 위임을 받아 부당지원행위의 내용을 정의한 법 시행령(2002. 3. 30. 대통령령 제17564호로 개정되기 전의 것) 제36조 제1항 [별표 1] 제10호의 각 규정은 '부당한 자금지원', '부당한 자산지원', '부당한 인력지원'으로 세분하여 각 지원행위의 내용을 정의하고 있고, 여기에 상품·용역을 거래함에 있어서 지급조건을 유리하게 해 주는 경우까지도 포함된다고 보기는 어려우므로, 상품·용역을 거래함에 있어서 정상보다 높은 대가를 지급하여 그 차액 상당의 자금을 지원하는 경우까지 자금·자산·인력을 거래한 경우에 적용되는 위 각 규정을 적용할 수 없다는 전제하에, 원고 주식회사 조선일보사(이하 '원고 조선일보'라고

한다)와 주식회사 스포츠조선(이하 '원고 스포츠조선'이라고 한다)이 소외 조광출판인쇄 주식회사(이하 '조광출판인쇄'라고 한다)에게 인쇄비의 단가를 높게 책정하여 정상인쇄비보다 많은 인쇄비를 지급한 행위(이하 '인쇄비 과다지급행위'라고 한다)는 인쇄용역을 거래함에 있어서 지급조건을 유리하게 해 준 것에 불과하여 위 각 규정에 기한 자금·자산의 지원행위로 의율할 수 없다는 이유로 위 행위에 대한 이 사건 시정명령은 위법하다고 판단하였다.

그러나 원심의 위와 같은 판단은 수긍할 수 없다.

부당지원행위를 불공정거래행위의 한 유형으로 규정하여 이를 금지하는 입법 취지가 공정한 거래질서의 확립과 아울러 경제력집중의 방지에 있는 점, 법 제23조 제1항 제7호가 부당지원행위의 규제대상을 포괄적으로 규정하면서 '가지급금·대여금·인력·부동산·유가증권·무체재산권'을 구체적으로 예시하고 있을 뿐 상품·용역이라는 개념을 별도로 상정하여 상품·용역거래와 자금·자산·인력거래를 상호 구별하여 대응시키거나 상품·용역거래를 부당지원행위의 규제대상에서 제외하고 있지 아니한 점, 법 제23조 제2항에 따라 불공정거래행위의 유형 및 기준을 정한 법 시행령 제36조 제1항 [별표 1] 제10호도 부당지원행위의 유형 및 기준을 지원내용과 효과에 초점을 두어 자금지원행위, 자산지원행위, 인력지원행위로 나누어 규정한 것이고 지원행위를 거래형식별로 상정하여 그것만을 규제의 대상으로 삼은 것이라거나 상품·용역이라는 개념을 별도로 상정하여 그것을 부당지원행위의 규제대상에서 제외하고 있지 아니한 점, 부당지원행위와 법 제23조 제1항 제1호, 법 시행령 제36조 제1항 [별표 1] 제2호 (다)목 소정의 계열회사를 위한 차별이나 법 제23조 제1항 제2호, 법 시행령 제36조 제1항 [별표 1] 제3호 소정의 경쟁사업자 배제와는 입법 취지, 요건 및 효과가 서로 다른 별개의 제도인 점 등을 종합하면, 상품·용역의 제공 또는 거래라는 이유만으로 부당지원행위의 규제대상에서 제외되는 것은 아니고 그것이 부당지원행위의 요건을 충족하는 경우에는 부당지원행위의 규제대상이 될 수 있다고 할 것이다(대법원 2004. 10. 14. 선고 2001두2935 판결 참조).

그렇다면 원심으로서는 인쇄비 과다지급행위가 용역의 거래라는 이유만으로 부당지원행위에 해당되지 않는다고 할 것이 아니라, 그 정상적인 거래조건과 실제 거래조건 사이의 차이, 거래규모 및 그로 인한 경제적 이익, 거래기간 및 거래시기, 거래행위 당시 지원객체가 처한 경제적 상황, 거래로 인한 지원객체가 속한 시장에서의 경쟁제한이나 경제력집중의 효과 등을 종합적으로 고려하여 위와 같은 용역의 거래가 '현저히 유리한 조건의 거래'인지, '공정한 거래를 저해할 우려가 있는 행위'인지 등을 살펴 '부당한 자금지원' 등에 해당하는지 여부에 관하여 나아가 판단하였어야 할 것인데도 이에 이르지 아니한 채 위 행위가 용역의 거래라는 이유만으로 부당지원행위에 해당되지 않는다고 보고 이에 대한 시정명령이 위법하다고 판단하고 말았으니, 이러한 원심판결에는 부당지원행위의 규제대상에 관한 법리를 오해한 위법이 있다.

2. 무상광고행위에 대하여

가. 원심의 사실인정 및 판단

원심은, 그 채택 증거들을 종합하여 그 판시와 같은 사실들을 인정한 다음, 원고 조선일보가 소외 주식회사 코애드 등 광고대행사를 통하여 지하철 벽면광고(이하 '이 사건 광고'라고 한다)를 하면서 자신의 소유인 조선닷컴(chosun.com)에 관한 내용 외에 계열회사인 원고 주식회사 디지틀조선일보(이하 '원고 디지틀조선'이라고 한다)를 의미하는 'DIZZO'라는 문구와 디조커뮤니티 포털사이트에 관한 내용을 포함시켜 광고하면서도 원고 디지틀조선에 대하여는 광고비 분담을 요구하지 아니한 행위(이하 '무상광고행위'라고 한다)는 경제적인 측면에서 지원행위가 될 여지는 있으나, 원고 조선일보와 원고 디지틀조선 사이에 직접적인 거래관계가 없고, 원고 조선일보가 광고대행사와의 계약을 통한 광고로 인하여 반사적인 효과를 얻은 것에 불과하므로 부당지원행위라고 할 수 없을 뿐만 아니라, 피고의 주장에 의하더라도 지원금액이 900만 원에 불과하고 이러한 규모의 지원으로는 위 행위 당시의 부당한 지원행위의 심사지침(2002. 4. 24. 개정되기 전의 것, 이하 '이 사건 지침'이라고 한다) Ⅳ. 3. 가.항에 따른 중점심사대상에 포함되지 않는다는 등의 이유로 부당지원행위에 해당한다고 볼 수 없고, 달리 이로 인하여 관련시장에서의 공정한 경쟁을 저해할 우려가 있었다고 보기 어렵다고 판단하였다.

나. 이 법원의 판단

(1) 이 사건 광고는 그 광고형태로 볼 때 원고 조선일보의 소유인 조선닷컴을 알리고 그 인터넷 접속을 유도하려는 데 그 중점이 있는 것이지 원고 디지틀조선을 알리고 그 포털사이트의 접속을 유도하려는 데 그 중점이 있다고 볼 수는 없으나, 이러한 광고로 인하여 원고 디지틀조선으로서는 그 인지도의 향상 및 포털사이트에 대한 접속의 증가 등 경영여건이 개선되는 효과를 거둘 수 있는 반면, 원고 디지틀조선에 대한 위와 같은 광고가 원고 조선일보의 영업상 필요에 의한 것이라고 보기는 어려우므로, 원고 조선일보가 이 사건 광고를 하면서 조선닷컴에 대한 광고 등 자신의 광고에 활용할 광고면을 원고 디지틀조선을 위한 광고에 할애하고도 원고 디지틀조선으로부터 그 대가를 지급받지 않은 것은 계열회사인 원고 디지틀조선을 지원할 의도에 기한 것이라고 할 것이고, 이 사건 광고가 원고 조선일보와 원고 디지틀조선 사이의 직접적인 거래관계에 따른 것이 아니라 원고 조선일보와 광고대행사 사이의 광고대행계약에 따른 것이라고 하여 원고 디지틀조선에 대한 지원행위가 성립하지 않는다고 할 수 없다.

(2) 지원행위가 부당성을 갖는지 여부를 판단함에 있어서는 지원주체와 지원객체와의 관계, 지원행위의 목적과 의도, 지원객체가 속한 시장의 구조와 특성, 지원성 거래규모와 지원행위로 인한 경제상 이익 및 지원기간, 지원객체가 속한 시장에서의 경쟁제한이나 경제력집중의 효과 등을 종합적으로 고려하여 당해 지원행위로 인하여 지원객체의 관련시장에서 경쟁이 저해되거나 경제력 집중이 야기되는 등으로 공정한 거래가 저해될 우려가 있는지 여부에 따라 판단하여야 한다(위 대법원 2004. 10. 14. 선고 2001두2935 판결 참조).

기록에 의하면, 원고 디지틀조선은 인터넷 정보서비스업을 영위하는 원고 조선일보의 계열회사로서, 2000. 9. 말을 기준으로 자산총액이 898억 원, 자본금이 143억 원, 부채가 514억 원, 매출액이 364억 원, 순이익이 36억 원에 이르는 사실, 이 사건 광고는 2000. 5. 내지 2001. 2. 사이에 이루어진 것이고, 그 광고비 총액은 9,600만 원인 사실, 2000. 12. 말 현재 인터넷 정보서비스업의 시장규모는 975억 원으로 추산되고 그중 원고 디지틀조선이 37.4%의 점유율을 차지하고 있는 사실 등을 알 수 있고, 이러한 사실관계에 비추어 보면, 이 사건 무상광고행위로 인한 지원금액은 법 시행령 [별표 2] 제8호에 의하면 지원성 거래규모의 10%인 900만 원이고, 이 사건 광고에서 원고 디지틀조선에 대한 광고가 차지하는 비중에 따라 그 지원금액을 추산해 보아도 원고 디지틀조선의 자산총액, 매출액 등에 비하여 극히 미미한 수준에 불과하며, 이 사건 광고 당시 원고 디지틀조선의 재무상태가 악화된 상태였다고 보이지도 아니하므로, 인터넷 정보서비스업의 시장상황 등 다른 요소를 참작해 보더라도 이러한 정도의 지원행위로 인하여 원고 디지틀조선의 관련시장에서의 경쟁조건이 다른 경쟁사업자에 비하여 유리하게 되거나 그 퇴출이 저지될 우려가 있었다고 보기 어려워 이 사건 무상광고행위가 관련시장에서의 공정경쟁을 저해할 우려가 있었다고 할 수 없다.

(3) 그러므로 원심이 이 사건 광고로 인하여 원고 디지틀조선이 반사적으로 광고효과를 얻은 것에 불과하여 부당지원행위라고 할 수 없다거나, 지원금액이 적어서 이 사건 지침의 중점심사대상에도 포함되지 않는다는 이유만으로 부당지원행위에 해당하지 않는다고 한 부분은 잘못이라고 할 것이나, 이 사건 무상광고행위가 부당지원행위에 해당하지 않는다고 본 결론은 정당하고, 거기에 상고이유에서 주장하는 바와 같은 공정거래를 저해할 우려가 있는지 여부에 관한 법리를 오해하는 등의 위법이 있다고 할 수 없다.

피고가 인용한 대법원 2001. 2. 9. 선고 2000두6206 판결은 이 사건과 사안을 달리하는 것으로서 이 사건에 원용하기에는 적절하지 않다.

3. 전광판사용료 지연회수행위에 대하여

가. 원심은, 그 채택 증거들을 종합하여 그 판시와 같은 사실들을 인정한 다음, 원고 디지틀조선이 1997. 4.부터 2001. 2.까지 사이에 계열회사인 소외 주식회사 디지틀조선애드(이하 '디조애드'라고 한다)에 대한 전광판사용료의 회수를 지연한 행위(이하 '전광판사용료 지연회수행위'라고 한다) 중 일명 IMF 사태 이후의 지연회수 부분에 대하여는 계열회사 간 자금의 내부거래가 지원객체의 자금력을 강화함으로써 다른 경쟁사업자들과의 경쟁에서 우위를 확보하고 나아가 그들을 시장에서 배제시킬 가능성이 있으므로 이를 규제할 필요가 있으나, 한편으로는 자본·금융시장의 불완전성을 극복하는 수단이 되는 순기능도 있으므로 모두 금지하여서는 아니 된다는 전제하에, 디조애드는 사업전망 자체는 밝으나 IMF 사태로 광고시장이 극히 위축된 데다가 소외 주식회사 레인보우애드컴(이하 '레인보우'라고 한다)의 리스료 부담까지 떠안게 되어 비정상적인 자금난에 처한 것이므로 원고 디지틀조선이 그 구제를 위하여 디조애드에 대한 전광판사용료의 회수를 상당기간 지연하였다고 하여 이를 두고 부당하다고 할 수 없고, IMF 사태 이전의 지연회수 부분에 대하여는 그 지연기간이 2 내지 3개월 정도에 불과하므로 원고 디지틀조선이 회수를 위한 조치를 취하지 않았다는 것만으로는 현저히 유리한 조건의 거래라고 할 수 없다는 이유로, 이 사건 전광판사용료 지연회수행위는 모두 부당지원행위에 해당하지 않는다고 판단하였다.

나. 그러나 원심의 위와 같은 판단은 수긍하기 어렵다.

(1) 지원행위가 부당성을 갖는지 여부는 오로지 공정한 거래질서라는 관점에서 평가되어야 하는 것이고, 사업경영상 또는 거래상의 필요성 내지 합리성 등도 공정한 거래질서와 관계없는 것이 아닌 이상 부당성을 갖는지 여부를 판단함에 있어 고려되어야 하는 요인의 하

나라고 할 것이나, 단순한 사업경영상의 필요 또는 거래상의 합리성 내지 필요성만으로는 부당지원행위의 성립요건으로서의 부당성 및 공정거래저해성이 부정된다고 할 수는 없다 (위 대법원 2004. 10. 14. 선고 2001두2935 판결 참조).

기록에 의하면, 원고 디지틀조선은 레인보우와 옥외전광판을 이용한 광고의 수주 등 영업활동을 공동으로 하기 위하여 레인보우의 옥외전광판 리스계약상의 채무를 연대보증하고 있었던 사실, 디조애드는 IMF 사태로 경기가 위축되었을 뿐 아니라 금융경색도 심화된 이후인 1998. 3. 내지 4.경 레인보우의 리스계약상의 지위를 승계하여 합계 300억 원이 훨씬 넘는 리스료 채무를 부담하게 되었고, 이로 인하여 2000. 9. 말을 기준으로 3년 연속 대규모 적자를 기록하였을 뿐 아니라 완전자본잠식상태(부채가 자산을 190억 원 정도 초과하였다)에 있었던 사실, 원고 디지틀조선은 2001. 2. 28. 현재 1997. 3. 31.부터 2001. 1. 31. 사이에 발생한 전광판사용료 306억 원 상당 중 182억 원 상당을 회수하지 않고 있었던 사실 등을 알 수 있는바, 이러한 사실관계에 비추어 보면, 디조애드는 IMF 사태 이후 원고 디지틀조선이 그 채무를 연대보증하고 있던 레인보우의 리스계약상의 지위를 무리하게 승계함으로써 재무사정의 악화를 초래한 것이고, 이러한 재무사정의 악화가 단기간 내에 회복될 수 있는 일시적인 것이라고 보이지 아니하며, 원고 디지틀조선이 위와 같이 전광판사용료의 회수를 지연한 것은 디조애드가 자신을 위하여 무리하게 레인보우의 리스계약상의 지위를 승계함으로써 겪게 된 재무사정의 악화를 보전해 주기 위한 것에 불과하므로, 이러한 전광판사용료 지연회수행위는 자신을 위하여 리스계약상의 지위를 승계한 디조애드를 배려하기 위한 것으로서 결국 단순한 사업경영상의 필요 또는 거래상의 합리성 내지 필요성이 있다는 주장에 불과하여 그러한 사유만으로는 부당성이나 공정거래저해성이 부정된다고 할 수 없다.

(2) 법 제23조 제1항 제7호 소정의 현저히 유리한 조건의 거래에 해당하는지 여부를 판단함에 있어서는 급부와 반대급부 사이의 차이는 물론 지원성 거래규모와 지원행위로 인한 경제상 이익, 지원기간, 지원횟수, 지원시기, 지원행위 당시 지원객체가 처한 경제적 상황 등을 종합적으로 고려하여 구체적·개별적으로 판단하여야 할 것이다(대법원 2004. 10. 14. 선고 2001두2881 판결 참조).

이 사건 전광판사용료 지연회수행위는 그 지연된 기간 동안 이자의 지급 없이 전광판사용료를 사용할 수 있게 하는 금융상 이익을 무상으로 제공한 행위이고, 그 사용료의 규모가 적지 아니할 뿐 아니라, 디조애드가 설립된 직후인 1997. 4. 1.부터 2001. 2. 28.까지 계속된 것이므로, IMF 사태 이전에는 그 지연기간이 비교적 짧았다고 하여 그 부분만을 분리하여 현저히 유리한 조건의 거래에 해당하지 않는다고 볼 것은 아니다.

(3) 그럼에도 불구하고, 원심이 그 판시와 같은 이유만으로 이 사건 전광판사용료 지연회수행위가 부당지원행위에 해당하지 않는다고 판단하였으니, 거기에는 지원행위의 부당성 및 현저히 유리한 조건의 거래에 관한 법리를 오해한 위법이 있다.

4. 광고비 대신지급행위에 대하여

기록에 의하면, 소외 주식회사 디지틀조선게임(이하 '디조게임'이라고 한다)은 2000. 8. 3. 원고 디지틀조선으로부터 분사되어 소프트웨어개발, 온라인정보제공, 게임판매업을 영위하고 있는 회사로서 2000. 12. 말 기준 자산총액이 19억 원, 자본금이 20억 원, 매출액이 3억 7,600만 원, 순손실이 1억 600만 원인 사실, 원고 디지틀조선은 2000. 8.부터 2001. 2.까지 7개월 동안 원고 스포츠조선에 디조게임의 광고를 게재하고 광고비를 디조게임 대신 지급하였는데(이하 '광고비 대신지급행위'라고 한다), 그 광고비가 매월 165만 원씩 합계 1,150만 원인 사실, 1999년 말 현재 게임제작 및 판매업의 시장규모는 3,390억 원 정도로 추산되는 사실 등을 알 수 있는바, 이 사건 광고비 대신지급행위로 인한 지원금액이 자산총액이나 자본금의 0.5% 남짓이고, 4개월 동안의 매출액의 3% 정도에 불과한 점, 디조게임이 관련시장에 신규로 진입함으로써 관련 업계에 대한 잠재적 경쟁촉진효과가 있을 뿐 아니라, 관련시장에서 차지하는 비중도 매우 낮은 점 등을 종합해서 고려해 보면, 위와 같은 정도의 지원행위로 인하여 디조게임의 관련시장에서의 경쟁조건이 다른 경쟁사업자에 비하여 유리하게 되거나 그 퇴출이 저지될 우려가 있었다고 보기 어렵고, 그 지원행위가 관련시장에 미치는 영향 또한 미미한 것으로 보이므로, 이 사건 광고비 대신지급행위가 관련시장에서의 공정경쟁을 저해할 우려가 있다고 보기 어렵다.

같은 취지의 원심 판단은 정당한 것으로 수긍이 가고, 거기에 상고이유에서 주장하는 바와 같은 채증법칙 위배로 인하여 사실을 오인하거나 공정한 거래를 저해할 우려가 있는지 여부에 관한 법리를 오해한 위법은 없다.

5. 결 론

그러므로 원심판결 중 인쇄비 과다지급행위, 전광판사용료 지연회수행위에 대한 시정명령 부분을 파기하고, 사건을 다시 심리·판단하게 하기 위하여 이 부분 사건을 서울고등법원에 환송하며, 피고의 나머지 상고를 기각하기로 관여 대법관의 의견이 일치되어 주문과 같이 판결한다.

대법관 강신욱(재판장) 윤재식 고현철 김영란(주심)

‖ 참조문헌 ‖

하종대, "가. 지하철 벽면광고를 하면서 계열회사에 관한 내용을 포함시켜 광고하면서도 그 계열회사에게 광고비 분담을 요구하지 않은 행위가 지원행위에 해당하는지 여부 및 지원행위의 부당성 판단기준, 나. 사업경영상 또는 거래상의 필요성 내지 합리성과 지원행위의 부당성의 관계", 대법원판례해설 58호, 법원도서관(2006)

(19) 대법원 2015. 1. 29. 선고 2014두36112 판결 [판매수수료율 사건] (부당한 지원행위)

판시사항

구 독점규제 및 공정거래에 관한 법률 시행령 제36조 제1항 [별표 1의2] 제10호 (나)목의 '부당한 자산·상품 등 지원' 행위에서 '현저히 낮거나 높은 대가'의 거래 및 정상가격의 의미 / 공정거래위원회가 해당 거래와 동일한 실제 사례를 찾을 수 없어 부득이 유사한 사례에 의해 정상가격을 추단할 수밖에 없는 경우, 정상가격을 추단하는 방법 및 정상가격이 합리적으로 산출되었다는 점에 관한 증명책임의 소재 (=공정거래위원회)

판결요지

구 독점규제 및 공정거래에 관한 법률(2013. 8. 13. 법률 제12095호로 개정되기 전의 것, 이하 '구 공정거래법'이라 한다) 제23조 제1항 제7호의 '현저히 유리한 조건의 거래'의 한 유형인 구 독점규제 및 공정거래에 관한 법률 시행령(2014. 2. 11. 대통령령 제25173호로 개정되기 전의 것) 제36조 제1항 [별표 1의2] 제10호 (나)목의 '부당한 자산·상품 등 지원' 행위에서 '현저히 낮거나 높은 대가'의 거래란 당해 거래에서의 급부와 반대급부 사이의 차이가 '정상가격'에 의한 거래에 비해 현저히 낮거나 높은 거래를 말하고, 여기서 정상가격이란 당해 거래 당사자들 간에 이루어진 경제적 급부와 동일한 경제적 급부가 시기, 종류, 규모, 기간 등이 동일 또는 유사한 상황에서 특수관계가 없는 독립된 자 간에 이루어졌을 경우 형성되었을 거래가격 등을 의미한다.

한편 정상가격이 부당한 지원행위에 해당하는지 여부의 판단요소가 되어 부당한 지원행위에 따른 시정명령이나 과징금부과 등 제재적 행정처분과 형사처벌의 근거가 된다는 점이나 구 공정거래법이 부당한 지원행위를 금지하는 취지 등을 고려할 때, 공정거래위원회가 당해 거래와 동일한 실제 사례를 찾을 수 없어 부득이 유사한 사례에 의해 정상가격을 추단할 수밖에 없는 경우에는, 단순히 제반 상황을 사후적, 회고적인 시각에서 판단하여 거래 당시에 기대할 수 있었던 최선의 가격이나 당해 거래가격보다 더 나은 가격으로 거래할 수도 있었을 것이라 하여 가벼이 이를 기준으로 정상가격을 추단하여서는 안 되고, 먼저 당해 거래와 비교하기에 적합한 유사한 사례를 선정하고 나아가 그 사례와 당해 거래 사이에 가격에 영향을 미칠 수 있는 거래조건 등의 차이가 존재하는지를 살펴 차이가 있다면 이를 합리적으로 조정하는 과정을 거쳐 정상가격을 추단하여야 한다. 그리고 정상가격이 이와 같은 과정을 거쳐 합리적으로 산출되었다는 점에 관한 증명책임은 어디까지나 시정명령 등 처분의 적법성을 주장하는 공정거래위원회에 있다.

참조조문

구 독점규제 및 공정거래에 관한 법률(2013. 8. 13. 법률 제12095호로 개정되기 전의 것) 제23조 제1항 제7호, 구 독점규제 및 공정거래에 관한 법률 시행령(2014. 2. 11. 대통령령 제25173호로 개정되기 전의 것) 제36조 제1항 [별표 1의2] 제10호 (나)목, 행정소송법 제26조 [증명책임]

참조판례

대법원 2006. 12. 7. 선고 2004두11268 판결, 대법원 2014. 6. 12. 선고 2013두4255 판결

따름판례

대법원 2016. 3. 10. 선고 2014두8568 판결

전 문

【원고, 피상고인 겸 상고인】 주식회사 신세계 외 1인
【원고, 피상고인】 주식회사 에브리데이리테일
【피고, 상고인 겸 피상고인】 공정거래위원회
【원심판결】 서울고법 2014. 3. 14. 선고 2013누45067 판결
【주 문】
원심판결 중 원고 주식회사 신세계, 주식회사 이마트의 패소 부분을 파기하고, 이 부분 사건을 서울고등법원에 환송한다. 피고의 상고를 기각한다. 상고비용 중 원고 주식회사 에브리데이리테일에 대한 상고로 인한 비용은 피고가 부담한다.
【이 유】
원고 주식회사 신세계 및 주식회사 이마트와 피고의 상고이유(상고이유서 제출기간이 지난 후에 제출된 위 원고들 상고이유보충서의 기재는 상고이유서를 보충하는 범위 내에서)를 함께 판단한다.

1. 부당한 지원행위 여부의 판단요소인 정상가격에 관하여

구 독점규제 및 공정거래에 관한 법률(2013. 8. 13. 법률 제12095호로 개정되기 전의 것, 이하 '구 공정거래법'이라 한다) 제23조 제1항 제7호의 '현저히 유리한 조건의 거래'의 한 유형인 구 독점규제 및 공정거래에 관한 법률 시행령(2014. 2. 11. 대통령령 제25173호로 개정되기 전의 것) 제36조 제1항 [별표1의2] 제10호 (나)목의 '부당한 자산·상품 등 지원' 행위에서 '현저히 낮거나 높은 대가'의 거래라고 함은 당해 거래에서의 급부와 반대급부 사이의 차이가 '정상가격'에 의한 거래에 비해 현저히 낮거나 높은 거래를 말하고, 여기서 정상가격이라 함은 당해 거래 당사자들 간에 이루어진 경제적 급부와 동일한 경제적 급부가 시기, 종류, 규모, 기간 등이 동일 또는 유사한 상황에서 특수관계가 없는 독립된 자 간에 이루어졌을 경우 형성되었을 거래가격 등을 의미한다(대법원 2006. 12. 7. 선고 2004두11268 판결, 대법원 2014. 6. 12. 선고 2013두4255 판결 등 참조).

한편 정상가격이 이와 같이 부당한 지원행위에 해당하는지 여부의 판단요소가 되어 부당한 지원행위에 따른 시정명령이나 과징금부과 등 제재적 행정처분과 형사처벌의 근거가 된다는 점이나 구 공정거래법이 부당한 지원행위를 금지하는 취지 등을 고려할 때, 피고가 당해 거래와 동일한 실제 사례를 찾을 수 없어 부득이 유사한 사례에 의해 정상가격을 추단할 수밖에 없는 경우에는, 단순히 제반 상황을 사후적, 회고적인 시각에서 판단하여 거래 당시에 기대할 수 있었던 최선의 가격이나 당해 거래가격보다 더 나은 가격으로 거래할 수도 있었을 것이라 하여 가벼이 이를 기준으로 정상가격을 추단하여서는 아니 되고, 먼저 당해 거래와 비교하기에 적합한 유사한 사례를 선정하고 나아가 그 사례와 당해 거래 사이에 가격에 영향을 미칠 수 있는 거래조건 등의 차이가 존재하는지를 살펴 그 차이가 있다면 이를 합리적으로 조정하는 과정을 거쳐 정상가격을 추단하여야 한다. 그리고 정상가격이 이와 같은 과정을 거쳐 합리적으로 산출되었다는 점에 대한 증명책임은 어디까지나 시정명령 등 처분의 적법성을 주장하는 피고에게 있다.

2. 가. 피고의 상고이유 제1, 2점에 대하여

원심은 적법하게 채택하여 조사한 증거에 의하여 그 판시와 같은 사실을 인정한 뒤, 2010. 7.부터 2012. 9. 25.까지 사이 원고 주식회사 신세계(이하 회사 명칭에서 '주식회사'는 모두 생략한다), 이마트, 에브리데이리테일과 이들이 운영한 기업형 슈퍼마켓인 '이마트에브리데이' 매장에 입점하여 '에브리데이데이앤데이'라는 브랜드로 베이커리 빵을 판매한 신세계에스브이엔(이하 '에스브이엔'이라 한다) 사이의 특정매입거래(이하 가.항 내에서 '이 사건 거래'라 한다)에 적용되었어야 할 정상판매수수료율이 23%라는 피고의 주장에 관하여, 피고가 정상판매수수료율의 추단 근거로 제시한 비교대상거래, 즉 원고 신세계, 이마트와 이들이 운영한 대형할인점인 이마트 매장에 입점하여 '데이앤데이'라는 브랜드로 베이커리 빵을 판매한 에스브이엔 사이의 특정매입거래는 이 사건 거래와 거래당사자의 인지도, 매출액 등에서 차이가 있어 비교대상거래의 정상판매수수료율을 이 사건 거래의 정상판매수수료율로 인정할 수 없고, 달리 이 사건 거래의 정상판매수수료율을 산정할 만한 증거가 없다는 이유로 피고의 위 주장을 배척한 뒤, 피고의 증명 부족으로 이 사건 거래에 실제 적용된 판매수수료율 10%를 현저히 유리한 조건의 거래로 볼 수 없다고 판단하였다.

앞서 든 법리와 기록에 비추어보면, 이러한 원심의 판단은 정당하고, 거기에 논리와 경험의 법칙을 위반하여 사실을 인정함으로써 자유심증주의의 한계를 벗어나거나 구 공정거래법상 현저히 유리한 조건의 거래 여부를 판단하는 기준인 정상가격에 관한 법리 등을 오해하여 판결에 영향을 미친 잘못이 없다.

나. 피고의 상고이유 제3, 4점에 대하여

원심은 적법하게 채택하여 조사한 증거에 의하여 그 판시와 같은 사실을 인정한 뒤, 2010. 7.부터 2011. 2.까지의 기간 동안 원고 신세계와 그가 운영한 이마트 매장에 입점하여 이마트의 고객유인용 저가의 대형 피자를 판매한 에스브이엔 사이의 특정매입거래(이하 나.항 내에서 '이 사건 거래'라 한다)에 적용되었어야 할 정상판매수수료율이 5%라는 피고의 주장에 관하여, 피고가 정상판매수수료율의 추단 근거로 제시한 비교대상거래, 즉 다른 대형할인점인 홈플러스, 롯데마트와 이들과 특수관계 없는 독립회사로서 이들 매장에 입점하여 피자를 판매한 업체들 사이의 거래는 이 사건 거래와 거래 시기, 거래 조건 등에서 차이가 있어 비교대상거래에 적용된 판매수수료율 5%를 이 사건 거래의 정상판매수수료율로 인정할 수 없고, 달리 이 사건 거래의 정상판매수수료율을 산정할 만한 증거가 없다는 이유로 피고의 위 주장을 배척한 뒤, 피고의 증명 부족으로 이 사건 거래에 실제 적용된 판매수수료율 1%를 현저히 유리한 조건의 거래로 볼 수 없다고 판단하였다.

앞서 든 법리와 기록에 비추어보면, 이러한 원심의 판단은 정당하고, 거기에 논리와 경험의 법칙을 위반하여 사실을 인정함으로써 자유심증주의의 한계를 벗어나거나 구 공정거래법상 현저히 유리한 조건의 거래 여부를 판단하는 기준인 정상가격에 관한 법리 등을 오해하여 판결에 영향을 미친 잘못이 없다.

다. 피고의 상고이유 제5, 6점에 대하여

원심은 적법하게 채택하여 조사한 증거에 의하여 그 판시와 같은 사실을 인정한 뒤, 2009. 8. 8.부터 2011. 7.까지 원고 신세계와 그가 운영한 신세계백화점 본점, 강남점, 부산센텀점에 입점하여 '베키아에누보'라는 브랜드로 고급 식음료를 판매한 에스브이엔(2010. 4.까지는 조선호텔) 사이의 특정매입거래(이하 다.항 내에서 '이 사건 거래'라 한다)에 적용되었어야 할 정상판매수수료율이 20.2~25.4%라는 피고의 주장에 관하여, 피고가 정상판매수수료율의 추단 근거로 제시한 비교대상거래, 즉 원고 신세계와 그와 특수관계 없는 독립회사로서 신세계백화점 본점, 강남점, 부산센텀점에 입점하여 일반 식음료를 판매한 업체들 사이의 거래는 이 사건 거래와 입점업체의 취급 품목, 서비스, 매장 규모, 종업원 수 등에서 차이가 있어 비교대상거래에 적용된 평균 판매수수료율인 20.2~25.4%를 이 사건 거래의 정상판매수수료율로 인정할 수 없고, 달리 이 사건 거래의 정상판매수수료율을 산정할 만한 증거가 없다는 이유로 피고의 위 주장을 배척한 뒤, 피고의 증명 부족으로 이 사건 거래에 실제 적용된 판매수수료율 15%를 현저히 유리한 조건의 거래로 볼 수 없다고 판단하였다.

앞서 든 법리와 기록에 비추어보면, 이러한 원심의 판단은 정당하고, 거기에 논리와 경험의 법칙을 위반하여 사실을 인정함으로써 자유심증주의의 한계를 벗어나거나 구 공정거래법상 현저히 유리한 조건의 거래 여부를 판단하는 기준인 정상가격에 관한 법리 등을 오해하여 판결에 영향을 미친 잘못이 없다.

라. 원고 신세계, 이마트의 상고이유 제1, 2점에 대하여

(1) 원심은 적법하게 채택하여 조사한 증거에 의하여 그 판시와 같은 사실을 인정한 뒤, 2011. 3.부터 2012. 9. 25.까지 사이 원고 신세계, 이마트와 이들이 운영한 대형할인점인 이마트 매장에 입점하여 '데이앤데이'라는 브랜드로 베이커리 빵을 판매한 에스브이엔 사이의 특정매입거래(이하 라.항 내에서 '이 사건 거래'라 한다)에 적용되었어야 할 정상판매수수료율을 추산하기 위한 비교대상거래로서 '다른 대형할인점 내에 데이앤데이 매장과 비교할 만한 독립회사 운영의 베이커리 매장'이 존재하지 않는다는 전제에서, 원고 신세계, 이마트와 이들과 특수관계가 없는 독립회사로서 이마트 매장에 입점하여 만두, 도너츠를 판매한 즉석음식매장 업체들인 굿브레드, 창화당, 씨앤씨 사이의 거래(이하 '만두·도너츠 입점거래'라 한다)를 비교대상거래로 보고, ① 만두·도너츠 입점거래에 적용된 판매수수료율이 23.3~23.8%라는 점, ② 데이앤데이 매장의 판매수수료율이 2005년 및 2006년 22%, 2007년 22.5%, 2008년 22.7%, 2009년 22.8%로 계속 인상되다가, 2010년 3월 21.8%, 2011년 3월 20.5%로 계속 인하된 점, ③ 원고 신세계가 2009년 2월에 2010년도 데이앤데이 매장의 판매수수료율을 23%로 인상할 계획에 있었던 점 등을 이유로 이 사건 거래의 정상수수료율을 23%로 볼 수 있다고 추단하고, 나아가 이 사건 거래에 실제 적용된 판매수수료율 20.5%(이하 '이 사건 적용수수료율'이라 한다)는 정상판매수수료율 23%에 비하여 현저히 유리한 조건으로서 공정한 거래를 저해할 우려가 있는 부당한 지원행위에 해당하므로 이에 관한 원고 신세계, 이마트에 대한 시정명령 및 과징금납부 명령이 적법하다는 취지로 판단하였다.

(2) 그러나 원심의 위와 같은 판단은 다음과 같은 이유로 그대로 수긍하기 어렵다.

앞서 든 법리에 따르면 시정명령 등의 적법성을 주장하는 피고로서는 ① 이마트가 아닌 다른 대형할인점과 그와 특수관계가 없는 독립회사로서 그 매장에 입점하여 데이앤데이와 동일하거나 유사한 매장을 운영한 업체 사이의 거래(이하 '다른 대형할인점 거래'라 한다) 또는 ② 원고 신세계, 이마트와 그와 특수관계가 없는 독립회사로서 이마트 매장에 입점하여 데이앤데이와 유사한 매장을 운영한 업체 사이의 거래 중에서 이 사건 거래와 비교하기에 적합한 사례를 먼저 선정하여 그 사례와 이 사건 거래 사이에 존재하는 거래조건 등의 차이가 판매수수료율에 영향을 주는 경우에는 그 차이를 합리적으로 조정하여 그 사례가 동일한 실제 사례에 가깝도록 비교가능성을 높인 후에 정상판매수수료율을 합리적으로 추산하였어야 한다.

그런데 기록에는 피고가 위와 같은 과정을 거쳐 정상수수료율을 합리적으로 추산하였다고 인정할 만한 자료를 찾아볼 수 없다. 원심이 인정한 것처럼 서울민자역사에 입점한 파리바게뜨, 뉴코아아울렛 강남점, 산본점, 농협하나로마트 모현점에 입점한 뚜레쥬르 등 다른 대형할인점 거래 사례는 이 사건 거래와 거래당사자의 시장점유율, 인지도, 매출액 등에서 차이가 존재한다고 볼 여지가 있으므로 이러한 차이를 조정하지 아니한 채 이들 거래 사례에 적용된 16~21% 판매수수료율을 바로 이 사건 거래의 정상판매수수료율로 단정할 수 없음은 물론이나, 그렇다고 해서 정상판매수수료율을 추산하기 위한 비교대상거래로서 다른 대형할인점 거래 사례가 존재하지 않는다고 말할 수 없다. 피고가 정상판매수수료율의 근거

로 제시한 만두·도너츠 입점거래도 입점업체의 취급 품목, 매장 크기, 종업원 수, 투자비, 매출액, 인지도, 고객유인 효과 등에서 이 사건 거래와 차이가 있다고 보이므로, 위의 다른 대형할인점 거래 사례에 비해 이 사건 거래와 비교하기에 더 적합한 사례라고 단정하기도 어렵다. 설령 이마트 내 만두·도너츠 입점거래가 이 사건 거래와 비교하기에 적합한 사례라고 하더라도, 이 사건 거래와 이마트 내 만두·도너츠 입점거래 사이에 존재할 수 있는 위와 같은 차이점을 합리적으로 조정하지 않은 채 만두·도너츠 입점거래에 적용된 판매수수료율인 23.3~23.8%를 이 사건 거래의 정상판매수수료율의 추산 근거로 삼을 수도 없다. 또한 2005년부터 2011년 3월까지의 기간 동안 데이앤데이 매장의 판매수수료율 변화 추이나 23% 인상계획 등의 사정에 근거하여 이 사건 거래의 정상수수료율이 23%라고 추단하는 것도 합리적이지 못하다.

(3) 그럼에도 원심은 그 판시와 같은 이유를 들어 이 사건 거래의 정상판매수수료율이 23%라는 전제에서 이 사건 적용수수료율이 현저히 낮은 대가의 거래라고 판단하고 말았으니, 이러한 원심의 판단에는 정상가격에 관한 법리 등을 오해하여 필요한 심리를 다하지 아니함으로써 판결에 영향을 미친 잘못이 있다.

3. 결 론

그러므로 원고의 나머지 상고이유에 관한 판단을 생략한 채 원심판결 중 원고 신세계, 이마트의 패소 부분을 파기하고 이 부분 사건을 다시 심리·판단하도록 원심법원에 환송하며, 피고의 상고를 기각하기로 하고, 상고비용 중 원고 주식회사 에브리데이리테일에 대한 상고로 인한 비용은 패소자가 부담하기로 하여 관여 대법관의 일치된 의견으로 주문과 같이 판결한다.

대법관　김창석(재판장)　신영철(주심)　이상훈　조희대

▌ 참조문헌 ▌

주진열, "공정거래법상 부당지원행위 관련 정상가격 산정 기준", 경제법판례연구 9권, 경제법판례연구회, 법문사(2015)

---

(20) 대법원 2022. 5. 26. 선고 2020두36267 판결 [인력지원 등 사건] (부당한 지원행위, 특수관계인에 대한 부당한 이익제공 등)

판시사항

[1] 구 독점규제 및 공정거래에 관한 법률 제23조의2 제1항 제1호에서 금지하는 특수관계인에 대한 부당한 이익제공행위에서의 '부당성'을 판단하는 방법 및 특수

관계인에게 귀속된 이익이 부당하다는 점에 관한 증명책임자(＝공정거래위원회)

[2] 구 독점규제 및 공정거래에 관한 법률상의 부당한 자산·상품 등 지원행위 및 부당한 인력지원행위에서 '현저히 낮거나 높은 대가로 제공 또는 거래하거나 현저한 규모로 제공 또는 거래하여 과다한 경제상 이익을 제공'한 것인지 판단하는 방법 및 그 지원행위에서 급부와 반대급부가 현저히 유리한지 판단하는 기준이 되는 '정상가격'의 의미

[3] 구 독점규제 및 공정거래에 관한 법률상의 부당한 인력지원행위에서 '상당히 낮거나 높은 대가로 제공 또는 거래하거나 상당한 규모로 제공 또는 거래하여 과다한 경제상 이익을 제공'한 것인지, 부당한 거래단계 추가 등 행위에서 '다른 사업자와 직접 상품·용역을 거래하면 상당히 유리함에도 특수관계인이나 다른 회사를 거래단계에 추가하거나 거쳐서 거래하여 과다한 경제상 이익을 제공'한 것인지 판단하는 방법 및 그 지원행위에서 급부와 반대급부가 현저히 유리한지 판단하는 기준이 되는 '정상가격'의 의미

판결요지

[1] 구 독점규제 및 공정거래에 관한 법률(2017. 4. 18. 법률 제14813호로 개정되기 전의 것, 이하 '2013년 개정 공정거래법'이라 한다) 제23조의2의 규정 내용, 입법 경위 및 입법 취지 등을 고려하면, 2013년 개정 공정거래법 제23조의2 제1항 제1호에서 금지하는 특수관계인에 대한 부당한 이익제공행위에서의 '부당성'이란, 이익제공행위를 통하여 그 행위객체가 속한 시장에서 경쟁이 제한되거나 경제력이 집중되는 등으로 공정한 거래를 저해할 우려가 있을 것까지 요구하는 것은 아니고, 행위주체와 행위객체 및 특수관계인의 관계, 행위의 목적과 의도, 행위의 경위와 그 당시 행위객체가 처한 경제적 상황, 거래의 규모, 특수관계인에게 귀속되는 이익의 규모, 이익제공행위의 기간 등을 종합적으로 고려하여, 변칙적인 부의 이전 등을 통하여 대기업집단의 특수관계인을 중심으로 경제력 집중이 유지·심화될 우려가 있는지에 따라 판단하여야 한다. 이와 같이 특수관계인에게 귀속된 이익이 부당하다는 점은 시정명령 등 처분의 적법성을 주장하는 공정거래위원회가 증명하여야 한다.

[2] 구 독점규제 및 공정거래에 관한 법률(2013. 8. 13. 법률 제12095호로 개정되기 전의 것, 이하 '구 공정거래법'이라 한다)상의 부당한 자산·상품 등 지원행위 및 부당한 인력지원행위에서 '현저히 낮거나 높은 대가로 제공 또는 거래하거나 현저한

규모로 제공 또는 거래하여 과다한 경제상 이익을 제공'한 것인지는 급부와 반대급부의 차이, 지원성 거래규모, 지원행위로 인한 경제상 이익, 지원기간, 지원횟수, 지원시기, 지원행위 당시 지원객체가 처한 경제적 상황 등을 종합적으로 고려하여 구체적·개별적으로 판단하여야 하고, 여기서 급부와 반대급부가 현저히 유리한지를 판단하는 기준이 되는 '정상가격'은, 지원주체와 지원객체 간에 이루어진 경제적 급부와 동일한 경제적 급부가 시기, 종류, 규모, 기간, 신용상태 등이 유사한 상황에서 특수관계가 없는 독립된 자 간에 이루어졌을 경우 형성되었을 거래가격 등을 말한다.

[3] 구 독점규제 및 공정거래에 관한 법률(2017. 4. 18. 법률 제14813호로 개정되기 전의 것)상의 부당한 인력지원행위에서 '상당히 낮거나 높은 대가로 제공 또는 거래하거나 상당한 규모로 제공 또는 거래하여 과다한 경제상 이익을 제공'한 것인지, 부당한 거래단계 추가 등 행위에서 '다른 사업자와 직접 상품·용역을 거래하면 상당히 유리함에도 특수관계인이나 다른 회사를 거래단계에 추가하거나 거쳐서 거래하여 과다한 경제상 이익을 제공'한 것인지를 판단할 때에도 급부와 반대급부의 차이, 지원성 거래규모, 지원행위로 인한 경제상 이익, 지원기간, 지원횟수, 지원시기, 지원행위 당시 지원객체가 처한 경제적 상황 등을 종합적으로 고려하여 구체적·개별적으로 판단하여야 한다. 그리고 여기서 급부와 반대급부가 상당히 유리한지를 판단하는 기준이 되는 '정상가격'은, 지원주체와 지원객체 간에 이루어진 경제적 급부와 동일한 경제적 급부가 시기, 종류, 규모, 기간, 신용상태 등이 유사한 상황에서 특수관계가 없는 독립된 자 간에 이루어졌을 경우 형성되었을 거래가격 등을 말한다.

참조조문

[1] 구 독점규제 및 공정거래에 관한 법률(2017. 4. 18. 법률 제14813호로 개정되기 전의 것) 제23조의2 제1항 제1호(현행 제47조 제1항 제1호 참조)

[2] 구 독점규제 및 공정거래에 관한 법률(2013. 8. 13. 법률 제12095호로 개정되기 전의 것) 제23조 제1항 제7호(현행 제45조 제1항 제9호 참조)

[3] 구 독점규제 및 공정거래에 관한 법률(2017. 4. 18. 법률 제14813호로 개정되기 전의 것) 제23조 제1항 제7호(현행 제45조 제1항 제9호 참조)

참조판례

[1] 대법원 2022. 5. 12. 선고 2017두63993 판결

[2] 대법원 2006. 12. 7. 선고 2004두11268 판결, 대법원 2012. 10. 25. 선고 2009두 15494 판결

따름판례

대법원 2022. 9. 16. 선고 2019도19067 판결

전 문

【원고, 상고인 겸 피상고인】 하이트진로 주식회사
【원고, 상고인】 서영이앤티 주식회사
【피고, 피상고인 겸 상고인】 공정거래위원회
【원심판결】 서울고법 2020. 2. 12. 선고 2018누44595 판결
【주 문】
상고를 모두 기각한다. 상고비용은 각자 부담한다.
【이 유】
상고이유를 판단한다.

1. 2015년도 인력지원행위와 특수관계인에 대한 부당한 이익제공행위(원고들 상고이유 제1점)

가. 법 리

1) 구 「독점규제 및 공정거래에 관한 법률」(2017. 4. 18. 법률 제14813호로 개정되기 전의 것, 이하 '2013년 개정 공정거래법'이라 한다) 제23조의2 제1항은 "일정 규모 이상의 자산총액 등 대통령령으로 정하는 기준에 해당하는 기업집단에 속하는 회사는 특수관계인(동일인 및 그 친족에 한정한다)이나 특수관계인이 대통령령으로 정하는 비율 이상의 주식을 보유한 계열회사와 다음 각호의 어느 하나에 해당하는 행위를 통하여 특수관계인에게 부당한 이익을 귀속시키는 행위를 하여서는 아니 된다. 이 경우 각호에 해당하는 행위의 유형 또는 기준은 대통령령으로 정한다."라고 규정하면서, 제1호에서 "정상적인 거래에서 적용되거나 적용될 것으로 판단되는 조건보다 상당히 유리한 조건으로 거래하는 행위"를 규정하고 있고, 같은 조 제3항은 "제1항에 따른 거래 또는 사업기회 제공의 상대방은 제1항 각호의 어느 하나에 해당할 우려가 있음에도 불구하고 해당 거래를 하거나 사업기회를 제공받는 행위를 하여서는 아니 된다."라고 규정하고 있다. 위 조항의 위임에 따라 2014. 2. 11. 대통령령 제25173호로 개정된 「독점규제 및 공정거래에 관한 법률 시행령」 제38조 제3항 [별표 1의3] 제1호 (다)목은 법 제23조의2 제1항 제1호에 따른 행위 중 하나로, '상당히 유리한 조건의 인력 거래', 즉 '인력을 정상적인 거래에서 적용되는 대가보다 상당히 낮거나 높은 대가로 제공하거나 거래하는 행위'를 규정하고 있다.

2) 2013년 개정 전의 구 「독점규제 및 공정거래에 관한 법률」(2013. 8. 13. 법률 제12095호로 개정되기 전의 것, 이하 '구 공정거래법'이라 한다) 제23조 제1항 제7호에 따라 규제의 대상이 되는 부당지원행위는 현저히 유리한 조건의 거래를 통해 특수관계인 또는

다른 회사를 지원하고 이로써 공정한 거래를 저해할 우려가 있는 경우로 한정되었다. 따라서 그 지원행위가 현저히 유리한 정도에 미치지 못하거나 시장에 참여하고 있는 사업자가 아닌 특수관계인 개인을 지원하는 경우에는 변칙적인 부의 세대 간 이전 등을 통한 소유집중의 우려가 있어도 사실상 공정거래저해성을 입증하는 것이 곤란하여 규제가 어려웠다.

이에 위에서 본 바와 같이 2013년 개정 공정거래법은 부당지원행위의 성립요건을 완화하는 한편, 공정한 거래를 저해하는지 여부가 아닌 특수관계인에게 부당한 이익을 제공하였는지 여부를 기준으로 위법성을 판단하는 제23조의2를 신설하였다. 위 개정 조문은 공포 후 6개월이 경과한 2014. 2. 14.부터 시행하되, 위 법 시행 전에 종료된 거래에 대해서는 종전의 규정을 적용하고, 위 법 시행 당시 계속 중인 거래에 대해서는 위 법 시행일부터 1년간은 종전의 규정을 적용한다[부칙(2013. 8. 13.) 제1조, 제2조].

3) 이러한 2013년 개정 공정거래법 제23조의2의 규정 내용, 입법 경위 및 입법 취지 등을 고려하면, 2013년 개정 공정거래법 제23조의2 제1항 제1호에서 금지하는 특수관계인에 대한 부당한 이익제공행위에서의 '부당성'이란, 이익제공행위를 통하여 그 행위객체가 속한 시장에서 경쟁이 제한되거나 경제력이 집중되는 등으로 공정한 거래를 저해할 우려가 있을 것까지 요구하는 것은 아니고, 행위주체와 행위객체 및 특수관계인의 관계, 행위의 목적과 의도, 행위의 경위와 그 당시 행위객체가 처한 경제적 상황, 거래의 규모, 특수관계인에게 귀속되는 이익의 규모, 이익제공행위의 기간 등을 종합적으로 고려하여, 변칙적인 부의 이전 등을 통하여 대기업집단의 특수관계인을 중심으로 경제력 집중이 유지·심화될 우려가 있는지에 따라 판단하여야 한다. 이와 같이 특수관계인에게 귀속된 이익이 부당하다는 점은 시정명령 등 처분의 적법성을 주장하는 공정거래위원회가 증명하여야 한다(대법원 2022. 5. 12. 선고 2017두63993 판결 참조).

나. 판 단

원심판결 이유에 의하면, 피고는 원고 하이트진로 주식회사(이하 '원고 하이트진로'라 한다)가 2008. 4. 1.부터 2015. 12. 31.까지 원고 서영이앤티 주식회사(이하 '원고 서영'이라 한다)에 직원들을 전적·파견하고 급여의 일부를 대신 부담한 행위(이하 '인력지원행위'라 한다) 중 2015. 1. 1.부터 2015. 12. 31.까지의 행위(이하 '2015년도 인력지원행위'라 한다)에 대하여, 이는 2013년 개정 공정거래법 제23조의2 제1항 제1호에 해당한다며 그 판시와 같은 시정명령, 과징금납부명령을 하였다.

위에서 본 법리에 비추어 원심판결 이유와 기록에 비추어 알 수 있는 다음과 같은 사정을 살펴보면, 2015년도 인력지원행위는 2013년 개정 공정거래법 제23조의2가 적용되는 것으로, 제23조의2 제1항 제1호에서 정한 '정상적인 거래에서 적용되거나 적용될 것으로 판단되는 조건보다 상당히 유리한 조건으로 거래하는 행위를 통하여 특수관계인에게 부당한 이익을 귀속시키는 행위'에 해당한다.

1) 원고 서영은 기업집단 하이트진로의 지주회사인 하이트진로홀딩스 주식회사의 지분을 상당 비율 보유한 회사이고, 위 지주회사의 최대주주 소외 1의 2세인 소외 2가 2007. 12. 28. 원고 서영의 주식 중 73%를 매수한 이후 기업집단 하이트진로의 특수관계인이 원고 서영의 지분 대부분을 보유하였다. 이로써 원고 서영은 특수관계인이 기업집단 하이트진로에

대한 지배력을 유지·강화하고 경영권을 승계하는 토대가 되었다.

2) 원고 서영은 사업실적이 저조하고 대규모의 차입금 채무 등으로 재무상태가 열악하였는데, 2015년도 인력지원행위로 원고 서영에 파견된 직원들은 원고 서영이 신사업을 기획하고 실행하는 데 핵심 역할을 담당하였다. 이러한 사정 등을 고려하면, 2015년도 인력지원행위의 주된 의도는, 원고들이 주장하는 바와 같이 기업집단 내 조직통합을 위해서라기보다, 원고 서영을 통해 특수관계인에게 이익을 귀속시킴으로써 경제력을 집중시키기 위함으로 보인다.

3) 원고 서영은 2015. 1. 1.부터 2015. 12. 31.까지 원고 서영에 파견된 직원들이 받은 임금 중 약 60%만 부담하였고 나머지는 원고 하이트진로가 부담하였다. 원고 서영에 파견된 직원들은 원고 하이트진로에서 근무한 경력이 10년 이상인 인력으로, 만약 원고 하이트진로의 위와 같은 임금 보전이 없었더라면 파견에 응하지 않았을 것으로 보인다. 또한 위 파견된 직원들이 원고 서영에서 신사업 구상 및 실행 등을 통하여 매출액을 늘리는 데에 핵심적인 역할을 담당한 점 등을 고려하면, 2015년도 인력지원행위로 인하여 특수관계인에게 귀속된 이익의 규모가 결코 작다고 볼 수 없다.

4) 이러한 사정들을 고려하면, 2015년도 인력지원행위는 변칙적인 부의 이전 등을 통하여 기업집단 하이트진로의 특수관계인을 중심으로 경제력 집중을 유지·심화시킬 우려가 있다.

원심판단에 다소 부적절한 부분이 있지만, 2015년도 인력지원행위가 2013년 개정 공정거래법 제23조의2 제1항 제1호, 제3항에 위반된다고 판단한 결론에 상고이유 주장과 같이 위 조항을 소급적용하거나 그 요건인 '부당성'에 관한 법리 오해, 판단 누락으로 판결에 영향을 미친 잘못이 없다.

2. 인력지원행위, 맥주용 알루미늄 캔 거래, 알루미늄 코일 거래, 글라스락 캡 거래와 부당지원행위

가. 관련 규정 및 법리

1) 구 공정거래법 제23조 제1항은 "사업자는 다음 각호의 어느 하나에 해당하는 행위로서 공정한 거래를 저해할 우려가 있는 행위(이하 '불공정거래행위'라 한다)를 하거나, 계열회사 또는 다른 사업자로 하여금 이를 행하도록 하여서는 아니 된다."라고 규정하면서, 불공정거래행위의 한 유형으로 제7호에서 부당지원행위, 즉 '부당하게 특수관계인 또는 다른 회사에 대하여 가지급금·대여금·인력·부동산·유가증권·상품·용역·무체재산권 등을 제공하거나 현저히 유리한 조건으로 거래하여 특수관계인 또는 다른 회사를 지원하는 행위'를 규정하고 있다. 구 공정거래법상 부당지원행위의 유형 중 '부당한 자산·상품 등 지원행위'는 사업자가 부당하게 특수관계인 또는 다른 회사에 대하여 부동산·유가증권·상품·용역·무체재산권 등 자산을 현저히 낮거나 높은 대가로 제공 또는 거래하거나 현저한 규모로 제공 또는 거래하여 과다한 경제상 이익을 제공함으로써 특수관계인 또는 다른 회사를 지원하는 행위로서 공정한 거래를 저해할 우려가 있는 행위를 말하고, '부당한 인력지원행위'는 사업자가 부당하게 특수관계인 또는 다른 회사에 대하여 인력을 현저히 낮거나 높은 대가로 제공하거나 현저한 규모로 제공하여 과다한 경제상 이익을 제공함으로써 특수관

계인 또는 다른 회사를 지원하는 행위로서 공정한 거래를 저해할 우려가 있는 행위를 말한
다[구 공정거래법 제23조 제1항 제7호, 제2항, 구 독점규제 및 공정거래에 관한 법률 시행
령(2014. 2. 11. 대통령령 제25173호로 개정되기 전의 것) 제36조 제1항, [별표 1의2] 제10
호 (나)목, (다)목].

　　이후 2013년 개정 공정거래법은 부당지원행위의 성립요건을 종전의 '현저히 유리한 조
건'에서 '상당히 유리한 조건'으로 변경하여 완화하는 한편[제23조 제1항 제7호 (가)목], 부
당지원행위의 한 유형으로서 실질적인 역할이 없는 특수관계인이나 다른 회사를 매개로 거
래하는 '부당한 거래단계 추가 등 행위'를 신설하였다[같은 호 (나)목]. 신설된 '부당한 거래
단계 추가 등 행위'라 함은 사업자가 다른 사업자와 직접 상품·용역을 거래하면 상당히 유
리함에도 불구하고 부당하게 거래상 역할이 없거나 미미한 특수관계인이나 다른 회사를 거
래단계에 추가 또는 거쳐서 거래하거나, 특수관계인이나 다른 회사를 거래단계에 추가 또는
거쳐서 거래하면서 그 특수관계인이나 다른 회사에 거래상 역할에 비하여 과도한 대가를
지급하여 과다한 경제상 이익을 제공함으로써 특수관계인 또는 다른 회사를 지원하는 행위
로서 공정한 거래를 저해할 우려가 있는 행위를 말한다[2013년 개정 공정거래법 제23조 제
1항 제7호 (나)목, 제3항, 구 독점규제 및 공정거래에 관한 법률 시행령(2014. 7. 21. 대통
령령 제25503호로 개정되기 전의 것) 제36조 제1항, [별표 1의2] 제10호 (라)목].

　　2) 구 공정거래법상의 부당한 자산·상품 등 지원행위 및 부당한 인력지원행위에서 '현
저히 낮거나 높은 대가로 제공 또는 거래하거나 현저한 규모로 제공 또는 거래하여 과다한
경제상 이익을 제공'한 것인지는 급부와 반대급부의 차이, 지원성 거래규모, 지원행위로 인
한 경제상 이익, 지원기간, 지원횟수, 지원시기, 지원행위 당시 지원객체가 처한 경제적 상
황 등을 종합적으로 고려하여 구체적·개별적으로 판단하여야 하고, 여기서 급부와 반대급
부가 현저히 유리한지를 판단하는 기준이 되는 '정상가격'은, 지원주체와 지원객체 간에 이
루어진 경제적 급부와 동일한 경제적 급부가 시기, 종류, 규모, 기간, 신용상태 등이 유사한
상황에서 특수관계가 없는 독립된 자 간에 이루어졌을 경우 형성되었을 거래가격 등을 말
한다고 보았다(대법원 2006. 12. 7. 선고 2004두11268 판결, 대법원 2012. 10. 25. 선고
2009두15494 판결 등 참조).

　　3) 2013년 개정 공정거래법상의 부당한 인력지원행위에서 '상당히 낮거나 높은 대가로
제공 또는 거래하거나 상당한 규모로 제공 또는 거래하여 과다한 경제상 이익을 제공'한 것
인지, 부당한 거래단계 추가 등 행위에서 '다른 사업자와 직접 상품·용역을 거래하면 상당
히 유리함에도 특수관계인이나 다른 회사를 거래단계에 추가하거나 거쳐서 거래하여 과다
한 경제상 이익을 제공'한 것인지를 판단함에 있어서도 급부와 반대급부의 차이, 지원성 거
래규모, 지원행위로 인한 경제상 이익, 지원기간, 지원횟수, 지원시기, 지원행위 당시 지원
객체가 처한 경제적 상황 등을 종합적으로 고려하여 구체적·개별적으로 판단하여야 한다.
그리고 여기서 급부와 반대급부가 상당히 유리한지를 판단하는 기준이 되는 '정상가격'은,
지원주체와 지원객체 간에 이루어진 경제적 급부와 동일한 경제적 급부가 시기, 종류, 규모,
기간, 신용상태 등이 유사한 상황에서 특수관계가 없는 독립된 자 간에 이루어졌을 경우 형
성되었을 거래가격 등을 말한다. 위 기준에 따라 개정 규정과 그 입법 취지에 맞추어 상당

히 유리한지를 판단하여야 한다.

　나. 지원행위에 해당하는지

　1) 인력지원행위(원고들 상고이유 제2점)

　원심은 그 판시와 같은 사실을 인정한 다음, 원고 하이트진로가 2008. 4. 1.부터 2015. 12. 31.까지 원고 서영에 한 인력지원행위에 대하여, 원고 서영은 대규모 차입금 상황, 신용등급 하락 등으로 재무상황이 악화되자 매출액을 늘리기 위하여 원고 하이트진로에 업무경험이 많은 인력의 지원을 요청하였고, 이에 원고 하이트진로는 원고 서영이 계속 운영되어 경영권이 안정적으로 승계되도록 하기 위하여 인력지원행위를 한 것으로 보이는 점, 원고 서영에 전적·파견된 직원들은 원고 서영이 각종 신사업을 기획하고 실행하는 데 핵심역할을 담당한 점, 약 7년 9개월 동안 위 직원들이 받은 임금 합계 1,507,882,735원 중 1,003,033,505원만 원고 서영이 부담하고 나머지 504,849,230원은 원고 하이트진로가 부담하였는데, 원고 하이트진로가 부담한 금액은 원고 서영의 2008년부터 2015년까지 당기순이익 합계액의 약 3.6%에 이르는 점, 원고 하이트진로가 임금 보전을 하지 않았더라면 직원들은 원고 서영으로의 전적·파견에 응하지 않았을 것으로 보이는 점 등의 이유를 들어, 인력지원행위는 인력을 현저히 또는 상당히 낮은 대가로 제공하여 과다한 경제상 이익을 제공한 것으로서 구 공정거래법 제23조 제1항 제7호, 2013년 개정 공정거래법 제23조 제1항 제7호 (가)목의 지원행위에 해당한다는 취지로 판단하였다.

　위에서 본 법리와 기록에 비추어 살펴보면, 원심의 이러한 판단에 상고이유 주장과 같이 부당한 인력지원에서 '현저히 또는 상당히 유리한 조건의 거래'에 관한 법리를 오해하거나 필요한 심리를 다하지 아니하여 판결에 영향을 미친 잘못이 없다.

　2) 맥주용 알루미늄 캔 거래(원고들 상고이유 제3점)

　원심은 그 판시와 같은 사실을 인정한 다음, 원고 하이트진로가 2008. 4. 1.부터 2012. 12. 31.까지 원고 서영을 통해 맥주용 알루미늄 캔을 구매한 행위(이하 '공캔 거래'라 한다)에 대하여, 원고 하이트진로는 공캔 제조사로부터 직접 공캔을 매수할 수 있었음에도 불구하고 거래상 실질적인 역할을 담당하지 않는 원고 서영을 거쳐서 공캔을 매수한 점, 당시 원고 서영은 국내 공캔 시장의 대규모 수요자인 원고 하이트진로에 공캔을 전속적으로 판매함에 따라 국내 공캔 시장 점유율이 47%에 이른 점, 원고 서영은 공캔 제조사로부터 공캔을 매수한 다음 그 매수가격에 자신의 이익을 더한 가격으로 원고 하이트진로에 판매하였고, 이로 인하여 원고 서영의 2008년부터 2012년까지 영업이익의 약 20.8%, 당기순이익의 약 49.8%에 달하는 이익을 얻은 점 등의 이유를 들어, 공캔 거래는 현저한 규모의 거래로 인하여 과다한 경제상 이익을 제공한 것으로서 구 공정거래법 제23조 제1항 제7호의 지원행위에 해당한다는 취지로 판단하였다.

　위에서 본 법리와 기록에 비추어 살펴보면, 원심의 이러한 판단에 상고이유 주장과 같이 부당한 자산·상품 등 지원에서 현저히 유리한 조건의 거래 여부를 판단하는 기준인 정상가격에 관한 법리를 오해하여 판결에 영향을 미친 잘못이 없다.

　3) 알루미늄 코일 거래(원고들 상고이유 제5, 6점)

　원심은 그 판시와 같은 사실을 인정한 다음, 원고 하이트진로가 삼광글라스 주식회사(이하 '삼광글라스'라 한다)로 하여금 2013. 1. 1.부터 2014. 1. 31.까지 알루미늄 코일을 원고 서영을 통해 구매하도록 한 행위(이하 '알루미늄 코일 거래'라 한다)에 대하여, 원고 하이트 진로는 삼광글라스가 알루미늄 코일 제조사의 전속대리점으로부터 직접 알루미늄 코일을 매수할 수 있었음에도 불구하고 삼광글라스로 하여금 거래상 실질적인 역할을 담당하지 않는 원고 서영을 거쳐서 알루미늄 코일을 매수하도록 한 점, 원고 서영은 국내 알루미늄 코일 시장의 대규모 수요자인 삼광글라스에 알루미늄 코일을 전속적으로 판매함에 따라 그 거래량이 2013년 기준 국내 알루미늄 코일 시장 전체 거래량의 14.47%에 이르렀고, 그 매출액은 해당 거래 기간 동안 원고 서영의 전체 매출액의 약 61.7%에 이른 점, 삼광글라스가 원고 서영으로부터 알루미늄 코일을 매수한 가격은 당시 다른 사업자들이 알루미늄 코일 제조사로부터 매수한 가격보다 최소 1.6% 더 높았던 점 등의 이유를 들어, 알루미늄 코일 거래는 현저한 규모의 거래로 인하여 과다한 경제상 이익을 제공한 것으로서 구 공정거래법 제23조 제1항 제7호의 지원행위에 해당한다는 취지로 판단하였다.

위에서 본 법리와 기록에 비추어 살펴보면, 원심의 이러한 판단에 상고이유 주장과 같이 구 공정거래법 제23조 제1항 후단에서 정한 '다른 사업자로 하여금 부당지원행위를 행하도록 하는 경우'의 성립요건, 부당한 자산·상품 등 지원에서 현저히 유리한 조건의 거래 및 이를 판단하는 기준인 정상가격에 관한 법리를 오해하여 판결에 영향을 미친 잘못이 없다.

4) 글라스락 캡 거래(원고들 상고이유 제5, 6점)

원심은 그 판시와 같은 사실을 인정한 다음, 원고 하이트진로가 삼광글라스로 하여금 2014. 9. 15.부터 2017. 9. 30.까지 글라스락 캡을 원고 서영을 통해 구매하도록 한 행위(이하 '글라스락 캡 거래'라 한다)에 대하여, 원고 하이트진로는 삼광글라스가 글라스락 캡 제조사로부터 글라스락 캡을 직접 매수하면 상당히 유리함에도 불구하고 삼광글라스로 하여금 거래상 실질적인 역할을 담당하지 않는 원고 서영을 거쳐서 글라스락 캡을 매수하도록 한 점, 이에 따라 원고 서영은 국내 밀폐용기 뚜껑 시장 내 점유율이 높은 삼광글라스에 글라스락 캡을 전속적으로 판매하였고, 그 매출액은 해당 거래 기간 동안 원고 서영의 전체 매출액의 약 20.2%에 이른 점, 원고 서영은 글라스락 캡 제조사로부터 글라스락 캡을 매수한 다음 그 매수가격에 유통 이윤 5.57%를 더하여 삼광글라스에 판매하였고, 이로 인하여 원고 서영의 영업이익의 약 15.1%, 당기순이익의 약 1,533.8%에 달하는 이익을 얻은 점 등의 이유를 들어, 글라스락 캡 거래는 '다른 사업자와 직접 상품·용역을 거래하면 상당히 유리함에도 불구하고 거래상 실질적인 역할이 없는 특수관계인이나 다른 회사를 매개로 거래하는 행위'로서 2013년 개정 공정거래법 제23조 제1항 제7호 (나)목의 지원행위에 해당한다는 취지로 판단하였다.

위에서 본 법리와 기록에 비추어 살펴보면, 원심의 이러한 판단에 상고이유 주장과 같이 2013년 개정 공정거래법 제23조 제1항 후단에서 정한 '다른 사업자로 하여금 부당지원행위를 행하도록 하는 경우'의 성립 요건, 부당한 거래단계 추가 등에서 다른 사업자와 직접 거래하면 상당히 유리한지 여부 및 이를 판단하는 기준인 정상가격에 관한 법리를 오해하여 판결에 영향을 미친 잘못이 없다.

다. 부당성 여부(원고들 상고이유 제2, 4, 7점)

원심은 그 판시와 같은 사실을 인정한 다음, 인력지원행위, 공캔 거래, 알루미늄 코일 거래, 글라스락 캡 거래는 원고 하이트진로가 원고 서영의 매출액을 늘린다는 동일한 목적 아래 약 10년에 걸쳐 순차로 이루어진 것으로서, 위 각 지원행위로 인하여 각 관련 시장인 국내 공캔 시장, 국내 알루미늄 코일 시장, 국내 밀폐용기 뚜껑 시장에서 경쟁이 저해되고 원고 서영에 경제력이 집중되었으므로, 공정한 거래가 저해될 우려가 있다고 판단하였다.

관련 법리와 기록에 비추어 살펴보면, 원심의 이러한 판단에 상고이유 주장과 같이 부당지원행위에 있어서 지원행위의 부당성에 관한 법리를 오해하여 판결에 영향을 미친 잘못이 없다.

3. 주식 매각 관련 기업운영비 지급기준 인상합의와 부당지원행위(피고 상고이유 제1, 2점)

원심은 그 채택 증거들을 종합하여, 원고 서영은 2014. 2. 4. 주식회사 키미데이타(이하 '키미데이타'라 한다)에 원고 서영이 보유하던 주식회사 서해인사이트(이하 '서해인사이트'라 한다) 주식 전량(이하 '이 사건 주식'이라 한다)을 25억 원에 매도한 사실, 원고 하이트진로는 그동안 서해인사이트에 생맥주 기기 설치 · 유지보수 업무를 위탁하고 업무위탁비를 지급하여 왔는데, 이 사건 주식 매각 협의 당시 키미데이타의 요구에 따라 향후 서해인사이트에 지급할 업무위탁비 중 마진에 해당하는 기업운영비 지급기준을 기존 '용역원가의 6.0%'에서 '용역원가의 8.7%'로 인상해 주기로 잠정 합의한 사실(이하 '이 사건 인상합의'라 한다)을 인정한 다음, 이 사건 주식의 정상가격이 13억 9,600만 원임에도 이 사건 인상합의로 인하여 원고 서영이 이 사건 주식을 정상가격보다 현저히 높은 25억 원에 매도하였으므로 이 사건 인상합의는 구 공정거래법 제23조 제1항 제7호의 부당지원행위에 해당한다는 피고의 주장에 대하여, ① 피고가 이 사건 주식의 가치를 13억 9,600만 원으로 평가한 것은 삼도 회계법인의 주식가치 산정결과에 근거한 것인데, 이는 기업운영비 외에 서해인사이트의 매출총이익을 발생시킬 요소가 없다는 잘못된 전제에 기초한 것이므로 이를 이 사건 주식의 정상가격으로 볼 수 없는 점, ② 대주, 삼영, 삼일 회계법인의 각 주식가치 평가결과에 의하면, 이 사건 인상합의의 반영 여부에 관계없이 이 사건 주식의 가치가 약 25억 원 내외라는 것으로, 위 각 평가결과가 부당하다고 단정할 수 없는 점 등의 이유로 피고의 위 주장을 배척하고, 제출된 증거만으로 이 사건 인상합의가 구 공정거래법 제23조 제1항 제7호의 '특수관계인 또는 다른 회사에 대하여 가지급금 · 대여금 · 인력 · 부동산 · 유가증권 · 상품 · 용역 · 무체재산권 등을 제공하거나 현저히 유리한 조건으로 거래하여 특수관계인 또는 다른 회사를 지원하는 행위'로 볼 수 없다는 취지로 판단하였다.

관련 법리와 기록에 비추어 살펴보면, 원심의 이러한 판단에 상고이유 주장과 같이 현저히 유리한 조건의 거래를 판단하는 기준인 정상가격의 산정에 관한 법리를 오해하고 판단을 누락하거나 논리와 경험칙을 위반하여 자유심증주의의 한계를 벗어나고 채증법칙을 위반하여 판결에 영향을 미친 잘못이 없다.

4. 결 론

그러므로 상고를 모두 기각하고 상고비용은 각자 부담하도록 하여, 관여 대법관의 일치된 의견으로 주문과 같이 판결한다.

대법관   천대엽(재판장) 조재연 민유숙(주심) 이동원

---

(21) 대법원 2022. 9. 16. 선고 2019도19067 판결 [치즈납품 등 사건] (부당한 지원행위, 그 밖의 사업활동방해)

판시사항

[1] 2013. 8. 13. 개정 전의 독점규제 및 공정거래에 관한 법률상 부당한 자산·상품 등 지원행위에서 '현저히 낮거나 높은 대가로 제공 또는 거래하거나 현저한 규모로 제공 또는 거래하여 과다한 경제상 이익을 제공'한 것인지, 2013. 8. 13. 개정된 독점규제 및 공정거래에 관한 법률상 부당한 자산·상품 등 지원행위에서 '상당히 낮거나 높은 대가로 제공 또는 거래하거나 상당한 규모로 제공 또는 거래하여 과다한 경제상 이익을 제공'한 것인지, 부당한 거래단계 추가 등 행위에서 '다른 사업자와 직접 상품·용역을 거래하면 상당히 유리함에도 특수관계인이나 다른 회사를 거래단계에 추가하거나 거쳐서 거래하여 과다한 경제상 이익을 제공'한 것인지를 판단하는 방법 / 여기서 급부와 반대급부가 현저히 또는 상당히 유리한지를 판단하는 기준이 되는 '정상가격'의 의미

[2] 법 개정 전후에 걸친 포괄일죄에 대한 법령 적용

[3] 2013. 8. 13. 개정된 독점규제 및 공정거래에 관한 법률 제23조 제1항 제5호, 2014. 2. 11. 개정된 독점규제 및 공정거래에 관한 시행령 제36조 제1항 [별표 1의2] 제8호 (라)목이 정한 '기타의 사업활동방해'에 해당하기 위한 요건 및 이때 '부당성'의 유무를 판단하는 방법

판결요지

[1] 구 독점규제 및 공정거래에 관한 법률(2013. 8. 13. 법률 제12095호로 개정되기 전의 것, 이하 '구 공정거래법'이라 한다) 제23조 제1항은 "사업자는 다음 각호의 어느 하나에 해당하는 행위로서 공정한 거래를 저해할 우려가 있는 행위(이하 '불공정

거래행위'라 한다)를 하거나, 계열회사 또는 다른 사업자로 하여금 이를 행하도록 하여서는 아니 된다."라고 규정하면서, 불공정거래행위의 한 유형으로 제7호에서 부당지원행위, 즉 '부당하게 특수관계인 또는 다른 회사에 대하여 가지급금·대여금·인력·부동산·유가증권·상품·용역·무체재산권 등을 제공하거나 현저히 유리한 조건으로 거래하여 특수관계인 또는 다른 회사를 지원하는 행위'를 규정하고 있다. 구 공정거래법상 부당지원행위의 유형 중 '부당한 자산·상품 등 지원행위'는 사업자가 부당하게 특수관계인 또는 다른 회사에 대하여 부동산·유가증권·상품·용역·무체재산권 등 자산을 현저히 낮거나 높은 대가로 제공 또는 거래하거나 현저한 규모로 제공 또는 거래하여 과다한 경제상 이익을 제공함으로써 특수관계인 또는 다른 회사를 지원하는 행위로서 공정한 거래를 저해할 우려가 있는 행위를 말한다[구 공정거래법 제23조 제1항 제7호, 제2항, 구 「독점규제 및 공정거래에 관한 법률 시행령」(2014. 2. 11. 대통령령 제25173호로 개정되기 전의 것) 제36조 제1항 [별표 1의2] 제10호 (나)목].

구 독점규제 및 공정거래에 관한 법률(2013. 8. 13. 법률 제12095호로 개정되고, 2017. 4. 18. 법률 제14813호로 개정되기 전의 것, 이하 '개정 공정거래법'이라 한다)은 부당지원행위의 성립요건을 종전의 '현저히 유리한 조건'에서 '상당히 유리한 조건'으로 변경하여 완화하는 한편[제23조 제1항 제7호 (가)목], 부당지원행위의 한 유형으로서 실질적인 역할이 없는 특수관계인이나 다른 회사를 매개로 거래하는 '부당한 거래단계 추가 등 행위'를 신설하였다[같은 호 (나)목]. '부당한 거래단계 추가 등 행위'라 함은 사업자가 다른 사업자와 직접 상품·용역을 거래하면 상당히 유리함에도 불구하고 부당하게 거래상 역할이 없거나 미미한 특수관계인이나 다른 회사를 거래단계에 추가하거나 거쳐서 거래하는 행위, 특수관계인이나 다른 회사를 거래단계에 추가하거나 거쳐서 거래하면서 그 특수관계인이나 다른 회사에 거래상 역할에 비하여 과도한 대가를 지급하는 행위를 통하여 과다한 경제상 이익을 제공함으로써 특수관계인 또는 다른 회사를 지원하는 행위로서 공정한 거래를 저해할 우려가 있는 행위를 말한다[개정 공정거래법 제23조 제1항 제7호 (나)목, 제3항, 구 독점규제 및 공정거래에 관한 법률 시행령(2014. 2. 11. 대통령령 제25173호로 개정되고, 2017. 7. 17. 대통령령 제28197호로 개정되기 전의 것) 제36조 제1항 [별표 1의2] 제10호 (라)목]. 신설된 '부당한 거래단계 추가 등 행위'는 구 공정거래법상 부당지원행위 개념에 포함되던 것을 입법자가 특별히 강조하여 구체화하기 위하여 개정 공정거래법에 별도의 행위유형으로 규정한 것이다. 위 개정 조문은 공포 후 6개월이 경과한 2014. 2. 14.부터 시행하되, 위 법 시행 전에 종료된 거래에 대해서는 종전의 규정을 적용하고, 위법 시행 당시 계속 중인 거래에 대해서는 위 법 시행일부터 1년간은 종전의 규정을 적용한다[부칙(2013. 8. 13.) 제1조, 제2조 제1항, 제2항].

구 공정거래법상의 부당한 자산·상품 등 지원행위에서 '현저히 낮거나 높은 대가로 제공 또는 거래하거나 현저한 규모로 제공 또는 거래하여 과다한 경제상이익을 제공'한 것인지, 개정 공정거래법상의 부당한 자산·상품 등 지원행위에서 '상당히 낮거나 높은 대가로 제공 또는 거래하거나 상당한 규모로 제공 또는거래하여 과다한 경제상 이익을 제공'한 것인지, 부당한 거래단계 추가 등 행위에서 '다른 사업자와 직접 상품·용역을 거래하면 상당히 유리함에도 특수관계인이나 다른 회사를 거래단계에 추가하거나 거쳐서 거래하여 과다한 경제상 이익을 제공'한 것인지는 급부와 반대급부의 차이, 지원성 거래규모, 지원행위로인한 경제상 이익, 지원기간, 지원횟수, 지원시기, 지원행위 당시 지원객체가 처한 경제적 상황 등을 종합적으로 고려하여 구체적·개별적으로 판단하여야 한다. 그리고 여기서 급부와 반대급부가 현저히 또는 상당히 유리한지를 판단하는기준이 되는 '정상가격'은, 지원주체와 지원객체 간에 이루어진 경제적 급부와동일한 경제적 급부가 시기, 종류, 규모, 기간, 신용상태 등이 유사한 상황에서특수관계가 없는 독립된 자 간에 이루어졌을 경우 형성되었을 거래가격 등을 말한다.

[2] 포괄일죄로 되는 개개의 범죄행위가 법 개정의 전후에 걸쳐서 행하여진 경우신·구법의 법정형에 대한 경중을 비교하여 볼 필요도 없이 범죄실행 종료 시의 법이라고 할 수 있는 신법을 적용하여 포괄일죄로 처단하여야 한다.

[3] 구 독점규제 및 공정거래에 관한 법률(2013. 8. 13. 법률 제12095호로 개정되고, 2017. 4. 18. 법률 제14813호로 개정되기 전의 것) 제23조 제1항 제5호, 구 독점규제 및 공정거래에 관한 법률 시행령(2014. 2. 11. 대통령령 제25173호로 개정되고, 2017. 7. 17. 대통령령 제28197호로 개정되기 전의 것) 제36조 제1항 [별표 1의2] 제8호 (라)목이 정한 '기타의 사업활동방해'에 해당하려면 사업자의 행위가 부당한방법으로 다른 사업자의 사업활동을 심히 곤란하게 할 정도로 방해하는 경우이어야 한다.

이때 '부당성'의 유무는, 해당 사업자의 시장에서의 지위, 사용된 방해 수단, 그수단을 사용한 의도와 목적, 사용된 수단과 관련한 법령의 규정 내용, 문제된 시장의 특성, 통상적인 거래 관행, 방해 행위의 결과 등을 종합적으로 고려하여 그 행위가 공정하고 자유로운 거래를 저해할 우려가 있는지 여부에 따라 판단하여야 한다.

참조조문

[1] 구 독점규제 및 공정거래에 관한 법률(2013. 8. 13. 법률 제12095호로 개정되기 전의 것) 제23조 제1항 제7호(현행 제45조 제1항 제9호 참조), 제2항(현행 제45조 제3항 참조), 구 독점규제 및 공정거래에 관한 법률(2017. 4. 18. 법률 제14813호로 개정되기 전의 것) 제23조 제1항 제7호(현행 제45조 제1항 제9호 참조), 제3항(현행 제45조 제3항 참조), 부칙(2013. 8. 13.) 제1조, 제2조, 구 독점규제 및 공정거래에 관한 법률 시행령(2014. 2. 11. 대통령령 제25173호로 개정되기 전의 것) 제36조 제1항 [별표 1의2] 제10호 (나)목 [현행 제52조 [별표 2] 제9호 (나)목 참조], 구 독점규제 및 공정거래에 관한 법률 시행령(2017. 7. 17. 대통령령 제28197호로 개정되기 전의 것) 제36조 제1항 [별표 1의2] 제10호 (라)목[현행 제52조 [별표 2] 제9호 (라)목 참조]
[2] 형법 제1조
[3] 구 독점규제 및 공정거래에 관한 법률(2017. 4. 18. 법률 제14813호로 개정되기 전의 것) 제23조 제1항 제5호(현행 제45조 제1항 제7호, 제8호 참조), 구 독점규제 및 공정거래에 관한 법률 시행령(2017. 7. 17. 대통령령 제28197호로 개정되기 전의 것) 제36조 제1항 [별표 1의2] 제8호 (라)목[현행 제52조 [별표 2] 제8호 (라)목 참조]

참조판례

[1] 대법원 2022. 5. 26. 선고 2020두36267 판결
[2] 대법원 1998. 2. 24. 선고 97도183 판결, 대법원 2009. 4. 9. 선고 2009도321 판결
[3] 대법원 2018. 7. 11. 선고 2014두40227 판결

전 문

【피고인】 피고인 1외 4인
【상고인】 피고인 1, 피고인 2 및 검사
【원심판결】 서울고법 2019. 12. 11. 선고 2018노365 판결
【주 문】
원심판결 중 피고인 1에 대한 유죄 부분 및 무죄 부분 중 각 독점규제 및 공정거래에 관한 법률 위반, 각 업무방해 부분, 피고인 주식회사 엠피대산에 대한 부분을 각 파기하고, 이 부분 사건을 서울고등법원에 환송한다. 피고인 2의 상고 및 검사의 나머지 상고를 각 기각한다. (이하 주문 생략)
【이 유】
상고이유(제출기간이 지난 다음 제출된 피고인 1의 각 상고이유보충서의 기재는 이를 보충

하는 범위 내에서)를 판단한다.

1. 검사의 상고이유 중 피고인 1, 피고인 주식회사 엠피대산(그 상호가 '주식회사 엠피그룹'이었다가 2021. 6. 23. 현재의 상호로 변경되었다. 이하 상호변경 전후를 불문하고 '엠피그룹'이라 한다)에 대한 각 부당지원행위로 인한 독점규제 및 공정거래에 관한 법률 위반 부분에 관하여

가. 공소사실 요지

사업자는 특수관계인 또는 다른 회사에 대하여 부동산·유가증권·무체재산권 등 자산 또는 상품·용역을 상당히 낮거나 높은 대가로 제공 또는 거래하거나 상당한 규모로 제공 또는 거래하는 행위, 다른 사업자와 직접 상품·용역을 거래하면 상당히 유리함에도 불구하고 거래상 역할이 없거나 미미한 특수관계인이나 다른 회사를 거래단계에 추가하거나 거쳐서 거래하는 행위를 통하여 과다한 경제상 이익을 제공함으로써 특수관계인 또는 다른 회사를 부당하게 지원하는 행위를 하여서는 아니 된다.

1) 피고인 1

피고인은 2005. 11. 무렵부터 2016. 4. 무렵까지 자신이 운영하는 엠피그룹이 피자치즈, 체다치즈 등을 공급받음에 있어 매일유업 주식회사(이하 '매일유업'이라 한다) 등으로부터 직접 공급받을 수 있음에도 불구하고, 거래상 아무런 역할을 하지 않는 주식회사 씨케이푸드(이하 '씨케이푸드'라 한다)를 거래단계에 추가하여 공급받음으로써 씨케이푸드와 피고인 2로 하여금 공소사실 기재와 같은 유통이윤을 취득하게 하여 부당하게 지원하였다.

피고인은 2014. 1. 무렵부터 2016. 10. 무렵까지 자신이 운영하는 엠피그룹이 피자치즈 등을 공급받음에 있어 매일유업 등으로부터 직접 공급받을 수 있음에도 불구하고, 거래상 아무런 역할을 하지 않는 주식회사 장안유업(이하 '장안유업'이라 한다)을 거래단계에 추가하여 공급받음으로써 장안유업과 피고인 2로 하여금 공소사실 기재와 같은 유통이윤을 취득하게 하여 부당하게 지원하였다(이하 씨케이푸드 및 장안유업에 대한 위 각 지원행위를 통틀어 '이 사건 지원행위'라 한다).

2) 피고인 엠피그룹

피고인은 위 일시, 장소에서 피고인의 대표자인 피고인 1이 피고인의 업무에 관하여 위와 같이 위반행위를 하였다.

나. 관련 규정 및 법리

1) 구 「독점규제 및 공정거래에 관한 법률」(2013. 8. 13. 법률 제12095호로 개정되기 전의 것, 이하 '구 공정거래법'이라 한다) 제23조 제1항은 "사업자는 다음 각호의 어느 하나에 해당하는 행위로서 공정한 거래를 저해할 우려가 있는 행위(이하 '불공정거래행위'라 한다)를 하거나, 계열회사 또는 다른 사업자로 하여금 이를 행하도록 하여서는 아니 된다."라고 규정하면서, 불공정거래행위의 한 유형으로 제7호에서 부당지원행위, 즉 '부당하게 특수관계인 또는 다른 회사에 대하여 가지급금·대여금·인력·부동산·유가증권·상품·용역·무체재산권 등을 제공하거나 현저히 유리한 조건으로 거래하여 특수관계인 또는 다른 회사를 지원하는 행위'를 규정하고 있다. 구 공정거래법상 부당지원행위의 유형 중 '부당한 자산·

상품 등 지원행위'는 사업자가 부당하게 특수관계인 또는 다른 회사에 대하여 부동산·유가
증권·상품·용역·무체재산권 등 자산을 현저히 낮거나 높은 대가로 제공 또는 거래하거
나 현저한 규모로 제공 또는 거래하여 과다한 경제상 이익을 제공함으로써 특수관계인 또
는 다른 회사를 지원하는 행위로서 공정한 거래를 저해할 우려가 있는 행위를 말한다[구 공
정거래법 제23조 제1항 제7호, 제2항, 구「독점규제 및 공정거래에 관한 법률 시행령」
(2014. 2. 11. 대통령령 제25173호로 개정되기 전의 것) 제36조 제1항 [별표 1의2] 제10호
(나)목].

   구「독점규제 및 공정거래에 관한 법률」(2013. 8. 13. 법률 제12095호로 개정되고,
2017. 4. 18. 법률 제14813호로 개정되기 전의 것, 이하 '개정 공정거래법'이라 한다)은 부
당지원행위의 성립요건을 종전의 '현저히 유리한 조건'에서 '상당히 유리한 조건'으로 변경
하여 완화하는 한편[제23조 제1항 제7호 (가)목], 부당지원행위의 한 유형으로서 실질적인
역할이 없는 특수관계인이나 다른 회사를 매개로 거래하는 '부당한 거래단계 추가 등 행위'
를 신설하였다[같은 호 (나)목]. '부당한 거래단계 추가 등 행위'라 함은 사업자가 다른 사업
자와 직접 상품·용역을 거래하면 상당히 유리함에도 불구하고 부당하게 거래상 역할이 없
거나 미미한 특수관계인이나 다른 회사를 거래단계에 추가하거나 거쳐서 거래하는 행위, 특
수관계인이나 다른 회사를 거래단계에 추가하거나 거쳐서 거래하면서 그 특수관계인이나
다른 회사에 거래상 역할에 비하여 과도한 대가를 지급하는 행위를 통하여 과다한 경제상
이익을 제공함으로써 특수관계인 또는 다른 회사를 지원하는 행위로서 공정한 거래를 저해
할 우려가 있는 행위를 말한다[개정 공정거래법 제23조 제1항 제7호 (나)목, 제3항, 구「독
점규제 및 공정거래에 관한 법률 시행령」(2014. 2. 11. 대통령령 제25173호로 개정되고,
2017. 7. 17. 대통령령 제28197호로 개정되기 전의 것, 이하 '개정 공정거래법 시행령'이라
한다) 제36조 제1항 [별표 1의2] 제10호 (라)목]. 신설된 '부당한 거래단계 추가 등 행위'는
구 공정거래법상 부당지원행위 개념에 포함되던 것을 입법자가 특별히 강조하여 구체화하
기 위하여 개정 공정거래법에 별도의 행위유형으로 규정한 것이다. 위 개정 조문은 공포 후
6개월이 경과한 2014. 2. 14.부터 시행하되, 위 법 시행 전에 종료된 거래에 대해서는 종전
의 규정을 적용하고, 위 법 시행 당시 계속 중인 거래에 대해서는 위 법 시행일부터 1년간
은 종전의 규정을 적용한다[부칙(2013. 8. 13.) 제1조, 제2조 제1항, 제2항].

   2) 구 공정거래법상의 부당한 자산·상품 등 지원행위에서 '현저히 낮거나 높은 대가로
제공 또는 거래하거나 현저한 규모로 제공 또는 거래하여 과다한 경제상 이익을 제공'한 것
인지, 개정 공정거래법상의 부당한 자산·상품 등 지원행위에서 '상당히 낮거나 높은 대가
로 제공 또는 거래하거나 상당한 규모로 제공 또는 거래하여 과다한 경제상 이익을 제공'한
것인지, 부당한 거래단계 추가 등 행위에서 '다른 사업자와 직접 상품·용역을 거래하면 상
당히 유리함에도 특수관계인이나 다른 회사를 거래단계에 추가하거나 거쳐서 거래하여 과
다한 경제상 이익을 제공'한 것인지는 급부와 반대급부의 차이, 지원성 거래규모, 지원행위
로 인한 경제상 이익, 지원기간, 지원횟수, 지원시기, 지원행위 당시 지원객체가 처한 경제
적 상황 등을 종합적으로 고려하여 구체적·개별적으로 판단하여야 한다. 그리고 여기서 급
부와 반대급부가 현저히 또는 상당히 유리한지를 판단하는 기준이 되는 '정상가격'은, 지원

주체와 지원객체 간에 이루어진 경제적 급부와 동일한 경제적 급부가 시기, 종류, 규모, 기간, 신용상태 등이 유사한 상황에서 특수관계가 없는 독립된 자 간에 이루어졌을 경우 형성되었을 거래가격 등을 말한다(대법원 2022. 5. 26. 선고 2020두36267 판결 참조).

3) 한편 포괄일죄로 되는 개개의 범죄행위가 법 개정의 전후에 걸쳐서 행하여진 경우 신·구법의 법정형에 대한 경중을 비교하여 볼 필요도 없이 범죄실행 종료 시의 법이라고 할 수 있는 신법을 적용하여 포괄일죄로 처단하여야 한다(대법원 1998. 2. 24. 선고 97도 183 판결, 대법원 2009. 4. 9. 선고 2009도321 판결 등 참조).

다. 판 단

1) 원심판결 이유와 적법하게 채택된 증거에 따라 알 수 있는 다음과 같은 사정을 앞서 본 법리에 비추어 살펴보면, 피고인 1의 이 사건 지원행위는 '현저한 규모로 거래하여 과다한 경제상 이익을 제공함으로써 특수관계인 또는 다른 회사를 지원하는 행위'로서 구 공정거래법 제23조 제1항 제7호에서 금지하는 부당지원행위의 행위 요건을 충족한다고 봄이 타당하다.

① 피고인 엠피그룹은 이 사건 지원행위 전후로 치즈 제조업체인 매일유업이나 주식회사 굿타임과 피자치즈, 체다치즈를 직접 거래하였고, 피고인 엠피그룹과 유사한 사업을 영위하는 다른 사업자들도 대체로 매일유업 등과 치즈를 직접 거래하여 왔는데, 매일유업 등이 피고인 엠피그룹과 직접 거래하는지 씨케이푸드, 장안유업을 거쳐서 거래하는지에 관계없이 매일유업 등의 치즈 판매가격은 동일한 것으로 보인다. 그렇다면 피고인 엠피그룹이 씨케이푸드, 장안유업을 배제한 채 매일유업 등과 직거래를 했을 경우 형성되었을 가격을 이 사건 지원행위와 관련한 정상가격으로 추단할 수 있는바, 피고인 엠피그룹은 씨케이푸드, 장안유업에 치즈 납품대금으로 위와 같이 매일유업 등과 직거래를 했을 경우 형성되었을 가격보다 높은 가격을 지급하였다.

② 피고인 엠피그룹은 매일유업 등으로부터 직접 치즈를 공급받을 수 있었음에도 불구하고 거래상 실질적인 역할이 없는 씨케이푸드, 장안유업을 거쳐서 공급받았다. 이 사건 지원행위로 인하여 씨케이푸드는 합계 약 47억 원, 장안유업은 합계 약 9억 원에 이르는 유통이익을 얻었다. 또한 피고인 엠피그룹은 씨케이푸드에 이 사건 지원행위로 인한 치즈 납품대금으로 2005. 11. 무렵부터 2016. 4. 무렵까지 약 10년 5개월 동안 합계 약 1,021억 원을 지급하였는데, 이는 같은 기간 동안 씨케이푸드 매출액의 대부분을 차지한 것으로 보인다. 피고인 엠피그룹은 장안유업에 이 사건 지원행위로 인한 치즈 납품대금으로 2014. 1. 무렵부터 2016. 10. 무렵까지 약 2년 9개월 동안 합계 약 177억 원을 지급하였는데, 이 사건 지원행위가 이루어기 이전인 2013년도와 비교하여 볼 때 2014년도 및 2015년도의 매출액은 약 1.6~1.8배, 영업이익은 약 1.6배, 당기순이익은 약 7.7~9배 증가하였다.

③ 설령 지원객체인 씨케이푸드 및 장안유업이 속한 시장에서 이 사건 지원행위가 차지하는 비중이 크지 않다고 하더라도, 그것만으로 곧바로 이 사건 지원행위가 '현저한 규모의 거래'에 해당하지 않는다고 단정할 것은 아니다. 왜냐하면, 부당지원행위를 금지하는 규정의 입법 취지는, 경제력 집중을 방지함과 아울러 효율성이 낮은 부실기업이나 한계기업을 존속케 함으로써 당해 시장에서 경쟁자를 부당하게 배제하거나 잠재적 경쟁자의 신규 시장진입

을 억제하는 등으로 공정한 거래질서를 저해하는 것을 막고자 하는 데에 있다. 따라서 앞서 본 사정에 비추어 이 사건 지원행위의 거래물량만으로도 지원객체인 씨케이푸드 및 장안유업의 사업개시 또는 사업유지를 위한 최소한의 물량을 초과할 정도의 거래규모가 확보되어 지원객체의 사업위험이 제거되었다고 볼 수 있는 이상, 이 사건 지원행위는 '현저한 규모의 거래'에 해당한다.

2) 앞서 본 바와 같이 개정 공정거래법 제23조 제1항 제7호 (가)목은 부당지원행위의 성립요건을 종전의 '현저히 유리한 조건'에서 '상당히 유리한 조건'으로 변경하여 완화한 것이고, 같은 호 (나)목의 '부당한 거래단계 추가 등 행위'는 구 공정거래법 하에서도 부당지원행위에 해당하던 것을 입법자가 특별히 강조하여 구체화하기 위하여 개정 공정거래법에 별도의 행위유형으로 규정한 것이다. 따라서 만약 피고인 1의 이 사건 지원행위가 앞서 본 바와 같이 '현저한 규모로 거래하여 과다한 경제상 이익을 제공함으로써 특수관계인 또는 다른 회사를 지원하는 행위'로서 부당지원행위의 행위 요건에 해당할 뿐만 아니라 부당성(공정거래저해성) 요건도 충족되어 구 공정거래법 제23조 제1항 제7호의 부당지원행위에 해당한다면, 이는 '상당한 규모로 거래하여 과다한 경제상 이익을 제공함으로써 특수관계인 또는 다른 회사를 지원하는 행위'로서 개정 공정거래법 제23조 제1항 제7호 (가)목의 부당지원행위에 해당하고, '부당한 거래단계 추가 등 행위'로서 개정 공정거래법 제23조 제1항 제7호 (나)목의 부당지원행위에도 해당한다.

3) 이처럼 피고인 1의 이 사건 지원행위가 구 공정거래법 제23조 제1항 제7호 및 개정 공정거래법 제23조 제1항 제7호에 따라 법 개정 전후의 전체 기간에 걸쳐 처벌대상이 되는 것으로서 포괄일죄에 해당한다면, 이는 2016. 4. 또는 10월 행위종료 시의 법인 개정 공정거래법 제23조 제1항 제7호로 처벌하여야 하고, 개정 공정거래법 부칙(2013. 8. 13.) 제2조 제2항의 "이 법 시행 당시 계속 중인 거래에 대해서는 이 법 시행일부터 1년간은 종전의 규정을 적용한다."라고 규정하고 있다고 하여 이와 달리 볼 것은 아니다.

4) 그런데도 이와 다른 전제에서 이 부분 공소사실을 모두 무죄로 판단한 원심판결에는 부당지원행위의 '현저한 규모의 거래'에 관한 법리를 오해하는 등으로 판결 결과에 영향을 미친 잘못이 있다. 이 점을 지적하는 검사의 상고이유는 이유 있다.

2. 검사의 상고이유 중 피고인 1, 피고인 엠피그룹에 대한 각 사업활동방해로 인한 독점규제 및 공정거래에 관한 법률 위반 부분에 관하여

가. 공소사실 요지

1) 피고인 1

피고인은 피고인 3, 피고인 4와 함께, 2016. 7. 말 무렵 엠피그룹의 우월적 지위를 이용하여 주식회사 동원홈푸드(이하 '동원홈푸드'라 한다), 주식회사 동원에프앤비(이하 '동원에프앤비'라 한다)로 하여금 (상호명 1 생략)에 소스, 치즈 공급을 하였고, 2016. 9. 22. (상호명 1 생략)의 대표인 공소외 1을 상대로 허위사실로 형사고소를 하였으며, 2017. 1.~2월 무렵 공소외 1이 운영하는 (상호명 1 생략) ○○○점 및 공소외 2가 운영하는 (상호명 1 생략) △△점 인근에 (상호명 2 생략) 직영점을 보복출점하였다(이하 통틀어 '이 사건 각 행위'라 한다). 이로써 피고인은 부당한 방법으로 (상호명 1 생략)의 사업활동을 심히 곤란하게 할 정도로 방해하였다.

2) 피고인 엠피그룹

피고인은 위 일시, 장소에서 피고인의 대표자인 피고인 1이 피고인의 업무에 관하여 위와 같이 위반행위를 하였다.

나. 관련 규정 및 법리

개정 공정거래법 제23조 제1항 제5호, 개정 공정거래법 시행령 제36조 제1항 [별표 1의 2] 제8호 (라)목이 정한 '기타의 사업활동방해'에 해당하려면 사업자의 행위가 부당한 방법으로 다른 사업자의 사업활동을 심히 곤란하게 할 정도로 방해하는 경우이어야 한다.

이때 '부당성'의 유무는, 해당 사업자의 시장에서의 지위, 사용된 방해 수단, 그 수단을 사용한 의도와 목적, 사용된 수단과 관련한 법령의 규정 내용, 문제 된 시장의 특성, 통상적인 거래 관행, 방해 행위의 결과 등을 종합적으로 고려하여 그 행위가 공정하고 자유로운 거래를 저해할 우려가 있는지 여부에 따라 판단하여야 한다(대법원 2018. 7. 11. 선고 2014두40227 판결 등 참조).

다. 판 단

1) 원심판결 이유와 적법하게 채택된 증거에 따라 알 수 있는 다음과 같은 사정을 앞서 본 법리에 비추어 살펴보면, 피고인 1의 이 사건 각 행위는 부당한 방법으로 다른 사업자의 사업활동을 심히 곤란하게 할 정도로 방해하는 행위로서 공정하고 자유로운 경쟁을 저해할 우려가 있다고 봄이 타당하다.

① 피고인 1이 운영하는 피고인 엠피그룹은 '(상호명 2 생략)'이라는 상호로 피자 등을 제조, 판매하는 가맹점을 모집하고 관리하는 운용본부이다. '(상호명 2 생략)'은 국내 일반 음식점 시장에서 상당한 점유율을 가진 반면, '(상호명 1 생략)'은 종래 (상호명 2 생략)의 가맹점사업자 겸 가맹점사업자협의회 회장이었던 공소외 1이 피고인 엠피그룹과의 가맹계약을 해지한 다음 설립한 새로운 피자 브랜드로 이 사건 각 행위 당시 시장 내 점유율이 미미한 수준이었다.

② 공소외 1은 '(상호명 1 생략)'의 설립을 준비하면서 (상호명 1 생략)에서 사용할 치즈는 동원에프앤비의 제품을, 소스는 동원홈푸드 제품을 각 사용하기로 계획하였다. 그런데 피고인 1 측은 피고인 엠피그룹의 거래상 지위를 부당하게 이용하여 동원홈푸드 측에 위 소스와 치즈가 (상호명 1 생략)으로 납품되지 않도록 해달라고 요청하였고, 결국 동원홈푸드의 요청에 따라 주식회사 씨유푸드(이하 '씨유푸드'라 한다)는 (상호명 1 생략)에 위 소스와 치즈의 공급을 중단하였다. 당시 공소외 1이 2016. 7. 무렵부터 자신이 설립한 '더유니온'이라는 구매법인을 통해 동원에프앤비의 치즈를 씨유푸드로부터 구매하여 일부 (상호명 2 생략) 가맹점사업자들에게 납품하였고, 이에 피고인 1 측으로서는 위와 같은 치즈 사업이 가맹계약 위반임을 들어 (상호명 2 생략) 가맹점사업자들에 대한 위 치즈의 공급을 중단할 필요가 있었다고 하더라도, '(상호명 2 생략) 가맹점사업자들'에게 위 치즈를 공급받지 않도록 하는 것을 넘어 '(상호명 1 생략)'에 위 치즈와 소스가 공급되지 않도록 할 만한 합리적인 사유를 찾을 수 없다.

③ 이에 더하여 피고인 1은, 피고인 엠피그룹이 가맹점사업자들에게 납품할 치즈를 매일

유업 등으로부터 직접 공급받지 않고 씨케이푸드 등을 거쳐 공급받음에 따라 씨케이푸드 등에 귀속된 유통이익만큼 가맹점사업자들에게 비싸게 납품한 것이 사실임에도 불구하고, 이를 알린 (상호명 1 생략)의 대표 공소외 1을 '허위사실 적시 명예훼손죄' 등 혐의로 고소하였다. 또한 피고인 1은 공소외 1, 공소외 2가 (상호명 1 생략) ○○○점 , △△점을 각 개설하자, 그 직후에 그와 매우 인접한 거리에 (상호명 2 생략) ○○○ 직영점, △△ 직영점을 각 설치하였다. 여기에 이 사건 각 행위가 이루어진 경위, (상호명 2 생략)과 (상호명 1 생략)의 시장에서의 지위 등을 고려하면, 전국 시장 단위에서 상당한 지위를 점하고 있는 (상호명 2 생략)을 운영하는 피고인 엠피그룹이 소규모 경쟁사업자인 (상호명 1 생략)을 표적으로 삼아 일련의 이 사건 각 행위를 한 것은, (상호명 1 생략)과 공정하고 자유로운 경쟁을 하기 위한 것이라기보다 (상호명 2 생략)의 가맹점사업자들이 공소외 1과 같이 가맹계약을 해지하고 집단 이탈하는 것을 방지하고자 한 데에 주된 의도와 목적이 있었던 것으로 볼 수밖에 없다.

④ (상호명 1 생략)은 이 사건 각 행위로 인하여 사업 초기 단계에 피자에 사용할 소스와 치즈의 공급이 중단됨에 따라 제품 개발 및 설립이 지연되고 매장의 운영이나 가맹점사업자의 모집이 어려워지는 등 사업활동이 현저히 곤란하게 되었거나 장차 곤란하게 될 가능성이 있었다.

2) 그런데도 이와 다른 전제에서 이 부분 공소사실을 모두 무죄로 판단한 원심판결에는 '기타의 사업활동방해' 중 '다른 사업자의 사업활동을 심히 곤란하게 할 정도로 방해하는 행위' 및 부당성에 관하여 필요한 심리를 다하지 아니하거나 법리를 오해하는 등으로 판결 결과에 영향을 미친 잘못이 있다. 이 점을 지적하는 검사의 상고이유는 이유 있다.

(이하 3 내지 6항 생략)

7. 결 론

그러므로 원심판결 중 피고인 1에 대한 유죄 부분 및 무죄 부분 중 각 독점규제 및 공정거래에 관한 법률 위반, 각 업무방해 부분, 피고인 엠피그룹에 대한 부분을 각 파기하고, 이 부분 사건을 다시 심리·판단하도록 원심법원에 환송하며, 피고인 2의 상고 및 검사의 나머지 상고를 각 기각하기로 하여 관여 대법관의 일치된 의견으로 주문과 같이 판결한다.

대법관   박정화(재판장) 김선수 노태악(주심) 오경미

(22) 대법원 2004. 9. 24. 선고 2001두6364 판결 [특수관계인 지원행위 사건] (부당한 지원행위)

판시사항

[1] 구 독점규제 및 공정거래에 관한 법률 제23조 제1항 제7호가 규정하고 있는 부당지원행위의 요건인 '부당하게'의 의미 및 지원객체가 일정한 거래분야에서 시장에 직접 참여하고 있는 사업자일 것을 요건으로 하는지 여부(소극)

[2] 구 독점규제 및 공정거래에 관한 법률 제23조 제1항 제7호가 규정하고 있는 부당지원행위의 부당성에 관한 판단 기준 및 그 증명책임의 소재(=공정거래위원회)

[3] 공정거래위원회가 구 독점규제 및 공정거래에 관한 법률 제23조 제1항 제7호의 규정을 운영하기 위하여 만든 부당한 지원행위의 심사지침의 법적 성질(=행정청 내부의 사무처리지침)

판결요지

[1] 구 독점규제 및 공정거래에 관한 법률(1999. 12. 28. 법률 제6043호로 개정되기 전의 것) 제23조 제1항 제7호는, 불공정거래행위의 한 유형으로서, 사업자가 부당하게 특수관계인 또는 다른 회사에 대하여 유가증권 등을 제공하거나 현저히 유리한 조건으로 거래하여 특수관계인 또는 다른 회사를 지원하는 행위, 즉 부당지원행위를 금지하고 있는바, 여기에서 말하는 '부당하게'는, 사업자의 시장지배적 지위의 남용과 과도한 경제력의 집중을 방지하고, 부당한 공동행위 및 불공정거래행위를 규제하여 공정하고 자유로운 경쟁을 촉진함으로써 창의적인 기업활동을 조장하고 소비자를 보호함과 아울러 국민경제의 균형 있는 발전을 도모한다는 법의 목적(제1조)과 경제력 집중을 억제하고 공정한 거래질서를 확립하고자 하는 부당지원행위 금지규정의 입법 취지 등을 고려하면, 지원객체가 직접 또는 간접적으로 속한 시장에서 경쟁이 저해되거나 경제력이 집중되는 등으로 공정한 거래를 저해할 우려가 있다는 의미로 해석하여야 할 것이며, 이렇게 해석할 경우 지원객체가 일정한 거래분야에서 시장에 직접 참여하고 있는 사업자일 것을 요건으로 하는 것은 아니다.

[2] 경제력 집중의 억제가 부당지원행위 규제의 입법 목적에 포함되어 있다고 하더

라도, 구 독점규제 및 공정거래에 관한 법률(1999. 12. 28. 법률 제6043호로 개정되기 전의 것)상 경제력 집중의 억제와 관련하여서는 제3장에서 지주회사의 제한적 허용, 계열회사 간 상호출자금지 및 대규모기업집단에 속하는 중소기업창업투자회사의 계열회사의 주식취득금지, 금융회사 또는 보험회사의 의결권제한 등에 관하여 규정을 베풀어 대규모기업집단의 일반집중을 규제하면서도 부당지원행위는 제5장의 불공정거래행위의 금지의 한 유형으로서 따로 다루고 있으며, 변칙적인 부의 세대간 이전 등을 통한 소유집중의 직접적인 규제는 법의 목적이 아니고 시장집중과 관련하여 볼 때 기업집단 내에서의 특수관계인 또는 계열회사 간 지원행위를 통하여 발생하는 경제력 집중의 폐해는 지원행위로 인하여 직접적으로 발생하는 것이 아니라 지원을 받은 특수관계인이나 다른 회사가 자신이 속한 관련 시장에서의 경쟁을 저해하게 되는 결과 발생할 수 있는 폐해라고 할 것인 점 등에 비추어 보면, 부당지원행위의 부당성을 판단함에 있어서는 지원주체와 지원객체와의 관계, 지원객체 및 지원객체가 속한 관련 시장의 현황과 특성, 지원금액의 규모와 지원된 자금 자산 등의 성격, 지원금액의 용도, 거래행위의 동기와 목적, 정당한 사유의 존부 등을 종합적으로 고려하여 판단하여야 하며, 위와 같은 요소들을 종합적으로 고려할 때 당해 지원행위가 공정한 거래를 저해할 우려가 있는 행위라는 점은 공정거래위원회가 이를 입증하여야 한다.

[3] 공정거래위원회가 구 독점규제 및 공정거래에 관한 법률(1999. 12. 28. 법률 제6043호로 개정되기 전의 것) 제23조 제1항 제7호의 규정을 운영하기 위하여 만든 부당한 지원행위의 심사지침이 '관계 법령을 면탈 또는 회피하여 지원하는 등 지원행위의 방법 또는 절차가 불공정한 경우'를 부당성 판단 기준의 하나로서 규정하고 있기는 하나, 위 심사지침은 법령의 위임에 따른 것이 아니라 법령상 부당지원행위 금지규정의 운영과 관련하여 심사기준을 마련하기 위하여 만든 공정거래위원회 내부의 사무처리지침에 불과하므로, 지원행위를 둘러싼 일련의 과정 중 관계 법령이 정한 방법이나 절차의 위배가 있다고 하여 바로 부당지원행위에 해당한다고는 할 수 없고, 이러한 관계 법령의 면탈 또는 회피가 지원행위의 부당성에 직접 관련된 것으로서 지원객체가 직접 또는 간접적으로 속한 시장에서 경쟁을 저해하거나 경제력 집중을 야기하는 등으로 공정한 거래를 저해할 우려가 있는 경우에 비로소 부당지원행위에 해당한다.

참조조문

[1] 구 독점규제 및 공정거래에 관한 법률(1999. 12. 28. 법률 제6043호로 개정되기 전의 것)
제23조 제1항 제7호
[2] 구 독점규제 및 공정거래에 관한 법률(1999. 12. 28. 법률 제6043호로 개정되기 전의 것)
제23조 제1항 제7호, 행정소송법 제26조[증명책임]
[3] 구 독점규제 및 공정거래에 관한 법률(1999. 12. 28. 법률 제6043호로 개정되기 전의 것)
제23조 제1항 제7호

참조판례

[1][2] 대법원 2004. 3. 12. 선고 2001두7220 판결, 대법원 2004. 4. 9. 선고 2001두6197
판결
[2][3] 대법원 2004. 4. 23. 선고 2001두6517 판결
[2] 대법원 2004. 4. 9. 선고 2001두6203 판결

따름판례

대법원 2005. 5. 27. 선고 2004두6099 판결, 대법원 2005. 6. 9. 선고 2004두7153 판결,
대법원 2006. 5. 12. 선고 2004두12315 판결, 대법원 2006. 9. 8. 선고 2004두2202 판결

전 문

【원고, 피상고인】 삼성에스디에스 주식회사
【피고, 상고인】 공정거래위원회
【원심판결】 서울고법 2001. 7. 3. 선고 2000누4790 판결
【주 문】
상고를 기각한다. 상고비용은 피고가 부담한다.
【이 유】

1. 원심판결 이유에 의하면, 원심은 채택한 증거들을 종합하여, 대규모기업집단으로 지정된 삼성의 계열회사로서 구 독점규제 및 공정거래에 관한 법률(1999. 12. 28. 법률 제6043호로 개정되기 전의 것, 이하 '법'이라 한다) 제2조 제1호 소정의 사업자에 해당하는 원고가 1999. 2. 26. 230억 원의 신주인수권부사채를 발행하고 같은 날 SK증권 주식회사를 통하여 신주인수권증권 3,216,738주 전체를 1주당 7,150원에 소외 1, 소외 2, 소외 3, 소외 4와 삼성전자 주식회사의 대표이사인 소외 5, 삼성물산 주식회사의 감사인 소외 6(이하 '특수관계인들'이라 한다)에게 매각한 행위(이하 '이 사건 행위'라 한다)에 대하여, 피고가 법 제23조 제1항 제7호 소정의 불공정거래행위(부당지원행위)에 해당한다는 이유로, 법 제24조, 제24조의2의 규정에 따라 1999. 10. 28. 원고에게 판시와 같은 중지명령, 과징금납부명령(이하 '이 사건 처분'이라 한다)을 한 사실을 인정하였다.

이어서 원심은, 법 제1조의 목적, 법규정의 편제 및 내용 등을 종합하여 보면, 부당지원
행위를 금지하는 규정의 입법 취지는 경제력 집중의 방지와 공정한 거래질서의 확립에 있
다고 보이나, 그에 대한 규제는 어디까지나 불공정거래행위로 하는 것임이 분명한데, 부당
지원행위는 지원주체의 지원객체에 대한 경제적 이익의 이전에 본질이 있는 것이고, 법 제
23조 제1항 제1호 내지 제6호에 규정한 부당한 거래거절이나 차별적 취급 등 다른 불공정
거래행위와는 달리 직접 경쟁사업자의 이익을 침해하는 것은 아니어서, 부당지원행위가 불
공정거래행위로 되기 위하여는 나아가 '공정한 거래를 저해할 우려' 즉 공정경쟁저해성이
있을 것을 필요로 한다고 할 것이고, 법 제23조 제1항 제7호, 시행령 제36조 제1항 [별표
1]의 규정과 피고가 위 규정의 운영을 위하여 만든 부당한 지원행위의 심사지침(1999. 2.
10. 개정되고 같은 해 12. 29. 개정되기 전의 것, 이하 '이 사건 심사지침'이라 한다)의 내용
등을 종합하여 고려하면, 부당지원행위가 성립하기 위하여는 사업자가 특수관계인 또는 다
른 회사에 대하여 지원행위를 하고, 그 지원행위로 인하여 지원객체가 그 소속한 시장에서
다른 경쟁자에 비하여 유리한 지위를 확보하는 등으로 경쟁사업자를 배제하거나 새로운 경
쟁자의 진입을 저지하는 등의 행위를 할 우려가 있어야 한다고 해석함이 상당하다고 한 다
음, 이 사건의 경우 피고 주장과 같이 원고가 특수관계인들에게 이 사건 신주인수권증권을
1주당 7,150원에 매각함으로써 특수관계인들에게 상당한 경제상 이익을 제공하여 지원행위
를 하였다고 하더라도, 특수관계인들이 일정한 거래분야의 시장에 소속된 사업자라는 점을
인정할 아무런 자료가 없고, 특수관계인들이 그 소속한 시장에서 경쟁자를 배제할 만한 유
리한 지위를 확보하여 공정한 거래를 저해할 우려가 있다는 점을 인정할 아무런 증거가 없
으며, 이 사건 행위로 경제력의 집중이 유지·강화되고, 부의 세대간 이전이 가능해지며,
특수관계인들의 삼성계열회사에 대한 총체적인 지분율이나 지배력이 높아지고 특수관계인
들을 중심으로 선단식 경영이 유지·강화될 수 있는 기반이나 여건이 조성될 여지가 있어
보인다고 하더라도 그것만으로는 공정한 거래를 저해할 우려가 있다고 보기 어려워, 법 제
23조 제1항 제7호 소정의 부당지원행위에 해당하지 않는다는 이유로, 이 사건 처분이 위법
하다고 판단하였다.

2. 이 법원의 판단

가. 법 제23조 제1항 제7호는, 불공정거래행위의 한 유형으로서, 사업자가 부당하게 특
수관계인 또는 다른 회사에 대하여 유가증권 등을 제공하거나 현저히 유리한 조건으로 거래
하여 특수관계인 또는 다른 회사를 지원하는 행위, 즉 부당지원행위를 금지하고 있는바, 여
기에서 말하는 '부당하게'는, 사업자의 시장지배적 지위의 남용과 과도한 경제력의 집중을 방
지하고, 부당한 공동행위 및 불공정거래행위를 규제하여 공정하고 자유로운 경쟁을 촉진함
으로써 창의적인 기업활동을 조장하고 소비자를 보호함과 아울러 국민경제의 균형 있는 발
전을 도모한다는 법의 목적(제1조)과 경제력 집중을 억제하고 공정한 거래질서를 확립하고
자 하는 부당지원행위 금지규정의 입법 취지 등을 고려하면, 지원객체가 직접 또는 간접적
으로 속한 시장에서 경쟁이 저해되거나 경제력이 집중되는 등으로 공정한 거래를 저해할 우
려가 있다는 의미로 해석하여야 할 것이며, 이렇게 해석할 경우 지원객체가 일정한 거래분
야에서 시장에 직접 참여하고 있는 사업자일 것을 요건으로 하는 것은 아니라고 할 것이다.

그럼에도 불구하고, 원심이 부당지원행위 금지규정의 입법 취지가 경제력 집중의 방지와 공정한 거래질서의 확립에 있다고 보면서도, 부당지원행위의 부당성은 '공정경쟁저해성'만을 의미하는 것이어서 지원객체가 일정한 거래분야의 시장에 소속된 사업자이어야 한다는 전제하에, 원고의 이 사건 행위가 특수관계인들에 대한 지원행위에 해당한다고 하더라도 위 특수관계인들이 주식시장 기타 일정한 거래분야의 시장에 소속된 사업자라는 점을 인정할 자료가 없어 관련 시장의 경쟁을 저해할 우려가 있다고 할 수 없으므로 부당성이 인정되지 않는다고 판단한 데에는, 지원행위의 부당성에 관한 판단을 유탈하거나 법리를 오해한 잘못이 있다고 할 것이다.

나. 그러나 경제력 집중의 억제가 부당지원행위 규제의 입법 목적에 포함되어 있다고 하더라도, 법상 경제력 집중의 억제와 관련하여서는 제3장에서 지주회사의 제한적 허용, 계열회사 간 상호출자금지 및 대규모기업집단에 속하는 중소기업창업투자회사의 계열회사의 주식취득금지, 금융회사 또는 보험회사의 의결권제한 등에 관하여 규정을 베풀어 대규모기업집단의 일반집중을 규제하면서도 부당지원행위는 제5장의 불공정거래행위의 금지의 한 유형으로서 따로 다루고 있으며, 변칙적인 부의 세대간 이전 등을 통한 소유집중의 직접적인 규제는 법의 목적이 아니고 시장집중과 관련하여 볼 때 기업집단 내에서의 특수관계인 또는 계열회사 간 지원행위를 통하여 발생하는 경제력 집중의 폐해는 지원행위로 인하여 직접적으로 발생하는 것이 아니라 지원을 받은 특수관계인이나 다른 회사가 자신이 속한 관련 시장에서의 경쟁을 저해하게 되는 결과 발생할 수 있는 폐해라고 할 것인 점 등에 비추어 보면, 부당지원행위의 부당성을 판단함에 있어서는 지원주체와 지원객체와의 관계, 지원객체 및 지원객체가 속한 관련 시장의 현황과 특성, 지원금액의 규모와 지원된 자금 자산 등의 성격, 지원금액의 용도, 거래행위의 동기와 목적, 정당한 사유의 존부 등을 종합적으로 고려하여 판단하여야 하며, 위와 같은 요소들을 종합적으로 고려할 때 당해 지원행위가 공정한 거래를 저해할 우려가 있는 행위라는 점은 피고가 이를 입증하여야 할 것이다.

관계 법령과 위 법리에 비추어 기록을 살펴보건대, 원고의 이 사건 행위로 인하여 부(富)의 세대간 이전이 가능해지고 특수관계인들을 중심으로 경제력이 집중될 기반이나 여건이 조성될 여지가 있다는 것만으로는 공정한 거래를 저해할 우려가 있다고 단정하기 어렵고, 위 특수관계인들이 지원받은 자산을 계열회사에 투자하는 등으로 관련 시장에서의 공정한 거래를 저해할 우려가 있다는 점이 공지의 사실로서 입증을 필요로 하지 않는 사항이라고도 할 수 없으므로, 기록에 나타난 피고의 주장·입증만으로는 이 사건 행위가 공정한 거래를 저해할 우려가 있다고 할 수 없다.

원심이 비록 이유는 다르지만 이 사건 행위가 공정한 거래를 저해할 우려가 있다고 할 수 없어 부당지원행위에 해당한다고 볼 수 없다고 판단한 결론은 정당하고, 거기에 상고이유의 주장과 같이 채증법칙을 위배하거나 공정한 거래를 저해할 우려에 관한 법리를 오해하여 판결 결과에 영향을 미친 위법이 없다.

다. 또한, 심사지침이 '관계 법령을 면탈 또는 회피하여 지원하는 등 지원행위의 방법 또는 절차가 불공정한 경우'를 부당성 판단 기준의 하나로서 규정하고 있기는 하나, 위 심사지침은 법령의 위임에 따른 것이 아니라 법령상 부당지원행위 금지규정의 운영과 관련하여 심사기준을 마련하기 위하여 만든 피고 내부의 사무처리지침에 불과하므로, 지원행위를 둘러싼 일련의 과정 중 관계 법령이 정한 방법이나 절차의 위배가 있다고 하여 바로 부당지원행위에 해당한다고는 할 수 없고, 이러한 관계 법령의 면탈 또는 회피가 지원행위의 부당성에 직접 관련된 것으로서 지원객체가 직접 또는 간접적으로 속한 시장에서 경쟁을 저해하거나 경제력 집중을 야기하는 등으로 공정한 거래를 저해할 우려가 있는 경우에 비로소 부당지원행위에 해당한다고 할 것이다.

관계 법령 및 위 법리와 기록에 비추어 살펴보면, 원고의 이 사건 행위가 증권거래법과 관련한 유가증권 인수업무에 관한 규정 제8조를 면탈, 회피하여 그 수단이나 방법이 공정하지 못한 행위로서 정상적이고 공정한 방법이나 절차에 의한 거래라고 볼 수 없다는 피고의 주장사유만으로는 공정한 거래를 저해할 우려가 있는 행위라고 볼 수 없다는 취지의 원심 판단은 정당하고, 거기에 상고이유의 주장과 같은 지원행위의 방법 또는 절차의 불공정성에 대한 법리를 오해한 위법이 없다.

3. 그러므로 상고를 기각하기로 하여 관여 대법관의 일치된 의견으로 주문과 같이 판결한다.

대법관　배기원(재판장)　유지담　이강국　김용담(주심)

▌ 참조문헌 ▌

송옥렬, "신주인수권부사채의 발행과 공정거래법상 부당지원행위", BFL 10호, 서울대학교 금융법센터(2005)

이호영, "공정거래법상 특수관계인에 대한 부당지원행위의 규제", 경제법판례연구 2권, 경제법판례연구회, 법문사(2005)

---

(23) 대법원 2022. 5. 12. 선고 2017두63993 판결 [항공사 사건] (특수관계인에 대한 부당한 이익제공 등)

판시사항

[1] 구 독점규제 및 공정거래에 관한 법률 제23조의2 제1항 제1호, 구 독점규제 및 공정거래에 관한 법률 시행령 제38조 제3항 [별표 1의3] 제1호의 '상당히 유리한 조건의 거래인지 여부'를 판단하는 기준이 되는 '정상가격'의 의미 및 공정거래위원회가 해당 거래와 동일한 실제 사례를 찾을 수 없는 경우, 부득이 유사한 사례에 의해 정상가격을 추단하는 방법

[2] 구 독점규제 및 공정거래에 관한 법률 제23조의2 제1항 제1호에서 금지하는 특수관계인에 대한 부당한 이익제공행위에 해당하려면 제1호의 행위에 해당하는지와 별도로 그 행위를 통하여 특수관계인에게 귀속된 이익이 '부당'한지에 대한 규범적 평가가 이루어져야 하는지 여부(적극) 및 이때 '부당성'을 판단하는 방법 / 특수관계인에게 귀속된 이익이 부당하다는 점에 관한 증명책임자(=공정거래위원회)

판결요지

[1] 구 독점규제 및 공정거래에 관한 법률(2017. 4. 18. 법률 제14813호로 개정되기 전의 것) 제23조의2 제1항 제1호, 구 독점규제 및 공정거래에 관한 법률 시행령(2017. 7. 17. 대통령령 제28197호로 개정되기 전의 것) 제38조 제3항 [별표 1의3] 제1호의 '상당히 유리한 조건의 거래인지 여부'를 판단하는 기준이 되는 '정상가격'이란, 거래당사자 간에 이루어진 경제적 급부와 동일한 경제적 급부가 시기, 종류, 규모, 기간, 신용상태 등이 유사한 상황에서 특수관계가 없는 독립된 자 간에 이루어졌을 경우 형성되었을 거래가격 등을 말한다. 공정거래위원회가 당해 거래와 동일한 실제 사례를 찾을 수 없어 부득이 유사한 사례에 의해 정상가격을 추단할 수밖에 없는 경우에는, 단순히 제반 상황을 사후적, 회고적인 시각에서 판단하여 거래 당시에 기대할 수 있었던 최선의 가격이나 당해 거래가격보다 더 나은 가격으로 거래할 수도 있었을 것이라 하여 가벼이 이를 기준으로 정상가격을 추단하여서는 안 되고, 먼저 해당 거래와 비교하기에 적합한 유사한 사례를 선정하고, 나아가 그 사례와 해당 거래 사이에 가격에 영향을 미칠 수 있는 거래조건 등의 차이가 존재하는지를 살펴 그 차이가 있다면 이를 합리적으로 조정하는 과정을 거쳐 정상가격을 추단하여야 한다.

[2] 구 독점규제 및 공정거래에 관한 법률(2017. 4. 18. 법률 제14813호로 개정되기 전의 것, 이하 '구 공정거래법'이라 한다) 제23조의2의 규정 내용, 입법 경위 및 입법 취지 등을 고려하면, 구 공정거래법 제23조의2 제1항 제1호에서 금지하는 특수관계인에 대한 부당한 이익제공행위에 해당하려면, 제1호의 행위에 해당하는지 여부와는 별도로 그 행위를 통하여 특수관계인에게 귀속된 이익이 '부당'한지에 대한 규범적 평가가 아울러 이루어져야 한다.

여기에서 말하는 '부당성'이란, 이익제공행위를 통하여 그 행위객체가 속한 시장에서 경쟁이 제한되거나 경제력이 집중되는 등으로 공정한 거래를 저해할 우려가 있을 것까지 요구하는 것은 아니고, 행위주체와 행위객체 및 특수관계인의 관계, 행위의 목적과 의도, 행위의 경위와 그 당시 행위객체가 처한 경제적 상황, 거래의 규모, 특수관계인에게 귀속되는 이익의 규모, 이익제공행위의 기간 등을 종합적으로 고려하여, 변칙적인 부의 이전 등을 통하여 대기업집단의 특수관계인을 중심으로 경제력 집중이 유지·심화될 우려가 있는지에 따라 판단하여야 한다. 이와 같이 특수관계인에게 귀속된 이익이 '부당'하다는 점은 시정명령 등 처분의 적법성을 주장하는 공정거래위원회가 증명하여야 한다.

참조조문

[1] 구 독점규제 및 공정거래에 관한 법률(2017. 4. 18. 법률 제14813호로 개정되기 전의 것) 제23조의2 제1항 제1호(현행 제47조 제1항 제1호 참조), 제3항(현행 제47조 제3항 참조), 구 독점규제 및 공정거래에 관한 법률 시행령(2017. 7. 17. 대통령령 제28197호로 개정되기 전의 것) 제38조 제3항 [별표 1의3] 제1호 (나)목(현행 제54조 제1항 [별표 3] 제1호 (나)목 참조)
[2] 구 독점규제 및 공정거래에 관한 법률(2017. 4. 18. 법률 제14813호로 개정되기 전의 것) 제23조의2 제1항 제1호(현행 제47조 제1항 제1호 참조)

따름판례

대법원 2022. 5. 26. 선고 2020두36267 판결, 대법원 2022. 11. 10. 선고 2021두35759 판결

전 문

【원고, 피상고인】 주식회사 대한항공 외 2인
【피고, 상고인】 공정거래위원회
【원심판결】 서울고법 2017. 9. 1. 선고 2017누36153 판결
【주 문】
상고를 모두 기각한다. 상고비용은 피고가 부담한다.
【이 유】
상고이유(상고이유서 제출기간이 지난 뒤에 제출된 상고이유보충서의 기재는 이를 보충하는 범위에서)를 판단한다.

1. 사건의 개요

원심판결 이유에 따르면 다음 사실을 알 수 있다.
가. 원고들은 모두 구 「독점규제 및 공정거래에 관한 법률」(2017. 4. 18. 법률 제14813호로 개정되기 전의 것, 이하 '공정거래법'이라 한다)에 따라 상호출자제한기업집단으로 지정된 기업집단 '한진'(동일인 소외인)에 속하는 회사들이다.

원고 주식회사 싸이버스카이(이하 회사명에서 '주식회사'는 생략한다)와 원고 유니컨버스는 모두 기업집단 '한진'의 특수관계인이 구「독점규제 및 공정거래에 관한 법률 시행령」(2017. 7. 17. 대통령령 제28197호로 개정되기 전의 것, 이하 '공정거래법 시행령'이라 한다) 제38조 제2항으로 정하는 비율 이상의 주식을 보유한 계열회사이다.

나. 피고는 2017. 1. 10. 원고들에 대하여, 『① 원고 대한항공이 대한항공 국제선 기내면세품 인터넷 사전예약 주문접수 및 결제 사이트인 '싸이버스카이숍'의 인터넷 광고수입 전액을 원고 싸이버스카이에 귀속시킨 행위(이하 '이 사건 제1행위'라 한다), ② 원고 대한항공이 원고 싸이버스카이에 대하여 농축산물 상품류인 '제동한우', '제동토종닭' 등 제동브랜드 상품(이하 '제동목장상품'이라 한다) 및 생수상품인 '한진 퓨어워터'(이하 '제주워터'라 한다)에 대한 통신판매수수료를 면제해준 행위(이하 '이 사건 제2행위'라 한다), ③ 원고 대한항공이 원고 싸이버스카이로부터 판촉물을 구매하여 오면서 2013. 5. 1. 및 2013. 9. 1. 두 차례에 걸쳐 판촉물 구입가격을 인상해줌으로써 원고 싸이버스카이의 마진율을 기존 4.3% 수준에서 2013. 5.경 9.7%, 2013. 9.경 12.3% 수준으로 높여 준 행위(이하 '이 사건 제3행위'라 한다), ④ 원고 대한항공이 원고 유니컨버스와 체결한 대한항공 국내선 콜센터, 국제선(야간) 콜센터, 문자·채팅 콜센터 업무대행 도급계약에 따라 콜센터 관련 시스템사용료와 유지보수비를 지급하면서 SK브로드밴드가 무상으로 제공한 시스템 장비에 대해서도 시스템사용료와 유지보수비를 지급한 행위(이하 '이 사건 제4행위'라 한다)(이하 통틀어 '이 사건 각 행위'라 한다)』가 '정상적인 거래에서 적용되거나 적용될 것으로 판단되는 조건보다 상당히 유리한 조건으로 거래하는 행위를 통하여 특수관계인에게 부당한 이익을 귀속시키는 행위'로서 공정거래법 제23조의2 제1항 제1호, 제3항을 위반하였다는 이유로 원심판결 [별지 1] 기재와 같은 시정명령 및 과징금 납부명령을 하였다.

2. 관련 규정 및 법리

가. 공정거래법 제23조의2 제1항은 "일정 규모 이상의 자산총액 등 대통령령으로 정하는 기준에 해당하는 기업집단에 속하는 회사는 특수관계인(동일인 및 그 친족에 한정한다. 이하 이 조에서 같다)이나 특수관계인이 대통령령으로 정하는 비율 이상의 주식을 보유한 계열회사와 다음 각호의 어느 하나에 해당하는 행위를 통하여 특수관계인에게 부당한 이익을 귀속시키는 행위를 하여서는 아니 된다. 이 경우 각호에 해당하는 행위의 유형 또는 기준은 대통령령으로 정한다."라고 규정하면서, 제1호에서 "정상적인 거래에서 적용되거나 적용될 것으로 판단되는 조건보다 상당히 유리한 조건으로 거래하는 행위"를 규정하고 있고, 같은 조 제3항은 "제1항에 따른 거래 또는 사업기회 제공의 상대방은 제1항 각호의 어느 하나에 해당할 우려가 있음에도 불구하고 해당 거래를 하거나 사업기회를 제공받는 행위를 하여서는 아니 된다."라고 규정하고 있다. 한편 공정거래법 제23조의2 제1항 후문의 위임에 따라 공정거래법 시행령 제38조 제3항 [별표 1의3] 제1호 (나)목은 공정거래법 제23조의2 제1항 제1호에 따른 행위 중 하나로, "상당히 유리한 조건의 자산·상품·용역 거래", 즉 "부동산·유가증권·무체재산권 등 자산 또는 상품·용역을 정상적인 거래에서 적용되는 대가(이하 '정상가격'이라 한다)보다 상당히 낮거나 높은 대가로 제공하거나 거래하는 행위"를

규정하고 있다.

나. 위 '상당히 유리한 조건의 거래인지 여부'를 판단하는 기준이 되는 '정상가격'이란, 거래당사자 간에 이루어진 경제적 급부와 동일한 경제적 급부가 시기, 종류, 규모, 기간, 신용상태 등이 유사한 상황에서 특수관계가 없는 독립된 자 간에 이루어졌을 경우 형성되었을 거래가격 등을 말한다. 피고가 당해 거래와 동일한 실제 사례를 찾을 수 없어 부득이 유사한 사례에 의해 정상가격을 추단할 수밖에 없는 경우에는, 단순히 제반 상황을 사후적, 회고적인 시각에서 판단하여 거래 당시에 기대할 수 있었던 최선의 가격이나 당해 거래가격보다 더 나은 가격으로 거래할 수도 있었을 것이라 하여 가벼이 이를 기준으로 정상가격을 추단하여서는 안 되고, 먼저 당해 거래와 비교하기에 적합한 유사한 사례를 선정하고, 나아가 그 사례와 당해 거래 사이에 가격에 영향을 미칠 수 있는 거래조건 등의 차이가 존재하는지를 살펴 그 차이가 있다면 이를 합리적으로 조정하는 과정을 거쳐 정상가격을 추단하여야 한다.

다. 한편 구 공정거래법(2013. 8. 13. 법률 제12095호로 개정되기 전의 것) 제23조 제1항 제7호에 따라 규제의 대상이 되는 부당지원행위는 현저히 유리한 조건의 거래를 통해 특수관계인 또는 다른 회사를 지원하고 이로써 공정한 거래를 저해할 우려가 있는 경우로 한정되었다. 따라서 그 지원행위가 현저히 유리한 정도에 미치지 못하거나 시장에 참여하고 있는 사업자가 아닌 특수관계인 개인을 지원하는 경우에는 변칙적인 부의 세대 간 이전 등을 통한 소유집중의 우려가 있어도 사실상 공정거래 저해성을 입증하는 것이 곤란하여 규제가 어려웠다.

이에 2013. 8. 13. 법률 제12095호로 공정거래법을 개정하면서 부당지원행위의 성립요건을 완화하는 한편, 공정한 거래를 저해하는지 여부가 아닌 특수관계인에게 부당한 이익을 제공하였는지 여부를 기준으로 위법성을 판단하는 공정거래법 제23조의2를 신설하였다.

이러한 공정거래법 제23조의2의 규정 내용, 입법 경위 및 입법 취지 등을 고려하면, 공정거래법 제23조의2 제1항 제1호에서 금지하는 특수관계인에 대한 부당한 이익제공행위에 해당하려면, 제1호의 행위에 해당하는지 여부와는 별도로 그 행위를 통하여 특수관계인에게 귀속된 이익이 '부당'한지에 대한 규범적 평가가 아울러 이루어져야 한다.

여기에서 말하는 '부당성'이란, 이익제공행위를 통하여 그 행위객체가 속한 시장에서 경쟁이 제한되거나 경제력이 집중되는 등으로 공정한 거래를 저해할 우려가 있을 것까지 요구하는 것은 아니고, 행위주체와 행위객체 및 특수관계인의 관계, 행위의 목적과 의도, 행위의 경위와 그 당시 행위객체가 처한 경제적 상황, 거래의 규모, 특수관계인에게 귀속되는 이익의 규모, 이익제공행위의 기간 등을 종합적으로 고려하여, 변칙적인 부의 이전 등을 통하여 대기업집단의 특수관계인을 중심으로 경제력 집중이 유지·심화될 우려가 있는지 여부에 따라 판단하여야 한다. 이와 같이 특수관계인에게 귀속된 이익이 '부당'하다는 점은 시정명령 등 처분의 적법성을 주장하는 피고가 증명하여야 한다.

3. 이 사건 제1행위에 대하여

가. 원심은 적법하게 채택하여 조사한 증거들에 의하여 그 판시와 같은 사실을 인정한 뒤, 아래와 같은 사정들을 종합하여, 이 사건 제1행위가 '정상가격보다 상당히 유리한 조건

으로 거래하는 행위를 통하여 특수관계인에게 부당한 이익을 귀속시키는 행위'에 해당한다고 보기 어렵다고 판단하였다.

1) 이 사건 제1행위에 관하여 피고가 정상가격의 추단 근거로 제시한 비교대상거래, 즉 원고 대한항공이 기내 문화잡지 '모닝캄', 기내면세품 안내책자 '스카이숍' 등의 광고매체사로서 원고 싸이버스카이에 위 광고의 판매를 위탁한 거래는 거래의 성격, 대상이 전혀 달라 이 사건 제1행위와 비교하기에 적합한 거래로 볼 수 없고, 달리 이 사건 제1행위의 정상가격을 산정할 만한 증거가 없다.

2) 싸이버스카이숍은 원고 대한항공의 기내면세품 광고만을 취급하였으므로, 원고 대한항공으로서는 기내면세품의 매출증대 등을 위하여 싸이버스카이숍의 광고판매 업무에 적극적으로 관여할 유인이 있었다. 따라서 원고 대한항공이 광고판매에 관하여 적극적인 역할을 수행한 것이 크게 부자연스러운 것으로 보이지는 않는다. 또한 원고 대한항공이 기내면세품 공급계약을 체결하면서 각 상품들의 싸이버스카이숍 광고 게재를 독려하고 게재 여부를 결정하며 관련 조건을 협상하는 업무를 함께 수행하는 것이 보다 효율적이었을 것으로 보인다. 실제로 싸이버스카이숍의 광고를 통해 원고 대한항공의 기내면세품 판매가 증대되는 이익이 발생하기도 하였다. 따라서 원고 대한항공이 자신의 이익과 무관하게 오로지 원고 싸이버스카이에 이익을 귀속시키기 위한 목적으로 이 사건 제1행위를 하였다고 보기 어렵다.

3) 원고 싸이버스카이가 2015. 2. 15.부터 2015. 11. 8.까지 이 사건 제1행위를 통하여 수취한 광고수입은 총 37,193,846원으로, 이는 원고 싸이버스카이의 2015년 총매출액의 0.5%, 당기순이익의 6%에 그치는 수준이다. 피고가 주장하는 위반금액(위 총광고수입의 10%에 해당하는 금액)은 3,719,384원으로 그 규모가 보다 미미하다. 이 정도 규모의 거래를 통하여 원고 대한항공, 싸이버스카이가 경제력의 집중을 도모한 것으로 보기는 어렵다.

나. 앞서 든 법리와 기록에 비추어 보면, 이러한 원심의 판단은 정당하고, 거기에 공정거래법 제23조의2 제1항의 부당성, 정상가격에 관한 법리 등을 오해하여 판결에 영향을 미친 잘못이 없다.

4. 이 사건 제2행위에 대하여

가. 원심은 적법하게 채택하여 조사한 증거들에 의하여 그 판시와 같은 사실을 인정한 뒤, 아래와 같은 사정들을 종합하여, 이 사건 제2행위가 '정상가격보다 상당히 유리한 조건으로 거래하는 행위를 통하여 특수관계인에게 부당한 이익을 귀속시키는 행위'에 해당한다고 보기 어렵다고 판단하였다.

1) 제동목장상품과 제주워터는 다른 통신판매상품들과 달리, 원고 대한항공이 통신판매상품 구성의 다양화 및 고급화를 위하여 주도적으로 통신판매를 추진한 상품이었다. 이에 원고 대한항공은 다른 유통사와의 가격경쟁을 고려하여 위 상품들의 판매가격을 비교적 낮게 책정하였고, 제동목장상품의 경우에는 원가도 높았던 까닭에 원고 싸이버스카이가 위 상품들에 대한 판매수수료를 지급할 경우 다른 통신판매상품들과는 달리 마진율이 음수가 될 수밖에 없었다. 이에 따라 원고 대한항공은 위 상품들의 판매추이와 판매기간을 고려하여 일정 매출액 도달 전까지는 원고 싸이버스카이에 대한 통신판매수수료를 면제하기로 결정하였다.

2) 피고는 원고 대한항공과 원고 싸이버스카이가 주장하는 제품의 특성에 따른 판매수수

료 차등이 어느 정도 범위에서 허용되어야 정상거래라고 볼 수 있는지를 명확히 밝히지 못하였다.

3) 2009. 1. 1.부터 2015. 3. 31.까지 이 사건 제2행위로 면제된 수수료는 총 152,802,000원으로, 연간 약 24,448,320원에 그치는 수준이다. 이 사건 처분사유로 된 위반기간(2015. 2. 15.~2015. 3. 31.) 동안 면제된 수수료는 1,614,600원으로, 이는 원고 싸이버스카이의 2015년 1개월 환산 매출액의 약 0.27%에 불과하다. 이 정도 규모의 거래를 통하여 원고 대한항공, 싸이버스카이가 경제력의 집중을 도모하였다고 보기는 어렵다.

나. 앞서 든 법리와 기록에 비추어 보면, 이러한 원심의 판단은 정당하고, 거기에 공정거래법 제23조의2 제1항의 부당성, 정상가격에 관한 법리 등을 오해하여 판결에 영향을 미친 잘못이 없다.

5. 이 사건 제3행위에 대하여

가. 원심은 적법하게 채택하여 조사한 증거들에 의하여 그 판시와 같은 사실을 인정한 뒤, 아래와 같은 사정들을 종합하여, 이 사건 제3행위가 '정상가격보다 상당히 유리한 조건으로 거래하는 행위를 통하여 특수관계인에게 부당한 이익을 귀속시키는 행위'에 해당한다고 보기 어렵다고 판단하였다.

1) 원고 싸이버스카이는 관리회계 분석 결과 판촉물 상품들의 마진율이 −3%라는 점을 확인하고, 이와 같은 손실의 원인이 물가인상에 따른 관리비용의 상승에 있다고 보아 원고 대한항공에 판촉물 매입가격을 10% 인상해 달라고 요구하였다. 이에 대하여 원고 대한항공은 원고 싸이버스카이의 일반고객에 대한 통신판매 마진율은 6%인데 원고 대한항공에 대한 판촉물 판매 마진율이 −3%여서 시세 대비 특수관계인과의 거래이익이 5% 이상의 차이가 발생하여 세법상 부당행위계산부인의 가능성이 있으므로, 원고 싸이버스카이의 요구를 받아들여 판촉물 거래 이익률을 높여줄 필요성이 있다고 판단하였다.

2) 원고 대한항공, 싸이버스카이가 판촉물 거래를 시작한 2009년 이후 4년 만에 처음으로 판촉물 매입가격이 인상된 점, 2009년 이래로 소비자물가가 지속적으로 상승하였고 이에 따라 원고 싸이버스카이의 공통인건비도 83%가량 상승하였으며 인건비를 비롯한 관리비용의 상승은 이 사건 제3행위 이전까지 판촉물 매입가격에 반영된 바 없는 점, 판촉물 판매의 낮은 이익률과 관련하여 부당행위계산부인 가능성 등 세무적인 문제도 있던 점 등에 비추어 보면, 위와 같은 원고 대한항공의 결정에 수긍이 가는 면이 있고, 그것이 전혀 합리적인 이유 없이 경제력 집중을 도모하기 위한 것으로 보기 어렵다.

3) 이 사건 제3행위는 원고 싸이버스카이의 일반 통신판매 마진율(6%)과 판촉물 판매 마진율(−3%)의 차이를 축소시키기 위한 것이었으므로, 종전에 손실을 보고 있던 거래의 마진율을 회복시킨 결과 그 이익률 증가치는 크게 나타날 수밖에 없다. 따라서 이 사건 제3행위로 인한 마진율 변화의 단순 증가치가 크다는 점 이외에 종전의 판촉물 매입가격이나 그 마진율이 정상적인 수준이었음에도 합리적인 이유 없이 상당히 증가된 것임이 증명되지 않은 이상, 정상거래와 비교하여 상당히 유리한 조건의 거래라고 단정할 수 없다.

나. 앞서 든 법리와 기록에 비추어 보면, 이러한 원심의 판단은 정당하고, 거기에 공정거래법 제23조의2 제1항의 부당성, 정상가격에 관한 법리 등을 오해하여 판결에 영향을 미친

잘못이 없다.

6. 이 사건 제4행위에 대하여

가. 원심은 적법하게 채택하여 조사한 증거들에 의하여 그 판시와 같은 사실을 인정한 뒤, 아래와 같은 사정들을 종합하여, 이 사건 제4행위가 '정상가격보다 상당히 유리한 조건으로 거래하는 행위를 통하여 특수관계인에게 부당한 이익을 귀속시키는 행위'에 해당한다고 보기 어렵다고 판단하였다.

1) 원고 대한항공, 유니컨버스 사이에 2010. 6. 1. 최초로 체결된 콜센터 업무대행 도급계약의 전체 계약금액 중 이 사건 제4행위와 관련된 시스템사용료 및 유지보수비가 차지하는 비중은 5.16%에 불과하므로, 이는 전체 계약금액에 실질적인 영향을 미치기 어려운 것으로 보인다. 따라서 이 부분 행위만 따로 떼어 그 위법 여부를 판단하는 것은 전체 거래의 실질을 왜곡하는 불합리한 결과를 가져오게 된다.

2) 피고가 정상가격 추단의 근거로 제시한 비교대상거래는, 원고 유니컨버스가 인하학원에 SK브로드밴드로부터 무상으로 제공받은 시스템 장비에 대한 사용료를 청구하지 않고 자신이 실제로 투자한 비용에 대해서만 사용료를 청구하였다는 것이다. 그러나 시스템사용료 및 유지보수비 부분만 따로 떼어 위법 여부를 판단할 수 없는 이상, 위 비교대상거래만으로 이 사건 제4행위가 정상가격보다 상당히 유리한 조건의 거래에 해당한다고 보기 어렵고, 달리 피고가 전체 계약금액 또는 전체 계약금액에 실질적 영향을 미칠 수 있는 항목에 관한 유사 거래의 정상가격을 추단하여 이 사건 제4행위와 비교한 바 없다.

3) 원고 유니컨버스가 SK브로드밴드로부터 무상 제공받은 시스템 장비에 대하여 고객에게 시스템사용료와 유지보수비를 청구하지 않는 것이 정상거래의 모습이라고 단정할 수도 없다. 왜냐하면 SK브로드밴드가 투자를 결정한 것에 콜센터 업무대행 도급계약의 도급인이 원고 대한항공이라는 점이 영향을 미쳤다고 하더라도, 위 투자가 원고 유니컨버스에 대한 것이었던 이상 그 투자로 인한 이익이 전부 원고 대한항공에 귀속되어야 한다고 볼 수는 없다. 또한 정상가격을 시가가 아닌 원가 기준으로 파악하는 것은 거래통념에 반한다.

4) 원고 대한항공이 원고 유니컨버스와 콜센터 업무대행 도급계약을 체결하면서 계약금액에 미치는 영향이 큰 인건비 항목과 관련하여 그 단가를 인하하기 위해 지속적으로 노력한 점 등에 비추어 보면, 원고 대한항공, 유니컨버스가 이 사건 제4행위를 통해 경제력 집중을 도모하였다고 보기 어렵다.

나. 앞서 든 법리와 기록에 비추어 보면, 이러한 원심의 판단은 정당하고, 거기에 공정거래법 제23조의2 제1항의 부당성, 정상가격에 관한 법리 등을 오해하여 판결에 영향을 미친 잘못이 없다.

7. 결 론

그러므로 상고를 모두 기각하고, 상고비용은 패소자가 부담하도록 하여, 관여 대법관의 일치된 의견으로 주문과 같이 판결한다.

대법관   이동원(재판장) 조재연(주심) 민유숙 천대엽

▨| 참조문헌 |▨

이선희, "공정거래법상 특수관계인에 대한 부당한 이익제공행위 금지규정에 있어서 입증책임: 대법원 2022. 5. 12. 선고 2017두63993 판결", 경쟁저널 212호, 한국공정경쟁연합회 (2022)

최난설헌, "한진그룹의 '특수관계인에 대한 부당한 이익제공 행위' 사건 대법원 판례 검토", 상사판례연구 35권 3호, 한국상사판례학회(2022)

제5장

손해배상책임, 사법상 효력, 이사의 책임 및 과징금의 위헌성

1. 개 관

(1) 손해배상책임

1) 개정법 제109조 제1항(구법 제56조 제1항)에서는 사업자 또는 사업자단체는 이 법을 위반함으로써 피해를 입은 자가 있는 경우에는 해당 피해자에 대하여 손해배상의 책임을 지도록 하되, 다만 사업자 또는 사업자단체가 고의 또는 과실이 없음을 입증한 경우에는 손해배상책임을 면하도록 규정하고 있다.[1] 개정법 제109조 제1항에 의한 손해배상청구권의 법적 성격은 불법행위로 인한 손해배상청구권이라고 보고 있다.[2] 피해자는 이 조항에 따른 손해배상청구권과 민법상 불법행위에 기한 손해배상청구권을 선택적으로 행사할 수 있다.[3] 또한 이 법을 위반한 행위로 손해가 발생된 것은 인정되나, 그 손해액을 입증하기 위하여 필요한 사실을 입증하는 것이 해당 사실의 성질상 매우 곤란한 경우에 법원은 변론 전체의 취지와 증거조사의 결과에 기초하여 상당한 손해액을 인정할 수 있도록 하고 있다(개정법 제115조, 구법 제57조). 한편 개정법 제111조에서는 자료제출 제도를 도입하여 법원이 제40조 제1항, 제45조 제1항(제9호 제외) 또는 제51조 제1항 제1호를 위반한 행위로 인한 손해배상청구소송에서 당사자의 신청에 따라 상대방 당사자에게 해당 손해의 증명 또는 손해액의 산정에 필요한 자료(제44조 제4항에 따른 자진신고 등과 관련된 자료는 제외)의 제출을 명할 수 있도록 하고, 다만 그 자료의 소지자가 자료의 제출을 거절할 정당한 이유가 있으면 제출을 명하지 않도록 하였다. 또한 비밀유지명령 제도를 도입하여 법원은 제109조에 따라 제기된 손해배상청구소송에서 그 당사자가 보유한 영업비밀에 대하여 그 당사자의 신청에 따라 결정으로 다른 당사자(법인인 경우에는 그 대표자를 말함), 당사자를 위하여 소송을 대리하는 자 등에게 비밀유지명령을 할 수 있도록 하였다(개정법 제112조).

2) 군납유류 입찰담합 사건[4]에서 대법원은 부당한 공동행위의 손해액 산정방식에 관하여 기본적인 법리를 판시하였다. 대법원은 "위법한 입찰 담합행위로 인한 손해는 그 담합행위로 인하여 형성된 낙찰가격과 그 담합행위가 없었을 경우에 형성되었을 가격('가

---

1) 개정법 제109조 제2항 및 제3항(구법 제56조 제3항 및 제4항)에서는 사업자 또는 사업자단체가 제40조 (부당한 공동행위), 제48조(보복조치의 금지), 제51조 제1항 제1호(사업자단체의 금지행위 중 부당한 공동행위 유형)를 위반하는 경우 법원은 발생한 손해의 3배를 넘지 아니하는 범위에서 배상책임을 부과할 수 있도록 규정하고 있다.
2) 대법원 2012. 11. 29. 선고 2010다93790 판결.
3) 권오승·홍명수(2021), 441면.
4) 대법원 2011. 7. 28. 선고 2010다18850 판결.

상 경쟁가격')과의 차액을 말한다. 여기서 가상 경쟁가격은 그 담합행위가 발생한 당해 시장의 다른 가격형성요인을 그대로 유지한 상태에서 그 담합행위로 인한 가격상승분만을 제외하는 방식으로 산정하여야 한다. 위법한 입찰 담합행위 전후에 있어서 특정 상품의 가격형성에 영향을 미치는 경제조건, 시장구조, 거래조건 및 그 밖의 경제적 요인의 변동이 없다면 담합행위가 종료된 후의 거래가격을 기준으로 가상 경쟁가격을 산정하는 것이 합리적이라고 할 수 있지만, 담합행위 종료 이후 가격형성에 영향을 미치게 하는 요인들의 현저한 변동이 있는 경우에는 그와 같이 볼 수 없다. 이러한 경우에는 그 상품의 가격형성상의 특성, 경제조건, 시장구조, 거래조건 및 그 밖의 경제적 요인의 변동의 내용 및 정도 등을 분석하여 그러한 변동 요인이 담합행위 후의 가격형성에 미친 영향을 제외하여 가상 경쟁가격을 산정함으로써 그 담합행위와 무관한 가격형성요인으로 인한 가격변동분이 손해의 범위에 포함되지 아니하도록 하여야 한다"고 판시하였다. 그리고 그 증명책임에 대해서는 "손해의 범위에 관한 증명책임이 피해자에게 있는 점에 비추어, 담합행위 전후에 있어서 특정 상품의 가격형성에 영향을 미치는 요인들이 변동 없이 유지되고 있는지 여부가 다투어지는 경우에는 그에 대한 증명책임은 담합행위 종료 후의 가격을 기준으로 담합행위 당시의 가상 경쟁가격을 산정하여야 한다고 주장하는 피해자가 부담한다"고 판시하였다. 이러한 법리를 바탕으로 대법원은 "담합기간 동안의 싱가포르 현물시장 거래가격('MOPS 가격')에 정부회계기준에 의한 부대비용을 합산한 가격을 가상 경쟁가격이라고 단정할 수 없음에도" 이를 가상 경쟁가격으로 보고 담합행위의 손해액을 산정한 원심판단은 타당하지 않다고 보았다. 이 사건의 제1심법원은 계량경제분석의 결과를 기초로 손해액을 산정한 반면에 원심은 MOPS 가격을 기초로 손해액을 산정하였는데, 위와 같은 대법원의 판시는 손해액을 계량경제학적인 방법을 기초로 산정하는 것이 허용되고, 경우에 따라서는 더 적합할 수도 있음을 시사하는 것으로 이해된다.

또한 이 사건에서는 불법행위와 손해 사이의 상당인과관계도 쟁점이 되었는데, 대법원은 "국방부가 당초 내수가연동제 방식으로 군용유류 입찰을 실시하였다가 정유업체들의 담합으로 수회 유찰되자 업체들이 요구하는 연간고정가 방식으로 유류구매계약을 체결함으로써 그 후 환율 및 국내 유가가 하락하였는데도 구매가격을 감액조정하지 못하여 국가가 손해를 입은 사안에서, 국방부가 연간고정가 방식을 채택한 것은 정유업체들의 담합으로 수회 입찰이 유찰된 것이 하나의 계기가 되었다고 볼 수 있지만, … 당시 국방부는 연간고정가 방식을 채택하는 대신 월별 분할입찰을 실시하는 등의 대안이 있었음에도 연간고정가 방식으로 당초 입찰 당시보다 예정가격을 낮추어 입찰을 실시한다면 유류의 조기구입이 가능할 뿐만 아니라 예산도 절감할 수 있어 환율하락 정도와 시기를 감안하더라도 수용가능하다는 판단하에 연간고정가 방식을 수용한 것인 점, 이러한 연간고정가 방식의 계약 체결로 인하여 국방부가 손해를 입게 된 원인은 당초 예상과 달리 환율이 급격하게 하락하고 그에 동반하여 국내 유가가 급격하게 하락한 외부적 사정에 기인하는 점 등을 고려할 때, 정유업체들이 당초 입찰 당시 담합하여 유찰시킨 행위와 국방부가 연간고정가 방식의 계약을 체결한 행위 또는 당초 국방부의 예상과 달리 환율 및 국내 유가의 하락이 발생하였음에도 연간고정가 방식 때문에 유류구매가격 전액을 내수가연동제 방식으로 감액조정을 할 수 없게 됨으로써 국가가 입게 된 손해 사이에 상당인과관계가 없다"고 판단하였다.

한편 피해자가 국가인 경우 과징금이 손익상계의 대상이 될 수 있는지에 대하여 대법원은 "과징금은 담합행위의 억지라는 행정목적을 실현하기 위한 제재적 성격과 불법적인 경제적 이익을 박탈하기 위한 성격을 함께 갖는 것으로서 피해자에 대한 손해의 전보를 목적으로 하는 불법행위로 인한 손해배상책임과는 그 성격이 전혀 다르므로, 국가가 입찰담합에 의한 불법행위의 피해자인 경우 가해자에게 입찰담합에 의한 부당한 공동행위에 대하여 과징금을 부과하여 이를 가해자로부터 납부받은 사정이 있다 하더라도 이를 가리켜 손익상계의 대상이 되는 이익을 취득하였다고 할 수 없다"고 판시하였다.

3) 밀가루 제조사들이 밀가루 생산량 및 가격에 관하여 부당한 공동행위를 한 사실이 밝혀지자 밀가루의 수요자인 제빵회사가 손해배상청구를 한 밀가루 사건[5]에서 대법원은 "감정인의 감정 결과는 그 감정 방법 등이 경험칙에 반하거나 합리성이 없는 등의 현저한 잘못이 없는 한 이를 존중하여야 한다"는 법리 하에 "계량경제학적 분석방법인 회귀분석을 통하여 … 계산한 밀가루의 경쟁가격을 전제로 원고의 손해액을 산정한 제1심 감정인의 감정 결과를 채택한 원심의 판단에, 감정 방법 등이 경험칙에 반하거나 합리성이 없는 등의 현저한 잘못이 있는 감정 결과를 채택하거나 손해액 산정 및 손해배상의 범위에 관한 법리를 오해한 위법 등이 있다고 할 수 없다"고 판단하였다.

이 사건에서는 원고와 같이 원재료를 구매하여 제품을 생산한 후 다음 단계의 수요자에게 공급하는 경우 부당한 공동행위로 인하여 인상된 원재료 가격의 전부 또는 일부를 다음 단계의 수요자에게 전가하였다는 이유로 피고가 배상할 손해액에서 그와 같이 전가된 손해액 부분을 공제할 수 있는지(이른바 '손해전가의 항변')가 문제되었다. 이에 대해 대법원은 "담합에 의하여 가격이 인상된 재화 등을 매수한 매수인이 다시 이를 제3자인 수요자에게 판매하거나 그 재화 등을 원료 등으로 사용·가공하여 생산된 제품을 수요자

---

5) 대법원 2012. 11. 29. 선고 2010다93790 판결.

에게 판매한 경우에, 재화 등의 가격 인상 후 수요자에게 판매하는 재화 등 또는 위 제품(이하 이를 모두 포함하여 '제품 등'이라 한다)의 가격이 인상되었다고 하더라도, 재화 등의 가격 인상을 자동적으로 제품 등의 가격에 반영하기로 하는 약정이 있는 경우 등과 같이 재화 등의 가격 인상이 제품 등의 판매 가격 상승으로 바로 이어지는 특별한 사정이 없는 한, 제품 등의 가격은 매수인이 당시의 제품 등에 관한 시장 상황, 다른 원료나 인건비 등의 변화, 가격 인상으로 인한 판매 감소 가능성, 매수인의 영업상황 및 고객 보호 관련 영업상의 신인도 등 여러 사정을 고려하여 결정할 것이므로, 재화 등의 가격 인상과 제품 등의 가격 인상 사이에 직접적인 인과관계가 있다거나 제품 등의 인상된 가격 폭이 재화 등의 가격 인상을 그대로 반영하고 있다고 단정할 수 없다. 그뿐 아니라 제품 등의 가격 인상은 제품 등의 수요 감소 요인으로 작용하여 전체적으로 매출액 또는 영업이익의 감소가 초래될 수 있고, 이 역시 위법한 담합으로 인한 매수인의 손해라 할 수 있으므로, 이와 같은 여러 사정을 종합적으로 고려하지 아니하고 제품 등의 가격 인상에 의하여 매수인의 손해가 바로 감소되거나 회복되는 상당인과관계가 있다고 쉽게 추정하거나 단정하기도 부족하다. 다만 이와 같이 제품 등의 가격 인상을 통하여 부분적으로 손해가 감소되었을 가능성이 있는 경우에는 직접적인 상당인과관계가 인정되지 아니한다고 하더라도 이러한 사정을 손해배상액을 정할 때에 참작하는 것이 공평의 원칙상 타당할 것이다"라고 판시하여 손해전가의 항변은 부정하고, 다만 공평의 원칙상 이러한 사정을 참작하여 손해배상책임을 제한하는 것이 타당하다고 보았다.

4) 위 밀가루 사건에서는 부당한 공동행위를 한 사업자가 직접구매자에 대하여 손해전가의 항변을 할 수 없다고 보았으나, 신용카드 및 VAN 수수료 사건[6]에서는 대법원이 이와 달리 간접구매자는 부당한 공동행위를 한 사업자에게 상당인과관계가 인정되는 한 손해배상청구를 할 수 있다고 보았다. 즉 대법원은 "부당한 공동행위를 한 사업자로부터 직접 상품을 구입한 직접구매자뿐만 아니라 그로부터 다시 그 상품 또는 그 상품을 원재료로 한 상품을 구입한 이른바 간접구매자도 부당한 공동행위와 자신의 손해 사이에 상당인과관계가 인정되는 한 부당한 공동행위를 한 사업자에 대하여 손해배상청구를 할 수 있는데, 이러한 법리는 부당한 공동행위를 한 사업자에게 용역을 공급하는 자를 상대로 다시 그 용역의 일부를 공급하는 이른바 간접적인 용역공급자에게도 마찬가지로 적용된다"고 판시하였다.

이 사건에서는 민법 제766조 제1항의 단기소멸시효의 기산점을 언제로 볼 것인지도

---

6) 대법원 2014. 9. 4. 선고 2013다215843 판결.

쟁점이 되었다. 대법원은 "단기소멸시효 기산점이 되는 민법 제766조 제1항의 '손해 및 가해자를 안 날'이란 손해의 발생, 위법한 가해행위의 존재, 가해행위와 손해의 발생 사이에 상당인과관계가 있다는 사실 등 불법행위의 요건사실에 대하여 현실적이고도 구체적으로 인식하였을 때를 의미하고, 피해자 등이 언제 불법행위 요건사실을 현실적이고도 구체적으로 인식하였다고 볼 것인지는 개별적 사건에서 여러 객관적 사정을 참작하고 손해배상청구가 사실상 가능하게 된 상황을 고려하여 합리적으로 인정하여야 한다"고 밝히고, "원고의 피고들에 대한 손해배상청구권의 성립 여부는 피고들의 행위가 공정거래법에 정한 부당한 공동행위에 해당되는지 여부와 밀접히 관련된 것으로서, 비록 공정거래위원회의 시정명령과 과징금부과명령이 있다고 하더라도 행정소송에 의하여 부당한 공동행위에 해당하는지 여부가 다투어지고 있는 상황이라면 공정거래위원회의 처분이 있다는 사실만으로는 피고들 행위에 대한 법적 평가의 귀결이 확실해졌다고 할 수 없고, 피고들의 행위가 공정거래법상의 부당한 공동행위에 해당되고 이로 인하여 손해를 입었다고 주장해야 하는 원고로서는 위와 같은 행정소송 판결이 확정된 때에 비로소 피고들의 공정거래법 위반으로 인한 손해의 발생을 현실적이고도 구체적으로 인식하였다고 보아야 할 것이나, 특별한 사정이 없는 한 공동행위자들 모두에 관한 행정소송 판결이 확정될 필요는 없고 그중 1인에 의한 행정소송 판결이 확정됨으로써 관련 공동행위자들 전부의 불법행위를 현실적이고 구체적으로 인식하였다고 보아야 한다"고 판시하였다.

  5) 경유 사건[7])에서 대법원은 불법행위로 인하여 손해가 발생한 사실이 인정되는 경우에 법원이 보다 적극적으로 손해액을 심리·판단하여야 함을 밝혔다. 대법원은 "불법행위로 인하여 손해가 발생한 사실이 인정되는 경우 법원은 손해액에 관한 당사자의 주장과 증명이 미흡하더라도 적극적으로 석명권을 행사하여 증명을 촉구하여야 하고, 경우에 따라서는 직권으로라도 손해액을 심리·판단하여야 한다. 위와 같은 법리는 법원이 [구법] 제57조를 적용하여 손해액을 인정하는 경우에도 마찬가지로 적용된다"고 판시하였다. 이러한 법리를 바탕으로 대법원은 일부 "원고들의 경우 손해가 발생된 것이 인정되고 또 가상 경쟁가격이나 초과가격의 산정에 관하여 공정거래법 제57조를 적용할 수 있는 이상 법원은 위 규정에 따라 상당한 가상 경쟁가격 또는 초과가격을 산정하기 위한 심리를 하여야 하고, 원고들이 나름의 가상 경쟁가격 또는 초과가격 산정 방법만을 주장하면서 상당하다고 평가될 수 있는 가상 경쟁가격 또는 초과가격을 제대로 증명하지 못하고 있다면 원심으로서는 원고들에게 적극적으로 석명권을 행사하여 그러한 가상 경쟁

---

7) 대법원 2016. 11. 24. 선고 2014다81511 판결.

가격 또는 초과가격에 관한 증명을 촉구하거나 경우에 따라서는 직권으로라도 상당한 가상 경쟁가격이나 초과가격을 심리·판단하였어야 한다"고 판시하였다.

나아가 대법원은 "여기서 상당한 가상 경쟁가격 또는 초과가격을 산정하는 방법으로는 계량경제학적 방법에 한하지 않고, 합리성과 객관성이 인정되는 한, 담합으로 인한 초과가격에 대한 통계자료, 유사사건에서 인정된 손해액의 규모, 사업자가 위반행위로 취득한 이익의 규모 등을 고려하여 산정하는 방법, 담합기간 중에 담합에 가담하지 않은 정유사들의 공급가격과 담합 피고들의 공급가격을 비교하여 산정하는 방법, 국내 경유소매가격이 MOPS 가격에 연동된다면 원고측 보고서의 산정 결과에 일정한 조정을 하는 방법 등이 고려될 수 있을 것"이라고 판시하여 손해액의 산정이 반드시 계량경제학적 방법으로 이루어져야만 하는 것은 아님을 밝혔다.

(2) 사법상 효력

1) 개정법 제40조 제4항(구법 제19조 제4항)에서 부당한 공동행위를 할 것을 약정하는 계약 등은 해당 사업자 간에는 그 효력을 무효로 한다고 정하고 있는 것 외에는 사법상 효력에 대한 명시적인 법규정이 없다. 이에 따라 부당한 공동행위 이외의 다른 법 위반행위와 관련된 법률행위의 사법상 효력이나 부당한 공동행위에 가담한 사업자가 부당한 공동행위에 기반하여 제3자와 체결한 계약의 사법상 효력 등에 대해서는 다양한 논의가 있어 왔다.

2) 대금반환 확약서 사건[8]에서 대법원은 거래상 지위의 남용행위에 기반한 약정이 경우에 따라 무효가 될 수 있음을 보여 주었다. 대법원은 "거래상 지위의 남용행위가 공정거래법상 불공정거래행위에 해당하는 것과 별개로 위와 같은 행위를 실현시키고자 하는 사업자와 상대방 사이의 약정이 경제력의 차이로 인하여 우월한 지위에 있는 사업자가 그 지위를 이용하여 자기는 부당한 이득을 얻고 상대방에게는 과도한 반대급부 또는 기타의 부당한 부담을 지우는 것으로 평가할 수 있는 경우에는 선량한 풍속 기타 사회질서에 위반한 법률행위로서 무효라고 할 것"이라고 하면서 이 사건에서 문제된 확약서의 효력을 부정하였다.

3) 자금보충약정 사건[9]에서 대법원은 법 위반행위와 관련된 사법상 효력의 판단기준에 대해서 보다 일반적인 기준을 제시하였다. 이 사건에서는 원고의 자금보충약정이 구법 제15조, 제10조의2 제1항(개정법 제36조, 제24조) 등에서 금지하는 채무보증의 탈법행

---

8) 대법원 2017. 9. 7. 선고 2017다229048 판결.
9) 대법원 2019. 1. 17. 선고 2015다227000 판결.

위로서 그 사법상 효력이 무효인지가 문제되었는데, 대법원은 유효라고 판단하였다.

대법원은 "법률에서 해당 규정을 위반한 법률행위를 무효라고 정하고 있거나 해당 규정이 효력규정이나 강행규정이라고 명시하고 있으면 그러한 규정을 위반한 법률행위는 무효이다. 이와 달리 금지 규정 등을 위반한 법률행위의 효력에 관하여 명확하게 정하지 않은 경우에는 그 규정의 입법 배경과 취지, 보호법익, 위반의 중대성, 당사자에게 법규정을 위반하려는 의도가 있었는지 여부, 규정 위반이 법률행위의 당사자나 제3자에게 미치는 영향, 위반 행위에 대한 사회적·경제적·윤리적 가치평가, 이와 유사하거나 밀접한 관련이 있는 행위에 대한 법의 태도 등 여러 사정을 종합적으로 고려해서 그 효력을 판단하여야 한다"고 판시하였다.

이러한 법리 하에서 대법원은 "공정거래법은 그 문언상 [구법] 제10조의2 제1항을 위반한 행위가 일단 사법상 효력을 가짐을 전제로 하는 비교적 명확한 규정을 두고 있다. 즉, 공정거래법은 제10조의2 제1항을 위반한 행위가 있는 때에는 공정거래위원회가 시정조치로서 채무보증의 취소를 명할 수 있다고 정하고 있다([구법] 제16조 제1항 제5호). … 공정거래법의 문언해석상 공정거래위원회의 시정명령으로 취소되기 전까지는 공정거래법 제10조의2 제1항을 위반한 채무보증은 일단 사법상 유효하다고 보아야 한다. 마찬가지로 공정거래법 제10조의2 제1항의 적용을 면탈하려는 제15조를 위반한 탈법행위도 사법상 유효하다고 볼 수 있다. … 공정거래법 제10조의2 제1항 단서와 공정거래법 시행령 제17조의5는 계열회사에 대한 채무보증이 허용되는 예외사유를 비교적 넓게 정하고 있다. 이처럼 공정거래법이 계열회사에 대한 채무보증을 원칙적으로 금지하면서도 넓은 예외사유를 두고 있는 것을 보면, 공정거래법 제10조의2 제1항, 제15조를 위반한 채무보증이나 탈법행위가 그 자체로 사법상 효력을 부인하여야 할 만큼 현저히 반사회성이나 반도덕성을 지닌 것이라고 볼 수 없다. … 이 사건 자금보충약정이 신의성실의 원칙에 반하거나 반사회적 법률행위로서 무효라고 볼 만한 사정이 보이지 않는다"고 판시하여 이 사건에서 문제된 자금보충약정의 사법상 효력을 인정하였다.

(3) 이사의 책임

1) 이사가 고의 또는 과실로 법령 또는 정관에 위반한 행위를 하거나 그 임무를 게을리한 경우에 그 이사는 회사에 대하여 연대하여 손해를 배상할 책임이 있다(상법 제399조 제1항). 회사가 공정거래법 위반행위로 과징금을 부과받는 등 손해가 발생한 경우에 이사가 고의 또는 과실로 감시의무를 위반하여 그러한 손해가 발생한 것이라면 동항에 따라

서 손해배상책임이 발생할 수 있을 것이다.

2) 철강사 사건[10]에서 회사는 세 차례에 걸쳐 부당한 공동행위로 약 320억 원의 과징금을 부과받았고, 이와 관련하여 주주의 대표소송을 통해 감시의무 위반으로 인한 대표이사의 손해배상책임이 문제되었다. 대법원은 대표이사가 그러한 부당한 공동행위를 "구체적으로 알지 못하였고 임원들의 행위를 직접 지시하지 않았다는 이유만으로는 그 책임을 면할 수 없고 … 감시의무를 지속적으로 게을리한 결과 회사에 손해가 발생하였다면 배상할 책임이 있다"고 판시하였다. 대법원은 대표이사가 "모든 직원의 직무집행을 감시할 의무를 부담함은 물론, 이사회의 구성원으로서 다른 대표이사를 비롯한 업무담당이사의 전반적인 업무집행을 감시할 권한과 책임이 있다. 따라서 다른 대표이사나 업무담당이사의 업무집행이 위법하다고 의심할 만한 사유가 있음에도 고의 또는 과실로 인하여 감시의무를 위반하여 이를 방치한 때에는 이로 말미암아 회사가 입은 손해에 대하여 상법 제399조 제1항에 따른 배상책임을 진다"고 판시하였다.

대법원은 "이사의 감시의무의 구체적인 내용은 회사의 규모나 조직, 업종, 법령의 규제, 영업상황 및 재무상태에 따라 크게 다를 수 있는데, 고도로 분업화되고 전문화된 대규모 회사에서 대표이사 및 업무담당이사들이 내부적인 사무분장에 따라 각자의 전문 분야를 전담하여 처리하는 것이 불가피한 경우라 할지라도 그러한 사정만으로 다른 이사들의 업무집행에 관한 감시의무를 면할 수는 없다. 그러한 경우 합리적인 정보 및 보고시스템과 내부통제시스템(이하 '내부통제시스템'이라고 한다)을 구축하고 그것이 제대로 작동되도록 하기 위한 노력을 전혀 하지 않거나 위와 같은 시스템이 구축되었다 하더라도 회사 업무 전반에 대한 감시·감독의무를 이행하는 것을 의도적으로 외면한 결과 다른 이사의 위법하거나 부적절한 업무집행 등 이사들의 주의를 요하는 위험이나 문제점을 알지 못하였다면, 이사의 감시의무 위반으로 인한 손해배상책임을 진다"고 밝혔다. 또한 "이러한 내부통제시스템은 비단 회계의 부정을 방지하기 위한 회계관리제도에 국한되는 것이 아니라, 회사가 사업운영상 준수해야 하는 제반 법규를 체계적으로 파악하여 그 준수 여부를 관리하고, 위반사실을 발견한 경우 즉시 신고 또는 보고하여 시정조치를 강구할 수 있는 형태로 구현되어야 한다. 특히 회사 업무의 전반을 총괄하여 다른 이사의 업무집행을 감시·감독하여야 할 지위에 있는 대표이사가 회사의 목적이나, 규모, 영업의 성격 및 법령의 규제 등에 비추어 높은 법적 위험이 예상되는 경우임에도 이와 관련된 내부통제시스템을 구축하고 그것이 제대로 작동되도록 하기 위한 노력을 전혀 하지 않거나 위

---

10) 대법원 2021. 11. 11. 선고 2017다222368 판결.

와 같은 시스템을 통한 감시·감독의무의 이행을 의도적으로 외면한 결과 다른 이사 등의 위법한 업무집행을 방지하지 못하였다면, 이는 대표이사로서 회사 업무 전반에 대한 감시의무를 게을리한 것이라고 할 수 있다"라고 판시하여 적정한 내부통제시스템의 구축 및 운영의 필요성을 강조하였다.

3) 건설사 사건[11])에서 회사는 다수의 입찰담합에 참여하여 시정명령과 과징금을 부과받았을 뿐만 아니라 벌금도 부과받았고, 이와 관련하여 주주의 대표소송으로 회사의 대표이사, 사내이사, 사외이사 등으로 재직했던 피고들에게 손해배상청구가 제기되었다. 대법원은 사외이사를 포함한 이사의 감시의무에 대해 "주식회사의 이사는 담당업무는 물론 대표이사나 업무담당이사의 업무집행을 감시할 의무가 있으므로 스스로 법령을 준수해야 할 뿐 아니라 대표이사나 다른 업무담당이사도 법령을 준수하여 업무를 수행하도록 감시·감독하여야 할 의무를 부담한다. 이러한 감시·감독 의무는 사외이사 등 회사의 상무에 종사하지 않는 이사라고 하여 달리 볼 것이 아니다"라고 판시하였다.

또한 대법원은 위 철강사 사건의 판시와 같은 취지에서 "특히 고도로 분업화되고 전문화된 대규모 회사에서 대표이사나 일부 이사들만이 내부적인 사무분장에 따라 각자의 전문 분야를 전담하여 처리하는 것이 불가피한 경우에도, 모든 이사는 적어도 회사의 목적이나 규모, 영업의 성격 및 법령의 규제 등에 비추어 높은 법적 위험이 예상되는 업무와 관련해서는 제반 법규를 체계적으로 파악하여 그 준수 여부를 관리하고 위반사실을 발견한 경우 즉시 신고 또는 보고하여 시정조치를 강구할 수 있는 형태의 내부통제시스템을 구축하여 작동되도록 하는 방식으로 감시의무를 이행하여야 한다"고 밝혔다. 다만 사외이사의 감시의무와 관련하여 "회사의 업무집행을 담당하지 않는 사외이사 등은 내부통제시스템이 전혀 구축되어 있지 않는데도 내부통제시스템 구축을 촉구하는 등의 노력을 하지 않거나 내부통제시스템이 구축되어 있더라도 제대로 운영되고 있지 않다고 의심할 만한 사유가 있는데도 이를 외면하고 방치하는 등의 경우에 감시의무 위반으로 인정될 수 있다"라고 보았다.

한편 손해배상액 제한과 관련하여 대법원은 "당해 사업의 내용과 성격, 당해 이사의 임무위반의 경위 및 임무위반행위의 태양, 회사의 손해 발생 및 확대에 관여된 객관적인 사정이나 그 정도, 평소 이사의 회사에 대한 공헌도, 임무위반행위로 인한 당해 이사의 이득 유무, 회사의 조직체계의 흠결 유무나 위험관리체제의 구축 여부 등 제반 사정을 참작하여 손해분담의 공평이라는 손해배상제도의 이념에 비추어 그 손해배상액을 제한할

---

11) 대법원 2022. 5. 12. 선고 2021다279347 판결.

수 있는데, 이때에 손해배상액 제한의 참작 사유에 관한 사실인정이나 그 제한의 비율을 정하는 것은 그것이 형평의 원칙에 비추어 현저히 불합리한 것이 아닌 한 사실심의 전권 사항"이라고 판시하였다.

(4) 과징금의 위헌성 여부

헌법재판소 2003. 7. 24. 자 2001헌가25에서는 부당한 지원행위에 대하여 지원주체에게 과징금을 부과할 수 있도록 한 구법 제24조의2(개정법 제50조) 중 구법 제23조 제1항 제7호(개정법 제45조 제1항 제9호)에 관한 부분의 위헌성 여부를 판단하였다.

헌법재판소의 다수의견은 "[구법] 제24조의2에 의한 부당내부거래에 대한 과징금은 그 취지와 기능, 부과의 주체와 절차 등을 종합할 때 부당내부거래 억지라는 행정목적을 실현하기 위하여 그 위반행위에 대하여 제재를 가하는 행정상의 제재금으로서의 기본적 성격에 부당이득환수적 요소도 부가되어 있는 것이라 할 것이고, 이를 두고 헌법 제13조 제1항에서 금지하는 국가형벌권 행사로서의 '처벌'에 해당한다고는 할 수 없으므로, 공정거래법에서 형사처벌과 아울러 과징금의 병과를 예정하고 있더라도 이중처벌금지원칙에 위반된다고 볼 수 없으며, 이 과징금 부과처분에 대하여 공정력과 집행력을 인정한다고 하여 이를 확정판결 전의 형벌집행과 같은 것으로 보아 무죄추정의 원칙에 위반된다고도 할 수 없다"고 보았다. 또한 "부당내부거래의 실효성 있는 규제를 위하여 형사처벌의 가능성과 병존하여 과징금 규정을 둔 것 자체나, 지원기업의 매출액을 과징금의 상한기준으로 삼은 것을 두고 비례성원칙에 반하여 과잉제재를 하는 것이라 할 수 없다"고 판단하였다. 나아가 공정거래위원회가 과징금을 부과할 수 있도록 한 것에 대해서도 다수의견은 "부당내부거래를 비롯한 다양한 불공정 경제행위가 시장에 미치는 부정적 효과 등에 관한 사실수집과 평가는 이에 대한 전문적 지식과 경험을 갖춘 기관이 담당하는 것이 보다 바람직하다는 정책적 결단에 입각한 것이라 할 것이고, 과징금의 부과 여부 및 그 액수의 결정권자인 위원회는 합의제 행정기관으로서 그 구성에 있어 일정한 정도의 독립성이 보장되어 있고, 과징금 부과절차에서는 통지, 의견진술의 기회 부여 등을 통하여 당사자의 절차적 참여권을 인정하고 있으며, 행정소송을 통한 사법적 사후심사가 보장되어 있으므로, 이러한 점들을 종합적으로 고려할 때 과징금 부과 절차에 있어 적법절차원칙에 위반되거나 사법권을 법원에 둔 권력분립의 원칙에 위반된다고 볼 수 없다"고 하여 합헌성을 인정하였다.

이에 대하여 반대의견은 "매출액의 규모와 부당지원과의 사이에는 원칙적으로 상관관계를 인정하기가 곤란하므로, 부당지원행위에 대하여 매출액을 기준으로 과징금을 부과할 수 있도록 하는 것은 부당지원이라는 자기의 행위와 상관관계가 없는 매출액이라는 다른 요소에 의하여 책임의 범위를 정하는 것이 되어 자기책임의 원리에 위배된다"고 보았다. 또한 적법절차의 원칙을 강조하면서 "공정거래위원회는 행정적 전문성과 사법절차적 엄격성을 함께 가져야 하며 그 규제절차는 당연히 '준사법절차'로서의 내용을 가져야 하고, 특히 과징금은 당해 기업에게 사활적 이해를 가진 제재가 될 수 있을 뿐만 아니라 경제 전반에도 중요한 영향을 미칠 수 있는 것임을 생각할 때, 그 부과절차는 적법절차의 원칙상 적어도 재판절차에 상응하게 조사기관과 심판기관이 분리되어야 하고, 심판관의 전문성과 독립성이 보장되어야 하며, 증거조사와 변론이 충분히 보장되어야 하고, 심판관의 신분이 철저하게 보장되어야만 할 것인데도, 현행 제도는 이러한 점에서 매우 미흡하므로 적법절차의 원칙에 위배된다"고 판단하였다.

2. 주요 판례

(1) 대법원 2011. 7. 28. 선고 2010다18850 판결 [군납유류 입찰담합 사건] (손해배상)

판시사항

[1] 위법한 입찰 담합행위로 인한 손해의 산정 방법

[2] 정유업체들이 수년간 군납유류 입찰에 참가하면서 일정 비율로 입찰물량을 나누어 낙찰받기로 결의하고 유종별 낙찰예정업체, 낙찰단가, 들러리 가격 등을 사전에 합의한 후 입찰에 참가하여 계약을 체결함으로써 국가에 손해를 입힌 사안에서, 담합기간 동안의 싱가포르 현물시장 거래가격에 정부회계기준에 의한 부대비용을 합산한 가격을 가상 경쟁가격이라고 보아 담합행위 손해액을 산정한 원심판단에 법리오해 등 위법이 있다고 한 사례

[3] 담합행위 전후 특정 상품의 가격형성에 영향을 미치는 요인들이 변동 없이 유지되고 있는지에 관한 증명책임의 소재

[4] 국방부가 당초 내수가연동제 방식으로 군용유류 입찰을 실시하였다가 정유업체들의 담합으로 수회 유찰되자 업체들이 요구하는 연간고정가 방식으로 유류구매 계약을 체결함으로써 환율 및 국내 유가 하락에도 구매가격을 감액조정하지 못

하여 국가가 손해를 입은 사안에서, 담합행위와 손해 사이에 상당인과관계가 없다고 한 사례

[5] 국가가 입찰담합에 의한 불법행위의 피해자인 경우, 가해자에게 부과하여 납부받은 과징금이 손익상계 대상이 되는지 여부(소극)

판결요지

[1] 위법한 입찰 담합행위로 인한 손해는 담합행위로 인하여 형성된 낙찰가격과 담합행위가 없었을 경우에 형성되었을 가격(이하 '가상 경쟁가격'이라 한다)의 차액을 말한다. 여기서 가상 경쟁가격은 담합행위가 발생한 당해 시장의 다른 가격형성 요인을 그대로 유지한 상태에서 담합행위로 인한 가격상승분만을 제외하는 방식으로 산정하여야 한다. 위법한 입찰 담합행위 전후에 특정 상품의 가격형성에 영향을 미치는 경제조건, 시장구조, 거래조건 및 그 밖의 경제적 요인의 변동이 없다면 담합행위가 종료된 후의 거래가격을 기준으로 가상 경쟁가격을 산정하는 것이 합리적이라고 할 수 있지만, 담합행위 종료 후 가격형성에 영향을 미치는 요인들이 현저하게 변동한 때에는 그와 같이 볼 수 없다. 이러한 경우에는 상품의 가격형성상의 특성, 경제조건, 시장구조, 거래조건 및 그 밖의 경제적 요인의 변동 내용 및 정도 등을 분석하여 그러한 변동 요인이 담합행위 후의 가격형성에 미친 영향을 제외하여 가상 경쟁가격을 산정함으로써 담합행위와 무관한 가격형성 요인으로 인한 가격변동분이 손해의 범위에 포함되지 않도록 하여야 한다.

[2] 정유업체들이 수년간 군납유류 입찰에 참가하면서 일정 비율로 입찰물량을 나누어 낙찰받기로 결의하고 유종별 낙찰예정업체, 낙찰단가, 들러리 가격 등을 사전에 합의한 후 입찰에 참가하여 계약을 체결함으로써 국가에 손해를 입힌 사안에서, 담합기간 동안 국내 군납유류시장은 과점체제하의 시장으로서 완전경쟁시장에 가까운 싱가포르 현물시장과 비교할 때 시장의 구조, 거래 조건 등 가격형성 요인이 서로 다르므로 전반적으로 동일·유사한 시장이라고 볼 수 없고, 정부회계기준에서 정하고 있는 부대비용은 이러한 양 시장의 가격형성 요인의 차이점을 특히 염두에 두고 군납유류의 가격 책정 시 차이점을 보완하기 위하여 마련된 것이 아니므로, 단순히 담합기간 동안의 싱가포르 현물시장 거래가격에 정부회계기준에 의한 부대비용을 합산한 가격을 가상 경쟁가격이라고 단정할 수 없음에도, 이를 담합기간 동안의 가상 경쟁가격으로 보아 담합행위 손해액을 산정한 원심판단에는 위법한 입찰 담합행위로 인한 손해액 산정에 관한 법리오해

등의 위법이 있다고 한 사례.

[3] 불법행위를 원인으로 한 손해배상청구소송에서 손해의 범위에 관한 증명책임이 피해자에게 있는 점에 비추어, 담합행위 전후에 특정 상품의 가격형성에 영향을 미치는 요인들이 변동 없이 유지되고 있는지가 다투어지는 경우 그에 대한 증명책임은 담합행위 종료 후의 가격을 기준으로 담합행위 당시의 가상 경쟁가격을 산정하여야 한다고 주장하는 피해자가 부담한다.

[4] 국방부가 당초 내수가연동제 방식으로 군용유류 입찰을 실시하였다가 정유업체들의 담합으로 수회 유찰되자 업체들이 요구하는 연간고정가 방식으로 유류구매계약을 체결함으로써 그 후 환율 및 국내 유가가 하락하였는데도 구매가격을 감액조정하지 못하여 국가가 손해를 입은 사안에서, 국방부가 연간고정가 방식을 채택한 것은 정유업체들의 담합으로 수회 입찰이 유찰된 것이 하나의 계기가 되었다고 볼 수 있지만, 당초 입찰 당시 담합행위만으로 연간고정가 방식이 계약조건으로 곧바로 편입되는 효과가 발생하는 것은 아니고 입찰을 실시하는 국방부의 내부 검토와 결정 절차를 거쳐야 했던 점, 당시 국방부는 연간고정가 방식을 채택하는 대신 월별 분할입찰을 실시하는 등의 대안이 있었음에도 연간고정가 방식으로 당초 입찰 당시보다 예정가격을 낮추어 입찰을 실시한다면 유류의 조기구입이 가능할 뿐만 아니라 예산도 절감할 수 있어 환율하락 정도와 시기를 감안하더라도 수용가능하다는 판단하에 연간고정가 방식을 수용한 것인 점, 이러한 연간고정가 방식의 계약 체결로 인하여 국방부가 손해를 입게 된 원인은 당초 예상과 달리 환율이 급격하게 하락하고 그에 동반하여 국내 유가가 급격하게 하락한 외부적 사정에 기인하는 점 등을 고려할 때, 정유업체들이 당초 입찰 당시 담합하여 유찰시킨 행위와 국방부가 연간고정가 방식의 계약을 체결한 행위 또는 당초 국방부의 예상과 달리 환율 및 국내 유가의 하락이 발생하였음에도 연간고정가 방식 때문에 유류구매가격 전액을 내수가연동제 방식으로 감액조정을 할 수 없게 됨으로써 국가가 입게 된 손해 사이에 상당인과관계가 없다고 한 사례.

[5] 입찰담합에 의한 부당한 공동행위에 대하여 독점규제 및 공정거래에 관한 법률에 따라 부과되는 과징금은 담합행위의 억지라는 행정목적을 실현하기 위한 제재적 성격과 불법적인 경제적 이익을 박탈하기 위한 성격을 함께 갖는 것으로서 피해자에 대한 손해 전보를 목적으로 하는 불법행위로 인한 손해배상책임과는 성격이 전혀 다르므로, 국가가 입찰담합에 의한 불법행위 피해자인 경우 가해자

에게 입찰담합에 의한 부당한 공동행위에 과징금을 부과하여 이를 가해자에게서 납부받은 사정이 있다 하더라도 이를 가리켜 손익상계 대상이 되는 이익을 취득하였다고 할 수 없다.

참조조문

[1] 민법 제393조, 제750조, 제763조
[2] 민법 제393조, 제750조, 제763조
[3] 민사소송법 제288조, 민법 제393조, 제750조, 제763조
[4] 민법 제750조
[5] 민법 제396조, 제750조, 제763조, 독점규제 및 공정거래에 관한 법률 제19조 제1항 제8호, 제22조

따름판례

대법원 2012. 11. 29. 선고 2010다93790 판결, 대법원 2012. 12. 13. 선고 2011다25695 판결, 대법원 2018. 10. 12. 선고 2016다243115 판결

전 문

【원고, 피상고인】 대한민국
【피고, 상고인】 에스케이 주식회사의 분할 후 신설회사 에스케이에너지 주식회사 외 4인
【원심판결】 서울고법 2009. 12. 30. 선고 2007나25157 판결
【주 문】
원심판결 중 피고들 패소 부분을 파기하고, 이 부분 사건을 서울고등법원에 환송한다.
【이 유】
상고이유(상고이유서 제출기간이 경과한 후에 제출된 상고이유보충서의 기재는 상고이유를 보충하는 범위 내에서)를 판단한다.

1. 불법행위로 인한 손해액 산정에 관한 법리오해 등의 주장에 대하여

가. 위법한 입찰 담합행위로 인한 손해는 그 담합행위로 인하여 형성된 낙찰가격과 그 담합행위가 없었을 경우에 형성되었을 가격(이하 '가상 경쟁가격'이라고 한다)과의 차액을 말한다. 여기서 가상 경쟁가격은 그 담합행위가 발생한 당해 시장의 다른 가격형성요인을 그대로 유지한 상태에서 그 담합행위로 인한 가격상승분만을 제외하는 방식으로 산정하여야 한다.

위법한 입찰 담합행위 전후에 있어서 특정 상품의 가격형성에 영향을 미치는 경제조건, 시장구조, 거래조건 및 그 밖의 경제적 요인의 변동이 없다면 담합행위가 종료된 후의 거래가격을 기준으로 가상 경쟁가격을 산정하는 것이 합리적이라고 할 수 있지만, 담합행위 종료 이후 가격형성에 영향을 미치게 하는 요인들의 현저한 변동이 있는 경우에는 그와 같이

볼 수 없다. 이러한 경우에는 그 상품의 가격형성상의 특성, 경제조건, 시장구조, 거래조건 및 그 밖의 경제적 요인의 변동의 내용 및 정도 등을 분석하여 그러한 변동 요인이 담합행위 후의 가격형성에 미친 영향을 제외하여 가상 경쟁가격을 산정함으로써 그 담합행위와 무관한 가격형성요인으로 인한 가격변동분이 손해의 범위에 포함되지 아니하도록 하여야 한다.

한편 불법행위를 원인으로 한 손해배상청구소송에서 그 손해의 범위에 관한 증명책임이 피해자에게 있는 점에 비추어, 담합행위 전후에 있어서 특정 상품의 가격형성에 영향을 미치는 요인들이 변동 없이 유지되고 있는지 여부가 다투어지는 경우에는 그에 대한 증명책임은 담합행위 종료 후의 가격을 기준으로 담합행위 당시의 가상 경쟁가격을 산정하여야 한다고 주장하는 피해자가 부담한다.

나. 원심은, 피고들이 1998년, 1999년, 2000년의 3년간 군납유류 입찰에 참가하면서 발주물량 중 일정 비율로 입찰물량을 나누어 낙찰받기로 결의하고 유종별 낙찰예정업체, 낙찰단가, 들러리 가격 등을 사전에 합의한 후 입찰에 참가하여 원고와 약 75건 금액 합계 712,845,810,000원(1998년 약 320,303,582,000원, 1999년 약 200,132,950,000원, 2000년 약 192,409,278,000원) 상당의 군용유류 구매계약을 체결하거나, 27건 금액 합계 5,494,918,091 원의 유찰수의계약을 체결한 사실을 인정한 다음, 피고들은 위와 같은 위법한 담합행위로 인하여 원고에게 발생한 손해를 배상할 책임이 있다고 판단하였다.

나아가 원심은, 2001년부터 2009년까지(이하 '비담합기간'이라고 한다) 동안 싱가포르 현물시장의 거래가격[이하 'MOPS(Means of Platt's Singapore) 가격'이라고 한다]에 정부회계기준에 의해 산정한 운임보험료, 신용장 개설료, 통관료, 국내운반비, 저유비, 품관비, 첨가제 가격, 일반관리비, 이윤, 석유기금, 관세 등의 부대비용을 더한 가격이 국내외 경제사정의 상당한 변동에도 불구하고 같은 기간 동안의 국방부 군납유류의 낙찰가와 대비할 때 "+3.72% 내지 −5.61%" 범위로 나타나 그 정확도가 매우 높으므로, MOPS 가격과 정부회계기준에 의한 부대비용을 합산한 가격을 담합행위가 일어난 1998년부터 2000년까지(이하 '담합기간'이라고 한다) 동안의 가상 경쟁가격으로 볼 수 있다고 전제한 다음, 담합기간 동안 피고들의 담합행위로 인하여 원고가 입은 손해액은 피고들의 실제 군납유류 낙찰가격 내지 공급가격에서, 담합행위 무렵의 MOPS 가격과 정부회계기준에 의한 부대비용을 합산하고 여기에 원고에게 가장 적은 손해액이 계산되는 위 3.72%의 편차율에 의한 금액을 가산한 합계액을 뺀 금액이라고 판단하였다.

다. 그러나 담합행위로 인한 손해액 산정에 관한 원심의 판단은 다음과 같은 이유로 수긍할 수 없다.

(1) 원심판결 이유와 기록에 의하면, ① 피고들은 구 석유사업법(2004. 10. 22. 법률 제7240호 석유 및 석유대체연료 사업법으로 전부개정되기 전의 것) 제4조에 의하여 석유정제업을 하는 업체로서 국내 정유시장에서 군납유류를 포함한 유류 100%를 공급하고 있는 사실, ② 정유산업은 원유를 정제할 때 비등점의 고저에 따라 휘발유, 등유, 경유, 중유 등이 거의 일정한 비율로 생산되는 연산품 산업으로서 종류별 석유제품의 생산량을 수요에 따라 임의로 조정할 수 없고, 원유의 정제 과정에서 여러 종류의 석유제품이 동반 생산되는 사

실, ③ 개별 국내 시장에서는 이러한 연산품(連産品)의 특성과 계절적인 요인 등으로 인하여 유종별 수급 불균형 현상이 불가피하게 나타나는데, 그 단기적인 수급 불균형을 해소하기 위해 싱가포르 현물시장과 같은 국제적인 완제품 거래시장이 형성되어 있고, 이러한 시장에서는 주로 시장의 수급상황에 의하여 현물 거래가격이 결정되어 가격과 거래량의 변동이 심하고 주로 일회성 거래가 이루어지며, 담합기간 무렵에는 대체로 공급 초과상태였기 때문에 현물 거래가격이 낮게 형성되어 있던 사실, ④ 정유사들은 높은 고정비용과 연산품 생산이라는 석유정제산업의 특성으로 인하여 가변 비용만 회수할 수 있으면 손해를 보더라도 단기적으로 생산을 계속하는 것이 유리하므로, 국내에서 소화하지 못하는 특정 유종은 싱가포르 현물시장에 국내 가격보다 낮은 가격을 받고서도 수출할 유인이 있는데, 피고들은 담합기간 동안 낮은 가격에 완제품을 싱가포르 현물시장에 수출하여 왔고 그로 인하여 입은 손실은 국내 유가에 전가하여 내수시장에서 고정비, 변동비 및 투자보수비를 반영하는 원가를 회수하여 온 사실, ⑤ 유류 구매가격은 환율, 원유도입가, 입찰규모, 연도별 차이, 입찰주체, 유종의 차이, 입찰조건, 수송방법, 포장 여부, 가격조건, 입찰제한, 입찰방법 등 여러 요소의 영향을 받는데, 국내의 군납 유류시장은 유종, 물량의 크기, 규격, 납품장소, 수송수단, 포장 여부, 저유 시설 확보 여부, 공급의 예측 가능성, 대금결제조건, 가격변동조건, 장기공급의무 및 비축의무 여부 등에 있어서 싱가포르 현물시장과 차이가 있는 사실, ⑥ 한편 국방부는 군납유류계약을 입찰방식으로 체결하면서 유가자유화 조치 이전인 1996년까지는 통상산업부 고시가를, 1997년, 1998년, 1999년에는 피고들이 통상산업부 또는 산업자원부(이하 이를 구분하지 않고 '산업자원부'라고 한다)에 신고한 공장도 가격인 산업자원부 신고가를 기초로 하여 예정가격을 산정하였고, 2000년부터는 항공유에 대하여는 MOPS 가격을 기초로 하고 나머지 유종에 대하여는 역시 MOPS 가격을 기준으로 삼는 국내 대형 민간수요처의 실거래가격을 기초로 하여 예정가격을 산정한 사실, ⑦ 국방부는 1998년에는 군납유류가격을 1년 동안 고정시키는 연간고정가 방식의 계약을 체결하고, 1999년에는 당시 시행되던 국가를 당사자로 하는 계약에 관한 법률 시행령(이하 '국가계약령'이라고 한다) 제64조 제1항에 따라 계약체결일부터 60일 이상 경과하고 품목조정율이 100분의 5 이상 증감된 경우 계약금액을 조정하는 내수가연동제 방식의 계약을 체결하였으며, 2000년에는 항공유에 대하여는 MOPS 가격을 기준으로 매월 가격을 조정하는 국제가연동제 방식의, 그 밖의 유종에 대하여는 내수가연동제 방식의 계약을 체결하였고, 2001년부터는 전 유종에 대하여 MOPS 가격을 기준으로 하는 국제가연동제 방식의 계약을 체결한 사실, ⑧ 제1심법원의 감정촉탁을 받은 서울대학교 경제연구소 기업경쟁력연구센터가 작성한 '군납유 입찰담합 민사소송에서의 손해액 감정을 위한 계량경제분석: 원감정 보고서의 보완'(이하 '보완감정 결과'라고 한다)의 부록 에이(A) 2의 기본모형은, 국방부의 군납유류는 환율에 의하여 낙찰가가 8% 정도의 영향을 받고, 국방부가 2001년도 이후에 채택한 국제가연동제와 대비할 때 1998년도의 고정가격제는 2.8% 정도 낙찰가를 상승시키고 내수가연동제는 9.9% 정도 낙찰가를 상승시키며, 정유사들이 외환위기로 인한 환위험에 노출되어 있던 1998년도에는 고정가격제와 상호작용으로 10.9% 정도 낙찰가를 상승시킨다고 분석하고 있고, 원고가 제출한 한국조세연구원 작성의 '보완감정 결과에 관한 검토의견서'(갑 제32호증)는 국제가

연동제를 기준으로 할 경우 1998년도의 고정가격제는 3% 정도 낙찰가를 상승시키고 내수가연동제는 10% 정도 낙찰가를 상승시키며, 정유사들이 외환위기로 인한 환위험에 노출되어 있던 1998년도에는 고정가격제와 상호작용으로 11% 정도 낙찰가를 상승시킨다고 분석하고 있는 사실 등을 알 수 있다.

(2) 위 사실관계를 앞에서 본 법리에 비추어 살펴본다.

(가) 담합기간 동안의 국내 군납유류시장은 과점체제하의 시장으로서 완전경쟁시장에 가까운 싱가포르 현물시장과 비교할 때 시장의 구조, 거래조건 등 가격형성요인이 서로 다르므로 전반적으로 동일·유사한 시장이라고 볼 수 없고, 정부회계기준에서 정하고 있는 부대비용은 이러한 양 시장의 가격형성요인의 차이점을 특히 염두에 두고 군납유류의 가격책정시 그 차이점을 보완하기 위하여 마련된 것이 아니므로, 단순히 담합기간 동안의 MOPS 가격에 정부회계기준에 의한 부대비용을 합산한 가격(이하 'MOPS 기준가격'이라고 한다)이 가상 경쟁가격이라고 단정할 수 없다.

(나) 원심은 비담합기간 동안의 MOPS 기준가격이 같은 기간 동안의 국방부 군납유류의 낙찰가와 대비할 때 '+3.72% 내지 −5.61%' 범위에서 편차가 나타난다는 점을 근거로 담합기간에도 그 당시의 MOPS 기준가격이 가상 경쟁가격이 될 수 있다고 하고 있으나, 이는 담합기간과 비담합기간의 군납유류의 가격형성에 영향을 미치는 요인이 서로 다르다는 점을 고려하지 아니한 것이다. 우선, 국방부가 2001년부터 MOPS 가격을 기준으로 군납유류에 대한 예정가격을 정하고 MOPS 가격에 의한 국제가연동제 방식으로 매월 계약금액을 조정하기로 변경한 이후에는, 피고들은 완전경쟁시장에 가까운 싱가포르 현물시장의 MOPS 가격을 기준으로 각자의 생산비용과 이윤 등을 고려하여 입찰가격을 정하게 될 것이므로, MOPS 가격과 실제 군납유류의 낙찰가격 사이에는 상관관계가 높게 형성될 수밖에 없다. 그러나 담합기간 동안의 군납유류 시장은 이와 다른 예정가격 산정방식과 가격조정방식하에서 피고들만이 제한적으로 입찰에 참여하고 당시의 환율변동 위험, 원유도입가, 생산비용, 이윤 등을 고려하여 가격결정이 이루어진 것이므로, 그 가격형성요인이 비담합기간과 동일하다고 할 수 없다. 앞에서 본 보완감정 결과와 원고가 제출한 증거자료는 물론이고 그 밖에 피고들이 제1심법원과 원심법원에 제출한 여러 증거자료들도 모두 정도의 차이는 있지만 담합기간과 비담합기간 동안의 가격조정방식의 차이점, 담합기간과 비담합기간 동안의 환율, 특히 1998년도의 외환위기로 인한 환위험 등 여러 요인이 담합기간 동안 담합행위와 관계없이 군납유류가격을 상승시킨 중요한 가격형성요인이라고 분석하고 있다.

그런데도 원심이 이러한 사정들은 고려하지 아니한 채, 단지 비담합기간 동안 MOPS 기준가격과 실제 군납유류의 낙찰가격 사이에 상관관계가 높게 나타났다는 점을 근거로 담합기간의 MOPS 기준가격이 담합기간의 가상 경쟁가격이 될 수 있다고 본 것은 합리적이라고 할 수 없다.

(다) 한편 원심은, 2003년 이후 중국과 인도의 급격한 경제발전, 이라크 전쟁으로 인하여 전세계적인 유류 공급부족 사태가 발생하였고 현물시장의 특성상 MOPS 가격이 급격하게 상승하는 등 2003년 이후에는 담합기간과 달리 싱가포르 현물시장의 성격이 크게 변하였으므로 현재 MOPS 가격을 기준으로 입찰이 이루어지고 있다는 사정만으로 담합기간 동

안의 손해를 MOPS 기준가격에 의하여 산정하여서는 아니 된다는 피고 측의 주장에 대하여, 이를 인정할만한 증거가 없다고 배척하고 있다.

그러나 담합기간과 비담합기간을 대비할 때 싱가포르 현물시장의 성격 내지 그 거래가격의 형성요인이 전반적으로 동일·유사하게 유지되고 있다는 점에 대한 증명책임은 피고 측에게 있는 것이 아니라, MOPS 기준가격에 의하여 담합기간 동안의 가상 경쟁가격을 산정하여야 한다고 주장하는 원고 측에게 있는 것이다.

그런데도 원심이 이에 대한 피고 측의 증명이 없다는 이유로 담합기간과 비담합기간동안 싱가포르 현물시장의 성격 내지 그 거래가격의 형성요인이 전반적으로 동일·유사하게 유지되고 있음을 전제로 담합기간의 MOPS 기준가격이 가상 경쟁가격이 될 수 있다고 본 것은 타당하지 아니하다.

(3) 결국 원심판결에는 위법한 입찰 담합행위로 인한 손해액 산정에 관한 법리를 오해하고 증명책임을 전도한 나머지 필요한 심리를 다하지 아니하여 판결에 영향을 미친 위법이 있다. 이를 지적하는 상고이유의 주장은 이유 있다.

2. 상당인과관계에 관한 법리오해 등의 주장에 대하여

가. 불법행위로 인한 손해배상의 범위를 정함에 있어서는 불법행위와 손해와의 사이에 자연적 또는 사실적 인과관계가 존재하는 것만으로는 부족하고 이념적 또는 법률적 인과관계 즉 상당인과관계가 있어야 한다(대법원 1996. 11. 8. 선고 96다27889 판결, 대법원 2010. 6. 10. 선고 2010다15363, 15370 판결 등 참조).

나. 원심은 그 채택 증거를 종합하여 그 판시와 같은 사실을 인정한 다음, 1998년 당시 국방부의 군납유류구매 방식은 국가계약령 제64조에 의한 내수가연동제 방식이었는데도, 피고들의 고의적이고 조직적인 담합으로 인하여 수회 군용유류입찰이 유찰된 결과 1998년 4월 구매계약에 한하여 피고들이 요구하는 연간고정가 방식의 계약이 체결되기에 이르렀고 이는 피고들의 불법행위로 인한 것이라 할 것이므로, 1998년 피고들의 담합행위로 인한 손해액은 연간고정가가 아닌 내수가연동제를 전제로 산정하여야 한다고 판단한 다음, 실제 손해액 산정 시에는 MOPS 가격에 의한 국제가연동제를 전제로 손해액을 산정하였다.

다. 그러나 이러한 원심의 조치는 다음과 같은 이유로 수긍하기 어렵다.

(1) 원심판결 이유와 기록에 의하면, ① 국방부는 1997년에 국내물가지수에 연동하여 연 5%를 초과하는 경우에 한하여 유류 공급단가를 변동시키는 지수연동제 입찰을 실시하였고 당시 전체적인 물가지수는 5% 이내에서 변동하였기 때문에, 외환위기 시기의 환율인상으로 인한 유가폭등에도 불구하고 군납유류 공급가격에는 변동이 없어 많은 이득을 본 사실, ② 국내 유가는 1998년 3월경 당시 외환위기로 인한 환율상승 효과가 그대로 반영되어 높게 형성되어 있는 상태인데, 국방부는 1998. 3. 13. 1차 입찰을 실시하고, 1998. 3. 24. 2차 입찰을 실시하면서 예정가격을 피고들의 산업자원부 신고가의 80%의 수준으로 정하고 내수가연동제 방식을 채택한 사실, ③ 이에 1997년에 큰 환차손을 입은 피고들은 당시 국내 유가 수준과 환율변동 위험을 고려할 때 국방부의 입찰조건을 수용할 수 없다고 보고 담합하에 1차 입찰 및 2차 입찰을 모두 유찰시킨 사실, ④ 이에 국방부는 1998. 3. 27. 피고들 담

당직원들을 불러 대책회의를 개최하였는데, 피고들 담당직원들은 1997년 환율변동으로 유류가격의 상승요인이 있었음에도 지수조정율의 변화가 없다는 이유로 계약금액을 조정하여 주지 아니함으로써 막대한 손실을 입었고, 1998년 6월경에는 환율하락으로 유류가격도 내려갈 것이 불가피한데 그렇게 되면 조달본부에서 내수가연동제를 적용하여 계약금액을 조정할 것이므로 업체로서는 추가 손실을 방지하기 위하여 산업자원부에 신고한 가격으로 투찰할 수밖에 없으며, 만일 내수가연동제의 적용을 배제하고 연간고정가로 할 경우에는 더 낮은 가격으로 투찰할 수 있다는 취지로 주장한 사실, ⑤ 당시 국방부로서는 유류를 적기에 공급할 수 있도록 확보하는 것이 시급한 처지에 있기는 하였으나 유류가 부족할 경우에는 정유업체에게 계약 전 사전인수를 요청하거나 일부 고갈된 유류에 대해서는 납품유종을 변경하여 공급받거나 비상용으로 비축된 유류를 공급함으로써 어느 정도 해결할 수 있었고, 또한 당시 재정경제원에서는 국가계약령 제64조에 따라 계약금액조정 요건을 준수할 경우 계약체결이 어려운 유류 등 특수한 품목에 대해서는 월별로 계약을 체결하는 등의 방법으로 계약업무를 수행하라는 취지로 회신을 보내오기도 한 사실, ⑥ 그러나 위 대책회의 후 국방부는 이와 같은 대안을 고려하지 아니한 채 자체적으로 고정가격제와 내수가연동제를 취할 경우의 장·단점을 분석하면서, 1997년에 지수조정방식을 채택하여 사실상 연간고정가 방식으로 운용함으로써 결과적으로 가격을 조정하지 않아서 많은 이득을 보았던 점과 당시 대우경제연구소에서 예측한 장래의 환율하락폭과 환율하락시기 등을 고려할 때 연간고정가로 계약을 체결하고 대신 입찰 예정가격을 1, 2차 입찰 때보다 10% 정도 낮추어 3차 입찰을 시행하면 조기에 군납유류구매계약을 체결할 수 있고 예산을 절감할 수 있다는 점에서 연간고정가 방식도 수용가능한 방안이라고 판단한 사실, ⑦ 당초 내수가연동제를 배제하고 연간고정가로 계약하는 것은 위법하다고 자문한 국방부 조달본부 법무실은 이러한 방안에 동의하였고, 조달계약조정위원회 위원들도 이러한 방안에 동의한 사실, ⑧ 그리하여 국방부는 1998. 4. 7. 3차 입찰을 시행하면서 국가계약령 제64조를 배제한 채 예정가격률을 모든 유종에 대하여 70% 내지 71%로 정하되 연간고정가 방식으로 입찰을 실시하였고, 이에 따라 1998년 4월 군용유류공급계약은 연간고정가로 체결된 사실, ⑨ 국방부는 1, 2차 입찰 당시의 예정가격보다 10% 더 낮게 예정가격을 정하여 입찰을 실시함으로써 당초의 조달지시 금액 3,340억 원보다 적은 3,260억 원에 계약이 이루어져 예산 80억 원을 절감하게 되었다고 업무보고를 하고 관련 담당자들에 대한 표창을 건의한 사실, ⑩ 그러나 그 후 환율은 국방부의 당초 예상과 달리 급격하게 하락하였고 국내 유가도 이에 동반하여 급격하게 하락한 사실, ⑪ 이에 국방부는 피고들에게 1999년 1월분, 같은 해 3월분, 같은 해 4월분의 공급물량에 대하여 당초 합의된 연간고정가 방식의 계약조건과 달리 내수가연동제 방식에 따른 가격조정을 요구하여 합계 280여억 원 상당의 유류대금을 감액받았고, 1999년 1월부터 같은 해 6월까지 동안 피고들로부터 10,317,120,062원 상당의 유류 약 5,200만ℓ를 무상공급받은 사실 등을 알 수 있다.

(2) 위 사실관계를 앞에서 본 법리에 비추어 살펴본다.

국방부가 1998년 4월 연간고정가 방식을 채택한 것은 피고들의 담합으로 1, 2차 입찰이 유찰된 것이 하나의 계기가 되었다고 볼 수 있지만, 이러한 1, 2차 입찰 당시의 담합행위만으로 연간고정가 방식이 계약조건으로 곧바로 편입되는 효과가 발생하는 것은 아니고, 입찰을 실시하는 국방부의 내부적인 검토와 결정절차를 거쳐야 했던 점, 당시 국방부는 연간고정가 방식을 채택하는 대신 월별 분할입찰을 실시하는 등의 대안이 있었음에도 불구하고 연간고정가 방식으로 1, 2차 입찰 당시보다 예정가격을 10% 낮추어 입찰을 실시한다면 유류의 조기구입이 가능할 뿐만 아니라 예산도 절감할 수 있어 환율하락 정도와 시기를 감안하더라도 수용가능하다는 판단하에 연간고정가 방식을 수용한 것인 점, 이러한 연간고정가 방식의 계약체결로 인하여 국방부가 손해를 입게 된 원인은 당초 예상과 달리 환율이 급격하게 하락하고 그에 동반하여 국내 유가가 급격하게 하락한 외부적 사정에 기인하는 점 등을 고려할 때, 피고들이 1, 2차 입찰 당시 담합하여 유찰을 시킨 행위와 국방부가 1998년 4월 연간고정가 방식의 계약을 체결한 행위 또는 당초 국방부의 예상과 달리 환율 및 국내 유가의 급격한 하락이 발생하였음에도 연간고정가 방식의 계약조건 때문에 유류구매가격 전액을 내수가연동제 방식으로 감액조정을 할 수 없게 됨으로써 입게 된 손해 사이에 상당인과관계가 있다고 보기 어렵다.

(3) 이와 달리 판단한 원심판결에는 상당인과관계에 대한 법리를 오해하여 판결에 영향을 미친 위법이 있다. 이를 지적하는 상고이유의 주장은 이유 있다.

3. 손익상계에 관한 법리오해의 주장에 대하여

입찰담합에 의한 부당한 공동행위에 대하여 독점규제 및 공정거래에 관한 법률에 따라 부과되는 과징금은 담합행위의 억지라는 행정목적을 실현하기 위한 제재적 성격과 불법적인 경제적 이익을 박탈하기 위한 성격을 함께 갖는 것으로서 피해자에 대한 손해의 전보를 목적으로 하는 불법행위로 인한 손해배상책임과는 그 성격이 전혀 다르므로, 국가가 입찰담합에 의한 불법행위의 피해자인 경우 가해자에게 입찰담합에 의한 부당한 공동행위에 대하여 과징금을 부과하여 이를 가해자로부터 납부받은 사정이 있다 하더라도 이를 가리켜 손익상계의 대상이 되는 이익을 취득하였다고 할 수 없다.

원심이 피고 측의 과징금 납부를 이유로 한 손익상계 주장을 배척한 것은 위 법리에 따른 것으로 정당하고, 거기에 상고이유에서 주장하는 바와 같이 손익상계에 관한 법리를 오해한 위법이 없다. 이 부분 상고이유의 주장은 이유 없다.

4. 결 론

그러므로 나머지 상고이유에 대한 판단을 생략한 채 원심판결 중 피고들 패소 부분을 파기하고, 이 부분 사건을 다시 심리·판단하게 하기 위하여 원심법원에 환송하기로 하여 관여 대법관의 일치된 의견으로 주문과 같이 판결한다.

대법관   전수안(재판장) 김지형 양창수 이상훈(주심)

║ **참조문헌** ║

권영준, "공정거래법상 가격담합사건에 있어서 손해배상액 산정", 경제규제와 법 7권 2호, 서

울대학교 공익산업법센터(2014)

안승국, "군납유사건의 손해액 산정과 경제분석", 경쟁과 법 2호, 서울대학교 경쟁법센터 (2014)

이선희, "독점규제법 위반으로 인한 손해배상소송에서 손해액 산정과 손해액 인정제도", 경쟁법연구 26권, 한국경쟁법학회, 법문사(2012)

주진열, "카르텔 손해액의 산정 문제: 계량경제학 방법론 논쟁의 시사점", 경쟁법연구 35권, 한국경쟁법학회, 법문사(2017)

홍대식, "가격담합으로 인한 공정거래 손해배상소송에서의 손해액 산정 − 실증경제분석 증거에 대한 법원의 수용 사례 및 기준을 중심으로", 비교사법 19권 2호, 한국비교사법학회(2012)

(2) 대법원 2012. 11. 29. 선고 2010다93790 판결 [밀가루 사건] (손해배상)

판시사항

[1] 갑 주식회사 등 국내 밀가루 시장점유율의 대부분을 차지하는 8개 밀가루 제조·판매회사들이 공동으로 밀가루 생산량(판매량)을 제한하고 밀가루 가격을 결정·유지·변경하였는데, 갑 회사 등으로부터 밀가루를 매입한 을 주식회사가 갑 회사 등을 상대로 손해배상을 구한 사안에서, 독점규제 및 공정거래에 관한 법률 제19조 제1항 제1호, 제3호 위반을 이유로 갑 회사 등의 손해배상책임을 인정한 원심판단을 수긍한 사례

[2] 감정인의 감정 결과의 증명력

[3] 갑 주식회사 등 국내 밀가루 시장점유율의 대부분을 차지하는 8개 밀가루 제조·판매회사들이 공동으로 밀가루 생산량(판매량)을 제한하고 밀가루 가격을 결정·유지·변경하였는데, 갑 회사 등으로부터 밀가루를 매입한 을 주식회사가 갑 회사 등을 상대로 손해배상을 구한 사안에서, 담합 후 더미변수를 사용한 계량경제학적 분석방법으로 을 회사의 손해액을 산정한 제1심 감정인의 감정 결과를 채택한 원심판단을 수긍한 사례

[4] 위법한 가격 담합으로 인한 손해배상액의 산정 방법 및 담합에 의하여 가격이 인상된 재화 등을 매수한 매수인이 다시 이를 제3자인 수요자에게 판매하거나 그 재화 등을 사용·가공하여 생산된 제품을 수요자에게 판매한 경우, 제품 등의 가격 인상을 이유로 매수인의 손해가 감소되거나 회복되었다고 단정할 수 있

는지 여부(원칙적 소극)

[5] 갑 주식회사 등 국내 밀가루 시장점유율의 대부분을 차지하는 8개 밀가루 제조·판매회사들이 공동으로 밀가루 생산량(판매량)을 제한하고 밀가루 가격을 결정·유지·변경하였는데, 갑 회사 등으로부터 밀가루를 매입한 을 주식회사가 갑 회사 등을 상대로 손해배상을 구한 사안에서, 갑 회사 등이 을 회사에 지급한 장려금과 을 회사의 제품 가격 인상에 의하여 전가된 손해액 부분은 갑 회사 등의 손해배상액에서 공제되어야 한다는 항변을 배척하는 한편 그와 같은 사정들을 참작하여 갑 회사 등의 손해배상책임을 제한한 원심판단을 수긍한 사례

판결요지

[1] 갑 주식회사 등을 비롯한 국내 밀가루 시장점유율의 대부분을 차지하는 8개 밀가루 제조·판매회사들이 공동으로 밀가루 생산량(판매량)을 제한하고 밀가루 가격을 결정·유지·변경하였는데, 갑 회사 등으로부터 밀가루를 매입한 을 주식회사가 갑 회사 등을 상대로 손해배상을 구한 사안에서, 위와 같은 갑 회사 등의 행위는 밀가루 제조·판매시장의 경쟁을 부당하게 감소시키거나 제한하는 공동행위로서 독점규제 및 공정거래에 관한 법률 제19조 제1항 제1호, 제3호를 위반한 행위에 해당하므로, 갑 회사 등은 을 회사가 입은 손해를 배상할 의무가 있다고 본 원심판단을 수긍한 사례.

[2] 감정인의 감정 결과는 감정 방법 등이 경험칙에 반하거나 합리성이 없는 등의 현저한 잘못이 없는 한 존중하여야 한다.

[3] 갑 주식회사 등을 비롯한 국내 밀가루 시장점유율의 대부분을 차지하는 8개 밀가루 제조·판매회사들이 공동으로 밀가루 생산량(판매량)을 제한하고 밀가루 가격을 결정·유지·변경하였는데, 갑 회사 등으로부터 밀가루를 매입한 을 주식회사가 갑 회사 등을 상대로 손해배상을 구한 사안에서, 계량경제학적 분석방법인 회귀분석을 통하여 담합 후 더미변수와 3개월 전의 원맥도입가 및 실질국내총생산 등을 각각 설명변수로 하고 밀가루 입고단가를 종속변수로 한 회귀방정식을 추정한 다음, 이를 근거로 계산한 밀가루의 경쟁가격을 전제로 을 회사의 손해액을 산정한 제1심 감정인의 감정 결과를 채택한 원심판단을 수긍한 사례.

[4] 불법행위로 인한 손해는 위법행위가 없었을 경우에 상대방에게 존재하였을 재산상태와 위법행위가 가해진 재산상태의 차이를 말한다. 그리고 불법행위 등이 채권자 또는 피해자에게 손해를 생기게 하는 동시에 이익을 가져다 준 경우에는

공평의 관념상 그 이익은 당사자의 주장을 기다리지 아니하고 손해를 산정할 때에 공제하여야 하나, 손익상계가 허용되기 위해서는 손해배상책임의 원인이 되는 행위로 인하여 피해자가 새로운 이득을 얻었고 그 이득과 손해배상책임의 원인행위 사이에 상당인과관계가 있어야 한다. 이에 비추어 보면 위법한 가격 담합에 의하여 가격이 인상된 재화나 용역(이하 '재화 등'이라 한다)을 매수한 경우에, 매수인이 입는 직접적인 손해는 특별한 사정이 없다면 실제 매수한 가격과 담합행위가 없었을 경우에 형성되었을 가격(이하 '가상 경쟁가격'이라 한다)의 차액이 되며, 여기서 가상 경쟁가격은 담합행위가 발생한 당해 시장의 다른 가격형성 요인을 그대로 유지한 상태에서 담합행위로 인한 가격상승분만을 제외하는 방식으로 산정된다. 그리고 담합에 의하여 가격이 인상된 재화 등을 매수한 매수인이 다시 이를 제3자인 수요자에게 판매하거나 그 재화 등을 원료 등으로 사용·가공하여 생산된 제품을 수요자에게 판매한 경우에, 재화 등의 가격 인상 후 수요자에게 판매하는 재화 등 또는 위 제품(이하 이를 모두 포함하여 '제품 등'이라 한다)의 가격이 인상되었다고 하더라도, 재화 등의 가격 인상을 자동적으로 제품 등의 가격에 반영하기로 하는 약정이 있는 경우 등과 같이 재화 등의 가격 인상이 제품 등의 판매 가격 상승으로 바로 이어지는 특별한 사정이 없는 한, 제품 등의 가격은 매수인이 당시의 제품 등에 관한 시장 상황, 다른 원료나 인건비 등의 변화, 가격 인상으로 인한 판매 감소 가능성, 매수인의 영업상황 및 고객 보호 관련 영업상의 신인도 등 여러 사정을 고려하여 결정할 것이므로, 재화 등의 가격 인상과 제품 등의 가격 인상 사이에 직접적인 인과관계가 있다거나 제품 등의 인상된 가격 폭이 재화 등의 가격 인상을 그대로 반영하고 있다고 단정할 수 없다. 그뿐 아니라 제품 등의 가격 인상은 제품 등의 수요 감소 요인으로 작용하여 전체적으로 매출액 또는 영업이익의 감소가 초래될 수 있고, 이 역시 위법한 담합으로 인한 매수인의 손해라 할 수 있으므로, 이와 같은 여러 사정을 종합적으로 고려하지 아니하고 제품 등의 가격 인상에 의하여 매수인의 손해가 바로 감소되거나 회복되는 상당인과관계가 있다고 쉽게 추정하거나 단정하기도 부족하다. 다만 이와 같이 제품 등의 가격 인상을 통하여 부분적으로 손해가 감소되었을 가능성이 있는 경우에는 직접적인 상당인과관계가 인정되지 아니한다고 하더라도 이러한 사정을 손해배상액을 정할 때에 참작하는 것이 공평의 원칙상 타당하다.

[5] 갑 주식회사 등을 비롯한 국내 밀가루 시장점유율의 대부분을 차지하는 8개 밀

가루 제조·판매회사들이 공동으로 밀가루 생산량(판매량)을 제한하고 밀가루 가격을 결정·유지·변경하였는데, 갑 회사 등으로부터 밀가루를 매입한 을 주식회사가 갑 회사 등을 상대로 손해배상을 구한 사안에서, 갑 회사 등이 을 회사에 밀가루를 판매하면서 판매증대를 목적으로 지급한 장려금이 갑 회사 등의 손해배상액에서 공제될 성질의 것은 아니라고 판단하고, 담합행위로 인하여 인상된 가격으로 밀가루를 구매한 을 회사가 밀가루를 원료로 생산하여 판매하는 제품에 관한 가격 인상을 통하여 인상된 밀가루 가격의 전부 또는 일부를 최종 소비자에게 전가하였다는 이유로 위와 같이 전가된 손해액 부분의 공제를 주장한 이른바 '손해전가의 항변(passing-on defence)'을 받아들이지 아니하는 한편 위와 같은 장려금 지급 및 제품 가격 인상에 의한 손해 전가에 관한 사정들을 참작하여 갑 회사 등의 손해배상책임을 제한한 원심판단을 수긍한 사례.

참조조문

[1] 독점규제 및 공정거래에 관한 법률 제19조 제1항 제1호, 제3호, 제56조
[2] 민사소송법 제202조
[3] 독점규제 및 공정거래에 관한 법률 제19조 제1항 제1호, 제3호, 제56조, 민사소송법 제202조
[4] 독점규제 및 공정거래에 관한 법률 제19조 제1항, 제56조, 민법 제393조, 제763조
[5] 독점규제 및 공정거래에 관한 법률 제19조 제1항, 제56조, 민법 제393조, 제763조

참조판례

[2] 대법원 2007. 2. 22. 선고 2004다70420, 70437 판결
[4] 대법원 2005. 10. 28. 선고 2003다69638 판결, 대법원 2010. 4. 29. 선고 2009다91828 판결, 대법원 2011. 4. 28. 선고 2009다98652 판결, 대법원 2011. 7. 28. 선고 2010다18850 판결

따름판례

대법원 2018. 12. 17.자 2016마272 결정, 대법원 2019. 7. 11. 선고 2018다208338 판결, 대법원 2020. 4. 9. 선고 2016다32582 판결

전 문

【원고, 피상고인 겸 상고인】 주식회사 삼립식품
【피고, 상고인 겸 피상고인】 씨제이 주식회사의 소송수계인 씨제이제일제당 주식회사
【피고, 피상고인 겸 상고인】 주식회사 삼양사

【원심판결】 서울고법 2010. 10. 14. 선고 2009나65012 판결

【주 문】

상고를 모두 기각한다. 상고비용은 상고인 각자가 부담한다.

【이 유】

상고이유를 판단한다.

1. 담합으로 인한 손해배상책임 발생과 관련된 피고들의 상고이유에 관하여

원심은, (1) 그 채택 증거에 의하여, 피고 주식회사 삼양사(이하 '피고 삼양사'라고 한다)를 제외한 피고 씨제이제일제당 주식회사(피고 씨제이제일제당 주식회사는 2007. 9. 1. 씨제이 주식회사로부터 분할되어 이 사건에 대한 씨제이 주식회사의 권리·의무를 포괄 승계함에 따라 이 사건 소송을 수계하였다. 이하 '피고 씨제이'라고 한다) 등 7개의 밀가루 제조·판매회사들은 2000년부터, 피고 삼양사는 2002년 2월 하순경부터, 각각 2005년경까지 밀가루 공급과잉에 따른 가격 하락으로 인한 손실을 방지하기 위하여 국내 밀가루 시장에서의 공급량을 제한·할당하기로 하는 합의를 하였던 사실, 그리고 위 회사들은 영업임원회의 및 영업부장회의를 개최하여 합의의 세부적인 실행방안, 점검방안 등을 마련한 후, 각 회사별 연간, 월별 반출량을 정하고 합의 준수 여부를 점검하면서 일부 회사들의 실적이 계획과 다소 차이가 발생할 경우, 계획대비 초과/부족분을 다음 해의 계획에 반영하여 정산함으로써, 공동으로 상품의 생산, 출고, 수송 또는 거래를 제한하였던 사실, 2000년 12월 중순부터는(피고 삼양사는 2002. 9. 16.부터) 영업임원회의 및 영업부장회의를 통하여 주요 밀가루 제품들의 가격을 인상하기로 합의하고, 그 합의에 따라 밀가루 가격을 인상하는 등 공동으로 밀가루 가격을 결정·유지·변경하였던 사실을 인정한 다음, (2) ① 피고들을 비롯한 국내 밀가루 시장점유율의 대부분을 차지하는 8개 밀가루 제조·판매회사들이 공동으로 밀가루의 생산량(판매량)을 제한하고 밀가루 가격을 결정·유지·변경한 행위는, 밀가루 제조·판매시장에서의 경쟁을 부당하게 감소시키거나 제한하는 공동행위로서 독점규제 및 공정거래에 관한 법률 제19조 제1항 제1, 3호를 위반한 행위에 해당하고, ② 아울러 피고들이 가격 인상 합의를 하여 담합한 것이 도매상에 대한 공급가격이라 하더라도, 그로 인하여 원고를 포함한 대량수요처에 대한 밀가루 가격의 변경이 초래된다고 봄이 상당하며, 피고들을 포함한 담합사들이 인상 합의된 가격과 유사하게 가격을 인상하였으므로 그 실행행위가 없다고 볼 수도 없고, 피고들이 원고에게 장려금을 지급하였다 하더라도 그로 인하여 독점규제 및 공정거래에 관한 법률 제19조 제1항 제1, 3호 위반행위에 따르는 손해배상책임이 면제된다고 볼 수 없으므로, (3) 피고들은 독점규제 및 공정거래에 관한 법률 제56조에 따라 원고가 입은 손해를 배상할 의무가 있다고 판단하였다.

원심판결 이유를 적법하게 채택된 증거들에 비추어 살펴보면, 원심의 위와 같은 판단에 상고이유로 주장하는 바와 같이 담합의 영향이 미치는 범위 등 담합으로 인한 손해배상책임 발생에 관한 법리를 오해한 위법이 있다고 할 수 없다.

2. 담합 후 더미변수의 사용과 감정 결과의 취사선택과 관련된 원고와 피고들의 상고이유에 관하여

감정인의 감정 결과는 그 감정 방법 등이 경험칙에 반하거나 합리성이 없는 등의 현저한 잘못이 없는 한 이를 존중하여야 한다(대법원 2007. 2. 22. 선고 2004다70420, 70437 판결 참조).

원심은 그 판시와 같은 사실을 인정한 다음, 이 사건에서 담합 종료 후 밀가루 가격이 즉시 담합 이전 가격으로 하락하지 아니한 점에 비추어 보면, 제1심 감정인의 담합 후 더미변수 사용이 단순히 가능성에 근거한 것으로 보이지 아니하므로, 감정인이 담합 후 더미변수를 사용한 것이 경험칙에 반하거나 합리성이 없는 것으로 보이지 않는다고 판단하였다.

위 법리와 적법하게 채택된 증거 등에 비추어 원심판결 이유를 살펴보면, 계량경제학적 분석방법인 회귀분석을 통하여 담합 후 더미변수와 3개월 전의 원맥도입가 및 실질국내총생산 등을 각각 설명변수로 하고 밀가루 입고단가를 종속변수로 한 회귀방정식을 추정한 다음, 이를 근거로 계산한 밀가루의 경쟁가격을 전제로 원고의 손해액을 산정한 제1심 감정인의 감정 결과를 채택한 원심의 판단에, 감정 방법 등이 경험칙에 반하거나 합리성이 없는 등의 현저한 잘못이 있는 감정 결과를 채택하거나 손해액 산정 및 손해배상의 범위에 관한 법리를 오해한 위법 등이 있다고 할 수 없다.

3. 장려금 지급 및 제품 가격 상승을 통한 손해전가와 관련된 피고들의 상고이유에 관하여

가. 불법행위로 인한 손해는 그 위법행위가 없었을 경우에 상대방에게 존재하였을 재산상태와 그 위법행위가 가해진 재산상태의 차이를 말한다(대법원 2010. 4. 29. 선고 2009다91828 판결 등 참조). 그리고 불법행위 등이 채권자 또는 피해자에게 손해를 생기게 하는 동시에 이익을 가져다 준 경우에는 공평의 관념상 그 이익은 당사자의 주장을 기다리지 아니하고 손해를 산정할 때에 공제하여야 하나, 손익상계가 허용되기 위해서는 손해배상책임의 원인이 되는 행위로 인하여 피해자가 새로운 이득을 얻었고 그 이득과 손해배상책임의 원인행위 사이에 상당인과관계가 있어야 한다(대법원 2005. 10. 28. 선고 2003다69638 판결, 대법원 2011. 4. 28. 선고 2009다98652 판결 등 참조).

이에 비추어 보면 위법한 가격 담합에 의하여 가격이 인상된 재화나 용역(이하 '재화 등'이라 한다)을 매수한 경우에, 매수인이 입는 직접적인 손해는 특별한 사정이 없다면 실제 매수한 가격과 담합행위가 없었을 경우에 형성되었을 가격(이하 '가상 경쟁가격'이라 한다)의 차액이 되며, 여기서 가상 경쟁가격은 담합행위가 발생한 당해 시장의 다른 가격형성 요인을 그대로 유지한 상태에서 담합행위로 인한 가격상승분만을 제외하는 방식으로 산정된다(대법원 2011. 7. 28. 선고 2010다18850 판결 참조).

그리고 담합에 의하여 가격이 인상된 재화 등을 매수한 매수인이 다시 이를 제3자인 수요자에게 판매하거나 그 재화 등을 원료 등으로 사용·가공하여 생산된 제품을 수요자에게 판매한 경우에, 재화 등의 가격 인상 후 수요자에게 판매하는 재화 등 또는 위 제품(이하 이를 모두 포함하여 '제품 등'이라 한다)의 가격이 인상되었다고 하더라도, 재화 등의 가격

인상을 자동적으로 제품 등의 가격에 반영하기로 하는 약정이 있는 경우 등과 같이 재화 등의 가격 인상이 제품 등의 판매 가격 상승으로 바로 이어지는 특별한 사정이 없는 한, 제품 등의 가격은 매수인이 당시의 제품 등에 관한 시장 상황, 다른 원료나 인건비 등의 변화, 가격 인상으로 인한 판매 감소 가능성, 매수인의 영업상황 및 고객 보호 관련 영업상의 신인도 등 여러 사정을 고려하여 결정할 것이므로, 재화 등의 가격 인상과 제품 등의 가격 인상 사이에 직접적인 인과관계가 있다거나 제품 등의 인상된 가격 폭이 재화 등의 가격 인상을 그대로 반영하고 있다고 단정할 수 없다. 그뿐 아니라 제품 등의 가격 인상은 제품 등의 수요 감소 요인으로 작용하여 전체적으로 매출액 또는 영업이익의 감소가 초래될 수 있고, 이 역시 위법한 담합으로 인한 매수인의 손해라 할 수 있으므로, 이와 같은 여러 사정을 종합적으로 고려하지 아니하고 제품 등의 가격 인상에 의하여 매수인의 손해가 바로 감소되거나 회복되는 상당인과관계가 있다고 쉽게 추정하거나 단정하기도 부족하다. 다만 이와 같이 제품 등의 가격 인상을 통하여 부분적으로 손해가 감소되었을 가능성이 있는 경우에는 직접적인 상당인과관계가 인정되지 아니한다고 하더라도 이러한 사정을 손해배상액을 정할 때에 참작하는 것이 공평의 원칙상 타당할 것이다.

나. 원심은, (1) 피고들의 담합에 의한 밀가루 가격 상승으로 인하여 담합기간 동안 원고가 피고들에게 경쟁가격을 초과한 가격을 지급함으로써 원고에게 발생한 손해액이 피고 씨제이에 대해서는 2,981,843,190원, 피고 삼양사에 대해서는 753,509,858원인 사실을 인정한 다음, (2) 피고 씨제이가 원고에게 밀가루를 판매하면서 판매증대를 목적으로 한 장려금 지급약정을 하였고 그 장려금 지급약정이 담합기간 이후에도 계속되었으며 장려금도 계속 지급된 사실, 피고 삼양사도 원고와 사이에 밀가루 등을 거래하면서 장려금 지급약정을 하였고 그 후 계속하여 장려금을 지급하고 있는 사실에 비추어 보면, 장려금 지급은 담합행위와 상당인과관계가 있다고 보이지 않기 때문에, 피고들이 지급한 장려금이 손익상계의 대상이 되어 피고들의 손해배상액에서 공제될 성질의 것은 아니라고 판단하고, (3) 나아가, 이 사건 담합행위로 인하여 인상된 가격으로 밀가루를 구매한 원고가 밀가루를 원료로 생산하여 판매하는 제품에 관한 가격 인상을 통하여 인상된 밀가루 가격의 전부 또는 일부를 최종 소비자에게 전가하였다는 이유로 피고들 자신이 배상할 손해액에서 위와 같이 전가된 손해액 부분을 공제할 것을 주장한 이른바 '손해전가의 항변(passing-on defence)'에 대하여, 원고가 중간 단계의 원재료 구매자로서 자신이 입은 손해의 전부 또는 일부를 하위 구매자인 간접구매자에게 전가하였다 하더라도, 사전 약정 등에 따라 원고가 초과 지급한 밀가루 가격에 대응하여 고정적으로 일정 비율 또는 그 액수만큼 제품의 가격 인상이 이루어지고 제품의 판매 수량에 변동이 없다는 등의 특별한 사정이 없는 한, 밀가루를 원료로 하여 생산한 제품의 가격을 인상하여 비용을 전가할 것인지 여부 및 그 범위는 원고의 의사에 전적으로 맡겨진 영역이고, 제품 가격의 인상으로 인한 수요 감소를 무릅쓰고 비용을 전가할 것인지 여부는 원고의 별도의 판단에 따른 것이라는 사정 등을 참작하여, 담합으로 인한 밀가루 가격 상승에 따른 원고의 손해와 원고가 제품 가격의 인상에 의하여 취득한 가액 사이에는 상당인과관계가 없다고 판단하여, 피고들의 위 항변을 받아들이지 아니하는 한편 (4) 뒤에서 보는 바와 같이 위와 같은 장려금 지급 및 제품 가격 인상에 의한 손해 전가에

관한 사정들을 참작하여 피고들의 손해배상책임을 제한하였다.

다. 원심판결 이유를 적법하게 채택된 증거들에 비추어 살펴보면, 원심판결 이유 중에 다소 적절하지 아니한 부분이 있지만, 원심의 위와 같은 판단은 앞에서 본 법리에 따른 것으로 보이고, 거기에 담합으로 인한 손해액 산정과 손익상계 등 손해배상범위에 관한 법리를 오해하여 판결 결과에 영향을 미친 위법이 있다고 할 수 없다.

4. 손해배상책임 제한과 관련된 원고와 피고 씨제이의 상고이유에 관하여

불법행위로 인한 손해배상사건에서 불법행위의 발생경위나 진행경과, 그 밖의 제반 사정을 종합하여 피고의 책임비율을 제한하는 것은 그것이 형평의 원칙에 비추어 현저히 불합리하다고 인정되지 않는 한 사실심의 전권사항에 속한다(대법원 2011. 3. 24. 선고 2009다29366 판결 참조).

원심판결의 이유에 의하면, 원심은 ① 제1심 감정인은 담합 후 기간에 대하여 담합 후 더미변수를 설명변수로 사용하여 원고의 손해액수를 산정하였으나, 위 기간의 어느 시점에 밀가루 가격이 경쟁가격으로 복귀하였다면, 손해액수가 과대평가될 수 있고, ② 피고들이 원고에게 지급한 장려금이 원고와 피고들 사이의 거래관계에 있어 실질적으로 밀가루 가격을 할인하여 주고, 시장 경쟁을 촉진시킨 측면이 있으므로, 원고가 입은 손해액을 산정함에 있어 이를 고려함이 신의칙상 타당함에도 불구하고, 제1심 감정인은 당사자들이 주장하는 장려금 액수가 다르다는 이유로 손해액을 산정하면서 원고가 지급받은 장려금을 전혀 고려하지 않았으므로, 앞서 본 손해액수가 과대평가된 것으로 볼 수 있으며(제1심 감정 결과가 법원에 제출된 이후 당사자들도 제1심 변론기일에서 장려금으로 지급된 돈의 1/2 정도가 손해액에서 공제되거나 손해액을 정하는 데 참작되어야 함을 다투지 아니하기로 하였다), ③ 원고는 피고들의 담합행위로 인하여 입은 손해 중 일부를 소비자에게 전가시켰는데, 「독점규제 및 공정거래에 관한 법률」의 제정 목적은 공정하고 자유로운 경쟁을 촉진함으로써 궁극적으로 소비자를 보호하기 위한 것이기 때문에, 소비자에게 궁극적으로 손해의 일부를 전가시킨 원고에 대하여 비용전가 사실을 전혀 고려하지 아니한 채 손해 전부를 전보시켜 준다면, 원고가 뜻하지 않은 이익을 취득하게 되는 것이어서 손해배상제도의 이념에 반하므로, 그 전가액을 고려하여 피고들이 부담하는 손해배상액수를 일부 감액함이 타당하다는 사정들을 종합하여, 피고 씨제이와 피고 삼양사가 각각 배상할 손해액을 원심판시 각 손해배상액으로 제한하였다.

원심판결 이유를 기록에 비추어 살펴보면, 피고들이 각각 배상할 원고의 손해액을 위와 같이 제한한 원심의 조치는 앞서 본 법리에 기초한 것으로서 형평의 원칙에 비추어 현저히 불합리하다고 볼 수 없고, 거기에 원고와 피고 씨제이의 상고이유의 주장과 같이 불법행위에서의 손해배상책임 제한에 관한 법리를 오해한 위법이 있다고 할 수 없다.

5. 사기 또는 착오를 원인으로 한 의사표시의 취소와 관련된 원고의 상고이유들에 관하여

원심은 (1) 피고들이 밀가루의 경쟁가격을 인식하고 있었다고 볼 증거가 없어, 피고들이 인식하고 있지도 않은 경쟁가격을 원고에게 고지할 의무가 있다고 보기 어려우며, 피고들이 「독점규제 및 공정거래에 관한 법률」에서 금지한 부당한 공동행위를 하였고 그로 인하여 경쟁가격보다 높은 시가가 형성되었다 하더라도 피고들이 부당한 공동행위를 하였다는 사실을 원고에게 고지할 의무가 있다고 보기 어려우며, (2) 밀가루 매매계약에서 밀가루의 경쟁가격에 관한 착오는 밀가루를 매수하려는 의사 결정의 동기의 착오로서 법률행위 내용의 중요부분의 착오로 볼 수 없고, 또한 피고들이 매매계약을 체결하면서 원고에게 밀가루의 경쟁가격을 고지할 의무나 부당한 공동행위를 하였다는 사실을 고지할 의무가 있다고 보기 어려운 이상 원고의 경쟁가격에 관한 착오를 피고들이 유발하였다고 보기도 어려우므로, (3) 원고는 사기 또는 착오를 이유로 피고들과의 밀가루 매매계약을 취소할 수 없다고 판단하였다.

원심판결 이유를 적법하게 채택된 증거들에 비추어 살펴보면, 위와 같은 원심의 판단에 상고이유에서 주장하는 바와 같은 사기 또는 착오를 원인으로 한 의사표시의 취소에 관한 법리를 오해한 위법이 있다고 할 수 없다.

그리고 위와 같이 이 사건 밀가루 매매계약을 사기 또는 착오를 이유로 취소할 수 없다고 본 원심의 판단을 다투는 상고이유 주장을 받아들이지 아니하는 이상, 사기 또는 착오를 이유로 한 취소가 인정될 경우를 가정하여 손해액에 대하여 한 원심의 판단을 다투는 원고의 나머지 상고이유들은 판결 결과에 영향이 없는 가정적 판단에 대한 것이므로, 더 나아가 살펴볼 필요 없이 받아들이지 아니한다.

6. 결 론

그러므로 상고를 모두 기각하고 상고비용은 패소자인 상고인 각자가 부담하기로 하여 관여 대법관의 일치된 의견으로 주문과 같이 판결한다.

대법관   신영철(재판장) 이상훈 김용덕(주심) 김소영

▌ 참조문헌 ▌

이상주, "부당한 공동행위로 인한 손해액의 산정방법과 이른바 손해전가의 항변(Passing on Defence) 인정 여부", 대법원판례해설 93호, 법원도서관(2013)

이선희, "부당한 공동행위에 대한 손해배상청구에서 손해전가항변과 책임제한", 고려법학 70호, 고려대학교 법학연구원(2013)

(3) 대법원 2014. 9. 4. 선고 2013다215843 판결 [신용카드 및 VAN 수수료 사건]
(손해배상)

[1] 부당한 공동행위를 한 사업자로부터 직접 상품을 구입한 직접구매자 및 그로부터 다시 그 상품 또는 그 상품을 원재료로 한 상품을 구입한 간접구매자가 사업자에 대하여 손해배상청구를 할 수 있는지 여부(원칙적 적극) / 이는 부당한 공동행위를 한 사업자에게 용역을 공급하는 자를 상대로 다시 그 용역의 일부를 공급하는 자의 경우에도 마찬가지인지 여부(적극)

[2] 독점규제 및 공정거래에 관한 법률 제56조 제1항에 의한 손해배상청구권이 민법 제766조 제1항의 단기소멸시효가 적용는지 여부(적극)

[1] 사업자들은 계약·협정·결의 기타 어떠한 방법으로도 공동으로 부당하게 경쟁을 제한하는 가격 결정·변경의 합의를 하여서는 아니되고[독점규제 및 공정거래에 관한 법률(이하 '공정거래법'이라고 한다) 제19조 제1항 제1호], 이와 같은 합의의 실행에 의하여 피해를 입은 자가 있는 경우에는 당해 피해자에 대하여 손해배상의 책임을 진다(공정거래법 제56조 제1항 본문). 위 규정에 의한 손해배상책임은 위와 같이 금지된 행위에 의하여 시장이 왜곡되고 그로 인하여 부당한 가격이 형성됨으로써 그 가격으로 거래를 한 시장참여자에게 손해가 발생한 경우 이를 배상하도록 한 것으로서, 사업자가 고의·과실이 없음을 입증하지 아니하는 한 사업자가 책임을 부담하고(공정거래법 제56조 제1항 단서), 특별한 사정이 없는 한 위와 같이 부당하게 경쟁을 제한하는 합의를 함으로써 위법성이 인정되며, 위와 같은 부당한 공동행위 및 실행이 없었더라면 존재하였을 가정적 이익상태와 그러한 부당한 공동행위 및 실행으로 불이익하게 변화된 현재의 이익상태의 차이가 손해가 된다. 그리고 부당한 공동행위를 한 사업자로부터 직접 상품을 구입한 직접구매자뿐만 아니라 그로부터 다시 그 상품 또는 그 상품을 원재료로 한 상품을 구입한 이른바 간접구매자도 부당한 공동행위와 자신의 손해 사이에 상당인과관계가 인정되는 한 부당한 공동행위를 한 사업자에 대하여 손

해배상청구를 할 수 있는데, 이러한 법리는 부당한 공동행위를 한 사업자에게 용역을 공급하는 자를 상대로 다시 그 용역의 일부를 공급하는 이른바 간접적인 용역공급자에게도 마찬가지로 적용된다.

[2] 독점규제 및 공정거래에 관한 법률 제56조 제1항에 의한 손해배상청구권은 법적 성격이 불법행위로 인한 손해배상청구권이므로 이에 관하여는 민법 제766조 제1항의 단기소멸시효가 적용된다.

참조조문

[1] 독점규제 및 공정거래에 관한 법률 제19조 제1항 제1호, 제56조 제1항
[2] 독점규제 및 공정거래에 관한 법률 제56조 제1항, 민법 제766조 제1항

전 문

【원고, 피상고인】 주식회사 스페컴
【피고, 상고인】 한국정보통신 주식회사 외 16인
【원심판결】 서울고법 2013. 10. 15. 선고 2012나77060 판결
【주 문】
원심판결 중 피고 현대카드 주식회사를 제외한 나머지 피고들 패소 부분을 파기하고, 이 부분 사건을 서울고등법원에 환송한다. 피고 현대카드 주식회사의 상고를 기각한다. 피고 현대카드 주식회사의 상고로 인한 상고비용은 같은 피고가 부담한다.
【이 유】

1. 피고 현대카드 주식회사의 상고에 관한 판단

피고 현대카드 주식회사는 법정기간 내에 상고이유서를 제출하지 아니하고 그 기간이 도과된 후에 상고이유서를 제출하였으며, 상고장에도 상고이유의 기재가 없다.

2. 피고 현대카드 주식회사를 제외한 나머지 피고들의 상고이유에 관한 판단

가. 담합으로 인한 손해배상책임의 발생과 관련된 상고이유에 대하여

(1) 사업자들은 계약·협정·결의 기타 어떠한 방법으로도 공동으로 부당하게 경쟁을 제한하는 가격 결정·변경의 합의를 하여서는 아니되고[독점규제 및 공정거래에 관한 법률(이하 '공정거래법'이라고 한다) 제19조 제1항 제1호], 이와 같은 합의의 실행에 의하여 피해를 입은 자가 있는 경우에는 당해 피해자에 대하여 손해배상의 책임을 진다(공정거래법 제56조 제1항 본문). 위 규정에 의한 손해배상책임은 위와 같이 금지된 행위에 의하여 시장이 왜곡되고 그로 인하여 부당한 가격이 형성됨으로써 그 가격으로 거래를 한 시장참여자에게 손해가 발생한 경우 이를 배상하도록 한 것으로서, 사업자가 고의·과실이 없음을 입증하지 아니하는 한 사업자가 책임을 부담하고(공정거래법 제56조 제1항 단서), 특별한 사

정이 없는 한 위와 같이 부당하게 경쟁을 제한하는 합의를 함으로써 위법성이 인정되며, 위와 같은 부당한 공동행위 및 그 실행이 없었더라면 존재하였을 가정적 이익상태와 그러한 부당한 공동행위 및 그 실행으로 불이익하게 변화된 현재의 이익상태의 차이가 손해가 된다. 그리고 부당한 공동행위를 한 사업자로부터 직접 상품을 구입한 직접구매자뿐만 아니라 그로부터 다시 그 상품 또는 그 상품을 원재료로 한 상품을 구입한 이른바 간접구매자도 부당한 공동행위와 자신의 손해 사이에 상당인과관계가 인정되는 한 부당한 공동행위를 한 사업자에 대하여 손해배상청구를 할 수 있는데, 이러한 법리는 부당한 공동행위를 한 사업자에게 용역을 공급하는 자를 상대로 다시 그 용역의 일부를 공급하는 이른바 간접적인 용역공급자에게도 마찬가지로 적용된다.

(2) 원심은, 그 채택 증거들을 종합하여, ① 피고 1 내지 10(이하 '피고 VAN사들'이라고 한다)은 신용카드가맹점들과 신용카드업자인 피고 11 내지 17(이하 '피고 신용카드사들'이라고 한다) 사이에서 신용카드 매출전표를 기초로 신용카드가맹점별 청구데이터를 생성하여 피고 신용카드사들에게 전송하는 업무(이하 'Data Capture 업무'라고 한다)와 신용카드 매출전표를 수거·보관·검증하는 업무(이하 'Draft Capture 업무'라고 한다)를 하여 온 사실(이하 위 두 업무를 합하여 'DDC 업무'라고 한다), ② 피고 VAN사들은 DDC 업무 중 Draft Capture 업무는 원고와 같은 VAN 대리점들에게 재위탁하여 수행하면서, 피고 신용카드사들로부터 지급받는 DDC 업무에 대한 수수료(이하 'DDC 수수료'라고 한다) 중 Draft Capture 업무에 대한 수수료(이하 'Draft Capture 수수료'라고 한다) 부분은 가감 없이 그대로 VAN 대리점들에게 지급하여 온 사실, ③ 피고 신용카드사들은 2003년 들어 수익성이 악화되자 비용절감을 위하여 2004. 3.경부터 피고 VAN사들에게 지급하는 DDC 수수료의 인하를 논의하였고, 2004. 11.부터는 DDC 업무를 대체할 공동 EDC 서비스(신용카드업자가 직접 청구데이터를 생성하고 신용카드 매출전표의 수거·보관·검증을 하는 방식)의 도입을 추진하면서 한편으로는 이를 피고 VAN사들에 대한 DDC 수수료 인하의 압박수단으로 사용한 사실, ④ 공동 EDC 서비스의 도입 추진에 위기감을 느낀 피고 VAN사들은 피고 신용카드사들에게 DDC 수수료 중 자신들이 직접 수행하는 Data Capture 업무에 대한 수수료(건당 20원)는 그대로 두고 최종적으로는 VAN 대리점들에게 지급되는 Draft Capture 수수료를 기존의 건당 80원에서 건당 50원으로 인하하는 방안을 제시한 사실, ⑤ 피고 신용카드사들은 2005. 1. 12. 회의를 열어 피고 VAN사들의 제안에 따라 Draft Capture 수수료를 기존의 건당 80원에서 건당 50원으로 인하하는 방법으로 DDC 수수료를 기존의 100원에서 70원으로 인하하기로 합의하고, 그 무렵 피고 VAN사들에게 DDC 수수료를 위와 같이 인하하여 달라는 취지의 공문을 개별적으로 발송한 사실, ⑥ 피고 VAN사들은 DDC 수수료의 인하시기를 늦추려 하였으나, 피고 신용카드사들이 본격적으로 공동 EDC 서비스를 추진하겠다는 의사를 전달하는 등 DDC 수수료 인하를 압박하자, 2005. 2. 17. 사장단회의를 거쳐 그 무렵부터 2005. 3. 초경까지 피고 신용카드사들과 사이에 일률적으로 위와 같이 변경된 수수료를 적용하는 내용의 DDC 업무 변경계약을 체결한 사실, ⑦ 이후 피고 VAN사들은 2005. 3. 3. 임원단회의를 열어 DDC 수수료 인하를 반영하여 VAN 대리점들에게 지급되는 Draft Capture 수수료를 건당 50원을 초과하지 않는 범위 내에서 지급하기로 합의하

고, VAN 대리점들에게 2005. 3. 지급분부터 위 합의에 따라 새로 마련된 지급기준에 따라 Draft Capture 수수료를 지급한 사실, ⑧ 원고도 위와 같은 경위로 2005. 3.부터 그와 Draft Capture 업무 위탁계약을 체결한 VAN사들로부터 건당 50원으로 인하된 Draft Capture 수수료를 지급받게 된 사실을 인정하였다.

원심은 위와 같은 사실관계를 바탕으로, ① 피고 VAN사들의 2005. 3. 3.자 합의는 피고 VAN사들이 피고 신용카드사들의 요구에 따른 DDC 수수료 인하의 부담을 원고 등 VAN 대리점들에게 전가할 의도로 Draft Capture 수수료를 인하하기로 합의한 것으로서, 피고 VAN사들의 관련 시장 점유율이 약 94%에 이르는 점, 위 합의가 없었다면 피고 VAN사들은 기존 대리점 유지 및 신규 대리점 유치 등을 위하여 건당 50원을 초과하는 Draft Capture 수수료를 인센티브로 활용할 수도 있었을 것으로 보이는 점 등에 비추어 볼 때 위 합의로 인하여 DDC 업무 시장에서의 경쟁이 감소하여 원고를 포함한 VAN 대리점들과 피고 VAN사들의 자유로운 Draft Capture 수수료 결정에 영향을 미쳤다고 봄이 상당하고, 위 합의에 이르게 된 경위 등 제반 사정에 비추어 보면 위 합의와 원고의 손해 사이에 상당인과관계가 인정되므로, 피고 VAN사들은 공정거래법 제56조 제1항에 따라 각자 원고에게 위 합의 및 그 실행으로 인하여 원고가 입은 손해를 배상할 책임이 있으며, ② 피고 신용카드사들의 2005. 1. 12.자 합의는 피고 신용카드사들이 Draft Capture 수수료를 인하하는 방법으로 DDC 수수료를 인하하기로 한 것으로서, 위 합의가 없었더라면 개별 신용카드사가 개별 VAN사와 각자의 영업여건, 결제건수, 원가요인 등에 따라 독자적인 판단하에 DDC 수수료를 결정할 수 있었을 것으로 보이는 점 등에 비추어 볼 때 위 합의에 의하여 DDC 업무 시장에서의 경쟁이 감소하여 피고 신용카드사들과 피고 VAN사들의 자유로운 DDC 수수료 결정에 영향을 미쳤다고 봄이 상당하고, 위 합의에 이르게 된 경위에 비추어 보면 피고 신용카드사들은 DDC 수수료 인하로 인한 피고 VAN사들의 손해가 원고를 비롯한 VAN 대리점들에게 그대로 전가될 것임을 예상할 수 있었다고 할 것이어서 피고 신용카드사들에게 고의·과실이 없다고 할 수도 없으며, 비록 원고가 피고 신용카드사들과의 관계에서는 이른 바 간접구매자와 유사한 지위에 있기는 하나 위 합의의 경위 및 그 이후의 경과 등에 비추어 보면 피고 신용카드사들의 위 합의와 원고의 손해 사이에 상당인과관계가 인정되므로, 피고 신용카드사들도 각자 공정거래법 제56조 제1항에 따라 원고에게 위 합의 및 그 실행으로 인하여 원고가 입은 손해를 배상할 책임이 있다고 판단하였다.

앞서 본 법리에 비추어 기록을 살펴보면 원심의 이러한 사실인정과 판단은 정당한 것으로 수긍할 수 있고, 거기에 상고이유 주장과 같이 공정거래법 제56조 제1항에 정한 손해배상청구권의 성립요건에 관한 법리를 오해하거나 논리와 경험의 법칙에 반하여 자유심증주의의 한계를 벗어난 위법이 있다고 할 수 없다.

나. 소멸시효항변과 관련된 상고이유에 대하여

(1) 공정거래법 제56조 제1항에 의한 손해배상청구권은 그 법적 성격이 불법행위로 인한 손해배상청구권이므로 이에 관하여는 민법 제766조 제1항의 단기소멸시효가 적용된다. 한편 불법행위로 인한 손해배상청구권의 단기소멸시효 기산점이 되는 민법 제766조 제1항의 '손해 및 가해자를 안 날'이란 손해의 발생, 위법한 가해행위의 존재, 가해행위와 손해의 발

생 사이에 상당인과관계가 있다는 사실 등 불법행위의 요건사실에 대하여 현실적이고도 구체적으로 인식하였을 때를 의미하고, 피해자 등이 언제 불법행위 요건사실을 현실적이고도 구체적으로 인식하였다고 볼 것인지는 개별적 사건에서 여러 객관적 사정을 참작하고 손해배상청구가 사실상 가능하게 된 상황을 고려하여 합리적으로 인정하여야 한다(대법원 2011. 11. 10. 선고 2011다54686 판결 등 참조).

(2) 기록에 의하면, 공정거래위원회가 피고 신용카드사들의 2005. 1. 12.자 합의 및 피고 VAN사들의 2005. 3. 3.자 합의에 관하여 공정거래법 제19조 제1항 제1호에 정한 부당한 공동행위에 해당한다는 이유로 시정명령과 과징금부과명령을 한 데 대하여 일부 피고들이 서울고등법원에 그 취소를 구하는 소를 제기한 사실, 서울고등법원은 일부 사건에서 과징금 산정방법이 위법하다는 이유로 과징금납부명령을 취소하는 판결을 하기도 하였으나 시정명령에 대하여는 모두 그 적법성을 인정하여 그 부분 청구를 기각한 사실, 위와 같은 판결을 선고받은 피고들은 대부분 상고를 하였으나 대법원은 상고를 모두 기각하였는데, 피고 신용카드사들의 부당공동행위에 관한 최초의 상고기각 판결은 2009. 3. 26. 피고 롯데카드 주식회사의 상고에 대한 판결이고, 피고 VAN사들의 부당공동행위에 관한 최초의 상고기각 판결은 2009. 8. 27. 피고 주식회사 코밴의 상고에 대한 판결인 사실을 알 수 있다.

위와 같은 사실관계를 앞서 본 법리에 비추어 살펴본다. 원고의 피고들에 대한 손해배상청구권의 성립 여부는 피고들의 행위가 공정거래법에 정한 부당한 공동행위에 해당되는지 여부와 밀접히 관련된 것으로서, 비록 공정거래위원회의 시정명령과 과징금부과명령이 있다고 하더라도 행정소송에 의하여 부당한 공동행위에 해당하는지 여부가 다투어지고 있는 상황이라면 공정거래위원회의 처분이 있다는 사실만으로는 피고들 행위에 대한 법적 평가의 귀결이 확실해졌다고 할 수 없고, 피고들의 행위가 공정거래법상의 부당한 공동행위에 해당되고 이로 인하여 손해를 입었다고 주장해야 하는 원고로서는 위와 같은 행정소송 판결이 확정된 때에 비로소 피고들의 공정거래법 위반으로 인한 손해의 발생을 현실적이고도 구체적으로 인식하였다고 보아야 할 것이나, 특별한 사정이 없는 한 공동행위자들 모두에 관한 행정소송 판결이 확정될 필요는 없고 그중 1인에 의한 행정소송 판결이 확정됨으로써 관련 공동행위자들 전부의 불법행위를 현실적이고 구체적으로 인식하였다고 보아야 한다. 그렇다면 피고 신용카드사들에 대한 손해배상청구권은 피고 롯데카드 주식회사의 행정소송 판결이 상고기각으로 확정된 2009. 3. 26.부터, 피고 VAN사들에 대한 손해배상청구권은 피고 주식회사 코밴의 행정소송 판결이 상고기각으로 확정된 2009. 8. 27.부터 민법 제766조 제1항에 정한 3년의 단기소멸시효가 진행된다고 할 것인데, 이 사건 소는 위 각 일자로부터 3년이 경과하기 전인 2011. 9. 9. 제기되었음이 기록상 명백하므로, 원고의 피고들에 대한 손해배상청구권은 소멸시효의 완성으로 소멸되었다고 볼 수 없다.

원심 판시에 일부 미흡한 부분이 있으나, 원심이 일부 피고들이 한 소멸시효항변을 배척한 것은 수긍할 수 있고, 거기에 상고이유 주장과 같이 소멸시효에 관한 판단을 누락하거나 소멸시효의 기산점에 관한 법리를 오해한 위법이 있다고 할 수 없다.

다. 손해배상액의 산정과 관련된 상고이유에 대하여

(1) 원심은, 구매자의 위법한 담합에 의하여 수수료가 인하된 서비스를 제공한 경우 서

비스 제공자가 입는 직접적인 손해는 특별한 사정이 없다면 실제로 지급받은 수수료와 담합행위가 없었을 경우에 형성되었을 수수료(이하 '가상 경쟁수수료'라고 한다)의 차액이 되고, 여기서 가상 경쟁수수료는 담합행위가 발생한 당해 시장의 다른 수수료 형성 요인을 그대로 유지한 상태에서 담합행위로 인한 수수료 인하분만을 제외하는 방식으로 산정되어야 한다는 전제 아래, 피고 신용카드사들과 피고 VAN사들이 담합을 하지 않았다면 형성되었을 Draft Capture 서비스에 대한 가상 경쟁수수료는 건당 61.87원이라고 한 다음, 거래발생 다음 달까지 수거된 매출전표(이하 '1차수거전표'라고 한다)뿐만 아니라 그 이후 거래발생 다음다음 달까지 수거된 매출전표(이하 '2차수거전표'라고 한다)에 관하여도 61.87원의 가상 경쟁수수료가 적용되고, 피고 한국정보통신 주식회사의 대형·법인 가맹점 매출전표에 관하여도 일반 가맹점의 매출전표와 동일한 가상 경쟁수수료가 적용되며, 피고 VAN사들이 VAN 대리점에게 재위탁한 Draft Capture 업무 중 매출전표의 보관 업무를 피고 VAN사들이 직접 수행하였다고 하더라도 위 가상 경쟁수수료에서 매출전표 보관비용을 공제할 것은 아니라고 판단하였다.

원심은 나아가 (가) 손해배상액 산정기간은 피고 VAN사별로 2005. 3. 3.자 합의에 따라 Draft Capture 수수료를 인하한 시점부터 위 합의에 대한 공정거래위원회(전원회의)의 심의가 있었던 2007. 12. 5.까지로 봄이 상당하고, 피고 삼성카드 주식회사가 담합 이전인 2004. 12.경 일부 피고 VAN사들과 사이에 Draft Capture 수수료를 50원으로 인하하기로 합의한 등의 사정이 있다고 하여 2007. 12. 5. 이전에 Draft Capture 수수료가 50원 이하로 인하되어 피고들의 담합으로 인한 손해발생이 종료되었을 것이라고 단정할 수 없으며, (나) 원고는 새마을금고가 유치한 가맹점의 매출전표에 관하여 직접 매출전표 수거 업무를 수행하고 새마을금고에 매출전표 수거에 대한 수수료를 지급하지 아니하여 위 매출전표에 관한 손해는 새마을금고에 전가되지 아니하였으므로 위 매출전표의 수거건수도 원고의 손해배상액 산정에 포함되어야 한다고 판단하였다.

원심은 이러한 판단들을 기초로 모든 피고들에 대하여 일률적으로, 그리고 1차수거전표와 2차수거전표를 구분하지 않고 가상 경쟁수수료 61.87원에서 담합으로 인한 수수료 50원을 공제한 차액에 매출전표 수거건수를 곱한 금액을 손해액으로 산정한 다음, 피고 신용카드사들이 기존에 지급한 80원의 Draft Capture 수수료가 가상 경쟁수수료인 61.87원보다 높다는 점이나 소액결제의 증가로 피고 신용카드사들은 수수료 지급의 부담이 증가한 반면 원고와 같은 VAN 대리점들은 수입이 증가한 사정 등은 피고 신용카드사들의 손해배상책임을 제한할 만한 사유가 되지 않는다고 판단하였다.

(2) 관련 법리와 기록에 비추어 살펴보면 아래에서 판단하는 2차수거전표의 가상 경쟁수수료에 관한 부분을 제외한 나머지 부분에 관한 원심의 사실인정과 판단은 정당한 것으로 수긍할 수 있고 거기에 상고이유 주장과 같이 공정거래법 제56조 제1항에 정한 손해배상청구에 있어서 손해배상액의 산정 및 책임제한에 관한 법리를 오해하거나 논리와 경험의 법칙에 반하여 자유심증주의의 한계를 벗어난 위법이 있다고 할 수 없다.

(3) 그러나 2차수거전표에 대하여도 1차수거전표와 동일하게 가상 경쟁수수료 61.87원과 담합으로 인한 수수료 50원을 적용하여 두 금액의 차액을 손해로 본 원심의 판단은 다음과

같은 이유로 수긍하기 어렵다.

기록에 의하면, 피고 신용카드사들은 2004. 6.경 일부 VAN사의 부도를 처리하는 과정에서 매출전표의 수거가 제대로 이루어지지 않고 있음을 확인한 후, 매출전표의 수거율을 높일 목적으로 2004. 10.경 피고 VAN사들과 사이에, 거래발생 다음 달까지 수거된 매출전표(1차수거전표)에 대하여는 100%의 Draft Capture 수수료를 지급하되, 그 이후 거래발생 다음다음 달까지 수거된 매출전표(2차수거전표)에 대하여는 80%의 Draft Capture 수수료를 지급하기로 합의한 사실, 피고 신용카드사들은 2004. 11. 1.부터 위와 같은 수수료 체계에 따라 피고 VAN사들에게 1차수거전표에 관하여는 건당 80원, 2차수거전표에 관하여는 건당 64원의 Draft Capture 수수료를 지급하였고, 이에 따라 피고 VAN사들도 원고를 비롯한 VAN 대리점들에게 같은 금액의 Draft Capture 수수료를 지급한 사실, 위와 같은 수수료 체계는 피고들이 Draft Capture 수수료를 인하하기로 담합한 이후에도 계속 유지되어 2005. 3.부터는 1차수거전표에 관하여는 건당 50원, 2차수거전표에 관하여는 건당 40원의 Draft Capture 수수료가 지급되었으며, 이러한 Draft Capture 수수료의 차등 지급은 담합기간 이후인 2008년경까지도 계속된 사실, 한편 계량경제학적 분석에 의하여 피고들의 담합 외에 Draft Capture 수수료의 인하에 영향을 미치는 요인들을 통제하고 오로지 담합으로 인한 수수료 인하 효과를 계산하면 담합으로 인한 수수료 인하분은 21.30%라는 결과가 나오는데, 이를 토대로 담합 이전에 건당 80원이었고 담합기간 중 건당 50원이었던 수수료를 기준으로 가상 경쟁수수료를 산출하면 61.87원이 되지만, 2차수거전표에 관한 담합 이전의 수수료 건당 64원과 담합기간 중의 수수료 건당 40원을 기준으로 가상 경쟁수수료를 산출하면 49.496원이 되며, 이는 위 61.87원에 80%를 곱한 금액인 사실을 인정할 수 있다.

이와 같이 61.87원이라는 가상 경쟁수수료와 50원이라는 실제수수료는 1차수거전표에 관한 것이고 2차수거전표에 관하여는 모든 피고 신용카드사들과 피고 VAN사들이 1차수거전표의 80%에 해당하는 Draft Capture 수수료를 지급하였으므로, 1차수거전표에 관하여는 61.87원과 50원의 차액을 손해로 보아야 하지만, 2차수거전표에 관하여는 위 금액에 각 80%를 곱한 49.496원과 40원의 차액을 수수료 손해로 보아야 한다.

그런데도 원심은 1차수거전표와 2차수거전표에 동일한 가상 경쟁수수료와 실제수수료를 적용하여 손해액을 산정하였으니, 이러한 원심의 판단에는 담합으로 인한 손해액 산정에 관한 법리를 오해하여 판결 결과에 영향을 미친 위법이 있고, 이를 지적하는 피고 현대카드 주식회사를 제외한 나머지 피고들의 상고이유 주장은 이유 있다.

3. 결 론

그러므로 원심판결 중 피고 현대카드 주식회사를 제외한 나머지 피고들 패소 부분을 파기하고, 이 부분 사건을 다시 심리·판단하게 하기 위하여 원심법원에 환송하며, 피고 현대카드 주식회사의 상고를 기각하고 위 피고의 상고로 인한 비용은 패소자가 부담하기로 하여, 관여 대법관의 일치된 의견으로 주문과 같이 판결한다.

대법관   민일영(재판장) 이인복 박보영(주심) 김신

(4) 대법원 2016. 11. 24. 선고 2014다81511 판결 [경유 사건] (손해배상)

판시사항

[1] 독점규제 및 공정거래에 관한 법률 제57조의 취지 및 법원이 위 규정을 적용하여 손해액을 산정하는 방법

[2] 불법행위로 인하여 손해가 발생한 사실이 인정되나 손해액에 관한 당사자의 주장과 증명이 미흡한 경우, 법원이 취하여야 할 조치 및 위 법리는 법원이 독점규제 및 공정거래에 관한 법률 제57조를 적용하여 손해액을 인정하는 경우에도 마찬가지로 적용되는지 여부(적극)

판결요지

[1] 독점규제 및 공정거래에 관한 법률(이하 '공정거래법'이라 한다)의 규정을 위반한 행위로 인한 손해배상소송에서 손해가 발생한 것은 인정되나 손해액을 증명하기 위하여 필요한 사실을 증명하는 것이 해당 사실의 성질상 극히 곤란한 경우에는, 법원은 공정거래법 제57조에 의하여 변론 전체의 취지와 증거조사의 결과에 기초하여 상당한 손해액을 인정할 수 있다. 이는 손해가 발생한 것은 인정되나 손해액을 증명하기 위하여 필요한 사실을 증명하는 것이 해당 사실의 성질상 극히 곤란한 경우에는 증명도·심증도를 경감함으로써 손해의 공평·타당한 분담을 지도원리로 하는 손해배상제도의 이상과 기능을 실현하려는 취지이다. 따라서 법원이 위 규정을 적용하여 손해액을 인정할 때에도 손해액 산정의 근거가 되는 간접사실들의 탐색에 최선의 노력을 다해야 하고 탐색해 낸 간접사실들을 합리적으로 평가하여 객관적으로 수긍할 수 있는 손해액을 산정하여야 한다.

[2] 불법행위로 인하여 손해가 발생한 사실이 인정되는 경우 법원은 손해액에 관한 당사자의 주장과 증명이 미흡하더라도 적극적으로 석명권을 행사하여 증명을 촉구하여야 하고, 경우에 따라서는 직권으로라도 손해액을 심리·판단하여야 한다. 위와 같은 법리는 법원이 독점규제 및 공정거래에 관한 법률 제57조를 적용하여 손해액을 인정하는 경우에도 마찬가지로 적용된다.

참조조문

[1] 독점규제 및 공정거래에 관한 법률 제57조, 민사소송법 제202조
[2] 독점규제 및 공정거래에 관한 법률 제57조, 민사소송법 제202조

참조판례

[1] 대법원 2011. 5. 13. 선고 2010다58728 판결
[2] 대법원 1987. 12. 22. 선고 85다카2453 판결, 대법원 2011. 7. 14. 선고 2010다103451 판결

전 문

【원고, 상고인】 별지 원고 명단 기재와 같다.
【피고, 피상고인】 에스케이 주식회사의 소송수계인 에스케이에너지 주식회사 외 3인
【원심판결】 서울고법 2014. 10. 24. 선고 2012나99336 판결
【주 문】
원심판결 중 별지 '파기원고 명단' 기재 원고들의 피고 에스케이 주식회사의 소송수계인 에스케이에너지 주식회사, 피고 지에스칼텍스 주식회사, 피고 현대오일뱅크 주식회사에 대한 청구 부분을 파기하고, 이 부분 사건을 서울고등법원에 환송한다. 별지 '파기원고 명단' 기재 원고들의 피고 에쓰대시오일 주식회사에 대한 상고 및 나머지 원고들의 상고를 각 기각한다. 별지 '파기원고 명단' 기재 원고들의 피고 에쓰대시오일 주식회사에 대한 상고비용은 같은 명단 기재 원고들이 부담하고, 나머지 원고들의 상고비용은 나머지 원고들이 부담한다.
【이 유】
상고이유를 판단한다.

1. 상고이유 제3점에 대하여

원심은 그 판시와 같은 이유로, 피고 에쓰대시오일 주식회사(이하 '피고 에쓰오일'이라 한다)가 피고 에스케이 주식회사의 소송수계인 에스케이에너지 주식회사, 피고 지에스칼텍스 주식회사, 피고 현대오일뱅크 주식회사(이하 합하여 '담합 피고들'이라고만 한다)와 공동으로 이 사건 담합행위를 하였거나 담합 피고들의 이 사건 담합행위를 방조하였다고 보기 어렵고, 피고 에쓰오일이 이 사건 담합행위에 영향을 받아 자신이 공급하는 경유의 가격을 인상하였다고 보기도 어려우며, 또한 담합 피고들에게 시장점유율에 따른 손해배상책임을 지울 수도 없다고 판단하였다.

관련 법리에 따라 기록을 살펴보면, 원심의 위와 같은 판단은 정당하다. 거기에 담합으로 인한 손해배상책임에 관한 법리를 오해한 잘못이 없다.

2. 상고이유 제1, 2, 4점에 대하여

가. 원심의 판단

(1) 원고들은 이 사건 담합행위로 인한 원고들의 손해액이 '원고별 경유 구매량 × 경유 1리터당 초과가격(실제 구매가격 – 가상 경쟁가격)'으로 산정될 수 있음을 전제로, ① 제1심법원의 국세청에 대한 과세정보제출명령결과(이하 '과세정보 자료'라 한다)에 나타난 원고별 2004년 전반기(2004. 1. 1.~2004. 6. 30.) 경유 매입금액으로부터 산정한 1일 평균 경유 매입금액에 이 사건 담합기간(2004. 4. 1.~2004. 6. 10.)의 일수를 곱하여 이 사건 담합기간 동안의 원고별 경유 매입금액을 구한 후 이를 담합기간 동안의 경유 평균가격으로 나누어 '담합기간 동안의 원고별 경유 구매량'을 산정하고, ② 싱가포르 현물시장의 경유 가격(이하 'MOPS 가격'이라 한다)에 정부회계기준의 수입품원가계산방식에 따른 부대비용을 더하고 다시 주유소 이윤과 부가가치세를 더하여 '가상 경쟁가격'을 산정한 후 한국석유공사 공시자료에 의한 주유소 기준 실제 경유 가격에서 위 가상 경쟁가격을 공제하여 '초과가격'을 산정한 다음, ③ 위 초과가격과 원고별 경유 구매량을 곱하는 방법으로 이 사건 담합행위로 인한 원고들의 손해액을 산정할 수 있다고 주장하였다.

(2) 원심은 아래와 같은 이유로, 원고들이 이 사건 담합기간에 담합 피고들로부터 공급받은 경유의 구매량이 특정되지도 않고(이는 손해액 산정의 문제이기 이전에 손해 발생 자체의 문제이기도 하다고 보았다), 이 사건 담합행위로 인한 초과가격을 산정할 수도 없다고 판단하여, 원고들의 담합 피고들에 대한 손해배상청구를 배척하였다.

(가) 과세정보 자료로는 원고들이 2004년 전반기에 경질유(휘발유·등유·경유를 말한다)를 구매하면서 지급한 대금 합계액과 그 유류를 구매한 주유소를 알 수 있을 뿐 구매시기가 담합기간 내인지, 구매한 유류가 경유인지, 어느 정유사가 공급한 유류인지 알 수 없고, 과세정보 자료에 원심법원의 각 지방자치단체에 대한 유류보조금 관련 사실조회 결과(경유의 구매시기와 구매량을 알 수 있다. 이하 '유류보조금 자료'라 한다)와 주유소협회에 대한 사실조회 결과(주유소가 어느 정유사의 유류를 공급받는지 알 수 있다. 이하 '주유소협회 자료'라 한다)를 더하여 보더라도 원고 247, 원고 320(원심의 원고 313, 404)의 경우에만 구매시기, 공급정유사, 구매유종, 구매량이 특정될 뿐 나머지 원고들의 경우에는 이것이 특정되지 않는다.

(나) 국내 경유시장은 과점시장으로, 완전경쟁시장에 가까운 싱가포르 현물시장과 비교할 때 시장의 구조, 거래조건 등 가격형성요인이 서로 달라 두 시장이 전반적으로 동일·유사한 시장이라고 보기 어려운 데다가, 국내 정유사들은 국제유류시장에서 경유의 완제품을 수입하여 이를 그대로 소비자들에게 공급하는 것이 아니라 원유를 수입한 후 정제하여 생산한 경유를 소비자들에게 공급하고 있어 MOPS 가격에 정부회계기준이 정한 부대비용을 더하는 방식은 그 출발부터 잘못된 것인 점, 국내 경유 가격이 MOPS 가격에 연동된다고 하더라도 추가로 더해지는 가격요소가 무엇인지 밝혀져 있지 않을 뿐만 아니라 정부구매물품의 낙찰가격 결정을 위한 정부회계기준의 부대비용 산정방식을 일반 소비자를 대상으로 한 경유 가격 결정요소로 사용하는 것은 부당한 점, 원고측 보고서가 적용한 주유소 이윤도 객관적인 근거가 없고, 위 보고서는 황 함유량 0.5%인 경유의 MOPS 가격을 기준으로 하였

는데 실제로 자동차에 사용되는 경유는 황 함유량 0.043% 이하의 경유이며 후자는 전자에 비하여 상당한 추가 정제비용이 발생할 것임이 당연히 추단되는 점 등에 비추어 보면, 원고들이 주장하는 방법에 의해 이 사건 담합행위로 인한 초과가격을 산정할 수도 없다.

　나. 이 법원의 판단

　(1) 독점규제 및 공정거래에 관한 법률(이하 '공정거래법'이라 한다)의 규정을 위반한 행위로 인한 손해배상소송에서 손해가 발생된 것은 인정되나 그 손해액을 증명하기 위하여 필요한 사실을 증명하는 것이 해당 사실의 성질상 극히 곤란한 경우에는, 법원은 공정거래법 제57조에 의하여 변론 전체의 취지와 증거조사의 결과에 기초하여 상당한 손해액을 인정할 수 있다. 이는 손해가 발생된 것은 인정되나 그 손해액을 증명하기 위하여 필요한 사실을 증명하는 것이 해당 사실의 성질상 극히 곤란한 경우에는 증명도·심증도를 경감함으로써 손해의 공평·타당한 분담을 지도원리로 하는 손해배상제도의 이상과 기능을 실현하려는 취지이다. 따라서 법원이 위 규정을 적용하여 손해액을 인정할 때에도 손해액 산정의 근거가 되는 간접사실들의 탐색에 최선의 노력을 다해야 하고 그와 같이 탐색해 낸 간접사실들을 합리적으로 평가하여 객관적으로 수긍할 수 있는 손해액을 산정하여야 한다(대법원 2011. 5. 13. 선고 2010다58728 판결 참조).

　한편 불법행위로 인하여 손해가 발생한 사실이 인정되는 경우 법원은 손해액에 관한 당사자의 주장과 증명이 미흡하더라도 적극적으로 석명권을 행사하여 증명을 촉구하여야 하고, 경우에 따라서는 직권으로라도 손해액을 심리·판단하여야 한다(대법원 1987. 12. 22. 선고 85다카2453 판결, 대법원 2011. 7. 14. 선고 2010다103451 판결 참조). 위와 같은 법리는 법원이 공정거래법 제57조를 적용하여 손해액을 인정하는 경우에도 마찬가지로 적용된다.

　(2) 원심판결 이유에 의하면, ① 원고들은 화물트럭, 덤프트럭, 레미콘 등의 운행자인 사실, ② 별지 '파기원고 명단' 기재 원고들을 제외한 나머지 원고들(원심판결 이유 제3의 다. 2) 나), 다)항 기재 원고들이다. 이하 '1그룹 원고들'이라 한다)의 경우에는 2004년 전반기에 경질유를 구매하기는 하였으나 어느 정유사가 공급한 경질유를 구매하였는지 알 수 없거나 담합 피고들이 아닌 다른 정유사나 수입사 등이 공급한 경질유를 구매한 내역만 나타나는 사실, ③ 반면 별지 '파기원고 명단' 기재 원고들(원심판결 이유 제3의 다. 2) 라)항 기재 원고들이다. 이하 '2그룹 원고들'이라 한다)은 과세정보 자료와 주유소협회 자료를 통하여 2004년 전반기 중 어느 정유사가 공급한 경질유를 구매하였는지를 알 수 있는데, 원고 12 외 42명은 같은 기간 중 담합 피고들이 공급한 경질유만을 구매한 내역이 나타나고, 원고 123 외 95명(원고 247, 원고 320이 이에 포함된다)은 같은 기간 중 담합 피고들이 공급한 경질유와 담합 피고들이 아닌 다른 정유사나 수입사 등이 공급한 경질유를 함께 구매한 내역이 나타나는 사실을 알 수 있다.

　(3) 앞서 본 법리와 위 사실관계에 비추어 1그룹 원고들에 대하여 살펴본다.

　1그룹 원고들은 2004년 전반기에 경질유를 구매하였기는 하였으나 담합 피고들이 공급한 경질유를 구매하였는지 여부를 알 수 없거나 담합 피고들 외의 정유사나 수입사 등으로부터 경질유를 공급받은 자들이므로 이들에게는 이 사건 담합행위로 인한 손해가 발생하였다고 보기 어렵다. 따라서 1그룹 원고들의 청구는 손해액 산정에까지 나아가 판단할 필요 없이 배척되어야 한다.

이 부분에 관한 원심의 판단은 정당하다. 거기에 담합으로 인한 손해의 발생과 그 증명 및 공정거래법 제57조에 관한 법리를 오해한 잘못이 없다.

(4) 앞서 본 법리와 위 사실관계에 비추어 2그룹 원고들에 대하여 살펴본다.

(가) 2그룹 원고들은 2004년 전반기 중에 담합 피고들이 공급한 경질유를 구매하였는데, 이들이 화물트럭, 덤프트럭, 레미콘 등의 운행자라는 점에 비추어 보면, 이들이 구매한 것으로 과세정보 자료에 나타난 경질유는 모두 경유라고 보는 것이 타당하고, 다른 특별한 사정이 없는 한 전반기 중 상대적으로 성수기라고 할 수 있는 담합기간(2004. 4. 1.~2004. 6. 10.) 중에 경유를 구매한 사실이 있다고 보는 것이 합리적이다. 결국 2그룹 원고들은 담합기간 중에 담합 피고들이 공급한 경유를 구매하였다고 할 것이고, 국내 경유시장의 유통구조와 경유의 소매가격 결정구조에 비추어 보면 정유사의 담합으로 인한 공급가격 인상은 소매가격의 인상으로 이어진다고 볼 것이므로, 이들은 이 사건 담합행위로 인하여 손해를 입었다고 보아야 한다.

(나) 따라서 2그룹 원고들의 경우에는 나아가 이 사건 담합행위로 인한 손해액을 산정할 필요가 있다.

① 먼저, 2그룹 원고들의 손해액을 산정하기 위하여는 위 원고들이 담합기간 중에 구매한 경유의 구매량을 파악하여야 한다. 2그룹 원고들이 담합기간 중에 구매한 경유의 정확한 구매량은 유류보조금 자료가 뒷받침되어야 알 수 있는데, 기록에 의하면 원고 247, 원고 320을 제외한 나머지 2그룹 원고들은 원심의 심리 과정에서 각 지방자치단체에 유류보조금 자료에 관한 사실조회를 하였으나 관할관청이 아니라거나 문서보존기간인 5년이 지났다는 등의 이유로 자료를 확인할 수 없다는 회신을 받은 사실을 알 수 있다. 여기에 이 사건에서 필요한 유류보조금 자료는 2004년 전반기의 유류구매에 관한 것으로서 제1심의 심리가 제대로 시작되기도 전에 이미 문서보존기간의 만료로 폐기되었을 가능성이 크다는 사정(제1심 제1회 변론기일은 2011. 5. 27.이었다)을 더하여 보면, 원고별 경유 구매량을 알 수 있는 자료는 대부분 폐기되어 이를 증명하는 것이 극히 곤란한 경우에 해당한다고 볼 수 있으므로, 공정거래법 제57조를 적용하여 원고별 경유 구매량을 산정할 수도 있다(대법원 2006. 4. 27. 선고 2003다15006 판결 참조). 이러한 관점에서 보면 2그룹 원고들의 경우 원고들이 주장하는 방법에 따라 원고별 경유 구매량을 산정하는 것도 공정거래법 제57조에 따른 합리적이고 객관적인 구매량의 산정이라고 볼 수 있다.

② 다음, 2그룹 원고들의 손해액을 산정하기 위하여는 가상 경쟁가격이나 초과가격을 파악하여야 한다. 가상 경쟁가격이나 초과가격은 그 성질상 증명이 극히 곤란한 경우에 해당하므로 이에 관하여는 공정거래법 제57조를 적용할 수 있는데, 앞서 본 법리에 따라 기록을 살펴보면, 원고들이 주장하는 가상 경쟁가격이나 초과가격은 합리성과 객관성이 없으므로, 공정거래법 제57조를 적용하더라도 원고들이 주장하는 가상 경쟁가격이나 초과가격을 기초로 이 사건 담합행위로 인한 손해액을 산정할 수는 없다. 다만 2그룹 원고들의 경우 손해가 발생된 것이 인정되고 또 가상 경쟁가격이나 초과가격의 산정에 관하여 공정거래법 제57조

를 적용할 수 있는 이상 법원은 위 규정에 따라 상당한 가상 경쟁가격 또는 초과가격을 산정하기 위한 심리를 하여야 하고, 원고들이 나름의 가상 경쟁가격 또는 초과가격 산정 방법만을 주장하면서 상당하다고 평가될 수 있는 가상 경쟁가격 또는 초과가격을 제대로 증명하지 못하고 있다면 원심으로서는 원고들에게 적극적으로 석명권을 행사하여 그러한 가상 경쟁가격 또는 초과가격에 관한 증명을 촉구하거나 경우에 따라서는 직권으로라도 상당한 가상 경쟁가격이나 초과가격을 심리·판단하였어야 한다. (여기서 상당한 가상 경쟁가격 또는 초과가격을 산정하는 방법으로는 계량경제학적 방법에 한하지 않고, 합리성과 객관성이 인정되는 한, 담합으로 인한 초과가격에 대한 통계자료, 유사사건에서 인정된 손해액의 규모, 사업자가 위반행위로 취득한 이익의 규모 등을 고려하여 산정하는 방법, 담합기간 중에 담합에 가담하지 않은 정유사들의 공급가격과 담합 피고들의 공급가격을 비교하여 산정하는 방법, 국내 경유 소매가격이 MOPS 가격에 연동된다면 원고측 보고서의 산정 결과에 일정한 조정을 하는 방법 등이 고려될 수 있을 것이다.)

(다) 그럼에도 불구하고 원심은 위와 같은 조치에 나아가지 아니한 채 손해의 발생 사실을 인정할 수 없다거나 구체적인 경유 구매량을 산정할 수 없고 원고들 주장의 가상 경쟁가격이나 초과가격을 인정할 수도 없다는 이유로 2그룹 원고들의 청구를 모두 배척하였다. 이 부분 원심의 판단에는 담합으로 인한 손해의 발생과 손해액의 산정 및 그에 관한 증명 그리고 공정거래법 제57조에 관한 법리를 오해하여 판결에 영향을 미친 잘못이 있다.

3. 결 론

그러므로 원심판결 중 2그룹 원고들의 담합 피고들에 대한 청구 부분을 파기하고 이 부분 사건을 다시 심리·판단하도록 원심법원에 환송하며, 2그룹 원고들의 피고 에쓰오일에 대한 상고와 1그룹 원고들의 상고를 각 기각하고, 2그룹 원고들의 피고 에쓰오일에 대한 상고비용과 1그룹 원고들의 상고비용은 패소자들이 부담하도록 하여, 관여 대법관의 일치된 의견으로 주문과 같이 판결한다.

[[별지 1] 원고 명단: 생략]

[[별지 2] 파기원고 명단: 생략]

대법관   이상훈(재판장) 김창석 조희대(주심) 박상옥

‖ 참조문헌 ‖

이선희, "독점규제법 제57조에 의한 손해액 인정제도의 적용 - 대법원 2016. 11. 24. 선고 2014다81511 판결 -", 성균관법학 29권 3호, 성균관대학교 비교법연구소(2017)

이원석, "경유가격 담합과 공정거래법 제57조 손해액 인정제도에 의한 손해액 산정(부 - 간접구매자의 손해배상청구)", 대법원판례해설 109호, 법원도서관(2017)

(5) 대법원 2017. 9. 7. 선고 2017다229048 판결 [대금반환 확약서 사건] (거래상지위 남용행위의 사법상 효력)

판시사항

[1] 독점규제 및 공정거래에 관한 법률에서 불공정거래행위의 하나로 정한 거래상 지위의 남용행위를 실현시키고자 하는 사업자와 상대방 사이의 약정이 반사회질서 법률행위로서 무효인 경우

[2] 백화점을 운영하는 대규모 소매업자인 갑 주식회사와 의류를 납품하는 을 주식회사 사이에 갑 회사가 을 회사로부터 납품받은 상품을 매입하여 대금을 지급하고 을 회사의 책임하에 상품을 판매한 후 재고품을 반품하는 조건으로 거래하는 내용의 특정매입거래계약을 체결하고 지속적으로 거래해 오다가, 계약일로부터 2년이 지난 시점에 을 회사가 갑 회사에 재고품에 대한 상품대금 반환채무가 있음을 확인하고 이를 분할 상환하기로 하는 확약서를 작성한 사안에서, 위 확약은 갑 회사가 우월한 지위를 이용하여 자기는 부당한 이득을 얻고 을 회사에는 과도한 반대급부 내지 부당한 부담을 지우는 법률행위로 평가할 수 있고, 이를 강제하는 것은 사회적 타당성이 없어 사회질서에 반한다고 한 사례

판결요지

[1] 독점규제 및 공정거래에 관한 법률(이하 '공정거래법'이라고 한다)은 사업자가 자기의 거래상의 지위를 부당하게 이용하여 상대방과 거래하는 행위로서 공정한 거래를 저해할 우려가 있는 행위를 금지되는 불공정거래행위의 하나로 규정하고 있다(제23조 제1항 제4호). 이러한 거래상 지위의 남용행위가 공정거래법상 불공정거래행위에 해당하는 것과 별개로 위와 같은 행위를 실현시키고자 하는 사업자와 상대방 사이의 약정이 경제력의 차이로 인하여 우월한 지위에 있는 사업자가 그 지위를 이용하여 자기는 부당한 이득을 얻고 상대방에게는 과도한 반대급부 또는 기타의 부당한 부담을 지우는 것으로 평가할 수 있는 경우에는 선량한 풍속 기타 사회질서에 위반한 법률행위로서 무효이다.

[2] 백화점을 운영하는 대규모 소매업자인 갑 주식회사와 의류를 납품하는 을 주식회사 사이에 갑 회사가 을 회사로부터 납품받은 상품을 매입하여 대금을 지급하

고 을 회사의 책임하에 상품을 판매한 후 재고품을 반품하는 조건으로 거래하는 내용의 특정매입거래계약을 체결하고 지속적으로 거래해 오다가, 계약일로부터 2년이 지난 시점에 을 회사가 갑 회사에 재고품에 대한 상품대금 반환채무가 있음을 확인하고 이를 분할 상환하기로 하는 확약서를 작성한 사안에서, 갑 회사는 위 계약을 특정매입거래계약인 것처럼 체결하고도 직매입거래 방식으로 의류를 납품받아 수익의 극대화를 도모하는 한편, 특정매입거래 방식의 유리한 점도 함께 취하려고 함으로써 갑 회사에는 특히 유리하고 을 회사에는 지나치게 불리한 내용의 거래를 주도하였는데, 이러한 거래관계가 형성될 수 있었던 것은 경제력 차이에서 연유하는 갑 회사의 우월한 지위 때문이므로, 위 확약은 갑 회사가 우월한 지위를 이용하여 자기는 부당한 이득을 얻고 을 회사에는 과도한 반대급부 내지 부당한 부담을 지우는 법률행위로 평가할 수 있고, 이를 강제하는 것은 사회적 타당성이 없어 사회질서에 반한다고 한 사례.

참조조문

[1] 독점규제 및 공정거래에 관한 법률 제23조 제1항 제4호, 민법 제103조
[2] 독점규제 및 공정거래에 관한 법률 제23조 제1항 제4호, 민법 제103조

참조판례

[1] 대법원 1996. 4. 26. 선고 94다34432 판결

따름판례

대법원 2021. 12. 30. 선고 2020다256613 판결

전 문

【원고, 상고인】 대성산업 주식회사
【피고, 피상고인】 주식회사 네오풀
【원심판결】 창원지법 2017. 4. 19. 선고 2016나56889 판결
【주 문】
상고를 기각한다. 상고비용은 원고가 부담한다.
【이 유】
상고이유를 판단한다.

1. 「독점규제 및 공정거래에 관한 법률」(이하 '공정거래법'이라고 한다)은 사업자가 자기

의 거래상의 지위를 부당하게 이용하여 상대방과 거래하는 행위로서 공정한 거래를 저해할 우려가 있는 행위를 금지되는 불공정거래행위의 하나로 규정하고 있다(제23조 제1항 제4호). 이러한 거래상 지위의 남용행위가 공정거래법상 불공정거래행위에 해당하는 것과 별개로 위와 같은 행위를 실현시키고자 하는 사업자와 상대방 사이의 약정이 경제력의 차이로 인하여 우월한 지위에 있는 사업자가 그 지위를 이용하여 자기는 부당한 이득을 얻고 상대방에게는 과도한 반대급부 또는 기타의 부당한 부담을 지우는 것으로 평가할 수 있는 경우에는 선량한 풍속 기타 사회질서에 위반한 법률행위로서 무효라고 할 것이다(대법원 1996. 4. 26. 선고 94다34432 판결 참조).

2. 원심판결 이유에 의하면, 원심은 판시와 같은 이유로, 백화점을 운영하는 대규모 소매업자인 원고와 원고에게 의류를 납품하는 피고 사이에 2012. 9. 1. 원고가 피고로부터 납품받은 상품을 매입하여 그 대금을 지급하고 피고의 책임하에 상품을 판매한 후 재고품을 반품하는 조건으로 거래하는 내용의 특정매입거래계약(이하 '이 사건 계약'이라고 한다)을 체결하고 지속적으로 거래해 오다가 2014. 9. 25. 피고가 원고에게 재고품에 관한 상품대금 반환채무 232,225,685원이 있음을 확인하면서 이를 2014. 12. 31.부터 2015. 9. 30.까지 4회에 걸쳐 분할 상환하기로 하는 '상품대금 반환에 관한 확약서'(이하 '이 사건 확약서' 또는 '이 사건 확약'이라고 한다)를 작성한 것과 관련하여, 이 사건 계약의 실질은 특정매입거래가 아닌 직매입거래이고, 직매입거래에 있어 대규모 소매업자인 원고가 납품업자인 피고에게 상품의 전부 또는 일부를 반품하는 행위는 공정거래법 제23조 제1항 제4호가 금지하는 불공정거래행위 중 거래상 지위의 남용행위로서 불법행위에 해당하며, 이 사건 확약은 이러한 불법행위를 실현하는 내용으로서 선량한 풍속 기타 사회질서에 위반한 사항을 내용으로 하는 법률행위에 해당하여 무효라고 보아, 이 사건 확약에 따라 미지급 재고물품 대금 81,843,690원과 이에 대한 지연손해금의 지급을 구하는 원고의 청구를 배척하였다.

3. 원심판결 이유와 기록에 의하면 다음의 사실관계 및 사정을 알 수 있다.

가. 특정매입거래는 외상매입 거래가 특징으로, 대규모 소매업자가 납품업자로부터 물품을 납품받으면 이를 판매한 후 일정한 마진(판매수수료 내지 판매수익)을 공제한 나머지를 물품대금으로 정산하고 재고는 주기적으로 반품하는 것이 일반적인 모습이다.

나. 그런데 원고는 피고로부터 의류를 납품받아 위와 같은 방식의 정산절차를 거친 것이 아니라 납품받은 의류대금 전부를 납품일 익월 15일에 곧바로 지급하고 원고와 피고 사이에 주기적인 반품도 없었다. 이는 이 사건 계약일로부터 2년이 지나 남은 재고품과 이미 지급한 의류대금을 상환하는 내용으로 이 사건 확약서를 작성한 것만 보아도 알 수 있다.

다. 이 사건 계약에 의하면 상품의 정상 판매가격은 피고가 정하고 판매가격에 대한 원고의 마진율은 30% 또는 25%로 정해져 있었다(제6조). 계약대로라면 원고는 피고가 정한 판매가격대로 의류를 판매하고 마진율을 적용하여 계산한 원고의 판매수수료 내지 판매수익을 공제한 나머지를 피고에게 지급하여야 한다. 그러나 원고는 피고로부터 원고의 자체 브랜드를 붙인 의류를 부가가치세를 포함한 피고의 공급가에 납품받아 임의로 판매가격을 정하여 판매한 것으로 보이고, 그에 따라 원고의 마진율은 30%를 초과하거나 50%를 상회하는 경우도 있었다.

　라. 이와 같이 원고는 피고와 이 사건 계약을 특정매입거래계약인 것처럼 체결하고도 직매입거래 방식으로 의류를 납품받아 수익의 극대화를 도모하는 한편, 그 실질이 직매입거래임에도 피고의 부담으로 매장에 판촉사원을 파견받고 특정매입거래계약인 경우에나 가능한 재고품의 반품을 위하여, 그것도 유행에 민감한 의류를 이 사건 계약일로부터 2년이나 지난 시점에 반품하는 내용의 이 사건 확약서를 작성하는 등 특정매입거래 방식의 유리한 점 역시 함께 취하려고 함으로써 원고에게는 특히 유리하고 피고에게는 지나치게 불리한 내용의 거래를 주도하였는데, 이러한 거래관계가 형성될 수 있었던 것은 대규모 소매업자인 원고와 의류납품업자에 불과한 피고 사이의 경제력 차이에서 연유하는 원고의 우월한 지위 때문이라고 하지 않을 수 없다.

　4. 위와 같은 사정을 앞에서 본 법리에 비추어 살펴보면, 이 사건 확약의 목적 내지 내용은 원고가 납품받은 상품의 반품과 피고가 지급받은 대금의 반환에 관한 것으로서 그 자체가 반사회질서적인 것이라고 할 수는 없다. 그러나 이 사건 계약의 실질과 함께 이 사건 확약을 들여다보면 원고는 피고로부터 의류를 직접 매입한 것처럼 임의로 판매하고 정해진 마진율도 철저히 지키지 않았으면서 이 사건 계약이 반품이 전제된 특정매입거래계약으로 체결된 것을 기화로 일거에 재고를 반품하는 내용으로 이 사건 확약서를 작성하였다. 이 사건 확약은 원고가 우월한 지위를 이용하여 자기는 부당한 이득을 얻고 피고에게는 과도한 반대급부 내지 부당한 부담을 지우는 법률행위로 평가할 수 있고, 이를 강제하는 것은 사회적 타당성이 없어 사회질서에 반한다고 봄이 상당하다.

　같은 취지의 원심판결은 정당한 것으로 수긍이 되고, 거기에 상고이유 주장과 같이 처분문서의 해석, 거래상 지위의 남용행위와 증명책임의 분배, 이 사건 확약서의 사법상 효력에 관한 법리를 오해하는 등의 잘못이 없다.

　5. 그러므로 상고를 기각하고 상고비용은 패소자가 부담하도록 하여, 관여 대법관의 일치된 의견으로 주문과 같이 판결한다.

대법관　　조희대(재판장)　고영한　권순일　조재연(주심)

(6) 대법원 2019. 1. 17. 선고 2015다227000 판결 [자금보충약정 사건] (채무보증 위반행위의 사법상 효력)

판시사항

[1] 계약 등 법률행위의 당사자에게 일정한 의무를 부과하거나 일정한 행위를 금지하는 법규에서 이를 위반한 법률행위의 효력에 관하여 명확하게 정하지 않은 경우, 금지 규정 등을 위반한 법률행위의 효력을 판단하는 방법

[2] 구 독점규제 및 공정거래에 관한 법률 제10조의2 제1항, 제15조를 위반한 채무보증이나 탈법행위가 사법상 당연 무효인지 여부(소극)

판결요지

[1] 계약 등 법률행위의 당사자에게 일정한 의무를 부과하거나 일정한 행위를 금지하는 법규에서 이를 위반한 법률행위의 효력을 명시적으로 정하고 있는 경우에는 그 규정에 따라 법률행위의 유·무효를 판단하면 된다. 법률에서 해당 규정을 위반한 법률행위를 무효라고 정하고 있거나 해당 규정이 효력규정이나 강행규정이라고 명시하고 있으면 그러한 규정을 위반한 법률행위는 무효이다. 이와 달리 금지 규정 등을 위반한 법률행위의 효력에 관하여 명확하게 정하지 않은 경우에는 그 규정의 입법 배경과 취지, 보호법익, 위반의 중대성, 당사자에게 법규정을 위반하려는 의도가 있었는지 여부, 규정 위반이 법률행위의 당사자나 제3자에게 미치는 영향, 위반 행위에 대한 사회적·경제적·윤리적 가치평가, 이와 유사하거나 밀접한 관련이 있는 행위에 대한 법의 태도 등 여러 사정을 종합적으로 고려해서 그 효력을 판단하여야 한다.

[2] 구 독점규제 및 공정거래에 관한 법률(2017. 4. 18. 법률 제14813호로 개정되기 전의 것, 이하 '공정거래법'이라 한다)은 제10조의2 제1항과 제15조를 위반한 경우 시정조치를 명하거나(제16조 제1항), 과징금(제17조 제2항) 또는 형벌(제66조 제1항 제6호, 제8호)을 부과할 수 있다고 정하면서도, 제10조의2 제1항과 제15조를 위반한 행위의 사법상 효력에 관해서 직접 명시하고 있지는 않다.

그러나 공정거래법은 문언상 제10조의2 제1항을 위반한 행위가 일단 사법상 효력을 가짐을 전제로 하는 비교적 명확한 규정을 두고 있다. 즉, 공정거래법은 제10조의2 제1항을 위반한 행위가 있는 때에는 공정거래위원회가 시정조치로서 채무보증의 취소를 명할 수 있다고 정하고 있다(제16조 제1항 제5호). 이는 공정거래법 제10조의2 제1항을 위반한 채무보증이 사법상 유효함을 전제로 한 것이고, 그 채무보증이 공정거래위원회의 재량에 따라 취소가 가능하다고 정한 것이다. 공정거래법이 위와 같은 채무보증을 사법상 무효라고 보았다면 굳이 시정조치로 취소를 명할 수 있다는 규정을 둘 이유가 없다. 따라서 공정거래법의 문언 해석상 공정거래위원회의 시정명령으로 취소되기 전까지는 공정거래법 제10조의2 제1항을 위반한 채무보증은 일단 사법상 유효하다고 보아야 한다. 마찬가지로 공정거래법 제10조의2 제1항의 적용을 면탈하려는 제15조를 위반한 탈법행위도 사법상 유효하다고 볼 수 있다.

이러한 결론은 공정거래법이 다른 금지대상 행위에 대해서는 사법상 무효라거나 무효의 소를 제기할 수 있다는 명문의 규정을 두고 있는 것에 의해서도 뒷받침된다. 공정거래법 제19조 제4항은 '부당한 공동행위를 할 것을 약정하는 계약 등은 사업자 간에 있어 이를 무효로 한다.'고 정하고, 제16조 제2항은 '기업결합의 제한, 채무보증제한기업집단의 지주회사 설립제한 등을 위반한 회사의 합병 또는 설립이 있는 때에는 공정거래위원회가 회사의 합병 또는 설립무효의 소를 제기할 수 있다.'고 정하고 있다.

공정거래법 제10조의2 제1항, 제15조는 일정 규모 이상의 기업집단에 속하는 회사의 국내계열회사에 대한 채무보증이나 탈법행위를 금지하여 과도한 경제력 집중을 방지하고 공정하고 자유로운 경쟁을 촉진하여 국민경제의 균형 있는 발전을 도모하는 데 입법 취지가 있다. 이를 달성하기 위해서 반드시 위 채무보증이나 탈법행위의 효력을 부정해야 할 필요는 없다.

만일 공정거래법 제10조의2 제1항, 제15조를 위반한 채무보증이나 탈법행위의 사법상 효력을 무효로 본다면, 국내계열회사에 대하여 이러한 행위를 한 회사는 그로 인한 이득을 얻고도 아무런 대가 없이 보증채무 등 채무를 면한다. 반면 거래 상대방인 금융기관은 인적 담보를 상실하고 채권 미회수 위험이 증가하는 피해를 본다. 나아가 국제경쟁력 강화를 위해 필요한 경우와 같이 공정거래법 관련 규정에 따라 채무보증이 허용되는 경우에도 금융기관이 이를 받아들이지 않을 위험도 있다.

공정거래법 제10조의2 제1항 단서와 구 독점규제 및 공정거래에 관한 법률 시행령(2017. 7. 17. 대통령령 제28197호로 개정되기 전의 것) 제17조의5는 계열회사에 대한 채무보증이 허용되는 예외사유를 비교적 넓게 정하고 있다. 이처럼 공정거래법이 계열회사에 대한 채무보증을 원칙적으로 금지하면서도 넓은 예외사유를 두고 있는 것을 보면, 공정거래법 제10조의2 제1항, 제15조를 위반한 채무보증이나 탈법행위가 그 자체로 사법상 효력을 부인하여야 할 만큼 현저히 반사회성이나 반도덕성을 지닌 것이라고 볼 수 없다.

참조조문

[1] 민법 제105조
[2] 구 독점규제 및 공정거래에 관한 법률(2017. 4. 18. 법률 제14813호로 개정되기 전의 것)

제10조의2 제1항(현행 제10조의2 참조), 제15조, 제16조 제1항, 제2항, 제17조 제2항, 제19조 제4항, 제66조 제1항 제6호, 제8호, 구 독점규제 및 공정거래에 관한 법률 시행령 (2017. 7. 17. 대통령령 제28197호로 개정되기 전의 것) 제17조의5, 제21조의4 제1항 제2호(현행 제21조의4 제1항 제2호의2 참조), 민법 제103조

참조판례

[1] 대법원 2010. 12. 23. 선고 2008다75119 판결, 대법원 2018. 10. 12. 선고 2015다256794 판결

따름판례

대법원 2020. 11. 12. 선고 2017다228236 판결

전 문

【원고, 상고인】 채무자 주식회사 웅진홀딩스의 법률상관리인 소외인의 소송수계인 주식회사 태승엘피의 관리인 원고

【피고, 피상고인】 하나금융투자 주식회사(변경 전 상호: 하나대투증권 주식회사) 외 2인

【원심판결】 서울고법 2015. 6. 19. 선고 2014나2039365 판결

【주 문】

상고를 모두 기각한다. 상고비용은 원고가 부담한다.

【이 유】

상고이유를 판단한다.

1. 사건의 개요와 쟁점

가. 원심판결 이유와 기록에 따르면 다음의 사실을 알 수 있다.

(1) 주식회사 웅진홀딩스(이하 '웅진홀딩스'라 한다)의 계열회사인 웅진캐피탈 주식회사(이하 '웅진캐피탈'이라 한다)는 주식회사 서울상호저축은행의 보통주 인수에 필요한 자금 700억 원을 주식회사 전북은행(이하 '전북은행'이라 한다), 주식회사 하나캐피탈(이하 '하나캐피탈'이라 한다)로부터 대출받기로 하였다.

(2) 전북은행과 하나캐피탈은 위 대출의 원활한 실행을 위해서 2011. 9. 2. 특수목적법인인 제이에이치더블유 유한회사(이하 'JHW'라 한다)를 설립하였다.

(3) JHW는 2011. 9. 8. 전북은행, 하나캐피탈로부터 합계 700억 원을 대출받는 원심판결 기재 이 사건 제1차 대출약정을 전북은행, 하나캐피탈, 웅진홀딩스와 체결하였다. 이에 따르면, ① 대출금은 'JHW가 웅진캐피탈에 700억 원을 대출하는 대출계약'에 따른 웅진캐피탈에 대한 대출용도로 사용되어야 하고, ② 웅진홀딩스(자금보충자)는 대출원리금 상환재원에 부족액이 발생하는 경우 그 부족자금을 JHW에 대여하는 자금보충약정을 체결하여야 한다. JHW는 같은 날 이 사건 제1차 대출약정의 대출금을 웅진캐피탈에 대출하는 계약을

체결하였다.

(4) 웅진홀딩스는 2011. 9. 8. 전북은행, 하나캐피탈, JHW와 이 사건 제1차 대출약정과 관련한 자금보충약정(이하 '이 사건 자금보충약정'이라 한다)을 하였다. 이 사건 자금보충약정은 ① JHW의 대출원리금 상환재원이 부족한 경우 웅진홀딩스가 후순위 대출 방식으로 JHW에 부족금액을 대여하고, ② 웅진홀딩스가 자금보충의무를 불이행하는 경우 이 사건 제1차 대출약정의 대출금채무를 병존적으로 인수하여 상환하는 채무인수의무를 부담하는 내용이다.

(5) 피고들은 하나캐피탈로부터 이 사건 대출금에 관한 계약상 지위를 나누어 양수하였다.

(6) 이후 자금보충사유가 발생하였으나, 웅진홀딩스는 이 사건 자금보충약정에 따른 자금보충의무를 이행하지 않았다.

(7) 서울중앙지방법원은 2012. 10. 11. 웅진홀딩스에 대하여 회생절차개시결정을 하였다. 피고들은 회생절차에서 주위적으로는 웅진홀딩스의 병존적 채무인수에 기한 대출금 반환채권을 원인으로, 예비적으로는 손해배상채권을 원인으로 하여 회생채권을 신고하였고, 웅진홀딩스의 관리인은 이에 대하여 이의하였다.

(8) 그 후 위 회생절차에서 웅진홀딩스가 분할되어 주식회사 태승엘피(이하 '태승엘피'라 한다)가 신설되었고, 이 사건 제1차 대출약정과 자금보충약정상 권리·의무가 태승엘피로 승계되었으며, 원고가 태승엘피의 관리인으로 선임되었다.

나. 원고는 이 사건 자금보충약정이 구 독점규제 및 공정거래에 관한 법률(2017. 4. 18. 법률 제14813호로 개정되기 전의 것, 이하 '공정거래법'이라 한다) 제15조, 제10조의2 제1항, 구 독점규제 및 공정거래에 관한 법률 시행령(2017. 7. 17. 대통령령 제28197호로 개정되기 전의 것, 이하 '공정거래법 시행령'이라 한다) 제21조의4 제1항에서 금지하는 채무보증의 탈법행위에 해당하여 무효라고 주장하였다. 그러나 원심은 이 사건 자금보충약정이 공정거래법 제15조에 위배되지만 사법상 유효하다고 판단하였다.

다. 이 부분의 주된 쟁점은, 이 사건 자금보충약정이 공정거래법 제15조, 제10조의2 제1항, 공정거래법 시행령 제21조의4 제1항에서 금지하는 채무보증의 탈법행위에 해당하여 사법상 무효인지이다.

2. 공정거래법 제10조의2 제1항, 제15조 위반행위의 사법상 효력

가. 공정거래법 제10조의2(계열회사에 대한 채무보증의 금지) 제1항 본문은 '채무보증제한기업집단에 속하는 회사는 국내계열회사에 대하여 채무보증을 하여서는 안 된다.'고 정하고, 제15조(탈법행위의 금지) 제1항은 '누구든지 제10조의2 제1항의 규정의 적용을 면탈하려는 행위를 하여서는 안 된다.'고 정하면서 그 제2항은 탈법행위의 유형과 기준을 대통령령에 위임하고 있다. 공정거래법 시행령 제21조의4 제1항 제2호는 공정거래법 제15조 제1항에 따라 금지되는 탈법행위로 공정거래법 제10조의2 제1항의 채무보증제한기업집단에 속하는 회사가 하는 '국내금융기관에 대한 자기 계열회사의 기존의 채무를 면하게 함이 없이 동일한 내용의 채무를 부담하는 행위'[(가)목]와 '다른 회사로 하여금 자기의 계열회사에 대하여 채무보증을 하게 하는 대신 그 다른 회사 또는 그 계열회사에 대하여 채무보증을 하

는 행위'[(나)목]를 열거하고 있다.

나. 다음과 같은 이유로 공정거래법 제10조의2 제1항, 제15조에서 금지하는 탈법행위가 사법상 당연 무효라고 볼 수는 없다.

계약 등 법률행위의 당사자에게 일정한 의무를 부과하거나 일정한 행위를 금지하는 법규에서 이를 위반한 법률행위의 효력을 명시적으로 정하고 있는 경우에는 그 규정에 따라 법률행위의 유·무효를 판단하면 된다. 법률에서 해당 규정을 위반한 법률행위를 무효라고 정하고 있거나 해당 규정이 효력규정이나 강행규정이라고 명시하고 있으면 그러한 규정을 위반한 법률행위는 무효이다. 이와 달리 금지 규정 등을 위반한 법률행위의 효력에 관하여 명확하게 정하지 않은 경우에는 그 규정의 입법 배경과 취지, 보호법익, 위반의 중대성, 당사자에게 법규정을 위반하려는 의도가 있었는지 여부, 규정 위반이 법률행위의 당사자나 제3자에게 미치는 영향, 위반 행위에 대한 사회적·경제적·윤리적 가치평가, 이와 유사하거나 밀접한 관련이 있는 행위에 대한 법의 태도 등 여러 사정을 종합적으로 고려해서 그 효력을 판단하여야 한다(대법원 2010. 12. 23. 선고 2008다75119 판결, 대법원 2018. 10. 12. 선고 2015다256794 판결 등 참조).

공정거래법은 제10조의2 제1항과 제15조를 위반한 경우 시정조치를 명하거나(제16조 제1항), 과징금(제17조 제2항) 또는 형벌(제66조 제1항 제6호, 제8호)을 부과할 수 있다고 정하면서도, 제10조의2 제1항과 제15조를 위반한 행위의 사법상 효력에 관해서 직접 명시하고 있지는 않다.

그러나 공정거래법은 그 문언상 제10조의2 제1항을 위반한 행위가 일단 사법상 효력을 가짐을 전제로 하는 비교적 명확한 규정을 두고 있다. 즉, 공정거래법은 제10조의2 제1항을 위반한 행위가 있는 때에는 공정거래위원회가 시정조치로서 채무보증의 취소를 명할 수 있다고 정하고 있다(제16조 제1항 제5호). 이는 공정거래법 제10조의2 제1항을 위반한 채무보증이 사법상 유효함을 전제로 한 것이고, 그 채무보증이 공정거래위원회의 재량에 따라 취소가 가능하다고 정한 것이다. 공정거래법이 위와 같은 채무보증을 사법상 무효라고 보았다면 굳이 시정조치로 그 취소를 명할 수 있다는 규정을 둘 이유가 없다. 따라서 공정거래법의 문언해석상 공정거래위원회의 시정명령으로 취소되기 전까지는 공정거래법 제10조의2 제1항을 위반한 채무보증은 일단 사법상 유효하다고 보아야 한다. 마찬가지로 공정거래법 제10조의2 제1항의 적용을 면탈하려는 제15조를 위반한 탈법행위도 사법상 유효하다고 볼 수 있다.

이러한 결론은 공정거래법이 다른 금지대상 행위에 대해서는 사법상 무효라거나 그 무효의 소를 제기할 수 있다는 명문의 규정을 두고 있는 것에 의해서도 뒷받침된다. 공정거래법 제19조 제4항은 '부당한 공동행위를 할 것을 약정하는 계약 등은 사업자 간에 있어 이를 무효로 한다.'고 정하고, 제16조 제2항은 '기업결합의 제한, 채무보증제한기업집단의 지주회사 설립제한 등을 위반한 회사의 합병 또는 설립이 있는 때에는 공정거래위원회가 회사의 합병 또는 설립무효의 소를 제기할 수 있다.'고 정하고 있다.

공정거래법 제10조의2 제1항, 제15조는 일정 규모 이상의 기업집단에 속하는 회사의 국내계열회사에 대한 채무보증이나 그 탈법행위를 금지하여 과도한 경제력 집중을 방지하고 공정하고 자유로운 경쟁을 촉진하여 국민경제의 균형 있는 발전을 도모하는 데 그 입법 취지가 있다. 이를 달성하기 위해서 반드시 위 채무보증이나 탈법행위의 효력을 부정해야 할 필요는 없다.

만일 공정거래법 제10조의2 제1항, 제15조를 위반한 채무보증이나 탈법행위의 사법상 효력을 무효로 본다면, 국내계열회사에 대하여 이러한 행위를 한 회사는 그로 인한 이득을 얻고도 아무런 대가 없이 보증채무 등 그 채무를 면한다. 반면 그 거래 상대방인 금융기관은 인적 담보를 상실하고 채권 미회수 위험이 증가하는 피해를 본다. 나아가 국제경쟁력 강화를 위해 필요한 경우와 같이 공정거래법 관련 규정에 따라 채무보증이 허용되는 경우에도 금융기관이 이를 받아들이지 않을 위험도 있다.

공정거래법 제10조의2 제1항 단서와 공정거래법 시행령 제17조의5는 계열회사에 대한 채무보증이 허용되는 예외사유를 비교적 넓게 정하고 있다. 이처럼 공정거래법이 계열회사에 대한 채무보증을 원칙적으로 금지하면서도 넓은 예외사유를 두고 있는 것을 보면, 공정거래법 제10조의2 제1항, 제15조를 위반한 채무보증이나 탈법행위가 그 자체로 사법상 효력을 부인하여야 할 만큼 현저히 반사회성이나 반도덕성을 지닌 것이라고 볼 수 없다.

3. 상고이유의 당부

이 사건 자금보충약정이 공정거래법상 탈법행위에 해당하는지 여부는 별론으로 하고, 이 사건 자금보충약정이 사법상 유효하다고 한 원심의 판단은 위 법리에 비추어 정당하다. 원심의 판단에 상고이유 주장과 같이 효력규정에 관한 법리를 오해하여 판결에 영향을 미친 잘못이 없다.

또한 관련 법리와 기록에 비추어 보면, 이 사건 자금보충약정이 신의성실의 원칙에 반하거나 반사회적 법률행위로서 무효라고 볼 만한 사정이 보이지 않는다. 따라서 이 사건 자금보충약정이 신의성실 원칙에 반하여 무효라고 볼 수 없다는 원심의 판단에 상고이유 주장과 같이 정의와 형평의 관념이나 신의성실 원칙, 반사회적 법률행위의 효력에 관한 법리를 오해하여 필요한 심리를 다하지 않은 잘못이 없다.

4. 결 론

원고의 상고는 이유 없어 이를 모두 기각하고 상고비용은 패소자가 부담하기로 하여, 대법관의 일치된 의견으로 주문과 같이 판결한다.

대법관　　이동원(재판장)　조희대　김재형(주심)　민유숙

(7) 대법원 2021. 11. 11. 선고 2017다222368 판결 [철강사 사건] (대표이사의 감시의무 및 책임)

판시사항

[1] 대표이사가 다른 이사의 업무집행이 위법하다고 의심할 만한 사유가 있는데도 고의 또는 과실로 감시의무를 위반하여 이를 방치한 경우, 이로 인해 회사가 입은 손해에 대하여 배상책임을 지는지 여부(적극)

[2] 대규모 회사에서 대표이사와 업무담당이사들이 내부적인 사무분장에 따라 각자의 전문 분야를 전담하여 처리하는 것이 불가피하다는 사정만으로 다른 이사들의 업무집행에 관한 감시의무를 면하는지 여부(원칙적 소극) 및 이러한 경우 구축하여야 할 내부통제시스템의 형태 / 대표이사가 회사의 목적이나 규모, 영업의 성격, 법령의 규제 등에 비추어 높은 법적 위험이 예상되는데도 이와 관련된 내부통제시스템을 구축하고 그것이 제대로 작동되도록 하기 위한 노력을 전혀 하지 않거나 위 시스템을 통한 감시·감독의무의 이행을 의도적으로 외면하여 다른 이사 등의 위법한 업무집행을 방지하지 못한 경우, 대표이사로서 회사 업무 전반에 대한 감시의무를 게을리한 것인지 여부(적극)

판결요지

[1] 이사가 고의 또는 과실로 법령 또는 정관에 위반한 행위를 하거나 그 임무를 게을리한 경우에는 그 이사는 회사에 대하여 연대하여 손해를 배상할 책임이 있다(상법 제399조 제1항). 주식회사의 이사는 담당업무는 물론 다른 업무담당이사의 업무집행을 감시할 의무가 있으므로 스스로 법령을 준수해야 할 뿐 아니라 다른 업무담당이사들도 법령을 준수하여 업무를 수행하도록 감시·감독하여야 할 의무를 부담한다. 특히 대표이사는 회사의 영업에 관하여 재판상 또는 재판 외의 모든 행위를 할 권한이 있으므로(상법 제389조 제3항, 제209조 제1항), 모든 직원의 직무집행을 감시할 의무를 부담함은 물론, 이사회의 구성원으로서 다른 대표이사를 비롯한 업무담당이사의 전반적인 업무집행을 감시할 권한과 책임이 있다. 따라서 다른 대표이사나 업무담당이사의 업무집행이 위법하다고 의심할 만한 사유가 있음에도 고의 또는 과실로 인하여 감시의무를 위반하여 이를 방치한

때에는 이로 말미암아 회사가 입은 손해에 대하여 상법 제399조 제1항에 따른 배상책임을 진다.

[2] 이사의 감시의무의 구체적인 내용은 회사의 규모나 조직, 업종, 법령의 규제, 영업상황 및 재무상태에 따라 크게 다를 수 있는데, 고도로 분업화되고 전문화된 대규모 회사에서 대표이사 및 업무담당이사들이 내부적인 사무분장에 따라 각자의 전문 분야를 전담하여 처리하는 것이 불가피한 경우라 할지라도 그러한 사정만으로 다른 이사들의 업무집행에 관한 감시의무를 면할 수는 없다. 그러한 경우 합리적인 정보 및 보고시스템과 내부통제시스템(이하 '내부통제시스템'이라고 한다)을 구축하고 그것이 제대로 작동되도록 하기 위한 노력을 전혀 하지 않거나 위와 같은 시스템이 구축되었다 하더라도 회사 업무 전반에 대한 감시·감독의무를 이행하는 것을 의도적으로 외면한 결과 다른 이사의 위법하거나 부적절한 업무집행 등 이사들의 주의를 요하는 위험이나 문제점을 알지 못하였다면, 이사의 감시의무 위반으로 인한 손해배상책임을 진다. 이러한 내부통제시스템은 비단 회계의 부정을 방지하기 위한 회계관리제도에 국한되는 것이 아니라, 회사가 사업운영상 준수해야 하는 제반 법규를 체계적으로 파악하여 그 준수 여부를 관리하고, 위반사실을 발견한 경우 즉시 신고 또는 보고하여 시정조치를 강구할 수 있는 형태로 구현되어야 한다. 특히 회사 업무의 전반을 총괄하여 다른 이사의 업무집행을 감시·감독하여야 할 지위에 있는 대표이사가 회사의 목적이나 규모, 영업의 성격 및 법령의 규제 등에 비추어 높은 법적 위험이 예상되는 경우임에도 이와 관련된 내부통제시스템을 구축하고 그것이 제대로 작동되도록 하기 위한 노력을 전혀 하지 않거나 위와 같은 시스템을 통한 감시·감독의무의 이행을 의도적으로 외면한 결과 다른 이사 등의 위법한 업무집행을 방지하지 못하였다면, 이는 대표이사로서 회사 업무 전반에 대한 감시의무를 게을리한 것이라고 할 수 있다.

참조조문

[1] 상법 제209조 제1항, 제389조 제3항, 제399조 제1항
[2] 상법 제209조 제1항, 제389조 제3항, 제399조 제1항

참조판례

[2] 대법원 2008. 9. 11. 선고 2006다68636 판결

따름판례

대법원 2022. 5. 12. 선고 2021다279347 판결, 대법원 2022. 7. 28. 선고 2019다202146 판결

전 문

【원고, 상고인】 원고
【피고, 피상고인】 피고
【원심판결】 서울고법 2017. 3. 16. 선고 2016나2032030 판결
【주 문】
원심판결을 파기하고, 사건을 서울고등법원에 환송한다.
【이 유】
상고이유를 판단한다.

1. 사안의 개요

원심판결의 이유와 기록에 의하면 다음과 같은 사실을 알 수 있다.

가. 유니온스틸 주식회사(이하 '유니온스틸'이라고 한다)는 철강제조 및 가공업 등을 영위하는 회사로서 2015. 1. 2. 동국제강 주식회사에 흡수합병되어 해산하였고, 피고는 2004. 3. 16.부터 2011. 3. 15.까지 유니온스틸의 대표이사로 재직하였다.

나. 원고는 2014. 4. 3. 유니온스틸의 발행주식 10,355,482주 중 1,320주를 취득하여 보유하다가 위 흡수합병으로 동국제강 주식회사의 발행주식 95,358,542주 중 2,626주를 보유하고 있다.

다. 유니온스틸은 담합행위를 하였다는 이유로 아래와 같이 공정거래위원회로부터 3차례에 걸쳐 합계 32,043,000,000원의 과징금 부과처분을 받았고, 이에 대해 시정명령 등 취소청구의 소를 제기하였으나 패소하였다(이하 아래 각 과징금 처분의 대상이 된 행위를 통틀어 '이 사건 담합행위'라고 한다).

1) 유니온스틸은 2013. 1. 29. 공정거래위원회로부터 다음과 같은 이유로 과징금 14,530,000,000원의 부과처분을 받았다. 유니온스틸은 동부제철 주식회사(이하 '동부제철'이라고 한다), 현대하이스코 주식회사(이하 '현대하이스코'라고 한다), 주식회사 세아제강(이하 '세아제강'이라고 한다), 포스코강판 주식회사(이하 '포스코강판'이라고 한다)와 2005. 2.부터 2010. 11.까지 아연도강판의 기준가격 인상·인하 폭을 공동으로 합의하여 결정하고 판매가격 할인을 하지 않도록 서로 논의하고, 동부제철, 현대하이스코, 포스코강판, 주식회사 포스코와 2006. 2.부터 2008. 4.까지 아연할증료 도입 및 인상을 공동으로 합의하여 결정하였으며, 동부제철, 세아제강, 현대하이스코와 2010. 2.부터 같은 해 11월까지 아연할증료의 도입 및 인상을 공동으로 합의하여 결정하는 등 「독점규제 및 공정거래에 관한 법률」(이하 '공정거래법'이라 한다) 제19조 제1항 제1호의 부당한 공동행위를 하였다.

2) 유니온스틸은 2013. 3. 5. 공정거래위원회로부터 다음과 같은 이유로 과징금

1,237,000,000원의 부과처분을 받았다. 유니온스틸은 현대하이스코, 동부제철과 2005. 2.부터 2010. 11.까지 냉연강판 기준가격을 공동으로 합의하여 결정하고 시장 판매가격을 할인하지 않도록 서로 논의하는 등 공정거래법 제19조 제1항 제1호의 부당한 공동행위를 하였다.

3) 유니온스틸은 2013. 4. 29. 공정거래위원회로부터 다음과 같은 이유로 과징금 16,276,000,000원의 부과처분을 받았다. 유니온스틸은 동부제철, 세아제강, 포스코강판, 현대하이스코, 세일철강 주식회사와 2004. 11.부터 2010. 11.까지 칼라강판의 기준가격 인상·인하 폭을 공동으로 합의하여 결정하고 판매가격 할인을 하지 않도록 서로 논의하는 등 공정거래법 제19조 제1항 제1호의 부당한 공동행위를 하였다.

라. 원고는 2014. 11. 7. 유니온스틸의 감사위원들에게 '유니온스틸의 이 사건 담합행위가 있었던 2004. 11.부터 2010. 6.까지 사이에 재임하였던 이사들 중 피고 등에 대하여 이사의 선관주의의무 및 충실의무 위반을 이유로 한 손해배상청구의 소를 제기할 것을 요청한다.'는 소제기 청구서를 발송하였으나, 유니온스틸은 2014. 12. 11. 위 이사들에 대하여 소송을 제기하지 않겠다는 취지로 회신하였다.

마. 원고는 2014. 12. 24. 이 사건 소를 제기하였다.

2. 피고가 이 사건 담합행위를 지시하거나 관여하였는지 여부(상고이유 제2점에 대하여)

원심은 그 판시와 같은 이유로 원고가 제출한 증거만으로는 피고가 대표이사로서 이 사건 담합행위를 지시하거나 관여하였다고 인정하기에 부족하다고 판단하였다.

원심판결 이유를 관련 법리와 기록에 비추어 살펴보면, 원심의 위와 같은 판단에 상고이유 주장과 같이 필요한 심리를 다하지 않은 채 논리와 경험의 법칙을 위반하여 자유심증주의의 한계를 벗어나는 등으로 판결에 영향을 미친 잘못이 없다.

3. 피고의 감시의무 위반 여부(상고이유 제1, 3점에 대하여)

가. 관련 법리

1) 이사가 고의 또는 과실로 법령 또는 정관에 위반한 행위를 하거나 그 임무를 게을리한 경우에는 그 이사는 회사에 대하여 연대하여 손해를 배상할 책임이 있다(상법 제399조 제1항). 주식회사의 이사는 담당업무는 물론 다른 업무담당이사의 업무집행을 감시할 의무가 있으므로 스스로 법령을 준수해야 할 뿐 아니라 다른 업무담당이사들도 법령을 준수하여 업무를 수행하도록 감시·감독하여야 할 의무를 부담한다. 특히 대표이사는 회사의 영업에 관하여 재판상 또는 재판 외의 모든 행위를 할 권한이 있으므로(상법 제389조 제3항, 제209조 제1항), 모든 직원의 직무집행을 감시할 의무를 부담함은 물론, 이사회의 구성원으로서 다른 대표이사를 비롯한 업무담당이사의 전반적인 업무집행을 감시할 권한과 책임이 있다. 따라서 다른 대표이사나 업무담당이사의 업무집행이 위법하다고 의심할 만한 사유가 있음에도 고의 또는 과실로 인하여 감시의무를 위반하여 이를 방치한 때에는 이로 말미암아 회사가 입은 손해에 대하여 상법 제399조 제1항에 따른 배상책임을 진다.

2) 위와 같은 이사의 감시의무의 구체적인 내용은 회사의 규모나 조직, 업종, 법령의 규제, 영업상황 및 재무상태에 따라 크게 다를 수 있는데, 고도로 분업화되고 전문화된 대규

모 회사에서 대표이사 및 업무담당이사들이 내부적인 사무분장에 따라 각자의 전문 분야를 전담하여 처리하는 것이 불가피한 경우라 할지라도 그러한 사정만으로 다른 이사들의 업무집행에 관한 감시의무를 면할 수는 없다. 그러한 경우 합리적인 정보 및 보고시스템과 내부통제시스템(이하 '내부통제시스템'이라고 한다)을 구축하고 그것이 제대로 작동되도록 하기 위한 노력을 전혀 하지 않거나 위와 같은 시스템이 구축되었다 하더라도 회사 업무 전반에 대한 감시·감독의무를 이행하는 것을 의도적으로 외면한 결과 다른 이사의 위법하거나 부적절한 업무집행 등 이사들의 주의를 요하는 위험이나 문제점을 알지 못하였다면, 이사의 감시의무 위반으로 인한 손해배상책임을 진다(대법원 2008. 9. 11. 선고 2006다68636 판결 참조). 이러한 내부통제시스템은 비단 회계의 부정을 방지하기 위한 회계관리제도에 국한되는 것이 아니라, 회사가 사업운영상 준수해야 하는 제반 법규를 체계적으로 파악하여 그 준수 여부를 관리하고, 위반사실을 발견한 경우 즉시 신고 또는 보고하여 시정조치를 강구할 수 있는 형태로 구현되어야 한다. 특히 회사 업무의 전반을 총괄하여 다른 이사의 업무집행을 감시·감독하여야 할 지위에 있는 대표이사가 회사의 목적이나, 규모, 영업의 성격 및 법령의 규제 등에 비추어 높은 법적 위험이 예상되는 경우임에도 이와 관련된 내부통제시스템을 구축하고 그것이 제대로 작동되도록 하기 위한 노력을 전혀 하지 않거나 위와 같은 시스템을 통한 감시·감독의무의 이행을 의도적으로 외면한 결과 다른 이사 등의 위법한 업무집행을 방지하지 못하였다면, 이는 대표이사로서 회사 업무 전반에 대한 감시의무를 게을리한 것이라고 할 수 있다.

나. 원심의 판단

원심은 피고가 대표이사로서 이 사건 담합행위와 관련하여 임직원들의 불법행위를 방치하거나 임직원들에 대한 감시의무를 게을리하였다고 인정할 만한 구체적인 증거가 없을 뿐 아니라, 유니온스틸이 내부통제시스템을 제대로 구축하지 않았거나 내부통제시스템을 이용한 회사 운영의 감시·감독을 의도적으로 외면하는 등의 방법으로 내부통제의무를 위반하였음을 인정할 만한 증거도 부족하다고 판단하였다.

다. 대법원의 판단

1) 그러나 앞서 본 사실관계 및 기록에 의하여 알 수 있는 다음과 같은 사실과 사정을 위에서 본 법리에 비추어 볼 때 원심의 판단은 그대로 수긍하기 어렵다.

가) 유니온스틸은 유가증권시장 상장회사로서 대표이사 아래 영업총괄담당임원·기획담당임원·재무회계담당임원·자재담당임원 등을 두어 내부적인 사무분장에 따라 각자의 분야를 전담하여 처리하는 조직구조를 갖추고 있고, 그 위임전결 권한 기준표 등에 따르면 이 사건 담합과 관련 있는 철강제품의 판매가격 조정 및 할인 등에 관한 사항은 관장임원이 전결로 처리하도록 되어 있으며, 대표이사인 피고가 이 사건 담합행위를 공식적으로 직접 지시하거나 보고받았다고 볼 만한 자료는 없다.

그러나 이 사건 담합행위는 2004. 11.부터 2010. 11.까지 아연도강판·냉연강판·칼라강판 등 여러 품목에 관하여 이루어졌고, 그로 인해 2013년에 유니온스틸에 부과된 과징금은 약 320억 원에 이른다. 이 사건 담합행위는 담합에 참여한 회사들의 영업담당임원 모임과 영업팀장 모임을 통하여 이루어졌는데, 영업담당임원들은 회장과 간사를 두어 정기 또는 비정기 모임을 개최하면서 대략적인 가격 인상·인하 폭 등 담합의 기본내용을 합의하고, 영업팀장들은 정기 또는 비정기 모임을 통하여 구체적인 회사사정 등까지 협의하여 각 회사별 가격 인상·인하 폭, 실행시기 등 세부적인 내용을 합의하면서 수요처 시황 등의 정보를 수시로 교환하고 합의된 가격을 제대로 실행하는지 여부 등을 점검하며 인사이동이 있으면 전임자가 후임자에게 인계하는 형태로 모임을 지속해 왔다. 유니온스틸에서 위 기간 동안 임원 모임에 참석한 임원만 하더라도 소외 1, 소외 2, 소외 3, 소외 4, 소외 5 등 여러 명에 이른다. 이와 같이 오랜 기간 영업담당임원과 영업팀장 모임을 통하여 여러 품목에 관하여 지속적이고 조직적으로 가격담합이 이루어졌음에도, 가격담합에 직접 관여한 임직원들은 대표이사인 피고를 비롯한 다른 임직원들로부터 그 어떠한 제지나 견제도 받지 않았다. 이는 회사의 업무 전반에 대한 감시·감독의무를 이행하여야 하는 대표이사인 피고가 가격담합 행위를 의도적으로 외면하였거나 적어도 가격담합의 가능성에 대비한 그 어떠한 주의도 기울이지 않았음을 의미한다.

나) 철강산업은 자본집약적 장치산업으로 대량 생산을 하면서도 가격을 일정한 수준 이상으로 유지하기 위하여 동종 업체들이 담합하여 공동으로 가격을 인상하고 인상된 가격을 유지하려는 노력을 지속하려는 경제적 유인이 있다. 특히 이 사건 담합행위가 이루어진 냉연강판, 아연도강판, 칼라강판 시장은 유니온스틸을 비롯한 4~5개의 사업자가 과점하는 구조이어서 해당 업체들 사이에 담합의 형성 및 유지가 용이할 뿐만 아니라 그 합의를 통하여 얻는 경제적 이익도 크므로 담합의 유인이 높다고 볼 수 있다. 한편 공정거래법은 가격담합 등 다른 사업자와 공동으로 부당하게 경쟁을 제한하는 행위를 금지하고, 이를 위반하는 경우 해당 사업자에 대하여 시정조치를 명하거나, 법 위반행위에 따르는 불법적인 경제적 이익을 박탈하고 위법행위를 제재하기 위하여 과징금을 부과하고 형사처벌 규정까지 두는 등 엄격한 제재를 하고 있다. 그럼에도 유니온스틸은 위와 같이 높은 법적 위험이 있는 가격담합 등 위법행위를 방지하기 위하여 합리적인 내부통제시스템을 갖추지 못하였던 것으로 보이고, 피고가 이를 구축하려는 노력을 하였다고 볼 만한 자료도 없다.

또한 유니온스틸에서 지속적이고도 조직적인 담합이라는 중대한 위법행위가 발생하고 있음에도 대표이사인 피고가 이를 인지하지 못하여 미연에 방지하거나 발생 즉시 시정조치를 할 수 없었다면, 이는 회사의 업무집행과정에서 중대한 위법·부당행위로 인하여 발생할 수 있는 위험을 통제하기 위한 내부통제시스템을 구축하기 위한 노력을 전혀 하지 않았거나 그 시스템을 구축하고도 이를 이용하여 회사 업무 전반에 대한 감시·감독의무를 이행하는 것을 의도적으로 외면한 결과라고도 볼 수 있다.

다) 한편 피고가 내부통제시스템으로 구축하였다고 주장하는 내부회계 관리제도는 「주식회사 등의 외부감사에 관한 법률」에 따른 회계정보의 작성과 공시를 위한 것으로 대체로 회계 분야에 한정되어 있고, 2003년 제정한 윤리규범은 임직원의 직무수행에 관한 추상적이고 포괄적인 지침에 불과하며, 그 밖에 주장하는 사외이사·감사 선임 및 운영, 이사회를 통한 의사결정 등은 가격담합 등 위법행위를 사전에 방지하고 위법행위가 의심되거나 확인되는 경우 이에 관한 정보를 수집·보고하고 나아가 위법행위를 통제하는 장치로서 기능하였다고 보기 어렵다.

라) 따라서 대표이사인 피고가 이 사건 담합행위를 구체적으로 알지 못하였고 임원들의 행위를 직접 지시하지 않았다는 이유만으로는 그 책임을 면할 수 없고, 위와 같이 피고가 대표이사로서 마땅히 기울였어야 할 감시의무를 지속적으로 게을리한 결과 회사에 손해가 발생하였다면 피고는 이에 대해 배상할 책임이 있다고 보아야 한다.

2) 그런데도 원심은 유니온스틸에서 장기간 조직적으로 이루어진 중대한 위법행위인 담합을 방지하기 위하여 실제로 어떠한 합리적인 내부통제시스템을 구축하고 운영하였는지에 대해 충분히 살펴보지 않은 채 피고가 대표이사로서의 감시의무를 해태하지 않았다고 보아 상법 제399조 제1항에 따른 손해배상책임을 부담하지 않는다고 판단하였다. 이러한 원심의 판단에는 이사의 감시의무에 관한 법리를 오해하고 필요한 심리를 다하지 아니함으로써 판결에 영향을 미친 잘못이 있다. 이를 지적하는 상고이유 주장은 이유 있다.

4. 결 론

그러므로 원심판결을 파기하고 사건을 다시 심리·판단하도록 원심법원에 환송하기로 하여, 관여 대법관의 일치된 의견으로 주문과 같이 판결한다.

대법관　 김재형(재판장) 안철상 노정희(주심) 이흥구

▌ 참조문헌 ▌

박준영, "이사의 감시의무와 내부통제제도, 자율규제에 관한 고찰 – 대법원 2021. 11. 11. 선고 2017다222368을 중심으로 –", 상사판례연구 35권 3호, 한국상사판례학회(2022)

손동환, "공정거래법 사적 집행과 주주대표소송(대법원 2021. 11. 11. 선고 2017다222368 판결", 경쟁저널 211호, 한국공정경쟁연합회(2022)

정 대, "대회사 이사의 내부통제의무와 책임에 관한 연구 – 대법원 2021. 11. 11. 선고 2017다222368판결을 중심으로 –", 경제법연구 20권 3호, 한국경제법학회(2021)

정준우, "이사의 감시의무와 그 적용범위 – 대법원 2017다222368 판결을 중심으로 –", 법학논총 39집 1호, 한양대학교 법학연구소(2022)

---

(8) 대법원 2022. 5. 12. 선고 2021다279347 판결 [건설사 사건] (이사의 감시의무 및 책임)

판시사항

[1] 주식회사의 이사는 대표이사나 업무담당이사가 법령을 준수하여 업무를 수행하도록 감시·감독할 의무를 부담하는지 여부(적극) 및 이는 사외이사 등 회사의

상무에 종사하지 않는 이사도 마찬가지인지 여부(적극) / 주식회사의 이사가 대표이사나 업무담당이사의 업무집행이 위법하다고 의심할 만한 사유가 있는데도 고의 또는 과실로 감시의무를 위반하여 이를 방치한 경우, 이로 인해 회사가 입은 손해에 대하여 상법 제399조 제1항에 따른 배상책임을 지는지 여부(적극)

[2] 대규모 회사에서 대표이사나 일부 이사들만이 내부적인 사무분장에 따라 각자의 전문 분야를 전담하여 처리하는 것이 불가피한 경우, 이사가 부담하는 감시의무의 내용 / 업무집행을 담당하지 않는 사외이사 등이 감시의무를 위반한 것으로 인정될 수 있는 경우

[3] 이사가 법령 등을 위반한 행위를 하거나 임무를 게을리하여 회사에 손해배상책임을 지는 경우, 임무위반의 경위 등 제반 사정을 참작하여 손해배상액을 제한할 수 있는지 여부(적극) 및 이때 손해배상액 제한의 참작 사유에 관한 사실인정이나 제한 비율의 결정이 사실심의 전권사항인지 여부(원칙적 적극)

판결요지

[1] 이사가 고의 또는 과실로 법령 또는 정관에 위반한 행위를 하거나 그 임무를 게을리한 경우에는 그 이사는 회사에 대하여 연대하여 손해를 배상할 책임이 있다(상법 제399조 제1항). 주식회사의 이사는 담당업무는 물론 대표이사나 업무담당이사의 업무집행을 감시할 의무가 있으므로 스스로 법령을 준수해야 할 뿐 아니라 대표이사나 다른 업무담당이사도 법령을 준수하여 업무를 수행하도록 감시·감독하여야 할 의무를 부담한다. 이러한 감시·감독 의무는 사외이사 등 회사의 상무에 종사하지 않는 이사라고 하여 달리 볼 것이 아니다. 따라서 주식회사의 이사가 대표이사나 업무담당이사의 업무집행이 위법하다고 의심할 만한 사유가 있음에도 고의 또는 과실로 인하여 감시의무를 위반하여 이를 방치한 때에는 이로 말미암아 회사가 입은 손해에 대하여 상법 제399조 제1항에 따른 배상책임을 진다.

[2] 이사의 감시의무의 구체적인 내용은 회사의 규모나 조직, 업종, 법령의 규제, 영업상황 및 재무상태에 따라 크게 다를 수 있다. 특히 고도로 분업화되고 전문화된 대규모 회사에서 대표이사나 일부 이사들만이 내부적인 사무분장에 따라 각자의 전문 분야를 전담하여 처리하는 것이 불가피한 경우에도, 모든 이사는 적어도 회사의 목적이나 규모, 영업의 성격 및 법령의 규제 등에 비추어 높은 법적 위험이 예상되는 업무와 관련해서는 제반 법규를 체계적으로 파악하여 그 준수 여부를 관리하고 위반사실을 발견한 경우 즉시 신고 또는 보고하여 시정조치

를 강구할 수 있는 형태의 내부통제시스템을 구축하여 작동되도록 하는 방식으로 감시의무를 이행하여야 한다. 다만 회사의 업무집행을 담당하지 않는 사외이사 등은 내부통제시스템이 전혀 구축되어 있지 않는데도 내부통제시스템 구축을 촉구하는 등의 노력을 하지 않거나 내부통제시스템이 구축되어 있더라도 제대로 운영되고 있지 않다고 의심할 만한 사유가 있는데도 이를 외면하고 방치하는 등의 경우에 감시의무 위반으로 인정될 수 있다.

[3] 이사가 고의 또는 과실로 법령 또는 정관에 위반한 행위를 하거나 그 임무를 게을리함으로써 회사에 대하여 손해를 배상할 책임이 있는 경우에 그 손해배상의 범위를 정함에 있어서는, 당해 사업의 내용과 성격, 당해 이사의 임무위반의 경위 및 임무위반행위의 태양, 회사의 손해 발생 및 확대에 관여된 객관적인 사정이나 그 정도, 평소 이사의 회사에 대한 공헌도, 임무위반행위로 인한 당해 이사의 이득 유무, 회사의 조직체계의 흠결 유무나 위험관리체제의 구축 여부 등 제반 사정을 참작하여 손해분담의 공평이라는 손해배상제도의 이념에 비추어 그 손해배상액을 제한할 수 있는데, 이때에 손해배상액 제한의 참작 사유에 관한 사실인정이나 그 제한의 비율을 정하는 것은 그것이 형평의 원칙에 비추어 현저히 불합리한 것이 아닌 한 사실심의 전권사항이다.

참조조문

[1] 상법 제382조 제2항, 제3항, 제399조 제1항, 민법 제681조
[2] 상법 제382조 제2항, 제3항, 제399조 제1항, 민법 제681조
[3] 상법 제399조 제1항, 민법 제396조, 민사소송법 제202조, 제432조

참조판례

[1][2] 대법원 2021. 11. 11. 선고 2017다222368 판결
[3] 대법원 2007. 10. 11. 선고 2007다34746 판결

전 문

【원고, 상고인 겸 피상고인】 경제개혁연대 외 12인
【피고, 피상고인 겸 상고인】 피고 1 외 9인
【원심판결】 서울고법 2021. 9. 3. 선고 2020나2034989 판결
【주 문】
상고를 모두 기각한다. 상고비용 중 원고들의 상고로 인한 부분은 원고들이, 피고들의 상고로 인한 부분은 피고들이 각 부담한다.

【이 유】

상고이유(상고이유서 제출기간이 지난 후에 제출된 서면의 기재는 상고이유를 보충하는 범위 내에서)를 판단한다.

1. 사건의 경위

원심판결 이유와 기록에 의하면 다음 사실을 알 수 있다.

가. 당사자의 지위

1) 주식회사 대우건설(위 회사를 비롯하여 이하 회사 명칭에서 '주식회사' 표시는 모두 생략한다)은 토목, 건축, 주택건설 등의 영업을 하는 회사인데, 2011년을 기준으로 자본금은 약 2조 781억 원, 매출액은 약 7조 318억 원, 영업이익은 약 3,648억 원, 당기순이익은 약 2,267억 원, 상시 종업원 수는 약 4,789명, 토건 시공능력 평가액은 6위였고, 발행주식 총수는 415,622,638주이다.

2) 원고들은 대우건설 발행주식을 2013. 10. 이전부터 소유하고 있는 주주들인데, 그 주식의 합계는 42,750주로 대우건설 발행주식 총수의 1/10,000을 초과한다.

3) 피고들은 아래에서 살펴볼 각 입찰담합(이하 통틀어 '이 사건 입찰담합'이라고 한다) 기간 전부 혹은 일부 기간 동안 대우건설의 대표이사, 사내이사, 사외이사 등으로 재직하였던 사람들이다.

나. 대우건설의 4대강 살리기 사업 1차 턴키공사 관련 입찰담합(이하 '4대강 사업 입찰담합' 이라고 한다)

1) 2007년 말 '한반도 대운하 건설사업'을 민자사업으로 추진하기 위하여 대우건설 등 5개 대형 건설사는 공동수급체를 구성하였고, 이후 9개 건설사가 추가로 공동수급체에 합류한 후 14개 건설사 사이에서 '한반도 대운하 건설사업'에 관하여 대우건설이 14.4%의 지분(현대건설 15.4%, 삼성물산, 대림산업, 지에스건설 각 14.4%, 나머지 건설사 각 3.0%)을 갖기로 하는 합의가 이루어졌다.

2) 2008. 6. 19. 정부는 여론 악화 등을 이유로 '한반도 대운하 건설사업'의 중단을 선언하였고, 2008. 12. 15. 국가균형발전위원회에서 중단된 기존의 민자사업 형태의 '한반도 대운하 건설사업'을 국가예산을 투입하는 재정사업의 형태로 변경한 '4대강 살리기 사업'으로 추진하기로 결정되었으며, 2009. 6. 8. '4대강 살리기 사업'이 최종 확정·발표되었다.

3) 그런데 '한반도 대운하 건설사업'의 공동수급체를 구성하고 있던 대우건설 등 14개 건설사에 추가로 5개 건설사가 합류하여 2009. 4. 무렵 19개 건설사가 '4대강 살리기 사업'에 관하여 현대건설 9.0%, 삼성물산, 에스케이건설, 대림산업, 대우건설, 지에스건설 각 8.0%, 포스코건설 6.9%, 현대산업개발 6.0%, 금호산업 및 롯데건설 각 4.2%, 한화건설 등 나머지 9개 회사 각 3.3%의 지분을 갖기로 합의하였다.

4) 위와 같은 지분에 관한 협의가 이루어지던 중인 2009. 2. 9. '4대강 살리기 사업'의 선도사업으로 금강 1공구의 입찰이 공고되었는데, 그 공고 전에 금강 1공구가 재정사업으로 발주될 것임을 알고 있었던 대우건설 등 5개 건설사는 대우건설이 금강 1공구를 배분받는데 합의하였고, 2009. 4. 21. 그 입찰이 실시되어 2009. 5.경 대우건설이 낙찰자로 선정되었다.

5) 2009. 4. 말 무렵 '4대강 살리기 사업' 1차 턴키공사에서 건설할 15개 보(堡)가 확정되자, 대우건설 등은 위와 같은 지분에 관한 합의를 기초로 하여 '4대강 살리기 사업' 선도사업(금강 1공구)과 1차 턴키공사에 포함되는 16개 공구 중 영산강 공구(2개 공구)를 제외한 나머지 14개 공구에 대하여 현대건설, 삼성물산, 에스케이건설, 대림산업, 대우건설, 지에스건설이 각 2개 공구를, 포스코건설과 현대산업개발이 각 1개 공구를 배분받기로 하는 합의를 하였다.

6) '4대강 살리기 사업' 1차 턴키공사는 2009. 6. 29. 최초 공고되어 2009. 9. 무렵 입찰이 이루어졌는데, 그 결과 낙동강 32공구 입찰에서 삼성물산 대신 두산건설이 낙찰자로 선정된 것을 제외하고는 공구배분에 참여한 대우건설 등 8개사는 사전에 결정한 주력 공구의 낙찰자로 모두 선정되었다.

7) 공정거래위원회는 대우건설 등 건설사가 위와 같이 '4대강 살리기 사업'에 관하여 지분에 관한 합의를 한 것과 공구배분에 관한 합의를 한 것이 구 「독점규제 및 공정거래에 관한 법률」(2020. 12. 29. 법률 제17799호로 전부개정되기 전의 것, 이하 '구 공정거래법'이라고 한다) 제19조 제1항 제3호의 부당한 공동행위 등에 해당한다는 이유로 2012. 8. 31. 대우건설에 대하여 시정명령과 96억 9,700만 원의 과징금 납부명령을 하였다.

8) 이에 대하여 대우건설은 그 처분의 취소를 구하는 소를 제기하였으나, 2014. 6. 13. 청구기각의 판결(서울고등법원 2012누29303)을 선고받았고, 대우건설이 상고(대법원 2014두10394)하였으나 2014. 10. 30. 상고기각되었다.

9) 또한 대우건설과 당시 대우건설의 대표이사로 재직하면서 경영 전반을 총괄하였던 피고 1 등은 위와 같은 공구배분의 합의와 이에 따른 입찰행위 등으로 건설산업기본법 제95조 제1호, 제3호, 제98조 제2항을 위반하였다는 공소사실로 기소되었고, 2014. 2. 6. 피고 1에 대하여는 징역 1년 6개월 및 집행유예 2년, 대우건설에 대하여는 벌금 7,500만 원의 판결이 선고되었으며(서울중앙지방법원 2013고합998), 그 판결은 그대로 확정되었다.

다. 대우건설의 영주다목적댐 건설공사 관련 입찰담합(이하 '영주댐 입찰담합'이라고 한다)

1) 한국수자원공사가 2009. 7. 10. 영주다목적댐 건설공사에 관하여 발주 및 입찰공고를 하여 설계·시공 일괄입찰방식으로 입찰이 진행되었는데, 대우건설과 삼성물산은 각자 공동수급체를 구성하여 입찰에 참가하여 입찰참가자격 사전심사에서 모두 입찰참가 적격자로 선정되었다.

2) 대우건설의 설계업무를 담당하던 소외 1 차장은 2009. 10. 1. 무렵 삼성물산 소외 2 부장 등과 만나 위 입찰의 기본설계에 관하여 "① 여수로 감세공은 200년 빈도 홍수량을 기준으로 설계한다. ② 생태 교량과 어도는 설계 내용에 포함하지 않는다. ③ 배사문은 한 개조만 설계에 반영한다. ④ 수리모형실험 결과는 입찰 시 제출하는 보고서 등에 수록한다."라고 합의하였고, 2009. 10. 8. 이에 관한 합의서를 작성하였다.

3) 2009. 11. 19. 개찰결과 삼성물산이 실시설계 적격자(낙찰자)로 선정되어 2009. 12. 30. 수자원공사와 총공사계약금액 2,214억 3,000만 원에 공사도급계약을 체결하였다.

4) 공정거래위원회는 대우건설, 삼성물산 등이 영주다목적댐 건설공사 입찰에 참여하면서 사전에 공동으로 특정 공정 및 설비 등을 기본설계 등에서 제외하거나 포함시킬지 여부

등을 합의한 것이 구 공정거래법 제19조 제1항 제8호의 부당한 공동행위에 해당한다는 이유로 2013. 3. 18. 대우건설에 대하여 시정명령과 24억 9,100만 원의 과징금 납부명령을 하였다.

5) 이에 대하여 대우건설은 그 처분의 취소를 구하는 소(서울고등법원 2013누45081)를 제기하였는데, 위 법원은 2014. 9. 5. 시정명령 중 일부만을 취소하고, 시정명령 중 나머지 부분 및 과징금 부분에 대한 대우건설의 청구를 기각하는 판결을 선고하였으며, 이에 대하여 공정거래위원회만이 상고함으로써 과징금 부과명령 부분은 그대로 확정되었다.

라. 대우건설의 인천도시철도 2호선 건설공사 관련 입찰담합(이하 '인천지하철 입찰담합'이라고 한다)

1) 인천도시철도 2호선 건설공사는 201공구에서 216공구까지 16개 공구로 분할되어 설계·시공 일괄입찰공사방식으로 입찰이 진행되었는데, 대우건설은 인천도시철도 2호선 건설공사 중 207공구에 관한 입찰과 209공구에 관한 입찰에 공동수급체를 구성하여 참여하였다.

2) 대우건설의 국내영업본부 상무보 소외 3은 2009. 1. 무렵 현대건설의 국내영업본부 부장 소외 4에게 연락하여 "대우건설이 추진 중인 207공구의 입찰에 현대건설이 들러리로 참여하여 달라."라고 제안하였고, 소외 4는 내부 회의를 거쳐 이에 동의하였다.

3) 소외 3과 소외 4 등은 그 무렵부터 현대건설의 설계 품질과 투찰가격을 조율하였고, 현대건설은 대우건설보다 더 낮은 설계점수를 받도록 작성한 설계서를 제출하고 대우건설의 투찰가격에 근접한 가격으로 투찰하였다. 이에 따라 대우건설과 현대건설이 2009. 4. 17. 참여한 207공구 입찰에서 대우건설이 낙찰자로 선정되었다.

4) 대우건설의 영업팀장 소외 5는 2009. 1. 무렵 에스케이건설 국내영업팀장 소외 6으로부터 "에스케이건설이 추진 중인 209공구의 입찰에 대우건설이 들러리로 참여하여 달라."라는 제안을 받았고, 소외 5는 대우건설 내부 회의를 거쳐 이에 동의하였다. 소외 5와 소외 6 등은 그 무렵부터 대우건설의 설계 품질과 투찰가격을 조율하였고, 대우건설은 에스케이건설보다 더 낮은 설계점수를 받도록 작성한 설계서를 제출하고 에스케이건설의 투찰가격보다 더 높은 가격에 투찰하였다. 이에 따라 대우건설과 에스케이건설이 2009. 4. 17. 참여한 209공구 입찰에서 에스케이건설이 낙찰자로 선정되었다.

5) 공정거래위원회는 대우건설 등이 인천도시철도 2호선 건설공사의 입찰에서 사전에 낙찰예정자를 선정함과 동시에 이들이 낙찰을 받을 수 있도록 다른 사업자가 형식적으로 입찰에 참가하는 내용의 합의를 하고 그 합의에 따라 실제 입찰에 참여한 행위가 구 공정거래법 제19조 제1항 제8호에 해당한다는 이유로, 2014. 1. 8. 대우건설 등을 고발한다는 결정을 하였고, 2014. 2. 25. 대우건설에 대하여 시정명령과 160억 3,200만 원의 과징금 납부명령을 하였다.

6) 대우건설은 위와 같은 행위가 부당한 공동행위에 해당함을 이유로 공정거래법 위반죄로 공소가 제기되어 2014. 8. 20. 벌금 1억 원을 선고받았고(인천지방법원 2014고단2277, 2651), 이에 대하여 항소하였으나 2015. 3. 20. 항소기각의 판결을 선고받았으며(인천지방법원 2014노2950), 그 판결이 그대로 확정되었다.

마. 원고들의 이 사건 소제기 경위

1) 원고들은 2014. 4. 10. 대우건설의 당시 감사위원 3명에게 상법 제403조에 따라 이사들의 책임을 추궁하는 손해배상청구의 소를 제기할 것을 청구하였다.

2) 대우건설이 그 소제기 청구서를 받고도 30일 이내에 피고들에 대하여 손해배상청구의 소를 제기하지 않자, 원고들은 2014. 5. 23. 이 사건 소를 제기하였다.

2. 관련 법리

이사가 고의 또는 과실로 법령 또는 정관에 위반한 행위를 하거나 그 임무를 게을리한 경우에는 그 이사는 회사에 대하여 연대하여 손해를 배상할 책임이 있다(상법 제399조 제1항). 주식회사의 이사는 담당업무는 물론 대표이사나 업무담당이사의 업무집행을 감시할 의무가 있으므로 스스로 법령을 준수해야 할 뿐 아니라 대표이사나 다른 업무담당이사도 법령을 준수하여 업무를 수행하도록 감시·감독하여야 할 의무를 부담한다. 이러한 감시·감독 의무는 사외이사 등 회사의 상무에 종사하지 않는 이사라고 하여 달리 볼 것이 아니다. 따라서 주식회사의 이사가 대표이사나 업무담당이사의 업무집행이 위법하다고 의심할 만한 사유가 있음에도 고의 또는 과실로 인하여 감시의무를 위반하여 이를 방치한 때에는 이로 말미암아 회사가 입은 손해에 대하여 상법 제399조 제1항에 따른 배상책임을 진다.

이사의 감시의무의 구체적인 내용은 회사의 규모나 조직, 업종, 법령의 규제, 영업상황 및 재무상태에 따라 크게 다를 수 있다. 특히 고도로 분업화되고 전문화된 대규모 회사에서 대표이사나 일부 이사들만이 내부적인 사무분장에 따라 각자의 전문 분야를 전담하여 처리하는 것이 불가피한 경우에도, 모든 이사는 적어도 회사의 목적이나 규모, 영업의 성격 및 법령의 규제 등에 비추어 높은 법적 위험이 예상되는 업무와 관련해서는 제반 법규를 체계적으로 파악하여 그 준수 여부를 관리하고 위반사실을 발견한 경우 즉시 신고 또는 보고하여 시정조치를 강구할 수 있는 형태의 내부통제시스템을 구축하여 작동되도록 하는 방식으로 감시의무를 이행하여야 한다(대법원 2021. 11. 11. 선고 2017다222368 판결 등 참조). 다만 회사의 업무집행을 담당하지 않는 사외이사 등은 내부통제시스템이 전혀 구축되어 있지 않는데도 내부통제시스템 구축을 촉구하는 등의 노력을 하지 않거나 내부통제시스템이 구축되어 있더라도 제대로 운영되고 있지 않다고 의심할 만한 사유가 있는데도 이를 외면하고 방치하는 등의 경우에 감시의무 위반으로 인정될 수 있다.

3. 피고들의 상고이유에 관한 판단

가. 4대강 사업 입찰담합과 관련한 피고 1의 손해배상책임 발생 관련

1) 원심은 그 판시와 같은 이유로, 대우건설의 대표이사인 피고 1은 그 임직원이 4대강 사업에 입찰하는 직무를 집행하는 과정에서 담합을 하여 공정거래법 등 법령을 위반하는 행위를 한다고 의심할 만한 충분한 사유가 있었음에도 만연히 이를 방치함으로써 그 임무를 게을리하였으므로, 그로 인해 대우건설이 입은 손해를 배상할 책임이 있다고 판단하였다.

2) 피고 1의 이 부분 상고이유 주장은 사실심의 전권에 속하는 증거의 취사선택과 사실 인정을 탓하는 것에 불과하여 적법한 상고이유로 볼 수 없다. 그뿐만 아니라, 원심판결 이

유를 기록에 비추어 살펴보더라도, 이러한 원심판단에 상고이유 주장과 같이 논리와 경험의 법칙을 위반하여 자유심증주의의 한계를 벗어나거나 이사의 감시의무에 관한 법리를 오해한 잘못이 없다.

나. 피고들의 이 사건 입찰담합 관련 감시의무 위반에 따른 손해배상책임 발생 관련

1) 원심은 아래와 같은 사정 등을 이유로, 대우건설의 이사인 피고들이 개별 공사에 관한 입찰 업무에 관여하거나 보고받은 사실이 없어 이 사건 입찰담합에 관하여 알지 못하였고 알 수도 없었으며 이를 의심할 만한 사정 또한 전혀 없었다고 하더라도, 피고들은 이 사건 입찰담합 등 임직원의 위법행위에 관하여 합리적인 정보 및 보고시스템과 내부통제시스템을 구축하고 그것이 제대로 작동하도록 관리할 의무를 이행하지 않음으로써 이사의 감시의무를 위반하였다고 판단하였다.

가) 이 사건 입찰담합 당시 대우건설은 윤리강령, 윤리세칙, 기업행동강령 등을 제정해 시행한 상태였고, 임직원을 대상으로 윤리경영교육, 건설 하도급 공정거래법 교육 등을 시행하였으나, 이는 단지 임직원의 직무수행에 관한 추상적이고 포괄적 지침 또는 사전 교육에 불과할 뿐, 입찰담합 등의 위법행위가 의심되거나 확인되는 경우 이에 관한 정보를 수집하여 보고하고 나아가 위법행위를 통제하는 장치라고는 볼 수 없고, 당시 내부적으로 임직원의 입찰담합 시도를 방지, 차단하기 위하여 그 어떤 합리적인 정보 및 보고시스템이나 내부통제시스템도 갖추지 못한 것으로 보인다.

나) 피고들의 주장 등에 의하면 이 사건 입찰담합을 비롯한 대우건설이 관련된 입찰담합은 모두 이사 또는 이사회에 보고되지 않고 담당 본부장의 책임 아래 개별 본부(국내영업본부, 토목사업본부 등)에 소속된 임직원에 의하여 행하여졌다는 것이므로, 결국 이 사건 입찰담합에 관여한 대우건설의 임직원은 피고들을 비롯한 이사들로부터 아무런 제지나 견제를 받지 않았다는 것과 다름없고, 대우건설은 입찰담합에 관여한 임직원들에 대하여 독립적인 조사절차 또는 징계절차도 전혀 운용하지 않은 것으로 보이며, 대우건설의 임직원들은 수사기관에서의 진술에서 입찰담합 등의 위법행위가 관행적으로 이루어진 측면이 있다고 진술하였을 뿐만 아니라, 입찰담합을 주도한 직원이 오히려 임원으로 승진하기도 하였는바, 이러한 사정들도 이 사건 입찰담합 당시 대우건설의 내부통제시스템이 부재하였다는 점을 뒷받침한다.

다) 대우건설은 피고들의 전부 또는 일부가 대우건설의 이사로 재직하던 2006년부터 2013년 사이에 일어난 입찰담합을 이유로 공정거래위원회로부터 다수의 과징금 부과명령을 받은 사실이 있다. 더욱이 대우건설이 2004. 8. 무렵 관여한 서울지하철 7호선 건설공사 입찰담합과 관련하여 공정거래위원회가 2007. 7. 25. 시정명령과 과징금 부과명령, 고발 결정을 하였고, 이에 따라 대우건설에 대하여 공정거래법 위반죄 등으로 공소가 제기되어 2008. 2. 14. 제1심에서 벌금형의 유죄판결이 선고되었으며, 피고들이 대우건설의 이사로 재직 중일 때에도 그 사건이 항소심 또는 상고심에 계속 중이었다. 피고들의 이사 취임 이전에 발생한 것을 포함하여 대우건설의 입찰담합 관여 사실은 대부분 언론에 보도되어 일반에 알려졌고, 국가나 지방자치단체, 공공기관이 발주하는 대규모 공사의 경우 이를 수행할 수 있는 건설회사는 대우건설과 같은 토건 시공능력 평가액 상위권에 있는 대형 건설회사로 한

정되므로 대형 건설회사들 사이에 입찰담합 등 부당한 공동행위의 가능성이 상시 존재한다고도 볼 수 있다. 그럼에도 불구하고, 피고들을 비롯한 대우건설의 이사들은 임직원의 입찰담합 시도를 방지, 차단하기 위한 어떠한 보고 또는 조치도 요구하지 않았고, 이와 관련한 내부통제시스템의 구축 또는 운용에 관하여도 전혀 주의를 기울이지 않았다.

라) 대법원은 이미 2008년에 대규모 주식회사의 이사에 대하여 합리적인 정보 및 보고시스템과 내부통제시스템을 구축하고 그것이 제대로 작동하도록 관리할 의무가 있다고 선언하였음에도(대법원 2008. 9. 11. 선고 2006다68636 판결 등 참조), 피고들을 비롯한 대우건설의 이사들은 이와 관련한 어떠한 조치도 하지 않았다. 대우건설이 이른바 컴플라이언스팀이라는 준법감시기구를 신설한 것은 피고들이 모두 퇴임하고 다수의 입찰담합이 공정거래위원회에 적발된 2014년 이후의 일이다.

마) 피고들은 대우건설의 이사로 재직하는 동안 이사회에 상정된 의안에만 관여하였을 뿐, 상법 제393조가 정한 이사회의 권한 등을 행사하여 회사의 전반적인 업무집행에 대한 감시·감독 등을 전혀 하지 않은 것으로 보인다.

2) 앞서 본 법리와 기록에 비추어 살펴보면, 원심의 위와 같은 판단에 상고이유 주장과 같이 이사의 감시의무 등에 관한 법리를 오해한 잘못이 없다.

4. 원고들의 상고이유에 관한 판단

가. 이사가 고의 또는 과실로 법령 또는 정관에 위반한 행위를 하거나 그 임무를 게을리함으로써 회사에 대하여 손해를 배상할 책임이 있는 경우에 그 손해배상의 범위를 정함에 있어서는, 당해 사업의 내용과 성격, 당해 이사의 임무위반의 경위 및 임무위반행위의 태양, 회사의 손해 발생 및 확대에 관여된 객관적인 사정이나 그 정도, 평소 이사의 회사에 대한 공헌도, 임무위반행위로 인한 당해 이사의 이득 유무, 회사의 조직체계의 흠결 유무나 위험관리체제의 구축 여부 등 제반 사정을 참작하여 손해분담의 공평이라는 손해배상제도의 이념에 비추어 그 손해배상액을 제한할 수 있는데, 이때에 손해배상액 제한의 참작 사유에 관한 사실인정이나 그 제한의 비율을 정하는 것은 그것이 형평의 원칙에 비추어 현저히 불합리한 것이 아닌 한 사실심의 전권사항이다(대법원 2007. 10. 11. 선고 2007다34746 판결 등 참조).

나. 원심은, ① 피고 1, 피고 2는 당시 대표이사로 재직하였는데, 대표이사는 회사의 영업에 관하여 재판상·재판 외의 모든 행위를 할 권한이 있어 모든 직원의 직무집행을 감시할 의무를 부담하므로 감시의무 위반의 책임이 더 무겁다고 할 수 있는 점, ② 피고 3, 피고 9의 경우 재직기간 중에는 4대강 사업 입찰담합과 인천지하철 입찰담합의 각 일부만이 실행되었던 점, ③ 피고 1의 경우 4대강 사업 입찰담합과 관련하여 공정거래법 등 법령을 위반하는 행위를 한다고 의심할 만한 충분한 사유가 있었음에도 만연히 이를 방치한 잘못이 있기는 하나, 이를 제외하고 피고들이 부담하는 손해배상책임은 적극적인 감시의무 위반이 아니라, 합리적인 정보 및 보고시스템과 내부통제시스템을 구축하고 그것이 제대로 작동하도록 관리할 의무를 이행하지 않은 것에 기인한 것인 점, ④ 피고 3, 피고 4, 피고 5, 피고 6, 피고 9, 피고 10의 경우 비상임이사 또는 사외이사로 재직하였고, 대우건설의 영업이

나 공사 입찰에 관하여 별다른 지식이 없었던 것으로 보이는 점, ⑤ 피고들이 감시의무 위반으로 개인적인 이득을 취득한 것이 없고, 피고 1은 4대강 사업 입찰담합으로 형사처벌을 받았으며, 그 밖에 피고들이 재직기간 동안 지급받은 급여액 등 제반 사정을 참작하여 피고들의 책임을 판시와 같이 제한함이 상당하다고 판단하였다.

다. 앞서 본 법리와 기록에 비추어 살펴보면, 원심의 책임 제한 사유에 관한 사실인정이나 판단이 형평의 원칙에 비추어 현저히 불합리하다거나, 원심의 위와 같은 판단에 상고이유 주장과 같이 증명책임, 책임제한 등에 관한 법리를 오해하는 등으로 판결에 영향을 미친 잘못이 있다고 할 수 없다.

5. 결 론

그러므로 상고를 모두 기각하고, 상고비용 중 원고들의 상고로 인한 부분은 원고들이, 피고들의 상고로 인한 부분은 피고들이 각 부담하도록 하여, 관여 대법관의 일치된 의견으로 주문과 같이 판결한다.

대법관 조재연(재판장) 민유숙 이동원(주심) 천대엽

▌ 참조문헌 ▌

김경일, "이사의 감시의무와 내부통제시스템 – 대법원 2022. 5. 12 선고 2021다279347 판결을 중심으로 –", 인권과 정의 511호, 대한변호사협회(2023)

최정식, "내부통제시스템구축 및 운용과 관련된 이사의 감시의무의 고찰 – 대법원 2022. 5. 12 선고 2021다279347 판결을 중심으로 –", 서울법학 30권 3호, 서울시립대학교 법학연구소(2022)

(9) 헌법재판소 2003. 7. 24. 자 2001헌가25 [부당한 지원행위 과징금 사건] (과징금의 위헌성)

판시사항

공정거래위원회로 하여금 부당내부거래를 한 사업자에 대하여 그 매출액의 2% 범위 내에서 과징금을 부과할 수 있도록 한 것이 이중처벌금지원칙, 적법절차원칙, 비례성원칙 등에 위반되는지 여부(소극)

결정요지

[1] 행정권에는 행정목적 실현을 위하여 행정법규 위반자에 대한 제재의 권한도 포함되어 있으므로, '제재를 통한 억지'는 행정규제의 본원적 기능이라 볼 수 있는 것이고, 따라서 어떤 행정제재의 기능이 오로지 제재(및 이에 결부된 억지)에 있다고 하여 이를 헌법 제13조 제1항에서 말하는 국가형벌권의 행사로서의 '처벌'에 해당한다고 할 수 없는바, 구 독점규제 및 공정거래에 관한 법률 제24조의2에 의한 부당내부거래에 대한 과징금은 그 취지와 기능, 부과의 주체와 절차 등을 종합할 때 부당내부거래 억지라는 행정목적을 실현하기 위하여 그 위반행위에 대하여 제재를 가하는 행정상의 제재금으로서의 기본적 성격에 부당이득환수적 요소도 부가되어 있는 것이라 할 것이고, 이를 두고 헌법 제13조 제1항에서 금지하는 국가형벌권 행사로서의 '처벌'에 해당한다고는 할 수 없으므로, 공정거래법에서 형사처벌과 아울러 과징금의 병과를 예정하고 있더라도 이중처벌금지원칙에 위반된다고 볼 수 없으며, 이 과징금 부과처분에 대하여 공정력과 집행력을 인정한다고 하여 이를 확정판결 전의 형벌집행과 같은 것으로 보아 무죄추정의 원칙에 위반된다고도 할 수 없다.

[2] 위 과징금은 부당내부거래의 억지에 그 주된 초점을 두고 있는 것이므로 반드시 부당지원을 받은 사업자에 대하여 과징금을 부과하는 것만이 입법목적 달성을 위한 적절한 수단이 된다고 할 수 없고, 부당지원을 한 사업자의 매출액을 기준으로 하여 그 2% 범위 내에서 과징금을 책정토록 한 것은, 부당내부거래에 있어 적극적·주도적 역할을 하는 자본력이 강한 대기업에 대하여도 충분한 제재 및 억지의 효과를 발휘하도록 하기 위한 것인데, 현행 공정거래법의 전체 체계에 의하면 부당지원행위가 있다고 하여 일률적으로 매출액의 100분의 2까지 과징금을 부과할 수 있는 것이 아니어서, 실제 부과되는 과징금액은 매출액의 100분의 2를 훨씬 하회하는 수준에 머무르고 있는바, 그렇다면 부당내부거래의 실효성 있는 규제를 위하여 형사처벌의 가능성과 병존하여 과징금 규정을 둔 것 자체나, 지원기업의 매출액을 과징금의 상한기준으로 삼은 것을 두고 비례성원칙에 반하여 과잉제재를 하는 것이라 할 수 없다.

[3] 법관에게 과징금에 관한 결정권한을 부여한다든지, 과징금 부과절차에 있어 사법적 요소들을 강화한다든지 하면 법치주의적 자유보장이라는 점에서 장점이 있겠으나, 공정거래법에서 행정기관인 공정거래위원회로 하여금 과징금을 부과하여

제재할 수 있도록 한 것은 부당내부거래를 비롯한 다양한 불공정 경제행위가 시장에 미치는 부정적 효과 등에 관한 사실수집과 평가는 이에 대한 전문적 지식과 경험을 갖춘 기관이 담당하는 것이 보다 바람직하다는 정책적 결단에 입각한 것이라 할 것이고, 과징금의 부과 여부 및 그 액수의 결정권자인 위원회는 합의제 행정기관으로서 그 구성에 있어 일정한 정도의 독립성이 보장되어 있고, 과징금 부과절차에서는 통지, 의견진술의 기회 부여 등을 통하여 당사자의 절차적 참여권을 인정하고 있으며, 행정소송을 통한 사법적 사후심사가 보장되어 있으므로, 이러한 점들을 종합적으로 고려할 때 과징금 부과 절차에 있어 적법절차원칙에 위반되거나 사법권을 법원에 둔 권력분립의 원칙에 위반된다고 볼 수 없다.

[재판관 한대현, 재판관 권 성, 재판관 주선회의 반대의견]　위 과징금은 부당하게 다른 회사를 지원한 기업에게 가해지는 제재금으로서 부당지원자에게 부과되는 것이지, 피지원자에게 부과되는 것이 아니므로 비록 형벌은 아니라고 하더라도 부당지원행위에 대한 응징 내지 처벌로서의 의미를 가지고 있는바, 비록 기업의 부당지원행위를 응징하고 처벌하는 것이 필요하다 하더라도 위법행위와 그에 대한 처벌 내지 제재 사이에는 정당한 상관관계가 있어야 한다는 헌법상의 자기책임의 원리는 지켜져야 하는바, 매출액의 규모와 부당지원과의 사이에는 원칙적으로 상관관계를 인정하기가 곤란하므로, 부당지원행위에 대하여 매출액을 기준으로 과징금을 부과할 수 있도록 하는 것은 부당지원이라는 자기의 행위와 상관관계가 없는 매출액이라는 다른 요소에 의하여 책임의 범위를 정하는 것이 되어 자기책임의 원리에 위배된다.

한편, 공정거래위원회는 행정적 전문성과 사법절차적 엄격성을 함께 가져야 하며 그 규제절차는 당연히 '준사법절차'로서의 내용을 가져야 하고, 특히 과징금은 당해 기업에게 사활적 이해를 가진 제재가 될 수 있을 뿐만 아니라 경제 전반에도 중요한 영향을 미칠 수 있는 것임을 생각할 때, 그 부과절차는 적법절차의 원칙상 적어도 재판절차에 상응하게 조사기관과 심판기관이 분리되어야 하고, 심판관의 전문성과 독립성이 보장되어야 하며, 증거조사와 변론이 충분히 보장되어야 하고, 심판관의 신분이 철저하게 보장되어야만 할 것인데도, 현행 제도는 이러한 점에서 매우 미흡하므로 적법절차의 원칙에 위배된다.

[재판관 김영일의 반대의견]　위 과징금 조항이 적법절차의 원칙에 위배된다는 점에서는 위 재판관 3인의 반대의견과 입장을 같이하며, 나아가 위 과징금은 부당이득환수적 요소는 전혀 없이 순수하게 응보와 억지의 목적만을 가지고 있는

실질적 형사제재로서 절차상으로 형사소송절차와 전혀 다른 별도의 과징금 부과 절차에 의하여 부과되므로 행정형벌과는 별도로 거듭 처벌된다고 하지 않을 수 없어 이중처벌금지의 원칙에 위반되고, 위반사실에 대한 확정판결이 있기 전에 이미 법 위반사실이 추정되어 집행되고, 집행정지를 신청할 수 있는 당사자의 절차적 권리도 배제되어 있으므로 무죄추정원칙에도 위배된다.

심판대상조문

구 독점규제 및 공정거래에 관한 법률 제24조의2(1999. 12. 28. 법률 제6043호로 개정되기 전의 것) 중 동법 제23조 제1항 제7호에 관한 부분

참조조문

헌법 제12조 제1항, 제13조 제1항, 독점규제 및 공정거래에 관한 법률 제55조의3 제1항, 제67조 제2호, 제71조, 동법시행령 제61조 [별표 2]

참조판례

[1] 헌재 1994. 6. 30. 92헌바38, 헌재 2001. 5. 31. 99헌가18등, 대법원 1996. 4. 12. 선고 96도158 판결
[3] 헌재 1994. 7. 29. 93헌가3등, 헌재 1996. 1. 15. 95헌가5, 헌재 2002. 6. 27. 99헌마480

전 문

【당사자】 제청법원 서울고등법원
【주 문】
구 독점규제 및 공정거래에 관한 법률 제24조의2(1999. 12. 28. 법률 제6043호로 개정되기 전의 것) 중 동법 제23조 제1항 제7호에 관한 부분은 헌법에 위반되지 아니한다.
【이 유】

1. 사건의 개요 및 심판의 대상

가. 사건의 개요

(1) 당해사건의 원고들인 ○○주식회사(이하 '○○'라고만 한다, 나머지 회사들의 경우도 같다) 등 12개의 회사는 대규모기업집단으로 지정된 □□의 계열회사들로서, 독점규제 및 공정거래에 관한 법률(이하 '공정거래법'이라 한다) 제2조 제1호 소정의 사업자에 해당된다.

(2) 공정거래위원회는 ①○○, △△, ○○투자신탁운용, ○○캐피탈, ○○텔레콤, ○○가스, ○○건설, ○○유통 등이 1997. 12. 2.부터 1998. 3. 31.까지 사이에 ○○증권에 개설한 거래계좌에 증권예탁금 명목으로 총 4,076억원을 예치만 하고 주식거래를 하지 아니

한 것과 ○○가스, ▽▽, ○○상사, △△, ○○케미칼, ○○에너지판매 등이 1998. 2. 28. 부터 같은 해 3. 30.까지 사이에 ○○증권이 1998. 2. 28.자, 같은해 3. 30.자로 각 발행한 총 3,500억원의 후순위사채를 12.57%~14.66%의 수익률로 매입한 것, 그리고 △△, ○○건설, ○○에너지판매, ○○가스, ▽▽, ○○유통 등이 1998. 3. 20. ○○증권의 유상증자시에 ○○증권 주식을 주당 3,200원에 93,631,250주 총 2,996억원 상당을 매입한 것과 ○○, ○○텔레콤이 1997. 4. 28.부터 같은 해 11. 20까지 사이에 □□증권과 △△증권을 주간사로 하고 ○○증권을 청약단(하인수사)으로 하여 총 2,800억원의 무보증회사채를 발행하면서 ○○증권에 하인수 수수료를 최고 0.79%(회사채 발행액 기준)에서 최저 0.48%까지 지급한 것 및 ○○투자신탁운용이 1997. 12.부터 1998. 1.까지 사이에 4회에 걸쳐 ○○증권에게 연리 16%로 68억원의 콜자금을 대여한 것이 각 ○○증권을 부당하게 지원한 것에 해당하고, ② ○○건설이 1997. 7. 24.부터 1998. 3. 31.까지 사이에 중원에게 총 94억 6,000만원을 연 12% 내지 연 20%의 이율로 대여한 것이 중원을 부당하게 지원한 것에 각 해당한다고 보아, 1998. 8. 5. 공정거래법 제23조 제1항 제7호, 제24조에 따라 시정명령, 법위반사실 공표명령을 함과 아울러 공정거래법 제24조의2에 따라 위 회사들에게 별지의 과징금부과내역 기재와 같은 과징금(이하 '이 사건 과징금'이라 한다)을 부과하였다.

(3) 이에 위 회사들은 공정거래위원회를 상대로 전항의 시정명령, 공표명령 및 이 사건 과징금부과처분이 위법하다고 주장하면서 서울고등법원에 그 취소를 구하는 소송(98누13159호)을 제기하였으며, 위 법원은 이 사건 과징금 부과의 근거규정인 구 공정거래법 제24조의2는 위헌이라고 인정할 만한 상당한 이유가 있다고 하여 직권으로 2001. 9. 11. 위헌여부의 심판을 제청하였다.

나. 심판의 대상

이 사건 심판의 대상은 구 독점규제 및 공정거래에 관한 법률 제24조의2(1999. 12. 28. 법률 제6043호로 개정되기 전의 것) 중 동법 제23조 제1항 제7호에 관한 부분(이하 '이 사건 법률조항'이라 한다)의 위헌여부이고, 그 규정과 관련규정의 내용은 다음과 같다.

제24조의2(과징금) 공정거래위원회는 제23조(불공정거래행위의 금지) 제1항 각호의 1의 규정에 위반하는 불공정거래행위가 있는 경우에는 당해 사업자에 대하여 대통령령이 정하는 매출액에 100분의 2를 곱한 금액을 초과하지 아니하는 범위 안에서 과징금을 부과할 수 있다. 다만, 매출액이 없는 경우등에는 5억원을 초과하지 아니하는 범위 안에서 과징금을 부과할 수 있다.

제23조(불공정거래행위의 금지) ① 사업자는 다음 각호의 1에 해당하는 행위로서 공정한 거래를 저해할 우려가 있는 행위(이하 '불공정거래행위'라 한다)를 하거나, 계열회사 또는 다른 사업자로 하여금 이를 행하도록 하여서는 아니된다.

(1. 내지 6. 생략)

7. 부당하게 특수관계인 또는 다른 회사에 대하여 가지급금·대여금·인력·부동산·유가증권·무체재산권 등을 제공하거나 현저히 유리한 조건으로 거래하여 특수관계인 또는 다른 회사를 지원하는 행위

제67조(벌칙) 다음 각호의 1에 해당하는 자는 2년 이하의 징역 또는 1억 5천만원 이하

의 벌금에 처한다.

2. 제23조(불공정거래행위의 금지) 제1항의 규정에 위반하여 불공정거래행위를 한 자.

제70조(양벌규정) 법인(법인격없는 단체를 포함한다. 이하 이 조에서 같다)의 대표자나 법인 또는 개인의 대리인·사용인 기타 종업원이 그 법인 또는 개인의 업무에 관하여 제66조(벌칙) 내지 제68조(벌칙)의 위반행위를 한 때에는 행위자를 벌하는 외에 그 법인 또는 개인에 대하여도 각 본조의 벌금형을 과한다.

2. 제청법원의 제청이유와 관계기관의 의견

가. 제청법원의 제청이유

(1) 이 사건 법률조항에서 규정한 과징금은 부당한 경제적 이익의 박탈이라는 성격이 없고 오로지 제재로서의 성격만 있으므로 같은 행위에 대한 행정형벌규정과 합쳐 보면 하나의 위반행위에 대하여 위반자를 거듭 처벌하는 것이어서 이중처벌금지원칙, 과잉금지원칙에 반한다는 의심이 든다.

(2) 오로지 제재적 성격만이 있는 이 사건 과징금에 대하여 행정소송 등에 따른 적법타당성이 확정되기 전에도 공정력과 집행력을 인정하는 것은 무죄추정원칙에 반한다는 의심이 들고, 금전적 제재로서 형벌의 일종인 벌금과 실질적인 차이가 없는 과징금을 행정청이 행정처분으로 이를 부과하여 제재하는 것은 사법권을 법원에 둔 권력분립의 원칙에 위반된다는 의심이 든다.

(3) 공정거래법 제23조 제1항 제7호의 입법목적에 비추어 그 목적을 달성함에는 지원객체에 대하여 과징금을 부과함으로써 부당지원행위로 얻은 이익을 환수하는 것이 효과적임에도 불구하고 지원주체에 대하여 과징금을 부과하고 있으며, 과징금액의 산정에 있어서도 실제로 지원한 금액이나 부당지원행위로 인하여 지원객체가 확보한 부당한 경쟁력의 정도 등을 기준으로 함이 상당함에도 불구하고 지원주체의 매출액을 기준으로 삼은 것은 방법의 적절성을 요구하는 비례의 원칙에 반한다는 의심이 든다.

나. 공정거래위원회의 의견

(1) 과징금은 사업자인 법인을 상대로 행정법규상의 의무이행 확보를 목적으로 행해지는 행정상의 제재임에 반하여, 행정형벌은 원칙적으로 자연인을 상대로 반사회적 행위에 대한 응보적 제재로서 형사소송절차에 따라 사법부에 의하여 부과된다는 점에서 그 목적, 부과주체, 부과객체, 절차의 면에서 서로 다른 별개의 것이므로 공정거래법상의 의무위반에 대하여 처벌을 함과 동시에 과징금을 부과한다고 하여 이중처벌에 해당하는 것이 아니다.

(2) 과징금의 액수를 공정거래위원회에서 정한다고 하더라도 법원은 과징금 부과처분의 위법 여부 및 액수의 현저한 부당 여부를 판단할 수 있으므로 사법권을 침해하는 것이 아니며 권력분립의 원칙에 반하지 아니한다.

(3) 불공정거래행위에 대한 행정형벌이 2년이하의 징역이나 벌금 1억 5,000만원 이하에 불과하여 위반억지의 측면에서 미흡한 상태에서 재벌의 선단식 경영으로 인한 공정경쟁 저해행위의 속발을 막기 위해서는 경제적 약자인 지원객체를 상대로 제재하기보다는 경제적 강자인 지원주체를 대상으로 제재함이 효율적이고 적절한 방법이며, 과징금의 상한선을 지

원주체 매출액의 2퍼센트로 한 것은 자본력이 강한 대기업에 대하여 충분한 제재효과와 억지효과를 거두기 위하여 필요한 최소한의 정도일 뿐만 아니라 프랑스, 유럽연합(EU), 일본 등 외국의 입법례에 비추어 보더라도 과도한 것이 아니어서 과잉금지의 원칙에 반하지 않는다.

3. 판 단

가. 부당내부거래의 의의 및 규제의 필요성

이 사건 법률조항이 규제하고 있는 부당지원행위에는 개인사업자의 부당지원행위도 포함될 수 있지만, 주로 규제의 대상이 되는 행위는 대기업집단 내의 계열회사간의 부당지원행위인 이른바 부당내부거래일 것이다. 부당내부거래라 함은 부당하게 특수관계인이나 다른 회사에 대하여 상품, 용역, 자금, 자산, 인력 등을 무상으로 제공하거나 현저히 유리한 조건으로 거래함으로써 특수관계인 또는 다른 회사를 지원하는 행위를 말한다(공정거래법 제23조 제1항 제7호).

부당내부거래가 초래하는 폐해를 보면 첫째, 퇴출되어야 할 효율성이 낮은 부실기업이나 한계기업을 계열회사의 형태로 존속케 함으로써 당해 시장에서 경쟁자인 독립기업을 부당하게 배제하거나 잠재적 경쟁자의 신규 시장진입을 억제함으로써 시장의 기능을 저해한다. 둘째, 계열회사간에 이루어지는 지속적인 부당내부거래는 독과점적 이윤을 상호간에 창출시키게 되고, 그 결과 대기업집단 소속 계열회사들의 독점력을 강화함으로써 경제력 집중의 폐해를 야기한다. 셋째, 부당내부거래는 우량 계열기업의 핵심역량이 부실 계열기업으로 분산·유출되어 우량기업의 경쟁력이 저하됨에 따라 기업집단 전체가 동반 부실화할 위험을 초래한다. 넷째, 부당내부거래는 또한 기업의 투명성을 저해하고 주주, 특히 소액주주와 채권자 등의 이익을 침해하게 된다.

이러한 폐해를 효과적으로 규제하기 위하여 1996. 12. 30. 법률 제5235호로 공정거래법을 개정, 부당내부거래를 불공정거래행위의 한 유형으로 규정하여 이를 금지하고, 그 위반행위에 대하여 시정조치, 과징금, 형사처벌을 규정하고 있다.

나. 이중처벌금지원칙 및 무죄추정원칙 위반 여부

(1) 헌법재판소는 이중처벌금지원칙의 의미에 관하여, 헌법 제13조 제1항에서 금지하는 이중처벌은 거듭된 국가의 형벌권 행사를 금지하는 것일 뿐, 형벌권 행사에 덧붙여 일체의 제재나 불이익처분을 부가할 수 없는 것이 아님을 거듭 밝힌 바 있고(헌재 1994. 6. 30. 92헌바38, 판례집 6-1, 619, 627; 헌재 2001. 5. 31. 99헌가18등, 판례집 13-1, 1017, 1100), 이에 따라 형벌과 보호감호를 병과한다고 하여 이 원칙에 위반되지 않는다고 하였으며(헌재 1991. 4. 1. 89헌마17등, 판례집 3, 124, 130; 헌재 2001. 3. 21. 99헌바7, 판례집 13-1, 525, 542), 특히 부당 또는 불법의 이득을 환수 내지 박탈한다는 측면과 위반행위자에 대한 제재로서의 측면을 함께 가지고 있다고 본 부동산 실권리자명의 등기에 관한 법률상의 과징금을 형사처벌과 동시에 병과하는 것이 이중처벌에 해당하는지가 문제된 사건에서, 이는 이중처벌금지원칙의 문제라기보다 과잉금지원칙의 문제로 그 위헌여부를 판단하여야 함을 분명히 밝힌 바 있다(헌재 2001. 5. 31. 99헌가18등, 판례집, 13-1, 1017, 1100-1101).

한편, 대법원 또한 행정법상의 질서벌인 과태료와 형사처벌은 그 성질이나 목적을 달리하는 별개의 것이므로 행정법상의 질서벌인 과태료를 납부한 후에 형사처벌을 한다고 하여 이를 일사부재리의 원칙에 반하는 것이라고 할 수는 없다고 보고 있다(대법원 1996. 4. 12. 선고 96도158 판결).

(2) 어떤 행정처분에 제재(制裁)와 억지(抑止)의 성격·기능만이 있다 하여 이를 '국가형벌권의 행사'로서의 '처벌'이라고 볼 수 없다.

행정법은 의무를 명하거나 금지를 설정함으로써 일정한 행정목적을 달성하려고 하는데, 그 실효성을 확보하기 위하여는 의무의 위반이 있을 때에 행정형벌, 과태료, 영업허가의 취소·정지, 과징금 등과 같은 불이익을 가함으로써 의무위반 당사자나 다른 의무자로 하여금 더 이상 위반을 하지 않도록 유도하는 것이 필요하다. 이와 같이 '제재를 통한 억지'는 행정규제의 본원적 기능이라 볼 수 있는 것이고, 따라서 어떤 행정제재의 기능이 오로지 제재(및 이에 결부된 억지)에 있다고 하여 이를 헌법 제13조 제1항에서 말하는 '처벌'에 해당한다고 할 수 없다. 부당이득 환수와 같은 부가적 기능 없이 오로지 제재적 기능만 있는 행정제재는 실질적으로 형사처벌과 다를 바 없다고 본다면 헌법 제13조 제1항에 규정된 이중처벌금지원칙의 적용범위가 너무 넓어지고, 그 결과 행정목적 실현을 위한 제재의 체계에 경직성을 초래하게 된다.

오히려 행정권에는 행정목적 실현을 위하여 행정법 위반자에 대한 제재의 권한도 포함되어 있다고 보아야 하고, 복잡다기한 행정현상에 대응하여 행정목적의 최적 실현을 위하여는 그 지향점과 효과에 차이가 있는 다양한 의무이행수단을 동원하는 것이 필요할 때도 있을 것이다. 즉, 제재의 총합을 고려하는 가운데 제재의 구체적 기능과 효과를 적합한 복수의 제재수단에 분배할 수 있어야 한다. 예를 들어 하나의 법위반행위에 대하여 '벌금 5천만원' 또는 '영업정지 6월'의 단편적 제재를 하기보다는 '벌금 1천만원'에 '영업정지 3월'의 처분을 병행하는 것(형사처벌과 행정제재의 병과)이 보다 효과적인 경우도 있을 것이고, '영업허가의 취소'보다는 '영업정지 3월'에 '과징금 3천만원'을 병과하는 것'(행정제재의 병과)이 보다 효율적인 경우도 있을 수 있다. 제재적 성격이 있는 국가작용을 모두 형사처벌로 본다면 위와 같이 제재를 병과하는 것은 어느 것이나 이중처벌금지원칙에 위반된다고 보지 않으면 아니된다.

그러나 행정벌, 행정강제, 영업허가의 취소·정지와 같은 종래의 수단만으로는 행정기능의 확대와 질적 고도화에 따른 행정현상의 변화에 상응하는 실효성을 확보할 수 없어, 이를 보완하는 여러 가지 새로운 의무이행확보수단이 등장하게 되었는데, 제재적 성격의 유무를 기준으로 하여 이중처벌금지원칙을 폭넓게 적용하게 되면 오늘날의 행정현실에 탄력적으로 대응할 수 없게 될 우려가 있다.

(3) 이중처벌금지의 원칙을 적용하지 않는다 하여 어떤 하나의 법 위반행위에 대하여 국가가 아무런 제한 없이 제재를 거듭하는 것이 헌법상 용인된다는 것은 아니다. 국민에게 부담을 가하는 공권력작용은 궁극적으로 비례성원칙의 제약을 벗어날 수 없으므로, 형벌적 제재와 비형벌적 제재의 병과 또는 비형벌적 제재간의 병과를 인정하더라도 그 제재의 총합이 법 위반행위에 비하여 지나치게 과잉된 것이어서는 아니된다는 헌법적 견제원리는 여전

히 유효하다. 이와 관련하여 입법자는 필요한 경우 여러 제재수단간의 선택가능성을 열어놓
되 그 병과를 금지함으로써 부당한 과잉제재로부터 국민을 보호할 수 있는 법적 장치를 마
련할 수도 있다.

(4) 이 사건 과징금은 위에서 본 바와 같은 폐해를 초래하는 대규모 기업집단 내 계열회
사들간의 부당내부거래를 규제함으로써 공정한 경쟁을 촉진하고 궁극적으로 국민경제의 균
형있는 발전을 도모하기 위하여 도입된 것이다. 시장에서 퇴출되어야 할 부실기업 또는 한
계기업에 대하여 대규모 기업집단의 차원에서 의도적으로 거액의 지원행위를 은밀히 감행
하여 시장의 경쟁질서를 교란하고 경제현상을 왜곡하는 등 갖가지 폐해를 낳는데도 이에
대한 형사처벌은 2년이하의 징역 또는 1억 5천만원이하의 벌금에 불과하여 이것만으로 규
제의 효과를 거둘 것을 기대하기는 어려웠다. 이에, 자본력이 강한 대기업에 대하여 충분한
제재 및 억지 효과를 거둘 수 있을 정도의 금전적 제재를 행정제재로서 부과하는 것이 반
드시 필요하며, 이 경우 부당지원을 한 기업을 제재 및 억지의 대상으로 삼는 것이 시장의
경쟁질서를 보다 효과적으로 회복·유지할 수 있다는 정책적 판단하에 부당지원을 한 기업
을 상대로 과징금을 부과할 수 있도록 이 사건 법률조항을 신설하였던 것이다.

이러한 취지에서 비롯된 이 사건 법률조항에 의한 과징금의 기능은 본질적으로 '부당이
득액의 정확한 환수'에 있다기 보다 '제재를 통한 위반행위의 억지'에 있다고 할 것이지만,
그렇다고 하여 부당이득환수적 성격이 전혀 없다고 단정하기도 어렵다. 공정거래법은 과징
금을 부과함에 있어 위반행위의 내용 및 정도, 위반행위의 기간 및 회수, 위반행위로 인해
취득한 이익의 규모를 고려하도록 하고 있는 것이다(제55조의3 제1항). 또한 부당내부거래
로 인하여 발생하는 부당한 이득의 발생구조를 파악함에 있어서는 각 기업을 고립시켜서
고찰하기보다는 지원을 주고받는 대규모기업집단 소속 계열회사 상호간의 관점에서 파악하
는 것이 보다 적절할 것이다.

즉, 다수의 계열회사들이 기업집단 전체의 이익을 위해 계속적으로 서로 지원을 주고받
으면서 계열의 유지·확장을 위한 수단으로 부당내부거래를 이용하는 것이므로, 중·장기
적으로 볼 때 부당내부거래는 경제력 집중을 통하여 결국 부당지원을 한 기업에게도 상당
한 부당이득을 발생시키게 됨을 부인하기 어렵다. 따라서 이 사건 법률조항이 부당지원의
객체가 아니라 주체에게 과징금을 부과토록 하였다는 점만으로 과징금에 부당이득 환수의
요소가 전혀 없다고 단언하기 어려운 것이다.

(5) 결론적으로 이 사건 법률조항에 의한 과징금은 그 취지와 기능, 부과의 주체와 절차
(형사소송절차에 따라 검사의 기소와 법원의 판결에 의하여 부과되는 형사처벌과 달리 과
징금은 공정거래위원회라는 행정기관에 의하여 부과되고 이에 대한 불복은 행정쟁송절차에
따라 진행된다) 등을 종합할 때 부당내부거래 억지라는 행정목적을 실현하기 위하여 그 위
반행위에 대하여 제재를 가하는 행정상의 제재금으로서의 기본적 성격에 부당이득환수적
요소도 부가되어 있는 것이라 할 것이고, 이를 두고 헌법 제13조 제1항에서 금지하는 국가
형벌권 행사로서의 '처벌'에 해당한다고는 할 수 없으므로, 공정거래법에서 형사처벌과 아울
러 과징금의 병과를 예정하고 있더라도 이중처벌금지원칙에 위반된다고 볼 수 없다.

이러한 결론은 이중처벌금지원칙에 관한 미국, 프랑스, 유럽연합(EU), 독일 등의 주요

외국의 입법례 및 판례와 그 궤를 같이 한다.

(6) 무죄추정원칙에 관한 법원의 제청이유는, 오로지 제재적 성격만이 있는 이 사건 과징금에 대하여 행정소송 등에 따른 적법타당성이 확정되기 전에도 공정력과 집행력을 인정하는 것은 무죄추정원칙에 반한다는 것이다.

그러나 위에서 본바와 같이 이 사건 법률조항에 의한 과징금은 형사처벌이 아닌 행정상의 제재이고, 행정소송에 관한 판결이 확정되기 전에 행정청의 처분에 대하여 공정력과 집행력을 인정하는 것은 이 사건 과징금에 국한되는 것이 아니라 우리 행정법체계에서 일반적으로 채택되고 있는 것이므로, 과징금 부과처분에 대하여 공정력과 집행력을 인정한다고 하여 이를 확정판결 전의 형벌집행과 같은 것으로 보아 무죄추정의 원칙에 위반된다고 할 수 없다.

다. 비례성원칙 위반 여부

(1) 부당지원행위에 대하여 형사처벌과 아울러 과징금의 병과를 예정하는 것이 이중처벌금지원칙에 위반되지 않는다 하더라도 그러한 제재들의 총합이 법 위반의 억지에 필요한 정도를 넘어 지나치게 가혹한 것이 되어서는 아니된다는 비례성의 원칙은 준수되어야 한다.

다만, 이를 판단함에 있어서는 헌법 제119조에 규정된 경제질서 조항의 의미를 충분히 고려하여야 할 것이다. 헌법은 제119조 제1항에서 대한민국의 경제질서는 개인과 기업의 경제상의 자유와 창의를 존중함을 기본으로 한다고 규정함으로써 경쟁을 바탕으로 하는 시장경제질서를 원칙으로 함과 아울러 같은 조 제2항에서는 국가로 하여금 시장의 지배와 경제력의 남용을 방지하기 위하여 경제에 관한 규제와 조정을 할 수 있다고 규정하고 있다. 우리 헌법은 자유와 경쟁에 기초한 경제질서를 보장하기 위하여 시장의 지배와 경제력의 남용을 방지하기 위한 규제와 조정의 권한을 적극적으로 국가에 부여하고 있는 것이다. 따라서 입법자는 경제현실의 역사와 미래에 대한 전망, 목적달성에 소요되는 경제적·사회적 비용, 당해 경제문제에 관한 국민 내지 이해관계인의 인식 등 제반 사정을 두루 감안하여 독과점 규제와 공정거래의 보장을 위하여 가능한 여러 정책 중 필요하다고 판단되는 경제정책을 선택할 수 있고, 입법자의 그러한 정책판단과 선택은 그것이 현저히 합리성을 결여한 것이라고 볼 수 없는 한 경제에 관한 국가적 규제·조정권한의 행사로서 존중되어야 할 것이다.

(2) 이 사건 법률조항에 의한 과징금은 위에서 본 바와 같이 정확한 부당이득환수를 직접적인 목적으로 하는 것이 아니라 부당지원행위의 억지에 그 주된 초점을 두고 있는 것이므로 반드시 부당지원을 받은 사업자에 대하여만 과징금을 부과하는 것만이 입법목적 달성을 위한 적절한 수단이 된다고 할 수 없다.

과징금의 취지가 제재를 통한 부당지원행위의 억지에 있는 이상 입법자는 누구에게 과징금을 부과하는 것이 위반행위를 보다 효율적으로 차단하고 시장의 경쟁질서를 효과적으로 회복·유지하게 될 것인가라는 정책적 관점에서 과징금 부과의 객체를 정할 수 있다 할 것인데 입법자는 이 점에서 지원을 한 기업에 대하여 제재를 가하는 것이 보다 효율적이라 본 것이고, 또한 비록 그것이 지원을 받는 기업으로부터 부당이득을 직접 환수하는 방법은 아니라 할지라도 서로 긴밀히 연결된 기업집단 내 계열기업들 간의 관계에 비추어 볼 때

지원을 한 기업에 대한 제재와 억지는 결국 지원을 받는 기업이 속한 시장의 경쟁질서를 회복하는 효과를 낳는다고 본 것인바, 입법자가 선택한 이러한 수단이 공정한 경쟁질서 보호에 부적절한 것이라 할 수 없다.

(3) 입법자는, 부당지원행위에 관하여 형사처벌의 가능성과 병행하여 과징금 규정을 두고 있으며, 과징금액의 산정에 관하여는 대통령령이 정하는 매출액(당해 사업자의 직전 3개 사업연도의 평균 매출액)을 기준으로 100분의 2를 상한으로 하는 범위 내에서, 매출액이 없는 경우에는 5억원의 범위 내에서 과징금을 부과할 수 있도록 하고 있다.

사업자가 법 위반행위를 하는 것은 종국적으로 경제적 이익을 얻고자 하는 데에 그 목적이 있을진대, 사업자의 매출액을 그러한 경제적 이익 증가의 지표로 보고서 매출액을 기준으로 삼아 과징금액의 상한을 책정토록 한 것은 나름대로 수긍할 만한 합리성이 있다 할 것이고, 기업집단 내의 부당내부거래에 있어 적극적·주도적 역할을 하는 자본력이 강한 대기업에 대하여도 충분한 제재 및 억지의 효과를 발휘하도록 하기 위한 정책적 고려에서 그 매출액에 대한 일정 비율(2%)을 책정하여 그 한도 내에서 과징금을 부과토록 한 것은, 여기에 형사처벌의 정도(2년이하의 징역 또는 1억 5천만원이하의 벌금)를 보태어 보더라도 이 입법목적 달성을 위한 적정한 수단이 아니라거나 지나치게 가혹한 제재라고 하기 어렵다.

뿐만 아니라 현행 공정거래법의 전체 체계에 의하면 부당지원행위가 있다고 하여 일률적으로 매출액의 100분의 2까지 과징금을 부과할 수 있는 것도 아니다. 공정거래법 제55조의 3 제1항은 과징금을 부과함에 있어 위반행위의 내용 및 정도, 위반행위의 기간 및 회수, 위반행위로 인해 취득한 이익의 규모 등을 참작하여야 한다고 규정하고 있으므로 공정거래위원회는 개별 부당지원행위의 불법의 정도에 비례하는 상당한 금액의 범위 내에서만 과징금을 부과할 의무를 지고 있다. 공정거래법 제55조의3 제3항은 이러한 취지를 구체화하도록 대통령령에 위임하고 있으며, 이에 따라 공정거래법시행령 제61조 별표2는 부당지원행위의 과징금부과기준을, 지원금액이 산출가능한 경우에는 당해 지원금액 이내로, 지원금액이 산출되기 어렵거나 불가능한 경우에는 당해 지원성 거래규모의 100분의 10 이내로 정하고 있다. 그러므로 한편으로는 부당지원금액이 대단히 거액이어서 매출액의 100분의 2를 상회하더라도 지원금액만큼 과징금을 부과할 수 있는 것이 아니라 매출액 기준 이내에서만 과징금을 부과할 수 있고, 다른 한편으로 부당지원금액이 매출액의 100분의 2에 훨씬 미치지 못하더라도 매출액 기준으로 부과할 수는 없고 그 지원금액을 한도로만 과징금을 부과할 수 있는 것이다. 이와 같은 이중적 제한장치의 결과 실제 부과되는 과징금액은 매출액의 100분의 2를 훨씬 하회하는 수준에 머무르고 있다.

그렇다면 부당지원행위의 실효성 있는 규제를 위하여 형사처벌의 가능성과 병존하여 과징금 규정을 둔 것 자체나, 지원기업의 매출액을 과징금의 상한기준으로 삼은 것을 두고 비례성원칙에 반하여 과잉제재를 하는 것이라 할 수 없다.

(4) 공정거래법은 이 사건에서 문제되는 불공정거래행위를 포함하여 주요 법위반행위에 대하여 공정거래위원회의 고발을 공소제기의 요건으로 하는 이른바 '전속고발'제도를 택함으로써(공정거래법 제71조) 법위반행위에 대한 형벌권의 행사가 신중하게 이루어지도록 하고 있다. 이 제도는, 공정거래법위반행위에 대한 형벌은 가능한 한 위법성이 명백하고 국민

경제와 소비자일반에게 미치는 영향이 특히 크다고 인정되는 경우에 제한적으로 활용되어야 한다는 점을 고려하여 독립적이고 전문적인 공정거래위원회로 하여금 상세한 시장분석을 통하여 위반행위의 경중을 판단하고 그때 그때의 시장경제상황의 실상에 따라 시정조치나 과징금 등의 행정조치만으로 이를 규제함이 상당할 것인지 아니면 더 나아가 형벌까지 적용하여야 할 것인지의 여부를 결정하도록 함으로써 공정거래법의 목적을 달성하고자 하는 데 그 취지가 있는 것으로서(헌재 1995. 7. 21. 94헌마136, 판례집 7-2, 169, 178), 이 제도를 통하여 단순한 경제법 위반행위의 형사범죄화, 남소로 인한 기업활동의 위축을 방지할 수 있는 것이다.

라. 적법절차원칙 및 권력분립원칙 위반 여부

(1) 헌법 제12조 제1항은 "… 법률과 적법한 절차에 의하지 아니하고는 처벌·보안처분 또는 강제노역을 받지 아니한다"라고 하여 적법절차원칙을 규정하고 있는데, 헌법재판소는 이 원칙이 형사소송절차에 국한되지 않고 모든 국가작용 전반에 대하여 적용된다고 밝힌 바 있으므로(헌재 1992. 12. 24. 92헌가8, 판례집 4, 853, 876-877; 헌재 1998. 5. 28. 96헌바4, 판례집 10-1, 610, 618), 국민에게 부담을 주는 행정작용인 과징금 부과의 절차에 있어서도 적법절차원칙이 준수되어야 할 것이다.

적법절차원칙에서 도출할 수 있는 가장 중요한 절차적 요청 중의 하나로, 당사자에게 적절한 고지(告知)를 행할 것, 당사자에게 의견 및 자료 제출의 기회를 부여할 것을 들 수 있겠으나(헌재 1994. 7. 29. 93헌가3등, 판례집 6-2, 1, 11; 헌재 1996. 1. 15. 95헌가5, 판례집 8-1, 1, 16-17; 헌재 2002. 6. 27. 99헌마480, 판례집 14-1, 616, 634 참조), 이 원칙이 구체적으로 어떠한 절차를 어느 정도로 요구하는지는 일률적으로 말하기 어렵고, 규율되는 사항의 성질, 관련 당사자의 사익(私益), 절차의 이행으로 제고될 가치, 국가작용의 효율성, 절차에 소요되는 비용, 불복의 기회 등 다양한 요소들을 형량하여 개별적으로 판단할 수밖에 없을 것이다.

(2) 과징금의 부과가 어떤 기관에 의하여, 어떤 절차를 통하여 이루어지는지 본다.

독점규제 및 공정거래에 관한 사무를 독립적으로 수행케 하기 위하여 국무총리 소속하에 공정거래위원회(이하 '위원회'라 한다)가 설치되어 있는데(공정거래법 제35조), 위원회는 위원장 1인, 부위원장 1인을 포함한 9인의 위원으로 구성하며, 위원장과 부위원장은 국무총리의 제청으로, 나머지 위원은 위원장의 제청으로 대통령이 임명한다(제37조). 위원의 자격은 공정거래에 관하여 경험이 있는 2급이상의 공무원의 직에 있던 자, 판사·검사 또는 변호사의 직에 15년이상 있던 자, 대학에서 법률학·경제학·경영학 부교수이상의 직에 15년이상 있던 자, 기업경영 및 소비자보호활동에 15년이상 종사한 경력이 있는 자 등으로 되어 있다(제37조 제2항). 위원은 신분보장을 받으며, 정치활동이 금지되어 있다(제40조, 제41조).

위원회의 심리와 의결은 공개하며(제43조 제1항), 위원에 대한 제척·기피·회피제도가 있다(제44조). 위원회는 조사결과를 서면으로 당해 사건의 당사자에게 통지하여야 하며(제49조 제3항), 시정조치 또는 과징금 납부명령을 하기 전에 반드시 당사자 또는 이해관계인에게 의견을 진술할 기회를 주어야 하고(제52조 제1항), 당사자 또는 이해관계인은 위원회의 회의에 출석하여 의견을 진술하거나 자료를 제출할 권리를 부여받고 있다(동조 제2항).

나아가 당사자 또는 이해관계인은 관련된 자료의 열람·복사를 요구할 수 있다(제52조의2). 위원회의 시정조치명령에 대하여는 당사자에게 집행정지 신청권이 있다(제53조의2). 위원회의 처분에 대하여 불복이 있는 자는 처분의 고지를 받은 날로부터 30일내에 이의신청을 할 수 있으며, 이에 대한 심의, 재결은 위원회의 전원회의에서 이루어진다(제37조의3 제1항 제2호, 제53조). 이의신청을 거치지 않고도 위원회의 처분에 대하여 서울고등법원에 행정소송을 제기할 수 있다(제54조, 제55조).

(3) 물론 위원회는 그 구성의 독립성, 사건처리 절차의 사법적 요소 등의 측면에서 가장 대표적인 독립규제위원회라 일컬어지는 미국의 연방거래위원회(Federal Trade Commission)와 비교할 때 미흡한 점이 있다고도 평가할 수 있다. 미국의 경우 대통령이 연방상원의 동의를 얻어 5인의 위원을 임명하며, 사건의 조사과정에서는 이른바 행정법판사(administrative law judge)와 같은 법전문가에 의한 독립적 직무수행이 이루어지고 있다.

그러나 미국과 우리나라는 법률체계, 사법과 행정의 관계, 경제현실 등 여러 가지 점에서 차이가 있을 뿐만 아니라, 행정목적 실현을 위하여 취해지는 규제수단에 대하여 사법적 체계나 요소를 어느 정도로 적용할 것인지는 기본적으로 제도 형성의 문제로서 입법자의 선택에 달려 있다 할 것이다.

법관에게 결정권한을 부여한다든지, 절차에 있어 사법적 요소들을 강화한다든지 하면 법치주의적 자유보장이라는 점에서 장점이 있겠으나, 다른 한편으로 경제, 환경, 도시계획, 보건과 같은 복잡하고 전문적인 규제분야에서 정책입안자나 현장의 정책집행자의 일관되고 전문적인 목적지향적 관리가 가능하기 위해서는 행정기관 스스로 행정목적 달성에 효율적인 제재수단과 제재수위를 1차적으로 선택할 수 있도록 하는 것이 행정의 경험과 전문성, 책임성을 보다 살리는 길이 된다고 볼 수도 있다.

(4) 그렇다면, 우리나라 공정거래법에서 행정기관인 위원회로 하여금 과징금을 부과하여 제재할 수 있도록 한 것은 부당내부거래를 비롯한 다양한 불공정 경제행위가 시장에 미치는 부정적 효과 등에 관한 사실수집과 평가는 이에 대한 전문적 지식과 경험을 갖춘 기관이 담당하는 것이 보다 바람직하다는 정책적 결단에 입각한 것이라 할 것이고, 과징금의 부과 여부 및 그 액수의 결정권자인 위원회는 합의제 행정기관으로서 그 구성에 있어 일정한 정도의 독립성이 보장되어 있고, 과징금 부과절차에서는 통지, 의견진술의 기회 부여 등을 통하여 당사자의 절차적 참여권을 인정하고 있으며, 행정소송을 통한 사법적 사후심사가 보장되어 있으므로, 이러한 점들을 종합적으로 고려할 때 과징금 부과 절차에 있어 적법절차 원칙에 위반되었다거나 사법권을 법원에 둔 권력분립의 원칙에 위반된다고 볼 수 없다.

4. 결 론

그렇다면 이 사건 법률조항은 헌법에 위반되지 아니하므로 주문과 같이 결정한다. 이 결정은 재판관 한대현, 재판관 권 성, 재판관 주선회, 재판관 김영일의 아래 5., 6.과 같은 반대의견이 있는 외에는 나머지 관여재판관들의 일치된 의견에 의한 것이다.

5. 재판관 한대현, 재판관 권 성, 재판관 주선회의 반대의견

기업에게 부과될 수 있는 형벌은 벌금뿐인데 이 사건 법률조항은 형벌인 벌금 이상으로 불이익할 수 있는 과징금을 기업에게 부과하면서 헌법상 요구되는 자기책임의 원리와 적법절차를 준수하지 않고 있어 헌법에 위반된다고 생각한다.

가. 자기책임원리의 위반

(1) 이 사건 과징금의 특성

(가) 각종 법률이 규정하는 과징금 제도의 유형을 보면 첫째, 행정상 의무이행의 확보를 위하여 그 의무위반행위로 얻은 불법적인 이익을 박탈하고 나아가 그 행위를 제재하기 위하여 부과하는 과징금이 있고 둘째, 다수 국민이 이용하는 사업이나 국가 및 사회에 중대한 영향을 미치는 사업을 시행하는 자가 행정법규에 위반하였을 경우 그 위반자에 대하여 허가취소나 영업정지처분을 하면 오히려 국민에게 생활의 불편과 어려움을 줄 수 있으므로 이러한 처분과 선택적으로 또는 이에 갈음하여 부과하는 과징금이 있으며 셋째, 배출부과금 등과 같이 법령에서 과징금이라는 용어를 사용하고 있지는 않더라도 그 제도의 취지·성격 등에 비추어 과징금과 유사한 제도라고 볼 수 있는 것 등이 있다(헌재 2001. 5. 31. 99헌가18등, 판례집 13-1, 1017, 1096-1098 참조).

(나) 공정거래법은 이 사건 법률조항 이외에도 여러 조항에서 과징금부과규정을 두고 있다. 시장지배적 사업자가 그 시장지배적 지위를 남용한 경우(법 제6조), 일정 규모 이상에 해당되어 상호출자가 금지된 회사가 이를 위반하거나 출자한도 제한을 위반한 경우(법 제17조), 다른 사업자와 부당하게 경쟁을 제한하는 공동행위를 한 경우(법 제22조), 사업자단체가 부당한 경쟁제한 행위를 한 경우(법 제28조), 재판매가격유지행위를 한 경우(법 제31조의2), 부당한 경쟁제한을 초래하는 국제계약을 체결한 경우(법 제34조의2) 부과되는 과징금들이 그것이다. 공정거래법상의 이러한 과징금들은 독과점의 규제와 불공정거래의 방지를 위한 경제법상의 의무위반행위로 얻은 불법적인 이익을 박탈하고 나아가 그 위반행위자를 제재하기 위하여 부과되는 것이므로 대부분 위에서 본 첫째 유형의 과징금에 해당한다.

(다) 그런데 이 사건 법률조항에 의하여 부과되는 과징금은 부당하게 특수관계인 또는 다른 회사에 대하여 가지급금·대여금·인력·부동산·유가증권·무체재산권 등을 제공하거나 현저히 유리한 조건으로 거래하여 특수관계인 또는 다른 회사를 지원하는 행위가 있는 경우 당해 지원행위의 주체인 기업에 대하여 부과되는 것이다. 만약 부당지원행위로 인하여 발생한 이익을 이 과징금의 부과에 의하여 박탈하고자 한다면, 실제로 이익을 본 피지원자에게 과징금을 부과하여야 마땅할 것이다. 그러나 이 사건 법률조항은 지원을 함으로써 현실적으로는 일단 손실을 본 사업자를 상대로 과징금을 부과하도록 규정하고 있으므로 이 과징금은 지원행위로 발생한 이익을 박탈하기 위한 것은 아니다.

이 점에 대하여는, 동일한 기업집단의 경우 지원하는 기업과 지원받는 기업이 이와 같은 지원행위를 통하여 결국은 함께 이익을 보려고 하는 것이므로 그 어느 쪽에 부과하든 이익을 박탈하는 의미가 있다는 주장도 있다. 그러나 이 과징금의 부과는 동일한 기업집단 내의 거래행위일 것을 그 요건으로 하고 있지 아니하며, 또 동일한 기업집단 내의 행위에 의하여 기업집단에게 발생한 이익을 박탈하는 것이라면 이 과징금이 기업집단의 지배자에게 부과되어야 할 터인데도 그와 달리 개별적인 지원기업에게 부과되고 있으므로 위와 같은 논리는 정확한 것이 못된다. 이것은 단지, 부당지원행위를 억제하기 위하여 그러한 행위를 한 사업자를 응징하고 이러한 응징을 통하여 장래의 법위반을 일반적으로 예방하려는 의미만을 가지고 있다고 보아야 한다. 그렇다면 이러한 과징금은 그 목적이나 효과로 보아 실질적인 처벌의 성질을 갖는 것이고 이는 헌법 제12조 제1항 후문이, 특히 명문으로 적법절차의 대상으로 삼고 있는, '처벌'에 바로 해당하는 것이다.

(2) 자기책임의 원리

어떠한 행위를 법률로 금지하고 그 위반을 어떻게 제재할 것인가 하는 문제는 원칙적으로 보호법익의 침해 정도, 위반행위의 성질, 위반이 초래하는 사회적 경제적 해악의 정도, 제재로 인한 예방효과, 기타 사회적 경제적 현실과 그 행위에 대한 국민의 일반적 인식이나 법감정 등을 종합적으로 고려하여 의회가 결정하여야 할 국가의 입법정책문제이므로 광범위한 입법재량이 인정되어야 할 분야이다. 그렇기는 하지만 만일 처벌 등의 법적 제재가 위법행위의 내용과 상관이 없는 요소에 의하여 그 범위가 재단되도록 법률이 규정하고 있다면 이는 자기책임의 범위를 벗어나는 제재가 될 위험이 있어 헌법위반의 문제를 일으킨다.

원래 위법행위와 그에 대한 처벌 내지 제재 사이에는 정당한 상관관계가 있어야만 한다. 이것은 실질적 법치주의의 당연한 내용이고 헌법의 배후에 전제되어 있는 기본적인 헌법원리인 것이다. 이것을 이름하여 자기책임의 원리라 부르는 것이고 헌법 제13조 제3항은 그 한 표현에 해당하며 자기책임의 원리에 반하는 처벌이나 제재는 그 자체로서 헌법위반을 구성한다.

(3) 이 사건 과징금의 경우

(가) 이 사건 과징금은 부당하게 다른 회사를 지원한 기업에게 그 매출액의 100분의 2의 범위 내에서 공정거래위원회가 재량으로 부과할 수 있는 제재금인데, 이는 부당지원자에게 부과되는 것이지 피지원자에게 부과되는 것이 아니므로 비록 형벌은 아니라고 하더라도 부당지원행위에 대한 응징 내지 처벌로서의 의미를 가지고 있음은 앞에서 설명한 바와 같이 명백하다.

(나) 자본주의가 성장하면서 기업이 다른 기업을 부당지원하여 시장에서의 공정한 경쟁을 해칠 위험이 발생하고 이러한 위험은 특히 재벌기업의 경우에 더욱 현저하다. 따라서 이 조항의 과징금을 통하여 부당지원을 응징하고 억제하는 것이 필요한 상황이 조성되었다. 그러나 비록 기업의 부당지원행위를 응징하고 처벌한다 하더라도 헌법상의 자기책임의 원리는 지켜져야 하는 것이며 이러한 이치는 규제의 대상이 재벌인 경우에도 동일하며, 특히 정부가 이러한 헌법원칙을 무시하면서 기업을 임의로 통제하기 위한 법적 도구로 이 사건 법률조항을 이용하도록 방임하는 일이 있어서는 안될 것이다.

이 사건 법률조항이 규정한 부당지원행위에 대한 과징금은 지원을 한 기업의 매출액의 100분의 2를 한도로 하고 있다. 그런데 단일 대기업의 매출규모가 수천억 원에 이르는 경우가 많고 나아가 수조(兆) 원에 이르는 경우도 있는데 이들 기업이 부당지원행위를 한 경우에는 비록 그 지원규모가 소액이고 사소한 것이라고 할지라도 그에 대한 과징금은 매출액을 기준으로 상한이 결정되는 결과, 공정거래위원회는 그 기업에 대하여 수백억원 나아가 수천억원에 이르기까지 과징금을 부과할 수 있는 권한을 갖게 된다. 이러한 다액의 과징금은 경우에 따라서는 기업의 생존을 위협할 위험이 있고 경제성장과 더불어 기업의 매출액

규모가 확대되는 것에 비례하여 이러한 위험은 더욱 증대될 것이다. 결국 과잉제재의 문제가 발생한다.

반대로 부당지원의 규모가 비록 대규모일지라도 그 기업의 매출액이 근소한 경우에는 과징금은 아주 미미하게 된다. 결국 부당한 과소제재의 문제가 생기는 것이다.

다른 한편 동일한 규모의 부당지원을 한 복수(複數)의 기업이 그들의 매출액 차이에 따라 상이한 과징금을 부담하는 형평상의 문제가 발생하는데 매출액 차이의 크기에 비례하여 과징금의 불균형 정도가 더욱 심각하여진다.

이러한 불합리한 문제들은 과징금의 범위를 매출액을 기준으로 하여 결정하는 데서 모두 유래한다.

원래 매출액의 규모와 부당지원과의 사이에는 원칙적으로는 상관관계를 인정하기가 곤란하다. 물론 경우에 따라서는 다른 기업에 대한 부당지원이 자기 기업의 매출액 신장으로 이어지는 경우도 있을 것이지만 이것은 다른 요소와의 결합에 의하여서만 우연적으로 가능한 일이기 때문에 매출액 규모와 부당지원 사이의 독자적인 상관관계는 원칙으로 인정하기 어렵다고 보는 것이다. 물론 예외가 있을 수 있지만 그러한 예외는 입증을 요하는 특별한 사정에 지나지 않는다고 봄이 경험칙상 합당하다. 요컨대 부당지원행위라는 행위의 성격과 규모에 관계 없이 매출액의 규모를 기준으로 과징금의 범위를 정하는 것이 자기책임의 원리에 부합한다고 할 수 있기 위하여는, 부당지원과 지원행위자의 매출액 규모(매출액의 신장, 유지, 감소의 완화 등을 포함한다) 사이에 상당한 인과관계가 있음이 인정되어야만 할 것인데 이러한 상관관계는 특별한 경우가 아닌 한 일반적으로 인정될 수 없는 일이다. 결국 부당지원행위에 대하여 매출액을 기준으로 과징금을 부과할 수 있도록 하는 것은 부당지원이라는 자기의 행위와 상관관계가 없는 매출액이라는 다른 요소에 의하여 책임의 범위를 정하는 것이 되어 자기의 위법행위와 그에 대한 처벌 사이에 정당한 상관관계가 있어야 한다는 자기책임의 원리에 부합하지 않는 것이다.

공정거래법 제55조의3 제3항은 과징금의 부과기준을 대통령령으로 정하도록 입법위임을 하였는데 이에 근거한 시행령 제61조 제1항의 별표2 제8은 "부당지원행위에 대한 과징금 부과기준을 지원금액의 산출이 가능한 경우는 당해 지원금액의 이내로 하고 지원금액이 산출되기 어렵거나 불가능한 경우에는 당해 지원성 거래규모의 100분의 10 이내로 한다"는 취지로 규정하였다. 이 시행령규정은 매출액이 아니라 지원금액 내지 지원규모를 과징금의 부과기준으로 설정하였음이 명백하다.

그러나 매출액이라는 것과 지원금액이라는 것은 결코 동일한 것이 아니고 완전히 별도의 범주에 속하는 것이므로 이것은 법률의 내용을 시행령으로 바꾼 것에 해당한다. 이 사건 법률조항이 매출액을 과징금의 부과기준으로 삼은 것은 위헌이고 오히려 지원금액을 기준으로 삼아야 헌법에 부합할 수 있다는 점을 앞에서 밝힌 바 있지만, 시행령에서 위헌적인 내용의 법률과는 달리 합헌적인 내용을 채택한다고 하여 위헌적인 내용을 가진 법률의 위헌성이 제거되거나 치유되는 것은 아니므로 위와 같은 시행령의 존재는 이 사건 법률조항을 위헌으로 판단하는 데 장애가 되지 않는다.

더구나 이 시행령의 내용에 의하면 지원금액이 매출액의 100분의 2를 초과하는 경우에 오히려 지원금액이 과징금의 상한이 되어 법률이 정한 것보다 위반행위자를 더 불리하게 만드는 것이 되어 문제가 될 것이지만 더 이상 상론할 것은 없다.

(다) 한편 이 사건 법률조항 이외에 공정거래법상으로 매출액을 기준으로 하여 과징금을 부과할 수 있도록 하는 규정들이 없지는 않다. 시장지배적 사업자의 남용행위에 대하여 매출액의 100분의 3 이하를 부과할 수 있도록 한 것(법 제6조), 다른 사업자와 공동으로 부당하게 경쟁을 제한하는 행위에 대하여 매출액의 100분의 5 이하를 부과할 수 있도록 한 것(법 제22조), 사업자단체의 부당한 경쟁제한행위에 참가한 사업자에게 매출액의 100분의 5 이하를 부과할 수 있도록 한 것(법 제28조 제2항), 재판매가격유지행위에 대하여 매출액의 100분의 2 이하를 부과할 수 있도록 한 것(법 제31조의2) 등이 그러하다.

그러나 이들 경우는 가격형성을 왜곡하고 상품공급을 조절하는 등의 방법으로 시장질서에 직접 개입하여 이를 교란하고 독과점체제를 형성하여 자유경쟁을 정면으로 저해하는 행위인 점에서, 단지 두 기업간의 개별적이고 일시적인 지원행위를 대상으로 하고 있는 이 사건 법률조항에 의한 과징금의 경우와는, 독과점금지와 자유시장질서의 유지에 대하여 미치는 파괴적 효과와 위법성의 정도가 현저히 다른 것이다. 이들의 경우에는 매출액의 규모가 그 행위의 내용과 효과 및 위법성의 정도에 결정적 영향을 미치는 요소임에 반하여 부당지원의 경우에는 매출액의 규모라는 것이, 독과점금지 및 자유시장질서유지에 대한 부당지원행위의 부정적 영향에 별다른 가감적 작용을 하지 못한다. 그러므로 매출액의 규모는 부당지원행위의 책임범위를 정하는 요소가 될 수 없으며, 환언하면 자기책임의 기준이 될 수 없으며, 오히려 그 지원행위 자체의 개별적 내용과 규모에 의하여, 예컨대 부당지원금액의 몇 배라고 하는 방법으로, 그 책임범위가 결정되어야만 할 것이다. 그러한 의미에서 이 사건 과징금은 공정거래법상의 다른 불공정행위에 대한 과징금과는 본질적으로 다른 것이며 이 사건 과징금을 다른 형태의 과징금과 같이 매출액의 100분의 2를 한도로 부과할 수 있도록 한 것은 부당지원행위의 개별적인 내용과 성격에 상응하여 의당 부담하여야 할 책임의 정도를 현저히 초과하게 될 위험 또는 현저히 미달하게 될 불합리가 명백히 존재하는 것이다.

그렇다면 결국 이 사건 법률조항은 부당지원행위자를 처벌함에 있어서 마땅히 준수되어야 할 자기책임의 원리에 위배된다고 할 것이다.

나. 적법절차원칙의 위반

(1) 헌법상 적법절차의 원칙

헌법 제12조 제1항 후문은 "모든 국민은 … 법률과 적법절차에 의하지 아니하고는 처벌·보안처분 또는 강제노역을 받지 아니한다"고 규정하고 있다. 이 헌법조항이 규정한 적법절차의 원칙은 합리적이고 정당한 법률에 의거하여 적정한 절차를 밟은 경우에만 공권력에 의한 국민의 생명, 자유, 재산의 침해는 가능할 수 있다는 넓은 범위에 걸친 일반적인 원칙을 그 내용으로 한다. 다만 이 조항에서는 특히 처벌·보안처분 또는 강제노역의 경우에 적법절차를 엄격히 형성·유지하여야 함을 명문의 규정으로 명백히 천명한 것뿐이다.

헌법상 적법절차의 보장은 광의로는 실체적 적법절차의 보장을 포함하는 것이지만 그 본래적 의미는 기본권을 제한하는 내용의 공권력 행사는 그 절차가 합리적이고 공정하여야만 한다는 절차적 적법절차의 보장에 있다. 이러한 절차적 적법절차의 원칙을 충족하기 위한 여러 절차적 요소 중에는 당사자에 대한 사전의 고지(notice), 공정하고 충분하며 합리적으로 행하여지는 청문(hearing) 등이 포함된다. 그러나 절차적 적법절차의 구체적 내용은 상황과 무관하게 고정된 것이 아니고 공권력으로 기본권을 제한하는 구체적인 경우에 나타나는 개별적인 여러 사정들을 고려하여 이에 적합한 절차적 보장이 주어질 것을 요청한다는 의미에서 신축성을 가지는 것이다. 따라서 구체적인 경우에 적법절차의 원칙상 어떠한 절차가 제공되어야 할 것인지를 판단하기 위해서는 문제된 기본권 내지 관계된 권리의 중요성, 기존 절차를 통하여 그러한 권리가 잘못 박탈될 위험의 정도, 절차를 대체함으로써 얻을 수 있는 효과의 정도, 절차의 대체에 수반될 재정적·행정적 부담 내지 공익 희생의 규모 등 여러 요소들을 종합적으로 형량하여 결정할 수밖에 없다. 대체로 보아 기본권의 제한이 중대하면 할수록 적법절차의 요구도 비례하여 커지는 것이며 고도의 적법절차의 요구는 결국 사법절차의 내용에 접근·동화하는 것이 될 것이다.

(2) 공정거래위원회의 준사법기관성

사법절차를 가장 엄격한 적법절차의 하나라고 볼 때 그에 유사한 정도로 엄격하게 적법절차의 준수가 요구되는 절차를 '준사법절차', 그러한 절차를 주재하는 기관을 '준사법기관'이라고 표현할 수 있을 것이다.

헌법 제119조 제2항은 "국가는 … 시장의 지배와 경제력의 남용을 방지하며 … 경제에 관한 규제와 조정을 할 수 있다"라고 규정함으로써 독과점과 불공정거래의 규제라는 경제정책적 목표를 개인의 경제적 자유를 제한할 수 있는 정당한 공익의 하나로 명문화하고 있다. 경제적 자유가 초래하는 경제력의 집중과 시장지배적 경향으로 말미암아 필연적으로 시장의 자유가 위축될 우려가 있으므로 국가는 이를 방지할 필요가 있고 따라서 국가가 공정거래법을 제정하여 사업자의 시장지배적 지위의 남용과 과도한 경제력의 집중을 방지하고 부당한 공동행위 및 불공정거래행위를 규제하는 것은 자본주의적 시장경제의 기능을 보장하기 위한 국가의 헌법상 과제인 것이다(헌재 1996. 12. 26. 96헌가18, 판례집 8-2, 680, 695).

그런데 반독점과 공정거래에 위배되는 행위를 규제함에 있어서는 당해 사업에 관련된 경제적 상황, 위반행위가 시장에 미치는 경제적 영향, 개별 기업의 구체적 상태 등을 신속·정확히 파악하여 적정하고 신속한 대책을 제시할 수 있는 전문성을 규제기관이 갖추어야 하므로 이 점에서는 규제기관의 행정적 전문화가 요청되고 다른 한편, 부당공동행위나 불공정거래행위의 규제가 대상 기업의 경제적 자유와 재산권에 미칠 수 있는 치명적 침해의 심각성에 상응하여 사전고지와 청문, 엄격한 사실인정과 공정한 판단 등을 보장하는 절차적 엄격성이 보장되어야 하므로 이 점에서는 규제기관의 사법적 엄격화가 요청된다. 만일 행정적 전문성만을 강조하여 그 권한을 일반 행정기관에 그대로 맡긴다면 행정기관의 권한이 지나치게 강대하여지고 그 권한이 자의적으로 남용될 우려가 있다. 한편 사법절차적 엄격성만을 강조하여 이를 법원에 맡긴다면 통상의 사법절차를 모두 거치는 데 따른 시간의 경과 등으로 신속한 대응에 어려움을 겪게 될 수 있다. 따라서 행정부에 속하지도 않고 사법부에도 속하지 않는 제3의 독립기관에게 이를 맡길 필요성이 있고, 이에 따라 행정권과 사법권으로부터 분리된 독립적 기관으로서 공정거래위원회를 설치하여 독립규제위원회로서 독점규제와 공정거래 유지의 국가기능을 담당하게 하여야 할 것이다. 그렇다면 공정거래위원회는 당연히 행정적 전문성과 사법절차적 엄격성을 함께 가져야 하며 그 규제절차는 당연히 '준사법절차'로서의 내용을 가져야만 하는 것이다.

(3) 이 사건 과징금의 처벌적 성격

이 사건 과징금의 처벌적 성격은 이미 앞에서 본 바와 같다. 그 요지는 다음과 같다.

이 사건 과징금은 부당지원행위를 한 기업에게 부과되는 것인데 만약 부당지원행위로 인하여 발생한 이익을 이 과징금의 부과에 의하여 박탈하고자 한다면 실제로 이익을 본 피지원자에게 과징금을 부과하여야 마땅할 것이다. 그러나 이 사건 법률조항은 지원을 함으로써 이익이 아니라 손실을 본 사업자를 상대로 과징금을 부과하도록 규정하고 있으므로 이 과징금은 지원행위로 발생한 이익을 박탈하기 위한 것은 아니다. 그렇다면 이것은 부당지원행위를 억제하기 위하여 그 행위를 한 사업자에게 응징을 가하고 이로써 장래의 법위반을 일반적으로 예방하려는 의미를 가지고 있다고 보아야 한다. 따라서 이러한 과징금은 그 목적이나 효과로 보아 실질적인 처벌의 성질을 갖는 것이고 이는 헌법 제12조 제1항 후문이 특히 명문으로 적법절차의 대상으로 삼고 있는 '처벌'에 바로 해당하는 것이다.

한편 이 사건 법률조항은 부당지원행위를 한 기업에 대하여 매출액의 100분의 2의 범위 내에서 과징금을 부과하도록 규정한다. 기업의 이익금이 그 매출액의 극히 일부에 불과할 수도 있는 실정을 감안할 때 이익금에 비하여 과도한 과징금은 당해 기업의 수지와 경영에 매우 불리한 영향을 미칠 수 있는 것이고 나아가 당해 기업이 상당한 시장지배력을 가지고 있는 주요 기업인 경우에는 그 파급효과가 국민경제의 흐름에도 적지 않은 영향을 미칠 수 있다. 이와 같이 이 사건 과징금 제도가 당해 기업에게 사활적 이해를 가진 제재가 될 수 있을 뿐만 아니라 경제 전반에도 중요한 영향을 미칠 수 있는 것임을 생각할 때, 그 부과절차는 적법절차의 원칙상 적어도 재판절차에 상응하게 조사기관과 심판기관이 분리되어야 하고 심판관의 전문성과 독립성이 보장되어야 하고 증거조사와 변론이 충분히 보장되어야 하며 심판관의 신분이 철저하게 보장되어야만 할 것이다. 이러한 관점에서 이 사건 법률조항을 검토하면 많은 문제가 있다.

(4) 이 사건 법률조항에 대한 검토

(가) 조사기관과 심판기관의 미분리(未分離)

사법절차에서는 사실을 조사하고 증거를 수집하는 '조사기관'과 수집한 증거를 조사하고 변론을 듣고나서 결정을 내리는 '심판기관'이 서로 분리되어 있는데 이러한 기관의 분리는 조사의 전문성과 판단의 공정성을 함께 확보하기 위한 불가결의 조치이고 이는 사법절차의 기본적, 핵심적 요소의 하나이다.

그런데 공정거래법상으로는 조사권과 심판권이 모두 공정거래위원회에 귀속되어 있을 뿐, 그 분리가 전혀 이루어져 있지 않다. 즉 공정거래법 위반의 혐의가 있을 때에는 공정거래위원회가 직권으로 또는 신고에 의하여 조사를 개시하며(법 제49조), 조사는 위원회 자체가 직접 행하거나 소속 공무원에게 조사를 지시하는 방법으로 진행한 다음(법 제50조) 위반행위 존부와 이에 대한 시정조치 내지 과징금 부과에 대한 판단도 모두 공정거래위원회가 행하도록 규정되어 있는 것이다(법 제51조, 제55조의3). 이와 같이 조사기관과 심판기관을 분리하지 아니한 것은, 「심판기관은 조사기관과 피규제기업 사이에서 중립적으로 판단하여야 한다는 원칙」을 원천적으로 배제하고 있는 것이다.

또한 공정거래위원회는 실무상으로 검사의 파견을 받고 있는데 이는 현재의 위원회 자체조직으로는 조사업무의 전문성 확보가 제도적으로 곤란한 실정임을 위원회 스스로 자인하고 있는 것이다.

공정위원회규칙은 법률에도 없는 심사관제도와 사전심사제도를 창설하여 조사기관을 어느 정도 분리시키려는 노력을 하고 있다(공정거래위원회 회의 운영 및 사건절차 등에 관한 규칙 제10조, 제11조). 이 규칙은 "이 법의 규정에 위반하는 사건의 처리절차등에 관하여 필요한 사항은 공정거래위원회가 정하여 고시한다."라고 규정한 공정거래법 제55조의2에 의거한 규칙으로 보이는데 백지위임식의 이러한 위임이 헌법상 가능한 것인지 여부 그리고 이러한 위임에 의한 규칙으로 심사관제도와 사전심사절차 같은 중요한 직제와 심리절차를 만들어 내는 것이 법률상 허용되는 것인지 여부는 차치하고 공정거래위원회 소속의 공무원인 국장이나 지방사무소장 또는 4급 이상 공무원 가운데서 지정되는 심사관으로서는 직무상의 독립성을 갖는 조사기관이 될 수 없을 것이다.

(나) 전문성과 독립성의 미흡

공정거래법상 부당지원 등 불공정거래행위에 대한 과징금의 부과는 공정거래위원회의 소관사무인데(법 제36조 제4호) 위원회는 위원장 1인, 부위원장 1인을 포함한 9인으로 구성되며 그중 4인은 비상임위원이다(법 제37조 제1항). 그리고 위원장과 부위원장은 국무총리의 제청으로 대통령이 임명하고 기타 위원은 위원장의 제청으로 대통령이 임명하도록 되어 있다(법 제37조 제2항). 이와 같이 위원의 임명권한이 모두 대통령에게 집중되어 있고 위원회 자체가 국무총리 소속하의 중앙행정기관으로서 정부조직법의 규정에 의한 정부기관의 하나로 조직되어 있는 점(법 제35조)을 고려할 때 위원회는 구조적으로 정부의 정책방향이나 구체적 시책에 반하는 판단을 하기 곤란하고 위원회의 결정은 정부의 영향을 받을 가능성이 매우 크다.

그리고 비록 위원에게 3년의 임기가 보장되고 법정된 사유 이외의 경우에는 의사에 반하여 면직되지 아니하도록 하여 신분보장을 하고는 있으나(법 제39조, 제40조), 연임을 희망하는 위원 또는 다른 고위직으로의 전보나 승진을 기대하는 관료 위원은 정부의 영향을 받을 우려가 있다.

그렇다면 위원의 중립성과 정부로부터의 독립성은 매우 불충분하다고 보지 않을 수 없다.

또한 위원의 자격요건 중에는 독점규제 및 공정거래에 관하여 '경험'이 있는 2급 이상의 공무원의 직에 있던 자라고 하는 규정(법 제37조 제2항 제1호)이 있지만 이처럼 경험을 요건으로 삼는 것은 막연하고 완화된 요청에 불과하므로 이 정도의 요건만으로는 규제대상 사업에 관련된 경제적 상황, 위반행위가 시장에 미치는 경제적 영향, 개별 기업의 구체적 상태 등을 신속·정확히 파악하여 적정하고 신속한 대책을 제시할 수 있는 전문성을 확보하기에는 부족하다.

(다) 증거조사와 변론의 불충분

공정거래위원회의 과징금부과절차에서 당사자 또는 이해관계인은 처분 전에 의견진술의 기회를 부여받고 위원회의 회의에 참석하여 의견개진 혹은 자료제출을 할 권리를 가질 뿐 (법 제52조), 사법절차에서와 같은 증거조사절차나 변론절차는 법률상 전혀 보장되어 있지 아니하고 민사소송법, 형사소송법 등이 실체적 진실발견을 위하여 채택하고 있는 증거법칙 같은 것도 역시 전혀 존재하지 아니하며, 부당한 처벌을 방지하기 위하여 형법 총칙이 마련 하고 있는 여러 보장적 조치도 존재하지 아니한다. 위원회의 과징금부과절차가 민사나 형사 의 소송절차와 반드시 같아야 할 필요는 물론 없다. 그러나 소송절차에서 부당한 처벌을 방 지하고 실체적 진실발견을 위하여 채택하고 있는 기본적인 원칙들, 예컨대 당사자에게 사실 과 법률 모두에 관하여 충분한 변론의 기회를 보장하는 것, 진정성립이 담보되지 아니하거 나 위법하게 수집된 증거의 증거능력을 제한하는 것 등의 최소한의 적법절차는 반드시 법 률 자체에서 보장되어야 할 것인데 공정거래법에는 이와 같은 보장이 전혀 결여되어 있다. 법 제55조의2는 사건의 처리절차를 위원회가 정하여 고시한다고 규정하고 있는데 헌법에서 요구하는 적법절차의 보장은 그 기본을 법률로 규정하여야 하는 것이므로 이와 같은 백지 위임은 또다른 위헌의 문제를 일으킨다. 민사소송법이나 형사소송법이 직접 법률에서 대부 분의 절차를 상세하게 규정하고 있는 것과 대비된다.

(라) 한편 공정거래위원회의 처분에 대하여 불복하는 자는 공정거래위원회에 이의신청을 할 수 있고(법 제53조), 불복의 소를 제기하고자 할 경우에는 직접 서울고등법원에 이를 제 기하도록 규정되어 있으므로(법 제55조), 공정거래위원회에서의 이의재결절차는 제1심 소송 절차의 대상(代償)인 셈이고, 그렇다면 소송절차 대신 주어진 공정거래위원회에서의 이의재 결절차는 사법절차로서의 기본적인 내용을 최소한 갖추어야 할 것이다. 그럼에도 불구하고 공 정거래법에서는 이의재결의 절차에 관하여 아무런 구체적인 법률규정을 두지 아니한 채 이 를 전부 위원회의 고시에 의하도록 위임하고 있다(법 제55조의2). 그런데 위원회의 고시에 서는 그 절차를 앞서 본 조사 및 심판의 절차를 준용하여 처리하도록 하고 있어서(공정거래 위원회 회의 운영 및 사건절차 등에 관한 규칙 제65조), 결국 공정거래위원회의 처분과 이 의재결은 아무런 절차상 차이가 없다. 이러한 절차들은 모두 적법절차의 원칙에 부응하지 못하는 것이며 준사법절차로서 내용을 갖추지 못한 것임은 더 말할 나위가 없다.

(마) 외국의 입법례를 보아도 미국과 일본 및 독일은 불공정거래행위에 대한 제재절차를 사법적 구조로 구성하여 모두 법률로 상세히 규율하고 있다. 이들 국가의 절차는 당사자 등 에게 의견개진이나 자료제출을 준비하게 하기 위하여 충분한 사전준비기간을 보장하고 있 으며, 예외 없이 대석적 구두변론절차를 보장하여 준사법적 절차로서의 제도적 배려를 다하 고 있다. 특히 미국의 경우 행정법판사(administrative law judge) 제도를 두어 조사절차에 관여하지 아니한 객관적 인사를 행정법판사로 임명하고 그로 하여금 청문절차를 주재하고 청문 결과에 따른 1차적 결정권한을 갖게 한다. 행정법판사에게는 엄격한 원칙에 따라 사건 을 배당하고 해직이나 감봉을 제한하여 신분을 보장함과 동시에 청렴의무를 부과하며 그 공정성에 의문이 있을 경우에는 당사자의 신청에 의하여 기피될 수 있도록 하는 등 판단주 체의 독립성과 공정성 및 전문성을 제도적으로 충분히 보장하고 있다. 이에 비하면 우리 공 정거래법상의 과징금부과절차는 사법절차에 준하는 여러 내용을 결여함으로써 적법절차를 보장하지 못하고 있음이 더욱 드러난다.

(5) 소 결

이 사건 법률조항에 의한 과징금부과절차는 판단주체의 전문성, 독립성, 중립성에 대한 보장과 실체적 진실발견절차에 대한 보장이 모두 크게 미흡하여 적법절차의 원칙에 위배된다.

다. 결 론

이 사건 법률조항은 형벌인 벌금 이상으로 불이익할 수 있는 과징금을 기업에게 부과하면서 헌법상 요구되는 자기책임의 원리와 적법절차를 보장하지 않고 있어 헌법에 위반된다고 생각한다.

6. 재판관 김영일의 반대의견

나는 이 사건 법률조항이 적법절차의 원칙에 위배되어 위헌이라는 재판관 한대현, 재판관 권 성, 재판관 주선회의 반대의견과 입장을 같이 하면서, 또한 덧붙여 이 사건 법률조항은 동일한 범죄에 대하여 중첩적으로 처벌함을 내용으로 하는 것으로서 이중처벌금지의 원칙에 위반되고 무죄추정의 원칙에도 반하기 때문에 헌법에 위반된다고 보는 바이다.

가. 이 사건 법률조항은 이중처벌금지의 원칙에 위배된다.

(1) 헌법상 이중처벌금지의 원칙

(가) 헌법 제13조 제1항은 "모든 국민은 … 동일한 범죄에 대하여 거듭 처벌받지 아니한다"고 하여 이른바 '이중처벌금지의 원칙'을 규정하고 있다. 이 원칙은 한번 판결이 확정되면, 동일한 사건에 대해서는 다시 심판할 수 없다는 '일사부재리의 원칙'이 국가형벌권의 기속원리로 헌법상 선언된 것으로서, 동일한 범죄행위에 대하여 국가가 형벌권을 거듭 행사할 수 없도록 하여 국민의 기본권 특히 신체의 자유를 보장하기 위한 것이라고 할 수 있다. 이러한 점에서 헌법 제13조 제1항에서 말하는 '처벌'은 원칙적으로 범죄에 대한 국가의 형벌권의 실행으로서의 과벌을 의미하는 것이고, 국가가 행하는 일체의 제재나 불이익처분을 모두 그 '처벌'에 포함시킬 수는 없는 것이다(헌재 1994. 6. 30. 92헌바38, 판례집 6-1, 619, 627; 헌재 2001. 5. 31. 99헌가18등, 판례집 13-1, 1017, 1100). 나아가 우리 재판소는 "법률상의 의무위반에 대하여 처벌을 함과 동시에 과징금을 부과하는 것이 바로 이중처벌에 해당하여 헌법에 위반된다고 보기는 어렵다 할 것이고, 다만, 동일한 행위를 대상으로 하여 형벌을 부과하면서 아울러 과징금을 부과하여 대상자에게 거듭 처벌되는 것과 같은 효과를 낳는다면, 이중처벌금지의 기본정신에 배치되어 국가입법권의 남용이 문제될 수도 있다 할 것이나, 이는 이중처벌금지원칙의 문제라기보다는 그러한 중복적 제재가 과잉에 해당하는지 여부의 문제로 다루어져야 할 것이므로, 결국 법률상의 의무위반에 대하여 벌칙규정을 둔 이외에 과징금을 부과하는 규정을 두는 것이 과잉제재에 해당하는지의 여부가 문제된다 할 것이다"고 판시하여(헌재 1994. 6. 30. 92헌바38, 판례집 6-1, 619, 627; 헌재 2001. 5. 31. 99헌가18등, 판례집 13-1, 1017, 1100-1101 참조) 과징금과 벌칙규정을 병과하는 것이 원칙적으로 이중처벌금지의 원칙에 위배되지 아니하며, 비례의 원칙 내지 형평의 요구에 의하여 문제를 해결하는 독일 연방헌법재판소나 프랑스헌법평의회의 판례와 취지를 같이 하고 있다.

(나) 이와 같은 종래 우리 재판소의 판시취지는 과징금의 일반적 성격이 주로 부당이득

의 환수라는 구제적 목적을 달성하기 위한 것이고, 본질상 형사적 제재와는 차이가 있는 것임을 감안한 것이다. 또한 이와 같이 일반적으로 과징금은 행정형벌과는 본질상 다른 것으로 인정되고 있으므로, 대부분의 경우 과징금은 행정형벌과 병렬적으로 규정되고 있다. 그러나 문제되는 과징금이 구제적 목적을 위하여 부과되는 것이 아니고, 오로지 제재적 목적에만 봉사하는 것일 경우 이중처벌금지의 원칙에 해당하는지 여부에 대하여 보다 실질적인 판단이 필요하다.

과징금은 벌금과는 달리 그 부과절차적 면에서 볼 때, 행정처분의 형식으로 부과되어 공정력과 불가쟁력이 인정되고, 그에 대한 권리구제는 취소소송에 의한다는 점에서 행정형벌과는 절차상으로 명확히 구별되는 것이다. 따라서, 과징금과 행정형벌은 반드시 별개의 이질적인 절차에 의하여 판단되게 되어 있고, 양 절차가 병렬적으로 진행될 경우 두 사건을 병합하는 등의 방법으로 하나의 절차에 의하여 판단받을 수 있는 방법이 없으며, 행위자는 동일한 행위에 대하여 절차상 이중의 위험을 부담하는 것을 피할 수 없게 된다. 즉, 당해 과징금과 행정형벌의 성격이 본질적으로 공히 형사적 제재에 속하는 한, 중첩된 절차에 의한 이중처벌이 불가피해지는 것이다.

따라서, 부과되는 과징금의 구체적 성격 — 즉, 이것이 부당이득환수 등 과징금 고유의 독자목적에 기여하는 것인가 혹은 이러한 독자적 목적이 전혀 없이 오로지 형벌목적만을 가진 것인가 — 을 전혀 도외시하면서 오로지 과징금과 벌금의 절차상의 일반적 차이점만을 판단기준으로 하는 것이라고 해석한다면, 이는 지나치게 형식적인 결론에 치중하여 사안의 실질을 전혀 반영할 수 없는 결과가 된다고 할 것이다.

이러한 형식적 판단에 전적으로 의존한다면, 벌금과 병과되는 과징금의 성격이 어떠하건 간에 헌법상 선언되어 있는 이중처벌금지의 원칙에는 위배될 여지가 전혀 없는 것으로 되어 모두 과잉금지위반의 여부를 따지는 문제로 귀착될 뿐이다. 이는 헌법상 명문으로 선언된 이중처벌금지원칙의 실제 운용상 가치를 과도하게 축소시키는 것이 될 것이다. 특히 인권보장장치인 형사소송절차의 엄격한 절차적 요구를 과징금의 행정처분부과방식에 의하여 손쉽게 회피할 수 있도록 하는 결과가 되어 부당한 인권침해를 초래할 위험이 있다고 할 것이고, 따라서, 위와 같은 형식적 판단을 관철시켜 이 분야에 대한 헌법적 통제를 사실상 포기하는 것이 되어서는 안 된다.

그렇다면, 이 사건 과징금부과절차의 경우와 같이 행정절차에 의한 제재가 부당이득의 환수 등 특정의 비형벌적 목적을 전혀 가지지 아니한 채, 전적으로 형벌로서의 성격만을 가지는 것이 명백한 한, 이와 별도로 형벌에 의한 제재를 병행하여 규정하였다면, 이는 동일한 범죄행위에 대한 사실상의 이중기소와 거듭된 형사처벌이 실현되게 하는 것이고, 따라서, 헌법 제13조 제1항에서 "동일한 범죄에 대하여 거듭 처벌받지 아니한다"고 규정한 취지에 위배된다고 보아야 할 것이다.

또한 이와 관련된 종래 우리 재판소 판례의 문언을 보아도 "벌금과 과징금을 병과하는 것이 '바로' 이중처벌에 해당하여 헌법에 위반된다고 보기는 어렵다"고 완곡하고 조심스런 어법을 쓰고 있고, "동일한 행위를 대상으로 하여 형벌을 부과하면서 아울러 과징금을 부과하여 대상자에게 거듭 처벌되는 것과 같은 효과를 낳는다면, 이중처벌금지의 기본정신에 배치되어 국가 입법권의 남용이 문제될 수도 있다"고 하여 동 원칙의 적용 가능성을 남겨 놓고 있다. 따라서, 위 판례에서 벌금과 과징금의 병과가 이중처벌의 대상이 될 수 없다는 것이 원칙이기는 하나, 구체적 경우에서 과징금의 성격이 명백하게 오로지 형사제재적 성격인 경우에는 예외를 인정할 수 있는 여지를 배제한 것은 아니라고 보아야 할 것이다.

(다) 이와 같이 벌금과 과징금이 병과되는 경우에는 과잉금지 내지 비례의 원칙에 의한 전체형량의 통제 이외에 이중처벌금지원칙에 의한 보다 엄격한 실질적 통제가 요청된다고 할 것이다. 따라서, 벌금과 과징금의 병과는 일반적으로 과징금의 성격이 부당이득환수로서의 성격을 가지고 있음을 감안하여 이중처벌이 되지 아니하는 것으로 보되, 다만, 예외적으로, 구체적인 경우 벌금과 함께 병과되는 과징금의 성격이 명백하게 오로지 형사제재적 성격인 것으로 인정되는 때에는 과징금의 부과가 벌금부과와 별도로 당해 행위자를 거듭 처벌하는 것이 되어 헌법상의 이중처벌금지의 원칙에 위배될 수 있다고 보는 것이 합당하다 할 것이다.

(2) 이 사건 과징금제도에 대한 판단

(가) 이 사건 과징금은 공정거래법 제23조 제1항 제7호에 규정된 바와 같이 부당하게 특수관계인 또는 다른 회사에 대하여 가지급금 무체재산권 등을 제공하거나 현저히 유리한 조건으로 거래하여 특수관계인 또는 다른 회사를 지원하는 행위가 있는 경우 당해 사업자에 대하여 부과되는 과징금이다.

따라서, 이 사건 과징금의 부과대상은 부당지원행위를 행한 당해 사업자일 뿐이며, 지원을 받은 사업자가 아니다. 양 거래 사업자들 사이의 경제적 이해득실을 살펴보면, 지원행위자인 사업자로서는 가지급금 등을 특수관계인이나 다른 상대회사에 제공함에 의하여 이득이 발생한다고는 생각하기 어렵다. 물론 유형적 이득을 제공한 경우가 아니라면, 손해가 나지 않을 수도 있겠으나, 회사의 자원을 부당하게 타 경제주체에게 제공한다면, 일반적으로는 손해가 발생한다고 보아야 할 것이다. 이와 반대로 지원을 받은 회사는 이유없이 지원금을 받거나 다른 일반적인 거래에 비하여 현저하게 유리한 조건으로 거래를 할 수 있게 되므로 당연히 이 사건 조항에 의한 불공정거래행위로 부당한 이익이 발생할 것임은 쉽게 인정할 수 있다. 그렇다면, 이 사건 부당지원행위로 인하여 발생한 이득을 환수하기 위해서는 현실적으로 이득을 취한 피지원사업자에게 과징금을 부과하여야 할 것임에도 불구하고, 이 사건 법률조항은 지원을 행함으로써 손해를 입은 사업자를 상대로 과징금을 부과하도록 규정하고 있을 뿐이다. 이는 지원주체인 사업자의 부당지원행위 자체를 응징하고, 이를 통하여 장래 유사한 불공정행위가 발생하는 것을 예방하기 위한 목적에서 가하여지는 것이라고 보아야 할 것이다.

(나) 이와 같이 이 사건 과징금은 부당이득환수적 요소는 전혀 없이 순수하게 형사제재적 목적(punitive purpose)을 가지고 있다. 이는 응보와 억지의 두 가지 목적에만 봉사하고 있을 뿐이며, 이 사건 부당지원행위로 인하여 발생한 피해를 구제할 목적(remedial purpose)은 가지고 있지 아니하다.

결국 형벌 목적만을 가지고 있는 이 사건 법률조항의 과징금은 실질적 형사제재로서 절차상으로 형사소송절차와 전혀 다른 별도의 과징금부과절차에 의하여 부과되므로 행정형벌과는 별도로 거듭 처벌된다고 하지 않을 수 없다. 단지 양 절차 중 먼저 이행된 절차에서 부과된 제재의 정도가 후에 이행된 절차에서 부과된 제재의 정도를 결정함에 있어서 집행 당국인 공정거래위원회에 의하여 고려될 수 있을 것이라는 정도의 정황만으로는 헌법상 이 중처벌금지의 원칙에 부합된다고는 할 수 없다.

나. 이 사건 법률조항은 무죄추정의 원칙에 위배된다.

(1) 헌법 제27조 제4항은 "형사피고인은 유죄의 판결이 확정될 때까지는 무죄로 추정된 다"고 규정하여 무죄추정의 원칙을 천명하고 있다. 이러한 무죄추정의 원칙은 공소의 제기 가 있는 피고인이라도 유죄의 확정판결이 있기까지는 원칙적으로 죄가 없는 자에 준하여 취급하여야 하고, 불이익을 입혀서는 안되며, 또 가사 그 불이익을 입힌다 하여도 필요한 최소한도에 그치도록 비례의 원칙이 존중되어야 하는 것을 의미한다. 그리고 여기의 불이익 에는 형사절차상의 처분뿐만 아니라, 그 밖의 기본권제한과 같은 처분도 포함된다(헌재 1990. 11. 19. 90헌가48, 판례집 2, 393, 402-403).

(2) 이와 같이 종래 우리 재판소는 무죄추정의 원칙의 적용범위를 넓게 보아 왔다. 이러 한 취지에 비추어 보건대, 비록 헌법조항상으로는 형사피고인만이 무죄추정을 받는 대상으 로 명시되어 있으나, 공소제기 전의 형사피의자에게도 무죄추정의 원칙을 적용하는 것은 당 연하다고 할 것이며, 나아가 이 사건의 과징금의 경우처럼 비록 형사절차가 아닌 행정절차 라고 하더라도 동 절차를 통하여 부과되는 제재가 명백하고 완전하게 형벌적 성격을 가지 는 경우에는 이러한 제재를 부과하는 절차상에 있어서도 그 절차의 성격상 허용될 수 있는 범위 내에서 그 부과대상자에게는 무죄추정의 원칙의 기본정신에 따른 헌법적 보호가 주어 져야 한다고 할 것이다. 따라서, 형벌적 성격의 이 사건 과징금을 부과하는 절차에 있어서, 동 절차가 종결되기까지는 행위자는 원칙적으로 당해 제재의 부과대상자가 아닌 자에 준하 여 취급되어야 하고 불이익을 입혀서는 안된다고 할 것이고, 가사 불이익을 입는다고 하더 라도 필요한 최소한도에 그치도록 하여야 할 것이다.

(3) 이러한 판단기준에 따라 이 사건의 과징금부과절차를 보건대, 이 사건 과징금은 행 정행위의 형식으로 부과되어 즉시 효력을 발생하고 집행되며, 납부기간 내에 납부하지 아니 하면, 체납처분의 예에 따라 강제징수되고(공정거래법 제55조의5 제2항), 가산금까지 부과 된다(같은 조 제1항). 그럼에도 불구하고 불복하는 당사자는 공정거래위원회에 과징금부과 의 집행정지를 받을 수 있는 법적 방도가 없다. 따라서, 이 사건 과징금은 당사자의 불복에 따라 위반사실에 대한 확정판결이 있기 전에 이미 법위반사실이 추정되어 집행되고 있다고 할 수 있다. 이에 반하여 일반적 형사절차에서는 피의자나 피고인의 상대방인 검사가 무죄 추정의 원칙에 따라 엄격한 증명에 의하여 위반사실을 입증하여야 하고, 유죄판결이 확정되 기 전까지는 벌금을 미리 납부하여야 할 아무런 법적 의무가 없는 등 형사절차상으로 불이 익이 배제됨은 물론이고, 나아가 비형사적 측면에서도 모든 불이익이 배제된다.

그렇다면, 이 사건 과징금의 부과절차와 일반적 형사절차를 비교할 때, 특히 불복에 따 른 확정판결이 있기 전에 집행당국인 공정거래위원회의 부과처분에 의하여 이미 이 사건 과징금은 집행이 강제되고 있다고 할 수 있으며, 이러한 측면에서 양 절차 간에는 현저한 불균형이 있다고 할 수 있다. 따라서, 이 사건 과징금부과절차에서 적어도 공정거래위원회에 집행정지를 신청할 수 있는 당사자의 절차적 권리를 배제한 것은 무죄추정원칙의 정신에 위배된다고 할 것이다. 또한 본질상 형벌적 성격을 가지고 있는 이 사건 과징금을 부과함에 있어서 위와 같은 형사절차의 인권보호적 기능을 무시하고, 이러한 절차적 불이익을 감수하게 함을 정당화할 수 있는 특별한 사유가 존재한다고도 볼 수 없으므로 이는 비례의 원칙에도 어긋나는 것이다.

따라서, 이 사건 과징금은 그 부과절차의 면에서 의무위반사실에 대한 확정판결이 있기 전에 의무위반사실에 대한 불이익을 가하고 있으므로 무죄추정의 원칙에 반한다고 할 것이다.

이상과 같은 이유에서 나는 이 사건 법률조항은 헌법에 위반된다고 보는 바이다.

재판관   윤영철(재판장) 한대현 하경철 김영일 권 성 김효종 김경일(주심) 송인준 주선회

판례색인

저자약력

■ 권오승(權五乘)

서울대학교 법과대학 법학사
서울대학교 대학원 법학석사, 법학박사
동아대학교와 경희대학교 법과대학 교수 역임
서울대학교 법과대학과 법학전문대학원 교수 역임
미국 Harvard 대학교, 독일 Freiburg 대학교, Mainz 대학교,
일본 와세다 대학, 중국 화동정법대, 연변대학 등 방문교수 역임
(사)한국경쟁법학회 회장 역임
제13대 공정거래위원회 위원장 역임

현재 서울대학교 법학전문대학원 명예교수
　　　한동대학교 대학원 석좌교수
　　　대한민국학술원 회원

[저 서]

경제법, 민법의 쟁점, 기업결합규제법론, EC 경쟁법, 소비자보호법, 시장경제와
법, 제조물책임법(공저), 독점규제법(공저), 독점규제법 30년(편저), 독점규제법: 이
론과 실무(공저), 아세안 경쟁법(공저), 법학교수의 삶 등 다수

■ 이민호(李民鎬)

서울대학교 법과대학 법학사
University of California Hastings College of the Law LL.M.
서울대학교 대학원 법학석사, 법학박사
제37회 사법시험 합격, 사법연수원 27기 수료
공정거래위원회 송무팀장
고려대학교, 서강대학교, 연세대학교 겸임교수
변호사시험 출제위원

현재 김·장 법률사무소 변호사
　　　한국경쟁법학회 감사

[저서 및 논문]

기업결합의 경쟁제한성 판단기준 - 수평결합을 중심으로 -,
공동행위의 위법성 판단에 관한 판례상 법리 고찰,
거래상 지위의 남용행위와 거래질서,
독점규제법 위반행위 관련 집단소송의 소송허가 요건에 관한 연구,
시장지배적지위 남용행위로서의 조건부 리베이트 등 다수

독점규제법 기본판례 [제2판]

2020년 3월 10일 초판 발행
2023년 6월 10일 제2판 1쇄 발행

저 자 권 오 승 · 이 민 호
발행인 배 효 선
발행처 도서
출판 **法 文 社**

주 소 10881 경기도 파주시 회동길 37-29
등 록 1957년 12월 12일/제2-76호(윤)
전 화 (031)955-6500~6 FAX (031)955-6525
E-mail (영업) bms@bobmunsa.co.kr
     (편집) edit66@bobmunsa.co.kr
홈페이지 http://www.bobmunsa.co.kr
조 판 법 문 사 전 산 실

정가 42,000원   ISBN 978-89-18-91409-1